出る順行政書士 合格基本書

2022年版

Deru-jun Gyouseishoshi

合格のLEC

はしがき

行政書士試験の変化・法改正

　現代の複雑・多様化する社会情勢、高度情報通信社会の進展、司法制度改革などの変革を背景に、行政書士の役割が増大し、業務に関し必要な知識および能力が変化しています。しかも、近時は民法債権法などの大きな法改正が頻繁になされています。これに対応して、行政書士試験においても、法令の知識のみならず、法令に関する理解力、法的思考力等の法律的要素を身につけているかが問われる傾向にあります。

行政書士試験対策

　近年の行政書士試験は、丸暗記ではもはや対応することはできず、しっかりとした「理解」が必要不可欠です。しかし、難解な知識を身につけなければ合格できないというわけではありません。大切なことは、どのような出題形式にもまどわされることのない「基礎力」を習得することです。また、民法債権法などの法改正への素早い対応が重要なことはいうまでもありません。

本書発刊の経緯

　このような状況の下、ＬＥＣでは、行政書士試験対策講座として、知識習得を中心とする『初学者向け講座』、問題演習を中心とする『受験経験者・学習経験者向け講座』を充実させてきました。さらに、「書籍の形でLECの行政書士試験対策を学びたい！」という熱い要望を受けて、1冊で行政書士試験の全科目について学習できる書籍として、本書『出る順行政書士　合格基本書』を発刊しました。本書は近時の法改正に完全対応するとともに、1項目につき2ページの「見開き完結」の形式にまとめていますので、合格に必要な知識を効率よく確認できます。

　本書を利用される皆さんが、1人でも多く行政書士試験に合格されることを願ってやみません。

※本書の内容は、2021年11月30日現在、2022年4月1日の時点において施行されると考えられる法令に基づいています。

2021年11月吉日

株式会社　東京リーガルマインド
LEC総合研究所　行政書士試験部

本書の特長と効果的活用法

1 「科目別ガイダンス」で科目の概要をつかもう！

各科目の冒頭に、初学者の方にも学習が進めやすいように本試験の出題傾向、科目の概要、学習のポイントを掲載しています。
まずはここを読んで学習をスタートしましょう。

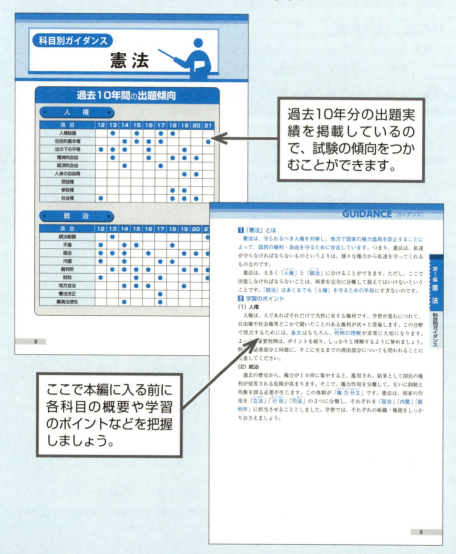

2 学習スタート！合格に必要な知識を身につけよう！

合格に必要な知識について1項目を見開き完結で凝縮しています。1回目の学習では、まず全体像をつかむことが重要です。わからないところがあっても、気にせずに読み通しましょう。2回目以降の学習では、前回わからなかったところを含めてじっくり学習を進めましょう。

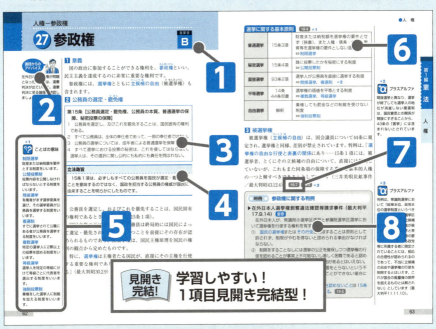

1	重要度	項目ごとにA・B・Cのランクをつけています。
2	講師からのアドバイス	これから学習する項目について、気をつけるべき点や覚えるべき内容をLEC専任講師が的確にアドバイスしています。
3	条文	学習において重要な条文を随所に掲載しています。
4	立法趣旨	条文の存在する理由である立法趣旨を知ることで理解が一層深まります。
5	側注	関連知識・一歩進んだ知識など理解を助ける内容を掲載しています。
6	図表	豊富な図表で知識をわかりやすくビジュアル的に整理しています。
7	出題実績	過去10年の本試験で出題されている内容に関連した箇所があることを示しています。（例）16-7「本試験2016年問7」
8	判例	長く難解な判例を、わかりやすくポイントに絞ってまとめています。

3 豊富な側注アイコンで理解を深める！

本文の補足説明や関連知識を側注に記載しています。これらを読むことで、より深い知識を学ぶことができます。

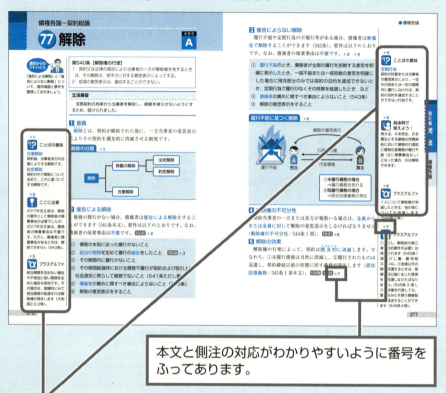

本文と側注の対応がわかりやすいように番号をふってあります。

??	ことばの意味	学習するうえでわかりにくい用語等を解説しています。
!	ここに注意	学習するうえで注意すべきポイントを解説しています。
+α	プラスアルファ	発展的な知識や学習センスが向上する事項を取り上げています。
	具体例で覚えよう！	学習する内容がイメージしやすいように具体例を挙げて説明しています。
	図表の読み方	図表を活用するためのポイント解説や図表の内容の補足説明をしています。
	判例ゼミ	判例に関する関連知識や補足知識を説明しています。

4 学習を助けるツールが充実！

「語句索引」・「判例索引」・「別冊六法」などの便利なツールが、効率的な学習を助けます。

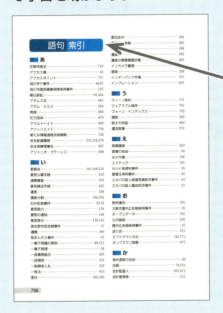

●語句索引
本書での学習中や問題演習などをしていて、わからない用語が出てきたときなどに便利です

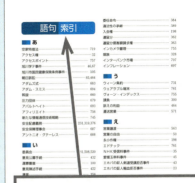

●判例索引
本書では行政書士試験対策において重要な判例を多く取り上げています。そこで、巻末にそれらの検索に便利な判例索引を掲載しました。

●別冊六法
行政書士試験の学習において重要な法令をピックアップした「行政書士試験コンパクト六法」付き。取り外し可能なセパレートタイプなので、持ち運びに便利です。

目次 CONTENTS

はしがき

本書の特長と効果的活用法

行政書士試験ガイド

行政書士ガイダンス

第1章　行政書士とは ——————————————————— 2
第2章　これからの行政書士と行政書士試験 ——————— 4

第 1 編　憲　法

科目別ガイダンス「憲法」————————————————— 8

憲法総論 ·· 10

憲法とは ———————————————————————— 10
　❶憲法の役割・基本原理…10

人　権 ·· 12

人権総論 ———————————————————————— 12
　❷人権の意義と性質・国民の義務…12　❸人権の享有主体…14
　❹公務員の人権…16　❺在監者の人権・未成年者の人権…18
　❻私人間の人権保障…20

包括的基本権 —————————————————————— 22
　❼幸福追求権…22

法の下の平等 —————————————————————— 24
　❽法の下の平等…24　❾法の下の平等に関する判例…26

精神的自由 ——————————————————————— 28
　❿思想・良心の自由…28　⓫表現の自由…30
　⓬表現の自由を根拠に主張される権利…32
　⓭表現の自由に関する判例…34　⓮表現の自由の派生的場面…36
　⓯表現の自由の限界・通信の秘密…38　⓰事前抑制・検閲…40
　⓱信教の自由…42　⓲政教分離原則…44　⓳学問の自由…46

経済的自由 ——————————————————————— 48
　⓴居住・移転の自由…48　㉑職業選択の自由…50　㉒財産権…52
　㉓財産権の制限・補償…54

人身の自由 ——————————————————————— 56
　　㉔人身の自由等①…56　㉕人身の自由等②…58

受益権 ——————————————————————— 60
　　㉖受益権…60

参政権 ——————————————————————— 62
　　㉗参政権…62

社会権 ——————————————————————— 64
　　㉘生存権…64　㉙教育を受ける権利…66　㉚労働基本権…68

統　治 ••••••••••••••••••••••••••••••••••• 70

統治総論 ——————————————————————— 70
　　㉛国民主権…70　㉜権力分立・法の支配…72

天皇 ——————————————————————— 74
　　㉝天皇…74

国会 ——————————————————————— 76
　　㉞国会…76　㉟国会の組織・活動①…78　㊱国会の組織・活動②…80
　　㊲議院の自律権・国政調査権…82　㊳国会議員の地位・特権…84

内閣 ——————————————————————— 86
　　㊴内閣…86　㊵内閣の組織・権能…88
　　㊶内閣総理大臣・国務大臣…90

裁判所 ——————————————————————— 92
　　㊷裁判所…92　㊸司法権の限界…94　㊹司法権の帰属…96
　　㊺司法権の独立…98　㊻違憲審査権…100　㊼裁判の公開…102

財政 ——————————————————————— 104
　　㊽財政民主主義…104　㊾予算…106

地方自治 ——————————————————————— 108
　　㊿地方自治…108　51条例…110

憲法改正等 ——————————————————————— 112
　　52憲法改正・最高法規性…112

第2編　民　法

科目別ガイダンス「民法」——————————————————— 116

総　則 ••••••••••••••••••••••••••••••••••• 124

民法序論 ——————————————————————— 124
　　❶民法の基本原理…124　❷私権の行使・制約原理…126

権利の主体 ——————————————————————— 128
　　❸権利能力・意思能力・行為能力…128　❹未成年者…130
　　❺成年被後見人・被保佐人…132　❻被補助人・相手方の保護…134
　　❼失踪宣告…136

権利の客体 ——————————————————————— 138
　　❽物…138

法律行為 ―― 140
❾法律行為…140
意思表示 ―― 142
❿意思表示・心裡留保…142 ⓫通謀虚偽表示…144 ⓬錯誤…146
⓭詐欺と強迫・無効と取消し…148
代理 ―― 150
⓮代理…150 ⓯代理権…152 ⓰無権代理…154
⓱無権代理と相続…156 ⓲表見代理…158
条件・期限・期間 ―― 160
⓳条件・期限・期間…160
時効 ―― 162
⓴時効…162 ㉑取得時効…164
㉒消滅時効・完成猶予と更新…166

物権 ……168

総論 ―― 168
㉓物権…168 ㉔物権的請求権…170
物権変動 ―― 172
㉕物権変動…172 ㉖不動産物権変動…174
㉗177条の「第三者」…176 ㉘取消しと登記…178
㉙解除と登記…180 ㉚取得時効と登記…182
㉛遺産分割・相続放棄と登記…184 ㉜動産物権変動…186
㉝即時取得…188
占有権 ―― 190
㉞占有権…190 ㉟占有訴権…192
所有権 ―― 194
㊱所有権…194 ㊲共有…196
用益物権 ―― 198
㊳用益物権（地上権・永小作権・地役権）…198
担保物権 ―― 200
㊴担保物権…200 ㊵留置権…202 ㊶先取特権…204
㊷質権…206 ㊸動産質・不動産質・権利質…208
㊹抵当権…210 ㊺抵当権の効力・抵当権の侵害…212
㊻法定地上権…214 ㊼抵当権と利用権…216
㊽抵当権の処分…218 ㊾根抵当権…220
㊿譲渡担保・所有権留保…222

債権総論 ……224

総説 ―― 224
(51)債権…224 (52)債権の種類…226
債権の効力 ―― 228
(53)履行遅滞…228 (54)履行不能・不完全履行…230
(55)債務不履行の効果…232 (56)受領遅滞…234
(57)債権者代位権①…236 (58)債権者代位権②…238

㊾詐害行為取消権①…240　60詐害行為取消権②…242

多数当事者間の債権債務関係 ―― 244

61多数当事者間の債権債務関係…244
62連帯債権・連帯債務①…246　63連帯債務②…248
64保証債務…250

債権譲渡 ―― 252

65債権譲渡・債務引受…252　66債権譲渡の対抗要件…254

債権の消滅 ―― 256

67債権の消滅…256　68弁済…258
69第三者の弁済・弁済による代位…260
70弁済受領権者・弁済の充当等…262　71相殺…264
72相殺が禁止される場合…266

債権各論 ……268

契約総論 ―― 268

73契約の成立…268　74契約の種類…270
75同時履行の抗弁権…272　76危険負担…274　77解除…276

契約各論 ―― 278

78贈与…278　79売買…280　80手付…282
81売主の契約不適合責任①…284
82売主の契約不適合責任②…286　83消費貸借…288
84使用貸借…290　85賃貸借…292　86敷金・賃貸人の交代…294
87賃借権の譲渡・転貸…296　88賃貸借の終了…298　89請負…300
90請負人の責任…302　91委任…304　92寄託…306
93組合・和解…308

契約以外の法律関係 ―― 310

94事務管理…310　95不当利得…312　96不法原因給付…314
97不法行為…316　98過失相殺・損害賠償請求権の消滅時効…318
99責任無能力者の監督義務者の責任・使用者責任…320
100工作物責任・注文者の責任等…322
101共同不法行為・正当防衛と緊急避難…324

家族法 ……326

親族 ―― 326

102親族法…326　103親族…328　104婚姻…330
105婚姻の無効と取消し・夫婦財産制…332　106婚姻の解消…334
107嫡出子・親子関係の否定…336　108非嫡出子・認知…338
109普通養子縁組①…340　110普通養子縁組②…342
111特別養子縁組…344　112親権・扶養…346

相続 ―― 348

113相続人…348　114代襲相続・欠格と廃除…350
115相続の効力…352　116遺産分割…354　117相続の承認・放棄…356
118遺言…358　119遺言の効力・遺贈…360　120遺留分…362

第**3**編　行政法

科目別ガイダンス「行政法」————————————— 366

行政法総論 ●●●●●●●●●●●●●●●●●●●●●●●●●●●●●●●●●●●374

総説 ——————————————————————————— 374
　❶行政法総論総説…374
　❷行政法の適用範囲（行政上の法律関係）…376　❸公物…378

行政組織 ————————————————————————— 380
　❹行政組織…380　❺行政機関相互の関係…382

行政立法 ————————————————————————— 384
　❻行政立法…384

行政行為 ————————————————————————— 386
　❼行政行為総説…386　❽行政行為の効力…388　❾行政裁量…390
　❿行政行為の瑕疵…392　⓫行政行為の取消し…394
　⓬行政行為の撤回…396　⓭行政行為の附款…398

行政契約・行政指導 ——————————————————— 400
　⓮行政契約・行政指導…400

行政計画 ————————————————————————— 402
　⓯行政計画…402

行政上の強制手段 ———————————————————— 404
　⓰行政上の強制手段①…404　⓱行政上の強制手段②…406

行政調査 ————————————————————————— 408
　⓲行政調査…408

行政手続法 ●●●●●●●●●●●●●●●●●●●●●●●●●●●●●●●●●●●410

総説 ——————————————————————————— 410
　⓳行政手続法総説…410　⓴行政手続法の適用除外…412

申請に対する処分 ———————————————————— 414
　㉑申請前の手続…414　㉒申請後の手続①…416
　㉓申請後の手続②…418

不利益処分 ————————————————————————— 420
　㉔不利益処分…420　㉕聴聞手続①…422　㉖聴聞手続②…424
　㉗弁明の機会の付与手続…426

行政指導・届出 ————————————————————— 428
　㉘行政指導手続…428　㉙行政指導手続・届出手続等…430

命令等を定める手続 ——————————————————— 432
　㉚命令等を定める手続…432

行政不服審査法 ●●●●●●●●●●●●●●●●●●●●●●●●●●●●●●●434

総説 ——————————————————————————— 434
　㉛行政不服審査法総説…434　㉜不服申立ての種類…436
　㉝行政不服審査法の適用除外…438

要件 ─── 440
　　　　㉞不服申立ての要件…440
審理手続等 ─── 442
　　　　㉟不服申立ての審理手続①…442　㊱不服申立ての審理手続②…444
　　　　㊲不服申立ての審理手続③…446　㊳執行停止制度…448
　　　　㊴裁決…450　㊵教示制度、情報の提供・公表…452

行政事件訴訟法 ･････････････････････････････････454

総説 ─── 454
　　　　㊶行政事件訴訟法総説…454
取消訴訟 ─── 456
　　　　㊷取消訴訟総説…456　㊸処分性（取消訴訟の対象）…458
　　　　㊹原告適格…460　㊺原告適格の有無が問題となった判例…462
　　　　㊻その他の訴訟要件…464　㊼取消訴訟の審理手続①…466
　　　　㊽取消訴訟の審理手続②…468　㊾執行停止制度…470　㊿判決…472
その他の訴訟 ─────────────────────────────────── 474
　　　　51無効等確認の訴え・不作為の違法確認の訴え…474
　　　　52義務付け訴訟①…476　53義務付け訴訟②…478
　　　　54差止め訴訟・無名抗告訴訟…480　55当事者訴訟・客観訴訟…482
教示 ─── 484
　　　　56教示制度…484

国家賠償法 ･･･486

1条 ─── 486
　　　　57国家賠償法1条①…486　58国家賠償法1条②…488
　　　　59国家賠償法1条③…490
2条 ─── 492
　　　　60国家賠償法2条…492
3条以下 ─── 494
　　　　61国家賠償法（その他）…494

損失補償 ･･496

　　　　62損失補償…496

地方自治法 ･･･498

総説 ─── 498
　　　　63普通地方公共団体…498　64特別地方公共団体…500
　　　　65地方公共団体の権能…502
機関 ─── 504
　　　　66議会…504　67議会の権限…506　68議会の組織…508
　　　　69議会の運営…510　70執行機関①…512　71執行機関②…514
　　　　72議会と長の関係…516　73長の不信任議決…518
　　　　74執行機関としての委員会等…520
住民 ─── 522

❼⓯住民の権利・義務…522　❼⓰直接請求…524　❼⓱住民監査請求…526
❼⓲住民訴訟…528　❼⓳公の施設…530

条例・規則 ────────────────── 532
❽⓿条例・規則…532

財務 ──────────────────── 534
❽❶地方公共団体の財務①…534　❽❷地方公共団体の財務②…536

関与 ──────────────────── 538
❽❸関与①…538　❽❹関与②…540　❽❺関与③…542

係争処理手続 ─────────────── 544
❽❻国地方係争処理委員会…544　❽❼自治紛争処理委員…546

第4編　商法・会社法

科目別ガイダンス「商法・会社法」 ───────── 550

商 法 ●●●●●●●●●●●●●●●●●●●●●● **554**
❶商法の適用・商人・商行為①…554　❷商行為②…556
❸商業登記…558　❹商号…560　❺名板貸し・営業譲渡…562
❻商業使用人…564　❼商行為法①…566　❽商行為法②…568
❾商行為法③…570

会社法 ●●●●●●●●●●●●●●●●●●●●●● **572**

総論 ──────────────────── 572
❿会社の概念…572　⓫会社の種類…574

設立 ──────────────────── 576
⓬設立…576　⓭設立手続…578
⓮設立上の諸問題…580　⓯設立関与者の責任…582

株式 ──────────────────── 584
⓰株式総説…584
⓱株主平等原則・特別な内容の株式と種類株式…586
⓲株式の譲渡①…588　⓳株式の譲渡②…590
⓴株式の消却等・単元株制度・利益供与…592

機関 ──────────────────── 594
㉑機関総説…594　㉒株主総会①…596　㉓株主総会②…598
㉔役員等…600　㉕取締役・代表取締役…602　㉖取締役会…604
㉗取締役の義務・報酬…606　㉘監査役・監査役会…608
㉙会計参与・会計監査人…610　㉚監査等委員会設置会社…612
㉛指名委員会等設置会社…614　㉜役員等の損害賠償責任…616
㉝責任追及等の訴え・差止請求権…618

資金調達 ──────────────── 620
㉞募集株式の発行等①…620　㉟募集株式の発行等②…622
㊱新株予約権・社債…624

計算 ──────────────────── 626

㊲会計帳簿と計算書類…626
㊳資本金と準備金・剰余金の配当…628

解散・清算 ── 630
㊴解散・清算…630

持分会社 ── 632
㊵持分会社①…632 ㊶持分会社②…634

事業譲渡・組織再編 ── 636
㊷事業譲渡・組織変更…636 ㊸合併…638
㊹会社分割・株式交付…640 ㊺株式交換・株式移転…642

第 5 編　基礎法学

科目別ガイダンス「基礎法学」── 646

法とは何か ······ 648
❶社会規範としての法…648 ❷法源・法の分類…650
❸法秩序の構成…652 ❹法令の効力…654 ❺法の解釈…656

紛争解決と司法制度 ······ 658
❻裁判上の紛争処理…658 ❼裁判によらない紛争処理…660
❽司法制度改革…662

法令用語等 ······ 664
❾法令用語・法格言等…664

第 6 編　政治・経済・社会

科目別ガイダンス「政治・経済・社会」── 668

政　治 ······ 670

政治制度 ── 670
❶政治制度…670 ❷主要国の政治制度…672
❸行政国家現象…674 ❹行政改革の手法…676

政党 ── 678
❺政党・圧力団体…678

選挙 ── 680
❻選挙制度…680 ❼公職選挙法…682

地方自治 ── 684
❽地方自治…684

国際政治 ── 686
❾国際連合①…686 ❿国際連合②…688 ⓫核軍縮…690

⑫人権問題・国際組織犯罪防止…692

経 済 694

総説 ———————————————————— 694
⑬資本主義経済…694 ⑭市場における価格等…696

国際経済 ———————————————————— 698
⑮IMF=GATT体制・WTO…698
⑯自由貿易促進の取組み・EU…700

国内経済 ———————————————————— 702
⑰国内経済・金融…702 ⑱日本銀行…704
⑲金融政策・金融関連用語…706

財政 ———————————————————— 708
⑳財政…708 ㉑国家財政…710 ㉒予算・特別会計…712
㉓租税・国債…714 ㉔地方財政…716

社 会 718

社会保障 ———————————————————— 718
㉕社会保障・社会政策…718 ㉖医療保険・年金保険…720

社会福祉 ———————————————————— 722
㉗少子化対策・児童福祉…722 ㉘高齢社会対策・差別解消等…724
㉙雇用・労働問題…726

環境問題等 ———————————————————— 728
㉚環境問題・温暖化対策…728 ㉛開発目標・環境関連条約…730
㉜リサイクル等…732

消費者保護 ———————————————————— 734
㉝消費者保護…734

第7編 情報通信・個人情報保護

科目別ガイダンス「情報通信・個人情報保護」———————— 738

情報通信 740

電子商取引・インフラ整備 ———————————————— 740
❶電子商取引…740 ❷プロバイダ責任制限法…742

電子政府 ———————————————————— 744
❸日本のIT政策…744 ❹住基ネット・マイナンバー…746
❺デジタル行政推進法等…748

情報セキュリティ ———————————————————— 750
❻情報セキュリティ・暗号化技術…750
❼電子署名法・不正アクセス禁止法…752

情報の公開 ———————————————————— 754
❽情報の公開…754

用語 ──────────────────────────── 756
　　❾インターネット等関連用語…756
　　❿情報セキュリティ関連用語…758
　　⓫放送・通信・技術関連用語…760

個人情報保護 ●●●●●●●●●●●●●●●●●●●●●● 762

総説 ──────────────────────────── 762
　　⓬個人情報保護法制…762
個人情報保護法 ───────────────────── 764
　　⓭個人情報保護法序説…764　　⓮個人情報等の定義…766
　　⓯個人情報取扱事業者等の義務①…768
　　⓰個人情報取扱事業者等の義務②…770
　　⓱個人情報取扱事業者等の義務③…772
　　⓲個人情報取扱事業者等の義務④…774
　　⓳行政機関等の義務①…776　　⓴行政機関等の義務②…778
　　㉑行政機関等の義務③…780　　㉒個人情報保護委員会…782
　　㉓適用除外・罰則…784

第 8 編　文章理解

科目別ガイダンス「文章理解」────────────── 788

空欄補充・並べ替え ●●●●●●●●●●●●●●●●●● 789

　　❶空欄補充…789　　❷並べ替え…790

文章要旨 ●●●●●●●●●●●●●●●●●●●●●●●●●● 792

　　❸要旨把握…792　　❹下線部説明・内容不適合…794

語句索引 ─────────────────────────── 796
判例索引 ─────────────────────────── 810

別冊付録　行政書士試験コンパクト六法

日本国憲法…1　民法…7　行政手続法…103　行政代執行法…113
行政不服審査法…115　行政事件訴訟法…139　国家賠償法…147
地方自治法（抄録）…149

行政書士試験ガイド

1 試験概要

【試 験 日】 例年11月の第２日曜日

【試験時間】 午後１時〜４時（３時間）

【受験資格】 年齢・学歴・国籍等に関係なく、どなたでも受験できます。

【受験手続】 受験願書の配布：例年８月

受験願書の受付：例年８月

願書の提出先：一般財団法人　行政書士試験研究センター

【合格発表】 例年１月の第５週に属する日

【問合せ先】 一般財団法人　行政書士試験研究センター

〒102-0082　東京都千代田区一番町25番地　全国町村議員会館３階

電話番号（試験専用）：03-3263-7700

ホームページ　https://gyosei-shiken.or.jp

【試験科目】 ⑴　法令等〔択一式（５肢択一式／多肢選択式）・記述式〕46問

●憲法

●民法

●行政法　行政法の一般的な法理論、行政手続法、行政不服審査法、行政事件訴訟法、国家賠償法、地方自治法を中心とする。

●商法（会社法）

●基礎法学

⑵　一般知識等〔択一式〕14問

●政治・経済・社会

●情報通信・個人情報保護

●文章理解

【出題形式】 ５肢択一式…１〜５の選択肢から正解を選ぶ。

多肢選択式…１〜20の選択肢から空欄ア〜エに当てはまる言葉を選ぶ。

記述式………設問に対する解答を40字程度で記述する。

● 行政書士試験ガイド

【配点】

試験科目	出題形式		問題数	配点
法令等	択一式	5肢択一式	40問	160点
		多肢選択式	3問	24点
	記述式		3問	60点
	（計）		（46問）	（244点）
一般知識等	択一式	5肢択一式	14問	56点
（合計）			（60問）	（300点）

【科目別配点】 2021年度実績

	出題形式	科目	問題数	配点
法令等	択一式	基礎法学	2問	8点
		憲法	5問	20点
		行政法	19問	76点
		民法	9問	36点
		商法・会社法	5問	20点
	多肢選択式	憲法	1問	8点
		行政法	2問	16点
	記述式	行政法	1問	20点
		民法	2問	40点
一般知識等	択一式	政治・経済・社会	7問	28点
		情報通信・個人情報保護	4問	16点
		文章理解	3問	12点
合　　　計			60問	300点

【合格基準点】 例年、次の要件のいずれも満たした者を合格とする。

(1) 行政書士の業務に関し必要な法令等科目の得点が、122点以上である者。

(2) 行政書士の業務に関連する一般知識等科目の得点が、24点以上である者。

(3) 試験全体の得点が、180点以上である者。

●行政書士ガイダンス

2 データでみる行政書士試験

（1）受験者数と合格率の推移

	受験者数	合格者数	合格率
2001年度	61,065	6,691	10.96%
2002年度	67,040	12,894	19.23%
2003年度	81,242	2,345	2.89%
2004年度	78,683	4,196	5.33%
2005年度	74,762	1,961	2.62%
2006年度	70,713	3,385	4.79%
2007年度	65,157	5,631	8.64%
2008年度	63,907	4,133	6.47%
2009年度	67,348	6,095	9.05%
2010年度	70,586	4,662	6.60%
2011年度	66,297	5,337	8.05%
2012年度	59,948	5,508	9.19%
2013年度	55,436	5,597	10.10%
2014年度	48,869	4,043	8.27%
2015年度	44,366	5,820	13.12%
2016年度	41,053	4,084	9.95%
2017年度	40,449	6,360	15.72%
2018年度	39,105	4,968	12.70%
2019年度	39,821	4,571	11.47%
2020年度	41,681	4,470	10.72%

　年度ごとの合格率にずいぶん差がありますが、これは行政書士試験が相対評価ではなく絶対評価の試験であるためです。つまり、「成績上位から○○％が合格」というような、いわゆる「定員」を設けていないため、その年度の問題の難易度がそのまま合格率に反映するのです。ということは、合格率を気にする必要はなく、合格基準点を超えることだけを目指して学習すればよいということです。

●行政書士試験ガイド

(2) 合格者の年齢別・性別割合（2020年度）

　ほとんど全世代にわたって合格者が出ています。受験者層の幅広さが反映されています。将来のために資格を取得したいと考える20代～30代だけでなく、「生涯現役」を望む40代以上の方も健闘されています。

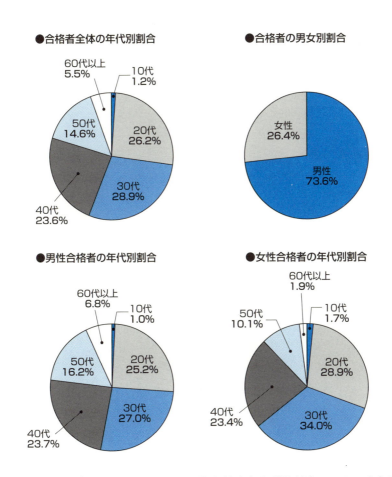

※上記掲載の各データは、一般財団法人行政書士試験研究センターより発表されたものをもとにしています。

行政書士

ガイダンス

第1章

行政書士とは

1 行政書士の役割と現代的意義

　現代社会においては、各種許認可申請などの様々な権利を行使したり義務を果たしたりするうえで、国や自治体の行政機関と深くかかわることがあります。それらの行政事務は、すべて法律に基づいて行われており、行政書士は、それらの行政事務と関連する法律問題を処理する法律の専門家です。国民や企業の法律コンサルタントとして、行政書士は重要な職責を担っているのです。

2 行政書士の業務

（1）書類作成業務

　例えば、バス・タクシー・トラックなどの運送業を始めたいという場合、一定規模以上の建設業を始めたいという場合、産業廃棄物処理業を始めたいという場合、飲食店を開店したいという場合には、一定の許可・認可（許認可）を受ける必要があります。では、これらの許認可はいったいどの機関が行うのでしょうか？　それは「官公署」（各省庁、都道府県庁、市・区役所、町・村役場、警察署など）です。官公署に申請書を提出して要件をみたしていれば許認可がもらえるのです。しかし、ここで問題があります。それは、許認可を得るための申請に際して提出する各種書類や添付書類はとても複雑であり、法律的な専門知識を要するものが多いということです。そこで、依頼人に代わって専門知識のある行政書士が業務として申請書類を作成することになるのです。行政書士が作成することのできる書類は、数千から1万点以上ともいわれています。

（2）提出代理業務

　行政書士の仕事は、書類作成だけではありません。依頼人に代わって官公署に提出するところまで仕事とすることができるのです。むしろ、「書類作成業務」と「提出代理業務」をセットで受注するケースのほうが多いといえるでしょう。

（3）相談業務

　作成可能な書類に関して、相談に応じることも業務として行うことができます。例えば、相続問題等においては特に依頼人の要望を詳しく聞くことが不可欠です。そして、相談者に対してどのような提案が可能なのか、プロフェッショナルとしての知識や経験が問われる場面でもあります。

　それによって相談者のさらなる信頼を得ることができれば、書類作成等の業務の受注につながることになります。

● 第1章　行政書士とは

(4) 権利義務に関する書類の作成と代理相談業務

　行政書士は、「契約書等の作成代理業務」も行うことができます。これは、官公署との業務（タテの関係）だけでなく、市民間（ヨコの関係）における活躍の場があることを意味します。また、国の重要政策の1つである電子政府化の中に、行政の分野も含まれており、電子申請等に必要な「電磁的記録の作成」も業務として行うことができます。

3 2014年行政書士法改正

　2014（平成26）年6月の行政書士法改正により、行政書士は、行政書士が作成した官公署に提出する書類に係る許認可等に関する審査請求等行政庁に対する不服申立ての手続について代理し、およびその手続について官公署に提出する書類を作成することを業とすることができるようになりました（特定行政書士制度の創設）。今回の改正により、行政書士の社会的使命がより一層高まることが期待されます。

2014年行政書士法改正の概要（特定行政書士制度の創設）

① 　行政書士は、行政書士が作成した官公署に提出する書類に係る許認可等に関する行政不服申立ての手続について代理し、およびその手続について官公署に提出する書類を作成することを業とすることができる。

② 　①の業務は、当該業務について日本行政書士会連合会がその会則で定めるところにより実施する研修の課程を修了した行政書士（特定行政書士）に限り、行うことができる。

4 2019年行政書士法改正

　2019年12月4日に「行政書士法の一部を改正する法律」が公布されました。この改正法は、2021年6月4日に施行されました。

　この改正は、行政書士の業務の安定性、国民に対するより質の高いサービスの提供の確保を図るものです。主な改正事項は、①法律の目的に「国民の権利利益の実現に資すること」の明記、②社員が1人の行政書士法人の設立等の許容、③行政書士会による注意勧告に関する規定の新設です。

第2章 これからの行政書士と行政書士試験

1 行政書士を取り巻く環境

行政書士試験は、近年、5％～10％程度の合格率となっており、難化の傾向にあります。

では、なぜ難しくなったのでしょうか？　キーワードは、『司法制度改革』です。『司法制度改革』とは、今まで国民生活から疎遠であった法的サービスを、身近なものにしようという趣旨で行われているものです。「裁判員制度」や「法テラス（注）」、法科大学院の創設に伴う法曹人口の大幅増加、司法書士に対する簡易裁判所における訴訟代理権の付与といったことが、『司法制度改革』の一環として挙げられます。

　（注）法テラス：全国50カ所にオープンした、法的トラブルの紛争解決に役立つサービスや情報を無料で提供したり、司法過疎対策・犯罪被害者支援を行う組織のこと。

2 これからの行政書士に求められる能力とは

このような流れの中で、「街の法律家」たるべき行政書士が無縁でいられるはずがありません。そこで、行政書士試験によって法律家としての能力を問う方向へとシフトチェンジしてきているのです。行政書士試験が難化することは必然だったのです。

では、行政書士試験はどのような傾向に変わったのでしょうか？

これについては、①法令科目重視傾向および②法令科目難化傾向という2点が挙げられます。

①「法令科目」の重視という傾向は、2006年度本試験から「一般知識科目」の問題数が大幅に減少し、さらに基準点が従来の50％から40％に変わったことで明らかです。

では、②「難化」とはどういうことなのでしょうか？

それは、いわゆる法的思考力（法律を使いこなす力）を試す問題が増えたということです。

● 第2章 これからの行政書士と行政書士試験

　試験の形式は現在とはやや異なりますが、1990年代の行政書士試験では、単に過去問の知識や条文を丸暗記していれば十分解答できる問題が大半を占めていました。

　しかし、試験委員制度が導入された2000年度以降は、試験の趣向が変わり、少しずつ法的思考力を問う問題が増加してきました。

　さらに、2006年度の試験制度の大幅な変更により、最高裁判所の判決（判例）を中心とした、より実務家としての素養を試すタイプの問題も出題されるようになりました。

　こうした流れは、まさに、行政書士の世界において「法律家としての能力」が求められていることを示すものです。

　試験対策においても、日々の学習の中で、単に条文や判例に関する「知識」を覚えるだけではなく、その「知識」を真に理解し、それを応用する力を身につけることが重要です。

3 行政書士試験をのぞいてみよう

　実際に行政書士試験では、どのような科目が出題されるのでしょうか？

　行政書士試験では、行政書士の業務を行ううえで必要とされる知識や思考力を問うという観点から、試験範囲が定められています。

　具体的には、「行政書士の業務に関し必要な法令等科目」として「基礎法学」「憲法」「行政法」「民法」「商法・会社法」という分野から、「行政書士の業務に関連する一般知識等科目」として「政治・経済・社会」「情報通信・個人情報保護」「文章理解」という分野から、それぞれ出題されています。

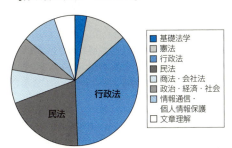

【行政書士試験　出題分布】

　行政書士試験では、5肢択一式の形式で出題される問題が中心ですが、多肢選択式・記述式の形式による問題も出題されています。

　5肢択一式は、1～5の選択肢から正解を選ぶという形式で、例年、法令科目40問（160点）と一般知識科目14問（56点）が出題されています。

　多肢選択式は、文章の空欄（ア～エ）に入る語句を語群（20個）から選ぶという形式で、例年、3問（24点）が出題されています。配点は1問8点ですが、空欄1つにつき2点ずつが与えられます。空欄に入る語句は必ず20個の語群の中にあるわけですから、語群をよく確認することも大事です。

● 行政書士ガイダンス

記述式は、問題に対する解答を40字程度で記述するという形式で、例年、3問（60点）が出題されています。配点は1問20点ですが、解答に示された理解の度合いに応じて、部分点が与えられます。解答にあたっては、①問題文に示された事例を正確に把握し、②どのような条文・判例が問題となっているかを判断し、③解答を40字程度で適切に表現するというステップが必要です。

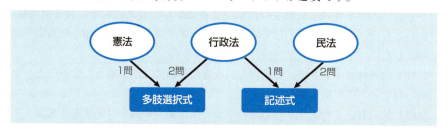

4 重要な語句（キーワード）を書けるようにしよう

5肢択一式の問題を解くためには、必ずしも語句を「書ける」ようにしておく必要はありません。しかし、普段から「基本的な条文」等の語句を「書ける」ようにしておけば、多肢選択式・記述式の問題に対応しやすくなるだけでなく、頭の中が整理されて、5肢択一式の問題も効率よく解けるようになります。効果的な学習方法の1つとしておすすめします。

記述式問題の具体例（本試験2015年問45）

問題

権原の性質上、占有者に所有の意思のない他主占有が、自主占有に変わる場合として2つの場合がある。民法の規定によると、ひとつは、他主占有者が自己に占有させた者に対して所有の意思があることを表示した場合である。もうひとつはどのような場合か、40字程度で記述しなさい。

↓

民法

第185条【占有の性質の変更】

権原の性質上占有者に所有の意思がないものとされる場合には、その占有者が、自己に占有をさせた者に対して所有の意思があることを表示し、又は新たな権原により更に所有の意思をもって占有を始めるのでなければ、占有の性質は、変わらない。

↓

正解例

他主占有者が、新たな権原により更に所有の意思をもって占有を始めた場合である。(38字)

［法令］

第1編
憲法

科目別ガイダンス
憲法

過去10年間の出題傾向

人権

項目	12	13	14	15	16	17	18	19	20	21
人権総論		●		●		●	●			
包括的基本権			●	●	●	●				●
法の下の平等	●	●	●		●			●		
精神的自由		●			●		●	●	●	
経済的自由			●			●				
人身の自由等								●	●	
受益権										
参政権						●	●			
社会権	●					●	●	●		

統治

項目	12	13	14	15	16	17	18	19	20	21
統治総論		●								●
天皇	●		●	●			●			
国会	●			●				●	●	●
内閣	●					●	●			
裁判所			●	●	●	●		●	●	●
財政	●			●		●				●
地方自治			●	●	●			●		
憲法改正						●				
最高法規性			●			●				

GUIDANCE [ガイダンス]

1 「憲法」とは

憲法は、守られるべき人権を列挙し、他方で国家の権力濫用を防止することによって、国民の権利・自由を守るために存在しています。つまり、憲法は、私達が守らなければならないものというよりは、様々な権力から私達を守ってくれるものなのです。

憲法は、大きく「人権」と「統治」に分けることができます。ただし、ここで注意しなければならないことは、両者を完全に分離して捉えてはいけないということです。「統治」はあくまでも「人権」を守るための手段にすぎないのです。

2 学習のポイント

(1) 人権

人権は、人であればそれだけで当然に有する権利です。学習が進むにつれて、自由権や社会権等どこかで聞いたことのある権利が次々と登場します。この分野で得点するためには、条文はもちろん、判例の理解が非常に大切になります。よって、重要判例は、ポイントを絞り、しっかりと理解するように努めましょう。特に、結果部分と同様に、そこに至るまでの理由部分についても問われることに注意してください。

(2) 統治

過去の歴史から、権力が1カ所に集中すると、濫用され、結果として国民の権利が侵害される危険が高まります。そこで、権力作用を分離して、互いに抑制と均衡を図る必要が生じます。この体制が「権力分立」です。憲法は、国家の作用を「立法」「行政」「司法」の3つに分類し、それぞれを「国会」「内閣」「裁判所」に担当させることとしました。学習では、それぞれの組織・権能をしっかりおさえましょう。

第1編 憲 法 科目別ガイダンス

9

憲法総論－憲法とは

1 憲法の役割・基本原理

重要度 C

講師からのアドバイス

憲法をきちんと理解するために覚えておかなければならない憲法の基本事項です。

1 憲法とは

憲法とは、どの国家も持つ国の根本法のことをいいます。特に近代立憲国家においては、守られるべき人権を列挙し、他方で国家の権力濫用を防止することによって国民の権利・自由を守るために存在しています。

日本国憲法も、わが国の法の中で最高の位置を占め、人権保障と統治機構について定めています。

2 日本国憲法の構造

日本国憲法は、前文と本文103条から成り立っている法典です。

最初に前文があり、日本国憲法の制定の由来や目的などを記すとともに、憲法の基本原理を示しています。前文も、憲法典の一部であり、法規範としての性格は認められますが、裁判規範（裁判所が裁判の基準として用いることのできる規範）としての性格は認められないと解されています。 17-7

日本国憲法の基本原理と構造

基本原理	「国民主権・基本的人権の尊重・平和主義」
人権保障の部分	第3章「国民の権利及び義務」
統治機構の部分	第4章「国会」 第5章「内閣」 第6章「司法」 第7章「財政」 第8章「地方自治」

3 憲法の基本原理

日本国憲法は「個人の尊厳」を究極の価値として、国民主権・基本的人権の尊重・平和主義を大きな柱としています。

(1) 国民主権

国民主権とは国の政治を最終的に決定するのは国民であることを意味し、民主主義の原理に基づくものです。日本国憲法上は、前文、1条がそれを明記し、その他、公務員の選定罷免権（15条1項）、国会の最高機関性（41条）、最高裁判所の裁判官の国民審査（79条2項、3項）、憲法改正権（96条）等に現れています。＊1

＊1 ことばの意味

主権
①国家の統治権、②国家権力の最高独立性、③国政の最終決定権の3つの意味で用いられています。国民主権の「主権」とは、③の意味です。

10

●憲法総論

(2) 基本的人権の尊重

基本的人権の尊重は、人が人として有する権利を国家によって妨害されないことを意味し、**自由主義の原理**に基づくものです。*2

自由主義の原理は、個人と国家の関係においては、個人の国家に対する権利・自由の主張という形で現れ、国家の組織内部においては、**権力分立**という形で現れます。日本国憲法上、前者の現れとして、第3章の国民の権利・自由に関する規定（13条、19条、20条、21条等）があり、後者の現れとして、立法権は国会（41条）、行政権は内閣（65条）、司法権は裁判所（76条1項）にそれぞれ帰属するという規定があります。

(3) 平和主義

平和主義について、わが国は他国に類をみないほど、厳格な規定を置いています（前文、9条）。

また、戦前、軍による政治への介入を許し、結果として平和が害されたことから設けられた**文民**統制規定（内閣総理大臣その他の国務大臣は、文民でなければならない／66条2項）も平和主義と関連します。

憲法は、**前文**で平和主義を謳い、これを受けて、**9条**で戦争の放棄、軍備および交戦権の否認を定めています。すなわち、1項において、「日本国民は、正義と秩序を基調とする国際平和を誠実に希求し、国権の発動たる戦争と、武力による威嚇又は武力の行使は、国際紛争を解決する手段としては、**永久にこれを放棄する**」とし、2項において、「前項の目的を達するため、**陸海空軍その他の戦力は、これを保持しない。国の交戦権は、これを認めない**」と規定しています。*3

＊2

＋α プラスアルファ

専制政治の下では、基本的人権の保障は完全なものとはなりえず、民主主義政治の下で初めて人権保障が確立するという意味で基本的人権の保障は国民主権と結びついています。

また、人間の自由と生存は平和なくして確保されないという意味で、平和主義もまた基本的人権の保障および国民主権と密接に結びついています。このように憲法の基本原理は相互に不可分に関連しています。

＊3

＋α プラスアルファ

国連憲章51条で規定されている集団的自衛権とは、自国と密接な関係にある他国に対する武力攻撃を、自国が攻撃されていなくとも、実力で阻止する権利をいいます。従来から、集団的自衛権の行使については議論がありましたが、日本政府は、2014年7月1日、わが国と密接な関係にある他国に対する武力攻撃が発生した場合、国の存立を全うし、国民の命と平和な暮らしを守るための必要最小限度の自衛の措置としての武力の行使を容認する旨の閣議決定を行いました。

人権－人権総論

2 人権の意義と性質・国民の義務　重要度 B

講師からのアドバイス
憲法上保障される人権は重要ですが、制約を受ける場合もあります。

1 人権の意義とその性質

人権とは、すべての人が生まれながらに有する当然の権利といわれています。人権は、①固有性、②不可侵性、③普遍性という3つの性質を有します。

(1) 固有性
人権が、憲法や天皇から恩恵として与えられたものではなく、人間であることにより（生まれながらにして）当然に有するとされる権利であるという性質をいいます。

(2) 不可侵性
人権が、原則として、公権力により侵されない性質をいいますが、人権が絶対無制限であることを意味するものではなく、「公共の福祉」による制限がされることがあります。

(3) 普遍性
人権が、人種・性・身分などの区別に関係なく、人間であることを根拠として（誰でも）当然に享有できる権利であるという性質をいいます。

2 人権の分類

日本国憲法は、様々な基本的人権の類型を定めていますが、これらの人権は、次のように分類されます。

人権の分類　15-4　*1

- 自由権
  - 精神的自由（表現の自由、信教の自由等）
  - 経済的自由（職業選択の自由等）
  - 人身（じんしん）の自由（奴隷的拘束（どれいてきこうそく）および苦役（くえき）からの自由等）
- 受益権（じゅえきけん）（裁判を受ける権利等）
- 参政権（公務員の選定・罷免権、被選挙権）
- 社会権（生存権、教育を受ける権利等）

もっとも、人権の分類自体様々な立場があります。法の下の平等（14条）も「平等権」として1つの分類項目に挙げる立場もあります。

---

*1
ことばの意味

自由権
国家が個人の自律的領域に対して権力的に介入することを排除して、個人の自由な意思決定と活動とを保障する人権であり、「国家からの自由」ともいわれます。

受益権
国民が国家に対し特定の活動を請求する権利です。

参政権
国民の国政に参加する権利であり、「国家への自由」ともいわれます。

社会権
社会的・経済的弱者を守るために保障されるに至った20世紀的な人権であり、「国家による自由」ともいわれます。

● 人　権

3 人権の憲法的保障と限界

日本国憲法は、人間が生まれながらに有する基本的人権を「侵すことのできない永久の権利」（11条）としています。

しかし、人権はすべての個人に平等に保障されなければならず、個人は社会の中で生きていかなければなりません。人権も、絶対的に無制約に保障されるものではなく、他者の人権との関係や、多数の個人が有する重要な利益などとの関係で、制約を受けることがあります。

日本国憲法は、人権の制約の根拠について、12条、13条において人権全般に「公共の福祉」による制約があることを規定しています。また、経済的自由については、「公共の福祉」による制約があることを特に規定しています（22条1項、29条2項）。＊2

4 国民の義務

12条において、精神的指針として人権擁護のために国民の不断の努力により人権を保持すること、人権を濫用してはならないことが要請されています（一般的義務）。

もっとも、個別に国民の具体的義務も定められています。

国民の義務	
子女に教育を受けさせる義務（26条2項前段）	すべて国民は、法律の定めるところにより、その保護する子女に普通教育を受けさせる義務を負う。 教育を受ける権利の保障（26条1項）に対応するもので、同時に子女に教育を受けさせる保護者の義務を明らかにしたものである
勤労の義務（27条1項）	すべて国民は、勤労の権利を有し、「義務」を負うとされているが、勤労能力ある者はみずからの勤労により生活を維持すべきという建前を宣言するにとどまり、強制労働を認めたものではない。勤労能力がありながらその意思のない者には、社会国家的給付が与えられないという趣旨を伴うと一般に解されている
納税の義務（30条）	国民は、法律の定めるところにより、納税の義務を負う。 基本的人権の確保、国家存立のため、国民がその能力に応じ国家の財政を支えるのは当然であり、その義務を明示するものである

＊2
 プラスアルファ

「公共の福祉」の具体的内容については、各人権の種類や性質に従って確定されるべきであることが、今日の共通意識となっています。

一方、学説には、「公共の福祉」を「国民全体の共同の利益」と理解すると、人権制限が容易に肯定されてしまうおそれがあるとして、「公共の福祉」とは「人権相互の矛盾・衝突を調整するための実質的な公平の原理である」と説明するものがあります。

人権－人権総論

3 人権の享有主体

重要度 A

講師からのアドバイス

外国人の人権は判例が多く、要注意です。法人の人権は八幡製鉄政治献金事件と南九州税理士会事件の比較の視点を持つと理解しやすいでしょう。

＊1 プラスアルファ

天皇・皇族も日本国民であり、基本的人権が保障されるのが原則ですが、参政権は認められません。また、婚姻の自由や財産権などについても、一定の範囲で制約を受けています。

＊2 判例ゼミ

在留更新不許可処分は違法ではないと判断されました。

＊3 判例ゼミ

外国人には憲法上選挙権は保障されないが、地方政治レベルでは、法律により定住外国人等に選挙権を付与することは憲法に反しないとするのが本判例の見解です。ただし、こうした法律を作るか否かは国会が決めることであり、作らないからといって違憲とはならないということです。

　人権は、人間であれば当然に享有することのできる普遍的な権利です。しかし、日本国憲法第3章が、表題を「**国民の権利及び義務**」としていることから、文言上、人権の主体を国民に限定しているとも考えられます。そこで、**国民以外にいかなる者が人権を享有できるか**が問題となります。＊1

1 外国人の人権

　外国人にも、権利の性質上可能な限り人権が保障されます（マクリーン事件／最大判昭53.10.4）。外国人の人権については、出入国の自由、在留の権利、政治活動の自由、参政権、公務就任権、社会権などが判例上問題となっています。

判例 　**外国人の人権に関する判例**

▶**マクリーン事件（最大判昭53.10.4）** 重要 ＊2

　法務大臣が、外国人の在留期間の更新の申請を、在留中の政治活動を理由に不許可とし、これが争われた。
① 基本的人権は、**権利の性質上日本国民が対象となるものを除き**、在留外国人に対しても保障される。
② 政治活動の自由は、わが国の政治的意思決定またはその実施に影響を及ぼす活動等の外国人の地位にかんがみこれを認めることが相当でないものを除き、保障される。 15-3 17-3

▶**定住外国人の地方参政権に関する判例（最判平7.2.28）** ＊3

　地方議会議員選挙の選挙人名簿への登録を求める定住外国人の申出を選挙管理委員会が却下したため、これが争われた。
① 公務員を選定罷免する権利（15条1項）は、権利の性質上、在留する外国人に及ばない。
② 93条2項の「住民」とは、**地方公共団体の区域内に住所を有する日本国民**を意味し、在留外国人に対して、地方公共団体の長、議会の議員等の選挙権は保障されない。
③ 法律で、②の選挙権を付与することは、憲法上禁止されない。
④ ③の措置を講ずるか否かは、専ら**国の立法政策の問題**であり、措置を講じなくても違憲の問題は生じない。

▶**管理職選考試験の受験資格に関する判例（最大判平17.1.26）** ＊4

　地方公務員である定住外国人が管理職選考試験の受験を認められなかったことから、受験資格の確認を求めて争われた。

① 外国人の「公権力行使等地方公務員」への就任は、わが国の法体系の想定外である。
② 地方公共団体が、「公権力行使等地方公務員」の職とこれへの昇任に必要な職務経験を積むために経るべき職とを包含する一体的な管理職の任用制度を構築し、日本国民である職員に限って管理職への昇任を可能とすることには合理的な理由があり、労働基準法3条、憲法14条1項に違反しない。
③ ②の理論は、特別永住者についても異ならない。 15-3

▶塩見訴訟（最判平元.3.2）*5
障害福祉年金の受給を請求した者が、障害認定日に日本国民でなかったことを理由に請求を棄却され、これが争われた。
① 社会保障上の施策における在留外国人への処遇は、国の政治的判断で決定でき、自国民を在留外国人より優先して福祉的給付を行うことができる。
② 国民年金法81条1項の障害福祉年金の支給対象者から在留外国人を除外することは、立法府の裁量の範囲に属する。
③ 国籍を理由に社会保障の給付をしなくても、25条、14条に反しない。 15-3

2 法人の人権

法人とは、会社などのように法律によって権利義務の主体となることが特別に認められた存在をいいます。*6

判例も、性質上可能な限り人権規定が法人にも適用されるとしています（八幡製鉄政治献金事件／最大判昭45.6.24）。

判例 法人の人権に関する判例

▶八幡製鉄政治献金事件（最大判昭45.6.24）
株式会社の代表取締役が会社名で政党に政治献金をしたことから、株主が取締役の責任を追及し株主代表訴訟を提起した。
① 性質上可能な限り、法人にも憲法上の人権が保障される。
② 会社は、自然人たる国民と同様、政治的行為をなす自由を有する。
③ 政治資金の寄付も政治的行為をなす自由の一環として認められる。 17-3

▶南九州税理士会事件（最判平8.3.19）*7
税理士会は、強制加入団体であり、会員に実質的には脱退の自由も認められず、様々な思想・信条を持つ者が存在することが予定されているため、税理士会が政党等に金員を寄付することは、会の目的の範囲外の行為として無効である。

▶群馬司法書士会事件（最判平14.4.25）*8
司法書士会が、被災した地域の司法書士会に復興支援金を寄付することは、会の目的の範囲内であり、許される。

●人 権

*4 ことばの意味

公権力行使等地方公務員
地方公務員のうち、住民の権利義務を直接形成し、その範囲を確定するなどの公権力の行使にあたる行為を行い、もしくは普通地方公共団体の重要な施策に関する決定を行い、またはこれらに参画することを職務とするものをいいます。

*5 判例ゼミ

結局、受給請求は認められませんでした。

*6 プラスアルファ

人権は個人の権利であり、その主体も本来人間でなければなりませんが、経済社会の発展に伴い法人その他の団体の活動の重要性が増大し、法人もまた人権の享有主体であると解されるようになりました。

*7 判例ゼミ

八幡製鉄政治献金事件と異なり、政治献金が許されないとされたのは、税理士会が会社とは異なる強制加入団体であり、公益目的を有するという性質があるためです。

*8 判例ゼミ

司法書士会が強制加入団体であることを考慮にいれたとしても、本件負担金は登記申請事件一件につき、50円にすぎず、会員の政治的・宗教的立場や思想信条の自由を害するものではない点に着目したものです。

第1編 憲法 人権

15

人権－人権総論

4 公務員の人権

重要度 A

講師からのアドバイス

公務員の人権は判例の理解が必須です。判例を中心に学習しましょう。

*1 ことばの意味

特別権力関係論
特別の公法上の原因により成立する公権力と国民との法律関係（特別権力関係）においては、①公権力は法律の根拠なくしてその私人を包括的に支配でき、②人権を法律の根拠なくして制限することができ、③その内部における公権力の行為は原則として司法審査に服さないという理論ですが、現在ではこの理論は支持されていません。

*2 判例ゼミ

判例は、私企業の場合には、一般に使用者はロックアウトをもって争議行為に対抗できるのみならず、労働者の過大な要求は企業そのものの存立を危うくし、労働者自身の失業を招くこととなるから、労働者の要求はおのずから制約を受けるし、また、いわゆる市場抑制力が働くが、公務員の場合にはそのような制約はないとして、市場抑制力の欠如も指摘しています。

1 特別の法律関係

公務員や在監者（刑事施設被収容者）などの公権力と特殊な関係にある者には、一般の国民とは異なる特別な人権制限が許されると考えられています。かつては、**特別権力関係論**により特別な人権制限を正当化する考え方もありました。しかし、日本国憲法は法の支配の原理を採用し、基本的人権の尊重を基本原理とし、国会を唯一の立法機関と定めているので、伝統的な特別権力関係論は通用しません。*1

2 公務員の人権

（1）人権制約の根拠

従来、公務員の人権制限の根拠は、公共の福祉および「全体の奉仕者」（15条2項）という抽象的な観念に求められてきましたが、判例は、公務員にも一般の勤労者と同様に基本権が保障されるが、その職務の性質上、国民全体の利益の保障の見地からの制約を当然の内在的制約として内包するとして、従来の抽象的な根拠づけを放棄しました（全逓東京中郵事件／最大判昭41.10.26）。

（2）公務員の労働基本権

公務員といえども国民であり、その基本的人権は尊重されるべきです。判例は、全逓東京中郵事件で「国民全体の利益の確保という見地からの内在的制約のみ」が許されるとして厳格な条件を示しました。しかし、**全農林警職法事件（最大判昭48.4.25）**以降、現行法の厳しい制限を合憲とする方向へと推移しています。

> **判例** 公務員の労働基本権に関する判例
>
> ▶ **全農林警職法事件（最大判昭48.4.25）***2
> 　公務員の争議権を一律全面的に禁止する国家公務員法の規定が28条に反しないかが争われた。
> ① 28条の労働基本権の保障は公務員にも及び、団結権等の労働基本権を否定することは許されない。
> ② **公務員の地位の特殊性と職務の公共性**を理由に必要やむを得ない限度の制限を加えることは、十分合理的な理由がある。

16

③ 公務員の労働基本権を制約する国家公務員法98条5項、110条1項17号は憲法28条に反しない。 12-7

（3）公務員の政治活動の自由

公務員には政治的中立性が要求されます。しかし、**公務員の政治活動を制限するとしても行政の中立性確保という目的達成のため必要最小限度にとどめるべきと考えられます。**

判例　公務員の政治活動の自由に関する判例

▶**猿払事件**（最大判昭49.11.6）重要
　公務員の政治活動を禁止する国家公務員法の規定が、公務員の政治活動の自由を侵害し21条に反しないかが争われた。
① 公務員の政治的行為を禁止することは、合理的で必要やむを得ない限度にとどまるものである限り、憲法上許容される。
② ①の判断は、(1)規制目的の正当性、(2)目的と禁止される政治的行為との合理的関連性、(3)政治的行為の禁止により得られる利益と失われる利益との均衡、の3点から検討される。
③ **公務員の政治的行為を禁止**する国家公務員法、同規則は**憲法21条に反しない。**

▶**目黒事件**（最判平24.12.7）＊3
　管理職的地位になく、その職務の内容や権限に裁量の余地のない公務員によって、職務と全く無関係に、公務員により組織される団体の活動としての性格もなく行われ、公務員による行為と認識しうる態様で行われたものでもない本件配布行為は、公務員の職務遂行の政治的中立性を損なうおそれが実質的に認められるものとはいえず、国家公務員法で禁止されている政治的行為に該当しない。 18-41

▶**世田谷事件**（最判平24.12.7）
　管理職的地位および職務の内容・権限にかんがみれば、政党機関紙の配布という特定の政党を積極的に支持する行動を行うことは、それが勤務時間外のものであったとしても、国民全体の奉仕者として政治的に中立な姿勢を特に堅持すべき立場にある管理職的地位の公務員が殊更にこのような一定の政治的傾向を顕著に示す行動に出ているのであるから、……、本件配布行為には、公務員の職務の遂行の政治的中立性を損なうおそれが実質的に認められ、本件配布行為は本件罰則規定の構成要件に該当する。このように公務員の職務の遂行の政治的中立性を損なうおそれが実質的に認められる本件配布行為に本件罰則規定を適用することが憲法21条1項、31条に違反しない。 17-3

▶**寺西判事補戒告事件**（最大決平10.12.1）
　裁判官が「積極的に政治運動をすること」を禁止する裁判所法の規定は、21条に反しない。

＊3
プラスアルファ

目黒事件における判決は「本件罰則規定に係る本規則6項7号については、同号が定める行為類型に文言上該当する行為であって、公務員の職務の遂行の政治的中立性を損なうおそれが実質的に認められるものを同号の禁止の対象となる政治的行為と規定したものと解するのが相当である」としています。
　一方、猿払事件大法廷判決は、本件罰則規定の禁止する「政治的行為」に限定を付さないという法令解釈を示しているようにも読めなくはないものです。しかし、猿払事件大法廷判決の政治的行為に関する判示は当該事案に対する具体的なあてはめを述べたものであり、目黒事件とは事案が異なるため、本件罰則規定の法令解釈において猿払事件大法廷判決の判示と目黒事件の判示が矛盾・抵触するようなものではないと考えられます。

人権－人権総論

5 在監者の人権・未成年者の人権　重要度 B

講師からのアドバイス
在監者の人権は一般国民とは異なる制約がなされます。判例を中心に理解しましょう。

1 在監者（刑事施設被収容者）の人権

在監者（刑事施設被収容者）とは、受刑者や被疑者など、拘禁施設（刑務所・留置場等）に収容された者をいいます。

在監目的を達成するためには、在監者の人権に対して一般国民とは異なる制約が必要とされます。しかし、在監者といえども無制限の人権制約が許されるわけではありません。

なお、「在監者」「監獄」という用語は、平成18年の「刑事収容施設及び被収容者等の処遇に関する法律」の施行により現在では法令上使用されていません。

判例　在監者の人権に関する判例

▶**よど号ハイジャック新聞記事抹消事件**（最大判昭58.6.22）
　勾留中の被告人が新聞を定期購読していたところ、よど号事件に関する新聞記事を拘置所長が全面的に抹消したことが「知る権利」との関係で争われた。
① 未決拘禁者に対する新聞紙・図書等の閲読制限には、閲読により監獄内の規律・秩序の維持上、放置できない程度の障害が生ずる相当の蓋然性があることが必要である。　20-3
② ①の場合でも、閲読制限は当該障害発生の防止のために必要かつ合理的な範囲にとどまるべきである。
③ 本件での拘置所長の判断には合理的根拠があり、同所長の判断に裁量権の逸脱または濫用の違法もない。

▶**未決拘禁者の喫煙の禁止**（最大判昭45.9.16）
　喫煙の自由は、13条の保障する基本的人権の一に含まれるとしても、あらゆる時、所において保障されなければならないものではなく、未決勾留により拘禁された者に対し喫煙を禁止しても13条に違反しない。

---

2 未成年者の人権

(1) パターナリスティックな制約

未成年者にも人権保障は及ぶものの、心身の健全な発達を図るために、成年者とは異なった特別の人権制約が認められると一般に考えられています。このような人権制約は通常の公共の福祉による制約とは区別して、「パターナリスティックな制約（後見的な制約）」などと呼ばれます。＊1

---

*1 **ここに注意**
公共の福祉による人権制約は、人権相互の調整を目的としています。すなわち、「他者加害」の防止を目的とするものといえます。これに対し、パターナリスティックな制約は、未熟な判断から誤った行動等をしないように保護することを目的としています。すなわち、「自己加害」の防止を目的とするものといえます。

●人権

> **判例** 　**未成年者の人権に関する判例**

▶岐阜県青少年保護育成条例事件（最判平元.9.19） 重要

　有害図書の自動販売機への収納を禁止・処罰する青少年保護育成条例が、表現の自由を保障する憲法21条１項に違反しないかが争われた。

① 　有害図書が一般に思慮分別の未熟な青少年の性に関する価値観に悪い影響を及ぼし、性的な逸脱行為や残虐な行為を容認する風潮の助長につながるものであって、青少年の健全な育成に有害であることは、すでに社会共通の認識になっているといってよい。さらに、自動販売機による有害図書の販売は、売手と対面しないため心理的に購入が容易であること、昼夜を問わず購入ができること、収納された有害図書が街頭にさらされているため購入意欲を刺激しやすいことなどの点において、書店等における販売よりもその弊害が一段と大きいといわざるを得ない。

② 　有害図書の自動販売機への収納の禁止は、青少年に対する関係において、憲法21条１項に違反しないことはもとより、成人に対する関係においても、有害図書の流通を幾分制約することにはなるものの、青少年の健全な育成を阻害する有害環境を浄化するための規制に伴う必要やむを得ない制約であるから、憲法21条１項に違反するものではない。

▶修徳学園高校パーマ事件（最判平8.7.18）

　私立高校において、パーマをかけること等を禁止する旨の校則に違反したことを理由に、生徒に対して自主退学を勧告することは、憲法13条に反しないかが争われた。

① 　三菱樹脂事件判決（最大判昭48.12.12）を引用して、憲法上のいわゆる自由権的基本権の保障規定は、国または公共団体と個人との関係を規律するものであって、私人相互間の関係について当然に適用ないし類推適用されるものでないとした。

② 　本件校則は社会通念上不合理なものとはいえず、民法１条、90条に違反するものではない。

（2）参政権（選挙権）

　憲法15条３項は、成年者に選挙権を保障しています。選挙権の行使には政治に参加する能力が前提となるため、従来の公職選挙法では、選挙権を有する年齢は「20歳以上」とされていました。しかし、2015年の公職選挙法改正により、選挙権を有する年齢が18歳以上に引き下げられました（2016年６月19日施行）。

第１編 憲法

人権

19

人権－人権総論

6 私人間の人権保障

重要度 A

憲法が私人間にどのように適用されるのか、判例を通じてしっかり理解しましょう。

私人間の人権保障

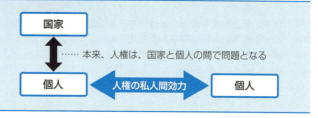

　憲法の基本的人権は、従来は、公権力と国民との関係で保障されると考えられ、私人間の関係は当事者間の契約に委ねられると考えられてきました。

　しかし、現代では、企業、労働組合等、巨大な力を持つ国家類似の私的団体が多く生まれ、国民の人権が脅かされるという事態が生じています。また、情報化社会の下、マス・メディアによるプライバシー侵害等も生じ、重大な社会問題となっています。そこで、このような社会的権力から国民の人権を保護する必要が生じました。

　判例は、憲法の人権規定を私人間に直接適用せず、法律の概括的（がいかつてき）条項（民法90条のような私法の一般条項等）に、憲法の趣旨を取り込んで解釈・適用し、間接的に私人間の行為を規律する立場をとります（間接適用説（かんせつてきようせつ））。私人間において人権規定の直接適用が否定されるのは、私的自治の原則（各人の意思で自由に権利義務を成立させることができるという原則）が害されないようにするためです。

　なお、間接適用説に立ったとしても私人間に直接適用される条文として、15条4項（投票の無答責）、18条（奴隷的拘束および苦役からの自由）、24条（家族生活における個人の尊厳と両性の平等）、27条3項（児童酷使の禁止）、28条（労働基本権）があります。

● 人 権

判例　私人間効力に関する判例

▶ **三菱樹脂事件（最大判昭48.12.12）** 重要

民間企業が、試用期間を設けて採用した者に対し、入社試験の際に大学在学中の学生運動歴につき虚偽の申告をしたという理由で本採用を拒否したことにつき争われた。
① 19条、14条は、私人相互の関係を直接規律することを予定していない。
② 私人間で個人の自由・平等に対する具体的な侵害がある場合は、民法1条、90条や不法行為に関する諸規定等の適切な運用によって、適切な調整を図る方法がある。
③ 企業者は、契約締結の自由を有し、応募者の思想を調査したり、企業者が特定の思想、信条を有することを理由に雇い入れを拒否しても、直ちに違法にはならない。 13-4

▶ **昭和女子大事件（最判昭49.7.19）**

学生の政治活動を広範に制限した「生活要録」に違反することを理由とした退学処分につき争われた。
① 人権規定は私人間相互の関係に当然に適用ないし類推適用されない。
② 大学は学生を規律する包括的権能を有し、学生の政治的活動を制限することも不合理な制限とはいえず、退学処分も懲戒権者の裁量権の範囲内にある。 13-4

▶ **日産自動車事件（最判昭56.3.24）** ＊1

就業規則中、女子の定年年齢を男子より低く定めた部分は、性別のみによる不合理な差別であり民法90条（公序良俗）違反により無効である。 13-4

▶ **百里基地訴訟（最判平元.6.20）**

基地建設用地取得のための売買契約のように、私人と対等な立場で行う国の私法上の行為に対して、憲法9条が直接適用されるかが争われた。 18-3
① 憲法9条は、その憲法規範として有する性格上、それ自体が独立して、具体的訴訟において私法上の行為の効力を直接規律することを目的とした規定ではなく、人権規定と同様、私法上の行為に対しては直接適用されるものではない。
② 国が一方当事者として関与した行為であっても、例えば、行政活動上必要となる物品を調達する契約、公共施設に必要な土地の取得または国有財産の売払いのためにする契約などのように、国が行政の主体としてではなく私人と対等の立場に立って、私人との間で個々的に締結する私法上の契約は、当該契約がその成立の経緯および内容において実質的にみて公権力の発動たる行為と何ら変わりがないといえるような特段の事情がない限り、憲法9条の直接適用を受けず、私人間の利害関係の公平な調整を目的とする私法の適用を受けるにすぎない。 13-4 15-3

＊1
 判例ゼミ

不合理な差別とされたのは、会社における女子の担当職務は広範囲にわたっており、従業員の努力と会社の活用策によっては貢献度を上げうる職務が数多く含まれているため、性別によって定年年齢を差別する合理的な根拠がないからです。

人権－包括的基本権

7 幸福追求権

重要度 A

憲法に明文のない権利が保障されるのか、判例ではどのような権利が問題となっているのかを理解しましょう。

> **第13条【個人の尊重、幸福追求権、公共の福祉】**
> すべて国民は、個人として尊重される。生命、自由及び幸福追求に対する国民の権利については、公共の福祉に反しない限り、立法その他の国政の上で、最大の尊重を必要とする。

立法趣旨

本条は、個人の尊厳に基づく基本的人権保障の意味を確認したものであり、「新しい人権」の根拠となる包括的な権利です。

1 意義

憲法は様々な人権を保障し、歴史的に国家権力により侵害されることが多かった重要な権利を列挙しています。それ以外でも、社会の変革に伴い、個人の人格的生存に不可欠な権利自由として保護に値すると考えられるようになった法的利益は、「新しい人権」として憲法上保障されます。その根拠となるのが13条の幸福追求権です。 14-3

2 具体的内容

これまでに新しい人権として主張されたものは、環境権、日照権、嫌煙権、平和的生存権と多数にのぼります。判例は、例えばプライバシーの権利としての肖像権を実質的に認めています。これらの権利を明確な基準もなく裁判所が権利として認めるとなると、裁判所の主観的な価値判断により権利が創設されるおそれがあり、また、他者の人権（例えば、表現の自由）を侵害するおそれもあるので、その判断は慎重でなければなりません。 16-4 *1 *2

*1 プラスアルファ

「宴のあと」事件（東京地判昭39.9.28）において「私生活をみだりに公開されない法的保障ないし権利」と定義されたプライバシー権は、情報化社会の進展に伴い、「自己に関する情報をコントロールする権利」という側面も重視されるようになってきました。このようにプライバシー権を捉えることにより、個人情報を集中的に管理している行政機関に対し、個人が自己の情報について開示・訂正・利用停止を求めることができることになります。

> **判例　新しい人権に関する判例**
>
> ▶京都府学連事件（最大判昭44.12.24）
> デモ行進の際、警察官が犯罪捜査のために本人の同意なく写真を撮影した行為が、肖像権の侵害にあたらないかが争われた。
> ① 肖像権と称するかどうかは別として、何人も、承諾なしに、みだりに容ぼう等を撮影されない自由を有し、警察官が、正当な理由もなく撮影することは、13条の趣旨に反し、許されない。 21-4

● 人 権

② もっとも、(1) 現に犯罪が行われもしくは行われたのち間がないと認められ、(2) 証拠保全の必要性および緊急性があり、(3) 撮影が一般的に許容される限度を超えない相当な方法をもって行われるときには、警察官による写真撮影に第三者である個人の容ぼう等を含むことになっても、13条、35条に違反しない。

▶指紋押捺拒否事件（最判平7.12.15）
在留外国人に対する指紋押捺制度を定めた（旧）外国人登録法の規定が憲法に違反しないかが争われた。
① 個人の私生活上の自由として、みだりに指紋の押捺を強制されない自由が13条により保障され、わが国に在留する外国人にも等しく及ぶが、公共の福祉のため必要がある場合には相当の制限を受ける。
② 指紋押捺制度は外国人の居住関係および身分関係を明確にするための最も確実な制度であり、立法目的には合理性・必要性が認められるので、必要かつ合理的な制限であり、13条に反しない。 15-3

▶前科照会事件（最判昭56.4.14） 重要
区長が弁護士法に基づく「前科および犯罪経歴」（前科等）の照会に応じて前科等のすべてを回答したことが、国家賠償法1条の「違法」となるかが争われた。
① 前科等のある者もみだりに前科を公開されないという法律上の保護に値する利益を有する。
② 市区町村長が漫然と弁護士法に基づく照会に応じ前科等のすべてを報告することは、公権力の違法な行使にあたる。

▶ノンフィクション「逆転」事件（最判平6.2.8）
ノンフィクション小説の中で自己の前科を公表された者が、プライバシーの権利を侵害されたとして、著者に対して慰謝料を請求し、争われた。
① 前科等のある者は、前科等にかかわる事実を公表されないことにつき、法的保護に値する利益を有する。
② 当該事実を公表する理由よりも公表されない利益が優越する場合に公表された場合、精神的苦痛の賠償を請求しうる。

▶エホバの証人輸血拒否事件（最判平12.2.29）
宗教上の理由から輸血拒否の意思を明確に表示していた患者に対して、医師が病院の方針に従って輸血する可能性があることを告げないまま手術を施し、輸血を行ったため、これが争われた。
① 患者が、自己の宗教上の信念に反するとして輸血を伴う医療行為を拒否するとの明確な意思を有している場合、これを決定する権利は、人格権の一内容として尊重される。
② 医師は、説明を怠ったことにより、患者が輸血を伴う可能性のあった手術を受けるか否かについて意思決定をする権利を奪ったものといえる。 17-34

*2 判例ゼミ
行政機関が住基ネットにより住民の本人確認情報を収集、管理または利用する行為がプライバシー権の侵害とならないかが争われた「住基ネット訴訟」（最判平20.3.6）において、判例は、何人も、個人に関する情報をみだりに第三者に開示または公表されない自由を有していることを認めました。しかし、この判例は、住基ネットで管理・利用される4情報（氏名・生年月日・性別・住所）は、個人の内面にかかわるような秘匿性の高い情報とはいえないことなどを指摘して、住基ネットにより、行政機関が住民の本人確認情報を収集、管理または利用する行為は、当該個人がこれに同意していないとしても、憲法13条に違反しないと判断しました。

人権－法の下の平等

8 法の下の平等

重要度

> 第14条【法の下の平等、貴族制度の禁止、栄典の授与】
> 1 すべて国民は、法の下に平等であつて、人種、信条、性別、社会的身分又は門地により、政治的、経済的又は社会的関係において、差別されない。
> 2 華族その他の貴族の制度は、これを認めない。
> 3 栄誉、勲章その他の栄典の授与は、いかなる特権も伴はない。栄典の授与は、現にこれを有し、又は将来これを受ける者の一代に限り、その効力を有する。

法の下の平等を規定する14条の「法の下」「平等」という文言の意味を理解しておきましょう。

立法趣旨

本条は、平等原則を一般的に定めています。さらに、平等原則を具体化した制度についても規定しています。

1 平等の概念とその変遷

近代以前の身分制度の下では、人は生まれによって差別されていましたが、市民革命を経て身分制度の打破に成功しました。そのときの推進力は「自由と平等」です。当時の平等理念とは「すべての個人を均等に取り扱い、その自由な活動を保障する（形式的平等）」というものでした。しかし、19世紀の資本主義の進展は結果的に社会的・経済的弱者を生み、貧富の格差が拡大しました。そこで、社会的・経済的弱者に対してはより厚い保護を与え、他の国民と同程度の自由と生存を保障することが要請されます。これが、実質的平等の観念です。平等の理念は、歴史的には形式的平等から実質的平等へと推移しているといえます。＊1

*1 ことばの意味

形式的平等
人の現実の様々な差異を捨象して一律平等に取り扱うこと（機会の均等）を意味します。

実質的平等
人の現実の差異に着目してその格差是正を行うこと（結果の均等）を意味します。

法の下の平等と国家との関係

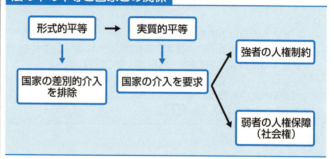

●人　権

　これに対し、日本国憲法14条の規定は、形式的平等を保障
したものと解されます。結果の不平等を完全に解消すること
は「自由」の理念と両立しないものですが、近代立憲主義の
延長線にある日本国憲法は「自由」の理念と調和する「平等」
の理念に基づいているからです。

　実質的平等の理念は、日本国憲法では、社会権の保障とい
う形で実現されています（25条以下）。結局、立法により具
体化することで実質的平等の理念は実現されるのです。

2 憲法における平等原則

　憲法は14条1項で法の下の平等の基本原則を宣言するほ
か、個別的規定を特に設け、その徹底化を図っています。

　また、14条1項後段は、「人種、信条、性別、社会的身分
又は門地」による差別を禁止しています。これらは歴史的に
不合理な差別が行われてきた事由を例示的に掲げたものにす
ぎません（例示列挙）。

3 法の下の平等の意味

(1)「法の下」の意味

　「法の下」の平等とは、法を執行し適用する行政権・司法
権が国民を差別してはならないというだけではなく、法の内
容それ自体も平等原則に従い定められなければならないとい
うことも意味します。いくら法を形式的に等しく執行・適用
しても、法の内容それ自体が不平等であれば実質的な平等は
実現されないからです。

(2)「平等」の意味

　法の下の「平等」とは、個々人の性別・能力・年齢・財
産・職業等の事実的・実質的差異を前提に、同一の事情と条
件の下では平等に取り扱うことを意味します（相対的平等）。
これらを無視した機械的・絶対的平等は、かえって不平等な
結果をもたらすからです。よって、恣意的差別は許されませ
んが、合理的な区別は認められます。

第1編　憲　法

人　権

25

人権－法の下の平等

9 法の下の平等に関する判例

重要度 A

講師からの
アドバイス

法の下の平等に関する判例は違憲判決が多数出ており、要注意です。

＊1

判例ゼミ

尊属殺重罰規定の加重の程度が極端である理由として、尊属殺人罪については刑の執行を猶予することができないことが指摘されました。なお、刑法200条は、平成7年の刑法改正の際に削除されました。

＊2

ことばの意味

非嫡出子
婚姻関係にない男女から生まれた子をいいます。
嫡出子
婚姻関係にある男女から生まれた子をいいます。

＊3
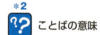
判例ゼミ

夫婦別姓制度は、令和3年決定においても合憲と判断されています（最大決令3.6.23）。この決定は、夫婦別姓制度のような制度の在り方は、平成27年判決の指摘のとおり国会で論ぜられ、判断されるべき事柄にほかならないとも述べています。

判例　法の下の平等に関する判例

▶**尊属殺重罰規定違憲判決（最大判昭48.4.4）** ＊1
　自己または配偶者の直系尊属（父母、祖父母など）を殺した場合の法定刑が死刑または無期懲役に限られるとした（旧）刑法200条の規定が、14条1項に反しないかが争われた。
① 尊属殺につき重罰を科すという立法目的自体は不合理といえない。
② 刑法200条の尊属殺の法定刑が死刑または無期懲役刑に限られている点は、加重の程度が極端であって、立法目的達成の手段として甚だしく均衡を失し、合理的根拠に基づく差別的取扱いとして正当化できない。
③ 刑法200条は、14条1項に違反して無効である。 16-7

▶**国籍法3条1項違憲判決（最大判平20.6.4）** 重要
　日本国民の父と外国人の母の間に生まれた非嫡出子が生後認知を受けた場合に、「父母の婚姻」があったときに限って日本国籍の取得を認めるとした（旧）国籍法の規定が、14条1項に反しないかが争われた。
① 血統主義を採用し、日本との密接な結びつきを指標とした一定の要件を設けた立法目的には合理性がある。
② しかし、今日において、国籍法3条1項の規定は、合理性を欠いた過剰な要件を課すものとなっており、憲法14条1項に違反する。 12-6 13-3 19-4

▶**非嫡出子に対する相続分差別（最大決平25.9.4）** ＊2
　非嫡出子の相続分を嫡出子の2分の1とする民法900条4号ただし書の規定が、14条1項に反しないかが争われた。
① 家族形態の多様化や国民意識の変化などを総合的に考察すれば、憲法14条1項に違反し無効である。
② 本決定の違憲判断は、本件の相続の開始時から本決定までの間に開始された他の相続につき、本件規定を前提としてされた遺産の分割の審判その他の裁判、遺産の分割の協議その他の合意等により確定的なものとなった法律関係に影響を及ぼすものではない。 16-7 19-4

▶**再婚禁止期間違憲訴訟（最大判平27.12.16）**
　女性についてのみ6カ月の再婚禁止期間を定める民法733条1項が、14条1項、24条2項に違反しないかが争われた。
① 民法733条1項の目的は、父性の推定の重複を回避して、父子関係をめぐる紛争の発生を未然に防ぐことにある。
② 100日の再婚禁止期間を設ける部分は、合憲である。
③ 100日を超える部分は、父性の重複を避けるために必要な期間とはいえず、14条1項等に違反する。 16-7 19-4

26

●人権

▶夫婦別姓訴訟（最大判平27.12.16）＊3
　夫婦同姓を定める民法750条が、13条、14条1項、24条に違反しないかが争われた。
① 婚姻の際に「氏の変更を強制されない自由」は人格権の一内容とはいえず、13条に違反しない。
② 夫婦がいずれの氏を称するかを両者の協議に委ねているのであり、男女間の形式的な不平等はなく、14条1項に違反しない。
③ 家族の呼称を1つに定めることには合理性が認められ、24条に違反しない。 19-4

【判例】 議員定数配分の不均衡に関する判例

▶衆議院議員定数不均衡訴訟①（最大判昭51.4.14）＊4
　一票の較差が最大4.99倍であった昭和47年の衆議院議員総選挙の定数配分が投票価値の平等に反しないかが争われた。
① 法の下の平等（14条1項）には投票価値の平等も含まれる。
② 投票価値の不平等が、合理性を有するとは到底考えられず、かつ、合理的期間内に是正されない場合は違憲となる。
③ 4.99対1の較差を生じ、約8年間是正されなかった本件議員定数配分規定は違憲である。
④ 違憲となる場合は定数配分規定全体が違憲となる。
⑤ 違憲となる場合でも、事情判決の法理により選挙は無効とならない。 14-5

▶衆議院議員定数不均衡訴訟②（最大判平23.3.23）
　一票の較差が最大2.30倍であった平成21年の衆議院議員総選挙の定数配分が投票価値の平等に反しないかが争われた。
① 1人別枠方式に係る部分および本件区割規定は、投票価値の平等の要求に反する状態に至っていた。
② しかし、合理的期間内における是正がなされなかったとはいえず、14条1項に違反しない。

▶衆議院議員定数不均衡訴訟③（最大判平27.11.25）
　一票の較差が最大2.129倍であった平成26年の衆議院議員総選挙の定数配分が投票価値の平等に反しないかが争われた。
① 本件区割規定は、投票価値の平等の要求に反する状態に至っていた。
② しかし、1人別枠方式が廃止され、また、選挙制度の見直しの検討が続けられており、合理的期間内における是正がなされなかったとはいえず、14条1項に違反しない。

▶参議院議員定数不均衡訴訟（最大判平21.9.30）＊5
　一票の較差が最大4.86倍であった平成19年の参議院議員通常選挙の定数配分が投票価値の平等に反しないかが争われた。
① 投票価値の平等は、参議院の独自性など国会が正当に考慮することができる他の政策目的ないし理由との関連において調和的に実現されるべきものである。
② 本件配分規定（4.86対1）は、14条1項に違反しない。

＊4
 判例ゼミ
「事情判決」とは、処分等が違法ではあるが、これを取り消すことにより公の利益に著しい障害を生ずる場合において、処分等が違法であることを宣言したうえで、取消請求を棄却する判決をいいます（行政事件訴訟法31条1項）。判例は、議員定数不均衡訴訟には行政事件訴訟法31条1項の規定そのものは準用されない（公職選挙法219条1項参照）が、この規定に含まれる「法の基本原則」（事情判決の法理）が適用されるという論理を用いて、「本件選挙は憲法に違反する議員定数配分規定に基づいて行われた点において違法である旨を判示するにとどめ、選挙自体はこれを無効としないこととする」としています（最大判昭51.4.14）。

＊5
 判例ゼミ
①一票の較差が最大5.00倍であった平成22年の参議院議員通常選挙は、違憲の問題が生ずる程度の著しい不平等状態に至っていたが合理的期間論により14条1項に違反しないとされました（最大判平24.10.17）。
②一票の較差が最大3.00倍であった令和元年の参議院議員通常選挙は、14条1項に違反しないとされました（最大判令2.11.18）。

27

人権－精神的自由

10 思想・良心の自由

重要度 B

思想・良心の自由は、内心にとどまる限り制約されることはなく絶対的に保障される人権です。

> 第19条【思想・良心の自由】
> 思想及び良心の自由は、これを侵してはならない。

立法趣旨

本条は、人間の尊厳を支える基本的な条件であり、民主主義存立の不可欠の前提となる、「思想・良心」という人の精神の自由を包括的に保障するものであり、精神的自由の原理的規定としての位置を占めています。

思想・良心の自由（19条）とは、心の中の自由であり、人が心の中で何を考え、何を思うかについて他人から一切干渉を受けないことが保障される権利です。この権利は、すべての精神的自由の基礎となります。本来、思想や良心は心の中の問題で国家権力は手の出しようもないはずのものです。それにもかかわらず、憲法19条でその保障を定めているのは、明治憲法下で、治安維持法などの法律によって、警察などが国民の読む本などからその人の思想を探りあて、拷問を加えたりして、その思想の改造を図るなど、個人の思想・良心にまで干渉したという苦い歴史があるからです。

1 思想・良心の意義

「思想」と「良心」の意味については、特に区別する必要がないとするのが、判例・通説の立場です。そして、「思想及び良心」とは、人の内面一般をいうのではなく、「宗教上の信仰に準ずべき世界観・人生観等個人の人格形成上核心をなすもの」をいうと解されています。

2 保障の態様

思想・良心の自由は、内心にある限り保障は絶対的であり、内心の思想に基づき不利益を課したり、特定の思想を抱くことを禁止することはできません。また、国民がいかなる思想を抱いているかにつき、国家権力が表明を直接的、間接的に強制することは許されません（沈黙の自由）。＊1

思想・良心の自由の保障は、自己の思想・良心に反する行為を公権力によって強制されない自由の保障をも含みます。

＊1 例えば、江戸時代の「踏絵」のようなものは絶対に許されません。

●人権

> **判例** 思想・良心の自由に関する判例

▶ **謝罪広告事件（最大判昭31.7.4）** *2
　裁判所が、衆議院議員総選挙の候補者に対し、他の候補者の名誉を毀損したことを謝罪する旨の広告を新聞紙上に掲載するよう命じても、単に事態の真相を告白し、陳謝の意を表明するにとどまる程度のものであれば、良心の自由を侵害することにはならない。

▶ **麹町中学内申書事件（最判昭63.7.15）**
　高校受験のための内申書に、中学生が在学中に学生運動等に参加した旨を記載しても、その記載は、思想・信条そのものを記載したものでも思想・信条を了知しうるものでもなく、思想・信条自体を高校の入学者選抜の資料に供したとはいえない。

▶ **「君が代」ピアノ伴奏職務命令拒否事件（最判平19.2.27）**
　市立小学校の校長が、音楽専科の教諭に対し、入学式における国歌斉唱の際に「君が代」のピアノ伴奏を行うように命ずる旨の職務命令は、直ちに当該教諭の有する歴史観ないし世界観それ自体を否定するものと認めることはできない。

▶ **「君が代」起立斉唱職務命令拒否事件（最判平23.5.30）**
　都立高等学校の教諭に対し、卒業式における国歌斉唱の際に国旗に向かって起立し国歌を斉唱することを命ずる学校長の職務命令は、思想及び良心の自由についての間接的な制約となる面があることは否定し難い。このような間接的な制約が許容されるか否かは、職務命令の目的および内容ならびに制限を介して生ずる制約の態様等を総合的に較量して、当該職務命令に上記の制約を許容し得る程度の必要性および合理性が認められるか否かという観点から判断すべきであり、本件職務命令は、思想及び良心の自由を侵すものとして憲法19条に違反するとはいえない。

*2
判例ゼミ
民法723条の「名誉を回復するのに適当な処分」として謝罪広告が認められるかが争われました。

人権－精神的自由

⑪ 表現の自由

重要度 A

表現の自由は自己実現・自己統治に資する権利として、非常に重要な権利です。

> **第21条【表現の自由】**
> 1　集会、結社及び言論、出版その他一切の表現の自由は、これを保障する。
> 2　検閲は、これをしてはならない。通信の秘密は、これを侵してはならない。

立法趣旨

　内心における思想や信仰は、外部に表現され、他者に伝達されて初めて効用を発揮するものです。その意味で、思想や信仰など内心における精神作用を外部に発表する自由である表現の自由は、精神的自由権の中でも特に重要な権利です。

1 意義

　表現の自由を支える価値には、①個人が言論活動を通じて自己の人格を発展させるという個人的な価値（**自己実現の価値**）と、②言論活動により国民が政治的意思決定に関与するという民主政治に資する社会的な価値（**自己統治の価値**）があります。表現の自由は個人の人格形成にとっても重要ですが、とりわけ国民がみずから政治に参加するために不可欠の前提をなす権利です。

表現の自由を支える価値

 ─┬─ **自己実現の価値**（人格の形成・発展）
　　　　　　⇒**自由主義**の現れ
　　　　　└─ **自己統治の価値**（立憲民主主義の維持・発展）
　　　　　　⇒**民主主義**の前提

2 内容

（1）言論・出版の自由

　21条1項は、言論・出版その他一切の表現の自由を保障しており、絵画、写真、映画、音楽、演劇、テレビ等、その手段を問わず広く及びます。

（2）集会・結社の自由

　21条1項は、集会・結社の自由を保障しています。

●人権

集会・結社は国民に様々な意見・情報に接する機会を提供し、相互に意見・情報を伝達、交流する場として重要です。

(a) 集会の自由

集会とは、多数人が共同目的のために、一定の場所に一時的に集まることをいいます。これには集団行動（デモ）の自由も含まれます。しかし、集団行動は純粋な言論とは異なり、外部的な行動を伴いますから、他の表現行為と比べ、他の人権との衝突を調整することが必要です。＊1

(b) 結社の自由

結社とは、多数人が共同目的のために継続的に結合することをいいます。＊2

> 判例　**表現の自由に関する判例**
>
> ▶渋谷暴動事件（最判平2.9.28）
> 　破壊活動防止法が処罰対象とする政治目的による放火や殺人等をそそのかす「せん動」は、表現活動としての性質を有するが、重大犯罪を引き起こす可能性のある社会的に危険な行為であるから、公共の福祉に反し、表現の自由の保護を受けるに値しない。
>
> ▶屋外広告物条例事件（最大判昭43.12.18）
> 　都市の美観風致を維持するため、電柱への貼り紙を禁止することは、公共の福祉のため、表現の自由に対する必要かつ合理的な制限として許される。
>
> ▶泉佐野市民会館事件（最判平7.3.7）重要
> 　空港建設反対の集会のための市民会館の使用許可申請に対し、市長が、市民会館条例に基づき不許可処分をし、争われた。
> ①　会館の使用不許可事由を定める本件条例上の「公の秩序をみだすおそれがある場合」という文言は、集会実施により、人の生命、身体または財産が侵害され、公共の安全が損なわれる危険を回避し、防止することの必要性が優越する場合をいうものと限定して解すべきである。
> ②　①の危険性の程度としては、明らかな差し迫った危険の発生が具体的に予見されることが必要である。
>
> ▶東京都公安条例事件（最大判昭35.7.20）＊3　＊4
> 　公安条例におけるデモ行進の許可制が、21条に反しないかが争われた。
> ①　集団行動による思想等の表現は、潜在する一種の物理的力によって支持されており、必要かつ最小限度の措置を事前に講ずることもできる。
> ②　本件条例は、規定の文面上では許可制を採用しているが、不許可の場合が厳格に制限されているので、実質的には届出制と異ならない。

＊1　プラスアルファ

他の人権との衝突を調整するために地方公共団体が公安条例（下記参照）を制定して規制することがありますが、これが裁判で争われることもあります。

＊2　プラスアルファ

結社の自由の具体的な内容は、以下の3つです。
①　団体を結成しそれに加入する自由
②　その団体が団体として活動する自由
③　団体を結成しないもしくはそれに加入しない自由あるいは加入した団体から脱退する自由

＊3　ことばの意味

公安条例
公共の秩序維持などの必要性を理由に大衆的な集会・集団行進・示威活動などを事前に規制する地方公共団体の条例のことをいいます。

＊4　判例ゼミ

「許可制」よりも「届出制」のほうが集会の自由に対し、より程度の弱い制約です（「届出」は原則認められますが、「許可」は特別な場合に認められるだけで原則禁止です）。

人権－精神的自由

12 表現の自由を根拠に主張される権利　重要度 A

講師からの
アドバイス

表現の自由からどのような権利が導かれるのかを判例を通じて把握しましょう。

1 知る権利とアクセス権
(1) 知る権利
　従来、表現の自由は発信者の権利として把握されてきました。しかし、マス・メディアが発達して、**情報の送り手と受け手とが分離した**現代社会では、表現の自由を受け手側の権利として再構成する必要があることから、「**知る権利**」（国民が自由に情報を受け取り、または国家に対して情報の公開を請求する権利）が21条により保障されていると解されています。判例は、国民が自由に情報を受け取る権利という意味での「知る権利」を認めています（博多駅事件／最大決昭44.11.26参照）。*1

　もっとも、インターネットの発達に伴い一般市民も全世界に向けて情報を発信できるようになっており、一般市民の立場からの「情報の送り手」としての表現の自由も重要になっています。

(2) アクセス権（反論権）
　アクセス権とは、一般に、情報の受け手である一般国民が、情報の送り手であるマス・メディアに対して、自己の意見を発表する場の提供を要求する権利（例えば、意見広告や反論記事の掲載を求める等）をいいます。

　しかし、マス・メディアは私企業であることから、具体的なアクセス権を21条1項から直接導くことはできないとされます。判例も、「反論権の制度は、民主主義社会において極めて重要な意味をもつ新聞等の表現の自由に対し重大な影響を及ぼす」ことを理由に、反論権（アクセス権）に否定的な見解を示しています（サンケイ新聞事件／最判昭62.4.24）。

2 報道の自由と取材の自由
(1) 報道の自由
　報道は、事実を知らせるものであって、思想等を表明するものではありませんが、報道機関の報道が国民の**知る権利**に奉仕するという重要な意義を有しています。そこで、**報道の自由は表現の自由に含まれ**、21条で保障されます。

*1
プラスアルファ

知る権利は、情報収集が公権力によって妨げられないという自由権的側面と、公権力に対して情報の開示を請求するという社会権的側面を有しています。さらに、個人が様々な事実や意見を知ることによって政治に有効に参加することができるという点で参政権的な側面をも有しています。

(2) 取材の自由

報道は取材・編集・発表という一連の作業により成立するので、取材は報道の不可欠の前提をなし、公権力の行使から自由でなければ内容の正確性を担保できず、国民の知る権利に奉仕できません。よって、取材の自由は21条の精神に照らし、十分尊重に値するとされています（博多駅事件／最大決昭44.11.26）。

> **判例　報道の自由、取材の自由に関する判例**
>
> ▶博多駅事件（最大決昭44.11.26）
> 　裁判所が、テレビ局に対して、学生と機動隊員との衝突の模様を撮影したフィルムの提出を命じた。
> ① 報道機関の報道は、民主主義社会において、国民が国政に関与するにつき、重要な判断の資料を提供し、国民の知る権利に奉仕する。報道の自由は21条で保障される。
> ② 取材の自由は、21条の精神に照らし、十分尊重に値する。
> ③ 取材の自由も、公正な刑事裁判の実現というような憲法上の要請があるときには、ある程度の制約を受け、裁判所による提出命令は、やむを得ない制約として合憲である。 13-7

なお、取材源秘匿権（一般公衆に情報を伝える目的で、内々の信頼関係を通じて取材した場合の取材源の開示を強要されない権利）については、判例は、刑事事件の場合には取材源に関する新聞記者の証言拒絶権を否定し（石井記者事件／最大判昭27.8.6）、民事事件の場合には記者の証言拒絶を原則として認めています（ＮＨＫ記者取材源秘匿事件／最決平18.10.3）。＊2

また、取材の自由は、国家秘密との関係でその限界が問題となります。判例は、「真に報道の目的からでたものであり、その手段・方法が法秩序全体の精神に照らし相当なものとして社会観念上是認されるものである限りは、実質的に違法性を欠」くとしています（西山記者事件／最決昭53.5.31）。

＊2　ここに注意

刑事事件と民事事件とで判例の結論が異なるのは、刑事事件では公正な裁判の要請がより高いため、刑事訴訟法149条が業務上の秘密を根拠として証言拒絶が認められる者を限定列挙しているのに対し、民事訴訟法197条は、医師などを列挙するのに加えて「技術又は職業の秘密に関する事項について尋問を受ける場合」をも定めているからです。

人権−精神的自由

13 表現の自由に関する判例

重要度 A

取材の自由、報道の自由に関して判例は保障の程度に差があるとしています。取材テープの押収や取材源の秘匿に関する判例について確認しておきましょう。

判例　取材の自由等表現の自由に関する判例

▶**TBSビデオテープ押収事件（最決平2.7.9）**

　警察が、放送済みのテレビ番組の未編集テープを暴力団員の犯罪の証拠として押収したことにつき争われた。
① 　取材の自由は21条の趣旨に照らし十分尊重される必要があるが、公正な刑事裁判を実現するために不可欠である適正迅速な捜査の遂行という要請から報道機関の取材結果に対して差押えをすることも許される。
② 　差押えの可否は、捜査の対象である犯罪の性質、内容、軽重等および差し押さえるべき取材結果の証拠としての価値、ひいては適正迅速な捜査を遂げるための必要性と、取材結果を証拠として押収されることによって報道機関の報道の自由が妨げられる程度および将来の取材の自由が受ける影響その他諸般の事情を比較衡量して決され、警察による本件ビデオテープの押収は、21条に反しない。

▶**石井記者事件（最大判昭27.8.6）**

　現行刑訴法は新聞記者を証言拒絶権あるものとして列挙していないのであるから、刑訴149条に列挙する医師等と比較して新聞記者に当該規定を類推適用することのできないことはいうまでもない。
　21条は、新聞記者に特種の保障を与えたものではなく、刑事訴訟における証言拒絶の権利まで保障したものではない。

▶**NHK記者取材源秘匿事件（最決平18.10.3）**

　民事裁判において、報道記者が民事訴訟法197条1項3号の「職業の秘密」を根拠に取材源に関する証言を拒否し、争われた。
① 　一般に、報道関係者の取材源の秘密は、民事訴訟法197条1項3号の「職業の秘密」にあたる。
② 　取材源の秘密が保護に値する秘密かどうかは、当該報道の内容、性質、その持つ社会的意義・価値、当該取材の態様、将来における同種の取材活動が妨げられることによって生ずる不利益の内容、程度等と、当該民事事件の内容、性質、その持つ社会的な意義・価値、当該民事事件において当該証言を必要とする程度、代替証拠の有無等の諸事情を比較衡量して決すべきである。
③ 　本件記者の証言拒絶は認められる。

▶**西山記者事件（最決昭53.5.31）**

　新聞記者が、外務省事務官に秘密文書の写しを持ち出すことをそそのかしたとして、国家公務員法違反で起訴された。

① 報道機関が公務員に対し根気強く執拗に説得ないし要請を続けることは、それが真に報道の目的からでたものであり、その手段・方法が法秩序全体の精神に照らし相当なものとして社会観念上是認されるものである限りは、実質的に違法性を欠き正当な業務行為というべきである。

② 取材の手段・方法が贈賄、脅迫、強要等の一般の刑罰法令に触れる行為を伴う場合はもちろん、その手段・方法が一般の刑罰法令に触れないものであっても、取材対象者の個人としての人格の尊厳を著しく蹂躙する等、法秩序全体の精神に照らし社会観念上是認することのできない態様のものである場合にも、正当な取材活動の範囲を逸脱し違法性を帯びる。

▶**レペタ訴訟（最大判平元.3.8）**

傍聴人が法廷でメモを取る行為を、裁判長が禁止した。

① 法廷でメモを取る自由は、21条の規定の精神に照らして尊重されるべきである。

② メモを取ることも、特段の事情がない限り、傍聴人の自由に任せることが21条1項の精神に合致する。 `13-7`

▶**船橋市西図書館蔵書破棄事件（最判平17.7.14）**

公立図書館の職員である公務員が、独断的な評価や個人的な好みによって閲覧に供されていた図書を廃棄した。

① 公立図書館は住民に思想などの情報を含む図書館資料を提供し教養を高めることなどを目的とする公的な場である。独断的評価や個人的好みで図書を廃棄することは、図書館職員としての基本的な職務上の義務に反し、著作者が思想、意見等を公衆に伝達する利益を不当に損なう。

② 著作者の思想の自由、表現の自由が基本的人権であることにもかんがみると、当該図書の著作者の人格的利益を侵害するものとして国家賠償法上違法となる。 `15-41`

▶**ＮＨＫ受信料事件（最大判平29.12.6）**

ＮＨＫ放送の受信設備を設置していながら受信契約を締結していない者に対し、ＮＨＫが受信料の支払等を求めた。

① 放送法は放送の不偏不党、真実及び自律を保障することにより、放送による表現の自由を確保することなどの原則に従い規定され、公共放送事業者と民間放送事業者との二本立て体制を採り、ＮＨＫを民主的かつ多元的な基盤に基づきつつ自律的に運営される事業体として性格付けている。ＮＨＫの営利目的の業務、広告放送を禁止し、受信料で賄うのは、その公共的性格を財源の面から特徴付けている。

② 放送法は受信設備設置者に対し受信契約の締結を強制しており、ＮＨＫが受信契約の承諾を求める訴えを提起し、その判決の確定によって受信契約が成立する。 `19-41`

人権－精神的自由

14 表現の自由の派生的場面

重要度 B

講師からのアドバイス
表現の自由が具体的にどのような場面で問題となるのか理解しましょう。

1 営利的表現の自由

広告のような営利的表現は、経済活動の一環ともいえ、表現の自由には含まれないとも考えられます。しかし、国民が広告を通じて様々な情報を受け取ることの重要性から、表現の自由の保護に値します。

表現の自由が特に重要であるとされるのは、それを通じて政治的意思決定に参加する場合であり、そのような役割を持たない営利的表現の自由の保障の程度は非営利的表現の自由の保障より低いとされます。 20-4

2 性表現の自由

性表現に関しては、刑法175条のわいせつ文書の頒布罪の合憲性の問題があります。最高裁判所は、チャタレイ事件（最大判昭32.3.13）以来、一貫してこれを合憲としていますが、その後「わいせつ」概念を明確化しようとする努力がみられます。

3 名誉毀損的表現

名誉権は13条後段により保障されると解されており、民法710条の不法行為や刑法230条の名誉毀損罪によって違法な表現行為から保護されています。一方で、表現の自由も21条で保障され、公務員ないし公人が表現行為の対象となっている場合には、国民の知る権利にもかかわるので、表現行為は最大限尊重されなければなりません。

そこで、表現の自由と名誉権をいかに調整すべきかが問題となります。

このような観点から、個人の名誉の保護と表現の自由の保障との調整を企図したものとされる刑法230条の2第1項は、①事実の公共性および②目的の公益性が認められることを前提に③事実の真実性の証明を要件として名誉毀損行為を処罰しないとしています。[*1]

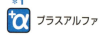

*1 プラスアルファ
刑法230条の2の規定の趣旨は、民事上の不法行為としての名誉毀損についても妥当すると考えられています。

●人権

> **判例　表現の自由と名誉権に関する判例**
>
> ▶夕刊和歌山時事事件（最大判昭44.6.25）
> 　刑法230条の2の規定は、個人の名誉の保護と、21条による正当な言論の保障との調和を図ったものであり、刑法230条の2第1項にいう事実が真実であることの証明がない場合でも、行為者が真実であると誤信し、それが確実な資料、根拠に照らして相当の理由があるときは、犯罪の故意がなく、名誉毀損罪は成立しない。
>
> ▶月刊ペン事件（最判昭56.4.16）
> 　私人の私生活上の行状であっても、その携わる社会的活動の性質や社会に及ぼす影響力の程度によっては、刑法230条の2第1項の「公共の利害に関する事実」にあたる。この「公共の利害に関する事実」にあたるか否かは、摘示された事実自体の内容・性質に照らして客観的に判断されるべきものである。

4 プライバシーを侵害する表現

　プライバシー権は13条後段により保障されると解されています。一方で、表現の自由も21条で保障されています。

　そこで、表現の自由とプライバシー権をいかに調整すべきかが問題となりますが、これについては諸事情を比較衡量するなどして判断されることになります。＊2

> **判例　表現の自由とプライバシー権に関する判例**
>
> ▶石に泳ぐ魚事件（最判平14.9.24）
> 　承諾なくして小説のモデルにされた者が、その小説の記述により自己のプライバシー等を侵害された場合、その小説の出版の差止めを求め得る。
>
> ▶ウェブサイト検索結果削除請求事件（最決平29.1.31）
> 　ウェブサイトの検索結果にプライバシーの属する事実に関する記事のＵＲＬ等が掲載された場合、これを掲載する理由よりも、公表されない法的利益が優越することが明らかなときには、当該ＵＲＬ等の検索結果からの削除を求め得る。＊3

5 選挙運動の自由

　公職選挙法は、選挙運動の時期・態様について規制を加えています。**選挙運動は表現行為を伴う**のが通常であり、21条との関係で問題が生じます。

　判例は、選挙の公正を確保する目的のために、合理的関連性があるとして、事前運動の禁止（最大判昭44.4.23）・戸別訪問の禁止（最判昭56.7.21）を合憲としています。

＊2　プラスアルファ

名誉毀損の場合と異なり、プライバシーの侵害については、真実性の証明によって免責されることはありません。なぜなら、公表された内容が真実であればあるほど被害者の損害が大きくなるからです。

＊3　判例ゼミ

この判例は、検索事業者の検索結果の提供はプログラムにより自動的に行われるが、このプログラムは検索事業者の方針に沿った結果を得ることができるように作成されたものであるから、検索結果の提供は検索事業者自身による表現行為の側面を有するとしています。

人権－精神的自由

15 表現の自由の限界・通信の秘密

重要度 A

表現の自由は絶対無制約ではなく保障にも限界があります。許される制約かどうかを判断するための基準が違憲審査基準です。

1 表現の自由の限界

表現行為は他者の存在を前提とした行為ですから、名誉毀損等の害悪を生じさせるおそれがあります。そこで、これらを防止するために規制が課せられることがあります（憲法12条・13条）。

表現の自由に対する制限の違憲審査基準は、二重の基準論によって厳格なものであることが要請されます。＊1

(1) 明確性の原則

明確性の原則は、刑罰法規について法律の規定が明確であることを要求する原則をいい、本来は31条から導かれる罪刑法定主義の原則の内容をなすものです。＊2

精神的自由においても、これを規制する立法は明確でなければならないとされます。なぜならば、法文が不明確であれば、表現しようとする者はそれが許されるのか否かが判断できず、本来合憲的に行うことができる表現行為をも差し控えさせてしまうおそれ（萎縮的効果）があるからです。

なお、判例は、通常の判断能力を有する一般人の理解において、具体的場合に当該行為がその適用を受けるかどうかの判断を可能ならしめる基準が読み取れるものかどうかを基準にしています（徳島市公安条例事件／最大判昭50.9.10）。

(2) 内容規制・内容中立規制

①表現の内容自体を規制するものを内容規制といい、②表現の内容にかかわることなく表現の時・場所・方法等を規制するものを内容中立規制といいます。 20-4 ＊3

内容規制・内容中立規制の具体例 20-4

内容規制	・名誉やプライバシーを侵害する表現の禁止 ・性表現の規制 ・文書による政府転覆せん動の禁止
内容中立規制	・屋外広告物の掲示規制 ・選挙運動における戸別訪問の禁止

＊1 プラスアルファ

違憲審査基準とは、自由権などを規制する法規や行為が、違憲かどうか判断する基準のことです。審査基準が厳しいと、それだけ規制が違憲になりやすいので、重要な人権の基準は厳しいものとなります。

＊2 ことばの意味

罪刑法定主義
一定の行為を犯罪とし、その行為に刑罰を科すためにはあらかじめ成文の規定が存在していなければならないという原則をいいます。

＊3 具体例で覚えよう！

例えば、戦前の治安維持法のように、思想内容を規制するものが、内容規制です。それに対し、一定の場所でのビラ配りを制限するようなものが、時・場所・方法等の規制です。

● 人　権

> ● **判例**　**内容規制に関する判例**

▶**渋谷暴動事件**（最判平2.9.28）
　　政治目的の騒乱罪等のせん動は、公共の安全を脅かす現住建造物等放火罪等の重大犯罪を引き起こす可能性のある社会的に危険な行為であるから、公共の福祉に反し、表現の自由の保護を受けるに値しないものとして制限を受けるのはやむを得ない。よって、せん動を処罰することは憲法21条1項に違反しない。

> ● **判例**　**内容中立規制に関する判例**

▶**大阪市屋外広告物条例事件**（最大判昭43.12.18）　重要
　　国民の文化的生活の向上を目途とする憲法の下においては、都市の美観風致を維持することは、公共の福祉を保持する所以であるから、屋外広告物の表示の場所、方法等の規制は、営利と関係のないものを含めて規制の対象とするものであっても、公共の福祉のため、表現の自由に対する必要かつ合理的な制限として許される。

2 通信の秘密

　通信の秘密は、これを侵してはならない（21条2項後段）とされているのは、通信（手紙・電話等）が他者に対する意思の伝達という一種の表現行為であるということによりますが、その保障も絶対無制約ではありません。

　例えば、平成11年に成立した犯罪捜査のための通信傍受に関する法律は、通信の秘密を制限するものですが、21条2項後段に反しないと考えるのが一般的です。通信の秘密を保障する主たる目的は特定人間のコミュニケーションの保護にあるので、プライバシー権の保障とその趣旨を同じくすると考えられています。

　その保障は、通信の内容だけではなく、通信の存在自体に関する事柄にも及び、信書の差出人の氏名・住所、信書の通数・日時なども含まれます。　19-55

人権－精神的自由

16 事前抑制・検閲

重要度 B

事前抑制と検閲の関係は「根拠条文」「主体」「禁止の程度」を比較すると理解しやすいです。判例もしっかり理解しましょう。

1 事前抑制禁止の理論

　事前抑制とは、表現物が発表される前に規制して、表現が受け手へ伝達される途を閉ざし、または伝達を遅らせてその意義を失わせ、公の批判の機会を消滅または減少させるものです。そこで、**事前抑制は、原則として表現の自由（21条1項）を侵害し、許されない**とされています。

　もっとも、いったん名誉毀損、プライバシー開示がなされてしまうと、直ちに世の中に知れ渡ってしまうため、事後的に刑罰を科したり、損害賠償を認めても、損害回復としては不十分です。そこで、出版差止めなど事前に表現を規制する必要があります。判例は、**裁判所による出版事前差止めは、検閲にはあたらないものの、表現の事前抑制そのものであることを認めたうえで、厳格な要件をみたした場合に限って例外的に21条に反しない**としています（北方ジャーナル事件／最大判昭61.6.11）。 20-4

2 検閲の禁止

　21条2項前段は、「検閲は、これをしてはならない」としています。

　判例は、検閲を「**行政権が主体**となって、**思想内容等の表現物を対象**とし、その全部または一部の**発表の禁止を目的**として、対象とされる一定の表現物につき**網羅的一般的**に、**発表前にその内容を審査した上、不適当と認めるものの発表を禁止**することを、その特質として備えるものを指す」と限定的に定義しています（税関検査事件／最大判昭59.12.12）。

　さらに、判例は、検閲がその性質上表現の自由に対する最も厳しい制約であることにかんがみ、検閲禁止の規定は一切の例外を許さない絶対的禁止とする立場を明らかにしています（**検閲の絶対的禁止**）。 16-41 20-4

●人権

判例　事前抑制禁止・検閲禁止に関する判例

▶北方ジャーナル事件（最大判昭61.6.11）重要

知事選挙の候補者を批判攻撃する記事を掲載した雑誌が、発売前に名誉毀損を理由に、裁判所によって出版を差し止められ、事前差止めの合憲性が争われた。

① 裁判所による出版物の事前差止めは検閲にはあたらない。

② 出版物の事前差止めは、事前抑制の一種であり、厳格かつ明確な要件の下で許される。

③ (1)表現内容が真実ではなく、またはそれが専ら公益を図る目的のものでないことが明白であり、かつ(2)被害者が重大にして著しく回復困難な損害を被るおそれがあるときに限り、例外的に事前差止めが許される。

④ 仮処分命令の際には、原則として、口頭弁論または債務者の審尋を行い、表現内容の真実性等の主張立証の機会を与えるべきである。17-41

▶税関検査事件（最大判昭59.12.12）重要

わいせつ画像を含む映画フィルム等を購入・輸入した者に対して、税関がフィルム等を検査し、輸入禁制品に該当する旨を通知し、税関検査の合憲性が争われた。

① 21条2項前段は、検閲の絶対的禁止を宣言した趣旨である。

② 検閲とは、

(1) 行政権が主体となって

(2) 思想内容等の表現物を対象とし

(3) その全部または一部の発表の禁止を目的として

(4) 対象とされる一定の表現物につき網羅的一般的に

(5) 発表前にその内容を審査したうえ、不適当と認めるものの発表を禁止する

ことを、その特質として備えるものをいう。

③ 税関検査は検閲にはあたらず、21条に反しない。

▶第1次家永教科書事件（最判平5.3.16）

教科書検定は、不合格図書を一般図書として発行することを妨げるわけではなく、検閲にあたらない。19-6

事前抑制と検閲の関係

事前抑制

禁止の根拠：21条1項
主　体：公権力
禁止の程度：例外的に許容される場合あり

検閲

禁止の根拠：21条2項前段
主　体　：行政権
禁止の程度：絶対禁止

第1編　憲法

人権

41

人権－精神的自由

17 信教の自由

重要度 A

講師からのアドバイス
信教の自由に関する判例が重要です。判例を正確に理解しましょう。

> **第20条【信教の自由】**
> 1　信教の自由は、何人に対してもこれを保障する。いかなる宗教団体も、国から特権を受け、又は政治上の権力を行使してはならない。
> 2　何人も、宗教上の行為、祝典、儀式又は行事に参加することを強制されない。
> 3　国及びその機関は、宗教教育その他いかなる宗教的活動もしてはならない。

立法趣旨

　明治憲法においても信教の自由は保障されていましたが、その保障は十分なものではありませんでした。また、神社神道が事実上の国教として、国から特権を受け優遇されていました。そこで、これらの反省から日本国憲法では、個人の信教の自由を保障するとともに、国家と宗教の分離を明確にし、信教の自由を厚く保障しています。

　信教の自由（20条1項前段）には、①信仰の自由、②宗教的行為の自由、③宗教的結社の自由が含まれます。

　憲法でいう「宗教」とは、自然や人間を超越した神、仏、霊などの絶対的な存在を信じ、これに服し、うやまう気持ちと行為をいうと一般に解されています。

　なお、③宗教的結社の自由は、表現の自由の一部（結社の自由）としても保障されます。

信教の自由の内容

内心における信仰の自由	宗教を信仰し、または信仰しないこと、信仰する宗教を選択し、変更することを個人が任意に決定する自由
宗教的行為の自由	信仰に関し、個人が単独で、または他の者と共同して、宗教上の儀式、行事等を任意に行う自由であり、宗教的行為に参加しない自由、参加を強制されない自由
宗教的結社の自由	特定の宗教を宣伝し、または共同で宗教的行為を行うことを目的とする団体を結成する自由

● 人 権

判例　信教の自由に関する判例

▶エホバの証人剣道受講拒否事件（最判平8.3.8）
　市立工業高等専門学校の学生が、その信仰する宗教の教義に基づいて剣道実技を拒否したため、高専校長によって原級留置・退学処分を受け、争われた。
① 原告の剣道実技の履修拒否の理由は、その信仰する宗教の核心部分と密接に関連する。
② 信仰上の理由による剣道実技の履修拒否を、代替措置について何ら検討することもなく、原級留置処分さらに退学処分をした高専校長の措置は、裁量権の範囲を超える違法なものである。 21-26

▶宗教法人オウム真理教解散命令事件（最決平8.1.30）重要
　宗教法人法に規定する宗教法人の解散命令の制度は、専ら宗教法人の世俗的側面を対象とし、かつ、専ら世俗的目的によるものであり、宗教団体や信者の精神的・宗教的側面を容かいする意図によるものではなく、その制度の目的も合理的である。また、解散命令によって宗教団体であるオウム真理教やその信者らが行う宗教上の行為に何らかの支障を生ずることが避けられないとしても、その支障は、解散命令に伴う間接的で事実上のものにとどまる。よって、宗教法人の解散命令は、20条1項に反しない。 16-6

▶自衛官合祀訴訟（最大判昭63.6.1）＊1
　殉職自衛官を未亡人の信仰に反して護国神社に合祀したことが、宗教的人格権の侵害にあたるとして争われた。
① 信教の自由の保障は、他人の信仰に基づく行為に対し、寛容であることを要請している。
② 静謐な宗教的環境の下で信仰生活を送るべき利益（宗教的人格権）は、直ちに法的利益として認められない。 16-6

第1編 憲法　人権

＊1
判例ゼミ

自衛官合祀訴訟では、政教分離の原則についても争われましたが、この場合における合祀は社団法人隊友会山口県支部連合会という私人の行為であり、自衛隊山口地方連絡部はこれに事務的な協力をしたにすぎないとして、政教分離の原則には反しないとされました。

43

人権－精神的自由

18 政教分離原則

重要度 A

講師からの
アドバイス

判例は政教分離原則に違反するかどうかを目的効果基準で判断していましたが、空知太訴訟では目的効果基準を採用していません。

1 意義

憲法は政教分離に関し、①宗教団体への**特権付与および政治上の権力の行使の禁止**（20条1項後段）、②**国の宗教的活動の禁止**（20条3項）を定め、また、政教分離を財政面から裏付けるため、③**宗教上の組織・団体の使用・便益・維持のための公金の支出の禁止**（89条前段）を定めています。

また、判例は、政教分離原則は信教の自由を直接保障するものでなく、国家と宗教の分離を制度として保障することにより、間接的に信教の自由の保障を確保しようとする**制度的保障**であるとしています（津地鎮祭事件／最大判昭52.7.13）。＊1

＊1 ことばの意味

制度的保障
一定の制度に対し、立法によってもその核心を侵害することができないとして、当該制度自体を客観的に保障していると解される場合をいいます。具体例として他に大学の自治、私有財産制、地方自治が挙げられます。

2 政教分離の限界

国家も宗教とのかかわりを一切持たないわけにはいきません。国家と宗教の結びつきがどの程度まで許されるかにつき、**目的効果基準**により判断した判例があります。＊2

① 当該行為の**目的**が宗教的意義を持ち
② その**効果**が宗教に対する援助、助長、促進、または圧迫、干渉等になるような行為か否か

＊2 具体例で覚えよう！

例えば、公共施設にクリスマスツリーを飾ったからといってそれを直ちに問題視するのは常識に反するし、また宗教的色彩を持つ私立学校にだけ補助金を出さないとすれば、平等権の侵害となるでしょう。

> **判例** 政教分離原則に関する判例
>
> ▶**津地鎮祭事件（最大判昭52.7.13）** 重要
>   市の体育館建設の際に神道式地鎮祭が行われ、これに対して公金が支出され、争われた。
>   ① 20条3項の政教分離規定は、国家が宗教とかかわることを全く許さないものではない。
>   ② 20条3項の禁止する「宗教的活動」は、宗教とのかかわり合いが相当の限度を超えるもの、すなわち、その**目的が宗教的意義を持ち、その効果が宗教に対する援助、助長、促進または圧迫、干渉等になる行為**をいう（目的効果基準）。
>   ③ ②の判断は、外形的側面にとらわれることなく、社会通念に従って、客観的に判断するべきである。
>   ④ 体育館建設の際に、**市主催の神式地鎮祭に市が公金を支出することは20条3項、89条に反しない。** 16-6

● 人　権

▶ **愛媛玉串料事件**（最大判平9.4.2）`重要`
　県が、靖国神社または護国神社の例大祭等に奉納する玉串料等を公金から支出し、争われた。
① 目的効果基準に照らすと、玉串料の奉納は、社会的儀礼とはいえず、一般人に対し特定宗教への関心を呼び起こすもので、20条3項の禁止する「宗教的活動」にあたる。
② 知事が、靖国神社等が主催する例大祭等に、公金から玉串料を奉納することは、20条3項、89条に反する。`16-6`

▶ **砂川（空知太神社）政教分離原則違反事件**（最大判平22.1.20）＊3
　市が市有地を神社施設の敷地として無償で使用させていることが政教分離原則に反するとして、住民訴訟によって争われた。
① 国公有地が無償で宗教的施設の敷地としての用に供されている状態が、89条に違反するか否かは、当該宗教的施設の性格、当該土地が無償で当該施設の敷地としての用に供されるに至った経緯、当該無償提供の態様、これらに対する一般人の評価等、諸般の事情を考慮し、社会通念に照らして総合的に判断する。`21-5`
② 市が、市有地を神社施設の敷地として無償で使用させていることは、市と神社ないし神道とのかかわり合いが、わが国の社会的、文化的諸条件に照らし、信教の自由の確保という制度の根本目的との関係で相当とされる限度を超えるものであり、89条、20条1項後段に反する。

▼ **箕面忠魂碑事件**（最判平5.2.16）
　市が小学校の増改築工事のために市遺族会所有の忠魂碑について移設、敷地の貸与等をしたことは、20条3項に反しない。20条1項後段の「宗教団体」、89条の「宗教上の組織若しくは団体」とは、特定の宗教の信仰、礼拝または普及等の宗教的活動を行うことを本来の目的とする組織ないし団体を指す。`16-6`

▶ **都市公園内施設の敷地使用料免除事件**（最大判令3.2.24）
　市長が市の管理する都市公園内に孔子等を祀った施設（孔子廟）を所有する一般社団法人に対してその敷地の使用料の全額を免除し、争われた。
① 敷地の使用料の免除が、信教の自由の保障の確保という制度の根本目的との関係で相当とされる限度を超えて政教分離原則に違反するか否かを判断するに当たっては、当該施設の性格、当該免除をすることとした経緯、当該免除に伴う当該国公有地の無償提供の態様、これらに対する一般人の評価等、諸般の事情を考慮し、社会通念に照らして総合的に判断すべきである。
② 敷地の使用料の免除は、市と宗教とのかかわり合いが我が国の社会的、文化的諸条件に照らし、信教の自由の保障の確保という制度の根本目的との関係で相当とされる限度を超え、20条3項に反する。

＊3　プラスアルファ
この判決を受けて、市は、有償貸与に切り替えるなどの対応を決めました。差し戻された札幌高等裁判所では、違憲性が解消されたと判断され、その上告審においても、高等裁判所の判断が支持されました(最判平24.2.16)。

人権－精神的自由

19 学問の自由

重要度 B

23条の学問の自由において明文にはない「大学の自治」が導かれることを理解しましょう。

 プラスアルファ

「滝川事件」とは、京都帝大の滝川教授の講演を文部省が問題視したことに端を発し、同教授が文部大臣から休職処分とされ、その後同大教授グループが抗議のために辞職した事件です。
また、「天皇機関説事件」とは、天皇機関説を唱えた東京帝大教授の美濃部達吉の著書が政府により発禁処分とされ、また、大学でその講義が禁止されたという事件です。

> 第23条【学問の自由】
> 学問の自由は、これを保障する。

立法趣旨

明治憲法下において、「滝川事件」や「天皇機関説事件」等、学問の自由が国家権力によって侵害されてきた歴史を踏まえて、特に規定されたものです。＊1

1 学問の自由の内容

学問研究の自由は思想・良心の自由に、研究発表の自由は表現の自由の保障に含まれます。それにもかかわらず、重ねて学問の自由を規定するのは、学問研究は、従来の考え方を批判して新しいものを生み出そうとする努力であり、政治的圧力によって学問研究の意義や価値が判断されてはならないからであると解されています。

学問の自由の内容

学問研究の自由	学問の自由の中心であり、真理の発見・探求を目的とする
研究発表の自由	研究結果を発表できなければ研究自体が無意味となる
教授の自由	大学における教育という意味をも有しているという点で、発表の自由と違った独自の存在理由を有する

判例　学問の自由に関する判例

▶旭川学テ事件（最大判昭51.5.21）
　文部省（現・文部科学省）の指示に基づいて行われた中学生に対する全国学力テストの適法性が争われた。
① 小中高の普通教育機関においても一定範囲の教授の自由は認められる。
② 全国的に一定水準の教育を確保すべき要請、受け手の批判能力が不十分であること等を考えると、完全な教授の自由を認めることはできない。 18-4

●人　権

2 大学の自治

　学問における大学の重要性から、学問研究の自主性確保のため、特に**大学の自治**が要請されます。

　大学の自治は、大学における研究教育の自由を十分に保障するため、大学の内部行政に関しては大学の自主的な決定に任せ、大学内の問題に外部勢力が干渉することを排除しようとするものです。大学の自治について特に重要なものは、①**学長・教授その他の研究者の人事の自治**と、②**施設・学生管理の自治**です。明文にない大学の自治については、学問の自由を保障するための制度的保障であるとする見解が有力です。

判例　大学の自治に関する判例

▶**東大ポポロ事件（最大判昭38.5.22）**
　警備公安活動のために警察官が大学構内に立ち入ることが、大学の自治を侵害しないかが争われた。
① 　大学における学問の自由を保障するために大学の自治が認められる。
② 　大学の自治は、研究者の人事に認められ、施設と学生の管理もある程度で認められる。
③ 　教授等の有する学問の自由と自治の効果として、学生に一般国民以上の学問の自由と施設の利用が認められる。
④ 　学生の集会が、実社会の政治的社会的活動にあたる場合は、大学の有する特別の学問の自由と自治は享有しない。 **18-4**
⑤ 　本件の集会に警察官が立ち入ったことは、大学の学問の自由と自治を侵害するものではない。

第1編 憲法

人権

47

人権－経済的自由

20 居住・移転の自由

重要度 B

海外渡航の自由の根拠条文には争いがありますが、判例は22条2項で保障されると示しています。

1 経済的自由

　個人が個人として尊重されるためには、「自分で考え、自分で決定し、自分で行動する」ことが必要です。その中には、「自分の職業を決定すること」も含まれます。さらに、生活していくためには、ある程度の経済力も必要です。

　そこで、経済活動の自由と財産権の保障が必要とされます。経済的自由とは、人の経済生活、経済活動および財産にかかる自由権を意味します。

2 居住・移転の自由

> 第22条【居住・移転・職業選択の自由、外国移住・国籍離脱の自由】
> 1　何人も、公共の福祉に反しない限り、居住、移転及び職業選択の自由を有する。
> 2　何人も、外国に移住し、又は国籍を離脱する自由を侵されない。

立法趣旨

　居住・移転の自由は、自由な市場経済の確立のために不可欠な経済的自由を保障するものです。また、身体の拘束からの解放の意味もあるので、人身の自由としての側面を有します。さらに、自由な移動は他者との知的な交流による人格の発展に資するので、精神的自由としての側面も有します。

(1) 居住・移転の自由

　居住・移転の自由（22条1項）は、自己の居所を自由に決定し、移動する自由を有することをその内容とするものであり、国内旅行の自由も含まれます。

(2) 海外渡航の自由

　海外渡航の自由は、外国への移住に類似するものとして22条2項により保障されると解するのが判例の立場です。これは、22条1項は国内の移動、2項は国外の移動をいうとする考え方によるものです。

●人 権

> **判例** **海外渡航の自由に関する判例**

▶**帆足計事件**（最大判昭33.9.10）

　国際経済会議に出席するため旅券を申請した前参議院議員に対し、外務大臣がその発給を拒否したため争われた。
① 22条2項の「外国に移住する自由」には**外国へ一時旅行する自由を含む。**
② 外務大臣の旅券発行拒否を認める旅券法13条は、外国旅行の自由に対し、公共の福祉のために合理的な制限を定めたものである。
③ 著しくかつ直接に日本国の利益または公安を害する虞があるものと判断して、**旅券の発給を拒否**した外務大臣の処分は**違法ではない。**

(3) 国籍離脱の自由

　国籍離脱の自由は、22条2項で保障され、これを受けて国籍法は、本人の志望に基づく国籍離脱の規定を設けています（国籍法11条、13条）。

　もっとも、国籍離脱の自由には無国籍になる自由までは含まれていないと考えられています。

人権－経済的自由

21 職業選択の自由

重要度 A

薬事法距離制限事件では違憲判決が出されています。結論に至る論理をしっかり把握しましょう。

1 内容

職業選択の自由（22条1項）には、自己の従事する職業を決定する自由だけでなく、選択した職業を遂行する自由、すなわち営業の自由（職業活動の自由）も含まれます。選択した職業を遂行する自由を保障しなければ、選択の自由が無意味になるからです。 14-4

2 職業選択の自由の限界

無制限な職業活動は、公共の安全と、秩序の維持を脅かすおそれが大きく、これを防止する必要があります（消極目的）。また、社会国家の理念を実現し、経済の調和のとれた発展を確保するため、社会政策的配慮に基づく積極的な規制が必要です（積極目的）。*1

消極目的の場合、その規制手段はおのずと限定されるので、立法府の裁量の幅は狭くなり、したがって違憲審査基準もある程度厳格なものがなじみます。一方、積極目的の場合、多様な規制手段を想定することが可能なので、立法府の裁量の幅は広くなり、よほどのことがない限り、合憲性が推定される緩やかな基準（明白性の原則）が適すると解されています。*2

*1 プラスアルファ

法律によっては、消極・積極の両方の目的を含むものもあり（公害規制、建築規制など）、必ずしも消極目的と積極目的とに二分できない場合があります。

*2 プラスアルファ

このように、規制目的によって違憲審査基準を区別します（規制目的二分論）。消極目的規制であれば裁判所が規制の合理性を判断する能力が十分にあるとされて比較的厳しい審査基準が採られます。積極目的規制については、立法府の判断を尊重し、合憲性を推定するので、緩やかな審査基準となります。

消極目的規制と積極目的規制

	規制目的	規制方法	例
消極目的規制	国民の生命および健康に対する危険を防止する	消極目的規制は、規制の必要性と合理性、および同じ目的を達成できる、より緩やかな規制手段がないか立法事実に基づいて審査する（薬事法距離制限事件参照）	飲食業等の許可制等
積極目的規制	経済の調和のとれた発展を確保し、社会的・経済的弱者を保護する	積極目的規制を課す場合には、制限の程度・手段に関して、それが著しく不合理であることが明白でない限りは合憲となる（小売市場距離制限事件参照）	電気・ガス・鉄道・バスの特許制等

● 人　権

> **判例**　職業の自由に関する判例

▶**小売市場距離制限事件**（最大判昭47.11.22）**重要**
　小売市場の開設を許可するにあたって適正配置を条件とする小売商業調整特別措置法の規制が、22条1項に反しないかが争われた。
① 22条1項の職業選択の自由には、広く一般に営業の自由も包含される。
② 社会経済の分野の法的規制措置は、立法政策の問題として立法府の裁量的判断に委ねられるが、立法府が裁量を逸脱し、当該規制措置が著しく不合理であることが明白な場合に限り、違憲となる。
③ 小売市場開設の距離制限規定の目的は、経済的基盤の弱い小売商を相互間の過当競争による共倒れから保護するという積極目的の規制である。
④ 本規定の目的には一応の合理性を認められ、規制の手段・態様も、著しく不合理であることが明白であるとはいえない。
⑤ 小売市場開設の距離制限規定は、22条1項に反しない。
14-4

▶**薬事法距離制限事件**（最大判昭50.4.30）**重要** *3
　薬局の開設に適正配置を要求した（旧）薬事法の規定が、22条1項に反しないかが争われた。
① 一般に許可制は、職業選択の自由そのものを制約する強力な制限であるから、原則として、重要な公共の利益のために必要かつ合理的な措置であることを要する。
② 消極目的規制は、許可制に比べて職業の自由に対するより緩やかな規制手段である職業活動の内容および態様に対する規制によって目的を十分に達成できないと認められることを要する。
③ 薬局開設の距離制限は、国民の生命・健康に対する危険の防止という消極目的規制であるが、「薬局等の偏在」→「競争激化」→「一部薬局等の経営の不安定」→「不良医薬品の供給の危険」という関係になるという合理的な裏付けはない。
④ 当該距離制限は、22条1項に反し、無効である。**14-4**

▶**公衆浴場距離制限事件**（最判平元.3.7）*4
　公衆浴場法の距離制限規定が、22条1項に反しないかが争われた。
① 公衆浴場法の距離制限規定は、保健衛生の確保と自家風呂を持たない国民にとって必要不可欠な厚生施設の確保という消極・積極2つの目的を有する。
② 本規定は、目的を達成するための必要かつ合理的な範囲内の手段である。
③ 公衆浴場の距離制限規定は、22条1項に反しない。

▶**酒類販売の免許制**（最判平4.12.15）
　租税の適正かつ確実な賦課徴収を図る国家の財政目的のための職業の許可制（本事案では酒類販売免許制度）による規制は、立法府の判断が、政策的・技術的な裁量の範囲を逸脱するもので、著しく不合理なものでない限り、22条1項に違反しない。

*3 判例ゼミ

要指導医薬品のインターネット等での販売を規制する条項が22条1項に違反するか争われた事件で、判例は薬事法距離制限事件を踏まえ、その規制目的について消極目的としつつ、「要指導医薬品の市場規模やその規制の期間に照らすと、要指導医薬品について薬剤師の対面による販売又は授与を義務付ける本件各規定は、職業選択の自由そのものに制限を加えるものであるとはいえず、職業活動の内容及び態様に対する規制にとどまるものであることはもとより、その制限の程度が大きいということもできない。」として、22条1項に違反しないとしました（最判令3.3.18）。

*4 判例ゼミ

本判決と同様に公衆浴場法の距離制限規定を扱った最判平元.1.20は、同規定は経営の安定化を図る等という積極目的による合理的な制限であるとして、合憲としました。

第1編　憲法　人権

人権－経済的自由

22 財産権

重要度 B

講師からのアドバイス

財産権保障の内容として「具体的財産権の保障」と「私有財産制度の保障」という2つの意義があります。

第29条【財産権】
1 財産権は、これを侵してはならない。
2 財産権の内容は、公共の福祉に適合するやうに、法律でこれを定める。
3 私有財産は、正当な補償の下に、これを公共のために用ひることができる。

立法趣旨

財産権を保障するとともに（1項）、財産権が法律により一般的に制約されるものであることを明らかにしています（2項）。そのうえで、公共目的を達成する必要があるときには私有財産を制限することができること、およびその際には正当な補償をなすべきことを定めています（3項）。

1 財産権の沿革

徹底した自由を基調とする近代市民社会では、財産権は「神聖不可侵の権利」とされていました。

ところが、資本主義の発展に伴ってその弊害が現れ、他方、社会国家思想の進展に伴い、これを修正する必要が生じました。29条2項が「所有権は義務を伴う」とするワイマール憲法と同じ考え方に立っているのも、このような歴史に基づくものです。

2 内容

29条1項は、「財産権は、これを侵してはならない」と規定していますが、この規定は、個人が有している自由権としての具体的財産権の保障と、法制度としての私有財産制度の保障という2つの意味を持ちます。*1

*1 プラスアルファ

個人の持つ土地や金銭等を国家が正当な理由なく奪うことが禁止されるだけでなく、生産手段の私有を認めない制度も許されないことになります。

3 財産権の一般的制限

29条2項は、1項で保障された財産権の内容が、法律によって一般的に制約されるという趣旨を明らかにしている規定です。29条2項の「公共の福祉」は、財産権に内在する自由国家的公共の福祉と、人間的な生存を確保するための社会国家的公共の福祉を意味します。財産権は、積極的規制にも服するのです。

52

●人権

　29条2項には、「法律」とありますが、「条例」も住民の選挙で選ばれた議員により構成される地方議会により制定され、法律と同様に民主的手続によって制定されるものであり、また、地方の実情に応じて財産権を制約する必要もあるため、条例によっても財産権を制限することができると解されています。

> ●判例　**財産権に関する判例**
>
> ▶森林法事件（最大判昭62.4.22）＊2
> 　民法の特則として、持分が2分の1以下の共有者による森林の分割を認めない（旧）森林法の規定が、29条に反しないかが争われた。
> ① 29条は、私有財産制度と個々の国民の財産権を保障している。
> ② 財産権規制は、立法の規制目的が公共の福祉に合致しないことが明らかであるか、または規制目的が公共の福祉に合致するものであっても規制手段が目的を達成するための手段として必要性もしくは合理性に欠けていることが明らかであって、立法府の判断が合理的裁量の範囲を超えるものとなる場合に限り、29条2項に反する。
> ③ 森林法186条の目的は公共の福祉に合致しないことが明らかとはいえないが、当該目的とそれを達成するための分割請求権を制限するという手段の関係において、合理性と必要性のいずれも肯定できない。
> ④ 共有林の分割請求について、持分2分の1以下の共有者による分割請求を認めない森林法186条の規定は、29条2項に反し無効である。
>
> ▶奈良県ため池条例事件（最大判昭38.6.26）重要
> 　ため池の堤とうに農作物等を植える行為を禁止する条例が、29条2項に反しないかが争われた。
> ① 堤とうを使用する行為はため池の破損、決壊の原因となり、憲法の保障する財産権の行使の埓外にあり、これを条例で禁止・処罰しても憲法に抵触しない。
> ② 本規制は、災害を防止し公共の福祉を保持するうえで、社会生活上やむを得ないものであり、29条3項の損失補償は不要である。　17-4

＊2
判例ゼミ

森林法の規定が消極目的か、あるいは積極目的であるかを認定しないまま、規制が合理性を欠くとして、違憲であるとしました。

第1編　憲法　人権

53

人権－経済的自由
23 財産権の制限・補償　重要度 B

講師からのアドバイス

補償はいかなる場合に必要か、補償はどこまでするか、補償する具体的根拠規定がない場合に補償請求することができるかが理解のポイントです。

プラスアルファ

損失補償の制度は、憲法14条の平等原則に基づいています。

1 財産権の制限と補償の要否

29条3項は「私有財産は、正当な補償の下に、これを公共のために用ひることができる」として、私有財産を公共のために収用・制限することができることを明示し、その一方で、その際には「正当な補償」が必要であるとしています。適法な公権力の行使であっても、そこから生じた損失を個人の負担とせず、平等原則の観点から国民の一般的負担に転嫁させようとする趣旨です。このような公共のための収用・制限により利益を受けるのは一般国民であるからです。*1

いかなる場合に補償が必要かについては、次のような要件を総合的に考慮して判断するというのが通説の立場です。

① 侵害行為の対象が一般人でなく、特定の個人または集団であるか（形式的基準）
② 侵害行為が財産権に内在する受忍すべき限度を超え、財産権の本質的内容を侵すほどの強度のものか（実質的要件）

2 正当な補償

「正当な補償」の意味については、従来、完全補償説と相当補償説という2つの考え方が対立してきました。

完全補償説とは、被収用財産の客観的価値を全額補償すべきであるとする考え方であり、相当補償説とは、被収用財産につき合理的に算出された相当な額で足りるとする考え方です。

3 補償をする時期

29条3項は、補償時期について規定していません。判例は、補償が収用と交換的に、同時に履行されることまでは保障していないとしています（最大判昭24.7.13）。

4 補償規定を欠く場合

補償請求は、通常、関係法規の具体的規定に基づいて行われます。しかし、損失補償の具体的規定を欠く場合でも、29条3項を直接の根拠にして、裁判所を通じて補償請求をすることができます。

●人　権

判例　正当な補償に関する判例

▶**農地改革事件（最大判昭28.12.23）**
　憲法29条3項の「正当な補償」とは、当時の経済状態において成立することを考えられる価格に基づいて合理的に算出された相当の額をいい、常に市場価格と完全に一致することを要しない。

▶**土地収用補償金請求事件①（最判昭48.10.18）**
　土地収用法における損失の補償は、特別な犠牲の回復を図ることが目的であるから、完全な補償が必要であり、具体的には、収用の前後を通じて、被収用者の財産価値を等しくする補償をすべきである。 **14-20**

▶**土地収用補償金請求事件②（最判平14.6.11）**
　（相当補償説に立ちつつ、土地収用法の合理性にかんがみ、）収用の前後を通じて被収用者の有する財産価値を等しくさせるような補償が必要である。

▶**河川附近地制限令事件（最大判昭43.11.27）**
　河川附近地制限令4条2号の定め自体としては、特定の人に対し、特別に財産上の犠牲を強いるものとはいえないから、その程度の制限を課するには損失補償を要件とするものではなく、したがって、補償に関する規定のない同令4条2号の規定が憲法29条3項に違反し無効であるとはいえない。

　損失補償に関する規定がないからといって、あらゆる場合について一切の損失補償を全く否定する趣旨とまでは解されず、別途直接憲法29条3項を根拠にして、補償請求をする余地が全くないわけではない。

第1編　憲法

人権

人権－人身の自由

24 人身の自由等① 重要度 B

31条の明文で保障しているのは手続が法律で定められることだけですが、さらに手続の適正や実体の法定と適正も要求されています。

1 総論

人身の自由は、他のすべての憲法上の権利を享有するための前提となる権利であり、明治憲法体制下の人権侵害に対する反省から、日本国憲法では外国の憲法に例をみないほどに詳細な規定が設けられています。

18条は人権保障の根幹である奴隷的拘束からの自由が定められ、31条以下は、適正手続主義や罪刑法定主義、令状主義、迅速な裁判の保障、刑事被告人の諸権利などを定めています。このような詳細な規定が置かれたのは、刑罰は国家による強制的な国民の生命・身体の自由や財産の侵害にほかならず、適用には特別の慎重さが要求されるからです。

2 適正手続（31条）

> **第31条【法定の手続の保障】**
> 何人も、法律の定める手続によらなければ、その生命若しくは自由を奪われ、又はその他の刑罰を科せられない。

立法趣旨

公権力を手続的に拘束することによって、人権を手続的に保障しようとする趣旨です。

(1) 意義

31条は、人身の自由についての基本原則を定めた規定であり、アメリカ合衆国憲法の人権宣言の1つの柱ともいわれる「適正な手続（デュー・プロセス）」条項に由来するものです。

保障の内容として、31条の文言上、手続が法律で定められていることが要求されているにとどまるようにもみえますが、次のすべてが要求されると解されています。

① 手続が法律で定められていること
② 法律で定められた手続が適正でなければならないこと
③ 実体もまた法律で定められなければならないこと（罪刑法定主義）
④ 法律で定められた実体が適正でなければならないこと ＊1

＊1
ここにいう「実体」を定めた法律として刑法があり、「手続」を定めた法律として刑事訴訟法があります。

56

●人 権

　法定手続が適正であるためには、一般に、告知と聴聞の手続の保障が要件とされます。告知・聴聞の内容は、公権力が国民に刑罰その他の不利益を課す場合には、当事者にあらかじめその内容および理由を告知し、当事者に弁解と防御の機会を与えることです。

(2) 31条と行政手続

　31条は「その他の刑罰を科せられない」という文言からもわかるように、直接には刑事手続についての規定ですが、適正な手続を要求するその趣旨は、行政手続にもあてはまると考えられています。

　判例も、行政手続に31条の保障が及ぶことを認めています（成田新法事件／最大判平4.7.1）。

判例　31条に関する判例

▶**第三者所有物没収事件（最大判昭37.11.28）**

　貨物の密輸出を企てた被告人が有罪判決を受け、犯罪にかかわる貨物等が没収されたが、その中には第三者の所有物も混じっていたため、争われた。

① 第三者についても告知、弁解、防禦の機会を与えることが必要であり、これをせず没収することは、適正な法律手続によらないで、財産権を侵害することになる。

② 被告人としても占有権を剥奪され、さらに所有権を剥奪された第三者から賠償請求をされる危険があるなど、利害関係を有することが明らかであるから、救済を求めうる。

③ 第三者に告知・聴聞の機会を与えないでした没収は、29条および31条に反する。 20-7

▶**成田新法事件（最大判平4.7.1）** 重要

　告知・聴聞の機会を与えることなく工作物の使用を禁止する処分を定めたいわゆる成田新法が31条に反しないかが争われた。

① 行政手続は刑事手続ではないが、当然に31条の保障の枠外にあることにはならない。

② 行政手続は刑事手続と性質が異なり、多種多様であるから、事前の告知、弁解、防御の機会を与えるかどうかは、相手方の利益と行政処分により達成できる利益等を総合較量して判断される。

③ 必ずしも、告知、弁解、防御の機会を与える旨の規定がなくても、31条に反しない。 16-42 19-6

人権-人身の自由

25 人身の自由等②

重要度 B

1 人身の自由に関するその他の規定

人身の自由

条文			内容
33条		不法な逮捕からの自由	いわゆる令状主義の原則により、裁判官を関与させることで、逮捕権の濫用を抑止しようとする。令状主義の例外として本条は現行犯逮捕を規定している
34条		不法な抑留・拘禁からの自由	抑留・拘禁の理由の告知を受ける権利、弁護人依頼権、拘禁についてその正当な理由を公開法廷で示すよう要求する権利を規定している
35条		住居などの不可侵	捜索または押収についての令状主義の原則を定め、個人の私生活におけるプライバシーを保護しようとする。33条による逮捕の場合は令状主義の例外とされる
36条		拷問および残虐刑の禁止	拷問とは、被疑者や被告人から自白を得るため肉体的・精神的苦痛を与えること、残虐な刑罰とは、「不必要な精神的、肉体的苦痛を内容とする人道上残酷と認められる刑罰」(最大判昭23.6.30)をいい、絶対的に禁止される
37条	1項	刑事裁判手続上の権利	「公平」な裁判所の「迅速」な「公開」裁判を受ける権利
	2項前段		証人審問権	被告人に不利な証拠となる供述をする者に対し審問する十分な機会を与え、公正な裁判を確保しようとする
	2項後段		証人喚問権	被告人に訴訟の当事者たる地位にある限度において、その防御権を十分に行使させようとするものである
	3項		弁護人依頼権	「被告人」の弁護人依頼権を保障し、平等権保障の観点から国選弁護人の制度を設ける(法律上は一定の犯罪について被疑者にも保障されている)
38条	1項		自己負罪供述強要の禁止	人間性に対する配慮と自白偏重による人権侵害を防止しようとするものである
	2項		自白法則	真実性が疑わしいため、または自白強要による人権侵害を根絶するため、一定の自白は証拠となりえないものとする
	3項		補強法則	自白以外の証拠(典型的には物的証拠)を要求し、本人の自白だけでその者を有罪とすることはできないとする
39条		刑事裁判手続上の権利	事後法の禁止	実行時に適法であった行為・適法でないが罰則がなかった行為について、後に罰則を定め処罰することや、行為時の刑罰より重く罰することは禁止される
			一事不再理	ある事件について裁判が確定した場合に、同一事件について再び審理することは許されない

● 人権

> **判例** 人身の自由に関する判例

▶ **川崎民商事件①（35条と行政手続／最大判昭47.11.22）**
　所得税法上の質問検査権に基づく調査を拒否した者が起訴され、争われた。
① 35条1項は、刑事責任追及手続における強制を規定するが、手続が刑事責任追及を目的としないという理由のみで、35条による保障の枠外にあることにはならない。
② 収税官吏の質問検査は、刑事責任追及のための資料の取得収集に直接結びつく作用を一般的に有するものではなく、強制の度合いも、直接的物理的な強制と同視すべきほど相手方の自由意思を著しく拘束するものではない。
③ 行政手続である収税官吏の質問検査に令状が不要とされても、35条の法意に反しない。

▶ **死刑制度に関する判例（最大判昭23.3.12）**
　36条の残虐な刑罰とは、人道上残虐と認められる刑罰をいうが、刑罰としての死刑そのものは残虐な刑罰にあたらない。

▶ **高田事件（最大判昭47.12.20）**
　起訴後15年以上にもわたって審理が中断されていたという審理の著しい遅延の結果、迅速な裁判を受ける被告人の権利が害せられたと認められる異常な事態が生じた場合、裁判所は具体的規定がなくとも、被告人に対する手続の続行を許さず、37条1項を直接の根拠として審理を打ち切ることができる。

▶ **川崎民商事件②（38条と行政手続／最大判昭47.11.22）**
① 38条1項の法意は、何人も自己の刑事上の責任を問われるおそれのある事項について供述を強要されないことを保障したものである。
② 同規定は、純然たる刑事手続だけではなく、それ以外の手続についても、実質上、刑事責任追及のための資料の取得収集に直接結びつく作用を一般的に有する手続には、ひとしく及ぶ。
③ 本件の旧所得税法所定の検査、質問は、同規定の「自己に不利益な供述」を強要するものとはいえない。
④ 収税官吏による質問検査に対する不答弁をも罰することは38条1項に反しない。

2 奴隷的拘束および苦役からの自由（18条）

第18条【奴隷的拘束及び苦役からの自由】
　何人も、いかなる奴隷的拘束も受けない。又、犯罪に因る処罰の場合を除いては、その意に反する苦役に服させられない。

　18条は、前段で奴隷的拘束からの自由を保障し、後段で苦役からの自由を保障しています。身体が不当な拘束を受けることのない自由は、人間の尊厳の基本にかかわる根源的なものであり、これを保障しようとしたものです。＊1

＊1 プラスアルファ

18条は私人間にも直接効力を有するとされています。また、奴隷的拘束は絶対的に禁止され、内在的制約または公共の福祉による制約はありえず、「苦役」の場合と異なり犯罪による処罰の場合にも例外は認められません。

人権-受益権

26 受益権

重要度 C

講師からのアドバイス

国家賠償請求に関する郵便法免責規定については、違憲判決が出ています。どの点が違憲とされているのか確認しましょう。

 プラスアルファ

未成年者や外国人、法人も請願権を行使できるとされています。

1 意義

受益権とは、個人の権利保護を国家に請求する権利をいいます。

2 請願権（16条）

請願権は、国や地方公共団体の機関に対し、苦情や希望を申し立てることのできる権利です（16条）。相手方たる国や地方公共団体の機関に対して請願を受理し誠実に処理する義務を課すにとどまり、請願内容に応じた措置をとるべき義務を課すものではありません。*1

請願権は、憲法上、「平穏に」行使することが要請され、その手続については請願法に定められています。

3 裁判を受ける権利（32条）

裁判を受ける権利（32条）は、裁判所に対し何人も平等に権利・自由の救済を求め、かつ、公平な裁判所以外の機関から裁判されることのない権利であり、受益権の1つです。

32条の「何人も、裁判所において裁判を受ける権利を奪はれない」とは、民事事件と行政事件では、自己の権利または利益が不法に侵害されたとき、裁判所に対して救済を求める権利が保障され、裁判所の「裁判の拒絶」は許されないことを意味します。

刑事事件では、裁判所の裁判によらなければ刑罰を科せられないことも意味します。刑事事件における裁判を受ける権利は、自由権の一種として、37条でも保障されています。

4 国家賠償請求権（17条）

17条は公務員の不法行為に対して損害賠償を請求する権利を保障していますが、この権利は明治憲法下において通用していた「国家無答責の原則」を廃棄し、被害者救済を十分にするために国または地方公共団体の責任を明確にしたものです。17条は、国家賠償法により具体化されています。

● 人　権

> **判例　国家賠償請求権に関する判例**
>
> ▶郵便法免責規定違憲判決（最大判平14.9.11）
>   郵便物に関する損害賠償の対象および範囲に限定を加えた（旧）郵便法の規定が、17条に反しないかが争われた。
>   ① 17条は、国家賠償請求権の法律による具体化を予定するが、立法府に白紙委任を認めているものではない。
>   ② 免責・責任制限規定の合憲性は、目的の正当性ならびにその目的達成の手段として免責または責任制限を認めることの合理性・必要性を総合的に考慮して判断すべきである。
>   ③ 書留郵便について故意または重大な過失の場合にまで免責・責任制限をすることは合理性がない（軽過失の場合の免責は合憲）。
>   ④ 特別送達郵便について、確実に受送達者に送達されることが特に強く要請されるから、軽過失の場合を含め、免責・責任制限を認めることは、違憲無効である。

5 刑事補償請求権（40条）

40条は刑事補償請求権を保障しています。犯罪を行ったと疑うに足りる相当の理由のある者の身体を拘束し、起訴し、たとえ無罪となっても、この一連の行為が直ちに違法な行為とはいえません。しかし、実際に身体を拘束された者は多大な犠牲を被りますから、金銭による事後的救済を与えてその償いをしようとするものです。40条については、刑事補償法により具体化されています。

国家賠償請求権と刑事補償請求権　*2

	国家賠償請求権	刑事補償請求権
対象行為	公務員の不法行為	抑留・拘禁
対象者	日本国民・わが国と相互保証のある外国人に限る	すべての人

*2 ここに注意

国家賠償法1条に基づく国家賠償請求をなすには、公務員の故意・過失が要件とされるのに対し、刑事補償請求をなすには故意・過失は必要とされません。

人権－参政権

27 参政権

重要度 B

在外日本人選挙権が問題となった事件では、違憲判決が出ています。違憲判決に至る論理を確認しましょう。

1 意義

国の政治に参加することができる権利を、**参政権**といい、民主主義を達成するのに非常に重要な権利です。

参政権には、**選挙権**とともに**立候補の自由**（被選挙権）も含まれます。

2 公務員の選定・罷免権

> 第15条【公務員選定・罷免権、公務員の本質、普通選挙の保障、秘密投票の保障】
> 1　公務員を選定し、及びこれを罷免することは、国民固有の権利である。
> 2　すべて公務員は、全体の奉仕者であって、一部の奉仕者ではない。
> 3　公務員の選挙については、成年者による普通選挙を保障する。
> 4　すべて選挙における投票の秘密は、これを侵してはならない。選挙人は、その選択に関し公的にも私的にも責任を問はれない。

立法趣旨

15条1項は、必ずしもすべての公務員を国民が選定・罷免することを意味するのではなく、国政を担当する公務員の権威が国民に由来することを明らかにしたものです。

公務員を選定し、およびこれを罷免することは、国民固有の権利であるとされています（15条1項）。

国民主権の下においては、公務員は終局的には国民によって選定・罷免される可能性を持つことを前提にその存在が認められるものであり、15条1項は、国民主権原理を国民の権利の観点から定めたものです。

特に、**選挙権**は主権者たる国民が、直接にその主権を行使する重要な権利であり、「国民の最も重要な権利の一つである」（最大判昭30.2.9）とされています。

 *1 ことばの意味

制限選挙
財産または納税額を要件とする制度をいいます。

公開投票制
投票内容を公開しなければならないとする制度をいいます。

間接選挙
有権者がまず選挙委員を選び、その選挙委員が公務員を選挙する制度をいいます。

複選制
すでに選挙されて公職にある者が公務員を選挙する制度をいいます。

複数選挙
特定の選挙人に2票以上の投票を認める制度をいいます。

等級選挙
選挙人を特定の等級に分けて等級ごとに代表者を選出する制度をいいます。

強制投票制
棄権をした選挙人に制裁を加える制度をいいます。

● 人 権

選挙に関する基本原則　18-6 ＊1

普通選挙	15条3項	財産または納税額を選挙権の要件とせず（狭義）、また人種・信条・性別・教育等を選挙権の要件としない選挙 ⇔制限選挙
秘密選挙	15条4項	誰に投票したかを秘密にする制度 ⇔公開投票制
直接選挙	93条2項	選挙人が公務員を直接に選挙する制度 ⇔間接選挙、複選制　＊2
平等選挙	14条 44条但書	選挙権の価値を平等とする制度 ⇔複数選挙、等級選挙
自由選挙	解釈	棄権しても罰金などの制裁を受けない制度 ⇔強制投票制

3 被選挙権

被選挙権（立候補の自由）は、国会議員について44条に規定され、選挙権と同様、差別が禁止されています。判例は、「**選挙権の自由な行使と表裏の関係**にあり……15条1項には、被選挙者、とくにその立候補の自由について、直接には規定していないが、これもまた同条項の保障する重要な基本的人権の一つと解すべきである」としています（三井美唄炭鉱事件／最大判昭43.12.4）。16-7　19-5　＊3

判例　参政権に関する判例

▶ **在外日本人選挙権剥奪違法確認等請求事件（最大判平17.9.14）** 重要

在外日本人が、衆議院小選挙区選挙と参議院選挙区選挙において選挙権を行使する権利を有することの確認を求めた。
① 国民の選挙権またはその行使を制限することは原則として許されず、制限がやむを得ないと認められる事由がなければならない。
② 制限をすることなしには選挙の公正を確保しつつ選挙権の行使を認めることが事実上不可能ないし著しく困難であると認められる場合でない限り、やむを得ない事由があるとはいえない。
③ 選挙権の行使を可能にするための措置をとらないという不作為によって国民が選挙権を行使することができない場合についても同様である。
④ 在外国民に選挙区選出議員の投票権を認めないことは15条1項3項、43条1項、44条但書に反する。19-5

＊2 プラスアルファ

間接選挙と異なり、選挙が終了しても選挙人の地位が消滅しない複選制は、国民意思との関係が間接にすぎることから、43条の「選挙」には含まれないとされています。

＊3

プラスアルファ

判例は、衆議院選挙において「政策本位、政党本位の選挙制度というべき比例代表選挙と小選挙区選挙とに重複して立候補することができる者が候補者届出政党の要件と衆議院名簿届出政党等の要件の両方を充足する政党等に所属する者に限定されていることには、相応の合理性が認められるのであって、不当に立候補の自由や選挙権の行使を制限するとはいえず、これが国会の裁量権の限界を超えるものとは解されない」としています（最大判平11.11.10）。

人権－社会権

28 生存権

重要度 B

生存権の法的性格については争いがありますが、朝日訴訟では裁量権の限界を超えまたは裁量権を濫用した場合には違法となる場合があるとしています。

1 総論

日本国憲法は、社会国家の立場から、**生存権**（25条）・**教育を受ける権利**（26条）・**勤労の権利**（27条）・**労働基本権**（28条）という社会権を保障しています。社会権は、国に対して一定の行為を要求する権利であり、国に対して不作為を求める自由権とは性質的に異なります。

2 生存権（25条）

> **第25条【生存権と国の使命】**
> 1 すべて国民は、健康で文化的な最低限度の生活を営む権利を有する。
> 2 国は、すべての生活部面について、社会福祉、社会保障及び公衆衛生の向上及び増進に努めなければならない。

立法趣旨

資本主義の高度化に伴って生じた失業・貧困・労働条件の悪化などの弊害から社会的・経済的弱者を守るという社会国家の理想に基づき、社会権が保障されるに至りました。

*1 ここに注意

判例の立場は明確ではありませんが、生存権は具体的な権利ではないとして、25条を直接の根拠として裁判所に権利の救済を求めることはできないとしています（最大判昭42.5.24）。
生存権をどの程度まで保障するのか、またどのような方法で実現していくのか等は財政面を含め考慮すべき要素が多く、その実現は、政策的判断が可能な国会により、まずなされる必要があります。

生存権を法的権利として認めることができるかにつき、解釈が分かれています。法的権利性を否定する見解（**プログラム規定説**）は、国家に対しての生存権の保障を政治的・道義的に義務付けたにとどまり、その具体化は、**政府の自由な裁量**に委ねられているとします。

これに対し、法的権利性を肯定する見解は、25条は国に立法・予算を通じて生存権を実現すべき法的義務を課したものであるとします。*1

*2 プラスアルファ

立法不作為の違憲確認訴訟は、法律がなくとも提起できますが、直接25条1項に基づく具体的な生活扶助請求はできません。

25条の法的性格の諸説による権利利益の保護

	法的権利性	裁判規範性	
		法律なし	法律あり
プログラム規定説	なし	なし	なし
法的権利説 抽象的権利説	あり	なし	あり
法的権利説 具体的権利説	あり	あり *2	あり

● 人 権

> 判例　**生存権に関する判例**

▶**食糧管理法違反事件（最大判昭23.9.29）**
　ヤミ米没収の判決を受けた者が、配給食のみでは健康を維持しえないとして、不足食料の購入・運搬を違法とする食糧管理法が憲法違反であると争われた。
① 国家は、国民一般に対して概括的にすべての国民が健康で文化的な最低限度の生活を営みうるよう国政を運営すべき責務を負担しこれを国政上の任務としたのであるけれども、個々の国民に対して具体的、現実的にかかる義務を有するのではない。
② この規定により直接に個々の国民は、国家に対して具体的、現実的にかかる権利を有するものではない。
③ 食糧管理法は、国民全般の福祉のために生活条件を安定させるための法律であって、憲法第25条の趣旨に適合する。

▶**朝日訴訟（最大判昭42.5.24）** 重要 ＊3
　入院加療中のため生活・医療扶助を受けていた者が、兄からの仕送りがあるという理由で扶助を打ち切られ、争われた。
① 25条1項は、すべての国民が健康で文化的な最低限度の生活を営みうるように国政を運営すべきことを国の責務として宣言したにとどまり、直接個々の国民に対して具体的権利を付与したものではない。
② 健康で文化的な最低限度の生活の判断は、厚生大臣（現・厚生労働大臣）の合目的的な裁量に任され、例外的に厚生大臣が判断の際に裁量権の限界を超え、または、裁量権を濫用した場合は、違法となりうる。 18-5
③ 厚生大臣の定める保護基準は、生存権を具体化する生活保護法に反しない。

▶**堀木訴訟（最大判昭57.7.7）** ＊4
　障害福祉年金を受給していた者が、児童扶養手当の受給資格の認定を申請したところ、併給禁止規定に該当するという理由で申請が却下され、これが争われた。
① 25条の「健康で文化的な最低限度の生活」は、抽象的・相対的概念であり、生存権を具体化するための立法政策の選択決定は、国の財政事情を含め複雑かつ専門的な判断が必要であり、立法府の広い裁量に委ねられる。 18-5
② 立法府の措置が著しく合理性を欠き明らかに裁量の逸脱・濫用と見ざるを得ないような場合を除き、裁判所の審査に適さない。
③ 社会保障法制上、同一人に同一の性格を有する2つ以上の公的年金が支給されることとなるべき複数事故において、併給調整を行うかどうかは立法府の裁量に属する。
④ 本件併給禁止規定は13条、14条、25条に反しない。

＊3　判例ゼミ
裁判所は、原告である朝日氏の死亡により、扶助請求権は相続されないので訴訟は終了したと判断しました。判旨掲載部分は「なお、念のために、」との説示に続くものであり、いわゆる傍論となります。

＊4　ことばの意味
併給禁止規定
2つの公的扶助を両方受給することを禁止する規定をいいます。ここでは障害福祉年金と児童扶養手当の2つを両方受給することが禁止されています。

人権－社会権

29 教育を受ける権利

重要度 B

講師からのアドバイス

教育権の所在が国民側にあるのか国家にあるのか、争いがありましたが、判例は旭川学テ事件において折衷的な考え方を採用しています。

> 第26条【教育を受ける権利】
> 1 すべて国民は、法律の定めるところにより、その能力に応じて、ひとしく**教育を受ける権利**を有する。
> 2 すべて国民は、法律の定めるところにより、その保護する子女に**普通教育を受けさせる義務**を負ふ。義務教育は、これを**無償**とする。

立法趣旨

　教育は、個人が人格を形成し、社会において有意義な生活を送るために必要不可欠なものです。このような教育の重要性に照らして、26条は、ひとしく教育を受ける権利と普通教育を受けさせる義務について定めています。

1 教育を受ける権利

　教育を受ける権利（26条1項）の内容は、①児童・生徒等が教育を受けて学習することを保障すること（**学習権**）、②国に対して教育設備・施設等の教育条件の整備を請求することです。

　教育を受ける権利の主体は、子どもを中心とする「**国民**」であり、児童、生徒、学生のほか、成人も含まれます。

2 教育を受けさせる義務

　教育を受けさせる義務（26条2項）の主体は、就学児童・生徒の**保護者**です。

　義務の内容は、普通教育である義務教育を受けさせることであり、職業教育・専門教育とは異なります。

3 教育権の所在

　教育を受ける権利に関して争われる重要な問題は、**教育内容について誰が決定できる権能を有するか**です。

　教育内容について決定できる権能は国家のみが有するという説（国家教育権説）や、国民のみが有するという説（国民教育権説）もあります。

　しかし、**判例**はいずれも極端であるとして、それらの**折衷的見解**をとっています（旭川学テ事件／最大判昭51.5.21）。

4 義務教育の無償

26条2項後段は、義務教育の無償を定めています。これは、授業料の無償を意味し、教科書代金など一切の費用を無償とすることを定めるものではないと解されています（最大判昭39.2.26）。＊1

＊1 プラスアルファ
教科書代金は、「法律」で無償とされています。

> **判例　教育を受ける権利に関する判例**
>
> ▶旭川学テ事件（最大判昭51.5.21）
> ① 親は、子どもに対する自然的関係により、子どもの将来に対して最も深い関心を持ち、かつ、配慮をすべき立場にある者として、子どもの教育に対する一定の支配権、すなわち子女の教育の自由を有すると認められる。
> ② 私学教育における自由や教師の教授の自由も、それぞれ限られた一定の範囲においてこれを肯定するのが相当である。
> ③ それ以外の領域においては、一般に社会公共的な問題について国民全体の意思を組織的に決定、実現すべき立場にある国は、国政の一部として広く適切な教育政策を樹立、実施すべく、また、しうる者として、憲法上は、あるいは子ども自身の利益の擁護のため、あるいは子どもの成長に対する社会公共の利益と関心にこたえるため、必要かつ相当と認められる範囲において、教育内容についてもこれを決定する権能を有する。 12-41 19-6
>
> ▶教科書費国庫負担請求事件（最大判昭39.2.26）
> 26条2項後段の「義務教育は、これを無償とする」という意義は、国が義務教育を提供するにつき有償としないこと、換言すれば、子女の保護者に対しその子女に普通教育を受けさせるにつき、その対価を徴収しないことを定めたものであり、教育提供に対する対価とは授業料を意味するものと認められるから、同条項の無償とは授業料不徴収の意味と解するのが相当である。

人権－社会権

30 労働基本権

重要度 B

講師からのアドバイス

労働組合は組合員に対してどこまで統制権を行使できるのか、違法となる場合はどのような場合かを三井美唄炭鉱事件で確認しておきましょう。

> **第27条【勤労の権利および義務、勤労条件の基準、児童酷使の禁止】**
> 1 すべて国民は、勤労の権利を有し、義務を負ふ。
> 2 賃金、就業時間、休息その他の勤労条件に関する基準は、法律でこれを定める。
> 3 児童は、これを酷使してはならない。
>
> **第28条【労働基本権】**
> 勤労者の団結する権利及び団体交渉その他の団体行動をする権利は、これを保障する。

立法趣旨

19世紀の資本主義の発展の過程で、労働者は失業や劣悪な労働条件のため苦しい生活を余儀なくされました。そこで、労働者を保護し、人間に値する生活を保障するため労働基本権を保障しました。

1 意義

日本国憲法は、27条で勤労の権利を保障し、勤労が国民の義務であることを宣言し、かつ、勤労条件の法定を定めるとともに、28条で労働基本権を保障しています。

判例は、「労働基本権は、……勤労者の経済的地位の向上のための手段として認められたものであつて、それ自体が目的とされる絶対的なものではないから、おのずから勤労者を含めた国民全体の共同利益の見地からする制約を免れない」としています（全農林警職法事件／最大判昭48.4.25）。

2 労働基本権の内容

労働基本権は、国民一般の権利としてではなく、「勤労者」の立場にあるものだけに保障される権利です。

労働者が使用者と対等な立場で労働条件を決定するために、①団結権、②団体交渉権、③団体行動権が認められています。

労働基本権の行使としての正当な争議行為には刑事上の責任も民事上の責任も生じさせないのが原則です。

●人　権

労働基本権

団結権	労働者を団結させて使用者と対等の立場に立たせるための労働者の団体を組織する権利
団体交渉権	労働者の団体が使用者と労働条件について交渉する権利　＊1
団体行動権	労働者の団体が労働条件の実現を図るために団体行動を行う権利（争議権が中心）

＊1

➕α **プラスアルファ**

交渉の結果、締結されるのが労働協約です。

第1編 憲 法

人 権

判例　労働基本権に関する判例

▶三井美唄炭鉱事件（最大判昭43.12.4）

市議会議員選挙で統一候補を応援することとした労働組合が、これに反して独自に立候補した組合員の権利を停止したため、争われた。

① 労働組合は、28条の労働者の団結権保障の効果として、目的を達成するために必要かつ、合理的な範囲内で、一般の組織的団体と異なる組合員に対する統制権を有する。

② 労働者がその経済的地位の向上を図るにあたっては、単に対使用者との交渉においてのみこれを求めても、十分にはその目的を達成することができず、労働組合がその目的をより十分に達成するための手段として、その目的達成に必要な政治活動や社会活動を行うことを妨げられるものではない。

③ 地方議会議員の選挙にあたり、労働組合が、その利益代表を議会に送り込むための選挙活動をすること、統一候補を決定し、組合を挙げてその選挙運動を推進することは、組合の活動として許されないわけではない。

④ 組合は、統一候補以外の組合員で立候補しようとする者に対し、立候補を思いとどまるよう、勧告または説得をすることができる。

⑤ 労働組合の組合員に対する統制権には、当然、一定の限界が存するものといわなければならない。公職選挙における立候補の自由は、憲法15条1項の趣旨に照らし、基本的人権の1つとして、憲法の保障する重要な権利であるから、これに対する制約は、特に慎重でなければならない。

⑥ 勧告または説得の域を超え、立候補の取りやめを要求し、従わないことをもって統制違反者として処分することは、組合の統制権の限界を超えるものとして、違法である。 `12-7`

`20-41`

69

統治ー統治総論

31 国民主権

重要度 B

主権の意義は基礎法学で問われる可能性もありますので、具体例も含めて覚えておきましょう。

1 統治の基本原理

憲法は人権保障の体系であり、**基本的人権の保障を究極の目的**とします。統治も、すべてこの目的のための手段として位置づけられることになります。統治の基本原理は、**国民主権**と**権力分立**と**法の支配**です。

2 国民主権

> **第1条【天皇の地位、国民主権】**
> 天皇は、日本国の象徴であり日本国民統合の象徴であつて、この地位は、主権の存する日本国民の総意に基く。

立法趣旨

1条は、まず国の統治原理として国民が主権者であることを宣言しています。そして、その主権者の意思に基づいた象徴天皇制を採用することを宣言しています。

国民主権とは、主権が国民に存するという憲法上の基本原理をいいます。

日本国憲法では、前文および1条において国民主権を規定しています。

そして、国民主権を実現する方法として、**代表民主制（前文、43条1項）を原則**とし、**直接民主制（93条2項、96条1項等）**によりそれを補完するものとしています。

代表民主制とは、国民の中からみずからの代表者を選び、その代表者が国民に代わって国政を担当する制度をいい、間接民主制ともいいます。

直接民主制とは、国民が主権者としてみずから直接統治を行う制度をいいます。

代表民主制を有効に機能させるためには国民の意見を国政に反映させる必要がありますが、その最も有力な媒体として**政党**があります。憲法は政党について直接規定していませんが、結社の自由を保障していること、そして議院内閣制を採用しているので、政党の存在を当然のことと予定しているといえます。

●統治

「主権」の概念は多義的であり、①国家権力そのもの（国家の統治権）、②国家権力の最高独立性、③国政の最高決定権に分類されます。

① 国家権力そのもの（国家の統治権）とは、立法権・行政権・司法権の三権の総称をいいます。

② 国家権力の最高独立性とは、国内的には最高、対外的には独立であることをいいます。

③ 国政の最高決定権とは、国政のあり方を最終的に決定する力・権威をいいます。

主権の意義

意　義	具体例
国家権力 （国家の統治権）	・「国会は、国権の最高機関であつて」（41条）の「国権」 ・「日本国ノ主権ハ、本州、北海道、九州及四国並二吾等ノ決定スル諸小島二局限セラルベシ」（ポツダム宣言8項）
国家権力の 最高独立性	・「自国の主権を維持し」（前文3項）
国政の 最高決定権	・「主権が国民に存する」（前文1項） ・「主権の存する日本国民」（1条）

3 国民主権の意味

「国民主権」とは、主権が国民に存するという憲法上の基本原理です。ここにいう主権とは、国政のあり方を最終的に決定することができる力ないし権威であり、日本国憲法では、前文1項および1条に規定されています。

国民主権の原理には、2つの要素が含まれています。1つは、国の政治のあり方を最終的に決定する権力を国民自身が行使するという「権力的契機」です。もう1つは、国家の権力行使を正当化する究極的な権威が国民に存するという「正当性の契機」です。

第1編 憲法

統治

71

統治－統治総論

32 権力分立・法の支配

重要度 B

講師からのアドバイス
法の支配や法治主義は基礎法学でも出題される可能性がありますので、しっかり理解しましょう。

1 権力分立

　権力分立とは、本来１つの国家権力をその性質に応じて、各権力に区別し、それらを互いに独立した異なる機関に担当させることで、相互の抑制・均衡を保つ制度をいいます。

　日本国憲法では、立法権を国会に（41条）、行政権を内閣に（65条）、司法権を最高裁判所および下級裁判所に（76条1項）、それぞれ帰属させ、各権力相互の抑制と均衡を図っており、権力分立を実現しています。

　さらに、日本国憲法における権力分立は、国会・内閣・裁判所の間の関係だけではなく、地方自治を統治の一原理として規定していることから、「中央政府」対「地方政府」（地方公共団体）という抑制・均衡もみられます。

三権の内容

立法権	国会は、国権の最高機関であって、国の唯一の立法機関である（41条）
行政権	行政権は内閣に属する（65条）
司法権	すべて司法権は、最高裁判所及び法律の定めるところにより設置する下級裁判所に属する（76条1項）

権力分立の現れ

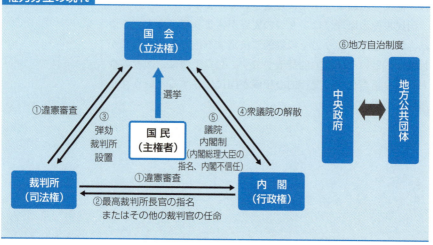

2 権力分立の現代的変容

権力分立は、現代国家においては、当初の形態から大きく変容しています。

(1) 行政国家現象

20世紀の積極国家化の要請に伴い、行政活動の役割が飛躍的に増大し、行政権が肥大化し、法の執行機関である行政府が国の基本政策の形成決定に事実上中心的な役割を営む「行政国家」の現象が顕著になっています。

(2) 政党国家現象

国民と議会を媒介する組織として政党が発達し、政党が国家意思の形成に事実上主導的な役割を演ずる「政党国家」の現象が生じており、伝統的な議会と政府との関係は、政府（＝与党）対野党という対立関係へと機能的に変容しています。 13-5

(3) 司法国家現象

通常裁判所による違憲審査制を採用する国においては、司法権が議会・政府の活動をコントロールする「司法国家」の現象が進展しています。

3 法の支配

法の支配とは、人による支配（君主による恣意的な支配）ではなく、国家権力を正義に適う法で拘束することによって、国民の権利・自由を保障しようとするものであり、英米法に由来します。

日本国憲法の違憲審査制はアメリカ型のものであり、これを支える「法の支配」の観念も憲法の中にみられます。具体的には、人権保障に関する規定（第3章）、最高法規に関する規定（第10章）、適正手続の規定（31条）、違憲審査権の規定（81条）です。＊1

＊1　プラスアルファ

法の支配に類似する観念に「法治主義」があります。法治主義は、国家の存在を前提としてそれまで国民の権利・自由を侵害することの多かった行政権に対して、法律に基づく行政を要求するという大陸法の考え方です。ただし、形式的法治主義の立場からは、行政が従わなければならない法とは、その内容はどうであれ、法として制定されていれば足りるものと解されてきました。

統治－天皇

33 天皇

重要度 B

講師からのアドバイス

天皇については、条文を確認するだけで十分です。財産授受（8条）については、民主的コントロールがキーワードです。国事行為については、6条においては誰の指名で誰を任命するのかを正確に覚えてください。

第2条【皇位の継承】
　皇位は、世襲のものであつて、国会の議決した皇室典範の定めるところにより、これを継承する。
第3条【天皇の国事行為】
　天皇の国事に関するすべての行為には、内閣の助言と承認を必要とし、内閣が、その責任を負ふ。
第4条【天皇の権能】
1　天皇は、この憲法の定める国事に関する行為のみを行ひ、国政に関する権能を有しない。
2　天皇は、法律の定めるところにより、その国事に関する行為を委任することができる。

1 天皇の地位

　天皇の地位、すなわち皇位は世襲であり、国会の議決した皇室典範の定めるところにより継承されます（2条）。

2 天皇の国事行為

　天皇は象徴にすぎないので、「国政に関する権能」、すなわち、国政に実質的な関係を有する権能はなく、「国事に関する行為」、すなわち国家の政治または国家の意思決定に実質的な影響を持たない形式的儀礼的行為のみを行うことができます（4条）。

　国事行為には、内閣の助言と承認が必要であり、内閣がその責任を負うとされています（3条）。

　天皇は、内閣の助言と承認により、国民のために、7条所定の10項目の国事に関する行為を行います。

　天皇の国事に関する行為には、そのほかに、内閣総理大臣の任命（6条1項）、最高裁判所長官の任命（6条2項）、国事行為の委任（4条2項）もあります。

● 統　治

天皇の国事行為

条　文		国事行為
6条	1項	国会の指名に基づいて、内閣総理大臣を任命すること
	2項	内閣の指名に基づいて、最高裁判所の長たる裁判官を任命すること
7条	1号	憲法改正、法律、政令および条約を公布すること ※予算、条例の公布は含まれない 15-7
	2号	国会を召集すること ※参議院の緊急集会は含まれない
	3号	衆議院を解散すること ※裁判例は実質的解散権（解散の決定）は内閣にあるとする
	4号	国会議員の総選挙の施行を公示すること ※補欠選挙は含まれない
	5号	国務大臣および法律の定めるその他の官吏の任免ならびに全権委任状および大使および公使の信任状を認証すること 14-6
	6号	大赦、特赦、減刑、刑の執行の免除および復権を認証すること ※決定は内閣でなされる 18-7
	7号	栄典を授与すること
	8号	批准書および法律の定めるその他の外交文書を認証すること
	9号	外国の大使および公使を接受すること
	10号	儀式を行うこと

3 皇室の財産関係

　皇室の経済と皇室財産について民主的コントロールを及ぼそうという趣旨から、次のような規定があります。

① 皇室財産の国有化（88条前段「すべて皇室財産は、国に属する」）

② 皇室費用の予算化（88条後段「すべて皇室の費用は、予算に計上して国会の議決を経なければならない」）12-5

③ 財産授受の規制（8条「皇室に財産を譲り渡し、又は皇室が、財産を譲り受け、若しくは賜与することは、国会の議決に基かなければならない」）

第1編 憲法

統治

75

統治－国会

34 国会

重要度

「唯一」の立法機関とは国会中心立法と国会単独立法の原則であり、その例外も正確に覚えましょう。

> **第41条【国会の地位、立法権】**
> 　国会は、国権の最高機関であつて、国の唯一の立法機関である。
>
> **第43条【両議院の組織、国民代表】**
> １　両議院は、全国民を代表する選挙された議員でこれを組織する。
> ２　両議院の議員の定数は、法律でこれを定める。

立法趣旨

　41条は、国会を「国権の最高機関」と位置づけ、「国の唯一の立法機関」として国会が立法権を独占することを明らかにしたものです。また、行政権についての65条、司法権についての76条1項とあいまって、三権分立を定めるものです。

1 総説

　国会は、①国民の代表機関、②国権の最高機関、③唯一の立法機関という３つの地位を有します（41条、43条１項）。

2 国会の地位

(1) 国民の代表機関

　「代表」とは、代表機関の行為が法的に国民を代表するという意味ではなく、全国民の抽象的・観念的な意思が国会議員の議会活動によって統一的に形成されるとみなすという政治的な意味であるとするのが、通説です。なお、最近は、有権者の意思が代表者を事実上拘束するようになってきたという事態を踏まえて「代表」を理解すべきであるという見解が有力に主張されています。

　その意味は、具体的には、次のとおりです。

> ①　特定の選挙区・後援団体の代表ではなく、全国民の代表であること
> ②　議員は選挙区・後援団体の意思に拘束されず、自己の信念に従って行動できること（自由委任の原則）

(2) 国権の最高機関

　「最高機関」とは、国民によって直接に選出された議員によって構成される国会が、国政上、中心的な地位を占めることに対して与えられた政治的美称であると解されています。

●統治

(3) 唯一の立法機関

一般に「立法」には、①国法の一形式である「法律」を定立すること（形式的意味の立法）という意味と、②「法規」という特定の内容の法規範を定立すること（実質的意味の立法）という意味があるとされますが、41条の「立法」とは、②「実質的意味の立法」です。「法規」の内容については、民主主義の憲法体制では、不特定多数の人に対し、不特定多数の場合・事件に適用される法規範（一般的・抽象的な法規範）とされます。

「唯一」とは、①国の行う立法は、憲法に特別の定めがある場合を除いて、国会が独占し、国会を通してなされなくてはならないこと（国会中心立法の原則）と、②国会による立法は、国会以外の機関の関与がなくても、国会の議決のみで成立すること（国会単独立法の原則）を意味しています。 21-6

国会の立法には他の機関の承認を要するとするのでは、国民の代表機関である国会に立法権を与えた意義が失われるからです。

唯一の立法機関の意味

	国会中心立法の原則	国会単独立法の原則
意義	国の立法はすべて国会によって行われるという原則	国会の立法が他の機関の関与を必要としないで行われるという原則
例外	①両議院の規則制定権（58条2項）②最高裁判所の規則制定権（77条1項） 14-7	地方自治特別法の制定に住民の投票を要すること（95条）

統治－国会

35 国会の組織・活動①

重要度 A

講師からのアドバイス
「会期の種類」や「定足数・表決数」を正確に覚えましょう。

＊1 プラスアルファ
二院制は、議会への権力集中とその専制化を防止し、一院の誤りを他院が補正するとともに、国民の多様な利益を代表させるためのものです。

＊2 ここに注意
2015年の公職選挙法改正により、選挙権を有する年齢が「18歳以上」に引き下げられました。国政選挙・地方選挙の選挙権のほかに、最高裁判所裁判官国民審査についても「18歳以上」に引き下げられました。これに対し、裁判員制度における裁判員は、当分の間、20歳以上で選挙権を有する者から選任されるとされています（公職選挙法附則10条）。

＊3 ここに注意
2018年の公職選挙法改正により、参議院議員の定数は、従来の242名から、2022年までに6増えて248名（選挙区148名、比例区100名）となります。

1 二院制

国会は**衆議院**と**参議院**の両議院で構成され（42条）、両議院は全国民を代表する選挙された議員から構成されます（43条1項）。＊1

衆議院と参議院の相違 ＊2

		衆議院	参議院
憲法の定め	任期	4年 （憲法45条本文）	6年 （憲法46条）
	解散制度	あり （憲法45条但書）	なし
法律上の定め	定数	465名 （公職選挙法4条1項）	248名 ＊3 （公職選挙法4条2項）
	選挙権	満18歳以上の日本国民 （公職選挙法9条1項）	満18歳以上の日本国民 （公職選挙法9条1項）
	被選挙権	満25歳以上の日本国民 （公職選挙法10条1項1号）	満30歳以上の日本国民 （公職選挙法10条1項2号）
	選挙方法	小選挙区比例代表並立制 ・重複立候補が認められている	選挙区制と比例代表制 ・重複立候補は認められていない ・3年ごとに半数改選（憲法46条）

2 国会の活動

(1) 会期の種類

国会は常時活動するのではなく、一定の限られた期間のみ活動します（**会期制**）。国会の活動形態として、**常会・臨時会・特別会**の3種類があります。また、衆議院が解散され総選挙が施行された場合に緊急の必要性から国会の議決を要するときは、**国会を代行**する**参議院の緊急集会**が開催されます。

(2) 弾劾裁判所の設置

国会は、罷免の訴追を受けた裁判官を裁判するため、両議院の議員で組織する**弾劾裁判所**を設けます（64条1項）。ひとたび設置された弾劾裁判所は国会から独立した機関であり、国会の閉会中も活動できます。弾劾裁判所の裁判に対して、さらに通常の裁判所に訴えることはできません。 13-6

● 統 治

会期の種類と緊急集会	
種 類	召集される場合
常会（じょうかい）	国会の常会は、毎年1回これを召集する（52条）
臨時会（りんじかい）	① 内閣は、国会の臨時会の召集を決定することができる（53条前段） ② いずれかの議院の総議員の4分の1以上の要求があれば、内閣は臨時会の召集を決定しなければならない（53条後段） ③ 衆議院議員の任期満了後に召集される国会 ④ 参議院の通常選挙後に召集される国会
特別会	衆議院の解散による総選挙の後に召集される国会 ＊4
緊急集会（きんきゅうしゅうかい）	衆議院が解散されたときは参議院も同時に閉会となるが、国に緊急の必要があるときは、内閣は参議院の緊急集会を求めることができる（54条2項）＊5

(3) 議決の方法

国会での議決の方法、すなわち、定足数や表決数等については、次のとおりです。＊6 ＊7

定足数・表決数等	
開会・議決・要求等の内容	定足数・表決数等
議事を開くこと（定足数）	総議員の3分の1以上の出席（56条1項） 16-5
一般的な議決	出席議員の過半数、可否同数のときは議長が決する（56条2項）
秘密会の開会	出席議員の3分の2以上の議決（57条1項但書）
資格争訟（しかくそうしょう）の裁判で議員の議席を失わせること	出席議員の3分の2以上の議決（55条但書）
議員の除名	出席議員の3分の2以上の議決（58条2項但書）
法律案の衆議院での再可決	出席議員の3分の2以上の可決（59条2項） 16-5
臨時会の召集	いずれかの議院の総議員の4分の1以上の要求（53条）
各議員の表決の会議録への記載	出席議員の5分の1以上の要求（57条3項） 16-5
憲法改正の発議（はつぎ）	各議院の総議員の3分の2以上の賛成（96条1項）

＊4
 プラスアルファ

解散の日から40日以内に総選挙を行い、その選挙の日から30日以内に召集されます（54条1項）。

＊5
 プラスアルファ

緊急集会においてとられた措置は、臨時のものであって、次の国会開会の後10日以内に衆議院の同意がない場合には、将来に向かってその効力を失います（54条3項）。

＊6
ことばの意味

定足数
定足数とは、会議体において議事を開き、審理・議決をなすのに必要とされる最小限度の出席者数をいいます。

＊7
 ことばの意味

表決数
表決数とは、会議体において意思決定をするのに必要な賛成表決数をいいます。

第1編 憲法 統治

79

統治－国会

36 国会の組織・活動②

重要度 B

講師からの
アドバイス

衆議院の優越において、法律案の再議決と他の事項で手続が異なります。特に両院協議会の開催について必要的か任意的かが異なりますので注意が必要です。

1 議会に関する諸原則

両議院の会議は、国政を主権者たる国民の監視の下に置き民主的統制を図るため、**公開が原則**です（57条1項本文）が、外交機密等の公開が望ましくない事項については、**秘密会の開会**が例外的に認められています。ただし、その場合でも秘密会の記録の中で特に秘密を要するもの以外は一般に頒布すること（57条2項）などのような措置によって、事後的な公開を図っています。

出席議員の5分の1以上の要求があれば、各議員の表決は、会議録に記載しなければなりません（57条3項）。

*1
ここに注意

二院制には、審議を慎重に行うことができる等のメリットがあります。しかし、審議には時間がかかり、また、両院の意思が合致しないため結論が出ないこともあります。そこで審議の迅速化を図り、国政の渋滞を防止するために衆議院の優越が認められています。

議会に関する諸原則

会期不継続の原則 （国会法68条本文）	国会は会期ごとに活動能力を有し、会期中議決に至らなかった案件は後会に継続しない
一事不再議の原則 （明文なし）	ひとたび議院が議決した案件については、同一会期中には再びこれを審議しない
両院同時活動の原則 （54条2項本文）	両院は、同時に召集され、同時に閉会する
両院独立活動の原則 （明文なし）	両院は、それぞれ独立して議事を行い、議決する

2 国会の権能

国会は主権者たる国民の代表者によって構成され、重要な地位を有することから、国政の重要事項について決定し、あるいは承認する権能を有しています。

（1）衆議院の優越

両院は対等の関係にあるのが原則ですが、両院の意見が一致しない場合に、国家の意思が決定されないという不都合が生じます。そのような不都合を避けるため、一定の事項について**衆議院の優越**が認められています。

衆議院が優越するとされるのは、衆議院は任期が短く（45条・46条参照）、解散もある（54条1項）ことから、それだけ国民から選出される機会が多く、国民の意思をより正確に反映することができるからです。*1

*2
図表の読み方

予算の成立手続において、再可決が不要とされ、参議院に与えられた議決期間が30日と短縮されているのは、予算が国民の経済生活に大きな影響を及ぼすことから迅速に決定される必要があるからです。また、他のすべての案件に先立って行われる内閣総理大臣の指名は、さらに迅速性が要求されることから、再可決は不要とされ、参議院に与えられた議決期間は10日とされています。

● 統 治

衆議院の優越

	衆議院が優越	両議院が対等
権限上の優越	①予算先議権（60条1項） ②内閣不信任決議権（69条）	①皇室の財産授受についての議決（8条） ②予備費の支出の承諾（87条2項） ③決算の審査（90条1項） ④憲法改正の発議（96条1項）
議決の価値に関する優越	①法律案の議決（59条） ②予算の議決（60条2項） ③条約承認の議決（61条） ④内閣総理大臣の指名の議決（67条）	

（2）衆議院の議決の優越

衆議院の議決の優越 *2

	法律案	予算	条約	内閣総理大臣の指名
衆議院と参議院で異なった議決をした場合	衆議院…可決 ↓ 参議院…衆議院と異なった議決 ↓ 衆議院…出席議員の3分の2以上の多数で再可決したとき法律となる（59条2項）	衆議院…議決 ↓ 参議院…衆議院と異なった議決 ↓ 両議院の協議会で意見が不一致 ↓ 衆議院の議決を国会の議決とする（60条2項）	予算と同じ（61条）	予算と同じ（67条2項）
両院で異なった議決をした場合の両院協議会の開催	任意的（衆議院は開催を求めうるが、必ず開かなければならないわけではない）（59条3項）	必要的（必ず開かなければならない）（60条2項）		
参議院が衆議院の議決を受け取った後、議決しない場合	国会休会中の期間を除き60日以内に議決しないときは、衆議院は参議院がその法律案を否決したものとみなすことができる（59条4項）	国会休会中の期間を除き30日以内に議決しないときは、衆議院の議決を国会の議決とする（60条2項）		国会休会中の期間を除き10日以内に議決しないときは、衆議院の議決を国会の議決とする（67条2項）

37 議院の自律権・国政調査権

統治－国会

重要度 B

講師からのアドバイス
国政調査権は自由に行使できるわけではなく、他の国家権力や人権との関係で限界があります。

> **第55条【議員の資格争訟の裁判】**
> 両議院は、各々その議員の資格に関する争訟を裁判する。但し、議員の議席を失はせるには、出席議員の3分の2以上の多数による議決を必要とする。
>
> **第58条【役員の選任、議院規則および懲罰】**
> 1 両議院は、各々その議長その他の役員を選任する。
> 2 両議院は、各々その会議その他の手続及び内部の規律に関する規則を定め、又、院内の秩序をみだした議員を懲罰することができる。但し、議員を除名するには、出席議員の3分の2以上の多数による議決を必要とする。

立法趣旨
衆議院・参議院の議事・議決の自主性を尊重するため、各議院に自律権を認めて、その内部事項について自主的に決定できることとしました。

1 議院の自律権

議院は相互に独立して審議・議決を行い、他の機関や院の干渉を排除して行動できる自律権を有します。 13-6 14-7

議院の自律権 20-5

議員の 資格争訟裁判 （55条）	両議院は、各々その議員の資格に関する争訟を裁判する ・議員の「資格」とは、法律で定められた、議員としての地位を保持しうる要件（①被選挙権を保持すること、②議員との兼職が禁じられている職務に就いていないこと）である ・資格争訟の裁判において、議員の議席を失わせるには、出席議員の3分の2以上の多数による議決が必要である（55条但書） ・議院の議決により資格を有しないとされた議員がさらに裁判所に救済を求めることはできないとされる
役員の選任 （58条1項）	両議院は、各々その議長その他の役員を選任する
議員の懲罰 （58条2項）	両議院は、院内の秩序を乱した議員を懲罰（戒告・陳謝・登院禁止・除名）することができる ・懲罰のうち、除名は、その重大性から、出席議員の3分の2以上の多数による議決が必要である（58条2項但書）
議院規則 制定権 （58条2項）	両議院は、各々その会議その他の手続および内部の規律に関する規則を定めることができる ・国会中心立法の原則の例外である ・議院規則は、通常、議院の内部事項を規律するにとどまることから、法律のように公布されない

82

2 国政調査権

第62条【両議院の国政調査権】
両議院は、各々国政に関する調査を行ひ、これに関して、証人の出頭及び証言並びに記録の提出を要求することができる。

立法趣旨

明治憲法下の帝国議会の各議院も国政調査権を有していましたが、明文規定はなく、実際の国政調査にも様々な制約がありました。これに対し、日本国憲法では、議院の国政調査権に関する特別な規定を置き、その権限の強化を図っています。

国政調査権とは、立法権や行政権に対する監督権を有効・適切に行使するために必要な調査を行う権限をいいます。両議院は、各々国政に関する調査を行うことができます（62条）。国政調査権は議院に与えられた権能を実効的に行使するために認められた補助的権能と考えられています。もっとも、国会の権能は広範な事項に及んでいるので、国政調査権の及ぶ範囲は国政のほぼ全般にわたります。

調査の対象・方法については、次のような限界があると考えられています。 13-6

国政調査権の限界

司法権との関係	裁判内容に対する批判的調査は一切許されない。裁判所で審理中の事件であっても、裁判所と異なる目的（立法目的・行政監督目的）であれば裁判と並行して調査することも許される
一般行政権との関係	行政権の作用は、その合法性と妥当性について全面的に対象となる
検察権との関係	検察事務は行政権の作用に属するから原則として対象となるが、裁判と密接に関連するため、司法権に対するのと同様、慎重な配慮が要請される ＊1
人権との関係	国民の権利・自由を侵害するような手段・方法で行使されてはならない

プラスアルファ

＊1
①起訴・不起訴について、検察権の行使に政治的圧力を加えることが「目的」と考えられる調査、②起訴事件に直接関係する事項や、公訴追行の内容を「対象」とする調査、③捜査の続行に重大な支障を及ぼすような「方法」による調査などは違法ないし不当とされます。

統治－国会

38 国会議員の地位・特権

重要度 B

講師からのアドバイス
国会議員の免責特権に関して判例が出ており、国が例外的にその責任を負うのはどのような場合であるかを理解しましょう。

＊1 ここに注意
議員の定数は、公職選挙法に定められています。

＊2 プラスアルファ
免責特権は、国会の自律権に由来することから、地方議会の議員には免責特権は認められていません。

1 国会議員の地位

国会議員には任期があり、衆議院議員は**4年**です（45条本文）。参議院議員は**6年**で、**3年**ごとに**半数**が改選されます（46条）。衆議院解散の場合は、任期満了を待たずに地位を失いますが、参議院には解散はありません。また、何人も同時に両議院の議員たることはできません（48条）。＊1

2 国会議員の特権

主権者たる国民を代表する議員は、議院・国会の意思形成に積極的に参加することが要請されます。憲法は、議員および議院の自由な活動と自律性を保障し、自由な職務執行を可能にするため、**不逮捕特権**、**免責特権**、**歳費**を受ける権利を議員に与えています。 12-4 16-5 19-3 ＊2

国会議員の特権の内容

不逮捕特権（50条）	原則	原則として、国会の**会期中**逮捕されない ・会期前に逮捕された場合には、議院の要求によって釈放される
	例外	①**院外における現行犯罪**の場合（国会法33条） 19-3 ②**院の許諾**がある場合（国会法33条）
免責特権（51条）		議院で行った演説、討論または表決について、**院外**で責任を問われない ・「院外で責任を問われない」とは、刑事上の処分・民事上の賠償請求を受けないということを意味する ・議員が弁護士等特殊な法律関係に属する立場を兼ねている場合には、懲戒責任も問われない
歳費受領権（49条）		法律の定めるところにより、**国庫**から相当額の**歳費**を受ける ・裁判官の場合と異なり、在任中の減額も可能である

● 統　治

> **判例　免責特権に関する判例**
>
> ▶国会議員名誉毀損発言事件（最判平9.9.9）
> 　委員会における国会議員の名誉毀損的発言について、議員および国が損害賠償責任を負うのかが争われた。
> ① 当該発言が国会議員の故意または過失による違法な行為であるとしても、当該議員個人は責任を負わない。
> ② 国に国家賠償法1条1項に基づく損害賠償責任が肯定されるためには、当該国会議員が、その職務とはかかわりなく違法または不当な目的をもって事実を摘示し、あるいは虚偽であることを知りながらあえてその事実を摘示するなど、国会議員に付与された権限の趣旨に明らかに背いてこれを行使したものと認めうるような特別の事情があることを必要とする。本件発言には、特別の事情は認められない。

国会の権能と議院の権能との対比

国会の権能	議院の権能
①法律の制定（59条） ②条約の承認（73条3号但書） ③憲法改正の発議（96条1項） ④租税の法定（84条） ⑤国費支出および債務負担行為の議決（85条） ⑥予備費の議決（87条） ⑦皇室経費の議決（88条） ⑧決算の審査（90条） ⑨内閣総理大臣の指名（67条） ⑩弾劾裁判所の設置（64条）＊3	①議院規則の制定（58条2項本文前段） ②資格争訟の裁判（55条） ③議員の懲罰（58条2項本文後段） ④国政調査権（62条） ⑤議員逮捕の許諾および釈放の要求（50条） ⑥会議の公開の停止（57条1項） ⑦役員の選任（58条1項） ⑧国務大臣の出席要求（63条）

＊3
 ここに注意

弾劾裁判所は国会の機関ではなく、独自の機関であるので、国会の会期外でも活動することができます。また、弾劾裁判所は特別裁判所にあたりますが、憲法自身が認めた例外です。

統治－内閣

39 内閣

重要度 B

第65条【行政権と内閣】
行政権は、内閣に属する。

立法趣旨
本条は、権力分立の原理を背景に、国会が立法権の主体（41条）、裁判所が司法権の主体（76条1項）とされたのに対応して、内閣を行政権の主体とするものです。＊1

1 行政権と内閣

現代の社会国家ないし福祉国家においては、国民生活全般について積極的に配慮する行政活動が要請されています。そのような行政活動全体を統括する機関が内閣です。

憲法は、第5章「内閣」において、①内閣に行政権の主体としての地位を認め、②内閣総理大臣に首長としての地位と権能を与え、③国会と政府との関係について議院内閣制を定めています。

2 内閣と国会との関係──議院内閣制

憲法は、内閣と国会との関係について、内閣の成立と存続が国会の信任に基づくものとする議院内閣制を定めています。民主主義の要請に基づいて、行政権を民主的にコントロールするために採用されています。＊2

議院内閣制は憲法上、次のように現れています。 14-6

① 内閣総理大臣は国会議員の中から国会の議決で指名する（67条1項）
② その他の国務大臣の過半数は国会議員の中から選任する（68条1項但書） 17-5
③ 内閣は行政権の行使について国会に対し連帯して責任を負う（66条3項） 12-3 17-5
④ 内閣総理大臣その他の国務大臣は議院に出席する義務を負う（63条後段）
⑤ 内閣は、衆議院の信任を必要とする（69条・70条）

講師からのアドバイス

内閣不信任決議がなされた後、内閣が対抗手段として衆議院を解散しても、その後、衆議院議員総選挙が行われる結果、衆議院議員総選挙の後に初めて国会の召集があったときに該当し、結局は総辞職しなければなりません。

＊1 プラスアルファ

行政権の概念については、すべての国家作用のうちから、立法と司法を除いた残りの作用と考えられています（控除説）。

＊2 プラスアルファ

立法権と行政権の関係については、各国において様々で、代表的なものとして議院内閣制のほかに大統領制があります。このうちアメリカの大統領制は、立法権と行政権とを完全に分離し、行政権の長たる大統領を民選とする点で議院内閣制と異なっています。

● 統 治

3 内閣の総辞職

内閣は、次の①～③の場合に総辞職するものとされています。その場合、内閣は、新たに内閣総理大臣が任命されるまで引き続きその職務を行うものとされます（71条）。 12-3 14-6

① 衆議院が不信任決議案を可決し、または信任の決議案を否決したときで、10日以内に衆議院が解散されない場合（69条）
② 内閣総理大臣が、死亡、辞職、国会議員の地位の喪失などによって欠けたとき（70条）
③ 衆議院議員総選挙の後に初めて国会の召集があったとき（70条）

4 独立行政委員会

特定の行政について内閣から独立した地位においてその職権を行うことが認められる合議制の行政機関を独立行政委員会といいます。＊3

内閣から独立した行政機関を認めることは65条に反しないか争いがありますが、65条は内閣がすべての行政について直接に指揮監督権を持つことまで要求しているわけではなく、内閣から独立に権限を行使しても、その独立行政委員会を国会が直接にコントロールしうる体制になっていれば、65条に反しないとする見解が有力です。＊4

＊3 具体例で覚えよう！
独立行政委員会の例として、人事院、公正取引委員会、国家公安委員会などがあります。

＊4 プラスアルファ
独立行政委員会が認められた趣旨は、政治的中立性の要請される行政や、専門性・技術性の要請される行政について、それにふさわしい機関に担当させることで行政の円滑化を図り、国民の権利の実現を達成しようとする点にあります。

統治-内閣

40 内閣の組織・権能

重要度 B

内閣の権能と内閣総理大臣の権能は個数問題で問われる可能性があります。どちらの権限かを正確に覚えましょう。

1 内閣の構成員

内閣は、首長たる内閣総理大臣とその他の国務大臣で組織されます（66条1項）。

内閣総理大臣は、**国会議員の中から**国会の議決で**指名**され（67条1項）、天皇が任命します（6条1項）。また、内閣総理大臣は、国務大臣を**任命**します（68条1項本文）。 14-6

内閣総理大臣、その他の国務大臣は**文民**でなければなりません（66条2項）。

また、任命する国務大臣の過半数は、国会議員から選ばなければなりません（68条1項但書）。 17-5

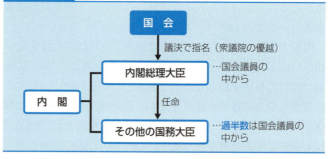

内閣の成立

2 衆議院の解散

衆議院の解散とは、議員の任期が満了する前に議員の身分をいっせいに終了させる行為をいいます。

衆議院の解散には、①権力分立の要請から議会の専断化を防止するという**自由主義的意義**と、②解散に続く総選挙を通じて民意に即した議会を再編成するという**民主主義的意義**があります。

解散決定権は、形式上は天皇にあります（7条3号）が、実質的には**内閣**にあると考えられています。

衆議院の解散権の憲法上の根拠については、「助言と承認」によって内閣が実質的決定権を有するとして、7条に求める見解が有力です。

● 統 治

3 内閣の権能

　内閣は、他の一般行政事務のほか、次のような事務を行うとされています（73条等）。

内閣の権能　17-5

内閣の事務	ポイント
①法律を誠実に執行し、国務を総理すること	法律について執行の責任を明確にするため、すべて主任の国務大臣が署名し、内閣の一体性を示すため、内閣総理大臣が連署するものとされる（74条）
②外交関係を処理すること	外交使節の任免、外交文書の作成などを行う
③条約を締結すること。ただし、事前に、時宜によっては事後に、国会の承認を経ることを必要とする	条約は国家・国民の利害に重大な影響を及ぼすものであるため、国民代表機関である国会の承認が必要とされるのである
④法律の定める基準に従い、官吏に関する事務を掌理すること	官吏とは、国の公務員（国家公務員）のことを指す
⑤予算を作成して国会に提出すること	予算の作成権限は内閣に専属するが、国会に提出して国会の議決を受けることを要する(60条)
⑥憲法および法律の規定を実施するために、政令を制定すること。ただし、政令には、特にその法律の委任がある場合を除いては、罰則を設けることはできない	政令についても、制定・執行の責任を明確にするため、すべて主任の国務大臣が署名し、内閣の一体性を示すため、内閣総理大臣が連署するものとされる（74条）
⑦大赦、特赦、減刑、刑の執行の免除および復権を決定すること	認証するのは天皇だが、決定するのは内閣である　18-7
⑧天皇の国事行為に対する助言と承認（3条、7条）	国事行為には内閣の助言と承認が必要であり、内閣がその責任を負う（3条）
⑨国会の召集を決定すること。参議院の緊急集会を求めること（7条2号・54条2項）	召集をするのは天皇だが、それを実質的に決定するのは内閣である
⑩衆議院の解散を決定すること（7条3号）	解散をするのは天皇だが、それを実質的に決定するのは内閣である
⑪最高裁判所の長たる裁判官を指名すること（6条2項）、およびそれ以外の裁判官を任命すること（79条1項・80条1項）	最高裁判所の長たる裁判官は、内閣の指名に基づいて天皇が任命する（6条2項）
⑫予備費を支出すること（87条1項）	事後に国会の承諾を得なければならない（87条2項）
⑬決算を国会に提出すること（90条1項）	決算は毎年会計検査院が検査する（90条1項）
⑭国会および国民に財政状況を報告すること（91条）	報告は、定期に少なくとも年1回しなければならない（91条）

第1編　憲法

統治

統治－内閣

41 内閣総理大臣・国務大臣

重要度 A

1 内閣総理大臣の権能

内閣総理大臣の権能は、次のとおりです。 14-6 17-5

① 他の国務大臣を任命し、罷免すること（68条）
② 内閣を代表して議案を国会に提出し、一般国務および外交関係について国会に報告すること（72条）
③ 内閣を代表して、行政各部を指揮監督すること（72条）
④ 国務大臣に対する訴追に対して同意すること（75条）
⑤ 法律および政令に主任の国務大臣とともに連署すること（74条）＊1
⑥ 議案について発言するため議院に出席すること（63条）＊2

講師からのアドバイス
ロッキード事件丸紅ルートでは、内閣の閣議決定がなくても内閣総理大臣は行政各部に指導・助言等の権限を有するかが問題となりました。収賄罪成立のためには金銭収支が「職務」に関連していることが必要です。

> **判例** 内閣総理大臣の権能に関する判例
>
> ▶ロッキード事件丸紅ルート（最大判平7.2.22）
> 内閣総理大臣が行政各部に対し指揮監督権を行使するためには、閣議にかけて決定した方針が存在することを要するが、閣議にかけて決定した方針が存在しない場合においても、内閣総理大臣の地位および権限に照らすと、流動的で多様な行政需要に遅滞なく対応するため、内閣総理大臣は、少なくとも、内閣の明示の意思に反しない限り、行政各部に対し、随時、その所掌事務について一定の方向で処理するよう指導、助言等の指示を与える権限を有するものと解するのが相当である。したがって、内閣総理大臣の運輸大臣（現・国土交通大臣）に対する働き掛けは、一般には、内閣総理大臣の指示として、その職務権限に属することは否定できない。

＊1 **プラスアルファ**
署名・連署は形式上のものであって拒否することは許されません。また、それらを欠いても法律の効力を左右するものではありません。

＊2 **ここに注意**
内閣総理大臣・国務大臣が議院への出席を求められた場合、その出席は義務です。

2 国務大臣の任免権

内閣総理大臣は、国務大臣を任命し、これを任意に罷免することができます（国務大臣の任免権／68条1項本文、68条2項）。国務大臣の任免権は内閣総理大臣の専権に属し、閣議にかけることを要しないとされています。これにより、内閣総理大臣は、自分を中心に自分の政策に近い者で国務大臣を固め、統一的な内閣を組織・運営することができます（内閣の一体性・統一性）。 17-5

●統 治

国務大臣の罷免権は、日本国憲法で認められたものであり、これにより内閣総理大臣の閣内での統制力が非常に強いものになりました。 **12-4**

3 内閣を代表する権能

内閣総理大臣は、内閣を代表して議案を国会に提出し、一般国務および外交関係について国会に報告し、ならびに行政各部を指揮監督します（72条）。国会に提出する「議案」とは、議院の会議で議決されるべき原案として内閣により発案されるすべての案件の総称を指します。

4 国務大臣の特権

国務大臣は、在任中、内閣総理大臣の同意がなければ訴追されません（75条本文）。ただし、このために訴追の権利は害されないとされています（75条但書）。これは、国務大臣に対し政治的動機から訴追が行われることを防止する趣旨です。「訴追の権利は害されない」とは、国務大臣の在任中に訴追が行えないことによって、公訴時効が完成することはなく、在任中の期間は時効の進行が停止するという意味です。 **17-5**

第1編 憲法

統治

統治－裁判所

42 裁判所

重要度 A

講師からのアドバイス

法律上の争訟の判断で、司法審査ができるのかどうかの判断を行います。例えば、弥生時代に存在したといわれる邪馬台国が日本のどこにあったか裁判所で決定してもらおうとしても「法律を適用することにより終局的に解決することができるもの」ではないので、法律上の争訟にあたらず、司法権の行使ができません。

*1
 ここに注意

司法権については、裁判の公正を図るためにどのような制度が設けられているかがポイントになります。

> **第76条【司法権・裁判所】**
> 1 すべて司法権は、最高裁判所及び法律の定めるところにより設置する下級裁判所に属する。

> **裁判所法 第3条【裁判所の権限】**
> 1 裁判所は、日本国憲法に特別の定のある場合を除いて一切の法律上の争訟を裁判し、その他法律において特に定める権限を有する。
> 2 前項の規定は、行政機関が前審として審判することを妨げない。
> 3 この法律の規定は、刑事について、別に法律で陪審の制度を設けることを妨げない。

立法趣旨

41条（国会）、65条（内閣）とあいまって国家の統治機構について三権分立の制度をとることを定めるとともに、司法権が裁判所に専属することを定めたものです。*1

　司法権とは、**具体的な争訟について、法を適用し、宣言することによって、これを裁定する国家作用**をいいます。この具体的な争訟は「法律上の争訟」（裁判所法3条1項）と同義とされ、**当事者間の具体的な権利義務ないし法律関係の存否に関する紛争**であって、かつ、それが**法律を適用することにより終局的に解決することができるもの**をいいます。
　よって、次のような場合には、司法権は及びません。

> ① 抽象的に法令の解釈または効力について争うこと（警察予備隊訴訟参照）
> ② 単なる事実の存否、学問上・技術上の論争等（技術士国家試験事件参照）
> ③ 純然たる信仰の対象の価値または宗教上の教義に関する判断を求める訴え（板まんだら事件参照）

● 統　治

判例　司法権の要件に関する判例

▶警察予備隊訴訟（最大判昭27.10.8）

　　わが裁判所が現行の制度上与えられているのは司法権を行う権限であり、そして司法権が発動するためには具体的な争訟事件が提起されることを必要とする。わが裁判所は具体的な争訟事件が提起されないのに将来を予想して憲法およびその他の法律命令等の解釈に対し存在する疑義論争に関し抽象的な判断を下すごとき権限を行いうるものではない。けだし最高裁判所は法律命令等に関し違憲審査権を有するが、この権限は司法権の範囲内において行使されるものであり、この点においては最高裁判所と下級裁判所との間に異なるところはない。

▶技術士国家試験事件（最判昭41.2.8）

　　国家試験の合否判定は、学問または技術上の知識、能力、意見等の優劣・当否の判断を内容とする行為であるので、その試験実施機関の最終判断に委ねられる。

▶板まんだら事件（最判昭56.4.7）

　　本件訴訟は、具体的な権利義務ないし法律関係に関する紛争の形式をとっており、その結果信仰の対象の価値または宗教上の教義に関する判断は、請求の当否を決するについての前提問題であるにとどまるものとされてはいるが、本件訴訟の帰すうを左右する必要不可欠のものと認められることなどからすれば、結局本件訴訟は、その実質において法令の適用による終局的な解決の不可能なものであり、裁判所法3条にいう法律上の争訟にあたらないものといわなければならない。15-6

第1編 憲法

統治

統治－裁判所

43 司法権の限界

重要度 A

裁判所は「一切の法律上の争訟」を裁判しますが、例外的に司法権の限界として審査が及ばない場合があります。

司法権の限界

憲法の明文による限界	① 国会議員の資格争訟裁判（55条） ② 裁判官の弾劾裁判（64条）
国際法上の限界	外交使節の裁判権免除等、条約に基づく裁判権の制限
憲法解釈上の限界	① 天皇と民事裁判権 ② 自律権に属する事項 ③ 裁量行為 ④ 統治行為（政治問題） ⑤ 部分社会の法理

司法権の限界とは、形式的には法律上の争訟にあたり司法権の行使ができそうですが、事柄の性質上司法権の行使を控えてしまう場合があるということです。法律上の争訟（司法権の意義）と司法権の限界の議論を混同しないように注意してください。

1 天皇と民事裁判権

判例は、「天皇は日本国の象徴であり日本国民統合の象徴であることにかんがみ、天皇には民事裁判権は及ばない」としています（最判平元.11.20）。*1

2 自律権に属する事項

憲法上、国会および内閣の自律的決定に委ねられていると解される事項（議員の懲罰／58条2項、議院の議事手続／56条、閣議のあり方）には、司法権は及びません。 19-3

3 裁量行為

憲法が、立法権や行政権に対して一定の裁量を認めている場合があります。裁量の範囲内の行為は当不当が問題になるだけで、原則として、裁判所は審査できません。

4 統治行為（政治問題）

統治行為とは、高度の政治性を有するため、法的判断が可能でも司法審査が及ばないとされる国家行為をいいます。

5 部分社会の法理

部分社会の法理とは、自律的な規範を持つ団体内部の紛争には、司法審査が及ばないとする法理をいいます。純粋な内部事項は、それぞれの団体の自治を尊重して、裁判所は審査を控えるべきだからです。もっとも、一般市民法秩序と直接関係する問題に対しては、司法審査が及ぶとされています。

*1

 プラスアルファ

刑事裁判権についても、①天皇の象徴としての特殊性、②摂政および国事行為臨時代行を委任された皇族はその在任中訴追されないとする他の法律規定の類推解釈から、天皇は刑事的に無答責であるとされます。

● 統 治

判例　司法権の限界に関する判例

▶**警察法改正無効事件**（最大判昭37.3.7）
　裁判所は両院の自主性を尊重すべきであり、同議事手続に関する事実を審理して有効無効を判断すべきでなく、院の議事手続に司法権は及ばない。

▶**苫米地事件**（最大判昭35.6.8）
　衆議院の解散のような国家統治の基本に関する高度に政治性のある国家行為は、司法審査が可能であっても、裁判所の審査権の外にあり、政府、国会、最終的には国民の政治判断に委ねられ、衆議院の解散について司法審査は及ばない。 `15-6` `20-6`

▶**砂川事件**（最大判昭34.12.16）
　日米安全保障条約に基づく刑事特別法により刑事訴追された者が、同条約自体が9条に違反すると主張し、争われた。
① 　日米安全保障条約は、わが国の存立の基礎に極めて重大な関係を持つ高度の政治性を有する。 `14-41`
② 　本条約の内容が違憲かの法的判断は、司法審査には、原則としてなじまない。
③ 　一見極めて明白に違憲無効でない限りは、裁判所の司法審査権の範囲外のものであり、日米安全保障条約について司法審査は及ばない。

▶**地方議会議員出席停止懲罰事件**（最大判令2.11.25） `重要`
　出席停止の懲罰は、議会の自律的な権能に基づくものとして、議会に一定の裁量が認められるべきであるが、裁判所は、常にその適否を判断することができる。地方議会の議員に対する出席停止の懲罰の適否は、司法審査の対象となる（最大判昭35.10.19を判例変更した）。

▶**富山大学事件**（最判昭52.3.15） `重要`
　国立大学の単位不認定処分および専攻修了認定処分について争われた。
① 　自律的な法規範を有する特殊な部分社会における法律上の係争は、一般市民法秩序と直接の関係を有しない内部的な問題にとどまる限り、裁判所の司法審査は及ばない。
② 　単位認定行為は、特段の事情のない限り、純然たる大学内部の問題として大学の自主的、自律的な判断に委ねられる。
③ 　学生が専攻科修了の要件を充足したにもかかわらず大学が専攻科修了の認定をしないことは、国公立大学という公の施設を利用する権利を侵害することになるので、司法審査の対象となる。 `15-6` `19-26`

▶**共産党袴田事件**（最判昭63.12.20）
　政党幹部が党から除名された後、党所有の住居の明渡しを求められ、争われた。
① 　政党の結社としての自主性にかんがみ、政党の内部的自律権に属する行為は、法律に特別の定めのない限り尊重すべきである。
② 　党員に対する政党の除名処分等の当否は、原則として自律的な解決に委ねられ、一般市民法秩序と直接の関係を有しない内部的な問題にとどまる限り、司法審査は及ばない。
③ 　処分が一般市民としての権利利益を侵害する場合でも、その当否は、当該政党の自律的に定めた規範が公序良俗に反するなどの特段の事情のない限り当該規範、当該規範を有しないときは条理に基づき、適正な手続にのっとってされたかによって決すべきであり、審理もこの点に限られる。 `15-6`

統治―裁判所

44 司法権の帰属

重要度 B

特別裁判所の禁止、行政機関による終審裁判の禁止は択一対策としては必須の知識です。

1 裁判所の組織

司法権は、**最高裁判所**および法律の定めるところにより設置する**下級裁判所**に属します（76条1項）。下級裁判所には、高等裁判所、地方裁判所、家庭裁判所、簡易裁判所の4種類があります（裁判所法2条1項）。

(1) 最高裁判所

最高裁判所長官は、内閣の指名に基づき、天皇が任命し（6条2項）、その他の最高裁判所の裁判官は、内閣が任命し、天皇が認証します（79条1項、7条5号参照）。＊1

*1 プラスアルファ

憲法上、最高裁判所裁判官の任期の定めはありませんが、法律の定める年齢に達した時に退官するとされ（79条5項）、裁判所法は、70歳を定年としています（裁判所法50条）。

最高裁判所の権能	
違憲審査権	終審として、一切の法律、命令、規則または処分が憲法に適合するかしないかを決定することができる（81条）
規則制定権	最高裁判所は、訴訟に関する手続、弁護士、裁判所の内部規律および司法事務処理に関する事項について、規則を定める権限を有する（77条1項）14-7 ⇒最高裁判所は、下級裁判所に関する規則を定める権限を、下級裁判所に委任することができる（77条3項）
下級裁判所裁判官の指名権	名簿により指名する（80条1項）

(2) 下級裁判所

下級裁判所の裁判官は、最高裁判所の指名した者の名簿によって、内閣が任命します（80条1項）。下級裁判所の裁判官は、任期を10年とし、再任されることができます（80条1項）。＊2

2 特別裁判所の禁止（76条2項前段）

法の下の平等（14条）、裁判を受ける権利（32条）の保障の徹底を図るために、通常の裁判所の組織系列に属さない**特別裁判所の設置は禁止**されています。戦前の軍法会議が「特別裁判所」の例です。家庭裁判所は、最高裁判所の下の通常の裁判所の系列にあるので、「特別裁判所」ではありません（最大判昭31.5.30）。

*2 プラスアルファ

下級裁判所の裁判官は、法律の定める年齢に達した時には退官します（80条1項）。これについて裁判所法が、高等裁判所、地方裁判所および家庭裁判所の裁判官の定年は65歳、簡易裁判所の裁判官の定年は70歳と定めています（裁判所法50条）。

●統　治

3 行政機関による終審裁判の禁止（76条2項後段）

　特別裁判所の設置の禁止と同様の趣旨から、行政機関による終審としての裁判が禁止されます。明治憲法下で行政裁判所による一審限りの裁判が認められていたという経緯にかんがみ、特に明文で定められました。

　本規定からは、逆に終審としてではなく前審としてならば、司法的救済の途が残っているので、行政機関による裁判も認められるという解釈が導き出されます。

　行政機関による裁判には、例えば、行政不服審査法に基づく行政機関の裁決、国家公務員法に基づく人事院の裁定の制度があります。

判例　司法権の帰属に関する判例

▶**裁判員制度の合憲性**（最大判平23.11.16）

　　裁判員制度が憲法に違反しないかが争われた。

① 憲法は刑事裁判の基本的な担い手として裁判官を想定していると考えられるが、一般的には国民の司法参加を許容しており、これを採用する場合には、憲法の定める適正な刑事裁判を実現するための諸原則が確保されている限り、陪審制とするか参審制とするかを含め、その内容を立法政策に委ねている。 `16-1`

② 裁判官でない裁判員が裁判体の構成員となる裁判員制度は、その仕組みを考慮すれば、公平な「裁判所」における法と証拠に基づく適正な裁判が行われること（憲法31条、32条、37条1項）は制度的に十分保障されているうえ、裁判官は刑事裁判の基本的な担い手とされているものと認められ、憲法が定める刑事裁判の諸原則を確保するうえでの支障はないから、憲法31条、32条、37条1項、76条1項、80条1項に違反しない。 `21-41`

③ 憲法76条3項は、裁判官の職権行使の独立性を保障することにより、他からの干渉や圧力を受けることなく、裁判が法に基づき公正中立に行われることを保障するものであるが、裁判員制度の下でも、法令の解釈に係る判断や訴訟手続に関する判断を裁判官の権限にするなど、裁判官を裁判の基本的な担い手として、法に基づく公正中立な裁判の実現が図られていることからも、裁判員制度は、76条3項の趣旨に反しない。

④ 裁判員制度による裁判体は、地方裁判所に属し、その第1審判決に対しては、高等裁判所への控訴および最高裁判所への上告が認められており、裁判官と裁判員によって構成された裁判体は、憲法76条2項前段が禁ずる「特別裁判所」にあたらない。

⑤ 裁判員制度は国民に裁判員としての職務を負わせることになるが、⑴裁判員の職務等が司法権の行使に対する国民の参加という点で参政権と同様の権限を国民に付与するものであること、⑵国民の負担を過重にしないという観点から、裁判員となることを辞退できる者を類型化していることなどから、裁判員の職務等は、憲法18条後段が禁ずる「苦役」にあたらない。

統治－裁判所

45 司法権の独立

重要度 B

講師からのアドバイス

司法権の独立は何のためにあるのか、それは裁判「官」の職権行使の独立を保持するためです。すなわち、司法権の独立の中核は個々の裁判官の職権行使の独立です。

> **第76条【裁判官の独立】**
> 3 すべて裁判官は、その良心に従ひ独立してその職権を行ひ、この憲法及び法律にのみ拘束される。

立法趣旨

①裁判所の公正を維持して国民の信頼を得ること、②政治的中立性を確保して少数者の人権を保障することにあります。

1 意義

司法権の独立とは、①裁判官がその職務を行うにあたって、法以外の何ものにも拘束されず、独立して職権を行使すること（裁判官の独立）、および②全体としての裁判所（司法府）が他の国家機関から独立して自主的に活動すること（司法府の独立）をいいます。

両者の関係については、司法府の独立は、裁判官の職権行使の独立の基礎を確保するための制度であり、司法権の独立の中核的意義は個々の裁判官の職権行使の独立にあります。

司法権の独立

```
            ┌─ ①裁判官の独立（狭義の司法権の独立）
            │    裁判官の職権行使の独立
司法権の     │         └ 司法権の独立の中核
独立        ┤    裁判官の身分保障
            │
            └─ ②司法府の独立
```

2 司法府の独立

司法府の独立は、全体としての裁判所が政治部門から独立して自主的に活動することができるということを意味します。憲法上、次のような制度があります。 14-7

① 最高裁判所の規則制定権（77条）
② 最高裁判所による下級裁判所裁判官の指名権（80条1項）
③ 裁判所による裁判官の懲戒（78条後段） 19-7

● 統 治

3 裁判官の独立
(1) 職権行使の独立
裁判官は、司法権の独立の中核として、その良心に従い独立してその職権を行い、憲法および法律にのみ拘束されるとして、職権行使の独立が確保されています（76条3項）。

(2) 裁判官の身分保障
(a) 裁判官の罷免事由の限定
裁判官の罷免は、憲法に定められている下記の場合以外には認められません。 12-4

① 心身の故障のために職務執行不能の裁判を受けた場合（78条前段）
② 弾劾裁判所による罷免（78条前段） 19-7
③ 国民審査による最高裁判所裁判官の罷免（79条2項）
16-3 *1

(b) 行政機関による懲戒処分の禁止
裁判官の懲戒処分は、行政機関が行うことはできません（78条後段）。*2

(c) 報酬の減額禁止
最高裁判所・下級裁判所を問わず裁判官は、すべて定期に相当額の報酬が保障され、在任中の減額が禁止されます（79条6項、80条2項）。

裁判官の身分保障

	最高裁判所裁判官	下級裁判所裁判官
任命	長たる裁判官……内閣の指名に基づいて天皇が任命（6条2項） その他の裁判官…内閣で任命（79条1項）	最高裁判所の指名した者の名簿によって、内閣で任命（80条1項本文）
任期	なし	10年とし、再任されることができる（80条1項本文）
定年	あり（79条5項）⇒70歳（裁判所法50条）	あり（80条1項但書）⇒65歳 簡易裁判所の裁判官は70歳（裁判所法50条）
報酬	相当額の報酬を受け、在任中減額されない（79条6項）	相当額の報酬を受け、在任中減額されない（80条2項）

*1
 プラスアルファ

③の国民審査は、最高裁判所裁判官のみについて、任命後初めて行われる衆議院議員総選挙の際に行われ、その後10年を経過するたびに初めて行われる衆議院議員総選挙の際に行われます（79条2項）。この場合、投票者の多数が裁判官の罷免を可とするときにその裁判官は罷免されることになります（79条3項）。

*2
 プラスアルファ

行政機関だけでなく立法機関による懲戒処分も禁止されると解されています。

統治ー裁判所

46 違憲審査権

重要度 A

講師からのアドバイス

付随的違憲審査制、条約が違憲審査の対象となるか、不作為が違憲審査の対象となるかは択一対策知識として重要です。

第81条【法令審査権と最高裁判所】
最高裁判所は、一切の法律、命令、規則又は処分が憲法に適合するかしないかを決定する権限を有する終審裁判所である。

立法趣旨
憲法の最高法規性（98条1項）を裁判所の違憲審査を通じて担保し、国民の個々の憲法上の権利の保障ならびに憲法規範の一般的保障を行うことにあります。

1 意義
最高裁判所は、一切の法律、命令、規則または処分が憲法に適合するかしないかを決定する権限（違憲審査権）を有する終審裁判所です（81条）。この違憲審査権が認められている趣旨は、憲法の最高法規性（98条1項）を、裁判所の違憲審査を通じて担保し、人権保障を実質化する点にあります。

2 付随的審査制
違憲審査権は、司法権の範囲内において行使されるものですから、具体的な訴訟事件を前提として、その解決に必要な限りにおいて行使でき、抽象的に法律命令等の合憲性を判断することはできないと解されます（付随的違憲審査制／前掲警察予備隊訴訟参照）。また、判例は、下級裁判所にも違憲審査権を認めています（最大判昭25.2.1）。＊1

3 違憲審査の対象
違憲審査の対象については、条文上「一切の法律、命令、規則又は処分」（81条）が挙げられ、これには、憲法の下にある一切の国内法規範と個別具体的な公権行為が含まれます。また、条文上「条約」が挙げられていませんが、判例は、条約に対する違憲審査の可能性を認めています（砂川事件／最大判昭34.12.16）。さらに、判例は、立法不作為も違憲審査の対象となるとしています（在宅投票制度廃止事件／最判昭60.11.21）。

＊1

プラスアルファ

違憲とされた法律の効力としては、当該事件についてのみ法律の適用が排除されるにとどまり、法律を客観的に無効とする効力まではないとする考え（個別的効力説）が有力です。

100

● 統治

判例　違憲審査権に関する判例

▶在宅投票制度廃止事件（最判昭60.11.21）

　国会議員の立法行為（立法不作為を含む）の国家賠償法上の違法性と立法内容または立法不作為の違憲性とは区別される。国会議員の立法行為（立法不作為を含む）が国家賠償法1条1項の適用上違法の評価を受けるのは、「立法の内容が憲法の一義的な文言に違反しているにもかかわらず国会があえて当該立法を行うごとき、容易に想定し難いような例外的な場合」に限られる。 **17-20**

▶在外日本人選挙権剥奪違法確認等請求事件（最大判平17.9.14） 重要

　立法の内容または立法不作為が国民に憲法上保障されている権利を違法に侵害することが明白な場合や、国民に憲法上保障されている権利行使の機会を確保するために所要の立法措置をとることが必要不可欠であり、それが明白であるにもかかわらず、国会が正当な理由なく長期にわたってこれを怠る場合などには、例外的に、国会議員の立法行為または立法不作為は、国家賠償法1条1項の規定の適用上、違法の評価を受ける。 **17-20**

法令の規定そのものを違憲とする判決・決定（法令違憲判決・決定）

① 尊属殺重罰規定違憲判決（最大判昭48.4.4）

② 薬事法距離制限事件（最大判昭50.4.30）

③ 衆議院議員定数不均衡訴訟（最大判昭51.4.14）

④ 衆議院議員定数不均衡訴訟（最大判昭60.7.17）

⑤ 森林法事件（最大判昭62.4.22）

⑥ 郵便法免責規定違憲判決（最大判平14.9.11）

⑦ 在外日本人選挙権剥奪違法確認等請求事件（最大判平17.9.14）

⑧ 国籍法3条1項違憲判決（最大判平20.6.4）

⑨ 非嫡出子相続分差別違憲決定（最大決平25.9.4）

⑩ 再婚禁止期間違憲訴訟（最大判平27.12.16）

第1編　憲法

統治

統治―裁判所

47 裁判の公開

重要度 B

政治犯罪、出版に関する犯罪、憲法第3章で保障する国民の権利が問題となっている事件の対審、そして判決は常に公開されることになります。択一対策必須知識です。

> **第82条【裁判の公開】**
> 1　裁判の対審及び判決は、公開法廷でこれを行ふ。
> 2　裁判所が、裁判官の全員一致で、公の秩序又は善良の風俗を害する虞があると決した場合には、対審は、公開しないでこれを行ふことができる。但し、政治犯罪、出版に関する犯罪又はこの憲法第3章で保障する国民の権利が問題となつてゐる事件の対審は、常にこれを公開しなければならない。

立法趣旨

裁判の公正とそれに対する国民の信頼を確保する趣旨ですが、国民の知る権利保障の観点からも重要な意義を持っています。

82条1項は、**裁判の公開**の原則を定めています。これは、**裁判の公正を保ち、裁判に対する国民の信頼を得るため**のものです。

判例も、82条1項の趣旨は、裁判を一般に公開して裁判が公正に行われることを制度として保障し、ひいては裁判に対する国民の信頼を確保することにあるとしています（レペタ訴訟／最大判平元.3.8）。

ただし、例外として、82条2項本文は「裁判所が、**裁判官の全員一致**で、**公の秩序又は善良の風俗を害する虞**があると決した場合には、**対審は、公開しないでこれを行ふことができる**」としています。しかし、**この場合も、判決は公開しなければなりません**。＊1

また、政治犯罪、出版に関する犯罪またはこの憲法第3章で保障する国民の権利が問題となる事件の対審は、常に公開しなければなりません（82条2項但書）。憲法第3章で保障する国民の権利が問題となっている事件とは、憲法が保障する国民の権利に対して法律が制限を加えており、その制限に違反したことが犯罪として問責されている刑事事件をいうと解されています。

＊1
 ことばの意味

対審（たいしん）
裁判官の面前で当事者が口頭でそれぞれの主張を述べること。民事訴訟における口頭弁論手続や刑事訴訟における公判手続がこれにあたります。

公開
国民に傍聴の自由を認めることをいいます。

●統 治

裁判の公開

		対審	判決
普通の事件	原則	公開	常に公開
	例外	①裁判官の全員一致で、②公の秩序または善良の風俗を害するおそれがあると決した場合	
政治犯罪、出版に関する犯罪、憲法第3章で保障する国民の権利が問題となっている事件		常に公開	

判例 **裁判の公開に関する判例**

▶**レペタ訴訟（最大判平元.3.8）**

　憲法82条1項の規定は、裁判の対審および判決が公開の法廷で行われるべきことを定めているが、その趣旨は、裁判を一般に公開して裁判が公正に行われることを制度として保障し、ひいては裁判に対する国民の信頼を確保しようとすることにある。

　裁判の公開が制度として保障されていることに伴い、各人は、裁判を傍聴することができることとなるが、当該規定は、各人が裁判所に対して傍聴することを権利として要求できることまでを認めたものでないことはもとより、傍聴人に対して法廷においてメモを取ることを権利として保障しているものでないことも、いうまでもないところである。 **13-7**

第1編 憲 法

統 治

103

統治－財政

48 財政民主主義

重要度 B

83条の財政民主主義の歳入面と歳出面の具体的現れが、84条の租税法律主義（歳入面）、85条の支出承認主義（歳出面）となります。

> **第83条【財政処理の基本原則】**
> 国の財政を処理する権限は、国会の議決に基いて、これを行使しなければならない。
>
> **第84条【租税法律主義】**
> あらたに租税を課し、又は現行の租税を変更するには、法律又は法律の定める条件によることを必要とする。

立法趣旨

83条は国の財政が、国民生活に重大な影響を及ぼすものであるので、国民による民主的コントロールを確保するため、財政民主主義について規定し、84条は「代表なければ課税なし」の思想に基づき租税法律主義について規定しています。

1 財政民主主義

国の財政を処理する権限は、国会の議決に基づいて行使しなければなりません（83条）。これは、国家財政に民主的なコントロールを及ぼすためです（財政民主主義）。この財政民主主義の歳入面における現れが租税法律主義（84条）であり、歳出面における現れが85条以下の規定です。

2 租税法律主義

租税法律主義とは、租税の賦課・徴収は国民に対して直接負担を求めるものであるから、必ず国民の代表者から構成される国会の議決する法律によらねばならないという原則をいい、財政民主主義の現れの1つです。

ここにいう「租税」とは、国または地方公共団体がその課税権に基づいてその使用する経費に充当するために、強制的に徴収する金銭給付をいいます。

租税法律主義の内容

課税要件法定主義	①納税義務者、課税物件、課税標準、税率などの課税要件を法定 ②租税の賦課、徴収の手続を法定
課税要件明確主義	課税要件および賦課・徴収を定める手続は誰でもその内容を理解できるように明確に定められなければならない

● 統　治

> **判例**　**租税法律主義に関する判例**

▶通達課税に関する判例（最判昭33.3.28）

　　従来、事実上非課税として取り扱われてきた物品について、通達により新たに課税することとしたとしても、その**通達の内容が法の正しい解釈に合致するものであれば、本件課税処分は、法の根拠に基づく処分であるから、租税法律主義に反しない。**

▶旭川市国民健康保険条例事件（最大判平18.3.1）

　　市の国民健康保険条例により国民健康保険の保険料を賦課された者が、本件条例には保険料率を定率・定額で定める等の具体的な規定がなく、保険料算定の基礎となる賦課総額が不明確である等として84条等に違反しないか争われた。

① 　国民健康保険の保険料に84条の規定は直接に適用されない。

② 　租税以外の公課であっても、**賦課徴収の強制の度合い等の点で租税に類似する性質を有するものには、84条の趣旨が及ぶ**べきであるが、当該公課の性質、賦課徴収の目的、その強制の度合い等を総合考慮して判断すべきである。

③ 　本件条例の市長への委任は、84条の趣旨に反するということはできない。

④ 　具体的な保険料率を定額・定率で定めずに、市長に委任している条例も、算定基準が明確に規定され、議会の民主的統制が及ぶ限り、合憲である。

3 財政支出に関する原則

　国費を支出（予算方式）し、または国が債務を負担（予算または法律方式）するには、国会の議決に基づくことが必要です（支出承認主義／85条）。 **15-7**

　国費の支出に対する国会の議決は予算の形式によります（86条）。また、債務の負担に対する国会の議決の方式について憲法上規定はありませんが、財政法は、**法律**と**予算**の２つの形式を認めています（財政法15条）。

第1編 憲法

統治

105

統治－財政

49 予算

重要度 A

講師からのアドバイス
予算の修正は減額修正、増額修正に分けて検討することが必要です。

1 予算

予算とは、一会計年度における国の財政行為の準則です。

内閣は、毎会計年度の予算を作成し、国会に提出して、その審議を受け議決を経なければなりません（86条）。予算は国民の負担に帰せられるので財政民主主義の要請から国会の審議・議決が必要とされています。国会には、予算修正権が認められており、国会は議決に際し、原案にあるものを廃除削減する修正（減額修正）をすることも、原案に新たな款項を設けたり、その金額を増加したりする修正（増額修正）を行うこともできます。もっとも、「国会の予算修正は、内閣の予算提案権を損なわない範囲内において可能と考える」とするのが政府見解です。 12-5 15-7 ＊1

予算の法的性質については、予算が政府を拘束するのみで、一般国民を直接拘束しないこと、衆議院の再議決制が認められていないこと（60条2項）から、**法律とは異なる特殊の法形式**であると考えられています（予算法形式説）。 17-6

＊1 ここに注意
予算提出権は内閣の専権事項であっても、41条から当然に議員は予算を伴う法案の提出権を有します。

＊2 ことばの意味
予備費
予備費の制度は、予見しがたい予算の不足に充てるために国会の議決に基づき設け、内閣の責任で支出するものです。
なお、予備費を設けるかどうかは、普通地方公共団体とは異なり、任意的なものです。

＊3 プラスアルファ
会計検査院の設置については、90条2項に規定されています。

財政民主主義の内容 12-5 15-7

財政に関する事項	必要とされる事項
①租税の賦課・変更（84条）	国会の定める法律によること ＝租税法律主義
②国費支出と国の債務負担（85条）	国会の議決
③予備費（87条）＊2	計上…国会の議決 支出…国会の事後承諾
④皇室財産・皇室費用（88条）	予算に計上して、国会の議決
⑤収入支出の決算（90条1項）	毎年会計検査院が検査し、内閣が次の年度に検査報告とともに、国会に提出すること ＊3
⑥財政状況の報告（91条）	内閣は、国会および国民に対し、定期に、少なくとも毎年1回、報告すること

●統 治

2 公金支出の禁止

第89条【公の財産の支出・利用の制限】

公金その他の公の財産は、宗教上の組織若しくは団体の使用、便益若しくは維持のため、又は公の支配に属しない慈善、教育若しくは博愛の事業に対し、これを支出し、又はその利用に供してはならない。

立法趣旨

89条前段は、宗教上の組織・団体に国が財政的援助を行わないとし、20条で定められた政教分離の原則を財政面から裏付け、89条後段は、「公の支配」に属しない教育や福祉事業に対しても、国の財政的援助を行わないことを定めています。

89条は、公の財産の支出・利用の制限を規定しています。宗教上の組織・団体のための支出・利用の制限（89条前段）は、憲法20条の規定する信教の自由および政教分離原則を財政面から確保しようとするものです。慈善・教育・博愛事業に対する支出・利用の制限（89条後段）は、私的事業の自主性を尊重する趣旨、あるいは国費の濫用を防止する趣旨であると解されています。89条の「公の支配」とは、国または地方公共団体の一定の監督が及んでいることをもって足りるとされ、私学助成等の公金支出も「公の支配」に属する団体に対するものとされます。

第1編 憲 法

統 治

107

統治－地方自治

50 地方自治

重要度

講師からのアドバイス

「地方自治の本旨」の意義は重要です。団体自治と住民自治のそれぞれの意義をしっかり把握しましょう。

1 地方自治の本旨

第92条【地方自治の基本原則】
地方公共団体の組織及び運営に関する事項は、地方自治の本旨に基いて、法律でこれを定める。

立法趣旨
92条の趣旨は、立憲民主主義の維持、すなわち中央政府への権力集中の防止と民主主義の基盤の育成にあります。

「地方自治の本旨」とは、団体自治の原則と住民自治の原則を意味するものと考えられています。

団体自治とは、国から独立した存在としての地方公共団体が、その固有の事務をそれ自体の機関により、それ自体の権能をもって自主的に処理することです。住民自治とは、地方公共団体の行政は、その構成員たる住民の意思に基づいて行われなければならないことを意味します。団体自治は自由主義的要素を有し、住民自治は民主主義的要素を有します。

日本国憲法は、特に第8章に「地方自治」の章を設け、憲法上の制度として保障しています。 15-1

団体自治と住民自治

団体自治	住民自治
①地方公共団体には、法律の定めるところにより、その議事機関として議会を設置する（93条1項） ②地方公共団体は、その財産を管理し、事務を処理し、および行政を執行する権能を有し、法律の範囲内で条例を制定することができる（94条）	①地方公共団体の長、その議会の議員および法律の定めるその他の吏員は、その地方公共団体の住民が直接選挙する（93条2項） ②一の地方公共団体のみに適用される特別法を制定するには、法律の定めるところにより、その地方公共団体の住民の投票においてその過半数の同意を得なければならない（95条） 21-23

2 地方公共団体の機関

第93条【地方公共団体の機関】
1　地方公共団体には、法律の定めるところにより、その議事機関として議会を設置する。
2　地方公共団体の長、その議会の議員及び法律の定めるその他の吏員は、その地方公共団体の住民が、直接これを選挙する。

　憲法93条2項は、「地方公共団体の長、その議会の議員及び法律の定めるその他の吏員は、その地方公共団体の住民が、直接これを選挙する」としています。
　判例は、憲法上の「地方公共団体」というためには、①住民が共同体意識を持っているという社会的基盤が存在すること、②沿革的にも、現実の行政の上でも、相当程度の自主立法権、自主行政権、自主財政権を有することが必要であるとしたうえで、東京都の特別区は憲法上の地方公共団体にあたらないとしています（最大判昭38.3.27）。

判例　地方公共団体の機関に関する判例

▶ **特別区長公選廃止事件（最大判昭38.3.27）** *1
① 憲法上の「地方公共団体」というるには、事実上住民が経済的文化的に密接な共同生活を営み、共同体意識を持っているという社会的基盤が存在し、沿革的にみても、また現実の行政の上においても、相当程度の自主立法権、自主行政権、自主財政権等の地方自治の基本的権能を付与された地域団体であることが必要である。
② 東京都の特別区は、憲法制定当時においてもまた昭和27年8月地方自治法改正当時においても憲法93条2項の地方公共団体にあたらない。したがって、特別区において区長公選制を廃止することは、憲法93条2項に反しない。

*1

判例ゼミ

特別区の区長公選制を廃止した（旧）地方自治法の改正が、長の直接選挙について定めている93条2項に反しないかが争われましたが、判例は改正は違憲ではないとしました。ただし、一度廃止された区長公選制は地方自治法の昭和49年改正で復活しています。

統治－地方自治

51 条例

重要度 A

地方自治特別法の住民投票は国会単独立法の原則の例外ということになります。択一対策知識として原則と例外をセットで覚えましょう。

1 条例制定権

条例とは、地方公共団体が、自治権に基づいて制定する自主的立法です。条例について問題になるのは次の２点です。

１つは憲法上法律に留保されている事項について条例による規制が可能かです。具体的には、29条２項との関係で財産権を条例によって制限できるかと、31条、73条６号との関連で、法律によらずに条例に罰則を定めることができるかです。これについては、条例は民主的な議会によって制定されるものであり、法律に準ずるとして、条例による規制も可能と考えられています。 14-7 16-7 *1

もう１つは法律の定める基準よりも厳しい基準を条例で定めることができるかです。94条は「法律の範囲内で」条例制定権を認めているにすぎませんが、一般的にはより厳しい規制基準を条例で定めることを法律が特に排除するものでない限り、地方の実情に応じて別段の規制を条例ですることが許される場合があると考えられています。*2

*1 プラスアルファ

憲法が条例制定権を認める以上、条例の内容をめぐり地域間で差異が生じることは当然に予期されることであるから、一定の行為の規制につき、ある地域でのみ罰則規定が置かれている場合でも、地域差のゆえに違憲ということはできないとされています（最大判昭33.10.15）。

*2 プラスアルファ

法律の定める基準よりも厳しい基準を定める条例を「上乗せ条例」といいます。

> 判例　条例に関する判例

▶徳島市公安条例事件（最大判昭50.9.10） 重要

徳島市内の車道上において集団示威行進をした被告人が、道路交通法および徳島市公安条例違反で起訴され、争われた。

① 条例が国の法令に違反するか否かは、両者の対象事項と文言のみでなく、趣旨・目的・内容・効果を比較して、両者の間に矛盾抵触があるかどうかによって決せられる。
② ある事項を規律する国の法令がない場合でも、それが当該事項について放置すべきとする趣旨であるときは、条例は国の法令に違反することになりうる。
③ 特定事項を規律する国の法令と条例が併存する場合でも、条例が別の目的で定められており、法令の目的と効果を阻害しない場合や、同一目的でも、法令が地方の実情に応じて別段の規制を容認する趣旨であるときは、条例は国の法令に違反しない。

●統治

条例と法律が矛盾抵触するかどうかの判断基準（徳島市公安条例事件）

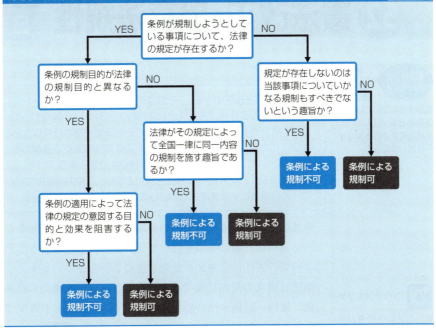

2 地方自治特別法

一の地方公共団体のみに適用される特別法は、法律の定めるところにより、その地方公共団体の住民の投票においてその過半数の同意を得なければ、国会は、これを制定することができません（95条）。これは、国会単独立法の原則（41条）に対する憲法上の例外とされています。 21-23 ＊3

＊3 具体例で覚えよう！
95条の適用例として広島平和記念都市建設法（広島市を世界平和のシンボルとして建設することを目的とした法律）等があります。

中央政治と地方政治の比較

中央政治	地方政治
国会に代えて、選挙権を有する国民の総会を設置することはできない（41条）	町村においては、議会に代えて、選挙権を有する住民の総会を設置することができる（地方自治法94条）
国民投票をもって国会の決定に代えるという制度を定めることはできない（41条）	住民による条例の制定・改廃請求を認めることはできる（地方自治法74条〜74条の4）
国民が衆議院を解散することはできない（69条、7条3号）	議会の解散について住民の直接請求制度を設けることはできる（地方自治法76〜79条）
内閣総理大臣の指名について、国民の直接選挙によると定めることはできない（67条1項）	地方公共団体の長について、住民の間接選挙によると定めることはできない（93条2項）
内閣不信任案が可決された場合でも内閣の総辞職の効果が発生しない、と定めることはできない（69条）	地方公共団体の長の不信任案が可決された場合でも長の解職の効果は発生しない、と定めることはできる

111

統治－憲法改正等

52 憲法改正・最高法規性　重要度 B

講師からのアドバイス
改正手続については厳格な要件となっています。手続の流れをおさえながら確認しましょう。

1 憲法改正

第96条【憲法改正の手続、その公布】
1　この憲法の改正は、各議院の総議員の3分の2以上の賛成で、国会が、これを発議し、国民に提案してその承認を経なければならない。この承認には、特別の国民投票又は国会の定める選挙の際行われる投票において、その過半数の賛成を必要とする。
2　憲法改正について前項の承認を経たときは、天皇は、国民の名で、この憲法と一体を成すものとして、直ちにこれを公布する。

憲法改正とは、成文憲法中の条項の修正・削除・追加をなし、あるいは、別に条項を設けて元の憲法典を増補することによって、憲法に意識的に改変を加える行為をいいます。

憲法は国家の最高法規であり、高度な安定性が求められる反面、政治・経済・社会の動きに適応する可変性も不可欠であることから憲法改正手続が設けられています。 17-7 ＊1 ＊2

憲法改正手続については、「日本国憲法の改正手続に関する法律」が2007年に制定されました。この法律は、具体的手続として以下のように定めています。

＊1 プラスアルファ
憲法改正には限界があり、憲法が保障する基本的人権を憲法改正手続によって削除することは許されないとするのが通説です。

＊2 プラスアルファ
法律の改正手続と同じ要件で改正できる憲法を軟性憲法、法律の改正手続よりも厳格な手続によらなければ改正できない憲法を硬性憲法といいます。96条は、日本国憲法が硬性憲法であることを明らかにしています。

① 満18歳以上の日本国民が投票権を有する
② 国民投票は、国会が憲法改正を発議した日から起算して60日以後180日以内の国会が議決した期日に行われる　＊3
③ 点字投票、代理投票、期日前投票、不在者投票、在外投票あり
④ 国民投票の期日前14日から期日まで、憲法改正案の広報のための放送を除き、国民投票運動のための広告放送不可
⑤ 裁判官、検察官、公安委員会の委員および警察官は、在職中、国民投票運動不可
⑥ ショッピングセンター等に共通投票所を設けることも可
⑦ 賛成の投票数が投票総数（賛成と反対の合計数）の2分の1を超えた場合に、国民の承認があったものとなる

＊3 ことばの意味
発議
憲法改正案が国会において議決されることを意味し、憲法改正案の提出・審議・可決という過程を経ます。

●統治

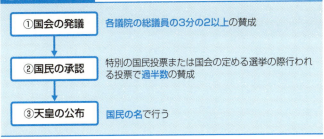

2 最高法規性

第97条【基本的人権の本質】
　この憲法が日本国民に保障する基本的人権は、人類の多年にわたる自由獲得の努力の成果であつて、これらの権利は、過去幾多の試錬に堪へ、現在及び将来の国民に対し、侵すことのできない永久の権利として信託されたものである。

第98条【憲法の最高法規性】
1　この憲法は、国の最高法規であつて、その条規に反する法律、命令、詔勅及び国務に関するその他の行為の全部又は一部は、その効力を有しない。
2　日本国が締結した条約及び確立された国際法規は、これを誠実に遵守することを必要とする。

　憲法は、97条で基本的人権の本質を規定して保障し、98条で憲法の最高法規性を謳っています。すなわち、憲法は基本的人権を保障するがゆえに、最高法規として位置づけられ、これに反する法律、命令、詔勅、国務に関するその他の行為は効力を有しないものとされます。なお、98条1項から条約が除外されていることなどから、憲法と条約との優劣関係については争いがありますが、憲法が条約に優位すると考えるのが一般的です。 14-7 17-7 ＊4

3 憲法尊重擁護義務

　99条は、天皇または摂政、国務大臣、国会議員、裁判官、その他の公務員の憲法尊重擁護義務を定めています。これに国民が含まれていないのは、憲法が徹底した価値相対主義を採用しており、国民に憲法の立脚する価値観を強制するものではないことを示すためです。 17-7

＊4　プラスアルファ
憲法優位説の理由としては、条約優位だとすると、より簡易な手続で成立する条約によって憲法規範が変更されること（実質的な憲法の改正）になり、硬性憲法の建前に反することなどが挙げられています。

113

［法令］

第2編

民法

科目別ガイダンス 民法

過去10年間の出題傾向

総則

項目	12	13	14	15	16	17	18	19	20	21
民法序論										
権利の主体	●			●		●	●		●	●
権利の客体										
法律行為							●			
意思表示		●	●			●		●		
代理	●			●			●	●		●
条件・期限・期間							●			
時効		●			●		●			

物権

項目	12	13	14	15	16	17	18	19	20	21
総論						●				●
物権変動		●					●	●	●	●
占有権				●						
所有権			●	●	●			●		
用益物権	●							●		
担保物権	●	●	●	●	●	●	●	●	●	●

債権総論

項　目	12	13	14	15	16	17	18	19	20	21
総説									●	
債権の効力		●	●	●	●					●
多数当事者間の債権債務関係	●		●			●				
債権譲渡・債務引受			●			●			●	●
債権の消滅			●	●			●			

債権各論

項　目		12	13	14	15	16	17	18	19	20	21
契約総論			●		●					●	●
契約各論	贈与	●			●			●			
	売買	●	●	●		●				●	●
	消費貸借										
	使用貸借	●						●			
	賃貸借	●	●	●			●	●	●		
	請負								●		
	委任	●							●		
	寄託	●									
	組合		●	●			●				
契約以外の法律関係	事務管理						●		●		
	不当利得		●				●				
	不法行為	●		●	●	●	●	●	●	●	●

家族法

項　目	12	13	14	15	16	17	18	19	20	21
親族		●	●	●	●		●	●		
相続	●					●				●

1 「民法」とは

(1) 民法の概念

　法は、様々な観点から分類することができます。①国の組織や国と個人の関係を規律した法を「公法」といい、個人と個人、個人と会社など（法人）の関係を規律した法を「私法」といいます。また、②一般的な関係を規律した法を「一般法」といい、特別な関係を規律した法を「特別法」といいます。

　民法は、私法の一般法です。まずは、このことをおさえましょう。

民法の概念

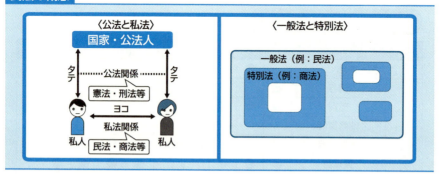

(2) 民法とのかかわり

　現在、社会にはたくさんの法令が存在しますが、民法は、人が出生してから死亡するまでのあらゆる段階にかかわってくる法律です。つまり、私達にとって、とても身近な法律といえるでしょう。

　学習にあたっては、自分に置き換える等、具体的な場面をイメージしながら進めるようにしましょう。本試験においても、民法は、事例形式で問われます。そこで、単に知識を有しているだけでは得点につながりません。求められるのは、「具体的な事例にあてはめて問題を解決できる高い能力」なのです。このように、身近ですが奥深い点が民法の面白味でもあるのです。

GUIDANCE [ガイダンス]

人の一生と民法のかかわり

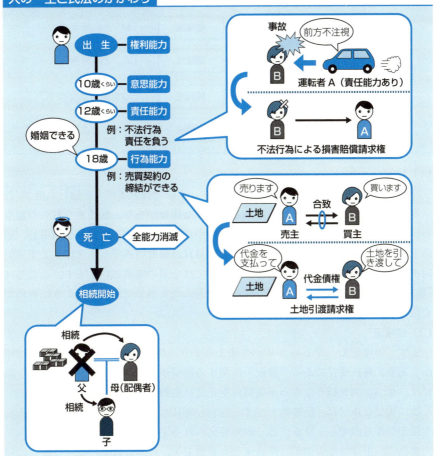

2 学習のポイント

　行政書士試験における私法系科目のメインとなるのが、民法です。

　2006年度から始まった新試験制度において、高配点の記述式３問中２問が民法からの出題となったこともあり、実に総得点の４分の１を占めています。

　民法は、大きく「総則」「財産法」「家族法（身分法）」の３つに分類されます。

　さらに、財産法は「物権法」「債権法」に分類され、家族法は「親族法」「相続法」に分類されます。

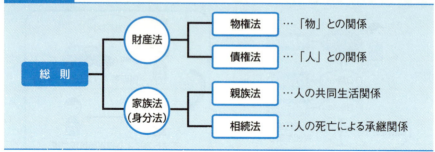

(1) 総則

「総則」は、民法全体にかかわる分野です。ここでは、まず「制限行為能力者制度」をしっかりおさえましょう。どのような類型があり、保護者や取引の相手方にはどのような権利が認められているのかが問われます。図表等を活用し、知識を整理しておきましょう。次に重要な項目は、何といっても「代理」です。契約書作成の代理権を有する行政書士にとっては必須の知識といえます。ここでは「無権代理」や「表見代理」といった一歩進んだ知識まで理解するように努めてください。

(2) 物権法

まず「物権変動」をしっかりおさえましょう。特に、「不動産物権変動」は頻出であり、対抗要件である「登記」に関する理解がポイントです。問題を解く際には、余白に図を描きながら事実関係を正確に把握するよう心掛けましょう。

次に重要な項目は「所有権」です。権利侵害に対して、所有権者はどのような主張ができるのでしょうか。しっかり答えられるようにしておきましょう。

最後に、担保物権の中の「抵当権」も重要です。抵当権はどのような場合に利用されるのでしょうか。他の担保物権との差異にも注目してください。

(3) 債権法

行政書士試験の民法の中で最も出題されるのが債権法の分野です。したがって、学習は債権法を中心に進めましょう。

債権は、人と人との取引に関するルールを定めています。学習にあたっては、今学習している分野が債権全体のどこに位置するのかを意識することが大切です。例えば、「債権総論⇒債権の消滅⇒弁済」や「契約⇒契約各論⇒賃貸借」等です。こうした視点を持つことが、債権全体の理解を後押しするのです。

GUIDANCE [ガイダンス]

債権の体系

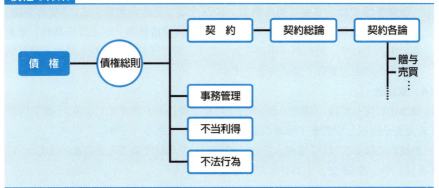

また、債権の学習では、まず、最も身近な「売買契約」をイメージするとよいでしょう。試験対策上も売買契約は非常に重要です。

売買契約

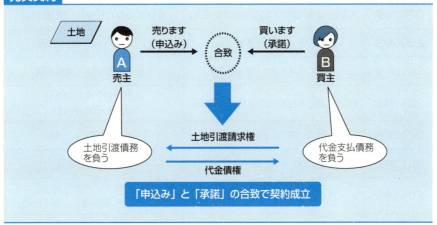

この場合、売主Aは「代金債権」を取得するとともに「土地引渡債務」を負い、他方、買主Bは「土地引渡請求権」を取得するとともに「代金支払債務」を負うことになります。それぞれの権利・義務を認識するようにしましょう。

(a) 債権総論

債権総論では、まず「債務不履行」をしっかりおさえましょう。3つの態様と債権者ができることが問われます。次に「責任財産の保全」では「債権者代位権・詐害行為取消権の行使の要件」を整理しておきましょう。また、「多数当事者間の債権債務」では「連帯保証」に注意が必要です。そして、「債権の消滅」では「弁済」と「相殺の要件」が問われます。

⒝ 債権各論

　債権各論では、まず「契約総論」における「契約の解除」と、「契約各論」における「売買契約」をおさえましょう。「賃貸借契約」や「委任契約」が重要です。そして、最後が「不法行為」です。特に「使用者責任」等の「特殊的不法行為の成立要件」は要注意です。

（4）家族法

　親族法に関しては、「婚姻」と「親子」の成立要件をおさえましょう。「養子」は、「普通養子縁組と特別養子縁組の差異」がポイントとなります。

　相続法に関しては、「相続人」と「相続分」を理解することから始めましょう。「遺言」や「遺留分」をおさえておきましょう。

民法／記述式問題の出題内容（※は2017年・2018年改正前の論点）		
2006年度	売買（手付）（債権各論）	抵当権（物上代位）（担保物権）
2007年度	正当防衛（720条）（債権各論）	金銭債務の特則（債権総論）
2008年度	賃貸借(信頼関係破壊法理)(債権各論)	債権譲渡の対抗要件（債権総論）
2009年度	連帯保証と求償（債権総論）	177条の「第三者」（物権）
2010年度	弁済による代位（債権総論）	不法行為と相殺（債権総論）
2011年度	代価弁済と抵当権消滅請求（担保物権）	表見代理と使用者責任 （総則・債権各論）
2012年度	検索の抗弁（債権総論）	遺留分減殺請求※（相続）
2013年度	無権代理人に対する責任追及（総則）	盗品の回復（物権）
2014年度	詐害行為取消権（債権総論）	他人の権利の売買における 善意の売主の解除権※（債権各論）
2015年度	占有の性質の変更（物権）	嫡出否認の訴え（親族）
2016年度	売主の担保責任※（債権各論）	離婚に伴う財産分与（親族）
2017年度	債権譲渡禁止特約（債権総論）	不法行為に基づく損害賠償請求権の 消滅時効等（債権各論）
2018年度	制限行為能力者の相手方の催告権 （総則）	書面によらない贈与（債権各論）
2019年度	共有（物権）	第三者のためにする契約（債権各論）
2020年度	第三者による詐欺（総則）	背信的悪意者からの譲受人（物権）

122

GUIDANCE［ガイダンス］

2021年度	債権譲渡制限特約（債権総論）	土地工作物責任（債権各論）

3 民法改正について

（1）債権法に関する改正

　民法の債権編に関する改正法が2017年6月2日に公布されました。この改正法は、消滅時効の期間の統一化（短期消滅時効の廃止など）、法定利率を変動させる規定の新設（そのほか法定利率5％→3％など）、保証債務の規定の整備、定型約款に関する規定の新設などを内容としています。

（2）成年年齢の引下げに関する改正

　成年年齢の引下げに関する民法の改正法が2018年6月20日に公布されました。この改正法は、民法の成年年齢を18歳に引き下げること、女性の婚姻年齢を18歳に引き上げることを内容としています。

（3）相続法に関する改正

　相続法に関する改正法が2018年7月13日に公布されました。この改正法は、配偶者の居住権の保護の方策、遺産分割や遺言制度に関する見直しなどを内容としています。

（4）特別養子縁組に関する改正

　特別養子縁組に関する改正法が2019年6月14日に公布されました。この改正法は、特別養子縁組の利用を促進するために、特別養子縁組における養子となる者の年齢の上限を原則6歳未満から原則15歳未満に引き上げること等を内容としています。

第2編 民法 科目別ガイダンス

123

総則－民法序論

1 民法の基本原理

重要度 C

講師からのアドバイス

民法の条文の全体構造を理解しましょう。総則が先に来て、その後に各論が続くという構成（パンデクテン方式）になっています。

プラスアルファ

*1
私人間の生活関係を規律する法律を私法といい、国家の組織や、国家と国民との関係を規律する法を公法といいます。
一般法のカバーする法律関係のうち、特定の関係について特別に規律する法を特別法といい、特別法は一般法に優先します。民法の特別法としては借地借家法・商法・労働基準法等があります。

1 財産法の基本原理

(1) 民法の構造

　民法は、私人間の生活関係を規律する私法の一般法であり、財産法と家族法に大別されます。個人の財産に関する生活関係を規律するのが財産法、家族に関する生活関係を規律するのが家族法です。さらに民法全体の通則として総則が置かれています。ここでは私人の権利に関する法律関係を私権の主体、私権の客体、私権の変動という3つの視点で分析し、それぞれについて一般的事項が規定されています。*1

民法の体系

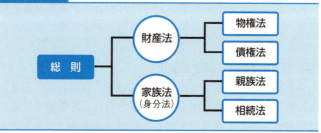

(2) 民法の指導原理

　民法は財産関係を物権と債権の2つの権利義務関係として大別して規定しています。物権関係に関してはいわゆる所有権絶対の原則が支配します。所有権絶対の原則は、財産権を保障した憲法29条1項の現れといえます。この原則は私人は自己の所有物を自由に支配することができるのであり、国家はこれを妨げることはできないというものです。この原則は近代市民社会の基本原理でしたが、現代では所有権といえども公共の福祉（憲法29条2項、民法1条1項）による様々な制限が設けられています。

　債権関係では、私的自治の原則が支配します。この原則は、私人間の私的法律関係はその個人の自由意思によって自由に形成でき、国家はこれに介入することはできないというものです。私的自治の原則は個人の尊厳を定めた憲法13条の現れといえます。

●総　則

この原則も近代市民社会秩序を形成した基本原理でしたが、現代では経済的弱者救済のため実質的公平を実現する観点から様々な制約が設けられています。＊2

2 家族法の基本原理

日本国憲法の制定を受けて、民法の家族法の部分は大改正されました。家族的共同生活について、親が子を、夫が妻を支配するという身分的支配関係としてではなく、個人の尊厳と両性の本質的平等（憲法24条2項、民法2条）を基礎として家族関係を規律しています。すなわち、現行法では家族は夫婦を中心にして形成されるものとして観念し、そこから親子、兄弟とその輪を広げています。これは旧民法が親子を中心として家族関係を規律していたのと大きくそのあり方を異にしています。

家族法は夫婦を基礎とする家族関係においては夫婦共同生活を主たる対象とします。よって、自由な個人間の権利義務関係を対象とする財産法に適合する基本原理は必ずしも適合しません。したがって、財産関係を念頭に規定されている民法総則の規定は、家族法には一般的に適用されず、あくまでも財産的側面を持つ身分的法律行為についてのみ適用されることになります。例えば、相続の放棄には、総則の意思表示の規定を適用することができます（919条2項）。

＊2
具体例で覚えよう！
例えば、賃貸借契約において賃貸人と賃借人は対等の契約当事者として民法上規定されていますが、実際は賃借人のほうが弱い立場にあるので、この経済的弱者を保護するために借地借家法によって賃借人の立場が特別に保護されています。

総則－民法序論

2 私権の行使・制約原理 重要度 C

基本原理である公共の福祉、信義誠実の原則、権利濫用の禁止は、民法では一般的原理として出てくるものです。試験で直接問われることはないと思われますが、しっかり理解しましょう。

*1 ここに注意

民法に限らず多くの法律の条文は法律要件を充足すると法律効果が発生するというスタイルをとっています。

1 私権をめぐる法律関係

人の生活関係において重要なものは法の問題とされ、**法によって保護される生活上の利益**を**権利**といいます。権利として保護されるかは、一般に、次のような形式で法によって定められています。つまり、一定の事実があれば**法律要件**を充足し、これにより**法律効果**が発生し、私人間に法律関係が成立します。そして、この法律関係は権利義務の関係に分解され、人は権利を取得し義務を負うことになります。*1

一般に、**私法によって保護される権利**は**私権**といわれ、個人間の生活関係において享受しうる法的地位を意味します。

要件・効果

法律要件 → 法律効果
要件充足　　権利義務の発生

2 私権の行使に関する制約原理

第1条【基本原則】
1　私権は、公共の福祉に適合しなければならない。
2　権利の行使及び義務の履行は、信義に従い誠実に行わなければならない。
3　権利の濫用は、これを許さない。

立法趣旨

私権は社会共同生活のために存在するという「私権の社会性」を宣言しています。

(1) 公共の福祉の原則 (1条1項)

私権は、個人の生活上の利益をその内容とする権利ですが、私権の内容も行使方法も公共の福祉、すなわち**社会共同生活全体の利益**に反することはできません。

このような私権の社会性による制限を**公共の福祉の原則**といいます。*2

*2 ここに注意

私権の社会性の観点からの制限のうち、公共の福祉の観点からの制限については、憲法で学んだところと同様の観点からの制限であると考えておけばいいでしょう。

● 総 則

(2) 信義誠実の原則（1条2項）

法律関係は権利義務の関係ですが、権利者といえども権利を無制限に自由に行使できるわけではありません。具体的取引関係の下で、取引当事者間の信頼関係を前提に、取引当事者は相手方の信頼を裏切らないように行動しなければなりません。これを信義誠実の原則（信義則）といい、債権関係の領域だけではなく権利義務に関する一般的指導原理とされています。＊3

信義則の機能として、次のものがあります。

① 法律行為の解釈基準となる（契約の解釈基準など）。
② 法の欠缺を補充する基準となる。＊4
③ 法の形式的適用による不都合を修正する基準となる。

なお、信義則の派生原則として、次のものがあります。

① みずからの行為と矛盾した態度をとることは許されないという禁反言の法理（109条など）
② 法をみずから尊重する者のみが法の尊重を要求できるというクリーンハンズの原則（708条など）

(3) 権利濫用の禁止（1条3項）

権利者といえども、権利の社会性に反してその権利を濫用することまでは認められないという原則です。この権利の濫用とは、権利行使の外形のみを形式的にみれば適法のようにみえますが、行使の実質を具体的に観察すれば到底権利行使とは容認できない場合を意味し、この場合には、権利行使とは認められない旨を規定したものです。権利濫用にあたるか否かは、権利の行使によって得られる利益と失われる利益を比較して、具体的公平の見地から判断されます。＊5

権利濫用の禁止の効果として、次のものがあります。

① 権利行使の効果が生じない（法律効果の不発生）
② 違法な権利侵害となる（損害賠償義務の発生）
③ 権利の剥奪が法定されている場合がある（権利の剥奪）
など

＊3 ここに注意

信義則や権利濫用は民法1条に規定されていますが、最初から適用されるのではなく、他の条文で決着がつかない場合に最後に適用されます。そこで、信義則や権利濫用を初めて学習するときは軽く理解するにとどめて、全体を学習した後でもう一度ここに戻って読み直すようにしてください。

＊4 ことばの意味

欠缺
「〜の欠缺」とは、「〜がないこと」という意味です。

＊5 具体例で覚えよう！

例えば、土地の所有者が、土地の下を通っている引湯管（温泉の源泉からお湯を引いている管）の撤去を求めた事案で、裁判所は、損害賠償請求の限度での権利行使を認め、撤去請求は否定しました（宇奈月温泉事件／大判昭10.10.5）。

総則－権利の主体

3 権利能力・意思能力・行為能力

重要度 B

1 権利能力

(1) 権利能力の始期と終期

権利能力とは、私法上の**権利または義務の主体となりうる地位**または資格を意味します。この権利能力は、**自然人である人間すべて**（**権利能力平等の原則**）と**法人**にも認められます。＊1

さらに、3条1項は、権利能力の始期について**人は生まれた時から権利能力を取得する**としており、権利能力の始期は**出生時**、終期は**死亡時**となります。

(2) 胎児の権利能力

胎児は、出生していないので、権利能力は認められないのが原則ですが、例外的に、次の3つの場合に限り、生きて生まれたら、胎児であった間にさかのぼって胎児の権利能力が認められます。 12-27

> **胎児の権利能力**
> ① **不法行為**による損害賠償請求権（721条）
> ② **相続**（886条）
> ③ **遺贈**を受けること（965条）
>
> 胎児中には権利能力はなく、生きて生まれた場合には、胎児であった間にさかのぼって権利能力が認められる。

出生するまでは権利能力がないため、胎児である間に、母その他の親族が胎児の法定代理人として加害者と和解することはできないとするのが判例です（大判昭7.10.6）。

(3) 同時死亡の推定

権利能力の終期は、人の死亡時ですが、この死亡時期の認定は特に相続の問題などで重要となります。しかし、その認定は時として困難さを伴う場合が少なくありません。そこで、民法は、数人の者が死亡し、その先後が明らかでないときは、同時に死亡したものと推定すると規定しています（32条の2）。よって、同時死亡の推定が覆されない限り、同時に死亡した者相互では相続は生じません。＊2

講師からのアドバイス

意思能力と行為能力は関連付けて覚えましょう。意思無能力者の行為は無効となりますが、行為当時に意思無能力だったことを証明するのは困難です。それでは意思無能力者を保護できないので、あらかじめ類型化して保護すべき者を規定したのが、制限行為能力者制度です。

＊1 **プラスアルファ**
権利能力平等の原則は、平等原則を定めた憲法14条1項の現れといえます。

＊2 **具体例で覚えよう！**
例えば、父とその息子が同一の飛行機事故で死亡した場合、その死亡の先後によって残された者の相続分の計算が異なってきます。しかし、死亡時期の認定はこの場合困難ですから、父と息子が同時に死亡したものと推定されます。

●総　則

2 意思能力

　意思能力とは、自己の行為の結果を弁識できるだけの精神能力をいい、大体7～10歳の精神能力とされます。私人間の法律関係は、各個人がその自由意思によって形成できるのが原則です（私的自治の原則）が、その前提として、意思能力が必要となります。この意思能力のない者を保護するため、その者が行った法律行為は無効となります（3条の2）。 12-27 ＊3　＊4

3 行為能力

　行為能力とは、単独で確定的に有効な法律行為をなしうる法律上の地位・資格をいい、行為能力が制限されている者を制限行為能力者といいます。未成年者、成年被後見人、被保佐人、被補助人がこれにあたります。＊5

権利能力・意思能力・行為能力

	意　義	適　格	能力を欠く場合の行為の効果
権利能力	私法上の権利・義務の帰属主体となる地位・資格	自然人・法人が有する	権利・義務が帰属しない
意思能力	行為の結果を弁識するに足る精神能力	具体的行為ごとに判断する（7～10歳程度の能力）	無効
行為能力	単独で確定的に有効な法律行為をなしうる法律上の地位・資格	未成年者・成年被後見人・被保佐人・同意権が付されている場合の被補助人につき制限	取り消すことができる

4 法人・権利能力なき社団

　法人とは、各種公益法人や株式会社など法律上、権利義務の主体となることが認められているものをいいます。社団の実体を有していても、法人格がないものを権利能力なき社団といいます。権利能力なき社団の財産は構成員の総有となり（最判昭32.11.14）、代表者が社団名義でした取引上の債務について構成員は個人的債務・責任を負いません（最判昭48.10.9）。 14-27　17-27　＊6

＊3
具体例で覚えよう！
例えば、精神障害などによって意思能力を欠いている者が他人と契約しても、契約当時意思能力を欠いていたことを証明すれば、契約は無効であることを主張することができます。

＊4
プラスアルファ
無効な行為に基づく債務の履行として給付を受けた者には原状回復義務（受領物返還等）が課されますが（121条の2第1項）、意思無能力による無効の場合は、現に利益を受けている限度で返還すれば足ります（121条の2第3項前段）。

＊5
プラスアルファ
制限行為能力に基づき取消しをした場合の原状回復義務（受領物返還等）は、意思無能力の場合と同様、現に利益を受けている限度で足ります（121条の2第3項後段）。

＊6
プラスアルファ
権利能力なき社団名義による不動産登記は認められていません。構成員全員の共有名義もしくは代表者の個人名義（最判昭47.6.2）で登記することができます。

129

総則－権利の主体

4 未成年者

重要度 B

講師からのアドバイス

未成年者は事前に法定代理人の同意を得て行為をするのが原則ですが、単に権利を得、または義務を免れる行為等は未成年者が単独でできます。択一式問題の対策としてそれらの例外を正確に覚えましょう。

> **第4条【成年】**
> 　年齢18歳をもって、成年とする。
> **第5条【未成年者の法律行為】**
> 1　未成年者が法律行為をするには、その法定代理人の同意を得なければならない。ただし、単に権利を得、又は義務を免れる法律行為については、この限りでない。
> 2　前項の規定に反する法律行為は、取り消すことができる。
> 3　第1項の規定にかかわらず、法定代理人が目的を定めて処分を許した財産は、その目的の範囲内において、未成年者が自由に処分することができる。目的を定めないで処分を許した財産を処分するときも、同様とする。
> **第6条【未成年者の営業の許可】**
> 1　一種又は数種の営業を許された未成年者は、その営業に関しては、成年者と同一の行為能力を有する。
> 2　前項の場合において、未成年者がその営業に堪えることができない事由があるときは、その法定代理人は、第4編（親族）の規定に従い、その許可を取り消し、又はこれを制限することができる。

立法趣旨

　18歳未満の者を未成年者として、その行為能力を制限することで、その保護を図っています。

＊1
プラスアルファ

未成年者については、親権者が法定代理人となりますが（818条、824条本文）、親権者がいないとき、親権者が管理権を有していないときは、後見が開始し、未成年後見人が法定代理人となります（838条1号、859条1項）。

＊2
ここに注意

2011年改正により、未成年後見人は、複数でも法人でもよいこととされました（842条の削除、840条2項、3項）。なお、成年後見人・保佐人・補助人は、従来から複数でも法人でもよいこととされています。

1 未成年者の定義

　18歳未満の者を未成年者といいます（4条）。

　従来、成年年齢は20歳とされていましたが、2018年改正により18歳に引き下げられました（2022年4月1日施行）。これに伴い、婚姻による成年擬制の廃止、女性の婚姻年齢の18歳への引き上げ等の改正がなされています。

2 未成年者の行為能力

　未成年者が法律行為をするには、その法定代理人の同意を得なければなりません（5条1項本文）。 18-35 20-27 ＊1 ＊2

　未成年者が法定代理人の同意なしに行った法律行為は、未成年者または法定代理人等がこれを取り消すことができます（5条2項、120条1項）。

●総　則

3 未成年者が単独で有効にできる場合

未成年者が、次の行為をする場合には、法定代理人の同意なしに単独で完全に有効な行為をすることができます。

(1) 単に権利を得または義務を免れる法律行為（5条1項ただし書）

例えば、負担のない贈与を受けたり、債務の免除を受けたりする等、本人に不利益にならない行為を指します。なお、貸金債権の弁済を受ける行為は、元本の消滅という不利益を伴うので、これにあたりません。

(2) 処分を許された財産の処分（5条3項）

①法定代理人から特定の使用目的（学費や授業料等）を定められて処分を許された財産をその目的の範囲内で処分する場合や、②お小遣いのように法定代理人から目的を定めないで処分を許された財産を処分する場合です。

(3) 営業を許された場合の営業に関する行為（6条1項）

法定代理人によって営業を許された未成年者は、その営業に関して単独で完全に有効な行為をすることができます。＊3

(4) 法律行為の取消し（120条1項）

未成年者が単独で行った行為については、未成年者は単独で取り消すことができます。

4 法定代理人の権限

法定代理人の権限

権限の種類	内　容
代理権 （824条本文、859条1項）	未成年者を代理して法律行為を行う
同意権 （5条1項本文）	未成年者が法律行為を行うことに対して同意を与えることができる
取消権 （5条2項、120条1項）	未成年者が法定代理人の同意を得ないで行った法律行為を取り消すことができる
追認権 （122条）	未成年者が法定代理人の同意を得ないで行った行為を追認することができる

＊3
 プラスアルファ

未成年者にその営業に堪えることができない事由があるときには、その法定代理人は、その許可を取り消し、または制限することができます（6条2項）。

総則－権利の主体

5 成年被後見人・被保佐人

重要度 B

事理弁識能力を欠く常況にある者に後見開始の審判がなされます。事理弁識能力が著しく不十分である者に保佐開始の審判がなされます。要件と手続を確認しましょう。

1 成年被後見人

(1) 成年被後見人の定義

成年被後見人とは、①精神上の障害により事理を弁識する能力を欠く常況にあり、かつ、②家庭裁判所の後見開始の審判を受けた者をいいます（7条）。「事理を弁識する能力」とは、自己の財産の管理に関する判断能力をいいます。「常況にある」とは、一時的に回復することがあっても、通常、上記判断能力を失っていることをいいます。 18-35

後見開始の審判を受けると、保護者として成年後見人が付されます（8条、843条1項）。 15-27 ＊1 ＊2

(2) 成年被後見人の行為能力

成年被後見人の法律行為は、取り消すことができます（9条本文、120条1項）。たとえ成年後見人から同意を得て法律行為を行ったとしても、取り消すことができます。

もっとも、日用品の購入その他日常生活に関する行為（食料品等の生活用品を買う、ガス・水道を利用する契約をする等）については、取り消すことができません（9条ただし書）。

(3) 成年後見人の権限・義務

 ＊1 プラスアルファ

必要があれば、成年後見人に加え、成年後見監督人を選任することもできます（849条）。

 ＊2 プラスアルファ

後見開始の審判をする場合、本人が被保佐人または被補助人であるときは、その本人にかかる保佐開始または補助開始の審判を取り消す必要があります（19条1項）。

 ＊3 プラスアルファ

2016年改正により、成年被後見人宛ての郵便物を成年後見人へ転送することの嘱託（860条の2）、成年後見人による郵便物の開披権限（860条の3）、また、成年後見人が死亡した場合における財産管理に関する事務の権限（873条の2）が法定されました。

成年後見人の権限・義務 ＊3	
権限の種類	内　容
代理権 （859条1項）	成年被後見人を代理して財産の管理および財産に関する法律行為を行う
取消権 （9条本文、120条1項）	成年被後見人の法律行為を取り消すことができる
追認権 （122条）	成年被後見人の行為を追認することができる
身上配慮義務 （858条）	成年被後見人の生活、療養看護および財産の管理に関する事務を行うにあたっては、成年被後見人の意思を尊重し、かつ、その心身の状態および生活の状況に配慮しなければならない

●総 則

2 被保佐人

(1) 被保佐人の定義

被保佐人とは、①精神上の障害により事理を弁識する能力が著しく不十分な者であり、かつ、②家庭裁判所の保佐開始の審判を受けた者をいいます（11条）。「事理を弁識する能力が著しく不十分」とは、一定の重要な法律行為を自分だけで行う判断能力がないことをいいます。

保佐開始の審判を受けた者には、保護者として保佐人が付されます（12条、876条の2第1項）。 15-27 ＊4

(2) 被保佐人の行為能力

被保佐人は、原則として単独で法律行為を行うことができますが、13条1項各号に列挙されている行為をなすには保佐人の同意を要し（13条1項本文）、同意を欠く場合は、取り消すことができます（13条4項、120条1項）。

もっとも、日用品の購入その他日常生活に関する行為は取り消すことができません（13条1項ただし書・9条ただし書）。

(3) 保佐人の権限・義務

保佐人の権限・義務 15-27 20-27

権限の種類	内 容
同意権 （13条1項本文）	13条1項各号に列挙されている行為を被保佐人が行うことに対して同意を与えることができる ＊5
取消権 （13条4項、120条1項）	被保佐人が保佐人の同意を得ないで行った13条1項各号に列挙されている行為を取り消すことができる
追認権 （122条）	被保佐人が保佐人の同意を得ないで行った13条1項各号に列挙されている行為を追認することができる
代理権 （876条の4第1項、2項）	個別の審判で特定の法律行為について代理権を付与されている場合に、被保佐人を代理して法律行為を行う（代理権を付与する旨の審判をするには、本人の請求または同意が必要である）
身上配慮義務 （876条の5第1項）	保佐の事務を行うにあたっては、被保佐人の意思を尊重し、かつ、その心身の状態および生活の状況に配慮しなければならない

＊4 プラスアルファ

保佐開始の審判をする場合に本人が成年被後見人または被補助人であるときは、その本人にかかる後見開始または補助開始の審判を取り消す必要があります（19条2項）。

＊5 プラスアルファ

家庭裁判所は、被保佐人本人や保佐人等の請求により、被保佐人が13条1項に定められている行為以外の行為をする場合であってもその保佐人の同意を得なければならない旨の審判をすることができます（13条2項本文）。

第2編 民法

総則

133

総則－権利の主体

6 被補助人・相手方の保護

重要度 B

事理弁識能力が不十分な状況にある者に補助開始の審判がなされます。要件と手続を確認しましょう。

1 被補助人

(1) 被補助人の定義

被補助人とは、①精神上の障害により事理を弁識する能力が不十分な者であり、かつ、②家庭裁判所の補助開始の審判を受けた者をいいます（15条1項本文2項）。

本人以外の者の請求により補助開始の審判をするには、本人の同意が必要です（15条2項）。＊1

 プラスアルファ

補助開始の審判をする場合に本人が成年被後見人または被保佐人であるときは、その本人にかかる後見開始または保佐開始の審判を取り消す必要があります（19条2項）。

補助開始の審判をする場合には、同時に同意権付与の審判（17条1項本文）、代理権付与の審判（876条の9第1項）の一方または双方をしなければなりません（15条3項）。 20-27

(2) 被補助人の行為能力

補助人に代理権のみが与えられた場合には、被補助人の行為能力は制限されません。これに対し、補助人に同意権が与えられた場合には、補助人の同意を得ることが必要な行為につき、被補助人の行為能力が制限されます。

(3) 補助人の権限・義務

補助人の権限・義務 15-27 20-27

権限の種類	内　容
同意権 （17条1項、2項）	個別の審判で特定の法律行為について同意権が付与されている場合に、被補助人に対して同意を与えることができる（同意権を付与する旨の審判をするには、本人の請求または同意が必要である）
取消権 （17条4項、 120条1項）	個別の審判で特定の法律行為について同意権が付与されている場合に、同意を得ずに行った法律行為を取り消すことができる
追認権 （122条）	個別の審判で特定の法律行為について同意権が付与されている場合に、同意を得ずに行った法律行為の追認をすることができる
代理権 （876条の9、 876条の4第2項）	個別の審判で特定の法律行為について代理権が付与されている場合に、被補助人を代理して法律行為を行う（代理権を付与する旨の審判をするには、本人の請求または同意が必要である）
身上配慮義務 （876条の10第1項、 876条の5第1項）	補助の事務を行うにあたっては、被補助人の意思を尊重し、かつ、その心身の状態および生活の状況に配慮しなければならない

● 総 則

制限行為能力者と保護者の権限	代理権	同意権	取消権	追認権
未成年者の法定代理人	○	○	○	○
成年後見人	○	×	○	○
保佐人	△	○	○	○
補助人	△	△	△	△

※保佐人に代理権を与えるためには代理権付与の審判が必要
※補助人には、同意権付与の審判、代理権付与の審判の一方または双方がなされる

2 制限行為能力者の相手方の保護

(1) 制限行為能力者の相手方の催告権

制限行為能力者の相手方の催告権（20条） 18-45 20-27

	催告の時期	催告の相手方	確答しなかった場合の効果	条文
未成年者・成年被後見人	行為能力者となった後	本人	単独で追認しうる行為⇒追認擬制	1項
	制限行為能力者である間	法定代理人 *2	単独で追認しうる行為⇒追認擬制	2項
			後見監督人の同意を要する行為⇒取消擬制 *3	3項
被保佐人被補助人	行為能力者となった後	本人	単独で追認しうる行為⇒追認擬制	1項
	制限行為能力者である間	本人 *4	保佐人・補助人の同意を要する行為⇒取消擬制	4項
		保佐人補助人	単独で追認しうる行為⇒追認擬制	2項

(2) 制限行為能力者の詐術による取消権の制限（21条）

制限行為能力者が**行為能力者であることを信じさせるため詐術を用いた**ときは、その行為を取り消すことができないものとされます。 14-28 20-27 *5

*2 プラスアルファ

未成年者、成年被後見人は意思表示の受領能力がないので、これらの者に対する催告は、原則として法的効果を生じません（98条の2）。

*3 プラスアルファ

後見人、保佐人、補助人を監督する機関として、後見監督人、保佐監督人、補助監督人が置かれる場合があります。

*4 ここに注意

行為能力者とならない間の被保佐人・被補助人に対して相手方が催告することができるのは、本人（被保佐人・被補助人）が追認するかどうかを確答すべき旨の催告ではなく、保佐人・補助人の追認を得るべき旨の催告です。

*5 プラスアルファ

「詐術」は、積極的術策を用いる必要はなく、制限行為能力者であることを黙秘していたにすぎなくても、それが制限行為能力者の他の言動とあいまって、相手方を誤信させ、または誤信を強めたという場合も含みます。もっとも、単なる黙秘はこれにあたりません（最判昭44.2.13）。

総則－権利の主体

7 失踪宣告

重要度 B

講師からのアドバイス

普通失踪と特別失踪で死亡したとみなされる時期が異なります。それぞれの要件と効果を確認しましょう。

1 失踪宣告の種類

第30条【失踪の宣告】
1 不在者の生死が7年間明らかでないときは、家庭裁判所は、利害関係人の請求により、失踪の宣告をすることができる。
2 戦地に臨んだ者、沈没した船舶の中に在った者その他死亡の原因となるべき危難に遭遇した者の生死が、それぞれ、戦争が止んだ後、船舶が沈没した後又はその他の危難が去った後1年間明らかでないときも、前項と同様とする。

第31条【失踪の宣告の効力】
前条第1項の規定により失踪の宣告を受けた者は同項の期間が満了した時に、同条第2項の規定により失踪の宣告を受けた者はその危難が去った時に、死亡したものとみなす。

立法趣旨

権利能力の終期は死亡時ですが、所在が不明な者の死亡が確認されない限り、権利能力は消滅せず、相続もできません。これでは失踪者の財産が宙に浮き、残された配偶者や子の生活が不安定になります。そこで、失踪宣告の制度が設けられました。

生死不明の状態が一定期間継続したときは、家庭裁判所は、利害関係人の請求により、失踪の宣告をすることができます。失踪宣告には、普通失踪と特別失踪があります。

普通失踪は、例えば、家出等により音信不通となり、その人の生死が不明となった場合の制度です。特別失踪は、戦災や災害等に遭遇したことにより、その人の生死が不明となった場合の制度です。

失踪宣告の種類

	普通失踪	特別失踪
要件	①不在者 ②最後の生存確認後7年間生死不明 ③利害関係人の請求	①危難に遭遇 ②危難が去った後1年間生死不明 ③利害関係人の請求
効果	7年の期間満了時に死亡とみなされる 21-28	危難が去った時に死亡とみなされる

● 総 則

普通失踪と特別失踪

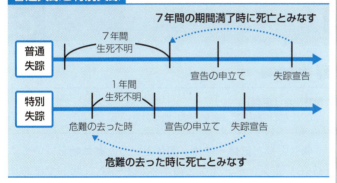

2 失踪宣告の効果（31条）

失踪の宣告を受けた者は、死亡したものとみなされます。しかし、**失踪者本人の権利能力**まで**失われるものではなく**、失踪者が他所で法律行為をすることはできます。 12-27 21-28 ＊1

3 失踪宣告の取消し（32条）

失踪者の生存が判明した場合や、失踪宣告により死亡したとみなされた時と実際の死亡時が異なることが証明された場合には、失踪宣告の取消しを請求することができます。

失踪宣告が取り消された場合、失踪宣告によって財産を得た者は、その権利を失います（32条2項本文）。ただし、次の点に注意が必要です。

> ① 失踪宣告によって財産を得た者は、その財産を返還しなければならない。もっとも、現に利益を受けている限度において返還すれば足りる（32条2項ただし書）。＊2
> ② 失踪宣告によって財産を得た者が第三者と取引をした場合、失踪宣告が真実と異なっていることについて、取引当事者双方が善意であれば取引行為は有効となる（32条1項後段、大判昭13.2.7）。＊3
> ③ 夫婦の一方が失踪宣告を受けた後、他方が再婚した場合、再婚した当事者の一方または双方が悪意であれば前婚が復活して重婚状態となる（前婚の離婚原因、後婚の取消原因となる）。双方が善意であれば前婚は復活せず、後婚のみが有効となる。

＊1

ここに注意
「みなす」は反証を許さない点で、「推定する」と異なります。

＊2

プラスアルファ
「現に利益を受けている限度」（現存利益の限度）の例として、失踪宣告によって得たお金を生活費に充てたような場合は、その分みずからの出費を免れていますから現存利益があるといえます。これに対して、競馬で浪費したような場合は現存利益は認められませんから、浪費したお金を返す必要はありません。

＊3

ことばの意味
善意
ある事実を知らないことをいいます。
悪意
ある事実を知っていることをいいます。

137

総則－権利の客体

8 物

重要度 C

講師からのアドバイス

従物は担保物権の「抵当権の効力の及ぶ範囲」でも出てきます。特に87条2項の条文を理解して抵当権の学習に備えておきましょう。

1 物の意義

第85条【定義】
この法律において「物」とは、有体物をいう。

「物」とは、気体・液体・固体といった有体物をいいます（85条）。電気、熱、光などのエネルギーは、「物」ではありません。所有権の客体となりうる「物」にあたるには、次のような要件をみたすことが必要です。

① 有体物であること
② 支配可能性
③ 独立性
④ 特定性

2 不動産と動産

第86条【不動産及び動産】
1 土地及びその定着物は、不動産とする。
2 不動産以外の物は、すべて動産とする。

(1) 不動産

不動産とは、土地およびその定着物をいいます（86条1項）。土地の定着物の代表的なものは建物ですが、そのほかにも樹木や石垣等もあります。ただし、仮植中の樹木（土地に定着していません）や伐採された樹木は動産です。

なお、建物と土地は別個の不動産とされ、その権利関係は登記簿に公示されます。不動産取引においては、この登記がなければ、取得した権利を第三者に主張できません（177条）。

(2) 動産

動産とは、不動産以外の物をいいます（86条2項）。動産の取得は、その引渡しがなければ、第三者に主張できません（178条）。＊1

＊1 ここに注意

不動産と動産については、物権編におけるそれぞれの取り扱われ方の違いが重要となります。

● 総　則

3 主物と従物

> **第87条【主物及び従物】**
> 1　物の所有者が、その物の常用に供するため、自己の所有に属する他の物をこれに附属させたときは、その附属させた物を従物とする。
> 2　従物は、主物の処分に従う。

立法趣旨

　例えば、刀の刀身と刀の鞘は別々の独立した動産ですが、双方は一体として用いられるので、同一の法的運命に従わせたほうが望ましいといえます。このような2つの物を主物（刀の刀身）・従物（刀の鞘）として、主物が処分されれば従物もその法的運命をともにするとしています。よって、刀身が売却されればその鞘の所有権も移転することになります。

　主物とは、従物を付属させるその本体となる物をいいます。

　従物とは、他の物（主物）から独立した所有権の客体でありながら、客観的・経済的には他の物（主物）に従属して継続的にその効用を助ける物をいいます。従物の要件は、次のとおりです。＊2　＊3

① 独立の物であること
② 主物の常用に供されていること
③ 主物に付属しているといえる場所的関係にあること
④ 主物・従物がともに同一所有者に帰属していること

　物と権利、権利相互間について成立する従たる権利についても87条2項が類推適用されます。

4 元物と果実

　元物とは、**果実を生ずる物**をいい、**果実**とは、**物より生ずる経済的収益**をいいます。果実には、**乳牛の牛乳**といった自然の用法によって産出される**天然果実**と、賃料・利子といった物の使用の対価として生じる**法定果実**があります。

　天然果実は果実が分離するときの収取権者に属し（89条1項）、法定果実は収取権の存続期間の日割りで分配することになります（89条2項）。

 ここに注意

主物と従物を区別できるようにしてください。特に従物については抵当権のところで学習することになります。

 プラスアルファ

主物と従物の関係は不動産の場合にもあてはまることに注意する必要があります（例えば、母屋と納屋）。判例は、ガソリンスタンドの地下タンク・洗車機等がガソリンスタンド用の建物の従物にあたるとしています（最判平2.4.19）。

第2編　民法　総則

139

総則－法律行為

9 法律行為

重要度 C

法律行為は試験で直接問われることはないと思われますが、「意思表示」は契約成立の基礎となる重要な要素です。

1 法律行為

民法上の権利義務の変動を「法律効果」といい、法律効果の発生に必要な一定の原因のことを「法律要件」といいます。

法律行為とは、行為者が一定の法律効果の発生を意図して行う行為をいい、意思表示を要素とする法律要件です。

法律行為には様々なものがありますが、意思表示の態様により、次のように分類されています。

法律行為の分類

法律行為の種類	態様	具体例
単独行為 →	単独の意思表示で成立	遺言、相殺、取消し
契約 →←	対立する2個以上の意思表示の合致で成立 ＊1	売買、贈与、賃貸借
合同行為 →→	同方向の2個以上の意思表示の合致で成立	社団法人設立行為、会社設立行為

＊1
ここに注意

契約は、通常２つの意思表示の合致によって成立します。例えば、ＡとＢが売買契約を行うという場合には、Ａ（売主）の「売ります」という意思表示とＢ（買主）の「買います」という意思表示の合致によって売買契約が成立すると考えられます。

2 意思表示と類似の概念

意思表示・意思の通知・観念の通知

	意義	具体例
意思表示	当事者が一定の法律効果を欲する意思を外部に対して発表する行為。意思表示があれば、原則としてその意思表示どおりの効果が発生する	追認 取消し 契約の申込み 解除 転貸の承諾 遺言
意思の通知	意思の発表ではありながら、その意思が法律効果の発生を内容としないもの	催告 受領の拒絶
観念の通知	一定の事実の通知であって、意思の発表という要素を含まないもの	代理権授与の表示 債務の承認 債権譲渡の通知・承諾

140

3 法律行為の一般的有効要件

　法律行為は、当事者の意図したとおりの法的効果を生じさせるものです。しかし、法律行為の内容がどのようなものであっても、常に法的に有効となるわけではありません。法律行為が有効であるといえるためには、その目的（内容）について、次の要件をみたす必要があります。

① 内容が確定できるものであること
② 内容が適法であること（民法の強行規定に反しないこと）
③ 内容が社会的妥当性を有すること

4 公序良俗違反

第90条【公序良俗】
公の秩序又は善良の風俗に反する法律行為は、無効とする。

立法趣旨

　公の秩序や善良の風俗に反する（公序良俗に反する）法律行為は、無効です。法律行為が法律の明文に反しない場合でも、社会的妥当性を欠くときには、これに法律効果を与えないという規定です。
13-34 *2

*2 **具体例で覚えよう！**
不倫関係を維持する目的で行われた贈与契約は、公序良俗に反し、無効となります。

　判例は、「法律行為が公序に反することを目的とするものであるとして無効になるかどうかは、法律行為がされた時点の公序に照らして判断すべきである」としています（最判平15.4.18）。 18-27

　なお、契約の内容自体には公序良俗違反はないが、その契約を締結するに至った動機に不法があったという場合（動機の不法）については、90条の趣旨と取引の安全の要請の調和から、不法な動機が明示または黙示に相手方に表示された場合に限って、法律行為を無効とする見解が有力です。

総則－意思表示

10 意思表示・心裡留保

重要度 A

講師からの
アドバイス

心裡留保はいわゆる「ウソ」をついている場合です。ウソをついている人を保護する必要はないので、民法ではその表示どおりの効果を認めてしまうのです（原則有効）。もっとも、ウソをついていると知っている相手方を保護する必要はないので、相手方が悪意・有過失の場合は無効とすることになります。

1 要素としての意思表示

法律行為は、意思表示を重要な要素とする法律要件です。

意思表示とは、一定の法律効果の発生を欲する意思を外部に表示する行為をいい、①効果意思→②表示意思→③表示行為という流れをたどります。

例えば、ある人が土地を買うという意思表示をする場合、土地が値上がりしそうだと考えて（動機）、①土地を買おうと決意し（効果意思）、②「その土地を買います」と言おうと決意し（表示意思）、③実際に「その土地を買います」と表示する（表示行為）ことになります。

意思表示の構造

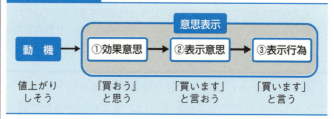

2 意思の不存在・瑕疵ある意思表示

表示があっても効果意思を欠く場合（意思の不存在）や効果意思を形成する過程に瑕疵がある場合（瑕疵ある意思表示）は、その意思表示の効力に影響します。その影響については93条〜96条で規定されています。＊1

3 心裡留保（93条）

＊1
ことばの意味

瑕疵
不完全な状態、簡単にいえば、キズ、欠陥などがある場合と捉えておけばいいでしょう。

> **第93条【心裡留保】**
> 1 意思表示は、表意者がその真意ではないことを知ってしたときであっても、そのためにその効力を妨げられない。ただし、相手方がその意思表示が表意者の真意でないことを知り、又は知ることができたときは、その意思表示は、無効とする。
> 2 前項ただし書の規定による意思表示の無効は、善意の第三者に対抗することができない。

142

●総　則

立法趣旨

　あえて真意と異なる表示をした表意者を保護する必要がないので、取引の安全を重視し、原則として有効とし、例外的に無効としています。また、意思表示が有効であると信頼した第三者を保護するため、善意の第三者の保護規定を設けています。

(1) 意義

　心裡留保とは、表意者が表示行為に対応する真意のないことを知りながらする単独の意思表示をいいます。例えば、贈与する意思がないにもかかわらず「あげるよ」と言ってしまうような場合が考えられます。15-28 *2

　心裡留保がなされた場合は、表意者は真意と表示が一致していないことを知っているから、表示どおりの効果を与えても、表意者が不測の損害を被ることはありません。そこで、その意思表示を信頼した相手方を保護するため、その意思表示は有効と定めています（93条1項本文）。

　ただし、その相手方が、表示が表意者の真意でないことを知っていた場合や、知ることができた場合は、その意思表示は無効です（93条1項ただし書）。「知ることができた」とは、一般人の注意をもってすれば知ることができた場合です。

　なお、婚姻や養子縁組など当事者の真意に基づくことを要件とする身分行為には、93条は適用されません。例えば、当事者の一方の真意に基づかない養子縁組は、相手方の善意・悪意を問わず無効となります（最判昭23.12.23）。15-28

(2) 第三者の保護

　例えば、AがBに対して、その気がないにもかかわらず「土地を安く譲ってあげる」と言って、Bに土地を安く譲った場合、これがAの真意でないことをBが知っていたときは、Aの意思表示は無効となります（93条1項ただし書）。しかし、これを知らずにBから当該土地を譲り受けたCがいる場合、Aが無効を主張することは、Cに不測の損害を与えかねません。そこで、このような第三者を保護するため、その無効は善意の第三者に対抗することができません（93条2項）。

*2
！　ここに注意

心裡留保とは、本人がウソで契約をする場合をいい、次に学習する通謀虚偽表示とは、本人と相手方が2人でウソの契約をしている場合であると捉えておけばいいでしょう。

第2編　**民法**

総則

143

総則－意思表示

11 通謀虚偽表示

重要度 A

講師からのアドバイス

94条2項の第三者は、択一対策としても重要ですが、「177条の第三者」のように記述式問題で問われることも考えられます。94条2項の第三者の意義もしっかり覚えておきましょう。

> 第94条【通謀虚偽表示】
> 1 相手方と通じてした虚偽の意思表示は、無効とする。
> 2 前項の規定による意思表示の無効は、善意の第三者に対抗することができない。

立法趣旨

通謀虚偽表示においては、表意者および相手方は意思表示が虚偽であることを認識しているため、双方ともに保護する必要性がないことから、当事者間においては無効としました。もっとも、第三者保護の観点から、善意の第三者に対しては無効を対抗できないとしました。

通謀虚偽表示とは、**2人以上の者が相手方と通じてなす真意でない意思表示**をいいます。通謀虚偽表示がなされた場合、その意思表示は、当事者間では保護に値しないので、原則として**無効**です（94条1項）。

1 要件

① 意思表示の存在
② 表示と内心的効果意思の不一致 ＊1
③ 真意と異なる表示をすることについての相手方との通謀があること

2 第三者の保護

通謀虚偽表示をした表意者および相手方は、その無効を虚偽表示後に登場した善意の第三者に対抗することはできません（94条2項）。これは、虚偽の意思表示を信じて取引関係に入った者を権利外観法理に基づき保護し、取引の安全を図ろうとしたものです。なお、善意の第三者は、あえて通謀虚偽表示の無効を主張することもできます。＊2 ＊3

ここにいう「第三者」とは、**当事者および包括承継人以外の者で、虚偽表示の外形を基礎として新たに独立の法律上の利害関係を有するに至った者**をいいます。

＊1 ことばの意味

内心的効果意思
具体的に法律効果を意欲する意思のことをいいます。

＊2 ことばの意味

権利外観法理
真の権利関係とは異なる外観を作り出した者は、それを信頼して行動した者に対して責任を負うという法理です。

＊3 プラスアルファ

94条2項の「善意」は利害関係を有するに至った時点を基準に判断されます。また、無過失であることまでは必要とされていません。

● 総 則

94条2項の第三者の例　15-28

第三者に該当するとされた例	① 不動産の仮装譲受人からの譲受人 ② ①の譲受人からの転得者（なお、善意の第三者が出現した以上、その後の転得者は悪意であっても保護されるとするのが判例である） ③ 虚偽表示の目的物に対する差押債権者 　（仮装譲受人に対する債権に基づいて目的物を差し押さえた者） ④ 仮装譲受人の不動産につき抵当権の設定を受けた者 ⑤ 仮装債権の譲受人
第三者に該当しないとされた例	① 1番抵当権が仮装で放棄された場合に、1番抵当権者となったと誤信した2番抵当権者 ② 仮装譲受人から取立のために債権を譲り受けた者 ③ 仮装譲受人の一般債権者 ④ 土地の仮装譲受人が土地上に建物を建築し、その建物を賃貸した場合の建物賃借人 ⑤ 土地の賃借人が自己所有の借地上の建物を他に仮装譲渡した場合の土地の賃貸人

3 94条2項の類推適用

判例は、通謀がなく、虚偽表示にあたらない場合でも、次のような要件をみたす場合には、取引の安全を確保するために、**94条2項を類推適用**しています。 18-29 ＊4　＊5

① 虚偽の外観の存在
② 本人の外観作出への帰責性
③ 虚偽の外観に対する第三者の信頼

94条2項の直接適用と類推適用

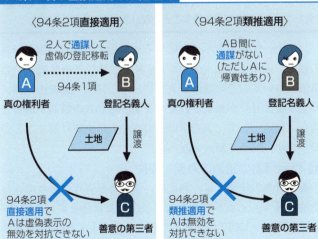

＊4　**ことばの意味**

類推適用
ある事項について明文の規定がないときに、類似する事項についての規定を解釈して適用する方法をいいます。

＊5　**プラスアルファ**

本人が偽の外観を意図的に作出したり承認したりしていなくても、みずから外観作出に積極的に関与した場合やあえて放置した場合と同視しうるほど重い帰責性が本人に認められる場合には、94条2項、110条を類推適用し、本人は「善意・無過失」の第三者に対し実体の不存在を主張できません（最判平18.2.23）。

総則－意思表示

12 錯誤

重要度 A

**講師からの
アドバイス**

錯誤は、2017年改正により、無効から取消しへ、動機の錯誤の明文化など重要な改正がなされています。また、改正前に比べて、条文の構造も複雑になっていますから、まずは新しい条文をしっかり理解しましょう。

第95条【錯誤】
1　意思表示は、次に掲げる錯誤に基づくものであって、その錯誤が法律行為の目的及び取引上の社会通念に照らして重要なものであるときは、取り消すことができる。
　一　意思表示に対応する意思を欠く錯誤
　二　表意者が法律行為の基礎とした事情についてのその認識が真実に反する錯誤
2　前項第2号の規定による意思表示の取消しは、その事情が法律行為の基礎とされていることが表示されていたときに限り、することができる。
3　錯誤が表意者の重大な過失によるものであった場合には、次に掲げる場合を除き、第1項の規定による意思表示の取消しをすることができない。
　一　相手方が表意者に錯誤があることを知り、又は重大な過失によって知らなかったとき。
　二　相手方が表意者と同一の錯誤に陥っていたとき。
4　第1項の規定による意思表示の取消しは、善意でかつ過失がない第三者に対抗することができない。

立法趣旨

　表意者に一定の錯誤（「勘違い」）があった場合、表意者を保護するため、その意思表示の取消しを認め、他方で、表意者に重大な過失がないこと等の要件を課すことで取引の安全も図っています。

　民法上、①意思表示に対応する意思を欠く錯誤（表示行為の錯誤／95条1項1号）、②表意者が法律行為の基礎とした事情についてのその認識が真実に反する錯誤（動機の錯誤／95条1項2号）が規定されています。これらの錯誤があった場合、原則として、表意者はその意思表示を取り消すことができます（95条1項）。＊1　＊2

1 表示行為の錯誤の意義・要件

　表示行為の錯誤とは、例えば、A土地を買うつもりで「B土地を買う」と表示した場合（表示行為自体を誤った場合）や「1ドル＝150円」と考えて代金を決定したが実際の為替レートは異なっていた場合（効果意思と表示意思に食い違いがある場合）です。

＊1　ここに注意

2017年改正前は、錯誤がある意思表示は無効でしたが、2017年改正後は、取り消し得るものとされています。

＊2　ここに注意

錯誤取消しを主張することができるのは、表意者またはその代理人もしくは承継人に限られます（120条2項）。

表示行為の錯誤の取消し要件は、以下のとおりです。

① 錯誤が法律行為の目的・取引上の社会通念に照らし重要
② 表意者に重過失がないこと（相手方が悪意または重過失があるとき、相手方が同一の錯誤に陥っていたときは重過失があっても取消し可） 13-27

　要件①のように錯誤取消しが認められるのは重要部分に錯誤がある場合に限られます。また、要件②の重過失とは、通常期待される注意を著しく欠くことをいいます。＊3

2 動機の錯誤の意義・要件

　動機の錯誤とは、意思表示そのものではなく、**意思形成過程**の錯誤をいいます。例えば、B土地の近くに駅が建設されると勘違いしてB土地を買った場合です。＊4

　動機の錯誤については、表示行為の錯誤の要件①②のほかに、③表意者が**法律行為の基礎とした事情を表示**したことが取消しの要件として必要となります（95条2項）。＊5

3 第三者の保護・期間制限

　錯誤取消しは、取引の安全を図るため、**善意・無過失の第三者**に対抗することができません（95条4項）。また、取消権は、追認することができる時から**5年**、行為の時から**20年**で消滅します（126条）。

●総則

＊3
ここに注意
相手方が錯誤につき悪意または重過失あるとき、相手方が同一の錯誤に陥っていたとき（共通錯誤）は、表意者に重過失があっても錯誤取消しが可能です（95条3項各号）。これらの場合は、錯誤取消しから相手方を保護する必要がないからです。

＊4
ここに注意
2017年改正法における「表意者が法律行為の基礎とした事情についてのその認識が真実に反する錯誤」（95条1項2号）は、動機の錯誤のことを表しています。

＊5
プラスアルファ
2017年改正前のものですが、「動機の錯誤における表示は黙示の表示でも足りる」とする判例があります（大判大3.12.15、最判平元.9.14）。

総則－意思表示

13 詐欺と強迫・無効と取消し

重要度 A

講師からのアドバイス

2017年改正により、第三者による詐欺における相手方の主観要件、詐欺の第三者の保護要件に無過失が加えられました。これらは、行政書士試験の重要論点ですから、しっかり確認しておきましょう。

1 詐欺による意思表示

> **第96条【詐欺又は強迫】**
> 1 詐欺又は強迫による意思表示は、取り消すことができる。
> 2 相手方に対する意思表示について第三者が詐欺を行った場合においては、相手方がその事実を知り、又は知ることができたときに限り、その意思表示を取り消すことができる。
> 3 前2項の規定による詐欺による意思表示の取消しは、善意でかつ過失がない第三者に対抗することができない。

立法趣旨

詐欺による意思表示は、騙された表意者を保護するため、これを取り消すことができます（96条1項）。しかし、取引の安全も考慮して、善意・無過失の第三者に対抗できないとしています（96条3項）。

＊1 具体例で覚えよう！

例えば、詐欺師が実際は将来性のない原野を、「近々リゾート開発の対象となるから、値段が上がる」と言って、時価より高い値段で売却した場合が考えられます。

詐欺による意思表示とは、他人の欺罔行為により錯誤に陥った結果、形成された意思表示をいいます。詐欺による意思表示は、取り消すことができます（96条1項）。＊1

しかし、取引の安全を保護するため、善意・無過失の第三者には取消しの効果を主張できません（96条3項）。例えば、AがBを騙してBの土地を購入した後に、このような事情を過失なく知らないCに同地を転売した場合、後でBがAの詐欺に気がついてAB間の売買契約を取り消しても、この取消しをCに対抗することができません。

(1) 96条3項の第三者の意義

96条3項にいう「第三者」とは、取消しの遡及的無効（121条）により取引安全を害される者、すなわち詐欺による意思表示を前提として取消前に新たに独立の法律上の利害関係を有するに至った者をいいます。 14-28 ＊2

＊2 ここに注意

96条の第三者として保護されるために対抗要件を備えることは必要ありません。

(2) 第三者による詐欺

意思表示の相手方以外の者が詐欺をした場合には、相手方がその事実を知り、又は知ることができた場合に限って取り消すことができます（96条2項）。 14-28 20-45

148

● 総　則

2 強迫による意思表示

強迫による意思表示とは、他人の強迫により畏怖の念を生じた結果、形成された意思表示をいいます。強迫による意思表示は、取り消すことができます（96条1項）。*3

第三者による強迫の場合、相手方が悪意または有過失であっても取り消すことができます（96条2項反対解釈）。

強迫による意思表示の取消しは、詐欺による場合と異なり、取消前の善意・無過失の第三者に対しても主張することができます（96条3項反対解釈）。 14-28

3 無効と取消し

無効とは、法律効果が当初から全く生じないものをいいます。これに対し、取消しとは、取消権者が取消しの意思表示をするまでは一応有効ではあるが、取消しにより法律行為の成立時にさかのぼって効力が否定されるものをいいます。

*3 具体例で覚えよう！
例えば、AがBを強迫してBの土地を低額で売却させた場合が考えられます。

*4 ことばの意味
追認
取消権者による取消権を放棄する旨の意思表示であり、取り消すことができる行為を確定的に有効にするという一方的意思表示です（122条）。

無効と取消しの相違 14-28

	無効	取消し
効力	当然に効力なし	取り消されるまで一応有効だが、取消しによって遡及的に無効となる
主張権者	誰でも主張できる（原則）	制限行為能力者・瑕疵ある意思表示をした者・その代理人・承継人・同意権者（120条）
追認 *4	追認しても効力なし（119条本文）	追認により初めから有効となる（122条）
主張期間	いつでも主張できる	取消権は、追認可能時より5年、行為時より20年で消滅する（126条）
具体例	・意思無能力（3条の2） ・90条違反	・制限行為能力 ・錯誤・詐欺・強迫による意思表示（95条、96条）

4 取り消すことができる行為の追認

取り消すことができる行為について取消権を有する者は、追認をすることができます（122条）。追認は、取消しの原因となっていた状況が消滅し、かつ、取消権を有することを知った後にしなければ、効力を生じません（124条1項）。*5

取り消すことができる行為について、追認をすることができる時以後に、全部または一部の履行、履行請求、担保の供与、その行為によって取得した権利の全部または一部の譲渡などがあった場合は、原則として法律上当然に追認したものとみなされます（法定追認／125条）。

*5 プラスアルファ
法定代理人・保佐人・補助人が追認するとき、制限行為能力者（成年被後見人を除く）が法定代理人・保佐人・補助人の同意を得て追認するときは、取消しの原因となっていた状況が消滅した後にする必要はありません（124条2項）。

第2編 民法　総則

149

総則－代理

14 代理

重要度

代理は民法総則の中で最もよく出題される重要分野です。特に無権代理や表見代理の制度をしっかり理解しましょう。

> **第99条【代理行為の要件及び効果】**
> 1　代理人がその権限内において本人のためにすることを示してした意思表示は、本人に対して直接にその効力を生ずる。
> 2　前項の規定は、第三者が代理人に対してした意思表示について準用する。
>
> **第100条【本人のためにすることを示さない意思表示】**
> 　代理人が本人のためにすることを示さないでした意思表示は、自己のためにしたものとみなす。ただし、相手方が、代理人が本人のためにすることを知り、又は知ることができたときは、前条第1項の規定を準用する。

1 代理の意義

代理とは、**代理人が、本人のためにすることを示して（顕名）相手方に対して意思表示をし、その法律効果を直接本人に帰属させる制度**をいいます。＊1　＊2

代理には、本人の信任を受けた**任意代理**と、法律の規定に基づき代理権が生じる**法定代理**があります。

2 代理の要件

① 代理人に有効な代理権があること
② 本人のためにすることを示すこと（顕名）
③ 代理権の範囲内で意思表示をなすこと（代理行為）

なお、②の顕名とは、**代理人が本人の名を示して、本人に効果が帰属する旨を表示すること**をいいます。顕名は、相手方に代理人であることを口頭で伝えたり、契約書に「A代理人B」と署名するなどの方法で行われます。これにより相手方に法律効果の帰属主体を明らかにすることができます。なお、代理人が本人の名を直接表示した場合（署名代理）であっても、顕名として有効です。＊3

顕名がない場合、当該代理行為は代理人自身のためになしたものとみなされます（100条本文）。もっとも、相手方が当該代理行為が本人のためになされたものであることを知っていたか、または知ることができた場合は、顕名があるのと同様に代理の効果が認められます（100条ただし書）。

＊1　ここに注意
代理も契約の成立段階の問題です。まず、代理人の行為によって契約が成立する場合の要件をしっかりおさえてください。そして、その要件のそれぞれが欠けた場合の処理の仕方について学習を進めてください。

＊2　プラスアルファ
代理には、①他人の利用により自己の活動範囲を拡大すること（私的自治の拡張＝任意代理の場合）、②意思無能力者等の活動を代理人が補うこと（私的自治の補充＝法定代理の場合）という機能があります。

＊3　プラスアルファ
本人の名を直接表示した場合でも顕名として有効とされるのは、その表示により代理行為の効果帰属主体が明らかとなっているからです。

● 総　則

3 代理の効果

代理行為の効果がすべて本人に帰属します（99条1項）。

代理の法律関係 *4 *5

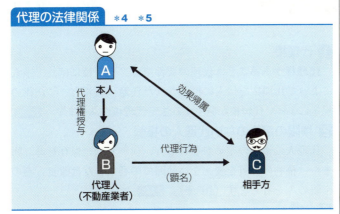

4 自己契約・双方代理の禁止

自己契約とは、**代理人が本人の相手方**となる場合、例えば、本人から不動産売却の代理権を与えられた代理人が、みずからその不動産の買主となる場合をいいます。

双方代理とは、**当事者双方の代理人**となる場合、例えば、不動産取引において、売主、買主両方の代理人となって契約を締結する場合をいいます。

これらの行為は、債務の履行および本人があらかじめ許諾した場合を除き、原則として無権代理とみなされます（108条1項）。ただし、事後に本人が追認することもできます。

5 利益相反行為

自己契約・双方代理以外で、代理人と本人との利益が相反する行為は、本人があらかじめ許諾した場合を除き、無権代理とみなされます（108条2項）。

6 代理人と使者の違い

使者とは、単に本人の手紙を他人に届けるような者（伝達機関）や本人の意思を相手方に表示して意思表示を完成させる者（表示機関）をいいます。使者は、意思を決定するのが**本人**である点で、みずからの意思に従って行為をする代理人とは区別されます。 12-28 *6

---

*4 **具体例で覚えよう！**

例えば、Aが土地を購入するに際して、不動産業者Bに自己の代理人として希望の物件を探して契約することを依頼し、Bが土地所有者Cと土地の売買契約を締結した場合が考えられます。

*5 **図表の読み方**

契約は代理人Bと相手方Cとの間に結ばれますが、これによって本人Aと相手方Cとの間に契約が結ばれたのと同じ効果が生じることになります。

*6 **プラスアルファ**

代理人には、行為能力は必要ありませんが（102条本文）、意思能力は必要です。使者には、行為能力・意思能力ともに必要ありません。

総則－代理

15 代理権

重要度 B

講師からのアドバイス

「復代理人を選任したときの代理人の責任」や「代理権の消滅事由」は細かい知識ですが、正確に覚えておきましょう。

1 代理権

代理権があることは代理の要件です。代理権には、①本人によって代理権を他人に授与された任意代理権と、②法律の規定によって代理権が発生する法定代理権があります。 12-28

2 権限の定めのない代理人の権限

代理人の権限の定めがない場合、代理人は、保存行為、物または権利の性質を変えない範囲での利用または改良行為の権限のみを有します（103条）。 21-28

3 復代理

復代理とは、代理人が自己の権限内の行為を行わせるため、自己の名でさらに代理人を選任して、本人を代理させる制度をいいます。復代理人は「代理人の代理人」ではなく、本人の代理人として、本人および第三者に対して代理人と同一の権利義務を有し（106条2項）、復代理人の代理行為の効果は本人に直接帰属します。 19-28

任意代理の場合は、代理人は本人の許諾があるとき、またはやむを得ない事由があるときでなければ復代理人を選任できません（104条）。これに対し、法定代理の場合は、常に復代理人を選任できます（105条）。 12-28

復代理人選任の要件と代理人の責任

	復任の可否 （104条、105条）	復代理における代理人の責任
任意代理	原則：復任不可 例外：①本人の許諾がある場合 ②やむを得ない事由がある場合	特別の規定なし（債務不履行の一般原則に基づき本人に対して責任を負う）
法定代理	いつでも復任可	原則：全責任を負う（105条前段） 例外：やむを得ない事由で復任した場合、選任・監督の責任のみを負う（105条後段）

● 総　則

4 代理権の濫用

代理人が自己または第三者の利益を図る目的で代理権の範囲内の行為をする場合を、代理権の濫用といいます。例えば、Aの代理人Bが自己の代理権の範囲内でAの財産をCに売却したが、Bには売買代金を着服する意図があった場合などがこれにあたります。*1

代理権の濫用があっても、原則として有効な代理行為とされますが、相手方が代理人の目的を知り、または知ることができたときは、無権代理とみなされます（107条）。

5 代理権の消滅原因

代理権は、①本人の死亡、②代理人の死亡または代理人が破産手続開始決定もしくは後見開始の審判を受けたことによって消滅します（111条1項）。*2

また、委任による代理権は、委任の終了によって消滅します（111条2項）。そのため、委任者（本人）が破産手続開始決定を受けたときも、代理権は消滅します（653条2号）。

代理権の消滅事由

	本人			代理人		
	死亡	破産手続開始決定	後見開始の審判を受けたこと	死亡	破産手続開始決定	後見開始の審判を受けたこと
任意代理	消滅（111条1項1号）	消滅※	存続	消滅（111条1項2号）	消滅（111条2項）	消滅（111条1項2号）
法定代理	消滅（111条1項1号）	存続	存続	消滅（111条1項2号）	消滅（111条1項2号）	消滅（111条1項2号）

※委任による代理権は、本人が破産手続開始決定を受けた場合にも消滅する（111条2項、653条2号）。

*1 ここに注意

代理権の濫用は、形式的には代理権限の範囲内の行為です。この点で無権代理と区別されます。

*2 プラスアルファ

代理人になった後に、後見開始の審判を受けると代理権は消滅します。しかし、制限行為能力者であっても本人がそれを承知したうえで代理権を授与して、制限行為能力者を代理人にすることはできます（102条本文）。したがって、理論的には成年被後見人が任意代理人となることもありえます。

第2編　民法　総則

153

総則－代理

16 無権代理

重要度 A

講師からの
アドバイス

無権代理行為がなされた後、相手方はどのような手段をとることができるのか、無権代理人自身はどのような要件の下、どのような責任を負わなければならないのか、整理して覚えましょう。

> **第113条【無権代理】**
> 1　代理権を有しない者が他人の代理人としてした契約は、本人がその追認をしなければ、本人に対してその効力を生じない。
> 2　追認又はその拒絶は、相手方に対してしなければ、その相手方に対抗することができない。ただし、相手方がその事実を知ったときは、この限りでない。

立法趣旨

無権代理行為は、原則として本人に効果帰属しません。しかし、本人にとって有利な無権代理行為の場合等、本人が効果帰属を望む場合もあります。そこで、本人に追認の途を残しました。＊1

＊1 ここに注意

ここでは、無権代理人と取引をした相手方が、誰に対してどのような主張をすることができるかがポイントです。

1 無権代理の意義

<u>無権代理</u>とは、代理権がないにもかかわらず代理行為をする場合をいいます。この場合、代理権が欠けるため、本人に効果が帰属せず、本人のためにする意思（代理意思）があるので、代理人にも効果が帰属しないはずです。＊2　＊3

しかし、相手方としては代理人に対して不法行為責任（709条）を問うしかないとすると、取引の安全を害し、ひいては代理制度の信頼を失うおそれがあります。そこで、無権代理行為の一般的効果として、次のような制度があります。

＊2 プラスアルファ

自己契約・双方代理は、債務の履行および本人があらかじめ許諾した場合を除き、無権代理とみなされます（108条1項）。

＊3 プラスアルファ

ある物についての無権利者が、その物を代理人としてではなく自己の所有物として処分した場合は、無権代理ではなく、他人物売買（561条）になります。

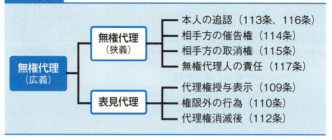

2 本人のとりうる手段

本人は、無権代理人がなした契約を有効なものと確定させる<u>追認権</u>を有します（113条1項）。追認すれば契約はさかのぼって有効となります（116条本文）。本人が追認した後は相手方は契約を取り消すことができません（115条）。

154

● 総　則

3 相手方保護の制度

> **第114条【無権代理の相手方の催告権】**
> 前条の場合において、相手方は、本人に対し、相当の期間を定めて、その期間内に追認をするかどうかを確答すべき旨の催告をすることができる。この場合において、本人がその期間内に確答をしないときは、追認を拒絶したものとみなす。
>
> **第115条【無権代理の相手方の取消権】** 19-28
> 代理権を有しない者がした契約は、本人が追認をしない間は、相手方が取り消すことができる。ただし、契約の時において代理権を有しないことを相手方が知っていたときは、この限りでない。

(1) 催告権・取消権 ＊4

相手方は善意悪意を問わず、本人に対し、相当の期間内に追認するかどうかを確答するよう**催告**することができます（114条）。期間内に確答がないときには、追認拒絶したものとみなされます（114条後段）。 19-28

また、相手方は、無権代理人がなした契約を取り消すことができますが、相手方は無権代理人に代理権がないことにつき善意であることを要します（115条）。相手方が取消権を行使した場合、もはや本人は追認することはできません。

(2) 無権代理人の責任

無権代理契約が本人の追認拒絶により無効と確定した場合、無権代理人は**相手方の選択に従い、契約の履行または損害賠償責任を負います**（117条1項）。この責任は無権代理人に過失があるか否かを問わず認められる**無過失責任**です。ただし、①相手方が無権代理であることを**知っていたとき**、②相手方が無権代理であることを知らないことにつき**過失があるとき**（無権代理人が自己に代理権がないことを知っていたときを除く）、③無権代理人が**制限行為能力者であるとき**は、責任を負いません（117条2項）。 13-45 ＊5

無権代理の相手方保護の制度

相手方の権利	相手方の主観的要件	
催告権（114条）	ー	ー
取消権（115条）	善意	ー
無権代理人の責任追及（117条）	善意	無過失 ＊6

＊4　ここに注意

無権代理の場合、代理権の存在についての相手方の主観によって保護の程度が異なります。相手方の善意・悪意を問わず催告権が、善意の場合に取消権が、善意かつ無過失の場合に履行または損害賠償の請求が認められます。

＊5　プラスアルファ

無権代理人が制限行為能力者である場合には、無権代理人の責任を追及できません（117条2項3号）。制限行為能力者であっても任意代理人となりうるので、相手方の信頼（善意・無過失）をみたすケースもありえますが、117条2項3号により責任が否定されます。

＊6　ここに注意

無権代理人が自己に代理権がないことを知っていたときは、相手方に過失があっても無権代理人は責任を負います（117条2項2号ただし書）。

総則―代理

17 無権代理と相続

重要度 A

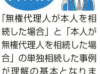

「無権代理人が本人を相続した場合」と「本人が無権代理人を相続した場合」の単独相続した事例が理解の基本となります。整理して覚えましょう。

無権代理人が本人を単独相続した場合

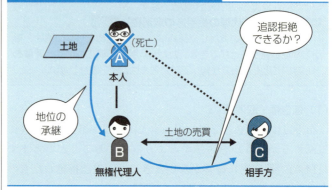

　例えば、父親Aの土地を息子BがAの代理人として勝手にCに売却した後、Aが死亡し、Bがその土地を相続した場合のように、相続によって無権代理人の地位と本人の地位が同一人に帰するに至った場合、その者が本人の地位で、無権代理行為の追認を拒絶することができるかという問題があります。無権代理人が本人を単独相続した場合には、その無権代理行為は当然有効となるが、それ以外の場合、例えば、本人が無権代理人を相続した場合などには、当然には有効とならないとするのが判例です。 16-28

本人が無権代理人を単独相続した場合

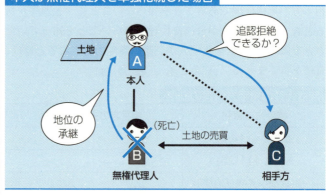

● 総　則

無権代理と相続のまとめ

相続の内容	単独・共同	判例
無権代理人が本人を相続した場合（本人の追認拒絶後に相続した場合を除く※）	単独相続 （最判昭40.6.18）	本人がみずから法律行為をしたのと同様の法律上の地位を生じる（当然に有効な法律行為となる） ⇒追認を拒絶することはできない 16-28
	共同相続 （最判平5.1.21）	追認権は共同相続人に不可分に帰属する ⇒①他の共同相続人全員が追認している場合に無権代理人が追認を拒絶することは信義則上許されない ⇒②他の共同相続人全員の追認がない限り、無権代理行為は、当然に有効となるものではない 16-28
本人が無権代理人を相続した場合	単独相続 （最判昭37.4.20）	相続人たる本人が被相続人の無権代理行為の追認を拒絶しても、何ら信義則に反しないから、被相続人の無権代理行為は本人の相続により当然有効とならない ⇒追認拒絶可能であるが、無権代理人の責任を追及されうる（履行責任は負わず、損害賠償責任のみを負うと解される） 16-28 18-29
	共同相続 （最判昭48.7.3）	117条による無権代理人の債務が相続の対象となり、本人は相続により無権代理人の当該債務を承継するため、本人として無権代理行為の追認を拒絶できる地位にあったからといって当該債務を免れることはできない
無権代理人と本人の双方を相続した場合（まず、無権代理人を相続し、ついで本人を相続した場合）	単独相続 （最判昭63.3.1）	【無権代理人を単独相続した者が、その後、本人を相続した場合】 本人みずから法律行為をしたのと同様に、無権代理行為の効果が自己に帰属することを回避できない
	共同相続 （最判昭63.3.1）	【無権代理人を本人とともに共同相続した者が、その後、本人を相続した場合】 相続人は、無権代理人の地位を包括的に承継していることに変わりはないから、本人の資格で無権代理行為の追認を拒絶する余地はない 16-28

※本人が無権代理行為の追認を拒絶した場合には、無権代理行為の効力が本人に及ばないことが確定するため、その後に無権代理人が本人を相続したとしても、無権代理行為が有効になるものではなく、無権代理人が本人の追認拒絶の効果を主張することがそれ自体信義に反するものとはいえない（最判平10.7.17）。 16-28

第2編 民法

総　則

157

総則－代理

18 表見代理

重要度 A

講師からの
アドバイス

表見代理の成立する原則的パターンは3種類です。それぞれの成立要件を確認しておきましょう。

1 総説

　表見代理とは、無権代理人と本人との間に特別の関係があるために、無権代理人を真実の代理人であると誤信した者を保護しなければ公平に反するといえる場合に、本人の責任を認めるという、取引安全のための制度です。

　民法は、①代理権授与表示がある場合（109条）、②権限外の代理行為をした場合（110条）、③代理権消滅後に代理行為をした場合（112条）を定めています。

2 表見代理の類型

（1）代理権授与表示による表見代理等（109条）

> **第109条第1項【代理権授与の表示による表見代理】**
> 1　第三者に対して他人に代理権を与えた旨を表示した者は、その代理権の範囲内においてその他人が第三者との間でした行為について、その責任を負う。ただし、第三者が、その他人が代理権を与えられていないことを知り、又は過失によって知らなかったときは、この限りでない。

（a）意義

　代理権を与えていないのに与えたような表示をした場合をいいます。

（b）要件

> ①　本人が第三者に対して、ある人に代理権を与えた旨の表示をしたこと
> ②　無権代理人が表示された代理権の範囲内で代理行為をしたこと
> ③　代理権がないことにつき相手方が善意・無過失であること

（c）代理権授与表示と権限外の行為の複合事案

　第三者に対して他人に代理権を与えた旨を表示し、その表示された代理権の範囲を越えて無権代理行為が行われた場合、相手方が代理人に権限があると信ずべき「正当な理由」があるときは、表見代理が成立します（109条2項）。
＊1

＊1
ここに注意

2017年改正前から代理権授与表示による表見代理と権限外の行為の表見代理の重畳適用が認められていましたが、2017年改正により明文化されました。

158

● 総 則

(2) 権限外の行為の表見代理（110条）

第110条【権限外の行為の表見代理】
　前条第1項本文の規定は、代理人がその権限外の行為をした場合において、第三者が代理人の権限があると信ずべき正当な理由があるときについて準用する。

(a) 意義
　代理人が与えられていた代理権（基本代理権）の範囲を越えて代理行為をした場合をいいます。 12-28 ＊2

(b) 要件

① 基本代理権があること
② 権限外の代理行為をしたこと
③ 相手方が代理人に権限があると信ずべき「正当な理由」を有すること（相手方の善意・無過失）

(3) 代理権消滅後の表見代理等（112条）

第112条第1項【代理権消滅後の表見代理】
1　他人に代理権を与えた者は、代理権の消滅後にその代理権の範囲内においてその他人が第三者との間でした行為について、代理権の消滅の事実を知らなかった第三者に対してその責任を負う。ただし、第三者が過失によってその事実を知らなかったときは、この限りでない。

(a) 意義
　代理権が消滅したのに代理行為をした場合をいいます。

(b) 要件

① かつて有していた代理権が代理行為時に消滅していたこと
② かつての代理権の範囲内で代理行為を行ったこと
③ 代理権の消滅につき、相手方が善意・無過失であること

(c) 代理権消滅と権限外の行為の複合事案
　代理権の消滅後に、その消滅した代理権の範囲を越えて無権代理行為が行われた場合、相手方が代理人に権限があると信ずべき「正当な理由」があるときは、表見代理が成立します（112条2項）。＊3

3 表見代理の効果
　表見代理が成立すると、本人は、無権代理行為について責任を負います。＊4

＊2
ここに注意
判例は、妻が夫名義の土地を夫の代理人として無断で第三者に売却した場合について、761条の日常家事代理権を基本代理権とする110条の表見代理を否定しつつも、相手方に当該夫婦の日常家事に関する法律行為の範囲内に属すると信じるにつき正当な理由がある場合には110条の趣旨が類推適用されるとしています（最判昭44.12.18）。761条は夫婦相互に日常家事について法定代理権を付与した規定であり、このような法定代理権でも一定の場合には110条の趣旨を類推適用する基礎になります。ただし、土地売却がその夫婦にとって日常的なこととは思われないので、通常は「正当な理由」が認められません。

＊3
ここに注意
2017年改正前から代理権消滅後の表見代理と権限外の行為の表見代理の重畳適用が認められていましたが、2017年改正により明文化されました。

＊4
具体例で覚えよう！
例えば、無権代理人が相手方との間で、本人所有のテレビにつき、売買契約を結んだ場合、相手方が表見代理を選択すれば、その契約の効果としての代金債務は相手方が負い、本人は相手方に代金を請求できます。

総則－条件・期限・期間

19 条件・期限・期間

重要度 C

条件・期限は民法の問題としてはそれほど出題されていませんが、行政法でも出てくる知識です。正確に覚えておきましょう。

*1
ことばの意味

付款
法律行為の効力の発生・消滅につき当事者が合意によって制限を加えた約款をいいます。

*2
 プラスアルファ

条件の成就によって不利益を受ける当事者が故意に条件の成就を妨げたときは、相手方はその条件が成就したものとみなすことができます（130条1項）。また逆に、条件の成就によって利益を受ける当事者が不正に条件を成就させたときは、相手方はその条件が成就しなかったものとみなすことができます（130条2項）。

*3
 プラスアルファ

このような条件を「随意条件」といいます。

1 条件

条件とは、法律行為の効力の発生または消滅を、将来発生するか否か不確実な事実の成否にかからせる法律行為の付款のことをいいます。＊1

条件 ＊2	
停止条件 （127条1項）	一定の事実の発生により法律行為の効力が発生する旨の条件（例：合格したら車をあげる）
解除条件 （127条2項）	一定の事実の発生により法律行為の効力が消滅する旨の条件（例：留年したら奨学金の支給を止める）

停止条件の成就が債務者の意思のみにかかる法律行為は、無効です（134条）。例えば、「債務者の気が向いたら、100万円を返す」と合意しても無効です。＊3

これに対し、停止条件の成就が債権者の意思のみにかかる法律行為は、期限の定めのない債務として有効です。例えば、「債権者の気が向いたら、100万円を請求する」と合意したときは、法律上の効力が発生します。

また、解除条件の成就が債務者または債権者の意思のみにかかる法律行為も有効です。

2 期限

期限とは、法律行為の効力の発生・消滅または債務の履行を将来必ず到来する事実の発生まで延ばす法律行為の付款をいい、「始期」と「終期」があります（135条）。法律行為の効力に「始期」がある場合は、期限到来時に効力を生じます。「終期」があるときは、期限到来時に効力が消滅します。

期限	
確定期限	発生する時期が確定しているもの（例：日付）
不確定期限	発生する時期が不確定なもの（例：死亡、出世払い） 18-28
期限の定めのないもの	いつまでという時期を定めないもの

● 総 則

3 期間

期間とは、**ある時点からある時点まで継続した時の区分を**いいます（例えば、「1年間」）。契約や法律の規定で期間が定められることが多いので、期間の計算方法が定められています。

> **第139条【期間の起算】**
> 　時間によって期間を定めたときは、その期間は、即時から起算する。
> **第140条**
> 　日、週、月又は年によって期間を定めたときは、期間の初日は、算入しない。ただし、その期間が午前零時から始まるときは、この限りでない。
> **第141条【期間の満了】**
> 　前条の場合には、期間は、その末日の終了をもって満了する。
> **第142条**
> 　期間の末日が日曜日、国民の祝日に関する法律（昭和23年法律第178号）に規定する休日その他の休日に当たるときは、その日に取引をしない慣習がある場合に限り、期間は、その翌日に満了する。

(1) 時間によって定めたときの計算方法

期間を定めるのに、時・分・秒を単位とした場合には、即時に計算を始めます（自然的計算方法／139条）。

(2) 日・週・月または年によって定めたときの計算方法

日、週、月または年によって期間を定めたときは、原則として期間の初日は、算入しません（初日不算入の原則／140条本文）。＊4

例えば、4月1日午前1時に2週間の期間で金銭を借りた場合、残りの23時間は切り捨てて4月2日から起算して2週間後の応当日の前日、すなわち4月15日の夜12時に満了します。

もっとも、その期間が午前0時から始まるときは、初日を算入します（140条ただし書）。

例えば、3月1日に、「4月1日から金銭を2週間借りる約束」をした場合、期間は4月1日午前0時から始まるので、初日を算入し、4月14日夜12時に満了します。

＊4

 プラスアルファ

年齢の計算、戸籍の届出期間は、初日を算入します。例えば、平成10年1月1日生まれの者は、平成29年12月31日 夜12時に成年となります。

総則―時効

20 時効

重要度 B

2017年改正前は時効の援用権者について「直接利益を受ける者」という基準で判断されていましたが、2017年改正法は、時効の援用権者の代表的なものを列挙したうえで、「正当な利益を有する者」という表現に改めています。なお、2017年改正後においても、どのような者が時効の援用権者に含まれるのかについては、判例や解釈に委ねられることになります。

時効とは、ある事実状態が一定の期間続く場合に、その事実状態が真実と一致していなくとも、そのまま法律関係として認める制度です。時効制度の存在理由は、①継続した事実状態を法律上尊重して法律関係の安定を図ること、②権利の上に眠る者は法で保護するに値しないこと、③権利関係の立証の困難を救済することが挙げられます。時効には、①取得時効（期間の経過により権利を取得する場合）、②消滅時効（期間の経過により権利・義務が消滅する場合）があります。

1 時効の一般的要件

① 時効が完成すること
② 時効を援用すること

(1) 時効の完成（要件①）

時効の完成とは、一定の事実状態が一定の期間継続することをいいます。

(2) 時効の援用（要件②）

時効の援用とは、時効の利益を受ける旨の意思表示をいいます。援用して時効の利益を享受するかどうかは、個人の意思に委ねられています。 19-27

時効の援用権者は原則として「当事者」ですが、消滅時効においては保証人、物上保証人、第三取得者その他権利の消滅について正当な利益を有する者も含まれます（145条）。

また、時効援用の効果は、時効を援用した当事者についてのみ生じます（援用の相対効）。

援用権者のまとめ 13-32 16-27 19-27

145条により（消滅時効の）時効援用権が肯定される者	当事者 保証人 物上保証人 第三取得者
判例により時効援用権が否定された者	一般債権者（消滅時効） 後順位抵当権者（消滅時効） 取得時効が問題となる土地の建物の賃借人（取得時効）

● 総　則

2 時効の効果

時効が完成し当事者が援用すると、その効果は起算点（時効期間の最初の時点）にさかのぼり（**遡及効**／144条）、起算点の時から権利者であると認められ（取得時効）、または権利を有していなかったことになります（消滅時効）。＊1

3 時効利益の放棄

時効利益の放棄とは、時効完成後の、時効の利益を受けない旨の意思表示をいいます。時効の利益をあらかじめ放棄することは認められません（146条）。債権者が債務者の窮状に乗じて放棄を強いる等の弊害があるからです。＊2

なお、時効完成後に、債務者が時効の完成を**知らずに**債務の**承認**をした場合は「時効利益の放棄」ではありませんが、「債務者はもはや時効の援用をしない」と考えるであろう相手方を保護するため、**信義則**（1条2項）を根拠に、**時効の援用を認めない**とするのが判例です（最判昭41.4.20）。

4 時効に類似する制度

除斥期間は、一定期間内に権利を行使しないと、権利自体が消滅してしまうというものです。

消滅時効と除斥期間

	消滅時効	除斥期間
起算点	債権者が権利を行使することができることを知った時または権利を行使することができる時（166条1項）	権利の発生時
期間	法定されている	
援用	必要（145条）	不要
完成猶予・更新	あり	なし
遡及効	あり（144条）	なし

権利失効の原則とは、権利の不行使が永く続いた後になされた権利の行使が信義に反すると認められる場合に、その権利の行使を許さないとする法理をいいます。判例も、解除権の行使（賃借権の無断譲渡から7年半後に解除権が行使された事案）について、この原則の適用がありうることを認めています（最判昭30.11.22）。ただし、当該事案においては、結論として権利失効は否定しました。

＊1

プラスアルファ

土地所有権を時効取得する場合は、時効完成前の占有も不法占有ではなかったことになります。債権が消滅時効にかかる場合は、元本だけでなく利息についても支払う義務がなくなります。

＊2

プラスアルファ

時効完成後に時効の利益を放棄することは認められます（146条の反対解釈）。時効完成後の放棄には時効完成前の放棄にみられるような弊害は考えられないので、むしろ時効の利益を享受することを潔しとしない者の意思を尊重すべきだからです。

163

総則-時効

21 取得時効

重要度 B

 講師からのアドバイス

取得時効の要件を正確に覚えましょう。また、債権の時効取得はできないと考えられていますが、判例は、債権でも不動産賃借権は時効取得の対象となるとしています。成立要件を正確に把握しておきましょう。

> **第162条【所有権の取得時効】**
> 1 20年間、所有の意思をもって、平穏に、かつ、公然と他人の物を占有した者は、その所有権を取得する。
> 2 10年間、所有の意思をもって、平穏に、かつ、公然と他人の物を占有した者は、その占有の開始の時に、善意であり、かつ、過失がなかったときは、その所有権を取得する。
>
> **第163条【所有権以外の財産権の取得時効】**
> 所有権以外の財産権を、自己のためにする意思をもって、平穏に、かつ、公然と行使する者は、前条の区別に従い20年又は10年を経過した後、その権利を取得する。

立法趣旨

他人の物の占有という事実状態を法律上も尊重して、占有者に権利の取得を認めたのが所有権の取得時効です。

1 意義

取得時効とは、物の占有を継続しているという事実が存在する場合に、その事実に真実の権利を認めることをいいます。

2 要件

所有権の取得時効の要件は、次のとおりです。

① 「他人の物」を占有すること
② 「所有の意思」をもって占有すること（自主占有）
③ 平穏かつ公然に占有すること
④ 10年または20年間占有を継続すること
⑤ 時効援用の意思表示をすること

(1) 要件①について

判例は、自己の物の時効取得も認めています（最判昭42.7.21）。自己の物の時効取得を認めるべき場面とは、不動産の二重譲渡の場面（177条）が考えられます。不動産を取得したものの登記を具備しなかったために自己の所有権を第三者に対して主張できない者が10年間その不動産を占有し続けていると、取得時効によって完全な所有権を得ることができます。

(2) 要件②について

「占有」は所有の意思をもってする占有（自主占有）でなければなりません。所有の意思の有無は、占有を始めることになった原因によって客観的に判断されます。例えば、賃借人の占有は、自主占有にあたりません。

もっとも、「占有」の事実があれば、所有の意思は、186条1項により推定されます。*1

(3) 要件③について

平穏とは、占有の取得および保持について法律上許されない行為によらないことをいいます。公然とは、占有の取得および保持について秘匿しないことをいいます。平穏・公然は、186条1項により推定されます。*1

(4) 要件④について

占有開始時に占有者が善意かつ無過失の場合は10年、悪意または有過失の場合は20年の占有継続が必要です。*2

占有者の承継人は、その選択に従い、自己の占有のみを主張し、または自己の占有に前の占有者の占有を併せて主張することができます（187条1項）。前の占有者の占有を併せて主張する場合、162条2項の要件としての占有者の善意・無過失は、最初の占有者の占有開始時に判定すれば足りるとするのが判例です（最判昭53.3.6）。 17-30

3 時効取得の対象

時効取得の対象は、所有権（162条）と所有権以外の財産権（163条）です。「所有権以外の財産権」とは、地上権、永小作権、地役権等を指します。

一般の債権については時効取得できないと解されていますが、**判例は、不動産賃借権について時効取得を認めています**（最判昭62.6.5）。判例は、「土地の継続的な用益という外形的事実が存在し、かつ、それが賃借の意思に基づくことが客観的に表現されているとき」という限定的な場合に、時効取得を認めています。賃料を支払っているなどの事情があることが重要です。

*1 ここに注意

占有の態様等に関する推定として、186条1項は、「占有者は、所有の意思をもって、善意で、平穏に、かつ、公然と占有をするものと推定する」と定めています。

*2 プラスアルファ

占有開始時と現時点での占有が証明されれば、その間、占有が継続したものと推定されます（186条2項）。

総則―時効

22 消滅時効・完成猶予と更新   重要度 B

1 消滅時効

> **第166条第1項・第2項【債権等の消滅時効】**
> 1 債権は、次に掲げる場合には、時効によって消滅する。
>   一 債権者が権利を行使することができることを知った時から5年間行使しないとき。
>   二 権利を行使することができる時から10年間行使しないとき。
> 2 債権又は所有権以外の財産権は、権利を行使することができる時から20年間行使しないときは、時効によって消滅する。

立法趣旨

権利者が権利を行使しないという事実状態を法律上も尊重して、権利者の権利を消滅させたのが消滅時効制度です。

消滅時効とは、権利の不行使が継続する場合に、その権利の消滅を認めることをいいます。

消滅時効の対象は、債権（166条1項）と債権・所有権以外の財産権（地上権、地役権等の用益物権／166条2項）です。＊1

債権の消滅時効の起算点および時効期間は、①債権者が権利を行使することができることを知った時（主観的起算点）から**5年**、②権利を行使することができる時（客観的起算点）から**10年**です（166条1項）。なお、**人の生命または身体の侵害**による損害賠償請求権については、②の時効期間が**20年**になります（167条）。

消滅時効の客観的起算点

確定期限付き債権	期限が到来した時
不確定期限付き債権	期限が到来した時
期限の定めのない債権	債権が成立した時
停止条件付き債権	条件が成就した時
債務不履行による損害賠償請求権	本来の債務の履行を請求できる時
不当利得返還請求権	債権成立の時

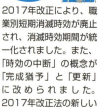

講師からのアドバイス

2017年改正により、職業別短期消滅時効が廃止され、消滅時効期間が統一化されました。また、「時効の中断」の概念が「完成猶予」と「更新」に改められました。2017年改正法の新しい概念をしっかりおさえておきましょう。

＊1

プラスアルファ

所有権は、取得時効の対象となります（162条）が、消滅時効の対象とはなりません（166条2項参照）。すなわち、所有権が消滅時効により消滅することはありません。例えば、Aの所有する物をBが一定期間占有して取得時効の要件をみたした場合には、Bが所有権を取得するため、Aは所有権を失うことになります。しかし、これはBの占有による取得時効の成立によるものであり、Aの権利不行使によって消滅時効が成立するわけではありません。

● 総則

2 完成猶予・更新

時効の完成猶予とは、時効期間をそのまま進行させることが妥当でない一定の事由（「完成猶予事由」）がある場合に、一定期間、時効を完成させないことをいいます。更新とは、一定の事由（「更新事由」）がある場合に、新たに時効を進行させることをいいます。＊2

例えば、ある債務の履行を催告した後、訴えを提起した場合の時効の完成猶予および更新は、以下のようになります。

まず、①債務の履行の催告（裁判外の請求）をした場合、時効完成が6カ月間猶予されます（150条1項）。②その6カ月の間に、さらに訴え提起（裁判上の請求）をすると原則として訴訟の間、時効完成が猶予されます（147条1項1号）。そして、③その裁判の確定判決等によって権利が確定すると新たに時効が進行（更新）します（147条2項）。

＊2　ここに注意

2017年改正前の「時効の中断」には、時効の完成を止めることと新たな時効を進行させることの2つの効果が含まれていました。2017年改正法では、この2つの効果を区別し、「完成猶予」と「更新」として整理しています。また、2017年改正前の「時効の停止」も「完成猶予」として整理されました。

催告・訴えの提起と完成猶予・更新の例

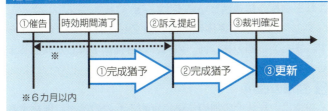

主な完成猶予事由・更新事由（主なもの）

裁判上の請求	完成猶予（147条1項1号） ⇒裁判等により権利が確定すると更新（147条2項）＊3
仮差押え・仮処分	完成猶予（6カ月／149条）
催告	完成猶予（6カ月／150条1項）
承認	更新（承認時から／152条1項）
完成前6カ月以内の法定代理人欠如	完成猶予（法定代理人の就職等から6カ月／158条）
天災等のため裁判上の請求等が不可	完成猶予（障害消滅から3カ月／161条）

＊3　プラスアルファ

確定判決またはこれと同一の効力を有するものによって確定した権利の時効期間は原則として10年になります（169条1項）。

物権―総論

23 物権

重要度 B

 講師からのアドバイス

物権の効力における「物権相互間の優先的効力」、「物権と債権の優先的効力」は民法の他の箇所でも出てくる重要な知識となります。

1 総説

物権とは、物に対する直接的・排他的支配権をいいます。 ＊1

（1）物権の直接性・絶対性

物権は、物に対する直接的な支配権であり（直接性）、誰に対してもその権利内容の実現を請求できます（絶対性）。物に対する支配状態を侵害する者がいれば、その侵害行為は違法とされ、法的保護が与えられます。＊2

（2）物権の排他性等

物権は、物に対する直接的な支配権であるから、1つの物権が存する物の上には、同一内容の物権は成立しえません。これを物権の排他性といいます。＊3

①1つの物権の客体は1個の独立した物でなければならず、また②1個の物に同一の内容の物権は1個しか成立しません。これを、一物一権主義といいます。

2 物権の種類

物権は、民法その他の法律に定めるもののほか、創設することができません（物権法定主義／175条）。物権として認められているものの種類は、次のとおりです。＊4

物権の種類

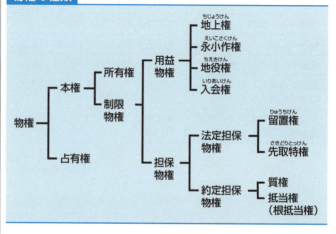

＊1 プラスアルファ

債権とは、特定人が他の特定人に対して一定の行為を請求することができる権利をいいます。つまり、物権は物に対する権利、債権は人に対する権利といえます。

＊2 プラスアルファ

物権と異なり、債権は、債務者に対してのみ権利内容の実現を請求することができます（相対性）。これを債権の相対性といいます。

＊3 プラスアルファ

債権には排他性がなく、同じ債務者に対して、同一内容の行為を目的とする債権が2つ以上並存することがありえます。例えば、俳優が、違う劇場で同一日時に出演する契約も有効です。あとは、債務不履行の問題となります。

168

● 物 権

3 物権の優先的効力
(1) 物権相互間の優先的効力
物権の排他性により、互いに相いれない物権間では先に対抗要件を具備したものが優先します（優先的効力）。

(2) 債権との関係における物権の優先的効力
(a) 原則
物権と債権とが競合する場合は、物権が債権に優先します。物権が直接支配性を有し、誰に対しても主張しうるのに対し（絶対性）、債権は人（債務者）の行為を要求するものにすぎず、債権者は債務者を通じて間接的にのみ物を支配することができるため（相対性）、物権に劣後します。

物権の優先的効力 *5

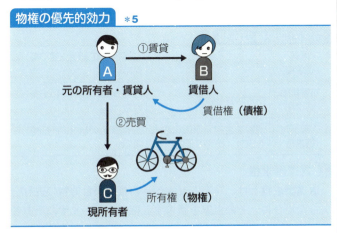

(b) 例外
債権の中でも**対抗要件を備えた不動産賃借権は、物権と同様な取扱いを受けます**。不動産の賃借人が、登記等の対抗要件を備えれば（605条、借地借家法10条1項、同法31条）、新たに現れた所有者等にも賃借権を主張することができます。 17-31

不動産賃借権の対抗要件
① 賃借権の登記（民法605条）
② 借地権→借地上に登記された建物を所有すること（借地借家法10条1項）
③ 建物賃借権→建物の引渡し（借地借家法31条）

*4 **ここに注意**
契約等によって異なる種類の物権を作り出すこともできなければ、異なる内容の物権を作り出すこともできません。排他性という強い効力のある物権を、公示に適したものに限定し法定することで、取引の安全を図ろうとするものです。

*5 **具体例で覚えよう！**
例えば、Aの所有する自転車について、AB間の賃貸借契約に基づいてBが賃借権（債権）を取得したのに対し、AC間の売買契約に基づいてCが所有権（物権）を取得したという場合には、Bは新しい所有者Cに対しては賃借権を主張することができません。

物権－総論

24 物権的請求権

重要度 B

講師からのアドバイス

物権的請求権によって、何を請求することができるのか、それに対応している占有訴権は何かが理解のポイントです。

物権的請求権とは、物権の円満な支配状態が妨害され、またはそのおそれがある場合に、あるべき状態の回復または妨害の予防を求める請求権のことをいいます。明文の規定はありませんが、占有権に占有訴権（197条以下）が認められることとの関係で、本権である物権にも当然に認められると考えられています。＊1　＊2

物権的請求権の種類は、占有訴権に対応して、次の３つが認められます。

＊1 ここに注意

物権的請求権は、物権から独立して消滅時効にかかることはないとするのが判例です（大判大5.6.23）。

物権的請求権の種類

返還請求権	目的物の返還を請求	占有回収の訴え（200条）に対応
妨害排除請求権	妨害除去を請求	占有保持の訴え（198条）に対応
妨害予防請求権	侵害を生ずる原因の除去を請求（妨害の予防）	占有保全の訴え（199条）に対応

＊2 ことばの意味

占有訴権
占有者が占有を妨害され、または妨害されるおそれがある場合に、妨害者に対して、妨害を排除しまたはそのおそれを排除することを請求して、占有の回復・維持を図る権利です。

1 返還請求権

返還請求権とは、物を占有すべき物権者が目的物の占有を失った場合に、その返還を請求する権利をいいます。所有者は、返還請求権を行使することによって、失われた目的物の占有を回復することができます。

なお、目的物を占有する者が占有を正当化する権原（地上権、留置権、賃借権など）を有している場合、返還請求は認められません。

返還請求権の例　＊3

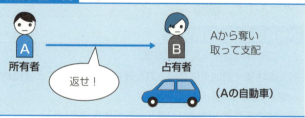

＊3 具体例で覚えよう！

例えば、A所有の自動車をBが奪い取って勝手に使っている場合には、AはBに対し、所有権に基づく返還請求権を根拠に「自動車を返してくれ」と請求することができます。

170

● 物　権

2 妨害排除請求権

妨害排除請求権とは、占有の侵奪以外の方法で物権が違法に侵害されている場合に、妨害物の除去や妨害行為の停止等の行為を求める請求権をいいます。所有者は、妨害排除請求権を行使することによって、所有権の行使を妨げている状況を除去することができます。妨害排除請求は、現に妨害を生じさせている者に対して行います。 17-31 18-29 21-29 *4

妨害排除請求権の例 *5

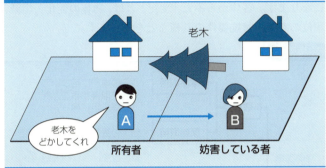

3 妨害予防請求権

妨害予防請求権とは、将来、物権に対する違法な妨害状態が生ずるおそれが強い場合に、その原因を除去して妨害を未然に防ぐ措置を講ずるよう請求する権利をいいます。所有者は、妨害予防請求権を行使することによって、将来の所有権の妨害を回避することができます。具体的には、侵害行為の差止め、予防設備の設置等を請求することができます。

妨害予防請求権の例 *6

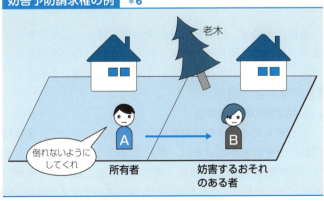

*4

プラスアルファ

土地上に不法占拠建物が存在する場合の物権的請求の相手方は、建物の実質的所有者です（最判昭35.6.17）。もっとも、他人の土地にみずからの意思に基づいて登記を得て建物を所有していた者は、その建物を譲渡した場合であっても、登記を保有する限り、建物所有権の喪失を主張して土地明渡義務を免れることはできません（最判平6.2.8）。

*5

具体例で覚えよう！

例えば、A所有の土地に隣のB所有の土地から老木が倒れている場合には、AはBに対し、所有権に基づく妨害排除請求権を根拠に「私の土地の上に倒れている老木をどかしてくれ」と請求することができます。

*6

具体例で覚えよう！

例えば、A所有の土地に隣のB所有の土地から老木が倒れてくる危険が高いという場合には、AはBに対し、所有権に基づく妨害予防請求権を根拠に「老木が倒れてこないように対策を講じてくれ」と請求することができます。

物権－物権変動

25 物権変動

重要度 C

物権変動の時期については、特定物売買と不特定物売買で所有権の移転時期が異なります。不特定物売買の所有権の移転時期は、目的物の特定（401条2項）にかかわる重要な学習ポイントです。

1 意義

物権変動とは、物権の発生・変更・消滅のことをいいます。これらの表現は、客体である物権に注目したものです。物権の主体からみれば、物権の取得・喪失・変更という表現になります。客体からみた「変更」とは、物体の変化・増減、順位の変動、対抗要件の具備などを指します。

物権変動

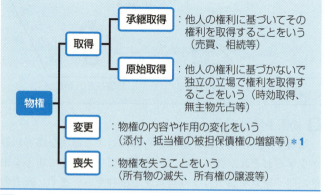

物権
- 取得
  - 承継取得：他人の権利に基づいてその権利を取得することをいう（売買、相続等）
  - 原始取得：他人の権利に基づかないで独立の立場で権利を取得することをいう（時効取得、無主物先占等）
- 変更：物権の内容や作用の変化をいう（添付、抵当権の被担保債権の増額等）＊1
- 喪失：物権を失うことをいう（所有物の滅失、所有権の譲渡等）

 ことばの意味

＊1
添付
所有者の異なる2個以上の物が何らかの形で結合・混合し、過分の費用を要することなくそれらを分離・復旧することが不可能ないし著しく困難となった場合に、分離・復旧を認めないことをいいます。添付には、付合（242条〜244条）、混和（245条）、加工（246条）があります。
例えば、家屋にシステムキッチンが付けられた場合などが「付合」です。

2 原因

第176条【物権の設定及び移転】
物権の設定及び移転は、当事者の意思表示のみによって、その効力を生ずる。

物権の変動は、**当事者の意思表示のみ**によって効力を生じます（176条）。契約書の作成や代金の支払い等は必要ありません。また、時効や相続によっても物権は変動します。

3 物権変動の時期

（1）特定物の売買の場合

不動産売買のような特定物売買の場合には、①所有権移転時期につき特約がなければ、契約と同時に所有権は移転します（最判昭33.6.20）。②特約（例えば、代金支払時に所有権が移転するとの特約）があれば、所有権は特約で定めた時期（例えば、代金支払時）に移転します（最判昭35.3.22）。

●物　権

特定物売買の物権変動の時期 ＊2

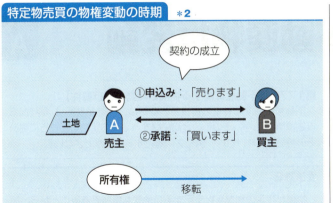

　図表の読み方

原則として、双方の意思表示が合致した時点で所有権が移転します。

（2）不特定物売買の場合

一定銘柄のビール10本を注文するような、売買の目的物に同種の物が多数存在する不特定物売買の場合、目的物が特定した時に、買主に所有権が移転します（最判昭35.6.24）。

不特定物売買の物権変動の時期

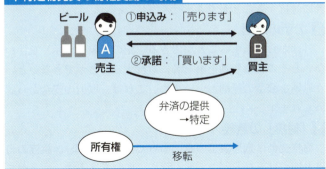

4　物権の消滅

物権は、目的物の滅失、物権の放棄、物権の消滅時効（166条2項）、混同（179条）により消滅します。＊3

混同とは、併存させておく必要のない2つの法律上の地位が同一人に帰属することをいいます。物権の混同がある場合、次の①②のとおり、物権が消滅します（179条1項、2項）。＊4

① 所有権と他の物権の混同→他の物権は消滅
② 所有権以外の物権とこれを目的とする他の権利の混同→他の権利は消滅

　ここに注意

所有権以外の物権は、原則として20年の消滅時効にかかりますが（166条2項）、所有権は時効消滅しません。

　プラスアルファ

①の場合、その物または他の物権が第三者の権利の目的となっているときは、消滅しません（179条1項ただし書）。②の場合、所有権以外の物権または他の権利が第三者の権利の目的となっているときは、消滅しません（179条2項後段、179条1項ただし書）。

173

物権－物権変動

26 不動産物権変動

重要度 A

不動産物権変動は、登記がなければその変動を第三者に対抗することができません。第三者の意義、対抗の意義を把握しましょう。

> **第177条【不動産に関する物権の変動の対抗要件】**
> 不動産に関する物権の得喪及び変更は、不動産登記法（平成16年法律第123号）その他の登記に関する法律の定めるところに従いその登記をしなければ、第三者に対抗することができない。

立法趣旨

物権が特定の物を直接支配する排他的な権利であることから、第三者に物権の変動を主張するには登記を備えなければならない（公示の原則）として、取引の安全を図った規定です。

1 不動産の物権変動

物権の変動は、当事者の意思表示のみによって生じます（176条）が、不動産の場合には、登記がなければそれを第三者に対抗することができません（177条）。

2 公示の原則

外部から認識することができる一定の表象（公示）を伴わないとその物権変動を第三者に対抗することができないという原則を公示の原則といいます。これは、取引の安全から認められます。＊1

3 「対抗」の意義

物権変動は意思表示のみによって生じ（176条）、譲渡の当事者間では、登記がなくとも物権の変動を主張することができます。

しかし、不動産の二重譲渡等のように、自己の所有権を主張する買主が複数存在する場合には、その優劣は登記の先後により決められます（177条参照）。したがって、登記を経ていない買主は、登記を先に取得した買主に対してその所有権を主張することができません。

不動産については、「登記」をしなければ完全に排他性のある物権を取得することはできないと解されています（不完全物権変動説）。例えば、Aが自己の所有する不動産をBに対して売却した場合には、売買契約がなされた時点で、Bが所有権を取得します。

＊1 ことばの意味

公示
現に存在する事実を前提として、これを外部から認識できるように（皆が見ることができるように）表示することをいいます。不動産の場合は、登記によって公示します。なお、公示を信頼した者に対し、公示に対応する物権が存在しない場合であっても、信頼どおりの法律的効果を与えるという原則を「公信の原則」といいます。

しかし、Bが所有権移転登記を具備するまでは、Aは完全には無権利者とはならず、残された権限に基づき、Cに対しても所有権を譲渡（二重譲渡）することができます。そして、Bは登記を具備しないとCに対して所有権を主張できません。

　このように、自己の権利取得を第三者に主張することができないことを「対抗することができない」といい、第三者に対抗するための要件（例えば、登記）を対抗要件といいます。これは、正当な権利者間で初めて問題となります。

二重譲渡 *2

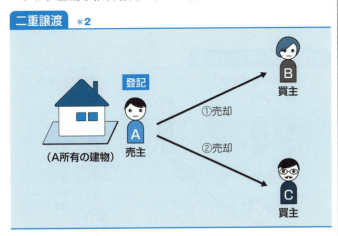

*2
具体例で覚えよう！
例えば、Aからその所有する建物が、BとCにそれぞれ売却された場合（二重譲渡）、どちらが建物所有者になるかは、どちらが先に登記を具備したかによって決まります。

　なお、不動産の賃借権は、「物権」ではありませんが、対抗要件（登記等）を備えた不動産賃借権は、その後その不動産について物権を取得した者に対しても対抗することができます（605条、借地借家法10条1項、同法31条）。

4 登記を要する物権変動

　物権変動を第三者に対抗するために登記が必要となるのは、対抗問題が生ずる場合です。対抗問題とは、同一客体上の物的支配を相争う相互関係が存在する場合（食うか食われるかの関係がある場合）をいいます。不動産の二重譲渡がその典型です。もっとも、判例は、177条を広く適用する立場をとっています。例えば、取消し、解除、取得時効、遺贈などの場面で、登記の要否が問題になります。

物権－物権変動

27 177条の「第三者」

重要度 A

講師からの アドバイス

第三者の意義は、正確に覚えましょう。さらに、対抗関係として処理する事例を多く学び、事例問題の対応力をつけましょう。

1 意義

177条の対抗関係で問題となる「第三者」とは、当事者もしくはその包括承継人以外の者で登記の欠缺（登記を具備していないこと）を主張するにつき正当の利益を有する者をいいます（大判明41.12.15）。*1

例えば、不動産の売主・その相続人、不動産の不法占拠者などは除かれます。

包括承継人・不法占拠者

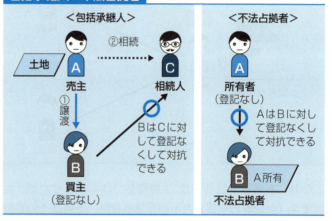

また、177条の「第三者」は、善意・悪意を問わない（大判明45.6.1）とされているので、単純悪意者は含まれますが、背信的悪意者は除かれます。

 ＊1 ことばの意味

登記の欠缺
登記の欠缺（欠けていること）を主張するとは、不動産に関する物権の得喪・変更を主張しようとする者に対して、その者に登記がないことを主張するという意味です。

177条の第三者

第三者にあたる例	第三者にあたらない例
①二重譲受人 ②抵当権、地上権等の制限物権取得者 ③不動産賃借人　＊2	①無権利者（契約が無効だった場合等） ②不法行為者、不法占拠者 ③背信的悪意者 ④所有権が転々移転した場合の前主・後主の関係にある者 ⑤不動産登記法5条に列挙されている者

 ＊2 ここに注意

177条の「第三者」には、不動産賃借人が含まれています。これは、不動産の譲受人は登記をしなければ賃借人に対して自己の所有権を対抗することができず、賃料を請求することができないという意味です。

176

2 背信的悪意者
(1) 意義
背信的悪意者とは、物権変動の事実を知り、かつ登記を備えていない者に対し、その登記の不存在を主張することが信義に反する者をいいます。

背信的悪意者は、登記の欠缺を主張するにつき正当の利益がなく、「第三者」（177条）にあたらないので、背信的悪意者に対して、登記なくして対抗することができます（最判昭43.8.2）。

背信的悪意者の具体例として、不動産の第1買主が未登記であることに乗じて、第1買主に高値で売りつける目的で、不動産を買い受けた第2買主が挙げられます。

(2) 背信的悪意者からの譲受人
背信的悪意者から不動産を譲り受け、登記を備えた者は、自分自身が第1買主に対する関係で背信的悪意者と評価されない限り、177条の第三者にあたり、所有権取得を第1買主に対抗することができます（最判平8.10.29）。

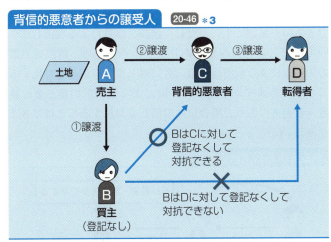

背信的悪意者からの譲受人

*3 具体例で覚えよう！
例えば、AからBに土地が譲渡され、その後、背信的悪意者Cに二重に譲渡された場合、Bは登記がなくてもCに土地所有権を対抗できますが、さらにCから土地を譲り受けた転得者Dに対しては、D自身も背信的悪意者でない限り、登記なくしてBは土地所有権を対抗できません。その理由は、①Cが背信的悪意者であってもＡＣ間の譲渡は無効とはならず、Dは無権利者から買い受けたことにはならないこと、また、②Cのような背信的悪意者が登記の欠缺を主張することは信義則に反して許されないのであって、Dが177条の第三者から排除されるかどうかは、DとBとの間で相対的に判断されるべき事柄であるからです。

3 不動産登記法5条に列挙される者
以下の者は、177条の第三者にあたりません。

① 詐欺・強迫により登記の申請を妨げた者
② 他人のために登記を申請する義務のある者（例えば、登記申請を依頼された司法書士）

物権－物権変動

28 取消しと登記

重要度 A

講師からの
アドバイス

第三者が登場したタイミングはいつか、対抗関係として177条で処理するのか、他の規定によって処理するのかをおさえておきましょう。

1 対抗関係

177条の登記がなくては自己の物権を主張することができない者同士の関係を対抗関係といいます。対抗関係が生じる典型的なケースは、二重譲渡ですが、判例は、契約以外の出来事（法律事実）によって物権変動が生じた場合にも、177条を広く適用します（大判明41.12.15）。

2 取消しと登記

取消しと登記の問題は、取消前に第三者が利害関係を生じた場合と、取消後に第三者が利害関係を生じた場合に分けて考えます。

（1）取消前の第三者との関係

取消しの遡及効によって第三者は無権利者から譲り受けたことになるため、第三者も無権利者になります。そこで、登記の有無を問わず、第三者に取消しの効果を主張することができるのが原則です。ただし、錯誤・詐欺による取消しについては第三者保護規定があります。そのため、制限行為能力・強迫による取消前の第三者に対しては取消しを対抗することができますが、錯誤・詐欺による取消前の第三者が善意・無過失であった場合には取消しを対抗することはできません。＊1

*1
ここに注意

錯誤による取消し、詐欺による取消しについては第三者保護規定があります（95条4項、96条3項）。しかし、制限行為能力・強迫による取消しについては、第三者保護規定はありません。

*2

具体例で
覚えよう！

例えば、土地がA→B→Cと譲渡された後にAがBとの契約を詐欺を理由として取り消した場合、Cは取消前の第三者なので、善意・無過失であれば、土地を取得します。

詐欺による取消前の第三者 ＊2

①詐欺
②譲渡
③譲渡
④取消し

A 売主　B 買主　C 転得者　土地

Cが善意・無過失かで決まる

「善意・無過失の第三者」（96条3項）
ならば保護される

178

(2) 取消後の第三者との関係

　意思表示が取り消された場合には、意思表示の当初にさかのぼって無効であったものとみなされます（遡及効／121条）。しかし、取り消されるまでは一応有効なものとして扱われていたのですから、物権の所在については、いったん相手方に移転した物権が、取消しによって表意者へ復帰するものと解することができます（復帰的物権変動理論）。そこで、譲受人を起点とした二重譲渡と類似した関係に立つことになります。したがって、取消権者と第三者は対抗関係にあるということができ、その優劣は、登記の先後によって決まります。

詐欺による取消後の第三者　*3

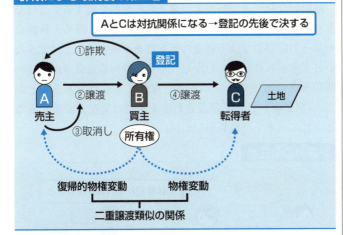

＊3　具体例で覚えよう！

例えば、Aが詐欺を理由にBとの間に結んだ土地の売買契約を取り消した後に、Bが第三者Cに土地を譲渡した場合には、Aは登記がなければCに土地の所有権を対抗できません。

取消しと登記　*4

取消原因	取消前の第三者	取消後の第三者
錯誤・詐欺	善意・無過失の者のみ保護される	登記の先後で決する
制限行為能力	常に保護されない	
強迫		

＊4　ここに注意

2017年改正により錯誤の効果が無効から取消しに変わりました。錯誤取消しと登記等の問題については、改正から間もないため判例等がありませんが、詐欺取消しの議論が錯誤取消しにも同様にあてはまると考えられています。

物権－物権変動

29 解除と登記

重要度 A

講師からのアドバイス

第三者が登場したタイミングはいつか、対抗関係として177条で処理するのか、他の規定によって処理するのか、保護されるためには登記が必要なのかが理解のポイントです。

解除とは、いったん締結された契約の拘束力を消滅させる一方的な意思表示をいいます。その効果は、契約当初にさかのぼって契約の拘束力を消滅させる効力（遡及効）が生じると解されています（**直接効果説**／判例・通説）。

そこで、解除と登記の問題も、解除前に第三者が利害関係を生じた場合と、解除後に第三者が利害関係を生じた場合に分けて考えることになります。

1 解除前の第三者との関係

解除には第三者保護規定（第三者の権利を害することはできない／545条1項ただし書）が置かれているため、解除前の第三者に対しては不動産の所有権を主張することはできないとも考えられます。しかし、本規定は何ら帰責事由のない解除権者の犠牲の下で第三者を保護するものであることから、「第三者」として保護されるためには登記が必要であるとされています（最判昭33.6.14）。

＊1 **具体例で覚えよう！**

例えば、Cが不動産の所有権を取得した後にAB間の契約が解除された場合、Cが登記を備えていれば保護され、Aは、Cに対して不動産の所有権を主張することができません。他方、Cが登記を備えていなければ、Aは、登記の有無にかかわらず、Cに対し不動産の所有権を主張することができます。

解除前の第三者 ＊1

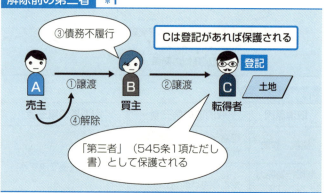

本来、解除前の第三者は解除権者と対抗関係に立つわけではないので、対抗要件としての登記（177条）は不要であるとしても、解除権者保護の必要性から、解除前の第三者が保護されるためには登記を備えておくべきであるとする考え方があります。この考え方によれば、登記を権利保護要件とみることになります。＊2

＊2 **ここに注意**

このように解除前の第三者の登記を「権利保護要件」とみる考え方が学説上有力ですが、この登記を「対抗要件」とみる考え方もあります。

180

権利保護要件とみれば、解除権者は、登記を具備しない第三者に対して、解除権者自身の登記の有無にかかわらず、不動産の所有権を主張できます。仮に対抗要件としての登記が要求されるとすると、解除権者が登記を具備しない限り、第三者に対抗できないことになるので、ここに違いがあります。 13-31 *3

2 解除後の第三者との関係

解除後の第三者は、545条1項ただし書の「第三者」にあたらず、解除によって復帰的物権変動が生じたとみなし、譲受人を起点とした二重譲渡類似の関係として扱われます。したがって、判例によると解除権者と第三者は対抗関係に立ち、その優劣は、登記の先後によって決まります。

解除後の第三者 *4

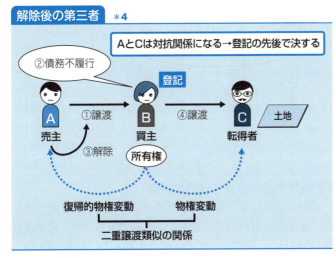

解除と登記

解除前の第三者	解除後の第三者
登記がある第三者のみ保護される	登記の先後で決する（対抗要件／177条）

*3 プラスアルファ
合意解除は、法定解除ではありませんが、それが契約の時にさかのぼって効力を有する趣旨であるときは、法定解除と同様に、合意解除前の第三者が保護されるためには登記が必要となると考えられます。

*4 具体例で覚えよう！
例えば、AがBとの間に結んだ不動産売買契約を解除した後に、Bが第三者Cに不動産を転売した場合は、Aは登記がなければCに不動産の所有権を対抗できません。

物権－物権変動

30 取得時効と登記

重要度 A

1 時効完成前の第三者との関係

時効完成前に第三者が生じた場合、その第三者と時効取得者は物権変動の当事者として考えることができるので、時効取得者は登記なくして第三者に取得時効を対抗できます（最判昭41.11.22）。 13-28

第三者が登場したタイミングはいつか、対抗関係として177条で処理するのか、他の規定によって処理するのかが理解のポイントです。

 *1 具体例で覚えよう！

例えば、B所有の不動産をAが自主占有して時効期間が進行中に、当該不動産がBからCに譲渡された後、Aの時効が完成した場合、Aは登記なくして時効取得をCに対抗することができます。

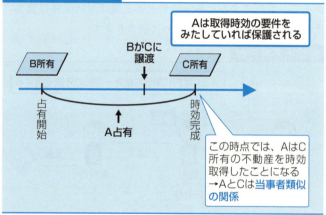

2 時効完成後の第三者との関係

時効完成後に第三者が生じた場合は、元権利者を起点とした二重譲渡類似の関係と考えることができるので、時効取得者は登記なくして第三者に対抗できません（大判大14.7.8、最判昭33.8.28）。

もっとも、第三者に対抗できない占有者であっても、占有を継続し、所要の法定期間が経過することにより、新たな時効取得が可能です。 13-28 *2

このように、時効完成の前後で第三者の取扱いが異なります。そのため、時効取得を主張する者が任意に起算点を選択できるとなると、自己に有利な起算点が選択されてしまい、不都合が生じます。そこで、起算点は実際に占有を開始した時点に固定され、起算点を選択することはできません（最判昭35.7.27）。 13-28

 *2 判例ゼミ

第三者の登記後に占有者がなお引き続き時効取得に要する期間の占有を継続した場合は、その第三者に対して、登記を経由しなくても時効取得を対抗することができます（最判昭36.7.20）。

182

● 物 権

時効完成後の第三者 *3

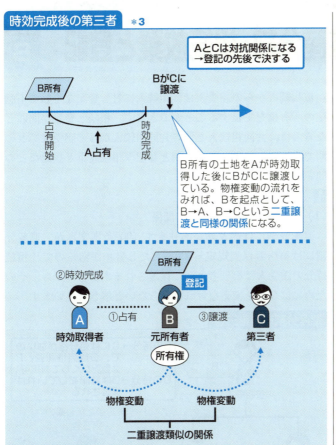

 具体例で覚えよう！

例えば、B所有の土地をAが時効取得したものの、未だ登記をしていない間に、BがCに土地を譲渡した場合、AとCは対抗関係に立ち、Aは登記なくして時効取得をCに対抗することができません。

なお、仮にAが占有開始の起算点を後ろにずらすことができればCを時効完成前の第三者とすることもできますが、そのような後ろ倒しは許されません。

取得時効と登記

時効完成前の第三者	時効完成後の第三者
時効取得者は、登記がなくても対抗できる	時効取得者は、登記がなければ対抗できない

第2編 民法

物権

183

物権－物権変動

31 遺産分割・相続放棄と登記

重要度 B

遺産分割と登記などの問題では、誰と誰の間で権利が争われているか、第三者への譲渡が行われたのはいつかなどがポイントになります。必ず図を描いて混乱しないように注意しましょう。

＊1　ここに注意

被相続人と相続人との間は包括承継（一身専属権を除いたすべての財産法上の法律関係ないし法的地位の承継／896条）ですから、被相続人と相続人は同一人とみなされます。そのため相続人と被相続人からの譲受人との関係は当事者の関係となり、対抗関係とはなりません。

＊2　具体例で覚えよう！

例えば、Aの土地をBとCが共同相続し、遺産分割前にCが土地全体をDに譲渡した後、遺産分割により当該土地がBの単独所有となった場合が考えられます。この場合、DがCの持分の取得について保護されるには、登記が必要です。

　被相続人からの譲受人は、相続人に対し登記なくして不動産の所有権を主張することができます。相続と登記が問題となるのは、共同相続人と他の共同相続人からの譲受人等との間です。これには、遺産分割と登記や相続放棄と登記などの問題があります。＊1

1 遺産分割と登記

（1）遺産分割前の第三者との関係

　遺産分割には遡及効があります（909条本文）が、遺産分割には第三者保護規定（909条ただし書）があるので、相続持分の譲受人は第三者として保護されます。もっとも、そのためには登記を備えなければならないと解されています。

遺産分割前の第三者

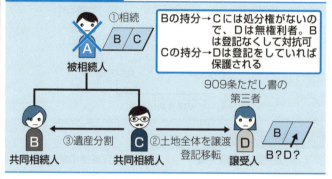

Bの持分→Cには処分権がないので、Dは無権利者。Bは登記なくして対抗可
Cの持分→Dは登記をしていれば保護される

（2）遺産分割後の第三者との関係

　相続による権利の承継は、法定相続分を超える部分については、登記などの対抗要件を備えなければ、第三者に対抗することができません（899条の2第1項）。遺産分割による権利の承継を遺産分割後の第三者に対抗するためには、従来から登記が必要とされていましたが（最判昭46.1.26）、さらに2018年の相続法改正により上記の明文規定が設けられました。したがって、登記がなければ遺産分割による法定相続分を超えた権利の承継を遺産分割後の第三者に対抗することができません。

184

遺産分割後の第三者 *3

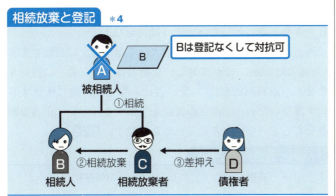

2 相続放棄と登記

相続の放棄は、登記がなくてもその効力を第三者に対抗することができます（最判昭42.1.20）。相続放棄には、遺産分割と異なり、第三者保護の規定がなく、その効力は絶対的なものだからです（939条参照）。

相続放棄と登記 *4

3 相続させる旨の遺言（「特定財産承継遺言」）と登記

従来は、判例上、相続させる旨の遺言による権利の承継は登記なくして第三者に対抗することができるとされていましたが（最判平14.6.10）、2018年の相続法改正により、相続による権利の承継は、法定相続分を超える部分については、登記などの対抗要件を備えなければ、第三者に対抗することができないこととされました（899条の2第1項）。したがって、相続させる旨の遺言により権利を承継した相続人は、自己の法定相続分を超えた部分については、登記がなければ第三者に対抗することができません。 21-35 *5

---

*3 具体例で覚えよう！

例えば、Aの土地を共同相続したBとCが遺産分割を行い、Bの単独所有となった後、Cが当該土地全体をDに譲渡した場合には、Bは登記がなければ（もともとの）Cの持分を取得したことをDに対抗できません。

*4 具体例で覚えよう！

例えば、Aが死亡しBとCが共同相続し、Cが相続放棄した後にCの債権者DがCの持分を差し押さえた場合、Bは登記なくしてDに対抗することができます。

*5 ことばの意味

特定財産承継遺言
遺産分割方法の指定として遺産に属する特定の財産を共同相続人の1人または数人に承継させる旨の遺言をいいます（1014条2項）。これは、従来から「相続させる旨の遺言」と呼ばれていたもので、例えば、Aが死亡し、BとCが相続人である場合に、「甲土地をBに相続させる」とするものです。

物権ー物権変動

32 動産物権変動

重要度 B

引渡しの方法は、4種類あります。それらすべてを正確に覚えましょう。

> **第178条【動産に関する物権の譲渡の対抗要件】**
> 動産に関する物権の譲渡は、その動産の引渡しがなければ、第三者に対抗することができない。

立法趣旨

動産は、不動産登記のような公示方法をとることが技術的に不可能であり、取引も頻繁であるため、引渡しを公示方法としました。

動産物権変動も、意思表示のみによってその効力を生じます（176条）。

1 178条の第三者

178条の「第三者」の意義について、判例は、177条の場合と同様に、「引渡しの欠缺を主張するについて正当な利益を有する第三者」としています（最判昭33.3.14）。

例えば、引渡しを受けた賃借人は「第三者」に当たります（大判大8.10.16）。これに対し、受寄者は「第三者」に当たりません（最判昭29.8.31）。受寄者は、物を一時的に保管するにすぎないため、引渡しの欠缺を主張するについて正当な利益を有していないと考えられるからです。 19-29

178条と賃借人・受寄者

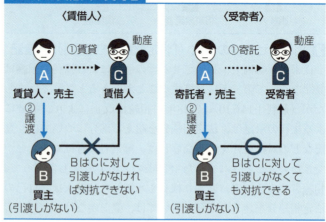

● 物　権

2 引渡しの方法

動産物権変動における対抗要件は、引渡しです（178条）。

> **第182条【現実の引渡し及び簡易の引渡し】**
> 1　占有権の譲渡は、占有物の引渡しによってする。
> 2　譲受人又はその代理人が現に占有物を所持する場合には、占有権の譲渡は、当事者の意思表示のみによってすることができる。
>
> **第183条【占有改定】**
> 　代理人が自己の占有物を以後本人のために占有する意思を表示したときは、本人は、これによって占有権を取得する。
>
> **第184条【指図による占有移転】**
> 　代理人によって占有をする場合において、本人がその代理人に対して以後第三者のためにその物を占有することを命じ、その第三者がこれを承諾したときは、その第三者は、占有権を取得する。

引渡しには、次の4つの態様があります。＊1

引渡しの方法	態様（○＝もともとあった場所　●＝引渡し後にある場所）	意義
現実の引渡し（182条1項）	A→B　○移転前　●移転後	Aが事実上支配する物をBに移転することをいう。占有移転の合意と、事実的支配の移転によって占有が移転する
簡易の引渡し（182条2項）＊2	A→B　○●（Bのところ）	目的物の事実的支配が譲受人Bにある場合に、AB間の占有移転の合意だけで占有が移転することをいう
占有改定（せんゆうかいてい）（183条）＊2	A→B　○●（Aのところ）	目的物の事実的支配を譲渡人Aのもとに残しておく場合にAが以後Bのために占有する旨の意思表示をすることによって占有が移転することをいう
指図による占有移転（さしず）（184条）＊3	A→B　C 代理人　○（Cのところ）	譲渡人Aが占有代理人Cによって占有している物をそのまま譲渡する場合に、AがCに対して以後、譲受人Bのために占有する旨を命じ、Bがこれを承諾すると占有が移転することをいう

＊1　プラスアルファ
引渡しを対抗要件としない動産もあります。例えば、登録制度のある自動車等は、登録が対抗要件となります。

＊2　ここに注意
簡易の引渡しと占有改定の違いについては、もともとあった場所がどちらなのかがポイントです。

＊3　ここに注意
184条は、第三者（譲受人）がそれを承諾した場合と規定しています。この点、占有代理人がそれを承諾した場合と規定していないことに注意してください。

物権－物権変動

33 即時取得

重要度

即時取得の成立要件にかかわる論点を理解するためには、まず成立要件を正確に理解することが必要です。また、盗品・遺失物についての特例も、択一対策必須知識です。

> 第192条【即時取得】
> 取引行為によって、平穏に、かつ、公然と動産の占有を始めた者は、善意であり、かつ、過失がないときは、即時にその動産について行使する権利を取得する。

立法趣旨
動産取引において、占有を信頼して取引した者は、譲渡人の権利の有無とは関係なく権利を取得するという公信の原則を採用し、取引の安全を図るものです。

1 即時取得（192条）の意義
即時取得とは、動産を占有している無権利者を真の権利者と信頼してこれと取引した者に、信頼どおりの権利取得を認め、取引の安全を図る制度です。動産の取引においては、占有を信頼して取引をした者は、譲渡人の権利の有無とは関係なく、権利を取得するとされます（公信の原則）。＊1

＊1
 ことばの意味

公信の原則
公示を信頼した者に対し、公示に対応する物権が存在しない場合であっても、信頼どおりの法律的効果を与えるという原則をいいます。

即時取得

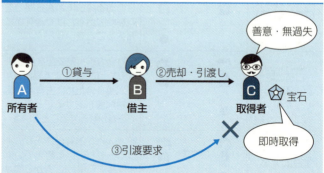

2 成立要件

① 目的物が動産であること
② 前主が無権限者ないし無権利者であること
③ 有効な取引行為が存在すること
④ 取得者が、平穏・公然・善意・無過失であること
⑤ 取得者が占有を取得すること

188

(1) 要件①について

不動産については、即時取得は成立しません。なぜなら、不動産には、登記という公示制度があるので、占有への信頼を保護する必要がないからです。＊2

(2) 要件②について

全くの無権利者を所有者と誤信した場合がこれにあたります。無権代理人に代理権があると信頼したときは、即時取得ではなく、表見代理が問題となります。

(3) 要件③について

即時取得するためには、その契約が有効な取引であることが必要です。したがって、有効な取引行為を前提にするので、次の場合には即時取得の規定は適用されません。 15-31 ＊3

① 相続によって取得した場合
② 間違って他人の山林を伐採した場合
③ 取引自体が無効・無権代理の場合

(4) 要件④について

「善意であり、かつ、過失がない」（192条）とは、動産の占有を始めた者に、取引の相手方が**その動産につき無権利者でないと誤信し、かつ、そう信ずるにつき過失のなかったこと**をいいます（最判昭26.11.27）。

平穏・公然・善意は186条1項により、無過失は188条により、それぞれ推定されます（最判昭41.6.9）。＊4

(5) 要件⑤について

占有改定では、即時取得は**成立しません**（最判昭35.2.11）。**指図による占有移転**の場合には、即時取得が成立します（最判昭57.9.7）。 20-28

3 効果

所有権、質権、不動産賃貸の先取特権等を**原始取得**します。
19-31

4 盗品または遺失物についての特例

物の占有者が即時取得の要件を充足した場合であっても、即時取得された物が**盗品または遺失物**（詐欺、横領の目的物は含まれない）であった場合には、盗難または遺失の時から**2年間**に限って被害者または遺失者は物を取り戻すことができます（193条）。 13-46 ＊5

● 物 権

＊2 プラスアルファ
判例によれば、登録自動車は、192条の「動産」にはあたらず、即時取得の適用はありません（最判昭62.4.24）。これに対し、未登録自動車には、即時取得の適用があります。

＊3 プラスアルファ
代物弁済は、192条の「取引」に含まれます。代物弁済により目的物を取得した場合には、即時取得の適用があります。

＊4 プラスアルファ
結局、即時取得の効果を争う真の権利者が動産を取り戻すためには、占有取得者の悪意または有過失を立証することが必要となります。

＊5 ここに注意
被害者または遺失者は、原則として無償で物を取り戻すことができますが、物の占有者が市場等を通じて善意で買い受けた場合、被害者または遺失者が物を取り戻すためには、代価を弁償しなければなりません（194条）。

第2編 民法 物権

物権－占有権

34 占有権

重要度 B

占有権の効力の表は、正確に覚えましょう。

1 占有の成立と種類
(1) 意義・成立要件
占有とは、物に対して現実的に支配している状態をいい、この占有に民法が様々な効果を与えている法的保護を、占有権といいます。

占有権の成立要件は、次のとおりです（180条）。

① 所持 *1
② 自己のためにする意思 *2

②の自己のためにする意思とは、本人がそのように思っているかどうかではなく、外形的・客観的に判断します。

(2) 占有の種類
占有はその態様によって、次のように分類されます。
(a) 自主占有と他主占有
自主占有は、所有の意思をもってする占有をいい、他主占有は、それ以外の占有をいいます。所有の意思も外形的・客観的に判断します。*3

①他主占有者が、自己に占有させた者に対して所有の意思があることを表示した場合、②新権原によってさらに所有の意思をもって占有を始めた場合（賃借人が賃借物を買い受けた等）には、他主占有が自主占有に転換します（185条）。 15-45

(b) 自己占有と代理占有
本人が直接に物を占有する自己占有（直接占有）に対して、占有代理人を介して物を間接的に占有する場合を代理占有（間接占有）といいます。*4

2 占有の移転および承継
占有は引渡しにより移転します。承継人は、自己の占有のみを主張することも、前主の占有を併せて主張することもできます（187条1項）。これを、占有の承継といいます。そして、前主の占有を併せて主張する場合には、前主の瑕疵（悪意や過失）も引き継ぎます（187条2項）。

---

*1 ことばの意味
所持
社会通念上、物に対し、事実的な支配が及ぶことをいいます。

*2 ことばの意味
自己のためにする意思
所持による事実上の利益を自分が得ようとする意思のことです。

*3 具体例で覚えよう！
例えば、窃盗犯人の占有は自主占有ですが、賃借人の占有は他主占有です。仮に、賃借人が借りている物の所有権は自分にあるのだ、と内心では思っていたとしても、占有が賃貸借契約に基づくものですので、客観的性質としては他主占有として解釈されます。

● 物　権

被相続人の占有に属していた物は、被相続人の死亡により、相続人が相続の開始を知っているか否かにかかわりなく、当然に相続人の占有に移ります（最判昭44.10.30）。

3 占有権の効力

占有権の効力として、権利の推定が挙げられるほか、**果実収取権**や**費用償還請求権**など本権者と占有者との利害調整規定が置かれています。

占有権の効力

権利の推定		占有者が占有物の上に行使する権利は、これを適法に有するものと推定される（188条）
果実収取権	善意の占有者	占有物より生じる果実を取得することができる（189条1項）
	悪意の占有者	現に有する果実を返還し、かつ、すでに消費し、過失によって損傷し、または収取を怠った果実についてはその代価を償還する義務を負う（190条1項）
費用償還請求権	必要費 *5	（善意・悪意、所有の意思の有無に関係なく）占有者が占有物を返還する場合には、その物に費やした必要費を回復者に償還請求することができる（196条1項本文）
	有益費 *6	占有者は、有益費を支出した場合、その価格の増加が現存する場合に限り、回復者の選択に従い、その支出した金額または増価額を償還請求することができる（196条2項本文） 占有者が悪意の場合、回復者の請求により裁判所はその償還につき相当の期限の猶予を与えることができる（196条2項ただし書）

4 占有権の消滅

自己占有の場合、占有の意思の放棄、または所持の喪失によって、占有権は消滅します（203条本文）。ただし、占有者が占有回収の訴えを提起し、これに勝訴した場合には、占有権は消滅しません（203条ただし書、最判昭44.12.2）。

代理占有の場合、①本人が占有代理人に占有させる意思を放棄した場合、②占有代理人が本人に対し、以後、自己または第三者のために占有物を所持する意思を表示した場合、③占有代理人が占有物の所持を失った場合に、占有権は消滅します（204条1項）。*7

---

*4 具体例で覚えよう！

例えば、賃借人（占有代理人）が物を所持している場合（賃借人にとって自己占有）に、その所持を通じて所有者（本人）が占有を有すると認められます（代理占有／181条）。

*5 ことばの意味

必要費
修繕費等、物の維持・保存に必要な費用をいいます。

*6 ことばの意味

有益費
目的物の価値を客観的に増加させるためにかかった費用のことです。

*7 ここに注意

占有権は、占有という事実の消滅や他の物権と同様に目的物の消滅によって消滅します。しかし、権利の性質上、占有権は、混同（179条3項）や消滅時効によっては消滅しません。

物権－占有権

35 占有訴権

重要度
B

講師からの アドバイス

占有訴権の3種類は、どのような内容の請求を行い、いつまでに行使するのかが理解のポイントとなります。

1 意義

　占有訴権とは、占有者が占有を妨害され、または妨害されるおそれがある場合に、妨害者に対して、妨害を排除またはそのおそれを排除することを請求して、占有の回復・維持を図る権利です。

　事実的支配状態をあるがままの状態として保護して社会秩序を保護するものなので、占有権原の有無や、占有を侵害した相手方の善意・悪意等は問いません。

2 占有訴権の種類

第197条【占有の訴え】
　占有者は、次条から第202条までの規定に従い、占有の訴えを提起することができる。他人のために占有をする者も、同様とする。

第198条【占有保持の訴え】
　占有者がその占有を妨害されたときは、占有保持の訴えにより、その妨害の停止及び損害の賠償を請求することができる。

第199条【占有保全の訴え】
　占有者がその占有を妨害されるおそれがあるときは、占有保全の訴えにより、その妨害の予防又は損害賠償の担保を請求することができる。

第200条【占有回収の訴え】
1　占有者がその占有を奪われたときは、占有回収の訴えにより、その物の返還及び損害の賠償を請求することができる。
2　占有回収の訴えは、占有を侵奪した者の特定承継人に対して提起することができない。ただし、その承継人が侵奪の事実を知っていたときは、この限りでない。

第201条【占有の訴えの提起期間】
1　占有保持の訴えは、妨害の存する間又はその消滅した後1年以内に提起しなければならない。ただし、工事により占有物に損害を生じた場合において、その工事に着手した時から1年を経過し、又はその工事が完成したときは、これを提起することができない。
2　占有保全の訴えは、妨害の危険の存する間は、提起することができる。この場合において、工事により占有物に損害を生ずるおそれがあるときは、前項ただし書の規定を準用する。
3　占有回収の訴えは、占有を奪われた時から1年以内に提起しなければならない。

● 物　権

占有訴権には、次の3種類があります。

各占有訴権のまとめ　17-31

	占有保持の訴え（198条）	占有保全の訴え（199条）	占有回収の訴え（200条）
要件	占有者の占有が妨害されているとき	占有を妨害されるおそれがあるとき	占有者の占有が奪われたこと
具体例	隣地の樹木が庭に倒れてきた場合	隣地の樹木が倒れそうになった場合	他人に動産を盗み取られた場合
請求内容	妨害排除および損害賠償	妨害の予防または損害賠償の担保	目的物返還および損害賠償
行使期間（201条）	①妨害の存する間または消滅してから1年以内（201条1項）②ただし、侵害者の工事着手の時から1年を経過したとき、または工事完成後は妨害停止を求めえない（201条1項ただし書）	①妨害の危険の存する間（201条2項ただし書）②ただし、侵害者の工事着手の時から1年を経過したとき、または工事完成後は妨害予防を求めえない（201条2項ただし書）	侵奪の時から1年（201条3項）＊1

＊1 ことばの意味

侵奪
占有者の意思に基づくことなく所持を奪われる場合をいいます。したがって、詐取された場合や横領された場合は「侵奪」にはあたりません。

3 本権の訴えとの関係

占有の訴えは本権の訴えと互いに妨げることはありません（202条1項）。また、占有の訴えは、本権に関する理由に基づいて裁判をすることができません（202条2項）。これは、占有の訴えに対して防御方法として本権の主張はできないことを意味するだけであって、本権に基づく反訴を提起することはできます（最判昭40.3.4）。＊2　＊3

すなわち、占有回収の訴えの被告は、「自分には所有権という本権があるから」という理由で原告の請求を拒むことはできませんが、同じ訴訟手続内で、原告に対して「反訴」として所有権に基づく返還請求訴訟を提起して、「自分には所有権があるから」という理由で目的物の返還を請求することはできます。

＊2 ことばの意味

本権の訴え
所有権・地上権・質権等占有を可能ならしめる法律上の権原に基づく訴えをいいます（物権的請求権等）。

＊3 ことばの意味

反訴
訴訟係属中に、被告が原告を相手方として係属中の本訴との併合審理を求めて提起する訴えをいいます。併合審理とは、当事者間の複数の請求について、1つの訴訟手続において審理をするものです。

物権－所有権

36 所有権

重要度 B

承継取得と原始取得の違いを理解しておきましょう。

1 意義

> **第206条【所有権の内容】**
> 所有者は、法令の制限内において、自由にその所有物の使用、収益及び処分をする権利を有する。

所有権とは、ある特定の物を全面的に支配する権利です。所有者は、法令の制限内において、自由にその所有物の使用、収益および処分をする権利を有します（206条）。

所有権の全体像

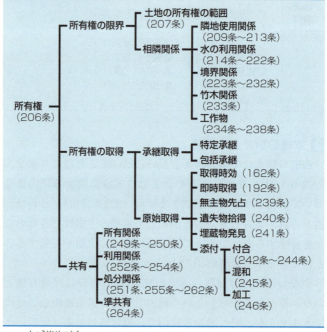

(1) 承継取得

承継取得とは、前主の権利の内容を前提として所有権を取得する場合をいいます。これには売買等によって個々の権利を承継するもの（**特定承継**）と、相続等によって権利義務を一括して承継するもの（**包括承継**）があります。

● 物　権

(2) 原始取得

原始取得とは、前主の権利の内容を前提としないで所有権を取得する場合をいいます。原始取得の例として、即時取得や時効取得があります。また、所有権に特有の取得方法として、無主物先占（239条）、遺失物拾得（240条）、埋蔵物発見（241条）、添付（242条～248条）があります。＊1

このうち、添付には、付合（242条～244条）、混和（245条）、加工（246条）があります。

添付

不動産の付合	不動産の所有者は、その不動産に従として付合した物の所有権を取得するが、権原によってその物を付属させた他人の権利を妨げない（242条）。
動産の付合	結合した動産について主従の区別ができる場合は、主たる動産の所有者の物になる（243条）。これに対し、主従の区別ができない場合は、元の動産の価格の割合で合成物を共有する（244条）。主従の区別は、社会通念による。
混和	動産の付合と同じ処理をする（245条）。
加工	他人の動産に加工して別種の物を製作した場合、加工物は材料の所有者に帰属する。ただし、加工による増価が著しく材料の価格を超える場合、その増価分と加工者の提供した材料の価格の和が他人の材料の価格を超える場合、加工者が加工物の所有権を取得する（246条）。

2 相隣関係

相隣関係の代表例として、**隣地通行権**（囲繞地通行権）があります。他の土地に囲まれて公道に通じない土地（袋地）の所有者は、公道に至るため、その土地を囲んでいる他の土地（囲繞地）を通行することができます（210条1項）。 12-29 ＊2 ＊3

また、隣接する土地所有権相互の利用を調整するために様々な規定が設けられています。例えば、隣地の竹木の枝が境界線を越えて伸びてきたときは、その切除を請求することができます（233条1項）。根が伸びてきたときは、みずからその根を切除することができます（233条2項）。そのほかにも、境界線から1ｍ未満の距離にある窓等に目隠しを付けること（235条1項）、雨水を直接隣地に注ぐ構造の屋根などの設置禁止が規定されています（218条）。 15-29

プラスアルファ

所有者のない動産は、所有の意思をもって占有することによって、その所有権を取得します。これに対して、所有者のない不動産は、国庫に帰属します（239条）。

プラスアルファ

袋地の所有権を取得した者は、所有権取得登記を経由していなくても、囲繞地の所有者に対して通行権を主張することができます（最判昭47.4.14）。

プラスアルファ

共有地の分割・土地の一部譲渡によって袋地が生じたときは、袋地の所有者は、公道に至るため、無償で、残りの土地（残余地）のみを通行することができます（213条）。この無償の囲繞地通行権は、残余地自体に課せられた物権的負担と解すべきものであることから、残余地について特定承継が生じた場合にも消滅するものではなく、その譲受人に対しても主張することができます（最判平5.12.17等）。

物権－所有権

37 共有

重要度 B

講師からのアドバイス

共有物の管理等に関する表は択一対策として必須の知識です。要件や具体例も正確に覚えましょう。

ことばの意味

*1
持分
共有物に対する所有権の割合のことです。

具体例で覚えよう！

*2
例えば、3,000万円の土地をA、B、Cの3人が1,000万円ずつ出しあって購入し、共同所有する場合が挙げられます。

具体例で覚えよう！

*3
例えば、A、B、Cが共同で家を買った場合（支払いは同額）、Aは物理的に3分の1の面積しか使えないわけではありません。

判例ゼミ

*4
共有者の一部の者から共有者の協議に基づかないで共有物を占有使用することを承認された第三者は、現にする占有がこれを承認した共有者の持分に基づくものと認められる限度で共有物を占有使用する権原を有するので、第三者の占有使用を承認しなかった共有者は、

1 意義

共有とは、数人の者が、共同所有の割合である「持分」を有して1つの物を所有することをいいます。*1

共有 *2

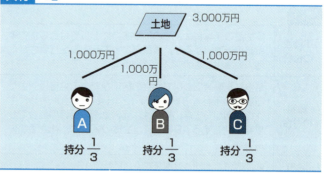

2 共有の持分

持分とは、共有物に対する各共有者の所有権の割合をいいます。持分の割合は、意思表示や法律の規定（241条ただし書等）で定められますが、不明な場合は、各共有者の持分は平等と推定されます（250条）。持分は、各共有者が自由に処分することができます。

3 共有目的物の利用

各共有者は、共有物の全部につき、その持分に応じた使用をすることができます（249条）。各共有者は共有物を使うときは、共有物の全体を使うことができ、その程度が、持分の割合に応じて制約を受けます。 16-29 *3 *4

4 共有物の保存・管理・変更

共有物の利用として、次のようなものがあります。

共有物の管理等 14-29 16-29 19-45 *5

	意義	要件	具体例
保存行為（252条ただし書）	共有物の現状を維持する行為	単独で可能	①目的物の修繕 ②妨害排除請求

196

管理行為 （252条本文）	共有物の性質を変えることなく、これを利用しまたは改良する行為	持分の価格の過半数	①共有物の賃貸およびその解除・取消し ②共有物を共有者の1人のみに利用させること
変更行為 （251条）	共有物の性質もしくは形状またはその両者を変更すること	共有者全員の同意	①共有物の売却およびその解除・取消し ②共有地の全部に抵当権や地上権を設定すること

5 共有物の持分の放棄等

共有者の1人が、その持分を放棄したとき、または相続人なくして死亡したときは、その持分は他の共有者に帰属します（255条）。 14-29 16-29 ＊6

6 共有物の分割

（1）協議による分割

各共有者は、いつでも共有物の分割を請求することができます（256条1項本文）。もっとも、5年を超えない期間を定めて分割を禁止する特約を締結することもできます（256条1項ただし書）。分割方法は、現物分割、代金分割、価格賠償のどれを用いても構いません。＊7 ＊8

（2）裁判による分割

共有物の分割について共有者間の協議が調わない場合は、裁判所に分割を請求することができます（258条1項）。共有物の現物を分割することができないとき、または分割によってその価格を著しく減少させるおそれがあるときは、裁判所は、その競売を命ずることができます（258条2項）。

なお、分割の方法は、258条2項の規定にかかわらず、全面的な価格賠償も認められます（最判平8.10.31）。16-29

（3）担保責任

各共有者は、他の共有者が分割によって取得した物について、その持分に応じて担保責任を負います（261条）。

●物　権

その第三者に対して当然には共有物の明渡しを請求することはできません（最判昭63.5.20）。

 ＊5 判例ゼミ

共有にかかる土地が不法に占有されたことを理由として、共有者の全員またはその一部の者から不法占有者に対してその損害賠償を求める場合には、その共有者は、それぞれその共有持分の割合に応じて請求をすべきものであり、その割合を超えて請求をすることは許されません（最判昭51.9.7）。

 ＊6 ここに注意

共有者の1人が相続人なくして死亡したときは、特別縁故者に対する分与（958条の3）が行われないことが確定した後に他の共有者に帰属します（最判平元.11.24）。

 ＊7 ことばの意味

代金分割
共有物を売却して代金を分ける方法をいいます。

 ＊8 ことばの意味

価格賠償
共有者の持分を、他の共有者が有償で取得することにより、共有関係を解消する方法をいいます。

物権－用益物権

38 用益物権（地上権・永小作権・地役権）　重要度 B

講師からのアドバイス

用益物権の中では、地役権が重要です。承役地、要役地、付従性、随伴性など言葉の定義を正確に覚えましょう。また、地役権は取得しやすく消滅しにくいという性質があります。

1 意義

用益物権とは、他人の土地を一定の範囲で使用収益し得る物権の総称をいい、地上権（265条）、永小作権（270条）、地役権（280条）、入会権（294条）の4つがあります。

用益物権の種類

地上権 17-29 *1	他人の土地において、工作物または竹木を所有するために、その土地を使用する権利
永小作権	小作料を支払って耕作または牧畜をなすことを目的として、他人の土地を利用する権利
地役権	設定行為で定められた目的に従い、他人の土地（承役地）を自己の土地（要役地）の便益に供する権利
入会権 *2	一定の地域（村落）の住民が一定の山林原野を共同で管理し、共同で収益する権利

＊1 プラスアルファ

地下または空間の上下の範囲を限って工作物を所有するための地上権を区分地上権といいます（269条の2第1項）。

＊2 プラスアルファ

入会権は、共有の性質を有するものと、共有の性質を有しないものに大別されますが、共有の性質を有する入会権は、各地方の慣習に従うほか、249条以下の共有の節の規定に従うこととされています（263条）。

地上権・永小作権・地役権の比較

	地上権	永小作権	地役権
用益内容	工作物・竹木の所有目的（265条）	耕作・牧畜の目的（270条）	土地の便益のために利用（280条）
土地利用の対価	・要素ではない ・約定可能（266条参照）	要素である（270条）	・要素ではない ・約定可能
権利の存続期間	・長期、短期とも規定なし（ただし268条2項） ・永久可能 ・建物所有目的であれば、借地借家法の適用があり、下限は30年（借地借家法3条）	・20～50年（278条1項） ・約定がなく、慣習もない場合には30年（278条3項）	・長期、短期とも規定なし ・永久可能
土地の占有	あり	あり	なし
解約その他の終了原因	・有償の場合は、土地所有者からの消滅請求（266条1項、276条） ・地上権者からの権利放棄（268条1項本文、266条1項、275条）	・地主からの消滅請求（276条） ・小作人からの権利放棄（275条）	承役地の時効取得による地役権の消滅（289条）

＊3 プラスアルファ

判例は、通行地役権における「継続」とは、承役地に通路が開設されていることが必要で、しかもその通路開設は要役地所有者によってなされることが必要であるとしています（最判昭30.12.26）。

● 物 権

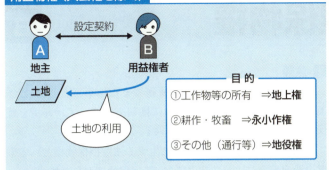

2 地役権

　地役権とは、一定の目的に従い他人の土地（承役地）を自己の土地（要役地）の便益に供する権利をいいます（280条本文）。便益の種類は無制限で、通行、引水、日照等があります。

　継続的に行使され、かつ、外形上認識可能な地役権は時効取得できます（283条）。 12-29 17-29 *3

　地役権は、要役地のために存在する権利ですから、要役地と分離して譲渡し、または、他の権利の目的とすることができません（付従性／281条2項）。また、要役地の所有権が移転したり、他の権利の目的となった場合に、地役権もそれと運命をともにします（随伴性／281条1項本文）。 12-29 *4

　共有地に係る地役権を可能な限り共有地全体につき画一的に存続させるため、消滅・分割・譲渡（282条）や時効（284条、292条）について不可分性があります。例えば、土地の共有者の1人は、その持分につき、その土地のために、またはその土地に存する地役権を消滅させることはできません（282条1項）。 14-29 *5

地役権 *6

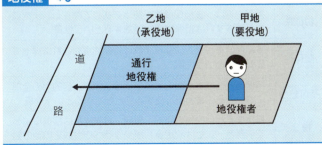

*4 プラスアルファ
地役権は、登記をすれば第三者に対抗することができます（177条）。もっとも、判例は、通行地役権の承役地が譲渡された場合、①承役地が地役権者により継続的に通路として使用されていることが物理的状況から客観的に明らかであり、かつ、②譲受人がそのことを認識していたかまたは認識可能であったときは、譲受人が通行地役権の存在を知らなかったとしても、特段の事情がない限り、地役権者は登記がなくても譲受人に通行地役権を対抗できるとしています（最判平10.2.13）。

*5 具体例で覚えよう！
例えば、複数の地役権者ABCのうちCのみのために時効の完成猶予または更新がある場合でも、ABC全員に対して効力を生じ（292条）、逆にABCによる地役権の時効取得を阻止するためには、承役地の所有権者Dは、ABC全員に対して時効の更新をしなければなりません（284条2項）。

*6 具体例で覚えよう！
例えば、甲地から道路に出るために乙地を通行する必要性から乙地の上に地役権（通行地役権）を取得する場合があります。

物権－担保物権

39 担保物権

重要度 B

担保物権の通有性や効力は、担保物権を正確に理解するための前提知識です。しっかり理解して覚えましょう。

1 意義

担保物権とは、債権者が、債務者または第三者（物上保証人）の財産に対して優先的に権利を行使して、弁済を確保することのできる物権です。＊1 ＊2

担保物権には、法律上当然に生ずる法定担保物権と、当事者の設定行為によって生じる約定担保物権があります。

担保物権の類型

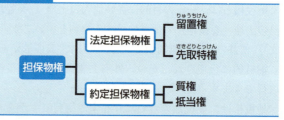

 プラスアルファ

これに対し、債務者の債務につき、「他の者」が自己の一般財産をもって責任を負う担保制度を人的担保といいます。保証（446条以下）、連帯保証（458条）等が人的担保の具体例です。

 ことばの意味

物上保証人
他人の債務のために自己所有の財産を担保に供した人のことです。

2 制度趣旨

債権者が複数存在する場合、債権者は債権成立の前後や発生原因に関係なく、それぞれの債権額の比率に応じて弁済を受けるにすぎないのが原則です（債権者平等の原則）。そこで、債権者の1人が他の債権者に優先して債権の満足を受けたいと考える場合に、債務者の財産から他の債権者に先立って債権の回収ができるようにと考えられたのが担保物権の制度です。

3 性質（通有性）

担保物権は、次のような性質を有します。

担保物権の通有性

付従性	担保物権は、被担保債権があって初めて存在し、また債権が消滅すれば担保物権も消滅するという性質
随伴性	被担保債権が他人に移転すれば担保物権もこれに伴って移転するという性質
不可分性	担保権者が債権全額の弁済を受けるまで、目的物の全部についてその権利を行使することができるという性質
物上代位性	担保権者が目的物の売却、賃貸、滅失または損傷によって債務者（または設定者）が受けるべき金銭その他の物に対しても担保権を行使することができるという性質

200

● 物 権

4 効力

(1) 優先的弁済効力

優先弁済的効力とは、担保物権の権利者が、他の債権者に先立って債権の回収を図ることができる効力のことをいいます。目的物が競売された場合、優先弁済的効力が認められる結果、その配当金額は、まず優先弁済権を持つ担保権者に配当され、その後、残額が担保を持っていない債権者（一般債権者）の間で債権者平等の原則によって分配されることになります。

(2) 留置的効力

留置的効力とは、担保物権の権利者が、債権回収まで債務者の所有物を手もとにとどめておくことができる効力のことをいいます。留置的効力により、間接的に債務の弁済を促す効果が認められます。

(3) 収益的効力

収益的効力とは、担保権者が目的物を使用収益し、得た利益を債務の弁済に充てることができる効力のことをいいます。収益的効力は、原則として不動産質権にのみに認められています。

5 各担保物権の性質・効力

担保物権の性質と効力は、各担保物権によって、次のように異なります。

担保物権の通有性と効力

	留置権	質　権	先取特権	抵当権
付従性	○	○	○	○
随伴性	○	○	○	○
不可分性	○	○	○	○
物上代位性	×	○	△	○
優先弁済的効力	×	○	○	○
留置的効力	○	○	×	×
収益的効力	×	△	×	×

※一般先取特権は債務者の総財産の上に成立するものであり（306条）、物上代位性は問題にならない。

201

物権－担保物権

40 留置権

重要度 B

第295条【留置権の内容】
1 他人の物の占有者は、その物に関して生じた債権を有するときは、その債権の弁済を受けるまで、その物を留置することができる。ただし、その債権が弁済期にないときは、この限りでない。
2 前項の規定は、占有が不法行為によって始まった場合には、適用しない。

立法趣旨

当事者間の公平を図るため、法定担保物権として留置権を認めました。

講師からのアドバイス

留置権の成立要件に関する知識は、択一対策のみならず、記述対策としても重要となりますので、「牽連関係」等のキーワードはしっかり覚えておきましょう。

＊1 具体例で覚えよう！

例えば、Bからパソコンの修理を依頼されたAは、修理代金の支払いを受けるまで、Bが所有権に基づき返還を求めてきても、その修理したパソコンを留置して引渡しを拒むことができます。

＊2 具体例で覚えよう！

要件①の具体例として、賃借物に加えた必要費・有益費等の費用償還請求権のように、その物自体から発生した債権等が挙げられます。

＊3 具体例で覚えよう！

例えば、BがCから借りていたパソコンの修理をAに依頼した場合であっても留置権が成立します。

＊4 具体例で覚えよう！

例えば、他人のパソコンを盗んだ者がそのパソコンを修理した場合には、その修理代金の債権について留置権は生じません（295条2項参照）。

1 意義

留置権とは、他人の物の占有者が、その物に関して生じた債権の弁済を受けるまでその物を留置することができる法定担保物権です（295条1項本文）。留置権は当事者間の公平の原理に基づき、認められています。

留置権 ＊1

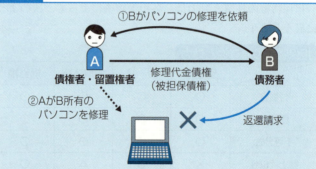

①Bがパソコンの修理を依頼
A 債権者・留置権者
修理代金債権（被担保債権）
B 債務者
②AがB所有のパソコンを修理
返還請求

2 成立要件

① 債権と目的物との間の牽連関係 15-30 ＊2
② 債権が弁済期にあること
③ 留置権者が「他人の物」を「占有」していること（債務者が占有代理人となる場合を除く） 20-28 ＊3
④ 占有が不法行為によって始まったものでないこと 15-30 ＊4

202

● 物　権

3 留置権の効力

(1) 留置的効力

留置権者は被担保債権の弁済を受けるまで、目的物を留置することができ（留置的効力）、これによって債務者に間接的に弁済を促すことができます。

なお、留置権を行使しても、被担保債権自体を行使するわけではないので、被担保債権の消滅時効の進行は妨げられません（300条）。 17-33

(2) 第三者に対する効力

留置権は物権であり、債務者のみならず、すべての人に対して主張することができます。 13-29 15-30 21-30 ＊5

(3) 留置物の管理

留置権者は、善良な管理者の注意をもって目的物を占有することが必要です（善管注意義務／298条1項）。また、留置物を使用もしくは賃貸し、または担保に供するには、債務者の承諾が必要です（298条2項本文）。＊6

留置権者は、留置物の保存に必要な使用をすることができます（298条2項ただし書）。ただし、その使用による利得は不当利得として返還しなければなりません。

4 留置権の消滅 ＊7

留置権は、①物権の一般的消滅事由（目的物の滅失、放棄等）および②担保物権の一般的消滅事由（例えば、弁済等による被担保債権の消滅）により消滅します。また、これら以外にも、次のような特殊な消滅原因があります。

留置権の消滅原因	
占有の喪失	留置権者が目的物の占有を失った場合には、留置権は消滅する（302条本文）＊8
留置権者の義務違反による消滅請求	留置権者が善管注意義務を怠った場合、または、債務者の承諾を得ないで目的物を使用・賃貸し、担保に供した場合には、債務者は留置権の消滅を請求することができる（298条3項） 21-30
相当の担保の提供による消滅請求	債務者が相当の担保を提供して留置権の消滅を請求することができる（301条）

＊5
 ここに注意

留置権の目的物の所有権が債務者以外の第三者に移転した場合でも、留置権をその第三者に対して主張することができます。留置権に似ているものに、同時履行の抗弁権（533条）がありますが、これは双務契約に基づいて発生し、契約の相手方に対してのみ主張することができます。

＊6
 ここに注意

債務者と所有者が別人のときは、所有者の承諾が必要となります。

＊7
 ここに注意

「留置権が消滅する」とは、債権者が物を留置することができなくなる（物の返還を拒絶することができなくなる）という意味です。

＊8
ここに注意

占有の喪失によって留置権が消滅する理由は、占有を失えば目的物を留置して弁済を促すという留置権の本来的作用が不能となるからです。

物権－担保物権

41 先取特権

重要度 C

先取特権は、試験ではあまり出題されていません。過去問を解き、基礎的な知識を理解しておきましょう。

1 意義

> **第303条【先取特権の内容】**
> 先取特権者は、この法律その他の法律の規定に従い、その債務者の財産について、他の債権者に先立って自己の債権の弁済を受ける権利を有する。

先取特権（さきどりとっけん）とは、一定の債権を有する者が、債務者の財産から優先的に弁済を受けることのできる権利（303条）をいいます。先取特権は、どのような財産から優先的に弁済を受けることができるかによって、次のように分類されます。

先取特権の種類

一般先取特権	債務者の総財産を目的とする（306条） 例：①共益費用の先取特権、②雇用関係の先取特権、③葬式費用の先取特権、④日用品供給の先取特権
動産先取特権	債務者の特定の動産を目的とする（311条） 例：①不動産賃貸の先取特権、②旅館宿泊の先取特権、③運輸の先取特権、④動産保存の先取特権、⑤動産売買の先取特権、⑥種苗肥料供給の先取特権、⑦農業労務の先取特権、⑧工業労務の先取特権
不動産先取特権 16-30 *1	債務者の特定の不動産を目的とする（325条） 例：①不動産保存の先取特権、②不動産工事の先取特権、③不動産売買の先取特権

 プラスアルファ

*1
①不動産保存の先取特権は、不動産の保存・不動産に関する権利の保存等のために要した費用に関し、その不動産について存在します（326条）。②不動産工事の先取特権は、債務者の不動産に関してした工事の費用に関し、その不動産について存在します（327条1項）。ただし、工事によって生じた不動産の価格の増加が現存する場合に限り、その増価額についてのみ存在します（327条2項）。③不動産売買の先取特権は、不動産の代価・利息に関し、その不動産について存在します（328条）。

2 効力

先取特権者は、目的物を競売にかけて売却代金から弁済を受ける等、目的物を強制的に換価して優先的に弁済を受けることができます（優先弁済的効力／303条）。さらに、目的物の売却、賃貸、滅失または損傷により債務者が受けるべき金銭その他の物についても、優先弁済権を主張できます（物上代位性／304条）。もっとも、一般先取特権は債務者の総財産を対象とするので、物上代位の問題は生じません。*2

 プラスアルファ

*2
先取特権者は、物上代位をする場合、その払渡しまたは引渡しの前に差押えをしなければなりません（304条1項ただし書）。

● 物 権

3 先取特権の順位

　物権は、先に成立したものが優先するのが原則です。しかし、先取特権は、それぞれ特殊な理由に基づいて、一定の債権を保護するために認められるものであることから、民法は、先取特権が競合した場合、成立時の前後を基準とせずに、債権保護の必要性の強弱に応じてその優劣関係を定めています。

先取特権の順位

一般先取特権の順位	(1) 一般先取特権相互間では、①共益費用、②雇用関係、③葬式費用、④日用品供給の順である（329条1項、306条） (2) 一般先取特権と特別の先取特権では、特別の先取特権が優先する（329条2項本文）。ただし、共益費用の先取特権は、その利益を受けたすべての債権者に対して優先する効力を有する（329条2項ただし書）
動産先取特権の順位	同一の動産について特別の先取特権が互いに競合する場合には、原則として、①不動産の賃貸、旅館の宿泊および運輸、②動産の保存、③動産の売買、種苗または肥料の供給、農業の労務および工業の労務の順である（330条1項）。動産の保存の先取特権について数人の保存者がいるときは、後の保存者が前の保存者に優先する（330条1項柱書後段）
不動産先取特権の順位	同一の不動産について特別の先取特権が互いに競合する場合には、①不動産の保存、②不動産の工事、③不動産の売買の順である（331条1項、325条） 16-30

先取特権の第三者に対する効力 13-29 16-30 20-28

動産	債務者がその目的動産を第三取得者に引き渡した後（占有改定を含む）は、その動産についてもはや先取特権を行使することができない（333条）。目的動産上に先取特権の存在が公示されていないので、第三取得者を保護する必要があるからである
不動産	(1) 不動産の第三取得者と一般先取特権者・不動産先取特権者との優劣は、登記の先後による　＊3 (2) 一般の先取特権者は、登記なしに一般債権者に対抗することができる（336条本文） (3) 債権者が不動産先取特権の登記をした後、債務者がその不動産を第三者に売却した場合、不動産先取特権者は、その第三者に対して先取特権を行使することができる

＊3
プラスアルファ

登記をした不動産保存の先取特権、不動産工事の先取特権は、抵当権に先立って行使することができます（339条）。

物権 – 担保物権

42 質権

重要度 B

> 第342条【質権の内容】
> 　質権者は、その債権の担保として債務者又は第三者から受け取った物を占有し、かつ、その物について他の債権者に先立って自己の債権の弁済を受ける権利を有する。

講師からのアドバイス

質権の被担保債権の範囲は抵当権と比べて広く設定されています。質権は要物契約であり、後順位の質権者が出現しないため、被担保債権の範囲は広く設定されているのです。

1 意義

質権とは、担保の目的物の占有を債権者に移転し、弁済があるまで債権者がこの目的物を留置して間接的に弁済を強制するとともに、弁済がない場合には、目的物を競売し、その売却代金から他の債権者に先立って優先弁済を受けることのできる権利です（342条以下）。

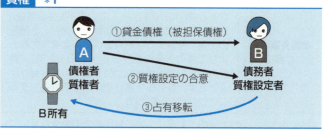

質権 *1

＊1 具体例で覚えよう！

例えば、BがAから金銭を借りようとする場合、自己所有の時計を担保としてAに引き渡し、Aは、貸した金銭を返してもらうまで時計を手もとにとどめておき、もし期日に返済がないときは、これを競売するなどして、他の債権者に先立って貸金を回収する場合がこれにあたります。

民法上、質権には、①動産質（動産を目的物とするもの／352条以下）、②不動産質（不動産を目的物とするもの／356条以下）、③権利質（財産権を目的とするもの／362条以下）の3種類があります。権利質のうち、銀行預金債権、保険金請求権など各種の債権を目的とするものを「債権質」といいます。

2 成立

(1) 質権の目的物

譲渡することができない物は質権の目的物になりません（343条）。質権の優先弁済的効力を実効化するためには、最終的に競売ができる物でなければならないからです。他方、差押えが禁じられている物であっても、譲渡することは可能であることから、質権を設定することができます。＊2

＊2 ここに注意

譲渡できない物の例として、禁制品や法律上譲渡が禁止されているもの等が挙げられます。
差押えが禁じられている物の例として、債務者の生活に欠くことのできない衣服や寝具等が挙げられます。

● 物　権

（2）被担保債権の範囲

　質権は、別段の定めがあるときを除き、元本、利息、違約金、質権実行の費用、質物保存の費用および債務の不履行または質物の隠れた瑕疵によって生じた損害の賠償を担保します（346条本文）。

留置権および先取特権の規定の「質権」への準用（350条） *3

① 不可分性（296条）
② 果実収取・弁済充当権（297条）
③ 善管注意義務と、その違反がある場合の消滅請求（298条1項、3項）
④ 債務者の承諾による使用収益と、その違反がある場合の消滅請求（298条2項、3項）
⑤ 必要費等の償還請求権（299条）
⑥ 被担保債権の消滅時効の進行（300条）
⑦ 物上代位性（304条）

（3）要物契約性

第344条【質権の設定】
　質権の設定は、債権者にその目的物を引き渡すことによって、その効力を生ずる。
第345条【質権設定者による代理占有の禁止】
　質権者は、質権設定者に、自己に代わって質物の占有をさせることができない。

　質権の設定は、債権者に目的物を引き渡すことで効力を生じます（344条）。ここにいう引渡しには、占有改定は含まれません（345条）。 **20-28**

3 転質権

　転質とは、質権者が、質物をさらに他人に質入れすることをいいます。質権設定者の承諾を得て行う承諾転質（350条・298条2項本文）があるほか、設定者の承諾を得ずに行う責任転質も認められます（348条前段）。*4

　責任転質の場合、質権者は、転質をしたことによって生じた損失について、不可抗力によるものであっても、その責任を負います（348条後段）。

*3
＋α **プラスアルファ**

不動産質権には ②、④、⑤の規定の適用がなく、独自の使用収益権（果実収取権を含む）が認められ（356条）、その反面、費用償還請求権が認められていません（357条）。

第2編 民法

物　権

*4
具体例で覚えよう！

例えば、AがBに対する貸金債権の担保のために質入れさせていたBの所有物を、AのCに対する債務の担保としてCに質入れする場合が転質にあたります。

207

物権－担保物権

43 動産質・不動産質・権利質

重要度 B

講師からのアドバイス

各質権の比較の表を利用して、正確に覚えましょう。また、質権は要物性を持っていますので、引渡しが成立要件となっています。しかし、権利質の目的は有体物ではないので、要物性が緩和されています。

＊1 ここに注意

占有の継続はあくまで第三者に対する対抗要件にすぎず、占有を失っても、質権が消滅するわけではありません。

＊2 ここに注意

質物を（奪われたのではなく）紛失した場合や騙し取られた場合には、占有回収の訴えを提起することはできず、対抗力を失ってしまいます。

1 動産質

動産質は、質権の目的物が動産である場合をいいます。

(1) 対抗要件

動産質は目的動産の引渡しによって成立しますが、第三者に対する対抗要件として、質物の占有の継続が必要です（352条）。 19-31 ＊1

(2) 第三者による占有侵害

質権は、占有の継続が対抗要件であり、占有を失うと、設定者以外の第三者に対しては質権に基づく返還請求をすることはできません。第三者に質物の占有を奪われた場合には、占有回収の訴え（200条）によってのみ、質物の返還を請求することができます（353条）。 19-31 ＊2

なお、質権設定者に対しては質権に基づく返還請求をすることができます。

2 不動産質

質権の目的物が不動産である場合を不動産質といいます。

(1) 対抗要件

不動産質は目的不動産の引渡しによって成立しますが、第三者対抗要件として、質権設定の登記が必要です（177条）。 19-31

(2) 使用収益権

質権者は不動産質権の目的物である不動産を使用・収益することができますが（356条）、その反面、質権者が管理費用等を負担し（357条）、利息を請求することはできません（358条）。 19-31

(3) 存続期間

不動産質権の存続期間は最長10年です（360条1項前段）。設定時に10年を超える期間を定めても、10年に短縮されます（360条1項後段）。

● 物　権

3 権利質

権利質は、債権・株式等の様々な財産権を目的とする質権をいいます（362条1項）。 19-31 *3

通常の債権に質権を設定する場合には証書（例えば、借用証文や預金通帳等）の交付は不要です。

（1）対抗要件

指名債権を質権の目的とした場合の対抗要件は、債権譲渡の場合と同じく、第三債務者に対する通知または第三債務者の承諾です（364条・467条）。

（2）優先弁済的効力

権利質の質権者は、質権の目的となっている債権を直接取り立てることができます（366条1項）。

質権の比較

	動産質	不動産質	権利質
成立要件	合意と引渡し（要物契約）（344条）占有改定は不可（345条）	原則として、合意のみ	
対抗要件	占有の継続（352条）	登記（361条・177条）	債務者への通知・承諾（364条、467条）
目的物の使用収益	①目的物の使用・収益には承諾が必要である（350条・298条2項）②必要費・有益費の償還請求ができる（350条・299条）③果実を取取し、弁済に充当できる（350条・297条）	①目的物の使用・収益は自由である（356条）②果実収取権があるが、費用は質権者が負担する（357条）	—
優先弁済的効力	弁済期前の流質契約は禁止される（349条）*4 簡易な弁済充当が認められる（354条）*5	弁済期前の流質契約は禁止される（349条）	弁済期前の流質契約は禁止される（349条）債権の直接取立ができる（366条）

＊3
具体例で覚えよう！
例えば、銀行預金債権や保険金請求権などの債権が質権の目的となります。

＊4
ことばの意味

流質契約
債務不履行の場合に質権者が質物の所有権を取得すること、または法律に定めた方法によらずに質権を実行することを約する契約をいいます。
なお、商行為によって生じた債権を担保するために設定された質権においては、流質契約が認められています（商法515条）。また、質屋営業法の許可を受けた質屋は、質屋営業として、弁済がなければ受け取った質物をもってその弁済に充てる約款を付して金銭を貸し付けることができます。

＊5
ことばの意味

簡易な弁済充当
動産質権者が、その債権の弁済を受けていない場合に、鑑定人の評価に従い質物をもって直ちに弁済に充てることを裁判所に請求することをいいます（354条）。なお、この手続を利用するためには、正当な理由があることが必要です（354条）。

物権－担保物権

44 抵当権

重要度 A

講師からのアドバイス

抵当権は頻繁に出題されています。事例問題となっていることが多く、登場人物が多数登場します。事例を正確に処理できるように図などを描いて整理していきましょう。

> **第369条【抵当権の内容】**
> 1　抵当権者は、債務者又は第三者が占有を移転しないで債務の担保に供した不動産について、他の債権者に先立って自己の債権の弁済を受ける権利を有する。
> 2　地上権及び永小作権も、抵当権の目的とすることができる。この場合においては、この章の規定を準用する。

立法趣旨

約定担保物権としての抵当権の内容を明らかにした規定です。抵当権は目的物の占有を移さずに、引き続き設定者の使用収益を許すもので、抵当権設定者の債務返済の容易化と抵当権者の債権の実現という両者の目的を果たすことができ、資本主義社会の維持・発展に重要な役割を担う制度です。

1 意義

抵当権とは、債務者または第三者（物上保証人）が占有を移転しないで債務の担保に供した不動産から、債権者が優先弁済を受けることができる権利です（369条）。

抵当権には、①抵当不動産を担保提供者の占有に委ねる（非占有担保）、②抵当不動産の交換価値を把握する権利であるという特徴があります。

自己の住んでいる家や営業している店舗について、居住や営業を続けながら担保の目的物とすることができる点に意義があります。

＊1 具体例で覚えよう！

例えば、BがA銀行から金銭を借りる際に、B所有の土地をBの占有のまま担保とする場合があります。
Bが貸金返還債務を履行しない場合に、A銀行はこの土地を競売し、その競売代金から、他の債権者（例えば、Bが他の銀行からも金銭を借りていた場合）に優先して、貸金権を回収することができます。

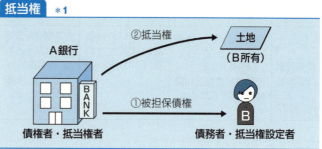

抵当権 ＊1

● 物　権

2 抵当権の設定

(1) 抵当権の成立要件

抵当権は、債権者と抵当権設定者（債務者または物上保証人）の合意のみによって設定されます（諾成契約）。抵当権設定者が債務者以外である場合、その設定者を物上保証人といいます。

抵当権によって担保される債権（被担保債権）は、多くの場合、金銭債権ですが、それ以外の債権も被担保債権とすることができます。

抵当権には付従性があるので、被担保債権が存在しないときは、抵当権も成立しません。例えば、被担保債権の発生原因となった契約が無効である場合、設定された抵当権も無効となります。

抵当権設定の手続は必ずしも債権の発生と同時である必要はありません。要物契約としての金銭消費貸借において金銭の授受に先立って抵当権設定の手続がなされても、その抵当権は後に発生した債権を有効に担保するとした判例もあります（大判明38.12.6）。また、将来発生する債権のために設定することも可能です（大判昭7.6.1）。

(2) 抵当権の目的物

抵当権は、不動産・地上権・永小作権という、公示が可能なものについて設定することができます（369条1項2項）。

(3) 抵当権の対抗要件・抵当権の順位

抵当権を第三者に主張するためには、対抗要件として登記が必要です（177条）。債務者は、債権者に対して抵当権を設定した後、別の債権者に対しても、同じ目的物の上に抵当権を設定することができます。同一の不動産について数個の抵当権が設定されたときは、その抵当権の順位は、登記の前後によります（373条）。

最初の抵当権である第1順位の抵当権は「1番抵当権」、次の抵当権である第2順位の抵当権は「2番抵当権」ともいわれます。

第2編　民法

物　権

211

物権－担保物権

45 抵当権の効力・抵当権の侵害

重要度 A

講師からの
アドバイス

抵当権の被担保債権の範囲は元本は全額、利息は最後の２年分のみです。これは、後順位抵当権者に配慮した規定です。また、抵当権の効力の及ぶ目的物の範囲は正確に覚えましょう。

＊1
ここに注意

残りの利息については、優先弁済権を主張することができないだけであって、他の債権者とともに一般財産からの弁済を受けることはできます。

1 被担保債権の範囲

被担保債権は通常金銭債権ですが、金銭債権以外の債権でも構いません。また、将来発生する債権のために設定することも可能です。

元本債権は、全額担保されます。債権の利息については、後順位抵当権者や一般債権者の利益を保護するため、後順位抵当権者や一般債権者など他の債権者との関係においては満期となった最後の２年分についてのみ、抵当権を行使することができます（375条１項本文）。 18-30 ＊1

被担保債権が無効であるときは、抵当権もその効力を生じません。

2 抵当権の効力が及ぶ目的物の範囲

抵当権は、主に不動産を目的として設定される担保物権ですが、その不動産には、畳、エアコン等の従物が取り付けられている場合があります。これらの従物や果実等にも抵当権の優先弁済的効力が及ぶのかが問題となります。

抵当権の効力が及ぶ目的物の範囲　18-30

付加一体物（付加物）	付加一体物（例えば、土地に植栽された樹木、建物に増築された部屋等）には、抵当権の効力が及ぶ（370条本文）
従物	抵当権設定当時に抵当目的物の従物であった物には、87条２項により、抵当権の効力が及ぶ（最判昭44.3.28参照）＊2
従たる権利	建物に抵当権を設定した場合には、その敷地利用権にも抵当権の効力が及ぶ（最判昭40.5.4）
果実	被担保債権の不履行があったときは、その後に生じた抵当不動産の果実に抵当権の効力が及ぶ（371条）
分離物	土地建物とともに抵当権の目的とされた動産が不動産から搬出された場合、抵当権者は第三者が即時取得しない限り、不動産の元へ戻すことを請求できる（最判昭57.3.12） 21-29

＊2
ここに注意

従物の例として、宅地上の石灯籠および取外しのできる庭石（最判昭44.3.28）や、ガソリンスタンド用の建物における地下タンクおよび洗車機等（最判平2.4.19）が挙げられます。

212

● 物　権

3 物上代位

　抵当権者は、抵当目的物の売却、賃貸、滅失または損傷によって抵当権設定者が受けるべき金銭その他の物に対しても、抵当権の効力を及ぼすことができます。物上代位をするには、抵当権者は、その払渡しまたは引渡しの前に差押えをしなければなりません（372条・304条1項）。

物上代位性の肯定例
・保険金請求権 ・賃料・用益物権の地代 ・目的物の滅失・損傷による損害賠償請求権 ・目的物の売却代金

　一般債権者による差押えと抵当権者の物上代位権に基づく差押えが競合した場合、両者の優劣は、その**差押命令の送達**と**抵当権設定登記**の先後によって決定されます（最判平10.3.26）。一般債権者の申立てによる差押命令の送達が抵当権設定登記より先であれば、抵当権者は配当を受けることができません。＊3

4 抵当権の侵害

　第三者が抵当権の目的不動産を損傷させたり、またはその価値を減少させる等の行為をしたときには、抵当権者は、**妨害排除請求権**や**損害賠償請求権**（709条）等を行使することができます。

　また、債務者（抵当権設定者）による損傷行為・価値減少行為に対しては、**期限の利益の喪失**（137条2号）等も問題となります。＊4

抵当権に基づく妨害排除請求　17-31　＊5　＊6

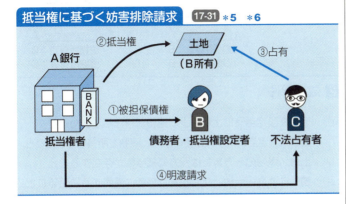

＊3　ここに注意
一般債権者が転付命令を得て、その命令が第三債務者に送達された場合は、抵当権者は抵当権の効力（物上代位による差押えの効力）を主張することができません（最判平14.3.12）。

＊4　ここに注意
抵当権は、抵当権設定者の占有・利用を奪うものではないので、目的不動産の通常の使用収益の範囲内であれば、抵当権の侵害にはあたりません。

＊5　具体例で覚えよう！
例えば、A銀行がBに金銭を貸し付ける際、Bの土地に抵当権を取得した場合、その土地を第三者Cが不法占有し、そのために抵当不動産の交換価値が妨げられるようなときは、AはCに対して土地を自分へ直接明け渡すよう請求することができます。

＊6　プラスアルファ
判例は、抵当権に基づく妨害排除請求権を行使する際、抵当不動産の所有者が当該不動産を適切に維持管理することが期待できない場合、直接抵当権者への明渡しを求めることを認めています（最判平17.3.10）。

物権－担保物権

46 法定地上権

重要度 B

講師からのアドバイス

法定地上権の成立要件は択一対策として必須の知識です。成立要件に関する判例も多いことから、事例を通じて理解するようにしましょう。

第388条【法定地上権】
　土地及びその上に存する建物が同一の所有者に属する場合において、その土地又は建物につき抵当権が設定され、その実行により所有者を異にするに至ったときは、その建物について、地上権が設定されたものとみなす。この場合において、地代は、当事者の請求により、裁判所が定める。

1 意義

　法定地上権とは、抵当権設定当時、土地と建物の所有者が同一であり、土地および建物、または土地、建物のいずれか一方に抵当権が設定され、抵当権実行の結果、土地と建物の所有者が異なることになった場合に、建物所有者のために法律上当然に設定される地上権をいいます（388条）。*1

*1

ここに注意

土地所有者が自己のため土地利用権を設定することは民法上できません（自己借地権の原則禁止／借地借家法15条）。そのため、抵当権が実行されると、同一人所有だった土地と建物が異なる所有者に帰属することになり、法によって土地利用権を発生させ、建物の保護を図る必要があります。そこで、建物収去による社会経済上の不利益を回避するために法定地上権が認められています。

*2

具体例で覚えよう！

例えば、A銀行がBに金銭を貸し付け、担保としてBの土地に抵当権を取得したが、その後、抵当権が実行され、Cが土地を買い受けた場合、B所有の建物は土地の利用権を伴わないため、土地上に存続できなくなってしまいます。そこで、このような場合は、法定地上権を成立させることで、B所有の建物はC所有の土地上で存続することができます。

法定地上権 *2

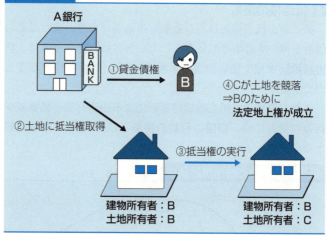

2 成立要件

① 抵当権設定当時に土地の上に建物が存在していたこと
② 抵当権設定当時同一人がその土地と建物を所有していたこと
③ 土地・建物の一方または双方に抵当権が存在すること
④ 競売により、土地と建物が別々の者に帰属するに至ること

● 物　権

①の要件に関する判例

更地に抵当権が設定された場合	土地抵当権設定時に建物が存在しなければ、2番抵当権設定当時に建物が存在したとしても、法定地上権は成立しない（最判昭47.11.2）。
建物の再築の場合	土地に抵当権を設定した後に建物を取り壊し、新建物を建てた場合、旧建物と同一の範囲で新建物のために法定地上権が成立する（大判昭10.8.10）。
土地・建物共同抵当での建物再築の場合	抵当権者は共同抵当によって土地および建物の全体価値を把握する意思であったはずであり、利用権の負担のない更地としての交換価値を抵当権者に把握させる必要がある。したがって、原則として新建物のために法定地上権は成立しない（最判平9.2.14）。

②の要件に関する判例

抵当権設定当時、土地と建物が同一所有者に属していたが、競売時には別人に帰属した場合	抵当権設定当時、同一の所有者に属していた土地と建物が、抵当権設定後の譲渡によって、各別の所有者に属した場合でも法定地上権は成立する（大判大12.12.14）。
抵当権設定当時、土地と建物の所有者が別人であった場合	抵当権設定当時、土地と建物が各別の所有者に属していた場合には、たとえ抵当権設定後に同一の所有者に属したときであっても、法定地上権は成立しない（最判昭44.2.14）。従前の利用権は、土地・建物が同一所有者に属した後も、混同の例外として存続する。
2番抵当権設定時にのみ要件をみたす場合（土地に抵当権が設定されたケース）	1番抵当権設定時を基準とすべきであり、1番抵当権について法定地上権の要件がみたされていなければ、法定地上権は成立しない（最判平2.1.22）。
2番抵当権設定時にのみ要件をみたす場合（建物に抵当権が設定されたケース）	法定地上権のほうが従前の利用権よりも強力であり、これを成立させたほうが1番抵当権者の保護に資するので、法定地上権の成立が認められる（大判昭14.7.26）。
土地を目的とする先順位の甲抵当権と後順位の乙抵当権が設定された後、甲抵当権が設定契約の解除により消滅し、その後乙抵当権の実行により土地と地上建物の所有者を異にするに至った場合	当該土地と建物が、甲抵当権の設定時には同一の所有者に属していなかったとしても、乙抵当権の設定時に同一の所有者に属していたときは、法定地上権が成立する（最判平19.7.6）。 土地に抵当権が設定された場合における法定地上権の成立については、存続している抵当権（＝競売により消滅する抵当権）の中の最先順位の抵当権の設定時が基準となる。
土地が共有関係にある場合	AB共有の土地上にA所有の建物が存在し、Aの土地持分に抵当権が設定された場合は、競売の結果、共有地に法定地上権が成立することはない（最判昭29.12.23）。 法定地上権は、通常の利用権よりも強力であり、これが成立してしまうと、共有者Bが不測の損害を被る結果となるからである。
建物が共有関係にある場合	A所有の土地上にA・B共有の建物が存在し、Aの土地に抵当権が設定された場合は、法定地上権が成立する（最判昭46.12.21）。
土地、建物双方が共有関係にある場合	他の土地共有者が法定地上権の発生をあらかじめ容認しているとみることができるような特段の事情がある場合でない限り、共有地について法定地上権は成立しない。その特段の事情の判断は、客観的・外形的事実の有無で決すべきである（最判平6.12.20）。

第2編 **民法**

物権

物権－担保物権

47 抵当権と利用権

重要度 B

講師からのアドバイス
代価弁済と抵当権消滅請求はどちらにイニシアチブがあるのかが異なります。

＊1 ここに注意
抵当権設定者自身が建物を築造した場合だけでなく、抵当権設定者以外の者が築造した場合であっても一括競売をすることができます。

＊2 ここに注意
建物の所有者が当該抵当地について抵当権者に対抗することができる占有権原を有しているときには、一括競売は認められません（389条2項）。

＊3 具体例で覚えよう！
例えば、AB間で設定された抵当権の目的物であるB所有の家屋をCが賃借し、その登記をした場合、AがCの賃借権に同意しその旨の登記をすれば、賃貸借はその後に建物の買受人が現れても対抗することができます。

1 一括競売

土地に抵当権を設定した後に、土地上に建物が築造された場合、抵当権者は土地と一緒に建物も競売にかけることができます（389条1項本文）。＊1 ＊2

ただし、一括競売による競落代金のうち、抵当権者が優先弁済権を主張することができるのは、土地の代価に限られます。建物の代価については、優先弁済権を主張することはできません（389条1項ただし書）。

2 同意の登記による賃借権の対抗

抵当権の登記後に登記された賃貸借でも、これに優先するすべての抵当権者が同意し、かつ、同意について登記された場合、例外的にそれらの抵当権者に対抗することができます（387条1項）。

同意の登記による賃貸借の対抗 ＊3

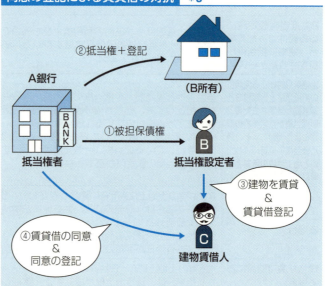

● 物　権

3 建物賃借人のための明渡猶予制度

抵当権設定登記後に設定された賃貸借は、抵当権者および競売における買受人に対抗することができませんが、建物賃貸借は、395条1項各号のいずれかに該当する場合、買受人の買受けの時から6カ月間の占有が認められます（395条1項）。＊4

4 第三取得者の保護

抵当権の設定されている不動産の第三取得者を保護するため、代価弁済と抵当権消滅請求があります。

代価弁済と抵当権消滅請求

代価弁済	抵当不動産について、所有権または地上権を買い受けた者が、抵当権者の請求に応じてその代価を抵当権者に弁済したときは、以後抵当権は、その第三者との関係で消滅する（378条）
抵当権消滅請求	抵当不動産の所有権を取得した第三者は、抵当権の消滅請求をすることができる（379条） ⇒383条3号の代価または金額を抵当権者に提供して抵当権の消滅を請求する＊5

代価弁済と抵当権消滅請求 ＊6

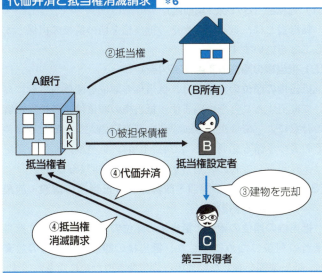

＊4 プラスアルファ

買受人の買受後の使用の対価を買受人に支払わない建物使用者が、相当の期間を定めてその1カ月分以上の支払いを催告されたにもかかわらず、当該期間内に支払いを行わない場合には、6カ月間の占有は認められません（395条2項）。

＊5 ここに注意

主たる債務者、保証人およびこれらの者の承継人は、抵当権消滅請求をすることができません（380条）。

＊6 具体例で覚えよう！

例えば、AB間で設定された抵当権の目的物であるB所有の家屋をCが買い受けた場合、Aの請求に応じてその代価をCがAに支払えば抵当権は消滅し（代価弁済）、逆に、Cがみずから代価を評価して、Aに対しその価額をもって抵当権を消滅するよう請求することもできます（抵当権消滅請求）。

第2編　民法　物権

217

物権－担保物権

48 抵当権の処分

重要度 C

講師からのアドバイス

抵当権の時効による消滅は択一対策として必須知識です。債務者と抵当権設定者に対しては抵当権は独立の消滅時効にかからず、第三取得者等に対する関係では独立の消滅時効にかかるということになります。

1 抵当権の処分

第374条【抵当権の順位の変更】
1　抵当権の順位は、各抵当権者の合意によって変更することができる。ただし、利害関係を有する者があるときは、その承諾を得なければならない。
2　前項の規定による順位の変更は、その登記をしなければ、その効力を生じない。

第376条【抵当権の処分】
1　抵当権者は、その抵当権を他の債権の担保とし、又は同一の債務者に対する他の債権者の利益のためにその抵当権若しくはその順位を譲渡し、若しくは放棄することができる。
2　前項の場合において、抵当権者が数人のためにその抵当権の処分をしたときは、その処分の利益を受ける者の権利の順位は、抵当権の登記にした付記の前後による。

(1) 転抵当（376条1項前段）

転抵当とは、抵当権者がその抵当権を他の債権の担保とすることをいいます。

(2) 抵当権の順位の変更（374条）

抵当権の順位の変更とは、抵当権の順位を関係当事者において変更することをいいます。抵当権の順位は、各抵当権者の合意によって変更できますが、利害関係人があるときは、その者の承諾も必要です（374条1項）。抵当権の順位の変更は、登記をして初めて効力が発生します（374条2項）。

(3) 抵当権の順位の譲渡・放棄および抵当権の譲渡・放棄（376条1項後段）

抵当権の順位の譲渡と抵当権の順位の放棄は、後順位抵当権者の利益のためになされ、抵当権の譲渡と抵当権の放棄は、抵当権等を有しない他の一般債権者のためになされます。

「譲渡」とは、抵当権に基づく優先弁済権を他の債権者に移転することをいい、「放棄」とは、他の特定の債権者との関係では優先弁済権を主張しないことをいいます。放棄をした抵当権者とかかる債権者との関係では、各々被担保債権額に応じて按分的に分配されることになります。

これらの処分がなされても、他の抵当権者等には影響を及ぼさず（相対的効力）、他の抵当権者が、抵当権の実行によって弁済を受ける金額は全く変化しません。

2 抵当権の消滅

(1) 消滅事由

①物権の一般的消滅事由、②担保物権の一般的消滅事由、③抵当権の消滅事由（代価弁済、抵当権消滅請求）等があります。また、抵当権の特則として、次のものがあります。

(2) 抵当権の時効による消滅

債務者および抵当権設定者（物上保証人）に対しては、抵当権は、被担保債権と同時でなければ時効によって消滅しません（396条）。

抵当不動産の第三取得者および後順位抵当権者に対する関係では、被担保債権が消滅時効にかからなくても、抵当権が独立して166条2項により20年の消滅時効にかかります（大判昭15.11.26）。

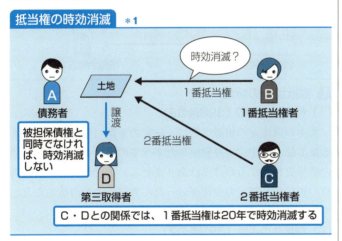

*1
図表の読み方

債務者Aや物上保証人との関係では、1番抵当権は被担保債権と同時でなければ時効消滅しませんが、2番抵当権者（後順位抵当権者）Cや第三取得者Dとの関係では、1番抵当権は20年で時効消滅します。

(3) 目的物の時効取得による消滅

抵当目的物が、債務者または抵当権設定者（物上保証人）以外の者によって占有され、この者について取得時効が完成したときは、反射的に抵当権は消滅します（397条）。

(4) 抵当権の目的たる用益権の放棄

抵当権の目的とされている地上権等を放棄しても、これを抵当権者に対抗することはできません（398条）。

219

物権－担保物権

49 根抵当権

重要度 C

講師からのアドバイス
根抵当権は継続的取引を行う者同士に配慮しており、根抵当権は普通の抵当権に比べて、付従性や随伴性が緩和されています。根抵当権については最低限の知識をおさえておきましょう。

根抵当権とは、主に債務者との特定の継続的な取引関係または一定の種類の取引から生ずる増減・変動する多くの不特定の債権を一括して一定の限度額（極度額）まで担保することを目的とする抵当権をいいます（398条の2）。継続的取引の場合、頻繁に借入れや返済をするたびに、そのつど抵当権を設定することは煩雑であるため、被担保債権と抵当権との結びつき（付従性・随伴性）を弱めて、一定範囲の債権を一定の金額に達するまで、担保します。

根抵当権 *1

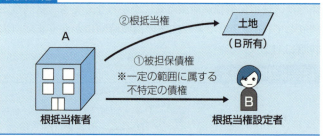

*1 **具体例で覚えよう！**
例えば、小売店Bが、問屋Aから継続的に甲商品を買い受けている場合、その代金債務を担保するために、一定の金額に達するまで担保できる根抵当権を設定することができます。

1 根抵当権の特色
(1) 付従性の緩和（398条の2）
元本の確定前の根抵当権は、一定の金額（極度額）に達するまでは、約定により発生したすべての債権を担保し、個別の債権を担保するわけではありません。したがって、根抵当権の担保する特定の債権がいったん弁済により消滅したとしても根抵当権自体は消滅しません。*2

*2 **ことばの意味**
元本の確定
根抵当権が実行される前提として、最終的にどの債権（元本債権）までが優先弁済を受けられるのかを確定することをいいます。

(2) 随伴性の否定（398条の7）
元本確定前に被担保債権が譲渡されても譲受人は根抵当権を取得できませんし、債務引受があっても引受人の債務について根抵当権を行使できません。 16-31 20-29

2 根抵当権の設定
根抵当権の設定契約には、①被担保債権の範囲、②極度額を必ず定めなければなりません（398条の2第1項、2項）。他方、元本の確定期日の定め（398条の6第1項参照）は、任意的約定事項であり、定めなくても構いません。

3 根抵当権の被担保債権の範囲

根抵当権の被担保債権は、一定の範囲に属する不特定の債権です。原則として債務者との継続的な取引関係や一定の種類の取引によって生ずるものに限定され（398条の2第2項）、例外的に、契約によって被担保債権となしうるものがあります（398条の2第3項）。*3

包括根抵当権（根抵当権者と債務者との間で生じる一切の債権を担保するもの）は認められません（398条の2第1項）が、根抵当権者と債務者との間で行われる一定の種類の取引によって生じるものと限定すれば、認められます（398条の2第2項）。

元本の確定前においては、被担保債権の範囲を変更することができます（398条の4第1項）。この場合、後順位抵当権者等の承諾は不要です（398条の4第2項）が、登記が必要とされています（398条の4第3項）。 16-31 20-29

4 根抵当権の優先弁済の範囲

優先弁済を受けることができる範囲は、極度額を限度とする、根抵当権の元本が確定した時に存在する元本、利息、遅延損害金のすべてです（398条の3第1項）。 20-29

5 根抵当権の譲渡

元本の確定前に根抵当権を譲渡するには、**根抵当権設定者の承諾**を得ることが必要です（398条の12第1項）が、元本の確定後は不要です。 16-31

6 元本の確定

根抵当権者は、元本確定期日の定めのある場合を除き、いつでも担保すべき元本の確定を請求することができ、請求時に元本が確定します（398条の19第2項、3項）。なお、元本が確定しても、根抵当権が消滅するわけではありません。

①根抵当権者が抵当不動産に対して滞納処分による差押えをした場合、②債務者または根抵当権設定者が破産手続開始の決定を受けた場合などには、根抵当権の担保すべき元本が確定します（398条の20第1項）。

元本確定後の根抵当権については、①極度額減額請求権（398条の21）、②根抵当権消滅請求権（398条の22）という2つの特別な請求権が認められています。 16-31 20-29 *4

*3 プラスアルファ

例外的に被担保債権となしうるものに、特定の原因に基づいて債務者との間に継続して生ずる債権、手形・小切手上の請求権、電子記録債権があります（398条の2第3項）。

*4 プラスアルファ

①根抵当権設定者は、現に存する債務額とその後2年間に生じるべき利息等・遅延損害金を加えた額にまで極度額の減額を請求することができます（398条の21）。②現に存する債務額が根抵当権の極度額を超える場合には、物上保証人、目的不動産の第三取得者および後順位の用益権者は、極度額に相当する金額を支払または供託して、その根抵当権の消滅を請求することができます（398条の22）。

物権－担保物権

50 譲渡担保・所有権留保

重要度 C

講師からのアドバイス

譲渡担保は民法に規定のない非典型担保ですが、近年の試験でも出題されるようになっています。最低限の知識をおさえておきましょう。

1 総説

法律に規定がない担保物権を非典型担保といい、代表的なものとして**譲渡担保**、**所有権留保**等があります。

2 譲渡担保

譲渡担保とは、債務者または第三者（物上保証人）が担保のために、目的物の所有権を債権者に移転する形式の非典型担保です。譲渡担保は、設定者が目的物を使用収益することを認めつつ、不動産以外の財産も担保の目的にすることができる点に意義があります。

譲渡性のある財産であれば、不動産、動産、債権のいずれも譲渡担保の目的とすることができます。集合動産の譲渡担保（数個の動産を1個の集合物として譲渡する場合）や集合債権の譲渡担保（すでに発生した債権と将来発生すべき債権を一括して譲渡する場合）も、目的物の範囲が特定されていれば有効です。判例は、構成部分が変動する集合動産であっても、種類、所在場所および量的範囲を指定するなどの方法により目的物の範囲を特定すれば、1個の集合物としての譲渡担保の目的になり、対抗要件は占有改定（178条）の方法により具備することができるとしています（最判昭62.11.10）。

`12-30` `17-29` `19-29` `20-28` ＊1

＊1 判例ゼミ

判例は、将来発生すべき債権を譲渡する場合において、目的債権の発生可能性が低かったことはその効力を当然に左右するものではないとしています（最判平11.1.29）。また、集合債権譲渡担保の対抗要件は指名債権譲渡の方式によるとしています（最判平13.11.22）。

＊2 具体例で覚えよう！

A社がB社に債権を有している場合に、その債権を被担保債権として、B社の倉庫にある一定範囲の商品を1個の集合物として、譲渡担保を設定することができます。

集合動産譲渡担保 `19-29` ＊2

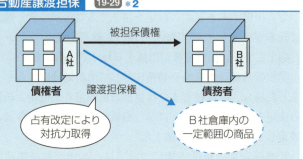

債務者が弁済期に弁済をしない場合、担保権者は財産を完全に取得し（帰属型）、または、第三者に換価処分（処分型）することができます。弁済期が経過しても、譲渡担保の実行が一定の段階に達しない限り、設定者は被担保債権を消滅させ、目的物の所有権を回復することができます（**受戻権**）。

12-30 *3

3 所有権留保

所有権留保とは、売買などにおいて、代金の完済まで売主が所有権を留保する旨の特約によって代金債権を担保する非典型担保です。所有権留保は、目的物の占有・利用は買主に認めつつ、所有権を売主にとどめるものです。売買契約において所有権留保の特約が存在する場合には、売主が所有権を留保しているので、買主が残代金支払債務を履行しないときは、売主は、いつでも、契約を解除して所有権に基づく目的物の返還請求をすることができます。13-29 *4

判例も、「動産の割賦払約款付売買契約において、代金完済に至るまで目的物の所有権が売主に留保され、買主に対する所有権の移転は右代金完済を停止条件とする旨の合意がなされているときは、代金完済に至るまでの間に買主の債権者が目的物に対して強制執行に及んだとしても、売主あるいは右売主から目的物を買い受けた第三者は、所有権に基づいて第三者異議の訴（強制執行の目的物について所有権等の権利を主張する者が強制執行の不許を求める訴えのこと）を提起し、その執行の排除を求めることができる」として、売主に所有権が残っていることを認めています（最判昭49.7.18）。

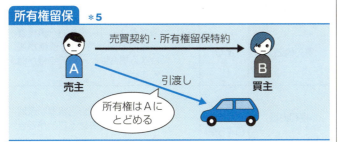

所有権留保 *5

売買契約・所有権留保特約
A 売主 → B 買主
引渡し
所有権はAにとどめる

*3 判例ゼミ

判例は、受戻権の消滅時期について、弁済期経過後に担保権者が目的物を第三者に譲渡した場合、原則として受戻権が消滅すると解しており、これは譲受人が背信的悪意者であっても変わらないとしています（最判平6.2.22）。

*4 ここに注意

譲渡担保が目的物の所有権を債務者から債権者に移転するものであるのに対し、所有権留保は、1個の売買契約における目的物とその対価たる代金債権との間に成立する担保関係であり、初めから債権者が所有権を有しています。

*5 具体例で覚えよう！

AがBに対して、代金の完済までAが自動車の所有権を留保する特約を付して自動車を売却した場合、自動車の所有権は、Bが代金を完済するまでAに帰属することになります。

債権総論－総説

51 債権

重要度 C

債権と物権の異同は正確に理解しておきましょう。

債権とは、特定人（債権者）が特定人（債務者）に対して、一定の行為をすること（作為）、またはしないこと（不作為）を請求する権利をいいます。

債権に対応する相手方の義務を「債務」といいます。債権を有する者を「債権者」といい、債務を負う者を「債務者」といいます。

1 物権と債権の異同

物権は物を直接支配する権利（物に対する権利＝「対物権」）です。これに対して、債権は債務者に対して一定の行為を請求できる権利（人に対する権利＝「対人権」）です。債権も物権も財産権ですが、両立しえない物権と債権とが競合する場合、物権が債権に優先します。また、その内容や発生原因によって次のような相違点があります。

物権と債権

性質*1		物 権	債 権
	直接性	あり	なし⇒相手方（債務者）の行為を待って初めて実現できる
	排他性	あり	なし⇒矛盾する債権でも成立する
	不可侵性	あり	あり⇒第三者の不当な侵害は許されない（財産権の不可侵／憲法29条1項）
	絶対性	あり	なし⇒特定人に対してだけ主張できる
優先的効力		あり	なし⇒債権者は平等に扱われ（債権者平等の原則）、物権と債権が競合する場合は、一般に物権が優先する
権利内容		物権法定主義（175条）	契約自由の原則 ⇒債権の内容は契約当事者が原則として自由に決めることができる

*1 ことばの意味

直接性
直接性とは、権利の内容を、他人の行為を介在せずに自己の意思に基づいてのみ実現できる性質をいいます。

排他性
排他性とは、同一内容の権利が、同じ対象物の上に並存することを許さない性質をいいます。

不可侵性
不可侵性とは、権利に対する第三者の侵害を許さない性質をいいます。

絶対性
絶対性とは、権利の内容を誰に対しても主張することができる性質をいいます。

●債権総論

2 債権の発生と消滅

民法は、債権の発生原因として、**契約**、**事務管理**、**不当利得**、**不法行為**の4種類を規定しています。

一方、債権は、**弁済**のほか、**代物弁済**、**相殺**、**消滅時効**などによって消滅します。

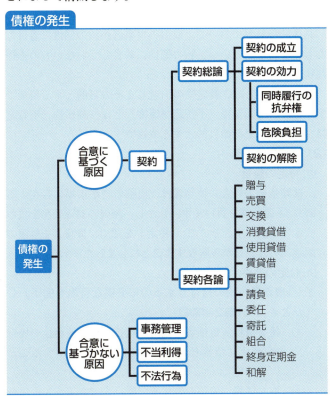

3 債権の目的

債権の内容たる債務者の行為としての給付を、債権の目的（内容）といい、給付の実現が可能なものであれば、将来のものや金銭に見積もることができないものであってもその目的とすることができます（399条）。給付は、①内容の確定性、②内容の適法性・社会的妥当性がなければなりません。なお、引き渡すべき「建物」、支払うべき「金銭」を「債権の目的物」といいます。＊2

＊2
具体例で覚えよう！
例えば、売主Aと買主Bとの間の契約で「約束の場所で、約束の日に約束したカメラを渡す」ことを決めたとすると、「債権の目的物」はカメラだけを指します。しかし、買主Bは、AB間で決めた期日に決めた場所へそのカメラを持ってきてもらわなければ約束どおりカメラを取得できないので、このすべてをみたした売主Aの行為が「債権の目的」となります。

225

債権総論－総説

52 債権の種類

重要度 B

講師からの
アドバイス

種類物の特定は択一対策として必須の知識です。「特定の要件」に注意して学習しましょう。

1 特定物債権と種類債権（不特定物債権）

(1) 意義

具体的な取引において、取引の当事者が**物の個性に着目**したものを**特定物**といい、物の個性に着目していないものを**種類物（不特定物）**といいます。＊1

特定物債権とは、特定物の引渡しをその目的とする債権です。また、**種類債権（不特定物債権）**とは、種類物（不特定物）の引渡しをその目的とする債権です。＊2

(2) 種類物の特定

(a) 特定の趣旨

種類債権の場合、債務者は、同種の物が市場に存在する限り**調達義務**を負います。しかし、無限の調達義務を負わせるのは酷です。そこで、「**特定**」を認め、債務者を無限の調達・引渡義務から解放することにしました。＊3

(b) 特定の要件

イ 「**債務者が物の給付をするのに必要な行為を完了**」したとき（401条2項前段）
　① **持参債務**（債権者の住所で履行すべき債務）の場合
　　⇒（現実に債権者の住所に持参して）**提供**することで特定
　② **取立債務**（債務者の住所で履行すべき債務）の場合
　　⇒債務者が目的物を**分離**して債権者がいつでも受領できる状態にし、債権者に**通知**することで特定 ＊4

ロ 債務者が「**債権者の同意を得てその給付すべき物を指定したとき**」（401条2項後段）

ハ その他当事者の契約等

(c) 特定の効果

① 目的物が滅失した場合、履行不能となる
② 目的物の**所有権が買主に移転**する（最判昭35.6.24）
③ 債務者に**善管注意義務**が発生する（400条）

＊1

具体例で覚えよう！

例えば、中古車は個々の車ごとに使用の度合いが異なり、個性があるので特定物です。新車は、種類物（不特定物）です。

＊2

ここに注意

種類債権は不特定物債権とも呼ばれます。不特定物債権という用語は、特定物債権との対比で用いられることがあります。

＊3

プラスアルファ

「A倉庫のビール500本」のように種類物の範囲に制限があるものを制限種類債権といいます。この場合、その範囲内の物が滅失したときは、調達義務は消滅し、履行不能となります。

＊4

ここに注意

個々の契約の内容に即してみたときに、特定の効果を与えるための履行対象の選別としていかなる行為まで求められるかという観点から判断すべきとする指摘もあります。

226

● 債権総論

2 金銭債権

金銭債権とは、一定額の給付をその目的とする債権であり（402条）、法律上は無限に調達可能な点が特徴です。

3 利息債権

利息債権とは、利息の支払いをその目的とする債権です。＊5

> ＊5 ここに注意
> 利息を生ずべき債権について、別段の意思表示がないときは、その利率は法定利率（現在は3％）となります（404条1項2項）。

4 選択債権

(1) 意義

選択債権とは、数個の給付のうちから選択により定まるものの引渡しを目的とする債権です。その選択権は、原則として債務者に属します（406条）。もっとも、第三者に選択権を与えることも可能です（409条1項参照）。 20-30 ＊6

第三者が選択権を有する場合、その選択は債権者または債務者に対する意思表示によってします（409条1項）。第三者が選択することができず、または選択する意思を有しないときは、選択権は債務者に移転します（409条2項）。 20-30

> ＊6 プラスアルファ
> 当事者が選択権者の場合、履行期になっても選択権を行使せず、相手方が相当の期間を定めて催告をしてもなお、その期間内に選択権を行使しないときは、選択権は相手方に移ります（408条）。

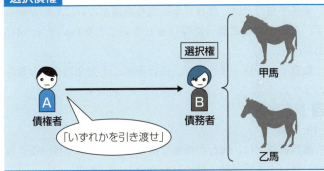

選択債権

「いずれかを引き渡せ」
A 債権者 → B 債務者　選択権
甲馬／乙馬

(2) 給付の不能

選択債権の目的とされた給付のうちのあるものが不能である場合、それが「選択権を有する者の過失」によるものであるときは、債権はその残存するものに特定します（410条）。しかし、「選択権を有する者の過失」によるものでないときは、特定しません。

上記の例で、選択権者Bの過失により甲馬が死亡したときは、債権の目的は乙馬に特定します。選択権者Bの過失以外により甲馬が死亡したときは、乙馬に特定しません。 20-30

＊7

> ＊7 プラスアルファ
> 例えば、Aの過失により甲馬が死亡したときは、乙馬に特定しません。この場合、Bは既に死亡した甲馬を選択したうえで、契約を解除することができます。

227

債権総論－債権の効力

53 履行遅滞

重要度 A

債務不履行は、解除や損害賠償請求の要件となっています。債務不履行の有無は、解除や損害賠償請求の可否を判断するうえで重要ですので、どのような場合に債務不履行となるのかをしっかり理解しておきましょう。

> **第415条第1項【債務不履行による損害賠償】**
> 1 債務者がその債務の本旨に従った履行をしないとき又は債務の履行が不能であるときは、債権者は、これによって生じた損害の賠償を請求することができる。ただし、その債務の不履行が契約その他の債務の発生原因及び取引上の社会通念に照らして債務者の責めに帰することができない事由によるものであるときは、この限りでない。

立法趣旨

債務者の債務不履行により被った債権者の損害を填補させ、当事者間の公平を図ることを目的としています。

1 意義

債務不履行とは、債務者が正当な理由がないにもかかわらず、**債務の本旨**に従った履行をしないことをいいます（415条参照）。＊1

債務不履行は、**履行遅滞、履行不能、不完全履行**に分類されます。

2 履行遅滞

(1) 意義

履行遅滞とは、履行が可能であるのに、正当な理由なく履行しないまま履行期を徒過した場合をいいます。

履行遅滞 ＊2

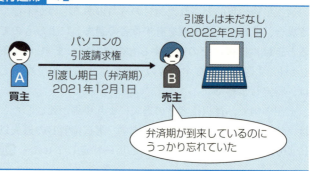

＊1

ことばの意味

債務の本旨
契約で定められた債務の内容・態様をいいます。

＊2
具体例で覚えよう！
例えば、物（パソコン）の引渡しを給付内容とする債権において、Bが2021年12月1日（弁済期）に引き渡すべき物を、その日に引き渡せるにもかかわらず、2022年2月1日においてまだ引き渡していない場合が考えられます。

●債権総論

(2) 履行遅滞に基づく損害賠償請求権の発生・免責要件

＜発生要件＞
① 履行が可能であること
② 履行期を徒過したこと
③ 履行遅滞が違法であること

＜免責要件＞
④ 履行遅滞が債務者の責めに帰すべき事由に基づかないこと

 *3 ここに注意

2017年改正法の「債務者の帰責事由」の要件は、債務者に損害賠償責任があることを原則とした免責要件です。また、「債務者の過失」を意味するものではありません。

(3) 関連論点

(a) 要件③について

留置権(295条)、同時履行の抗弁権(533条)等、履行の遅延を正当化する事由がないことをいいます。

(b) 要件④について

正確には「契約その他の債務の発生原因および取引上の社会通念に照らして債務者の責めに帰することができない事由によるもの」であることです。これは、債務者を免責するための要件で、債務者が「自己の責めに帰することができない事由によるもの」であることについて立証責任を負います。債務者がこの立証に成功すると、債務者は損害賠償責任を負いません。 16-33 *3 *4

 *4 ここに注意

2017年改正前は、履行補助者の故意過失は債務者の故意過失と信義則上同視できるという考え方がとられていましたが、2017年改正後は、履行補助者の使用が債務不履行となるか、債務者の帰責事由の判断においてどのように評価するのかの問題になります。

(4) 履行遅滞の時期

履行遅滞の時期と消滅時効の起算点との比較 16-33

債務の種類	履行遅滞の時期	消滅時効の起算点
確定期限債務	期限到来時	・債権者が権利を行使することができることを知った時 ・権利を行使することができる時
不確定期限債務	・債務者が期限到来後に履行の請求を受けた時 ・債務者が期限の到来を知った時 …上記のいずれか早い時 21-31	
期限の定めのない債務	履行の請求を受けた時 21-31	
不法行為に基づく損害賠償債務	不法行為時	・被害者またはその法定代理人が損害および加害者を知った時 ・不法行為時

第2編 民法 債権総論

229

債権総論－債権の効力

54 履行不能・不完全履行　重要度 A

講師からの アドバイス

債務不履行の態様には、履行遅滞のほかにも履行不能、不完全履行があります。具体例を通じて、これらの違いをしっかり確認しておきましょう。

1 履行不能

(1) 意義

履行不能とは、債務者の責めに帰すべき事由によって履行が不能（原始的不能を含む）である場合をいいます。

履行不能 *1

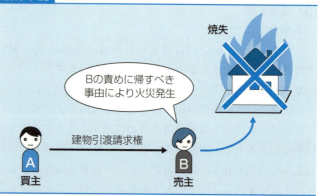

*1

具体例で 覚えよう！

例えば、建物の売買において、売主B（建物の引渡債務を負う）が契約締結後、引渡前の時点で、自己の責めに帰すべき事由により、目的物である建物を全焼させてしまった場合が考えられます。

(2) 履行不能に基づく損害賠償請求権の発生・免責要件

<発生要件>
① 履行が不能であること
② 履行不能が違法であること

<免責要件>
③ 履行不能が債務者の責めに帰すべき事由に基づかないこと

要件①の履行が不能かどうかは、契約その他の債務の発生原因および取引上の社会通念に照らして判断されます（412条の2第1項）。 *2

当事者双方の責めに帰することができない事由によって履行不能となったときであっても、債務者の履行遅滞中であれば債務者の責めに帰すべき事由によるもの（413条の2第1項）、債権者の受領遅滞中であれば債権者の責めに帰すべき事由によるものとみなされます（413条の2第2項）。

*2

プラスアルファ

例えば、売主が不動産を二重に譲渡して登記を移転したときは原則として履行不能となります（最判昭35.4.21）。

230

2 不完全履行

(1) 意義

不完全履行とは、債務者が一応給付を行ったが、その内容が不完全である場合をいいます。

不完全履行 *3

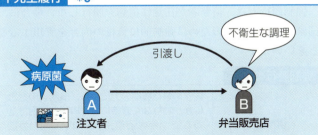

(2) 不完全履行に基づく損害賠償請求権の発生・免責要件

＜発生要件＞
① 一応履行がなされたが**不完全**であること
② 不完全履行が**違法**であること

＜免責要件＞
③ 不完全履行が**債務者の責めに帰すべき事由に基づかない**こと

3 安全配慮義務

安全配慮義務とは、相手方の生命・健康等を危険から守るよう配慮する義務のことをいいます。

雇用関係がある場合、使用者は、労働者の労働について、その生命・身体を害しないよう、安全配慮義務を負います。労働災害、医療事故などの場合、このように生命・身体・財産等を害しないように配慮すべき付随義務（契約に付随する義務）の存在を認めることで、その違反として、債務不履行責任を問うことができます。*4

判例は、国は公務員に対し「公務員の生命及び健康等を危険から保護するよう配慮すべき義務を」負担し、「安全配慮義務は、ある法律関係に基づいて特別な社会的接触関係に入った当事者間において、当該法律関係の付随義務として当事者の一方又は双方が相手方に対して信義則上負う義務として一般的に認められる」としています（最判昭50.2.25）。

---

*3 **具体例で覚えよう！**
例えば、弁当販売店（宅配業者）Bが注文どおりの種類および数量の弁当を時間どおりにAに配達してきたが、その弁当がBの責めに帰すべき事由によって病原菌に汚染されていたため、食中毒が発生した場合が考えられます。

*4 **ここに注意**
2017年改正前は、債務不履行責任のほうが不法行為責任よりも、消滅時効の点で債権者（被害者）に有利でした。しかし、2017年改正後は、人の生命・身体侵害に対する損害賠償請求に関する消滅時効期間は、いずれも「5年または20年」であり、違いはありません（166条1項、167条、724条1項、724条の2）。

債権総論―債権の効力

55 債務不履行の効果

重要度 A

講師からのアドバイス

判例は債務不履行の損害賠償の範囲を不法行為でも類推するとしているので、しっかり理解しておきましょう。また、過失相殺は不法行為にも規定があり、その対比も理解しておきましょう。

1 強制履行

強制履行とは、債務者が任意に債務を履行しない場合に、国家機関が債権者のために強制的に債権の内容を実現することをいいます。

強制履行の方法

直接強制	国家の執行機関の力により、債務者の意思にかかわりなく直接に債権内容を実現させる方法(「与える債務」について用いることができるが、「なす債務」については用いることができない)　*1
代替執行	債権者または第三者により債務者に代わって債務内容を実現させ、その費用を債務者から強制的に取り立てる方法　*2
間接強制	債務の履行を確保するために相当と認める一定額の金額の支払い等を命ずることにより債務者を心理的に圧迫して債権内容を実現させる方法　*3

***1 具体例で覚えよう！**

直接強制の例として、執行官が動産の債務者から動産を取り上げて債権者に引き渡す場合があります。

***2 具体例で覚えよう！**

代替執行の例として、建物を収去する債務を履行しない債務者に代わって第三者に建物を収去させ、その費用を債務者から取り立てる場合があります。

***3 具体例で覚えよう！**

間接強制の例として、契約の目的物を引き渡さない債務者に対し、一定期間内に引き渡さないときには一定額の金銭の支払いを命じる場合があります。

2 損害賠償請求

(1) 意義

債務不履行の場合に債権者に生じる損害の埋め合わせを債務者にさせて、債権者に損害がなかったのと同様の利益状態を回復させようとするのが、債務不履行に基づく損害賠償請求(415条)です。

(2) 損害賠償の方法

損害賠償は、別段の意思表示がないときは、損害を金銭に評価してその額を支払うことによってなされます(金銭賠償の原則／417条)。

(3) 損害賠償すべき範囲

損害賠償すべき範囲は、原則として債務不履行を原因とする損害のうち、通常生ずべき損害です(416条1項)。例外的に当事者が予見すべきであった特別事情から生じた損害も含まれます(416条2項)。 16-33 *4 *5 *6

債務不履行に基づく損害賠償請求は、強制履行や解除とともに請求することができます(414条2項、545条4項)。

***4 ここに注意**

予見の対象は特別の「事情」であって、「損害」ではありません。

232

(4) 過失相殺（418条）

　債務不履行またはこれによる損害の発生もしくは拡大に関して債権者にも過失があった場合において、裁判所が債務者の損害賠償責任の有無および賠償額の決定をするときに、債権者の過失を考慮する制度が過失相殺です。

　不法行為に基づく損害賠償請求についても、過失相殺に関する規定（722条2項）がありますが、不法行為の場合とは異なり、債務不履行の場合には債権者に過失があれば必ず考慮され（必要的）、また、債務者の損害賠償責任自体を免除することもできます。

(5) 賠償額の予定（420条）

　債務不履行の場合に債務者が賠償すべき額をあらかじめ当事者間の契約で定めておくことを、賠償額の予定といいます。賠償額の予定を定めた場合、債権者は損害額を証明する必要はなく、当事者および裁判所は、この予定額に拘束されます。違約金は、賠償額の予定と推定されます（420条3項）。

(6) 金銭債務の特則

　金銭債務は、金銭における万能的作用と極度の融通性から、債務不履行の特則が定められています。

> ① 金銭債務の不履行は常に履行遅滞となり、履行不能とはならない（債務者は給付義務から免れられない）
> ② 債権者側の損害の有無を問題とせず、債権者が債務不履行の事実さえ立証すれば、債務者は当然に法定利率または約定利率による賠償義務を負う（419条1項、2項） 21-31 ＊7
> ③ 債務者は、不可抗力をもって抗弁とすることができない（419条3項） 21-31 ＊8

3 解除権の発生

　解除とは、契約または法律の規定によって発生する解除権を相手方に対する単独の意思表示によって行使することによって、契約の効力を遡及的に失わせるものです（540条以下参照）。＊9

＊5 具体例で覚えよう！

特別事情の例としては、土地の売買契約において「土地の価格が高騰する」という場合が挙げられます。

＊6 ここに注意

条文上は「当事者」が予見すべきであったときとしていますが、判例は、「債務者」が予見すべきであったときとしています（大判大7.8.27）。

＊7 ここに注意

「金銭債務」の不履行による損害賠償の額は、約定利率が法定利率を超えないときは法定利率（現在は3％／404条2項）によります（419条1項本文）が、約定利率が法定利率を超えるときは約定利率によります（419条1項ただし書）。

＊8 ここに注意

「不可抗力をもって抗弁とすることができない」とは、金銭債務の不履行については、債務者は、自己に「帰責事由」がないことを証明しても、責任を免れることができないという意味です。

＊9 ここに注意

解除がなされない限り、たとえ債務不履行が生じていても契約関係は当然には消滅しません。

債権総論－債権の効力

56 受領遅滞

重要度 B

1 意義

> **第413条【受領遅滞】**
> 1 債権者が債務の履行を受けることを拒み、又は受けることができない場合において、その債務の目的が特定物の引渡しであるときは、債務者は、履行の提供をした時からその引渡しをするまで、自己の財産に対するのと同一の注意をもって、その物を保存すれば足りる。
> 2 債権者が債務の履行を受けることを拒み、又は受けることができないことによって、その履行の費用が増加したときは、その増加額は、債権者の負担とする。

講師からのアドバイス

債務者が債務を履行したにもかかわらず、債権者がこれを受領しない場合があります。このような事態から生ずる不利益や負担を債権者に負担させる制度が受領遅滞です。

受領遅滞とは、債務者が債務の本旨に従った履行の提供をしたにもかかわらず、債権者が履行を受けることを拒み（受領拒絶）、または履行を受けることができない（受領不能）ために、履行が遅延している状態をいいます。

弁済のために債権者の受領を必要とする場合に、弁済の提供をすれば、債務者は債務不履行責任を免れます（492条）。これは**弁済の提供の効果**によるものです。さらに、債務者が弁済の提供をしたにもかかわらず、債権者の受領拒絶等があったときは、その**受領拒絶等の効果**として、そこから生ずる一定の不利益や負担が債権者に課されます。この受領拒絶等の効果（受領遅滞の効果）は、上記の弁済の提供の効果とは別個のものです。＊1

＊1 ここに注意

2017年改正前は、弁済の提供の効果と受領遅滞の効果の関係について議論がありましたが、2017年改正後においては、これらは別個独立の制度とされています。

＊2 具体例で覚えよう！

例えば、売主Aが売買契約の目的物であるパソコンを履行期にBに引き渡そうとしたにもかかわらず、買主Bが受取りを拒否する場合が考えられます（パソコンに何ら問題がないことを前提とします）。

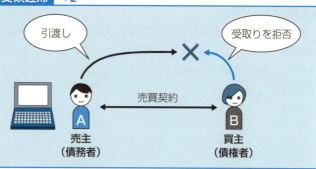

受領遅滞 ＊2

●債権総論

2 要件

受領遅滞は、債権者の受領拒絶または受領不能がある場合に成立しますが、その前提として、債務者が債務の本旨に従った履行を提供することが必要です。＊3

① 履行につき債権者の協力を必要とする債務であること
② 債務者が債務の本旨に従った履行の提供（弁済の提供）をしたこと
③ 債権者が履行の提供を受けることを拒み（受領拒絶）、またはこれを受けることが不可能なこと（受領不能）

＊3
ここに注意
債権者の帰責事由は不要です。

3 効果 ＊4

① 債務者の目的物保管義務の程度が善管注意義務から、自己の財産におけるのと同一の注意へ軽減される（413条1項）
② 受領遅滞を原因として債務者が支出することとなった増加費用の償還請求権が発生する（413条2項）
③ 受領遅滞中に当事者双方の責めに帰することができない事由により履行不能となったときは、債権者の責めに帰すべき事由によるものとみなされる（413条の2第2項）

＊4
ここに注意
債権者の損害賠償請求権・解除権の不発生、違約金・遅延損害金の不発生、担保権を実行されない等の効果は弁済の提供の効果です。

4 損害賠償請求、解除の可否

債権者に受領遅滞があっても、債務者は、受領遅滞の効果として損害賠償請求や解除権を行使することができません。

もっとも、個々の契約関係において債権者に弁済を受領する義務が課される場合があります。このような場合の債権者の受領拒否は債権者の債務不履行となり、この債務不履行を理由に（受領遅滞が理由ではありません）、債務者に損害賠償請求や解除権が認められることもあります。＊5

＊5
プラスアルファ
継続的な鉱石売買契約において、信義則に照らし、債権者の引取義務（受領義務）を認めた判例があります（最判昭46.12.16）。債権者に引取義務が認められる場合、その拒否は債権者の債務不履行となることがあります。

債権総論－債権の効力

57 債権者代位権①

重要度 A

債権者代位権は強制執行の準備段階の手続です。成立要件を正確に覚えましょう。

第423条【債権者代位権の要件】
1 債権者は、自己の債権を保全するため必要があるときは、債務者に属する権利（以下「被代位権利」という。）を行使することができる。ただし、債務者の一身に専属する権利及び差押えを禁じられた権利は、この限りでない。
2 債権者は、その債権の期限が到来しない間は、被代位権利を行使することができない。ただし、保存行為は、この限りでない。
3 債権者は、その債権が強制執行により実現することのできないものであるときは、被代位権利を行使することができない。

立法趣旨
債権者の責任財産を保全するため、債権者に債務者の財産管理に関与することを認める制度です。債権者が、自己の債権の実現を図るために、債務者に代わって債務者の第三者に対する財産権を行使して、債務者の責任財産の維持・充実を図るものであり、強制執行をするための準備として利用されます。

*1 ことばの意味
責任財産
強制執行の引当てとなる財産、つまり債務者が弁済することができないときにあてにされる財産のことをいいます。一般財産ともいいます。

*2 具体例で覚えよう！
例えば、AはBに対し1,000万円の貸金債権を有しているが、BはCに対する1,000万円の債権以外にはめぼしい財産がないにもかかわらず、Bがその債権を行使せずに、Cに対する消滅時効が完成しようとしている場合が考えられます。

1 意義
債権者代位権とは、債務者が権利を行使しない場合に、債権者が**債務者の責任財産**を保全するため、自己の名において債務者の権利を行使することができる権利です。 16-32 *1

債権者代位権 *2

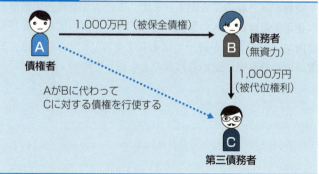

AがBに代わってCに対する債権を行使する

被代位権利には、債務者の一身専属権および差押えを禁じられた権利を除き、債権・物権的請求権・登記請求権などの請求権、取消権・解除権などの形成権、時効援用権（最判昭43.9.26）が含まれます。 16-32 21-32 *3

*3 ことばの意味
形成権
取消権などのように権利者の一方的な意思表示で法律関係を変動させる権利をいいます。例えば、取消権が行使された場合、「取り消された法律行為は、さかのぼって無効となる」という法律関係の変動が生じます。

● 債権総論

2 要件 *4

① 被保全債権が存在していること
② 債権の保全のために必要であること（債務者の無資力）
③ 被代位権利が存在していること
④ 債務者が被代位権利を行使していないこと
⑤ 被保全債権の履行期が到来していること　21-32
⑥ 被代位権利が債務者の一身専属権ではなく、また、差押えを禁じられた権利ではないこと

(1) 要件①について
　被保全債権は金銭債権であることが通常ですが、金銭債権以外の債権（登記請求権、賃借権等の特定の債権）もこれに含まれます（いわゆる転用事例）。

(2) 要件②について
　債務者の無資力とは、債務者が債務超過となり、総債権者に完全な弁済をなしえない状態にあることをいいます。もっとも、金銭債権以外の債権を被保全債権とするとき（いわゆる転用事例）は、無資力要件は不要です。

(3) 要件④について
　この要件が規定されたのは、債務者の財産管理にむやみに干渉させるべきではないからです。

(4) 要件⑤について
　保存行為の場合は、例外的に履行期前でも行使することができます（423条2項ただし書）。16-32　*5　*6

(5) 要件⑥について
　債務者の一身専属権には、夫婦間の契約取消権や恩給受給権等があります。差押えを禁じられた権利には、年金や生活保護受給権等があります。*7

*4
ここに注意

①〜⑥のほかに、被保全債権となるべき債権が強制執行により実現できないものでないことも必要です（423条3項）。

*5
ここに注意

2017年改正前は、裁判上の代位についても履行期前に債権者代位権を行使することができる旨、規定されていましたが、その必要性に乏しく、あまり利用されなかったことから、2017年改正により削除されました。

*6
ことばの意味

保存行為
債務者が有する債権の時効完成を阻止する場合のように、債務者の財産の現状維持を図る行為をいいます。

*7
ことばの意味

一身専属権
権利の行使を権利者の個人的意思に委ねなければならない権利をいいます。

債権総論－債権の効力

58 債権者代位権②

重要度 A

講師からの
アドバイス

2017年改正により、債権者代位権の行使範囲などの明文規定が設けられたので注意しましょう。

1 行使

(1) 方法

債権者代位権は、裁判外でも裁判上でも行使できます。代位権の行使は、債権者が自己の名において債務者の権利を行使するのであって債務者の代理人として行使するのではありません。 16-32

(2) 範囲

債権者代位権の行使は、債権者の具体的な債権の保全のために認められるものであり、債権者が債権者代位権を行使することができる範囲も、債権者の債権額の範囲に限定されます（423条の2）。＊1

(3) 債権者への支払または引渡し

被代位権利が金銭の支払または動産の引渡しを目的とするものであるときは、債権者は、相手方に対して、自己にその支払または引渡しをすることを求めることができます（423条の3前段）。これは、債務者が受け取らない場合があり、そのような場合に債権の保全を図ることができなくなるからです。 21-32 ＊2 ＊3

(4) 相手方の抗弁

債権者代位権が行使された場合、相手方は債務者に対して主張することができる抗弁をもって、その債権者に対抗することができます（423条の4）。

(5) 債務者の取立てその他の処分の権限等

債権者代位権が行使された場合であっても、債務者は、その被代位債権についてみずから取立てその他の処分をすることができ、相手方も、その被代位権利について債務者に履行をすることができます（423条の5）。例えば、債権者Aが、債務者Bが第三債務者Cに対して有する債権（被代位債権）を代位行使した場合であっても、債務者Bは、第三債務者Cに対して当該被代位債権について自己への履行を請求することができます。 21-32 ＊4

＊1 具体例で覚えよう！

債権者が債務者に対して有する被保全債権が1,000万円である場合、債務者が第三債務者に対して有する被代位債権が3,000万円であっても、債権者は1,000万円の限度でのみ債権者代位権を行使可能です。

＊2 プラスアルファ

この場合、債権者は、債務者のその受領金等返還請求権と被保全債権を対当額で相殺することによって事実上の優先弁済を受けることができます。

＊3 プラスアルファ

直接債権者名義への登記移転は認められません（大判明36.7.6）。

● 債権総論

2 債権者代位権の転用

債権者代位権は、本来、債権者が、債務者の無資力を要件に、債権者が有する金銭債権を保全するため行使するものですが、債権者代位権を登記請求権や賃借権のような特定債権保全のために転用することが認められています。＊5

転用の場合には、債務者の無資力要件は不要とされます。

判例で認められた債権者代位権の転用事例

被保全債権	事案	判例
登記請求権	不動産がA→B→Cへと譲渡されたが、登記は未だAのもとにある	Cが、CのBに対する登記請求権を被保全債権として、BのAに対する登記請求権を代位行使することができる（423条の7）
賃借権（使用収益権）	BがAから賃借していた土地上に、Cが勝手に建物を建てその土地を不法に占拠している場合に、土地所有者AがCに対して土地明渡請求権を行使しない	BのAに対する賃貸借契約上の債権（使用収益権）を被保全債権として、AのCに対する土地明渡請求権の代位行使をすることができる（大判昭4.12.16）＊6
債権譲渡通知請求権	AのDに対する債権がA→B→Cと譲渡されたが、Dに対して債権譲渡の通知がなされない	CはBに代位して、Aに対しBへの譲渡をDに通知すべき旨を請求することができる（大判大8.6.26）

債権者代位権の転用 ＊7

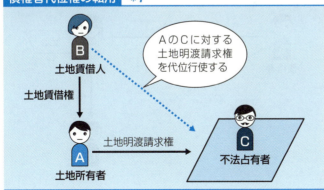

＊4 ここに注意
2017年改正前は、債権者代位権の行使により、被代位権利についての債務者の管理処分権は失われましたが、2017年改正後は、代位した債権者と債務者の双方が被代位権利についての管理処分権を有することになります。

＊5 ここに注意
2017年改正により、転用事例のうち、登記または登録請求権を保全するための債権者代位権については明文規定が設けられました（423条の7）。

＊6 プラスアルファ
Aに代位したBは、Cに対し賃借目的物を自己に直接引き渡すよう請求することができます。

＊7 具体例で覚えよう！
第三者Cが賃貸借の目的である土地を不法に占拠している場合、土地の賃借人Bは、土地所有者（土地賃貸人）AがCに対して有する土地明渡請求権を代位行使できます。

債権総論－債権の効力

59 詐害行為取消権① 重要度 A

講師からのアドバイス
詐害行為取消権の成立要件は正確に覚えましょう。

> **第424条【詐害行為取消請求】**
> 1 債権者は、債務者が債権者を害することを知ってした行為の取消しを裁判所に請求することができる。ただし、その行為によって利益を受けた者（…「受益者」という。）がその行為の時において債権者を害することを知らなかったときは、この限りでない。
> 2 前項の規定は、財産権を目的としない行為については、適用しない。
> 3 債権者は、その債権が第１項に規定する行為の前の原因に基づいて生じたものである場合に限り、同項の規定による請求（以下「詐害行為取消請求」という。）をすることができる。
> 4 債権者は、その債権が強制執行により実現することのできないものであるときは、詐害行為取消請求をすることができない。

立法趣旨
強制執行の準備段階において、債権者の共同担保となる責任財産の保全を図る制度です。

1 意義

詐害行為取消権とは、債務者がその責任財産を減少する法律行為をした場合に、債権者がその行為の効力を否認して、減少した財産の回復を図ることを内容とする権利です。

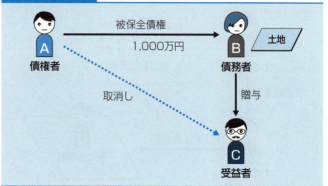

＊1 **具体例で覚えよう！**
例えば、AがBに1,000万円の債権を有していたが、Bが唯一の資産である1,000万円相当の土地をCに贈与してしまった場合が考えられます。

上記の例で、受益者Cから土地を譲り受けたD（「転得者」といいます）がいる場合、債権者Aは、転得者Dに対して詐害行為取消権を行使する場合もあります。

●債権総論

2 要件（受益者を被告とする場合）*2

① 被保全債権が存在していたこと
② 被保全債権の発生原因が詐害行為前に生じたこと
③ 債権を保全する必要があること（債務者の無資力）
④ 財産権を目的とした行為であること
⑤ その行為が債権者を害すること（詐害行為）
⑥ 債務者に詐害意思があること
⑦ 受益者が詐害行為について悪意であること

(1) 要件①について

被保全債権は金銭債権であることが原則です。 16-32 *3
また、その履行期が到来している必要はありません。

(2) 要件②について

被保全債権の発生原因が詐害行為前であれば、被保全債権の発生自体が詐害行為後であっても構いません。

(3) 要件③について

無資力要件は詐害行為時、取消請求時の両時点で必要です。

(4) 要件④について

婚姻や相続放棄等の身分行為は対象外です。 13-30 *4

(5) 要件⑤について *5

詐害性判断に関する民法の特則（主なもの）

相当対価での処分	原則：詐害性なし 例外：隠匿等の処分のおそれを現に生じさせ、債務者に隠匿等処分意思、受益者がその意思につき悪意があるとき
弁済等	原則：詐害性なし 例外①：支払不能時にされ、債務者と受益者に通謀的害意があるとき 例外②：債務者の義務に属さずまたは時期がそれに属さず、支払不能になる前30日以内で、債務者と受益者に通謀的害意があるとき

(6) 要件⑥、⑦について

債務者の詐害意思、受益者の悪意が必要です。

3 要件（転得者を被告とする場合）

上記の要件に加え、転得者が、転得当時、詐害行為について悪意であったことが必要です（424条の5第1号）。 *6

*2 ここに注意

①～⑦のほかに、債権が強制執行により実現できないものでないことも必要です（424条4項）。

*3 プラスアルファ

特定物債権も最終的には金銭債権に転化しますから、詐害行為取消権の対象となります。

*4 判例ゼミ

離婚に伴う財産分与（768条）について、判例は、財産分与が不相当に過大であり、財産分与に仮託してされた財産処分であると認めるに足りるような特段の事情のない限り、詐害行為にはならないとしています（最判昭58.12.19）。

*5 ここに注意

詐害性は、失われた経済的価値と入ってくる経済的価値を量的に比較して判断します。

*6 プラスアルファ

転得者が他の転得者から転得した者である場合は、その転得者およびその前のすべての転得者が悪意であったことが必要です（424条の5第2号）。

債権総論－債権の効力

60 詐害行為取消権② 重要度 A

1 行使

(1) 方法
詐害行為取消権は、債権者が自己の名で、必ず裁判上で（必ず訴えを提起して）行使しなければなりません（424条1項本文）。

(2) 詐害行為取消請求訴訟の被告（請求の相手方）
被告（請求の相手方）は、受益者または転得者です（424条の7第1項）。＊1

＊1 ここに注意
債務者は被告とはなりません。

転得者がいる場合の請求			
受益者	転得者	請求の可否・内容
善意	善意	受益者・転得者、いずれにも不可
善意	悪意	
悪意	善意	受益者に価額償還請求可 14-45
悪意	悪意	受益者に価額償還請求可 転得者に現物返還請求可

(3) 現物返還と価額償還
債権者は、債務者がした行為の取消しを求めるとともに、被告とした受益者または転得者に対して現物の返還を求めることができ、現物返還が困難であるときは、価額償還を求めることができます（424条の6）。

(4) 範囲
債権者が詐害行為取消権を行使できる範囲は、債務者がした行為の目的が可分であるときは、債権者の被保全債権額の範囲に限定されます（424条の8第1項）。＊2

＊2 プラスアルファ
建物の贈与の取消しのように対象が不可分であるときは、その全部を取り消すことができます。

(5) 債権者への支払または引渡し
債権者は、財産の現物返還請求・価額償還請求をする場合、自己にその支払または引渡しをすることを求めることができます（424条の9）。13-30

(6) 出訴期間
債権者は、詐害行為を知った時から2年、行為の時から10年以内に訴えを提起しなければなりません（426条）。＊3

＊3 ここに注意
この期間は出訴期間とされており、時効の完成猶予や更新の規定は適用されません。

講師からのアドバイス
行使方法など債権者代位権と異なる定めがありますので、債権者代位権と異なる点に留意して学習すると理解が深まるでしょう。

● 債権総論

2 詐害行為取消権の行使の効果

詐害行為取消請求訴訟の取消判決は、被告とされた受益者または転得者のほか、債務者およびそのすべての債権者に対しても効力を生じます（425条）。＊4

この効力を前提に、①債務者の財産処分行為（債務消滅行為を除く）が取り消された場合、受益者は債務者に対して財産取得のためにした反対給付の返還請求（困難であるときは価額償還請求）をすることができます（425条の2）。②債務者の債務消滅行為が取り消され（過大な代物弁済の超過部分の取消しを除く）、受益者が債務者に給付の返還または価額償還をした場合、受益者の債務者に対する債権は回復します（425条の3）。③転得者に対して取消しがあった場合は、仮に受益者に対する取消しがされたとすれば受益者が有する反対給付の返還請求等、回復すべき受益者の債務者に対する債権を一定限度で行使することができます（425条の4）。

＊4
ここに注意

2017年改正前は、詐害行為取消しの効力は債務者には及ばず（相対的取消し）、例えば、受益者を被告として取り消しても債務者と受益者との関係では財産処分行為（詐害行為）は有効のままでした。2017年改正後は、債務者にも効力が及びます。

債権者代位権と詐害行為取消権の比較

		債権者代位権（423条）	詐害行為取消権（424条）
被保全債権		原則：金銭債権 例外：金銭債権以外の特定債権を保全するための転用が認められている	原則：金銭債権 例外：特定物債権であっても、詐害行為取消権の行使が認められることがある
要件	債務者の無資力	原則：必要 例外：転用事例は無資力不要	必要
要件	被保全債権の成立時期	制限なし	発生原因が詐害行為前に生じたものであること
要件	被保全債権の弁済期	原則：弁済期にあることが必要 例外：保存行為	制限なし
要件	主観的要件	制限なし	・債務者の詐害意思 ①受益者を被告…受益者の悪意 ②転得者を被告…受益者・転得者（前の転得者含む）の悪意
要件	行使期間	制限なし	債権者が詐害行為を知った時から2年、行為の時から10年
要件	行使の方法	裁判上、裁判外を問わない	裁判上行使する

※詐害行為取消権の主観的要件のうち、受益者の悪意は受益者に立証責任があり、転得者の悪意は取消債権者に立証責任がある。

16-32

債権総論－多数当事者間の債権債務関係

61 多数当事者間の債権債務関係

重要度 A

講師からのアドバイス

債権者相互間、債務者相互間、債権者債務者間のそれぞれがどのような関係になっているのかが問題となります。

＊1 具体例で覚えよう！

例えば、1,000万円を返済する契約において借主側が3人で、貸主側が2人のときは、借主3人は、貸主2人にそれぞれ返済義務を負担し、契約が3×2＝6個あることになります。

＊2 具体例で覚えよう！

分割債権の例として、ＡＢＣが共同でＤに対して300万円を貸し付けた場合に取得する貸付金債権があります。
分割債務の例として、ＡＢＣがＤから共同で物を300万円で購入した場合に負担する売買代金債務があります。

1 総説

　1個の同一の給付を目的とする債権または債務が多数の者に帰属している関係を**多数当事者間の債権債務関係**といいます。＊1

2 分割債権・分割債務

(1) 意義

　分割債権・分割債務とは、可分な給付を目的として分割される債権および債務をいい、多数当事者間の債権債務関係の原則となります（427条）。

　以下の場合、ＡＢＣはそれぞれ100万円の権利を有し、またはそれぞれ100万円の義務を負います。

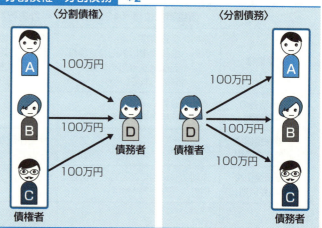

(2) 対外的効力

　各債権・債務は**相互に全く独立したものとして扱われ**、各債権者は自分の債権だけを行使でき、また各債務者は自分の債務だけを弁済すべきことになります。

(3) 1人について生じた事由

　各債権・債務は独立した権利・義務ですから、1人の債権者・債務者につき生じた事由は、**すべて相対的効力しかなく**、他の債権者・債務者に影響を与えません。

●債権総論

3 不可分債権・不可分債務

(1) 意義

不可分債権とは多数人が1個の不可分給付を目的とする債権をいい、不可分債務とは多数人が1個の不可分給付を目的とする債務を負担する関係をいいます。これらの債権・債務が成立するには、給付の目的が性質上不可分であることが必要です（428条・430条参照）。

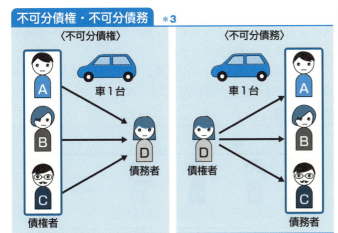

不可分債権・不可分債務 *3

〈不可分債権〉　〈不可分債務〉

(2) 不可分債権の対外的効力・1人について生じた事由

不可分債権においては、各債権者はすべての債権者のために履行を請求し、債務者はすべての債権者のために各債権者に履行をすることができます（428条・432条）。*4

不可分債権者の1人について生じた事由は、原則として他の不可分債権者に対して効力を生じません（相対効）。*5

例外的に、請求、相殺、履行（弁済、代物弁済、供託）は他の不可分債権者に対して効力を生じます。

(3) 不可分債務の対外的効力・1人について生じた事由

不可分債務においては、債務者の1人に対し、または同時にもしくは順次にすべての債務者に対して、全部または一部の履行を請求することができます（430条・436条）。

不可分債務者の1人について生じた事由は、原則として他の不可分債務者に対して効力を生じません（相対効）。*6

例外的に、更改、相殺、履行（弁済、代物弁済、供託）は他の不可分債務者に対して効力を生じます。

---

*3 **具体例で覚えよう！**

不可分債権の例として、ＡＢＣがＤから車1台を購入した場合に取得するＤに対する車の引渡請求権があります。
不可分債務の例として、ＡＢＣが共有する車1台をＤに売却した場合にＤに対して負担する車の引渡債務があります。

*4 **ここに注意**

①債権者の1人が履行の請求をした場合、債権者全員が履行の請求をしたことと同様の効果が生じます。②債権者の1人に対して弁済をした場合、債権者の全員に対して履行したことと同様の効果が生じます。

*5 **プラスアルファ**

債務者と他の不可分債権者の1人との別段の意思表示によって、当該他の不可分債権者に効力を及ぼすことができます（428条・435条の2ただし書）。

*6 **プラスアルファ**

債権者と他の不可分債務者の1人との別段の意思表示によって、当該他の不可分債務者に効力を及ぼすことができます（430条・441条ただし書）。

245

債権総論－多数当事者間の債権債務関係

62 連帯債権・連帯債務① 重要度 A

2017年改正により、連帯債権が明文化されました。不可分債権や連帯債務など他の多数当事者間の債権債務関係と対比して整理しておきましょう。

1 連帯債権

(1) 意義

連帯債権とは、数人の債権者が同一内容の給付について、各々独立に全部の給付を請求する権利を有し、しかも、債権者の１人がその給付を受領すれば他の債権者の権利も消滅する多数当事者の債権関係です。

連帯債権は、債権の目的が性質上可分である場合に、法令の規定または当事者の意思表示によって成立します（432条）。

 具体例で覚えよう！

例えば、ＢＣＤの３人が200万円ずつ出し合って、Ａに対して600万円を融資し、3人が連帯債権者となることをＡと合意した場合（持分は各々200万円ずつとする）が考えられます。

連帯債権 *1

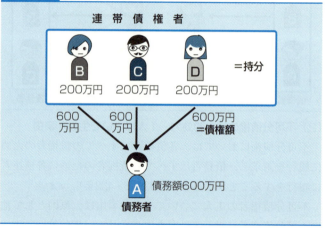

(2) 対外的効力・１人について生じた事由

連帯債権においては、各債権者はすべての債権者のために全部または一部の履行を請求し、債務者はすべての債権者のために各債権者に対して履行をすることができます（432条）。

連帯債権者の１人について生じた事由は、原則として他の連帯債権者に対して効力を生じません（相対効）。*2

例外的に、請求、更改、免除、相殺、混同、履行（弁済、代物弁済、供託）は他の連帯債権者に対して効力を生じます。

例えば、連帯債権者の１人による請求は他の連帯債権者に対しても効力を生じますが、時効の完成は効力を生じません。

 プラスアルファ

債権者と他の連帯債権者の１人との別段の意思表示によって、当該他の連帯債権者に効力を及ぼすことができます（435条の２ただし書）。

246

●債権総論

2 連帯債務
(1) 意義
連帯債務とは、**数人の債務者**が同一内容の給付について各々独立に全部の給付をなすべき債務を負担し、しかも、債務者の１人が給付すれば他の債務者の債務もすべて消滅する多数当事者の債務関係です。

連帯債務は、債務の目的が**性質上可分**である場合に、法令の規定または当事者の意思表示によって成立します（436条）。

連帯債務 *3

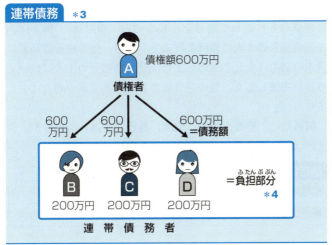

(2) 性質
各連帯債務者の債務は、それぞれ独立した債務です。しかも、各連帯債務の間には主従の関係はありません。したがって、次のようなことも認められます。*5

①　連帯債務者の１人についてだけ保証債務を成立させることができる（第三者にある特定の連帯債務者の債務についてのみ保証させる）
②　各連帯債務者の債務の態様（利息・期限の有無等）をそれぞれ異なるものにすることができる
③　債権者が連帯債務者の１人に対する債権だけを分離して譲渡したり、差し押えたりすることができる（大判昭13.12.22）
④　連帯債務者の１人について法律行為の無効・取消しの原因があっても、他の連帯債務者の債務には影響を及ぼさない（437条）

---

*3 **具体例で覚えよう！**
例えば、BCDの3人がAから600万円の融資を受け、その弁済について、3人が連帯債務者となることをAと合意した場合（負担部分は各々200万円ずつとする）が考えられます。

*4 **ことばの意味**
負担部分
内部的に債務を負担しあう割合をいいます。負担割合は必ずしも平等ではなく、当事者の合意により変更することができますが、たとえ債務者の１人の負担部分がゼロとされた場合でも、債権者に対しては債務額の全部の給付をすべき債務を負担します。

*5 **ここに注意**
債権者は、債務者の数だけの債権を持っていると考えれば、わかりやすいでしょう。

債権総論－多数当事者間の債権債務関係

63 連帯債務②

重要度 A

1 連帯債務の対外的効力・1人について生じた事由

連帯債務においては、債権者は連帯債務者の1人に対し、または同時にもしくは順次にすべての連帯債務者に対して、全部または一部の履行を請求することができます（436条）。

連帯債務者の1人について生じた事由は、原則として他の連帯債務者に対して効力を生じません（相対効）。例えば、連帯債務者の1人に履行の請求をしても、他の連帯債務者に請求の効力は生じません。また、連帯債務者の1人について時効が完成しても、他の連帯債務者に時効完成の効力は生じません。*1

例外的に、更改、相殺、混同、履行（弁済、代物弁済、供託）は他の連帯債務者に対して効力を生じます。*2

連帯債務における相対効と絶対効

相対効事由	請求、免除、時効の完成、債務の承認など
絶対効事由	更改、相殺、混同、弁済、代物弁済、供託

（1）相対効の例

請求や時効完成と同様、債務の承認も他の連帯債務者に効力を生じません。

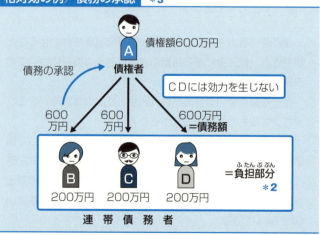

相対効の例／債務の承認 *3

2017年改正により、連帯債務の絶対効を生ずる事由が変更されたので注意しましょう。

 プラスアルファ

*1 債権者と他の連帯債務者の1人との別段の意思表示によって、当該他の連帯債務者に効力を及ぼすことができます（441条ただし書）。

 ことばの意味

*2 更改・混同
更改とは、同一性のない新債務を成立させて、旧債務を消滅せる契約です。
債権の混同とは、債権と債務が同一人に帰属することです。混同により債権は消滅します（520条）。

 具体例で覚えよう！

*3 例えば、BCDがAに対して連帯して債務を負っている場合において、B1人がAに対し債務の承認をしても、それによる消滅時効の更新の効果は、CDに及びません。

(2) 絶対効の例

絶対効が生ずる例として、**相殺**があります。連帯債務者の1人が債権者に対して債権を有する場合、その連帯債務者が相殺を援用したときは、債権は**すべての連帯債務者の利益のために**消滅します（439条1項）。＊4

絶対効の例／相殺（439条1項） ＊5

相殺の援用

B→A 300万円

B→A債権で相殺

A 債権者
債権額600万円

B （200万円）連帯債務者
C （200万円）連帯債務者
D （200万円）連帯債務者

＊4 ここに注意

2017年改正前は、他の連帯債務者が有する反対債権をその連帯債務者の負担部分の限度で相殺することが認められていましたが、2017年改正後は、その限度で債務の履行を拒絶することができるにすぎません（439条2項）。

＊5 具体例で覚えよう！

BがAに対して自己が有する300万円の債権で相殺すると、その効力はC、Dにも及び、C、Dの債権も300万円（600万円－300万円）に減縮します。

2 求償関係

弁済をし、または自己の財産で共同の免責を得た連帯債務者は、その免責を得た額が自己の負担部分を超えるかどうかにかかわらず、他の連帯債務者に対して**その負担部分に応じた額の求償権**を有します（442条1項）。

もっとも、他の連帯債務者がいることを知りながら、事前の通知をしないで弁済等をした連帯債務者、または弁済等をした後に事後の通知を怠った連帯債務者の求償は一定範囲で制限されることがあります（443条）。

連帯債務者の中に償還をする資力がない者がいる場合には、その償還をすることができない部分は、求償者および他の資力のある者の間で、各自の負担部分に応じて分割して負担します（444条1項）。

3 連帯の免除

連帯の免除とは、連帯債務者に対して全額を請求する権利を放棄し、負担部分についてのみ請求ができるとする旨の意思表示をすることをいいます。＊6

＊6 プラスアルファ

すべての債務者に対して連帯の免除（絶対的連帯免除）をした場合には、全債務者が分割債務を負担し、債務者間の求償関係も消滅します。
一部の債務者に対してのみ連帯の免除（相対的連帯免除）をした場合には、免除を受けた債務者のみが「自己の負担部分」について分割債務を負担し、他の債務者は全額について連帯債務を負担するため、債務者間の求償関係が存続します。

債権総論－多数当事者間の債権債務関係

64 保証債務

重要度 A

1 意義

他人の債務を保証した者（保証人）は、他人がその債務を履行しない場合に、他人に代わってその債務を履行する責任を負います（446条1項）。保証人によって保証される他人の債務を主債務（主たる債務）といい、保証人の債務を保証債務といいます。*1

「催告の抗弁」や「検索の抗弁」は条文も確認しておきましょう。

*1 ここに注意
保証債務は、債権者と保証人との保証契約により成立しますが、この保証契約は書面でしなければ効力を生じません（446条2項）。

*2 具体例で覚えよう！
例えば、BがAに対し、貸金債務を負っている場合に、その債務の弁済ができなかったときは、Cが代わって弁済するという合意をAとCの間ですることが考えられます（BとCの間での合意ではありません）。

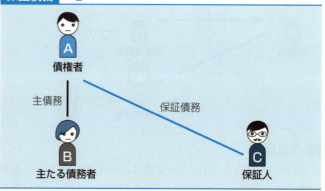

2 性質

主債務がなければ保証債務は成立せず、主債務が消滅すれば保証債務も消滅します（付従性）。例えば、保証人の負担が債務の目的または態様において主債務よりも重いときは、主債務の限度に減縮します（448条1項）。*3 *4

主債務が移転するときは、保証債務も移転します（随伴性）。

保証人は、主債務が履行されないときに初めて履行の責任を負います（補充性／446条1項）。保証人は、まず主債務者に対する請求を求める催告の抗弁権（452条）と、主債務者に弁済をする資力があり、かつ、執行が容易であることを証明した場合に主債務者の財産について執行をさせる検索の抗弁権（453条）を有します。 12-45

*3 ここに注意
主たる債務の目的または態様が保証契約の締結後に加重されても、保証人の負担は加重されません（448条2項）。

*4 具体例で覚えよう！
例えば、主債務が100万円で保証債務が150万円という場合には、保証債務は100万円に減縮されます。

3 保証債務の成立

保証債務は、債権者と保証人の間の保証契約によって成立します。*5

●債権総論

4 保証債務の内容と保証人の権利

保証債務は、主債務の元本のほか、利息、違約金、損害賠償その他主債務に従たるすべてのものを包含します（447条1項）。また、保証債務についてのみ違約金または損害賠償の額の約定をすることができます（447条2項）。＊6

保証人は、主債務者の有する抗弁権（同時履行の抗弁権等）を援用することができます（457条2項）。主債務者が債権者に対して相殺権、取消権または解除権を有する場合、主債務者が債務を免れる限度で、保証人は債務の履行を拒むことができます（457条3項）。

5 主債務または保証債務に生じた事由の効力

主債務に生じた事由は、すべて保証債務に影響を与えます。これに対し、保証債務に生じた事由は、主債務を消滅させる行為のほかは主債務に影響しません。

6 保証人の求償権

（1）事後求償権

保証人が、主債務者に代わって弁済した場合、主債務者に対して求償権を有します（459条、459条の2、462条）。また、複数の保証人がいる場合、保証人が全額または自己の負担部分を超えて弁済をしたときは、他の保証人に対して求償権を有します（465条・442条1項、462条）。

（2）事前求償権

委託を受けた保証人に限り、主債務者の破産手続が開始し債権者が配当加入しないとき、債務が弁済期にあるとき、保証人が過失なく債権者に弁済をすべき旨の裁判の言渡しを受けたときは、弁済の前に主たる債務者に対して求償権を行使することができます（460条）。

7 連帯保証

連帯保証とは、保証人が主債務者と連帯して保証債務を負担する場合をいいます。

連帯保証には補充性は認められず、連帯保証人は催告の抗弁権、検索の抗弁権を有しません（454条）。

主債務に生じた事由は、連帯保証債務に効力を及ぼします。連帯保証債務に生じた事由は主債務に効力を及ぼさないのが原則ですが、更改、相殺、混同、履行（弁済、代物弁済、供託）は効力を及ぼします（458条・441条等）。＊7

＊5

ここに注意

原則として保証人となる資格に制限はありませんが、債務者が法律上または契約によって保証人を立てる義務を負う場合は、①行為能力者であること、②弁済の資力があることが必要です（450条1項）。

＊6

判例ゼミ

保証人は、特定物引渡債務を負う主債務者の債務不履行により契約が解除された場合、債務不履行による損害賠償請求権についてはもちろん、特に反対の意思表示がない限り、原状回復義務についても保証責任を負うとした判例があります（最判昭40.6.30）。

＊7

具体例で覚えよう！

①主債務者に請求すれば連帯保証人にも請求の効力が生じますが、連帯保証人に請求しても主債務者に請求の効力は生じません。②主債務者が債務の承認をしたときは連帯保証人も承認したことになりますが、連帯保証人が債務の承認をしても主債務者が承認をしたことにはなりません。

債権総論－債権譲渡

65 債権譲渡・債務引受

重要度 B

債権には自由譲渡性がありますが、例外的に譲渡が制限される場合があります。択一対策としてその例外をおさえましょう。

第466条第1項【債権の譲渡性】
1 債権は、譲り渡すことができる。ただし、その性質がこれを許さないときは、この限りでない。

立法趣旨

①投下資本の回収を図ること、②融資を受け取るときの債務の担保になること、③債務の弁済の手段になることから債権の譲渡を認める必要があるため、債権の自由譲渡性が認められています。

1 債権の自由譲渡性

債権譲渡とは、債権の同一性を変えないで債権を移転することを目的とする契約です。債権は、原則として自由に譲渡することができます（466条1項本文）。債権が譲渡されると、債権の譲受人が債権者になります。

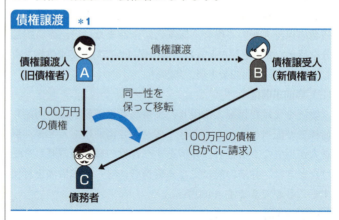

*1 具体例で覚えよう！
例えば、AがCに対して有する100万円の貸金債権を、Bに譲渡することが考えられます。

*2 具体例で覚えよう！
医療機関が将来支払を受けるべき診療報酬請求権を貸金債務の担保として譲渡することがあります。

*3 プラスアルファ
将来債権の譲渡の対抗要件は、譲渡があった時点以降に具備することができます（467条1項かっこ書）。

将来発生する債権（将来債権）であっても、譲渡が可能です（466条の6第1項）。将来債権譲渡の譲受人は、譲渡時に債権が現に発生していなくても、発生した債権を当然に取得します（466条の6第2項）。*2 *3

2 譲渡できない債権

①自分の肖像画を描かせる債権等**性質上譲渡を許さない債権**（466条1項ただし書）、②扶養請求権（881条）等**法律上譲渡が禁止された債権**は、譲渡することができません。

252

●債権総論

3 譲渡制限
(1) 意義
譲渡制限特約とは、債権者と債務者との間で債権譲渡を禁止または制限する特約をいいます。契約自由の原則から、譲渡制限特約も**有効**です。

(2) 譲渡制限特約付債権の譲渡
譲渡された債権に譲渡制限特約が付されていた場合であっても、その債権譲渡は**効力を妨げられません**（466条2項）。すなわち、譲渡制限特約付債権も譲渡できます。＊4

もっとも、債務者は、譲渡制限特約につき**悪意または重過失ある譲受人**に対しては、債務者は**履行を拒み**、かつ、譲渡人に対する弁済等の債権消滅事由を主張することができます（466条3項）。 21-45 ＊5

(3) 悪意または重過失ある譲受人による履行の催告
債務者が譲渡制限特約について悪意または重過失ある譲受人に対して債務を履行しない場合、当該譲受人が相当の期間を定めて、債務者に対して「**譲渡人に対して履行するよう催告**」したにもかかわらず、債務者がその期間内に譲渡人に対して履行をしないときは、債務者は当該譲受人からの**履行請求を拒むことができません**（466条4項）。＊6

(4) 譲渡制限特約付債権の差押え
債務者は、原則として譲渡制限特約を差押債権者に対抗することができません（466条の4第1項）。すなわち、譲渡制限特約付の債権であっても差押えの対象となります。＊7

4 債務引受
債務引受とは、他人の債務を引き受けて債務者となることをいいます。債権譲渡が債権者を交代させるものであるのに対して、債務引受は債務者を交代等させるものです。 14-32 20-31 ＊8

債務引受の種類	14-32 20-31
併存的債務引受 （470条）	債務者とともに引受人も債務者となる ⇒**連帯債務**となる（470条1項）
免責的債務引受 （472条）	債務者に代わり引受人が債務者となる ⇒引受人は債務者に対して求償権を取得しない（472条の3）

＊4 ここに注意
2017年改正前は、譲渡制限特約に違反する債権譲渡は無効でしたが、2017年改正後は有効であることを前提とします。

＊5 プラスアルファ
債務者は、悪意・重過失ある譲受人に対して債権譲渡を承諾することもできます。

＊6 ここに注意
この催告は、債務者が、債権譲渡を理由に譲渡人に支払わず、さらに、悪意・重過失あることを理由に譲受人に支払わない事態を解消する趣旨です。

＊7 ここに注意
「譲渡制限特約につき悪意・重過失ある譲受人」の債権者による差押えに対しては、債務者は、その履行を拒み、かつ、譲渡人に対する弁済等を対抗することができます（466条の4第2項）。

＊8 プラスアルファ
三面契約のほか、債権者と引受人、債務者と引受人との契約によることも可能です（ただし、一定の要件を必要とする場合あり）。

債権総論－債権譲渡

66 債権譲渡の対抗要件

重要度 A

講師からのアドバイス

債権譲渡で一番重要な箇所です。債務者への対抗要件と、第三者への対抗要件が異なりますので正確に覚えましょう。同時到達の場合も択一対策必須知識です。

> **第467条【債権の譲渡の対抗要件】**
> 1 債権の譲渡（現に発生していない債権の譲渡を含む。）は、譲渡人が債務者に通知をし、又は債務者が承諾をしなければ、債務者その他の第三者に対抗することができない。
> 2 前項の通知又は承諾は、確定日付のある証書によってしなければ、債務者以外の第三者に対抗することができない。

立法趣旨

債権譲渡が譲渡人・譲受人間の意思表示によってなされる結果、その事実を知りえない債務者が二重弁済する危険を負うことを防止するために規定されています。

1 債務者への対抗要件

債権譲渡の事実を債務者に対抗するには、**譲渡人からの債務者に対する通知**または**債務者の承諾**が必要です（467条1項）。債務者に債権譲渡の事実を知らせ、債務者が譲渡人と譲受人とに二重に支払う危険を防止するためです。

なお、債権譲渡の通知は、必ず**譲渡人**がしなければなりません。*1

2 第三者への対抗要件

(1) 確定日付のある証書

譲渡人から債務者に対する通知、または債務者の承諾は、**確定日付のある証書**によってしなければ、債務者以外の第三者に対抗することができません（467条2項）。債権譲渡の日付および通知または承諾の日付を明確にすることで、債権者と債務者が通謀してこれらの日付をさかのぼらせて第三者の権利を害することを可及的に防止するためです。*2

(2) 優劣の基準（確定日付か証書の到達・承諾の日時か）

債権が二重に譲渡され、いずれも第三者への対抗要件を具備している場合について、判例は、通知または承諾に付された確定日付の先後ではなく、確定日付のある証書による**通知の到達した日時**、または確定日付のある**債務者の承諾の日時**の先後で決するべきとしています（最判昭49.3.7）。*3

＊1 ここに注意

これは、譲受人からの通知でよいとすると、偽の譲受人が複数出現してしまい真の譲受人を判別できなくなるからです。その趣旨から、譲受人が譲渡人に代位して通知をすることも認められません（大判昭5.10.10）。

＊2 ことばの意味

確定日付のある証書
内容証明郵便や公正証書等の公的機関の確認がある文書のことです。

＊3 ここに注意

467条全体の趣旨は、債務者自身に譲渡の事実を認識させ、債務者に公示機能を営ませる点にあります。このことから、債務者の認識をもって債権譲渡における優劣の基準とすべきことが導かれます。

●債権総論

債権の二重譲渡と対抗要件 *4

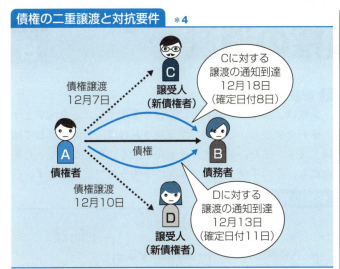

＊4 具体例で覚えよう！
例えば、Aが債権をCに対しては12月7日に、Dに対しては12月10日に譲渡し、いずれについても譲渡の翌日に公正証書によって債権譲渡の通知が作られたが、Cへの譲渡について通知の発送が遅れた結果、通知の到達が、Cへの譲渡の通知が12月18日、Dへの譲渡の通知が12月13日であるという場合、先に到達したDが勝つことになります。

（3）同時到達・先後不明の場合

　債権が二重に譲渡され、確定日付のある通知が同時に債務者に到達したときは、各譲受人は、債務者に対しそれぞれ譲受債権全額の請求をすることができ、譲受人の1人から請求を受けた債務者は、債務消滅事由がない限り弁済しなければなりません（最判昭55.1.11）。

　また、到達の先後が不明である場合も、互いに自己が優先することを主張することができません。同一債権についての差押通知と債権譲渡通知の到達が先後不明であったため、債務者が弁済供託をした事案について、判例は、差押債権者と債権譲受人は債権額に応じて供託金額を案分した額の供託金還付請求権を分割取得するとしています（最判平5.3.30）。

3 債権譲渡と債務者の抗弁事由

　債権譲渡があっても、債務者は、通知・承諾（原則）までに譲渡人に対して生じた事由をもって、**譲受人に対抗することができます**（468条1項）。例えば、債務者は、通知・承諾前に譲渡人に対して弁済していれば、その弁済による債務の消滅を譲受人に対抗することができます。＊5

　また、債務者は、対抗要件具備時より前に取得した譲渡人に対する債権による相殺をもって、譲受人に対抗することもできます（469条1項）。

＊5 ここに注意
債務者が債権譲渡を承諾しても、これにより譲渡人に対抗することができた事由を譲受人に対抗することができなくなるわけではありません。なお、2017年改正前にあった「異議をとどめない承諾」は削除されました。

債権総論－債権の消滅

67 債権の消滅

重要度 B

 講師からのアドバイス

債権は、債務の本旨に従った弁済で消滅することは当然ですが、他の事由でも消滅します。ここでは弁済や相殺以外の債権消滅事由を取り上げていますが、代表的な債権消滅事由は弁済や相殺です。弁済や相殺は別ページで詳説していますので、併せて学習しておきましょう。

1 総説

債権は、債権者が債務者に給付を要求することを内容とする権利ですから、給付内容が実現されれば、目的を達して消滅します。また、給付内容を実現させる必要がなくなった場合にも、その手段としての実現性を失うので消滅します。

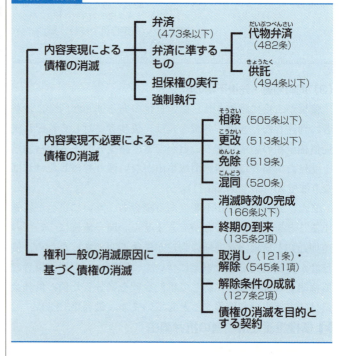

債務の消滅

*1 ここに注意

2017年改正前は、代物弁済を要物契約（合意のほかに給付等を成立要件として必要とする契約）と解釈する見解が有力でしたが、2017年改正法は、諾成契約（合意のみで成立する契約）としています。

2 代物弁済

代物弁済とは、弁済をすることができる者（弁済者）が、債権者との間で、債務者の負担した給付に代えて他の給付をすることにより債務を消滅させる旨の契約をし、これに基づき給付をすることをいいます（482条）。＊1

代物弁済には通常の弁済と同一の効力が認められ（482条）、その給付のときに債務の消滅の効果が生じます。

256

●債権総論

3 供託

供託（弁済供託）とは、弁済者が弁済の目的物を債権者のために供託所に寄託して債務を免れる制度をいいます。弁済者による供託時に、債務は消滅します（494条1項後段）。

供託は、①弁済の提供をしたが、債権者がその受領を拒んだとき、②債権者が弁済を受領することができないとき、③弁済者が、過失なく債権者を確知することができないときにすることができます（494条1項1号、2号、2項）。

4 更改

更改とは、当事者が従前の債務に代えて、新たな債務であって給付内容の重要な変更等を発生させる契約をいいます。更改によって従前の債務は消滅します（513条）。

更改契約には、①従前の給付の内容について重要な変更をするもの、②従前の債務者が第三者と交替するもの、③従前の債権者が第三者と交替するものがあります（513条1号2号、3号）。＊2

5 免除

免除とは、債権者が債務者に対する一方的意思表示によって債務を消滅させる行為をいいます（519条）。なお、免除契約（両当事者の合意）によるものも有効です。

6 混同

(1) 原則

債権の混同とは、同一債権について債権者としての地位と債務者としての地位が同一人に帰属することをいいます。このような場合、債権を存続させても無意味なので、原則として、債権は混同により消滅します（520条本文）。＊3

(2) 例外

(a) 債権が第三者の権利の目的であるとき（520条ただし書）＊4

(b) その他
①　家屋の転借人が、当該家屋の所有者たる地位を承継しても、賃貸借関係および転貸借関係は、当事者間の合意のない限り消滅しません。
②　保証人が主債務者を相続した場合でも、保証の内容が債権者に特別の利益を与えるものであるときは、保証債務は消滅しません。

＊2　プラスアルファ

更改契約によって旧債務が消滅するので、旧債務のために存在した担保権、保証債権など従たる権利も消滅します。

＊3　具体例で覚えよう！

例えば、子Aが父親Bから500万円の借金をしていたところ、Bが死亡したという場合、Aは債務者でありながら相続により債権者の地位をも承継することになります。このような場合、AのA自身に対する債権を存続させても無意味なので、原則として、債権は混同により消滅します（520条本文）。

＊4　プラスアルファ

BのAに対する債権にCのための債権質が設定されていたという場合には、Bが死亡しAが相続しても債権は混同により消滅しません。もし消滅するとすれば、Cは担保権を失ってしまい、不利益を被るからです。

257

債権総論－債権の消滅

68 弁済

重要度 A

講師からのアドバイス

債権者が受領して「弁済」にならなくても、債務者側が「弁済の提供」をしただけで法律上の効果を発生させているのが弁済の提供です。弁済提供の方法は現実の提供と口頭の提供に分かれます。原則と例外をしっかりおさえましょう。

*1
 ことばの意味

準法律行為
意思表示によらないで法律上の効果を発生させる行為をいいます。

*2
 プラスアルファ

債務の本旨に従うとは、弁済の提供が、その内容・場所・時間などにおいて、すべて債務成立の事情に適合することをいいます。

1 意義

弁済とは、債務の本旨に従い、債務の内容である一定の給付を実現する債務者その他第三者の行為をいいます。

弁済は債権の目的が達せられたという事実によって債権を消滅させるものであり、給付者の意思表示の効果として債権を消滅させるものではないので、準法律行為にあたります。*1

2 弁済の提供

(1) 意義

弁済の提供とは、債務者側において、給付を実現するために必要な準備をして債権者の協力を求めることをいいます。弁済の提供は、債務の本旨に従って、現実または口頭の提供により行います。*2

弁済の提供と弁済を区別して考えるのは、債務者が一定の行為をしたものの弁済にまでは至らなかったという場合でも、債務者を債務不履行責任から免れさせる場合があるからです（492条）。

(2) 効果

債務者は、弁済の提供の時から、債務を履行しないことによって生ずる責任を免れます（492条）。弁済の提供をすれば、損害賠償、契約の解除、遅延利息、違約金を請求されることや担保権を実行されることがありません。

(3) 債務の本旨に従った弁済の提供

(a) 弁済の提供の方法

弁済の提供の方法は、債権の目的達成のために必要な債権者の協力の程度によって、**現実の提供**と**口頭の提供**に分かれます。*3

弁済の提供は、**原則として現実の提供**をすることが必要です（493条本文）。ただし、①債権者が**あらかじめ受領を拒み**、または、②債務の履行につき**債権者の行為を必要**とする場合には、**口頭の提供**でよいとされます（493条ただし書）。 15-32

258

● 債権総論

(b) **弁済の場所・時間・費用**

弁済の場所は、原則として、特定物の引渡しの場合は債権発生時（契約の場合は契約時）の物の存在場所、不特定物の場合には債権者の現在の住所です（484条1項）。

法令または慣習により取引時間の定めがあるときは、その時間内に限り、弁済または弁済請求ができます（484条2項）。

弁済の費用は、特約がなければ債務者が負担するのが原則です（485条本文）。ただし、債権者の住所移転等、弁済の場所の変更により増加した弁済費用は、債権者の負担となります（485条ただし書）。

*3 プラスアルファ

現実の提供には、債務者が当該事情の下で債権を消滅させるためにできる限りのことをし、債権者が受領その他の協力をすれば直ちに弁済が完了する程度に債務の本旨に従った状態を作り出すことが必要です。他方、口頭の提供は、債務者が現実の提供をするのに必要な準備をしたことを通知して、弁済受領者にその受領を催告することで足ります（493条ただし書）。

弁済の提供の要件

提供方法	意義	ポイント
現実の提供 （493条本文）	債権を消滅させるためにできる限りのことをし、債権者が受領すれば直ちに弁済が完了する状態を作り出すこと	原則として、この方法によることが必要である
口頭の提供 （493条ただし書）	現実の提供をするのに必要な準備をしたことを通知して、その受領を催告すること	イ 債権者があらかじめ受領を拒んだ場合 ロ 債務の履行について債権者の行為を要するとき 　例：取立債務、登記手続きをする債務
口頭の提供も不要とされる場合		債権者が契約の存在を否定するなど、弁済を受領しない意思が明確に認められるときは、債務者は口頭の提供をしなくても債務不履行の責を免れる（最判昭32.6.5）。 15-32　18-31

債権総論－債権の消滅

69 第三者の弁済・弁済による代位

重要度 B

1 第三者による弁済

(1) 原則

第三者による弁済も原則として有効です（474条1項）。第三者が債務の内容を実現してもなお債権の目的を達することができるときは、これによって債権を消滅させるのが便利であり、債権者にとっても不利益とはならないからです。

講師からのアドバイス

第三者が弁済した場合は、本来の債務者が弁済したわけではないので求償の問題が残ります。そこで、求償権の行使を確実にするための制度として弁済による代位の制度があります。

*1

具体例で覚えよう！

例えば、第三者Bが、債務者Cに代わって、債権者Aに弁済した場合、Bは、Aに代わって、AがCに対して有する一切の権利を取得することになります。

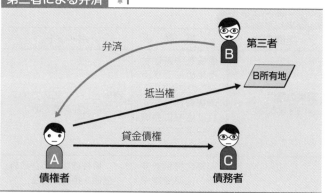

第三者による弁済　*1

弁済　第三者 B
抵当権　B所有地
貸金債権
A 債権者　C 債務者

(2) 第三者による弁済が許されない場合

下記①②はすべての第三者、③は弁済をするについて正当な利益を有しない第三者を対象とします。*2

① 債務の性質が第三者の弁済を許さないとき（474条4項）
② 当事者が第三者の弁済を禁止し、もしくは制限する旨の意思表示をしたとき（474条4項）
③ 弁済をするについて正当な利益を有する者でない第三者の弁済（正当な利益を有しない第三者の弁済）*3
・「債務者の意思に反することを債権者が知らないとき」を除き、債務者の意思に反して弁済するとき（474条2項）
・「第三者が債務者の委託を受けて弁済する場合において、そのことを債権者が知っていたとき」を除き、債権者の意思に反して弁済するとき（474条3項）

*2

ここに注意

①、②のときは、正当な利益を有する第三者の弁済についても禁止されます。

*3

具体例で覚えよう！

弁済をするについて正当な利益を有する第三者は、債務者の物上保証人、担保不動産の第三取得者、借地契約上の地代の弁済に関するその借地上の建物賃借人等です。これに対し、債務者と親族関係があるとか友人であるだけでは弁済をするについて正当な利益を有しないとされています。

2 弁済による代位

　第三者が債務者のために債務を弁済した場合、第三者は、債権者が債務者に対して有する一切の権利を取得することができます。これを**弁済による代位**といい、このような弁済を**代位弁済**といいます。弁済による代位は弁済者の債務者に対する**求償権を確保**するために認められた制度です。

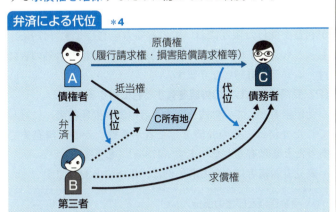

（1）弁済による代位の要件 *5

① 弁済その他の行為（代物弁済、相殺、物上保証人が提供した担保権の実行等）があったこと（499条） *6
② 弁済者が債務者に対して求償権を有すること

　弁済をするについて正当な利益を有しない者でも代位が可能ですが、通知・承諾がなければ債務者や第三者に代位を対抗することができません（500条）。*7

（2）弁済による代位の効果

　弁済者は、**自己の求償権の範囲内**で、債権者が有した一切の権利（原債権および担保権）を行使することができます（501条1項2項）。以下は代位の原則的なルールです。*8

① 第三取得者は保証人・物上保証人に対して、代位しない
② 第三取得者は各財産の価格に応じて他の第三取得者に対して、代位する
③ 物上保証人は各財産の価格に応じて他の物上保証人に対して、代位する
④ 保証人・物上保証人間では頭数に応じて、代位する

具体例で覚えよう！

例えば、第三者Bが、債務者Cに代わって、債権者Aに弁済した場合、Bは、Aに代わって、AがCに対して有する一切の権利（C所有地に対する抵当権）を取得することになります。

ここに注意

2017年改正前は、保証人が第三取得者に対して代位する場合に代位の付記登記が要件とされていましたが、2017年改正により、その要件は削除されました。

プラスアルファ

債権の一部について代位弁済があったときは、代位者は、債権者の同意を得て、その弁済をした価額に応じて、債権者とともにその権利を行使することができます（一部弁済による代位／502条1項）。

ここに注意

2017年改正前は、正当な利益を有しない者による代位（任意代位）には、債権者の承諾が必要でしたが、2017年改正により、不要になりました。

ここに注意

民法所定の代位のルールは任意規定です。代位の割合等の特約も可能です。

債権総論－債権の消滅

70 弁済受領権者・弁済の充当等

重要度 B

1 弁済受領権者

(1) 原則

弁済受領権者以外の者に対する弁済は、それにより債権者が利益を受けた限度においてのみ効力を有します（479条）。もっとも、以下の場合は、例外的に弁済受領権者以外の者に対する弁済も有効となります。

(2) 受領権者としての外観を有する者に対する弁済

受領権者としての外観を有する者（表見受領権者）に対してした弁済は、その弁済をした者が善意、かつ、無過失であったときは有効となります（478条）。 14-33 *1

表見受領権者にあたる者の例は、以下のとおりです。

① 預金通帳と印鑑の所持人
② 戸籍等から債権者の相続人にあたるようにみえる者
③ 受取証書（真正・偽造を問わない）の持参人 *2
④ 債権者の代理人と称する者（詐称代理人）

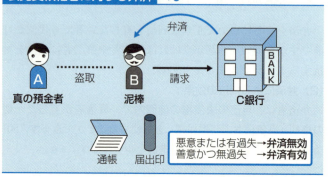
表見受領権者に対する弁済 *3

なお、債権の二重譲渡において各譲渡につき確定日付ある通知があり優先関係を判断できないため、債務者が誤って劣後する譲受人に弁済をした場合に、478条（2017年改正前）の適用を認めた判例があります（最判昭61.4.11）。 14-33

また、銀行が、定期預金担保貸付として定期預金者以外の者（表見受領権者）に貸付けを行い、さらにその貸付金の回

講師からのアドバイス

民法は本来の債権者ではない者に弁済したときであっても有効となる場合もあります。

*1

ことばの意味

表見受領権者
受領権者（債権者、法令または当事者の意思表示により弁済の受領権限を付与された第三者）以外の者であって取引上の社会通念に照らして受領権者としての外観を有する者をいいます（478条）。

*2

ここに注意

2017年改正前は受取証書持参人に対する弁済について規定がありましたが削除されました。2017年改正後は、受取証書が真正のものか偽造のものかを問わず、478条により処理されます。

*3

具体例で覚えよう！

例えば、預金債権者Aから、通帳と印鑑を盗取してAになりすましたBに対し、C銀行が払戻しをした場合です。

● 債権総論

収として貸付債権と定期預金債権とを相殺した場合にも、478条が類推適用され、相殺が有効とされる場合もあります（最判昭59.2.23）。なお、銀行の善意・無過失の判断時期は「貸付け時」とされています。 14-33 ＊4

2 弁済の充当

債務者が弁済として提供した給付がすべての債務を消滅させるのに足りないときに、その給付をもっていずれの債務の弁済に充てるべきかを定めることを**弁済の充当**といいます。

弁済の充当には、①当事者の合意による充当（**合意充当**／490条）、②当事者の一方の指定による充当（**指定充当**／488条1項〜3項）、③民法の定める充当（**法定充当**／488条4項）があります。これらは以下の順序で適用されます。

① 合意充当
② 合意充当がない場合、指定充当　＊5
③ 指定充当もない場合、法定充当　＊6

もっとも、費用や利息を伴っている債務については、当事者の合意充当がない限り、「**費用→利息→元本**」の順序で充当されます（489条1項、490条）。 18-31

3 弁済の諸問題

(1) 預貯金口座に対する払込みによってする弁済

債権者の預貯金口座に対する払込みによってする弁済は、債権者がその払込みに係る金額の払戻しを請求する権利を取得した時に効力が生じます（477条）。

(2) 受取証書の交付請求

弁済をする者は、弁済と引換えに受取証書の交付を請求することができます（486条1項）。弁済と受取証書の交付は、**同時履行の関係**にあります（大判昭16.3.1）。なお、弁済をする者は、弁済受領者に不相当な負担を課すときを除き、受取証書（**書面**）の交付に代えて、その内容を記録した電磁的記録（**電子的な受取証書**）の提供を請求することができます（486条2項）。

(3) 債権証書の交付請求

債権証書がある場合に、全部弁済した者は、債権証書の償還を請求することができます（487条）。もっとも、弁済と債権証書の償還は、**同時履行の関係にはありません**。

＊4

 ことばの意味

定期預金担保貸付
銀行等が、定期預金者に対し、定期預金を担保に行う貸付けをいいます。貸付金の返済がない場合、銀行等は預金債権と相殺して貸付金を回収することになります。

＊5

 プラスアルファ

指定充当は、原則として弁済者がします（488条1項）。弁済者が給付時に指定しない場合、弁済者が直ちに異議を述べたときを除き、弁済受領者が指定することができます（488条2項）。

＊6

 プラスアルファ

法定充当は、①弁済期にあるものとないものがあるときは、弁済期にあるものに先に、②すべて弁済期にあるとき、すべて弁済期にないときは、債務者のために弁済の利益が多いものに先に、③債務者のために弁済の利益が相等しいときは、弁済期が先に到来したものまたは先に到来するものに先に、④上記②③に掲げる事項が相等しいときは、債務額に応じて充当します（488条4項）。

263

債権総論 - 債権の消滅

71 相殺

重要度 A

講師からのアドバイス

相殺の要件は、択一対策の必須知識です。要件にかかわる論点があるので、正確に覚えましょう。

> **第505条【相殺の要件等】**
> 1　2人が互いに同種の目的を有する債務を負担する場合において、双方の債務が弁済期にあるときは、各債務者は、その対等額について相殺によってその債務を免れることができる。ただし、債務の性質がこれを許さないときは、この限りでない。
> 2　前項の規定にかかわらず、当事者が相殺を禁止し、又は制限する旨の意思表示をした場合には、その意思表示は、第三者がこれを知り、又は重大な過失によって知らなかったときに限り、その第三者に対抗することができる。

立法趣旨

相殺の有する決済方法の簡易化と担保的機能という便宜と当事者の公平に照らし、相殺をするための要件と効果を定めています。

1 意義

相殺(そうさい)とは、2人の者が互いに同種の債権・債務を持っている場合に、その債権・債務を対当額で消滅させる一方的意思表示をいいます（505条1項）。相殺制度の趣旨は、同種の債権を相互に現実に履行する無用の手数を省くこと、および当事者間の公平を維持することにあります。

相殺する側の債権を**自働債権**(じどうさいけん)といい、相殺される相手方の債権（相殺する側の債務）を**受働債権**(じゅどうさいけん)といいます。

*1 **具体例で覚えよう！**

例えば、AとBが互いに、それぞれ100万円、50万円の債権を有している場合が考えられます。

相殺 *1

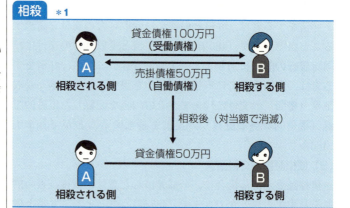

●債権総論

2 要件

① 2つの債権が対立していること（505条1項本文）
② 双方の債権が同種の目的を有すること（505条1項本文）
③ 双方の債権が弁済期にあること（505条1項本文）
④ 相殺を許す性質の債権であること（505条1項ただし書）

(1) 相殺適状

相殺をするためには、両当事者間で相殺に適した状態になっていることが必要です。この状態（相殺の要件をみたした状態）を相殺適状といいます。

(2) 要件①について

相殺をするためには、有効に成立している2つの債権の対立が必要です。

もっとも、自働債権が時効により消滅した場合であっても、その時効消滅以前に相殺適状にあったときは、相殺をすることができます（508条、最判平25.2.28）。＊2

(3) 要件②について

双方の債権は同種の目的を有している必要があります。最も多く相殺が利用されるのは金銭債権です。

(4) 要件③について

双方の債権が弁済期にあることが必要とされていますが、受働債権については、債務者（ここでは相殺者）みずからが期限の利益を放棄（136条2項本文）して、弁済期を到来させることができます。したがって、実際には自働債権の弁済期の到来の有無が問題となります。

(5) 要件④について

債務の性質が許されない場合とは、法律上相殺が禁止されている債権である場合、不作為債権同士の場合、自働債権に抗弁権が付着している場合等です。自働債権に抗弁権が付着している場合に相殺が認められないのは、相手方の抗弁権を一方的に奪う結果となるからです。＊3

＊2

プラスアルファ

受働債権の時効が完成した場合は、債務者（ここでは相殺者）は時効を援用しないことができるので、その援用をせずにあえて相殺をすることができるのは当然です。

＊3

プラスアルファ

受働債権に抗弁権が付着している場合は相殺が認められます。この場合は、相殺者が自身の有する抗弁権をみずから放棄しているにすぎないからです。

債権総論－債権の消滅

72 相殺が禁止される場合 重要度 A

講師からのアドバイス

受働債権の差押えと相殺の問題は利益状況が複雑ですので、図表を参考にして理解に努めましょう。

1 相殺が禁止される場合

(1) 当事者が相殺禁止等の特約をした場合

当事者は、相殺を禁止しまたは制限する契約をすることができますが、この特約は第三者が悪意または重過失ある場合に限り、主張することができます（505条2項）。

(2) 受働債権が不法行為等に基づく場合

受働債権が不法行為等に基づく損害賠償債権のうち、以下の要件にあたるものは、それが他人から譲渡されたものであるときを除き、相殺が禁止されます（509条）。＊1

① 受働債権が、悪意による不法行為に基づく損害賠償債権であるとき ＊2
② 受働債権が、不法行為や債務不履行に基づく人の生命または身体の侵害による損害賠償債権であるとき

これらが禁止されるのは、不法行為の誘発を防ぎ（上記①）、被害者に現実の給付を得させるため（上記②）です。

＊1 ここに注意

2017年改正前は、受働債権が不法行為に基づく損害賠償債権である場合、一律に相殺が禁止されていましたが、2017年改正後は、禁止される場合が限定されています。

＊2 ここに注意

「悪意」があるというためには、故意（侵害結果等を認識して行為に及ぶこと）では足りず、積極的な意欲があることが必要とされています。

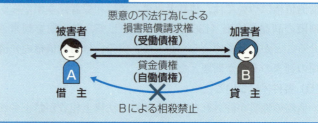

悪意の不法行為と相殺　＊3

(3) 受働債権が差押禁止債権である場合

差押禁止債権の例としては、扶養請求権、賃金請求権等があります。

(4) 受働債権が差押えを受けた場合

受働債権が差し押えられた場合、第三債務者（受働債権の債務者）が、相殺をすることができるか否かは、原則としてその相殺において自働債権とすべき債権を取得したのが①差押後か②差押前かにより決まります。

＊3 具体例で覚えよう！

例えば、Bが交通事故でAにけがをさせた場合、AはBに不法行為に基づく損害賠償請求権を取得します。この場合、BがAに対して貸金債権を持っていたとしても、これを自働債権として相殺をすることはできません（509条2号）。

① 受働債権が差し押えられた場合、第三債務者（受働債権の債務者）は、差押後に取得した債権による相殺を差押債権者に対抗することができません（511条1項）。＊4

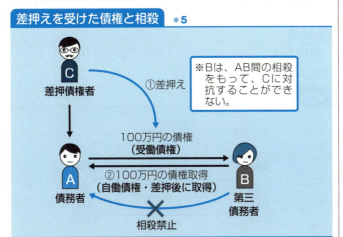

差押えを受けた債権と相殺　＊5

※Bは、AB間の相殺をもって、Cに対抗することができない。

① 差押え
100万円の債権（受働債権）
② 100万円の債権取得（自働債権・差押後に取得）
相殺禁止
差押債権者 C
債務者 A
第三債務者 B

② 受働債権が差し押えられた場合、第三債務者（受働債権の債務者）は、差押前に取得した債権による相殺を差押債権者に対抗することができます（511条1項）。

2 相殺の方法

相殺は、当事者の一方から相手方に対する意思表示によってなされます（506条1項前段）。相殺適状が生じても、相殺の意思表示がなされるまでは債権は消滅しません。＊6

相殺においては相手方の同意は不要とされ、相殺者の一方的意思表示で行われます（単独行為）。

3 相殺の効果

相殺により双方の債権・債務は、その対当額において消滅します（505条1項本文）。相殺の効力は相殺適状を生じた時にさかのぼって生じます（506条2項）。したがって、相殺適状が生じた以後の遅延損害金は発生しません。当事者は、相殺適状にある債権・債務については、すでに清算されたものと考えるのが通常ですし、当事者間の公平を図るという相殺制度の趣旨にも合致するからです。

＊4 プラスアルファ

差押後に取得した債権であっても、その債権が差押前の原因に基づくものであるときは、差押後に他人から取得したものであるときを除き、相殺を差押債権者に対抗することができます（511条2項）。

＊5 具体例で覚えよう！

例えば、AがBに対して100万円の債権を有していた場合、Aの債権者Cがこの債権を差し押さえた後、BがAに対して取得した100万円の債権との相殺をもって、BはCに対抗することができません。

＊6 ここに注意

相殺の意思表示には、条件または期限を付することはできません（506条1項後段）。

債権各論-契約総論

73 契約の成立

重要度 B

講師からの
アドバイス

到達主義、承諾期間を定めてした申込みなどは、択一対策には欠かせません。正確に覚えましょう。

*1 具体例で覚えよう！

AのBに対する「この家を500万円で売ります」という契約の申込みと、BのAに対する「この家を500万円で買います」という承諾によりAB間に契約が成立します（522条1項）。

*2 プラスアルファ

法令に特別の定めがある場合を除き、契約の成立に書面の作成等は必要ありません（522条2項）。

*3 ことばの意味

隔地者・対話者
隔地者とは、意思表示の発信から到達までの間に時間的な隔たりがある相手方をいいます。対話者とは、意思表示が即時に到達する相手方をいいます。

1 意義

契約とは、互いに対立する2個の意思表示の合致によって成立する法律行為をいいます。

契約の成立 *1 *2

2 申込み

申込みとは、一定の契約を締結しようとする意思表示です。

(1) 承諾期間の定めのある申込み

承諾期間を定めてした申込みは、申込者が申込みの撤回をする権利を留保したときを除き、撤回することができません（523条1項）。承諾期間内に相手方の承諾の通知が申込者に到達しない場合、申込みは効力を失います（523条2項）。

(2) 承諾期間の定めのない申込み

① 隔地者に対する申込みで、承諾期間を定めないでしたものは、申込者が申込みの撤回をする権利を留保したときを除き、申込者が承諾の通知を受けるのに相当な期間を経過するまでは撤回することができません（525条1項）。*3

② 対話者に対する申込みで、承諾期間を定めないでしたものは、その対話が継続している間は、いつでも撤回することができます（525条2項）。対話の継続中に承諾がなされなかったときは、対話終了後も申込みが効力を失わない旨を表示しない限り、申込みは効力を失います（525条3項）。

3 承諾・契約の成立時期

承諾とは、申込みを受けてこれに同意をすることにより**契約**を成立させる**意思表示**です。＊4

契約は、申込みに対する相手方の承諾が申込者に**到達**した時点で成立します（**到達主義**／97条1項）。 21-27 ＊5 ＊6

到達主義によれば、以下のように処理されます。＊7

> ① 申込みに対する承諾の通知を発信した後、承諾の通知が到達しなかったときは、契約は成立しない
> ② 申込みに対する承諾の通知を発信した後、承諾を撤回する通知を発信した場合、承諾を撤回する通知が先に申込者に到達したときは、契約は成立しない

契約の申込みと承諾

	申込みの撤回	承諾
承諾期間を定めた場合	その期間内はできない（523条1項本文）期間経過で当然に申込みは効力を失う	その期間内に到達しなければならない（523条2項）
承諾期間を定めない場合（隔地者間）	承諾の通知を受けるのに相当な期間内はできない（525条1項本文）相当な期間が経過しても当然に申込みの効力が失われるのではない ⇒撤回が必要	取引慣習等に照らして相当な期間内にしなければならない 撤回されなくても相当な期間の経過で承諾できなくなる 相当期間内に到達すれば契約成立

4 死亡等の効力

申込み・承諾は意思表示であり、その表示後、**死亡**、**意思能力の喪失**等があっても効力は**失われない**のが原則ですが（97条3項）、申込みには以下の例外があります（526条）。

> 申込み発信後、死亡、意思能力の喪失等の事実があっても
> ① 申込者が、当該事実があれば申込みは効力を生じない旨の意思表示をしていたとき
> ② 相手方が、承諾の発信までに当該事実を知ったとき 21-27
> ⇒①または②のときは、申込みは**効力を有しない**

＊4 プラスアルファ
申込みに条件を付し、その他変更を加えた承諾は、申込みの拒絶とともに新たな申込みとみなされます（528条）。

＊5 ここに注意
2017年改正前は、隔地者間においては承諾の発信時に契約が成立するとされていましたが（発信主義）、2017年改正により契約の成立は到達主義に統一され、意思表示の一般原則（97条1項）により、承諾の到達時に契約が成立します。

＊6 プラスアルファ
申込者の意思表示または取引上の慣習により承諾の通知を要しない場合、契約は承諾の意思表示と認めるべき事実があった時に成立します（527条）。

＊7 プラスアルファ
承諾期間の定めのある申込みに対する承諾が延着した場合、申込者は、延着した承諾を新たな申込みとみなすことができます（524条）。申込者は、新たな申込みに対する承諾をすることによって、契約を成立させることができます。

債権各論－契約総論

74 契約の種類

重要度 B

講師からのアドバイス

典型契約とその性質はその表を丸暗記しようとするのではなく、各契約を学習していく過程で覚えるようにしましょう。表は試験直前期に確認のために使用すればよいでしょう。

1 典型契約・非典型契約

民法の定める13種類の契約（贈与、売買、交換、消費貸借、使用貸借、賃貸借、雇用、請負、委任、寄託、組合、終身定期金、和解）を**典型契約**（**有名契約**）といいます。そうでない契約（例えば、出版契約、旅館宿泊契約等）を**非典型契約**（**無名契約**）といいます。

2 双務契約・片務契約

契約の当事者が互いに対価的な関係を有する債務を負担する契約を**双務契約**といいます。

これに対して、こうした性質を有しない契約を**片務契約**といいます。

双務契約の特有の規定として、**同時履行の抗弁権**（533条）、**危険負担**（536条）があります。

3 有償契約・無償契約

契約の当事者が、互いに対価的意義を有する出捐（経済的損失）をする契約を**有償契約**といいます。

これに対して、こうした性質を有しない契約を**無償契約**といいます。

双務契約はすべて有償契約ですが、有償契約は必ずしも双務契約ではありません。＊1

売買契約以外の有償契約については、性質が許さないときを除き、売買の規定が準用されます（559条）。例えば、代物弁済にも買主の追完請求権（562条）等が準用されます。 15-31

4 要物契約・諾成契約

当事者の意思表示のみで成立する契約を**諾成契約**といいます。

これに対して、当事者の合意のほかに、一方の当事者が物の引渡しその他の給付をすることを成立要件とする契約を**要物契約**といいます。売買、賃貸借、雇用等は諾成契約ですが、消費貸借（**書面でする場合を除く**）は要物契約です。

＊1

プラスアルファ

例えば、利息付消費貸借は、片務契約ですが、有償契約です。
消費貸借（書面でする場合を除く）は要物契約なので、貸主は債務を負担しません。しかし、利息付の場合、貸主の経済的損失（目的物を利用できない）に対応して、借主も利息の支払いという対価的意義を有する経済的負担を負っているので、有償となります。

● 債権各論

典型契約の種類と性質 *2 *3

	双務・片務	有償・無償	要物・諾成	解除の遡及効
贈与	片務	無償	諾成	あり
売買	双務	有償	諾成	あり
交換	双務	有償	諾成	あり
消費貸借	片務	無償（利息付は有償）	要物（書面でする場合は諾成）	あり
使用貸借	片務	無償	諾成	なし（解釈）
賃貸借	双務	有償	諾成	なし（620条）
雇用	双務	有償	諾成	なし（630条・620条）
請負	双務	有償	諾成	あり
委任	片務（報酬付は双務）	無償（報酬付は有償）	諾成	なし（652条・620条）
寄託	片務（報酬付は双務）	無償（報酬付は有償）	諾成	なし
組合	双務	有償	諾成	なし（684条・620条）
終身定期金	片務（対価ありは双務）	無償（対価ありは有償）	諾成	なし
和解	双務	有償	諾成	あり

5 定型約款

ある特定の者が**不特定多数の者を相手方として行う取引**であって、その内容の全部または一部が画一的であることが当事者双方にとって合理的なものを**定型取引**といいます。**定型約款**とは、この定型取引において、契約の内容とすることを目的として**上記特定の者により準備された条項の総体**のことをいいます（548条の2第1項）。*4

定型約款を契約の内容とする旨の合意をしたとき、定型約款を準備した者がその定型約款を契約の内容とする旨を相手方に表示していたときは、定型約款の**個別の条項についても合意をしたもの**とみなされます（548条の2第1項）。

*2 プラスアルファ

民法は、「第三者のためにする契約」についても定めています。これは、契約の当事者が、自己の名において締結した契約によって、当事者以外の第三者に対して、直接、権利を取得させることを内容とする契約のことをいいます（537条1項）。第三者のためにする契約において、第三者の権利は、その第三者が債務者に対して契約の利益を享受する意思を表示したとき（受益の意思表示をしたとき）に発生します（537条3項）。

*3 図表の読み方

「交換」は、当事者が互いに金銭の所有権以外の財産権を移転することを約する契約です（586条1項）。
「終身定期金契約」は、当事者の一方が、自己・相手方・第三者の死亡まで定期的に金銭等を給付することを約する契約であり（689条）、使用者が長年勤続した被用者に対して、被用者の死亡まで月3万円を給付することを約束する場合などがあります。
なお、典型契約以外の要物契約に、手付契約（557条）、質権設定契約（344条）等があります。

*4 具体例で覚えよう！

定型約款の例として、宿泊約款や運送約款などが考えられます。

271

債権各論－契約総論

75 同時履行の抗弁権

重要度 B

講師からのアドバイス
同時履行の抗弁権と留置権はどちらも引渡しを拒絶できる権利として共通しているためよく比較されます。比較の視点を持って学習しましょう。

> **第533条【同時履行の抗弁】**
> 双務契約の当事者の一方は、相手方がその債務の履行（債務の履行に代わる損害賠償の債務の履行を含む。）を提供するまでは、自己の債務の履行を拒むことができる。ただし、相手方の債務が弁済期にないときは、この限りでない。

立法趣旨

公平の原理に基づき、双務契約の各債務の間の履行上の牽連関係を認めています。同時履行の関係を認めることが、当事者の合理的意思にも合致します。また、取引の簡易迅速な処理にも適するものです。

1 意義

双務契約における当事者の一方が、相手方が債務の履行を提供するまで自己の債務の履行を拒絶することができる権限を同時履行の抗弁権といいます（533条）。＊1

2 成立要件

＊1 **具体例で覚えよう！**
例えば、AB間で、Aの所有する自動車について、一定の期日を定めて売買契約を締結したが、その期日が到来してもBが代金を支払おうとしない場合、Aも原則として自動車の引渡しを拒絶することができます。

① 1個の双務契約から生じた対立する債務が存在すること
② 双方の債務がともに弁済期にあること
③ 相手方が自己の債務の履行またはその提供をしないで他方の債務の履行を請求してきたこと

（1）要件①について

この「対立する債務」には、履行に代わる損害賠償債務も含まれます（533条かっこ書）。

（2）要件②について

両債務のもともとの弁済期の先後を問わず、もともとの弁済期が同じである必要もありません。

なお、相手方が履行の提供をしても、これが継続されない限り、同時履行の抗弁権は失われません。 20-32

3 効果

同時履行の抗弁権を有している限り、弁済期日を経過しても違法性はなく、相手方に対して履行遅滞の責任（415条）を負いません。 15-32

●債権各論

訴訟において、双務契約の当事者の一方（原告）が債務の履行を請求した場合、相手方（被告）から同時履行の抗弁権が主張されたときは、原告の債務の履行と引換えに被告の債務の履行を命ずる旨の判決（引換給付判決）がなされます（大判明44.12.11）。

4 533条の類推適用（成立要件①について）

(1) 取消しに基づく原状回復義務

当事者の一方が未成年であることを理由に売買契約が取り消された場合における当事者相互の返還義務（原状回復義務）は、同時履行の関係に立ちます（最判昭28.6.16）。

(2) 借地借家法13条の建物買取請求権と土地の明渡し

借地人が借地借家法13条の建物買取請求権を行使した場合は、建物だけでなくその敷地の明渡しについても、同時履行の抗弁権が及びます（最判昭35.9.20）。

なお、借家人が借地借家法33条の造作買取請求権を行使した場合、建物の明渡しとの同時履行を主張することはできません（最判昭29.7.22）。わずかな造作の代金のために建物全体の明渡しを拒めるとすると公平でないからです。 20-32

同時履行の抗弁権と留置権　13-29 *2

	同時履行の抗弁権	留置権
性質	債権関係（債権に付着した抗弁権）	担保物権
発生	1個の双務契約から生じた債権債務が対立	1個の物につき、その返還債務とその物から生じた債権が対立
存続要件	なし	占有継続（302条）
効力	契約の相手方に対してのみ主張可能	第三者に対しても主張可能
代担保による消滅請求	なし	あり（301条）
履行拒絶の割合	不履行度合いに応じて割合的	不可分（296条）

*2 ここに注意

同時履行の抗弁権は、留置権（295条）と同様に、公平の理念に基づく権利です。また、間接的に相手方の債務の履行を促す機能も有しています。

債権各論－契約総論

76 危険負担

重要度 B

講師からのアドバイス

双務契約において、一方の債務が履行不能となった場合、反対債務の取扱いが問題となります。危険負担は、そのような場合に関するルールです。

> **第536条【債務者の危険負担等】**
> 1　当事者双方の責めに帰することができない事由によって債務を履行することができなくなったときは、債権者は、反対給付の履行を拒むことができる。
> 2　債権者の責めに帰すべき事由によって債務を履行することができなくなったときは、債権者は、反対給付の履行を拒むことができない。この場合において、債務者は、自己の債務を免れたことによって利益を得たときは、これを債権者に償還しなければならない。

立法趣旨

双務契約において、一方の債務が当事者双方の責めに帰することができない事由によって履行不能（原始的不能を含む）となった場合に、公平等の見地から反対債務の履行拒絶権を認めています。

1 意義

危険負担とは、双務契約において、一方の債務が履行不能（原始的不能を含む）となった場合に、その債務の債権者が他方の債務（反対債務）の**履行を拒絶**することができるかという問題です。＊1

*1 **ここに注意**

2017年改正前は、危険負担は反対債務の消滅を問題としていましたが、2017年改正後は、反対債務の消滅は専ら解除の問題であり、危険負担は反対債務の履行拒絶を問題としています。

*2 **具体例で覚えよう！**

例えば、建物の売買契約（双務契約）において、建物が引渡前に類焼（当事者双方の責めに帰することができない事由）により焼失してしまい、建物引渡請求権が履行不能となった場合があります。

危険負担 ＊2

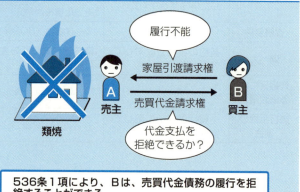

536条1項により、Bは、売買代金債務の履行を拒絶することができる

●債権各論

2 履行拒絶権の有無

(1) 当事者双方に帰責事由がないとき

双務契約において、当事者双方の責めに帰することができない事由によって履行不能（原始的不能を含む）となったときは、債権者は、反対給付の履行を拒むことができます（536条1項）。 21-33 *3

536条1項による履行拒絶の要件は以下のとおりです。

① 双務契約において、一方の債務が履行不能であること
② 当事者双方に帰責事由がないこと

(2) 債権者に帰責事由があるとき

上記と異なり、債権者の責めに帰すべき事由によって履行と不能となったときは、債権者は、反対給付の履行を拒むことができません（536条2項前段）。 *4 *5

なお、債権者に帰責事由があるときは、債権者は履行不能に基づく契約の解除をすることもできません（543条）。したがって、債権者は、履行を拒絶できず、さらに解除もできないので、反対債務を履行しなければなりません。

危険負担と解除等の原則的適用関係

双方に帰責事由なし	履行拒絶＋解除
債権者に帰責事由	履行拒絶・解除いずれも不可
債務者に帰責事由	損害賠償請求＋解除

3 特定物売買における滅失・損傷と危険の移転

特定物売買の目的物（種類債権で特定したものを含む）の引渡後、その目的物が当事者双方の責めに帰することができない事由によって滅失または損傷したときは、買主は、これを理由として追完請求、代金減額請求、損害賠償請求、解除をすることができず、また、代金の支払を拒むこともできません（567条1項）。 *6

このように危険の移転時期は引渡時とされています。すなわち、引渡し以降の滅失・損傷のリスクは買主が負います。

*3 プラスアルファ

危険負担の効果は履行拒絶にとどまるので、反対債務は存続します。反対債務を消滅させるには、解除が必要です。

*4 プラスアルファ

受領遅滞中に生じた履行不能は、当事者双方の責めに帰することができない事由によるものであっても、債権者の責めに帰する事由によるものとみなされます（413条の2第2項）。

*5 プラスアルファ

この場合、履行不能となった債務の債務者は、自己の債務を免れたことによって利益を得たときは、これを債権者に償還しなければなりません（536条2項後段）。

*6 プラスアルファ

受領遅滞中に、当事者双方の責めに帰することができない事由による滅失・損傷があった場合も同様です（567条2項）。

第2編 民法 債権各論

債権各論－契約総論

77 解除

重要度 A

 講師からのアドバイス

「催告による解除」と「催告によらない解除」について、適用場面と要件を整理しておきましょう。

> 第540条【解除権の行使】
> 1 契約又は法律の規定により当事者の一方が解除権を有するときは、その解除は、相手方に対する意思表示によってする。
> 2 前項の意思表示は、撤回することができない。

立法趣旨
双務契約の拘束から当事者を解放し、損害を被らせないようにするため、設けられました。

1 意義
解除とは、契約が締結された後に、一方当事者の意思表示によりその契約を遡及的に消滅させる制度です。

 *1 ことばの意味

合意解除
契約後、当事者双方の合意によりする解除です。

約定解除
契約の中で解除について定めて、これに基づいてする解除です。

解除の分類 *1

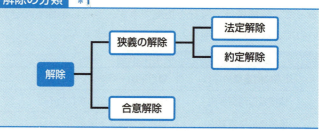

 *2 ここに注意

2017年改正前は、解除の要件として債務者の帰責事由が必要でしたが、2017年改正後は、債務者の帰責事由は不要です。ただし、債権者に帰責事由があるときは、解除できません（543条）。

 *3 プラスアルファ

相当期間を定めない催告や不相当に短い期間を定めた催告も有効です。その場合は、客観的にみて相当期間が経過すれば解除権が発生します（大判昭2.2.2等）。

2 催告による解除
債務の履行がない場合、債権者は**催告による解除**をすることができます（541条本文）。要件は以下のとおりです。なお、債務者の帰責事由は**不要**です。 13-31 *2

① 債務の本旨に従った履行がないこと
② 相当の期間を定めて履行の催告をしたこと　15-32 *3
③ その期間内に履行がないこと
④ その期間経過時における債務不履行が契約および取引上の社会通念に照らして軽微でないこと（541条ただし書）
⑤ 債権者の責めに帰すべき事由によらないこと（543条）
⑥ 解除の意思表示をすること

276

●債権各論

3 催告によらない解除

履行不能や定期行為の不履行等がある場合、債権者は無催告で解除することができます（542条）。要件は以下のとおりです。なお、債務者の帰責事由は不要です。＊2　＊4

① 履行不能のとき、債務者が全部の履行を拒絶する意思を明確に表示したとき、一部不能または一部拒絶の意思を明確にした場合に残存部分のみでは契約の目的を達成できないとき、定期行為で履行がなくその時期を経過したとき　など
② 債権者の責めに帰すべき事由によらないこと（543条）
③ 解除の意思表示をすること

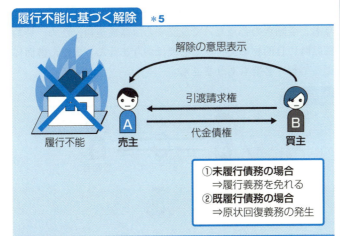

履行不能に基づく解除　＊5

①未履行債務の場合
　⇒履行義務を免れる
②既履行債務の場合
　⇒原状回復義務の発生

4 解除権の不可分性

契約当事者の一方または双方が複数いる場合は、全員からまたは全員に対して解除の意思表示をしなければなりません（解除権の不可分性／544条1項）。13-31　＊6

5 解除の効果

解除権の行使によって、契約は遡及的に消滅します。すなわち、①未履行債務は当然に消滅し、②履行されたものは返還し、契約締結以前の状態に戻す義務が発生します（原状回復義務／545条1項本文）。13-29　13-31　＊7

 ことばの意味

定期行為
契約の性質または当事者の意思表示により、一定の日時または一定の期間内に履行しなければ、契約の目的を達成することができない行為です。

＊5　具体例で覚えよう！
例えば、Aを売主、Bを買主とする建物の売買契約において建物の引渡前に建物引渡債務が履行不能（Bに帰責事由なし）となった場合、Bは解除できます。

＊6 プラスアルファ
1人について解除権が消滅したときは、他の者についても消滅します（544条2項）。

＊7　プラスアルファ
①ただし、解除前の第三者（対抗要件が必要）は保護されます（545条1項ただし書、最判昭33.6.14）。②金銭以外の物を返還するときは、受領の時以後に生じた果実をも返還しなければなりません（545条3項）。③解除権を行使しても、要件をみたす限り損害賠償を請求することができます（545条4項）。

債権各論－契約各論

78 贈与

重要度 B

書面によらない贈与は択一対策必須知識です。確実に覚えてください。

> **第549条【贈与】**
> 贈与は、当事者の一方がある財産を無償で相手方に与える意思を表示し、相手方が受諾をすることによって、その効力を生ずる。

1 贈与契約の意義・成立

贈与契約とは、贈与者が受贈者に無償で何らかの財産を与えることを内容とする、**片務・無償・諾成契約**です（549条）。

贈与は、「贈与者が無償で財産的利益を与える」という贈与者と受贈者の合意だけで成立する（諾成契約）ため、契約締結時に目的物を交付する必要はありません。また、書面によって行う必要もありません。

＊1 具体例で覚えよう！
例えば、AがBに土地を贈与した場合、Aは財産権移転義務を負い（片務契約）、Bは対価を支払わずに土地を手に入れることができます（無償契約）。

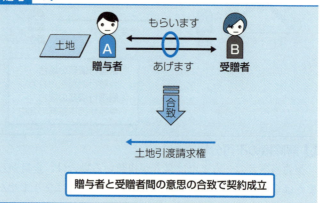

贈与者と受贈者間の意思の合致で契約成立

2 贈与の効力

贈与者は、受贈者に対して、目的物の移転義務を負います。その義務に関して、贈与者は、贈与の目的として特定した時の状態での引渡しまたは移転を約したものと推定されます（551条1項）。すなわち、贈与者は、原則として**贈与の目的とした時点の状態**で目的物を移転すれば足ります。

もっとも、贈与契約で上記と異なる一定状態での移転義務を定めたときは、その契約内容に適合した目的物を移転しなければなりません。＊2

＊2 プラスアルファ
贈与者が契約内容に適合しない物を移転したときは、債務不履行となり、受贈者は、追完請求、損害賠償請求、解除をすることができます。

3 書面によらない贈与

> **第550条【書面によらない贈与の解除】**
> 書面によらない贈与は、各当事者が解除をすることができる。ただし、履行の終わった部分については、この限りでない。

　書面によらない贈与契約は、いずれの当事者も自由に解除することができるのが原則です（550条本文）。その趣旨は、①書面によって権利移転の意思を明確化し、後の紛争を防止すること、および②書面を要求することによって軽率な贈与を防止するところにあります。

　ただし、すでに履行の終わった部分は、贈与者の履行の意思が明確になったといえるので、解除することができません（550条ただし書）。「履行の終わった」とは、次のような場合をいうと解されています。 15-33 18-46 ＊3

「履行の終わった」の意味 15-33

動産	引渡し（占有改定、指図による占有移転を含む）
不動産	引渡しまたは登記

4 特殊の贈与

(1) 負担付贈与（553条）

　受贈者に対し一定の給付をする債務を負担させる贈与契約（負担付贈与）では、贈与者は受贈者の負担の限度において担保責任を負う（551条2項）とともに、その性質に反しない限り双務契約に関する規定（同時履行の抗弁権、危険負担等）も準用されます（553条）。 15-33 ＊4

(2) 死因贈与（554条）

　死因贈与とは、贈与者の死亡によって効力を生ずる贈与契約です。性質が類似するため、遺贈に関する規定が準用されます。したがって、死因贈与はいつでも撤回することができます。 15-33 ＊5

(3) 定期贈与（552条）

　定期贈与とは、一定の時期ごとに無償で財産を与える契約です。当事者の人的関係が重視されるので、贈与者または受贈者の死亡により効力を失います。 12-32

＊3 ここに注意

書面によってなされたといえるためには、贈与の意思表示自体が書面によっていることは必要ではなく、また、贈与の当事者間で作成されたことや書面に無償の趣旨の文言が記載されていることも必要ありません（最判昭60.11.29）。

＊4 判例ゼミ

判例は、負担付贈与において受贈者がその負担である義務の履行を怠るときは、贈与者は贈与契約の解除をすることができるとしています（最判昭53.2.17）。

＊5 ここに注意

死因贈与はあくまでも当事者の合意により成立する契約です。これに対し、遺贈は、遺言という単独行為によって財産を与える場合であるという点で両者は異なります。例えば、死因贈与では受贈者の錯誤等、意思表示が問題となりえますが、遺贈では受遺者の意思は関係ありません。

債権各論－契約各論

79 売買

重要度 B

講師からのアドバイス

意思表示の合致により売買契約が成立し、売主・買主にどのような義務が発生するのかをおさえておきましょう。果実の帰属は、択一対策としてしっかりおさえておきましょう。

> **第555条【売買】**
> 売買は、当事者の一方がある財産権を相手方に移転することを約し、相手方がこれに対してその代金を支払うことを約することによって、その効力を生ずる。

1 意義・成立

売買契約とは、当事者の一方がある財産権を相手方に移転することを約束し、相手方がその代金を支払うことを約束することによって成立する**双務・有償・諾成契約**です（555条）。売買は、諾成契約であることから、「売る・買う」の合意が成立すれば、その他の付随事項（履行期・履行場所など）の合意、契約書の作成がなくても契約が成立します。

＊1 具体例で覚えよう！

例えば、AがBとの間で、土地を売り渡すことが考えられます。

売買 ＊1

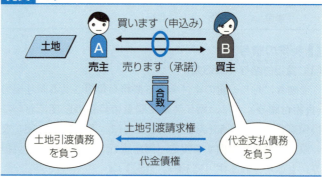

2 売買の効力

(1) 売主の義務

売主は、買主に対し、目的物の移転義務を負います（555条）。さらに、売主は、登記、登録等の対抗要件を備えさせる義務を負います（560条）。また、他人の権利を売買の目的としたとき（他人物売買）は、売主は、その権利を取得して買主に移転する義務を負います（561条）。＊2

(2) 買主の義務

買主は、代金支払義務を負います（555条）。

イ 代金支払義務の時期と支払場所

買主は代金を支払う義務を負います。代金支払時期は

＊2 ここに注意

他人物売買契約も有効です。たとえ真の権利者が「絶対に他人に渡さない」と考えている場合でも有効です。

280

特約がない限り、目的物の引渡時期と同時と推定されます（573条）。売買の目的物の引渡しと同時に代金を支払うべきときは、その引渡しの場所において代金を支払わなければなりません（574条）。

ロ　支払拒絶できる場合

次のように、売買の目的物に他人の権利が関係する場合、買主は代金の支払いを拒むことができます。

① 売買の目的物について権利を主張する者があることその他の事由により、買い受けた権利の全部ないし一部を取得することができずまたは失うおそれがある場合
⇒買主はその危険の程度に応じて代金の一部ないし全部の支払いを拒絶することができる（576条本文）＊3
② 売買の目的物である不動産に契約の内容に適合しない抵当権、先取特権、質権の登記がなされている場合
⇒買主は、抵当権、先取特権、質権の消滅請求（379条、341条、361条）の手続が終わるまで、代金の支払いを拒絶することができる（577条1項前段、2項）。＊4

(3) 果実の帰属（575条）

引渡前の目的物に果実が生じた場合、売主は果実を収取する権利を得るのに対し、目的物を引き渡すまで代金の利息を受け取ることができません（575条）。この規定の趣旨は、売主と買主との間で果実と利息の決済に関し複雑な関係が生じるのを防ぐ点にあります。

そして、売主が目的物の引渡しを遅滞していても、買主によって代金の支払いがなされない限り、売主は果実を収取することができます（大判大13.9.24等）。ただし、買主が代金を支払ったときは、売主は、目的物の引渡前であっても果実を収取する権利を失います（大判昭7.3.3）。

(4) その他

売買契約に関する費用は、当事者双方が平等に負担します（558条）。＊5

＊3
ここに注意
ただし、売主が相当の担保を供したときは支払を拒むことができません（576条ただし書）。

＊4
プラスアルファ
他方で、売主は、買主に対して、遅滞なく抵当権、先取特権、質権の消滅請求をすべき旨を請求することができます（577条1項後段、2項）。

＊5
プラスアルファ
弁済の費用は原則として債務者が負担すること（485条）に注意しましょう。

債権各論－契約各論

80 手付

重要度 B

解約手付の解除の要件について、判例をおさえて正確に理解しましょう。

1 意義

手付とは、契約に際して当事者の一方から交付される金銭その他の有価物です。＊1

手付の種類

証約手付	契約を締結したということを示しその証拠という趣旨で交付される手付
違約手付	契約上の債務を履行しない場合に没収される手付 ※「違約罰としての手付」と「損害賠償額の予定としての手付」の2種類がある。＊2
解約手付	手付の金額だけの損失を覚悟すれば、相手方の債務不履行がなくても契約を解除することができるという趣旨で交付される手付

＊1 ここに注意

一般に「手付金」「内金」「預かり金」などの名目で金銭の交付がなされることがありますが、これらは必ずしも民法上の手付に該当するわけではありません。

すべての手付は、証約手付としての性質を有しています。また、手付の性質については、当事者間に特約がない限り**解約手付**と推定するのが判例です（最判昭29.1.21）。

2 解約手付による解除

> **第557条【手付】**
> 1　買主が売主に手付を交付したときは、買主はその手付を放棄し、売主はその倍額を現実に提供して、契約の解除をすることができる。ただし、その相手方が契約の履行に着手した後は、この限りでない。
> 2　第545条第4項（※「解除権の行使は、損害賠償の請求を妨げない。」）の規定は、前項の場合には適用しない。

＊2 ことばの意味

違約罰としての手付
債務不履行がある場合に、違約罰として当然に没収される趣旨で交付される手付をいいます。そして、債権者はこれとは無関係に債務不履行による損害賠償を請求することができます。

損害賠償額の予定としての手付
当事者の一方が契約上の債務を履行しない場合に、損害賠償の予定として交付される手付をいいます。手付を交付した者に債務不履行があったときは損害賠償としてそれを没収され、手付を受け取った者に債務不履行があったときは、その倍額を償還しなければなりません。

> **立法趣旨**
> 履行に着手した場合に手付に基づく解除権の行使を禁じて、履行がなされるものと期待する履行着手者の利益を保護するものです。

解約手付が交付された場合、**相手方が履行に着手する**まで、買主は手付を**放棄**して、売主は手付の**倍額**を現実に提供して売買契約を解除することができます。すなわち、買主・売主は、いずれも手付金額分の損をすることで、みずから契約を解除することができます。

282

「履行に着手」とは、債務の内容たる給付の実行に着手すること、すなわち、**客観的に外部から認識しうるような形で履行行為の一部をなし、または履行の提供をするために欠くことのできない前提行為をした場合**をいいます（最判昭40.11.24）。

履行の着手が認められた例	
買主側	不動産の売買において、履行期限到来後、売主に対して履行を求め、売主が移転登記をすればいつでも支払いができるよう残代金の準備をしていた場合（最判昭33.6.5）
売主側	第三者所有の不動産売買において、売主がその不動産を取得し、かつ、自己名義の登記を得た場合（最判昭40.11.24）

手付解除

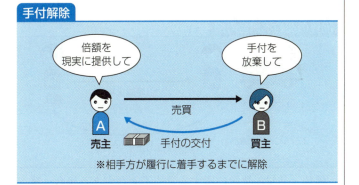

3 手付解除と損害賠償

　解約手付による解除は、債務不履行による解除とは異なるため、解除しても損害賠償を請求することはできません（557条2項）。例えば、手付解除によって相手方が手付金またはその倍額を超えて損害を被った場合であっても、その損害を賠償する必要はありません。

債権各論－契約各論

81 売主の契約不適合責任①

重要度 A

講師からの
アドバイス

契約不適合がある場合の買主の請求内容について、しっかり学習しておきましょう。

*1 ここに注意

2017年改正前の瑕疵担保責任は法定責任であり、特定物に対してのみ適用されると解されていましたが、契約不適合責任は債務不履行責任であり、不特定物売買に対しても適用されます。

*2 具体例で覚えよう！

例えば、江戸時代の「踏絵」のようなものは絶対に許されません。

*3 プラスアルファ

売主は、買主に不相当な負担を課すものでないときは、買主が請求した方法と異なる方法で追完をすることができます（562条1項ただし書）。

1 売主の義務

売主は、特定物売買・不特定物売買を問わず、売買契約に基づき、買主に対して、当該契約に適合した種類・品質・数量で目的物を引き渡す義務を負います。また、売主は、売買契約に基づき、買主に対して、当該契約に適合した権利を買主に供与すべき義務を負います。*1

2 種類・品質・数量に関する契約不適合

種類・品質・数量に関する契約不適合とは、「契約上のあるべき種類・品質・数量」をみたさない場合をいいます。

品質の契約不適合の例 *2

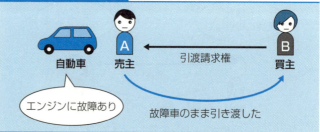

種類・品質・数量に関する契約不適合がある場合、買主は、追完請求（562条）、代金減額請求（563条）、損害賠償請求（415条）、解除（541条、542条）をすることができます。

種類・品質・数量の契約不適合に対する買主の権利

追完請求	目的物の修補、代替物の引渡し、不足分の引渡しを請求（562条1項本文）*3 ただし、契約不適合が買主の責めに帰すべき事由によるときは不可（562条2項）
代金減額請求	相当期間を定めた追完の催告をし、その期間内に追完がないとき、不適合の程度に応じて代金減額を請求（563条1項） 21-33 *4 ただし、契約不適合が買主の責めに帰すべき事由によるときは不可（563条3項） 21-33
損害賠償請求・解除	一般原則（415条以下、541条以下）による。なお、追完請求、代金減額請求をした場合であっても可（564条） 21-33

● 債権各論

3 権利に関する契約不適合

権利に関する契約不適合には、①売主が買主に移転した権利が契約の内容に適合しない場合（売買目的物の利用制限がある場合）、②売主が買主に権利の一部を移転しない場合（権利の一部が他人に属する場合）があります（565条）。＊5

①の例として、売買目的物の上に地上権、地役権、留置権、質権等の占有を妨げる権利が存在しているとき、不動産売買で当該不動産のために存在するものとされていた地役権が存在しないとき等があります。

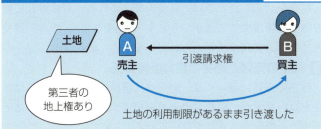

権利の契約不適合の例／地上権による利用制限

②の例として、売買の目的物とされた土地の一部に他人の所有地が含まれていたとき等があります。＊6

権利に関する契約不適合がある場合、買主は、種類・品質・数量に関する場合と同様に、**追完請求**、**代金減額請求**、**損害賠償請求**、**解除**をすることができます（565条）。

4 不適合の通知と失権

種類・品質に関する契約不適合の場合、買主がその不適合を知った時から**1年以内**にその旨を**通知**しないときは、売主がその不適合について悪意または重過失あるときを除き、買主は、売主に対して契約不適合責任を追及することができません（566条）。

ただし、数量に関する契約不適合、権利に関する契約不適合の場合は、上記通知は要求されていません。

なお、消滅時効の一般原則により、買主の請求権は、買主が権利を行使することができることを知った時（契約不適合を知った時）から**5年**、権利を行使することができる時（引渡し時）から**10年**で消滅します（166条1項）。

 ＊4 プラスアルファ

追完不能のとき、売主が追完拒絶の意思を明確にしているとき、定期行為で追完をせずに期間が経過したとき、買主が催告をしても履行の追完を受ける見込みがないことが明らかであるときは、催告をせずに代金減額を請求できます（563条2項）。

 ＊5 ここに注意

いずれの場合も、権利に関する契約不適合が契約締結時にある場合のみならず、契約締結後に生じた場合も含みます。

 ＊6 ここに注意

権利の全部が他人に属する場合、債務不履行の一般原則によって処理されます。権利に関する契約不適合の責任を定めた565条は適用されません。

債権各論－契約各論

82 売主の契約不適合責任② 重要度 A

講師からのアドバイス

契約不適合責任には特則があるので注意しましょう。また、減免特約の効力についても確認しておきましょう。

1 競売における買受人の権利の特則

競売によって買い受けた物について、数量に関する不適合、権利に関する不適合があった場合、買受人は、債務者に対して契約の解除、代金減額請求をすることができます（568条1項、4項）。また、債務者が物または権利の不存在を知りながら申し出なかったときまたは債権者がこれを知りながら競売を請求したときは、買受人は、これらの者に対して損害賠償を請求することができます（568条3項）。なお、買受人には、追完請求は認められていません。＊1

＊1 ここに注意

種類・品質に関する不適合については、これらの請求は認められていません（568条4項）。

2 債権の売買と売主の資力担保責任

債権の売買においては、売主は、債権の存在については責任を負いますが、債務者の資力を担保する特約がなければその資力を担保する責任を負いません。＊2

＊2 プラスアルファ

債務者の資力を担保するとは、債務者が無資力となって支払が不可能となった場合に、債権の売主が債権の買主に対して責任を負うことをいいます。

① 債務者の資力を担保する特約がある場合、売主は、契約当時における資力を担保したものと推定される（569条1項）
② 弁済期に至らない債権について債務者の将来の資力を担保したときは、弁済期における資力を担保したものと推定される（569条2項）

3 抵当権等がある場合の買主による費用償還請求

売買の目的不動産に契約の内容に適合しない先取特権、質権または抵当権が存在していた場合、買主が費用を支出してその不動産の所有権を保存したときは、買主は、売主に対して、その費用の償還を請求することができます（570条）。

4 契約不適合責任の減免特約

契約不適合責任は任意規定であり、責任を免除・制限する特約を締結することもできます。ただし、以下の場合は、特約があっても売主は責任を免れることができません。

① 売主が知りながら告げなかった事実（572条前段）
② 売主がみずから第三者のために設定しまたは第三者に譲り渡した権利（572条後段）

5 契約不適合責任の概要（まとめ）

契約不適合責任の概要

不適合	請求内容	通知
種類	①追完請求 ②代金減額請求 ③損害賠償請求 ④解除	１年内に通知（売主が悪意重過失なら不要）
品質		
数量		不要
権利		

6 買戻し

（1）意義

買戻しとは、不動産の売買契約と同時にした特約に基づき、売主が留保した解除権の行使によって売買契約を解除することです（579条）。＊3

例えば、金銭を借り入れる際に、借入金を弁済すれば買戻しができる旨の特約付きで債務者が所有する不動産を貸主に譲渡する場合があります。これは、実質的に、不動産を担保とした金銭の借入と同じことになります。

（2）買戻しの有効要件

① 買戻しの目的物が不動産であること（579条前段）
② 特約が売買契約と同時にされること（579条前段）
③ 期間は10年を超えることができない（580条1項）

買戻しの期間を定めないこともできますが、その場合は5年以内に買戻しをしなければなりません（580条3項）。

（3）買戻しの実行

売主は、期間内に代金（または合意により定めた金額）および契約の費用を提供しなければ、買戻しをすることができません（579条、583条1項）。また、買主等には、必要費・有益費の償還請求が認められています（583条2項）。

＊3
 プラスアルファ

買戻しの特約を売買契約と同時に登記したときは、第三者に対抗することができます（581条1項）。

債権各論－契約各論

83 消費貸借

重要度 B

消費貸借には、いくつかの種類があるので、区別して整理しましょう。

> **第587条【消費貸借】**
> 　消費貸借は、当事者の一方が種類、品質及び数量の同じ物をもって返還をすることを約して相手方から金銭その他の物を受け取ることによって、その効力を生ずる。

1 意義・成立

　消費貸借契約には、2つの成立形態があります。まず、①当事者の一方が相手方から金銭その他の物を**受け取り**、相手方に同種・同等・同量の物を返還することを約するものがあります（587条）。これは**要物契約**です。もう1つは、**諾成契約**としての消費貸借であり、②**書面によって**、当事者の一方が金銭その他の物を引き渡すことを**約し**、相手方が同種・同等・同量の物を返還することを**約する**ものです（書面でする消費貸借／587条の2）。なお、消費貸借契約は**片務契約**であり、無利息であれば**無償契約**、利息付であれば**有償契約**です。

2 貸主の義務

(1) 貸す債務

① 要物契約としての消費貸借では、物の引渡しにより契約が成立しますから、貸主の「貸す債務」は観念できません。

② 書面でする消費貸借では、その書面でする契約によって、貸主の「貸す債務」が発生します。＊1　＊2

(2) 貸主の目的物の欠陥に対する責任

　利息付消費貸借は有償契約ですから、売主の契約不適合責任の規定が準用されます（559条・562条以下）。これに対して、無利息消費貸借では、その無償性にかんがみ、貸主は、特約がない限り、消費貸借の目的として特定した時の状態で引き渡せば足ります（590条1項・551条参照）。＊3

*1
 ここに注意
借主の「借りる債務（義務）」は発生しません。

*2
 プラスアルファ
書面でする消費貸借の借主は、貸主から物を受け取るまで、契約の解除をすることができます（587条の2第2項前段）。なお、貸主は、解除によって損害を受けたときは、借主に対して損害賠償を請求することができます（587条の2第2項後段）。

*3
 プラスアルファ
無利息消費貸借では、貸主は、消費貸借の目的として特定した時の状態で引き渡すことを約したものと推定されます（590条1項、551条1項）。契約で異なる合意をしたときは、その内容に適合する物の引渡義務を負い、これに違反すると債務不履行責任が発生します。

消費貸借の貸主の責任	
利息付	追完、代金減額、損害賠償、解除
無利息	原則責任なし。特約があれば債務不履行責任

●債権各論

3 借主の義務

(1) 返す債務

借主は、返還すべき時期に、同種・同等・同量の物を返還しなければなりません（587条、587条の2）。利息付の場合は、利息も支払わなくてはなりません。

なお、無利息・利息付を問わず、貸主から引き渡された物が種類・品質に関して契約の内容に適合しないときは、借主は、その物の価額を返還することができます（590条2項）。

(2) 返還時期

返還時期の定めがあるときは、貸主は、その時期に返還を請求することができます。＊4

返還時期の定めがないときは、貸主は、相当の期間を定めて催告することができ（591条1項）、借主は、その相当期間内に返還する必要があります。＊5

なお、借主は、返還時期の定めの有無を問わず、いつでも返還をすることができます（591条2項）。

借主の返還時期

返還時期	貸主	借主
定めあり	定めた時期に返還請求可	いつでも返還可
定めなし	催告後、相当期間経過時に返還請求可	

消費貸借・使用貸借・賃貸借の比較

消費貸借	使用貸借	賃貸借
借りた物を消費し、同種・同等・同量の別の物を返還	借りた物そのものを返還	
無償も有償もある	無償	有償
要物または諾成	諾成	
借主死亡の場合、契約は相続人に承継される	借主死亡の場合、契約は終了する	借主死亡の場合、契約は相続人に承継される

＊4
プラスアルファ

返還時期の定めがある場合、貸主は、その返還時期の前の返還によって受けた損害について、借主に対して損害賠償を請求することができます（591条3項）。

＊5
判例ゼミ

催告に一定期間の定めがない場合でも、その催告の時から返還の準備をするのに相当の期間が経過すると、借主は遅滞に陥ります（大判昭5.1.29）。

債権各論－契約各論

84 使用貸借

重要度 B

使用貸借の終了のルールは複雑ですから、図表を参考に整理しましょう。

> **第593条【使用貸借】**
> 使用貸借は、当事者の一方がある物を引き渡すことを約し、相手方がその受け取った物について無償で使用及び収益をして契約が終了したときに返還をすることを約することによって、その効力を生ずる。

1 意義・成立

使用貸借契約とは、当事者の一方がある物を引き渡すことを約し、相手方がその物を無償で使用収益をして契約が終了したときに返還をすることを約する契約です。使用貸借契約は、無償・片務・諾成契約です。＊1

2 貸主の義務

（1）貸す債務

使用貸借契約は諾成契約であり、その契約によって、貸主の「貸す債務」が発生します。＊2

（2）使用収益させる債務

貸主は、借主の使用収益権を妨げてはなりません。＊3

（3）貸主の目的物の欠陥に対する責任

使用貸借の無償性にかんがみ、貸主は、特約がない限り、使用貸借の目的として特定した時の状態で目的物を引き渡せば足ります（596条・551条1項）。＊4

3 借主の義務

（1）用法遵守義務

借主は、契約またはその目的物の性質によって定まった用法に従い、使用収益をしなければなりません（594条1項）。また、目的物を善良な管理者の注意をもって保管する義務（**善管注意義務**／400条）もあります。なお、借主は、貸主の承諾がなければ、第三者に目的物の使用収益をさせることができません（594条2項）。 18-32 ＊5

（2）目的物返還義務・原状回復義務

使用貸借が終了した場合、借主は、目的物返還義務を負います。また、借主は、目的物を受け取った後に生じた損傷について、その損傷に借主の帰責事由がないときを除き、原状に復する義務を負います（599条3項）。＊6

＊1 **ここに注意**
2017年改正前は、使用貸借は要物契約でしたが、2017年改正により、諾成契約となりました。

＊2 **プラスアルファ**
貸主は、書面による使用貸借を除き、借主が目的物を受け取るまで、契約を解除することができます（593条の2）。

＊3 **ここに注意**
使用収益に適する状態をつくる義務はありません。

＊4 **プラスアルファ**
貸主は、使用貸借の目的として特定した時の状態で引き渡すことを約したものと推定されます（596条・551条1項）。契約で異なる合意をしたときは、その内容に適合する物の引渡義務を負い、これに違反すると債務不履行責任が発生します。

●債権各論

4 費用の負担

目的物に要した費用の負担　12-32　18-32

通常の必要費	借主の負担（595条1項）＊7
特別の必要費 有益費	196条に従い、借主は、貸主に償還を請求できる（595条、583条2項）＊8

5 返還時期（終了時期）

（1）返還時期の定めがあるとき

使用貸借は、返還期間満了時に終了します（597条1項）。

（2）返還時期の定めがないが、使用収益の目的の定めあり

借主の使用収益の終了で、使用貸借は終了します（597条2項）。目的に従い使用収益をするのに足りる期間を経過したときは、貸主は、契約の解除ができます（598条1項）。

（3）返還時期の定めがなく、使用収益の目的の定めもない

貸主は、いつでも契約の解除ができます（598条2項）。

（4）借主の解除権・借主の死亡

借主は、いつでも契約の解除ができます（598条3項）。また、使用貸借は借主の死亡で終了します（597条3項）。

18-32

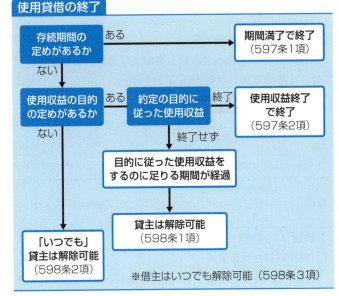

＊5 プラスアルファ

借主が用法遵守義務に違反した場合、貸主は、契約を解除することができます（594条3項）。

＊6 プラスアルファ

借主は、目的物を受け取った後に付属させた物を収去することができますが（599条2項）、貸主から収去請求があれば、原則として付属させた物を収去する義務を負います（599条1項本文）。

＊7 ことばの意味

通常の必要費
目的物の平常の保管に必要な費用をいいます。例えば、公租公課や小修繕がこれにあたります。

＊8 プラスアルファ

有益費については、裁判所は、貸主の請求によって、その償還について相当の期限を許与することができます（595条2項、583条2項ただし書）。

第2編　民法　債権各論

291

債権各論－契約各論

85 賃貸借

重要度 A

講師からのアドバイス
賃貸借契約は契約各論の中でひときわ重要です。細かい知識もありますが、正確に覚えましょう。

> **第601条【賃貸借】**
> 　賃貸借は、当事者の一方がある物の使用及び収益を相手方にさせることを約し、相手方がこれに対してその賃料を支払うこと及び引渡しを受けた物を契約が終了したときに返還することを約することによって、その効力を生ずる。

1 意義・成立

　賃貸借契約とは、当事者の一方が相手方にある物を使用収益させることを約束し、相手方がこれに対して賃料を支払うことをおよびその返還を約束することによって成立する、有償・双務・諾成契約です（601条）。

2 存続期間

（1）民法の定め

　賃借権の存続期間は、民法上最長50年とされており、これより長い期間を定めても50年に短縮されます（604条1項）。また、更新した場合でもその期間は50年以内でなければなりません（604条2項）。なお、存続期間について、民法上最短期間の制限はありません。

（2）借地借家法による修正

　建物の所有を目的とする地上権および土地の賃借権については、借地借家法に特則があります。＊1

借地借家法による存続期間の特則	
借地	①期間の定めなし・30年未満の期間を定めた場合 　⇒期間は30年となる（3条本文） ②30年以上の期間を定めた場合 　⇒その期間による（3条ただし書）
借家	1年未満の期間を定めた場合 　⇒期間の定めのないものとみなされる（29条1項）＊2 　＊3

3 賃貸人の義務

（1）使用収益させる債務

　賃貸人は、賃借人に目的物を使用収益させる債務を負います（601条）。賃貸人は、目的物を使用収益に適した状態に置く積極的な義務を負います。

＊1

ことばの意味
借地権・借家権
建物所有目的の地上権および土地賃借権を「借地権」、建物の賃借権を「借家権」といいます。

＊2

プラスアルファ
期間の定めのない借家契約は、民法617条により、いつでも解約の申入れをすることができます。

＊3

プラスアルファ
建物の賃貸人側から、直ちに解約の申入れをしても、その日から6カ月間を経過しないと終了しません（借地借家法27条1項）。また、建物の賃借人からの解約申入れは、原則どおり、民法617条1項2号により、その日から3カ月間で終了します。

(2) 修繕義務

賃貸人は、賃借人の責めに帰すべき事由によって修繕が必要となったときを除き、目的物の使用収益に必要な修繕をする義務を負います（606条1項）。*4

4 賃借人の義務

(1) 賃料支払義務

賃借人は、賃貸人に対して賃料を支払う義務を負います（601条）。*5

(2) 用法遵守義務

賃借人は、契約または目的物の性質によって定まった使用方法に従い、使用収益をしなければなりません（616条・594条1項）。また、賃借人は、目的物を善良な管理者の注意をもって保存しなければなりません（善管注意義務／400条）。

(3) 目的物返還義務・原状回復義務

賃貸借が終了した場合、賃借人は、目的物返還義務を負います。また、賃借人は、目的物を受け取った後に生じた損傷（通常損耗、経年劣化を除く）について、その損傷に賃借人の帰責事由がないときを除き、原状に復する義務を負います（621条）。 18-32 *6 *7

5 費用の負担

必要費については、賃借人は、賃貸人に対して直ちに償還を請求することができます（608条1項）。

有益費については、賃借人は、賃貸人に対して賃貸借の終了時に、価格増加が現存する限り、賃貸人の選択に従い、支出金額または増価額の償還を請求することができます（608条2項・196条2項）。*8

目的物に要した費用の負担	12-33 17-33 18-32
必要費	直ちに、償還を請求できる
有益費	終了時に、価格増加が現存する限り、 ⇒賃貸人の選択に従い、支出金額または増価額の償還を請求できる

*4 プラスアルファ

賃貸人が、賃貸物の保存に必要な行為をしようとする場合、賃借人は拒めません（606条2項）。

*5 プラスアルファ

その支払時期は、特約または慣習がある場合を除き、後払いです（614条）。

*6 ここに注意

2017年改正により、通常損耗（賃貸物の通常の使用によって生じた損耗）、経年劣化は、原状回復の範囲外とされました。

*7 プラスアルファ

賃借人は、目的物を受け取った後に付属させた物を収去することができますが（622条・599条2項）、賃貸人から収去請求があれば、原則として付属させた物を収去する義務を負います（622条・599条1項本文）。

*8 プラスアルファ

有益費については、裁判所は、賃貸人の請求により、その償還について相当の期限を許与することができます（608条2項ただし書）。

債権各論－契約各論

86 敷金・賃貸人の交代

重要度 A

講師からの
アドバイス

賃貸人の交代は、試験では事例によって出題されますので、事例問題に対応できるように、整理しておきましょう。

1 敷金

敷金とは、不動産の賃貸借契約に際し、賃借人の賃料債務その他一切の債務を担保する目的で、賃借人から賃貸人に交付される金銭をいいます。敷金契約は、賃貸借契約に付随する契約です。敷金は、**賃貸借契約終了後の明渡しまで**に生じた賃借人の金銭債務のうち未履行のものがあれば、それに充当され、残余分が賃借人に返還されます（622条の2第1項1号）。 15-30 ＊1

＊1
ここに注意

2017年改正前は、民法に敷金の返還時期の規定がありませんでしたが、2017年改正法は、①賃貸借が終了し目的物の返還を受けたとき、②賃借権を適法に譲り渡したときに返還すると規定しています（622条の2第1項）。

敷金返還と家屋の返還の同時履行 20-32 20-33

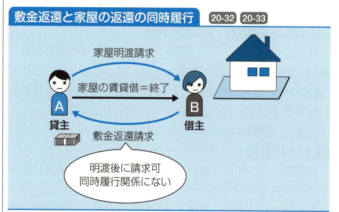

明渡後に請求可
同時履行関係にない

2 不動産賃借権の対抗力

賃借権は債権ですので、第三者に主張することができないのが原則です。ただし、**不動産賃借権**は、その**賃借権の登記**をすれば第三者に**対抗**することができます（605条）。また、登記がなくても、①建物所有目的の土地賃借権はその土地上に**自己名義**の建物を所有しているとき、②建物賃借権は建物の引渡しがあるときは、賃借権を第三者に対抗することができます（借地借家法10条1項、31条）。 20-33 ＊2

3 賃貸人の交代

(1) 賃貸人の地位の移転

賃貸している不動産を譲渡することは可能です。その場合、賃貸人の地位も譲受人に移転するのかが問題となります。

＊2
プラスアルファ

これは、不動産賃借人の地位を強化するためです（不動産賃借権の物権化）。そして、対抗力のある不動産賃借権の賃借人は、第三者に対する妨害停止請求、目的物の返還請求をすることができます（605条の4）。

●債権各論

① 賃貸不動産が譲渡された場合、当該賃貸借が対抗要件を備えているときは、賃貸人の地位も譲受人に移転します（605条の2第1項）。なお、この賃貸人の地位の移転に賃借人の承諾は不要です。 20-33 ＊3

② 不動産の譲渡人が賃貸人でもあるときは、賃借人の承諾を要しないで、譲受人との合意により、賃貸人の地位を譲受人に移転させることができます（605条の3前段）。なお、この合意による賃貸人の地位の移転は、当該賃借権が対抗要件を備えていないときであっても可能です。

上記①②いずれの場合であっても、譲受人（新賃貸人）が賃貸人の地位の移転を賃借人に対抗するためには、当該不動産の所有権移転登記が必要です（605条の2第3項、605条の3後段）。 13-32 20-33 ＊4

(2) 敷金関係等の移転

上記①②により賃貸人の地位の移転があった場合、敷金返還債務および必要費・有益費償還債務は、賃貸人の地位とともに譲受人（新賃貸人）に移転します（605条の2第4項、605条の3後段）。 12-33 20-33 ＊5

＊3 プラスアルファ
譲渡人および譲受人が「賃貸人の地位を譲渡人に留保する（譲渡人にとどめる）旨およびその不動産を譲受人が譲渡人に賃貸する旨」の合意をしたときは、賃貸人の地位は譲受人に移転しません（605条の2第2項前段）。

＊4 プラスアルファ
譲受人（新賃貸人）は、賃貸人の地位の移転を賃借人に対抗することができる場合に初めて、賃借人に賃料請求等ができるようになります。

＊5 プラスアルファ
移転する敷金は旧賃貸人に対して賃借人が負う債務を控除した後の残額であるとされています。

＊6 具体例で覚えよう！
例えば、Aを賃貸人、Bを賃借人とする賃貸借契約において、Aが賃貸目的物である土地をCに譲渡した場合が考えられます。

賃貸人の交代と敷金関係 ＊6

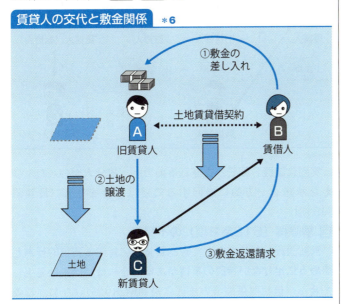

295

債権各論－契約各論

87 賃借権の譲渡・転貸

重要度 A

講師からのアドバイス

賃借権の無断譲渡がなされた場合、判例は直ちに解除権を発生させず、信頼関係の破壊がない場合には解除できないとしています。記述式で出題されたこともありますので、確認しておいてください。

1 無断譲渡・転貸

賃借人は、賃貸人の承諾を得なければ賃借権を譲渡しまたは賃借物を転貸することができません（612条1項）。賃貸借契約は、賃貸人・賃借人間の個人的信頼関係を基礎とする継続的法律関係であるので、賃借人が誰であるかは、賃貸人の利益に大きく関係するからです。 12-29

賃借人が賃貸人の承諾なく第三者に賃借物を現実に使用収益をさせたときは、賃貸人は契約を解除することができます（612条2項）。無断譲渡・転貸による「現実の使用収益」は、賃貸人・賃借人間の信頼関係を破る最大の背信行為と考えられるからです。

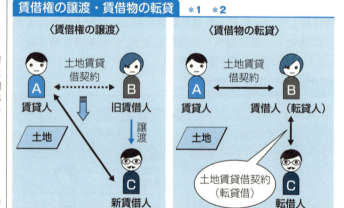

実際に譲渡・転貸がなされる前でも、賃貸人がいったん与えた承諾を一方的に撤回することはできません（最判昭30.5.13）。

2 解除権（612条2項）の不発生

無断譲渡・転貸があっても、賃貸人に対する背信的行為と認めるに足りない特段の事情がある場合には解除権は発生しません（信頼関係破壊の法理／最判昭28.9.25）。なお、この特段の事情は賃借人が主張立証しなければなりません（最判昭41.1.27）。＊3

＊1 ことばの意味

賃借権の譲渡
賃借権の譲渡とは、賃借人と譲受人との契約により、賃借人としての権利義務をすべて譲受人に移転させることをいいます（賃借人の交代）。

＊2 ことばの意味

賃借物の転貸
賃借物の転貸とは、賃借人が、賃借物を第三者に貸すことをいいます（又貸し）。

＊3 具体例で覚えよう！

このような特段の事情が認められる例として、賃借している土地を同居の家族に転貸したような場合等が挙げられます。

3 承諾ある賃借権の譲渡
(1) 賃借権の移転
　賃貸人の承諾を得て、適法に賃借権の譲渡がなされた場合、旧賃借人は賃貸借関係から離脱し、賃貸借関係は新賃借人に移転します。
(2) 敷金関係
　敷金関係は、原則として新賃借人に移転しません。賃貸人の承諾を得て、適法に賃借権の譲渡がなされた場合、賃貸人は、旧賃借人が差し入れていた敷金（旧賃借人の債務の額を控除した残額）を旧賃借人に対して返還しなければなりません（622条の2第1項2号）。 12-33

4 承諾ある転貸借
(1) 転借人の義務
　転貸借に賃貸人の承諾がある場合、賃貸借関係を存続させたまま（613条2項）、新たに転貸借関係が生じます。
　転借人は、賃貸人と賃借人（転貸人）との間の賃貸借に基づく賃借人（転貸人）の債務の範囲を限度として、賃貸人に対して転貸借に基づく債務を直接履行する義務を負います（613条1項前段）。この転借人が賃貸人に対して履行義務を負う債務には、転貸料支払債務や保存義務違反等に基づく損害賠償債務等があります。 19-32 *4

　これに対して、賃貸人は、転借人に対して義務（例えば修繕義務）を負いません。

(2) 賃貸借と転貸借の関係
　転貸借契約は賃貸借契約を基礎とするため、賃貸借契約の解除が転貸借契約に影響するのかが問題となります。
　① 賃貸借契約を合意解除しても、賃貸人は、原則として転借人に対抗することができません（613条3項本文）。ただし、合意解除の当時、賃貸人（転貸人）の債務不履行を理由として解除権を有していたときは、合意解除を対抗することができます（613条3項ただし書）。 12-32 12-33
　② 賃借人（転貸人）の債務不履行を理由として賃貸借契約を解除した場合、賃貸人は、転借人に対抗することができます（最判昭36.12.21、613条3項ただし書参照）。すなわち、この場合は、転貸借契約も終了することになります。*5

*4　具体例で覚えよう！
例えば、A賃貸人、B賃借人（転貸人）、C転借人とする場合に、Aは、Cに対して、Bが負担する賃貸料の限度で、Cが負担する転貸料を直接自己に支払うよう請求することができます。なお、Cは、転貸料を転貸借契約上の履行期前に前払いをしたことをもって、Aの請求を拒むことができません（613条1項後段）。

*5　プラスアルファ
この場合、転貸借契約は、賃貸人が転借人に対して目的物の返還を請求した時に、賃借人（転貸人）の転借人に対する債務の履行不能により終了するとされています（最判平9.2.25）。

債権各論－契約各論

88 賃貸借の終了

重要度 A

 講師からの アドバイス

賃貸借契約の解除の効果は遡及効ではなく将来効となります。また、解除については信頼関係の破壊があるかどうかにより解除権が制限されます。

1 終了原因

賃貸借契約は、次のような場合に終了します。

(1) 存続期間の終了（622条・597条1項）

存続期間の定めのある賃貸借は、その期間の満了により終了します。

(2) 解約申入れ（617条1項）

存続期間の定めのない賃貸借は、各当事者はいつでも解約申入れをすることができ、土地は1年、建物は3カ月の猶予期間を経て賃貸借は終了します。

(3) 債務不履行に基づく解除（541条）

賃借人によって債務不履行が生じた場合、原則として、契約解除が認められ、賃貸借は将来に向かって終了します（620条前段）。債務不履行に基づく賃貸借契約の解除には、履行遅滞に基づく解除の要件を定めた541条が適用されます。したがって、賃貸人が解除するためには、原則として相当期間を定めた催告をしなければなりません。

もっとも、賃貸人と賃借人との個人的信頼関係を基礎とした継続的契約という賃貸借契約の性質に着眼して、信頼関係の破壊の有無によって解除が制限されています。＊1 ＊2

 ＊1 プラスアルファ

620条前段は、解除の遡及効を定める545条1項の例外です。

 ＊2 ここに注意

賃貸借には、債務不履行による解除（541条）のほか、無断譲渡・転貸による解除（612条2項）も認められています。

① 信頼関係の破壊のおそれがない場合には、解除することができない
② 信頼関係の破壊が認められる場合には、催告して解除することができる
③ 信頼関係の破壊が著しい場合には、催告なくして解除することができる（最判昭27.4.25）

(4) 賃貸目的物の全部滅失等

賃貸目的物の全部が滅失その他の事由により使用および収益をすることができなくなった場合、解除をするまでもなく、賃貸借は終了します（616条の2）。＊3

 ＊3 具体例で覚えよう！

例えば、賃貸目的物であるアパートが火事で焼失した場合が考えられます。

● 債権各論

(5) 混同

　賃借人が賃借物の所有権を取得する場合など、賃貸借の債権・債務が同一人に帰属したときは、賃貸借は終了します（520条）。

2 賃貸借契約終了の特殊な効果（特別法上の効果）

(1) 建物買取請求権

　借地借家法の適用がある借地権が期間満了後に更新されずに消滅する場合、借地権者は、借地権設定者に対し、建物その他の借地権者が権原により土地に付属させた物を時価で買い取るべきことを請求することができます（借地借家法13条1項）。

　これは、①借地権者に投下資本を回収させる、②建物の取り壊しから生じる国民経済的損失を防ぐ、③賃貸人に契約の更新を間接的に強制するという趣旨に基づくものです。建物買取請求権を定めた借地借家法13条は、強行法規です。したがって、当事者間の特約で建物買取請求権を事前に放棄させることはできません（借地借家法16条）。

　なお、建物買取代金の支払いと借地の明渡しは、同時履行の関係に立ちます（最判昭42.9.14）。

(2) 造作買取請求権

　造作とは、賃貸人の同意を得て建物に付加された物で、賃借人の所有に属し、かつ、建物の使用に客観的便益を与えるものをいいます（例えば、畳、エアコン等）。

　建物賃貸借契約が終了する場合に、賃貸人の同意を得て建物に付加した造作があるときは、賃借人は、その造作を時価で買い取るべきことを請求することができます（借地借家法33条1項前段）。

　造作買取請求権を定めた借地借家法33条は、任意法規です（借地借家法37条参照）。したがって、当事者間の特約で造作買取請求権を事前に放棄させることもできます。

　なお、造作買取代金の支払いと同時履行の関係に立つのは、造作の引渡しです。建物の明渡しとは同時履行の関係に立ちません（大判昭7.9.30）。また、賃借人は、造作買取請求権を被担保債権として建物を留置することはできません（最判昭29.1.14）。 **20-32**

第2編 民法 債権各論

299

債権各論－契約各論

89 請負

重要度 B

講師からのアドバイス
請負人の義務、注文者の義務を整理してしっかり覚えておきましょう。

> **第632条【請負】**
> 　請負は、当事者の一方がある仕事を完成することを約し、相手方がその仕事の結果に対してその報酬を支払うことを約することによって、その効力を生ずる。

1 意義・成立

　請負契約とは、当事者の一方がある仕事を完成することを約束し、相手方がその仕事の結果に対して報酬を支払うことを約束することを内容とする、有償・双務・諾成契約です（632条）。なお、建築請負契約では、通常、契約書が作成されますが、これは後日の紛争を予防するためのものであって、請負契約の効力自体には影響しません。

＊1 **具体例で覚えよう！**
例えば、BがAに対して家屋の建築を依頼し、報酬を支払う場合が考えられます。

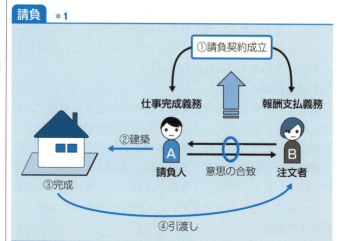
請負 ＊1
①請負契約成立
仕事完成義務　報酬支払義務
②建築
A 請負人　意思の合致　B 注文者
③完成
④引渡し

2 効力
(1) 請負人の義務

　請負人は仕事を完成する義務を負います（632条）。請負の目的が物の完成である場合、請負人は、完成した物を引き渡す義務も負います。請負人は、仕事を完成すればよいので、みずから労務を提供する必要はなく、原則として自由に補助者・下請負人等に仕事をさせることができます。＊2

＊2 **ここに注意**
請負人は、下請負人の責めに帰すべき事由についても責任を負います。

300

(2) 注文者の義務

注文者は完成した仕事に対して、請負人に**報酬を支払う義務**を負います（632条）。報酬の支払時期は、特約がない場合、①仕事の目的物の引渡しを要するときは、**引渡しとの同時履行**となります（633条本文）。②仕事の目的物の引渡しを要しないときは、**後払い**となります（633条ただし書、624条1項）。 20-32 *3

なお、①注文者の責めに帰することができない事由により仕事の完成が不能となった場合、②完成前に解除された場合、可分な部分の給付により注文者が利益を受けるときは、その部分は仕事の完成とみなされ、請負人は、**注文者が受ける利益の割合に応じて報酬**を請求することができます（634条）。

3 完成した目的物の所有権の帰属

完成した時点での完成物の所有権の帰属先は、当事者に明確な合意がある場合はその合意に従いますが、そうでない場合、判例は、原則として**材料の供給者**が誰かによって区別しています（大判大3.12.26、大判昭7.5.9等）。

ここに注意

注文者の報酬支払いと同時履行の関係に立つのは目的物の引渡しであり（633条）、請負人の仕事完成義務は先履行義務です（大判大13.6.6）。

完成した目的物の所有権の帰属

材料の供給者	完成物の所有権の帰属
請負人	請負人→引渡しで注文者へ
注文者	注文者

完成物の所有権の帰属に関する判例の整理

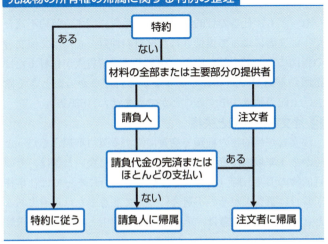

債権各論-契約各論

90 請負人の責任

重要度 B

1 仕事完成義務の不履行と請負人の責任

請負人は、仕事を完成させなかった場合だけでなく、完成させたとしても請負契約の内容に適合していない場合には仕事完成義務の不履行について責任を負います。

そして、仕事の目的物が種類・品質に関して請負契約の内容に適合しないときは、売買における契約不適合責任の規定の準用等により、注文者は、原則として追完・修補請求（562条）、報酬減額請求（563条）、損害賠償請求（415条）、解除（541条、542条）をすることができます。＊1

なお、請負人に帰責事由がない場合であっても、追完・修補請求、報酬減額請求、解除が可能です。

種類・品質の契約不適合がある場合	
追完・修補請求	修補請求、工事のやり直し請求等 ただし、注文者に帰責事由があるときは不可
報酬減額請求	相当期間を定めた追完の催告をし、その期間内に追完がないとき、不適合の程度に応じて報酬減額を請求 ただし、注文者に帰責事由があるときは不可
損害賠償請求・解除	一般原則（415条以下、541条以下）による＊2

もっとも、仕事の目的物の種類・品質に関する契約不適合が①注文者によって提供された材料の性質、または②注文者の指図によって生じた場合、注文者は、請負人が材料または指図が不適当であること知りながら告げなかったときを除き、上記の請求等をすることができません（636条）。

2 注文者の通知と失権

注文者が目的物の種類・品質に関する契約不適合を知った時から1年以内にその旨を請負人に通知しないときは、その目的物の引渡し時（引渡しを要しない場合にあっては仕事終了時）に請負人がその不適合について悪意または重過失あるときを除き、注文者は、その不適合を理由として上記請求等をすることができません（637条）。

請負人は、契約どおりに仕事を完成させなければなりません。それができなかった場合、請負人は注文者に対して責任を負います。この責任については売主の契約不適合責任の規定が準用されていますので、併せて確認しておきましょう。

＊1 ここに注意

2017年改正前の請負人の担保責任は売買における瑕疵担保責任、債務不履行責任の特則として規定されていましたが、2017年改正法は、売買における契約不適合責任の準用という形で請負人の責任を規定しています。

＊2 ここに注意

2017年改正前は、仕事の目的物が土地工作物である場合、請負の担保責任による解除は認められていませんでしたが、2017年改正後は、そのような制限はありません。

3 仕事の目的物の引渡後の滅失・損傷

仕事の目的物について引渡しを要する場合において、その引渡後、当事者双方の責めに帰することができない事由により滅失・損傷したときは、注文者は、これを理由として上記請求等をすることができず、また、注文者は、報酬の支払いを拒むこともできません（559条・567条1項）。

4 請負契約の解除権

（1）仕事未完成の間における注文者の解除権

注文者は仕事が完成するまで、いつでも損害を賠償して契約の解除をすることができます（641条）。仕事は注文者の利益のためになされるものであり、注文者にとって仕事が無意味・不要になったのに、その完成を強制するのは適切でないからです。＊3

（2）注文者の破産による解除権

請負契約において、注文者が破産手続開始の決定を受けたときは、請負人または破産管財人は契約を解除することができます（642条1項本文）。＊4 ＊5

請負・雇用・委任のまとめ	請負（632条）	雇用（623条）	委任（643条）
契約の目的	仕事の完成	労働の利用それ自体	一定の事務処理を相手方の自由な判断を信頼して委ねること
仕事完成の要否	必要	不要	不要
労務供給の程度	独立的	従属的	独立的
解除の遡及効	あり	なし	なし
共通点	いずれも、他人の労務を利用する点で共通する		

＊3 判例ゼミ

仕事の完成前であっても、目的物が可分であって、完成した部分だけでも当事者にとって利益があるときは、未完成部分についてのみ契約を解除することができます（大判昭7.4.30）。

＊4 ことばの意味

破産管財人
破産手続において破産者の財産等の管理および処分をする権利を有する者をいいます。破産管財人は、裁判所が選任します。

＊5 プラスアルファ

ただし、請負人による解除は、仕事の完成後はすることができません（642条1項ただし書）。

債権各論－契約各論

91 委任

重要度 B

> **第643条【委任】**
> 委任は、当事者の一方が法律行為をすることを相手方に委託し、相手方がこれを承諾することによって、その効力を生ずる。

講師からのアドバイス

受任者・委任者は様々な義務を負います。しっかり整理しておきましょう。

1 意義・成立

委任契約とは、当事者の一方（委任者）が法律行為をすることを相手方に委託し、相手方（受任者）がこれを承諾することを内容とする諾成契約です（643条）。＊1

委任契約では、特約がなければ、報酬を請求できないため（648条1項）、原則として無償・片務契約ですが、報酬の特約があれば有償・双務契約となります。

2 受任者の義務

受任者は、有償・無償（報酬の特約の有無）を問わず、委任事務の処理について善管注意義務を負います（644条）。

また、受任者は原則としてみずから委任事務を処理する必要があります。ただし、①委任者の許諾を得たとき、②やむを得ない事由があるときは、復任できます（644条の2第1項）。

受任者は、以下の義務や責任を負います。 12-32

① 善管注意義務（644条）
② 報告義務（645条）＊2
③ 受取物の引渡し義務、取得した権利の移転義務（646条）
④ 受任者の金銭を消費したことに対する責任（647条）＊3

3 委任者の義務

（1）報酬支払義務

委任者は、特約がある場合に限り、報酬支払義務を負います（648条1項）。報酬は、原則として後払いです（648条2項本文）。 19-33

なお、①委任者の責めに帰することができない事由によって委任事務の履行ができなくなったとき、②委任が履行の中途で終了したときは、受任者は、履行した割合に応じて報酬を請求することができます（648条3項）。

＊1 プラスアルファ

法律行為以外の事務の委託は準委任といわれ、委任の規定が準用されます（656条）。その例として、医師に対する診療の委託、幼児の養育の委託、官庁に対してなす届出・申告書の作成の委託などがあります。

＊2 プラスアルファ

受任者は、委任者の請求があるときは、いつでも委任事務の処理状況を報告し、委任終了時には遅滞なくその経過および結果を報告しなければなりません（645条）。

＊3 ここに注意

受任者が委任者に引き渡すべき金額またはその利益のために用いるべき金額を自己のために消費したときは、その消費した日以後の利息を支払わなければなりません。この場合、なお損害があるときは、これを賠償する責任を負います（647条）。

●債権各論

　報酬の特約には、委任事務の履行により得られる成果に対して報酬を支払うことを約する場合もあります（成果完成型）。その場合、報酬は、①その成果が引渡しを要するときは、引渡しと同時に支払わなければならず（648条の2第1項）、②引渡しを要しないときは、成果が完成したときに、受任者は報酬を請求することができます。＊4

(2) その他の義務

　委任者は、報酬支払義務（特約がある限り）のほか、以下の義務や責任を負います。

① 受任者の請求があれば費用前払義務（649条）　19-33
② 受任者が支出した費用償還義務（650条1項）＊5
③ 受任者が委任事務を処理するために必要な債務を負担した場合の代弁済・担保供与義務（650条2項）＊6
④ 受任者が委任事務を処理するため過失なく損害を受けた場合の受任者に対する損害賠償責任（650条3項）＊7

4 委任の終了

(1) 解除

　委任は、当事者（受任者・委任者いずれも）がいつでも解除することができます（651条1項）。ただし、以下の場合、解除をすることにやむを得ない事由があるときを除き、相手方の損害を賠償しなければなりません（651条2項）。

① 相手方の不利な時期に委任を解除したとき
② 委任者が受任者の利益（専ら報酬を得ることによるものを除く）をも目的とする委任を解除したとき

(2) 解除以外の委任の終了原因

　①委任者の死亡・破産手続開始の決定を受けたこと、②受任者の死亡・破産手続開始の決定を受けたこと・後見開始の審判を受けたことにより当然に終了します（653条）。

委任の終了事由

	死亡	破産手続開始の決定	後見開始の審判
委任者	終了	終了	終了しない
受任者	終了	終了	終了

＊4 プラスアルファ
成果完成型において、①委任者に帰責事由なく成果を得ることが不能、②成果を得る前に解除された場合、可分な部分の給付により委任者が利益を受けるときは、その部分は成果とみなされ、受任者は、委任者が受ける利益の割合に応じて報酬を請求できます（648条の2第2項・634条）。

＊5 プラスアルファ
受任者は、費用のほか支出の日以後の利息の償還も請求することができます（650条1項）。

＊6 プラスアルファ
この場合、受任者は、委任者に対して自己に代わって債務を弁済することを請求することができます（650条2項前段）。債務が弁済期にないときは、受任者は、委任者に対して担保の提供を請求することができます（650条2項後段）。

＊7 ここに注意
委任者は、過失がなくても、この損害賠償責任を負います（無過失責任）。

債権各論－契約各論

92 寄託

重要度 C

> **第657条【寄託】**
> 寄託は、当事者の一方がある物を保管することを相手方に委託し、相手方がこれを承諾することによって、その効力を生ずる。

寄託物に関する注意義務の内容は、有償・無償で異なります。注意しましょう。

1 意義・成立

寄託契約とは、当事者の一方（寄託者）が物を保管することを相手方（受託者）に委託し、相手方（受託者）がこれを承諾することによって成立する契約です。寄託契約は、諾成契約です。無償寄託（報酬の定めなし）は片務契約、有償寄託（報酬の定めあり）は、双務契約となります。＊1

＊1 ここに注意
2017年改正前は、寄託は物を受け取ることによって成立する要物契約とされていましたが、2017年改正により、当事者の合意のみで成立する諾成契約とされました。

＊2 具体例で覚えよう！
例えば、Aが自己の所有するパソコンをBに対し保管するよう依頼する場合が考えられます。

寄託契約 ＊2

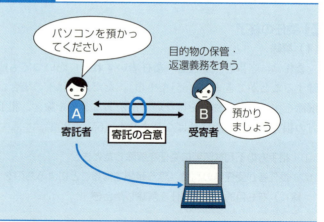

受寄者が寄託物を受け取るまでは、①寄託者は、無償寄託・有償寄託を問わず、寄託契約を解除することができ（657条の2第1項前段）、②無償寄託の受寄者は、書面による寄託である場合を除き、寄託契約を解除することができます（657条の2第2項）。＊3

なお、有償寄託、書面による無償寄託の受寄者は、寄託物受取時期を経過したが寄託者が引き渡さない場合、相当の期間を定めて催告をし、その期間内に引渡しがないときは、寄託契約を解除することができます（657条の2第3項）。

＊3 プラスアルファ
①の場合、受寄者は、契約の解除によって損害を受けたときは、寄託者に対して、その賠償を請求することができます（657条の2第1項後段）。

● 債権各論

2 受寄者の義務

(1) 保管義務等

受寄者は、寄託者の承諾を得なければ、寄託物を使用することができません（寄託物使用の禁止／658条1項）。また、受寄者は、①寄託者の承諾を得たとき、または②やむを得ない事由があるときでなければ、寄託物を第三者に保管させることができません（自己保管原則／658条2項）。

無償寄託の受寄者は、自己の財産に対するのと同一の注意をもって、寄託物を保管する義務を負います（659条）。これに対して、有償寄託の受寄者は、善良な管理者の注意義務を負います（善管注意義務／400条）。 12-32 ＊4

(2) 寄託物の返還義務

返還時期の定めがあるときであっても、寄託者は、いつでも返還を請求することができます（662条1項）。＊5

これに対して、受寄者は、返還時期の定めがあるときは、やむを得ない事由がなければ期限前に返還することができません（663条2項）。なお、返還時期の定めがないときは、受寄者は、いつでも返還をすることができます（663条1項）。

寄託物の返還時期

返還時期	寄託者	受寄者
定めあり	いつでも返還請求可	やむを得ない事由がなければ、期限前に返還不可
定めなし		いつでも返還可

3 寄託者の義務

寄託者は、受寄者に対して、以下の義務を負います。

① 受寄者の請求があれば費用前払義務（665条・649条）
② 受寄者が支出した費用償還義務（665条・650条1項）＊6
③ 受寄者が保管のために必要な債務を負担した場合の代弁済・担保供与義務（650条2項）＊7
④ 寄託物の性質・瑕疵により生じた損害の賠償義務（661条本文）＊8

＊4 ことばの意味

自己の財産に対するのと同一の注意義務
各人の注意力を基準として、その者が日常自分の物・事務を管理する際に用いられるのと同程度の注意をいいます。

＊5 プラスアルファ

返還時期の定めがある場合、受寄者は、期限前の返還請求により損害を受けたときは、寄託者に損害賠償を請求することができます（662条2項）。

＊6 プラスアルファ

支出の日以後の利息も償還の範囲に含まれます（665条・650条1項）。

＊7 プラスアルファ

受寄者は、当該債務が弁済期にないときに、担保の提供を請求することができます（665条・650条2項後段）。

＊8 ここに注意

寄託者が過失なくその性質・瑕疵を知らなかったとき、または受寄者がこれを知っていたときは、寄託者に賠償義務はありません（661条ただし書）。

債権各論－契約各論

93 組合・和解

重要度 C

講師からのアドバイス

組合や和解はマイナーな論点ですが、忘れた頃に出題されます。時間に余裕があるときに一読しておきましょう。

1 組合

> **第667条【組合契約】**
> 1 組合契約は、各当事者が出資をして共同の事業を営むことを約することによって、その効力を生ずる。
> 2 出資は、労務をその目的とすることができる。

組合契約とは、各当事者が出資をして、共同の事業を営むことを約束することによって効力を生じます。組合契約の性質は、有償・双務・諾成契約です（667条1項）。＊1

組合契約 ＊2

共同で建設事業を行う

A社／B社／C社
組合契約

＊1 プラスアルファ

組合は契約によって成立し、法人格を有しないのに対し、社団法人は合同行為により成立し、法人格を有します。

＊2 具体例で覚えよう！

A社、B社、C社が共同で組合を設立し、建設事業を行う場合が考えられます（このような形態は、ジョイント・ベンチャー（共同企業体）と呼ばれています）。

（1）業務執行

組合の業務は、組合員の過半数をもって決定し、各組合員が執行するのが原則です（670条1項）。

もっとも、組合契約で業務執行者を定めることもできます（670条2項）。数人の業務執行者がいる場合、組合の業務は、業務執行者の過半数をもって決定し、各業務執行者が執行します（670条3項後段）。 13-33 ＊3

なお、業務執行者がいるときであっても、組合の業務は、総組合員の同意によって決定し、総組合員が執行することができます（670条4項）。

また、組合の常務は、その完了前に組合員または業務執行者が異議を述べたときを除き、各組合員または各業務執行者が単独で行うことができます（670条5項）。 13-33

＊3 プラスアルファ

1人または数人の組合員または第三者を業務執行者とすることができます（670条2項）。

● 債権各論

(2) 財産関係

組合の財産は、総組合員の共有とされます（668条）。しかし、通常の「共有」とは異なる共同所有形態（講学上「合有」と呼ばれます）と解され、組合員の持分処分や清算前の分割請求は制限されます（676条1項・3項）。`14-27` `17-27`

組合の債権者は、組合財産のほか、各組合員に対しても権利を行使することができます（675条）。＊4

これに対して、**組合員の債権者**は、組合財産についてその権利を行使することができません（677条）。

(3) 組合員の加入・脱退

組合員は、その全員の同意または組合契約の定めるところにより、新たに組合員を加入させることができます（677条の2第1項）。なお、加入した組合員は、加入前に生じた組合の債務の弁済責任を負いません（677条の2第2項）。

組合員は、任意に組合を脱退することができます。組合の存続期間を定めなかった場合、各組合員は、**いつでも**脱退することができます（678条1項本文）。ただし、やむを得ない事由があるときを除き、組合に不利な時期に脱退することはできません（678条1項ただし書）。組合の存続期間を定めた場合は、各組合員は、やむを得ない事由があるときに脱退することができます（678条2項）。`13-33` `18-27` ＊5 ＊6

2 和解

> **第695条【和解】**
> 和解は、当事者が互いに譲歩をしてその間に存する争いをやめることを約することによって、その効力を生ずる。

和解契約とは、当事者が**互いに譲歩**して、その間に存する争いをやめることを約束することによって効力を生ずる、**有償・双務・諾成契約**です（695条）。＊7

和解がなされると、争いのあった法律関係が確定し、以後、当事者は将来の法律関係を主張することができなくなります（696条）。もっとも、和解の前提とされて争われなかった事項に錯誤があった場合は、取り消すことができます。＊8

＊4 プラスアルファ

組合の債権者は、その選択に従い、各組合員の損失分担の割合または等しい割合で、各組合員に対して権利を行使することができますが、債権発生時に各組合員の損失分担の割合を知っていたときはその割合によります（675条2項）。

＊5 判例ゼミ

「やむを得ない事由があっても任意の脱退を許さない」旨の約定は無効です（最判平11.2.23）。

＊6 プラスアルファ

非任意脱退事由には、死亡、破産手続開始の決定を受けたこと、後見開始の審判を受けたこと、除名があります（679条）。

＊7 ここに注意

和解契約の内容が公序良俗（90条）等に反する場合、和解は無効です。

＊8 判例ゼミ

和解により「ジャム缶」を交付することが約束されたが、交付された「ジャム缶」が粗悪品であった場合に、和解の錯誤を認めた判例があります（最判昭33.6.14）。

第2編 民法 債権各論

309

債権各論－契約以外の法律関係

94 事務管理

重要度 B

講師からの
アドバイス

事務管理はいわゆる「おせっかい」をしている場合です。そのおせっかいを民法では「事務管理」として法律上の効果を発生させています。成立要件を正確に覚えましょう。

> **第697条【事務管理】**
> 1　義務なく他人のために事務の管理を始めた者（以下この章において「管理者」という。）は、その事務の性質に従い、最も本人の利益に適合する方法によって、その事務の管理（以下「事務管理」という。）をしなければならない。
> 2　管理者は、本人の意思を知っているとき、又はこれを推知することができるときは、その意思に従って事務管理をしなければならない。

1 意義

事務管理とは、<u>法律上の義務がないのに他人のために</u>その事務を処理する行為をいいます（697条以下）。個人主義の原則からすれば、契約関係にない他人の私生活に干渉すべきではありません。しかし、社会生活における**相互扶助**という理想から、契約関係外において他人の事務を管理した者に一定の法的保護を与えるべきです。そこで、民法は、事務管理者の支出した有益な費用について償還請求を認める等の法的保護を事務管理として与えています。

＊1
具体例で
覚えよう！

例えば、Aの旅行中に発生した竜巻によってAの家の屋根の一部が壊れた場合、Aの隣人Bが、Aの了解を得ることなく業者Cに修理を依頼して修繕費を払った場合が考えられます。

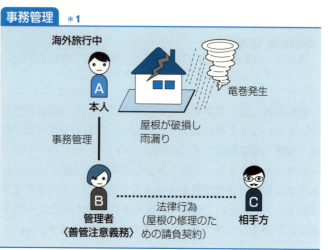

事務管理　＊1

310

●債権各論

2 成立要件

① 法律上の義務がないこと 17-33
② 他人の事務を管理すること
③ 他人のためにする意思があること
④ 本人の意思・利益に反することが明らかでないこと

3 効果

事務管理の要件をみたすと、①違法性阻却と②債権・債務の発生という効果が生じます。*2

(1) 違法性阻却

事務管理は、勝手に他人の事務に干渉するものなので、権利侵害の外形を持っていますが、違法性が阻却され、不法行為とはなりません。もっとも、管理方法が不適切なために損害が発生した場合には、事務管理の効果として発生した債務（善管注意義務等）の不履行責任を負うことがあります。

(2) 債権・債務の発生 *3

(a) 管理継続義務

管理者は本人等が管理することができるようになるまでその管理を継続する義務を負います（700条本文）。*4

(b) 管理開始の通知義務

管理者は、原則として事務管理を始めたことを遅滞なく本人に通知しなければなりません（699条本文）。

(c) 有益費用償還

管理者が本人のために有益な費用を支出したときは、本人に対し償還を請求することができます（702条1項）。ここでの有益な費用とは、通常のそれとは異なり、必要費を含む広い概念です。 19-33

(3) 事務管理の対外的効果

管理者が自己の名で第三者と契約を締結した場合、その効果は本人には及びません。もっとも、それが本人のために有益な債務負担であるときは、管理者は、本人に対し、**自己に代わってその弁済をすること**を請求することができます（702条2項、650条2項）。 19-33

管理者が本人の名で（あるいは本人の代理人として）第三者と契約を締結した場合は、無権代理となります。 19-33 *5

*2 プラスアルファ

事務管理者が、事務管理中に受けた損害について、本人に対して損害賠償請求をすることを認める規定はありません（702条は650条3項を準用していません）。

*3 プラスアルファ

管理者は、報告義務（701条、645条）、受領物等の引渡義務（701条、646条）を負います。

*4 ここに注意

管理者は、原則として善良な管理者の注意をもってその事務の管理をしなければなりません（698条反対解釈）。ただし、「本人の身体、名誉又は財産に対する急迫の危害を免れさせるために」した事務管理（緊急事務管理）においては、管理者の注意義務が軽減され、悪意・重過失の場合のみ損害賠償責任を負います（698条）。

*5 プラスアルファ

表見代理が成立するか、または本人が追認しない限り、本人に効果が帰属することはありません（最判昭36.11.30）。

債権各論－契約以外の法律関係
95 不当利得

重要度 B

講師からのアドバイス
不当利得の成立要件は正確に覚えましょう。不当利得の特則も択一対策必須知識です。

> **第703条【不当利得の返還義務】**
> 法律上の原因なく他人の財産又は労務によって利益を受け、そのために他人に損失を及ぼした者（以下この章において「受益者」という。）は、その利益の存する限度において、これを返還する義務を負う。
>
> **第704条【悪意の受益者の返還義務等】**
> 悪意の受益者は、その受けた利益に利息を付して返還しなければならない。この場合において、なお損害があるときは、その賠償の責任を負う。

1 意義
不当利得制度とは、正当な理由（「法律上の原因」）なく財産的利得を得て、これにより他人に損失を及ぼした者に対して、その利得の返還を命じる制度です（703条以下）。

2 成立要件

① 利得が存在すること
② 損失が存在すること
③ 利得と損失との間に因果関係が存在すること
④ 法律上の原因がないこと

*1
ここに注意
不当利得の類型としては、利益が帰属すべき権原者以外の者が利益を得たという侵害利得、給付が法律上の原因を欠いている給付利得などがあります。703条、704条の規定は上記侵害利得の場合に妥当し、給付利得における原状回復義務などについては121条の2第1項などの規定が適用されます。

3 効果
善意の受益者は、現存利益の返還義務を負います（703条）。
悪意の受益者は、受けた利益に利息を付して返還しなければならず、損害が生じている場合は、損害賠償義務も負います（704条）。

*2
具体例で覚えよう！
例えば、Aが所有する甲土地に、Bが無断で自動車を駐車して、甲土地の使用利益（駐車場代相当額）を利得した場合が考えられます。

不当利得（侵害利得） *1 *2

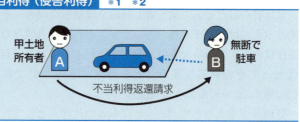

●債権各論

4 転用物訴権

契約上の給付が契約の相手方のみならず第三者の利益となった場合に、給付者がその第三者に不当利得返還請求をすることができるかという問題があります。これは、**転用物訴権**と呼ばれる問題です。例えば、Aが、賃借人Bとの間の請負契約に基づき賃借物を修繕したが、Bが無資力になったため、Bに対する請負代金が無価値となった場合です。

転用物訴権

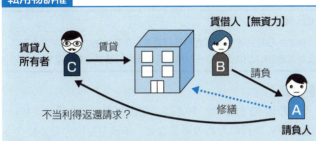

この場合、CとBとの間の賃貸借契約を全体としてみて、**Cが対価関係なしに利益を受けたときに限り**、Aは、賃貸人である所有者Cに対して不当利得返還請求をすることができます（最判平7.9.19）。 10-33 17-33 *3

5 不当利得の特則

(1) 債務の不存在を知ってした弁済（非債弁済／705条）

自己に債務がないのに弁済した場合、**債務の存在しないことを知っていたとき**は、その給付したものの返還を請求することができません。*4

(2) 期限前の弁済（706条）

債務者は、弁済期にない債務について、弁済としての給付をしたときは、その給付したものの返還を請求することができません。*5

(3) 他人の債務の弁済（707条）

他人の債務を自己の債務と誤信して弁済した場合に、債権者が**善意で、債権証書を滅失**したとき、**担保を放棄**したとき、債権を**時効で消滅**させたとき等は、弁済者は、不当利得の返還を請求することができません。*6

*3 プラスアルファ
ＢＣ間の賃貸借契約において、「権利金をなしとする代わりに修繕はＢがする場合」は、Ｃが対価関係なしに利益を受けたときにはあたりません（ＡからＣへの不当利得返還請求は不可）。

*4 ここに注意
強制執行を避けるためなどやむを得ず給付した場合は、705条の適用はなく、不当利得返還請求をすることができます（大判大6.12.11）。

*5 ここに注意
ただし、債務者が錯誤によってその給付をしたときは、債権者は、これによって得た利益（期限の利益相当分）を返還しなければなりません（706条ただし書）。

*6 プラスアルファ
なお、この場合、弁済者は、債務者に対して求償権を行使することができます（707条2項）。

第2編 民法 債権各論

313

債権各論－契約以外の法律関係

96 不法原因給付

重要度 B

講師からの
アドバイス

不法原因給付における「給付」の意義をしっかり理解しましょう。

> **第708条【不法原因給付】**
> 不法な原因のために給付をした者は、その給付したものの返還を請求することができない。ただし、不法な原因が受益者についてのみ存したときは、この限りでない。

立法趣旨

みずから社会的に非難される行為をした者は法の救済を求めることができないというクリーンハンズの原則に基づくものです。

1 意義

不法原因給付とは、例えば、賭博に基づく金員の支払い、不倫関係の維持のための贈与など、不法な原因のためになされた給付をいいます。

不法な原因のために給付をした者は、その給付したものの返還を請求することができません（708条本文）。ただし、不法な原因が受益者についてのみ存したときは、返還を請求することができます（708条ただし書）。

不法原因給付 *1

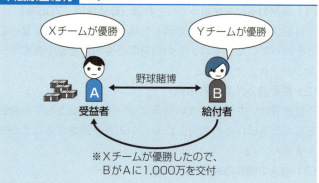

※Xチームが優勝したので、BがAに1,000万を交付

*1
具体例で
覚えよう！

例えば、野球賭博契約は、公序良俗に違反するため、当然に無効となります（90条）。この場合、Aが受領した1,000万円の金銭は不当利得となり、Bは、Aに対して1,000万円の返還請求をすることができるはずです。しかし、本ケースにおいて、BはAに対して金銭の返還を請求することができません。なぜなら、BのAに対する1,000万円の交付は不法原因給付（708条）にあたるからです。

2 成立要件

① 不法な原因のため
② 給付が行われたこと

(1)「不法」の意義

「不法」とは、公序良俗（90条）違反のことをいいます（最判昭27.3.18）。

(2)「給付」の意義

「給付」とは、相手方に利益を与えるものであれば、事実上の利益を与えるものでも、財産権や財産的利益を与えるものでもよいのですが、相手方に終局的な利益を与えるものであることが必要です。

「給付」された物が不動産の場合、未登記不動産は引渡しのみで「給付」に該当しますが、既登記不動産の場合は引渡しのみでは足りず登記がなされなければ「給付」に該当しません（最判昭45.10.21、最判昭46.10.28）。 13-34 *2

これに対し、動産の場合には、引渡しが「給付」に該当します。

給付の意義	
未登記建物	引渡しが必要
既登記建物	引渡しのみでは足りず登記が必要
動産	引渡しが必要

＊2 ここに注意

建物の引渡しが708条の給付にあたる場合、その引渡しの後に給付者名義の保存登記がなされても、給付者はその建物の返還を請求することができません。

3 「不法な原因が受益者についてのみ存した」

判例は、給付者に多少の不法の点があったとしても、受益者にも不法の点があり、給付者の不法が受益者の不法に比べ極めて微弱なものにすぎない場合には、「不法な原因が受益者についてのみ存した」として、708条ただし書が適用されるとしています（最判昭29.8.31）。 13-34

4 不法原因給付の効果

不法原因給付にあたる場合、給付者は、そのものの返還を請求することはできません（708条本文）。また、不法原因給付にあたり不当利得返還請求が否定される場合、給付したものの所有権を主張して所有権に基づく返還請求をすることも否定されます。

なお、不法原因給付後にこれを任意に返還する特約は有効です（最判昭28.1.22）。

債権各論－契約以外の法律関係

97 不法行為

重要度 A

講師からのアドバイス

一般的不法行為の成立要件は、後に続く特殊的不法行為の基礎となるものです。成立要件を正確に覚えましょう。

第709条【不法行為による損害賠償】
　故意又は過失によって他人の権利又は法律上保護される利益を侵害した者は、これによって生じた損害を賠償する責任を負う。

立法趣旨

　不法行為は、契約関係にない一般市民間で財産的損害が発生した場合に、被害者の救済を中心に損害の公平な分担を図る制度です。

1 意義

　不法行為とは、他人に損害を及ぼす不法な行為で、加害者がその損害を賠償すべき債務を負うものをいいます。＊1

*1 プラスアルファ

今日では不法行為は、被害者の救済を図る損害填補的機能、将来の不法行為を抑止する予防的機能、加害者に損害賠償という制裁を加える制裁的機能を有するとされています。

*2 具体例で覚えよう！

例えば、Bが過失によって自動車でAをはねてけがをさせてしまった場合が考えられます。

不法行為 ＊2

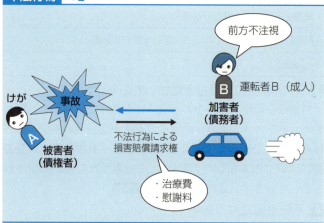

2 一般的不法行為の成立要件

① 加害者に故意または過失があること
② 権利・法律上保護される利益の侵害（違法性）があること
③ 損害が発生していること　＊3
④ ②と損害との間に因果関係が存在すること
⑤ 加害者に責任能力があること

*3 プラスアルファ

損害は、財産的損害と精神的損害に大別されます。精神的損害を償うものが、いわゆる慰謝料です。

● 債権各論

(1) 要件①について

故意とは、自己の行為により権利侵害の結果が発生することを認識しながらあえて行為をする心理状態をいいます。

過失とは、損害の発生を予見して防止すべき注意義務を怠ることをいいます。

(2) 要件②について

必ずしも法律上の権利として保障されていない利益であっても、一定の重要なものについては不法行為法による救済（損害賠償請求）の対象となります。「権利」性にはこだわらず、侵害された利益の種類と、加害行為の態様・程度を相関的に判断します。

(3) 要件④について

損害賠償の範囲を定める際には、416条の規定を類推適用します（最判昭48.6.7等）。＊4

(4) 要件⑤について

責任能力とは、自己の行為の責任を弁識しうる能力をいいます（712条）。

3 効果

(1) 金銭賠償の原則

不法行為の成立が認められると、その効果として、被害者に**損害賠償請求権**が発生します（709条）。 14-34 ＊5

損害賠償の方法は**金銭賠償**が原則です（722条1項・417条）が、**名誉毀損**の場合には、裁判所は、被害者の請求により、名誉回復のための適当な処分を命じることができます（723条）。

(2) 近親者による損害賠償請求（711条）

不法行為による**生命侵害**の場合には、**被害者の父母・配偶者・子**は、慰謝料を請求することができます。 14-34 ＊6

711条の趣旨は、生命侵害の場合には、被害者の父母・配偶者・子は精神的苦痛が大きいのが通常であることにかんがみ、損害の発生・加害行為と損害との間の因果関係の立証責任を軽減する点にあります。

なお、711条に規定されている「父母、配偶者、子」でなくても、被害者との間に711条所定の者と実質的に同視できる身分関係が存在し、甚大な精神的損害を受けた者には、711条が類推適用されます（最判昭49.12.17）。 14-34

＊4 ここに注意

416条の類推適用により、被害者は、相当因果関係が認められる範囲で損害賠償を請求することができます。

＊5 ここに注意

発生した損害賠償請求権は、相続の対象となります。たとえ被害者が即死した場合であっても、相続人は損害賠償請求権を承継します（大判大15.2.16）。また、判例は、被害者の生前の意思表示の有無にかかわらず、慰謝料請求権も相続の対象となるとしています（最判昭42.11.1）。

＊6 判例ゼミ

不法行為により身体に傷害を受けた者の母が、そのために被害者の生命侵害の場合にも比肩しうべき精神上の苦痛を受けたときは、709条、710条に基づいて、自己の権利として慰謝料を請求できます（最判昭33.8.5）。

債権各論－契約以外の法律関係

98 過失相殺・損害賠償請求権の消滅時効

重要度 A

  講師からのアドバイス

債務不履行と不法行為の過失相殺の比較は418条と722条2項の条文の文言を比べてみるとよく理解できます。被害者側の過失もしっかり整理しましょう。

 *1 ここに注意

過失相殺をするためには、被害者に事理弁識能力が備わっていれば足ります。被害者に責任能力が備わっていることまでは必要ありません（最判昭39.6.24）。

 *2 プラスアルファ

園児の損害賠償における保育士の過失や、結婚の予定はあるけれども、実際には婚姻も同居もしていない交際相手の過失などは、被害者側の過失とはみなされません。

 *3 具体例で覚えよう！

例えば母親Cが目を離したすきに、子Aが道路へ飛び出し、Bの運転する自動車にはねられて重傷を負った場合が考えられます。

1 過失相殺

裁判所は、損害賠償の額を算定するにあたり、具体的公平を図るため、被害者に過失があった場合には、これを考慮することができます（722条2項）。 15-34 21-34 *1

不法行為における過失相殺は、債務不履行の場合とは異なり、損害賠償の額を減額できるにとどまり、不法行為責任を否定することはできません。

また、減額するか否かについても、債務不履行の場合とは異なり、裁判所が任意に判断することができます。

過失相殺の比較

	債務不履行における過失相殺（418条）	不法行為における過失相殺（722条2項）
内容	免責または責任軽減	責任軽減のみ
裁判所における考慮	必要的	任意的

なお、被害者の過失には、被害者本人と身分上、生活関係上一体をなすとみられるような関係にある者の過失（被害者側の過失）も含まれます（最判昭42.6.27等）。 12-34 15-34 *2

被害者側の過失 *3

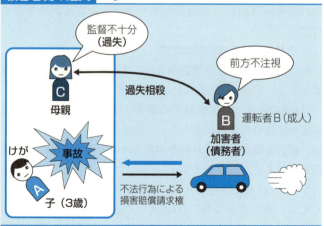

318

● 債権各論

2 損害賠償請求権の消滅時効

不法行為に基づく損害賠償請求権の消滅時効の起算点および時効期間は、①被害者または法定代理人が損害および加害者を知った時（主観的起算点）から3年、②不法行為時（客観的起算点）から20年です（724条）。なお、人の生命または身体の侵害による不法行為は、①の時効期間が5年になります（724条の2）。 12-34 17-46

3 債務不履行と不法行為

債務不履行と不法行為が競合したときは、債権者は不法行為責任と債務不履行責任のいずれも任意に主張して損害賠償を請求することができます。

債務不履行と不法行為の比較

	債務不履行	不法行為
帰責事由の有無の立証責任	債務者 *4	債権者（被害者）
損害賠償債権を受働債権とした相殺の可否	生命身体侵害に基づくものは不可（509条2号）	①悪意による不法行為、②生命身体侵害に基づくものは不可（509条1号2号）
消滅時効期間	①権利行使可能を知った時から5年、②権利行使可能時から10年（166条1項）	①損害および加害者を知った時から3年、②不法行為時から20年（724条）
	生命身体侵害は②を延長（167条）⇒①5年、②20年	生命身体侵害は①を延長（724条の2）⇒①5年、②20年
失火責任法の適用	なし	あり（不法行為責任を問うには故意または重過失が必要）
損害賠償の範囲	416条	規定なし（416条類推）
過失相殺	「責任および金額」について必要的に考慮する（418条）	「額」について任意的に考慮することができる（722条2項）
損害賠償債務の遅滞時期	請求を受けた時（412条3項参照）	不法行為時（大判明43.10.20）
慰謝料請求	債権者のみ	被害者の近親者もなしうる（711条）

*4 プラスアルファ
国が国家公務員に対して負う安全配慮義務に違反したことを理由とする損害賠償請求訴訟において、当該義務の内容を特定し、かつ、義務違反に該当する事実を主張・立証する責任は、原告（債権者）にあります（最判昭56.2.16）。

99 責任無能力者の監督義務者の責任・使用者責任

債権各論－契約以外の法律関係

重要度 A

1 責任無能力者の監督義務者等の責任（714条）

未成年者等が、他人に違法な行為で損害を与えても、責任能力を欠くため賠償責任を負わない場合があります（712条、713条）。そこで、被害者の救済を図るために、これらの者を監督すべき法定義務のある監督義務者および代理監督者が、その監督を怠らなかったことを立証できない限り、賠償責任を負います。＊1

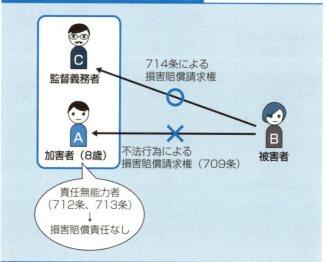

責任無能力者の監督義務者等の責任 ＊2

714条による損害賠償請求権 ○

不法行為による損害賠償請求権（709条）×

監督義務者 C
加害者（8歳）A
被害者 B

責任無能力者（712条、713条）
↓
損害賠償責任なし

2 使用者等の責任（715条）

(1) 意義

他人に使用されている者が、その使用者の事業を執行するにつき他人に違法な損害を加えることがあります。この場合に使用者またはこれに代わる代理監督者にも責任を負わせようとする（代位責任）のが、**使用者責任**です。＊3

被害者は、使用者に対しては715条の使用者責任、被用者（加害者個人）に対しては709条の一般不法行為責任を根拠に損害賠償を請求することができることになり、被害者の救済を図ることが容易になります。

講師からのアドバイス

使用者責任の要件の中の「事業の執行について」の判断は外形的にのみ判断します。この判断手法は、行政法の国家賠償法の分野でも採用されています。

＊1 プラスアルファ

未成年者が責任能力を有する場合、監督義務者は責任を負わないのが原則ですが、監督義務者の義務違反と未成年者の不法行為によって生じた結果との間に相当因果関係を認めうるときは、709条の不法行為責任を負う場合があります。

＊2 具体例で覚えよう！

例えば、8歳のAがいたずらをしてBにけがを負わせてしまった場合が考えられます。

＊3 プラスアルファ

使用者責任は、①被用者の活動により利益を得ている以上、それによる損失をも負担すべきこと（報償責任原理）、②被用者を使い事業を拡大させ、社会的な危険を増大させている以上、その危険を負担すべきこと（危険責任の原理）を根拠としています。

● 債権各論

使用者責任 ＊4

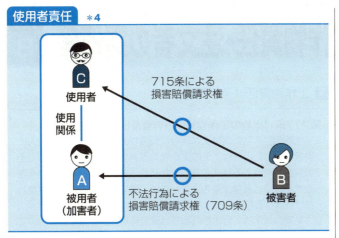

＊4
具体例で覚えよう！
例えば、タクシーの運転手Aが通行人Bをはねてしまったときに、タクシー会社Cに損害賠償責任を負わせる場合が挙げられます。

(2) 要件

① 使用者と被用者との間に指揮・監督関係があること
② 加害行為が、事業の執行についてなされること
③ 被用者が不法行為の一般的成立要件を備えていること
④ 使用者が選任・監督上の注意義務（715条1項ただし書）を尽くしていないこと

　要件①の「指揮・監督関係」は、使用者と被用者との間に雇用のような契約関係があることは必ずしも必要なく、事実上の指揮・監督関係があれば足ります。 19-34

　要件②の「事業の執行についてなされること」は、取引的不法行為（取引上の詐欺等）、事実的不法行為（自動車事故等）においては、行為の外形からみて被用者の職務の範囲内に属するものと認められれば足ります（外形標準説／最判昭39.2.4）。なお、取引的不法行為については、被用者の職務の範囲内の行為ではなく、かつ相手方がそのことについて悪意または重過失であるときは、この要件をみたしません（最判昭42.11.2）。＊5

＊5
ここに注意
暴力行為については、被害者の被った損害が「事業の執行行為を契機とし、これと密接な関連を有すると認められる行為」によって生じたものであるかによって判断されます（最判昭44.11.18、最判平16.11.12）。

(3) 求償

　使用者または代理監督者が被害者に損害を賠償した場合には、被用者に求償することができます（715条3項）。ただし、事業の性格その他諸般の事情に照らし、使用者の被用者に対する求償は、信義則上相当と認められる限度に制限されます（最判昭51.7.8）。 12-34 16-34 18-33 ＊6

＊6
プラスアルファ
被用者から使用者に対する求償権について明文はありませんが、判例は、損害を賠償した被用者は、諸般の事情に照らし損害の公平な分担という見地から相当と認められる額について、使用者に対して求償することができるとしています（最判令2.2.28）。

債権各論－契約以外の法律関係

100 工作物責任・注文者の責任等

重要度 B

講師からのアドバイス

工作物責任において、第1次的に責任を負う者（占有者）、第2次的に責任を負う者（所有者）がどのような場合に責任を負うのか、しっかり理解しましょう。

1 工作物責任（717条）

第717条【土地の工作物等の占有者及び所有者の責任】
1 土地の工作物の設置又は保存に瑕疵があることによって他人に損害を生じたときは、その工作物の占有者は、被害者に対してその損害を賠償する責任を負う。ただし、占有者が損害の発生を防止するのに必要な注意をしたときは、所有者がその損害を賠償しなければならない。
2 前項の規定は、竹木の栽植又は支持に瑕疵がある場合について準用する。
3 前二項の場合において、損害の原因について他にその責任を負う者があるときは、占有者又は所有者は、その者に対して求償権を行使することができる。

立法趣旨

土地工作物責任の趣旨は、瑕疵ある工作物を支配している以上は、その危険が実現した場合にその責任を負うべきであるとする危険責任の法理にあります。

土地の工作物の設置または保存に**瑕疵**があるため他人に損害を生じさせた場合には、第1次的に**占有者**が責任を負い、占有者が**損害の発生を防止するのに必要な注意をしたことを証明**したときは、第2次的に**所有者**が責任を負います。 21-46

土地工作物責任は、以下のような要件をみたした場合に生じます。

① 瑕疵が**土地の工作物**に関するものであること
② 土地工作物の**設置または保存の瑕疵**によること
③ ②の瑕疵によって損害が生じたこと（**因果関係**）
④ （占有者の責任）…**免責事由がない**こと
　（所有者の責任）…**占有者に免責事由がある**こと

「土地の工作物」とは、工事等の人工的作業をすることによって、土地に接着して構築されたものをいい、建物、橋梁、鉄道の軌道施設などがこれにあたります。 12-34 ＊1

「瑕疵」とは、工作物がその用途に応じて通常有すべき安

＊1
具体例で覚えよう！

判例において「土地の工作物」とされたものの具体例として、崖地の擁壁（大判昭3.6.7）、電柱・電線（大判昭8.5.16）、坑道（大判昭15.1.18）、踏切道における軌道施設（最判昭46.4.23）があります。

全性を欠いていることをいいます。性能・品質において安全性が欠けている場合だけでなく、しかるべき安全設備を欠くために、危険な状態が生じていることも「瑕疵」にあたります（最判昭46.4.23）。

占有者は、損害発生の防止に必要な注意を払ったことを立証した場合には免責されます。他方、所有者の責任は、免責事由が認められない**無過失責任**です。 12-34 19-34

工作物責任 16-34 *2 *3

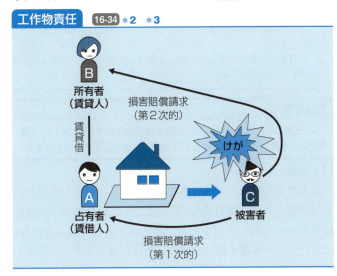

*2 **具体例で覚えよう！**
例えば、AがBから賃借した家のコンクリート・ブロック塀が十分に固定されていなかったために崩れ落ちて、たまたま通りかかった通行人Cを直撃して負傷させた場合が考えられます。

*3 **プラスアルファ**
上記の具体例において、例えば、コンクリート・ブロック塀の瑕疵の原因がそれを建築した請負人Dの過失にあるときは、被害者Cに対して損害を賠償した占有者Aまたは所有者Bは、請負人Dに対して、求償権を行使することができます（717条3項）。

2 注文者の責任（716条）

請負契約の注文者は、原則として、請負人がその仕事について第三者に加えた損害を賠償する責任を負いません（716条本文）。ただし、注文または指図について注文者に過失があったときは、例外的に責任を負います（716条ただし書）。

3 動物占有者の責任（718条）

動物の占有者または占有者に代わって動物を管理する者は、動物が他人に加えた損害につき、原則として賠償責任を負います。

もっとも、動物の種類およびその性質に従い、相当の注意をもって管理をし、占有者・管理者がそれを立証した場合、免責されることがあります。 16-34

債権各論－契約以外の法律関係

101 共同不法行為・正当防衛と緊急避難

重要度 B

講師からのアドバイス

正当防衛と緊急避難は、記述で出題されたこともある論点です。条文を確認しておきましょう。

1 共同不法行為（719条）

第719条【共同不法行為者の責任】
1　数人が共同の不法行為によって他人に損害を加えたときは、各自が連帯してその損害を賠償する責任を負う。共同行為者のうちいずれの者がその損害を加えたかを知ることができないときも、同様とする。
2　行為者を教唆した者及び幇助した者は、共同行為者とみなして、前項の規定を適用する。

立法趣旨

719条の趣旨は、共同不法行為者全員に損害の全部について、「連帯」責任を負わせることによって被害者の救済を図ることにあります。

(1) 意義

数人の者が共同の不法行為によって他人に損害を加えたとき（狭義の共同不法行為）、または、共同行為者の中で誰が損害を与えたのか不明なとき（加害者不明の共同不法行為）には、生じた損害全額について、共同行為者は各自が連帯して責任を負います。 12-34

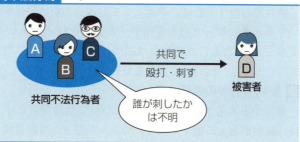

*1 **具体例で覚えよう！**

例として、数人が共同して被害者を殴打し、そのうちの1人がナイフで傷をつけたが、それが誰の仕業か不明なような場合が挙げられます。

(2) 要件

＜狭義の共同不法行為の場合＞
①　各人の行為が不法行為の一般的成立要件をみたすこと
②　共同行為者間に、社会的にみて数人の加害行為が一体とみられる関係（客観的関連共同性）があること

＜加害者不明の共同不法行為の場合＞
① 「共同行為者」であること
② 各共同不法行為者が因果関係以外の不法行為の一般的成立要件をみたしていること
③ 共同行為者のいずれかにより損害が引き起こされたこと

2 正当防衛と緊急避難

第720条【正当防衛及び緊急避難】
1 他人の不法行為に対し、自己又は第三者の権利又は法律上保護される利益を防衛するため、やむを得ず加害行為をした者は、損害賠償の責任を負わない。ただし、被害者から不法行為をした者に対する損害賠償の請求を妨げない。
2 前項の規定は、他人の物から生じた急迫の危難を避けるためその物を損傷した場合について準用する。

立法趣旨
急迫の事情が存在し、国家の助力を待つ余裕がない場合、私力によって他人の違法な行為を排除することが許されることがあります。

正当防衛や緊急避難の場合（720条）には、自力救済行為の違法性が阻却され、不法行為は成立しません。要件は、次のとおりです。＊2

正当防衛
① 他人の不法行為が原因となっていること
② 自己または第三者の権利または法律上保護される利益を防衛するためのものであること
③ やむを得ないものであること
④ 加害行為をしたこと

緊急避難
① 他人の物から生じた急迫の危難が原因となっていること
② これを避けるためのものであること
③ やむを得ないものであること
④ その物を損傷したこと

＊2
具体例で覚えよう！
正当防衛の例として突然男が家に押し入って殴りかかってきたので、その男を殴り倒した場合が挙げられます。
また、緊急避難の例としては、AがBの飼い犬に襲われたので、手に持っていた棒で犬を叩いて、その犬にけがを負わせた場合が挙げられます。

家族法－親族

102 親族法

重要度 C

講師からのアドバイス
親族法で出題の中心は婚姻と親子となります。これらを中心にして家族法を学習していきましょう。

1 意義

　夫婦・親子のような身分関係について定める法を親族法といいます。身分関係について紛争が生じたときには、その解決方法を規律するものであり、裁判所での解決の基準を与えるのが親族法です。

2 身分的法律行為とその特色

　夫婦・親子などの身分関係は客観的に法規範により規律されますが、例えば婚姻、養子縁組、認知などのように、その枠の中で各人の意思により形成、変更、解消される部分があります。このように身分上の法律効果を発生させる法律行為を身分行為といいます。

　財産法においては私的自治の原則が支配しており、物権法などにおける若干の例外を除けば、条文の大半は当事者の意思解釈を補充する任意規定です。これに対し、親族法は、国家・社会の基本秩序にかかわるため、私的自治の原則が大幅に制約され、その大部分は強行規定によって占められています。また、同じく身分秩序維持の見地から、身分関係の形成に際して国家（家庭裁判所）が後見的に関与する場合が多いという特色があります。

(1) 行為能力に関する規定の不適用

　身分的法律行為については**できるだけ本人の意思を尊重すべきとされ**、その身分的法律行為の意義を理解する能力があれば、単独でできるのが原則です。制限行為能力者が単独でできる行為の例としては、成年被後見人の婚姻（738条）、認知（780条）などがあります。

(2) 身分的法律行為における意思の欠缺と詐欺・強迫

　身分的法律行為は本人の真意を尊重すべきですから、財産上の法律行為に関する意思の不存在・瑕疵ある意思表示に関する規定は原則として適用されません。身分的法律行為には独自の無効・取消しの規定が置かれていますが、それは本人の意思を尊重するためのものです。

(3) 身分的法律行為の代理

身分的法律行為においては、原則として代理は認められません。本人の真意を尊重すべきものだからです。

(4) 身分的法律行為の要式性

身分的法律行為には、形式を必要とするものが多くあります。婚姻・縁組・離婚・離縁・認知は本人の意思決定を慎重にさせるため、届出が必要です（739条・799条・764条・812条、781条）。

身分行為の特色

① 行為能力に関する規定は、原則として適用されない
② 意思の不存在・瑕疵ある意思表示に関する規定は、原則として適用されない
③ 代理は、原則として認められない
④ 一定の形式を必要とするもの（要式行為）が多い

親族法の概要

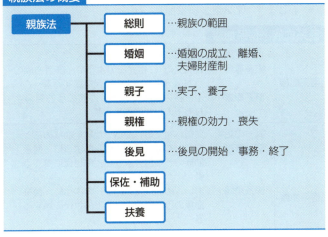

家族法－親族

103 親族

重要度 B

講師からのアドバイス

親族の意義と親等は、直接出題されることはないと思われますが、親族の問題を考えるうえで前提となる知識です。

1 意義

　民法上の親族とは、**6親等内の血族、配偶者、3親等内の姻族**をいいます（725条）。＊1

① 血族とは、血縁関係のある者相互間（自然血族）および法的に血縁があると擬制される者相互間（法定血族）をいいます。**自然血族関係**は出生により発生し、死亡により終了します。**法定血族関係**は養子縁組により発生し、離縁および縁組の取消しにより終了します。

② 配偶者は、血族でも姻族でもなく、親等もありません。

③ 配偶者の血族あるいは血族の配偶者相互間を**姻族**といいます。配偶者の一方の血族と他方の血族は姻族ではありません。姻族関係は婚姻により発生し、離婚により終了します（728条2項参照）。＊2

＊1 **ことばの意味**

親等

親等とは、親族間の遠近度をはかる尺度です。親族間の世代数によって決定されます（726条）。例えば、親や子は1親等の血族、祖父母や孫や兄弟姉妹は2親等の血族、おじやおばは3親等の血族、いとこは4親等の血族となります。

直系血族・傍系血族

直系血族	世代を隔てて垂直につながる血族のこと **直系尊属**……親（父母）、祖父母のように、直系血族のうち自分よりも上の世代に属する者 **直系卑属**……子、孫のように、直系血族のうち自分よりも下の世代に属する者
傍系血族	同一の始祖（父母、祖父母）から分かれた血族のこと **傍系尊属**……おじ・おば（親の兄弟）のように、傍系血族のうち自分よりも上の世代に属する者 **傍系卑属**……おい・めい（兄弟の子）のように、傍系血族のうち自分よりも下の世代に属する者 ※兄弟姉妹、いとこ（親の兄弟の子）は、同じ世代に属するため、傍系尊属でも傍系卑属でもなく、単に傍系血族であるということになる。

＊2 **ここに注意**

配偶者が死亡した場合には、姻族関係は当然には消滅しません。生存配偶者が姻族関係終了の意思表示をしたときに終了します（728条2項）。

2 親族関係の効果

　親族関係の効果は多岐にわたります。730条の互助義務は、単に倫理的意味を有するものと解されています。＊3

＊3 **プラスアルファ**

民法に限らず他の法律（刑法、刑事訴訟法等）でも一定の者に特別の効果を与えるものが少なくありません。

● 家族法

親族の範囲と分類

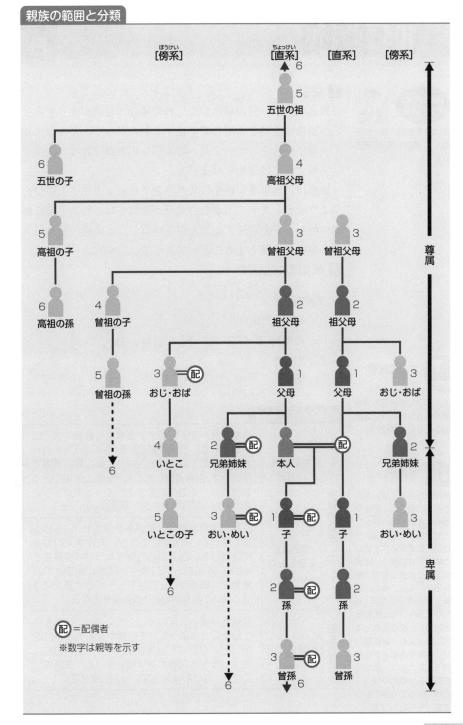

家族法－親族

104 婚姻

重要度 B

講師からのアドバイス

婚姻障害事由は択一知識として確認しておきましょう。

1 総説

民法では、一定の届出がなされた場合に婚姻が成立するという法律婚主義を採用しています。したがって、どんなに長く一緒に生活をしていても、婚姻届を出さなければ、法律上は夫婦としては認められません。

婚姻は、当事者が終生の共同生活を約束する私法上の契約により成立します。当事者の意見が尊重され、行為当時に婚姻の何たるかを判断する能力があれば、たとえ成年被後見人でも単独で婚姻をすることができます（738条）。

2 婚姻の成立要件

＜実質的要件＞
① 婚姻意思の合致
② 婚姻障害（731条以下）に該当しないこと

＜形式的要件＞
③ 届出

*1 ここに注意

相続をさせるためだけ、または子に嫡出子の身分を与えるためだけに婚姻届を出しても無効です。

*2 判例ゼミ

婚姻届作成時に婚姻意思があった場合は、届出受理時に意識不明となったときであっても、届出受理前に翻意するなど特段の事情がない限り、婚姻は有効に成立します（最判昭44.4.3）。また、事実上の夫婦の一方が、他方が知らない間に婚姻届を提出し、受理された場合であっても、後に他方がこれを認めるような言動をしたときは、婚姻は追認により届出の当初にさかのぼって有効になります（最判昭47.7.25）。

婚姻の成立要件

実質的要件	婚姻意思の合致	婚姻も契約である以上、当事者に婚姻の意思の合致があることが必要である（742条1号参照）。婚姻の意思とは、判例によれば、単に届出意思では足りず、当事者間に真に社会観念上夫婦であると認められる関係の設定を欲する効果意思が必要である（実質的意思説）15-35 *1 *2
	婚姻障害に該当しないこと	戸籍事務担当者は、婚姻届が形式上（739条2項）整っているか否かのほか、731条～736条に違反しないかを認めた後でなければ受理できない（740条）。731条～736条に規定される諸事由は婚姻障害と呼ばれ、それらの条文に違反しないことが婚姻の実質的要件となる
形式的要件	婚姻の届出	婚姻は戸籍法の定めるところにより、これを届け出ることによって、その効力を生ずる（739条1項）。届出は、当事者双方および成年の証人2人以上から口頭または署名捺印した書面で、これをしなければならない（739条2項）

●家族法

婚姻障害

婚姻障害	趣　旨	違反の効果
婚姻適齢 （731条）	男女ともに18歳にならないと婚姻できない	早婚を防ぐ	取消し （744条）
重婚禁止 （732条）	配偶者のある者は重ねて婚姻することができない	一夫一婦制の維持	取消し （744条）
再婚禁止期間 （733条）	女が再婚するには婚姻の解消・取消しの日から100日経過後でなければならない。女が懐胎していなかった場合、前婚の解消・取消後に出産した場合は禁止されない	父性推定の重複を避けるため	取消し （744条）
近親婚の禁止 （734条）	直系血族または3親等内の傍系血族の間では婚姻することはできない	優生学上の理由	取消し （744条）
直系姻族間の婚姻禁止 （735条）	728条、817条の9による姻族関係終了後も禁止される	道義上の理由	取消し （744条）
養親子関係者間の婚姻禁止 （736条）	養子、その配偶者、直系卑属またはその配偶者と養親または、その直系尊属との間では、729条による親族関係終了後も禁止される　13-35		

3　内縁・婚約

　内縁とは、婚姻の届出をしていないが、婚姻の意思をもって夫婦共同生活をしている事実上の夫婦関係をいいます。内縁には、その実態にかんがみ、婚姻費用の分担（760条）の規定が準用されています（最判昭33.4.11）。＊3

　婚約とは、将来結婚する約束（合意）のことをいいます。婚約を不当に破棄された場合、不法行為等に基づき損害賠償を請求することができます（最判昭33.4.11）。　15-35　＊4

＊3
プラスアルファ

内縁解消の場合は、財産分与の規定が類推適用されます。もっとも、一方の死亡の場合には、財産分与の規定は類推適用されません（最決平12.3.10）。

＊4
プラスアルファ

結納は、婚約の成立を確証し、あわせて婚姻が成立した場合に当事者ないし当事者両家間の情誼を厚くする目的で授受される一種の贈与であり、婚約を解消した場合、結納金は不当利得として返還する必要があります（大判大6.2.28）。

家族法－親族

105 婚姻の無効と取消し・夫婦財産制

重要度 B

1 婚姻の無効と取消し

婚姻に瑕疵があるにもかかわらず、誤って婚姻届が受理された場合、すべて無効とすると当事者および第三者に対する影響が大きいといえます。そこで、民法は程度に応じ、無効とする場合（742条）と取り消しうる場合（743条以下）に分けています。

講師からのアドバイス

日常家事債務について、761条は連帯して責任を負う旨のみを定めていますが、それだけでなく、夫婦相互間に法定代理権を認めた規定と解釈されています。110条との関係で問題となる重要論点です。

婚姻の無効と取消し

	無　効	取消し
原因	婚姻は次の場合に限り無効とする（742条） ①婚姻意思を欠く場合　17-28 ②届出をしない場合	婚姻は次の事由がなければ取り消すことができない（743条） ・731条～736条に違反すること（744条） ・詐欺、強迫による婚姻（747条） ただし、731条、733条、747条違反のとき、一定の要件により取消権が消滅する場合がある（745条、746条、747条2項）
請求権者	当事者だけでなく、利害関係のある者は誰でも、当事者の死亡した後でも、主張することができる	①各当事者、②その親族、③検察官である。ただし、当事者死亡後は、検察官は請求できない（744条1項ただし書）。732条違反の場合は、当事者の配偶者、前配偶者も取消請求できる（744条2項）。また、733条違反の場合は、前夫も取消請求できる（744条2項）。747条の場合は当事者のみが請求できる（747条1項）
効果	婚姻が無効である場合は、夫婦としての効果は何ら生じない	取消しの効果は遡及しない（748条1項）。事実上存在した夫婦の共同生活を尊重するためである。財産関係は、不当利得の特則があり（748条2項、3項）、財産分与の規定も準用され（749条）、清算される

ここに注意　*1

夫婦は、婚姻の際に定めるところに従い、夫または妻の氏を称します（夫婦同氏／750条）。近時は、夫婦別氏（別姓）制度の支持も広がり、夫婦同氏制度の合憲性が裁判で争われることもありましたが、最高裁判所は夫婦同氏制度を合憲としています（最判平27.12.16、最決令3.6.23）。

2 婚姻の効果

(1) 夫婦同氏（750条）

夫婦は、共通の氏を名乗らなければなりません。*1

(2) 同居・協力・扶助義務（752条）

婚姻の共同生活を維持する基本的義務です。

(3) 貞操の義務（770条1項1号参照）

夫婦は互いに貞操を守る義務を負います。

(4) 契約取消権（754条）

夫婦は婚姻中に締結した夫婦間の契約を婚姻中はいつでも（履行後でも）取り消すことができます。ただし、第三者の権利を害することはできないとされています。 15-35 *2

3 夫婦財産制

夫婦は契約で自由にその財産関係を定めることができ（夫婦財産契約）、契約をしなかった場合は民法所定の制度（法定財産制）によることになります。

(1) 夫婦財産契約

夫婦財産契約の形式は、次のように、かなり厳格です。

① 婚姻届出前に締結しなければならない（755条）
② 婚姻届出までに登記しなければ、夫婦の承継人および第三者に対抗できない（756条）
③ 婚姻届出の後はその契約を変更することはできない（758条1項）

(2) 法定財産制

法定財産制	
婚姻費用の分担（760条）	夫婦はその資産、収入、その他一切の事情を考慮して婚姻から生じる費用を分担する
日常家事債務の連帯責任（761条）	日常の家事より生じた債務について夫婦は連帯責任を負う。ただし、夫婦の一方が第三者に対し責に任じない旨を予告したときは連帯責任は生じない 日常家事の範囲は、内部事情や目的のみならず、客観的にその法律行為の種類・性質等を十分に考慮して判断する *3
財産の帰属と管理＝夫婦別産制（762条）	夫婦の一方が婚姻前から有した財産および婚姻中に自分の名前で得た財産は各々の個人的財産（特有財産）とされる。いずれに属するか不明な財産は夫婦の共有と推定する

プラスアルファ

婚姻が実質的に破綻している場合には取消権を行使することはできません（最判昭42.2.2）。また、婚姻が実質的に破綻している時に締結された契約を取り消すこともできません（最判昭33.3.6）。

*3

判例ゼミ

夫婦の一方が日常家事代理権の範囲を越えて第三者と法律行為をした場合に、広く表見代理（110条）の成立を認めず、第三者において当該行為が夫婦の日常家事に関する法律行為に属すると信ずるにつき正当な理由があるときに限り、110条の趣旨を類推適用すべきとした判例があります（最判昭44.12.18）。

家族法－親族

106 婚姻の解消

重要度 B

離婚について、離婚する実質的意思は不要とされています。離婚の効果も覚えておきましょう。

1 死亡・失踪宣告による婚姻の解消

夫婦の一方が死亡または失踪宣告を受けた場合は、当然に婚姻は解消します。そして、姻族関係は、生存配偶者の姻族関係を終了させる意思表示により初めて消滅します（728条2項）。また、生存配偶者は、届出により婚姻前の氏に復することができます（751条1項）。 13-35 19-35

2 離婚

(1) 協議上の離婚

夫婦はその協議で離婚することができます（763条）。協議離婚の成立には、①離婚意思の合致と②届出の2つが必要です。また、未成年の子がいるときは、協議でその一方を親権者に決定しなければなりません（819条1項）。

(a) 協議上の離婚の要件

離婚意思について、判例は離婚そのものをする意思は必要とせず、単に届出をする意思で足りるとしています（形式的意思説）。 ＊1

＊1 プラスアルファ

形式的意思説によれば、氏の変更、生活保護の受給継続を目的とする場合や債権者の強制執行を免れるために形式的に離婚届を出す場合でも離婚意思はあると判断されます。

婚姻意思と離婚意思

	形式的意思	実質的意思
婚姻意思	必要	必要
離婚意思	必要	不要 ＊2

(b) 協議上の離婚の無効・取消し

離婚意思のない者の離婚は当然に無効です。協議離婚が詐欺または強迫によりなされた場合、取消しを請求できます（764条・747条）。取消権は詐欺を発見もしくは強迫を免れた時から3カ月を経過したとき、または追認により消滅します。

(2) 裁判上の離婚

協議離婚・調停離婚が成立せず、審判請求がなされていないときに、離婚の訴えを提起できます（770条）。離婚などの人事訴訟事件では、原則として訴訟提起前に家庭裁判所に対する調停の申立てが必要です（調停前置主義）。 18-34 ＊3

＊2 プラスアルファ

離婚後も事実上の夫婦生活を継続すること（偽装離婚）は、内縁の一種として認めざるを得ないので、実質的意思は要求されません。

＊3 プラスアルファ

判例は、別居期間や未熟子の有無を考慮したうえで有責配偶者からの請求を認めています（最判昭62.9.2）。

●家族法

裁判上の離婚における離婚原因（770条１項）は、次のとおりです。＊4

① 配偶者の不貞行為（１号）
② 悪意の遺棄（２号）
③ ３年以上の生死不明（３号）
④ 回復の見込みのない強度の精神病（４号）
⑤ その他婚姻を継続し難い重大な事由（５号）

なお、770条１項１号～４号の事情があるときでも、裁判所は一切の事情を考慮して婚姻の継続を相当と認めるときは離婚の請求を棄却できます（770条２項）。

(3) 離婚の効果

離婚の効果は、次のとおりです。

離婚の効果	
身分上の効果	・婚姻関係は消滅する。婚姻により生じた姻族関係も消滅する（728条１項）13-35 ・氏を改めた者は従前の氏に復する（767条１項）が、婚氏継続の届出によって、離婚の際に称していた氏を称することができる（767条２項）19-35
子の処遇	・子の嫡出子たる身分に影響はない ・離婚の際、子の親権者を決定しなければならない（819条）13-35 ＊5
財産上の効果	・離婚をした一方は他方に対し財産分与を請求できる（768条１項・771条）16-46 ＊6 ・財産分与の額や方法は当事者の協議により、協議ができないときは家庭裁判所に協議に代わる処分を請求できる。ただし、離婚から２年経過すると、この請求はできなくなる（768条２項）

死別と離婚の比較 19-35		
	姻族関係	氏
死別	意思表示により終了（728条２項）	届出により復氏が可能（751条１項）
離婚	当然終了（728条１項）	当然復氏（767条１項） ※届出により離婚の際の氏を称することも可能（767条２項）

＊4 ことばの意味

悪意の遺棄
夫婦が理由なく同居を拒絶し、給料を家計に入れない行為など、積極的な意思で夫婦の共同生活を行わないことをいいます。

＊5 ここに注意

協議上の離婚の場合、協議で父母の一方を親権者と定め（819条１項）、裁判上の離婚の場合、裁判所が父母の一方を親権者と定めます（819条２項）。いずれの場合も、親権者は父母のうちのいずれかです。

＊6 ここに注意

財産分与は、婚姻中の財産の清算、生活能力の弱い者への扶養、有責行為によって離婚をやむなくされたことに対する慰謝という３つの性格を有しています。

第２編 民法 家族法

335

家族法－親族

107 嫡出子・親子関係の否定

重要度 B

772条に該当するかどうか、条文の文言を正確に把握し要件を確認しましょう。

子は、次のように分類されます。

子の分類

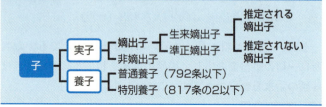

1 嫡出子の意義

嫡出子とは、**婚姻関係にある男女間から生まれた子**をいいます。

2 嫡出の推定

> 第772条【嫡出の推定】
> 1 妻が婚姻中に懐胎した子は、夫の子と推定する。
> 2 婚姻の成立の日から200日を経過した後又は婚姻の解消若しくは取消しの日から300日以内に生まれた子は、婚姻中に懐胎したものと推定する。

妻が婚姻中に懐胎した子は、夫の子と推定され（772条1項）、婚姻成立の日から200日を経過した後または婚姻の解消もしくは取消しの日から300日以内に生まれた子は、婚姻中に懐胎したものと推定されます（772条2項）。

（1）推定される嫡出子
772条に該当する場合をいいます。

（2）推定の及ばない子
妻が夫によって懐胎することが不可能な事実があるのに、772条に該当する場合をいいます。＊1

（3）推定されない嫡出子
772条に該当しない嫡出子をいいます。＊1

（4）二重の推定が及ぶ子
前婚の推定と後婚の推定とが重複する場合をいいます。再婚禁止期間に違反して再婚した場合などがこれにあたります。

＊1

推定の及ばない子の具体例としては、夫が刑務所等に入っている場合があります。また、推定されない嫡出子の例としては、内縁関係が先行し、婚姻成立後200日以内に生まれた子などをいいます。

●家族法

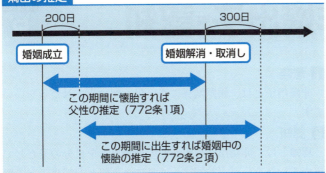

嫡出の推定

3 父親との親子関係を否定する訴えの方法

嫡出が推定されるか否かにより、父親との親子関係を否定する訴えの方法が異なります。

(1) 嫡出否認の訴え

婚姻関係にある男女間から生まれた子、つまり嫡出子のうち推定が及ぶ子の場合に利用される訴えの方法です（775条）。 15-46 *2 *3 *4

(2) 親子関係不存在確認の訴え

嫡出否認の訴えは、嫡出推定が及ぶ場合を前提としています。そのため、嫡出子であっても、推定が及ばない場合には、嫡出否認の訴えを利用することができません。そこで、推定が及ばない子と推定されない嫡出子の場合には親子関係不存在確認の訴えによるべきとされます（民法上、明文の規定はありません）。

(3) 父を定める訴え

前婚の嫡出推定と後婚の嫡出推定が重複すると、父を定めることができません。そこで、二重の推定が及ぶ場合には、父を定める訴えによるべきとされています（773条）。

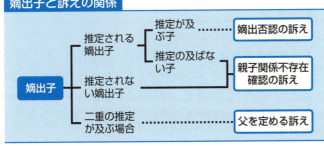

嫡出子と訴えの関係

*2 ここに注意

嫡出否認の訴えは、夫が子の出生を知った時から1年以内に提起しなければなりません（777条）。夫が成年被後見人であるときは、後見開始の審判の取消しがあった後、夫が子の出生を知った時から起算されます（778条）。

*3 プラスアルファ

嫡出の否認は、子または親権を行う母に対する嫡出否認の訴えによって行います（775条前段）。親権を行う母がいないときは、家庭裁判所は特別代理人を選任しなければなりません（775条後段）。

*4 プラスアルファ

近時、生殖補助医療の提供等及びこれにより出生した子の親子関係に関する民法の特例法が制定されました。この法律は、他人の卵子を用いた生殖補助医療により出生した子の母は出産した女性とすること、他人の精子を用いる生殖補助医療に同意をした夫による嫡出否認の禁止等を定めています。

108 非嫡出子・認知

家族法－親族

重要度 B

講師からのアドバイス

認知に承諾が必要となる場合がありますので注意しましょう。また、どのような場合に準正が生じるのかも確認しておきましょう。

1 意義

非嫡出子とは、婚姻関係にない男女間に生まれた子をいいます。

2 認知

認知とは、非嫡出子の親がその非嫡出子を自分の子として認める行為をいい（779条）、これにより親と非嫡出子との間に法律上の親子関係が生じます。認知には任意認知と強制認知があります。母子関係においては、非嫡出子の親子関係は分娩の事実により当然に発生し、認知は不要です（最判昭37.4.27）。＊1

(1) 任意認知

任意認知は、父が認知届を出して行う方法（781条1項）以外に、遺言による認知（781条2項）も可能です。父が未成年者または成年被後見人であっても、その法定代理人の同意は不要です（780条）。認知者の意思に基づかない認知届は、認知者と被認知者との間に親子関係があっても無効です（最判昭52.2.14）。 16-35

原則として認知される子の承諾は不要ですが、次のような例外があります。

＊1 プラスアルファ

父が妻以外の女との間に生まれた子を妻との間に生まれた嫡出子として届け出た場合、その子は嫡出子となりませんが、その届出が誤って受理されたときは認知としての効力があります（最判昭53.2.24）。

認知に承諾を必要とする場合	
成年の子を認知する場合	本人の承諾が必要（782条）
胎児を認知する場合	その母親の承諾が必要（783条1項）
死亡した子を認知する場合（死亡した子に直系卑属がいる場合に限る）	その直系卑属が成年者であれば、その承諾が必要（783条2項）

(2) 強制認知

子、その直系卑属またはそれらの者の法定代理人は、父または母が認知しないとき、裁判により認知を強制することができます。ただし、父または母の死亡の日から3年を経過すると認知の訴えを提起できません（787条）。＊2

＊2 プラスアルファ

子の父に対する認知請求権については放棄することができません（最判昭37.4.10）。

● 家族法

（3）認知の効果

子の出生時にさかのぼって親子関係が生じます（784条本文）。ただし、認知の遡及効は第三者がすでに取得した権利を害することはできません（784条ただし書）。＊3

3 準正

嫡出でない子が嫡出子となることを準正といいます。

（1）婚姻準正

すでに父と子の関係が認知により確定しているときに、その父母が婚姻した場合です（789条1項）。婚姻の時から準正が生じます。

なお、婚姻から200日以内に生まれた子は嫡出子の推定を受けませんが、夫の認知による準正により嫡出子たる身分を取得するというのでは（789条2項）、実際の生活感情に合いません。そこで、内縁関係がある場合には、届出後200日以内に生まれた子も当然に嫡出子になるとされます（推定されない嫡出子／大判昭15.1.23）。

（2）認知準正

婚姻をした父母が子を認知した場合です（789条2項）。条文の文言上は、認知の時から準正が生じることになりますが、戸籍実務では、婚姻の時からとされています。

準正

〈789条1項〉
婚姻準正 ── 子が認知されたのち父母が婚姻したケース

子の出生　　　認知　　　　　婚姻

準正（嫡出）子

〈789条2項〉
認知準正 ── 父母が婚姻したのち子が認知されたケース

子の出生　　　婚姻　　　　　認知

準正（嫡出）子（※条文上）

（3）準正の効果

婚姻準正の場合も認知準正の場合も、準正子は嫡出子の身分を取得します（789条1項、2項）。

＊3

＋α　プラスアルファ

親権者について、非嫡出子は生まれながらに母の親権に服しますが、父の認知後は父母の協議、または家庭裁判所の審判により父を親権者または、監護者と定めることができます。監護者も父母の協議、または家庭裁判所が審判により定めることができます（788条・766条）。また、認知後は、家庭裁判所の許可を得て父の氏を称することができます（790条2項、791条）。

第2編 **民法** 家族法

339

家族法－親族

109 普通養子縁組①

重要度 B

1 普通養子縁組の成立要件

普通養子縁組を成立させるためには、以下の条件をみたす必要があります。＊1

<実質的要件>
① 縁組意思の合致
② 縁組障害事由の不存在（792条〜798条）
<形式的要件>
③ 届出

普通養子縁組の成立要件　15-28　16-35

形式的要件	縁組の届出	・縁組は届出をしなければ成立しない（799条・739条） ・出生後まもない幼児をもらって、虚偽の出生届をした後、事実上の親子としての生活が続いても、出生届を養子縁組届に転換して縁組の成立を認めることはできない（最判昭25.12.28、最判昭50.4.8）
実質的要件	縁組意思	当事者間に縁組意思（真に親子関係を形成する意思）の合致が必要である（実質的意思説）。他の目的のため利用するときは縁組は無効である（802条1項）。また、心裡留保（93条）の規定の適用もない
実質的要件	縁組障害事由の不存在	・養親となるものが20歳未満であってはならない（792条） ・養子となる者が養親たるべき者より年長者であり、またはその尊属であってはならない（793条） ・後見人が被後見人を養子とするには家庭裁判所の許可が必要である（794条） ・配偶者のある者が未成年者を養子とするには、原則として共同して縁組しなければならない（795条）＊2 ・配偶者のある者が養親または養子となるときは配偶者の同意を得て単独で縁組ができる（796条）。ただし、配偶者とともに縁組をする場合、意思を表示できない場合は、同意は不要 ・養子となる子が15歳未満の場合には、法定代理人が代わって縁組の承諾をできる（代諾養子／797条）＊3 ・未成年者を養子とするには原則として家庭裁判所の許可が必要である（798条）＊4 ・成年被後見人の養子縁組、届出には、738条・739条が準用されている（799条）＊5

講師からのアドバイス

縁組障害事由の不存在は択一対策として重要ですから、しっかりと整理・記憶しておきましょう。

＊1
 ことばの意味

縁組
養子とする行為です。

＊2
 ここに注意

配偶者のある者が未成年者を養子とする場合でも、配偶者の嫡出である子を養子とするのであれば、共同して縁組する必要はありません（795条ただし書）。

＊3
 プラスアルファ

生後間もない非嫡出子について他人夫婦の嫡出子として出生届がされた後、その他人夫婦の代諾によって縁組がなされた場合、その代諾縁組は一種の無権代理であり、15歳に達した養子の追認によって遡及的に縁組は有効となります（最判昭27.10.3）。

＊4

未成年者を養子とする場合でも、自己または配偶者の直系卑属を養子とするのであれば、家庭裁判所の許可を得る必要はありません（798条ただし書）。

340

●家族法

未成年者を養子とする場合は、以下のとおり、注意が必要です。 16-35

① 家庭裁判所の許可が必要である（798条本文）
　※ただし、自己または配偶者の直系卑属を養子とする場合は、家庭裁判所の許可は不要である（798条ただし書）
② 養親に配偶者がいる場合、原則として夫婦共同縁組をしなければならない（795条本文）
　※ただし、配偶者の嫡出子を養子とする場合、配偶者が意思を表示することができない場合は、夫婦共同縁組をする必要はない（795条ただし書）
③ 養子となる者が15歳未満である場合、法定代理人が代諾することができる（797条1項）
　※なお、「親権停止」の審判がされている場合に、法定代理人が代諾をするには、親権を停止されている父母の同意を得なければならない（797条2項後段）

＊5 ここに注意
成年被後見人は、縁組時に意思能力を回復している限り、成年後見人の同意を得なくても、養子縁組をすることができます（799条・738条）。

2 普通養子縁組の無効・取消し

人違いその他の事由で当事者に縁組する意思がない場合や縁組の届出がなされていない場合は、無効となります（802条）。また、縁組障害がある場合や詐欺・強迫による場合（808・747条）は、一定の要件で取り消すことができます。

3 普通養子縁組の効果

普通養子縁組により、次のような効果が生じます。

普通養子縁組の効果

養親の嫡出子たる身分の取得	・養子は縁組の日から養親の嫡出子たる身分を取得する（809条） ・未成年者の養子は養親の親権に服する（818条2項） ・相続権、扶養義務等、嫡出実親子関係における場合と同様である。ただし、実親との法的親子関係に変更はない（実親を相続できる） 16-35 ＊6
法定血族関係の発生	養子と養親およびその血族との間に縁組の日から法定血族関係が生じる（727条）
養親の氏の取得	養子は養親の氏を称する（810条）。ただし、婚姻により氏を改めた者はその氏を称すべき間はこの限りでなく（810条ただし書）、夫婦同氏の原則が優先する 19-35

＊6 ここに注意
普通養子の場合、養子と実方の父母およびその血族との親族関係は存続します。

341

家族法－親族

110 普通養子縁組②

重要度 C

あまり出題されていない箇所です。離縁の効果を確認しておきましょう。

 ことばの意味
離縁
養子縁組を解消することです。

1 協議離縁

(1) 協議離縁の要件

縁組の当事者は、その協議で離縁できます（811条1項）。協議離縁の要件は、以下のとおりです。＊1

<実質的要件>
① 縁組当事者間の養親子関係を終了させる意思の合致
<形式的要件>
② 届出

15歳以上の者は単独で協議離縁をすることができ、成年被後見人が本心に復している場合も同様です（812条・738条）。養子が15歳未満のときは、離縁後に法定代理人となるべき者が代わって協議することができます（811条2項）。

(2) 夫婦共同縁組の離縁

養親が夫婦である場合、未成年者と離縁するには夫婦の一方が意思を表示できないときを除き、夫婦がともにしなければなりません（811条の2）。その他の場合は個別に離縁をすることができます。

(3) 死後離縁

縁組の当事者の一方の死亡後、生存者が離縁しようとするときは、家庭裁判所の許可を得て、これをすることができます（811条6項）。養親子関係は、当事者の一方または双方の死亡により消滅しますが、養子縁組によって生じた養子と養親の親族との間の法定血族関係は当然には消滅しないため、家庭裁判所の許可が必要とされています。

(4) 離縁の無効・取消し

離縁意思の合致を欠くとき、または代諾権のない者が代諾した離縁は無効です。また、詐欺・強迫の離縁は詐欺を発見しまたは強迫を免れた時から6カ月以内に限り取消しを裁判所に請求できます（812条・747条）。取消しの効果は遡及し、離縁がなかったことになります。

●家族法

2 裁判離縁

協議離縁が成立しない場合でも、次の離縁原因があれば、縁組の当事者の一方は、離縁の訴えを提起することができます（裁判上の離縁／814条1項）。

① 他の一方から悪意で遺棄されたとき
② 他の一方の生死が3年以上明らかでないとき
③ その他、縁組を継続し難い重大な事由があるとき

③「縁組を継続し難い重大な事由」の有無の判断にあたっては、縁組の目的や争いの経過を総合的に捉えて回復しがたい破綻状態にあるか否かを考慮します（最判昭60.12.20）。

裁判所は、上記①、②の事由が認められる場合であっても、一切の事情を考慮して養子縁組の継続を相当と認めるときは、離縁の請求を棄却することができます（814条2項・770条2項）。

3 離縁の効果

離縁により、次のような効果が生じます。

① 養親子関係および法定親族関係の終了（729条）
② 養子の復氏（816条1項本文）　　　　　　　　など

(1) 養親子関係および法定親族関係の終了

養子は、離縁の日から養親の嫡出子たる身分を失います。それに伴い、養子、その配偶者、直系卑属およびその配偶者と養親およびその血族との親族関係も終了します（729条）。

(2) 養子の復氏

養子は、離縁により、縁組前の氏に復します（816条1項本文）。ただし、配偶者とともに養子をした養親の一方のみと離縁をした場合は、復氏しません（816条1項ただし書）。

もっとも、縁組から7年を経過した後に離縁によって復氏した養子は、離縁の日から3カ月以内に届け出ることによって、離縁の際に称していた氏を称することができます（816条2項）。この届出が認められたのは、一定期間、養親の氏を称してきた養子が縁組前の氏に復氏してしまうことによって、日常生活上、不都合を生ずる場合があるからです。

第2編 民法

家族法

343

家族法―親族

111 特別養子縁組

重要度 B

講師からの
アドバイス

表を利用して普通養子縁組と特別養子縁組の違いをしっかりおさえましょう。特別養子縁組は実親との関係が終了するということをおさえておきましょう。

＊1

ここに注意

2019年改正により、特別養子縁組における養子となる者の年齢の上限が原則6歳未満から原則15歳未満に引き上げられました。これに関する新817条の5は、①特別養子となることができるのは原則として請求時に15歳未満、成立時に18歳未満、②養子となる者が15歳に達する前から引き続き養親となる者に監護されている場合、15歳に達するまでに特別養子縁組の請求がされなかったことについてやむを得ない事由があるときは15歳未満でなくても可能、③養子となる者が15歳に達している場合は、その者の同意が必要となるとしています。

特別養子縁組とは、一定年齢に達しない子について、実親による監護が著しく困難または不適当である等の特別の事情があり、その子の利益のために特に必要があると認められる場合に、家庭裁判所の審判により養親子関係を創設し、養子と実方の血族との親族関係が原則として終了する縁組です。

特別養子縁組の要件・効果　20-35

要件	養子の要件	特別養子となる子は原則として、縁組の請求当時15歳未満の者に限られる。＊1
	養親の要件	①配偶者のない者は養親となれない。また夫婦が共同で養親となるのを原則とするが、夫婦の一方が他方の嫡出子の養親となる場合はこの限りでない（817条の3） ②養親となる者は原則として25歳以上の者でなければならない。ただし、夫婦の一方が25歳に達していれば、他方は20歳に達していればよい（817条の4）
	父母の同意	特別養子となる者の父母の同意が原則として必要である。ただし、一定の事由がある場合、同意は不要である（817条の6）
方式	家庭裁判所の審判	養親となる者の申立てに基づき、家庭裁判所の審判により成立する（817条の2）
	審判の基準	父母による養子となる者の監護が著しく困難、または不適当であること、その他特別の事情のある場合において、子の利益のため特に必要があると認めるときに縁組の審判をする（817条の7）。養親となる者が養子となる者を6カ月以上の期間、監護した状況が考慮される（817条の8）
効果		①縁組の日から養親の嫡出子たる身分を取得する。また、養親の血族との間に血族間におけると同一の親族関係を有する（一般の養子縁組と同じ） ②実方の父母およびその血族との親族関係は終了する（817条の9） ※普通養子縁組との相異点 ③特別養子縁組の離縁は原則として認められない。ただ、例外的に、家庭裁判所の審判による離縁の方法が定められている（817条の10）

●家族法

特別養子縁組の概要（原則）

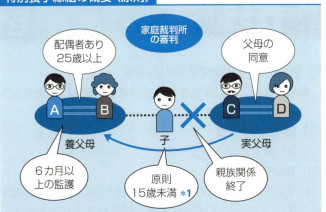

普通養子縁組と特別養子縁組の比較　20-35

	普通養子縁組	特別養子縁組
基本的な成立要件	・当事者の合意 ・届出	・養親となる者の請求（817条の2） ・家庭裁判所の審判（817条の2） ・子の利益のため特に必要（817条の7）
養親の資格	20歳以上（独身でも可）	原則：25歳以上＋婚姻中の者（817条の3、817条の4）
養子となりうる者	・養親より年長でないこと ・養親の尊属でないこと	原則：15歳未満の者 *1（817条の5）
実親との関係	存続する	終了する（817条の9）
離縁	裁判離縁のほか、協議離縁も認められる	養子の利益を著しく害する事由があり、かつ実父母が相当の監護をすることができる場合に限られ、家庭裁判所の審判を要する（817条の10）
試験養育期間	不要	6カ月以上（817条の8第1項）
父母の同意	（単に父母であるにすぎない者の同意は）不要	原則：必要（817条の6）

家族法－親族

112 親権・扶養

重要度 B

講師からのアドバイス

利益相反行為が重要です。利益相反行為に該当する場合にどのような手段をとらなければならないのか確認しましょう。

1 親権の意義と親権関係の当事者

親権とは、父母の養育者としての地位・職分に由来する権利義務の総称をいいます。

(1) 親権に服する者

親権に服するのは未成年の子です（818条1項）。

(2) 親権者

原則として子の父母が共同して親権を行います（818条3項本文）。父母の一方が共同名義で代理行為をし、または子の法律行為に同意したときは、その行為は、他の一方の意思に反したときであっても、効力を妨げられません（825条本文）。ただし、相手方が悪意であったときは、効力が認められないことになります（825条ただし書）。＊1

 ここに注意

＊1
例外的に単独で親権が行使されるのは、次のような場合です。
①父母の一方が親権を行使できないとき（818条3項ただし書）
②父母が離婚したとき（819条1項）
③非嫡出子の親権を原則として母が行使するとき（819条3項本文）

(3) 親権者の変更

子の利益のために必要と認められるときは、家庭裁判所は子の親族の請求によって親権者を他の一方に変更できます（819条6項）。

2 親権の内容

親権の内容（概要）

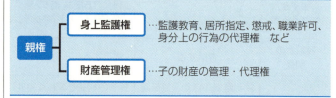

 プラスアルファ

＊2
親権者が子の身分上の行為に代理権を有する場合として、嫡出否認の訴えの相手方（775条）、認知の訴え（787条）、子の氏の変更（791条3項）、縁組の代諾（797条）、20歳未満の者の養子縁組の取消請求（804条）、相続の承認・放棄（917条）があります。

(1) 身上監護権

親権者は、子の利益のために子の監護および教育をする権利を有し、義務を負い（820条）、必要な範囲で、居所指定権（821条）・懲戒権を有し（822条）、子が職業を営むことを許可することができます（823条）。また、親権者はその親権に服する子が親として子に対し親権を行う場合には、代わって親権を行います（833条）。＊2

(2) 財産管理権

親権者は法定代理人として**財産上の行為について代理権を有します**。

① 親権者は子の財産を管理し、その財産に関する法律行為につき子を代表します。その子の行為を目的とする債務を生ずべき場合は、本人の同意を要します（824条）。

② 親権者のために利益であって未成年者のために不利益な行為、または親権に服する子の一方のために利益であって他方のために不利益である行為（**利益相反行為**）については、親権者は子に対する**代理権も、同意権もありません**。親権者の行った利益相反行為は、無権代理行為となります。その場合には、家庭裁判所が子のために選任した**特別代理人**が、子を代理し、子に同意を与えます（826条）。 14-35 ＊3

(3) 親権の喪失

父・母による虐待または悪意の遺棄があるときその他父・母による親権の行使が著しく困難または不適当であることにより子の利益を著しく害するときは、2年以内にその原因が消滅する見込みがあるときを除き、家庭裁判所は、子、その親族、未成年後見人、未成年後見監督人または検察官の請求により、その父・母について、親権喪失の審判をすることができます（834条）。＊4 ＊5

3 扶養

扶養とは、自力で生活を維持できない者に対して、**一定の親族関係にある者が行う経済的給付**です。扶養請求権は要扶養者の生存維持を目的とする一身専属的権利ですから、相続や処分の対象となりません（881条、896条）。

要扶養者は、自分の財力や労力で生活することができない者でなければなりません。**直系血族**および**兄弟姉妹**は、互いに扶養義務を負担します（877条1項）。**3親等内の親族**については特別の事情があるときに、家庭裁判所は扶養の義務を負わせることができます（877条2項）。誰がまず扶養するか、誰をまず扶養するかは、当事者の協議によって定め、うまくいかなければ家庭裁判所の判断に委ねられます（878条）。

＊3 具体例で覚えよう！

利益相反行為の例として、父母が自分の借金のために子の財産に抵当権を設定する場合があります。
利益相反行為にあたるかは、行為の外形で決するべきであり、親権者の動機・意図から判断すべきでないというのが判例です（最判昭42.4.18）。

＊4 プラスアルファ

2011年改正により、「親権停止の審判」の制度が新設されました（834条の2）。これは、家庭裁判所が「父又は母による親権の行使が困難又は不適当であることにより子の利益を害するとき」に2年以内の期間を定めて親権停止の審判をすることができるという制度です。

＊5 プラスアルファ

父・母による管理権の行使が困難または不適当であることにより子の利益を害するときは、家庭裁判所は、子、その親族、未成年後見人、未成年後見監督人または検察官の請求により、その父・母について、管理権喪失の審判をすることができます（835条）。

家族法−相続

113 相続人

重要度 B

相続の問題を解く前提となる知識です。相続は行政書士業務とも深くかかわる分野であり、開業後も生きる知識ですからしっかり覚えましょう。

プラスアルファ

相続や合併のように、他人の権利義務を一身専属権を除いて一括して承継することを「包括承継」といいます。

ことばの意味

被相続人
相続「される」側の人です。

相続人
相続して財産を「受け継ぐ」側の人です。

プラスアルファ

身元保証人としての地位は特別の事情がない限り相続の対象となりませんが、相続開始時にすでに具体的な損害賠償債務となっている場合には相続の対象となります（大判昭10.11.29）。

ここに注意

例えば、第1順位の相続人がいれば、もはや、第2順位以下の者は、相続人となることはできません。「順位」とは、そのような意味で用いられています。

　相続とは、自然人の死亡によりその者の有した財産上の一切の権利義務を（一身専属権を除いて）特定の者に承継させることをいいます（896条）。*1

　相続には、被相続人の意思（遺言）を介した「遺言相続」と、被相続人の意思を介さずに民法の規定に基づいてなされる「法定相続」があります。

1 相続の原因・場所、相続財産に関する費用

　相続は、被相続人の死亡（失踪宣言を含む）により（882条）、被相続人の住所において開始します（883条）。相続財産の管理・保管の費用は、相続人の過失によるものを除き、相続財産から支弁します（885条）。*2

　相続の効果は包括承継であり、すべての財産が相続財産の対象となります。*3

2 相続人

　相続人とは、被相続人が有した財産上の権利義務を承継すべき法的資格を持つ者です。胎児は権利能力を有しません（3条1項参照）が、相続についてはすでに生まれたものとみなされます（886条1項）。ただし、死体で生まれたときは相続人となりません（886条2項）。

3 相続人の種別とその順位

　被相続人の子、直系尊属、兄弟姉妹および配偶者が相続人となります（900条）。配偶者は、常に相続人となります（890条前段）。配偶者以外の相続人（血族相続人）については、(i)子が第1順位の相続人であり、(ii)子がいないときに直系尊属が第2順位の相続人となり、(iii)子も直系尊属もいないときに兄弟姉妹が第3順位の相続人となります（887条1項、889条1項）。*4

相続人の順位	第1順位	第2順位	第3順位
血族相続人	子および代襲相続人（887条）	第1順位者がいない場合は直系尊属（889条1項1号）	第1、第2順位がいない場合に兄弟姉妹（889条1項2号）

配偶者は常に相続人となる（890条）

348

相続の順位 *5 *6

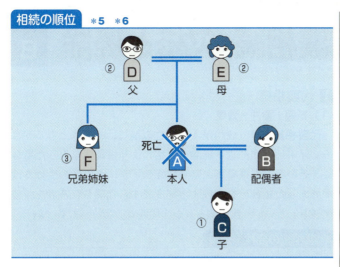

(1) 子（胎児を含む）
性別、実子・養子の別を問わず、子はすべて同順位となります。相続分については、平等に頭割りします（900条4号本文）。

(2) 直系尊属
直系尊属同士では親等の近い者が優先します（889条1項1号ただし書）。*7 *8

(3) 兄弟姉妹
兄弟姉妹が数人いるときは、すべて同順位となります。相続分について、父母の双方を同じくする兄弟姉妹と父母の片方を同じくする兄弟姉妹が共同相続人となるとき、後者は前者の2分の1です（900条4号ただし書）。

(4) 配偶者
血族相続人とは別に、**配偶者は常に相続人となります**。

4 相続回復請求権

真の相続人の相続権が侵害されている場合、真の相続人は表見相続人に対し、**侵害された相続権の回復**を請求することができます。この相続回復請求権は、相続人またはその法定代理人が相続権を侵害された事実を知った時から**5年**、相続開始の時から**20年**を経過したときに時効消滅します（884条、最判昭23.11.6）。 12-35

＊5 図表の読み方

Aが死亡した場合、配偶者Bは常に相続人となり、Aの子Cが第1順位、Aの父母（＝直系尊属）であるDおよびEが第2順位、Aの兄弟姉妹であるFが第3順位の相続人となります。子Cがいれば、DEFは相続人にはなりません。

＊6 プラスアルファ

数人の者が死亡した場合において、そのうちの1人が他の者の死亡後になお生存していたことが明らかでないときは、これらの者は、同時に死亡したものと推定されます（同時死亡の推定／32条の2）。同時死亡者相互間では、相続は起きません。

＊7 ことばの意味

直系尊属
典型的には、父母、祖父母のことです。

＊8 プラスアルファ

被相続人が普通養子の場合、実親も養親もともに相続人となりますが、特別養子では実親との法律上の親子関係が断たれるので、実親は相続人となりません。

家族法ー相続

114 代襲相続・欠格と廃除 重要度 B

講師からのアドバイス

代襲相続の原因となる事項は択一対策必須知識です。欠格と廃除の手続上の違いをおさえましょう。欠格は何ら手続を要することなく当然に相続権が剥奪され、廃除は家庭裁判所への廃除の手続が必要となります。

1 代襲相続

(1) 意義・要件・効果

代襲相続とは、被相続人の**死亡以前**に、相続人となるべき子・兄弟姉妹が**死亡・廃除・欠格**により相続権を失った場合に、その者の直系卑属・兄弟姉妹の子が、その者の受けるはずであった相続分を相続する制度です。代襲される者を「被代襲者」といい、代襲する者を「代襲者」といいます。＊1

代襲相続の要件・効果

被代襲者の要件	被代襲者	被相続人の子（887条2項）、被相続人の兄弟姉妹（889条2項）
	代襲原因	相続開始以前の死亡（同時死亡も含む）、欠格、廃除（887条2項）
代襲者の要件		①被代襲者の直系卑属であり（887条2項3項）かつ被相続人の直系卑属であること（887条2項ただし書）、または兄弟姉妹の子であること（889条2項） ②相続開始時に直系卑属として存在すること ③欠格者でないこと、被相続人から廃除された者でないこと
効果		代襲者は本来被代襲者が受けるはずの相続分を受ける（901条）

＊1 ここに注意

代襲原因の3つは、「肺結核で死亡（廃欠格で死亡）」と覚えましょう。相続放棄は含まれないことに注意してください。

＊2 具体例で覚えよう！

CがAより先に死亡している場合、EがCに代わって「Cの受けるはずであった相続分」を相続します。したがって、Aを相続するのは、EとBになります。

代襲相続人 ＊2

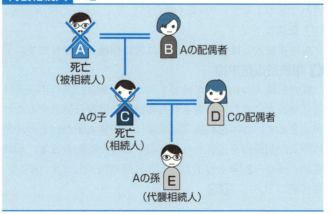

350

(2) 再代襲相続

被相続人の子に代襲原因が発生すれば孫が代襲相続人となりますが、この孫にも代襲原因が発生している場合、その子（被相続人の曾孫）が代襲相続人となります（887条3項）。なお、**兄弟姉妹の場合は、再代襲は認められません。**

2 相続欠格と相続人の廃除

(1) 相続欠格

(a) 意義と欠格事由

相続に関して、不正の利益を得るために、以下に挙げた不法な行為をなし、またはしようとする者は、相続欠格者として相続権が剥奪されます（891条）。 12-35

① 故意に被相続人、先順位・同順位相続人を死亡に至らせ、または至らせようとしたために、刑に処せられた者
② 被相続人が殺害されたことを知って、告発または告訴をしなかった者（ただし、その者に是非の弁別がないとき、または殺害者が自己の配偶者・直系血族であったときを除く）
③ 詐欺・強迫によって被相続人の遺言を妨害した者
④ 詐欺・強迫によって被相続人に遺言をさせ、または撤回、取消し、変更させた者
⑤ 遺言書を偽造・変造・破棄・隠匿した者

(b) 欠格の効果

欠格事由に該当する事実があれば、何ら手続を経ることなく、法律上当然に相続資格を失います。

(2) 相続人の廃除

(a) 意義と廃除原因

相続権を当然に否定するほどの重大な事由はないが、遺留分を有する推定相続人（遺留分を有しない兄弟姉妹は除く）の被相続人に対する虐待・侮辱や著しい非行があった場合、家庭裁判所は**被相続人の請求**に基づき、審判または調停により相続権を剥奪します（892条）。相続欠格と異なり、**手続が必要です**。 12-35 ＊3

(b) 廃除の効果

廃除の審判確定または調停成立により、相続人はその相続権を失います。＊4 ＊5

＊3 プラスアルファ
遺言によっても推定相続人を廃除することができます（893条）。

＊4 プラスアルファ
欠格・廃除になった者は、相続人ではなくなるので、遺留分もありません。

＊5 プラスアルファ
被相続人は、いつでも、推定相続人の廃除の取消しを家庭裁判所に請求することができます（894条1項）。また、遺言によって廃除を取り消すこともできます（894条2項）。

家族法－相続

115 相続の効力

重要度 C

具体的な相続分の算定は、事例問題で出題されますので、具体的事例をおさえておきましょう。

1 総説

(1) 相続の時期

相続人は、相続開始の時から、被相続人の財産に属した一切の権利・義務を承継します（896条本文）。ただし、被相続人の一身に専属する権利・義務は承継されません（896条ただし書）。

(2) 共同相続

相続人が数人ある場合は遺産は共同相続人の共有に属し（898条）、各共同相続人は相続分に応じ被相続人の権利義務を承継し（899条）、遺産を相続分に応じ分割します。

(3) 権利義務の承継の割合

可分債権・債務の場合、共同相続人にその相続分の割合に応じて当然に分割されて承継されます（大判大9.12.22、最判昭29.4.8等）。

不可分債権・債務の場合、各人に不可分的に帰属し、各相続人が総債権者のために履行を請求し、または全部について履行の責任を負います。

連帯債務の共同相続の場合、原債務は当然分割され、各共同相続人は相続分に応じて分割された債務を承継し、各自その承継した範囲において、本来の連帯債務者と連帯して債務を負います（最判昭34.6.19）。＊1

2 相続分

(1) 相続分の決定

各共同相続人の相続分は、まず被相続人の意思によって決められます（指定相続分／902条1項）。被相続人の指定がないときは、法律の規定によって定まります（法定相続分／900条、901条）。＊2

＊1
プラスアルファ
①普通預金債権、通常貯金債権、定期貯金債権は、相続開始時に当然に分割されません（最決平28.12.19）。そのため、遺産分割終了まで預貯金を引き出せないことになりますが、預貯金額の3分の1に相続分を乗じた額（150万円が上限）については仮払い請求が可能です（909条の2前段）。②遺産に含まれる金銭については、遺産分割終了まで、自己の相続分相当額の支払請求はできません（最判平4.4.10）。

＊2
プラスアルファ
被相続人は相続分の指定を第三者に委託することもできます（902条1項）。

＊3
ここに注意
嫡出子と非嫡出子の相続分も平等です。「非嫡出子の相続分は嫡出子の2分の1」とする規定は違憲とされました（最決平25.9.4）。

法定相続分①

血族相続人	血族相続人の相続分	配偶者の相続分
子	・2分の1（900条1号）……子が数人いるときは、各自の相続分は均等である。（900条4号本文）＊3	2分の1

352

●家族法

直系尊属	・3分の1（900条2号）……数人いるとき、各自の相続分は実父母・養父母の区別なく均等である	3分の2
兄弟姉妹	・4分の1（900条3号）……数人いるとき、各自の相続分は均等である（900条4号本文）。ただし、父母の双方を同じくする者と、父母の片方だけを同じくする者がいるとき、後者は前者の2分の1である（900条4号ただし書）	4分の3

法定相続分② *4

E 父

F 兄　　A 本人（被相続人）　　B 妻

C 子　　D 子

(2) 特別受益者の相続分（903条）

　共同相続人の中で、被相続人から遺贈を受け、または婚姻・養子縁組のためもしくは生計の資本として贈与を受けた者を、特別受益者といいます。特別受益者については、公平の見地より、贈与の価格を加算して相続財産とし相続分を決め、これから贈与または遺贈の額を引いたものを具体的相続分とします。 12-35

(3) 相続人の寄与分（904条の2）

　共同相続人の中で被相続人の財産形成に特別の寄与をした者があるときは、公平の見地より遺産の分割に際し、本来の相続分を超える額の財産を取得させます。これを相続人の寄与分といいます。 *5　*6

---

*4

具体例で覚えよう！

例えば、Aが3,000万円の遺産を残して死亡した場合の法定相続分は、次のとおりです。

① 相続人が妻Bと子CDのときの相続分
　B：3,000万円×1/2＝1,500万円
　CD：3,000万円×1/2×1/2＝750万円

② 相続人が妻BとAの父Eのときの相続分
　B：3,000万円×2/3＝2,000万円
　E：3,000万円×1/3＝1,000万円

③ 相続人が妻BとAの兄Fのときの相続分
　B：3,000万円×3/4＝2,250万円
　F：3,000万円×1/4＝750万円

*5
具体例で覚えよう！

寄与分の例としては、相続人の中に、被相続人の家業である農業や自営業に従事するなど、その財産の維持・増加に特別の寄与をしながら、相当の対価をもらっていない場合があります。

*6
プラスアルファ

被相続人に対する無償の療養看護等をした相続人以外の親族（相続放棄者、欠格事由者、被廃除者を除く。「特別寄与者」）には、相続人に対する特別寄与料支払請求権が認められます（1050条1項）。

第2編 民法　家族法

353

家族法－相続

116 遺産分割

重要度 C

1 遺産分割

(1) 遺産の分割の自由とその例外

遺産分割とは、共同相続の場合に、遺産を構成する相続財産を分割して、各相続人の単独所有とすることをいいます。共同相続人は**いつでも**、その協議で、遺産の全部または一部の分割をすることができます（907条1項）。もっとも、以下の場合は、分割が禁止されます。

① 被相続人が**遺言**で相続開始から**5年間**、分割を禁じたとき
② 家庭裁判所が、期間を定めて分割を禁じたとき

(2) 遺産分割の種類

遺産分割は①現物分割、②換価分割（代金分割）、③代償分割（価格賠償）、および④それらを組み合わせて行います。
*1

(a) 協議分割

遺言による指定がない場合、分割は共同相続人の協議で行われます。協議は**全共同相続人が参加し、同意**しなければなりません（907条1項）。

(b) 家庭裁判所の審判による分割

共同相続人の協議が調わないとき、または行方不明などにより協議することができないとき、共同相続人は1人で、または共同してその分割を家庭裁判所に請求できます（907条2項）。 12-35 *2

(c) 指定分割

被相続人は遺言もしくは第三者に委託して分割の方法を定めることができます（908条）。

(3) 遺産分割の効果

遺産の分割は相続開始時にさかのぼって効力を生じますが、第三者の権利を害することができません（909条）。ただし、第三者は登記を得る必要があると解されています。不動産に関する遺産分割前の第三者（譲受人）は、登記があれば、譲渡人の持分（法定相続分）を取得できます。

講師からのアドバイス

被相続人の財産は、いったん共同相続人の共有となります（898条）。この共有関係にある財産が、遺産分割によって共同相続人の誰に承継されるのかが決定されることになります。

プラスアルファ *1

遺産分割の対象となるのは、被相続人の遺産を構成する動産・不動産・金銭などです。さらに、判例は、共同相続された普通預金債権、通常貯金債権および定期貯金債権も、遺産分割の対象になるとしています（最決平28.12.19）。

プラスアルファ *2

遺産の一部を分割することにより他の共同相続人の利益を害するおそれがある場合における一部の分割については、家庭裁判所に請求することはできません（907条2項ただし書）。

●家族法

また、遺産分割によって新たに法定相続分を超えた権利を取得した相続人は、登記をしなければ、遺産分割後にその権利を取得した第三者に対抗することはできません（899条の2第1項）。

(4) 共同相続人の担保責任

遺産分割は交換・売買と類似するので、共同相続人は担保責任を負います（911条〜913条）。

(5) 遺産分割の解除

共同相続人の1人が遺産分割協議によって負担した債務の履行をしないときであっても、他の共同相続人は541条によって遺産分割協議を解除することはできません（最判平元.2.9）。もっとも、共同相続人全員の合意によって、遺産分割協議を解除することはできます（最判平2.9.27）。

２ 相続分の譲渡とその取戻権

共同相続人は遺産分割前にその個々の財産を単独で処分できませんが、遺産に対する割合としての相続分を譲渡できます。ただし、他の共同相続人はその相続分の価額と費用を償還して取り戻す権利があります。取戻権は相続分の譲受人または転得者に対する一方的意思表示で、譲渡の通知後1カ月以内に行わなければなりません（905条）。＊3

３ 配偶者居住権・配偶者短期居住権

(1) 配偶者居住権

配偶者居住権とは、配偶者が被相続人の財産に属した建物に相続開始時に居住していた場合において、当該建物の全部について無償で使用および収益をする権利をいいます。配偶者居住権は、遺産分割、遺贈または遺産分割の審判によって取得できます（1028条1項本文、1029条）。 21-35 ＊4

(2) 配偶者短期居住権

配偶者短期居住権とは、配偶者が被相続人の財産に属した建物に相続開始時に無償で居住していた場合において、その建物を無償で一定期間使用する権利をいいます。上記のような配偶者は、原則として当該建物の取得者に対して、配偶者短期居住権を有します（1037条）。ただし、相続開始時に配偶者居住権を取得したとき、相続人の欠格事由に該当もしくは廃除によって相続権を失ったときは配偶者短期居住権を有しません（1037条1項ただし書）。 21-35 ＊5

＊3
＋α プラスアルファ

遺産分割前に遺産に属する財産が処分された場合であっても、共同相続人は、その全員の同意（処分した共同相続人の同意は不要）により、処分された財産が遺産分割時に遺産として存在するものとみなすことができます（906条の2）。

＊4
＋α プラスアルファ

配偶者居住権の存続期間は、遺産分割の協議、遺言または遺産分割の審判に別段の定めがない限り、終身となります（1030条）。

＊5
＋α プラスアルファ

配偶者短期居住権の存続期間は、①居住建物について遺産分割をする場合は、遺産分割により居住建物の帰属が確定した日または相続開始時から6カ月を経過する日のいずれか遅い日、②上記①以外の場合は、居住建物取得者による配偶者短期居住権の消滅の申入れの日から6カ月を経過する日までです（1037条1項、3項）。

第2編 民法

家族法

355

家族法-相続

117 相続の承認・放棄

重要度 B

1 総説

単純承認、限定承認、放棄の方式と効果はしっかり覚えましょう。

被相続人の相続財産には、相続することでプラスとなる財産（積極財産）とマイナスとなる財産（消極財産）のすべてが含まれます。そこで、単純承認・限定承認・放棄の3つを定め、相続人が相続財産を受け継ぐかどうかを、みずからが自由に選択できることとしています。

①単純承認をすると被相続人の権利義務を無限に承継し（920条）、②限定承認をすると相続財産の限度で債務を弁済し（922条）、③相続放棄をすると、相続人が相続の効果を全面的に拒否する（938条）ことになります。

2 行使方法とその期間

相続の開始により被相続人の一切の権利義務を相続人が当然に承継します（896条）が、一定の熟慮期間内に①単純承認（920条、921条）、②限定承認（922条〜937条）、③放棄（938条〜940条）を選択する権利を有します。

この選択するための調査期間として3カ月の熟慮期間が定められています。*1

*1
 プラスアルファ

この期間の経過により放棄・限定承認の選択権が失われ、単純承認したものとみなされます（921条2号）。また、いったん承認・放棄がなされると、熟慮期間中でも撤回することはできません（919条1項）。熟慮期間は、自己のために相続の開始があったことを知った時から起算します（915条）。

*2
 プラスアルファ

承認または放棄に際して行為能力の制限・錯誤・詐欺・強迫の事由があれば、総則の規定に従い、取り消しうべきものとなります。この取消しは家庭裁判所に申述しなければならず、追認できる時から6カ月または行為時から10年で消滅します（919条2項、3項、4項）。

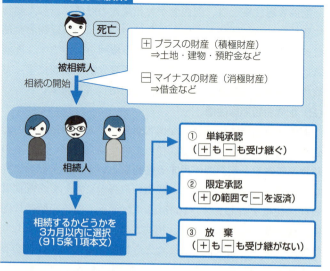

相続財産の承認と放棄

●家族法

3 承認・放棄の通則

承認・放棄は財産上の行為であり、それを行うためには相続人が行為能力者であることを要します。相続の承認・放棄は、相続開始後でなければ行うことはできません。＊2

単純承認・限定承認・放棄　12-35

	単純承認	限定承認	相続放棄
意義	被相続人の権利義務を無限に承継する（920条）	相続財産の限度で債務を弁済する（922条）	相続人が相続の効果を全面的に拒否する　＊3
方式	・単純承認の意思表示 ・法定単純承認事由（相続人が相続財産の全部または一部を処分したとき、限定承認も放棄もせず熟慮期間を徒過したとき等）の発生（921条）	①財産目録の作成 ＋ ②財産目録の家庭裁判所への提出 ＋ ③限定承認の申述 ⇒共同相続人の全員が共同してのみすることができる（923条）＊4	家庭裁判所への申述（938条） ⇒相続放棄は、相続開始後でなければできない
効果	遺産は相続人の固有財産と一体となる	遺産と相続人の財産の独立性は維持される	放棄者は相続開始当初から相続人ではなかったものとみなされる（939条）

4 相続人の不存在

相続人の存否が不明のとき、相続人を捜索する手続を行うとともに相続財産を法人とし、家庭裁判所が**相続財産管理人**を選任します（951条、952条）。そして、相続財産管理人が財産を管理し、清算を進行しながら相続人の出現を待ちます。

相続人が出現し相続を承認すれば、法人は存在しなかったものとみなされます（955条）。

相続人が出現せず、または出現しても相続を承認しない場合、相続人や管理人に知れなかった相続債権者・受贈者の権利は消滅し（958条の2）、被相続人の療養看護に努めた者等の**特別縁故者**に対して、その者の請求により相続財産を承継させることができます（958条の3）。それでも相続財産に残余があるときは、その相続財産は国庫に帰属します（959条）。＊5

プラスアルファ

相続の放棄の効力は、遡及効があり、また、登記なくして、何人に対しても、その効力を対抗できます（最判昭42.1.20）。

＊4

ここに注意

共同相続人の一部が「単純承認」をした場合には、残りの共同相続人は「限定承認」をすることができません。共同相続人全員が共同して限定承認をすることができなくなるからです（923条）。
しかし、共同相続人の一部が「相続放棄」をした場合には、その者は初めから相続人とならなかったものとみなされるため（939条）、残りの共同相続人の全員が共同して「限定承認」をすることができます。

＊5

ことばの意味

特別縁故者
被相続人と生計を同じくしていた者、被相続人の療養看護に努めた者、その他被相続人と特別の縁故があった者をいいます。相続人が現れない場合などに、相続人ではないにもかかわらず相続財産を承継することができます。これに対し、寄与分は、相続人が特別の寄与をしたときに生じるものです。

357

家族法－相続

118 遺言

重要度 B

講師からの
アドバイス

遺言能力や遺言の撤回に関する部分も一通り、おさえておきましょう。

*1
プラスアルファ

成年被後見人の遺言には医師2人以上の立会いなど一定の形式が要求されます（973条）。

*2
プラスアルファ

成年被後見人・被保佐人は単独で遺言することができます（962条）。

*3
プラスアルファ

近時、法務局における自筆証書遺言書の保管制度を定めた遺言書保管法が制定されました。この法律は、自筆証書遺言の遺言者が無封の自筆証書遺言書の保管を法務局（遺言書保管官）に申請できること等を定めています。

*4
プラスアルファ

例えば、単に「昭和41年7月吉日」と記載されている自筆証書遺言は、暦上の特定の日を表示するものとはいえず、証書上の日付の記載を欠くものとして無効です（最判昭54.5.31）。

遺言とは、一定の方式で示された個人の意思に、この者の死後、それに即した法的効果を与えようとする相手方のない単独行為をいいます。遺言は遺言者の死亡の時から効力を生ずるものなので（985条1項）、遺言者の真意を明確にし、また他人の偽造、変造を防止する必要があり、民法で定められた方式に従わなければ無効とされます（960条）。また、2人以上の者が同一の証書で遺言をすることを共同遺言といいますが、共同遺言は明文で禁止されています（975条）。

1 遺言能力

遺言も意思表示であり、遺言能力、すなわち身分行為上の意思能力のない者の遺言は無効ですが（963条）、制限行為能力者制度は適用されず、満15歳以上であれば、未成年者・被保佐人・被補助人であっても、単独で遺言をすることができます（961条、962条）。 17-35 *1

自筆証書以外の遺言は、本人の意思により正確に記載されていることを保証するため、遺言の作成に際し、証人または立会人を必要とし、その資格要件として未成年者や当該遺言の利害関係人を排除しています（974条）。 17-35 *2

2 遺言の方式

民法は、3種類の普通方式の遺言を規定しています。

普通方式の遺言 17-35

種 類	特 徴
自筆証書遺言 （968条） *3	・遺言書を自分で作成（全文・日付・氏名を自書・押印）*4 *5 ・証人不要
公正証書遺言 （969条）	・遺言書の紛失や変造の防止が趣旨 ・証人2人以上の立会いの下、公証人に遺言の趣旨を原則として口授
秘密証書遺言 （970条） *6	・生前は内容を秘密にしておきたい場合に利用 ・ワープロ等による作成も可能 ・公証人1人および証人2人以上の前に封書を提出して、自己の遺言書である旨等を申述

●家族法

普通方式によることができない場合、または困難な場合に特別方式が用いられます。特別方式は、遺言者が普通方式によって遺言をすることができるようになった時から6カ月間生存すると効力がなくなることが特色です（983条）。＊7

特別方式の遺言

種類		特徴
危急時遺言	死亡危急者遺言（976条）	・疾病等により死亡の危急に迫った者が作成する ・証人3人以上の立会いの下、その1人に遺言の趣旨を原則として口授する
	船舶遭難者遺言（979条）	・船舶遭難の場合に、当該船舶の中で死亡の危急に迫った者が作成する ・証人2人以上の立会いの下、原則として口頭による
隔絶地遺言	伝染病隔離者遺言（977条）	その所在が一般の交通から隔絶されているため、普通方式により遺言をなしえない者のための制度である	伝染病のため行政処分により交通を断たれた場所にある者が、警察官1人および証人1人以上の立会いをもって作成する
	在船者遺言（978条）		船舶中に在る者が、船長または事務員1人および証人2人以上の立会いをもって作成する

3 遺言の撤回

　遺言者は、いつでも、遺言の方式に従ってその遺言の全部または一部を撤回することができます（1022条）。遺言者はこの撤回権を放棄できません（1026条）。
　また、前の遺言と後の遺言とが抵触するときは、その抵触する部分については、後の遺言で前の遺言を撤回したものとみなされます（1023条1項）。＊8

4 遺言の効力発生時期

　遺言は、法定の方式に従って遺言書を作成した時に成立しますが、遺言の効力は、遺言者が死亡した時に生じます（985条1項）。また、遺言に停止条件を付した場合（遺言に条件や期限などの付款を付けることもできます）、遺言の効力は、その条件が成就した時に生じます（985条2項）。

＊5
ここに注意

2018年改正により、自筆証書と一体として添付される相続財産目録については必ずしも自書をする必要はなくなりましたが、自書をしない場合、その目録の毎葉に署名、押印が必要となります（968条2項）。

＊6
プラスアルファ

970条の方式を欠いたものであっても、968条所定の方式をみたせば、自筆証書遺言としての効力は認められます（971条）。

＊7
プラスアルファ

特別方式の遺言には、死亡危急者の遺言（976条）、船舶遭難者遺言（979条）、伝染病隔離者の遺言（977条）、在船者の遺言（978条）の4種類があります。

＊8
プラスアルファ

遺言が遺言後の生前処分その他の法律行為と抵触する場合も、遺言を撤回したものとみなされます（1023条2項）。

第2編 民法　家族法

359

家族法－相続

119 遺言の効力・遺贈

重要度 C

講師からのアドバイス

遺贈には、包括遺贈と特定遺贈があり、包括受遺者は相続人と同一の権利義務を有することになります。また、遺贈と死因贈与の相違点も重要ですから、表を参考に整理しておきましょう。

*1 **プラスアルファ**

被後見人が、後見の計算の終了前に、後見人またはその配偶者もしくは直系卑属の利益となる遺言をしたときは、後見人が直系卑属、配偶者または兄弟姉妹である場合を除き、その遺言は無効となります。

1 一般的効力と遺言の無効・取消し

遺言の効力は遺言者の死亡の時から生じます（985条1項）。方式を欠く遺言や公序良俗違反の遺言等は無効であり、詐欺・強迫による遺言は遺言者が取り消すことができますが、相続人も取消権を行使することができます（120条）。＊1

遺言の無効・取消し

民法総則の適用	意思無能力	無効原因となる（963条）
	制限行為能力	総則編の規定は適用されない（962条） ①満15歳に達した者は遺言能力を有する（961条） ②成年被後見人は本心に復していることを証明する医師2人以上の立会いがあれば、みずから遺言できる（973条、982条） 　⇒後見人による遺言は不可 ③被保佐人も保佐人の同意なしに遺言できる（962条）
	公序良俗・強行法規違反	無効原因となりうる（90、91条）
遺言に特有の無効原因		①方式違反（960条、967条以下）、②共同遺言（975条）、③遺言者の後見人等が利益を受ける行為（966条）
	遺言事項ごとに問題になるもの	①遺贈における受遺者の死亡（994条） ②目的物の不存在（996条） ③認知における父子関係の不存在（786条） ④特別方式遺言の失効（983条）
遺言に特有の撤回・取消し原因		①遺言の撤回（1022条以下） 　⇒遺言者は自由に撤回することができる ②負担付遺贈の取消し（1027条）

2 遺贈

（1）意義

遺贈とは、遺言により無償で財産を与える単独行為であり、**包括遺贈**と**特定遺贈**があります（964条）。遺贈を受ける者として遺言中に指定されている者を**受遺者**といいます。受遺者は遺言者の死亡時に生存していなければならず、遺言者の死亡以前に死亡している場合は、遺贈の効力は生じません。

(2) 包括遺贈と特定遺贈

包括遺贈とは、遺産の全部または一定の割合額（分数的割合）を与える遺贈です。包括遺贈の効果として、包括受遺者は相続人と同一の権利義務を有するものとされます（990条）。包括受遺者は、相続人と同一の権利義務を有する（990条）ことから、自己のために相続の開始があったことを知った時から原則として3カ月以内に、単純もしくは限定の承認または放棄をしなければなりません（915条1項）。

他方、**特定遺贈**とは、受遺者に特定の財産を与える遺贈です。特定遺贈の受遺者は、遺言者の死亡後、いつでも、遺贈の放棄をすることができます（986条1項）。遺贈の放棄は、遺言者の死亡の時にさかのぼってその効力を生じます（986条2項）。 *2　*3

(3) 負担付遺贈（1002条、1003条）

負担付遺贈とは、受遺者に一定の給付をなすべき義務を課した遺贈です。

(4) 遺贈と死因贈与

死因贈与とは、贈与者の死亡によって効力を生ずる贈与です。死因贈与は、当事者の合意に基づく契約である点で、単独行為である遺贈と異なります。

遺贈と死因贈与の相違点

	遺　贈	死因贈与
法的性質	単独行為 ⇒受遺者の承諾不要	契約 ⇒受贈者の承諾必要
能　力	15歳（961条）	18歳（4条）
代　理	不可	可
方　式	厳格に法定 （967条以下）	遺贈の方式に関する規定は準用されない（最判昭32.5.21）
遺留分侵害額請求	対象となる （1046条）	対象となる （554条・1046条）
撤　回	いつでも可 （1022条）	書面による贈与であっても、いつでも可 （554条・1022条）

*2　プラスアルファ

遺贈義務者その他の利害関係人は、受遺者に対して、相当の期間を定めて、その期間内に遺贈の承認または放棄をすべき旨の催告をすることができます。そして、その期間内に受遺者が意思を表示しないときは、遺贈を承認したものとみなされます（987条）。

*3　判例ゼミ

判例は、特定の遺産を特定の相続人に「相続させる」旨の遺言について、特段の事情のない限り、（遺贈ではなく）遺産分割方法の指定であるとしています（最判平3.4.19）。

家族法－相続

120 遺留分

重要度 B

講師からのアドバイス

2018年の相続法改正により、「遺留分減殺請求権」が「遺留分侵害額請求権」に改められた点をしっかり確認しておきましょう。

*1 ここに注意

遺留分は、相続人の生活を保障する趣旨の制度で、各相続人のために最低限の財産を留保するものといえます。

1 意義

遺留分とは、一定の相続人に留保された相続財産の一定の割合であり、被相続人の生前処分または死因処分に制限が加えられているものをいいます。*1

2 遺留分権利者

遺留分を有する者（遺留分権利者）は、兄弟姉妹以外の相続人（子（代襲相続人を含む）、直系尊属、配偶者）です。

遺留分権利者は相続開始前に家庭裁判所の許可を受けて遺留分を放棄することができます。共同相続人の1人が遺留分を放棄しても、他の遺留分権利者の遺留分には影響を及ぼしません（1049条）。

3 遺留分の割合

総体的遺留分とは、遺留分権利者全体に遺されるべき遺産全体に対する割合をいいます。

他方、遺留分権利者が2人以上いる場合における各人の遺留分を個別的遺留分といい、これは総体的遺留分に法定相続分を乗じた割合になります。

*2 ここに注意

兄弟姉妹には遺留分がありません。単純な知識ですが、事例問題で問われた場合にうっかり忘れやすいので、注意してください。

遺留分の割合 *2

遺留分権利者		総体的遺留分率	個別的遺留分率
①	配偶者と子	2分の1	配偶者 4分の1 子 4分の1
②	配偶者と直系尊属	2分の1	配偶者 3分の1 直系尊属 6分の1
③	配偶者のみ	2分の1	2分の1
④	子のみ	2分の1	2分の1
⑤	直系尊属のみ	3分の1	3分の1

4 遺留分を算定するための財産の価額等

遺留分を算定するための財産の価額は、「被相続人が相続開始の時において有した財産の価額＋贈与した財産の価額－債務の全額」で算定されます（1043条1項）。

「贈与した財産の価額」には、以下の贈与の価額を算入します（1044条1項3項）。＊3

＜共同相続人以外の者に対する贈与の場合＞
① 相続開始前の1年間にした贈与
② 当事者双方が悪意…1年前の日より前にした贈与
＜共同相続人に対する贈与の場合＞
① 相続開始前の10年間にした贈与（婚姻・縁組のため、または生計の資本として受けたもの）
② 当事者双方が悪意…10年前の日より前にした贈与（婚姻・縁組のため、または生計の資本として受けたもの）

各相続人の遺留分は「遺留分を算定するための財産の価額×個別的遺留分率」となります。遺留分侵害額は「遺留分－遺留分権利者が受けた遺贈額または903条1項に規定する贈与額－遺留分権利者が取得すべき遺産の価額＋遺留分権利者が承継する債務額」となります（1046条2項）。

5 遺留分侵害額請求権

遺留分侵害額請求権とは、遺留分権利者または承継人が受遺者または受贈者に対し、遺留分侵害額に相当する**金銭の支払**を請求する権利をいいます（1046条1項）。＊4 ＊5

受遺者・受贈者の負担額	
受遺者と受贈者	受遺者が先に負担（1047条1項1号）
受遺者複数	別段の意思表示があるときを除き、目的物の価額の割合に応じて負担（1047条1項2号）
受贈者複数（同時）	
受贈者複数（異時）	後の受贈者から順次負担（1047条1項3号）

遺留分侵害額請求権は、遺留分権利者が相続の開始および遺留分を侵害する贈与または遺贈があったことを知った時から**1年間**行使しないときは時効消滅します。また、相続開始の時から**10年**を経過したときにも消滅します（1048条）。

＊3 **プラスアルファ**
負担付贈与の場合、負担付贈与の目的の価額から負担の額を控除した額が「贈与した財産の価額」とされます（1045条1項）。また、不当な対価をもってした有償行為は、当事者双方が遺留分権利者に損害を与えることを知ってしたものに限り、当該対価を負担の価額とする負担付贈与とみなします（1045条2項）。

＊4 **ここに注意**
2018年改正前は、「遺留分減殺請求権」として財産の取戻しをすることも認められていました。しかし、取戻しという方法では、目的物の共有関係が生じ、法律関係が複雑化してしまうことから、2018年の相続法改正により、「遺留分侵害額請求権」という金銭支払請求権に改められました。

＊5 **プラスアルファ**
遺留分侵害額請求権に対して直ちに金銭を準備できない受遺者等の利益を図るため、裁判所は、受遺者または受贈者の請求により、その全部または一部の支払につき相当の期限を許与することができます（1047条5項）。

［法令］

第**3**編

行政法

科目別ガイダンス 行政法

過去10年間の出題傾向

行政法総論

項 目	12	13	14	15	16	17	18	19	20	21
総説		●	●				●			●
行政組織	●	●						●		
行政立法	●			●	●					●
行政行為	●	●	●		●	●	●		●	●
行政契約	●	●				●				
行政指導	●				●			●		
行政計画	●						●			
行政上の強制手段		●				●	●	●	●	
行政調査										

行政手続法

項 目	12	13	14	15	16	17	18	19	20	21
総説			●	●		●	●	●		
申請に対する処分手続	●	●	●		●	●	●	●	●	●
不利益処分手続		●	●		●	●			●	●
行政指導手続				●	●		●	●	●	●
処分等の求め				●	●		●			
届出手続										
命令等を定める手続	●			●			●	●	●	

366

GUIDANCE［ガイダンス］

行政不服審査法

	項　目	12	13	14	15	16	17	18	19	20	21
	総説		●	●		●	●	●	●		●
	要件	●						●	●	●	●
審理手続等	審理手続	●	●		●	●	●	●	●		
	執行停止制度			●			●	●			●
	裁決	●			●	●		●	●	●	●
	教示制度						●				

行政事件訴訟法

	項　目	12	13	14	15	16	17	18	19	20	21
	総説		●						●		
取消訴訟	取消訴訟総説		●		●		●		●		
	訴訟要件	●	●	●		●	●	●		●	●
	審理手続	●	●	●	●			●	●	●	
	執行停止制度	●	●	●				●	●	●	●
	判決				●		●	●			
その他の訴訟	無効等確認の訴え	●			●	●				●	●
	不作為の違法確認の訴え				●	●		●	●		
	義務付け訴訟		●	●			●	●		●	●
	差止め訴訟				●			●	●		●
	無名抗告訴訟										
	当事者訴訟	●	●		●			●	●		
	客観訴訟					●			●	●	
	教示制度				●		●				

国家賠償・損失補償

項　目	12	13	14	15	16	17	18	19	20	21
国家賠償法1条	●	●		●	●	●	●		●	●
国家賠償法2条	●						●	●		●
国家賠償法3条以下		●		●	●	●				●
損失補償			●		●		●	●		

第3編　行政法

科目別ガイダンス

地方自治法										
項　目	12	13	14	15	16	17	18	19	20	21
総説	●	●	●	●		●	●			
機関						●	●	●		●
住民			●			●	●		●	
条例・規則	●		●	●			●			
財務	●			●				●	●	
関与					●	●			●	
係争処理手続	●	●							●	

「行政法」とは

六法全書の索引を調べてみると憲法や民法はありますが、「行政法（ぎょうせいほう）」という名前の法律は見つかりません。そのため、多くの人が「ギョウセイホウ」といってもピンとこないかもしれません。しかし、日常生活に目を向けてみてください。水道、ごみの収集、道路・橋、学校、病院、パトカー、救急車、運転免許、そして税金など、実に広範囲のお役所（行政）の活動が私達の生活と密接にかかわっていることがわかります。そして、このような行政の活動は、お役所が勝手に行っているのではなく、どこのお役所が何をするかを定めたルールに従って行われています。すなわち、「行政法」というのは、行政に関する多数の法規の総称なのです。

行政法

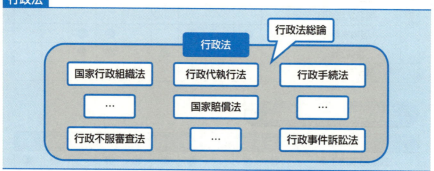

2 学習のポイント

行政書士試験である以上当然なのですが、本試験において、行政法は、総得点の約37％ものウエイトを占めています。

まさしく「行政法を制する者は試験を制する」といえるでしょう。しかし、行

GUIDANCE [ガイダンス]

政法は、憲法や民法と比べると馴染みが薄く、聞き慣れない用語も多いため、苦手意識を持つ方が多い科目でもあります。そのような意識は、物事を必要以上に難解に感じさせる要因にもなりますから、注意しましょう。公法である行政法は、知識があれば得点できる問題も多く、民法などに比べるとむしろ取り組みやすい面も多々あるのです。

また、本試験における行政法の特徴としては、各分野それぞれの知識を問う問題（「法律縦割り問題」）だけでなく、行政法の知識を横断的に問う事例問題（「事例式総合問題」）が出題される点が挙げられます。そこで、学習にあたっては、断片的な知識をかき集めるのではなく、行政法全体での位置や他の法令との関連を常に意識してください。

（1）行政法総論

試験案内では「行政法の一般的な法理論」とされる分野です。

これは、拠り所となる単一法令が存在せず、膨大にある行政関連法規に共通する用語や事柄等を学習する分野です。初めて学習される方は取っ付きにくく感じるかもしれません。しかし、この分野が曖昧な状態のままでは行政法全体がぼやけてしまい、理解できない原因にもなりますので注意が必要です。攻略法としては、難解な用語や抽象的な話をできる限り具体例に変換し、その場面をイメージしながら学習していくということです。また、どうしても理解できない場合は、そこで立ち止まるのではなく、行政法全体を一通り学習した後に戻ってくるようにしましょう。総論というものは各論の集合体ですから、各論を学習した後でないとわかりにくい部分が結構あるのです。

（2）行政手続法

行政手続法は、特に「事前」「権利保護」の手続を定めた法律であるという面を意識しましょう。不当・違法な行政活動がなされた場合、この後学習する行政救済法（行政不服審査法や行政事件訴訟法等）に基づき救済を求めることができます。しかし、そもそもそのような行政活動は行われるべきではありません。つまり、処分の相手方の言い分をしっかり聞くなどして、行政活動をより慎重・公正に行わせるためのルールが行政手続法なのです。

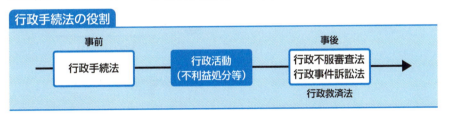

行政手続法は、大きく「処分に対する手続」「行政指導に関する手続」「届出に

関する手続」「命令等を定める手続（意見公募手続）」の４つに分類することができます。まずは、この全体像（骨組み）をしっかり把握しましょう。

行政手続法の構成

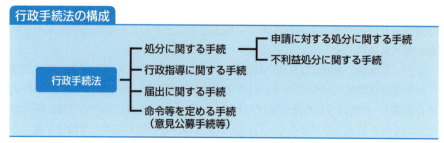

　本試験における行政手続法の出題は、条文知識を問うものが主となります。したがって、面倒と思わずに、日頃から重要条文にあたる習慣をつけましょう。また、**手続を定めた法律**ですから、「手続の流れ」をおさえれば理解度がグッと深まります。学習にあたって、こうした点を心掛ければ、行政法の中でも容易な部類に入る科目ですから、きっと得意科目にすることができ、大きな得点源となるでしょう。

(3) 行政救済法

　行政により不当あるいは違法の疑いのある処分等をされたとき、私達は、どこにどのように文句を言えばよいのでしょうか。この文句の言い方を定めたルール（行政不服審査法、行政事件訴訟法、国家賠償法等）をまとめて「**行政救済法**」と呼びます。この分野は、特に横断的な知識が問われる箇所ですから、それぞれの異同を意識した学習を心掛けてください。

行政救済法①

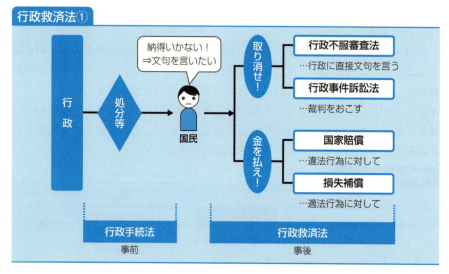

GUIDANCE [ガイダンス]

(a) 行政不服審査法

2014年に、不服申立ての公正さ・使いやすさの向上、国民の救済手段の充実・拡大の観点から、法改正がなされています。改正法の概要については、後述3を参考に、しっかりおさえておきましょう。特に、審理員、審査請求への一元化、不服申立期間が3カ月に延長された点が重要です。

(b) 行政事件訴訟法

行政事件訴訟法でも判例知識が問われますので、判例をおさえておくことが重要です。また、記述式問題では行政事件訴訟法が問われることが多く、最近では、択一式問題でも事例式で問われています。条文を具体的にイメージできるようにしましょう。

(c) 国家賠償・損失補償

国家賠償法は、わずか6条しかありません。学習の中心は「判例」です。特に1条および2条の重要判例は頻出ですから、必ずおさえてください。例年2問程度の出題ですが、憲法や他の行政関連法との関係上必要な知識であり、比較的容易に得点することができる分野といえるでしょう。

損失補償については、正面から問われることは少ないですが、例年、少なくとも選択肢の1つとして問われています。憲法で学習した知識をもとに、ポイントをおさえておけばよいでしょう。

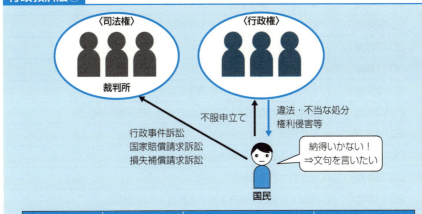

行政救済法②

救済制度	救済主体	救済方法	行政活動の態様
不服申立て	行政庁	侵害の除去 (行政行為の効力を争う)	不当＋違法
行政事件訴訟	裁判所		違法
国家賠償	裁判所	損害の補填 (金銭的救済を求める)	違法
損失補償	裁判所		適法

(4) 地方自治法

　地方自治法は、地方行政の民主化を徹底し、地方公共団体の自主性・自律性の強化、「地方分権」の徹底を実現するため、地方自治制度に関する総合的法典として制定されたものです。

　かつては地方自治法からは5問出題されていましたが、最近では3～4問の出題にとどまっています。

　地方自治法の条文の数は膨大ですが、おさえておくべきポイントは限られています。学習にあたっては、「住民監査請求・住民訴訟」・「公の施設」・「議会と長の関係」といった重要テーマごとに理解していくのが効率的です。

地方自治の必要性

行政法／記述式問題の出題内容

年度	内容
2006年度	原告適格を欠く場合の判決（行政事件訴訟法）
2007年度	申請に対する対応（行政手続法）
2008年度	訴訟類型・被告適格（行政事件訴訟法）
2009年度	取消判決の拘束力（行政事件訴訟法）
2010年度	事情判決（行政事件訴訟法）
2011年度	即時強制（行政法総論）
2012年度	形式的当事者訴訟（行政事件訴訟法）
2013年度	狭義の訴えの利益を欠く場合の判決（行政事件訴訟法）
2014年度	公の施設（地方自治法）
2015年度	原処分主義（行政事件訴訟法）
2016年度	秩序罰（行政法総論）
2017年度	行政上の義務の履行を求める訴訟（行政法総論）
2018年度	訴訟類型・被告適格（行政事件訴訟法）
2019年度	処分等の求め（行政手続法）
2020年度	訴訟類型・被告適格（行政事件訴訟法）
2021年度	行政指導中止等の求め（行政手続法）

GUIDANCE [ガイダンス]

3 2014年行政不服審査法改正について

行政不服審査法の問題として、①制度が複雑で、一般国民にとって利用しづらい、②審理にかなりの時間を要し、簡易迅速という特色が生かされていない、③不服申立期間が短いため、権利救済の機会が狭められている、④審理手続の運用において公平さに欠け、特に不当を理由とする是正がなされていないことが指摘されていました。これらの問題を踏まえて、2008年4月に改正法案が国会に提出されましたが、衆議院解散により廃案となりました。その後、総務省は、(ⅰ)公正性の向上、(ⅱ)使いやすさの向上、(ⅲ)国民の救済手段の充実・拡大の観点から、2013年6月21日、「行政不服審査制度の見直し方針」を公表しました。

以上のような見直しを経て、2014年6月13日、行政不服審査法を全面的に改正する行政不服審査法関連3法案が成立、公布されました（2016年4月1日施行）。

改正法では、上記(ⅰ)の観点から、①不服の審理において、職員のうち処分に関係しない者（審理員）が公正に審理すること（改正法9条）、②裁決について、有識者からなる第三者機関が点検すること（改正法43条）、③審理手続における審査請求人の権利を拡充するため、証拠書類等の閲覧・謄写（閲覧対象の拡大、謄写制度の新設／改正法38条）などが規定されました。また、(ⅱ)の観点からは、①不服申立期間を60日から3カ月に延長すること（改正法18条）、②不服申立ての手続について異議申立てを廃止して審査請求に一元化すること（改正法2条）、③標準審理期間の設定（改正法16条）、争点・証拠の事前整理手続の導入（改正法37条）、④不服申立前置を68の法律で廃止・縮小することなどが規定されました。

4 2017年地方自治法改正について

2017年6月9日に「地方自治法等の一部を改正する法律」が公布され、段階的に2020年4月1日までに施行されました。

改正法では、地方公共団体等における適正な事務処理等の確保、組織および運営の合理化を図るため、内部統制に関する方針の策定等、監査制度の充実強化、地方公共団体の長等の損害賠償責任の見直し等が規定されました。

行政法総論－総説

① 行政法総論総説

重要度 B

 講師からのアドバイス

法律による行政の原理、行政法の一般原則は、行政全体を貫く重要な概念なので、必ず理解しましょう。

 *1 ここに注意

行政法の対象となる「行政」の意義については、行政の活動が多種多様であるため、積極的に定義することが困難であり、「行政とは、国家の作用から、立法と司法を除いたものをいう」（控除説）とされています。

1 行政法とは

(1) 行政法

日本国憲法や民法という名称の法律はありますが、「行政法」という名称の法律はありません。実際に存在するのは、行政に関する種々の法律、政令、省令等の国家法、地方公共団体の条例等の自治立法、行政に関する不文法です。これら行政関係の諸法律、それらの共通の知識や考え方を体系化したものが行政法です。＊1

行政法の活躍する場面

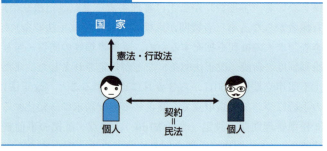

(2) 行政法の法源

行政法の法源とは、行政の組織および作用に関する法の存在形式をいい、成文法と不文法があります。

成文法源には、憲法、条約、法律、命令、条例・規則があります。このうち、法律が重要な法源ですが、一般的行政法があるわけではなく、個別具体の行政作用ごとに制定されるのが通例です。他方、不文法は成文法を補完するものとして存在し、慣習法、判例法、行政法の一般原則があります。＊2

2 法律による行政の原理

法律による行政の原理とは、行政活動は国会の制定する法律の定めるところにより、法律に従って行われなければならないという原則のことをいいます。これには、①公権力の国民生活に対する恣意的介入を防ぎ、国民の自由・権利の保護を図る自由主義的意義と②行政活動を民主的コントロールの下に置く民主主義的意義があります。

 *2 プラスアルファ

慣習法の例として、官報登載による法令公布の方法が挙げられます（最判昭32.12.28）。

●行政法総論

法律による行政の原理の内容は、次のとおりです。 12-9

法律による行政の原理の内容	
法律の法規創造力	国民の権利・義務に関する一般的規律（法規）を創造する力は、国会が制定する法律に独占されているという原則
法律の優位	行政活動は、制定された法律の定めに違反して行われてはならないという原則。違法な活動は取り消されたり、無効となる
法律の留保	一定の行政活動には、その根拠となる法律の存在を必要とするという原則 ＊3

3 行政法の一般原則

(1) 適正手続の原則

アメリカ憲法を沿革とする日本国憲法では、適正手続の考え方が刑事手続を中心に導入されています（憲法31条）。これが行政作用一般にも妥当する原理であることが広く認識されるようになり、行政活動は内容的に正しいだけでなく、手続的にも適正な過程を経ていることが求められます。

(2) 信義誠実の原則（信義則）

民法１条２項で定める「信義誠実の原則（信義則）」は、行政上の法律関係にも適用されることがあります（最判昭62.10.30等）。 12-8 13-9 13-10

(3) 権限濫用の禁止の原則

行政上の法律関係にも妥当します。行政法では、行政機関による権限行使の評価が問題となることが多いので、「権限濫用禁止の原則」といわれます。

(4) 比例原則

比例原則とは、目的と手段の均衡を要求する法原則をいいます。不必要な規制や過剰な規制を禁止するものであり、ある目的を達成するために規制効果は同じであっても規制される利益に対する制限の程度がより少ない代替手段が存在する場合には、当該規制は許されないとされます。

(5) 平等原則

平等原則は、行政機関が合理的な理由なく、国民を不平等に取り扱ってはならないとするものです。＊4

＊3 プラスアルファ

法律の留保については、「国民の権利自由を権力的に制限・侵害するような行政活動に限り法律の根拠を要する」とする見解（侵害留保説）が通説・実務の考え方です。侵害留保説によれば、①私人の財産を奪う「租税の賦課徴収」には法律の根拠が必要となりますが、②私人に金銭を付与する「補助金の交付」には法律の根拠は必要ではありません。

＊4 ここに注意

平等原則は、日本国憲法14条により基礎づけられます。

行政法総論－総説

2 行政法の適用範囲（行政上の法律関係）

重要度 A

講師からのアドバイス
行政法の適用範囲では、判例知識を中心に出題されますので、結論から覚えて得点源にしましょう。

すべての行政機関の活動が行政法の適用範囲に含まれるものではありません。従来は、実定法を公法関係と私法関係に二分して適用範囲を定める公法私法二元論という考え方が有力でした。しかし、公法関係に私法が適用されるかについて、現在は、個々の権利についての実定法の定めにより、または定めがない場合はその権利の目的によって、個別的に判断するようになっています。

> **判例　行政法の適用範囲に関する判例**
>
> ▶会計法30条と消滅時効に関する判例（最判昭41.11.1）
> *1
> 　国の普通財産の売り払いの法律関係は私法関係であり、代金債権も私法上の債権であるから、会計法30条による5年の短期消滅時効期間に服すべきものではない。
>
> ▶供託金払戻請求と消滅時効に関する判例（最判昭45.7.15）
> 　供託金払戻請求権には、民法に定められた時効期間が適用される。
>
> ▶安全配慮義務違反に基づく損害賠償と消滅時効に関する判例（最判昭50.2.25）
> 　会計法30条の消滅時効期間は、国の権利義務を早期に決済するためなど行政上の便宜を考慮したものであるが、国が公務員に対し負う安全配慮義務の違反にはかかる便宜考慮の必要はなく、会計法30条は適用されない。 13-10 15-9
>
> ▶道路の位置指定と物権的請求権に関する判例（最判平9.12.18）
> 　建築基準法の道路位置の指定を受け現実に開設されている道路を通行することについて日常生活上不可欠の利益を有する者は、当該道路の通行をその敷地の所有者によって妨害され、または妨害されるおそれがあるときは、敷地所有者に対してその妨害行為の排除および将来の妨害行為の禁止を求める権利（人格的権利）を有する。
>
> ▶農地買収処分と民法177条に関する判例（最判昭28.2.18）
> *2
> 　私経済上の取引の安全を保障するために設けられた民法177条の規定は、自作農創設特別措置法による農地買収処分には適用されない。

*1

ここに注意
会計法は、国による歳入徴収、支出、契約等について規定する法律です。

*2
ここに注意
農地買収処分によって国が農地の所有権を取得した「後」の法律関係については、民法177条が適用されます（最判昭39.11.19、最判昭41.12.23）。

376

● 行政法総論

▶ **租税滞納処分と民法177条に関する判例（最判昭31.4.24、最判昭35.3.31）**

税滞納者の財産を差し押さえた国の地位は、強制執行における差押債権者の地位に類するものであり、滞納処分による差押えの関係に民法177条が適用される。 `18-9`

▶ **建築基準法65条と民法234条に関する判例（最判平元.9.19）**

建築基準法65条は、同条所定の建築物に限り、相隣関係を定めた民法234条１項の規定の特則として、民法の規定の適用が排除される旨を定めたものである。 `18-9`

▶ **公営住宅の使用関係に関する判例（最判昭59.12.13）**

公営住宅の使用関係については、公営住宅法およびこれに基づく条例に特別の定めがない限り、原則として民法および借家法（現・借地借家法）の適用がある。 `13-10` `18-9`

▶ **公営住宅法と相続に関する判例（最判平2.10.18）**

公営住宅法は、住宅に困窮する低額所得者に対し低廉な家賃で住宅を賃貸し、国民生活の安定と社会生活の増進に寄与することを目的とする。そのため、公営住宅の入居者は一定の条件を具備する者に限定され、入居者が死亡した場合、その相続人が公営住宅を使用する権利を当然に承継すると解する余地はない。 `18-9`

▶ **自治体の契約と双方代理（最判平16.7.13）**

普通地方公共団体の長が当該普通地方公共団体を代表して行う契約の締結には、民法108条（自己契約及び双方代理の禁止）が類推適用される。また、議会が長による双方代理を追認した場合には、民法116条の類推適用により、議会の意思に沿って普通地方公共団体に法律効果が帰属する。

第3編 行政法

行政法総論

行政法総論－総説

3 公物

重要度 B

市役所の庁舎や公園など、身近なものでイメージしていくと理解が早まるでしょう。

1 公物の意義・分類

(1) 公物の意義
「公物」とは、行政主体（国や地方公共団体など）により、直接、公の目的に供用される個々の有体物をいいます。例えば、ノウハウなどの無体財産は、有体物でないので、公物にはあたりません。

(2) 公物の分類
公物は、様々な観点から分類することができます。

(a) **利用目的 ― 公用物と公共用物**

公用物とは、直接、国または公共団体の使用に供されるものをいいます（例えば、官公庁の建物や国公立学校の建物）。

公共用物とは、直接、一般公衆の共同使用に供されるものをいいます（例えば、道路、河川、海岸、公園）。

(b) **自然のままで利用されているか ― 自然公物と人工公物**

自然公物とは、自然の状態のままですでに公の用に供することができるものをいいます（例えば、河川、海岸）。

人工公物とは、行政主体が加工し、かつ、これを公の用に供することにより公物として成立するものをいいます（例えば、道路、公園）。

(c) **所有権の所在 ― 国有公物・公有公物・私有公物**

国が所有する公物を国有公物、地方公共団体が所有する公物を公有公物、私人が所有する公物を私有公物といいます。

私有公物の例として、市町村道に供用されている私道、国公立博物館に展示されている私有の絵画などがあります。

2 公物の成立および消滅

(1) 公物の成立
自然公物については、そもそも「公物の成立」という観念がありません。自然公物は本来自然のままにおいて公共の用に供されているとの前提があるからです。

378

●行政法総論

　人工公物のうち公用物は、公務員により利用されるものなので、いつ利用させるかは、内部的に規律すれば足ります。

　これに対し、**人工公物のうち公共用物**は、公衆の一般的な利用に供されるものであることから、いつから公の用に供することができるかを明らかにすることが公物の成立要件となります。これを講学上「公用開始」といいます。

(2) 公物の消滅

　公物は、その形態が滅失し、社会通念上、回復することができなくなったときは消滅します。

　また、公物を管理する者が公用廃止の意思表示（「**公用廃止行為**」）がなされることによっても消滅します。判例は、「公共用財産が、長年の間事実上公の目的に供用されることなく放置され、公共用財産としての形態、機能を全く喪失し、その物のうえに他人の平穏かつ公然の占有が継続したが、そのため実際上公の目的が害されるようなこともなく、もはやその物を公共用財産として維持すべき理由がなくなった場合には、右公共用財産については、**黙示的に公用が廃止された**ものとして、これについて取得時効の成立を妨げない」としています（最判昭51.12.24）。 18-25 19-10

3 公物の使用関係

(1) 公共用物の使用関係

　公共用物については、その性質上、一般公衆または特定の私人による使用が認められます。その使用形態から、①**自由使用（一般使用）**、②**許可使用**、③**特許使用**に分類されます。

公共用物の使用形態	
自由使用	他人の共同使用を妨げない限度での使用
許可使用	法律上、一般的禁止が申請により解除されることによって認められる使用
特許使用	特定人に対して独占的に認められる使用

(2) 公用物の使用関係

　公用物は、本来行政主体自身の用に供されるものです。それゆえ、国民による公用物の使用（例えば、市役所の庁舎内に私人が売店を設置する場合）は、原則として、許可使用、特許使用等の形態による「**目的外使用**」にあたります。

第3編 行政法

行政法総論

379

行政法総論－行政組織

4 行政組織

重要度 A

特に、諮問機関と参与機関との違いは比較する形でチェックしておきましょう。

1 行政主体

行政主体とは、行政上の法律関係から生じる権利義務の帰属主体となるものをいいます。

行政主体の分類

行政主体	特徴等
国	行政主体のうち、最も重要なもの
地方公共団体	一定の地域とそこに住む住民を基礎とし、その地域に関連する事務等を実施する目的をもって設置される**公法上の団体**（地方自治法2条1項）で、その地域の住民に対して包括的な支配権を有する団体
その他の行政主体	公共組合（例：土地区画整理組合、健康保険組合） 特殊法人 独立行政法人 国立大学法人

＊1 具体例で覚えよう！

独任制の行政庁には、各省大臣、地方公共団体の長、警察署長、税務署長等が、合議制の行政庁としては内閣、公正取引委員会等があります。

＊2 具体例で覚えよう！

諮問機関には中央教育審議会、法制審議会、地方制度調査会等があります。

＊3 具体例で覚えよう！

参与機関は、現行法上は少ないですが、総務大臣の処分についての審査請求につき付議される場合の電波監理審議会（電波法85条、94条）があります。

2 行政機関

行政機関とは、行政主体のために意思決定、意思表示、執行等を行う機関をいい、次のように分類されます。

(1) 行政庁（行政官庁）

行政庁とは、**行政主体の法律上の意思を決定**し、**外部に表示**する権限を有する機関をいいます。

行政庁は、一般に1人の自然人からなる**独任制**ですが、慎重・公正・中立のため、複数の自然人からなる**合議体**の形態もあります。 12-43 ＊1

(2) 諮問機関

諮問機関とは、行政庁の諮問に応じて特定の問題に関する審議・調査等を行い、行政庁に対して意見や答申を提示する機関をいい、その意見や答申は、**行政庁を拘束しません**。＊2

(3) 参与機関

参与機関とは、行政庁の意思決定に参与する権限を与えられた機関をいいます。諮問機関の場合と異なり、その議決は**行政庁を拘束します**。＊3

380

●行政法総論

(4) 監査機関
<u>監査機関</u>とは、行政機関の事務や会計等を監査し、職務遂行、権限行使が適正か否かを監査する機関をいいます。*4

(5) 執行機関
<u>執行機関</u>とは、行政庁の決定した意思を実力をもって執行する機関をいいます。*5

(6) 補助機関
<u>補助機関</u>とは、行政庁およびその他の行政機関の職務を補助するため、日常的な事務を遂行する機関をいいます。なお、執行機関と補助機関との差異は「実力行使」をするかどうかにあります。 12-43 *6

3 国の行政組織

内閣の統轄下にある国の行政機関のうち、内閣府、デジタル庁および復興庁以外のものは<u>国家行政組織法</u>によって規律されます。

(1) 内閣
内閣は、憲法に直接根拠を有する憲法上の機関として行政権を担当します。国家行政組織法1条、同法2条1項、内閣府設置法5条2項で内閣による<u>国家行政組織の統轄</u>が定められています。

(2) 行政各部
国家行政組織法3条2項は、国の行政機関として省・委員会・庁の3種類を定め、別表第一に掲げています（<u>3条機関</u>）。それ以外のものは、国家行政組織法上の行政機関ではありません。なお、内閣府は、<u>内閣府設置法</u>に内閣府の組織に関する規定があります。 15-24 *7 *8

また、国の行政機関、内閣府は、国の出先機関である<u>地方支分部局</u>を置くことができます（国家行政組織法9条、内閣府設置法43条2項）。

省・委員会・庁

省	内閣の統轄の下に行政事務をつかさどる機関。省の内部部局として、官房と局が置かれ、特に必要がある場合には官房・局の中に部が置かれる
委員会・庁	各省または内閣府に置かれる機関。主任大臣の統轄の下にありながら、組織的には省の内部部局とは異なる独立性を有する（「<u>外局</u>」という） 13-25

---

*4 **具体例で覚えよう！**
監査機関には、国の会計検査を行う会計検査院等があります。

*5 **具体例で覚えよう！**
執行機関には、警察官、消防署員、徴税職員等があります。

*6 **プラスアルファ**
補助機関としては、各省庁の次官、局長、地方公共団体の副知事、副市町村長をはじめとして、一般職員に至るまで、公務員といわれる者のほとんどがこれにあたります。

*7 **プラスアルファ**
内閣総理大臣は、内閣府の長として、その事務を統括し、職員の服務について統督します（内閣府設置法6条1項、7条1項）。人事院は、内閣の統轄は受けませんが、内閣の所轄の下にある（広義の）補助部局の1つです（国家公務員法3条1項）。

*8 **具体例で覚えよう！**
例えば、警察庁は国家公安委員会の付属機関であり、国家行政組織法8条の3に基づく特別の機関ということになります。

381

行政法総論－行政組織

5 行政機関相互の関係

重要度 A

1 権限の代理・委任、専決・代決

権限の代理・委任の比較は頻出です。必ず理解しておきましょう。

行政庁は、権限をみずから行使するのが原則ですが、自己の権限の全部または一部を他の行政機関に代わって行使させることができます。

(1) 権限の代理

権限の代理とは、行政庁の権限の全部または一部を他の行政機関が代わりに行使することをいい、**授権代理**と**法定代理**があります。

(a) 授権代理

授権代理とは、本来の行政庁の**授権**に基づき代理権が与えられるものをいいます。代理機関は、代理関係と被代理庁を明示して意思表示を行いますが、本来の行政庁はその権限を失いません。

(b) 法定代理

法定代理とは、**法律の規定**に基づき代理権が与えられるものをいいます。

法定代理には、法定事実の発生により直ちに代理関係が発生する場合（**狭義の法定代理**／例えば、国家公務員法11条3項）と、法定事実の発生に基づき、一定の者による代理権の指定により代理権が発生する場合（**指定代理**／例えば、内閣法9条、10条）があります。＊1

＊1 プラスアルファ

法定代理における代理権の範囲は、原則として行政庁の権限のすべてに及ぶとされています。ただし、一身専属的な権限については、代理できないと考えられています。

(2) 権限の委任

権限の委任とは、権限を有する行政庁が、その権限の一部を他の行政機関に移譲し、その行政機関の権限として行使させることをいいます。

これにより、法律により定められた権限の所在が移動し、本来の行政庁はその権限を失います。

もっとも、権限の全部または主要部分を委任することは、本来の行政庁の存在意義を失わせることになることから許されません。

382

● 行政法総論

権限の代理・委任の比較
A＝被代行機関　B＝代行機関

		法令の根拠	権限の移動	効果の帰属先	表示の形式	Aの権限行使	Aの指揮監督	対外的公示
権限の代理	授権代理	不要	なし	A	A代理 B	可	可	不要
	法定代理	必要						
権限の委任		あり	B	B	不可	不可 *2	必要

(3) 専決・代決

専決・代決とは、権限を有する行政庁が、補助機関に事務処理の決裁権限を与えることをいいます。専決・代決は、行政主体内部の内部的委任であり、対外的には**行政庁の決定**として表示されるので、**法律の根拠は不要**です。

代決と専決はほぼ同義ですが、代決は、行政庁が不在の場合等、行政庁自身が決定できない場合に行われるのに対して、専決は、そうした事情の有無にかかわらず、あらかじめ補助機関に内部的委任がなされた事項について行われます。

2 権限の監督

行政を、系統的、統一的に行う必要性から、上級の行政機関は、系統下の下級の行政機関を指揮・監督します（**権限の監督**）。

権限の監督の方法

監視権	下級行政機関の書類の検閲や事務視察を行い、下級行政機関からその業務状況の報告を受ける権限
許認可権	下級行政機関の権限遂行に際して、上級行政機関の許可、認可を受けさせることによって、権限の行使を事前に統制する権限　*3
指揮命令権	下級行政機関に対して訓令・通達等を発することにより、行政活動の内容を指示する権限　*4
取消権停止権	上級行政機関が下級行政機関の行った違法または不当な行為を取り消し、停止する権限

*2 図表の読み方
委任庁が受任庁の上級行政庁であれば、当該下級行政庁を指揮監督できます。

*3 図表の読み方
ここにいう許可、認可は、行政行為としての許可、認可とは異なります。

*4 図表の読み方
訓令・通達は権限の監督の1つとしてなされる上級行政機関から下級行政機関への命令であり、公務員個人に対して発する職務命令と理論上区別されます。

行政法総論－行政立法

6 行政立法

重要度 A

委任命令は、委任する側、委任される側がそれぞれ注意すべき点を確認しましょう。

*1
プラスアルファ

国の法規命令には、内閣が制定する「政令」、内閣総理大臣が発する「内閣官房令」「内閣府令」「復興庁令」、各省大臣が発する「省令」、内閣府・各省の外局として置かれる各委員会・各庁長官・会計検査院・人事院が制定する「規則」があります。また、地方公共団体の法規命令には、長・委員会の定める「規則」があります。

*2
プラスアルファ

例えば、地方自治法を実施するために必要な事項を定めた命令に、地方自治法施行令（政令）や地方自治法施行規則（総務省令）があります。

*3
プラスアルファ

執行命令は、国民の権利義務の内容を新たに設定するものでなく、一般的な授権で足り、個別具体的な法律の委任は不要です。国家行政組織法12条1項は、「各省大臣は、主任の行政事務について、法律若しくは政令を

1 意義

　行政権が、法条の形式をもって一般的、抽象的な法規範を制定すること、または制定された法規範自体を**行政立法**といいます。行政立法は、内容が国民の権利義務にかかわるものであるかにより、法規命令と行政規則に分類されます。

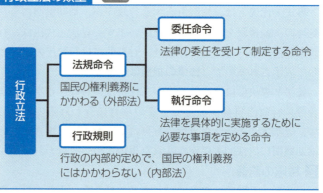

行政立法の類型　17-42

- 法規命令（国民の権利義務にかかわる（外部法））
  - 委任命令：法律の委任を受けて制定する命令
  - 執行命令：法律を具体的に実施するために必要な事項を定める命令
- 行政規則：行政の内部的定めで、国民の権利義務にはかかわらない（内部法）

2 法規命令

　法規命令とは、国民の権利義務にかかわる行政立法をいい、現行憲法下では、**委任命令**と**執行命令**に限られます。 15-10
15-24　17-42　*1

（1）委任命令

　委任命令とは、法律の内容を補充し、国民の権利義務を新たに設定するものです。国会が「国の唯一の立法機関」とされるので（憲法41条）、委任立法には法律による厳格な授権が要求されます。したがって、概括的・包括的な**白紙委任**は許されず、**個別具体的な委任が必要**です。また、委任を受けた行政機関が命令を制定する場合、委任の趣旨をどのように具体化するか一定の裁量の余地がありますが、法律の委任の趣旨を逸脱・濫用してはなりません。なお、委任命令で、罰則を設けることもできますが（憲法73条6号但書）、委任には特に厳格性が要求されます。 15-10

●行政法総論

> **判例　委任命令に関する判例**
>
> ▶公務員の政治的行為と人事院規則に関する判例（最判昭33.5.1）
> 　国家公務員法102条に基づき規定された公務員の政治的行為を制限する人事院規則の規定は、委任の範囲を逸脱したものではない。 14-9
>
> ▶接見を制限する監獄法施行規則に関する判例（最判平3.7.9）
> 　原則として被勾留者と幼年者との接見を許さない（改正前）監獄法施行規則120条は、幼年者の心情を保護するという配慮があるとしても、被勾留者の接見の自由を著しく制限するもので、委任の範囲を超え、無効である。 21-10
>
> ▶児童扶養手当法施行令事件（最判平14.1.31）
> 　父から認知された婚姻外懐胎児童を児童扶養手当の支給対象から除外する施行令の規定は、支給対象児童との間の均衡を欠き、法の委任の趣旨に反し無効である。 14-9 21-10
>
> ▶医薬品ネット販売事件（最判平25.1.11）
> 　新施行規則によるインターネットを通じた薬の郵便等販売に対する規制は、新薬事法の委任の範囲を逸脱した違法無効なものである。
>
> ▶ふるさと納税不指定事件（最判令2.6.30）
> 　地方税法改正の施行前における返礼品の提供の態様を理由に、特別控除対象寄付金の対象となる都道府県等の指定の対象外とされる場合があることを定める告示の当該部分は、地方税法の委任の範囲を逸脱した違法なものとして無効である。

（2）執行命令

　執行命令とは、法律、命令等を実施するため必要な手続・形式を定めるものをいいます。 13-25 15-10 ＊2　＊3

3　行政規則

　行政規則とは、行政組織内部の組織のあり方や事務処理手続に関する行政組織内部における命令をいいます。行政規則は、行政組織内部の命令であり、その定立に法律の授権や公布も不要です。行政規則は、行政事務の分配等に関する定めなので、国民や裁判所が法的に拘束されるものではありません。 15-10 17-42

（1）訓令・通達

　訓令とは、上級行政機関が下級行政機関の権限行使を指揮するために発する命令をいいます。そして、一般に、**通達**とは、訓令のうち特に書面をもって行うものをいいます。 21-25 ＊4

（2）要綱

　要綱とは、行政の執行についての指針を定める内部的規範です。＊5

施行するため、又は法律若しくは政令の特別の委任に基づいて、それぞれその機関の命令として省令を発することができる」としています。

＊4　プラスアルファ

通達は、法規の性質を持たないため、一般国民を拘束するものではなく、行政機関が通達の趣旨に反する処分をした場合でも、それだけで処分が無効になるわけではありません（墓地埋葬通達事件／最判昭43.12.24）。

＊5　プラスアルファ

国のレベルでは損失補償基準要綱、補助金交付要綱等、地方公共団体のレベルでは建築指導要綱、宅地開発指導要綱等があります。

行政法総論－行政行為

7 行政行為総説

重要度 A

行政行為とは、行政庁が法律の定めるところに従い、その一方的な判断に基づいて、国民の権利義務その他の法的地位を具体的に決定する行為をいいます。

講師からのアドバイス

行政行為の分類を学習するうえでは、ある行政行為がどの分類に属するかを正確に答えられる必要はありません。ただ、出題されたときに誤りに気づくことができる程度には理解しておくべきでしょう。

行政行為の特色

特 色	行政行為に該当しない例
①法律の規定に基づくこと	――
②行政庁が一方的に行う行為であること	行政契約等の双方的な行為
③国民（特定個人）に対し行う行為であること	訓令・通達のような行政組織の内部行為
④法的効果を伴う行為であること	法的規制を伴わない行政指導のような事実行為
⑤個別・具体的な行為であること	一般的・抽象的な規範を定立する行政立法

1 侵害的行政行為・授益的行政行為

行政行為は、相手方に対して不利益を与えるものか利益を与えるものかを基準に、**侵害的行政行為**と**授益的行政行為**に分類することができます。侵害的行政行為の例が違法建築物の除却命令であり、授益的行政行為の例が補助金の交付決定です。＊1

＊1 プラスアルファ

行政行為の中には、関係国民の一方に不利益を、他方に利益を与えるものがあります（建築確認や土地収用裁決等）。それらを「二重効果的行政行為」または「複効的行政行為」といいます。

2 効果意思の観点からの分類

（1）法律行為的行政行為・準法律行為的行政行為

法律行為的行政行為とは、行政庁の効果意思に基づき法的効果を発生させるものです。他方、**準法律行為的行政行為**とは、行政庁の効果意思以外の判断・認識の表示に基づき法的効果を発生させるものです。

（2）命令的行為・形成的行為

法律行為的行政行為は、私人の権利・義務への働き掛け方の違いに基づき、**命令的行為**と**形成的行為**に分類されます。

命令的行為とは、国民が本来有する自由を制限したり、制限を解除したりする行為をいい、下命・禁止・免除・許可がこれにあたります。

●行政法総論

他方、形成的行為とは、国民が本来有していない特別な権利や法的地位を設定・剥奪・変更する行為をいい、特許（および剥権・変更行為）・認可・代理がこれにあたります。

行政行為の分類　12-24　14-8　20-26　*2　*3

分類			意義	具体例
法律行為的行政行為	命令的行為	下命	国民に作為を命じる行為 （特に不作為を命じるものを禁止という）	・違法建築物の除却 ・営業停止 ・道路通行禁止
		免除	特定の場合に、作為・給付・受忍義務を解除する行為	・租税減免
		許可	一般的な禁止を特定の場合に解除し、適法に一定の行為を行わせる行為	・自動車運転免許 ・各種営業許可
	形成的行為	特許	特別の権利や能力を設定する行為	・鉱業権設定の許可 ・河川占用許可
		認可	第三者の契約等に介入し、その法律上の効果を完成させる行為	・農地権利移動の許可 ・公共料金改定認可 ・河川占用権の譲渡承認
		代理	第三者がなすべき行為を行政機関が代わって行う	・土地収用裁決 ・特殊法人の役員の任命
準法律行為的行政行為		確認	特定の事実または法律関係の存否に関し、疑いまたは争いがある場合に公の権威をもってその存否または真否を判断する行為	・所得税額の更正決定 ・発明の特許 ・建築確認　*4 ・選挙の当選人決定 ・市町村の境界の決定
		公証	特定の事実または法律関係の存否を公に証明する行為	・各種名簿への登録 ・印鑑証明 ・運転免許証の交付
		通知	特定または不特定多数の人に対して一定の事項を知らせる行為	・納税の督促 ・代執行の戒告 ・事業認定の告示
		受理	他人の行為を有効な行為として受け付ける行為	・審査請求書の受理 ・各種の届出書の受理

*2 プラスアルファ

「法律行為的行政行為」は行政庁の効果意思に即して法律効果が生じるので、法律上行政庁に行政裁量が認められることが多いのに対し、「準法律行為的行政行為」の法律効果は法律の定めに従って生じるので、法律効果の形成につき行政庁の裁量は一般的に認められません。「法律行為的行政行為」のうち、「命令的行為」は、国民が本来有する自由に対して規制するものであるので、行政裁量の幅は狭いと考えるのが一般的です。一方、「形成的行為」は、本来有していない特権を私人に設定するなどの行為であるので、行政裁量の幅は広いと考えるのが一般的です。

*3 プラスアルファ

法令上の用語と講学上の言葉の意味は異なることがあります。例えば、農地権利移動の許可は「許可」とされていても講学上の分類は「認可」です。

*4 プラスアルファ

建築確認は「許可」の性質をも有します。

第3編 行政法　行政法総論

387

行政法総論－行政行為

8 行政行為の効力

重要度 A

特に、公定力、不可争力、そして違法性の承継は最重要です。併せて覚えておきましょう。

1 行政行為の効力

行政行為は、特別の規定がない限り、書面の交付・送達等により、相手方がその内容を了知しうる状態に置かれた時に効力を生じます（到達主義／最判昭29.8.24）。 20-9

行政行為には私人の法律行為とは異なる、**公定力**、**不可争力**、**不可変更力**、**自力執行力**という特殊な効力が認められます。

(1) 公定力

公定力とは、違法な行政行為であっても、当然無効とされる場合は別として、権限を有する国家機関（処分庁、上級行政庁または裁判所）によって取り消されるまでは、原則として**有効**なものとして扱われる効力をいいます。

これによって、違法な行政行為であっても、一応有効なものとして通用し、行政上の法律関係が安定することになります。もっとも、無効な行政行為に公定力は働きません。

行政処分が違法であることを理由として国家賠償の請求をするには、あらかじめ行政処分につき取消または無効確認の判決を得る必要はありません（最判昭36.4.21）。 13-20 16-10 16-18 17-43 *1

*1 プラスアルファ

昭和36年の判例法理について、課税処分が問題となった事案において、「当該行政処分が金銭を納付させることを直接の目的としており、その違法を理由とする国家賠償請求を認容したとすれば、結果的に当該行政処分を取り消した場合と同様の経済的効果が得られる場合であっても、異ならない」とした判例があります（最判平22.6.3）。

(2) 不可争力（形式的確定力）

不可争力とは、行政行為ののち一定の期間が経過すると、**国民の側から**その効力を争うことができなくなる効力をいいます。行政行為の効力を争う期間を限定し、法律関係を早期に確定させる意義があります。もっとも、行政庁は**職権**により、行政行為を取消または撤回することが可能です。

*2 プラスアルファ

本来、違法・不当な行政行為については、行政庁がそれを取り消すことができるのが原則ですが、不服申立てに対する裁断的行為等については不可変更力が認められます。

(3) 自力執行力（執行力）

自力執行力とは、行政目的の早期実現のため、行政行為によって命じられた義務を国民が任意に履行しない場合に、法律に基づき、行政庁みずから義務者に強制執行し、義務内容を実現することができる効力をいいます。法律上の根拠が必要とされ、一般法として、**行政代執行法**と国税徴収法が制定されています。

*3 ことばの意味

裁決
ある処分に不服があり、行政機関に対して不服申立てをした場合の行政機関の返答（判断）のことをいいます。裁判における判決のようなものです。

(4) 不可変更力

不可変更力とは、一度行政行為をした行政庁が、みずからこれを取り消すことが許されないという効力をいい、紛争の蒸し返しを防止する機能を有します。不可変更力は、不服申立てに対する裁決のような裁判類似の**裁断的行為**（例えば、農地買収計画に対する訴願を認める裁決）に認められます（最判昭29.1.21）。 `13-9` `20-9` *2 *3

2 行政行為の瑕疵に関する判例理論

(1) 違法性の承継

違法性の承継とは、先行する行政行為の違法性がそれを前提とする後続の行政行為の違法事由となることをいいます。行政上の**法律関係の早期安定**のため、原則として違法性の承継は認められるべきではありません。しかし、例外的に、先行処分と後行処分が**連続した一連の手続を構成**し、**同一の法律効果の発生**を目指す場合、言い換えれば、先行処分が後行処分の**準備行為**であるような場合は、違法性の承継が認められることがあります。 `18-25` *4 *5

(2) 瑕疵の治癒

瑕疵の治癒とは、行政行為に違法があるが当初欠けていた要件が事後に具備されるに至った場合に、当該行政行為を適法なものと扱うことをいいます。 *6

もっとも、法律上処分に**理由付記**が要求されているにもかかわらずこれを行わなかったという違法は、後日不服申立ての裁決の段階で**追完されても、治癒されない**とした判例があります（最判昭47.12.5）。 `17-12`

(3) 違法行為の転換

違法行為の転換とは、ある行政行為に瑕疵があるため違法であるが、別の行政行為として見直すと瑕疵がない場合に、別の行政行為として有効なものと扱うことをいいます。法治国家の理念から、適用を限定すべきと解されます。

(4) 理由の差替え

理由の差替えとは、同一の行政行為について、理由を変更することでその適法性を維持することをいいます。 `17-12` `20-25` *7

●行政法総論

*4
 プラスアルファ
先行処分に対する取消訴訟の出訴期間が徒過しても、後行処分に対する取消訴訟において、先行処分の瑕疵を主張できるという実益があります。

*5
ここに注意
判例は、建築安全条例に基づく安全認定とそれに続く建築確認について、①もともとは一体的に行われていたものであり、同一の目的を達成するために行われ、結合して初めて効果を発揮すること、②安全認定の適否を争うための手続的保障が十分に与えられていないことから、違法性の承継を認めています（最判平21.12.17）。

*6
プラスアルファ
例えば、農地買収計画の縦覧期間が所定のそれより1日短かったが、その期間内に関係者が全員縦覧を済ませていた場合や、瑕疵ある招集手続によって会議が開かれたが、たまたま所定の参加者が全員出席して異議なく議決に参加した場合等に認められます。

*7
プラスアルファ
例えば、情報公開に関する事例で、非公開決定理由書において付記された理由以外の理由を、取消訴訟段階で、実施機関が主張することが許されないわけではない、として理由の差替えを認めた判例があります（最判平11.11.19）。

第3編 行政法 行政法総論

行政法総論－行政行為

9 行政裁量

重要度

行政法総論の山場の1つで、最頻出です。裁量権の逸脱・濫用に関する判例をおさえておきましょう。

1 意義

行政裁量とは、行政行為を行うに際し、法律により行政庁に認められた判断の余地をいいます。

法律による行政の原理を徹底すると、行政行為の要件・効果は、あらかじめ法律で一義的に決定しておくこと（羈束行為）が理想的です。しかし、複雑多様な行政需要や高度に専門的な問題に対応するには、行政庁の知識と判断能力に期待するほうが妥当な場合があり、行政裁量が必要となります。

2 行政裁量の構造

現在では、(i)ある行政処分について裁量が認められるとして、どのような点に裁量が認められるか、(ii)認められる裁量の広さ、程度はどのようなものかを、根拠法令の法的仕組みの個別具体的な解釈により明らかにする考え方が有力です。

行政庁の判断過程の全体を視野に入れて、①事実認定、②法律要件の解釈・認定事実のあてはめ（**要件裁量**）、③手続の選択、④行為の選択（**効果裁量**）、⑤時の選択（＝いつの時点で行うかの判断）という5段階に区分したうえで、各段階ごとに裁量の有無を検討するという手法がしばしば用いられます。

> **判例　思想・良心の自由に関する判例**
>
> ▶**要件裁量（マクリーン事件／最判昭53.10.4）**
>   在留期間の更新事由が「在留期間の更新を適当と認めるに足りる相当の理由」というように概括的に規定されその判断基準が特に定められていないのは、更新事由の有無の判断を法務大臣の裁量に任せ、その裁量権の範囲を広汎なものとする趣旨であるとして、要件裁量を肯定した。 12-26 16-9
>
> ▶**効果裁量（神戸税関事件／最判昭52.12.20）**
>   法律で禁止された争議行為をしたことを理由に懲戒免職処分に付された国家公務員が当該処分を争った事案で、「国公法に定められた懲戒事由がある場合に、懲戒処分を行うかどうか、懲戒処分を行うときにいかなる処分を選ぶかは、懲戒権者の裁量に任されている」として、効果裁量を肯定した。 12-26 16-9

390

●行政法総論

3 裁量権の逸脱・濫用
(1) 意義
　行政庁の裁量は無制限に認められるわけではありません。行政庁の裁量処分が、裁量権の範囲をこえまたはその濫用があった場合、裁判所はその処分を取り消すことができます（裁量権の逸脱・濫用／行政事件訴訟法30条）。

(2) 判断基準
　(I)裁量処分の結果に着目して実体法的な違法の有無について審査する（実体的審査）という観点から、(II)裁量処分に至る行政庁の判断形成過程に着目し、その合理性の有無について審査する（判断過程審査）という観点から、次のように類型化することができます。

裁量権の逸脱・濫用の判断基準

実体的審査	① 重大な事実誤認 ② 法律の目的違反・不正な動機 ③ 信義則違反 ④ 平等原則違反 ⑤ 比例原則違反　など
判断過程審査	① 他事考慮　＊1 ② （要考慮要素の）考慮不尽　など　＊1

 ＊1 ことばの意味

他事考慮
重視すべきでない考慮要素を重視することをいい、考慮した事項に対する評価に合理性があるかどうか判断する際に用いられます。

考慮不尽
考慮すべき要素を考慮しないことをいいます。

判例　裁量権の逸脱・濫用に関する判例

▶**法律の目的違反・不正な動機（最判昭53.5.26）**
　個室付浴場業の開業を阻止するために行った知事の児童遊園設置認可処分は、行政権の著しい濫用であり、公権力の違法な行使にあたる。 21-8

▶**考慮要素に着目した判断過程審査（最判平18.2.7）**
① 公立学校施設の目的外使用を許可するか否かは、原則として、その管理者の裁量に委ねられ、行政財産である学校施設の目的および用途と目的外使用の目的、態様等との関係に配慮した合理的な裁量判断により使用許可をしないこともできる。 12-26 21-9
② その裁量権行使の逸脱濫用の司法審査においては、判断要素の選択や判断過程に合理性を欠くところがないかを検討し、その判断が、重要な事実の基礎を欠くか、または社会通念に照らし著しく妥当性を欠くと認められる場合に限って違法となる。

第3編　行政法　行政法総論

391

行政法総論－行政行為

10 行政行為の瑕疵

重要度 A

講師からのアドバイス

無効な行政行為は、不服申立てをする必要がなく、たとえ出訴期間を経過していたとしてもいつでも無効を主張できます。また、手続の瑕疵については、判例が処分の取消しを認めたか（あるいは認めなかったか）だけでなく、そのときの事案もおさえておきましょう。

ここに注意

*1
無効とされた場合、公定力、不可争力、自力執行力等の一切の法的効力が認められません。

プラスアルファ

*2
瑕疵が明白であるかどうかは、当該処分の外形上、客観的に誤認が一見看取し得るものであるかどうかにより決します。なお、判例の中には、明白性の要件に言及しなかったものがあります。明白性の要件の趣旨は「第三者の信頼保護」にありますが、課税処分における課税庁と被課税者のように「第三者の信頼保護」を考慮する必要のない場合には、明白性の要件を要しないことがあるのです（最判昭48.4.26参照）。

1 瑕疵ある行政行為

(1) 意義

瑕疵ある行政行為とは、法令に違反した行政行為（違法な行政行為）や、法令には違反していないが裁量権の行使が適正ではないと認められるもの（不当な行政行為）をいいます。

(2) 分類

(a) 取り消すことができる行政行為と無効な行政行為

瑕疵ある行政行為は、取り消すことができる行政行為と無効な行政行為に分けることが可能です。一般に行政行為には公定力が認められ、権限ある機関によって取り消されるまでは一応有効であるのが原則です。しかし、瑕疵の程度がはなはだしく、正規の手続で取り消されるまで有効とするとあまりに不合理な場合は、取り消すまでもなく当然に無効とされます。*1

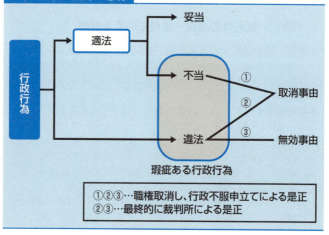

行政行為の瑕疵の態様

①②③…職権取消し、行政不服申立てによる是正
②③…最終的に裁判所による是正

(b) 判断基準

行政処分が当然無効であるというためには、処分に重大かつ明白な瑕疵がなければならず、これは処分の要件の存在を肯定する処分庁の認定に重大・明白な瑕疵がある場合を指すとされています（最判昭36.3.7）。 20-9 *2

● 行政法総論

「**重大な違法**」の例として、①行政庁が権限を有しないのに行った行為、②書面によるべきであるのに口頭で行われた行政行為、③法律上必要とされる理由付記や聴聞手続を欠いて行われた行政行為などが挙げられます。もっとも、こうした行為が実際に行われることはあまりないでしょう。無資格者が正規の手続で公務員に選任され外観上公務員として行った行為は、理論上は無権限者の行為（①）ですが、無効ではないとした判例があります（最判昭35.12.7）。行政法秩序の安定と継続性を守るため、有効なものとして扱うわけです。このような考え方を「**事実上の公務員論**」といいます。

2 手続の瑕疵の効果

行政行為の瑕疵のうち、手続の瑕疵については別途に考える必要があります。違法には実体の違法と手続の違法とがありますが、手続の違法があっても、処分内容が適法であり、手続をやり直してもなお処分が変わらないことがあるからです。もっとも、処分の内容が適法であれば手続の違法があっても処分の取消しが一切認められないのは行き過ぎでしょう。この場合、手続の違法の中身・程度が問題となります。

まず、判例は、聴聞が不十分であった事案において、行政庁が一定の事実について聴聞し、これに対する主張と証拠提出の機会を申請人に与え、その結果を斟酌すれば、異なる判断に到達する可能性がなかったとはいえないとして、申請拒否処分を取り消しました（**個人タクシー事件**／最判昭46.10.28）。これに対し、道路運送法の乗合バス事業の免許申請拒否処分が争われた事案では、判例は、仮に適正な公聴会審理がされたとしても、審議会の認定判断を左右するに足る意見・資料を追加提出する可能性がなかったことを根拠に手続の不備は、処分取消事由にならないとしました（**群馬中央バス事件**／最判昭50.5.29）。 12-13 16-9

第3編 **行政法**

行政法総論

行政法総論－行政行為

11 行政行為の取消し

重要度 B

ここでは特に職権取消を学習します。法律の根拠が必要か、取消権者は誰か、いかなる場合に取消権の行使が制限されるかがポイントです。

1 意義

行政行為の取消しには、**職権取消**と**争訟取消**があります。

(1) 職権取消

行政行為の職権取消とは、行政行為の相手方その他私人の側からの法的な請求を待たずに、行政庁の側から自発的に行政行為が違法または不当であったことを理由としてこれを取り消すことをいいます。

(2) 争訟取消

争訟取消とは、原処分に不服のある者が行政上の不服申立てを行った場合にそれを審査庁等が取り消すことや、原処分に不服のある者が行政事件訴訟法に基づき裁判所に取消訴訟を提起した場合に裁判所が取消しをすることをいいます。

(3) 取消しの効果

行政行為の取消しは、処分成立当初に瑕疵があったこと（**原始的瑕疵**）を理由とするものなので、その効果は**原則として遡及**し、初めからなかったものとみなされます。

行政行為の取消し（職権取消）

2 法律の根拠の要否

取消しには**法律の特別の根拠は不要**です。なぜなら、行政行為の取消しは、違法な行政行為の効力を失わせる行為ですが、法律による行政の原理から、そのような行政行為は取り消さなければならないはずだからです。

3 取消権者

職権取消の権限を有する行政庁について、処分庁のほかに、処分庁を監督する上級行政庁も、**監督権の行使として当然に取消権を持つ**と解されています。

● 行政法総論

4 職権取消の制限

(1) 不可変更力ある行政行為の職権取消
不服申立てに対する裁決には、不可変更力が働くため、裁決をした行政庁自身は職権取消をすることができません。

(2) 侵害的行政行為の職権取消
侵害的行政行為の職権取消は、相手方の利益を損なうものでなく、**原則として自由にできます。**

(3) 授益的行政行為の職権取消
授益的行政行為の取消しは、相手方の信頼を害し、事実上不利益を及ぼすことになるので、その許否については慎重に判断することになります。

例えば、当該行為の成立に相手方の不正行為がかかわっているような場合や、相手方の既得の利益を犠牲にしてもなお当該行為を取り消すだけの公益上の必要性がある場合には、職権取消しが認められます。

> **判例　行政行為の取消しに関する判例**　＊1
>
> ▶**授益的行政行為の取消しに関する判例①**（最判昭33.9.9）
> 　買収処分を行った農地の一部（買収地の10分の1未満）に宅地が含まれることを理由として買収処分を職権で取り消すことは、特段の必要性がない限り、違法である。
>
> ▶**授益的行政行為の取消しに関する判例②**（最判昭43.11.7）
> 　農地の買収計画および売渡計画において、処分をした行政庁等は、処分の取消しによって生じる不利益と、処分による効果をそのまま維持することの不利益とを比較考量し、処分を放置することが公共の福祉の要請に照らし著しく不当であると認められるときに限り、取り消すことができる。

＊1

判例ゼミ

判例①は、買収処分を行った農地の一部（買収地の10分の1未満）に宅地が含まれることを理由として買収処分のすべてを職権で取り消したことを違法であるとしました。判例②は、買収処分が法定の要件に違反して行われ、買収するべきではない者から買収した事案であったため、処分の取消しを認めました。

行政法総論－行政行為

12 行政行為の撤回

重要度 B

本試験では、職権取消と撤回との比較が頻出です。比較の表はしっかり覚えておきましょう。

1 意義

行政行為の撤回とは、成立に瑕疵のない行政行為について、後発的事情の変化によってその効力を存続させることが適当ではなくなった場合に、**将来に向かって**その効力を失わせることをいいます。

後発的事情の例としては、相手方の義務違反や、公益上の必要性が挙げられます。

法令上、「取消し」という文言が用いられることが多いので、理論上、職権取消との区別が必要となります。例えば、旅館業法8条は、営業者が同法もしくは同法に基づく処分に違反した場合等に、都道府県知事が営業許可を取り消しまたは期間を定めて営業の停止を命ずることができると定めています。この場合の営業許可の取消しは、講学上の撤回にあたります。 14-8
16-8 17-8

行政行為の撤回

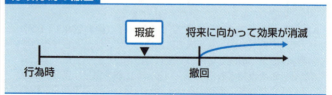

2 法律の根拠の要否

判例は、職権取消と同様、撤回に**独自の法律の根拠は不要**とします（最判昭63.6.17）。なぜなら、撤回の場合は行政行為によりいったん形成された地位が問題とされているのですから、私人の本来的自由が侵害されているわけではなく侵害留保の原則が直接には妥当しないからです。 20-9

3 撤回権者

撤回は、後発的事情の変化によって行政庁が行う別個の新たな行政行為です。したがって、法律に特別の規定がない限り、監督行政庁は撤回権を有せず、**処分庁のみ**が撤回できます。

● 行政法総論

4 撤回の制限

撤回の場合も、基本的には職権取消と同様の制限が加えられます。すなわち、侵害的行政行為である場合、撤回権の制限を考える必要はありませんが、授益的行政行為である場合、撤回権の行使は原則として許されません。

また、不可変更力を生ずる争訟裁断行為については、当該行為をした行政庁自身による撤回は認められません。

なお、授益的行政行為の撤回の場合、行政庁によって有効に与えられた権利利益を奪うのですから、補償の要否が問題となります。

判例　行政行為の撤回に関する判例

▶**法律の根拠の要否に関する判例（最判昭63.6.17）**

　行政行為の撤回によって相手方が不利益を被るとしても、公益上の必要性が高いと認められる場合、直接明文の規定がなくても、医師会は優生保護法（現・母体保護法）に基づく指定医師の指定を撤回できる。

▶**補償の要否に関する判例（最判昭49.2.5）**

　行政財産たる土地につき使用許可によって与えられた使用権は、期間の定めのない場合であれば、行政財産本来の用途または目的上の必要を生じた時点において原則として消滅すべきものであり、権利自体にそのような制約が内在して付与されているから、原則として使用権者に対する損失補償は不要である。

13-9

職権取消と撤回の比較　16-8

	理由	効果	権限を有する行政庁
職権取消	成立当初の瑕疵	遡及効	処分庁および監督庁（通説）
撤　回	後発的事情の変化	将来効	原則として処分庁のみ

397

行政法総論－行政行為

13 行政行為の附款

重要度 B

条件や期限は、民法と同様の概念です。これに加えて、負担と撤回権の留保を覚えましょう。

1 意義

行政行為の附款とは、行政行為の効果を一部制限すること、あるいは特殊な効果を加える目的で、主たる行政行為に付加される従たる意思表示をいいます。

2 種類

(1) 条件

条件とは、行政行為の効果の発生・消滅を、将来発生するかどうかが不確実な事実にかからせる附款をいい、停止条件と解除条件の2種類があります。

停止条件とは、条件の成就により行政行為の効果が発生するものをいい、解除条件とは、条件の成就により行政行為の効力が消滅するものをいいます。 12-10 *1

(2) 期限

期限とは、行政行為の効果の発生・消滅を、将来発生することが確実な事実にかからせる附款をいい、始期と終期があります。

始期は、期限の到来により行政行為の効果が発生するものをいい、終期は、期限の到来により行政行為の効果が消滅するものをいいます。 14-8 20-26 *2

(3) 負担

負担とは、行政行為の相手方に対して、当該行政行為に伴う特別の義務を命ずる附款をいいます。条件と異なり、行政行為の効力は完全に発生し、義務の不履行があっても本体たる行政行為の効力に影響しません。もっとも、負担の不履行が、行政行為の撤回や、行政上の強制執行・行政罰の対象になることはあります。 12-10 14-8 *3

(4) 撤回権の留保（取消権の留保）

撤回権の留保（取消権の留保）とは、特定の場合に行政行為を撤回する権利を留保する附款をいいます。行政行為に撤回権を留保する附款が付された場合であっても、撤回権は無制限に行使できず、合理的な理由が必要です。 *4

*1 具体例で覚えよう！
条件の例としては、路線バス事業免許が道路工事完成を条件に発効する場合や、指定期間内に運輸を開始しないと免許が失効する場合等があります。

*2 具体例で覚えよう！
期限の例としては、道路の占用を○月○日から許可する場合や、道路の占用を○月○日まで許可する場合等があります。

*3 具体例で覚えよう！
負担の例としては、自動車運転免許に付加される「免許の条件等」等があります。

*4 具体例で覚えよう！
撤回権の留保の例としては、公共用物の使用許可に、「公益上必要あるときは、許可を取り消す」旨を付加すること等があります。

(5) 法律効果の一部除外

　法律効果の一部除外とは、行政行為に際し、法令が一般に付与している効果の一部を特に発生させないとする附款をいいます。法律効果の一部除外は、法律が認める効果を行政庁の意思により排除するため、法律上特に規定がある場合に限られます。＊5

3 附款の許容性と限界

　附款は、本体たる行政行為の効力を左右したり、新たな法効果を追加することから、①法律が明文で附款を付すことを認めている場合、または②法律が行政行為の内容につき裁量を与えている場合にのみ付すことができます。＊6

　そのような場合でも、法目的とは無関係な附款を付すことは許されません。また、法目的に照らし過大な義務を課す附款は、比例原則に反し許されません。

4 瑕疵ある附款

　瑕疵ある附款とは、法令に違反し、または許容性の限界を超えて付された附款をいいます。附款に瑕疵がある場合、その附款がなければ当該行政行為がなされなかったであろうことが客観的にいえる場合は行政行為全体が瑕疵を帯びますが、そうでない場合は附款のない行政行為となります。

　附款も行政行為の一部ですから取消訴訟の排他的管轄が及びます。そこで、附款に瑕疵がある場合は附款のみ取消訴訟を提起することができます。ただし、その附款がなければ当該行政行為がなされなかったような、附款と本体が一体不可分な場合は、附款だけの取消訴訟は許されません。

＊5

具体例で覚えよう！
法律効果の一部除外の例としては、自動車道事業免許の際の通行自動車の限定（道路運送法47条3項）等が挙げられます。

＊6
具体例で覚えよう！
例えば、職員の期限付任用は、必要とする特段の事由が存し、地方公務員法の趣旨に反しない限り、明文の規定がなくても許されます（最判昭38.4.2）。

行政法総論－行政契約・行政指導

14 行政契約・行政指導

重要度 B

講師からのアドバイス
特に行政指導は最重要です。後に行政手続法の単元でも出てきますが、ここでは行政指導の意義と判例をまず覚えましょう。

　伝統的な行政の活動は、行政主体の側から国民に対し、**権力的・一方的**に行われていました。

　しかし、実際には、伝統的な行為形式だけでは不十分であり、現在では、**行政契約**、**行政指導**、**行政計画**といった新しい活動形式が、行政の役割の多様化に従って重要となっています。＊1

1 行政契約

　行政契約とは、行政主体が行政目的を達成するために他の行政主体や私人と**対等な立場**で締結する契約のことをいいます。

　行政契約の締結には、当事者の意思の合致があればよいことから、法律の根拠は不要です。

　行政契約は、授益的行政活動の増加に伴い、役割が大きくなっており、①行政主体相互間の契約の場合と、②行政主体と私人の契約の場合があります。 12-9 ＊2 ＊3

　行政契約も法律による行政の原理に服するので、法律に違反する契約や行政法の一般原則に反する契約を締結することはできません。

＊1 具体例で覚えよう！
例えば、公共事業を行う場合、通常は、土地を所有者から売買契約により買い取り、建設会社と建築請負契約を締結するという対等な契約（いわゆる行政契約）による方法が用いられます。

＊2 具体例で覚えよう！
①の例として、地方公共団体間の事務委託（地方自治法252条の14）、境界地の道路・河川の費用負担割合の協議（道路法54条、河川法65条）等が、②の例として、物品の納入契約、土木建築請負契約、公共施設利用契約、水道供給契約等があります。

＊3 具体例で覚えよう！
例えば、行政主体に契約締結が強制される場合もあります（水道法15条等）。

> **判例　行政契約に関する判例**
>
> ▶**指名競争入札参加拒否の違法性**（最判平18.10.26）
>
> 　村の発注する公共工事の指名競争入札に長年指名を受けて継続的に参加していた業者を、ある年度以降、主たる営業所が村内にない等を理由として全く指名せず入札に参加させなかった場合には、村の措置は、考慮すべき事項を十分考慮せず、1つの考慮要素にとどまる村外業者であることのみを重視している点において、極めて不合理であり、裁量権の逸脱または濫用となる。 12-9 13-8
>
> ▶**違法な随意契約の私法上の効果**（最判昭62.5.19）
>
> 　地方公共団体が法令に違反して随意契約を締結した場合であっても、当該契約を無効としなければ随意契約の締結に制限を加える法令の趣旨を没却する結果となる特段の事情が認められる場合等に限り、私法上無効になる。 12-9 17-24

400

●行政法総論

2 行政指導

行政指導とは、行政機関がその任務または所掌事務の範囲内において一定の行政目的を実現するため**特定の者**に一定の作為または不作為を求める**指導、勧告、助言**その他の行為であって**処分**に該当しないものをいいます（行政手続法2条6号）。

行政指導はあくまでも非権力的な事実行為であり、私人に対し法的強制力を有するものではないことから、**根拠規範としての法律の根拠は不要**とされています（最判昭59.2.24等）。もっとも、行政指導は「行政機関がその任務又は所掌事務の範囲内において」なす行為であるから（行政手続法2条6号）、**組織規範としての法律の根拠を要する**とされています。

また、行政指導は非権力的な事実行為であるから、原則として抗告訴訟の対象となる「処分」にはあたりません。もっとも、旧医療法30条の7に基づき都道府県知事が病院を開設しようとする者に対して行う**病院開設中止勧告は抗告訴訟の対象となる「処分」にあたる**とした判例があります（最判平17.7.15）。`12-18` `16-19` `20-42`

🔵 **判例**　**行政指導に関する判例**

▶**指導要綱による開発負担金事件（最判平5.2.18）**

市がマンションを建築しようとする事業主に対して指導要綱に基づき教育施設負担金の寄付を求めた行為が、行政指導の限度を超え、違法な公権力の行使にあたるのでないかどうかが争われた。

① 行政指導として教育施設の充実に充てるために事業主に対して寄付金の納付を求めること自体は、強制にわたるなど事業主の任意性を損なうことがない限り、違法ということはできない。`16-25`

② 本件指導要綱は従わない事業主には水道の給水を拒否するなどの制裁措置を背景として義務を課することを内容とするものであり、指導要綱に基づく行政指導に従うことができない事業主は事実上開発等を断念せざるを得ず、マンションを建築しようとする以上当該行政指導に従うことを余儀なくさせるものであり、負担金の納付を求めた行為はその納付を事実上強制しようとしたものである。

③ 当該指導要綱に基づき教育施設負担金の寄付を求めた行為は、**違法な公権力の行使である。** `19-25`

第3編 **行政法**

行政法総論

401

行政法総論－行政計画

15 行政計画

重要度
B

行政計画の内容は、広く行政裁量に委ねられることになりますが、民主的統制をどのように及ぼすかが重要となります。また、計画変更に関する判例もおさえておきましょう。

　行政計画とは、行政主体ないし行政機関が行政活動の目標およびその目標達成の手段を定めたものです。現代の給付行政や経済・開発行政は、積極的な法目的実現のため、長期的な展望の下に整合的な計画を策定して目標を具体化し、これを整合性をもって統一的に実施する必要があります。したがって、行政計画は必要不可欠なものとなっています。

1 分類

　1つの分類として、法的拘束力の有無によって拘束的計画と非拘束的計画に分類することができます。*1

*1 具体例で覚えよう！
例えば、都市計画や土地区画整理事業計画は、それが策定・公告されると当該計画区域内の土地利用が一定の範囲で制限されることになる点で、拘束的計画にあたります。

行政計画の分類

対象別	土地利用計画、福祉計画、経済計画等
期間別	短期計画、中期計画、長期計画等
地域別	全国計画、地方計画等
具体性の度合い別	大綱計画、詳細計画等
効果別	指針的計画、誘導的計画、実行的計画

2 行政計画の法的統制

(1) 法律の根拠の要否

　行政計画の策定は、法律に根拠のあるものがある一方（都市計画法6条の2等）、法律の根拠を欠くものもあります。一般に非拘束的計画の策定には法律の根拠は不要ですが、拘束的計画の策定には法律の根拠が必要とされます。

(2) 計画裁量

　行政計画の内容については、専門技術性や即応性、柔軟性の必要から、広く行政の裁量に委ねられることになります（計画裁量）。これも行政裁量の1つであり、「裁量権の逸脱・濫用の判断基準」が妥当します。

(3) 計画策定手続

　計画という行為の性質上、内容面まで法律で完全に規律することには限界があります。そこで、計画策定の手続に民主的統制を及ぼす方策が重要となります。具体的には、公聴会や縦覧、意見書の提出等があります。*2

*2 プラスアルファ
最近ではパブリック・インボルブメント（国民参加）等が導入されています。

● 行政法総論

3 計画の変更

　行政計画はその実施を予定しますが、一定の時間軸をベースにする以上、社会経済的諸条件の変化に伴い、変更・中止される場合もあります。しかし、計画をみだりに変更すれば、計画を信頼し、実現に協力した国民に不測の損害が及ぶことになるので、国民の信頼利益を保護する必要があります。そこで判例には、地方公共団体が、私人に対し損害を補償する等の代償措置を講ずることなく施策（計画）を変更することは、やむを得ない客観的事情のない限り、当事者間に形成された信頼関係を不当に破壊するものとして違法となるとし、損害賠償を認めたケースがあります（最判昭56.1.27）。 `12-8` `18-43`

● 判例 ● 計画の変更に関する判例

▶ **計画の変更が違法とされた判例（最判昭56.1.27）**

　前村長が議会の議決を経て工場誘致政策をとり、これに応じた企業Xが準備を進めていた。その後、誘致反対派の新村長が、住民の反対を理由に工場建物の建築確認を不同意とした。そこで、Xはその不同意に対して損害賠償を請求した。

① 　将来にわたって継続すべき一定の内容の施策を決定した場合でも地方公共団体は、原則として拘束されないが、一定の場合には、信義衡平の原則に照らし、賠償責任を負う場合がある。 `21-8`

② 　具体的には、その施策が特定人に個別的具体的な勧告・勧誘を伴うものであり、相当長期にわたる当該施策の継続を前提として初めて投入する資金・労力に相応する効果を生じうる性質のものである場合が挙げられる。

第3編 行政法

行政法総論

403

行政法総論－行政上の強制手段

16 行政上の強制手段①

重要度 A

 講師からのアドバイス

行政上の強制手段の種類を把握して、行政代執行法の手続と、行政上の強制徴収の判例を重点的に理解しましょう。

 *1 プラスアルファ

行政強制は、行政目的を達成するため、私人の身体や財産に実力を加え、みずから必要な状態を実現することです。義務の不履行を前提とする「行政上の強制執行」と、それを前提としない「即時強制」に分類されます。

 *2 プラスアルファ

行政代執行法1条（「行政上の義務の履行確保に関しては、別に法律で定めるものを除いては、この法律の定めるところによる。」）から、①行政代執行法が行政上の義務履行確保手段（強制執行手段に限る）について定める一般法であること、②別に行政上の義務履行確保手段を設ける場合には「法律」の根拠を要することが導かれます。

 *3 ことばの意味

代替的作為義務
義務を課せられた本人以外の者が義務の内容を実現しても行政目的が達成される義務をいいます。

1 総説

行政上の強制手段とは、行政機関が行政目的を実現するために国民に対して行う強制手段の総称をいいます。

行政上の強制手段 *1

2 行政上の強制執行

行政上の強制執行とは、私人が法令または行政行為によって命じられた義務を履行しない場合、行政庁が、実力をもって義務を履行させ、または履行があったのと同様の状態を実現させることをいいます。強制執行自体について独自の法律の根拠が必要です。 17-10 *2

(1) 代執行

代執行とは、代替的作為義務が履行されない場合、行政庁がみずから義務者のすべき行為をし、または第三者にさせ、費用を義務者から徴収することをいいます。 *3 *4

代執行の手続

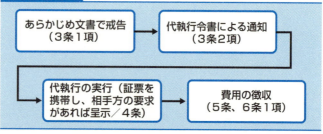

404

●行政法総論

代執行の要件（2条） 18-8 19-8

① 法律（法律の委任に基づく命令、規則および条例を含む）により直接命ぜられ、または法律に基づき行政庁により命ぜられた行為（他人が代ってなすことができる行為に限る）について義務者がこれを履行しないこと（代替的作為義務の不履行）
② 他の手段によってその履行を確保することが困難であること（補充性）
③ その不履行を放置することが著しく公益に反すると認められるときであること

(2) 執行罰

執行罰とは、行政庁が義務の不履行に対し、過料を科すことを予告し、義務者に心理的圧迫を加え、間接的に義務の履行を強制することをいいます。私人間における間接強制に相当し、義務の不履行が継続する限り、過料を繰り返し科すことができます。 17-10 *5

(3) 直接強制

直接強制とは、義務の不履行に対し、直接、義務者の身体または財産に実力を加え、義務を実現することをいいます。
19-8 *6

(4) 行政上の強制徴収

行政上の強制徴収とは、国民が国または地方公共団体に対して負う公法上の金銭納付義務を任意に履行しない場合に、行政庁が強制的な手段によってその義務が履行されたのと同様の結果を実現することをいいます。 12-24 *7

法によって行政上の強制徴収の手段が認められている場合には、これによって簡易迅速に実現を図るべきであり、これによらず民事上の強制執行の手段によることはできないとされています（最判昭41.2.23）。また、特段の行政上の強制執行手段が与えられていない場合においても、行政上の義務を司法裁判所の下で実現する司法的執行の手段をとることができません（宝塚市パチンコ条例事件／最判平14.7.9）。 15-8

---

*4 **具体例で覚えよう！**
行政上の強制執行の一般法である行政代執行法は、代執行を、金銭納付義務以外の義務の履行を強制するための一般制度と位置づけています（代執行中心主義）。代執行の対象になりうるものとして具体的には、違法建築物の除却、河川敷・公園等の公有財産上の不法占有物件の撤去、ばい煙発生施設の改善（大気汚染防止法14条1項）等があります。

*5 **プラスアルファ**
現在では執行罰は原則として廃止され、砂防法36条がいわば法整備の漏れの形で残っているのみです。

*6 **プラスアルファ**
直接強制は義務者に対する直接的な実力行使であり、実効性があるものの、人権侵害の危険もあるため、例外的に個別法で認められるだけです。個別法として、学校施設の確保に関する政令21条、成田国際空港の安全確保に関する緊急措置法3条があります。

*7 **具体例で覚えよう！**
行政上の強制徴収の例として、国税徴収法に基づく国税滞納処分、地方税法に基づく地方税滞納処分等があります。

第3編 行政法 行政法総論

405

行政法総論－行政上の強制手段

17 行政上の強制手段②

重要度 A

行政罰は、制裁を背景に義務の履行を促す行政上の強制手段です。諸種の罰の関係については、併科できる場合を覚えておけば大丈夫です。

1 即時強制

即時強制とは、あらかじめ義務を命じる余裕のない緊急の必要がある場合、または事柄の性質上義務を命じる方法では目的を達しがたい場合に、直接国民の身体または財産に実力を加え、行政上必要な状態を実現することをいいます。

即時強制は、直接国民の身体または財産に実力を加えるものであり、人権侵害の危険が強いことから、**法律の根拠が必要**ですが、行政上の義務履行確保手段ではないので、「**条例**」で定めることができます（行政代執行法1条参照）。＊1

即時強制は、義務を課すことなく行う点で、直接強制と異なります。 19-8

2 行政罰

行政罰とは、行政上の義務違反に対し、行政主体の一般統治権に基づき、一般私人に対して制裁を行うことの罰の総称をいい、**行政刑罰**と**秩序罰**に分類されます。

行政罰は公務員関係等、公法上の特別の関係における義務違反に対する制裁である**懲戒罰**と区別されます。また、**執行罰**との関係では、執行罰が義務の履行を強制するための手段であるのに対し、行政罰は、過去の義務違反に対する制裁である点が異なります。＊2

ただし、行政罰も、あらかじめ法律をもって義務違反に対する制裁を予告することにより、間接的に義務の履行を強制する効果を持ちます。

（1）行政刑罰

行政刑罰とは、行政上の義務違反に対して、刑法に定めのある刑罰（懲役、禁錮、罰金、拘留、科料）を科すものをいいます。

行政刑罰は、行政上の義務違反に対する取締りの見地から科され、刑事罰のように、道義責任の追及・犯人の教育のために科されるものではありません。

刑事罰と異なり、行政刑罰には、取締り強化のため、行為者のほか、業務主をも処罰する旨の規定が多数置かれています（**両罰規定**）。＊3

＊1

具体例で覚えよう！
即時強制の具体例としては、車両が通行する公道上に寝ころんだまま熟睡している泥酔者の安全を確保するため、警察官がその者を警察署に運び保護する行為等が挙げられます（警察官職務執行法3条）。
また、感染症患者の強制入院（感染症予防法19条3項）、延焼のおそれがある対象物の破壊（消防法29条2項）等もあります。

＊2
具体例で覚えよう！
例えば、公務員の懲戒免職処分は、公務員の服務規定違反等に対する処分であり、「行政罰」にはあたりません。

＊3

具体例で覚えよう！
両罰規定の具体例としては、大気汚染防止法36条、道路運送法99条等があります。

406

行政刑罰の科刑手続は、通常の刑事罰と同様、原則として、刑事訴訟法によります。しかし、大量に生じる比較的軽微な違反事件は、迅速に処理する必要があるため、例外的に、刑事訴訟法によらない簡易な手続が定められています。 13-22 21-42 ＊4

(2) 秩序罰

秩序罰とは、行政上の秩序を維持するための罰として行政法規違反に過料を科すものをいい、行政上の義務違反のうち、各種の届出、登録、通知等の手続を怠った場合等、比較的軽微なものに対して科されます。 13-42 14-26 16-44 19-8 21-42 ＊5

(3) 諸種の罰の関係（併科の可否）

懲戒罰は、公務員関係の秩序維持のために公務員の個別の行為に対して科す制裁であり、行政罰とは目的を異にするので、両者は併科することができます。＊6

行政上の強制執行と行政罰は別個の目的を持つ制度であり、同一の違反行為に対して両者を併科することができます。＊7

秩序罰と刑罰の関係については、秩序罰としての過料と刑罰としての罰金、拘留とを併科しても、憲法31条、39条後段に違反しません（最判昭39.6.5）。＊8

＊4 具体例で覚えよう！
刑事訴訟法によらない科刑の具体例としては、国税通則法に基づく通告処分、道路交通法に基づく反則金制度があります。

＊5 プラスアルファ
法令に基づく過料は裁判所が非訟事件手続法に従って科します。地方公共団体の条例・規則違反に対し科される過料は、地方公共団体の長が行政行為の形式で科し（地方自治法149条3号）、相手方は取消訴訟で争うことができます。納付しない場合、地方税の滞納処分の例により強制徴収されます（地方自治法231条の3第3項）。

＊6 具体例で覚えよう！
例えば、酒酔い運転をした公務員に対して、懲戒免職処分（懲戒罰）を科し、かつ、道路交通法上の罰則（行政刑罰）を科すこともできます。

＊7 具体例で覚えよう！
例えば、同一の義務違反に対して、行政上の強制執行である執行罰と行政罰である秩序罰を併科することができます。

＊8 ここに注意
秩序罰と刑罰の間には制度上明確な区別があり、両者は目的、要件および実現の手段を異にしているからです。

行政法総論－行政調査

18 行政調査

重要度
C

講師からの
アドバイス

出題頻度は高くありませんが、憲法にもつながる判例があるので、目を通しておきましょう。

1 意義

行政調査とは、行政機関によって行われる行政目的達成のための情報収集活動です。行政調査はあらかじめ義務を命じることなく抜き打ち的に行うことがあるので、即時強制の一種とされていました。もっとも近時では、即時強制とは区別すべきものと解するのが一般的です。

2 類型

行政調査には、①強制調査、②間接強制を伴う調査、③任意調査があります。

行政調査の類型

類型	強制の有無・態様	具体例
強制調査	調査を拒否する私人に対して、その意思に反して、物理的強制等を行使することが認められる。	国税通則法132条1項に基づく犯則事件の調査としての臨検・捜索・差押え
間接強制を伴う調査	物理的強制を直接行使することはできないが、調査を拒否した場合には、罰則が科される。	国税通則法74条の2〜74条の6、128条2号に基づく税務調査としての質問・検査
任意調査	相手方の任意の協力に基づいて行われる。	警察官職務執行法2条1項に基づく職務質問

3 法律の根拠の要否と手続的規制

侵害留保の原則から、強制調査と間接強制を伴う調査には法律の根拠が必要です。一方、任意調査は必ずしも法律の根拠は必要でないとされます。

行政調査の内容は、専門性・迅速性等の要請から行政機関に広い裁量権が付与されるため、内容面の統制は難しく、手続面を法的に統制することが望ましいとされます。また、法律に定められた目的以外の調査をすることは許されず、行政調査の名の下に犯罪捜査を行うことは許されません。 14-10

● 行政法総論

判例 行政調査に関する判例

▶川崎民商事件（最判昭47.11.22）
　所得税法上の質問検査権に基づく調査を拒否した者が起訴され、争われた。
① 旧所得税法63条の内容に不明確な点はないため、憲法31条に違反しない。
② 収税官吏の検査は、刑事責任の追及を目的とする手続ではなく、実質上刑事責任追及のための資料の取得収集に直接結びつく作用を一般的に有するものでもなく、裁判官の発する令状を要件としなくても憲法35条に反しない。 **14-10**
③ 憲法38条1項は、実質上刑事責任追及のための資料の取得収集に直接結びつく手続には、ひとしく及ぶが、本件の検査は「自己に不利益な供述」を強要するものとはいえない。

▶一斉検問に関する判例（最決昭55.9.22）
　交通安全に必要な警察の活動は任意手段による限り、酒気帯び運転を取り締まる一斉検問の実施は一般的に許容される。自動車の運転者は当然の負担として交通の取締りに協力すべきであり、また、警察官が交通違反の予防、検挙のための自動車検問を実施し、短時分の停止を求めて、運転者などに対し必要な事項についての質問などをすることは相手方の任意の協力を求める形で行われ、自動車の利用者の自由を不当に制約することにならない方法、態様で行われる限り、適法なものである。

▶警職法上の所持品検査に関する判例（最判昭53.9.7）
　警察官が職務質問に附随して行う所持品検査は、承諾を得るのが原則であるが、職務質問ないし所持品検査の目的、性格およびその作用等にかんがみ、捜索に至らない程度の行為は、強制にわたらない限り、具体的状況の下で相当と認められる限度において許容される場合がある。 **14-10**

第3編 行政法
行政法総論

409

行政手続法－総説

19 行政手続法総説

重要度 B

行政法総論とは異なり、行政手続法は条文からの問題がほどんどなので、条文の学習が大事です。条文を参照しながら勉強に取り組みましょう。

*1
 プラスアルファ

事前の手続については、戦後、個別の法律によって整備されるようになりましたが、不統一・不備も多く、一般的な行政手続法を制定することは長年の課題でした。そこで1993年に行政手続法が制定され、申請に対する処分、不利益処分、行政指導、届出についての一般的な手続規定が設けられました（1994年10月1日から施行）。さらに、2005年には行政手続法が改正され、命令等を定める手続についての規定も設けられました。

*2
 具体例で覚えよう！

例えば、住民基本台帳法31条の2は「この法律の規定により市町村長がする処分については、行政手続法第2章及び第3章の規定は、適用しない」としています。

1 序論

　行政手続法における行政手続は、行政機関が国民に対して一定の行政活動をする場合の事前手続をいいます。その対象は、主に権利保護手続ですが、参加手続についての規定も存在します。行政手続法は行政手続の一般法であり、個別法に特別の定めがある場合は、個別法が優先します（1条2項）。
14-13　*1　*2

2 目的

第1条【目的等】
1　この法律は、処分、行政指導及び届出に関する手続並びに命令等を定める手続に関し、共通する事項を定めることによって、行政運営における公正の確保と透明性（行政上の意思決定について、その内容及び過程が国民にとって明らかであることをいう。第46条において同じ。）の向上を図り、もって国民の権利利益の保護に資することを目的とする。
2　処分、行政指導及び届出に関する手続並びに命令等を定める手続に関しこの法律に規定する事項について、他の法律に特別の定めがある場合は、その定めるところによる。

　行政手続法は、行政運営における公正の確保と透明性の向上を図り、国民の権利利益の保護に資することを目的としています（1条1項）。17-11

3 適用対象

　行政手続法の適用対象は、処分（申請に対する処分および不利益処分）、行政指導、届出に関する手続と命令等を定める手続に限定されます。命令等とは、内閣または行政機関が定める次に掲げるものをいいます（2条8号）。

命令等の内容

① 法律に基づく命令（処分の要件を定める告示を含む）または規則
② 審査基準（5条参照）
③ 処分基準（12条参照）
④ 行政指導指針（36条参照）

410

●行政手続法

　講学上、①法律に基づく命令・規則は、法規命令に分類され、②審査基準・③処分基準・④行政指導指針は、行政規則に分類されます。

　審査基準とは、申請により求められた許認可等をするかどうかをその法令の定めに従って判断するために必要とされる基準をいいます（2条8号ロ）。

　処分基準とは、不利益処分をするかどうかまたはどのような不利益処分とするかについてその法令の定めに従って判断するために必要とされる基準をいいます（2条8号ハ）。 20-11

　行政指導指針とは、同一の行政目的を実現するため一定の条件に該当する複数の者に対し行政指導をしようとするときにこれらの行政指導に共通してその内容となるべき事項をいいます（2条8号ニ）。 20-42

　なお、処分とは、行政庁の処分その他、公権力の行使にあたる行為をいいます（2条2号）。

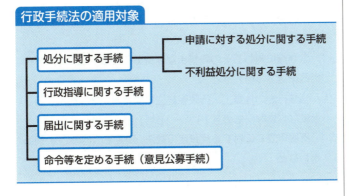

第3編 行政法　行政手続法

411

行政手続法－総説

20 行政手続法の適用除外

重要度 A

地方公共団体の機関における適用除外（3条3項）はよく出題されています。ここだけはしっかり点を取れるよう覚えておきましょう。

1 処分・行政指導に関する適用除外（3条1項）

処分・行政指導の内容・性質等は多種多様であり、その中には、一般的・共通的な手続規定の対象とすることが適当でないものがあります。そこで、処分・行政指導につき、3条1項は、16項目の適用除外事項を設けています。

> ① 当該分野に慎重な手続があるもの（3条1項1号～4号）
>   国会の議決によってされる処分（1号）、裁判所の裁判によりされる処分（2号）など
> ② 刑事手続等の一環として処理されるもの（5、6号）
>   刑事事件に関する法令に基づいて検察官がする処分・行政指導（5号）など
> ③ 当該分野における相手方の権利・利益の性質上、特別の手続をとるべきもの（7号～10号）
>   公務員に対してその職務または身分に関してされる処分・行政指導（9号）など
> ④ 当該行為の性質上、行政手続法の規定を一律に適用することになじまないもの（11号～16号）
>   不服申立てに対する行政庁の裁決、決定その他の処分（15号）など

2 命令等に関する適用除外（3条2項）

命令等を定める行為につき、法律の施行期日について定める政令（3条2項1号）などの6項目には、第6章（意見公募手続等）の規定は適用されません。

＊1
ここに注意

第2章は「申請に対する処分」、第3章は「不利益処分」、第4章は「行政指導」、第4章の2は「処分等の定め」（2014年改正により追加）、第5章は「届出」、第6章は「意見公募手続等」について規定しています。

3 地方公共団体の機関における適用除外（3条3項）

①地方公共団体の機関が条例・規則に基づいて行う処分、②地方公共団体の機関がする行政指導一般、③地方公共団体の機関に対し条例・規則に基づいて行われる届出、④地方公共団体の機関がする命令等を定める行為には、行政手続法の第2章～第6章の規定は適用されません。 12-11 14-13 15-13 18-12 19-11 21-13 ＊1

● 行政手続法

地方公共団体と行政手続法

	法律に基づくもの	条例・規則に基づくもの
処　分	適用あり	適用なし
行政指導	適用なし	適用なし
届　出	適用あり	適用なし
命令等を定める手続	適用なし	適用なし

　なお、3条3項において適用除外とされたものについては、地方自治への配慮の観点から、行政手続法に定める手続を適用することを避け、地方公共団体において行政手続法の趣旨にのっとり必要な措置を講ずるように努めることとされています（46条）。これを受けて、地方公共団体は、それぞれ行政手続条例を定め、対応しています。**15-11**

4 国の機関等に対する処分等の適用除外（4条1項）

　国の機関または地方公共団体もしくはその機関に対する処分（これらの機関または団体がその固有の資格において当該処分の名あて人となるものに限る）および行政指導ならびにこれらの機関または団体がする届出（これらの機関または団体がその固有の資格においてすべきこととされているものに限る）には、行政手続法は適用されません（4条1項）。

　なお、「固有の資格」とは、一般の私人では立つことができず、国等の機関であるからこそ立つことができる特別の立場のことをいいます。

第3編　行政法

行政手続法

413

行政手続法－申請に対する処分

21 申請前の手続

重要度 A

講師からのアドバイス

審査基準と標準処理期間については、不利益処分の処分基準・標準処理期間とを混同して引っかける問題が頻出です。しっかりと整理して理解しておきましょう。

1 申請の意義

第2条【定義】
三 申請　法令に基づき、行政庁の許可、認可、免許その他の自己に対し何らかの利益を付与する処分（以下「許認可等」という。）を求める行為であって、当該行為に対して行政庁が諾否の応答をすべきこととされているものをいう。

「許可、認可、免許」は例示であり、自己に対し何らかの利益を付与する処分（承認、認定、決定、検査、登録等）を求める行為も「申請」に含まれます。また、本条の定義にあてはまれば、「届出」という名称でも「申請」にあたります。他方、単なる請願や申入れは行政庁に応答義務がないので「申請」にはあたりません。 14-13 15-12 20-11 ＊1

2 申請前の手続

(1) 審査基準の設定・公開

第5条【審査基準】
1　行政庁は、審査基準を定めるものとする。
2　行政庁は、審査基準を定めるに当たっては、許認可等の性質に照らしてできる限り具体的なものとしなければならない。
3　行政庁は、行政上特別の支障があるときを除き、法令により申請の提出先とされている機関の事務所における備付けその他の適当な方法により審査基準を公にしておかなければならない。 ＊2

立法趣旨
申請の公正な処理を確保することの重要性にかんがみ、行政庁に対し、許認可等をするかどうかを判断するために必要とされる基準をできる限り具体的に定めておき、原則として、これを公にしておくことを義務付けるものです。

行政庁は、審査基準を定める義務を負い（5条1項）、審査基準は、許認可等の性質に照らしてできる限り具体的なものとしなければなりません（5条2項）。行政庁は、行政上特別の支障があるときを除き、審査基準を公にしておく義務を負います（5条3項）。 12-11 14-12 15-13 18-11

＊1 ここに注意
2条3号にいう「申請」は、①行政庁に応答義務があると解釈されるものに限定されること、②第三者に対する処分を求める申請が除外されていることがそれぞれポイントです。

＊2 具体例で覚えよう！
「行政上特別の支障があるとき」とは、例えば、公にすることにより国の安全性が害されるおそれや、外交交渉上不利益を被るおそれがあるような場合をいうとされています。

(2) 標準処理期間（6条）

> **第6条【標準処理期間】**
> 行政庁は、申請がその事務所に到達してから当該申請に対する処分をするまでに通常要すべき標準的な期間（法令により当該行政庁と異なる機関が当該申請の提出先とされている場合は、併せて、当該申請が当該提出先とされている機関の事務所に到達してから当該行政庁の事務所に到達するまでに通常要すべき標準的な期間）を定めるよう努めるとともに、これを定めたときは、これらの当該申請の提出先とされている機関の事務所における備付けその他の適当な方法により公にしておかなければならない。

立法趣旨

申請の迅速かつ適正な処理を確保し、および申請者に目安となるべき時期を知らせるための規定です。

行政庁は、申請がその事務所に到達してから当該申請に対する処分をするまでに要すべき標準的な期間（標準処理期間）を定めるよう努め、これを定めたときは、公にしておかなければなりません（6条）。 15-13 16-12 18-11 ＊3

なお、法令によって申請に対する処分をする行政庁と異なる機関が申請提出先である場合は、併せて、当該申請が提出先とされている機関の事務所に到達してから、当該行政庁の事務所に到達するまでに通常要すべき標準的な期間を定めるように努めることとされます（6条かっこ書）。

＊3 ここに注意

標準処理期間の設定が努力義務とされるのは、処分の性質上行政庁の責に属さない事情により処理に要する期間が変動する場合等があり、標準処理期間の設定が困難な場合があるからです。

標準処理期間における期間	○=含まれる ×=含まれない
	標準処理期間に含まれるか
補正を求める場合の指導期間	×
申請の事前指導の期間	×
情報提供の期間	○

行政手続法－申請に対する処分

22 申請後の手続①

重要度 A

1 基本構造

申請に対する処分 *1

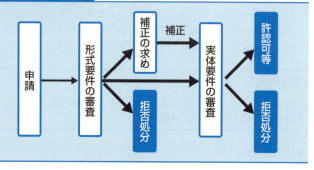

かつては申請に対して審査・応答しないという行政庁の恣意が横行したため、行政手続法は行政庁の審査・応答義務を明確に規定しました。これにより、たとえ形式的な要件をみたさない申請に対しても、必ず応答がなされることとなりました。

*1
 図表の読み方

申請に対する許認可は講学上の法律行為的行政行為にあたります。また、行政手続法は、行政庁に附款を付すことを規制していないので、行政庁は申請に対し許認可を与える場合、法律または裁量の範囲内で附款を付すことができます。

2 申請に対する審査・応答

第7条【申請に対する審査、応答】
　行政庁は、申請がその事務所に到達したときは遅滞なく当該申請の審査を開始しなければならず、かつ、申請書の記載事項に不備がないこと、申請書に必要な書類が添付されていること、申請をすることができる期間内にされたものであることその他の法令に定められた申請の形式上の要件に適合しない申請については、速やかに、申請をした者（以下「申請者」という。）に対し相当の期間を定めて当該申請の補正を求め、又は当該申請により求められた許認可等を拒否しなければならない。

立法趣旨

　申請者に申請権がある以上、申請がなされれば、行政庁に審査・応答義務が生ずるのは当然です。それにもかかわらず、かつては行政庁に受理された効果として審査応答義務が生ずるとの運用がなされていました。すなわち、審査・応答を避けるため、申請があっても「受理しない」という取扱いがなされていました。そこで、受付拒否や返戻を否定するために「受理」の観念を排除して、申請に対する処分の迅速・公正な処理を確保しました。

　申請が行政庁の事務所に到達してから行政庁が当該申請に対する処分をするまでの「標準処理期間」（6条）を定めても、行政庁が申請を受け取らないという恣意的な運用によって規制を免れるおそれがあります。

●行政手続法

そこで、行政庁は、申請がその事務所に到達したときは、**遅滞なく審査を開始**しなければならず、**形式不備の申請**に対しては、**速やかに**、申請者に対し相当の期間を定めて**補正**を求めるか、または**申請**により求められた許認可等を**拒否**しなければなりません（7条）。したがって、申請を受け取らなかったり、審査をせずに放置することは許されません。 16-13
20-13 *2

なお、「補正を求める」「申請により求められた許認可等を拒否する」のいずれかの措置を講じれば、本条の義務を履行したことになります。すなわち、当該申請の不備について補正することができる場合であっても、必ずしも補正を求めなければならないわけではありません。 12-11 13-12 15-13

このように、行政手続法上の申請では、申請者に**申請権**があり、これに対応して行政庁には**審査・応答義務**があるといえます。したがって、行政庁による申請書類の返戻（へんれい）は、この審査・応答義務に反するため許されないとされます。

＊2　ことばの意味
形式不備
記載事項の不備、書類添付の不備、申請期間の徒過などがあります。

申請に対する審査・応答

①申請が到達 → ②遅滞なく審査を開始

形式的要件をみたさない申請
- 申請者に**補正**を求める
- 申請により求められた許認可等を**拒否する処分**をする

第3編　行政法

行政手続法

行政手続法－申請に対する処分

23 申請後の手続②

重要度 A

1 理由の提示（8条）

許認可等を拒否する場合、同時に理由を示さなければなりません。そして、拒否処分を書面でするときは、理由も書面で示す必要があります。

> **第8条【理由の提示】**
> 1　行政庁は、申請により求められた許認可等を拒否する処分をする場合は、申請者に対し、同時に、当該処分の理由を示さなければならない。（以下略）
> 2　前項本文に規定する処分を書面でするときは、同項の理由は、書面により示さなければならない。

立法趣旨

行政庁の判断の慎重性と公正・妥当性を担保して恣意を抑制するとともに、拒否理由を申請者に明らかにすることによって透明性の向上を図り、不服申立てに便宜を与えるものです。

行政庁が申請により求められた許認可等の全部または一部を**拒否する処分**をする際には、原則として、**申請者**に対し、**同時に理由を提示**することが要求されます（8条1項）。 19-13 21-12

ただし、法令に定められた許認可等の要件または公にされた審査基準が数量的指標その他の客観的指標により明確に定められている場合であって、当該申請がこれらに適合しないことが申請書の記載または添付書類その他の申請の内容から明らかである場合には、申請者から求めがあったときに理由を示せば足ります（8条1項ただし書）。 12-24 16-13 17-12 18-11 21-12

なお、拒否処分を**書面**でするときは、**理由も書面**により示さなければなりません（8条2項）。 15-13

法令が処分に理由を付記すべきものとしている場合に、どの程度の記載をすべきかについては、一般に、処分の性質と法令の趣旨・目的に照らして決定すべきであり、例えば、公文書の開示請求制度において非開示決定通知書に付記すべき理由は、非開示の根拠規定だけでは足りず、非開示事由のどれに該当するのかを開示請求者が根拠とともに了知しうるものでなければならないとされます（最判平4.12.10）。 21-12

● 行政手続法

2 情報の提供（9条）

　行政庁は、申請者の求めに応じ、**審査の進行状況**および申請に対する**処分の時期の見通し**を示すよう**努め**なければなりません（9条1項）。 16-13

　また、国民の便宜を考慮し、行政庁は、**申請をしようとする者**または**申請者**の求めに応じ、申請書の記載および添付書類に関する事項等申請に必要な**情報の提供**に**努め**なければなりません（9条2項）。 13-12 ＊1

3 申請者以外の者の意見を聴く機会の設定（10条）

　国民生活に密着した行政がより一層強く求められる現在、申請者以外の者に意見聴取を行い、その利害にも十分配慮した的確な行政運営が必要です。もっとも、一律に意見聴取を行うことが合理的ではないことがあります。

　そこで、行政庁は、申請者以外の者の利害を考慮すべきことが法令上、許認可等の要件とされる場合、必要に応じ、**公聴会の開催**その他の適当な方法により申請者以外の者の意見を聴く機会を設けるよう努めなければならない（10条）とされ、公聴会の開催等につき**努力義務**を負います。 13-12 14-12 16-12 18-11 ＊2

4 複数の行政庁が関与する処分（11条）

　同一の申請者からなされた相互に関連する複数の申請に対する処分について、行政庁は、申請の処理をするにあたり、他の行政庁において同一の申請者からされた関連する申請が審査中であることを理由に、みずからすべき許認可等をするかどうかについての審査・判断をことさらに遅延させるようなことをしてはならないとされます（11条1項）。

　一の申請または同一の申請者からされた相互に関連する複数申請に対する処分については、関係行政庁は、必要に応じて、相互に連絡をとり当該申請者からの説明の聴取を共同して行う等により、審査の促進に努めるものとされています（11条2項）。 ＊3

＊1 ここに注意

実際に申請を行った者にとっては、その申請に対する行政庁の対応状況や処分の時期に最も関心があり、申請者から問合せがあることは十分予想されます。

＊2 プラスアルファ

行政手続法上、公聴会の開催等については努力義務とされていますが、行政手続条例の中には、これを法的義務とするものもみられます（例えば、鳥取県行政手続条例10条）。

＊3 プラスアルファ

同一の申請者からなされた相互に関連する複数の申請に対する処分について、複数の行政庁が関与する場合、相互に他の行政庁の判断を待って、申請に対する処分が遅延することは稀ではなく、このような運用を戒める必要があります。

419

行政手続法－不利益処分

24 不利益処分

重要度 A

1 意義

> **第2条【定義】**
> 四　不利益処分　行政庁が、法令に基づき、特定の者を名あて人として、直接に、これに義務を課し、又はその権利を制限する処分をいう。ただし、次のいずれかに該当するものを除く。
> 　イ　事実上の行為及び事実上の行為をするに当たりその範囲、時期等を明らかにするために法令上必要とされている手続としての処分
> 　ロ　申請により求められた許認可等を拒否する処分その他申請に基づき当該申請をした者を名あて人としてされる処分
> 　ハ　名あて人となるべき者の同意の下にすることとされている処分
> 　ニ　許認可等の効力を失わせる処分であって、当該許認可等の基礎となった事実が消滅した旨の届出があったことを理由としてされるもの

処分基準と審査基準の比較の表は正確に覚えておきましょう。

不利益処分とは、行政庁が法令に基づき、特定の者を名あて人として、直接に、これに義務を課し、またはその権利を制限する処分をいいます（2条4号）。 12-11 15-12 20-11 *1

2 処分基準の設定・公開 *2

> **第12条【処分の基準】**
> 1　行政庁は、処分基準を定め、かつ、これを公にしておくよう**努めなければならない**。

立法趣旨
行政庁の恣意的な判断を防止し、当事者に予測可能性を与えるためのものです。

＊1　プラスアルファ
申請拒否処分や名あて人の同意の下にすることとされている処分等は除かれます（2条4号ただし書参照）。

＊2　プラスアルファ
不利益処分の具体例として、行政機関による、許認可の取消しや停止、行為の中止命令・禁止命令・改善命令、金銭の納付命令などが挙げられます。

処分基準を定めることおよび公にしておくことは、**努力義務**とされます。不利益処分には個別具体的判断が必要であって画一的基準をあらかじめ定めるのが難しい場合があるからです。なお、処分基準を定めるにあたっては、不利益処分の**性質に照らしてできる限り具体的なもの**としなければなりません（12条2項）。 14-11 16-12 19-13

420

●行政手続法

基準等の比較 `15-13` `18-11`

	対象	定めること	公にして おくこと	できる限り 具体的なもの にすること
審査基準	申請に 対する処分	法的義務	法的義務	法的義務
処分基準	不利益処分	努力義務	努力義務	定めるに あたっては 法的義務

3 不利益処分の理由の提示

　行政庁は、不利益処分をする場合には、原則としてその名あて人に対し、同時に、当該不利益処分の理由を示さなければなりません（14条1項）。`14-11`

　その趣旨は、名あて人に直接に義務を課しまたはその権利を制限するという不利益処分の性質にかんがみ、行政庁の判断の慎重と合理性を担保してその恣意を抑制するとともに、処分の理由を名あて人に知らせて不服の申立てに便宜を与える点にあります（最判平23.6.7）。`13-13` `21-43`

申請拒否処分時の理由の提示と不利益処分時の理由の提示の比較

場面	共通点	原則	例外
申請拒否 処分時 （8条）	処分を書面でするときは、書面により理由を示さなければならない	処分と 同時	一定の場合は、申請者の求めがあったときに示せば足りる `18-11`
不利益 処分時 （14条）			理由を示さないで処分をすべき差し迫った必要あり⇒一定の場合を除き、処分後相当期間内に示す `17-12` `18-11` `21-12`

　14条1項に基づく理由の提示の程度について、判例は、①処分の根拠法令の規定内容、②処分基準の存否・内容、公表の有無、③処分の性質・内容、④処分の原因となる事実関係の内容などの総合考慮により決定すべきとしています（最判平23.6.7）。`13-13`

第3編 行政法

行政手続法

421

行政手続法－不利益処分

25 聴聞手続①

重要度 A

聴聞手続では、文書等閲覧請求権が認められています。どのような者が、いつからいつまで閲覧を請求できるのかがポイントです。

プラスアルファ

*1
13条1項1号イの「許認可等を取り消す不利益処分」には、行政法学上の取消しと撤回の双方が含まれます。

プラスアルファ

*2
本来弁明手続が相当な処分について行政庁の裁量判断により聴聞手続を行うこともできます（13条1項1号ニ）。

具体例で覚えよう！

*3
13条1項1号（聴聞）の例として、それぞれ、営業許可の取消し・撤回（13条1項1号イ）、行政書士の業務禁止（13条1項1号ロ）、一般財団法人行政書士試験研究センターの役員の解任（13条1項1号ハ）などが挙げられます。

第13条【不利益処分をしようとする場合の手続】
1　行政庁は、不利益処分をしようとする場合には、次の各号の区分に従い、この章の定めるところにより、当該不利益処分の名あて人となるべき者について、当該各号に定める意見陳述のための手続を執らなければならない。
一　次のいずれかに該当するとき　聴聞
　　イ　許認可等を取り消す不利益処分をしようとするとき。*1
　　ロ　イに規定するもののほか、名あて人の資格又は地位を直接にはく奪する不利益処分をしようとするとき。
　　ハ　名あて人が法人である場合におけるその役員の解任を命ずる不利益処分、名あて人の業務に従事する者の解任を命ずる不利益処分又は名あて人の会員である者の除名を命ずる不利益処分をしようとするとき。
　　ニ　イからハまでに掲げる場合以外の場合であって行政庁が相当と認めるとき。
二　前号イからニまでのいずれにも該当しないとき　弁明の機会の付与

1 意見陳述手続の区分

　行政庁が不利益処分をしようとする場合は、原則として不利益処分の相手方に対して、意見陳述のための手続をとらなければなりません（13条1項）。申請に対する拒否処分は、意見陳述のための手続の対象ではありません。 20-12 20-13

　意見陳述のための手続には、聴聞と弁明の機会の付与の2種類があります。聴聞が必要とされるのは、不利益処分の相手方に対する影響が大きい場合であり、それ以外の場合は原則として弁明の機会の付与で足ります。 12-11 13-11 14-23 14-25 18-11 *2

2 聴聞手続の概略

(1) 聴聞の通知

　行政庁は、聴聞を行うにあたり、聴聞を行うべき期日までに相当な期間をおき、不利益処分の名あて人となるべき者に対し、次のような事項を書面により通知しなければなりません（15条1項）。 13-11 *3 *4

通知事項（15条1項）

- 予定される不利益処分の内容および根拠法令の条項（1号）
- 不利益処分の原因となる事実（2号）
- 聴聞の期日と場所（3号）
- 聴聞に関する事務を扱う組織の名称と所在地（4号）

(2) 聴聞手続を構成する者

聴聞手続の大まかな流れ

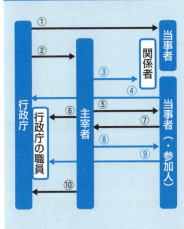

① 聴聞の通知（15条）
② 主宰者の指名（19条）
③ 聴聞手続への参加要請・許可（17条）
④ 文書等の閲覧請求（18条）
⑤ 聴聞の主宰・審理（20条）
⑥ 説明要求（20条）
⑦ 聴聞期日への出頭・口頭意見陳述・証拠書類等提出（20条）
⑧ 質問・意見陳述要請・証拠書類等提出要請（20条）
⑨ 行政庁の職員に対する質問（20条）
⑩ 聴聞調書・報告書の作成および行政庁への提出（24条）

聴聞手続を構成する者　14-11　20-12

主宰者（19条1項）	行政庁が指名する職員その他政令で定める者
行政庁の職員（20条1項）	処分庁の職員
当事者（15条1項）	聴聞の通知を受けた不利益処分の名あて人（代理人を選任することができる）
参加人（17条2項）	当事者以外の者で不利益処分につき利害関係を有する者（関係人／17条1項）のうち、聴聞手続に参加する者

　当事者等（①当事者および②当該不利益処分がされた場合に自己の利益を害されることとなる参加人）は、聴聞の通知があった時から聴聞が終結するまでの間、行政庁に対し、調書その他の当該不利益処分の原因となる事実を証明する資料の閲覧を求めることができます（18条1項前段）。　16-11　20-12

*5

*4 プラスアルファ

聴聞の期日における意見陳述権、証拠書類等提出権、聴聞終結時までの文書等閲覧請求権は、不利益処分の名あて人となるべき者が、聴聞の機会を有効に生かして、自己の権利利益を擁護するために、重要な意味を持ちます。そこで、聴聞の通知の書面においては、これらの事項もあわせて教示しなければなりません（15条2項）。なお、不利益処分の名あて人となるべき者の所在が判明しない場合には、一定の事項を記載した書面をいつでもその者に交付する旨を当該行政庁の事務所の掲示場に掲示し、掲示を始めた日から2週間を経過したときに、当該通知がその者に到達したものとみなされます（公示送達／15条3項）。

*5 プラスアルファ

行政庁は、第三者の利益を害するおそれがあるときその他正当な理由があるときでなければ、その閲覧を拒むことができません（18条1項後段）。

行政手続法－不利益処分

26 聴聞手続②

重要度

手続の流れを意識しながら学習しましょう。

1 審理の方式

(1) 冒頭手続

主宰者は、最初の聴聞期日の冒頭で、行政庁の職員に、①**予定される不利益処分の内容**、②**根拠法令の条項**、③**その原因となる事実**を聴聞期日に出頭した者に対し説明させなければなりません（20条1項）。冒頭手続の規定を設けることで、審理を円滑に進行させ、かつ審理を十分に尽くさせようとしています。

(2) 聴聞手続における活動

(a) **当事者または参加人の活動**

当事者または参加人は、**意見を陳述**し、**証拠書類等を提出**し、主宰者の許可を得て行政庁の職員に対し**質問を発する**ことができます（20条2項）。**質問権**は、不当に多発され審理が混乱することを防止するため、**主宰者の許可**が必要です。また、当事者または参加人は、聴聞の期日に必ず出頭する必要はなく、**出頭に代えて**、聴聞の期日までに陳述書や証拠書類等を提出することができます（21条1項）。

`13-11`

(b) **主宰者の活動**

主宰者は、必要と認めるときは、当事者もしくは参加人に質問を発し、意見の陳述、証拠書類等の提出を促し、または行政庁の職員に対し説明を求めることができます（**聴聞主宰者の釈明権**／20条4項）。

(3) 聴聞の終結

聴聞の主宰者は、当事者の全部もしくは一部が正当な理由なく**聴聞の期日に出頭せず**、かつ、21条1項に規定する**陳述書もしくは証拠書類等を提出しない場合**、または参加人の全部もしくは一部が**聴聞の期日に出頭しない場合**、これらの者に対し改めて意見を述べ、および証拠書類等を提出する機会を与えることなく、聴聞を終結することができます（23条1項）。 `19-12` *1

*1 **ここに注意**

23条1項のような場合には、自己の聴聞に係る手続保障を放棄したものとみなしても差し支えなく、聴聞の機会を再度保障する必要はないと考えられます。

● 行政手続法

2 審理の公開

行政庁が公開することを相当と認めるときを除き、**非公開**とされます（20条6項）。

3 聴聞調書および報告書

主宰者は、聴聞の審理の経過を記載した調書を作成し、当事者および参加人の陳述の要旨を明らかにしなければなりません（24条1項）。調書は、聴聞の期日における審理が行われた場合に各期日ごとに、当該審理が行われなかった場合には**聴聞の終結後速やかに作成**しなければなりません（24条2項）。また、主宰者は、聴聞の終結後速やかに、不利益処分の原因となる事実に対する当事者等の主張に理由があるかどうかについての**意見を記載した報告書を作成し、調書とともに行政庁に提出**しなければなりません（24条3項）。 17-13

*2 *3
　当事者または参加人は、調書および報告書の閲覧を求めることができます（24条4項）。 17-13

4 聴聞の再開

行政庁は、聴聞の終結後に生じた事情にかんがみ必要があると認めるときは、主宰者に対し、報告書を返戻して**聴聞の再開**を命ずることができます（25条前段）。これは、事実関係の判断を左右しうる新たな証拠書類等を行政庁が得た場合を想定したものです。 17-13

5 聴聞を経てされる不利益処分の決定

行政庁は、不利益処分の決定をするときは、調書の内容および報告書に記載された主宰者の意見を十分に参酌しなければなりません（**参酌義務**／26条）。 17-13 *4

6 審査請求の制限

行政手続法の「聴聞」の節に基づく処分またはその不作為については、**審査請求**をすることができません（27条）。

---

*2 ことばの意味
調書（聴聞調書）
聴聞における審理の経過を記載するものであり、具体的には、不利益処分の原因となる事実、聴聞の場において出された主な質問およびそれに対する回答、当事者および参加人の述べた意見およびやりとりの経過、出席者の氏名、聴聞期日、提出された証拠書類等を記載するものです。

*3 ことばの意味
報告書
主宰者が、当事者等（①当事者および②当該不利益処分がされた場合に自己の利益を害されることとなる参加人／18条1項参照）の主張に理由があるかどうかについての意見を記載するものです。

*4 プラスアルファ
「十分に参酌」とは、単に参考に供するということだけを意味するものではありません。「調書」に記載されている「不利益処分の原因となる事実」は行政庁を拘束し、記載されていない「事実」に基づいて判断することは原則として許されないと解されています。
一方、「報告書」に記載されている「主宰者の意見」は行政庁を拘束せず、一定の合理的な理由があれば「意見」と異なる判断をすることも許されると解されています。

第3編 行政法 行政手続法

行政手続法－不利益処分

27 弁明の機会の付与手続

重要度 B

講師からのアドバイス

弁明の機会の付与は、聴聞手続と異なり、書面による簡易な手続です。このことを意識して、聴聞と弁明の機会の付与の相違の表に目を通しておきましょう。

1 方式

第29条【弁明の機会の付与の方式】
1　弁明は、行政庁が口頭ですることを認めたときを除き、弁明を記載した書面（以下「弁明書」という。）を提出してするものとする。
2　弁明をするときは、証拠書類等を提出することができる。

審理は、行政庁が口頭ですることを認めたときを除き、**弁明書**を提出して行います（29条1項）。その趣旨は、①弁明内容を明確にすること、②簡易迅速な防御手続を確保すること等にあります。 20-12

弁明をするときは、当事者の権利保障のため、証拠書類等を提出することができます（29条2項）。

2 通知の方式

行政庁は弁明書の提出期限までに**相当な期間**をおいて、不利益処分の名あて人に対し、次のような事項を**書面**で通知しなければなりません（30条）。

①　予定される不利益処分の内容および根拠法令の条項（1号）
②　不利益処分の原因となる事実（2号）
③　弁明書の提出先と提出期限（口頭による弁明の機会の付与を行う場合には、その旨ならびに出頭すべき日時および場所）（3号）

3 準用

聴聞手続のうち、公示送達（15条3項）と代理人（16条）に関する規定が準用されます（31条）が、それ以外の規定（参加人の関与／17条、文書閲覧権／18条、聴聞調書の作成／24条1項等）は、準用されません。 20-12

●行政手続法

弁明の機会の付与

```
┌──────┐   弁明の機会の付与の通知（30条）   ┌──────┐
│ 行政庁 │ ─────────────────────────────→ │当事者・│
│      │                               │代理人 │
│      │ ←───────────────────────────── │（16条）│
└──────┘      弁明書（29条1項）          └──────┘
```

聴聞と弁明の機会の付与の相違　20-12

	聴　　聞	弁明の機会の付与
審理方法	口頭審理 （20条2項）	原則：書面審理 （29条1項）
主宰者の制度	あり （19条）	なし
通知に伴う教示	必要 （15条2項）	不要 （30条参照）
参加人の関与制度	あり （17条）	なし
文書等の閲覧請求権	あり （18条1項）	なし

第3編　行政法

行政手続法

427

行政手続法－行政指導・届出

28 行政指導手続

重要度 A

講師からのアドバイス

行政指導の意義と行政指導の方式を特に理解しておきましょう。

1 意義

　行政指導とは、行政機関がその任務または所掌事務の範囲内において一定の行政目的を実現するため特定の者に一定の作為または不作為を求める指導、勧告、助言その他の行為で、処分に該当しないものをいいます（2条6号）。非権力的な事実行為の1つです。 15-12 19-11 20-42 21-44 *1

　行政指導の長所は、臨機応変に行政課題に応じることができること、相手方との対立を回避して円滑な行政運営が可能となることが挙げられます。他方、行政指導の短所は、恣意的な行政指導を招きやすいことが挙げられます。

2 行政指導の一般原則

(1) 組織法的限界

　行政指導は、当該行政機関の任務または所掌事務の範囲を逸脱してはなりません（32条1項、2条6号）。

(2) 行政指導の任意性

　行政指導の内容は、相手方の任意の協力によってのみ実現されるものであることが必要です（32条1項）。

(3) 不利益取扱いの禁止

　行政指導に携わる者は、相手方が行政指導に従わなかったことを理由として、不利益な取扱いをしてはなりません（32条2項）。これは、行政指導の相手方が行政指導を受ける以前には得られていた利益を損なわせ、またはそれまで被っていなかった不利益を与えるようなことを、制裁的意図をもって行う行為をいいます。 19-25 21-13 *2 *3

3 申請に関連する行政指導の限界

　申請の取下げまたは内容の変更を求める行政指導を行う場合には、申請者が行政指導に従う意思がない旨を表明したにもかかわらず、行政指導を継続すること等により、申請者の権利行使を妨げてはなりません（33条）。 15-43 20-13 *4

　なお、申請者の記載事項の不備、必要な添付資料の不足等、申請の形式上の要件に適合していない場合にその補正を求めるようなものは、33条の「行政指導」には含まれません。

*1 プラスアルファ

行政事件訴訟法等における処分概念に、行政指導は一般に含まれないと解されています。

*2 ここに注意

給水契約を締結して給水することが公序良俗違反を助長するような事情がないにもかかわらず、市の宅地開発指導要綱を順守させるために、マンション建設業者らとの給水契約の締結を拒むことは、水道法15条1項にいう「正当の理由」とは認められません（最決平元.11.8）。

*3 ここに注意

行政指導に奨励制度等を設け、従った者に対して一定の助成を行い、従わなかった者は当該助成を受けられないとすることは、「不利益な取扱い」にあたりません。

428

●行政手続法

4 許認可等の権限に関連する行政指導の禁止

行政機関が、許認可権を行使することができない場合または行使する意思がない場合においてする行政指導は、行政指導に携わる者は、**権限を行使しうる旨をことさらに示し**、相手方に行政指導に従うことを余儀なくさせることをしてはなりません（34条）。

5 行政指導の方式

行政指導を行う場合には、それが口頭であるか書面であるかを問わず、**行政指導の趣旨・内容・責任者**を明確に示さなければなりません（明確化の原則／35条1項）。 16-12

また、許認可等をする権限を行使できる場合に、権限行使が可能であることを示して行政指導をするときは、許認可等の根拠となる法令の条項およびその要件等を示すことが義務付けられています（35条2項）。 21-13

行政指導が口頭でなされた場合、相手方から、**行政指導の趣旨・内容・責任者**を記載した書面の交付を求められたときは、行政指導に携わる者は、特別の支障がない限り、交付しなければなりません（35条3項）。 19-11

なお、①相手方に対しその場において完了する行為を求める行政指導（例えば、災害時に緊急の避難を勧告する行為）、②すでに文書または電磁的記録によりその相手方に通知されている事項と同一の内容を求める行政指導（例えば、改善勧告書が出されている者に対する改善措置の実施の求め）については、書面の交付義務はありません（35条4項）。 18-12

6 複数の者を対象とする行政指導

行政指導の公平性・信頼性確保のため、同一の行政目的を実現するため複数の者に対し行政指導をするときは、行政機関は、あらかじめ、事案に応じ、**行政指導指針**を定め、行政上特別の支障がない限り、**公表**しなければなりません（36条）。 18-12 19-13 20-42

*4
 判例ゼミ

建築確認を行おうとする建築主に対して行政指導を行い、建築主がこれに任意に応じている場合には、社会通念上合理的な期間、建築確認を留保することは直ちに違法とはいえないが、建築主が建築確認を留保したままでの行政指導には応じられないとの意思を明確に表明している場合には、建築主の不協力が社会通念上正義の観念に反する特段の事情がない限り、建築確認を留保することは違法であるとした判例があります（最判昭60.7.16）。

行政手続法ー行政指導・届出

29 行政指導手続・届出手続等 　重要度 B

講師からのアドバイス

2014年改正により「行政指導の中止等の求め」と「処分等の求め」が規定されて、国民の権利利益を救済する手段の充実・拡大が図られました。

1 行政指導の中止等の求め

第36条の2【行政指導の中止等の求め】
1　法令に違反する行為の是正を求める行政指導（その根拠となる規定が法律に置かれているものに限る。）の相手方は、当該行政指導が当該法律に規定する要件に適合しないと思料するときは、当該行政指導をした行政機関に対し、その旨を申し出て、当該行政指導の中止その他必要な措置をとることを求めることができる。ただし、当該行政指導がその相手方について弁明その他意見陳述のための手続を経てされたものであるときは、この限りでない。
2　前項の申出は、次に掲げる事項を記載した申出書を提出してしなければならない。
　一　申出をする者の氏名又は名称及び住所又は居所
　二　当該行政指導の内容
　三　当該行政指導がその根拠とする法律の条項
　四　前号の条項に規定する要件
　五　当該行政指導が前号の要件に適合しないと思料する理由
　六　その他参考となる事項
3　当該行政機関は、第一項の規定による申出があったときは、必要な調査を行い、当該行政指導が当該法律に規定する要件に適合しないと認めるときは、当該行政指導の中止その他必要な措置をとらなければならない。

　2014年改正により、法令に違反する行為の是正を求める行政指導（その根拠となる規定が法律に置かれているものに限る）の相手方が、当該行政指導が当該法律に規定する要件に適合しないと考えた場合に、当該行政指導をした行政機関にその中止等の措置を求めることができる「行政指導の中止等の求め」の制度が設けられました（36条の2）。 `15-42` `16-11` `17-14` `18-12` `19-11` `21-44`

2 処分等の求め

第36条の3【処分等の求め】
1　何人も、法令に違反する事実がある場合において、その是正のためにされるべき処分又は行政指導（その根拠となる規定が法律に置かれているものに限る。）がされていないと思料するときは、当該処分をする権限を有する行政庁又は当該行政指導をする権限を有する行政機関に対し、その旨を申し出て、当該処分又は行政

指導をすることを求めることができる。
2　前項の申出は、次に掲げる事項を記載した申出書を提出してしなければならない。
一　申出をする者の氏名又は名称及び住所又は居所
二　法令に違反する事実の内容
三　当該処分又は行政指導の内容
四　当該処分又は行政指導の根拠となる法令の条項
五　当該処分又は行政指導がされるべきであると思料する理由
六　その他参考となる事項
3　当該行政庁又は行政機関は、第一項の規定による申出があったときは、必要な調査を行い、その結果に基づき必要があると認めるときは、当該処分又は行政指導をしなければならない。

2014年改正により、法令違反の事実を発見した第三者が、その是正のためにされるべき処分または行政指導（その根拠となる規定が法律に置かれているものに限る）がされていないと考えたときに、処分の権限を有する行政庁あるいは行政指導の権限を有する行政機関に対して、当該処分または行政指導をするよう求めることができる「処分等の求め」の制度が設けられました（36条の3）。 15-42 16-11 19-44 21-13

3 届出

届出とは、行政庁に対し一定の事項の通知をする行為（申請に該当するものを除く）であって、法令により直接に当該通知が義務付けられているもの（自己の期待する一定の法律上の効果を発生させるためには当該通知をすべきこととされているものを含む）をいいます（2条7号）。 20-11 *1

届出は、国民が行政庁に事実を通知する一方的行為である点で、国民側が行政庁に対して一定の行為を求める申請とは異なります。

届出書の記載事項に不備がなく、必要な書類が添付されていることその他の法令に定められた届出の形式上の要件に適合している場合は、届出が法令により提出先とされている機関の事務所に到達したときに、届出をすべき手続上の義務が履行されたものとされます（37条）。その趣旨は、届出に関する行政庁の不適切な扱いを防止し、その公正な処理の確保を図ることにあります。 16-13

*1
具体例で覚えよう！

「義務付けられているもの」の例に、病院廃止に伴う知事への届出（医療法9条1項）、給水開始に係る水道事業者の厚生労働大臣への届出（水道法13条1項）が、「すべきこととされているもの」の例に、景観計画区域内における建築物の新築の景観行政団体の長への届出（景観法16条1項）があります。

行政手続法－命令等を定める手続
30 命令等を定める手続　重要度 A

講師からのアドバイス

命令等に何が含まれているかという点と、意見公募手続で提出された意見を行政庁は必ずしも聞き入れる必要がない点を理解しておきましょう。

＊1 ここに注意

ここにいう「命令等」には、法律に基づく命令または規則、審査基準、処分基準、行政指導指針が含まれます（2条8号）。そこで、行政指導指針などを定めようとするときは意見公募手続が必要となります（39条1項）。

＊2 プラスアルファ

他の行政機関が意見公募手続を実施して定めた命令等と実質的に同一の命令等を定めようとするときや、法律の規定に基づき法令の規定の適用または準用について必要な技術的読替えを定める命令等を定めようとするとき、根拠法令の削除に伴い当然必要とされる命令等の廃止をしようとするとき等一定の場合には、意見公募手続を省略することができます（39条4項）。

1 命令等を定める場合の一般原則

命令等を定める機関（以下「命令等制定機関」）は、命令等を定めるにあたっては、当該命令等がこれを定める根拠となる法令の趣旨に適合するものとなるようにしなければなりません（38条1項）。 20-42 ＊1

命令等制定機関は、命令等を定めた後においても、当該命令等の規定の実施状況、社会経済情勢の変化等を勘案し、必要に応じ、その内容について検討を加え、その適正を確保するように努めなければなりません（38条2項）。

2 意見公募手続

命令等制定機関は、命令等を定めようとする場合には、原則として、当該命令等の案および関連する資料をあらかじめ公示し、意見（情報を含む）の提出先および意見の提出のための期間（意見提出期間）を定め、広く一般の意見を求めなければならず（意見公募手続／39条1項）、利害関係の有無にかかわらず誰でも意見を提出できます。 15-11 18-13 19-13 21-11 ＊2

意見公募手続は、利害関係人との関係では、行政運営の公正の確保および透明性の向上という目的に資します。また、意思形成過程への国民参加の確保にもつながります。

意見公募手続の実効性を確保するため、公示する命令等の案については、内容が具体的かつ明確なものであって、かつ、当該命令等の題名や当該命令等を定める根拠となる法令の条項が明示されたものでなければなりません（39条2項）。

3 意見公募手続の特例

（1）意見提出期間の短縮の特例

意見提出期間は、原則として、命令等の案および関連資料の公示の日から起算して30日以上でなければなりません（39条3項）。もっとも、やむを得ない理由があるときは、30日を下回る意見提出期間を定めることができます（40条1項前段）。その場合には、命令等の案の公示の際に、理由を明らかにしなければなりません（40条1項後段）。 12-12

(2) 委員会等が意見公募手続に準じた手続を実施したときの特例

委員会等の議を経て命令等を定めようとする場合において、当該委員会等が意見公募手続に準じた手続を実施したときは、命令等制定機関は、みずから意見公募手続を実施することを要しません（40条2項）。 18-13

4 意見公募手続の周知等

意見公募手続の存在自体が知られていなければ、意見を提出することはできないので広く周知する必要があります。そこで、命令等制定機関は、意見公募手続を実施して命令等を定めるにあたっては、必要に応じ、その実施について周知するよう努めるとともに、これに関連する情報の提供に努めるものとされています（41条）。 16-12 ＊3

5 提出意見の考慮

(1) 提出意見の考慮

提出された一般の意見に対する取扱いの適正を確保するため、命令等制定機関は、意見公募手続を実施して命令等を定める場合、提出された意見（提出意見）を十分に考慮しなければなりません（42条）。 15-11

(2) 結果・理由の公示

国民の信頼を確保するための手段として、定めた命令等の公布と同時期に、提出意見ならびに提出意見を考慮した結果およびその理由等を原則として公示すべきことを命令等制定機関に義務付けています（43条1項）。 12-12 15-11 ＊4

＊3 プラスアルファ

周知等の必要性は、個々の事案の性質・内容等により異なると考えられることから、どのような方法・どの程度の周知等を行うかの判断は、命令等制定機関がこれらを十分考慮したうえで行うこととし、案件ごとの必要性に応じた努力義務を負うこととされています。

＊4 プラスアルファ

命令等制定機関は、提出意見を公示し、または公にすることにより第三者の利益を害するおそれがあるとき、その他正当な理由があるときは、当該提出意見の全部または一部を除くことができます（43条3項）。

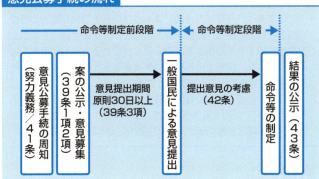

意見公募手続の流れ

第3編 行政法 行政手続法

行政不服審査法－総説

31 行政不服審査法総説

重要度 B

1 意義

　行政不服申立てとは、行政庁の処分または不作為に関する私人の不服の申立てに対し、行政庁がこれを審査し、解決するための制度をいいます。

(1) 長所

① 書面審理なので簡易迅速な救済が得られる
② 行政処分が違法か否かのみならず、行政裁量の行使が不当ではないかについても審理できる（裁判所では、適法・違法の審査のみ）
③ 行政機関の専門的知識を活用することが可能である

(2) 短所

① 行政側が審理・裁断を行うため、中立性が希薄となる
② 簡易迅速な救済であるため、慎重さの欠如につながる
③ 裁判のように偽証すれば偽証罪による制裁が科されるといった供述の真実性の担保がないので、調査能力に限界がある

2 目的

第1条【目的等】
1　この法律は、行政庁の違法又は不当な処分その他公権力の行使に当たる行為に関し、国民が簡易迅速かつ公正な手続の下で広く行政庁に対する不服申立てをすることができるための制度を定めることにより、国民の権利利益の救済を図るとともに、行政の適正な運営を確保することを目的とする。
2　行政庁の処分その他公権力の行使に当たる行為（以下単に「処分」という。）に関する不服申立てについては、他の法律に特別の定めがある場合を除くほか、この法律の定めるところによる。

(1) 目的

　行政不服審査法は、①簡易迅速かつ公正な手続により国民の権利利益の救済を図ること、②行政の適正な運営を確保することを目的とします（1条1項）。＊1

講師からのアドバイス

旧行政不服審査法は、訴願法を廃止し、昭和37年から施行されてきましたが、50年以上実質的な改革がされないまま運用されてきました。新法（改正行政不服審査法／2016年4月1日施行）は52年ぶりに全部改正するもので、行政不服審査制度は一新されました。

＊1
ここに注意

旧法の目的規定との対比において「公正」な手続という文言が追加されています。これは、国民の手続保障のレベルを向上させる趣旨です。

(2) 適用順序

　行政不服審査法は、不服申立てに関する一般法であり、他の法律に特別の規定があれば、その法律が優先して適用されます（1条2項）。

　同じ事後的行政救済手段である行政不服申立てと行政事件訴訟には、次のような違いがあります。

行政不服申立てと行政事件訴訟の相違　*2

	行政不服申立て	行政事件訴訟
審査対象	違法・適法の判断のみならず当・不当の判断についても対象となる	違法・適法の法律判断のみ
判断機関	行政機関	裁判所
審理手続	書面審理主義	口頭審理主義

＊2　ここに注意

行政手続法は基本的に行政活動を行う事前の手続でした。これに対し、行政不服審査法は瑕疵ある行政行為に対して事後的な救済を求める制度です。同じく事後的な救済手続である行政事件訴訟法との相違点をおさえておきましょう。

3 不服申立ての対象

> **第2条【処分についての審査請求】**
> 　行政庁の処分に不服がある者は、第4条及び第5条第2項の定めるところにより、審査請求をすることができる。
>
> **第3条【不作為についての審査請求】**
> 　法令に基づき行政庁に対して処分についての申請をした者は、当該申請から相当の期間が経過したにもかかわらず、行政庁の不作為（法令に基づく申請に対して何らの処分をもしないことをいう。以下同じ。）がある場合には、次条の定めるところにより、当該不作為についての審査請求をすることができる。

　行政不服審査法における「処分」とは、行政庁の処分その他公権力の行使にあたる行為をいいます（1条2項）。「不作為」とは、法令に基づく申請に対して何らの処分をもしないことをいいます（3条）。 17-14 18-14 19-15 20-14 ＊3

＊3　ここに注意

新法は、行政法の処分およびその不作為については、特に除外されない限り、審査請求をすることができる一般概括主義をとっていますが、これは旧法と同様です。
旧法では、不作為に対する不服申立てについては、不作為庁への異議申立てか上級行政庁への審査請求を選択する自由選択主義をとっていましたが、新法は、異議申立てを廃止して審査請求に一元化しています。

行政不服審査法－総説

32 不服申立ての種類

重要度 A

審査請求、再調査の請求、再審査請求をすることができる場合について確認しておきましょう。

不服申立てには、①審査請求、②再調査の請求、③再審査請求の3種類があります。原則として審査請求に一元化されていますが、例外的に個別法の定めがあれば、再調査の請求（審査請求との選択制）や再審査請求をすることができます。*1

*1 ここに注意
旧法では、審査請求、異議申立て、再審査請求という3種類の手続が定められていましたが、新法では、異議申立てを廃止して、原則として最上級行政庁に対する審査請求に一元化しています。

1 審査請求

審査請求は、法律（条例に基づく処分については、条例）に特別の定めがある場合を除くほか、次の①～④に掲げる場合の区分に応じてするものとされます（4条）。

審査請求をすべき行政庁 　17-15

① 処分庁等（処分をした行政庁（処分庁）または不作為に係る行政庁（不作為庁）をいう。）に上級行政庁がない場合または処分庁等が主任の大臣、宮内庁長官、外局として置かれる庁の長、外局として置かれる委員会に置かれる庁の長である場合	当該処分庁等
② 宮内庁長官、外局として置かれる庁の長、外局として置かれる委員会に置かれる庁の長が処分庁等の上級行政庁である場合	宮内庁長官または当該庁の長
③ 主任の大臣が処分庁等の上級行政庁である場合（①②に掲げる場合を除く）	当該主任の大臣
④ ①～③に掲げる場合以外の場合	最上級行政庁

2 再調査の請求

行政庁の処分につき処分庁以外の行政庁に対して審査請求をすることができる場合において、法律に再調査の請求をすることができる旨の定めがあるときは、当該処分に不服がある者は、処分庁に対して再調査の請求をすることができます（5条1項本文）。ただし、当該処分について審査請求をしたときは、再調査の請求をすることはできません（5条1項ただし書）。 16-14 17-14 21-15

再調査の請求をしたときは、それについての決定を経た後でなければ、審査請求をすることができません（5条2項本文）。 21-15

436

ただし、次のいずれかに該当する場合は、直ちに審査請求をすることができます（5条2項ただし書）。*2 *3

① 当該処分につき再調査の請求をした日（不備を補正すべきことを命じられた場合にあっては、当該不備を補正した日）の翌日から起算して3カ月を経過しても、処分庁が当該再調査の請求につき決定をしない場合
② その他再調査の請求についての決定を経ないことにつき正当な理由がある場合

3 再審査請求

　行政庁の処分につき法律に再審査請求をすることができる旨の定めがある場合には、当該処分についての審査請求の裁決に不服がある者は、再審査請求をすることができます（6条1項）。 20-15

　再審査請求は、原裁決（再審査請求をすることができる処分についての審査請求の裁決）または当該処分（「原裁決等」）を対象として、法律で定めた行政庁に対してするものとされます（6条2項）。 20-15 *4 *5

●行政不服審査法

*2
ここに注意

不服申立てが大量になされる処分について、審査請求手続をとる前に処分の事案・内容を把握している処分担当者が改めて処分を見直す手続を不服申立人の選択により審査請求の前段階で請求する手続が、再調査の請求です。

*3
ここに注意

再調査の請求は「処分」の見直しを求めるものです。「不作為」に対する再調査の請求は認められていません。

*4
プラスアルファ

旧法では、処分権限の委任に伴う再審査請求が認められていましたが、新法での審査請求は原則として最上級行政庁を審査庁とするため、処分権限の委任に伴う再審査請求は原則として生じないことになります。

*5
ここに注意

再審査請求をすることができるのは、個別法で再審査請求をすることができる旨を規定する場合に限られます。

第3編 行政法 行政不服審査法

437

行政不服審査法-総説

33 行政不服審査法の適用除外　重要度 B

講師からのアドバイス

行政庁の処分・不作為については、特に除外されない限り審査請求をすることができる一般概括主義を採用していますが、7条では、その適用除外を定めています。

1 処分および不作為についての適用除外

次に掲げる処分およびその不作為については、行政不服審査法2条（処分についての審査請求）および3条（不作為についての審査請求）の規定は、適用されません（7条1項）。

12-14　13-15　15-15 ＊1

① 国会の両院もしくは一院または議会の議決によってされる処分

② 裁判所もしくは裁判官の裁判により、または裁判の執行としてされる処分

③ 国会の両院もしくは一院もしくは議会の議決を経て、またはこれらの同意もしくは承認を得たうえでされるべきものとされている処分

④ 検査官会議で決すべきものとされている処分

⑤ 当事者間の法律関係を確認し、または形成する処分で、法令の規定により当該処分に関する訴えにおいてその法律関係の当事者の一方を被告とすべきものと定められているもの

⑥ 刑事事件に関する法令に基づいて検察官、検察事務官または司法警察職員がする処分

⑦ 国税または地方税の犯則事件に関する法令（他の法令において準用する場合を含む。）に基づいて国税庁長官、国税局長、税務署長、国税庁、国税局もしくは税務署の当該職員、税関長、税関職員または徴税吏員（他の法令の規定に基づいてこれらの職員の職務を行う者を含む。）がする処分および金融商品取引の犯則事件に関する法令（他の法令において準用する場合を含む。）に基づいて証券取引等監視委員会、その職員（当該法令においてその職員とみなされる者を含む。）、財務局長または財務支局長がする処分

⑧ 学校、講習所、訓練所または研修所において、教育、講習、訓練または研修の目的を達成するために、学生、生徒、児童もしくは幼児もしくはこれらの保護者、講習生、訓練生または研修生に対してされる処分

＊1

プラスアルファ

適用除外は、4つの類型に分けることができます。

(1)すでに慎重な手続によって行われた処分なので、審査請求を認めても同じ結果になると思われるもの（①～④）

(2)行政不服審査法よりも慎重な手続によって処理されることとされているもの（⑤～⑦）

(3)処分の性質を考慮すれば審査請求を認めることが適当でないもの（⑧～⑪）

(4)すでに不服申立処理機関の判断が示されているため、再度争わせる必要がないと考えられるもの（⑫）

⑨ 刑務所、少年刑務所、拘置所、留置施設、海上保安留置施設、少年院、少年鑑別所または婦人補導院において、収容の目的を達成するためにされる処分
⑩ 外国人の出入国または帰化に関する処分
⑪ 専ら人の学識技能に関する試験または検定の結果についての処分
⑫ 行政不服審査法に基づく処分（第5章第1節第1款の規定に基づく処分を除く。）

2 国等の機関に対する処分の適用除外

国の機関または地方公共団体その他の公共団体もしくはその機関に対する処分で、これらの機関または団体がその固有の資格において当該処分の相手方となるものおよびその不作為については、行政不服審査法の規定は、適用されません（7条2項）。 17-14 *2

なお、固有の資格とは、国の機関等であるからこそ立ち得る特有の立場、すなわち、一般私人（国および国の機関等を除く者をいう）が立ち得ないような立場をいいます（最判令2.3.26）。

3 特別の不服申立ての制度の定め

7条の規定により審査請求をすることができない処分または不作為についても、別に法令で当該処分または不作為の性質に応じた不服申立ての制度を設けることはできます（8条）。

＊2 プラスアルファ
行政手続法では、「国の機関又は地方公共団体若しくはその機関に対する処分（これらの機関又は団体がその固有の資格において当該処分の名あて人となるものに限る。）」として、行政機関相互間等でなされる処分等については適用除外としています（行政手続法4条）。新法では、行政手続法4条との整合性を図るとともに、適用関係を明確化する観点から、国の機関または地方公共団体その他の公共団体もしくはその機関に対する処分で、これらの機関または団体がその固有の資格において当該処分の名あて人となるものおよびその不作為について適用除外規定が置かれています。

行政不服審査法－要件
34 不服申立ての要件

重要度 B

1 不服申立てを行いうる者であること
(1) 不服申立資格

行政不服審査法の不服申立期間と行政事件訴訟法の出訴期間を混同しないように注意しましょう。

不服申立てを行うことができる一般的資格を「不服申立資格」と呼ぶことがあります。行政不服審査法は「国民」が簡易迅速かつ公正な手続の下で広く行政庁に対する不服申立てをすることができるための制度（1条1項）ですが、外国人による不服申立てを排除する趣旨ではありません。 17-15 *1

*1
 プラスアルファ

法人でない社団または財団で代表者または管理人の定めがあるものは、その名で審査請求をすることができます（10条）。

(2) 不服申立適格

「不服申立資格」を有するからといって、常に具体的事件において不服申立てができるわけではありません。さらに、「不服申立適格」が必要です。

処分についての不服申立適格が認められるのは、処分に「不服がある者」です（2条）。「不服がある者」の範囲が解釈上問題となりますが、取消訴訟における原告適格の範囲と同一に解し、当該処分について不服申立てをする「法律上の利益」を有する者に限定されます（主婦連ジュース不当表示事件／最判昭53.3.14）。 12-14 13-14 15-15

これに対し、不作為についての不服申立適格については、法令に基づいて当該不作為に係る処分を「申請をした者」とされています（3条）。 18-14

> **判例** 不服申立適格に関する判例
>
> ▶主婦連ジュース不当表示事件（最判昭53.3.14）
> 景表法の規定により一般消費者が受ける利益は、同法の目的である公益の保護の結果として生ずる反射的な利益であって、単に一般消費者であるだけでは、景表法10条6項（当時）による不服申立てをする法律上の利益があるとはいえない。

2 不服申立期間
(1) 処分についての審査請求

法律関係を早期に安定させるため、不服申立期間が設けられています。

(a) 主観的審査請求期間

処分についての審査請求は、処分があったことを**知った日の翌日から起算して3カ月**を経過したときは、することができません（18条1項本文）。ただし、正当な理由があるときは、この限りではありません（18条1項ただし書）。`17-26` `18-16` `20-14` ＊2

再調査の請求についての決定を経た場合は、当該再調査の請求についての決定があったことを知った日の翌日から起算して1カ月です（18条1項かっこ書）。

(b) 客観的審査請求期間

処分についての審査請求は、処分が**あった**日の翌日から起算して**1年**を経過したときは、することができません（18条2項本文）。ただし、正当な理由があるときは、この限りではありません（18条2項ただし書）。`17-26` `20-14` ＊3

再調査の請求についての決定を経た場合は、当該再調査の請求についての決定があった日の翌日から起算して1年です（18条2項かっこ書）。

＊2 ここに注意

旧法では主観的審査請求期間は「60日」でしたが、審査請求人の不服申立ての機会を確保することを目的として、新法では3カ月に延長されています。

＊3 ここに注意

客観的審査請求期間については、旧法と同様、原則として1年間とされています。

不服申立期間と出訴期間 `20-14`

	行政不服審査法	行政事件訴訟法
主観的期間	処分があったことを知った日の翌日から起算して3カ月以内	処分または裁決があったことを知った日から6カ月以内（行政事件訴訟法14条1項）
客観的期間	処分があった日の翌日から起算して1年以内	処分または裁決の日から1年以内（行政事件訴訟法14条2項）

(2) 不作為についての審査請求

不作為についての審査請求の場合には、**不作為状態が継続している限り、いつでも**することができます。`18-14`

(3) 再審査請求

再審査請求は、原裁決があったことを知った日の翌日から起算して1カ月を経過したとき、原裁決があった日の翌日から起算して1年を経過したときは、することができませんが、いずれの場合も正当な理由があるときは、この限りではありません（62条）。`20-15`

行政不服審査法－審理手続等

35 不服申立ての審理手続①

重要度 B

講師からのアドバイス

審査請求は、原則として書面で行います。その書面の記載事項について一通り目を通しておきましょう。また、記載に不備があった場合には、補正が命じられる点も確認しておきましょう。

1 標準審理期間

　審査庁となるべき行政庁は、審査請求がその事務所に到達してから当該審査請求に対する裁決をするまでに通常要すべき標準的な期間を定めるよう努めるとともに、これを定めたときは、当該審査庁となるべき行政庁および関係処分庁の事務所における備付けその他の適当な方法により公にしておかなければなりません（16条）。 18-15

2 審査請求書の提出

　審査請求は、他の法律（条例に基づく処分については、条例）に口頭ですることができる旨の定めがある場合を除き、政令で定めるところにより、審査請求書を提出してしなければなりません（19条1項）。 21-16

（1）処分についての審査請求書

　処分についての審査請求書には、次に掲げる事項を記載しなければなりません（19条2項）。

> ① 審査請求人の氏名または名称および住所または居所　＊1
> ② 審査請求に係る処分の内容
> ③ 審査請求に係る処分（当該処分について再調査の請求についての決定を経たときは、当該決定）があったことを知った年月日
> ④ 審査請求の趣旨および理由
> ⑤ 処分庁の教示の有無およびその内容
> ⑥ 審査請求の年月日

*1 **ここに注意**

旧法では「年齢」が審査請求書の記載事項とされていましたが、氏名、住所、居所、審査請求に係る処分の内容等の記載で足りることから、新法では記載事項から除外されています。

（2）不作為についての審査請求書

　不作為についての審査請求書には、次に掲げる事項を記載しなければなりません（19条3項）。

> ① 審査請求人の氏名または名称および住所または居所　＊2
> ② 当該不作為に係る処分についての申請の内容および年月日
> ③ 審査請求の年月日

*2 **ここに注意**

当該不作為に係る処分についての申請の内容および年月日（②）は、審査請求の対象となる不作為を特定し、申請から相当の期間が経過しているかを判断するために必要な記載事項です。

(3) 法人・社団等による審査請求

審査請求人が、法人その他の社団もしくは財団である場合、総代を互選した場合または代理人によって審査請求をする場合には、審査請求書には、これらの事項のほか、その代表者もしくは管理人、総代または代理人の氏名および住所または居所を記載しなければなりません（19条4項）。

3 口頭による審査請求

口頭で審査請求をする場合には、19条2項～5項に規定する記載事項を陳述しなければなりません（20条前段）。この場合において、陳述を受けた行政庁は、その陳述の内容を録取し、これを陳述人に読み聞かせて誤りのないことを確認しなければなりません（20条後段）。

4 処分庁等を経由する審査請求

審査請求をすべき行政庁が処分庁等と異なる場合における審査請求は、処分庁等を経由してすることができます（21条1項前段）。この場合には、処分庁等は、直ちに、審査請求書または審査請求録取書を審査庁となるべき行政庁に送付しなければなりません（21条2項）。この場合における審査請求期間の計算については、処分庁に審査請求書を提出し、または処分庁に対し当該事項を陳述した時に、処分についての審査請求があったものとみなされます（21条3項）。 19-15

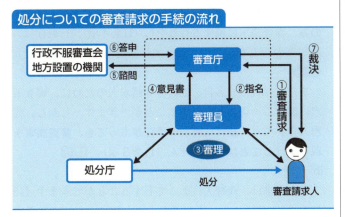

処分についての審査請求の手続の流れ

行政不服審査法－審理手続等

36 不服申立ての審理手続② 重要度 B

講師からのアドバイス
総代と代理人の違い、審理員の指名をおさえておきましょう。

1 総説

(1) 審理の順序

審査請求書が提出されると、審査請求が適法かどうかの審理が行われます（**要件審理**）。

審査請求書の方式や記載事項に不備がある場合には、審査庁は、相当の期間を定め、その期間内に不備を**補正**すべきことを命じなければなりません（23条）。審査請求人が期間内に不備を補正しないとき、または審査請求が不適法であって補正することができないことが明らかなときは、審査庁は、審理員による審理手続を経ないで、裁決で、当該審査請求を**却下**することができます（24条1項、2項）。 19-15 ＊1

審査請求が適法であれば、審査請求に理由があるかどうかの**本案審理**が行われます。

(2) 不服申立ての特殊な方式

(a) 総代

多数人が共同に**審査請求**をしようとする場合は、3人を超えない**総代**を互選することができます（11条1項）。＊2

総代が選任されたときは、共同審査請求人は**総代を通じてのみ**、審査請求に関する行為をし（11条4項）、行政庁は、通知等の行為を総代の1人にすれば足ります（11条5項）。 20-14

また、総代は、各自、他の審査請求人のために、審査請求に関する一切の行為をすることができます。しかし、代理人と異なり、**総代は特別の委任があっても、審査請求を取り下げることはできません**（11条3項）。 17-15

(b) 代理人

審査請求は、**代理人**によってもすることができます（12条1項）。代理人は、審査請求人のために、当該審査請求に関する一切の行為をすることができます（12条2項本文）。また、**審査請求の代理人は、特別の委任があれば、審査請求の取下げもできます**（12条2項ただし書）。 17-15
18-15

＊1 ここに注意
行政不服審査法では、補正をすることができる場合には、補正を命じなければなりません。これに対し、行政手続法では、申請が形式上の要件を欠いている場合、行政庁には補正を求めるか、申請が不適法として拒否処分をするかの選択が認められています（行政手続法7条）。

＊2 プラスアルファ
必要があるときは、審理員は、総代の互選を命ずることができます（11条2項）。

444

● 行政不服審査法

2 審理の方法

（1）審理員の指名

審査請求がされた行政庁（審査庁）は、審査請求書が提出されたときは、弁明書、反論書のやりとりや口頭意見陳述といった審理を行うため、審査庁に所属する職員のうちから審理手続を行う者（**審理員**）を指名するとともに、その旨を審査請求人および処分庁等（審査庁以外の処分庁等に限る。）に通知しなければなりません（9条1項本文）。ただし、委員会等が審査庁である場合、もしくは条例に基づく処分について条例に特別の定めがある場合、または当該審査請求を却下する場合は、この限りでないとされています（9条1項ただし書）。 16-15 18-14 *3

審査庁は、処分に係る手続に関与した者や、審査請求人、利害関係人などを審理員に指名することはできません（9条2項）。

（2）弁明書の提出

審理員は、審査庁から指名されたときは、直ちに、審査請求書または審査請求録取書の写しを処分庁等に送付しなければなりません（29条1項）。ただし、処分庁等が審査庁である場合には、この限りでないとされています（29条1項ただし書）。

審理員は、相当の期間を定めて、処分庁等に対し、**弁明書**の提出を求めるものとされています（29条2項）。 17-15

審理員は、処分庁等から弁明書の提出があったときは、これを審査請求人および参加人に送付しなければなりません（29条5項）。

（3）反論書等の提出

審査請求人は、送付された弁明書に記載された事項に対する反論を記載した書面（**反論書**）を提出することができます（30条1項前段）。 17-15

参加人は、審査請求に係る事件に関する意見を記載した書面（**意見書**）を提出することができます（30条2項前段）。

審理員は、審査請求人から反論書の提出があったときはこれを参加人および処分庁等に、参加人から意見書の提出があったときはこれを審査請求人および処分庁等に、それぞれ送付しなければなりません（30条3項）。

*3 プラスアルファ

審査庁となるべき行政庁は、審理員候補者名簿を作成する努力義務を負い、これを作成したときは公にしておく義務を負います（17条）。どのような職員が審理員に指名されるかは、審査請求をしようとする者からすれば重大な関心事だからです。
審理員候補者名簿を作成した場合には、当該名簿に記載されている候補者のうちから審理員を指名しなければなりません（9条1項かっこ書）。

行政不服審査法－審理手続等

37 不服申立ての審理手続③

重要度 B

講師からのアドバイス

審理手続における審査請求人の権利の拡充の観点から、口頭意見陳述における処分庁への質問（31条5項）や提出書類等の閲覧等（38条）が認められています。

1 口頭意見陳述の機会

　審査請求の審理は、書面によることを原則とします。しかし、その例外として、審査請求人または参加人の申立てがあった場合には、審理員は、当該申立てをした者に口頭で審査請求に係る事件に関する意見を述べる機会を与えなければなりません（31条1項本文）。 15-15 18-15 19-15 20-14 ＊1

　口頭意見陳述において、申立人は、審理員の許可を得て、補佐人とともに出頭することができます（31条3項）。

　口頭意見陳述に際し、申立人は、審理員の許可を得て、審査請求に係る事件に関し、処分庁等に対して、質問を発することができます（31条5項）。

2 証拠書類等の提出

　審査請求人または参加人は、証拠書類または証拠物を提出することができます（32条1項）。 20-14

　処分庁等は、当該処分の理由となる事実を証する書類その他の物件を提出することができます（32条2項）。

3 物件の提出要求等

　審理員は、審査請求人もしくは参加人の申立てによりまたは職権で、書類その他の物件の所持人に対し、相当の期間を定めて、その物件の提出を求めることができます（33条前段）。

　審理員は、審査請求人もしくは参加人の申立てによりまたは職権で、適当と認める者に、参考人としてその知っている事実の陳述を求め、または鑑定を求めることができます（34条）。

　審理員は、審査請求人もしくは参加人の申立てによりまたは職権で、必要な場所につき、検証をすることができます（35条1項）。＊2

4 審理関係人への質問

　審理員は、審査請求人もしくは参加人の申立てによりまたは職権で、審査請求に係る事件に関し、審理関係人に質問することができます（36条）。

＊1 **プラスアルファ**

審理員は、「申立人が、正当な理由なく、口頭意見陳述に出頭しないとき」は、審理手続を終結することができます（41条2項2号）。

＊2 **プラスアルファ**

不服申立制度は国民の権利利益の救済を図るとともに行政の適正な運営を確保することを目的とすることから、審理手続については、審査請求人・参加人の申立てによる場合のほか、職権によってすることも認められています。

5 審理手続の計画的遂行

審理員は、審査請求に係る事件について、審理すべき事項が多数であり、または錯綜しているなど事件が複雑であることその他の事情により、迅速かつ公正な審理を行うため、審理手続を計画的に遂行する必要があると認める場合には、期日および場所を指定して、審理関係人を招集し、あらかじめ、審理手続の申立てに関する意見の聴取を行うことができます（37条1項）。＊3

6 審査請求人等による提出書類等の閲覧等

審査請求人または参加人は、審理手続が終結するまでの間、審理員に対し、提出書類等の閲覧または写し等の交付を求めることができます（38条1項前段）。審理員は、第三者の利益を害するおそれがあると認めるとき、その他正当な理由があるときでなければ、その閲覧または写し等の交付を拒むことができません（38条1項後段）。 19-15 ＊4

7 手続の併合または分離

審理員は、必要があると認める場合には、数個の審査請求に係る審理手続を併合し、または併合された数個の審査請求に係る審理手続を分離することができます（39条）。

8 審理手続の終結

審理員は、必要な審理を終えたと認めるときは、審理手続を終結します（41条1項）。

審理員は、審理手続を終結したときは、遅滞なく、審査庁がすべき裁決に関する意見書（**審理員意見書**）を作成しなければなりません（42条1項）。審理員は、審理員意見書を作成したときは、速やかに、これを事件記録とともに、審査庁に提出しなければなりません（42条2項）。 16-15

9 行政不服審査会等への諮問

審査庁は、審理員意見書の提出を受けたときは、一定の場合を除き、**行政不服審査会等**に諮問しなければなりません（43条1項）。 16-15

＊3 ここに注意

迅速かつ公正な審理を行うために、審理手続を計画的に遂行する必要があると認める場合に、争点・証拠の整理を行うものです。

＊4 ここに注意

審査請求人・参加人に、処分の根拠を知り反論する機会を与える必要があるために設けられている手続です。

行政不服審査法－審理手続等

38 執行停止制度

重要度 B

旧行政不服審査法の中でも頻出でした。特に、裁量的執行停止は行政事件訴訟法にはない規定であり、そのため出題頻度が高くなっています。しっかりと暗記しておきましょう。

1 執行不停止の原則

審査請求をしても、処分の効力、処分の執行または手続の続行は妨げられません（執行不停止の原則／25条1項）。これは、みだりに審査請求をすることを予防し、行政の停滞を防ぐためです。 15-15

2 処分についての審査請求に係る執行停止

（1）執行停止の方法

執行停止の方法としては、①処分の効力・②処分の執行・③手続の続行の全部または一部の停止と、④その他の措置（係争処分に代わる別の処分を行うこと）の4種類があります。

このうち、処分の効力の停止（①）は、それ以外の措置（②〜④）のいずれかによって目的を達することができる場合には、することができません（25条6項）。 17-16

（2）執行停止の種類

執行停止には、(a)審査庁等が必要と認めたときに行うことができる裁量的執行停止と、(b)一定の要件がみたされたときに行わなければならない義務的執行停止とがあります。

(a) 裁量的執行停止

裁量的執行停止とは、審査庁が「必要があると認めるとき」にすることができる執行停止です（25条2項、3項）。

審査庁が処分庁の上級行政庁または処分庁であるか否かにより、その要件・取扱いが異なります。 17-16

審査庁が処分庁の上級行政庁または処分庁である場合	審査庁が処分庁の上級行政庁または処分庁でない場合
審査庁は、必要があると認めるときは、審査請求人の申立てによりまたは職権で、執行停止をすることができる（25条2項） 21-16	審査庁は、必要があると認めるときは、審査請求人の申立てにより、処分庁の意見を聴取したうえ、執行停止（処分の効力・処分の執行・手続の続行の停止以外の措置（④）を除く）をすることができる（25条3項） 21-14

(b) **義務的執行停止**

審査請求人の申立てがあった場合、処分、処分の執行または手続の続行により生ずる重大な損害を避けるため緊急の必要があると認めるときは、審査庁は、執行停止をしなければなりません（25条4項本文）。ただし、公共の福祉に重大な影響を及ぼすおそれがあるとき、または本案について理由がないとみえるときは、執行停止をしなくてもよいとされています（25条4項ただし書）。 17-16 21-14 ＊1

＊2

3 執行停止の取消し

執行停止をした後に、執行停止が公共の福祉に重大な影響を及ぼすことが明らかとなったとき、その他事情が変更したときは、執行停止決定を存続させると制度の趣旨に反するので、審査庁はその執行停止を取り消すことができます（26条）。 17-16 18-16 21-14

ここに注意

審査庁は、「重大な損害」を生ずるか否かを判断するにあたっては、損害の回復の困難な程度を考慮するものとし、損害の性質および程度ならびに処分の内容および性質をも勘案するものとします（25条5項）。

プラスアルファ

審理員は、必要があると認める場合には、審査庁に対し、執行停止をすべき旨の意見書を提出することができます（40条）。この意見書が提出されたときは、審査庁は、速やかに、執行停止をするかどうかを決定しなければなりません（25条7項）。

行政不服審査法－審理手続等

39 裁決

重要度 A

講師からの
アドバイス

処分が違法であれば認容裁決になるはずですが、公の利益を優先して請求を棄却してしまうのが、事情裁決です。

*1 プラスアルファ

事情裁決の主文では、当該処分が違法または不当であることを宣言しなければなりません（45条3項後段）。

*2 ここに注意

処分庁の上級行政庁または処分庁のいずれでもない審査庁は、処分庁に対する一般監督権や処分権を有しないため、変更することができないとされています。

*3 ここに注意

事実上の行為とは、公権力の行使にあたる事実上の行為、すなわち、人の収容、物の留置など当該活動によって国民の権利義務に具体的な影響を与えるものをいいます。

*4 ここに注意

撤廃とは、人身の拘束を解く・留置している物を返還するなど、事実上の行為を物理的にやめることを意味します。

1 裁決の時期

審査庁は、行政不服審査会等から諮問に対する答申を受けたときは、遅滞なく、裁決をしなければなりません（44条）。

2 処分についての審査請求の却下・棄却

処分についての審査請求が法定の期間経過後にされたものである場合その他不適法である場合には、審査庁は、裁決で、当該審査請求を却下します（45条1項）。 18-16

処分についての審査請求が「理由がない」場合には、審査庁は、裁決で、当該審査請求を棄却します（45条2項）。 16-16

審査請求に係る処分が違法または不当ではあるが、これを取り消し、または撤廃することにより公の利益に著しい障害を生ずる場合において、審査請求人の受ける損害の程度、その損害の賠償または防止の程度および方法その他一切の事情を考慮したうえ、処分を取り消し、または撤廃することが公共の福祉に適合しないと認めるときは、審査庁は、裁決で、当該審査請求を棄却することができます（事情裁決／45条3項前段）。 12-15 15-14 *1

3 処分についての審査請求の認容

処分（事実上の行為を除く）についての審査請求が「理由がある」場合には、審査庁は、裁決で、当該処分の全部もしくは一部を取り消し、またはこれを変更します（46条1項本文）。ただし、審査庁が処分庁の上級行政庁または処分庁のいずれでもない場合には、当該処分を変更することはできません（46条1項ただし書）。 12-15 *2

事実上の行為についての審査請求が「理由がある」場合には、審査庁は、裁決で、当該事実上の行為が違法または不当である旨を宣言するとともに、次の①②に掲げる審査庁の区分に応じ、撤廃・変更の措置をとります（47条本文）。ただし、審査庁が処分庁の上級行政庁以外の審査庁である場合には、当該事実上の行為を変更すべき旨を命ずることはできません（47条ただし書）。 15-14 19-14 *3 *4

事実上の行為についての審査請求が「理由がある」場合の措置

① 処分庁以外の審査庁	当該処分庁に対し、当該事実上の行為の全部もしくは一部を撤廃し、またはこれを変更すべき旨を命ずる
② 処分庁である審査庁	当該事実上の行為の全部もしくは一部を撤廃し、またはこれを変更する

　審査庁は、審査請求人の不利益に当該処分を変更し、または当該事実上の行為の変更を命じ、もしくは変更することはできません（不利益変更の禁止／48条）。 16-16 21-16

4 不作為についての審査請求の裁決

　審査請求が当該不作為に係る処分についての申請から相当の期間が経過しないでされたものである場合その他不適法である場合には、審査庁は、裁決で、当該審査請求を却下します（49条1項）。 16-16 20-16

　審査請求が「理由がない」場合には、審査庁は、裁決で、当該審査請求を棄却します（49条2項）。 20-16

　審査請求が「理由がある」場合には、審査庁は、裁決で、当該不作為が違法または不当である旨を宣言します（49条3項前段）。審査庁は、当該申請に対して一定の処分をすべきものと認めるときは、次の①②に定める措置をとります（49条3項後段）。 12-15 15-14 16-16 20-16

不作為についての審査請求が「理由がある」場合の措置

① 不作為庁の上級行政庁である審査庁	当該不作為庁に対し、当該処分をすべき旨を命ずる
② 不作為庁である審査庁	当該処分をする

5 裁決の方式

　裁決は、①主文、②事案の概要、③審理関係人の主張の要旨、④理由を記載し、審査庁が記名押印した裁決書によりしなければなりません（50条1項）。 16-16

6 裁決の効力

　裁決は、審査請求人等に送達された時に、その効力を生じます（51条1項）。裁決は行政行為の一種であることから、公定力および不可争力があります。また、争訟手続を経てなされることから、不可変更力があります。さらに、裁決は、関係行政庁を拘束します（拘束力／52条1項）。＊5

＊5
プラスアルファ
申請に基づいてした処分が手続の違法もしくは不当を理由として裁決で取り消され、または申請を却下し、もしくは棄却した処分が裁決で取り消された場合には、処分庁は、裁決の趣旨に従い、改めて申請に対する処分をしなければなりません（52条2項）。

40 教示制度、情報の提供・公表

行政不服審査法－審理手続等

重要度 B

講師からのアドバイス

特に、行政庁が教示をしなかった場合と誤った教示をした場合について、理解しましょう。

1 教示の種類

(1) 職権による教示

　行政庁は、不服申立てをすることができる処分をする場合には、処分の相手方に対し、①当該処分につき不服申立てをすることができる旨、②不服申立てをすべき行政庁、③不服申立てをすることができる期間を書面で教示しなければなりません（82条1項本文）。ただし、当該処分を口頭でする場合は、この限りでないとされています（82条1項ただし書）。
14-15　17-26

(2) 利害関係人からの求めによる教示

　行政庁は、利害関係人から、①当該処分が不服申立てをすることができる処分であるかどうか、②当該処分が不服申立てをすることができるものである場合における不服申立てをすべき行政庁、③不服申立てをすることができる期間につき教示を求められたときは、当該事項を教示しなければなりません（82条2項）。教示を求めた者が書面による教示を求めたときは、当該教示は、書面でしなければなりません（82条3項）。14-15

2 教示の不備等に対する救済措置

(1) 行政庁が教示をしなかった場合

　行政庁が教示をしなかった場合には、当該処分について不服がある者は、当該処分庁に不服申立書を提出することができます（83条1項）。

　処分庁に不服申立書が提出された場合に、①当該処分が処分庁以外の行政庁に対し審査請求をすることができる処分であるときは、処分庁は、速やかに、当該不服申立書を当該行政庁に送付しなければならず（83条3項）、これにより不服申立書が送付されたときは、初めから当該行政庁に審査請求がされたものとみなされます（83条4項）。②それ以外のときは、初めから処分庁に審査請求がされたものとみなされます（83条5項）。

452

(2) 行政庁が誤った教示をした場合

　審査請求をすることができる処分につき、処分庁が誤って審査請求をすべき行政庁でない行政庁を審査請求をすべき行政庁として教示した場合において、その教示された行政庁に書面で審査請求がされたときは、当該行政庁は、速やかに、審査請求書を処分庁または審査庁となるべき行政庁に送付し、かつ、その旨を審査請求人に通知しなければなりません（22条1項）。処分庁に審査請求書が送付されたときは、処分庁は、速やかに、これを審査庁となるべき行政庁に送付し、かつ、その旨を審査請求人に通知しなければなりません（22条2項）。これにより審査請求書が審査庁となるべき行政庁に送付されたときは、初めから審査庁となるべき行政庁に審査請求がされたものとみなされます（22条5項）。 14-15 *1

3 情報の提供・公表

(1) 情報の提供

　不服申立てにつき裁決等をする権限を有する行政庁は、不服申立てをしようとする者または不服申立てをした者の求めに応じ、不服申立書の記載に関する事項その他の不服申立てに必要な情報の提供に努めなければなりません（84条）。

(2) 公表

　不服申立てにつき裁決等をする権限を有する行政庁は、当該行政庁がした裁決等の内容その他当該行政庁における不服申立ての処理状況について公表するよう努めなければなりません（85条）。

---

*1

 プラスアルファ

審査請求をすることができる処分のうち「再調査の請求をすることができない処分」につき、処分庁が誤って再調査の請求をすることができる旨を教示した場合において、当該処分庁に再調査の請求がされたときは、処分庁は、速やかに、再調査の請求書または再調査の請求録取書を審査庁となるべき行政庁に送付し、かつ、その旨を再調査の請求人に通知しなければなりません（22条3項）。

行政事件訴訟法－総説

41 行政事件訴訟法総説

重要度 A

訴訟類型のうち、本試験で重要なものは主観訴訟です。中でも、取消訴訟が出題の中心になります。

1 意義

行政事件訴訟は、裁判によって違法な行政活動を是正し、違法な行政活動によって権利利益を侵害された国民の救済を図るものです。

2 沿革

明治憲法下では、ドイツにならって、「民事事件・刑事事件」と「行政事件」を制度上分離し、行政裁判制度を採用していました（明治憲法61条）。

第2次世界大戦後、アメリカの影響を受けた日本国憲法が制定され、行政裁判制度が廃止されました（憲法76条1項、裁判所法3条1項）。その結果、行政事件も、民事事件・刑事事件と同じように司法裁判所が審理することになりました。

司法裁判所における行政事件の手続については、1948年に行政事件訴訟特例法が制定され、その後、1962年に行政事件訴訟法が制定されました。 14-1

3 2004（平成16）年改正

行政事件訴訟法は、私人の権利救済の拡大という観点から、2004（平成16）年に大幅に改正されました。

平成16年行政事件訴訟法改正のポイントは、次のとおりです。 12-17

① 救済範囲の拡大（取消訴訟の原告適格の拡大、義務付け訴訟の法定、差止訴訟の法定、確認訴訟を当事者訴訟の一類型として明示）

② 審理の充実・促進（釈明処分の特則の制度の新設）

③ 行政訴訟をより利用しやすく、わかりやすくするための仕組み（抗告訴訟の被告適格の簡明化、抗告訴訟の管轄裁判所の拡大、出訴期間の延長、教示制度の新設）

④ 本案判決前における仮の救済制度の整備（執行停止の要件の緩和、仮の義務付け・仮の差止めの制度の新設）

4 訴訟類型

訴訟の種類として、①抗告訴訟、②当事者訴訟、③民衆訴訟、④機関訴訟があり（2条）、これらは主観訴訟と客観訴訟に大別されます。

(1) 主観訴訟

主観訴訟とは、国民の権利利益の保護を目的とする訴訟をいい、抗告訴訟と当事者訴訟があります。抗告訴訟とは、行政庁の公権力の行使に関する不服の訴訟（3条1項）をいい、当事者訴訟は、当事者間で公法上の法律関係を争う訴訟（4条）をいいます。 12-44 13-43 14-16

(2) 客観訴訟

客観訴訟とは、個人の権利・利益とは別に、行政活動の適法性の確保や客観的な法秩序の維持を目的とする訴訟をいいます。これには民衆訴訟と機関訴訟があり、法律に定める場合、法律に定める者に限り、提起することができます（42条）。
15-21

行政事件訴訟の類型

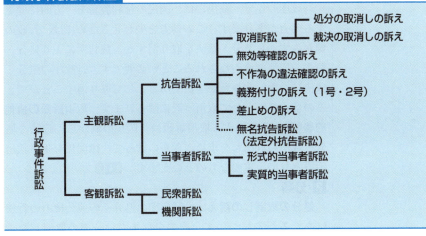

行政事件訴訟法－取消訴訟

42 取消訴訟総説

重要度 A

本試験で出題される取消訴訟の問題は、訴訟要件に関するものが中心です。

> 第3条【抗告訴訟】
> 2 この法律において「処分の取消しの訴え」とは、行政庁の処分その他公権力の行使に当たる行為（次項に規定する裁決、決定その他の行為を除く。以下単に「処分」という。）の取消しを求める訴訟をいう。
> 3 この法律において「裁決の取消しの訴え」とは、審査請求その他の不服申立て（以下単に「審査請求」という。）に対する行政庁の裁決、決定その他の行為（以下単に「裁決」という。）の取消しを求める訴訟をいう。

1 意義

取消訴訟は、行政庁の処分・裁決について、その全部または一部の取消しを求め、その処分・裁決の法的効力をさかのぼって消滅させる訴えをいいます。

行政庁の処分・裁決には、国民の権利義務を一方的に変更する効力があります。この効力を失わせるためには、行政の側がみずから処分・裁決を取り消すか、裁判所により処分・裁決の取消判決がなされることが必要です。行政庁の処分・裁決につき、裁判所が違法であるとして取り消すことができるのは、原則として取消訴訟に限られます（取消訴訟の排他的管轄）。それゆえ、取消訴訟は、国民の側から、違法な処分・裁決の取消しを求め、さかのぼって法律関係を正す救済手段として、重要なものといえます。 13-17

2 分類

処分の取消しの訴えは、行政庁の処分その他公権力の行使にあたる行為について、その全部または一部の取消しを求め、当該行為の法的効力をさかのぼって消滅させる形成訴訟です。「行政庁の処分」とは、講学上の行政行為の概念にほぼ等しいものが、「その他公権力の行使に当たる行為」には、行政庁が一方的に受忍を強要する事実行為が含まれます。

裁決の取消しの訴えは、審査請求その他の不服申立てに対する行政庁の裁決、決定その他の行為（以下単に「裁決」という。）の取消しを求める訴訟をいいます。 17-18

●行政事件訴訟法

　裁決も行政処分の一種ですが、行政不服申立てと取消訴訟という２種類の争訟手続を交通整理するため、取消訴訟は、処分の取消しの訴えと裁決の取消しの訴えに区分されます。

取消訴訟

処分の取消しの訴え	行政庁の処分その他公権力の行使にあたる行為（裁決、決定その他の行為を除く）の取消しを求める訴訟（３条２項）
裁決の取消しの訴え	審査請求その他の不服申立てに対する行政庁の裁決、決定その他の行為の取消しを求める訴訟（３条３項）

　不服申立てに対する行政庁の終局的な応答行為は、たとえ「裁決」または「決定」という名称でなかったとしても、行政事件訴訟法上の「裁決」として取消訴訟の対象となります。

3 取消訴訟の訴訟要件

　行政事件訴訟法は、取消訴訟の手続に関する条文を定めたうえで、それ以外の訴訟類型に、取消訴訟に関する規定を準用する構造になっています（取消訴訟中心主義）。

　取消訴訟を提起するには、一定の訴訟要件をみたす必要があります。訴訟要件とは、訴えが適法であるための要件をいいます。訴訟要件を欠く訴えは、不適法なものとして却下されます。 13-44

　訴訟要件には、民事訴訟と共通するものもあれば、取消訴訟に特有のものもあります。取消訴訟特有の訴訟要件として、(1)処分性、(2)原告適格、(3)訴えの客観的利益（狭義の訴えの利益）、(4)被告適格、(5)出訴期間、(6)裁判所の管轄に属すること等が挙げられます。

第３編 行政法

行政事件訴訟法

457

43 処分性（取消訴訟の対象）

行政事件訴訟法－取消訴訟

重要度 A

講師からのアドバイス

行政事件訴訟法の山場の1つが、処分性です。処分性の定義を、判例を通じて1つ1つ理解していきましょう。

1 総説

取消訴訟の対象となる処分について、判例（最判昭39.10.29）は、行政庁の法令に基づく行為のすべてを意味するのではなく、**公権力の主体たる国または公共団体が行う行為のうちで、その行為により直接国民の権利義務を形成しまたはその範囲を確定することが法律上認められているもの**とします。

この取消訴訟の対象となる行政処分を、「処分性を有する」といい、それが認められるかどうかは、①**公権力性**、②国民の権利義務に対する**個別・具体的な法的地位の変動**などを考慮して判断されます。

2 処分性の有無に関する判例

判例の処分性の認定に従うと、例えば、私法上の契約は権力性を欠くことから、処分性は認められません。また、行政組織の内部的行為は、国民に対し法的効果を持たないため、処分性を有しませんし、事実行為も法的効果を伴わないことから、処分性は認められないことになります。もっとも、一定の権力的事実行為は、「その他公権力に当たる行為」（3条2項）として処分性が認められます。

処分性に関する判例

処　分	処分性の有無	理　由
墓地・埋葬に関する通達 （最判昭43.12.24）	×	通達は、下級行政機関および職員に対する行政組織内部における命令にすぎず、一般国民は直接拘束されない。 21-25
上級庁による認可 （最判昭53.12.8）	×	上級行政機関の下級行政機関に対する認可は、監督手段としての承認の性質を有するものであり、行政行為としての外部に対する効力を有するものではない。
輸入禁制品該当の通知 （最判昭54.12.25）	○	関税定率法（現・関税法）に基づく税関長の通知は、適法に輸入できなくなるという法律上の効果を及ぼすものである。 12-18

● 行政事件訴訟法

2項道路の 一括指定告示 (最判平14.1.17)	○	建築基準法に基づく2項道路の一括指定の告示は、その定める要件をみたす個々の土地に具体的な法的効果を及ぼすことになり、個人の権利義務に対して直接影響を与える。 16-19 18-25
病院開設 中止の勧告 (最判平17.7.15)	○	医療法の規定に基づく病院開設中止の勧告は行政指導とされてはいるが、これを受けた者が従わない場合には、相当程度の確実さをもって、病院を開設しても保険医療機関の指定を受けることができなくなり、開設自体を断念せざるを得なくなる。 12-18 16-19
食品衛生法に 基づく通知 (最判平16.4.26)	○	当該食品が食品衛生法違反である旨の通知によって、関税法上の確認および輸入の許可も受けられなくなり、輸入申告書を提出しても受理されずに返却されるという法的効力を有する。
労災就学援護費の 支給決定 (最判平15.9.4)	○	労働者災害補償保険法に基づいて労働基準監督官が行う労災就学援護費の支給に関する決定は、法を根拠とする優越的地位に基づいて一方的に行う公権力の行使であり、被災労働者またはその遺族の権利に直接影響を及ぼす法的効果を有する。
簡易水道事業条例 制定行為の処分性 (最判平18.7.14)	×	水道料金の改定を内容とする供給規定を定めた簡易水道事業条例の制定行為について、水道料金を一般的に改定するものであって、そもそも限られた特定の者に対してのみに適用されるものではない。 12-18 16-25
保育所廃止条例 制定行為 (最判平21.11.26)	○	保育所の廃止を定める条例は、他の行政処分を経ずにその施行により保育所廃止の効果を発生させ、廃止される保育所に現に入所中の児童・保護者という「限られた特定の者」に対し、直接、当該保育所において保育を受けることを期待しうる法的地位を奪うため、行政庁の処分と実質的に同視しうる。 12-18 16-19 18-26
土地区画整理 事業計画 (最判平20.9.10)	○	① 施行地区内の宅地所有者等は、事業計画の決定により、建築行為等の制限、原状回復等の命令等の規制を伴う土地区画整理事業の手続に従って換地処分を受けるべき地位に立たされ、法的地位に直接的な影響が生ずる。 ② 換地処分等の取消訴訟において、事業計画の違法の主張が認められても、事情判決がされる可能性が相当程度あり、実効的な救済のため、事業計画の決定がされた段階で、処分性を認めて取消訴訟の提起を認めるべきである。 16-19
第二種市街地 再開発事業計画 (最判平4.11.26)	○	① 第二種市街地再開発事業の決定は、その公告の日から、土地収用法上の事業の認定と同一の法律効果を生ずる。 ② 本決定の公告により、市町村は、収用権限を取得し、土地所有者等は、特段の事情のない限り自己の所有地等が収用されるべき地位に立たされることになり、施行地区内の土地の所有者等の法的地位に直接的な影響を及ぼすものである。

第3編 行政法

行政事件訴訟法

459

行政事件訴訟法-取消訴訟

44 原告適格

重要度 A

講師からの
アドバイス

行政事件訴訟法のもう1つの山場が、原告適格です。まずは、法律上保護された利益説を理解しましょう。

> **第9条【原告適格】**
> 1　処分の取消しの訴え及び裁決の取消しの訴え（以下「取消訴訟」という。）は、当該処分又は裁決の取消しを求めるにつき法律上の利益を有する者（処分又は裁決の効果が期間の経過その他の理由によりなくなつた後においてもなお処分又は裁決の取消しによつて回復すべき法律上の利益を有する者を含む。）に限り、提起することができる。
> 2　裁判所は、処分又は裁決の相手方以外の者について前項に規定する法律上の利益の有無を判断するに当たつては、当該処分又は裁決の根拠となる法令の規定の文言のみによることなく、当該法令の趣旨及び目的並びに当該処分において考慮されるべき利益の内容及び性質を考慮するものとする。この場合において、当該法令の趣旨及び目的を考慮するに当たつては、当該法令と目的を共通にする関係法令があるときはその趣旨及び目的をも参酌するものとし、当該利益の内容及び性質を考慮するに当たつては、当該処分又は裁決がその根拠となる法令に違反してされた場合に害されることとなる利益の内容及び性質並びにこれが害される態様及び程度をも勘案するものとする。

1 意義

取消訴訟は、当該処分または裁決の取消しを求めるにつき「法律上の利益」を有する者のみが原告適格を有し取消訴訟を提起できます（9条1項）。 13-14 14-14 17-18 ＊1

2 「法律上の利益」の意義

判例は、「法律上の利益」を有する者とは「当該処分により自己の権利若しくは法律上保護された利益を侵害されるおそれのある者」をいい、ここにいう「法律上保護された利益とは、行政法規が私人等権利主体の個人的利益を保護することを目的として行政権の行使に制約を課していることにより保障されている利益であって、それは、行政法規が他の目的、特に公益の実現を目的として行政権の行使に制約を課している結果たまたま一定の者が受けることとなる反射的利益とは区別されるべきものである」として、**法律上保護された利益説をとることを明らかに**しています（主婦連ジュース不当表示事件／最判昭53.3.14）。＊2

＊1

ことばの意味

原告適格
個別具体の事件においてこれを有し、取消訴訟を提起することができる資格をいいます。

＊2

プラスアルファ

行政法規が公益の実現を目的として行政権の行使に制約を課している結果、たまたま一定の者が受ける利益は、反射的利益（事実上の利益）であり、法律上保護された利益とはいえません。

●行政事件訴訟法

3 解釈規定（9条2項）

　行政庁が**侵害的処分**を行った場合（例えば、営業許可を受けて飲食店を経営している者に対し、営業停止処分をする場合）、処分の相手方は、その処分により自己の権利利益を侵害されるから、その処分の取消しの訴えにつき原告適格を有することが明らかです。これに対し、行政庁が**授益的処分**を行った場合、処分の相手方が取消しを求める法律上の利益は、通常、存在しません。

　原告適格の有無が問題となる場合の多くは、授益的処分がなされ、その処分の相手方以外の第三者が何らかの不利益を被るとして、その処分の取消しを求める場合です。

　9条2項は、「処分又は裁決の相手方以外の者」について「法律上の利益」の有無を判断する際の考慮要素を法定することにより、実質的に原告適格の範囲を拡大しているといえます。`17-18`

　9条2項は、「当該処分又は裁決の根拠となる法令の規定の文言のみによることなく」という全体にかかる解釈方針を示したうえで、次の4つの必要的考慮要素を掲げています。`12-17`

9条2項の構造

① 当該処分・裁決の根拠法令の趣旨・目的を考慮
　└── ③ 当該法令と目的を共通にする関係法令の趣旨・目的をも参酌
② 当該処分において考慮されるべき利益の内容・性質を考慮
　└── ④ 当該処分・裁決が違法とされた場合の侵害利益の内容・性質、これが害される態様・程度をも勘案

第3編 行政法

行政事件訴訟法

行政事件訴訟法－取消訴訟

45 原告適格の有無が問題となった判例

重要度 A

原告適格を肯定した判例

取消訴訟の対象	原告適格の有無	判旨
公衆浴場法に基づく営業許可処分（最判昭37.1.19）	○ 既存業者	公衆浴場法は、被許可者の濫立による経営の不合理化から既存業者を保護する目的があり、適正な許可制度の運用によって保護されるべき業者の営業上の利益は、単なる事実上の反射的利益というにとどまらない法的利益である。 14-17
電波法に基づく放送免許処分（最判昭43.12.24）	○ 競願者への放送免許につき拒否処分を受けた者	係争する同一周波をめぐって競願関係にある場合、一方に対する拒否処分と他方に対する免許付与とは、表裏の関係にあり、拒否処分を受けた者は、競願者に対する免許処分の取消しを訴えることができる。
森林法に基づく保安林指定解除処分（最判昭57.9.9）	○ 地域住民	森林法は、森林の存続によって不特定多数の受ける生活利益のうち一定範囲のものを公益と並んで保護すべき個人の個別的利益と捉え、かかる利益の帰属者に対し保安林の指定につき「直接の利害関係を有する者」としてその利益を主張することができる地位を法律上付与している。 14-17
航空法に基づく定期航空運送事業免許処分（最判平元.2.17）	○ 空港周辺住民	新たな定期航空運送事業免許に係る路線の使用飛行場の周辺に居住し、航行する航空機の騒音によって社会通念上著しい障害を受けることとなる者は、免許の取消しを求める法律上の利益を有する。 14-17 21-19
原子炉等規制法に基づく原子炉設置許可処分（最判平4.9.22）	○ 周辺住民	原子炉等規制法は、単に公衆の生命、身体の安全、環境上の利益を一般的公益として保護するだけでなく、原子炉施設周辺に居住し、事故等がもたらす災害により直接的かつ重大な被害を受けることが想定される範囲の住民の生命、身体の安全等を個々人の個別的利益としても保護する趣旨を含む。その住民の範囲は、当該住民の居住する地域と原子炉との距離関係を中心として、社会通念に照らし、合理的に判断される。 13-17
都市計画法29条に基づく開発許可処分（最判平9.1.28）	○ 周辺住民	開発許可の要件を定める都市計画法33条１項7号は、がけ崩れ等による被害が直接的に及ぶことが想定される開発区域内外の一定範囲の地域の住民の生命、身体の安全等を、個々人の個別的利益として保護する趣旨も含み、近隣住民は法律上の利益を有する。
建築基準法59条の2第1項に基づく総合設計許可及び建築確認（最判平14.1.22）	○ 周辺住民	建築基準法は、日照・通風・採光等にあわせて、火災時の延焼防止も目的とし、当該許可に係る建築物の倒壊、延焼の被害が直接に及ぶことが想定される周辺の居住者の生命・身体・財産も個々人の個人的利益として保護する趣旨も含まれ、周辺住民等は、当該総合設計許可の取消しを求める法律上の利益を有する。

462

● 行政事件訴訟法

都市計画法に基づく都市計画事業認可 （最判平17.12.7）	○ 都市計画事業地の周辺住民	都市計画法は、事業地の周辺地域に居住する住民に対し、違法な事業に起因する騒音、振動等によって健康・生活環境に著しい被害を受けないという具体的利益を保護するものであり、周辺住民のうち当該事業が実施されることにより騒音、振動等による健康または生活環境に著しい被害を直接的に受けるおそれのある者は原告適格を有する。 21-19
自転車競技法に基づく場外車券発売施設設置許可 （最判平21.10.15）	○ 施設周辺の医療施設の開設者	当該場外施設の設置、運営に伴い著しい業務上の支障が生ずるおそれがあると位置的に認められる区域に医療施設等を開設する者は、原告適格を有する。 14-17

原告適格を否定した判例

取消訴訟の対象	原告適格の有無	判　旨
質屋営業法に基づく営業許可処分 （最判昭34.8.18）	× 既存業者	質屋営業法は公益的見地から規制を定めるもので既存業者の権益保護を目的とするものではない。同法に違反する質屋が近所に許可されたため既存の質屋が営業上不利益を受けても、それは反射的利益の侵害にすぎず、既存の質屋には原告適格は認められない。
住居表示に関する法律および地方自治法260条1項に基づく特別区長の町名変更決定 （最判昭48.1.19）	× 区域内の住民や区域内の土地について関係を有する者	町名は、住民の日常生活にとって密接な関係を持つものであるが、利益不利益は、通常、当該土地を含む区域に現にその特定の名称が付されていることから生ずる事実上のものであるにすぎず、直ちに現在の町名をみだりに変更されないという利益が法的に保障されているわけではなく、他の特定の町名に変更すべきことを求める権利を有するものではない。
景表法に基づくジュースの表示に関する規約の認定 （最判昭53.3.14）	× 一般消費者	景表法の目的とするところは公益の実現にあり、一般消費者が受ける利益は、同法の規定の目的である公益の保護の結果として生ずる反射的な利益ないし事実上の利益であって、法律上保護される利益とはいえない。 21-19
公有水面埋立法に基づく埋立免許処分及び竣工認可処分 （最判昭60.12.17）	× 周辺水面に漁業権を有する者	公有水面埋立法（昭和48年改正前の）4条には、埋立水面の周辺の水面において漁業権を有するにすぎない者の保護を目的に、埋立免許権または竣工認可権の行使に制約を課す明文の規定はなく、また解釈からかかる制約を導くことも困難である。
文化財保護法及び文化財保護条例に基づく史跡指定解除処分 （最判平元.6.20）	× 学術研究者	県民・国民が史跡等の文化財の保存・活用から受ける個々人の個別的利益は、本来本件条例および法がその目的としている公益の中に吸収解消され、その保護は、専ら右公益の実現を通じて図ることとしているものと解され、学術研究者について、一般の県民・国民が文化財の保護・活用から受ける利益を超えてその保護を図ろうとする趣旨を認めることはできない。 21-19

第3編 行政法
行政事件訴訟法

463

行政事件訴訟法－取消訴訟

46 その他の訴訟要件

重要度 A

1 狭義の訴えの利益

狭義の訴えの利益（訴えの客観的利益）とは、訴訟を維持する客観的事情・実益をいい、訴訟要件の1つです。

訴訟は、当事者に現実的な救済を与えることを目的とするものであり、処分または裁決の効果が期間の経過などによりなくなった場合は、訴えの利益を欠き、訴えが却下されるのが原則です。もっとも、それでもなお取消しによって**回復すべき法律上の利益を有するとき**（9条1項かっこ書）は、訴えの利益は失われません。 16-17 17-17

狭義の訴えの利益に関する判例　　○＝存続　×＝消滅

取消しを求める処分	訴え提起後の事情	訴えの利益
保安林指定の解除 （最判昭57.9.9）	代替施設の整備　20-17	×
生活保護の変更決定 （朝日訴訟／ 最判昭42.5.24）	受給者の死亡　16-26	×
建築確認 （最判昭59.10.26）	建築工事の完了 13-44　20-17	×
保育所廃止条例制定行為 （最判平21.11.26）	保育の実施期間の満了 14-18	×
運転免許停止＊1 （最判昭55.11.25）	処分後無違反無処分で1年経過	×
運転免許取消＊2 （最判昭40.8.2）	免許の有効期間の経過	○
公務員の免職＊3 （最判昭40.4.28）	公職の候補者への立候補	○
公文書の非公開決定 （最判平14.2.28）	書証として提出された 14-18　20-25	○
風営法上の 営業停止処分＊4 （最判平27.3.3）	処分の効果が期間の経過により消滅したが、この処分歴により将来の処分の量定が加重される旨の処分基準がある　19-42	○
市街化調整区域内の開発許可 （最判平27.12.14）	開発工事の完了　20-17	○

ここでは、特に狭義の訴えの利益の判例と出訴期間が重要です。

＊1 判例ゼミ

運転免許停止処分の日から1年間を無違反無処分で経過した場合には、前歴のない者とみなされるため、訴えの利益が失われるとされています（最判昭55.11.25）。

＊2 判例ゼミ

運転免許取消処分の取消訴訟の係属中に免許の有効期間が経過した場合でも、取消処分が取り消されれば、免許の更新手続により免許を維持できるため、訴えの利益は失われないとされています（最判昭40.8.2）。

＊3 判例ゼミ

免職処分を受けた公務員が公職の候補者に立候補した場合には、公職選挙法により立候補の届出の日に公務員の地位を辞職したとみなされますが、免職処分が取り消されれば、給料請求権等を回復することができるため、訴えの利益は失われないとされています（最判昭40.4.28）。

● 行政事件訴訟法

2 被告適格

取消訴訟の被告は、原則として、処分または裁決をした行政庁の所属する行政主体（国または公共団体）です（11条1項各号）。もっとも、処分または裁決をした行政庁がいずれの行政主体にも所属しない場合には、当該行政庁が被告です（11条2項）。 17-26 19-18 20-44 21-18 ＊5

3 裁判管轄

被告の普通裁判籍の所在地を管轄する裁判所または処分等をした行政庁の所在地を管轄する地方裁判所が扱うのが原則ですが（12条1項）、当事者の便宜その他の事情から、異なる裁判所への提起が許される場合もあります（特別裁判籍／12条2項、3項、特定管轄裁判所／12条4項）。 21-18 ＊6

4 出訴期間

取消訴訟は、正当な理由がある場合を除き処分または裁決があったことを知った日から6カ月以内に提起しなければなりません（14条1項）。 12-16 17-17 17-26 20-18

また、原告の知・不知にかかわらず、正当な理由がある場合を除き処分または裁決の日から1年を経過したときは、提起することができません（14条2項）。 17-17 17-26

5 不服申立前置

(1) 自由選択主義

国民が行政庁の処分を争う場合、行政上の不服申立てと取消訴訟のいずれを選択してもよいことを原則とします（8条1項本文）。 12-25 21-18 ＊7

(2) 不服申立前置主義（審査請求前置主義）

個別の法律（例えば、生活保護法69条など）に、処分についての審査請求に対する裁決を経た後でなければ処分の取消しの訴えを提起することができない旨の定めがあるときは、あらかじめ審査請求に対する裁決を経た後でなければ取消訴訟を提起することができません（8条1項ただし書）。

もっとも、①審査請求があった日から3カ月を経過しても裁決がないとき、②処分、処分の執行または手続の続行により生ずる著しい損害を避けるため緊急の必要があるとき、③裁決を経ないことにつき正当な理由があるときは、裁決を経ないで、処分の取消しの訴えを提起することができます（8条2項）。

＊4 判例ゼミ

公にされている処分基準に、先行処分を受けたことを理由に後行処分に係る量定を加重する旨の不利益取扱いの定めがある場合、先行処分の効果が期間の経過によりなくなった後においても、当該処分基準の定めにより不利益な取扱いを受けるべき期間内は、訴えの利益は失われないとされています（最判平27.3.3）。

＊5 プラスアルファ

被告とすべき行政主体または行政庁がない場合、当該処分または裁決に係る事務の帰属する行政主体を被告として提起しなければなりません（11条3項）。

＊6 ことばの意味

普通裁判籍
裁判所の管轄区域と事件とを結びつける地点を裁判籍といいますが、事件の種類・内容を問わず、一般的に認められる裁判籍をいいます。

＊7 プラスアルファ

同一の処分に対して取消訴訟と審査請求がともになされた場合、裁判所は審査請求に対する裁決があるまで訴訟手続を中止することができます（8条3項）。

第3編 行政法 行政事件訴訟法

465

行政事件訴訟法－取消訴訟

47 取消訴訟の審理手続① 重要度 A

取消事由の制限は頻出です。必ずおさえておきましょう。

1 審理手続の流れ

取消訴訟が提起されると、まず、裁判所は、訴訟要件の有無について審理します（要件審理）。

訴訟要件が具備されている場合には、次に、当該処分等に違法があるかどうかを審理します（本案審理）。

審理を経て、裁判所は、判決をすることになります。

2 取消訴訟の審理対象

(1) 取消訴訟の訴訟物

訴訟における本案審理の対象のことを「訴訟物」といいます。取消訴訟の訴訟物については、係争処分の違法性一般をいい、個々の違法事由ではないと解されています。

(2) 違法判断の基準時

取消訴訟は、処分の適法性を事後的に審査するものですから、係争処分がなされた時点を基準に違法性が判断されます（最判昭27.1.25）。

(3) 取消事由の制限

取消訴訟の訴訟物が係争処分の違法性一般であることから、訴訟当事者は、当該処分の違法性を基礎づけるあらゆる事由を主張・立証することができるはずです。

しかし、行政事件訴訟法は、2つの例外を定めています。

(a) 自己の法律上の利益に関係のない違法事由

取消訴訟の原告は、「自己の法律上の利益に関係のない違法」を理由として、取消しを求めることができません（10条1項）。原告適格が認められても、原告が「自己の法律上の利益に関係のない違法」しか主張しないときは、請求が棄却されます。 12-16 13-14 16-17 18-42 19-19

(b) 原処分主義

「処分」の取消しの訴えとその処分についての審査請求を棄却した「裁決」の取消しの訴えとを提起することができる場合には、「裁決」の取消しの訴えにおいては、「処分」の違法を理由として取消しを求めることができません（原処分主義／10条2項）。 14-14 15-44 18-42

*1 ことばの意味

弁論主義
裁判の基礎となる事実の主張および証拠の収集・提出を当事者の責任かつ権能とする建前をいい、私的自治の原則を訴訟過程に反映させたもので、訴訟当事者の意思の尊重に根拠を置くものです。

これは、処分の取消しの訴えと裁決の取消しの訴えの交通整理をする趣旨です。すなわち、両方の訴えを提起することができる場合、原処分の違法性を争うならば、原処分の取消しの訴えを提起すべきであり、裁決固有の違法を争うならば、裁決の取消訴訟を提起することになります。

3 審理の基本原理

(1) 審理手続

行政事件訴訟法は、審理について必ずしも多くの規定を置いておらず、行政事件訴訟の本質に反しない限りで民事訴訟についての規定等が準用されます（7条）。 14-42 15-25

民事訴訟の審理に関する基本原理のうち、弁論主義は事案解明に関する原理として行政事件訴訟にも原則的に妥当します。もっとも、取消訴訟では、公益実現と関係する行政行為の適法性が審理対象となるため、真実発見の要請が強く、弁論主義は一定の修正を受けます。 13-18 ＊1

(2) 職権証拠調べ

裁判所は、必要があると認めるときは、職権で、証拠調べをすることができます（職権証拠調べ／24条本文）。職権証拠調べは、裁判所が当事者の主張する事実の証拠調べをするにとどまり、当事者が主張しない事実まで探知、斟酌するという職権探知主義を含まないとされます。 13-18 ＊2

職権証拠調べ・職権探知

	職権証拠調べ	職権探知
不服申立て	○	○
行政事件訴訟	○	×

(3) 釈明処分の特則

釈明処分の特則は、民事訴訟法151条の特則を定めたものです。すなわち、訴訟関係を明瞭にするため、必要があると認めるときは、裁判所は、被告である行政庁等に対し、その保有する資料等の全部または一部の提出等を求めることができます（23条の2）。この釈明処分は被告に対してのみ行う点で、民事訴訟法の特則であるといえます。＊3

＊2
 プラスアルファ

行政事件訴訟法とは異なり、行政不服審査法は、職権探知主義を認めていると解されています。

＊3
 プラスアルファ

民事訴訟法151条
1　裁判所は、訴訟関係を明瞭にするため、次に掲げる処分をすることができる。
　一　当事者本人又はその法定代理人に対し、口頭弁論の期日に出頭することを命ずること。
　二　口頭弁論の期日において、当事者のため事務を処理し、又は補助する者で裁判所が相当と認めるものに陳述をさせること。
　三　訴訟書類又は訴訟において引用した文書その他の物件で当事者の所持するものを提出させること。
　四　当事者又は第三者の提出した文書その他の物件を裁判所に留め置くこと。
　五　検証をし、又は鑑定を命ずること。
　六　調査を嘱託すること。
2　前項に規定する検証、鑑定及び調査の嘱託については、証拠調べに関する規定を準用する。

行政事件訴訟法－取消訴訟

48 取消訴訟の審理手続② 重要度 B

講師からのアドバイス

どのような場合に併合できるのか、どのような場合に訴訟参加できるのかを確認しましょう。

1 関連請求の併合

相互に関連する訴訟が提起された場合、別個に審理することは、当事者や裁判所にとっては、審理の重複による負担を負うことになり、裁判の抵触のおそれもあります。そこで、**関連請求にかかる訴え**は、取消訴訟と**併合**できます。＊1

関連請求

① 当該処分または裁決に関連する原状回復または損害賠償の請求
② 当該処分とともに１個の手続を構成する他の処分の取消しの請求
③ 当該処分に係る裁決の取消しの請求
④ 当該裁決に係る処分の取消しの請求
⑤ 当該処分または裁決の取消しを求める他の請求
⑥ その他当該処分または裁決の取消しの請求と関連する請求

 ことばの意味

関連請求
行政庁の処分または裁決の取消訴訟と密接に関連する一定範囲の請求を指します（13条1号〜6号）。

（1）請求の客観的併合

原告は、**取消訴訟の提起にあたり**、関連請求に係る訴えを取消訴訟に併合することができますが（16条）、被告が取消訴訟の被告と同一の行政主体である必要があります。

（2）共同訴訟

複数の原告が請求する場合または**複数**の被告に対して請求する場合でも、それが取消訴訟の関連請求であるときは、請求を併合して訴えを提起することができます（17条）。＊2

（3）第三者による請求の追加的併合

第三者は、取消訴訟の**口頭弁論の終結に至るまで**、訴訟の当事者の一方を被告として、関連請求に係る訴えを取消訴訟に追加的に併合して提起することができます（18条）。

（4）原告による請求の追加的併合

原告は、取消訴訟の**口頭弁論の終結に至るまで**、関連請求にかかる訴えを追加的に併合し提起することができます（19条）。

 具体例で覚えよう！

＊2
行政主体を被告とする行政処分の取消訴訟に、第三者が損害賠償請求訴訟を併合して提起する場合等が、共同訴訟の具体例として挙げられます。

468

● 行政事件訴訟法

関連請求の併合	同一当事者間の関連請求（請求の複数）	複数当事者間の関連請求（当事者の複数）
訴え提起の当初から複数	請求の客観的併合（16条）	共同訴訟（17条）
訴訟係属中に複数へ	原告による請求の追加的併合（19条）	原告による請求の追加的併合（19条）
		第三者による請求の追加的併合（18条）

2 訴えの変更

裁判所は、取消訴訟の目的たる請求を当該処分または裁決に係る事務の帰属する国または公共団体に対する損害賠償その他の請求に変更することが相当であると認めるとき、**請求の基礎に変更がない限り**、口頭弁論の終結に至るまで、原告の申立てにより、**決定**をもって、**訴えの変更**を許すことができます（21条1項）。これにより、訴訟の効果的運営が図られ、原告の負担軽減にもなります。＊3 ＊4

3 訴訟参加

係属中の訴訟に当事者以外の第三者が自己の権利利益を擁護するために参加することを**訴訟参加**といいます。

(1) 第三者の訴訟参加

裁判所は、**訴訟の結果により権利を侵害される第三者**があるときは、当事者もしくはその第三者の申立て、または職権で、決定をもって、第三者を訴訟に参加させることができます（22条1項）。 12-25 13-14 14-42 21-18

(2) 行政庁の訴訟参加

裁判所は、他の行政庁を訴訟に参加させることが必要であると認めるとき、当事者もしくは行政庁の申立て、または職権で、決定をもって、行政庁を訴訟に参加させることができます（23条1項）。 14-42 15-18 19-18 19-19

＊3
ここに注意
決定とは、裁判の形式（判決・決定・命令）の1つです。

＊4
プラスアルファ
取消訴訟を提起した後に、（狭義の）訴えの利益が消滅した場合、原告が当該処分に起因する損害賠償請求を国家賠償法に基づき行うことが考えられます。その場合、取消訴訟で当該処分の違法性がすでに争点になっているのなら、その訴訟資料を損害賠償請求でも活用したほうが、負担も減り効率的です。

行政事件訴訟法－取消訴訟

49 執行停止制度

重要度 A

行政事件訴訟法の中でも頻出テーマの1つです。行政不服審査法との比較を踏まえて理解するようにしましょう。

取消訴訟は、本案判決が出るまで、不利益な状態が継続したり、現状が不利益に変更されるおそれがありますが、行政庁の処分その他公権力の行使にあたる行為については、民事保全法に規定する仮処分をすることができません（44条）。代償措置として、執行停止制度が設けられています（25条以下）。 14-42 *1

1 執行不停止の原則

行政活動の停滞を防ぎ、行政目的を迅速・円滑に実現するため、「処分の取消しの訴えの提起は、処分の効力、処分の執行又は手続の続行を妨げない」（執行不停止の原則／25条1項）とされます。 12-16

2 執行停止の要件

処分の取消しの訴えの提起があった場合において、処分、処分の執行または手続の続行により生ずる重大な損害を避けるため緊急の必要があるときは、裁判所は、申立てにより、決定をもって、執行停止をすることができます（25条2項本文）。執行停止は、公共の福祉に重大な影響を及ぼすおそれがあるとき、または本案について理由がないとみえるときは、することができません（25条4項）。 13-18 15-17 17-17 18-26 19-17 21-17 *2

*1 プラスアルファ
民事訴訟においては、判決が得られるまでの時間の経過によって権利の実現が不能または困難になる危険から権利者を保護するために、裁判所が暫定的な措置を講ずる「民事保全の制度」が設けられています。

*2 プラスアルファ
執行停止の決定にあたり、口頭弁論を開く必要はありませんが、あらかじめ当事者の意見をきかなければなりません（25条6項）。

*3 ここに注意
執行停止の申立ては、必ずしも取消訴訟の提起と同時にする必要はありません。

要件	
手続要件	処分の取消しの訴えの提起があったこと（本案訴訟が適法に係属していること）*3
積極要件	重大な損害を避けるため緊急の必要があること
消極要件	公共の福祉に重大な影響を及ぼすおそれがあること
	本案について理由がないとみえること*4

3 執行停止の効果

処分の効力、処分の執行または手続の続行の全部または一部が停止されます。ただし、処分の効力の停止は、処分の執行または手続の続行の停止によって目的を達することができる場合にはできません（25条2項ただし書）。 15-17 19-17

470

●行政事件訴訟法

4 即時抗告

執行停止の申立てに対する決定に対し不服のある者は、**即時抗告**をすることができます（25条7項）。＊5

5 事情変更による執行停止の取消し

執行停止の決定の確定したのちに、その理由が消滅し、その他事情が変更したときは、裁判所は、相手方（行政庁）の申立てにより、決定をもって、執行停止の決定を取り消すことができます（26条1項）。

6 内閣総理大臣の異議

執行停止の申立てがあったとき、**内閣総理大臣**は、裁判所に対し異議を述べることができます（27条1項前段）。異議は、**執行停止の決定後であっても述べることができます**（27条1項後段）。もっとも、**やむを得ない場合でなければ異議を述べてはなりません**（27条6項前段）。＊6

内閣総理大臣の異議があったとき、裁判所は、執行停止の決定前であれば、執行停止をすることはできず、すでに執行停止の決定をしているときは、取り消さなければなりません（27条4項）。＊7

執行停止制度の比較

	行政事件訴訟法	行政不服審査法
原則	執行不停止 （25条1項）	執行不停止 （25条1項）
必要的 執行停止	明文の規定なし	明文の規定あり （25条4項）
任意的 執行停止	**申立て** （25条2項） ※裁判所による職権執行停止の規定はなし	審査庁が上級行政庁または処分庁である場合 ⇒**職権または申立て** （25条2項） 審査庁が上級行政庁でも処分庁でもない場合 ⇒**申立て**（25条3項）
執行停止の 取消し	相手方（行政庁）の**申立て** （26条）	審査庁による**職権**取消し （26条）
内閣総理 大臣の 異議	明文の規定あり （27条）	明文の規定なし

＊4 ことばの意味

本案について理由がない

「本案について理由がない」とは、その訴訟において原告の主張に理由がない（勝訴する見込みがない）ことをいいます。

＊5 ことばの意味

即時抗告

一定の不変期間（ここでは1週間／民事訴訟法332条）内にしなければならない抗告のことをいいます。

＊6 プラスアルファ

内閣総理大臣は、異議を述べる際は理由を付さなければならず（27条2項）、異議を述べたときは、内閣総理大臣は次の常会において国会に報告しなければなりません（27条6項後段）。

＊7 プラスアルファ

内閣総理大臣の異議が、三権分立に反しないか問題となりますが、そもそも行政処分の執行停止を命じる権限が行政作用としての性質を有する以上、執行停止手続への介入を認めても、司法権に対する行政権の介入にはあたらないとされています。

行政事件訴訟法－取消訴訟

50 判決

重要度 A

 講師からのアドバイス

特に判決の効力として拘束力が重要です。なお、拘束力が生じたとしても、取り消された行政処分と異なる理由であれば、改めて同一の処分をすることも許されます。このことを理解しておきましょう。

 ＊1 ここに注意

訴えは訴訟要件をみたすが、処分・裁決が違法であるという原告の主張に理由がない（＝その処分・裁決は違法ではないと判断される）場合には、裁判所は、請求を棄却する判決をします。

 ＊2 プラスアルファ

事情判決に対しては、原告・被告の双方が上訴可能です。

1 判決の種類

(1) 却下判決

却下判決とは、訴えが訴訟要件を欠き不適法な場合に、本案審理に入ることなく訴えを排斥する判決です。 13-44

(2) 認容判決

認容判決とは、原告の請求に理由を認め処分を取り消す判決です。通常、取消判決と呼ばれます。

(3) 棄却判決

棄却判決とは、原告の請求に理由なしとして請求を排斥する判決です。＊1

棄却判決の一種に、**事情判決**があります。事情判決は、処分または裁決が違法であるが、取り消すと公の利益に著しい障害を生ずる場合、原告の受ける損害の程度、その損害の賠償または防止の程度および方法その他一切の事情を考慮したうえ、処分または裁決を取り消すことが公共の福祉に適合しないと認めるときに、請求を**棄却**する判決です（31条1項前段）。事情判決で請求を棄却する場合、**判決の主文**で、処分または裁決が違法であることを宣言しなければなりません（31条1項後段）。 15-16 19-19 ＊2

判決の種類	
（訴え）却下判決	訴えが訴訟要件を欠き不適法な場合に、訴えを退ける判決
（請求）認容判決	原告の請求を理由ありとして、処分を取り消す判決
（請求）棄却判決	原告の請求を理由なしとして退ける判決

2 判決の効力

(1) 既判力（実質的確定力）

判決が確定すると、当該訴訟の当事者および裁判所は、のちの裁判で、同一事項につき、判決の内容と矛盾する主張や判断を行うことができません（**既判力**／7条・民事訴訟法114条）。これは、紛争の蒸し返しの防止や矛盾した裁判の防止という要請から、判決一般に認められます。

(2) 形成力・第三者効

取消判決が確定すると、当該処分は当然に効力を失い、当初からそれがなされなかったのと同じ状態をもたらします（形成力）。 16-8

形成力には、第三者効があり、当事者だけでなく、訴訟外の利害関係者たる第三者にも及びます（32条1項）。 18-17

第三者効が認められる結果、第三者も訴訟の結果に大きな影響を受けることになり、第三者の訴訟参加（22条1項）、および第三者の再審の訴え（34条）が認められています。 20-19

*3 *4

(3) 拘束力

処分または裁決を取り消す判決は、その事件について、当事者たる行政庁その他の関係行政庁を拘束します（拘束力／33条1項）。 15-18 18-17 *5

(a) 消極的効果（反復禁止効）

行政庁は、取り消された行政処分と同一の事情の下で、同一理由、同一内容の処分を行うことが禁止されます（消極的効果）。もっとも、事情、理由、内容のいずれかが異なれば、拘束力は及びません。 17-17

(b) 積極的効果

行政庁は、取消判決の趣旨に従って改めて措置をとるべき義務を負います（積極的効果）。すなわち、申請を却下、審査請求を却下した裁決等が判決により取り消されたときは、当初の申請または審査請求が係属している状態に戻り、処分、裁決をした行政庁は、判決の趣旨に従い、改めて、申請に対する処分、審査請求に対する裁決をやり直さなければなりません（33条2項）。 18-17

＊3 具体例で覚えよう！

例えば、行政庁に農地を買収された者が買収処分の取消訴訟を提起し、請求が認容されたとき、判決の形成力は行政庁から農地の売渡しを受けた者にも及び、その者は農地を返還する義務を負うことになります。

＊4 ここに注意

義務付け判決、無効確認判決には、第三者効の規定は準用されていません（38条参照）。

＊5 プラスアルファ

拘束力は主文および主文に含まれる判断を導くために不可欠な理由中の判断についても及びます。判例は、取消判決の「拘束力は、判決主文が導き出されるのに必要な事実認定及び法律判断にわたる」としています（最判平4.4.28）。

行政事件訴訟法－その他の訴訟

51 無効等確認の訴え・不作為の違法確認の訴え　重要度 B

講師からのアドバイス

違法な処分でも、取消訴訟は出訴期間経過後は提起できません。しかし、はなはだしい違法がある場合にも取消訴訟の出訴期間後に効力を否定できないのでは国民にとって酷であるので、無効等確認の訴えの提起が例外的に認められます。

＊1 ここに注意

準用される取消訴訟の規定は、被告適格、管轄、関連請求に係る訴訟の移送、請求の併合、訴えの変更、訴訟参加、職権証拠調べ、判決の拘束力、および執行停止、執行停止決定等の効力等です。

＊2 具体例で覚えよう！

争点訴訟の例として権利取得裁決が無効の場合、権利取得裁決を行った収用委員会の所属する都道府県を被告として無効確認訴訟を提起するのではなく、権利取得裁決が無効であることを前提として、従前の土地所有者が起業者を被告として、土地所有権の確認、移転登記抹消・回復を求めたり、土地の引渡しを求めたりする訴訟を提起します。

1 無効等確認の訴え

無効等確認の訴え（以下「無効等確認訴訟」）とは、行政庁の処分もしくは裁決の存否またはその効力の有無の確認を求める訴訟です（3条4項）。無効等確認訴訟は審査請求を前置する必要はなく、出訴期間もありませんが、取消訴訟に関する規定が準用されます（38条1項、3項）。 12-16 17-9 20-44 ＊1

行政処分が無効であれば公定力は生じないので、抗告訴訟を提起しなくても、処分の無効を前提にして、私法上の法律関係については民事訴訟としての争点訴訟を、公法上の法律関係については行政事件訴訟としての当事者訴訟を、それぞれ提起して無効を主張することができます。 17-9 ＊2 ＊3

しかし、それらの訴訟によって現在の法律関係を争ったのでは救済が十分でない場合もあることから、特に無効確認を求める必要性のある者に限って無効等確認訴訟を提起することができるとされています（無効等確認訴訟の補充性）。

(1) 予防的無効等確認訴訟

「当該処分又は裁決に続く処分により損害を受けるおそれのある」場合に提起する無効等確認訴訟を予防的無効等確認訴訟といいます。 21-17

処分が無効または不存在と認められるべき場合であっても、行政庁が有効・適法とみている以上、これに基づき後続処分または執行処分を行うおそれがあるので、このような不安な状態を解消し、処分によって生ずる損害を未然に防止するために認められます（最判昭51.4.27）。 ＊4

(2) 補充的無効等確認訴訟

「その他当該処分または裁決の無効等の確認を求めるにつき法律上の利益を有する者で、当該処分若しくは裁決の存否又はその効力の有無を前提とする現在の法律関係に関する訴えによつて目的を達することができない」場合に提起する無効等確認訴訟を補充的無効等確認訴訟といいます。 15-25 21-17

(a) 原告適格

　取消訴訟における原告適格の場合と同様、当該処分により自己の権利もしくは法律上保護された利益を侵害され、または必然的に侵害されるおそれのある者が原告適格を有します（最判平4.9.22）。 17-9

(b) 補充性の要件の解釈

　「当該処分若しくは裁決の存否又はその効力の有無を前提とする現在の法律関係に関する訴えによつて目的を達することができないもの」（補充性）とは、当該処分に基づいて生ずる法律関係に関し、処分の無効を前提とする当事者訴訟または民事訴訟によっては、処分のため被っている不利益を排除することができない場合だけでなく、当該処分に起因する紛争を解決するための争訟形態として、当該処分の無効確認を求める訴えのほうがより直截的で適切な訴訟形態といえる場合も含むと解されています（最判平4.9.22参照）。 16-18 ＊5

2 不作為の違法確認の訴え

　不作為の違法確認の訴えとは、行政庁が法令に基づく申請に対し、相当の期間内に何らかの処分または裁決をすべきであるにもかかわらず、これをしないことについて違法の確認を求める訴訟です（3条5項）。性質上、出訴期間は存在せず、不作為状態が継続している限り提起することができます。 14-16 18-44 20-18 ＊6

　また、処分または裁決について申請した者に限り、不作為の違法確認の訴えを提起することができます（37条）。 15-18 16-17

　処分または裁決について、現実に申請していることが必要ですが、その申請が適法である必要はありません。また、「相当の期間」とは、その処分をなすのに通常必要な期間をいいます。 15-18

●行政事件訴訟法

＊3

具体例で覚えよう！

実質的当事者訴訟の具体例には、懲戒免職処分の無効を前提とする退職手当支払請求があります。

＊4

具体例で覚えよう！

予防的無効等確認訴訟の例として、所有建物が違法建築だとして建築物除去命令を受けた者が主張する命令無効確認訴訟、無効の課税処分を受けた者が滞納処分を予防するために主張する課税処分無効確認訴訟（最判昭51.4.27）などが挙げられます。

＊5

具体例で覚えよう！

補充的無効等確認の例として、営業免許申請に対する拒否処分の無効確認訴訟が挙げられます。

＊6
ここに注意

法令に基づいて申請を行った後、行政庁が申請処理に通常必要な期間を経過しても応答しない場合の救済方法として機能します。

行政事件訴訟法－その他の訴訟

52 義務付け訴訟①

重要度 A

講師からのアドバイス

非申請型義務付け訴訟の3つの訴訟要件を覚えましょう。取消訴訟と比較して厳しい訴訟要件となっているのは、本来行政の役割である事項について司法が積極的に介入することになるためです。

> **第3条【抗告訴訟】**
> 6　この法律において「義務付けの訴え」とは、次に掲げる場合において、行政庁がその処分又は裁決をすべき旨を命ずることを求める訴訟をいう。
> 一　行政庁が一定の処分をすべきであるにかかわらずこれがされないとき（次号に掲げる場合を除く。）。
> 二　行政庁に対し一定の処分又は裁決を求める旨の法令に基づく申請又は審査請求がされた場合において、当該行政庁がその処分又は裁決をすべきであるにかかわらずこれがされないとき。

1 総説

義務付け訴訟とは、3条6項1号または2号のいずれかの場合、行政庁がその処分または裁決をすべき旨を命ずることを求める訴訟をいい（3条6項柱書）、出訴期間の定めはありません（38条1項参照）。義務付け訴訟には、1号義務付け訴訟と2号義務付け訴訟があります。1号義務付け訴訟は、法令上の申請権がない者に、行政権の発動を求める訴えを認めるものであり、要件が厳格化されています。 13-14 13-16

義務付け訴訟の種類

1号義務付け訴訟	行政庁が一定の処分をすべきであるのに、これがされないとき（2号の場合を除く）
2号義務付け訴訟	行政庁に対し一定の処分または裁決を求める旨の法令に基づく申請または審査請求がなされた場合であって、行政庁が当該処分等をすべきであるのに、これがされないとき

2 1号義務付け訴訟（非申請型義務付け訴訟）

(1) 意義

1号義務付け訴訟は、申請権のない者が具体的な行政権限の発動を求める場合に提起されます。例えば、町の景観利益を守ろうとする地域住民が、高層マンションの違法建築部分について、建築基準法に基づく是正命令権の発動を求めるために、1号義務付け訴訟を提起することが考えられます。

(2) 訴訟要件（37条の2第1項、3項） 13-16 20-19 21-17

① 一定の処分がなされないことにより重大な損害を生ずるおそれがあること
② その損害を避けるため他に適当な方法がないこと
③ 行政庁が一定の処分をすべき旨を命ずることを求めるにつき法律上の利益を有する者であること

(3) 本案勝訴要件

行政庁が処分をすべきことが法令の規定から明らかであるか、または処分をしないことが裁量権の範囲を超えもしくはその濫用になると認められるとき、裁判所は行政庁が当該処分をすべき旨を命ずる判決をします（37条の2第5項）。 19-18

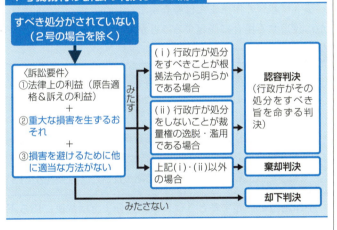

行政事件訴訟法－その他の訴訟

53 義務付け訴訟②

重要度 A

講師からのアドバイス

取消訴訟、無効等確認訴訟、不作為の違法確認訴訟で原告が勝訴しても、行政庁からあらためて申請の拒否処分がなされる可能性があります。そのため、申請型義務付け訴訟という訴訟類型が設けられました。

＊1 プラスアルファ

2004年の行政事件訴訟法改正で義務付け訴訟が明文化されたことから、私人は、不作為の違法確認訴訟と義務付け訴訟を併合提起すること（37条の3第3項1号）により不作為の違法性を争うと同時に一定の行政処分の義務付けを求めることが可能となりました。

＊2 プラスアルファ

義務付け判決をなしうるかの審理にはなお長期間を要すると見込まれる場合に、不作為の違法確認判決のみをすることで、その拘束力により紛争が迅速に解決されることが期待できます。

1 2号義務付け訴訟（申請型義務付け訴訟）

(1) 意義

2号義務付け訴訟は、私人が処分または裁決を申請する権利があることを前提に、申請が拒否されたり、不作為状態が続く場合、直接に申請を認容することの義務付けを求める訴訟です。例えば、公的年金等の給付申請が拒否されたり、応答がないときに、給付を求めるために、2号義務付け訴訟を提起することが考えられます。 13-16 ＊1

(2) 訴訟要件（37条の3第1項）

法令に基づく申請または審査請求をした者が、次のいずれかに該当する場合に提起することができます。 14-16

> **訴訟要件** 17-18 20-19
>
> ① 当該法令に基づく申請または審査請求がなされたにもかかわらず、相当の期間内に処分または裁決がなされなかったとき（不作為型）
>
> ② 当該法令に基づく申請または審査請求が却下、または棄却された場合に、当該処分または裁決が取り消されるべきものであったり、無効または不存在であったとき（拒否処分型）

不作為型を提起するときは、当該処分または裁決に係る不作為の違法確認の訴えを併合して提起しなければなりません（37条の3第3項1号）。拒否処分型を提起するときは、当該処分または裁決に係る取消しの訴えまたは無効等確認の訴えを併合して提起しなければなりません（37条の3第3項2号）。 12-24 14-16 17-17 18-44 19-19 20-19 ＊2 ＊3 ＊4

(3) 本案勝訴要件

併合提起する訴訟に係る請求に理由があり、かつ、行政庁が処分等をすべきことが根拠法令から明らかであるか、または行政庁が処分等をしないことが裁量権の範囲を超えもしくは濫用になると認められるときは、裁判所は行政庁が当該処分等をすべき旨を命ずる判決をします（37条の3第5項）。 13-16 19-18

●行政事件訴訟法

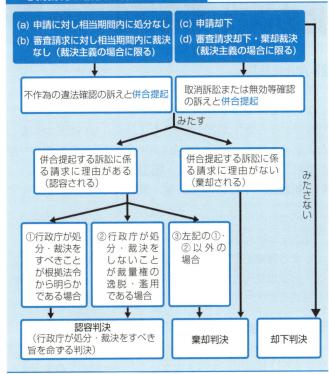

＊3 プラスアルファ

２号義務付け訴訟のうち、「裁決」の義務付けの訴えは、処分についての審査請求がされた場合において、その処分の取消しの訴えまたは無効等確認の訴えを提起することができないとき（裁決主義がとられている場合）に限り、提起することができます（37条の3第7項）。

＊4 プラスアルファ

不作為型の「裁決」の義務付けの訴えについては、その「裁決」に係る不作為の違法確認の訴えを併合して提起することになります。
拒否処分型の「裁決」の義務付けの訴えについては、その「裁決」に係る取消しの訴えまたは無効等確認の訴えを併合して提起することになります。

2 仮の義務付け

仮の義務付けとは、義務付けの訴えの提起があった場合、本案の判断がなされる前に、**暫定的**に行政庁がその処分または裁決する旨を命ずること（37条の5第1項）をいいます。義務付けの訴えを提起しても、判決の確定を待っていたのでは、申請者が必要な時に必要な処分を受けられないおそれがあるので、仮の救済が認められています。＊5

要件	12-25 13-16 20-19
手続要件	義務付けの訴えがあったこと（本案訴訟が適法に係属していること）
積極要件	その義務付けの訴えに係る処分または裁決がされないことにより生ずる償うことができない損害を避けるため緊急の必要があること
	本案について理由があるとみえること
消極要件	公共の福祉に重大な影響を及ぼすおそれがあること

＊5 ここに注意

執行停止に関する規定（25条5項～8項）、事情変更による執行停止の取消しに関する規定（26条）、内閣総理大臣の異議に関する規定（27条）、執行停止等の管轄裁判所に関する規定（28条）および取消判決の拘束力に関する規定（33条1項）が仮の義務付けに関する事項に準用されます（37条の5第4項）。

行政事件訴訟法－その他の訴訟

54 差止め訴訟・無名抗告訴訟　重要度 B

講師からのアドバイス

取消訴訟等は、処分後に提起するものですが、差止め訴訟は、処分を阻止するために処分前に提起するものです。

*1 **具体例で覚えよう！**

例えば、行政の規制監督権限に基づく制裁処分が公表されると名誉や信用に重大な損害が生じるおそれがある場合に、その処分の差止めを求める場合が考えられます。

*2 **プラスアルファ**

行政処分の執行や手続の進行を防止するため、当該処分の取消訴訟または無効等確認訴訟を提起し、これを本案として執行停止を申し立てることにより目的を達成する道が開かれています。例えば、収用裁決であれば原則として事業認定が先行するので、先行処分の取消または無効等確認訴訟を提起し、執行停止を申し立て、これが認められれば、後行処分を差し止めることができます。しかし、常に段階的処分がなされるわけでなく、先行処分なしに行政処分が行われ、名あて人が重大な損害を受けることがありえます。そこで、差止め訴訟を提起することが考えられました。

1 差止め訴訟

差止め訴訟とは、行政庁が一定の処分または裁決をすべきでないにもかかわらず、これがされようとしている場合に、行政庁がその処分または裁決をしてはならない旨を命ずることを求める訴訟をいい（3条7項）、取消訴訟の規定の一部が準用されます（38条1項）。 17-18 *1　*2

（1）訴訟要件（37条の4第1項、3項）

① 一定の処分、裁決がなされることにより重大な損害を生ずるおそれがあること　18-19
② その損害を避けるため他に適当な方法がないこと
③ 行政庁が一定の処分または裁決をしてはならない旨を命ずることを求めるにつき法律上の利益を有する者であること

（2）本案勝訴要件

差止め訴訟に関する処分または裁決につき、行政庁が当該処分または裁決等をすべきでないことが根拠法令の規定から明らかであるとき、または行政庁が当該処分もしくは裁決をすることが裁量権の範囲を超えもしくはその濫用になると認められるときは、裁判所は行政庁がその処分または裁決をしてはならない旨を命ずる判決をします（37条の4第5項）。

差止め訴訟の判決までの流れ

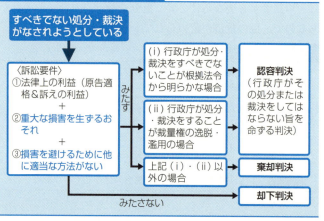

●行政事件訴訟法

2 仮の差止め

　仮の差止めとは、差止めの訴えの提起があった場合、本案の判断がなされる前に、申立てにより、**暫定的**に行政庁がその処分または裁決をしてはならない旨を命ずること（37条の5第2項）をいいます。 17-19

　差止めの訴えを提起しても行政庁の不執行・執行は停止しないので、訴訟中に処分がなされると訴えの利益を喪失してしまいます。そこで、2004年改正により、仮の差止めが認められました。 17-19 *3

要件 17-19

手続要件	差止めの訴えがあったこと（本案訴訟が適法に係属していること）
積極要件	その差止めの訴えに係る処分または裁決がされることにより生ずる償うことができない損害を避けるため緊急の必要があること
	本案について理由があるとみえること
消極要件	公共の福祉に重大な影響を及ぼすおそれがあること

3 無名抗告訴訟

　無名抗告訴訟（**法定外抗告訴訟**）とは、行政事件訴訟法に規定のない訴訟をいいます。

　なお、2004年改正により、それまで無名抗告訴訟として扱われていた義務付けの訴えと差止めの訴えが法定された（3条6項、7項）ことから、現在では、無名抗告訴訟を論じる意義はかなり小さくなっています。

*3
ここに注意

執行停止に関する規定（25条5項〜8項）、事情変更による執行停止の取消しに関する規定（26条）、内閣総理大臣の異議に関する規定（27条）、執行停止等の管轄裁判所に関する規定（28条）および取消判決の拘束力に関する規定（33条1項）が仮の差止めに関する事項に準用されます（37条の5第4項）。

第3編 行政法　行政事件訴訟法

行政事件訴訟法－その他の訴訟

55 当事者訴訟・客観訴訟

重要度 A

講師からのアドバイス

当事者訴訟とは、行政事件のうち、抗告訴訟によることなく、民事訴訟と同様に当事者間の現在の法律関係に関する訴えとして提起することができる訴訟です。

1 当事者訴訟

当事者訴訟とは、行政事件のうち、抗告訴訟（処分その他公権力の行使に関する不服の訴訟）によることなく、当事者間の現在の法律関係に関する訴えとして提起することができる訴訟をいい、**形式的当事者訴訟**（4条前段）と**実質的当事者訴訟**（4条後段）があります。当事者訴訟は、対等な当事者間の法律関係に関する訴訟であり、本質的に民事訴訟と変わりません。その差は、審理の対象が公法上の法律関係であるために行政事件訴訟法上の若干の規定（職権証拠調べ／24条、行政庁の訴訟参加／23条）が適用される程度です。 13-43

なお、当事者訴訟には、行政庁の訴訟参加（23条）、職権証拠調べ（24条）、取消判決の拘束力（33条1項）などの抗告訴訟に関する規定が準用されています（41条1項）。 15-18

(1) 形式的当事者訴訟

形式的当事者訴訟とは、当事者間の法律関係を確認または形成する処分または裁決に関する訴訟で法令の規定によりその法律関係の当事者の一方を被告とするものをいいます（4条前段）。

実質的に処分または裁決に関する不服の訴訟ですから抗告訴訟としての性格を持ちますが、**形式的**には当事者間の権利義務関係に関する訴訟として争わせるので、形式的当事者訴訟と呼ばれます。 12-44 16-21 18-21 ＊1

(2) 実質的当事者訴訟

実質的当事者訴訟とは、公法上の法律関係に関する確認の訴えその他の公法上の法律関係に関する訴訟をいいます（4条後段）。 13-43 19-43 ＊2

(a) 民事訴訟との区別

私法上の法律関係に関する訴えで、処分等の効力の有無が争点となっているものを争点訴訟といいます（民事訴訟の1つ）。実質的当事者訴訟とは、訴訟物（審判の対象となる事項）が公法関係か私法関係かにより区別されます。 19-43

＊1 具体例で覚えよう！

例えば、土地収用法における収用裁決は行政行為であり、取消訴訟の排他的管轄が及ぶのが原則であって、収用委員会の所属する都道府県を被告として権利取得裁決の取消しを求めることになるはずです（11条1項2号参照）。しかし、損失補償の部分は当事者間での解決に委ねても差し支えないと考えられます。そこで、損失補償額については、起業者と土地所有者または関係人が訴訟の当事者とされています（土地収用法133条3項）。

＊2 具体例で覚えよう！

公務員の給与等公法上の金銭債権の支払請求訴訟、国籍確認訴訟、公務員の無効な免職処分を争う地位確認訴訟、損失補償の請求訴訟等が実質的当事者訴訟の例として挙げられます。

482

●行政事件訴訟法

(b) 抗告訴訟との区別

行政庁の公権や行使に関する不服の訴訟が抗告訴訟であり、公法上の法律関係に関する訴訟が実質的当事者訴訟です。

> **判例　在外日本人の選挙権確認の訴えに関する判例（最判平17.9.14）**
>
> 在外日本人の選挙権確認の訴えは、公法上の当事者訴訟のうち公法上の法律関係に関する確認の訴えといえ、本件訴えは、公法上の法律関係に関する確認の訴えとして、確認の利益を肯定することができる。

2 客観訴訟

客観訴訟とは、個人の権利・利益とは別に、行政活動の適法性の確保および客観的な法秩序の維持を目的とする訴訟をいい、**民衆訴訟**と**機関訴訟**があります。＊3

客観訴訟は、法律に定める場合に、法律に定める者だけが提起することが許されています（42条）。

(1) 民衆訴訟

民衆訴訟とは、国または公共団体の機関の法規に適合しない行為の是正を求める訴訟で、選挙人たる資格その他自己の法律上の利益にかかわらない資格で提起するものをいいます（5条）。

`15-21` `16-17` `18-18` `19-43` ＊4

(2) 機関訴訟

機関訴訟とは、国または公共団体の機関相互間における権限の存否またはその行使に関する紛争についての訴訟をいいます（6条）。 `18-18` ＊5

機関訴訟は行政権内部における紛争ですが、特に公平な第三者の判断を認めることが適当であることから、法律上、裁判所への出訴が認められています。

＊3

プラスアルファ

行政事件訴訟は、個人の権利・利益の保護を第一の目的とするので、主観訴訟が原則ですが、行政活動の適法性の確保等の目的を達成するため、政策的に客観訴訟が認められます。

＊4

具体例で覚えよう！

民衆訴訟の例として、住民訴訟（地方自治法242条の2）、選挙または当選の効力に関する訴訟（公職選挙法203条以下）等があります。

＊5
具体例で覚えよう！

機関訴訟の例として、地方公共団体の長と議会が、議会の議決または選挙に瑕疵があるかを争う地方自治法176条7項の訴訟があります。

行政事件訴訟法-教示

56 教示制度

重要度 B

取消訴訟の訴訟要件はかなり複雑であるため、一般人にとってわかりやすいものとはいえませんでした。そこで、2004年改正により、教示制度が定められました。ただし、行政不服審査法とは異なり、誤った教示をした場合や、教示をしなかった場合の救済規定が明文にない点に注意しましょう。

 プラスアルファ

口頭による処分が教示義務の対象外とされているのは、重要な処分が口頭で行われることは通常想定されないためです。

1 取消訴訟と教示

行政庁は、取消訴訟を提起することができる処分または裁決をする場合には、当該処分または裁決の相手方に対し、次の①～③の事項を書面で教示しなければなりません（46条1項本文）。 15-18 17-26

① 当該処分または裁決にかかる取消訴訟の被告とすべき者（1号）
② 当該処分または裁決にかかる取消訴訟の出訴期間（2号）
③ 法律に当該処分についての審査請求に対する裁決を経た後でなければ処分の取消しの訴えを提起することができない旨の定め（審査請求前置）があるときは、その旨（3号）

ただし、当該処分（裁決は必ず書面でされる／行政不服審査法50条1項）を口頭でする場合、教示義務はありません（46条1項ただし書）。＊1

また、処分または裁決の相手方以外の第三者に対する教示義務は定められていません。

行政事件訴訟については、行政不服審査法で定められているような誤った教示をした場合や教示をしなかった場合の救済規定はありません。そこで、①被告を誤った場合の救済規定（15条）、②「正当な理由」（14条1項ただし書、14条2項ただし書）、③不服申立前置主義の例外規定（裁決を経ないことにつき正当な理由があるとき／8条2項3号）などによって救済を図ることになります。

2 裁決主義と教示

行政庁は、法律に処分についての審査請求に対する裁決に対してのみ取消訴訟を提起することができる旨の定めがある場合（裁決主義がとられる場合）に、当該処分をするときは、当該処分の相手方に対し、法律にその定めがある旨を書面で教示しなければなりません（46条2項本文）。

ただし、当該処分を口頭でする場合は、教示義務はありません（46条2項ただし書）。

●行政事件訴訟法

3 形式的当事者訴訟と教示

　行政庁は、当事者間の法律関係を確認しまたは形成する処分または裁決に関する訴訟で法令の規定によりその法律関係の当事者の一方を被告とするもの（形式的当事者訴訟／4条前段）を提起することができる処分または裁決をする場合には、当該処分または裁決の相手方に対し、次の①・②の事項を書面で教示しなければなりません（46条3項本文）。

①　当該訴訟の被告とすべき者（1号）
②　当該訴訟の出訴期間（2号）

　ただし、当該処分を口頭でする場合は、教示義務はありません（46条3項ただし書）。
　形式的当事者訴訟においては、通常、法令において被告とすべき者および出訴期間が規定されているため、教示の必要性は大きくありません。しかし、誰を被告とするかが不明瞭である場合などもあることから、原告の負担を軽減するために、教示を義務付けています。

第3編 行政法

行政事件訴訟法

485

国家賠償法－1条

57 国家賠償法1条①

重要度 A

ここからは国家賠償法を学んでいきます。国家賠償法は条文数が少ないものの、数多くの判例が蓄積されています。まずは国家賠償法1条の「公権力の行使」に関する判例を理解しましょう。

1 国家賠償法の制定

　明治憲法下においては、原則として国・公共団体の損害賠償責任は否定されており（国家無答責の原則）、例外的に、判例が、非権力的行政活動について、民法の不法行為に関する規定を適用して国・公共団体の賠償責任を認めていました（大判大5.6.1）。

　日本国憲法は、「何人も、**公務員の不法行為**により、損害を受けたときは、法律の定めるところにより、国又は公共団体に、その賠償を求めることができる」（17条）と規定し、これを受けて**国家賠償法**が制定されました。

2 公権力の行使に基づく賠償責任

(1) 国・公共団体の賠償責任

> **第1条第1項【公権力の行使に基づく賠償責任】**
> 1　国又は公共団体の**公権力の行使**に当る公務員が、その**職務を行うについて**、**故意又は過失**によつて違法に他人に損害を加えたときは、国又は公共団体が、これを賠償する責に任ずる。

　公務員の不法行為に対して国・公共団体が責任を負う根拠について争いがありますが、**本来公務員が負うべき責任を国・公共団体がそれに代わって負担するものであると考える**のが判例・通説です（**代位責任説**）。

国家賠償法1条の構造

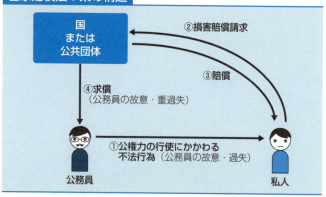

国家賠償法1条に基づく責任の成立要件は、次のとおりです。

① 国・公共団体の公権力の行使にあたる公務員の行為であること
② 上記①の行為が職務を行うについてなされたこと
③ 上記①の行為が違法であること
④ 上記①の公務員に故意・過失があること
⑤ 上記①〜④により損害が発生したこと

(2) 求償権

第1条第2項【求償権】
2 前項の場合において、公務員に故意又は重大な過失があつたときは、国又は公共団体は、その公務員に対して求償権を有する。

賠償をした国・公共団体は、公務員に故意または重過失がある場合に限り、求償権を行使することができます（1条2項）。*1

3 公権力の行使

国家賠償法1条が適用されるか否かは、加害行為が「公権力の行使」（1条1項）にあたるかどうかにより定まります。

「公権力の行使」の意味内容について争いがありますが、国・公共団体の作用のうち、①純粋な私経済作用（私人の活動と同じ性質のもの）と②国家賠償法2条の適用対象となる公の営造物の設置・管理を除くすべての作用をいうとされています（広義説）。 12-20 17-20 18-20 *2

「公権力の行使」の該当性

肯定例	・公立学校のクラブ活動中の事故についての顧問教諭の監督（最判昭58.2.18） ・公立学校の体育授業中の教師の教育活動（最判昭62.2.6） ・行政指導（最判平5.2.18等） ・国による国民健康保険法上の被保険者資格の基準に関する通達の発出（最判平19.11.1） ・勾留されている患者に対して拘置所職員たる医師が行う医療行為（最判平17.12.8） ・県の委託を受けた社会福祉法人の施設職員による養育監護行為（最判平19.1.25）
否定例	国立大学付属病院における通常の医療行為（最判昭36.2.16）……民法上の責任が生ずる *3

 *1 判例ゼミ

国または地方公共団体の公権力の行使に当たる複数の公務員がその職務を行うについて共同して故意によって違法に他人に加えた損害を、国または地方公共団体が賠償した場合、当該公務員らは、国または地方公共団体に対して、連帯して国家賠償法1条2項による求償債務を負います（最判令2.7.14）。

 *2 ここに注意

国家賠償法1条の「公権力の行使」は、行政手続法2条2号、行政不服審査法1条2項、行政事件訴訟法3条のそれとは概念上一致するものではありません。行政権だけでなく、立法権・司法権の行使（不行使を含む）も、国家賠償法1条の「公権力の行使」に含まれます。

 *3 図表の読み方

国公立病院における医療のうち、強制的な予防接種や措置入院等の場合は肯定されます。

国家賠償法－１条

58 国家賠償法１条②

重要度 A

この項目は国家賠償法の判例を覚えるうえで重要です。各要件の内容をしっかりと理解しましょう。なお、「国又は公共団体」とあるように、国家賠償法という名前ですが地方公共団体などの違法行為も、賠償の対象です。

1 国・公共団体

国家賠償法１条１項にいう「国又は公共団体」の範囲は、通常、「公権力の行使」の解釈によります。「公共団体」は地方公共団体に限られず、「公権力の行使」をした者が帰属する団体が「国又は公共団体」にあたります。

2 公務員

国家賠償法１条１項にいう「公務員」の範囲も、通常、「公権力の行使」の解釈によります。すなわち、「公務員」は身分上の公務員に限らず、「公権力の行使」にあたる行為を委ねられた民間人もこれに含まれます。

公務員による一連の職務上の行為の過程において被害を生じさせた場合に、具体的にどの公務員のどのような違法行為によるものであるかを特定する必要があるかという問題があります。判例は、一連の行為のうちのいずれかに行為者の故意または過失による違法行為があったのでなければその被害が生ずることはなかったであろうと認められ、かつ、それがどの行為であるにせよこれによる被害につき行為者の属する国または公共団体が法律上賠償の責任を負うべき関係が存在するときは、国または公共団体は、加害行為の不特定をもって損害賠償責任を免れることができないとしています（最判昭57.4.1）。 12-20 20-20

3 職務関連性（「職務を行うについて」）

国家賠償法１条の「職務を行うについて」の要件は、加害行為が職務として行われたものでなくても、職務との間に一定の関連性（職務関連性）があればよいとするものです。

判例は、被害者救済の見地から、加害行為が客観的に職務行為の外形を備えるものであればよく、公務員個人の主観的意図は問わないとします（最判昭31.11.30）。これは外形標準説（外形理論）と呼ばれ、「公務員」であることを前提とするので、一般私人が公務員に扮して職務行為を装っても国家賠償法１条は適用されません。 20-20

●国家賠償法

4 加害行為の違法性
（1）違法性の判断枠組み
　国家賠償法における違法性の捉え方には行為不法説と結果不法説の対立がありますが、判例は行為不法説をとります。

違法性の捉え方	
行為不法説	公務員の違法な行為に着目し、侵害行為の態様の側から、法に違反する行為をしたことにつき違法性を認定する
結果不法説	行政活動によって生ずる被害（結果）に着目し、被侵害法益の側から、法の許さない結果を生じさせたことにつき違法性を認定する

（2）行政処分に起因する国家賠償請求訴訟
　行政処分に起因する国家賠償請求訴訟において、判例は、行為不法説を前提に、職務上通常尽くすべき注意義務を尽くしたか否かによって違法性を判断します（職務行為基準説）。すなわち、国家賠償法1条1項の違法性判断において、公務員の行為が結果として特定の規範に違反することがあったとしても、行為当時の状況を基準としてその公務員がなすべきことをしていたかどうかという観点から違法性が否定されることがありうることになります（違法性二元説）。 16-10

（3）公定力との関係
　加害行為が「処分」（行政事件訴訟法3条2項）に該当し、その違法性を主張して国家賠償請求訴訟を提起する場合、それに先立ち、当該処分の取消訴訟を提起して取消判決を得る必要はありません（最判昭36.4.21）。 13-20 16-10 17-43 18-10

（4）規制権限不行使の違法（不作為の違法）
　行政庁が規制権限を有しているにもかかわらず行使しなかったため、国民が損害を被るというケースがあります。
　判例は、「国又は公共団体の公務員による規制権限の不行使は、その権限を定めた法令の趣旨、目的や、その権限の性質等に照らし、具体的事情の下において、その不行使が許容される限度を逸脱して著しく合理性を欠くと認められるときは、その不行使により被害を受けた者との関係において、国家賠償法1条1項の適用上違法となる」（最判平16.4.27）という判断基準を確立しています。

第3編 行政法

国家賠償法

489

国家賠償法－1条

59 国家賠償法1条③

重要度 A

本試験での国家賠償法1条に関する出題は、判例が中心です。判例を覚えることに努めましょう。

「故意」とは、当該公務員が職務を執行するにあたり、当該行為によって客観的に違法とされる事実が発生することを認識しながら、これを行う場合をいいます（熊本地判昭58.7.20）。

これに対し、「過失」とは、加害公務員の内心の状態、しかも「うっかりする」といった加害公務員の無意識的な心理状態の落ち度をいいます。

しかし、過失の有無を客観的に認定するためには、外部から見えない内心の状態が行為者の行為を通じて客観的に現れることを前提として、それを捉えて客観的に判断しなくてはなりません。

そこで、「過失」は、当該職務に従事する平均的な公務員の能力を基準として、客観的に要求される注意義務に照らし判断されることになります（過失の客観化）。

規制権限の不行使の違法に関する判例　20-21　21-21

宅建業者に対する業務停止ないし免許取消し権限の不行使	直ちに違法ではない（最判平元.11.24）
医薬品の製造承認の取消し権限の不行使	直ちに違法ではない（最判平7.6.23）
鉱山保安法に基づく保安規制の権限の不行使	違法である（最判平16.4.27）
公共用水域の水質の保全に関する法律及び工場排水等の規制に関する法律に基づく規制権限の不行使及び県漁業調整規則に基づく規制権限の不行使	違法である（最判平16.10.15）

判例　国家賠償法1条の成立要件に関する判例

▶「職務を行うについて」の要件に関する判例（最判昭31.11.30）
　「職務を行う」とは、公務員が主観的には自己の利を図る意図をもってする場合であっても、客観的に職務執行の外形を備える行為であればよい。　15-19

▶加害行為の違法性に関する判例①（逮捕の違法の場合）（最判昭61.2.27）
　警察官がパトカーで違反車を追跡中に、逃走車が第三者に損害を与えた場合、追跡が職務目的を遂行するうえで不必要であるか、被害発生の具体的危険性の有無および内容に照らし、追跡の開始・継続、追跡の方法が不相当であるときは、追跡行為は違法となる。
12-20　15-19

● 国家賠償法

▶**加害行為の違法性に関する判例②（行政処分の場合）（最判平5.3.11）**
　税務署長のする所得税の更正は、税務署長が職務上通常尽くすべき注意義務を尽くすことなく漫然と更正をしたと認めうるような事情がある場合に限り、国賠法上違法となる。`12-20` `13-20` `20-20`

▶**検察官の公訴提起の違法に関する判例（最判昭53.10.20）**
　起訴時あるいは公訴追行時における検察官の心証は、その時における各種の証拠資料を総合勘案して合理的な判断過程により有罪と認められる嫌疑があれば足り、刑事事件において無罪の判決が確定したというだけで直ちに起訴前の逮捕・勾留、公訴の提起・追行、起訴後の勾留が違法とはならない。`13-20` `17-20` `20-21`

▶**裁判の違法に関する判例（最判昭57.3.12）**
　裁判に上訴等で是正されるべき瑕疵が存在しても、当然に国の責任が生ずるわけではなく、違法または不当な目的をもって裁判をしたなど裁判官が付与された権限の趣旨に明らかに背いて行使したと認められる特別の事情が必要である。`17-20` `20-21`

▶**国会議員の立法行為に関する判例①（在宅投票制度廃止事件／最判昭60.11.21）**
　国会議員の立法行為（立法不作為を含む）は、立法の内容が憲法の一義的な文言に違反しているにもかかわらず国会があえて当該行為を行うごとき、容易に想定しがたいような例外的な場合でない限り、国家賠償法上違法の評価を受けない。`17-20`

▶**国会議員の立法行為に関する判例②（在外日本人選挙権剥奪違法確認等請求事件／最判平17.9.14）**
①　国会議員の立法行為は、その立法の内容または立法不作為が国民に憲法上保障されている権利を違法に侵害するものであることが明白な場合や、国民に憲法上保障されている権利行使の機会を確保するために所要の立法措置をとることが必要不可欠であり、それが明白であるにもかかわらず、国会が正当な理由なく長期にわたってこれを怠る場合などには、例外的に違法の評価を受ける。
②　在外邦人の選挙権行使の機会の確保には立法措置が必要不可欠であり、10年以上にわたり立法措置をとらなかったことは、国賠法上違法である。`17-20`

▶**公務員の故意・過失に関する判例（加害公務員の特定）（最判昭57.4.1）**
　公務員による一連の行為の過程において他人に被害を生ぜしめた場合、それがどの公務員のどの違法行為によるかを特定できなくても、一連の行為のうちのいずれかに行為者の故意または過失による違法行為があったのでなければ被害が生ずることはなく、かつこれによる被害につき行為者の属する国または公共団体が法律上賠償責任を負うべき関係が存在するときは、損害賠償責任を免れない。`12-20` `20-20`

▶**権利不行使に関する判例（最判平16.4.27）**
　通商産業大臣（当時）の保安規制権限は、鉱山労働者の労働環境整備、生命・身体への危害防止、健康確保を目的に、できる限り速やかに技術の進歩や最新の医学的知見等に適合したものに改正すべく、適時に、かつ適切に行使されるべきである。規制権限行使により被害拡大を相当程度防ぐことができた時点以降に規制権限を直ちに行使しなかったことは、その趣旨、目的に照らし著しく合理性を欠き国家賠償法上違法である。`21-21`

第3編 **行政法**

国家賠償法

491

国家賠償法－2条

60 国家賠償法2条

重要度 A

講師からのアドバイス

1条は「公権力の行使」という行為に着目しているのに対し、2条は「営造物の設置管理の瑕疵」という物の状態に着目しています。ここも重要な規定ですので、各要件と判例を理解しておきましょう。

> 第2条【営造物の設置・管理の瑕疵に基づく賠償責任・求償権】
> 1　道路、河川その他公の営造物の設置又は管理に瑕疵があつたために他人に損害を生じたときは、国又は公共団体は、これを賠償する責に任ずる。
> 2　前項の場合において、他に損害の原因について責に任ずべき者があるときは、国又は公共団体は、これに対して求償権を有する。

1 成立要件
(1) 公の営造物

「公の営造物」とは、国・公共団体によって設置・管理される物や施設のうち、公の目的のために供される有体物をいいます。不動産のみならず動産（例えば、警察署の公用車、警察官の拳銃）も「公の営造物」に含まれます。＊1

(2) 設置・管理

国・公共団体が当該営造物につき所有権などの権原、または法令上の管理権を有する必要はなく、事実上管理していれば足ります（最判昭59.11.29参照）。

「瑕疵」とは、営造物が通常有すべき安全性を欠いていることをいい、これに基づく国・公共団体の賠償責任は、過失の存在を必要としない無過失責任（高知国道落石事件／最判昭45.8.20等）とされ、「瑕疵」の存否は、営造物の構造、用法、場所的環境および利用状況等諸般の事情を総合考慮して具体的個別的に判断すべきとされます（最判昭53.7.4）。 19-21

もっとも、損害が不可抗力に基づく場合は「瑕疵」にあたらず、国・公共団体は免責されます。

さらに、被害者の通常の用法に即しない行動の結果損害が生じた場合、営造物の設置・管理者の責任は否定されます（最判昭53.7.4等）。

2 具体的事例
(1) 道路の瑕疵

道路の瑕疵の判断については、国・公共団体の予算不足は免責事由にならないとされます。 19-21 ＊2

ここに注意

「公の営造物」は、講学上の「公物」概念におおむね相当します。公物は人の手によって加工されて公の用に供されているか、自然のままで利用されているかにより、「人工公物（道路、公園など）」と「自然公物（河川、海浜、湖沼など）」に分類されます。自然公物であっても、公の目的に供されていれば、「公の営造物」にあたります。

●国家賠償法

(2) 機能的瑕疵

営造物の瑕疵には、**物理的安全性の欠如のみならず、対外的・作用的危険性も含まれます**。すなわち、営造物の利用者との関係では欠陥がないが、周辺住民に騒音等の被害が及ぶような場合も営造物の設置・管理上に瑕疵があるとされます。このような瑕疵を社会的営造物瑕疵あるいは**機能的瑕疵**といいます。 `12-19`

(3) 河川の瑕疵

判例は、**河川の瑕疵については、予算不足が免責事由となり**うるとしますが、瑕疵の有無を画一的に判断しているわけではありません。判例は、同種・同規模の河川の**管理の一般水準および社会通念に照らして是認しうる安全性を備えているか否か**を基準としたうえ、**未改修**河川は、河川の改修、整備の過程に対応する**過渡的安全性**をもって足りるとしています（大東水害訴訟／最判昭59.1.26）。他方、**改修済**河川は、改修がなされた段階で想定されていた洪水に対応しうる安全性を備えていたか否かを基準とします（多摩川水害訴訟／最判平2.12.13）。

＊2　ここに注意

最判昭50.7.25が、道路の安全性が著しく欠如する状態であったにもかかわらず、道路の安全性を保持するために必要とされる措置を全く講じなかった場合には、道路管理の瑕疵があるとしている一方で、最判昭50.6.26が、道路管理者において、時間的に対応する余地がなかったことを理由として瑕疵を否定しています。最高裁は、安全対策をとりうる時間的間隔の有無を重視しているといえます。

判例　瑕疵に関する判例

▶**道路の瑕疵に関する判例①（最判昭50.7.25）**
　故障車が国道上に87時間にわたって**放置**され、道路の安全性を著しく欠如する状態であったのに、道路の安全性を保持するために必要な措置を全く講じなかった場合、道路の管理に瑕疵がある。 `18-25`

▶**道路の瑕疵に関する判例②（最判昭50.6.26）**
　工事標識板等が道路上に倒れたまま**放置**され、道路の安全性が欠如していても、時間的に道路管理者が遅滞なくこれを原状に復し道路を安全良好な状態に保つことは**不可能**である場合は、道路管理に瑕疵がない。

▶**機能的瑕疵に関する判例（大阪国際空港公害訴訟／最判昭56.12.16）**
　① 安全性の欠如は、当該営造物が供用目的にそって**利用**されることとの関連において危害を生ぜしめる危険性がある場合も含む。
　② 安全性の欠如による危害は、営造物の利用者のみならず、**利用者以外の第三者**に対する危害をも含む。

▶**危険防止施設の瑕疵に関する判例（最判昭61.3.25）**
　点字ブロック等のような新たに開発された安全設備を駅のホームに設置しなかった場合による当該駅ホームが通常有すべき安全性を欠くか否かの判断は、それが、普及しているかどうか、視力障害者の事故の発生の危険性、安全設備を設置する必要性、設置の困難性の有無等の諸般の事情を総合考慮することを要する。

国家賠償法−3条以下

61 国家賠償法(その他)

重要度 A

1 賠償責任者

(1) 原因者に対する求償

(a) 1条責任の場合

1条の成立要件をみたす場合、国・公共団体は損害賠償責任を負います（1条1項）。もっとも、本来責任を帰すべきものは不法行為をした公務員自身ですから（**代位責任説**）、その公務員に故意または重過失がある場合、国・公共団体は当該公務員に対して求償権を有します（1条2項）。 16-20

また、**不法行為をした公務員自身は、被害者に対して直接、損害賠償責任を負いません**（最判昭30.4.19）。 16-20

(b) 2条責任の場合

2条の成立要件をみたす場合、国・公共団体は損害賠償責任を負います（2条1項）。もっとも、「他に損害の原因について責に任ずべき者」があれば、国・公共団体は、その者に対し求償権を有します（2条2項）。 15-20 *1

(2) 費用負担者と責任主体

(a) 1条責任の場合

国・公共団体が損害賠償責任を有する場合で、公務員の選任・監督にあたる者と、「公務員の俸給、給与その他の費用を負担する者」（**費用負担者**）とが異なるときは、費用負担者もまた損害賠償責任を負います（3条1項）。 16-20

*2

損害を賠償した者は、内部関係でその損害を賠償する責任のある者に対して求償権を有します（3条2項）。

> **判例** 費用負担者の範囲に関する判例（最判昭50.11.28）
>
> 国家賠償法3条1項の設置費用の負担者には、当該営造物の設置費用につき法律上負担義務を負う者のほか、この者と同等もしくはこれに近い設置費用を負担し、実質的には当該営造物による事業を共同して執行していると認められる者で、当該営造物の瑕疵による危険を効果的に防止しうる者も含まれる。

講師からのアドバイス
賠償責任者に関する問題が出題されることがあります。取りこぼさないように注意しましょう。

*1 **プラスアルファ**
「他に損害の原因について責に任ずべき者」には公務員が含まれますが、1条2項との均衡上、当該公務員が求償されるのは故意または重過失がある場合に限られます。

*2 **プラスアルファ**
例えば、国家公務員であるX県警察本部警備部長による加害行為について、「X県」が1条1項に基づき損害賠償責任を負い、その俸給その他の給与を負担する「国」も3条1項に基づき損害賠償責任を負います。

(b) 2条責任の場合

　国・公共団体が損害賠償責任を有する場合で、公の営造物の設置・管理にあたる者と「公の営造物の設置若しくは管理の費用を負担する者」（費用負担者）とが異なるときは、費用負担者もまた損害賠償責任を負います（3条1項）。 15-20

　損害を賠償した者は、内部関係でその損害を賠償する責任のある者に対して求償権を有します（3条2項）。 15-20

2 民法・特別法との関係

(1) 民法の適用

　国・公共団体の損害賠償責任については、国家賠償法1条～3条の規定によるのほか、民法の規定によります（4条）。すなわち、(i)国家賠償法1条～3条の適用がない場合には、民法の損害賠償の規定が適用され、(ii)これらの規定の適用がある場合でも民法の技術的な規定（過失相殺（民法722条）・消滅時効（民法724条）など）が補充的に適用されます。 13-19

17-21 21-20 ＊3

(2) 他の法律の適用

　国・公共団体の損害賠償の責任について民法以外の他の法律に別段の定め（成立要件・効果についての特則）があるときは、その定めるところによります（5条）。

3 相互保証主義

　国家賠償法は、外国人が被害者である場合には、相互の保証があるときに限り、適用されます（相互保証主義／6条）。すなわち、ある外国人の本国において日本人が被害者となった場合に国家賠償制度により救済されるときに限り、当該外国人は日本の国家賠償法が適用されます。 16-20

＊3
ここに注意

4条にいう「民法の規定」には、民法典に限らず、その付属法規も含まれると解されています。消防署職員が鎮火を確認して帰任したところ、残火を見落とし、その後に再度出火した事案において、国家賠償責任に失火責任法（責任要件が故意・重過失に限定されている）の適用を認めた判例があります（最判昭53.7.17）。

損失補償

62 損失補償

重要度 A

憲法29条3項の再確認にもなります。学説も併せて勉強しましょう。

損失補償とは、適法な公権力の行使によって加えられた特別の犠牲に対し、公平の見地から全体の負担において調節するための財産的補償です。*1 *2

1 損失補償の根拠

日本国憲法は、「私有財産は、正当な補償の下に、これを公共のために用ひることができる」と定め（29条3項）、損失補償を憲法上の制度と位置づけました。しかし、国家賠償と異なり（憲法17条、国家賠償法）、損失補償には一般法は存在せず、個別法の中で、個別の補償規定が置かれるにとどまっています。

なお、個別法に損失補償に関する規定がない場合であっても、憲法29条3項を根拠に補償請求をする余地があります（最判昭43.11.27）。

2 公用収用に対する損失補償

公用収用とは、公益事業（道路などの建設）のために必要とされる土地などを一方的に取得する方法をいいます。

公用収用の場合、財産権が剥奪されるので、原則として、補償が必要となります。そのため、ここで議論されるのは、補償の内容の問題です。

（1）相当補償か完全補償か

憲法29条3項は、「正当な補償」を要するとしていますが、「正当な補償」の意義につき、相当補償説と完全補償説の対立があります。

正当な補償とは	
相当補償説	公正な算定基礎に基づいて算出した合理的金額が補償される
完全補償説	財産の客観的価値の全部が補償される

（2）補償の種類

損失補償は、財産権の交換価値につき金銭をもって支払われることが前提です（財産権補償）。

*1 具体例で覚えよう！
例えば、道路が狭い部分を拡張して路線バスが通り、通勤・通学に便利になるような場合、道路ぎわの民家の持ち主に立ち退いてもらうことが考えられます。

*2 ここに注意
損失補償は、原因行為が適法である点で、違法な行為を対象とする国家賠償とは区別されます。土地収用に対する損失補償、農地の強制買収の対価の支払い等が例として挙げられます。

●損失補償

「相当補償か完全補償か」の議論で念頭に置いているのは、財産権補償のうちの権利対価補償（収用される財産権の対価を補償すること）です。

もっとも、実際に土地収用がなされる場合、収用対象たる土地等の対価が補償されるだけでは不十分な場合があります。土地収用法は、工事費用の補償（みぞかき補償／同法75条）、通常損失の補償（同法88条）などを認めています。

14-20 18-21

3 公用制限に対する損失補償

公用制限とは、公益事業のために特定の土地などに対して一方的に制限される制限をいいます。

公用制限は、公用収用と異なり、補償が求められる場面（私人が特別の犠牲を受けていると判断される場合）が限られています。また、公用制限により補償が認められる場合であっても、いかなる内容の補償が求められるかについて定説がありません。

社会公共の秩序を維持し、国民の安全を守り、危険を防止する目的で行われる規制（消極規制・警察規制）の場合、補償が不要とされています。

第3編 行政法

損失補償

地方自治法－総説

63 普通地方公共団体

重要度 B

地方自治法は条文数が多いので、メリハリをつけた学習を心掛けましょう。指定都市・中核市については、人口要件を確認しましょう。

1 地方自治の意義

> **第1条【目的】**
> この法律は、地方自治の本旨に基いて、地方公共団体の区分並びに地方公共団体の組織及び運営に関する事項の大綱を定め、併せて国と地方公共団体との間の基本的関係を確立することにより、地方公共団体における民主的にして能率的な行政の確保を図るとともに、地方公共団体の健全な発達を保障することを目的とする。

　地方自治とは、もともと国が持っていた権力をそれぞれの地方に分け与え、その地方の住民たちに自主的に運営させるというシステムをいいます。
　憲法は、「地方公共団体の組織及び運営に関する事項は、地方自治の本旨に基いて、法律でこれを定める」（憲法92条）と規定します。地方自治の本旨には、地方政治がその地方の住民によって行われるべき住民自治と地方政治が国から独立した機関によって行われるべき団体自治の2つの要素があります。＊1

　これを受けて、地方自治法は、「地方自治の本旨に基いて、地方公共団体の区分並びに地方公共団体の組織及び運営に関する事項の大綱を定め、併せて国と地方公共団体との間の基本的関係を確立することにより、地方公共団体における民主的にして能率的な行政の確保を図るとともに、地方公共団体の健全な発達を保障すること」を目的としています（1条）。

＊1
具体例で覚えよう！
例えば、地方公共団体そのものを廃止したり、地方議会を諮問機関としたりすることは、地方自治の本旨に反する措置として違憲となります。

12-22

2 地方公共団体の種類

　地方自治法は、「地方公共団体」を法人とし（2条1項）、これに国とは独立した法人格を与えています。
　地方公共団体には、普通地方公共団体と特別地方公共団体があります。

3 普通地方公共団体

（1）普通地方公共団体の種類

　普通地方公共団体は、都道府県と市町村です（1条の3第2項）。

● 地方自治法

普通地方公共団体	意義	処理する事務
都道府県	市町村を包括する広域の地方公共団体	地方公共団体の事務の中で、 ①広域にわたるもの ②市町村に関する連絡調整に関するもの ③その規模または性質において一般の市町村が処理することが適当でないと認められるもの
市町村	基礎的な地方公共団体	①都道府県が処理するものとされているものを除き、一般的に、地方公共団体の事務を処理する ②その規模または性質において一般の市町村が処理することが適当でないと認められるものについては、当該市町村の規模・能力に応じて、これを処理する ③市について、大都市に関する特例規定がある（指定都市・中核市）

(2) 大都市に関する特例

市には、（政令）指定都市、中核市という2種類の特例が定められています。 13-23 *2 *3

(a) （政令）指定都市

（政令）指定都市制度は、政令で指定する人口50万以上の市に、都道府県に近い権限を与えるものです（252条の19以下）。指定都市は、市長の権限に属する事務を分掌させるため、条例で、その区域を分けて区を設け、区の事務所または必要があると認めるときはその出張所を置くものとされます（252条の20第1項）。2014年改正により、「区にその事務所の長として区長を置く」（252条の20第3項）と明記されました。

また、2014年改正により、指定都市は、その行政の円滑な運営を確保するため必要があると認めるときは、市長の権限に属する事務のうち特定の区の区域内に関するものを総合区長に執行させるため、条例で、当該区に代えて総合区を設け、総合区の事務所または必要があると認めるときはその出張所を置くことができる（252条の20の2第1項）とされました。

(b) 中核市

中核市制度は、人口20万以上の市からの申出に基づいて政令で指定し、政令指定都市に準ずる権限を与えるものです（252条の22以下）。*4

*2 プラスアルファ
一般の市の人口要件は、5万以上とされています（8条1項1号）。

*3 プラスアルファ
2014年改正により、「特例市」の制度が廃止されました。

*4 プラスアルファ
2014年改正により、中核市の要件が人口30万以上から「20万以上」へ変更されました。

地方自治法－総説
64 特別地方公共団体

重要度 B

1 特別区

都の区を特別区といいます（281条1項）。特別区は、法律または法律に基づく政令により、都が処理することとされているものを除いて、地域における事務ならびにその他の事務で法律等によって市が処理することとされている事務等を処理します（281条2項）。 13-23 15-22 18-22 *1

講師からのアドバイス

普通地方公共団体のほかに、特別地方公共団体にどのようなものがあるのかを確認しましょう。

*1 ここに注意

指定都市にも区が設置されますが、法人格を持たない「行政区」にすぎません。なお、2012年に成立した「大都市地域における特別区の設置に関する法律」により、道府県内においても、一定の要件をみたせば、特別区の設置が可能です。

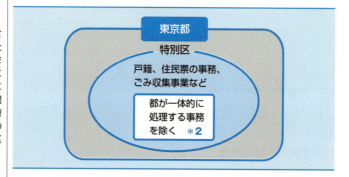

2 地方公共団体の組合

地方公共団体の組合は、2つ以上の地方公共団体が事務を共同で処理するために設置するものです。 13-23

（1）一部事務組合（286条以下）

「一部事務組合」は、普通地方公共団体および特別区の事務の一部を共同処理するために設けられる組合です。設置には、都道府県の加入するものは総務大臣、その他は都道府県知事の許可が必要です。一部事務組合の設置により、組合内の地方公共団体につき執行機関の権限に属する事項がなくなったとき、その執行機関は、一部事務組合の成立と同時に消滅します（284条2項）。

なお、共同処理しようとする事務が他の市町村等の共同処理しようとする事務と同一の種類でなくても、相互に関連するものを共同処理するために一部事務組合を設けることができます（285条）。これを複合的一部事務組合といい、市町村と特別区に限り設けることができます。

*2 具体例で覚えよう！

都が一体的に処理する事務の例として、①都市計画の決定、②上下水道の設置・管理、③感染症予防、④消防事務などがあります。

● 地方自治法

(2) 広域連合（291条の2以下）

「広域連合」は、普通地方公共団体および特別区の広域的な事務を共同処理するために設けられる組合です（284条3項前段）。設置の許可等は一部事務組合の規定に準じます（284条3項後段）。

一部事務組合と広域連合の主な相違点

区分	一部事務組合	広域連合
構成団体	都道府県、市町村および特別区（ただし、複合的一部事務組合は、市町村および特別区）	都道府県、市町村および特別区
設置の目的等	構成団体またはその執行機関の事務の一部の共同処理	多様化した広域行政需要に適切かつ効率的に対応するとともに、国および都道府県からの権限移譲の受入れ体制を整備する

3 財産区

財産区とは、市町村や特別区が、当該一部の地区に財産（山林、用水池、宅地等）を有し、または公の施設等を設置している場合、これらの管理、処分のみをする権限を有する特別地方公共団体です（294条以下参照）。

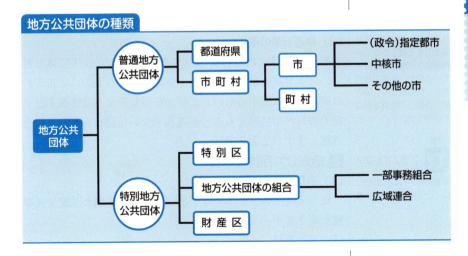

地方公共団体の種類

501

地方自治法－総説
65 地方公共団体の権能

重要度 A

講師からのアドバイス

まず「自治事務」と「法定受託事務」という概念を理解しましょう。

> **第2条【地方公共団体の法人格、事務、地方自治行政の基本原則】**
> 1 地方公共団体は、法人とする。
> 2 普通地方公共団体は、地域における事務及びその他の事務で法律又はこれに基づく政令により処理することとされるものを処理する。

1 普通地方公共団体の一般的権能

（1）総論

地方公共団体は、自主財政権、自主行政権および自主立法権が憲法上保障され（憲法94条）、その事務を処理します。そこで、2条2項は、普通地方公共団体が処理する事務として、①地域における事務、②その他の事務で法律または法律に基づく政令により処理することとされるもの、を事務として定めています。*1

（2）市町村の権能

市町村は、住民に身近な基礎的な地方公共団体として、都道府県が処理するものを除き、一般的に、地域の事務およびその他の事務で法律または法律に基づく政令により処理することとされるものを処理します（2条2項、3項本文）。*2

（3）都道府県の権能

都道府県は、市町村を包括する広域の地方公共団体として、2条2項の事務のうち、①広域にわたるもの、②市町村の連絡調整に関するものおよび③その規模または性質上、一般の市町村が処理することが適当でないと認められるものを処理します（2条5項）。

2 地方公共団体の事務

（1）事務の種類

地方公共団体が処理する事務には、自治事務と法定受託事務があります。

（2）自治事務

自治事務とは、地方公共団体が処理する事務のうち、法定受託事務以外のものをいうとして、控除方式により定義されています（2条8項）。 16-23 17-23 18-24 20-23

プラスアルファ

2条2項の「その他の事務で法律又はこれに基づく政令により処理することとされるものを処理する」という規定の立法過程で具体的に念頭に置かれたのは、北方領土に本籍を有する者にかかる戸籍事務を根室市が処理している例や、外国の政府機関・国際機関等に国際協力の目的で職員を派遣する例です。

プラスアルファ

都道府県と市町村の間には、上下関係はありません。

502

●地方自治法

（3）法定受託事務

法定受託事務には、**第1号法定受託事務**と**第2号法定受託事務**とがあります（2条9項1号、2号）。`16-23` `17-23`

第1号法定受託事務	第2号法定受託事務
法律またはこれに基づく政令により都道府県、市町村または特別区が処理することとされる事務のうち、国が本来果たすべき役割に係るものであって、国においてその適正な処理を特に確保する必要があるものとして法律またはこれに基づく政令に特に定めるもの	法律またはこれに基づく政令により市町村または特別区が処理することとされる事務のうち、都道府県が本来果たすべき役割に係るものであって、都道府県においてその適正な処理を特に確保する必要があるものとして法律またはこれに基づく政令に特に定めるもの

（4）事務の処理の基本原則

地方公共団体は、事務を処理するにあたって、次の基本原則を遵守しなければなりません。

(a) 住民福祉の原則

地方公共団体は、その事務を処理するにあたっては、住民の**福祉**の増進に努めなければなりません（2条14項前段）。

(b) 行政効率の原則

地方公共団体は、その事務を処理するにあたり、最少の**経費**で最大の**効果**を挙げるようにしなければならず（2条14項後段）、そのために、常にその組織および運営の**合理化**に努めるとともに、他の地方公共団体に協力を求めて、その規模の**適正化**を図らなければなりません（2条15項）。

(c) 法令遵守の原則

地方公共団体は、**法令**に違反してその事務を処理してはならず（2条16項前段）、法令に違反した行為は、**無効**とされます（2条17項）。

第3編 **行政法**

地方自治法

503

地方自治法－機関

66 議会

重要度

「議会」と「長」の二元的代表制という特徴を確認してください。

1 普通地方公共団体の組織の特徴

(1) 二元的代表制

憲法93条は、議事機関である「議会」とは独立に執行機関の「長」が直接に住民の直接選挙で選ばれ、それぞれが住民に対して直接責任を負うとする「二元的代表制」を採用したものと一般的に解されています。これを受けて、地方自治法には、普通地方公共団体に議会と長を置く旨の規定が置かれています（89条、139条）。ただし、議会による不信任議決とこれに対する長の議会解散権（178条）など、議院内閣制の制度も取り入れられています。

(2) 執行機関多元主義

「執行機関」とは、独自の執行権限を持ち、担任する事務の管理執行にあたってみずから決定し、表示できる機関をいいます。

地方自治法は、普通地方公共団体の執行機関として、住民の直接選挙で選ばれる「長」のほかに、法律の定めるところにより、委員会または委員を置くとし、執行機関多元主義を採用しています（138条の4第1項）。＊1

＊1 ここに注意

執行機関多元主義を採用することにより、執行機関について1つの機関への権限集中を回避し、複数の執行機関に権限を分掌させて、それぞれが独立して事務を処理させることで、民主的な行政運営を確保することができます。

2 議会

(1) 議会の位置づけ

憲法93条は、①議事機関として議会を置くこと、②議会の議員の直接選挙を明記しています。これを受けて、地方自治法は、「普通地方公共団体には、議会を置く」と定め（89条）、議会が普通地方公共団体の必置機関であることを確認しています。また、議会は、議員で構成される合議制の意思決定機関です。 17-23 ＊2

(2) 議員

(a) 議員の定数

議会運営の基本といえる「議会の議員の定数」は、条例で定めるとされています（90条1項、91条1項）。＊3

(b) 議員の任期

議員の任期は、原則として4年です（93条1項）。

＊2 ここに注意

町村は、条例で、議会を置かず、選挙権を有する者の総会（「町村総会」）を設けることができます（94条）。

＊3 プラスアルファ

議会制度の自由度を高め、議会権能を充実・強化させる見地から、2011年改正により「法定上限（議会の議員定数につき上限数を人口に応じて定めている規定）」が撤廃されました。

●地方自治法

　補欠選挙により選ばれた議員の任期は、前任者の残任期間であり、定数に異動が生じたため新たに選ばれた議員の任期は、一般選挙により選ばれた議員の任期満了の日までです（93条2項、公職選挙法258条、同法260条）。

(c) **議員の兼職禁止**

　普通地方公共団体の議会の議員は、①衆議院議員または参議院議員、②他の地方公共団体の議員、③地方公共団体の常勤の職員および短時間勤務職員との兼職が禁止されています（92条）。

(d) **議員の兼業禁止**

　普通地方公共団体の議会の議員は、当該普通地方公共団体に対し請負をする者およびその支配人または主として同一の行為をする法人の無限責任社員、取締役、執行役もしくは監査役もしくはこれらに準ずべき者、支配人および清算人たることができません（92条の2）。

　議員が兼業禁止の規定に該当するときは、その職を失いますが、議員が兼業禁止の規定に該当するかは、議会が出席議員の3分の2以上の多数により決定します（127条1項）。＊4

＊4

プラスアルファ

議員が被選挙権を有しない者であるときも、その職を失いますが、被選挙権の有無は、公職選挙法・政治資金規正法の欠格事由（公職選挙法11条、11条の2、252条、政治資金規正法28条）に該当する場合を除くほか、議会が出席議員の3分の2以上の多数により決定します（127条1項）。

第3編 行政法　地方自治法

505

地方自治法－機関

67 議会の権限

重要度

講師からのアドバイス
議会の権限として「議決権」のほかに、いわゆる「100条調査権」などがあります。

議会には、①普通地方公共団体の意思決定機関としての「議決権」と、②検査権・監査請求権・調査権などの権限があります。

1 議決権

(1) 必要的議決事件（必要的議決事項）

議会の必要的議決事件は、重要な15項目に限定されています（制限列挙／96条1項）。

主な必要的議決事件

条例の制定・改廃 （96条1項1号）	条例の提案権は、一般に議会の側と長の双方にあり、特定の場合は議会の側または長のいずれかにのみ専属する（109条1項～3項、155条1項、158条1項など）
予算の議決 （96条1項2号）	予算発案権は長に専属し（149条2号）、議会は予算を増額修正することもできるが、長の予算発案権の侵害となるような修正は許されない（97条2項）
決算の認定 （96条1項3号）	決算を議会が認定しない場合であっても、「単に認定しない」というだけで、別に法的効果は生じない
法令により議会の権限に属する事項 （96条1項15号）	地方自治法では、廃置分合・境界変更の申請・協議（6条4項、6条の2第2項、7条1項6項）などがある

(2) 任意的議決事件（任意的議決事項）

普通地方公共団体の意思決定機関としての議会の権能を強化するため、96条1項列挙事項に加えて、必要と認められるものを、条例で議会の議決事項に追加指定できます（96条2項）。

自治事務については、すべて任意的議決事件の対象になります。

法定受託事務については、国の安全に関することその他の事由により議会の議決すべきものとすることが適当でないものとして政令で定めるものを除き、任意的議決事件の対象になります（96条2項かっこ書）。

2 検査権・監査請求権

　議会は、普通地方公共団体の事務に関して書類等を検閲し、執行機関の報告を請求して、事務の管理、議決の執行および出納を検査することができます（98条1項）。議会は、監査委員に対し、普通地方公共団体の事務に関する監査を求め、監査の結果に対する報告を請求することができます（98条2項）。*1

3 調査権（100条調査権）

　普通地方公共団体の議会は、当該普通地方公共団体の事務に関する調査を行うことができます（100条1項前段）。この場合において、当該調査を行うため特に必要があると認めるときは、選挙人その他の関係人の出頭および証言ならびに記録の提出を請求することができます（100条1項後段）。*2

　議員の調査活動の充実のための経費援助として、2000年改正により、議員または会派に対して「政務調査費」が交付されていました。2012年改正では、①政務調査費の名称を「政務活動費」に改め、②交付目的に「その他の活動」を加え、③政務活動費を充てることができる経費の範囲を条例で定めることとするとともに、④議長に政務活動費についての使途の透明性を確保する努力義務を課しました（100条14項、16項）。

　普通地方公共団体の議会は、議案の審査または当該普通地方公共団体の事務に関する調査のために必要な専門的事項に係る調査を学識経験を有する者等にさせることができます（100条の2）。*3

ここに注意

検査権・監査請求権は、(i)自治事務については労働委員会および収用委員会の権限に属する事務、(ii)法定受託事務については国の安全および個人の秘密を害するおそれがある事項に関する事務ならびに収用委員会の権限に属する事務が、その対象外です（98条1項かっこ書、98条2項かっこ書）。

ここに注意

100条調査権についても、検査権・監査請求権と同様の事務は対象外とされています（100条前段かっこ書）。

ここに注意

これは、専門的知見を活用することにより、議会の政策形成機能を向上させる趣旨です。

地方自治法－機関

68 議会の組織

重要度 C

講師からの
アドバイス

委員会が必置とされていないのは、少人数の議会では本会議で議論すれば足りるからです。

議会の組織には、①全議員で構成される「**会議（本会議）**」と、②原則として一部の議員で構成され、議会権限の一部を分担する「**委員会**」があります。

このほか、**議長・副議長**、事務局、協議調整の場（100条12項）も、議会の組織です。

「議会の組織」の基本モデル

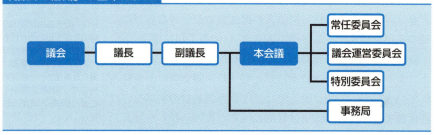

1 会議（本会議）

本会議は、議員定数の半数以上の議員が議場に出席して開く会議であり（113条1項）、全議員で構成される、議会の基本的組織です。

2 委員会

委員会には、①**常任委員会**、②**議会運営委員会**、③**特別委員会**があります。委員会は、条例で置くことができます（109条1項）。＊1 ＊2

＊1 ここに注意
2012年改正により、委員会に関する規定が簡素化されています。

＊2 プラスアルファ
委員会は、公聴会の開催、参考人招致をすることができます（109条5項・115条の2）。

委員会	
常任委員会	常任委員会は、その部門に属する当該普通地方公共団体の事務に関する調査を行い、議案、請願等を審査する（109条2項）
議会運営委員会	議会運営委員会は、①議会運営事項、②議会の会議規則および委員会に関する条例等に関する事項、③議長諮問事項に関する調査を行い、議案、請願等を審査する（109条3項）
特別委員会	特別委員会は、議会の議決により付議された事件を審査する（109条4項）

●地方自治法

3 議長・副議長

議会は、合議制の機関です。そのため、議会における活動を主宰し、議会を代表する者（議長）が必要となります。

（1）議長・副議長の選挙・任期

議会は、議員の中から議長および副議長1人を選挙しなければなりません（103条1項）。議長および副議長の任期は、議員の任期によります（103条2項）。

（2）議長・副議長の辞職

議長および副議長は、議会の許可を得て辞職することができます（108条本文）。副議長は、議会の閉会中においては、議長の許可を得て辞職することができます（108条ただし書）。

（3）議長の権限

議長は、議場の秩序を保持し、議事を整理し、議会の事務を統理し、議会を代表します（104条）。また、議長は、委員会に出席し、発言することができます（105条）。

普通地方公共団体の議会または議長の処分・裁決に係る普通地方公共団体を被告とする訴訟については、議長が当該普通地方公共団体を代表します（105条の2）。

第3編 行政法

地方自治法

地方自治法－機関

69 議会の運営

重要度 B

講師からの
アドバイス

議会の招集については改正を経ている点が多いので、正確に覚えましょう。

1 議会の種類

議会には、定例会と臨時会の2種類があります。

議会の種類	19-22
定例会	・「定例会」は、付議事件の有無にかかわらず、定例的に招集されるものである ・定例会の招集回数は、毎年、条例で定める回数これを招集しなければならない（102条2項）*1
臨時会	・「臨時会」は、必要がある場合において、あらかじめ告示された付議事件に限り招集されるものである（102条3項、4項） ・臨時会の開会中に緊急を要する事件があるときは、あらかじめ告示していない事件であっても、直ちに会議に付議することができる（102条6項）

*1
 プラスアルファ

かつては、定例会の招集回数には「毎年4回以内」という制限が法定されていましたが、2004年改正で制限が撤廃されました。

条例で定める日から翌年の当該日の前日までを会期（通年の会期）とすることもできます（102条の2）。

2 議会の招集

議会の招集権限は、議長ではなく、「長」に属します（101条1項）。 19-22

議長は、議会運営委員会の議決を経て、長に対して、会議に付議すべき事件を示して臨時会の招集を請求することができます（101条2項）。また、議員の定数の4分の1以上の者は、長に対し、会議に付議すべき事件を示して臨時会の招集を請求することができます（101条3項）。 19-22

これらの請求があったときは、長は、請求のあった日から20日以内に臨時会を招集しなければなりません（101条4項）。

議長等の臨時会の招集請求に対して長が招集しないときは、「議長」が臨時会を招集できます（101条5項、6項）。
21-24

3 会期

「会期」とは、議事機関としての議会がその活動をなしうる一定の期間をいいます。会期の決定は、議会の権限です（102条7項）。定例会・臨時会に関係なく、会期を延長することができます（102条7項）。*2

*2
 ここに注意

地方議会の場合、国会と異なり、会期の延長を制限する規定はありません。

*3
 プラスアルファ

ここにいう「公開」には、傍聴、報道および会議録閲覧（123条）が含まれます。

*4
 ここに注意

定足数は、会議開会のための要件であるだけでなく、議事要件、議決要件でもあります。

*5
 ここに注意

議長は、議員として議決に加わる権利を有しません（116条2項）。

510

4 議会の会議の運営

(1) 会議運営における原則

(a) 会議公開の原則

普通地方公共団体の議会の会議は、これを公開します（会議公開の原則／115条1項本文）。ただし、議長または議員3人以上の発議により、出席議員の3分の2以上の多数で議決したときは、秘密会を開くことができます（115条1項ただし書）。＊3

(b) 定足数の原則

普通地方公共団体の議会は、議員の定数の半数以上の議員が出席しなければ、会議を開くことができません（定足数の原則／113条1項本文）。＊4

(c) 多数決の原則

議会の意思決定方法は、地方自治法に特別の規定があるほかは、議事（選挙以外の事件の審議）は過半数で決し、可否同数の場合、議長が決します（多数決の原則／116条1項）。＊5　＊6

(d) 一事不再議の原則

同一会期中に一度議決された同一の事項について再び意思決定をしないことを「一事不再議の原則」といいます。

(e) 会期不継続の原則

会期中に議決に至らなかった事件は、後会に継続しません（会期不継続の原則／119条）。議会は会期中に限り活動能力を有し、前後の会期は継続しないからです。

(2) 会議の運営

会議に付する事件には、議決事件（議案、動議、請願、陳述等）、選挙およびこれら以外の事件（質問、報告等）があります。

議案提出権は、長または議会側（議員、委員会）にあります（149条1号、112条、109条6項）。議員の議案提出は、議員定数の12分の1以上の賛成を要します（112条2項）。

14-23 19-22 ＊7

＊6

 プラスアルファ

(i) 出席議員の3分の2以上の同意を要するもの
　① 事務所の設置・変更の条例の制定改廃（4条3項）
　② 秘密会の議決（115条1項）
　③ 議員の失職・資格の決定（127条1項）
　④ 長による一般再議（条例の制定改廃、予算に関するもの）の同意（176条3項）
　⑤ 重要な公の施設の廃止・利用に関する同意（244条の2第2項）

(ii) 議員の3分の2以上が出席し、その過半数の同意を要するもの
　・長に対する再度の不信任議決（178条3項後段）

(iii) 議員の3分の2以上が出席し、その4分の3以上の者の同意を要するもの
　① 主要職員の解職の同意（87条1項）
　② 議員の除名の同意（135条3項）
　③ 長に対する最初の不信任議決（178条3項前段）

＊7

プラスアルファ

2012年改正により、会議（本会議）においても、公聴会の開催、参考人招致をすることができるとされました（115条の2）。

地方自治法－機関

70 執行機関①

重要度 B

「地方公共団体の執行機関」とはどのようなものかを確認しましょう。

1 執行機関の通則

(1) 執行機関の義務

　地方公共団体の執行機関は、当該地方公共団体の条例、予算その他の議会の議決に基づく事務および法令、規則その他の規程に基づく当該地方公共団体の事務を、みずからの判断と責任において、誠実に管理しおよび執行する義務を負います（138条の2）。

(2) 執行機関組織の原則

　執行機関の組織は、長の所轄の下に、それぞれ明確な範囲の所掌事務と権限を有する執行機関によって、系統的にこれを構成しなければなりません（138条の3第1項）。

　執行機関は、長の所轄の下に、執行機関相互の連絡を図り、すべて、一体として、行政機能を発揮するようにしなければなりません（138条の3第2項）。

　長は、当該普通地方公共団体の執行機関相互の間にその権限につき疑義が生じたときは、これを調整するように努めなければなりません（138条の3第3項）。

2 地方公共団体の長

(1) 長の地位

　都道府県に**知事**、市町村に**市町村長**が置かれます（139条）。長の任期は、**4年**です（140条1項）。

(a) 長の兼職禁止

　長は、①衆議院議員または参議院議員、②地方公共団体の議会の議員、③地方公共団体の常勤の職員および短時間勤務職員との兼職が禁止されています（141条）。

　また、(i)選挙管理委員（182条7項）、(ii)監査委員（196条3項）、(iii)他の法律で長との兼職が禁止されている委員会の委員は、長と兼ねることができません。

(b) 長の兼業禁止

　長は、当該普通地方公共団体に対し請負をする者およびその支配人または主として同一の行為をする法人（当該普通地方公共団体が資本金等を2分の1以上出資している法

人を除く）の無限責任社員、取締役、執行役もしくは監査役もしくはこれらに準ずべき者、支配人および清算人たることができません（142条、施行令122条）。長が①被選挙権を有しなくなったときまたは②兼業禁止の規定に該当するときは、その職を失います（143条1項前段）。その被選挙権の有無または兼業禁止の規定に該当するかの決定は、選挙管理委員会が行いますが（143条1項後段）、争訟の対象となります（143条3項、4項）。 14-21

(2) 長の権限

(a) 統轄・代表権

普通地方公共団体の長は、当該普通地方公共団体を**統轄**し、これを**代表**します（147条）。＊1

(b) 事務管理執行権

普通地方公共団体の長は、当該普通地方公共団体の事務を**管理**しおよびこれを**執行**します（148条）。

法令により他の執行機関の権限とされていない事務は、長の権限として執行することができます。長の事務管理執行権の対象は、149条に掲げられている事務に限られません（**概括列挙主義**）。

次の4つの事務は、長の排他的権限であり、委員会・委員の権限に属しません（149条1号～4号、180条の6）。

① 普通地方公共団体の議会の議決を経べき事件につきその議案を提出すること 14-23 21-23
② 予算を調製し、およびこれを執行すること
③ 地方税を賦課徴収し、分担金、使用料、加入金または手数料を徴収し、および過料を科すること
④ 決算を普通地方公共団体の議会の認定に付すること

(c) 内部統制に関する方針の策定等

都道府県知事および指定都市の市長は、財務に関する事務等の管理・執行が法令に適合し、適正に行われることを確保するための方針（**内部統制に関する方針**）を定め、**必要な体制を整備**しなければなりません（150条1項／2017年改正）。なお、上記以外の市長および町村長には、その努力義務が課されています（150条2項／2017年改正）。＊2

＊1 ことばの意味

代表権
代表権とは、長が外部に対して当該普通地方公共団体の行為となるべき行為を行うことができる権限です。すなわち、長の行為が法律上、当該普通地方公共団体の行為になります。

＊2 プラスアルファ

この方針を定めた長は、遅滞なく、これを公表しなければなりません（150条3項／2017年改正）。また、毎会計年度少なくとも1回以上、内部統制の評価報告書を作成し、監査委員の審査に付したうえで、監査委員の意見を付けて議会に提出しなければなりません（150条4項、5項、6項／2017年改正）。

地方自治法－機関

71 執行機関②

重要度 B

講師からの
アドバイス

代理・委任・補助執行の区別が重要です。権限が移動するか、誰の名で権限を行使するのかがポイントです。

1 代理・委任・補助執行

(1) 代理

長の職務・権限の代理とは、長の職務・権限を長以外の者が職務代理者であることを明示して自己の名をもって、長の職務・権限の全部または一部を代理行使し、その行為の効果は長が行ったのと同じ効力が生ずることをいいます。

代理には、(i)法律の定める事実の発生により当然に代理関係が生ずる法定代理と、(ii)長の授権により代理関係が生ずる任意代理（臨時代理）があります。

法定代理・任意代理

法定代理	・長に事故があるとき、または長が欠けたときは、副知事または副市町村長がその職務を代理する（152条1項前段） ・法定代理の場合、長の職務の全部を代理するのが原則であるが、長の身分・資格までも代理するものではなく、代理になじまない行為（議会の解散、副知事等の選任など）は除外される
任意代理	長は、その権限に属する事務の一部をその補助機関である職員に臨時に代理させることができる（153条1項後段）

(2) 委任

長の権限の委任は、長が自己の権限の一部を受任者に移し、それを受任者の権限として行わせることをいいます。委任は権限の分配に変更がなされるので、法令の根拠を要します。＊1

(3) 補助執行

長の権限に属する事務の補助執行とは、内部的に、長の権限を補助し、執行させることであり、外部的には長の名で執行されます。＊2

2 長の補助機関

長の補助機関は、長がその権限に属する事務を管理・執行するにあたってこれを補助するものであり、法的には長の内部機関です。

＊1

 プラスアルファ

長がその権限を委任することができる受任者は、次のとおりです。
① 補助機関である職員（153条1項前段）
※副知事・副市町村長も含まれる（167条2項）
② 長の管理する行政庁（153条2項）
③ 当該地方公共団体の委員会、委員会の委員長、委員またはこれらの執行機関の事務を補助する職員もしくはこれらの執行機関の管理に属する機関の職員（180条の2）

＊2

 プラスアルファ

長の補助機関である職員が補助執行するのは当然です。このほか、長は、その権限に属する事務の一部を委員会等の執行機関の事務を補助する職員またはこれらの執行機関の管理に属する機関の職員に補助執行させることができます（180条の2）。

514

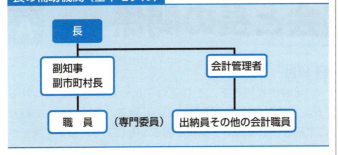

(1) 副知事・副市町村長

　都道府県に副知事を、市町村に副市町村長を置き（161条1項本文）、定数は条例で定めます（161条2項）。＊3

　副知事・副市町村長は、長が議会の同意を得て選任します（162条）。副知事・副市町村長の任期は4年ですが、長は任期中においてもこれを解職できます（163条）。

　副知事・副市町村長は、長の補佐、職員の担任する事務の監督、長の職務代理に加え、長の権限に属する事務の一部につき委任を受け、その事務を執行します（167条）。

(2) 会計管理者

　普通地方公共団体には、会計管理者1人を置きます（168条1項）。会計管理者は、長の補助機関である職員のうちから、長が命じます（168条2項）。長、副知事・副市町村長または監査委員と親子、夫婦または兄弟姉妹の関係にある者は会計管理者になれず、その関係が生じたときは職を失います（169条）。 14-21

　会計管理者は、①現金、有価証券および物品の出納・保管、②小切手の振出、③現金・財産の記録管理、④支出負担行為の確認などの会計事務をつかさどります（170条）。

　会計管理者の事務を補助させるため、長の補助機関である職員のうちから長の任命する出納員その他の会計職員が置かれますが（171条1項本文、同条2項）、町村は出納員を置かないことができます（171条1項ただし書）。

＊3
プラスアルファ
条例で、副知事・副市町村長を置かないことができます（161条1項ただし書）。

地方自治法－機関

72 議会と長の関係

重要度 A

一般的再議請求・特別的再議請求それぞれの手続の流れをおさえておきましょう。

1 総説

二元的代表制の下、それぞれ住民の直接選挙で選ばれる「長」と議員による「議会」とが、独立の立場において相互に牽制し、その均衡と調和を図ることにより、公正・適正かつ円滑な行政運営を実現するため、①長の再議請求権、②長の不信任議決、③長の専決処分が設けられています。

2 長の再議請求権

長の再議請求権には、(i)一般的再議請求権（一般的拒否権）と、(ii)特別的再議請求権（特別的拒否権）があります。

(1) 一般的再議請求権（「一般再議」）

議会の議決について異議があるとき、長は、地方自治法に特別の定めがあるものを除くほか、その議決の日（条例の制定・改廃または予算に関する議決については、その送付を受けた日）から10日以内に理由を示してこれを再議に付することができます（176条1項）。 18-23 *1 *2

再議に付された議決と同じ議決がなされたときは、その議決は確定します（176条2項）。

なお、条例の制定・改廃または予算に関する議決については、出席議員の3分の2以上の同意を要しますが（176条3項）、それ以外の議決については過半数の同意で足ります（116条1項）。

(2) 特別的再議請求権

(a) 越権・違法な議決・選挙（「違法再議」）

議会の議決・選挙がその権限を超えまたは法令・会議規則に違反すると認めるときは、長は、理由を示してこれを再議に付しまたは再選挙を行わせなければなりません（176条4項）。 12-23 21-24 *2

それにもかかわらず、なおその権限を超えまたは法令・会議規則に違反する議決・選挙を行ったと認めるときは、都道府県知事にあっては総務大臣、市町村長にあっては都道府県知事に対し、当該議決・選挙があった日から21日以内に、審査を申し立てることができます（176条5項）。

*1 ここに注意

2012年改正により、一般再議の対象が条例の制定・改廃、予算以外の議決事件（総合計画など）に拡大されました。これは、長が議決に対して反論を行うことを通じて議会の議論を活性化することを期待するものです。

*2 ここに注意

2012年改正前は、「普通地方公共団体の議会の議決が、収入または支出に関し執行することができないものがあると認めるときは、当該普通地方公共団体の長は、理由を示してこれを再議に付さなければならない」とされていました（2012年改正前の177条1項）。しかし、一般再議の範囲の拡大により、収支不能再議の対象については一般再議または違法再議の対象となりうると考えられることから、この規定は削除されました。

●地方自治法

　総務大臣・都道府県知事は、審査の結果、議決・選挙が越権・違法と認めるときは、当該議決・選挙を取り消す旨の裁定をすることができます（176条6項）。この裁定に不服がある議会・長は、裁定があった日から60日以内に裁判所に出訴することができます（176条7項）。この場合、議会の議決・選挙の取消しを求めるものは、当該議会を被告として提起しなければなりません（176条8項）。14-21

(b) 義務費削除減額議決

　議会において、「法令により負担する経費、法律の規定に基づき当該行政庁の職権により命ずる経費その他の普通地方公共団体の義務に属する経費」を削除しまたは減額する議決をしたときは、その経費およびこれに伴う収入について、長は、理由を示してこれを再議に付さなければなりません（177条1項1号）。この場合に、議会がなおこれらの経費を削除しまたは減額したときは、長は、その経費およびこれに伴う収入を予算に計上してその経費を支出することができます（177条2項）。

(c) 非常災害対策・感染症予防費削除減額議決

　議会において、「非常の災害による応急若しくは復旧の施設のために必要な経費又は感染症予防のために必要な経費」を削除しまたは減額する議決をしたときは、その経費およびこれに伴う収入について、長は、理由を示してこれを再議に付さなければなりません（177条1項2号）。この場合において、議会がなおこれらの経費を削除しまたは減額したときは、長は、その議決を不信任の議決とみなすことができます（177条3項）。

第3編　行政法
地方自治法

地方自治法－機関

73 長の不信任議決

1 長の不信任議決

議会の不信任議決から議会の解散、長の失職までの流れは重要です。期限の日数や表決数なども正確に覚えましょう。

＊1
議員数の4分の3以上の者が出席し、その5分の4以上の者が同意したときは、議会は自主解散することができます（地方公共団体の議会の解散に関する特例法2条）。

長と議会との間に対立抗争が生じ、両者の均衡と調和が保たれなくなった場合、議会には長に対する不信任議決により長を失職させる権能を賦与し、これに対抗する手段として、長に議会解散権を認めます（178条）。＊1

議会において、長の不信任の議決をしたときは、直ちに議長からその旨を長に通知しなければならず、この場合においては、長は、その通知を受けた日から10日以内に議会を解散することができます（178条1項）。この不信任の議決については、議員の数の3分の2以上の者が出席し、その4分の3以上の者の同意がなければなりません（178条3項前段）。

議会において長の不信任の議決をした場合において、(i)議長から通知のあった日から10日以内に議会を解散しないときは、10日の期間が経過した日において、長はその職を失い、また、(ii)議会の解散後初めて招集された議会において再び不信任の議決があり、議長から長に対しその旨の通知があったときは、長は、議長から通知があった日においてその職を失います（178条2項）。 12-23 14-21 21-24

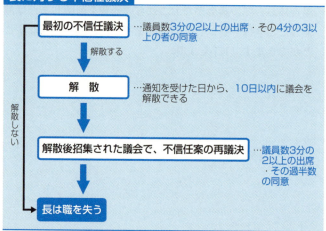

518

● 地方自治法

2 長の専決処分

長は、本来、議会の議決事件とされている事項につき、議会の議決がなければこれを執行することができません。しかし、長は、一定の場合に議決を経ずに、議決事件を処分することができます。これを「専決処分」といいます。専決処分には、(ⅰ)法定の専決処分と、(ⅱ)議会委任の専決処分があります。

(1) 法定の専決処分

①議会が成立しないとき、②113条ただし書の場合でなお会議を開くことができないとき、③特に緊急を要するため議会を招集する時間的余裕がないとき、④議決事件を議決しないときに、長は、議決事件を処分することができます（179条1項本文）。 21-24 *2

この場合、長は、次の会議においてこれを議会に報告し、その承認を求めなければなりませんが（179条3項）、承認されなくても処分の効力には影響がありません。条例の制定・改廃または予算に関する専決処分について承認されなかった場合は、長は、必要な措置を講ずるとともに、その旨を議会に報告しなければなりません（179条4項）。

(2) 議会委任の専決処分

議会の権限に属する軽易な事項で、その議決により特に指定したものは、長において、これを専決処分にすることができます（180条1項）。

専決処分をした場合、長は、これを議会に報告しなければなりません（180条2項）。 12-23 17-23

＊2 ここに注意
副知事・副市町村長の選任の同意および指定都市の総合区長の選任の同意については、専決処分の対象外です（179条1項ただし書）。

第3編 行政法
地方自治法

519

地方自治法－機関

74 執行機関としての委員会等

重要度 A

1 執行機関である委員会・委員

(1) 概要

普通地方公共団体には、長のほか、法律の定めるところにより、委員会または委員が置かれます（執行機関法定主義／138条の4第1項）。普通地方公共団体に置かなければならない委員会および委員は、次のとおりです（180条の5）。

委員会・委員

普通地方公共団体（都道府県・市町村）に置かなければならないもの	・教育委員会 ・選挙管理委員会 ・人事委員会（人事委員会を置かない普通地方公共団体にあっては「公平委員会」） ・監査委員
都道府県に置かなければならないもの	・公安委員会 ・労働委員会 ・収用委員会 ・海区漁業調整委員会 ・内水面漁場管理委員会
市町村に置かなければならないもの	・農業委員会 ・固定資産評価審査委員会

普通地方公共団体の事務には、政治的中立性や専門技術的な知識を要する事務分野、利害調整や裁定機能を有する事務分野などがあります。そのため、これらの事務を長から独立した「委員会・委員」の権限としています。＊1

委員会・委員の特徴としては、次の4つが挙げられます。

① 法定機関であること ＊2
② 必置機関であること
③ 合議制の執行機関であること（監査委員は独任制である）
④ 独立機関であること

(2) 監査委員

監査委員は、地方公共団体の監査に責任を有する長から独立した独任制の執行機関であり、普通地方公共団体には必ず置かなければなりません（195条1項）。＊3

講師からのアドバイス

「議会の委員会」と「執行機関としての委員会」とを混同しないように注意しましょう。

＊1 プラスアルファ

委員会・委員は、①予算の調製・執行、②議案の提出、③地方税等の賦課徴収、④決算については権限を有していません（180条の6）。

＊2 プラスアルファ

選挙管理委員会・監査委員は、地方自治法を根拠として設置されています。そのほかの委員会は、個別法を根拠として設置されています。

＊3 プラスアルファ

監査についての独立性と専門性を強化するため、1997年改正で「外部監査制度」が導入されました。普通地方公共団体の財務管理、事業の経営管理などの行政運営に優れた識見を有する者と外部監査契約を締結し、監査を受ける制度です（252条の27第1項）。

● 地方自治法

(a) 監査委員の選任

監査委員の定数は、都道府県および人口25万以上の市にあっては**4人**とし、その他の市および町村にあっては**2人**とされます（195条2項本文、施行令140条の2）。監査委員は、長が、議会の同意を得て、識見を有する者（議員を除く）および議員からこれを選任します（196条1項本文）。なお、条例で議員から監査委員を選任しないこともできます（196条1項ただし書／2017年改正）。 19-24 ＊4 ＊5

また、監査委員に常設または臨時の**監査専門委員**を置くことができます（200条の2第1項／2017年改正）。監査専門委員は非常勤とされ、監査委員の委託を受け、その権限に属する事務に関して必要な事項の調査を行います（200条の2第3項、4項／2017年改正）。

(b) 監査委員の職務

監査委員は、普通地方公共団体の財務に関する事務の執行および普通地方公共団体の経営に係る事業の管理を監査します（**財務監査**／199条1項）。財務監査には、義務的に行う「**定期監査**」（199条4項）と、必要があると認めるときに行う「**随時監査**」（199条5項）とがあります。＊6

監査委員は、必要があると認めるときは、普通地方公共団体の事務の執行について監査することができます（**行政監査**／199条2項）。行政監査は、随時監査で行われます。＊7

財務監査と行政監査を合わせて、「**一般監査**」といいます。この一般監査のほかに「**特別監査**」として、要求等監査（①事務監査請求（75条）、②議会請求監査（98条2項）、③長の要求監査（199条6項7項））があります。

2 地域自治区

住民の意見を反映し、市町村長の権限に属する事務を分掌処理するために、条例で、「**地域自治区**」を設けることができます（202条の4第1項）。

地域自治区とは、市町村内の区域を単位として一定の行政を処理するための組織・機構を備える法人格を有しない行政区画です。地域自治区には**事務所**（202条の4第2項）、「**地域協議会**」を置きます（202条の5第1項）。地域協議会の構成員は、地域自治区の区域内に住所を有する者のうちから、市町村長が選任します（202条の5第2項）。

 ＊4 **プラスアルファ**
条例で監査委員の定数を増加することができます（195条2項ただし書）。

＊5 **プラスアルファ**
①識見を有する者のうちから選任される監査委員は、常勤とすることができ（196条4項）、都道府県と人口25万以上の市にあっては1人以上は常勤でなければなりません（196条5項、施行令140条の4）。②議員のうちから選任される監査委員の数は、都道府県と人口25万以上の市にあっては2人または1人、その他の市および町村にあっては1人とされます（196条6項、施行令140条の4／2017年改正）。

 ＊6 **プラスアルファ**
監査基準は、監査委員が定め、議会や長等に通知され、公表されます（198条の4第1項3項／2017年改正）。監査委員は、法令に特別の定めがある場合を除き、監査基準に従わなければなりません（198条の3第1項／2017年改正）。

＊7 **ここに注意**
監査委員の監査対象となる事務についても、議会の検査権・監査請求権の場合と同様に、自治事務・法定受託事務それぞれ一定のものが除外されています（199条2項前段かっこ書）。

地方自治法－住民

75 住民の権利・義務

重要度 A

「国民」とは異なる「住民」という概念に注意しましょう。

1 住民の意義

　市町村の区域内に住所を有する者は、当該市町村およびこれを包括する都道府県の「住民」とされます（10条1項）。すなわち、市町村の区域内に住所を有することが「住民」の要件であって、「国民」と異なり、国籍を有することは「住民」の要件ではありません。また、自然人のみならず法人も「住民」に含まれます。 20-22 *1

　法人・外国人は、その性質上、住民としての権利義務につき制限されています。例えば、外国人には、選挙権・被選挙権が保障されていません。 20-22

　住民は、法律の定めるところにより、その属する普通地方公共団体の負担を分任する義務を負います（10条2項後段）。他方、市町村は、住民基本台帳法の定めるところにより、その住民につき、住民たる地位に関する正確な記録を常に整備しておかなければなりません（13条の2）。 20-22

2 選挙権・被選挙権

（1）選挙権

　普通地方公共団体の議会の議員および長の選挙権は、日本国民たる年齢満18年以上の者で、引き続き3カ月以上市町村の区域内に住所を有するものに認められます（18条、公職選挙法9条2項）。もっとも、同一都道府県内であれば、市町村を単位として2回以上住所を移した場合でも、都道府県の選挙の選挙権を失いません（公職選挙法9条3項）。 13-24 20-22 *2

（2）被選挙権

*1 ことばの意味
住所
「住所」とは、自然人の場合は各人の生活の本拠をいい（民法22条）、法人の場合は本店あるいは主たる事務所の所在地をいいます（会社法4条等）。

*2 プラスアルファ
2015年の公職選挙法等の改正により、選挙権を有する者の年齢が、満20年以上から「満18年以上」へ改められています。

*3 ここに注意
長の被選挙権については、住所要件を備える必要がありません。長にふさわしい人材を当該地方公共団体の枠を超えて広く内外に求めるためです。

被選挙権 14-22

選挙の種類	被選挙権の要件（19条）
市町村議会の議員	日本国民＋3カ月以上の住所要件＋年齢満25年以上
都道府県議会の議員	
市町村長	日本国民＋年齢満25年以上 *3
都道府県知事	日本国民＋年齢満30年以上 *3

3 直接請求の概要

日本国民たる普通地方公共団体の住民であって、**当該普通地方公共団体の議会の議員および長の選挙権を有する者**は、一定数以上の者の連署をもって、その代表者から、一定の事項について請求することができます（**直接請求**）。 13-21

13-24 14-22 *4

直接請求

種類	要件	請求先	効果
①条例制定改廃請求（74条）	有権者総数の**50分の1以上**の連署	長	議会が招集・付議され、**過半数の同意**で議決
②事務監査請求（75条）		監査委員	特に他の手続はないすぐに監査が実施される
③議会解散請求（76条）	原則、有権者総数の**3分の1以上の連署**（ただし、④については、所属の選挙区について）	選挙管理委員会	有権者による投票⇒過半数の同意
解職請求 ④議員（80条）			
解職請求 ⑤長（81条）			
解職請求 ⑥役員（86条）		長	議会に付議⇒**3分の2以上の出席・その4分の3以上の同意**

*4 **プラスアルファ**

その請求者の代表者は、署名簿を市町村の選挙管理委員会に提出してこれに署名した者が選挙人名簿に登録された者であることの証明を求めなければならず、当該市町村の選挙管理委員会は、その日から20日以内に審査を行い、署名の効力を決定し、その旨を証明しなければなりません（74条の2第1項、75条6項、76条4項、80条4項、81条2項、86条4項）。

地方自治法－住民

76 直接請求

重要度 A

「直接請求」は、地方自治においてのみ認められている制度であり、国レベルにはこのような制度はありません。

1 条例制定改廃請求

選挙権を有する者は、その総数の50分の1以上の者の連署をもって、その代表者から、長に対し、条例の制定または改廃を請求することができます（74条1項）。ただし、地方税の賦課徴収ならびに分担金、使用料および手数料の徴収に関するものは、請求することができません（74条1項かっこ書、12条1項）。 13-24 14-23 16-24 20-22 21-23

条例制定改廃請求があったときは、長は、直ちに請求の要旨を公表しなければならず（74条2項）、この請求を受理した日から20日以内に議会を招集し、意見を付けてこれを議会に付議し、その結果を条例制定改廃請求の代表者に通知するとともに、これを公表しなければなりません（74条3項）。 14-23

2 事務監査請求

ここに注意

直接請求のうち、議会への付議や有権者の投票といった手続を経ないのは、事務監査請求の場合だけです。

選挙権を有する者は、その総数の50分の1以上の者の連署をもって、その代表者から、監査委員に対し、当該普通地方公共団体の事務ならびに長および各種委員会・委員の権限に属する事務の執行に関し、監査の請求をすることができます（75条1項）。 14-22 18-24

署名が有効であれば、すぐに事務監査が行われます。事務監査請求があったときは、監査委員は、直ちに当該請求の要旨を公表しなければならず（75条2項）、事務監査請求に係る事項につき監査し、監査の結果に関する報告を合議で決定し、これを事務監査請求の代表者に送付し、かつ、公表するとともに、これを当該普通地方公共団体の議会および長ならびに関係のある委員会・委員に提出しなければなりません（75条3項、4項）。 13-21 *1 *2

プラスアルファ

監査委員は、監査の結果に関する報告の決定について、各監査委員の意見が一致しないことにより、合議により決定できない事項がある場合には、その旨および当該事項についての各監査委員の意見を事務監査請求の代表者に送付し、かつ、公表するとともに、これらを当該普通地方公共団体の議会および長ならびに関係のある委員会・委員に提出しなければなりません（75条5項／2017年改正）。

3 議会の解散請求

選挙権を有する者は、その総数の3分の1（その総数が40万を超えない場合）以上の者の連署をもって、その代表者から選挙管理委員会に対し、議会の解散を請求することができます（76条1項）。*3

524

● 地方自治法

議会の解散請求があったときは、選挙管理委員会は、直ちに請求の要旨を公表し（76条2項）、選挙人の投票に付さなければなりません（76条3項）。解散の投票において過半数の同意があったときは、議会は解散することになります（78条）。

4 議員の解職請求

選挙権を有する者は、政令で定めるところにより、その総数の**3分の1**（その総数が40万を超えない場合）以上の者の連署をもって、その代表者から、**選挙管理委員会**に対し、当該選挙区に属する議員の解職を請求することができます（80条1項前段）。＊3　＊4

5 長の解職請求

選挙権を有する者は、政令で定めるところにより、その総数の**3分の1**（その総数が40万を超えない場合）以上の者の連署をもって、その代表者から、**選挙管理委員会**に対し、長の解職を請求することができます（81条1項）。＊3　＊4

6 役員等の解職請求

選挙権を有する者は、政令で定めるところにより、その総数の**3分の1**（その総数が40万を超えない場合）以上の者の連署をもって、その代表者から、**長**に対し、①副知事・副市町村長、②指定都市の総合区長、③選挙管理委員、④監査委員、⑤公安委員会の委員の解職を請求することができます（13条2項、86条1項）。＊3　＊5

解職請求があったときは、長は、直ちに請求の要旨を公表しなければならず（86条2項）、解職請求を議会に付議し、その結果を解職請求の代表者および関係人に通知し、かつ、これを公表しなければなりません（86条3項）。議会の議員の3分の2以上の者が出席し、その4分の3以上の者の同意があったときは、これらの者はその職を失います。

＊3　プラスアルファ

選挙権を有する者の総数が40万を超え80万以下の場合にあってはその40万を超える数に6分の1を乗じて得た数と40万に3分の1を乗じて得た数とを合算して得た数、その総数が80万を超える場合にあってはその80万を超える数に8分の1を乗じて得た数と40万に6分の1を乗じて得た数と40万に3分の1を乗じて得た数とを合算して得た数として、署名数要件が緩和されています。これは、有権者の多い普通地方公共団体においては、有権者の3分の1以上の署名を集めることは実質的に非常に困難であることから規定されたものです。

＊4　プラスアルファ

その手続は、議会の解散請求の場合と同様です（80条2項、3項、81条2項・76条2項、3項、83条）。

＊5　プラスアルファ

日本国民たる普通地方公共団体の住民は、教育委員会の教育長または委員の解職を請求する権利を有しています（13条3項）。その具体的手続については地方自治法に定めはなく、「地方教育行政の組織及び運営に関する法律」に定めがあります。

525

地方自治法－住民

77 住民監査請求

重要度 A

「住民監査請求」と「事務監査請求」との比較も重要です。比較の表を覚えておきましょう。

住民監査請求は、住民による財政上の統制を目的とし、財務会計上の行為または怠る事実をその対象とします。すなわち、**普通地方公共団体の住民**は、当該普通地方公共団体の執行機関・職員について、**違法・不当な財務会計上の行為または怠る事実**があると認めるとき、これらを証する書面を添え、**監査委員**に対し、監査を求め、当該行為の防止・是正、怠る事実を改めること、または当該行為ないし怠る事実によって当該普通地方公共団体の被った損害を補填するために必要な措置を講ずべきことを請求することができます（242条1項）。*1

*1 プラスアルファ
この請求があったときは、監査委員は、直ちに当該請求の要旨を当該普通地方公共団体の議会および長に通知しなければなりません（242条3項／2017年改正）。

住民監査請求の請求権者は、「普通地方公共団体の住民」（242条1項）と定められているのみなので、選挙権を有する住民であるかどうかを問いません。つまり、国籍・年齢・連署の有無も要せず、自然人・法人を問わず、住民であれば1人でも住民監査請求をすることができます。 13-21 14-22 17-24 20-24

住民監査請求の対象は、「違法または不当な財務会計上の行為または怠る事実」です。（ⅰ）**財務会計上の行為**（「作為」）には、①公金の支出、②財産の取得・管理・処分、③契約の締結・履行、④債務その他の義務の負担の諸行為が該当し、（ⅱ）**怠る事実**（「不作為」）には、⑤公金の賦課・徴収、⑥財産の管理が該当します（242条1項）。 13-21 18-24 *2

1 住民監査請求期間と「怠る事実」

住民監査請求は、その対象となる財務会計上の行為のあった日または終わった日から**1年**を経過したときは、これをすることができず、**正当な理由**があるときには例外的に1年を経過した後であっても、これをすることができます（242条2項）。

*2 ことばの意味
違法・不当
「違法」とは、客観的な法令違反をいい、「不当」とは、違法に至らないまでも行政目的を損なうことをいいます。

これに対し、一般的には、**怠る事実については、住民監査請求の期間制限はありません**。違法・不当な不作為状態が継続している限り、期間制限がなじまないからです。 13-21

2 監査結果に基づく措置

住民監査請求があった場合、監査委員は、監査を行い、(i)当該請求に理由がないと認めるときは、理由を付してその旨を書面により請求人に通知するとともに、これを公表し、(ii)当該請求に理由があると認めるときは、議会、長その他の執行機関・職員に対し期間を示して必要な措置を講ずべきことを勧告するとともに、当該勧告の内容を請求人に通知し、かつ、これを公表しなければなりません（242条5項）。監査委員の監査・報告は、住民監査請求があった日から60日以内に行わなければなりません（242条6項）。＊3 ＊4

請求人は、住民監査請求の結果に不服があるとき、住民訴訟を提起することができます（住民監査請求前置主義／242条の2第1項）。

事務監査請求との比較

	住民監査請求	事務監査請求
請求権者	住民 ※1人でも可能 ※法人でもよい ※国籍・年齢を問わない	選挙権を有する住民 ※選挙権を有する者の総数の50分の1以上の連署が必要
請求対象	財務会計上の行為 または怠る事実	地方公共団体の事務全般
制度目的	住民による財務統制	監査の公表によって責任の所在および行政の適否を明白にする
監査結果に対する訴訟	住民訴訟	特になし

3 議会による損害賠償請求権等の放棄

議会は、住民訴訟の対象となる損害賠償請求権などの権利を放棄する議決をすることができます（96条1項10号）。

ただし、住民監査請求があった後に、議会が当該請求に係る行為または怠る事実に関する損害賠償または不当利得返還の請求権その他の権利の放棄に関する議決をしようとするときは、あらかじめ監査委員の意見を聴かなければなりません（242条10項／2017年改正）。＊4

＊3 プラスアルファ

住民監査請求があった場合において、その対象とされた行為が違法であると思料するに足りる相当の理由があり、当該行為により当該普通地方公共団体に生ずる回復の困難な損害を避けるため緊急の必要があり、かつ、当該行為を停止することによって生命・身体に対する重大な危害の発生の防止その他公共の福祉を著しく阻害するおそれがないときと認めるときは、監査委員は、長等に対して242条5項の手続が終了するまでの間当該行為を停止すべきことを勧告することができます（242条4項前段）。

＊4 ここに注意

242条4項の勧告、242条5項の監査・勧告、242条10項の意見の決定は、監査委員の合議によってなされます（242条11項／2017年改正）。

地方自治法－住民

78 住民訴訟

重要度 A

「住民訴訟」を提起するためには「住民監査請求」を経なければならず、また、「不当」な行為・不作為は対象にならないということがポイントです。

住民訴訟は、住民監査請求をした住民が、違法な財務会計の行為または怠る事実の是正および損害の回復等を求める訴訟です。

アメリカの「納税者訴訟」をモデルに1948年改正で導入されたもので、1963年改正により、監査と訴訟の手続の整備が図られ、「住民」の資格で提起する訴訟であることが明確となりました。

住民訴訟は、講学上客観訴訟に分類される「民衆訴訟」（行政事件訴訟法5条）の一例です。

1 住民監査請求前置主義

住民訴訟を提起することができるのは、住民監査請求を行った住民です（住民監査請求前置主義／242条の2第1項柱書）。 15-21

2 住民訴訟の対象

住民訴訟の対象は、違法な財務会計上の行為または怠る事実です。 18-26

住民訴訟の対象は、住民監査請求のそれと重なりますが、不当な財務会計上の行為または怠る事実は住民訴訟の対象となりません。

3 住民訴訟の出訴期間

住民訴訟は、(ⅰ)監査結果または勧告に不服がある場合には監査結果または勧告の内容の通知があった日から30日以内（請求をした日から60日を経過しても監査委員が監査をしない場合は60日を経過した日から30日以内）、(ⅱ)勧告を受けた機関・職員の措置に不服がある場合には当該措置に係る監査委員の通知を受けた日から30日以内（勧告を受けた機関・職員が措置を講じない場合は、当該勧告に示された期間を経過した日から30日以内）に、提起しなければなりません（242条の2第2項1号～4号）。

4 住民訴訟で可能な請求

住民訴訟で可能な請求は、次の4種類です（242条の2第1項1号～4号）。

① 当該執行機関または職員に対する当該行為の全部または一部の差止めの請求（1号請求）＊1
② 行政処分たる当該行為の取消しまたは無効確認の請求（2号請求）
③ 当該執行機関または職員に対する当該怠る事実の違法確認の請求（3号請求）
④ 当該職員または当該行為もしくは怠る事実に係る相手方に損害賠償または不当利得返還の請求をすることを当該普通地方公共団体の執行機関または職員に対して求める請求（4号請求）17-24 ＊2 ＊3

＊1 ここに注意

1号請求に基づく差止めは、当該行為を差し止めることによって人の生命または身体に対する重大な危害の発生の防止その他公共の福祉を著しく阻害するおそれがあるときは、することができません（242条の2第6項）。

＊2 ここに注意

2002年改正により、4号請求訴訟は、執行機関等を被告として長、職員、相手方への損害賠償等の請求を行うことを求める訴訟（「義務付け訴訟」）に再構成されました。

5 住民訴訟の手続

住民訴訟は、当該普通地方公共団体の事務所の所在地を管轄する地方裁判所の管轄に専属します（242条の2第5項）。

住民訴訟が係属しているときは、当該普通地方公共団体の他の住民は、別訴をもって同一の請求をすることができません（別訴の禁止／242条の2第4項）。15-21

6 先行行為と財務会計上の行為の関係

住民訴訟は、財務会計上の行為に先行する行為の違法性を争うために提起される場合があります。つまり、「公金支出の前提となる行為の違法性を争うために、公金支出行為を争うことができるか」というのがここでの問題です。

判例は、財務会計上の行為が違法となるのは、単にそれ自体が直接法令に違反する場合だけではなく、その原因となる行為が法令に違反して許されない場合も含むとしたうえで、収賄容疑で逮捕された職員を懲戒免職にせず分限免職にして退職手当を支給した場合、条例上、分限免職処分がなされれば、当然に所定額の退職手当が支給されることになっており、本件分限免職処分は本件退職手当の支給の直接の原因をなすものというべきであるから、前者が違法であれば後者も当然に違法となるとしました（最判昭60.9.12）。

しかし、その後の判例では、先行行為と財務会計上の行為を行う者が異なり、かつ先行行為が長から独立性を有する機関によって行われた事案では、先行行為それ自体の違法は原則として住民訴訟で争えないとしています（最判平4.12.15、最判平15.1.17）。

＊3 プラスアルファ

普通地方公共団体は、条例で、長等の損害賠償責任について、職務を行うにつき善意かつ重大な過失がない場合に賠償責任額を限定する旨の定め（下限額等は政令で設定）をすることができます（243条の2第1項／2017年改正）。ただし、この条例の制定または改廃に関する議決をしようとするときは、あらかじめ監査委員の意見を聴かなければなりません（243条の2第2項／2017年改正）。

地方自治法－住民

79 公の施設

重要度 B

「公の施設」の管理・利用権について確認しておきましょう。

　住民は、法律の定めるところにより、その属する普通地方公共団体の役務の提供をひとしく受ける権利を有しています（10条2項前段）。地方自治法は、公の施設の利用権について、このことを明確にしています（244条以下）。

1 公の施設の意義

　公の施設とは、住民の福祉を増進する目的のためその利用に供するための施設をいいます（244条1項）。 19-23 *1

2 公の施設の設置・区域外設置等

（1）公の施設の設置

　普通地方公共団体の長は、公の施設の設置・管理・廃止に関する事務を担任します（149条7号）。普通地方公共団体は、法律またはこれに基づく政令に特別の定めがあるものを除くほか、公の施設の設置・管理に関する事項は、条例でこれを定めなければなりません（条例主義／244条の2第1項）。 14-44
17-22 18-23 19-23 21-22

（2）公の施設の区域外設置等

　普通地方公共団体は、その区域外においても、また、関係普通地方公共団体との協議により、公の施設を設けることができます（244条の3第1項）。 17-22 *2

　普通地方公共団体は、他の普通地方公共団体との協議により、当該他の普通地方公共団体の公の施設を自己の住民に利用させることができます（244条の3第2項）。 *2

3 公の施設の管理

　普通地方公共団体は、公の施設の設置の目的を効果的に達成する必要があると認めるときは、条例の定めるところにより、法人その他の団体（民間事業者を含む）であって当該普通地方公共団体が指定するもの（「指定管理者」）に、当該公の施設の管理を行わせることができます（244条の2第3項）。 14-44 16-22 17-22 19-23 *3

　指定管理者の指定は、期間を定めて行うものであり（244条の2第5項）、あらかじめ議会の議決を経なければなりません（244条の2第6項）。 17-22 19-23

---

*1 プラスアルファ
地方公共団体が設置する学校、公園、道路、病院、図書館などが「公の施設」の典型例です。

*2 ここに注意
この協議については、関係普通地方公共団体の議会の議決を経なければなりません（244条の3第3項）。

*3 プラスアルファ
条例には、指定の手続、管理基準および業務範囲その他必要な事項を定めるとされています（244条の2第4項）。

530

普通地方公共団体は、適当と認めるときは、指定管理者にその管理する公の施設の利用に係る料金（「利用料金」）を当該指定管理者の収入として収受させることができます（244条の2第8項）。 19-23 *4

4 公の施設の利用権

(1) 正当な理由のない利用拒否の禁止

普通地方公共団体（指定管理者を含む）は、正当な理由がない限り、住民が公の施設を利用することを拒んではなりません（244条2項）。 17-22

(2) 不当な差別的取扱いの禁止

普通地方公共団体（指定管理者を含む）は、住民が公の施設を利用することについて、不当な差別的取扱いをしてはなりません（244条3項）。 17-22 21-22

(3) 公の施設の廃止

公の施設は、住民の福祉を増進することを目的とする施設であり、安易に廃止すべきではありません。公の施設を廃止にするには、設置管理条例を廃止する必要があるので、議会の議決を要します（96条1項1号）。ただし、条例で定める重要な公の施設のうち条例で定める特に重要なものを廃止しようとするときは、議会において出席議員の3分の2以上の者の同意を得なければなりません（244条の2第2項）。 21-22

(4) 公の施設の独占的利用

普通地方公共団体は、条例で定める重要な公の施設のうち条例で定める特に重要なものについて、条例で定める長期かつ独占的な利用をさせようとするときは、議会において出席議員の3分の2以上の者の同意を得なければなりません（244条の2第2項）。

(5) 公の施設を利用する権利に関する処分についての審査請求

普通地方公共団体の長がした公の施設を利用する権利に関する処分についての審査請求は、当該普通地方公共団体の長に対して行います（行政不服審査法4条1号）。

普通地方公共団体の長以外の機関（指定管理者を含む）がした公の施設を利用する権利に関する処分についての審査請求は、普通地方公共団体の長が当該機関の最上級行政庁でない場合においても、当該普通地方公共団体の長に対して行います（244条の4第1項）。 21-22 *5

 *4 プラスアルファ

利用料金は、公益上必要があると認める場合を除くほか、条例の定めるところにより指定管理者が定めるものとされ、この場合において、指定管理者は、あらかじめ当該利用料金について当該普通地方公共団体の承認を受けなければなりません（244条の2第9項）。

 *5 プラスアルファ

長は、当該審査請求が不適法であり、却下するときを除き、議会に諮問したうえ、当該審査請求に対する裁決をしなければなりません（244条の4第2項／2017年改正）。議会は、諮問を受けた日から20日以内に意見を述べなければなりません（244条の4第3項）。長は、諮問をしないで審査請求を却下したときは、その旨を議会に報告しなければなりません（244条の4第4項／2017年改正）。

地方自治法－条例・規則

80 条例・規則

重要度

条例と規則に関しては、特に「条例制定権の限界」が問題となります。

第14条【条例、罰則の委任】
1 普通地方公共団体は、法令に違反しない限りにおいて第2条第2項の事務に関し、条例を制定することができる。
2 普通地方公共団体は、義務を課し、又は権利を制限するには、法令に特別の定めがある場合を除くほか、条例によらなければならない。
3 普通地方公共団体は、法令に特別の定めがあるものを除くほか、その条例中に、条例に違反した者に対し、2年以下の懲役若しくは禁錮、100万円以下の罰金、拘留、科料若しくは没収の刑又は5万円以下の過料を科する旨の規定を設けることができる。

1 条例

　議会の議長は、条例の制定または改廃の議決があった日から3日以内に条例を普通地方公共団体の長に送付しなければなりません（16条1項）。そして、普通地方公共団体の長は、再議その他の措置を講じた場合を除き、条例の送付を受けた日から20日以内に公布しなければなりません（16条2項）。条例に施行期日の定めがあるものを除いて、公布の日から起算して10日を経過した日から施行されます（16条3項）。

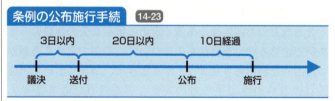

条例の公布施行手続　14-23

2 条例制定権の限界

(1) 法令の範囲内

　憲法94条は、地方公共団体は「法律の範囲内」で条例を制定できるとし、これを受けて地方自治法14条1項は「法令に違反しない限り」条例を制定できるとしています。14-23

(2) 法律留保事項

　法律留保事項とは、憲法の文言上、法律で定めるべきとされる事項をいい、①財産権の規制（憲法29条2項）、②租税の賦課徴収（憲法84条）、③罰則（憲法31条）があります。これらを条例で定めることができるかが問題となりますが、

● 地方自治法

条例が民主的基盤を持つ地方議会によって制定される法規範であるので、許されるとされています。15-23 18-23 *1

(3) 規制する事項の性質上の限界

条例は地方の政治に関するものですから、性質上国にのみ属する事項（国防や外交に関する事項等）や、全国的に画一的な規制が必要な事項（義務教育制度や裁判制度等）については条例で定めることができません。

(4) 上乗せ条例と横出し条例

判例は、「条例が国の法令に違反するかどうかは、両者の対象事項と規定文言を対比するのみでなく、それぞれの趣旨、目的、内容及び効果を比較し、両者の間に矛盾牴触があるかどうかによつてこれを決しなければならない」としています（徳島市公安条例事件／最判昭50.9.10）。

> **判例　条例制定権の限界に関する判例**
>
> ▶「横出し条例」に関する判例（最判昭53.12.21）*2
> 　河川法は、普通河川については、適用河川または準用河川に対する管理以上に強力な河川管理は施さない趣旨であるから、普通地方公共団体が条例をもって、河川法が定める以上に強力な河川管理の定めをすることは、同法に違反し、許されない。

3 長の規則

第15条【規則】
1　普通地方公共団体の長は、法令に違反しない限りにおいて、その権限に属する事務に関し、規則を制定することができる。
2　普通地方公共団体の長は、法令に特別の定めがあるものを除くほか、普通地方公共団体の規則中に、規則に違反した者に対し、5万円以下の過料を科する旨の規定を設けることができる。

憲法違反の「規則」は許されず、住民の権利を制限し義務を課す内容を「規則」に定めることも許されません（14条2項参照）。長は、法令に特別の定めがある場合を除き、規則中に、規則違反者に対し5万円以下の過料を科する旨の規定を設けることができますが（15条2項）、原則として、刑罰を設けることはできません。13-22 15-23 18-23 21-23 *3

規則の公布は、条例の公布手続に準ずるとされます。規則は、施行期日の定めがあるものを除き、公布の日から起算して10日を経過した日から施行されます（16条5項・3項）。

ここに注意

判例は、条例による財産権の規制（奈良県ため池条例事件／最判昭38.6.26）や、罰則の制定（大阪市売春勧誘行為等の取締条例事件／最判昭37.5.30）を認めています。

ことばの意味

上乗せ条例・横出し条例
国の法令に基づいて規制が加えられている事項について、当該法令と同一の目的でそれよりも厳しい規制を定める条例を、一般に「上乗せ条例」といいます。また、国の法令と条例が同一目的で規制を行う場合において、法令で規制が加えられていない項目について規制する条例を、一般に「横出し条例」といいます。

ここに注意

条例と規則の共管事項に属する事務について、両規定が抵触するときは、条例の効力が規則に優先すると解されています。

地方自治法－財務

81 地方公共団体の財務①

重要度 B

地方公共団体における予算の仕組みを理解しておきましょう。

1 会計年度および会計の区分

(1) 会計年度独立の原則

　会計年度とは、収入支出の区切りとなる期間をいいます。普通地方公共団体の会計年度は、毎年4月1日に始まり、翌年3月31日に終わります（208条1項）。原則として各会計年度における歳出は、その年度の歳入をもって充てなければなりません（会計年度独立の原則／208条2項）。ただし、例外として、継続費（212条）、繰越明許費（213条）等が認められています。

(2) 会計の区分

　普通地方公共団体の会計は、一般会計と特別会計に区分されています（209条1項）。特別会計は、普通地方公共団体が特定の事業を行う場合等に、条例で設置することができます（209条2項）。

2 予算

(1) 総計予算主義・予備費

　一会計年度における一切の収入および支出は、すべて歳入歳出予算に編入しなければなりません（総計予算主義／210条）。また、予算外の支出または予算超過の支出に充てるため、普通地方公共団体に予備費の計上が義務付けられます（217条1項本文）。特別会計は予備費を計上しないことができます（217条1項ただし書）。＊1　＊2

(2) 予算の調製および執行

　普通地方公共団体の長は、毎会計年度予算を調製し、年度開始前に、議会の議決を経なければなりません（211条1項前段）。また、長は、政令で定める基準に従って、予算の執行に関する手続を定め、予算を執行しなければなりません（220条1項）。

(3) 債務負担行為

　債務を負担する行為をするには、原則、予算で債務負担行為として定めなければなりません（214条）。

＊1 ことばの意味

予算
一般に、一定期間における収入および支出の見積りのことをいいます。

＊2 ここに注意

国の場合は、予備費の計上は任意的です（憲法87条1項）。

534

3 収入と支出

(1) 収入

普通地方公共団体の収入には、地方税（223条）、分担金（224条）、使用料（225条）および地方債（230条）等があります。分担金、使用料、加入金および手数料に関する事項は、条例で定めなければなりません（228条1項）。地方債を起こす場合、起債の目的、限度額、起債の方法、利率および償還の方法は、予算で定めなければなりません（230条）。＊3

(2) 支出

普通地方公共団体は、事務を処理するために必要な経費等を支弁しなければなりません（232条1項）。また、公益上必要がある場合、寄付または補助をすることができます（232条の2）。会計管理者は、普通地方公共団体の長の政令で定める命令がなければ、支出をすることができません（232条の4第1項）。＊4

4 決算

(1) 決算の調製

会計管理者は、毎会計年度、政令の定めにより、決算を調製し、出納の閉鎖後3カ月以内に、証書類その他の書類とあわせ、長に提出しなければなりません（233条1項）。＊5

(2) 監査委員の審査

普通地方公共団体の長は、決算および所定の書類を監査委員の審査に付さなければなりません（233条2項）。

(3) 議会の認定

普通地方公共団体の長は、監査委員の審査に付した決算を監査委員の意見を付けて次の通常予算を議する会議までに議会の認定に付さなければなりません（233条3項）。監査委員の意見の決定は、合議によるものとされています（233条4項）。＊6

(4) 公表

普通地方公共団体の長は、議会の認定に付した決算の要領を住民に公表しなければなりません（233条6項）。

＊3 **具体例で覚えよう！**

分担金の例としては、下水道受益者分担金があります（名称は自治体により異なります）。また、自治体の運営する有線テレビ放送を視聴する場合等には、加入時に加入金を納め、月額の使用料も支払うことになります。なお、手数料には、印鑑証明書の交付に伴うもの等があります。

＊4 **ことばの意味**

支弁
予算から金銭を義務的に支出することです。

＊5 **ことばの意味**

決算
一会計年度の歳入歳出予算の執行の結果の実績を表示した計算書です。

＊6 **プラスアルファ**

長は、決算の認定に関する議案が否決された場合において、当該議決を踏まえて必要と認める措置を講じたときは、速やかに、当該措置の内容を議会に報告するとともに、これを公表しなければなりません（233条7項／2017年改正）。

地方自治法－財務

82 地方公共団体の財務②

重要度 B

地方公共団体が契約をする場合、一般競争入札によることが原則とされています。これは、相手方を広く募ることができるというメリットがあるからです。

1 契約

（1）一般競争入札の原則

売買、貸借、請負その他の契約は、**一般競争入札**、**指名競争入札**、**随意契約**または**せり売り**の方法によって締結します（234条1項）。一般競争入札以外は、政令で定める場合に該当するときに限って行うことができます（**一般競争入札の原則／234条2項**）。 20-10 *1

契約締結の方法 20-10

一般競争入札	一定の資格を有する**不特定多数**の者を入札によって競争させ、最も有利な条件価格を提供した者との間に契約を締結する方式（地方公共団体の支出の原因となる契約は、最低価格以外の者とできる）
指名競争入札	資力・信用その他について適当な**特定多数**の競争参加者を選んで入札によって競争させ、最も有利な条件を提供した者との間に契約を締結する方式
随意契約	**競争によらず**任意に特定の者を選んで契約を締結する方式
せり売り	買受人が**口頭**または**挙手**により価格の競争を行うもの（動産の売払いのみに認められる）

（2）契約の履行の確保

工事等の請負契約等一定の契約を締結した場合、普通地方公共団体の職員は、契約の適正な履行を確保するため、または受ける給付の完了の確認をするため必要な**監督**または**検査**をしなければなりません（234条の2第1項）。

（3）長期継続契約

普通地方公共団体は、214条（債務負担行為）の規定にかかわらず、翌年度以降にわたり、**電気、ガスもしくは水の供給もしくは電気通信役務の提供を受ける契約または不動産を借りる契約**その他政令で定める契約を締結することができます（**長期継続契約／234条の3前段**）。ただし、各年度におけるこれらの経費の予算の範囲内において給付を受けなければなりません（234条の3後段）。*2

*1 プラスアルファ
競争入札に加わろうとする者に必要な資格、競争入札における公告または指名の方法、随意契約およびせり売りの手続などに関し必要な事項は、政令で定めます（234条6項）。

*2
長期継続契約の対象としては、OA機器のリース契約等があります。

536

● 地方自治法

2 現金および有価証券

（1）金融機関の指定

公金の収納または支払いの事務を取り扱わせるため、都道府県は、議会の議決を経て、金融機関を指定しなければなりません（235条1項、施行令168条1項）。市町村は、議会の議決を経て、金融機関を指定することができます（235条2項、施行令168条2項）。

（2）現金・有価証券の出納・保管

普通地方公共団体における現金・有価証券の出納は、長の命令に基づいて、**会計管理者**が行います（170条2項1号3号）。

会計管理者は、普通地方公共団体の歳入歳出に属する現金を指定金融機関その他の確実な金融機関への預金その他の**最も確実かつ有利な方法**によって保管しなければなりません（235条の4第1項）。

（3）出納の閉鎖

普通地方公共団体の出納は、**翌年度の5月31日**をもって閉鎖されます（235条の5）。

3 時効

①金銭の給付を目的とする**普通地方公共団体**の権利および②**普通地方公共団体に対する**権利で金銭の給付を目的とするものは、時効に関し他の法律に定めがあるものを除くほか、**5年間**これを行わないときは、時効により消滅します（236条1項）。この場合においては、法律に特別の定めがある場合を除くほか、時効の援用を要せず、また、時効の利益を放棄することもできません（236条2項）。＊3

4 外部監査契約に基づく監査

都道府県、**指定都市**および**中核市**の長は、毎会計年度、当該会計年度に係る**包括外部監査契約**を速やかに外部監査人と締結しなければなりません（252条の36第1項、施行令174条の49の26）。**上記以外の市**または**町村**が契約に基づく監査を受けることを**条例**で定めた場合、その長は**条例で定める会計年度に係る包括外部監査契約**を速やかに締結しなければなりません（252条の36第2項／2017年改正）。＊4　＊5

＊3
＋α　プラスアルファ

国の金銭債権についても、原則として、消滅時効の期間は5年とされています（会計法30条）。

＊4
？？　ことばの意味

包括外部監査契約
住民福祉・行政効率の原則（2条14項）および合理化の原則（2条15項）の趣旨を達成するために、地方公共団体が外部監査人の監査を受けるとともに監査の結果に関する報告書の提出を受けることを内容とする契約であって、地方自治法の定めるところにより、当該監査を行う者と締結するものをいいます（252条の27第1項）。

＊5
＋α　プラスアルファ

包括外部監査契約を締結する場合、あらかじめ監査委員の意見を聴くとともに、議会の議決を経なければなりません（252条の36第1項後段、2項後段）。また、包括外部監査契約は、連続して4回、同一の外部監査人と締結することはできません（252条の36第4項）。

第3編　行政法

地方自治法

地方自治法－関与

83 関与① 重要度 B

関与の基本原則を確認しておきましょう。

1 関与の意義・類型

「普通地方公共団体に対する国または都道府県の関与」とは、普通地方公共団体の事務の処理に関し、国の行政機関または都道府県の機関が行う以下の行為のことをいいます（245条）。＊1 ＊2

その行為とは、(ⅰ)①助言または勧告、②資料の提出の要求、③是正の要求、④同意、⑤許可、認可または承認、⑥指示、⑦代執行、(ⅱ)普通地方公共団体との協議および(ⅲ)一定の行政目的を実現するため普通地方公共団体に対して具体的かつ個別的に関わる行為（双方を名あて人とする裁定等および審査請求等の不服申立てに対する裁決、決定等を除く）です（245条1号〜3号）。＊3

2 関与の法定主義

普通地方公共団体は、その事務の処理に関し、**法律またはこれに基づく政令**によらなければ、普通地方公共団体に対する国または都道府県の関与を受け、または要することとされることはありません（245条の2）。 17-23 20-23

3 関与の基本原則

(1) 関与の最小限度の原則

国は、普通地方公共団体が、その事務の処理に関し、普通地方公共団体に対する国または都道府県の関与を受け、または要することとする場合には、その目的を達成するために**必要な最小限度**のものとするとともに、普通地方公共団体の自主性および自立性に配慮しなければなりません（245条の3第1項）。

(2) 一般法主義の原則

国は、自治事務・法定受託事務いずれにおいても、基本類型外の関与（245条3号）は、できる限り設けることのないようにしなければなりません（245条の3第2項）。ここにいう「**国**」には行政機関のみならず、国会も含まれます。それゆえ、245条の3第2項〜6項の規定は、関与を設ける際の立法指針ともなります。

 ＊1 ここに注意

ここにいう国の行政機関とは、内閣府、宮内庁、内閣府設置法49条1項または2項に規定する委員会・庁、デジタル庁、復興庁、国家行政組織法3条2項に規定する省・委員会・庁、法律の規定に基づき内閣の所轄の下に置かれる機関またはこれらに置かれる機関をいいます（245条等）。

 ＊2 ここに注意

関与の対象行為は、普通地方公共団体がその固有の資格において当該行為の名あて人となるものに限られ、また、国または都道府県の普通地方公共団体に対する支出金の交付および返還に係るものは除かれます（245条）。

 ＊3 プラスアルファ

「関与」は具体的かつ個別的にかかわる行為であるので、処理基準の設定（245条の9）は「関与」にあたりません。

538

●地方自治法

(3) 公正・透明の原則

関与の手続方式についても、行政手続法に準拠した「公正・透明の原則」が課されます（247条～250条の5）。関与の手続的保障を担保するためです。

4 一般的関与に基づく関与

関与の法定主義、関与の基本原則を踏まえつつ、「自治事務」「法定受託事務」の区分を前提に、地方自治法を直接の根拠としてなしうる関与は、以下のとおりです（245条の4～245条の8）。

一般的関与に基づく関与
① 技術的な助言および勧告、資料の提出の要求
② 是正の要求
③ 是正の勧告
④ 是正の指示
⑤ 代執行

5 技術的な助言および勧告、資料の提出の要求

技術的な助言および勧告、資料の提出の要求の対象となる事務は、自治事務・法定受託事務を問いません（245条の4）。

技術的な助言および勧告、資料の提出の要求

関与の主体	関与の相手方	関与の内容
・各大臣 *4 ・都道府県の執行機関（1項）	地方公共団体	①技術的な助言・勧告、②資料の提出を求めることができる
各大臣 （2項）	都道府県の執行機関	市町村に対する①技術的な助言・勧告、②資料の提出の要求に関する必要な指示をすることができる
地方公共団体の執行機関（3項）	・各大臣 ・都道府県の執行機関	その担任する事務の管理・執行について①技術的な助言・勧告、②必要な情報の提供を求めることができる

*4

 ここに注意

ここにいう各大臣とは、内閣府設置法4条3項、デジタル庁設置法4条2項もしくは復興庁設置法4条2項に規定する事務を分担管理する大臣たる内閣総理大臣または国家行政組織法5条1項に規定する各省大臣をいいます（245条の4第1項等）。

地方自治法-関与

84 関与②

重要度 B

講師からのアドバイス
是正の要求、是正の勧告、是正の指示は紛らわしいので、注意が必要です。比較の観点から整理しておきましょう。

1 是正の要求

是正の要求が認められるのは、「地方公共団体の事務の処理が①法令の規定に違反していると認めるときまたは②著しく適正を欠き、かつ明らかに公益を害していると認めるとき」です（245条の5第1項、2項、4項）。

ただし、国（各大臣）の市町村に対する是正の要求は、都道府県を介して行うのが原則であり（245条の5第3項）、各大臣が直接市町村に対して是正の要求を行うのは、上記の場合に加え、「緊急を要するときその他特に必要があるとき」（245条の5第4項）に限られます。＊1

＊1 プラスアルファ
是正の要求は、係争処理手続（国地方係争処理委員会・自治紛争処理委員制度）の対象となります。

是正の要求

関与の相手方	対象事務	関与の内容
都道府県（1項）	都道府県の自治事務	事務の処理について違反の是正・改善のため必要な措置を講ずべきことを求めることができる
都道府県の執行機関（2項）	市町村の ・自治事務 ・第2号法定受託事務	事務の処理について違反の是正・改善のため必要な措置を講ずべきことを当該市町村に求めるよう指示をすることができる
市町村（4項）		事務の処理について違反の是正・改善のため必要な措置を講ずべきことを求めることができる

※上記において関与の主体は、「各大臣」である

2 是正の勧告

是正の勧告は、「市町村の自治事務の処理が①法令の規定に違反していると認めるときまたは②著しく適正を欠き、かつ明らかに公益を害していると認めるとき」に、都道府県の執行機関がみずからの判断に基づき、市町村に対して行う関与です（245条の6）。 `20-23` ＊2

＊2 プラスアルファ
是正の勧告には法的拘束力がないので、これは係争処理手続の対象となりません。

●地方自治法

3 是正の指示

是正の指示が認められるのは、「地方公共団体の**法定受託事務**の処理が①法令の規定に違反していると認めるときまたは②著しく適正を欠き、かつ明らかに公益を害していると認めるとき」です（245条の7第1項、2項、4項）。 **16-23**

各大臣がみずから**市町村の第1号法定受託事務**の処理について是正の指示を行うことができるのは、前記の場合に加え、「**緊急を要するときその他特に必要があると認めるとき**」です（245条の7第4項）。それ以外は、各大臣は、都道府県の執行機関に対して、市町村に対する是正の指示をする旨の必要な指示を行います（245条の7第3項）。

是正の指示

関与の主体	関与の相手方	関与の内容
各大臣 （1項）	都道府県	法定受託事務の処理について違反の是正・改善のため講ずべき措置に関し、必要な指示をすることができる
都道府県の 執行機関 （2項）	市町村	法定受託事務の処理について違反の是正・改善のため講ずべき措置に関し、必要な指示をすることができる
各大臣 （3項）	都道府県の 執行機関	市町村の第1号法定受託事務について、都道府県の「是正の指示」に関し、必要な指示をすることができる
各大臣 （4項）	市町村	市町村の第1号法定受託事務の処理について違反の是正・改善のため講ずべき措置に関し、必要な指示をすることができる

地方自治法－関与

85 関与③

重要度 B

講師からのアドバイス

自治事務の管理・執行については代執行の対象とはなりませんし、また、代執行が認められるためには、「勧告」→「指示」→「高等裁判所への出訴」→「判決」という厳重な手続を経なければならないことも確認しておきましょう。

1 代執行

(1) 意義・対象

代執行とは、普通地方公共団体の事務の処理が法令の規定に違反しているとき、または当該普通地方公共団体がその事務を怠っているときに、その是正のための措置を当該普通地方公共団体に代わって行うことをいいます（245条1号ト）。

代執行の対象となるのは、長の法定受託事務に限られます。

(2) 代執行の要件

代執行が認められるのは、法定受託事務の管理・執行が法令の規定もしくは当該各大臣の処分に違反するものがある場合または当該法定受託事務の管理・執行を怠るものがある場合において、他の方法によってその是正を図ることが困難であり、かつ、それを放置することにより著しく公益を害することが明らかであるときです（245条の8第1項、12項）。

(3) 代執行の手続

各大臣（都道府県知事）は、都道府県知事（市町村長）に対する勧告・指示を経て、高等裁判所に当該事項を行うべきことを命ずる旨の裁判を請求することができます（245条の8第1項、2項、3項、12項）。 16-23

その高等裁判所は、各大臣（都道府県知事）の請求に理由があると認めるときは、期限を定めて当該事項を行うべきことを命ずる旨の裁判をし、なお当該事項が行われないときは、各大臣（都道府県知事）は、当該都道府県知事（市町村長）に代わって当該事項を行うこと（「代執行」）ができます（245条の8第6項、8項、12項）。

代執行

●地方自治法

2 法定受託事務に係る処理基準

「処理基準」は、法定受託事務の処理について、各大臣（または都道府県の執行機関）が定める当該法定受託事務を処理するにあたりよるべき基準をいいます（245条の9）。

処理基準は、一般的な基準にすぎず「関与」ではないので、係争処理手続の対象にはなりません。

また、処理基準は、その目的を達成するために必要な最小限度のものでなければなりません（245条の9第5項）。

(1) 都道府県の法定受託事務の処理

各大臣は、その所管する法律またはこれに基づく政令に係る都道府県の法定受託事務の処理について、都道府県がその事務を処理するにあたってよるべき基準を定めることができます（245条の9第1項）。

(2) 市町村の法定受託事務の処理

① 都道府県知事等一定の都道府県の執行機関は、245条の9第2項各号で掲げられた市町村の法定受託事務の処理について、市町村がその事務を処理するにあたってよるべき基準を定めることができます（245条の9第2項前段）。＊1

② 各大臣は、特に必要があると認めるときは、その所管する法律またはこれに基づく政令に係る市町村の第1号法定受託事務の処理について、市町村がその事務を処理するにあたってよるべき基準を定めることができます（245条の9第3項）。＊2

＊1 ここに注意

ただし、各大臣の定める基準に抵触してはなりません（245条の9第2項後段）。

＊2 プラスアルファ

各大臣は、その所管する法律またはこれに基づく政令に係る市町村の第1号法定受託事務の処理について、都道府県知事等一定の都道府県の執行機関に対して、245条の9第2項により定める基準に関し、必要な指示をすることができます（245条の9第4項）。

543

地方自治法－係争処理手続

86 国地方係争処理委員会

重要度 B

係争処理手続の流れを意識しながら覚えましょう。

1 係争処理手続

係争処理手続は、①国と地方公共団体との間あるいは②都道府県と市町村との間で関与をめぐる係争が生じた場合に、行政部内の公平・中立な第三者機関の判断によって簡易・迅速にこれを処理できないときに、違法に係るものについて裁判所の司法判断によって解決を図るものをいいます。

これは、対等・協力関係を基本とする「国と地方公共団体」、「都道府県と市町村」の関係にふさわしい合理的な係争処理の仕組みとして、設けられたものです。

国の関与に関する国と地方公共団体との係争については、「**国地方係争処理委員会**」が設けられ（250条の7以下）、都道府県と市町村との係争については、「**自治紛争処理委員**」による係争処理制度となっています（251条以下）。 13-23

2 国地方係争処理委員会

係争処理手続の大まかな流れ

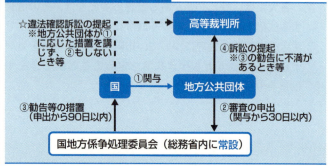

国地方係争処理委員会は、普通地方公共団体に対する国または都道府県の関与のうち国の行政機関が行うもの（「国の関与」）について、普通地方公共団体の長その他の執行機関からの審査の申出につき審査を行います（250条の7第2項参照）。国地方係争処理委員会は、「国の関与」が違法・不当であると認められる場合には、審査の申出があった日から**90日以内**に国の行政庁に対して必要な措置を講ずべき旨の**勧告等**を行います（250条の14）。 12-21 13-23 *1

*1 プラスアルファ

勧告があったときは、国の行政庁は勧告に即して必要な措置を講ずる義務を負います（250条の18第1項）。

544

(1) 審査の対象

① 国の行政機関の行う関与のうち、是正の要求、許可の拒否その他の処分その他公権力の行使にあたるもの（250条の13第1項）
② 国の不作為（250条の13第2項）
③ 国と地方公共団体の間の法令に基づく協議（250条の13第3項）

(2) 委員

国地方係争処理委員会は、5人の委員によって組織されます（250条の8第1項）。委員は、優れた識見を有する者のうちから、両議院の同意を得て、総務大臣が任命します（250条の9第1項）。

3 国の関与に関する訴え

(1) 普通地方公共団体の長等による訴え

国地方係争処理委員会の審査の申出をした普通地方公共団体の長その他の執行機関は、審査の結果に不服があるとき等は、高等裁判所に対し、国の行政庁を被告として、違法な国の関与の取消しまたは国の不作為の違法確認の訴えを提起することができます（国の関与に関する訴え／251条の5第1項本文）。 12-21

(2) 国による訴え

国が是正の要求・是正の指示をした場合に、普通地方公共団体の長その他の執行機関が国地方係争処理委員会への審査の申出をせず、かつ、求められた措置を講じないとき等は、各大臣は、高等裁判所に対し、普通地方公共団体の行政庁を被告として、当該普通地方公共団体の不作為の違法確認の訴えを提起することができます（普通地方公共団体の不作為に関する国の訴え／251条の7第1項本文）。＊2

＊2 プラスアルファ
国による不作為の違法確認の訴えは、普通地方公共団体が国の関与に係る事項について、何もせずに放置することに対処するため、2012年改正により規定されました。

地方自治法－係争処理手続

87 自治紛争処理委員

重要度 C

1 自治紛争処理委員

講師からのアドバイス

自治紛争処理委員は、都道府県と市町村との紛争を処理します。内容的には細かい点もありますが、手続の大まかな流れをおさえておきましょう。

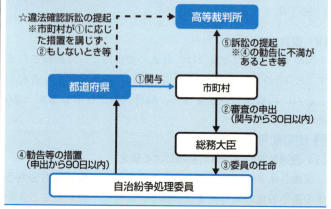

紛争処理手続の大まかな流れ

☆違法確認訴訟の提起
※市町村が①に応じた措置を講じず、②もしないとき等 → 高等裁判所

⑤訴訟の提起
※④の勧告に不満があるとき等

都道府県 ①関与→ 市町村
②審査の申出（関与から30日以内）
総務大臣
③委員の任命
自治紛争処理委員
④勧告等の措置（申出から90日以内）

　自治紛争処理委員は、(ⅰ)普通地方公共団体相互の間または普通地方公共団体の機関相互の間の紛争の調停、(ⅱ)普通地方公共団体に対する国または都道府県の関与のうち都道府県の機関が行うもの（「都道府県の関与」）に関する審査、(ⅲ)地方自治法による審査請求、再審査請求、審査の申立てまたは審決の申請に係る審理を処理します（251条1項）。ここでは、(ⅱ)の権限について取り上げます。

　自治紛争処理委員は、「都道府県の関与」について、市町村長その他の市町村の執行機関から審査の申出につき審査を行います。自治紛争処理委員は、「都道府県の関与」が違法・不当であると認められる場合には、審査の申出の日から90日以内に都道府県の行政庁に対して必要な措置を講ずべき旨の勧告等を行います（251条の3）。＊1

＊1
プラスアルファ
勧告があったときは、都道府県の行政庁は勧告に即して必要な措置を講ずる義務を負います（251条の3第9項）。

(1) 審査の対象

① 都道府県の関与のうち、是正の要求、許可の拒否その他の処分その他公権力の行使にあたるもの（251条の3第1項）
② 都道府県の不作為（251条の3第2項）
③ 都道府県との協議（251条の3第3項）

(2) 委員

委員は**3人**で、**事件**ごとに、優れた識見を有する者のうちから、総務大臣または都道府県知事がそれぞれ任命します（251条2項）。＊2

委員は非常勤です（251条3項）。 20-23

2 都道府県の関与に関する訴え

(1) 市町村長等による訴え

自治紛争処理委員の審査の申出をした市町村長等その他の**市町村の執行機関**は、審査の結果に不服があるとき等は、**高等裁判所**に対し、都道府県の行政庁を被告として、違法な都道府県の**関与の取消し**または都道府県の**不作為の違法確認の訴え**を提起することができます（都道府県の関与に関する訴え／251条の6第1項本文）。

(2) 都道府県の執行機関による訴え

① **各大臣**が、是正の要求をした都道府県の執行機関に対して、是正の要求を受けた市町村の行政庁を被告とした不作為の違法確認の訴えを提起するよう**指示**した場合、**当該都道府県の執行機関**は、**高等裁判所**に対し、**当該訴えを提起しなければなりません**（市町村の不作為に関する都道府県の訴え／252条1項2項）。

② 都道府県の執行機関が是正の指示をした場合に、市町村長その他の市町村の執行機関が自治紛争処理委員への審査の申出をせず、かつ、求められた措置を講じないとき等は、**当該都道府県の執行機関**は、**高等裁判所**に対し、市町村の行政庁を被告として、当該市町村の**不作為の違法確認の訴え**を提起することができます（市町村の不作為に関する都道府県の訴え／252条3項）。＊3

＊2　ここに注意

委員は、当該事件の終了により失職します（251条4項参照）。

＊3　ここに注意

都道府県の執行機関による不作為の違法確認の訴えは、市町村が都道府県の関与に係る事項について、何もせずに放置することに対処するため、2012年改正により規定されました。

［法令］

第**4**編

商法・会社法

科目別ガイダンス
商法・会社法

過去10年間の出題傾向

商　法

項　目	12	13	14	15	16	17	18	19	20	21
商人						●				
商行為概念					●	●				●
商業登記				●						
商号										
名板貸し・営業譲渡										
商業使用人			●							
商行為その他	●	●		●			●	●	●	

会　社　法

項　目		12	13	14	15	16	17	18	19	20	21
	総論										
設立	総説	●									
	設立の手続	●		●	●	●	●		●	●	
	設立中の法律関係										
	設立無効および会社不成立									●	
	設立関与者の責任			●	●			●		●	●
株式	総説	●									
	株式の内容と種類				●		●		●	●	
	株式の譲渡等		●	●				●	●		●
	自己株式の消却等						●				
	株式の併合・分割・無償割当て				●						
	単元株制度					●	●				
	利益供与の禁止										

550

GUIDANCE［ガイダンス］

項 目		12	13	14	15	16	17	18	19	20	21
機関	総説						●			●	
	株主総会	●	●	●	●				●	●	
	役員等										
	取締役・取締役会・代表取締役	●	●	●				●	●		●
	監査役・監査役会				●						
	会計参与・会計監査人										
	監査等委員会設置会社						●	●	●		●
	指名委員会等設置会社						●	●			●
	役員等の損害賠償責任			●				●			
	責任追及等の訴え・差止請求権	●							●		
資金調達	募集株式の発行等		●				●				
	新株予約権						●				
	社債										
計算		●		●			●	●			●
解散・清算											
持分会社						●					
事業譲渡											
組織再編		●									

1 「商法・会社法」とは

商法や会社法は、商売のプロの間に適用される法律です。企業間の取引（例えば、販売店と卸売業者との商取引）では、民法で想定されている個別的な取引（例えば、私達が友人との間で行う個人的な売買）とは異なり、定型的な仕事が継続・反復して大量に行われます。そこで、このような特性に応じた合理的な取扱いを定めたルールが必要となります。これが商法や会社法です。つまり、商法や会社法は、民法の特別法であり、商売を行っていくためのルールなのです。

「商法・会社法」と「民法」の関係

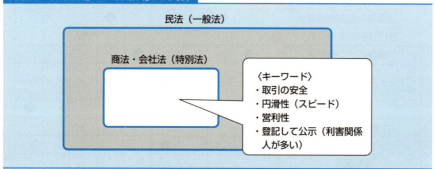

2006年度から始まった新試験制度では、従来の2問程度の出題から5問へと倍増しました。「会社設立」が行政書士のメイン業務の1つであること、2006年5月から会社法が施行されたこと等を勘案すると当然の変化ともいえるでしょう。そして、この分野の知識の重要性は今後も大きくなる一方だと考えられます。

2 学習のポイント

（1）商法

商法からの出題は、1問程度にとどまります。しかし、商法の知識は会社法を学習する前提となりますから、出題数以上に重要といえるでしょう。ただし、試験対策上必要な分野とそうでない分野が明確ですから、ポイントを絞った学習が求められます。出題されるのは「総則」と「商行為」の2分野です。

総則では「商人」「商業登記」「商号」「商業使用人」が、商行為では「商行為概念」が重要となります。また、上述したように商法は民法の特別法です。そこで、「民法との差異」が1つの出題のポイントとなっています。商法を学ぶことで、民法の理解がより深まるような学習を心掛けるべきでしょう。

（2）会社法

商法・会社法5問の出題中4問程度が会社法からの出題です。みなさんが新しいビジネスを始めようと考えた場合をイメージしてください。もちろん個人で行うことも可能です。しかし、個人では様々な面で限界があります。

GUIDANCE [ガイダンス]

そこで、会社という形態が求められることになるのです。例えば、リスクの高い事業を1人で行おうとすれば、失敗した場合、そのリスクを1人でかぶることになりますが、出資者を多数募れば、そのリスクを分散することができます。

会社法は、旧商法の会社部分を核とし、それを全面改正する形で制定・施行されました。読みやすくなったとはいえ、全部で1,000条近くと、とてもボリュームのある法律ですから、やはり的を絞った学習が不可欠となります。

会社法の中でも、本試験での出題は「株式会社」が中心となります。設立・機関等に関する知識が毎年問われていますから、これらの知識を最優先でおさえましょう。

いくつか学習のコツがありますが、その1つは、「自分が起業した場合をイメージする」ことです。自分が会社を作るとしたら、どのような手続が必要となり、どのような機関設計が最適だろうか、と考えながら学習を進めてください。また、2つ目は、会社が生まれてから死亡するまで、つまり「設立から解散・清算に至るまでの流れでおさえる」ということです。これらは、きっと理解を深める手助けとなるはずですから、ぜひ意識してみてください。

3 2018年商法改正

2018年5月25日に「商法及び国際海上物品運送法の一部を改正する法律」が公布され、2019年4月1日に施行されました。

この改正は、社会経済情勢の変化に対応するため、運送・海商法制の現代化や商法の表記を平仮名・口語体に改めるものです。主な改正事項は、運送契約に関する規定の整理、危険物の運送を委託する荷送人の通知義務規定、運送品の滅失等についての運送人の責任の消滅の定めなどです。

なお、民法債権法の改正（2020年4月1日施行）により商事法定利率、商事時効の規定等が削除されました。

4 2019年会社法改正

2019年12月11日に「会社法の一部を改正する法律」が公布され、一部の規定を除き、2021年3月1日に施行されました（株主総会資料の電子提供制度の創設、支店の所在地における登記の廃止は2022年中の施行を予定）。

この改正は、株主総会の運営および取締役の職務の執行の一層の適正化等を図るものです。2021年3月1日施行分のうち、主な改正事項は、同一の株主総会における株主の提出議案数の制限、上場会社等の取締役会における取締役の個人別の報酬等に関する決定方針の定めの義務付け、上場会社が取締役の報酬等として株式の発行等をする場合に金銭の払込み等を不要とすること、上場会社等における社外取締役の設置の義務付けです。

第4編 商法・会社法 科目別ガイダンス

商法

1 商法の適用・商人・商行為① 重要度 B

1 商法の適用

第1条【趣旨等】
1　商人の営業、商行為その他商事については、他の法律に特別の定めがあるものを除くほか、この法律の定めるところによる。
2　商事に関し、この法律に定めがない事項については商慣習に従い、商慣習がないときは、民法の定めるところによる。

　商法は、民法の特別法であり、商人の営業、商行為等については、原則として商法が適用されます（1条1項）。商事に関して商法に規定がない場合は、商慣習が適用され、商慣習もない場合に民法が適用されます（1条2項）。したがって、商事に関しては、原則として①商法、②商慣習、③民法の順序で法律等が適用されることになります。 16-36 ＊1

　当事者の一方のために商行為となる行為については、商法がその双方に適用されます（3条1項）。当事者の一方が2人以上あり、その1人のために商行為となる行為については、商法がその全員に適用されます（3条2項）。 16-36 ＊2

2 商人
(1) 固有の商人

　「商人」とは、①自己の名をもって商行為をすることを②業とする者をいいます（4条1項）。 17-36

①「自己の名をもって」とは、自己が法律上商行為から生ずる権利義務の帰属主体となることをいいます（大判大8.5.19）。その者自身が現実に営業活動をする必要はなく、他人（使用人等）に実行させることもできます。＊3

②「業とする」とは、営利の目的で同種の業務を反復的・継続的に行うことをいい、実際に目的が実現されるかどうかを問いません。

(2) 擬制商人

①店舗その他これに類似する設備によって物品を販売することを業とする者、または②鉱業を営む者は、商行為を行うことを業としない者であっても、商人とみなされます（擬制商人／4条2項）。 17-36 ＊4

講師からのアドバイス

主体が商人か否かや、行為が商行為か否かは、商法の適用の有無にかかわってきます。それぞれの意義をしっかり理解しましょう。

 プラスアルファ ＊1

公法人（国、都道府県、市町村など）が行う商行為については、法令に別段の定めがある場合を除き、商法が適用されます（2条）。

 プラスアルファ ＊2

当事者双方にとって商行為である行為を双方的商行為といいます。当事者一方にとってだけ商行為である行為を一方的商行為といいます。

 ここに注意 ＊3

Bが営業主Aのために営業行為を代理する場合、Aが商人であって、Bは商人ではありません。

 ここに注意 ＊4

「店舗その他これに類似する設備によって物品を販売する」とは、例えば、自分の畑で採れた野菜を道端に建てた簡素な販売所で販売する行為などを指します。

(3) 商人資格の取得

自然人の場合、特定の営業を開始する目的で準備行為をした者は、その行為により営業を開始する意思を実現したものであり、これにより商人である資格を取得します（最判昭33.6.19）。営業の準備行為は、相手方だけでなく、それ以外の者にも、客観的に開業準備行為と認められるものであることが必要です（最判昭47.2.24）。他方、会社は、設立登記時に商人資格を取得します（会社法49条、579条）。＊5

(4) 商人資格の喪失

会社は、清算が終わった時に商人資格を喪失します（会社法476条、645条）。他方、自然人は、営業目的行為の終了時ではなく、残務処理の終了時に商人資格を喪失します。

3 商行為

(1) 商行為概念の分類

商行為には、その行為の性質や態様に注目した絶対的商行為・営業的商行為・附属的商行為があります。

(2) 絶対的商行為（501条）

絶対的商行為とは、行為自体の客観的性質によって商行為とされる行為をいいます。行為自体の営利性が強いため、営業としてなされたか否かを問わず、商行為とされます。 17-36

＊6

絶対的商行為	
投機購買およびその実行行為（1号） 21-36	高く売るために安く買う行為や、そのようにして購入した物や有価証券を売る行為
投機売却およびその実行行為（2号） 21-36	まず高く売っておいて、後に安く買い入れる行為
取引所においてする取引（3号）	証券取引所・商品取引所で行われる有価証券・商品の取引
手形その他の商業証券に関する行為（4号）	手形の振出し・裏書・引受け・保証等の証券上の行為

＊5 プラスアルファ

未成年者が商人として営業を行うときは、登記が必要です（5条）。また、成年被後見人の場合も、成年後見人が成年被後見人に代わって営業を行うときは、登記が必要です（6条1項）。

＊6 ここに注意

絶対的商行為の場合、商人でない者の1回限りの行為であっても、商行為として商法の適用を受けることになります。

商法

2 商行為②

重要度 B

講師からのアドバイス

営業的商行為の種類を一通り確認した後、商行為概念と商人概念の関係をチェックしておきましょう。

1 営業的商行為（502条）

　営業的商行為とは、**営利の目的で反復継続**して行うことにより、**初めて商行為となる行為**をいいます。ただし、専ら賃金を得る目的で物を製造し、または労務に従事する者の行為は商行為とはされません（502条ただし書）。営業的商行為は、絶対的商行為のように行為自体の性質上当然に商行為とされるものではありません。

営業的商行為

種　類	意義・具体例・判例
①投機貸借およびその実行行為（1号） 21-36	他に賃貸する目的で動産または不動産を有償取得・賃借する行為およびそのようにして取得・賃借した動産や不動産を賃貸する行為 例：不動産賃貸業、レンタカー・レンタルビデオ業
②他人のためにする製造・加工業（2号）	他人から供給を受けまたは他人の計算で買い入れた材料を製造・加工することを有償で引き受ける行為 例：精米業、クリーニング業
③電気・ガスの継続的供給契約（3号）	電気やガスを供給することを有償で引き受ける行為
④運送に関する行為（4号）	陸上・海上・空中の旅客運送または物品運送を引き受ける行為 例：運送営業（569条）
⑤作業または労務の請負（5号）	作業の請負……不動産の工事などを引き受ける行為 労務の請負……労働者の供給を引き受ける行為
⑥出版・印刷・撮影に関する行為（6号） 21-36	出版に関する行為……文書などを印刷して販売・頒布することを引き受ける行為 印刷・撮影に関する行為……印刷または撮影を引き受ける行為 例：出版業者・新聞業者、印刷業者、プロカメラマン
⑦客の来集を目的とする場屋の取引（7号）	公衆の来集に適する物的・人的設備を利用させる行為 例：旅館・ホテル・飲食店・パチンコ屋・碁会所の経営
⑧両替その他の銀行取引（8号）	金銭または有価証券の転換を媒介する行為 ※質屋の金銭貸付行為は銀行取引にあたらない（最判昭50.6.27）
⑨保険（9号）	対価を得て保険を引き受ける行為
⑩寄託の引受け（10号）	他人のために物の保管を引き受ける行為 例：倉庫営業（599条）

● 商 法

⑪仲立ち・取次ぎに関する行為（11号）	仲立ち……他人間の法律行為の媒介を引き受ける行為 例：仲立営業（543条）、媒介代理商（27条、会社法16条） 取次ぎ……自己の名をもって他人の計算において法律行為をすることを引き受ける行為 例：問屋営業（551条）
⑫商行為の代理の引受け（12号）	本人にとって商行為である行為の代理を引き受ける行為 例：締約代理商（27条、会社法16条）
⑬信託の引受け（13号）	信託を引き受ける行為 信託……委託者が受託者に対して財産権の移転その他の処分をし、信託目的に従って、受託者が受益者のために信託財産の管理、処分をすること

2 附属的商行為

附属的商行為とは、商人がその**営業のためにする**補助的行為をいいます（503条1項）。商人の行為であることが必要ですが、基本的商行為を始めるための準備行為（**開業準備行為**）も商人の最初の附属的商行為となります。また、直接営業のためにする行為だけでなく、営業に関連し、営業の維持便益を図るためにする行為も含みます。＊1

なお、必ずしも商人の行為が常に営業のためにするものとはいえませんが、商人の行為はその営業のためにするものと推定されます（503条2項）。 17-36

3 商行為概念と商人概念

①自己の名をもって、絶対的商行為・営業的商行為（基本的商行為）をすることを業とする者は商人となります（固有の商人／4条1項）。②商人（固有の商人・擬制商人）が営業のためにする行為は、附属的商行為となります（503条1項）。

商行為概念と商人概念　＊2

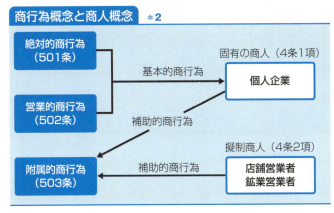

＊1
具体例で覚えよう！
例えば、運送業者のトラック購入行為が附属的商行為にあたります。この場合、運送業者が営業としてする行為は運送引受けであり、トラック購入行為ではありません。しかし、営業のためにされる行為であることから、商行為として商法が適用されます（503条1項）。

＊2
ここに注意
絶対的商行為と営業的商行為は、商人概念を決定するための基礎となる概念であり、基本的商行為と呼ばれています。附属的商行為は、商人概念から導かれる商行為概念であり、補助的商行為と呼ばれています。

557

商法

3 商業登記

重要度 C

商業登記の効力（9条）は実務上、重要です。会社法にも同様の規定（908条）があるので併せて確認しておきましょう。

1 意義

商業登記とは、商法、会社法その他の法律の規定により商業登記簿にする登記をいいます。

商人の取引活動は大量かつ反復的に行われ、利害関係を有する第三者も多数に及びます。その取引の度に相手方の商号や取引に関する重要な事項を調査し、または相手方に告知することは、取引の迅速性・安全性の要請から適当ではありません。そこで、取引上必要な事項を公示することで、**取引の迅速性・安全性**の確保を図っています。

商業登記簿には、①商号登記簿、②未成年者登記簿、③後見人登記簿、④支配人登記簿、⑤株式会社登記簿、⑥合名会社登記簿、⑦合資会社登記簿、⑧合同会社登記簿、⑨外国会社登記簿の9種類があります（商業登記法6条）。 15-40 *1

2 登記手続等

商業登記は、**当事者の申請**により、商業登記法の定めるところに従い、商業登記簿にこれを登記します（8条）。*2

*1 プラスアルファ

例えば、株式会社では、目的、商号、資本金の額、発行可能株式総数、取締役の氏名、代表取締役の氏名および住所、取締役会設置会社であるときはその旨、427条1項の規定による非業務執行取締役等の責任限定契約の締結について定款の定めがあるときはその定めなどを登記します（911条3項）。なお、補欠取締役（取締役が欠けた場合または会社法もしくは定款で定めた員数を欠くこととなるときに備えて選任される補欠の取締役）の氏名や代表取締役の権限の制限は登記事項ではありません。

商号の登記の一例

商号	甲山一郎呉服店	
	甲山呉服店	平成25年12月10日変更
		平成25年12月18日登記
営業所	東京都千代田区△△1番1号	
商号使用者の氏名及び住所	東京都中央区□□1番1号 甲山一郎	
営業の種類	呉服類の販売	

※下線部分（「甲山一郎呉服店」）は、抹消事項であることを意味する。

*2 プラスアルファ

登記事項に変更が生じ、または登記事項が消滅したときは、当事者は、遅滞なく、変更の登記または消滅の登記をしなければなりません（10条）。

3 効力

> **第9条【登記の効力】**
> 1 この編の規定により登記すべき事項は、登記の後でなければ、これをもって善意の第三者に対抗することができない。登記の後であっても、第三者が正当な事由によってその登記があることを知らなかったときは、同様とする。
> 2 故意又は過失によって不実の事項を登記した者は、その事項が不実であることをもって善意の第三者に対抗することができない。

(1) 一般的効力

登記すべき事項は、登記の後でなければ善意の第三者に対抗することができません（消極的公示力／9条1項前段、会社法908条1項前段）。

登記の後であっても、第三者が正当な事由によってその登記があることを知らなかったときは、登記すべき事項を第三者に対抗することができません（積極的公示力／9条1項後段、会社法908条1項後段）。ここにいう「正当な事由」とは、登記されている事項を知ろうとしても知ることができない客観的障害（例えば、災害による交通の途絶など）をいい、主観的な事情（例えば、病気、旅行など）はこれに含まれないと解されています。＊3

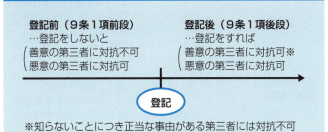

※知らないことにつき正当な事由がある第三者には対抗不可

(2) 不実登記の効力

故意または過失によって不実の事項を登記した者が、その事項が不実であることをもって善意の第三者に対抗することはできません（9条2項、会社法908条2項）。

＊3
判例ゼミ
判例は、退任登記後に代表取締役が無権代理行為をした事案において、その者が代表者として第三者とした取引については、専ら9条1項が適用され、民法112条1項の適用ないし類推適用の余地はないとしています（最判昭49.3.22）。

商法

4 商号

重要度 C

ここでは、商号単一の原則、商号の効力が重要です。おさえておきましょう。

1 意義

(1) 商号の意義

商号とは、商人が営業上、自己を表示するために用いる名称をいいます。

(2) 商号選定自由の原則

商人は、その氏、氏名その他の名称をもって商号とすることができます（11条1項）。すなわち、商人は、原則として、自由に商号を選ぶことができます（商号選定自由の原則）。

しかし、一般的に、商号をみてその企業主体等を判断することが多く、取引の安全を確保するために商号による表示と実際の企業主体・内容を一致させる必要があります。そこで、会社の商号は、会社の種類に従って、株式会社、合名会社、合資会社または合同会社の文字を用いなければなりません（会社法6条2項）。＊1

プラスアルファ

会社でない者は、その名称または商号中に会社であると誤認されるおそれのある文字を使ってはならないとされています（会社法7条）。これは個人が会社企業のような外観を有することを防ぐためのものです。

商号選定自由の原則

	原則	商号選定自由の原則（11条1項、会社法6条1項）
商号選定に関する規制	例外	①会社の商号選定に関する制限 　会社は、会社の種類に従い、商号中に「株式会社」等の文字を用いなければならない（会社法6条2項） 　会社は、その商号中に、他の種類の会社であると誤認されるおそれのある文字を用いてはならない（会社法6条3項） ②個人商人の商号選定に関する制限 　会社でない者は、商号中に会社であると誤認されるおそれのある文字を用いてはならない（会社法7条） ③誤認的名称・商号の使用禁止 　何人も、不正の目的をもって、他の会社・他の商人であると誤認されるおそれのある名称または商号を使用してはならない（12条1項、会社法8条1項）（他の商人の商号は、登記されていることを要しない）

560

(3) 商号単一の原則

商号は1個の営業につき1つでなければなりません（**商号単一の原則**）。

会社	一企業一商号の原則
個人商人	一営業一商号の原則（同一の個人商人が数種の営業を営んでいる場合には、各営業ごとに異なる商号を使用することができる）

2 商号の効力

商号を選定した者は、登記の有無にかかわりなく、他人に妨害されることなく商号を使用する権利（**商号使用権**）と、他人が同一または類似の商号を不正に使用することを排斥する権利（**商号専用権**）を有します。

具体的には、**誤認的名称・商号の使用禁止**が挙げられます。何人も、不正の目的をもって、他の商人・他の会社であると誤認されるおそれのある名称または商号を使用してはなりません（12条1項、会社法8条1項）。＊2 ＊3

これらの規定に違反する名称または商号の使用によって営業上の利益を侵害され、または侵害されるおそれがある商人・会社は、営業上の利益を侵害し、またはそのおそれがある者に対し、**侵害の停止または予防を請求**することができます（12条2項、会社法8条2項）。＊4

3 商号の譲渡

商号は、**営業とともに譲渡する場合**、または**営業を廃止する場合**に限り譲渡することができます（15条1項）。

商号の譲渡は、当事者間においては意思表示のみで効力を生じますが、第三者に対しては、登記をしなければ、第三者の**善意・悪意にかかわらず**商号の譲渡を対抗することができません（15条2項）。

 ＊2 プラスアルファ

商号を登記していない者も12条および会社法8条の請求をすることができます。

 ＊3 プラスアルファ

12条1項、会社法8条1項の規定に違反した者は、100万円以下の過料に処せられます（13条、会社法978条3号）。

 ＊4 ここに注意

商号は、ほかにも不正競争防止法によって保護されます。

商法

5 名板貸し・営業譲渡 重要度 C

名板貸しと営業譲渡は、頻出テーマです。要件、効果を覚えておきましょう。

1 名板貸し

ある商人（**名板貸人**）が他の商人（**名板借人**）に自分の商号を使って営業または事業を行うことを許諾することを**名板貸し**といいます。

名板貸人は、自己を営業主と誤認して取引をした者に対して、取引によって生じた債務を名板借人と**連帯して弁済する義務**を負います（14条、会社法9条）。＊1

＊1 ここに注意

名板貸人の責任は、禁反言の法理または権利外観法理の現れと考えられます。

＊2 具体例で覚えよう！

商人Aが、商人Bに対してAの商号をもって営業を行うことを許諾したところ、BがAの商号を使用して、Cと取引をした場合、Cが当該取引を自己とAとの取引であると誤信した（善意・無重過失）ときは、AはCに対して名板貸しの責任を負います。

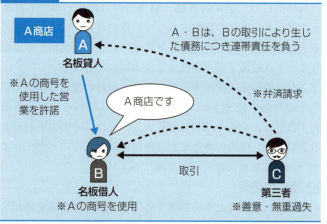

2 名板貸人の責任の要件

(1) 成立要件

名板貸人の責任が成立するには、次の要件が必要です。

① 名板借人が名板貸人の商号を使用すること（外観の存在）
② 名板貸人の許諾（帰責事由）
③ 第三者の誤認（外観への信頼）

(2) 要件①について

名板貸人の商号をそのまま使用する必要はなく、付加語を加えたり、簡略化した場合も、**営業主の誤認**が生ずる限り、名板貸人の責任が生じます。また、特段の事情がない限り、名板貸人と名板借人の**営業の同種性**が必要です（最判昭43.6.13）。

● 商法

(3) 要件②について

名板貸人が商人であり、かつ、商号使用を許諾したことが必要です。なお、商号の使用の許諾は、明示であることを要せず、黙示の許諾であっても構いません。＊3

(4) 要件③について

相手方が名板貸人を営業主体や取引主体と誤認して名板借人と取引をしたことを要します。なお、判例は、相手方の善意・無重過失を要求しています（最判昭41.1.27）。

3 名板貸人の責任の範囲

名板貸人は、自己の商号を使って名板借人が行った「取引によって生じた債務」につき、名板借人と連帯して責任を負います。この債務には、取引によって直接生じた債務のほか、名板借人の債務不履行による損害賠償債務も含まれ、契約解除による原状回復義務・手付金返還義務も含まれます。

一方、名板借人の不法行為による損害賠償債務は、原則として含まれません。例えば、名義貸与を受けた者が交通事故やその他の事実行為である不法行為に起因して負担する損害賠償債務は含まれません（最判昭52.12.23）。＊4

4 営業譲渡

営業譲渡とは、①一定の営業目的のために組織化され、有機的一体として機能する財産の全部または重要な一部を譲渡し、②これによって譲渡人がその営業的活動を譲受人に受け継がせ、③譲渡人が法律上当然に競業避止義務を負う結果を伴うものをいいます（最判昭40.9.22）。

営業譲渡により、営業譲渡人は、営業を移転する義務およびその譲渡した営業と同一の営業をしてはならない義務（競業避止義務）を負います（16条）。

5 商号の続用

営業の譲受人は、債務引受等をしない限り、原則として譲渡人の営業によって生じた債務を弁済する必要はありませんが、譲受人が譲渡人の商号を引き続き使用（続用）する場合は、それを弁済する責任を負います（17条1項）。＊5

譲受人が譲渡人の商号を引き続き使用しない場合であっても、譲受人が債務を引き受ける広告等をしたときは、譲受人は、それを弁済する責任を負います（18条1項）。

＊3 プラスアルファ

判例は、許諾は自己の商号を使用して他人が「営業または事業を行うこと」についてなされなければならないとしています（最判昭42.6.6）。なお、判例は、許諾された名称を営業に使用することはなかったが、その名称で手形取引をした場合について、14条、会社法9条の類推適用をし、名板貸人の責任を認めました（最判昭55.7.15）。

＊4 プラスアルファ

判例は、名板借人の不法行為による損害賠償債務であっても、名板借人により詐欺的行為が行われたような、取引行為の外形を持つ不法行為により発生した債務は含まれます（最判昭58.1.25）。

＊5 プラスアルファ

営業譲渡後、遅滞なく、譲受人が譲渡人の債務を弁済する責任を負わない旨の登記した場合、譲受人および譲渡人から第三者に対しその旨の通知をした場合は、譲受人はそれを弁済する責任を負いません（17条2項）。

第4編 商法・会社法

商法

563

商法

6 商業使用人

重要度 B

商業使用人には様々な種類がありますが、試験では支配人を理解すれば十分です。

1 意義

商業使用人とは、特定の商人に雇用され、その営業を補助する者をいい、自然人でなければなりません。商法には、商業使用人として、①支配人（20条以下）、②ある種類または特定の事項の委任を受けた使用人（25条）、③物品の販売等を目的とする店舗の使用人（26条）が規定されています。*1

 プラスアルファ

商業使用人同様、特定の商人を補助する者に代理商があります（27条）が、独立の商人である点で商業使用人と異なります。

2 支配人

(1) 支配人の選任

商人・会社は、支配人を選任し、その営業所（会社の場合は本店または支店）において、その営業・事業を行わせることができます（20条、会社法10条）。そして、支配人を選任したときは、その旨の登記をしなければなりません（22条前段、会社法918条）。 14-36 15-40 *2

(2) 支配人の代理権

支配人は、次の権限を有します。

 ここに注意

支配人の登記をした場合であっても、支配人は商業使用人にほかならず、支配人自身が商人資格を取得するわけではありません。なお、支配人以外の使用人は登記する必要はありません。

> ① 商人・会社に代わり営業・事業に関する一切の裁判上または裁判外の行為をする権限（21条1項、会社法11条1項）
> ② 他の使用人を選任し、または解任すること（21条2項、会社法11条2項） 14-36

商法等によれば、支配人には営業等に関する一切の権限（包括的代理権）が与えられますから、第三者は、それを信頼して取引を行います。その信頼を保護するため、支配人の代理権に加えた制限は、それを知る悪意の第三者に対して対抗することができますが、善意の第三者に対しては対抗することができません（21条3項、会社法11条3項）。 14-36

(3) 支配人の義務

 ここに注意

①・③・④の内容が精力分散防止義務、②の内容が競業避止義務です。なお、会社法においても、同様の規定があります（会社法12条1項）。

支配人は、雇用契約上の義務（善管注意義務・事務処理の状況等を報告する義務・労務に服する義務）のほか、精力分散防止義務（営業避止義務）・競業避止義務を負います。支配人は商人の許可を受けなければ、次の4つの行為をすることはできません（23条1項）。 14-36 *3

① みずから営業を行うこと
② 自己または第三者のためにその商人の営業の部類に属する取引をすること
③ 他の商人または会社もしくは外国会社の使用人となること
④ 会社の取締役、執行役または業務を執行する社員となること

　支配人が商人の許可を受けずに②の行為（自己または第三者のためにその商人の営業の部類に属する取引をすること）をしたときは、その行為によって支配人または第三者が得た利益の額は、商人に生じた損害の額と推定されます（23条2項）。

3 表見支配人

　支配人制度は、支配人に包括的代理権を与え、営業活動の拡充の要請に応えるものです。もし現実には包括的代理権を有する支配人でないのに営業所の営業の主任者であると他人に思わせるような名称（支配人・支店長・営業所長等）を付された商業使用人がいた場合、取引の相手方は不測の損害を被ることになります。＊4

　そこで、営業所の営業の主任者らしき名称を付された使用人は、裁判外の行為に関して、善意の第三者に対する関係では支配人と同一の権限を有するものとみなされます（24条本文、会社法13条本文）。すなわち、表見支配人がその営業所の営業に関してした行為は、裁判上の行為を除き、相手方が（この者が当該行為をする代理権を有しないことではなく）この者が支配人でないことにつき悪意でない限り、支配人がしたのと同様の効果を生じます。 14-36

　表見支配人の要件は、次のとおりです。

 ＊4 ことばの意味

表見支配人
包括的代理権を与えられていない使用人であって、営業所（会社の場合は本店または支店）の営業の主任者らしき名称をつけた使用人のことを表見支配人といいます。

① 支配人でない使用人に対して、営業所の営業の主任者であることを示す名称を付したこと（不実の外観の存在）
② 営業主（商人・会社）が、①の名称を付したこと（営業主の帰責性）
③ 相手方が善意であること（外観への信頼）

商法

7 商行為法①

重要度 B

**講師からの
アドバイス**

ここからは、民法を修正した特別規定が多くなります。民法の規定も確認しながら、正確に覚えましょう。

1 商行為の代理と委任
(1) 代理
　商行為の代理人が**本人の代理である旨の表示をしない場合**でも、原則として本人に効力が生じます（**非顕名主義**／504条本文）。もっとも、代理人が本人のためにすることについて相手方が善意・無過失であった場合、代理人との法律関係を主張して、代理人に履行を請求することができます（504条ただし書、最判昭43.4.24）。 19-36 ＊1

(2) 委任
　商行為の受任者は、委任の本旨に反しない範囲内で、委任を受けていない行為をすることができます（505条）。＊2

　商行為の委任による代理権は、**本人の死亡によっては消滅しません**（506条）。 18-36 ＊3

2 商事契約の成立
　商人である**隔地者間**において承諾期間を定めないで契約の申込みを受けた者が**相当の期間内**に承諾通知を発しない場合、**申込みは効力を失います**（508条1項）。 13-36 ＊4

　申込者は、遅延した承諾を新たな申込みとみなすことができます（508条2項、民法524条）。

(1) 諾否通知義務
　商人が平常取引をする者より、営業の部類に属する契約の申込みを受けたときは、遅滞なく、諾否の通知を発しなければなりません（509条1項）。

　諾否の通知をしなかった場合は、申込みを**承諾**したものとみなされます（509条2項）。 13-36

(2) 受領物品保管義務
　商人が営業の部類に属する契約の申込みを受けた場合で、申込みとともに受け取った物品があるときは、原則として、申込みを拒絶しても、**申込者の費用**でその物品を保管しなければなりません（510条本文）。ただし、物品の価額がその費用を償うのに足りないとき、または商人が保管により損害を受けるときは、保管義務はありません（510条ただし書）。

＊1
ここに注意

民法上は、代理人の意思表示が直接本人に対して効力を生じるには、代理人が本人のためにすることを示して意思表示しなければなりません（顕名主義／民法99条1項）。

＊2
ここに注意

商行為の委任とは、委任行為自体が委任者からみて商行為であることをいいます（大判昭13.8.1）。

ここに注意

民法の一般原則（民法111条1項1号）によれば、本人の死亡は代理権の消滅事由となります。

＊4
ここに注意

民法上、隔地者間において承諾期間の定めがない場合に承諾が発せられなかったときは、申込者は相当の期間経過後に申込みを撤回することができます（民法525条参照）が、申込みの効力は当然には消滅しません。

● 商　法

3 報酬請求権

商人がその営業の範囲内において、他人のために行為をしたときは相当の**報酬**を請求することができます（512条）。

4 利息請求権

商人間で金銭の消費貸借が行われたときは、特約がなくても、貸主は当然に法定利息を請求することができます（513条1項）。なお、利率については、民法に規定する法定利率が適用されます（改正民法施行時は**3％**）。＊5

5 商事債権の担保

(1) 多数債務者の連帯

数人の者がその1人または全員のために商行為となる行為によって債務を負担したときは、各自が**連帯**して負担します（511条1項）。＊6

保証人がある場合で、債務が主たる債務者の商行為によって生じたものであるとき、または保証が商行為であるときは、主たる債務者および保証人が各別の行為によって債務を負担したときでも、各自が**連帯**して負担します（511条2項）。＊7

(2) 流質契約の許容

商行為によって生じた債権を担保するために設定した質権は、弁済期前に、質権者に弁済として質物の所有権を取得させる旨の契約（**流質契約**）をすることができます（515条）。

(3) 商人間の留置権

商人間においてその双方のために商行為となる行為により生じた債権が弁済期にある場合、債権者は、当事者の別段の意思表示があるときを除き、その債権の弁済を受けるまで、債務者との間における商行為により自己の占有に属した債務者の所有する物または有価証券を留置することができます（521条）。つまり、商人間において、双方のために商行為である行為により生じた債権については、**被担保債権と留置物との牽連性は不要**です。

6 商行為によって生じた債権の時効

商行為によって生じた債権は、民法上の債権と同様、権利を行使することができる時から**10年**または権利を行使することができることを知った時から**5年**で時効消滅します（民法166条1項）。＊8

＊5　ここに注意

2017年の民法債権法改正により商事法定利率が廃止され、商行為によって生じた債務についても民法に規定する利率が適用されます。

＊6　ここに注意

これは、民法の分割債務の原則（民法427条）に対する例外であり、企業金融の円滑化を図る趣旨です。

＊7　ここに注意

保証人の催告の抗弁権（民法452条）、検索の抗弁権（同法453条）、分別の利益（同法456条）に対する例外であり、各保証人をして主債務者と連帯させるとともに、保証人相互間に連帯責任を生じさせる趣旨です。

＊8　ここに注意

2017年の民法債権法改正により商事消滅時効が廃止され、商行為によって生じた債務についても民法に規定する原則的な時効期間が適用されます。

商法

8 商行為法②

重要度 B

1 民法と商法の比較

講師からのアドバイス

民法と商法の比較を表にまとめました。民法と対比しながら参照しましょう。

民法と商法の比較

		民　法	商　法
代理	顕名	必要（民法99条1項）	不要（商法504条本文）＊1
	本人死亡	代理権が消滅する（民法111条1項1号）	商行為の委任による代理権は消滅しない（商法506条）
契約の承諾		明示または黙示の承諾がなければ契約は成立しない（民法522条1項、527条）	平常取引者からの営業部類内の申込みに対して遅滞なく諾否の通知をしないときは承諾擬制（商法509条2項）
受領物品保管		契約の申込みとともに受領した物品の保管義務はない（保管したときは事務管理となる）	申込みを拒絶する場合でも、申込者の費用で保管義務を負う（商法510条本文）
多数債務者		原則として分割債務（民法427条）	連帯債務（商法511条1項）
連帯保証		特約がある場合のみ成立（民法454条・458条参照）	債務が主債務者の商行為によって生じたときまたは保証が商行為であるときは、当然に連帯保証となる（商法511条2項）＊2
報酬請求権		委任・寄託など原則として無償（民法648条1項・665条等）	営業の範囲内で他人のためにした行為につき当然に報酬を請求することができる（商法512条）
金銭消費貸借の利息		原則として無利息（民法589条参照）	貸主・借主とも商人であるときは、当然に利息請求権発生（商法513条1項）
流質契約		弁済期前は禁止（民法349条）	許容（商法515条）

＊1 **ここに注意**

代理人が代理意思を有することを知らない相手方は、本人のほか、代理人に対しても請求することができます（商法504条ただし書、最判昭43.4.24）。

＊2 **ここに注意**

保証が商行為であるときとは、①保証契約の締結が保証人にとって商行為である場合のほか、②債権者にとってのみ商行為である場合を含みます（大判昭14.12.27）。

● 商法

| 留置権 | 物と債権の牽連性必要（民法295条） | 商人間において、双方のために商行為である行為によって生じた債権については牽連性不要（商法521条本文） |

2 商事売買

(1) 売主による供託・競売

商人間の売買において、買主がその目的物の受領を拒み、または受領することができないときは、売主は、その物を供託し、または相当の期間を定めて催告をした後に競売に付することができます（524条1項前段）。＊3　＊4

(2) 定期売買の履行遅滞による解除

商人間の売買において、売買の性質等により特定の日時または一定の期間内に履行をしなければ契約の目的を達することができない場合、当事者の一方が履行をしないでその時期を経過したときは、直ちに履行の請求をした場合を除き、契約を解除したものとみなされます（525条）。＊5

(3) 買主による目的物の検査・通知

商人間の売買において、①買主は、目的物を受領したときは、遅滞なく検査しなければなりません（526条1項）。②買主は、その検査により目的物の種類、品質、数量に関して契約の内容に適合しないことを発見したときは、直ちに売主に対してその旨の通知を発しなければ、その不適合を理由とする履行の追完請求、代金減額請求、損害賠償請求、契約の解除をすることができません（526条2項前段）。その不適合を直ちに発見できない場合に、買主が6カ月以内にそれを発見したときについても、同様に通知をしなければ上記請求ができません（526条2項後段）。＊6

(4) 買主による目的物の保管・供託

商人間の売買において、①買主が526条1項の検査をし、契約内容との不適合を理由に契約を解除した場合のその目的物、②引き渡した物品が注文と異なる場合の引渡し物品等について、原則として買主は、売主の費用をもって目的物を保管し、または供託しなければなりません（527条1項本文、528条）。＊7

＊3 ここに注意

商人間の売買とは、「商人と商人」との間の売買のことをいいます。商人と商人以外の者との間の売買は含まれません。

＊4 プラスアルファ

損傷その他の事由による価格の低落のおそれがある物は、催告をしないで競売に付することができます（524条2項）。

＊5 具体例で覚えよう！

例えば、お中元やクリスマス商品の売買がこれにあたります。

＊6 プラスアルファ

526条2項の規定は、目的物の種類、品質、数量に関して契約の内容に適合しないことについて、売主が悪意であった場合は適用されません（526条3項）。

＊7 ここに注意

売主および買主の営業所（営業所がない場合は、その住所）が同一の市町村の区域内にある場合には、買主に保管・供託義務は課されません（527条4項）。

商法

9 商行為法③

重要度 B

講師からのアドバイス
やや細かいところです。余裕のあるときに目を通せばよいでしょう。

1 交互計算

交互計算とは、継続的取引をしている当事者間において、一定期間（交互計算期間）に生じる債権・債務につき、個々に決済せず、計算期間経過後に一括して決済し、残額についてのみ支払いをする契約をいいます（529条）。

2 匿名組合

匿名組合とは、当事者の一方が相手方の営業のために出資をし、その営業利益を分配する契約をいいます（535条）。

匿名組合の出資・業務

出資	金銭その他の財産のみ（536条2項） ⇒出資は、営業者の財産に属する（536条1項）
業務	匿名組合員は、営業者の業務を執行すること・営業者を代表することができない（536条3項）
組合員の権利義務	匿名組合員は、営業者の行為について第三者に対して権利義務を有しない（536条4項）＊1
終了	営業者は、匿名組合員にその出資の価額を返還しなければならない（542条本文）＊2

＊1
プラスアルファ
匿名組合員は、自己の氏名もしくは氏名を営業者の商号中に用いること、または自己の商号を営業者の商号として使用することを許諾したときは、その使用以後に生じた債務について、営業者と連帯して弁済する責任を負います（537条）。

＊2
ここに注意
出資が損失によって減少した場合は、営業者はその残額を返還すれば足ります（542条ただし書）。

3 仲立営業・問屋営業

仲立人とは、他人間の商行為の媒介をなすことを業とする者をいいます（543条）。なお、上記のように商行為を媒介するものを商事仲立、商行為以外の行為を媒介するものを民事仲立と呼びます。＊3

問屋とは、自己の名をもって他人のために物品の販売または買入れをなすことを業とする者をいいます（551条）。＊4

仲立人・問屋・代理商の比較

	仲立人	問屋	代理商
営業の種類	媒介	取次	代理・媒介
特定の商人への従属性	無	無	有
権利義務の主体性	無	有	無

※代理商とは、商人のためにその平常の営業の部類に属する取引の代理・媒介をする者で使用人でないものをいう（27条）。

＊3

具体例で覚えよう！
仲立人の例として、旅行業者があります。

＊4
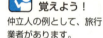
具体例で覚えよう！
問屋営業の例として、証券会社があります。

4 運送営業

運送営業には、物品運送と旅客運送があります。運送人とは、陸上運送、海上運送または航空運送の引受けをすることを業とする者をいいます（569条1号）。

物品運送契約は、運送人が荷送人から物品を受け取り運送して荷受人に引き渡し、荷送人が運送費を支払うことを内容とします（570条）。＊5　＊6　＊7

運送人（物品運送）の責任　15-36　20-36

滅失、損傷、延着	注意を怠らなかったことを証明しない限り、損害賠償責任を負う（575条）
貨幣、有価証券その他の高価品の特則	荷送人が運送を委託するにあたりその種類、価額を通知した場合を除き、運送人は滅失、損傷、延着の損害賠償責任を負わない（577条1項）ただし、①運送人が高価品であることを知っていたとき、②運送人に故意または重過失があるときは、損害賠償責任を負う（577条2項）

5 寄託

商人がその営業の範囲内において寄託を受けたときは、民法上の寄託と異なり、報酬を受けないときであっても善管注意義務を負います（595条）。

6 場屋営業

場屋営業とは、旅館、飲食店、浴場など一般公衆が来集するのに適した人的・物的設備を設け、客にその設備を利用させることを目的とする営業をいいます。

場屋営業者の責任　15-36　＊8

客からの寄託品の滅失、損傷	不可抗力によるものであったことを証明しない限り、損害賠償責任を免れない（596条1項）
客の携帯品の滅失、損傷	場屋営業者が注意を怠ったことによるときは、損害賠償責任を負う（596条2項）
貨幣、有価証券その他の高価品の特則	客がその種類および価額を通知して寄託した場合を除き、その滅失、損傷について損害賠償責任を負わない（597条）

＊5　プラスアルファ

荷送人は、運送人の請求により、運送品の種類・容積等、荷送人・荷受人の氏名等を記載した送り状を交付しなければなりません（571条1項）。なお、2018年改正により、運送人の貨物引換証の規定は削除されました。

＊6　プラスアルファ

荷送人は、運送品が引火性、爆発性などの危険性を有するときは、その引渡前に、運送人に対しその旨など安全な運送に必要な情報を通知しなければなりません（572条）。

＊7　プラスアルファ

運送費は、到達地における運送品の引渡しと同時に支払わなければなりません（573条1項）。なお、運送品がその性質または瑕疵によって滅失、損傷したときは、荷送人は運送費の支払いを拒むことができません（573条2項）。

＊8　ここに注意

場屋営業者は、客が場屋の中に携帯した物品につき責任を負わない旨を表示したとしても、寄託物および客の携帯物について責任を免れることはできません（596条3項）。

会社法－総論

10 会社の概念

重要度 C

ここから、会社法です。まずは、基本的な会社の概念に目を通しておきましょう。

第2条【定義】
　この法律において、次の各号に掲げる用語の意義は、当該各号に定めるところによる。
　一　会社　株式会社、合名会社、合資会社又は合同会社をいう。
第3条【法人格】
　会社は、法人とする。
第5条【商行為】
　会社（外国会社を含む。次条第1項、第8条及び第9条において同じ。）がその事業としてする行為及びその事業のためにする行為は、商行為とする。

1 意義

　会社とは、会社法の規定に基づいて設立された法人をいい（3条）、**株式会社**、**合名会社**、**合資会社**、**合同会社**の4種類があります（2条1号）。

2 法人性

　会社は、**法人**とされます（3条）。法人格が認められることにより、団体名で権利を有し義務を負うことが認められます。法人格取得の要件をみたせば、行政官庁の免許等の取得を問題とせずに当然に法人格が認められます（**準則主義**）。

＊1

ここに注意

会社の権利能力は、法令の規定に従い、定款に定められた目的の範囲内で認められます。

3 営利性

　会社は、**営利**を目的とする団体であり、対外的活動によって収益の増大を図り、収益を構成員に分配することが必要です。
　株主に対して剰余金配当請求権および残余財産分配請求権の全部を与えない旨の定款の定めは効力を有しない（105条2項）とされているのは、営利性の現れです。

4 社団性

　会社は、**社団**であり、構成員が団体との間の社員関係により団体を通じて間接的に結合する団体です。社員が1人となることは会社の解散原因とされておらず（471条、641条参照）、株式会社・合名会社・合同会社では、社員が1人である会社（一人会社）の設立および存続も認められています。

572

5 社員の種類

社員とは、出資者のことをいいます。特に会社が株式会社という形態であれば「株主」と呼ばれます。

会社財産をもって会社の債務を完済することができないときに、社員が連帯して会社債権者に対して直接弁済の責任を負う場合を直接責任といい、社員が会社債権者に直接責任を負わない場合を間接責任といいます。

また、社員の責任が一定額に限定される場合を有限責任といい、限定されない場合を無限責任といいます。

事業と法形態

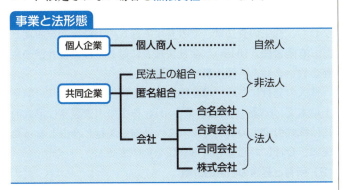

会社法－総論

11 会社の種類

重要度 B

会社法に規定された4種類の会社を整理しておきましょう。

会社法上の会社には、**株式会社**と**持分会社**の2つの類型があり、さらに持分会社には**合名会社・合資会社・合同会社**の3つの類型があります。

1 株式会社

(1) 株主の間接有限責任

株式会社の社員である**株主**は、**間接有限責任社員**です。すなわち、株主の責任は、その有する株式の引受価額を限度とし（**有限責任**／104条）、会社債権者に対しては直接弁済の義務を負いません（**間接責任**）。 17-40

株式の発行については**全額払込制**が採用されており（34条1項本文、63条1項、208条1項）、株主の出資義務は形式的には株式引受人の義務です。この義務を履行し株主となった後は、会社に対しても何ら責任を負いません。

(2) 所有と経営の制度的分離

株式会社では、**所有と経営の制度的分離**が図られており、株主は、原則として業務執行には参加しないものとされています。すなわち、すべての株式会社には、①株主によって構成される**株主総会**と、②株主総会の決議によって選任される**取締役**が置かれます。典型的な株式会社では、③取締役によって構成される**取締役会**が、会社の業務執行に関する意思を決定し、④取締役会の決議によって選定される代表取締役が、取締役会によって決定された意思に基づいて現実に業務を執行し、対外的には会社を代表します。さらに、一定の会社では、⑤株主総会の決議によって選任された**監査役**が、取締役の職務の執行を監査します。 17-40

2 合名会社

合名会社は、社員の全員が**直接無限責任社員**からなる会社です（576条2項）。すなわち、社員各自が会社債務の**全額**について、会社債権者に対し**直接**に弁済の義務を負います（**直接無限責任**／580条1項）。また、定款に別段の定めがない限り、**全社員が業務執行権を持ち**（590条1項）、**業務執行社員各自が会社を代表**する権限を有します（599条1項、2項）。

● 会社法

3 合資会社

合資会社は、**直接無限責任社員**と**直接有限責任社員**からなる会社です（576条3項）。有限責任社員は、その出資の価額（会社に対し出資することを約束した価額）のうち履行の済んでいない価額を限度として、会社債権者に対し**直接**に弁済の義務を負います（580条2項）。合資会社でも、定款に別段の定めがない限り、**全社員が業務執行権を持ち**（590条1項）、**業務執行社員各自が会社を代表**する権限を有します（599条1項、2項）。

4 合同会社

合同会社は、持分会社の類型に属しますが、**間接有限責任社員**のみからなる会社です（576条4項）。合同会社における社員の出資については、会社設立時までに出資財産の全額払込みまたは全額給付をしなければならず（578条本文）、社員が直接責任を負うことはありません。合同会社でも、定款に別段の定めがない限り、**全社員が業務執行権を持ち**（590条1項）、**業務執行社員各自が会社を代表**する権限を有します（599条1項、2項）。*1

*1 ここに注意

合同会社は、会社法で創設された新しい種類の会社です。

4種類の会社の基本的な違い

		意義	社員の責任	所有と経営
株式会社		間接有限責任しか負わない社員（株主）のみからなる会社	間接有限	分離
持分会社	合名会社	直接無限責任を負う社員のみからなる会社	直接無限	原則一致
	合資会社	無限責任社員と有限責任社員からなる会社	直接無限 直接有限	
	合同会社	間接有限責任しか負わない社員のみからなる会社	間接有限	

会社法－設立

12 設立

重要度

ここから出題の中心となる株式会社について学習していきます。まずは設立です。株式会社は大規模事業を行うことが可能とされた会社類型であり、確実な財産形成が要請されるため、厳格な設立手続が規定されています。

*1

 プラスアルファ

発起人として定款に署名または記名押印しない者は、たとえ実際発起人のように行動した事実があっても、法律上発起人とはみなされません（大判大3.3.12）。逆に、実質的に設立に関与していなくても発起人として定款に記載された者は発起人とされます。

*2

 プラスアルファ

各発起人は、株式会社の設立に際し、設立時発行株式を必ず1株以上引き受けなければなりません（25条2項）。

*3

 ことばの意味

公証人

当事者その他の関係人の嘱託に応じ、民事に関する公正証書を作成し、私署証書・定款に認証を与える権限を有する公務員をいいます。法務大臣が任命し、その指定した法務局または地方法務局に所属します。

1 意義

株式会社の設立とは、株式会社という団体を形成して**法人格を取得**し、法人となることをいいます。

株式会社は、次のような要件をみたすことで実体が形成され、**設立の登記**によって法人格を取得し、成立します。

① 団体の根本規則である**定款の作成**
② 社員の確定
③ 出資の履行による会社財産の形成
④ 団体の活動の基礎である**機関の具備**

2 発起人

発起人とは、会社の設立の企画者として定款に署名または記名押印（電子署名）した者をいいます。発起人は、その会社の設立業務を行う者で、設立準備から完了までの責任を負います。発起人の資格に制限はなく、法人や制限行為能力者もなることができます。また、その員数は、**1人でも認められ**ます。 15-37 *1

3 設立の種類（発起設立と募集設立）

①**発起設立**とは、**発起人が設立時発行株式の全部**を引き受ける設立方法（25条1項1号）、②**募集設立**とは、**発起人が設立時発行株式の一部**を引き受け、残りを**引き受ける者を募集**する設立方法をいいます（25条1項2号）。この募集をする旨を定めようとするときは、発起人は、その全員の同意を得なければなりません（57条2項）。 15-37 20-37 *2

4 定款の作成

定款とは、会社の組織・活動に関する根本規則をいいます。発起設立・募集設立いずれの場合でも、設立の最初の手続が、発起人による**定款の作成**です。定款は、書面に記載するか、電磁的記録として記録することにより作成され、発起人全員が署名または記名押印（電子署名）しなければなりません（26条）。そして、**公証人の認証**を受けなければ効力を生じません（30条1項）。*3

（1）定款の内容

定款の内容 15-37 16-37 17-37 19-37

	意義	具体的な記載事項
絶対的記載事項	定款に必ず記載しなければならない（記載を欠くか、またはその記載が違法であるときは、定款が全体として無効になる）事項	①目的（27条1号） ②商号（27条2号） ③本店の所在地（27条3号） ④設立に際して出資される財産の価額またはその最低額（27条4号） ⑤発起人の氏名または名称および住所（27条5号） ⑥発行可能株式総数（37条） ＊4
相対的記載事項	定款に記載しなくても、定款自体の効力は有効であるが、定款で定めないと効力が認められない事項	①変態設立事項（28条各号） ②公告の方法（939条1項）等
任意的記載事項	定款に記載しなくても、定款自体の効力は有効であり、かつ、定款外で定めても効力が認められる事項	①株主総会の議長 ②定時株主総会招集の時期等

（2）変態設立事項（28条）

変態設立事項とは、①**現物出資**（28条1号）、②**財産引受け**（28条2号）、③**発起人の報酬その他の特別の利益**（28条3号）、④**設立費用**（28条4号）の各事項をいいます。これらの行為は会社財産の形成を妨げる危険があるため、**定款に記載**しなければ効力を生じません。 12-37 17-37 19-37 20-37

＊5　＊6

変態設立事項（28条） 12-37

現物出資	金銭以外の財産でする出資 ⇒設立時は発起人のみすることができる
財産引受け	発起人が会社の成立を条件として特定の財産を譲り受ける契約
発起人の報酬等	会社の成立により発起人が受ける報酬や個々の発起人に人的に帰属する利益
設立費用	会社設立事務のために必要な費用 ⇒なお、定款の認証手数料等は定款に記載不要

＊4 **ここに注意**

発起設立または募集設立のいずれの場合でも、発行可能株式総数を定款で定めていないときは、株式会社の成立の時までに発起人全員の同意によって、定款を変更して発行可能株式総数の定めを設けなければなりません（37条1項等）。

＊5 **プラスアルファ**

発起人は、変態設立事項を調査させるため、一定の場合（価額が相当であることについて弁護士等の証明を受けたときなど）を除き、原則として、裁判所に対し検査役の選任の申立てをしなければなりません（33条1項、10項3号）。この結果、変態設立事項が不当なときは、裁判所、募集設立の場合はさらに創立総会もこれを変更することができます（33条7項、96条）。

＊6 **プラスアルファ**

会社が「成立後」2年以内に、その成立前から存続する財産で事業のために継続使用するものを取得する場合（純資産の額の5分の1を超えない対価によるときを除く）、定款変更の必要はありませんが、株主総会の特別決議による承認が必要です（事後設立／467条1項5号、309条2項11号）。

会社法－設立

13 設立手続

重要度 A

発起設立と募集設立の手続がどのように違うのかを意識しましょう。

1 株主の確定および出資の履行

設立の際の株式（設立時発行株式）に関する事項のうち、①発起人が割当てを受ける設立時発行株式の数、②発起人が割当てを受ける設立時発行株式と引換えに払い込む金銭の額、③成立後の株式会社の資本金および資本準備金に関する事項は、発起人の全員の同意により定めなければなりません（32条1項）。 14-37 20-40 ＊1

＊1 プラスアルファ

株式会社は、設立時において、発行可能株式総数の少なくとも4分の1の数の株式を発行しなければなりません（37条3項本文）。ただし、非公開会社ではこのような制約はありません（37条3項ただし書）。

(1) 発起設立の場合

設立時発行株式は、発起人がすべて引き受けます。発起人は、引受け後遅滞なく、金銭の全額を払い込み、現物出資をする発起人はその全部を給付しなければなりません（34条1項本文）。発起人はこの出資の履行をすれば、会社成立時に株主となります（50条1項）。なお、発起人全員の同意があるときは、登記、登録その他の権利の設定または移転を第三者に対抗するために必要な行為は、会社の成立後にすることができます（34条1項ただし書）。 14-37 16-37 17-37 ＊2

＊2 ここに注意

発起人は、会社の成立後は、錯誤・詐欺・強迫を理由とした設立時発行株式の引受けの取消しをすることができません（51条2項）。

(2) 募集設立の場合

まず、発起人が設立時発行株式の一部を引き受けます。そして、発起人が引き受けた後の残りの株式について、発起人は株主を募集します（25条1項2号）。

設立時募集株式の引受けの申込みをする者は、発起人に対し、一定の事項を記載した書面等を交付し申し込みます（59条3項、4項）。発起人は、株式を申込者に割り当て（60条1項）、これにより、株式申込人は株式引受人となり（62条）、払込みをする義務を負います（63条1項）。

引受人は出資の履行をすれば、会社成立時に株主となります（102条2項）。 14-37 19-37 ＊3

＊3 ここに注意

発起人が払込みをしなかった場合には、他の発起人は期日を定めて払込みを催告し、期日までに出資の履行がない場合には設立時発行株式の株主となる権利を失います（36条1項3項）。一方、募集設立の場合の引受人は、払込みをしなかったときは催告なしに設立時発行株式の株主となる権利を失います（63条3項）。

2 機関の具備および設立経過の調査

(1) 発起設立の場合

発起人は、出資の履行が完了した後、遅滞なく設立時役員等を選任します（38条1項～3項）。選任は、発起人の議決権の過半数をもって決定します（40条1項）。

●会社法

設立時取締役（監査役設置会社では、設立時取締役および設立時監査役）はその選任後遅滞なく、出資の履行が完了しているか等の調査をしなければなりません（46条1項）。

（2）募集設立の場合

設立時募集株式の払込期日または払込期間経過後、発起人は遅滞なく、設立時株主によって構成される創立総会を招集しなければなりません（65条）。＊4

創立総会では、まず、発起人により設立の経過が報告され（87条1項）、次に、機関設計に合わせて設立時取締役等が選任されます（88条）。＊5

3 設立の登記

会社は、本店の所在地において設立の登記をすることにより成立し、法人格を取得します（49条、911条）。

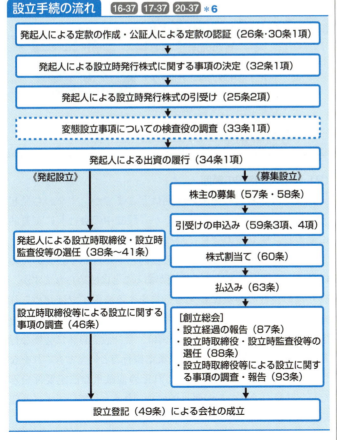

設立手続の流れ　16-37　17-37　20-37　＊6

 ことばの意味

設立時株主
設立時に株主となる株式引受人をいいます。

＊5 **プラスアルファ**
①設立時取締役（監査役設置会社では、設立時取締役および設立時監査役）により出資の履行が完了しているか等の調査が行われ、その結果が創立総会に報告されます（93条1項、2項）。②創立総会は、変態設立事項等の定款内容を不当と判断したときは変更することができます（96条）。なお、創立総会における定款の変更に反対した設立時株主に、株式買取請求権は認められていません。③創立総会の決議は、議決権を行使することができる設立時株主の議決権の過半数であって、かつ出席した当該設立時株主の議決権の3分の2以上にあたる多数をもって行います（73条1項）。

＊6 **プラスアルファ**
募集設立の場合に限り、発起人は払込取扱機関に対して払込金の保管証明書の交付を請求することができます（64条1項）。この証明書を交付した払込取扱機関は、その記載が事実と異なること、払込金の返還に関する制限があることをもって成立後の会社に対抗することができません（64条2項）。

第4編 商法・会社法

会社法

579

会社法－設立

14 設立上の諸問題

重要度 C

1 設立中の法律関係

(1) 設立中の会社

会社は、設立の登記をすることで法人格を取得するので（49条）、設立の登記前はまだ権利能力を有していません。しかし、設立登記以前でも、発起人の行為の効力は、成立後の会社に帰属すべきものといえます。

そこで「設立中の会社」という概念を用いて、発起人が会社設立のために取得し負担した権利義務は実質的には「設立中の会社」に帰属し、会社が成立すればそれらは当然に会社に帰属すると説明されています。

設立中の会社と会社のイメージ

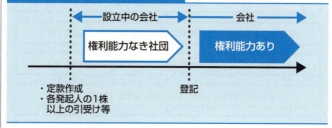

(2) 発起人の権限の範囲

設立中の発起人の権限の範囲はどこまでか、すなわち発起人がした行為の効果のどこまでが「設立中の会社」に実質的に帰属し、成立後の会社に帰属するのかが問題となります。

発起人に会社の設立を直接の目的とする行為や設立のために経済上必要な行為をする権限があることは認められますが、設立後の会社の事業に属する行為をする権限までは認められません。設立後の会社の事業の準備行為（開業準備行為）をする権限があるかについて、判例は、会社設立自体に必要な行為のほかは、発起人において開業準備行為といえどもこれをなしえず、ただ原始定款に記載されその他厳重な法定要件をみたした財産引受けのみが例外的に許されるとしています（最判昭38.12.24）。*1

講師からのアドバイス

設立中の会社は権利能力なき社団として実在し、成立後の会社と同一性を有すると考えられます。そのため、発起人の権限の範囲内で契約を締結すれば、その契約の相手方は、成立後の会社に対して契約の履行を請求できるわけです。

---

*1
 ことばの意味

開業準備行為
会社が成立後にすぐ事業を行えるように、使用人と雇用契約をしたり、原材料の仕入れルートを確立しておく等の行為をいいます。なお、28条2号の財産引受けも開業準備行為の1つです。

2 設立無効および会社不成立

(1) 設立の無効

設立登記によって会社が成立しても、設立の過程に違法な点があれば、本来はその会社の設立は無効なはずです。しかし、誰でもいつでも無効を主張できるとすると会社をめぐる法律関係が混乱し、法的安定性を害します。そこで、設立無効の訴えによらなければ効力を争えないものとして、無効主張権者（訴えの原告）、主張期間（出訴期間）を制限しています。*2

この訴えは、会社の成立の日から2年以内に（828条1項1号）、株主等によってのみ提起することができます（828条2項1号）。*3

また、無効事由は、次に掲げるような客観的かつ重大な瑕疵に限られます。*4

> ① 定款の絶対的記載事項を欠いている
> ② 設立時発行株式を1株も引き受けていない発起人がいる
> ③ 設立に際して出資される財産の価額（または最低額）として定款に定められた金額（27条4号）の出資がない
> ④ 募集設立において創立総会が適法に開催されていない
> など

(2) 会社の不成立

会社の実体形成手続は開始されたのに、設立登記まで至らなかった場合を会社の不成立といい、誰でもいつでも会社が存在しないことを主張することができます。

発起人は、会社の設立に関してした行為について連帯して責任を負い、株式会社の設立に関して支出した費用は発起人が負担します（56条）。株式の払込みを受けていれば、引受人に返還しなければなりません。 20-37 *5

*2 プラスアルファ

無効を認容した判決は、将来に向かってのみ効力を生じます（839条）。なお、無効を認容した判決が確定すると、会社の清算手続が開始されます（475条2号）。

*3 プラスアルファ

ここにいう「株主等」とは、株式会社の株主・取締役・清算人（監査役設置会社の場合は株主・取締役・監査役・清算人、指名委員会等設置会社の場合は株主・取締役・執行役・清算人）、持分会社の社員・清算人をいいます（828条2項1号）。

*4 プラスアルファ

株式会社では、主観的無効原因（設立に参加した個々の社員の意思無能力・制限行為能力、意思表示の瑕疵・欠缺）は設立無効原因にはなりません。これに対し、持分会社では、主観的無効原因も設立無効原因となり、さらには設立取消しの訴えという方法もあります（832条）。

*5 プラスアルファ

会社設立手続の瑕疵が著しく、そのことが外観上も明らかな場合は、「会社は不存在である」（会社の不存在）といわれます。

会社法-設立

15 設立関与者の責任

重要度 B

発起設立と募集設立における財産価額填補責任の違いをおさえましょう。

1 総説

会社の健全な設立を図るべく、会社法は、設立に関して厳重な罰則を定めています（960条等）。これに加えて、設立の関与者（発起人・設立時取締役・設立時監査役）に対しては、次のような重い民事責任も課しています。

2 現物出資等における財産価額填補責任

現物出資または財産引受けの対象となった財産の価額が、定款に記載された価額に著しく不足するときは、発起人および設立時取締役は、株式会社に対し、連帯してその不足額を支払う義務を負います（52条1項）。もっとも、発起設立では、①検査役の調査を経た場合、または、②発起人および設立時取締役がその職務を行うについて注意を怠らなかったことを証明した場合には、免責されます（52条2項）。これに対し、募集設立では、検査役の調査を経た場合にのみ、免責されます（103条1項）。 14-37 21-37

ただし、現物出資者または財産引受けにおける譲渡人となった発起人は、免責されません（52条2項柱書かっこ書）。

プラスアルファ

発起人・設立時取締役は、総株主の同意がなければ、財産価額填補責任を免除することができません（55条）。

プラスアルファ

発起人または設立時募集株式の引受人が出資の履行を仮装した場合には、成立後の会社に対し、仮装した出資に係る金銭等の全額の支払義務を負います（52条の2、102条の2第1項）。この支払責任は、総株主の同意がなければ、免除することができません（55条、102条の2第2項）。これらは、2014年会社法改正により整備された条文です。

財産価額填補責任 16-37 18-37 21-37 *1 *2

		発起設立	募集設立
発起人・設立時取締役	現物出資者・財産引受けの譲渡人以外	原則：責任を負う（52条1項） 例外：次のいずれかの場合には責任を負わない ①検査役の調査を経た場合（52条2項1号） ②当該発起人または設立時取締役がその職務を行うについて注意を怠らなかったことを証明した場合（52条2項2号）	原則：責任を負う（52条1項、103条1項） 例外：検査役の調査を経た場合には責任を負わない（52条2項1号）
	現物出資者・財産引受けの譲渡人	責任を負う（52条2項柱書かっこ書）	

582

●会社法

3 任務懈怠責任・第三者に対する責任

　発起人・設立時取締役・設立時監査役は、株式会社の設立について**任務懈怠**があれば、**会社に対して損害賠償責任**を負い（53条1項）、**任務懈怠につき悪意または重過失**があるときは**第三者に対しても損害賠償責任**を負います（53条2項）。この損害賠償責任は、これらの者の**連帯責任**となります（54条）。任務懈怠責任は総株主の同意があれば免除することができます（55条）が、第三者に対する責任は総株主の同意があっても免除することができません。 15-37 18-37 21-37 ＊3

発起人等の任務懈怠責任・第三者に対する責任　21-37 ＊4

責任の主体		発起人、設立時取締役または設立時監査役
責任の内容	会社に対する責任 要件	会社の設立について任務を怠ったことによって成立後の会社に損害を与えたこと
	効果	連帯して、損害を賠償する責任を負う（53条1項・54条）
	第三者に対する責任 要件	職務を行うについて悪意または重大な過失があったことによって第三者に損害を与えたこと
	効果	連帯して、損害を賠償する責任を負う（53条2項・54条）

設立関与者の責任のまとめ 20-37 21-37

	対会社		対第三者責任（悪意または重過失がある場合）	会社不成立の場合の責任（無過失責任）
	財産価額填補責任	任務懈怠責任（過失責任）		
発起人	〇（52条1項）	〇（53条1項）	〇（53条2項）	〇（56条）＊5
設立時取締役	〇（52条1項）	〇（53条1項）	〇（53条2項）	×
設立時監査役	×	〇（53条1項）	〇（53条2項）	×

＊3 プラスアルファ
株式募集の広告その他株式募集に関する書面または電磁的記録に、自己の氏名および会社の設立を賛助する旨の記載または記録することを承諾した者も、発起人とみなされ同一の責任を負います（103条4項）。このような者を擬似発起人といいます。

＊4 図表の読み方
損害賠償責任を負う発起人、設立時取締役または設立時監査役は、連帯して責任を負います（54条）。

＊5 図表の読み方
会社の設立に際して支出した費用は、発起人の負担となります（56条）。

583

会社法－株式

16 株式総説

重要度 B

ここからは、株式について学習していきます。単独株主権、少数株主権の内容を理解したうえで、要件まで暗記するのが理想です。

 ことばの意味

社員の地位
社員の地位とは「会社の所有者としての立場」のことです。つまり、株式の本質は、「会社の所有権」と考えることができます。

 プラスアルファ

共有者は、共有株式についての権利を行使する者1人を定めて会社にその者の氏名または名称を通知しなければ、原則として、権利を行使することができません（106条本文）。また、共有者は、会社からの通知または催告を受領する者を1人定めて、会社にその者の氏名または名称を通知しなければなりません（126条3項）。しかし、共有者から通知がない場合、会社は任意に選定する共有者の1人に対して通知または催告をすれば足ります（126条4項）。

1 意義

(1) 株式の意義

株式とは、株式会社における出資者である社員（株主）の地位を細分化して均等な割合的単位の形にしたものです。これにより、株主・会社間の集団的法律関係を数量的に簡便に処理することが可能になります。＊1

(2) 株式の共有

株式を2人以上の者が共有することが認められます。＊2

2 株主の権利

(1) 自益権と共益権

株主の権利は、株主が会社から経済的利益を受けることを目的とする自益権と、株主が会社経営に参加することを目的とする共益権に分類されます。

株主の権利

		具体例
自益権		①剰余金配当請求権（105条1項1号） ②残余財産分配請求権（105条1項2号）等 ＊3
共益権	株主総会に関する共益権	①議決権（105条1項3号） ②株主提案権等（303条～305条） ③招集請求権（297条）等
	取締役等の行為に対する監督是正権	①違法行為の差止請求権（360条） ②取締役会招集請求権（367条） ③責任追及の訴え提起権（847条） ④役員解任の訴え提起権（854条）等

(2) 単独株主権と少数株主権

株主の権利には、1株の株主でも行使することができる単独株主権と、発行済株式総数や総株主の議決権の一定数・一定割合以上を有する株主のみが行使することができる少数株主権とがあります。

なお、議決権とは株主が株主総会の決議に加わる権利のことです。共益権の中核をなし、原則として1株につき1議決権が認められます（308条1項本文）。

●会社法

単独株主権　12-38　19-38　19-40

権利内容		6カ月前から引き続き株式を保有
①株主総会における議決権（308条1項本文）		不要
②非取締役会設置会社における株主総会の議題提案権・議案の要領通知請求権（303条1項・305条1項）		不要
③株主総会の議案提出権（304条本文）		不要
④取締役の違法行為差止請求権（360条1項、2項）	公開会社	必要
	非公開会社	不要
⑤責任追及等の訴えの提起権（847条1項、2項）	公開会社	必要
	非公開会社	不要

 *3 ことばの意味

残余財産分配請求権
社員が残余財産の分配を請求する権利のことで、投下資本の回収をする方法の1つです。残余財産とは、会社の清算があった場合に、債務を弁済して残った財産のことをいいます。

少数株主権　12-38

権利内容	会社の分類	6カ月前から引き続き株式を保有	保有議決権数・保有株式数
①株主総会招集請求権（297条1項、2項）	公開会社	必要	総株主の議決権の100分の3以上
	非公開会社	不要	
②株主総会議題提案権（303条2項、3項）	公開会社	必要	総株主の議決権の100分の1以上または300個以上
	公開会社でない取締役会設置会社	不要	
③議案の要領通知請求権（305条1項ただし書、2項）	公開会社	必要	
	公開会社でない取締役会設置会社	不要	
④解散請求権（833条1項）	──	不要	①総株主の議決権の10分の1以上または②発行済株式の10分の1以上
⑤役員解任請求権（854条1項、2項）	公開会社	必要	①総株主の議決権の100分の3以上または②発行済株式の100分の3以上
	非公開会社	不要	

第4編　商法・会社法　会社法

585

会社法ー株式

17 株主平等原則・特別な内容の株式と種類株式

重要度

特別な内容の株式や種類株式において、他の種類同士を組み合わせることも可能です。例えば、剰余金について優先的な配当を受けるが、議決権の制限をした株式を発行することも可能です。

1 株主平等原則

　会社は、株主を、その有する株式の内容および数に応じて平等に取り扱わなければなりません（**株主平等原則**／109条1項）。この原則の意味は、会社は、権利内容等の異なる株式（種類株式）の発行は認めるが、各株式の内容が同一である限りは株式数に応じて同一の取扱いがなされるべきであるということです。

　例外として、**非公開会社**では、①剰余金配当請求権、②残余財産分配請求権、③株主総会における議決権につき**株主ごとに異なる取扱いを行う旨を定款で定める**ことができます（109条2項）。 14-40

2 特別な内容の株式と種類株式

　会社法は、①**発行する全部の株式の内容**として特別なものを定めること（**特別な内容の株式**／107条）と、②権利の内容の異なる**複数の種類の株式**を発行すること（**種類株式**／108条）を認めています。株式の多様性を認めることで、株式による資金調達の多様化と支配関係の多様化の機会を株式会社に与えようとしています。

　これらの株式を発行するには、原則として、**定款**で法の規定する事項を定めなければなりません（107条2項、108条2項）。

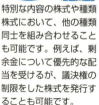

*1 ここに注意

譲渡制限株式、取得請求権付株式、取得条項付株式の3つは、発行する全部の株式の内容としても、種類株式としても発行することができます。

特別な内容の株式	*1
譲渡制限株式	譲渡による株式の取得について会社の承認を要する株式（107条1項1号） 18-38
取得請求権付株式	株主が会社に対してその株式の取得を請求することができる株式（107条1項2号） 20-38
取得条項付株式	一定の事由が生じたことを条件として会社がその株式を強制的に取得することができる株式（107条1項3号） 20-38

586

●会社法

種類株式　16-38　18-40　＊2

①剰余金配当についての種類株式	他の株式に優先して、または劣後して剰余金の配当を受け取る株式（108条1項1号）
②残余財産分配についての種類株式	他の株式に優先して、または劣後して残余財産の分配を受け取る株式（108条1項2号）
③議決権制限株式	株主総会においてすべての事項または一部の事項につき議決権を行使することができない株式（108条1項3号）＊3 ※公開会社では、議決権制限株式の数が発行済株式総数の2分の1を超えるに至ったときは、会社は、直ちに議決権制限株式の数を発行済株式総数の2分の1以下にするための必要な措置をとらなければならない（115条）
④譲渡制限株式	譲渡による株式の取得について会社の承認を要する株式（108条1項4号）　18-38 ※全部の種類の株式について譲渡制限がある株式会社（非公開会社）以外の株式会社が「公開会社」である
⑤取得請求権付株式	株主が会社に対してその株式の取得を請求することができる株式（108条1項5号）　20-38
⑥取得条項付株式	一定の事由が生じたことを条件として、会社がその株式を強制的に取得することができる株式（108条1項6号）　20-38
⑦全部取得条項付種類株式	株主総会の特別決議によりその種類の株式の全部を取得することができるという内容の株式（108条1項7号）
⑧拒否権付種類株式	株主総会・取締役会において決議すべき事項につき、その決議のほか、当該種類の株式の種類株主を構成員とする種類株主総会の決議を必要とする株式（108条1項8号）
⑨種類株主総会において取締役または監査役を選任する種類株式	その種類の株主を構成員とする種類株主総会において取締役・監査役を選任することができる株式（108条1項9号） ※指名委員会等設置会社および公開会社においては発行することができない（108条1項ただし書）

＊2
ここに注意

剰余金配当請求権および残余財産分配請求権の全部を与えない旨の定款の定めは、効力を有しません（105条2項）。すなわち、これら2つの権利のどちらも一切与えないことはできません。

＊3
プラスアルファ

会社の経営や既存株主に対する影響（議決権比率の低下など）を避ける必要がある場合に、議決権制限株式が用いられます。

第4編　商法・会社法

会社法

587

会社法－株式

18 株式の譲渡①

重要度 A

株式譲渡の方式と対抗要件を覚えましょう。そのうえで、株主名簿に関する判例をおさえておきましょう。

1 株券

株券とは、株式会社における社員の地位（株式）を表章する有価証券をいいます。

株式会社は株券を発行しないのが**原則**ですが、**定款で定め**、株券を発行することができます（214条）。株券発行会社は、原則として**株式発行日以後遅滞なく株券を発行**しなければなりません（215条1項）が、非公開会社の場合は、**株主からの請求がある時**までは、株券を発行しないことができます（215条4項）。 14-40 *1 *2 *3

2 株主名簿

（1）株主名簿の作成

株主名簿とは、株主に関する事項を明らかにするため、会社法の規定により作成することが義務付けられる帳簿のことです（121条）。株主名簿には、①株主の氏名および住所、②当該株主の有する株式の種類および数、③株式取得日、④株券発行会社である場合は当該株式（発行されているものに限る）の株券番号が記載または記録されます。

（2）名義書換

株式取得者は、株主名簿の**名義書換**をしなければ、会社に対し（株券不発行会社では第三者に対しても）権利の移転を対抗することができません（130条）。*4

会社に名義書換を不当に拒絶された場合は、名義書換前でも株主であることを会社に対抗することができます（最判昭41.7.28）。

なお、名義書換未了の株式譲受人について、会社は、自己の危険の下でその者を株主として取り扱い、権利行使を容認することができます（最判昭30.10.20）。

（3）備置・閲覧・謄写

株主名簿は、原則として会社の本店に**備え置かれ**、株主・債権者は、会社の営業時間内はいつでもその**閲覧・謄写**を請求することができます（125条1項、2項）。*5

ことばの意味

株券発行会社
株券発行の定めがある会社をいいます。

プラスアルファ

株券を喪失してしまった者は、会社に対して株券喪失登録を請求することができます（223条）。株券喪失登録がされると、一定の手続を経て株券が無効となります。

ここに注意

株券発行会社の株主は、当該株券発行会社に対し、当該株主の有する株式にかかる株券の所持を希望しない旨を申し出ることができます（株券不所持制度／217条）。

588

3 株式の譲渡

(1) 株式譲渡自由の原則

株式会社では出資の払戻しが認められず、株式の売却による投下資本の回収を認める必要があります。他方、所有と経営の分離により、どのような者が株主になっても経営には影響せず、また、株式の発行時に全額が払い込まれ、資力のない者が株主になっても会社財産には影響しません。そのため、株式の譲渡は、原則として自由とされます（127条）。 17-40

(2) 株式の譲渡と対抗要件

株券発行会社の場合、株式の譲渡は、株券を譲受人に交付することにより行います（128条1項本文）。当該株券の交付により、株式会社以外の第三者に対抗することができます（128条1項本文参照）。会社に対抗するためには譲受人の氏名または名称および住所を株主名簿に記載しなければなりません（130条1項、2項）。*6 *7

株券不発行会社の場合は、当事者間の意思表示のみによって株式を譲渡することができます（128条1項本文反対解釈）。会社その他の第三者に対抗するためには、譲受人の氏名または名称および住所を株主名簿に記載しなければなりません（130条1項）。

株式譲渡の方式と対抗要件

		株券発行会社*6	株券不発行会社
譲渡の方式		意思表示＋株券の交付（128条1項本文）	意思表示のみで譲渡することができる（128条1項本文反対解釈）
対抗要件	対第三者	株券の交付（128条1項本文参照）	株主名簿の名義書換（130条1項）
	対会社	株主名簿の名義書換（130条1項、2項）	

4 株式の質入れ

株券不発行会社の場合（振替株式を除く）、株式の質入れは、質権者の氏名住所等を株主名簿に記載または記録しなければ株式会社その他の第三者に対抗することができません（147条1項）。 21-38

なお、株券発行会社の場合、株券の交付が効力要件（146条2項）、占有の継続が対抗要件となります（147条2項）。

＊4 プラスアルファ

株式会社が株主に対してする通知または催告は、株主名簿に記載し、または記録した当該株主の住所（当該株主が別に通知または催告を受ける場所または連絡先を当該株式会社に通知した場合にあっては、その場所または連絡先）にあてて発すれば足ります（126条1項）。また、この通知または催告は、通常到達すべきであった時に、到達したものとみなされます（126条2項）。

＊5 プラスアルファ

株券発行会社は、株券喪失登録簿（株券の喪失に関する事項を記載・記録したもの）を本店に備え置き、何人も会社の営業時間内はいつでも、その利害関係がある部分について閲覧・謄写を請求することができます（231条1項、2項）。

＊6 ここに注意

株券の交付（引渡し）は、権利移転の効力発生要件であり、単なる対抗要件ではありません。

＊7 プラスアルファ

株券の占有者は真の権利者と推定されるため（131条1項）、その者から株券を交付された譲受人は、悪意・重過失がない限り、当該株券に係る株式を善意取得（131条2項）します。

会社法ー株式

19 株式の譲渡②

重要度 A

株式の譲渡は、原則として自由（127条）ですが、一定の場合には譲渡が制限されます（禁止されるわけではありません）。 17-40

1 定款による譲渡制限

発行する全部または一部の株式の内容として、譲渡による当該株式の取得に会社の承認を要する旨を定款に定めることができます（107条1項1号、108条1項4号）。これを、譲渡制限株式といいます（2条17号）。 14-40 *1 *2

(1) 承認請求・会社の承認

会社への承認請求は、①譲渡制限株式を譲渡しようとする株主（136条）、②譲渡制限株式を取得した者（137条1項）がすることができます。 13-37 *3

譲渡制限株式の譲渡の承認・不承認は、定款に別段の定めがない限り、株主総会（取締役会設置会社では取締役会）で決定し、通知します（139条1項、2項）。なお、承認請求の日から2週間（下回る期間を定款で定めたときは、その期間）以内に通知をしなかったときは、原則として承認したものとみなされます（145条1号）。 13-37 18-38

会社への承認請求においては、「承認しない場合、会社または会社が指定する買受人が買い取ること」を併せて請求することができます（138条1号ハ、2号ハ）。その場合に会社が承認しないときは、会社はみずから買い取るか、買受人を指定しなければなりません（140条1項、4項）。 *4

譲渡制限株式の譲渡について会社の承認がない場合、当該株式会社に対する関係では譲渡は無効ですが、譲渡当事者間では有効と解されています（最判昭48.6.15）。 13-37

(2) 公開会社・非公開会社

①公開会社とは、発行する全部または一部の株式の内容として譲渡による株式の取得について会社の承認を要する旨の定款の定めを設けていない株式会社のことをいいます（2条5号）。②非公開会社とは、発行する全部の株式の内容として上記定款の定めを設けている株式会社のことをいいます。

講師からのアドバイス

株式譲渡自由の例外は、頻出です。特に定款による譲渡制限が重要です。

*1 ここに注意

相続、合併など一般承継はこの譲渡制限の対象ではありません。

*2 プラスアルファ

会社は、定款で定めることにより、相続その他の一般承継により譲渡制限株式を取得した者に対して、当該株式を会社に売り渡すことを請求することができます（174条）。

*3 ここに注意

譲渡制限株式の取得者は、原則として株主名簿上の株主またはその相続人等の一般承継人と共同して承認請求をする必要があります（137条2項）。

*4 プラスアルファ

会社が買い取る場合、その旨、株式数を株主総会特別決議で定めます（140条1項2項、309条2項1号）。買受人の指定は、原則として株主総会特別決議（取締役会設置会社では取締役会決議）で行います（140条4項、5項、309条2項、1号）。

公開会社・非公開会社 20-40

※「A種類株式に譲渡制限なし、B種類株式に譲渡制限あり」
⇒一部の株式(A種類株式)に譲渡制限の定めがない⇒公開会社

2 法律による譲渡制限
(1) 権利株の譲渡
　会社成立前または新株発行前の株式引受人の地位のことを**権利株**といいます。権利株の譲渡は、**当事者間では有効**ですが、**会社には対抗することができません**（35条、50条2項、63条2項、208条4項）。 19-37

(2) 株券発行前の譲渡
　株券発行会社では、会社成立後または新株発行後でも株券発行前における株式の譲渡は、**当事者間では有効**ですが、**会社との関係では効力が否定されます**（128条2項）。＊5

(3) 自己株式の取得
　株式会社が自社の株式を取得することを**自己株式の取得**といいます。株式会社が子会社以外の特定の株主から自己株式を有償で取得する場合、その株式数、特定の株主から取得することなどを株主総会の特別決議で決定しなければなりません（156条1項、160条1項、309条2項2号）。 13-38 ＊6

　なお、株主総会決議に基づいて、株主との合意により自己株式を取得する場合には分配可能額を超えて株主に金銭等を交付することはできません（461条1項2号）。 20-38

(4) 子会社による親会社株式取得・保有制限
　子会社は、原則として、親会社である株式会社の株式を取得することができません（135条1項）。例外的に子会社が親会社の株式を適法に取得した場合でも、子会社は、相当の時期に保有する親会社株式を処分しなければなりません（135条3項）。＊7　＊8

＊5　プラスアルファ
この趣旨は、株券発行事務の円滑を図り、発行の遅滞を防止する点にあるので、会社に帰責事由がある場合、当事者間の意思表示のみによって、会社に対する関係でも有効に株式の譲渡をすることができ、会社は譲受人を株主として取り扱わなければなりません（最判昭47.11.8）。

＊6　ここに注意
当該特定の株主は、その株主総会において議決権を行使することはできません（160条4項）。

＊7　ことばの意味
子会社
子会社とは、会社がその総株主の議決権の過半数を有する株式会社等をいいます（2条3号）。

＊8　プラスアルファ
例外的に子会社が親会社の株式を取得することができる場合として、合併後消滅する会社から親会社株式を譲り受ける場合等があります（135条2項各号）。

会社法－株式

20 株式の消却等・単元株制度・利益供与　重要度 B

講師からのアドバイス

株式の消却等では、取締役会でできるのかそれとも株主総会でできるのか、株主総会なら普通決議なのか特別決議なのかをしっかり整理しましょう。

1 自己株式の消却

　株式の消却とは、会社が有する株式を絶対的に消滅させることをいい、自己株式についてのみ認められています。自己株式の消却は、(取締役会設置会社では**取締役会の決議**により) 消却する自己株式の数を定めて行います（178条）。 17-38

2 株式の併合

　株式の併合とは、数個の株式を合わせてそれよりも少数の株式とすることをいい、株主管理コストを抑える、株式単位の適正化を図る等の目的でなされます。株式の併合は、株主の利益に重大な影響を与えるため、**株主総会の特別決議**が必要となります（180条2項、309条2項4号）。14-38 *1

3 株式の分割

　株式の分割とは、既存の株式を細分化して従来よりも多数の株式とすることをいい、株式の市場価格を下げ、取引をしやすくして流通性を高める目的でなされます。株式の分割は、既存株主の利益に実質的影響はないので、**株主総会の普通決議**（取締役会設置会社では**取締役会の決議**）によって行います（183条2項）。14-38 *2 *3

4 株式無償割当て

　株式無償割当てとは、株主に対して無償で新株の割当てをすることをいい（185条）、定款に別段の定めがない限り、その都度、原則として、**株主総会の普通決議**（取締役会設置会社では**取締役会の決議**）によって行います（186条1項、3項）。14-38

*1 ここに注意

株券発行会社が株式の併合をしようとする場合、「株式の併合の効力が生ずる日までに会社に株券を提出しなければならない旨」を株券の提出日の1ヵ月前までに公告かつ当該株式の株主等に各別に通知し（219条1項2号）、併合の効力発生日以後遅滞なく、併合した株式に係る株券を新たに発行しなければなりません（215条2項）。

*2 ここに注意

株券発行会社が株式の分割をしようとする場合、株券提出に関する公告・通知は必要ありませんが、分割の効力発生日以後遅滞なく、分割した株式に係る株券（既に発行されているものを除く）を新たに発行しなければなりません（215条3項）。

株式の分割と株式無償割当ての比較

株式の分割	株式無償割当て
同一の種類の株式の数が増加する	同一または異なる種類の株式を割り当てることができる
自己株式の数も増加する	自己株式には割当てが生じない
自己株式の交付は不可	自己株式の交付が可能

592

●会社法

5 単元株制度
(1) 意義
株式会社は、その発行する株式について、一定の数の株式をもって株主が株主総会または種類株主総会において1個の議決権を行使することができる1単元の株式とする旨を定款で定めることができます（単元株制度／188条1項）。 15-38

17-38

(2) 単元株制度の採用・変更・廃止の手続
会社の成立後に、単元株制度を採用し、または単元株式数を増加する場合、株主総会の特別決議による定款の変更が必要です（188条1項・466条・309条2項11号）。これに対し、単元株制度を廃止、または単元株式数を減少させる場合、取締役の決定（取締役会設置会社では取締役会の決議）によって定款を変更することができます（195条1項）。 15-38

(3) 単元未満株主の権利
単元株式数に満たない数の株式を有する株主（単元未満株主）には議決権は認められません（189条1項）が、議決権とそれを前提とした権利（株主提案権など）以外の共益権・自益権については、定款で制限されていない限り、原則として認められます（189条2項）。なお、①全部取得条項付種類株式の取得対価の交付を受ける権利、②取得条項付株式の取得と引換えに金銭等の交付を受ける権利、③株式の無償割当てを受ける権利、④残余財産の分配を受ける権利などについては、定款で制限できません（189条2項各号）。 15-38 *4

6 利益供与の禁止
会社は、何人に対しても、株主の権利、適格旧株主の権利または最終完全親会社等の株主の権利の行使に関し、会社またはその子会社の計算で財産上の利益を供与してはなりません（120条1項）。企業経営の健全性を確保するとともに、会社財産の浪費を防止する趣旨です。*5

これに反して財産上の利益供与を受けた者は、それを会社またはその子会社に返還しなければなりません（120条3項）。また、利益供与に関与した取締役等は、供与した利益の額について会社に対し、連帯して支払いをする義務を負います（120条4項本文）。

---

*3 プラスアルファ

株式の分割によって定款所定の発行可能株式総数を超過することになる場合があります。その場合、会社（現に2以上の種類の株式を発行している会社を除く）は、株主総会の決議によらないで、分割の効力発生日における発行可能株式総数をその日の前日の発行可能株式総数に分割割合を乗じて得た数の範囲内で増加する定款の変更をすることができます（184条2項）。

*4 プラスアルファ

単元未満株主は、定款の定めがなくても、会社に対して単元未満株式の買取請求権を有します（192条1項）。また、単元未満株主が株式会社に対して、単元未満株主が有する単元未満株式の数と併せて単元株式数となる株式を当該単元未満株主に売り渡すことを請求することができる旨を定款で定めることができます（194条1項）。

*5 ことばの意味

子会社の計算
「子会社に資金を拠出させて」という意味です。

会社法-機関

21 機関総説

重要度 B

株式会社には多くの機関が存在し、会社の規模によって機関設置が義務的になる場合があります。この機関設計の基本ルールをおさえましょう。

1 意義

会社の意思決定または行為をする者として法により定められている自然人または会議体を会社の機関といいます。機関を構成する自然人がその権限内でした行為の効果は、会社に帰属します。

会社の機関として、次のようなものがあります。

会社の機関と基本的役割

株主総会	株主の総意によって会社の意思を決定する
取締役	非取締役会設置会社では業務を執行する 取締役会設置会社では取締役会の構成員
取締役会	取締役全員で構成し、その会議により業務執行に関する会社の意思決定をするとともに取締役の職務執行を監督する
代表取締役	業務執行をし、対外的に会社を代表する
会計参与	取締役と共同して、計算書類等を作成する
監査役	取締役等の職務執行を監査する
監査役会	監査役全員で構成し、監査役の職務執行に関する事項を決定する
会計監査人	計算書類等を監査（会計監査）する
監査等委員会	監査等委員会設置会社に置かれる機関
指名委員会等	指名委員会等設置会社に置かれる機関（指名委員会・監査委員会・報酬委員会）
執行役	指名委員会等設置会社の業務を執行する
代表執行役	指名委員会等設置会社を代表する

2 機関設計の基本ルール

すべての株式会社は、株主総会および取締役を置かなければなりません。そのほかの機関については、定款の定めによって置くことができるのが原則です（機関設計自由の原則／326条2項）。しかし、会社の規模等に応じて、一定の機関を置かなければならないとされる場合があります。

● 会社法

株式会社の機関設計の基本的ルール　16-39　17-40　20-40

①すべての株式会社には、株主総会と取締役が必要である（295条1項、326条1項）

②公開会社、監査役会設置会社、監査等委員会設置会社、指名委員会等設置会社では、取締役会が必要である（327条1項）

③取締役会を置いた場合（任意に置いた場合を含む）には、監査役（監査役会を含む）、監査等委員会、指名委員会等のいずれかが必要である（327条2項本文、327条1項3号、4号）。ただし、非公開会社で大会社以外の会社において、会計参与を置く場合は、監査役を置かなくてよい（327条2項ただし書）＊1

④監査等委員会設置会社および指名委員会等設置会社には、監査役（監査役会を含む）を置くことができない（327条4項）

⑤取締役会設置会社以外の会社では、監査役会、監査等委員会、指名委員会等を置くことができない（327条1項2号～4号参照）

⑥大会社、監査等委員会設置会社、指名委員会等設置会社では、会計監査人が必要である（327条5項、328条1項、2項）。大会社かつ公開会社では、監査役会も必要である（328条1項）＊1

⑦会計監査人を置く場合には、監査役、監査等委員会、指名委員会等のいずれかが必要である（327条3項、5項）

⑧指名委員会等設置会社は、監査等委員会を置くことができない（327条6項）

 ＊1 ことばの意味

大会社
最終事業年度にかかる貸借対照表に資本金として計上した額が5億円以上である会社、または、最終事業年度にかかる貸借対照表の負債の部に計上した額の合計額が200億円以上である会社をいいます（2条6号）。

機関設計の例－取締役会・監査役会設置会社

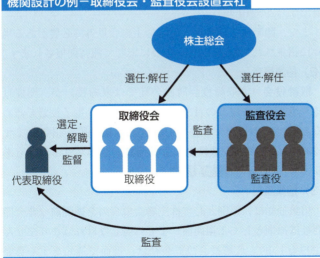

第4編　商法・会社法

会社法

会社法－機関

22 株主総会①

重要度 A

株主総会は会社の基本的事項を決定します。その招集、議決等のルールを整理しておきましょう。

＊1 プラスアルファ

会社法の規定により株主総会の決議を必要とする事項については、他の機関に決定を委譲する旨を定款で定めても無効です（295条3項）。

＊2 ここに注意

取締役会決議に基づかずに代表取締役以外の取締役によって招集された株主総会における決議は「不存在」であり、株主総会決議不存在確認の訴えを提起することができます（最判昭45.8.20）。

＊3 プラスアルファ

総株主の議決権の100分の3以上の議決権を6カ月前（非公開会社では株式の保有期間に関する規定はない）から引き続き有する株主は、取締役に対して、株主総会の招集を請求することができます（297条1項2号）。当該請求後遅滞なく招集手続を行わない等の場合には、裁判所の許可を得て、みずから株主総会を招集することができます（297条4項）。

1 株主総会の権限

株主総会とは、株主によって構成され、会社の基本的重要事項について会社の意思を決定する必要的機関です。その権限は、株式会社の種類によって分けられます。

取締役会設置会社以外の株式会社である場合、株主総会には会社法に規定する事項および株式会社の組織、運営、管理その他株式会社に関する一切の事項について決議する権限があります（295条1項）。他方、取締役会設置会社である場合、株主総会には会社法に規定する事項および定款で定めた事項に限って決議する権限があります（295条2項）。 12-39 14-39 19-40 ＊1

2 株主総会の招集

(1) 株主総会の種類と招集時期

株主総会には定時株主総会と臨時株主総会があります。

定時株主総会は、計算書類の承認等をするもの（438条2項）で、毎事業年度の終了後一定の時期に招集することが必要です（296条1項）。

また、臨時株主総会は、定時株主総会以外で必要がある場合に招集され（296条2項）、必要に応じて随時開催されます。

(2) 招集権者

取締役会（非取締役会設置会社では取締役）が、開催日時・場所、株主総会の目的事項、書面投票・電子投票を認めるときはその旨などを決定し、代表取締役等が招集します（298条）。なお、少数株主による招集が認められる場合もあります（297条）。 12-38 13-38 ＊2 ＊3

(3) 招集通知

招集通知は、原則として株主総会の日の2週間前（非公開会社は原則として1週間前）までに発しなければなりません（299条1項）。取締役会設置会社は、書面で通知をする必要があります（299条2項2号）。招集手続を欠いても、株主全員が同意して出席したときは、決議は有効です（最判昭60.12.20）。 13-38 20-40 ＊4

596

●会社法

3 株主提案権

株主（取締役会設置会社では原則として議決権の100分の1または300個以上の議決権を6カ月前から保有する株主（非公開会社であれば6カ月の保有期間は不要））は、取締役に対し、株主総会の**8週間前**（定款で短縮可）までに、株主が提出しようとする**議案の要領を株主に通知することを請求**することができます（議案要領通知請求権／305条1項、2項）。もっとも、取締役会設置会社では、その請求において当該株主が提出できる議案の数は**10**までです（305条4項）。*5

4 議決権

議決権とは、株主総会において決議に加わる権利のことをいい、**一株一議決権**が原則です（308条1項）。この例外は、法が定めた場合にのみ認められます。

一株一議決権の原則の例外　20-39

議決権そのものを有しないとされる場合	・議決権制限株式（108条1項3号） ・単元未満株式（189条1項） ・自己株式（308条2項） ・相互保有株式（308条1項本文かっこ書）等　*6
議決権の行使が制限される場合	・議決権制限株式（108条1項3号） ・譲渡承認請求・自己株式取得・売渡請求に関する特別決議における売主である株主が有する株式（140条3項本文、160条4項本文、175条2項本文） ・基準日後に発行された株式等　*7

議決権は、株主自身が株主総会に出席して行使するのが原則です。もっとも、次のような行使方法が認められています。

議決権の行使方法　13-38　20-39

代理行使	株主総会ごとに代理権を授与した代理人による議決権行使（310条1項前段、2項） ⇒定款で代理人の資格を株主に限定可（最判昭43.11.1）
書面投票	議決権行使書面によるもの（298条1項3号） ⇒議決権を有する株主が1,000人以上の会社は原則として必須（298条2項本文）
電子投票	電磁的方法によるもの（298条1項4号）
議決権の不統一行使	2個以上の議決権を有するときは、これを統一しないで別々に行使可（313条1項） ⇒株主が他人のために株式を有する者でない場合、会社は拒絶可（313条3項）

---

*4
プラスアルファ

招集方法に関する規制は、株主の利益保護のためにあるので、議決権を行使できる株主全員の同意があるときは、招集手続を省略できます（300条）。しかし、書面・電磁的方法による議決権行使が行われる場合には、株主全員の同意があっても、これを省略できません（300条ただし書）。

*5
プラスアルファ

このほかにも株主提案権として、議題（会議の目的事項）提案権（303条1項）、議案提出権（304条）も規定されています。

*6
ここに注意

株式会社がその総株主の議決権の4分の1以上を有することその他の事由を通じて株式会社がその経営を実質的に支配することが可能な関係にあるものとして法務省令で定める株主は、その有する株式について議決権を有しないものとされています（308条1項かっこ書）。

*7
プラスアルファ

株式会社は、ある一定の日（基準日）を定め、基準日に株主名簿に記録されている株主（基準日株主）を、権利を行使すべき株主と定めることができます（124条1項）。

第4編　商法・会社法

会社法

597

会社法－機関

23 株主総会②

重要度 A

 講師からのアドバイス

株主総会の決議方法は、普通決議の方法が原則です。特別決議等の厳しい決議を要するものについて暗記するのが効率のよい勉強といえるでしょう。また、決議の瑕疵については、要件・効果を正確に覚えましょう。頻出です。

 ＊1 プラスアルファ

株主が質問した場合でも、当該事項が議題に関しないものである場合、説明により株主の共同の利益を著しく害する場合、説明のために調査を要する場合、説明により株式会社の権利を害する場合、実質的に同一の事項について繰り返し説明を求めた場合等には、説明しなくてよいとされています（314条ただし書、会社法施行規則71条）。

 ＊2 図表の読み方

定款で異なる定めをすることが許されています。

 ＊3 プラスアルファ

事業譲渡、合併、会社分割、株式交換・株式移転のための特別決議がなされる場合や譲渡制限株式や全部取得条項付種類株式に移行するための特殊決議がなされる場合に

1 議事と決議

議事の方法については会社法に定めはなく、定款または慣習によります。議事の運営は**議長**が行い（315条1項）、議事については**議事録**を作成しなければなりません（318条1項）。取締役、会計参与、監査役および執行役は、株主総会において株主から特定の事項について説明を求められた場合は、それについて必要な説明をしなければなりません（314条）。＊1

（1）普通決議・特別決議・特殊決議

決議する事項の重要性に応じて要件が異なります。

決議方法 13-37

	決議事項	定足数＊2	決議要件＊2
普通決議 （309条1項）	法令、定款に特に定めがない場合 ・取締役等の選任 ・計算書類の承認等	議決権を行使することができる株主の議決権の過半数を有する株主の出席	出席株主の議決権の過半数
特別決議 （309条2項） ＊3	・株式の併合 ・非公開会社における募集株式の募集事項の決定 ・定款変更　等	議決権を行使することができる株主の議決権の過半数を有する株主の出席	出席株主の議決権の3分の2以上
特殊決議 （309条3項 4項） ＊3	発行株式の全部を譲渡制限株式とする定款変更等		議決権を行使できる株主の半数以上で、かつ、当該株主の議決権の3分の2以上
	剰余金配当等を株主ごとに異なる扱いをする旨を新設する定款変更		総株主の半数以上で、かつ、総株主の議決権の4分の3以上

（2）決議の省略（書面決議）

取締役または株主が株主総会の目的である事項について提案をした場合に、議決権を行使することができる**株主全員**が書面または電磁的記録により**同意**したときは、提案を可決する旨の決議があったものとみなされます（319条1項）。 14-39

598

2 決議の瑕疵

決議が有効か否かは会社・株主・取締役等多数の者の利害に影響を与えるので、瑕疵の主張をできるだけ制限し、法律関係を画一的に確定することが必要です。会社法は、決議取消しの訴え（831条）と決議の不存在・無効確認の訴え（830条）を設けています。

(1) 決議取消しの訴え

(a) 要件

決議取消しの訴えは、次のような場合に提起することができます（831条1項各号）。

> ① 招集手続または決議方法が法令・定款に違反しまたは著しく不公正なとき（831条1項1号）＊4
> ② 決議内容が定款に違反するとき（831条1項2号）
> ③ 特別利害関係人が議決権を行使した結果著しく不当な決議がなされたとき（831条1項3号）＊5

また、提訴権者は、原則として株主・取締役・監査役・執行役・清算人に限られ、会社を被告として提起します。提訴期間は決議の日から3カ月以内に限られます（831条1項本文）。 19-38

(b) 効果

決議取消しの訴えは形成訴訟であり、決議は取消判決の確定によって無効となります。取消判決の効力は第三者にも及び（対世効／838条）、遡及効もあります（839条反対解釈）。 14-39 ＊6

(2) 決議不存在確認の訴え・決議無効確認の訴え

決議が存在しない場合（決議の不存在）、または決議の内容が法令に違反する場合（決議の無効）には、不存在または無効の確認を求める正当な利益がある限り、誰でも、いつでも、決議不存在または無効確認の訴えを提起することができます（830条）。 13-38

もっとも、これらの場合には、確認判決が確定する前から決議は当然に不存在または無効であり、訴えによらなくても不存在または無効を主張することができると解されています。

● 会社法

は、反対株主に株式買取請求権が認められています。これは株式の譲渡をすることが困難な株主に投下資本の回収の機会を保障するためです。

＊4
 プラスアルファ

通知のない事項について決議がなされた場合（最判昭31.11.15）、説明義務違反がある場合、定足数不足である場合、事実上、株主が参加できないような時間や場所で総会を開催するといった場合が取消事由に該当します。また、株主は自己に対する株主総会招集手続に瑕疵がなくても、他の株主に対する招集手続に瑕疵がある場合には、決議取消しの訴えを提起できます（最判昭42.9.28）。

＊5
 ことばの意味

特別利害関係人
株主としての地位を離れて個人的な利害関係を有する者をいいます。取締役の場合（369条2項）と異なり、特別利害関係があっても、株主には議決権の行使自体は認められています。

＊6
 プラスアルファ

招集の手続または決議の方法が法令または定款に違反するときであっても、裁判所はその事実が重大でなく、かつ、決議に影響を及ぼさないものであると認めるときは、請求を棄却することができるとされています（裁量棄却／831条2項）。

会社法 − 機関

24 役員等

重要度 B

 講師からのアドバイス

会社は、破産手続開始の決定を受けている者であっても、その者を取締役に選任することができます。これは頻出ですので覚えておきましょう。また、各役員の任期や解任決議についても暗記が必要です。併せて覚えておきましょう。

 ＊1 ここに注意

成年被後見人もしくは被保佐人または外国の法令上これらと同様に取り扱われている者は、法定の欠格者ではありません（就任可能です）。

 ＊2 プラスアルファ

役員を選任し、または解任する株主総会の決議は、議決権を行使することのできる株主の議決権の過半数（3分の1以上の割合を定款で定めた場合にあっては、その割合以上）を有する株主が出席し（定足数）、出席した当該株主の議決権の過半数（これを上回る割合を定款で定めた場合にあっては、その割合以上）によって決議します（341条）。定足数を3分の1未満とすることはできません。

1 総説

役員（取締役・会計参与・監査役）および会計監査人は、**株主総会の決議**で選任・解任されます（329条1項、339条1項）。会社との関係は、**委任**の規定に従います（330条）。

役員・会計監査人の資格等　13-38　19-40　20-40　21-39

取締役	資格	・法定の欠格者でないこと（331条1項各号）＊1 ・公開会社において、株主に資格を限定することはできない（331条2項）
	員数	・**取締役会設置会社では3人以上**（331条5項） ・その他の会社では1人でもよい（326条1項）
	任期	・原則、選任後2年以内に終了する事業年度のうち最終のものに関する定時株主総会の終結時まで。定款または株主総会の決議によって、その任期を短縮可（332条1項） ・非公開会社（監査等委員会設置会社および指名委員会等設置会社を除く）では、定款により、任期を、選任後10年以内に終了する事業年度のうち最終のものに関する定時株主総会の終結時まで伸長可（332条2項） ・監査等委員会設置会社の監査等委員でない取締役および指名委員会等設置会社の取締役は、選任後1年以内に終了する事業年度のうち最終のものに関する定時株主総会の終結時まで（332条3項、6項）
会計参与	資格	・公認会計士・監査法人、税理士・税理士法人であること（333条1項） ・法定の欠格者でないこと（333条3項各号）
	員数	制限なし
	任期	取締役の規定を準用（334条1項・332条）
監査役	資格	・取締役と同じ（335条1項・331条1項各号）＊1 ・会社もしくはその子会社の取締役もしくは支配人その他の使用人、または子会社の会計参与もしくは執行役との兼任禁止（335条2項）
	員数	・監査役会設置会社では3人以上で、かつ、半数以上は社外監査役（335条3項） ・その他の監査役設置会社では1人でもよい
	任期	・原則、選任後4年以内に終了する事業年度のうち最終のものに関する定時株主総会の終結時まで（336条1項）。定款等で短縮不可 ・非公開会社では、定款により、任期を、選任後10年以内に終了する事業年度のうち最終のものに関する定時株主総会の終結時まで伸長可（336条2項）

会計監査人	資格	・公認会計士または監査法人であること（337条1項） ・法定の欠格者でないこと（337条3項各号）
	員数	制限なし
	任期	・選任後1年以内に終了する事業年度のうち最終のものに関する定時株主総会の終結時まで（338条1項） ・定時株主総会で別段の決議がない場合は再任されたとみなされる（338条2項）

2 選任

　役員および会計監査人の選任は、株主総会の普通決議で行います（329条1項）。 15-39 ＊2

　取締役の選任の場合、累積投票制度が認められます（342条1項）。＊3

3 終任

(1) 終任事由

　役員および会計監査人と会社との関係は委任の規定に従うため（330条、民法643条以下）、役員・会計監査人はいつでも辞任することができ（民法651条）、民法653条所定事由が終任事由となります。また、任期満了・解任・資格喪失・会社の解散によっても地位を失います。

(2) 解任

　株主総会は、いつでも理由を問わず役員および会計監査人を解任することができます（339条1項）。もっとも、正当な理由なく解任された者は、会社に対し、解任によって生じた損害賠償を請求することができます（339条2項）。＊4

　解任に必要な決議は、原則として普通決議ですが、監査役および累積投票で選任された取締役を解任する場合は特別決議が必要です（309条2項7号）。 15-39

　取締役の職務執行に不正行為または法令・定款に違反する重大な事実があったにもかかわらず、取締役解任議案が株主総会で否決されたとき等は、一定の株主は、当該株主総会の日から30日以内に、当該取締役の解任の訴えを提起することができます（854条1項）。

(3) 役員に欠員が生じた場合

　役員が欠けた場合または役員の員数が欠けた場合、任期の満了または辞任により退任した役員は、新たに選任された役員が就任するまで、なお役員としての権利義務を有します（346条1項）。＊5

●会社法

＊3
具体例で覚えよう！

累積投票制度とは、同じ株主総会で2人以上の取締役を選任する場合に、株主の請求により、各株主に1株につき選任される取締役と同数の議決権を与える制度です。例えば、3人選任のときは1株につき3票の議決権を与えるよう請求することができます。これにより、少数派に属する株主の意見を代表する取締役の選出が可能になります。もっとも、定款により累積投票の請求を排除することができます。

＊4
プラスアルファ

会計監査人が欠けた場合または定款で定めた会計監査人の員数が欠けた場合において、遅滞なく会計監査人が選任されないときは、監査役（監査役会設置会社では監査役会、監査等委員会設置会社では監査等委員会、指名委員会等設置会社では監査委員会）は、一時会計監査人の職務を行うべき者を選任しなければなりません（346条4項、6項、7項、8項）。

＊5
プラスアルファ

この場合、裁判所は必要があると認めるときは、利害関係人の申立てにより、一時役員の職務を行うべき者を選任することができます（346条2項）。一時役員は、通常の役員と同等の権限を有します（権限行使に裁判所の許可等は必要ありません）。

会社法－機関

25 取締役・代表取締役

重要度 A

1 取締役

(1) 非取締役会設置会社の場合

最も頻繁に出題される箇所の1つです。条文のみならず、判例も覚える必要があります。正確に理解しましょう。

　取締役は、定款に別段の定めがある場合を除き、株式会社の業務を執行します（348条1項）。取締役が2人以上いる場合においては、定款に別段の定めがある場合を除き、株式会社の業務は取締役の過半数をもって決します（348条2項）。
　また、取締役は、他に代表取締役その他会社を代表する者を定めた場合を除いて、各自が会社を代表します（349条1項2項）。ただし、定款、定款の定めに基づく取締役の互選または株主総会の普通決議により、代表取締役を定めることができます（349条3項、309条1項）。なお、取締役の員数は、1人で足ります。＊1

＊1 ここに注意
取締役会設置会社以外の会社の場合、代表取締役が選定されたときであっても、他の取締役の業務執行権は当然には消滅しません。

(2) 取締役会設置会社の場合

　取締役会設置会社（監査等委員会設置会社および指名委員会等設置会社を除く）における取締役会は、取締役全員で構成され、業務執行の意思決定を行う機関です（362条1項）。取締役は、取締役会の構成員として、業務執行の意思決定に関与するにすぎません。業務執行を行う機関として、代表取締役が、取締役の中から選定されます（362条3項）。

取締役会の有無と業務執行・代表

	業務執行	代表
非取締役会設置会社	取締役が意思決定（2人以上いる場合は過半数で決定）し、執行する（348条）	原則：各取締役 例外：代表取締役等株式会社を代表する者を定めた場合は、その者(349条)
取締役会設置会社	取締役会が意思決定し、代表取締役・業務執行取締役が執行する（362条、363条）	代表取締役（349条）
監査等委員会設置会社	取締役会が意思決定し、代表取締役・業務執行取締役が執行する（399条の13、363条）	代表取締役（349条）
指名委員会等設置会社	取締役会が意思決定し、執行役が執行する（416条、418条）	代表執行役（420条3項）

602

●会社法

2 代表取締役

代表取締役とは、業務執行をし、対外的に会社を代表する機関です。＊2

選定方法	12-39
非取締役会設置会社	代表取締役の選定⇒**任意的** 原則として各取締役が代表権を有するが、定款、定款の定めに基づく取締役の互選、株主総会の決議で取締役から選定（349条3項）
取締役会設置会社	代表取締役の選定⇒**必要的** 取締役会決議で取締役から選定（362条3項）

代表権は**会社の業務に関する一切の裁判上・裁判外の行為**に及び、これを制限しても善意の第三者に対抗することができません（349条4項、5項）。 13-39 ＊3 ＊4

代表取締役が権限の範囲内の取引において、自己または第三者の利益を図る目的があったとしても、その取引は原則として有効ですが、相手方がこれを知りまたは知ることができたときは無効です（代表権の濫用／民法107条）。

さらに、代表権がないにもかかわらず、社長・副社長その他会社の代表権を有すると認めるべき名称を付した取締役（**表見代表取締役**）の行為は、善意の第三者に対し会社が責任を負います（354条）。この場合の「善意」とは、**善意・無重過失**を意味します（最判昭52.10.14）。

3 社外取締役

社外取締役とは、現在かつ就任前10年間、会社またはその子会社で業務執行取締役もしくは執行役または支配人ではないなどの要件をみたした取締役をいいます（2条15号）。

監査等委員会設置会社では監査等委員である取締役の**過半数**、**指名委員会等設置会社**では各委員会の委員の**過半数**は**社外取締役**である必要があり（331条6項、400条3項）、**一定の監査役会設置会社**は社外取締役を置く必要があります（327条の2）。 18-39 21-39 ＊5

会社と取締役（指名委員会等設置会社においては執行役）に利益相反状況がある場合等においては、その都度、業務執行を社外取締役に**委託**することができます（348条の2第1項、2項）。この委託された業務を執行しても、原則として社外取締役の資格は失いません（348条の2第3項本文）。

＊2
ここに注意
代表取締役が取締役を退任した場合、代表取締役の地位を失います。しかし、取締役が代表取締役を退任しても、取締役の地位を失いません。

＊3

プラスアルファ
取締役会設置会社において、「代表取締役が取締役会決議に基づいて代表権の一部を他の取締役に移譲することができる」旨の規定はありません。

＊4

プラスアルファ
会社と取締役間の訴訟においては、代表取締役に代表権はありません。この場合、株主総会で会社を代表する者を定めることができ(353条)、取締役会設置会社では、株主総会で定める者がある場合を除き、取締役会決議により代表する者を定めることができます(364条)。なお、監査役設置会社では監査役が会社を代表します(386条)。

＊5
ここに注意
ここでいう一定の監査役会設置会社とは、「監査役会設置会社（公開会社であり、かつ、大会社であるものに限る）であって金融商品取引法の規定によりその発行する株式について有価証券報告書を内閣総理大臣に提出しなければならない会社」（「上場会社等」といわれることもあります）のことです。

会社法－機関

26 取締役会

重要度 A

講師からのアドバイス

取締役会の招集が株主総会よりも簡易な手続で済むのは、業務執行の決定につき迅速性が要求されるからです。株主総会と比較しながら覚えるとよいでしょう。

1 総説

取締役会は、取締役全員で組織され（362条1項）、業務執行の意思決定および取締役の職務執行を監督する機関です。公開会社、監査役会設置会社、監査等委員会設置会社、指名委員会等設置会社は、取締役会を設置しなければなりません（327条1項）。

2 権限

(1) 業務執行に関する意思決定

取締役会は、業務執行に関する意思決定をします（362条2項1号）。法律により取締役会で決定しなければならないと定められている事項や一定の重要な業務執行については、取締役会で決定しなければなりません（362条4項）。例えば、重要な財産の処分等、多額の借財、支配人の選任・解任、支店の統廃合、内部統制システムの整備などが規定されており（362条4項各号）、これらの決定を取締役に委任することはできません。 12-39 *1

***1 プラスアルファ**

主な取締役会の専決事項としては、①重要な財産の処分および譲受け、②多額の借財、③支配人等の選任および解任、④支店等の設置、変更および廃止、⑤社債の募集、⑥内部統制システム（取締役の職務の執行が法令および定款に適合することを確保するための体制その他株式会社の業務ならびに当該株式会社およびその子会社からなる企業集団の業務の適正を確保するために必要なものとして法務省令で定める体制）の整備、⑦定款規定に基づく取締役等の責任の一部免除があります（362条4項各号）。

(2) 業務執行の監督

取締役会は、取締役の職務の執行を監督します（362条2項2号）。具体的には、取締役会が代表取締役の選定権・解職権を有することに現れています（362条2項3号）。この監督機能を実効化させるため、代表取締役、業務執行取締役は3カ月に1回以上自己の職務執行の状況を取締役会に報告しなければなりません（363条2項）。*2

(3) 代表取締役の選定および解職

取締役会は、代表取締役を選定および解職します（362条2項3号）。

3 招集

(1) 招集権者

取締役会は必要に応じて開催されます。招集権は、原則として各取締役が有します（366条1項本文）が、定款または取締役会の決議をもって、特定の取締役のみに招集権を認めることもできます（366条1項ただし書）。 19-39

***2 ここに注意**

取締役会に3カ月に1回以上報告しなければならないことから、取締役会は少なくとも3カ月に1回以上招集しなければならないことになります。

●会社法

また、招集権者を定めた場合であっても、招集権者以外の取締役は、招集権者に対して招集請求することができ、この請求があった日から**5日以内**に、その請求から**2週間以内**の日を取締役会の日とする招集通知が発せられない場合には、当該請求をした取締役は、取締役会を招集することができます（366条2項、3項）。さらに、一定の場合には株主（367条）や監査役（383条2項、3項）にも取締役会招集権が認められています。`12-38`

（2）招集方法

原則として、1週間前までに各取締役（監査役設置会社では各取締役および各監査役）に通知して招集します（368条1項）。通知の方法は、書面でも口頭でもよく、また、招集通知には議案を示す必要はありません。`19-39` ＊3

4 決議

取締役会の決議は、議決に加わることができる取締役の**過半数**が出席し、出席取締役の**過半数**で行います（369条1項）。決議に特別の利害関係を有する取締役は議決に参加できません（369条2項）。`12-38` `19-39` ＊4 ＊5

なお、定款で定めることにより、取締役が取締役会の決議の目的である事項について提案をした場合において、議決に加わることができる**取締役の全員が書面または電磁的記録により同意の意思表示をしたとき**（監査役設置会社では監査役がこの提案について異議を述べたときを除く）は、当該提案を可決する旨の取締役会の決議があったものとみなすことができます（370条）。

5 特別取締役

取締役会設置会社（指名委員会等設置会社を除く）では、取締役の数が**6人以上**で、そのうち**1人以上が社外取締役**である場合（監査等委員会設置会社では一定の場合を除く）、取締役会の決議により、①重要な財産の処分および譲受け、②多額の借財についての決議につき、あらかじめ選定した**3人以上**の取締役（**特別取締役**）をもって行うことができる旨を定めることができます（373条1項、362条4項1号、2号）。`14-40` `18-39`

＊3
プラスアルファ

取締役全員（監査役設置会社では取締役・監査役全員）の同意があれば、招集手続を経ずに開催可能です（368条2項）。

＊4
プラスアルファ

代表取締役の解職決議については、当該代表取締役は特別の利害関係を有し、議決に参加できません（最判昭44.3.28）。

＊5
プラスアルファ

①取締役会の議事録等は、10年間、保存されます（371条1項）。株主は、営業時間内であればいつでも議事録等の閲覧・謄写を請求できるのが原則です（371条2項）が、監査役設置会社、監査等委員会設置会社、指名委員会等設置会社では、裁判所の許可を得る必要があります（371条3項）。②親会社の株主その他の社員は、権利を行使するため必要があるときは、裁判所の許可を得て子会社の取締役会議事録の閲覧・謄写を請求することができます（371条5項・4項）。子会社の株主等による親会社の取締役会議事録の閲覧を許す規定はありません。③債権者は、役員・執行役の責任を追及するために必要があるときは、裁判所の許可を得て取締役会議事録の閲覧・謄写を請求することができます（371条4項）。

第4編 商法・会社法

会社法

605

会社法－機関

27 取締役の義務・報酬　重要度 B

講師からのアドバイス

競業避止義務に違反した取引であってもその取引は有効ですが、利益相反取引は無効となりえます。取締役の報酬については、定款で定めていないときは株主総会の普通決議によって定められます。

1 取締役の義務

(1) 一般義務

取締役は、**善管注意義務**（330条・民法644条）に加え、**忠実義務**を負います（355条）。＊1

(2) 競業避止義務

取締役が<u>自己または第三者のために株式会社の事業の部類に属する取引をしようとする場合</u>には、取締役会（非取締役会設置会社では株主総会）において、その取引について重要な事実を開示してその承認を受けなければなりません（356条1項1号、365条1項）。 13-39 19-40 ＊2

「会社の事業の部類に属する取引」とは、会社の事業の目的たる取引より広く、それと**同種または類似の商品・役務を対象とする取引**であって、会社の行う事業と**市場において競合**し、会社の利益を害する可能性のある取引をいいます。

承認を受けずに競業取引が行われた場合にも、その効力は**有効**ですが、承認を得なかった取締役は、任務懈怠となり、これによって生じた損害を会社に対して賠償する責任を負います（423条1項）。当該取引によって取締役または第三者が得た利益の額は、損害額と推定されます（423条2項）。

取締役会設置会社では、競業取引をした取締役は、当該取引後、**遅滞なく当該取引につき重要な事実を取締役会に報告**しなければなりません（365条2項）。

(3) 利益相反取引

取締役が会社から財産を譲り受ける場合など利益相反取引をしようとするときには、取締役は、当該取引について重要な事実を開示して**取締役会（非取締役会設置会社では株主総会）の承認**を得なければなりません（356条1項2号、3号、365条1項）。 13-39

取締役会設置会社では、利益相反取引をした取締役には、競業取引の場合と同様に、取締役会への**報告義務**があります（365条2項）。

＊1 **プラスアルファ**

忠実義務は、善管注意義務を敷衍し、かつ、いっそう明確にしたにとどまり、通常の委任関係に伴う善管注意義務とは別個の、高度な注意義務を規定したものではありません（最判昭45.6.24）。なお、敷衍とは、わかりやすく言い替えたり説明することです。

＊2 **プラスアルファ**

取締役は、会社の業務執行についての権限が強く、会社の機密にも通じているため、その地位を利用して会社の利益を犠牲にして自己または第三者の利益を図る危険があります。そこで、取締役の会社外での行為を制約するべく、忠実義務に加えて、競業避止義務が法定されています。

●会社法

利益相反取引	
直接取引	取締役が自己または第三者のために会社と取引をすること（356条1項2号）＊3
間接取引	会社が取締役の債務を保証することその他取締役以外の者との間において会社と取締役との利益が相反する取引をすること（356条1項3号）

　会社は、承認を受けない利益相反取引の無効を、直接取引の相手方に対しては、当然に主張できます。しかし、間接取引の相手方などに対しては、会社は、その者が「当該取引が利益相反取引であること」および「承認を受けていないこと」を知っている（重過失がある場合も悪意と同視される）ことを主張・立証して初めて、その無効を主張することができます（相対的無効説／最判昭43.12.25）。＊4　＊5

2 取締役の報酬等

　取締役は会社から報酬等を受けますが、取締役が自身の報酬等の額を決定すればお手盛りの危険が生じます。そこで、取締役の報酬等は、定款または株主総会の普通決議により定めなければなりません（361条1項）。ここでいう「報酬等」には、その名目を問わず、取締役が職務執行の対価として会社から受け取るものをすべて含みます（例えば、賞与、退職慰労金、ストックオプション等も含みます）。 13-39 17-39

　なお、必ずしも株主総会で取締役の個人別の報酬等を決定する必要はなく、株主総会で報酬総額の最高限度額を定め、その限度額内での個人別の報酬額の決定を取締役や取締役会に委ねることもできます（最判昭60.3.26）。もっとも、一定の監査役会設置会社等の取締役会は、取締役（監査等委員である取締役を除く）の個人別の報酬等の内容が具体的に定められない場合には、その内容についての決定方針を定めなければなりません（361条7項）。＊6

　また、報酬等として当該株式会社の株式または新株予約権を付与する場合は、定款または株主総会の決議で、その数の上限等を定めなければなりません（361条1項3号、4号）。なお、上場会社が取締役または執行役の報酬として株式の発行、自己株式の処分または新株予約権の発行をする場合には、金銭の払込みなどは必要ありません（202条の2、236条3項）。

＊3

具体例で覚えよう！
取締役がみずから当事者として会社から財産を譲り受ける場合が自己のためにする場合です。取締役が知人の代理人として会社から金銭を借り受ける場合などが第三者のためにする場合です。

＊4

プラスアルファ
利益相反取引規制は会社の利益を保護するためのものであることから、相手方の側から取引の無効を主張することはできません（最判昭48.12.11）。

＊5

プラスアルファ
会社の株主全員の同意がある場合、一人会社である場合には、承認が不要です（最判昭49.9.26、最判昭45.8.20）。

＊6
ここに注意
ここでいう一定の監査役会設置会社等とは、「①監査役会設置会社（公開会社であり、かつ、大会社であるものに限る）であって金融商品取引法の規定によりその発行する株式について有価証券報告書を内閣総理大臣に提出しなければならない会社、②監査等委員会設置会社」（「上場会社等」といわれることもあります）のことです。

会社法ー機関

28 監査役・監査役会

重要度 B

1 監査役

監査役とは、取締役（および会計参与）の職務執行を監査し、監査報告を作成する機関です（381条1項）。

(1) 監査役の選任等に関する特則

監査役の選任等の特則 15-39

選任 *1	株主総会普通決議（341条） ⇒①代表取締役が監査役の選任に関する議案を株主総会に提出するためには監査役（2人以上の場合、過半数）の同意が必要（343条1項） ⇒②監査役は、取締役に対し監査役の選任を株主総会の目的とすること、選任に関する議案を株主総会に提出することを請求可（343条2項）
解任	株主総会特別決議（339条1項、309条2項7号） ⇒監査役は、株主総会において当該監査役・他の監査役の解任議案が提出された場合、意見を述べること可（345条4項・1項）

(2) 権限

(a) 監査

監査役は、原則として業務監査権限と会計監査権限を有します（381条）。もっとも、非公開会社（監査役会設置会社または会計監査人設置会社を除く）では、定款で、監査役の監査権限の範囲を会計監査に限定することができます（389条1項）。*2

(b) 報告および調査

監査役は、いつでも、取締役・会計参与・支配人その他の使用人に対して事業の報告を求め、または監査役設置会社の業務および財産の状況を調査することができます（381条2項）。*3

(3) 義務

(a) 不正行為の報告

監査役は、取締役が不正の行為をし、もしくはそのおそれがあるとき、または法令・定款に違反する事実・著しく不当な事実を発見したときは、遅滞なく、取締役（取締役会）に報告しなければなりません（382条）。*4

講師からのアドバイス

監査役会設置会社では、監査役の全員で監査役会を組織しますが、監査役会制度の下でも、監査役の独任制は維持されています。

 *1 プラスアルファ

監査役会設置会社においては、①については監査役会の同意が必要となり、②の請求は監査役会がすることができます（343条1項・2項・3項）。

 *2 ここに注意

監査役の監査権限の範囲を会計に限定した場合、会社法上の監査役設置会社（2条9号）には該当しません。

 *3 プラスアルファ

監査役は、その職務を行うため必要があるときは、子会社に対して事業の報告を求め、その子会社の業務および財産の状況を調査することができます（381条3項）。

 *4 ここに注意

この場合に必要があると認めるときは、監査役は取締役または取締役会の招集権者に対し、取締役会の招集を請求することができます（383条2項）。

(b) 取締役会への出席

監査役は、取締役会に出席する義務を負い、必要があると認めるときは、意見を述べなければなりません（383条1項本文）。＊5

(c) 株主総会への報告

監査役は、取締役が株主総会に提出しようとする議案・書類等を調査する義務を負い、法令・定款違反または著しく不当な事項があると認めるときは、その調査結果を株主総会に報告しなければなりません（384条）。

(4) 差止請求

監査役は、取締役が会社の目的の範囲外の行為その他法令・定款に違反する行為をし、またはそのおそれがある場合であって、当該行為によって会社に著しい損害が生じるおそれがあるときは、当該取締役に対し、当該行為をやめることを請求することができます（385条1項）。＊6

2 監査役会

監査役会は、すべての監査役で組織されます（390条1項）。監査役は3人以上で、かつ、その半数以上は社外監査役でなければなりません（335条3項）。＊7

(1) 職務

監査役会は、①監査報告の作成、②常勤の監査役の選定および解職、③監査の方針、会社の業務および財産状況の調査の方法その他監査役の職務執行に関する事項の決定を行います（390条2項各号）。＊8

(2) 運営

監査役会は、各監査役が招集することができます（391条）。監査役会は常設の機関ではなく、必要に応じて開催されます。また、監査役会の決議については、原則として監査役の過半数をもって行います（393条1項）。

＊5 プラスアルファ

監査役が2人以上いる場合であって、特別取締役による議決の定めがあるときは、監査役の互選によって、特別取締役による取締役会に出席する監査役を定めることができます（383条1項ただし書）。

＊6 プラスアルファ

監査役設置会社においては、株主の取締役に対する違法行為差止請求権の要件が、「回復することができない損害」に加重されています（360条3項）。

＊7 ここに注意

大会社（公開会社でないものおよび監査等委員会設置会社・指名委員会等設置会社を除く）は、監査役会を置かなければなりません（328条1項）。

＊8 プラスアルファ

監査役会は、少なくとも1人は常勤の監査役を選定しなければなりません（390条3項）。

会社法－機関

29 会計参与・会計監査人

重要度 C

講師からの
アドバイス

いずれも、計算書類に携わる経理の専門家です。その中で、会計参与は計算書類の作成に携わり、会計監査人は計算書類のチェックに携わります。

1 会計参与

会計参与とは、取締役（指名委員会等設置会社では執行役）と共同して、**計算書類等を作成する者**をいいます（374条1項前段、6項）。

会計参与を置くことは、任意です（326条2項）。

(1) 権限

会計参与は、取締役（指名委員会等設置会社では執行役）と共同して、**計算書類等**を作成するとともに、**会計参与報告**を作成しなければなりません（374条1項）。また、会計参与は、いつでも、会計帳簿等を閲覧・謄写し、または取締役（指名委員会等設置会社では執行役および取締役）および支配人その他の使用人に対して、会計に関する報告を求めることができます（374条2項）。会計参与は、株式会社とは別に、378条1項各号所定の日から5年間、当該会計参与が定めた場所に計算書類等を備え置かなければなりません（378条1項）。

(2) 義務

会計参与は、その職務を行うに際して取締役の職務の執行に関し不正の行為または法令・定款に違反する重大な事実があることを発見したときは、**遅滞なく株主**（監査役設置会社では監査役、監査役会設置会社では監査役会、監査等委員会設置会社では監査等委員会、指名委員会等設置会社では監査委員会）**に報告**しなければなりません（375条）。取締役会設置会社の会計参与は、計算書類等の承認をする取締役会に出席する義務があり、必要があると認めるときは、意見を述べなければなりません（376条1項）。

(3) 報酬

会計参与の報酬は、定款にその額を定めていないときは、株主総会の普通決議によって定めます（379条1項、309条1項）。

●会社法

2 会計監査人

　会計監査人とは、計算書類等の監査（会計監査）をし、会計監査報告を作成する者をいいます（396条1項）。大会社、監査等委員会設置会社、指名委員会等設置会社は、会計監査人を置かなければなりません（327条5項、328条1項、2項）。

(1) 権限

　会計監査人は、会社の計算書類およびその附属明細書、臨時計算書類、連結計算書類を監査し、その監査について、会計監査報告を作成しなければなりません（396条1項）。また、会計監査人は、いつでも、会計帳簿またはこれに関する資料の閲覧・謄写をし、取締役（指名委員会等設置会社では執行役、取締役）、会計参与および支配人その他の使用人に対して会計に関する報告を求めることができます（396条2項6項）。さらに、会計監査人は、その職務を行うため必要があるときは、子会社に対して会計に関する報告を求め、会社またはその子会社の業務および財産の状況の調査をすることができます（396条3項）。

(2) 義務

　会計監査人は、その職務を行うに際して取締役の職務の執行に関し不正の行為または法令・定款に違反する重大な事実を発見したときは、遅滞なく監査役（監査役会設置会社では監査役会、監査等委員会設置会社では監査等委員会、指名委員会等設置会社では監査委員会）に報告しなければなりません（397条1項、3項～5項）。

(3) 報酬

　会計監査人の報酬は、定款や株主総会の決議によって定める必要はありません。しかし、取締役が、会計監査人の報酬を定める場合には、監査役（監査役が2人以上の場合にはその過半数、監査役会設置会社では監査役会、監査等委員会設置会社では監査等委員会、指名委員会等設置会社では監査委員会）の同意を得なければなりません（399条）。

第4編　商法・会社法

会社法

会社法－機関

30 監査等委員会設置会社 重要度 B

講師からのアドバイス

監査等委員会設置会社は、指名委員会等設置会社と比べると、指名委員会・報酬委員会がなく、監査等委員会が一定程度の代替機能を果たします。すなわち、監査等委員会は、指名委員会等設置会社の監査委員会が有する権限に加えて、監査等委員以外の取締役の選任・報酬につき、株主総会における意見陳述権を有しています。

1 総説

> **第2条【定義】**
> この法律において、次の各号に掲げる用語の意義は、当該各号に定めるところによる。
> 十一の二　監査等委員会設置会社　監査等委員会を置く株式会社をいう。 16-39
>
> **第326条【株主総会以外の機関の設置】**
> 2　株式会社は、定款の定めによって、取締役会、会計参与、監査役、監査役会、会計監査人、監査等委員会又は指名委員会等を置くことができる。
>
> **第331条【取締役の資格等】**
> 6　監査等委員会設置会社においては、監査等委員である取締役は、3人以上で、その過半数は、社外取締役でなければならない。

　監査等委員会設置会社とは、監査等委員会を置く株式会社をいいます（2条11号の2、326条2項）。2014年会社法改正により監査等委員会設置会社制度が新設された目的は、監査役会に代えて社外取締役が過半数を占める「監査等委員会」を設け、監査等委員会が指名委員会・報酬委員会に代わるある程度の経営評価をすることにより、社外取締役の活用を促進させ、取締役会の監督強化を図ることにあります。

(1) 監査等委員

　監査等委員とは、監査・監督を行う取締役をいい、監査等委員である取締役は3人以上で、その過半数は社外取締役でなければなりません（331条6項）。 18-39 21-39

(2) 監査等委員会

　監査等委員会は、定款の定めにより設置され（326条2項）、設置する場合には、取締役会および会計監査人を置かなければなりません（327条1項3号、5項）。監査役は置くことができません（327条4項）。 16-39

2 監査等委員の選任・解任および報酬等

　監査等委員会設置会社では、株主総会における取締役の選任は、監査等委員である取締役とそれ以外の取締役とを区別してしなければなりません（329条2項）。

また、監査等委員である取締役の解任には、株主総会の特別決議が必要です（309条2項7号、344条の2第3項）。

監査等委員会設置会社における監査等委員以外の取締役の任期は1年であるのに対し、監査等委員である取締役の任期は2年であり、短縮できません（332条3項、4項、1項ただし書）。

取締役の報酬は、定款に当該事項を定めていないときは、株主総会の普通決議によって定めます（361条1項、309条1項）。しかし、監査等委員である取締役とそれ以外の取締役とを区別して定めなければなりません（361条2項）。また、監査等委員である取締役は、株主総会において、監査等委員である取締役の報酬等について意見を述べることができます（361条5項）。 17-39

3 監査等委員会の権限

監査等委員会は、指名委員会等設置会社の監査委員会と同様の権限を有します（399条の3、399条の6、399条の7等）。

監査委員会や監査役（会）にない監査等委員会の独自の権限として、監査等委員会が選定する監査等委員には監査等委員以外の取締役の選任・解任、辞任および報酬等についての意見陳述権が認められています（342条の2第4項、361条6項）。 17-39

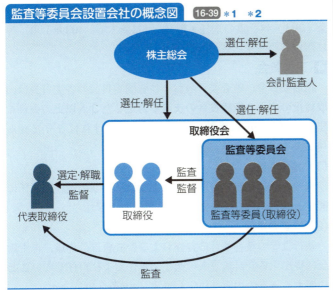

●会社法

*1 ここに注意
監査等委員会設置会社では、代表取締役が会社の業務に関する包括的な代表権限を有します（349条4項）。

*2 ここに注意
監査等委員会設置会社には、会計監査人を置かなければなりません（327条5項）。

会社法－機関

31 指名委員会等設置会社　重要度 B

講師からのアドバイス

指名委員会等設置会社は、2002年改正により導入された会社形態です（当時は委員会等設置会社）。その特徴は、執行と監督を制度的に分離して、執行役による業務執行の合理化・迅速化を図るとともに、取締役会による業務執行の監督を強化することにあります。

*1

 プラスアルファ

指名委員会等設置会社は、三委員会、執行役、取締役会、会計監査人を置かなければなりません（2条12号、327条1項4号5項、402条1項）。なお、指名委員会等設置会社では、特別取締役による取締役会決議は認められていません（373条1項かっこ書）。

*2

 プラスアルファ

取締役会は、法の定める基本事項を除き、業務決定権限を執行役に委任することができます（416条4項本文）。例えば、多額の借財の決定を執行役に委任することができます。

*3

 プラスアルファ

指名委員会等設置会社・その子会社の業務・財産状況の調査は、監査委員会が選定する監査委員のみがすることができます（405条1項2号）。

1 総説

指名委員会等設置会社とは、指名委員会、監査委員会および報酬委員会（三委員会）を置く株式会社です（2条12号）。

指名委員会等設置会社では、取締役会の役割は、基本事項の決定と委員会の委員および執行役の選任等の監督機能が中心となり、三委員会が監査・監督を行います。監査役を設置することはできず（327条4項）、監査委員がその役割を果たします。また、業務執行は執行役が担当し、取締役は、法令に別段の定めがある場合を除き、業務執行をすることができません（415条）。 12-39 16-39 *1

2 取締役

取締役の任期は、選任後1年以内に終了する事業年度のうち最終のものに関する定時株主総会の終結の時までです（332条6項・1項）。取締役は、支配人その他の使用人を兼任することができません（331条4項）。

3 取締役会

取締役会の権限は、原則として、経営の基本事項の決定（416条1項）・委員会の委員の選定・解職（400条2項、401条1項）・執行役の選任・解任（402条2項、403条1項）等に限定されます。 12-39 13-40 *2

4 三委員会

指名委員会、監査委員会および報酬委員会の各委員会は、取締役の中から取締役会の決議で選定した3人以上の委員で組織され、その過半数は社外取締役でなければなりません（400条1項～3項）。 21-39

(1) 指名委員会

株主総会に提出する取締役および会計参与の選任・解任に関する議案の内容を決定します（404条1項）。

(2) 監査委員会

執行役等の職務執行の監査および監査報告の作成、株主総会に提出する会計監査人の選任・解任および再任しないことに関する議案の内容を決定します（404条2項）。 *3

614

(3) 報酬委員会

執行役等の個人別の報酬等の内容を決定します。執行役が支配人その他の使用人を兼任しているときは、当該支配人その他の使用人の報酬等についても決定します（404条3項）。

5 執行役

執行役は、取締役会の決議により委任を受けた業務執行の決定をし、実際に業務を執行します（418条）。*4

執行役は、取締役会の決議で選任され（402条2項）、いつでも取締役会の決議により解任することができます（403条1項）。任期は、原則として、選任後1年以内に終了する事業年度のうち最終のものに関する定時株主総会の終結後最初に招集される取締役会の終結の時までです（402条7項）。

6 代表執行役

代表執行役とは、執行役の中から選定された指名委員会等設置会社を代表する機関です（420条1項前段、3項、349条4項）。取締役会は、執行役の中から代表執行役を選定しなければなりませんが、執行役が1人のときは、その者が代表執行役に選定されたものとされます（420条1項）。また、取締役会の決議により、いつでも代表執行役を解職することができます（420条2項）。*5

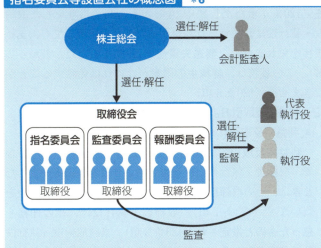

指名委員会等設置会社の概念図 *6

プラスアルファ

執行役と取締役の兼任は禁止されていません（402条6項）。しかし、執行役と監査委員・会計参与との兼任は禁止されています（400条4項、333条3項1号）。

ここに注意

代表執行役は、会社の業務に関する包括的な代表権を有します（420条3項・349条4項）。代表権の範囲や表見代表執行役の規制は、一般の会社における代表取締役と同様です（420条3項・349条4項、5項、421条）。

ここに注意

指名委員会等設置会社には、会計監査人を置かなければなりません（327条5項）。

会社法－機関

32 役員等の損害賠償責任　重要度 B

講師からのアドバイス

役員等の責任は、会社に対する責任と、第三者に対する責任とを分けて理解しましょう。

＊1 プラスアルファ

会社法では、次のような役員等の責任の一部免除・限定を認めています。
・株主総会の特別決議による責任の一部免除（425条）
・監査役設置会社（取締役が2人以上である場合に限る）、監査等委員会設置会社、指名委員会等設置会社における定款の定めに基づく取締役の過半数の同意または取締役会の決議による責任の一部免除（426条）
・定款の定めに基づく責任限定契約による非業務執行取締役等の責任の限定（427条）

いずれも、役員等が職務執行につき善意・無重過失であることが要件とされています。

＊2 プラスアルファ

任務懈怠が推定されるのは、会社と利益相反取引を行った取締役・執行役、会社が当該取引をすることを決定した取締役・執行役、および当該取引に関する取締役会の承認決議に賛成した取締役・執行役です（423条3項）。

1 役員等の任務懈怠責任

取締役・会計参与・監査役・執行役・会計監査人（これらを総称して「役員等」という）は、その任務を怠ったときは、会社に対し、これによって生じた損害を賠償する責任を負います（423条1項）。また、責任を負う者が複数いる場合は、連帯責任となります（430条）。任務懈怠責任を免除するには、総株主の同意を要します（424条）。14-40 ＊1

2 取締役・執行役の会社に対する責任

(1) 株主の権利行使に関する利益供与にかかる責任

株式会社は、何人に対しても、株主の権利、適格旧株主の権利または最終完全親会社等の株主の権利の行使に関し、財産上の利益の供与をしてはなりません（120条1項）。これに違反したときは、当該利益供与に関与した取締役・執行役として法務省令で定める者は、会社に対し、連帯して、供与した利益の価額に相当する額を支払う義務を負います（120条4項本文）。

ただし、その者が職務を行うについて注意を怠らなかったことを証明した場合は、かかる義務は負いません（過失責任／120条4項ただし書）。もっとも、利益供与をした取締役・執行役は、注意を怠らなかったことを証明しても、支払義務を免れません（無過失責任／120条4項ただし書かっこ書）。この義務は、総株主の同意がなければ免除することができません（120条5項）。

(2) 利益相反取引および競業取引にかかる責任

(a) 利益相反取引にかかる責任

利益相反取引（356条1項2号、3号）が行われた場合で、取締役・執行役の任務懈怠により会社に損害が生じたときは、その取締役・執行役はその損害を賠償する責任を負います（423条1項）。取締役・執行役は、その任務を怠ったものと推定され（423条3項）、当該取締役・執行役は任務懈怠がなかったことを立証しない限り責任を免れることができません。＊2

(b) 競業取引にかかる責任

また、**取締役・執行役が自己または第三者のために会社の事業の部類に属する取引**（**競業取引**／356条1項1号）をし、これによって会社に損害が生じたときも、任務を懈怠した取締役・執行役は損害賠償責任を負います（423条1項）。＊3

(c) 責任の性質

利益相反取引および競業取引にかかる責任は、いずれも**任務懈怠責任**であり、原則として**過失責任**です。また、総株主の同意があれば責任の免除をすることができます（424条）。ただし、自己のために会社と直接に利益相反取引をした取締役・執行役については、**無過失責任**とされ（428条1項）、責任の一部免除や責任限定契約も認められません（428条2項、425条～427条）。

3 役員等の第三者に対する損害賠償責任

役員等がその職務を行うについて**悪意または重大な過失**があった場合、当該役員等は、これによって**第三者に生じた損害を連帯して賠償する責任**を負います（429条1項）。

この責任の性質は、第三者を保護するための特別の法定責任であるとされています（最判昭44.11.26）＊4

判例は、名目的に取締役に就任した「名目的取締役」も取締役であることに変わりはないから、責任を負うとしています（最判昭55.3.18）。

＊3 プラスアルファ
取締役・執行役が株主総会（取締役会設置会社では取締役会）の承認を得ずに競業取引をしたときは、当該取引によって取締役・執行役または第三者が得た利益の額が損害額と推定されます（423条2項）。

＊4 ここに注意
判例は、①役員等の任務懈怠行為と第三者の損害との間に相当の因果関係がある限り、間接損害・直接損害のいずれについても役員等は責任を負い、②第三者は任務懈怠について役員等の悪意・重過失を立証すれば足り、自己に対する加害につき故意・過失のあることを立証する必要はないとしています。

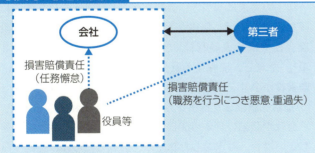
役員等の損害賠償責任

会社法－機関

33 責任追及等の訴え・差止請求権　重要度 B

講師からのアドバイス

同僚意識や馴合いによって、会社が取締役の違法行為等を放置する危険があります。責任追及等の訴えや差止請求は、これらの危険に対処するための規定として重要です。

1 責任追及等の訴え

取締役等の責任は、本来は会社自身が追及すべきものですが、取締役間の同僚意識等からその責任追及がされない可能性があり、その結果会社ひいては株主の利益が害されるおそれがあります。そこで、会社法は、個々の株主に、みずから会社のために取締役等に対する責任追及を行うことを目的とする訴えの制度を認めています（847条）。＊1　＊2

*1

ここに注意

責任追及等の訴えは、株主が会社に代わって行うものであるため、株主が勝訴しても、役員等に対して自己への金員の給付を請求することはできず、会社に対して給付することを請求することができるのみです。

① 発起人・設立時取締役・設立時監査役・役員等・清算人の責任追及
② 違法な利益供与を受けた者の責任追及
③ 不公正価額で株式・新株予約権を引き受けた者の責任追及
④ 出資の履行を仮装した募集株式の引受人・新株予約権者の責任追及

(1) 原告適格

責任追及等の訴えを請求することができるのは、6カ月前から引き続き株式を有する株主（単独株主権。非公開会社では保有期間の要件は不要）です（847条1項本文、2項）。 19-38

*2

プラスアルファ

判例は、「責任」（847条1項）には、取締役等の地位に基づく責任のみならず、取締役の会社に対する取引債務についての責任も含まれるとしています（最判平21.3.10）。

(2) 会社に対する提訴権者

(a) 会社を代表する者

株主の請求に基づき、会社を代表して訴えを提起する権限を有するのは、原則として代表取締役（指名委員会等設置会社では代表執行役）です（349条1項、4項、420条3項）。ただし、取締役の責任を追及する訴えについては、監査役が会社を代表します（386条1項1号）。 13-39

(b) 提訴を請求した株主がみずから訴えを提起できる場合

会社が請求の日から60日以内に責任追及等の訴えを提起しない場合、請求をした株主が、会社のために、提起することができます（株主代表訴訟／847条3項）。＊3　＊4　＊5　＊6

*3

プラスアルファ

60日の経過により会社に回復することができない損害が生ずるおそれがある場合には、提訴を請求した株主は、株式会社のために、直ちに責任追及等の訴えを提起できます（847条5項）。

●会社法

2 違法行為の差止め

(1) 株主の差止請求権

取締役または執行役が違法行為をした場合は、会社に対する損害賠償責任（423条1項）を負いますが、違法行為がなされる前に（事前に）当該行為を差し止めることが理想的です。会社法は、一定の要件の下、個々の株主に取締役または執行役の違法行為を差し止める権利を認めています（360条、422条）。

取締役または執行役の違法行為に対する株主の差止請求権が認められるためには、次のような要件をみたす必要があります。12-38

> ① 取締役または執行役が会社の目的の範囲外の行為その他法令・定款違反の行為をし、またはこれらの行為をするおそれがあること
> ② 当該行為によって会社に著しい損害が生じるおそれがあること（監査役設置会社、監査等委員会設置会社または指名委員会等設置会社では「回復することができない損害が生ずるおそれがあること」）*7
> ③ 6カ月前から引き続き株式を有する株主（単独株主権。非公開会社では保有期間の要件は不要）であること

株主は、取締役または執行役に対して違法行為の差止めを請求することができます。責任追及等の訴えとは異なり、直接訴えを提起することができます。また、裁判上または裁判外において行使することができます。

(2) 業務執行に関する検査役の調査

会社の業務執行に関し、不正の行為または法令もしくは定款に違反する重大な事実があることを疑うに足りる事由があるときは、①総株主の議決権の100分の3以上の議決権を有する株主、または、②発行済株式の100分の3以上の数の株式を有する株主は、会社の業務および財産の状況を調査させるため、裁判所に対し検査役の選任の申立てをすることができます（358条1項）。

*4 プラスアルファ
株式交換等完全子会社の旧株主から責任追及等の訴えの提起を請求することができ（847条の2第1項）、会社が提起しないときは旧株主が訴えを提起できます（847条の2第6項）。

*5 プラスアルファ
親会社の株主は子会社のために責任追及等の訴えの提起を請求することができ（847条の3第1項）、会社が提起しないときは親会社の株主が訴えを提起できます（847条の3第7項）。

*6 プラスアルファ
株式会社等が取締役（監査等委員および監査委員を除く）、執行役等と和解をするためには、①監査役設置会社では監査役（2人以上のときは各監査役）、②監査等委員会設置会社では各監査等委員、③指名委員会等設置会社では各監査委員の同意が必要です（849条の2）。

*7 ここに注意
要件②について、監査役設置会社、監査等委員会設置会社または指名委員会等設置会社において要件が加重されているのは、まずは業務監査権限を有する監査役・監査等委員や監査委員の権限に委ねることで、株主による権限濫用を防止するためです。

会社法－資金調達

34 募集株式の発行等① 重要度 A

講師からのアドバイス

ここからは資金調達について勉強していきます。まずは、募集株式の発行等です。新たに株式を発行しこれを割り当てることによって資金を調達するのが主な目的です。株主割当てと第三者割当てに分けて手続を整理しましょう。

＊1 プラスアルファ

定款において、将来会社が発行する予定の株式の数を定め、その授権の範囲内で会社が適宜株式を発行することが認められています（授権資本制度）。これにより、市場の状況等に応じた機動的な株式発行が可能になります。

＊2 ことばの意味

株主割当て
既存の株主に、その有する株式数に応じて株式の割当てを受ける権利を与えることをいいます。

＊3 プラスアルファ

「特に有利な金額」とは、公正な価額と比較して特に低い金額をいい、公正な価額は、払込金額決定前の株価、その騰落習性等の諸事情を総合し、旧株主の利益と会社が有利な資本調達を実現するという利益との調和の中に求められます（最判昭50.4.8）。

1 総説

募集株式の発行等とは、株式引受人を募集することによって、新たに株式を発行することをいいます。新たな株式の発行と自己株式の処分は、株式引受人を募集し、引受人から金銭等の払込みを受けて、その者は株式を取得するという点で共通しているため、会社法は、新たに株式を発行する場合と、自己株式を処分する場合の手続を一体化して規定しています（199条1項柱書参照）。＊1

株式とは、株式会社の社員の地位を表すものであるため、新株の発行をすることによって新たな社員の地位がつくりだされます。また、新株を発行することにより、それに見合う対価が会社に入るため、会社資産も増加します。このように会社は**人的・物的に拡大**します。

募集株式の発行等は、公開会社と非公開会社、**株主割当て**とそれ以外（**第三者割当て**）で手続が異なります。＊2

2 募集事項の決定機関等

(1) 株主割当て以外（第三者割当て）

(a) 公開会社の場合

公開会社が募集株式の発行等を行う場合の募集事項を決定する機関は、原則として**取締役会**です（199条2項・201条1項）。ただし、公開会社でも、募集株式の払込金額が募集株式を引き受ける者に**特に有利な金額**である場合は、募集事項の決定は**株主総会の特別決議**によらなければなりません（199条2項・201条1項・309条2項5号）。 13-40 17-40 ＊3

取締役会が決定すべき募集事項には、募集株式の数、払込金額またはその算定方法、現物出資の内容および価額、払込期日または払込期間等があります（199条1項）。 13-40

また、募集事項を定めたときは、払込期日（払込期間を定めた場合、その期間の初日）の2週間前までに募集事項を株主に**通知**しなければなりません（201条3項）。なお、**公告**をもってこの通知に代えることができます（201条4項）。

●会社法

(b) 非公開会社の場合

非公開会社では、募集事項の決定には、**株主総会の特別決議**が必要です（199条2項・309条2項5号）。ただし、株主総会の特別決議により、取締役（取締役会設置会社では取締役会）に委任することができます（200条1項・309条2項5号）。 17-40 *4

(2) 株主割当て

(a) 公開会社の場合

公開会社では、募集事項の決定は**取締役会の決議**によります（202条3項3号）。

募集事項を定めたときは、募集株式の引受けの申込期日の2週間前までに募集事項等を株主に**通知**しなければなりません（202条4項）。 13-40 *5

(b) 非公開会社の場合

非公開会社では、原則として**株主総会の特別決議**によります（202条3項4号・309条2項5号）が、取締役の決定（取締役会設置会社では取締役会の決議）による旨の定款の定めがある場合には、その定款規定に従います（202条3項1号、2号）。

*4 プラスアルファ

取締役・取締役会に募集事項の決定の委任をする場合には、株主総会特別決議により、募集株式数の上限と払込金額の下限を定めることが必要です（200条1項）。また、この委任決議は、払込期日または払込期間の末日が当該決議の日から1年以内の日である募集についてのみその効力を有します（200条3項）。

*5 ここに注意

株主割当ての場合の株主への通知については、公告をもって代えることはできません。

募集株式発行 *6

	公開会社	非公開会社
株主割当て	取締役会の決議（202条3項3号）	原則：株主総会の特別決議（202条3項4号・309条2項5号） 例外：定款の定めにより取締役の決定（取締役会設置会社では取締役会の決議）事項とすることができる（202条3項1号2号）
株主割当て以外（第三者割当て）	原則：取締役会の決議（199条2項・201条1項） 例外：特に有利な払込金額である場合は、株主総会の特別決議（199条2項・201条1項・309条2項5号）	原則：株主総会の特別決議（199条2項・309条2項5号） 例外：株主総会特別決議により、募集株式数の上限および払込金額の下限を定めた場合、取締役（取締役会設置会社では取締役会）に委任することができる（200条1項・309条2項5号）

*6 プラスアルファ

2014年改正により、支配株主の異動を伴う募集株式の発行等に関する特則が新設されました。すなわち、公開会社で、支配株主の異動をもたらすような募集株式の発行等がなされる場合には、既存株主の利益が害されるおそれがあり取締役会決議で募集事項を決定するのは妥当でないので、一定の場合に一定の条件の下で株主総会の決議が必要となります（206条の2）。

第4編 商法・会社法 会社法

621

会社法－資金調達

35 募集株式の発行等② 重要度 B

講師からの
アドバイス

募集株式の発行等に瑕疵があった場合に、その効力を争う手段について確認しておきましょう。

1 申込み・割当て・引受け

　会社は、募集株式の申込みをしようとする者に対して募集事項等を通知し（203条1項）、申込みをする者は一定事項を記載した書面（電磁的方法も可）を会社に交付して申込みをします（203条2項、3項）。申込みがあると、会社はこれに対し割当てをし（204条1項）、申込人はその株式について**株式引受人**となります（206条1号）。

　なお、引受けの申込期日までに申込みをしない株主は、募集株式の割当てを受ける権利を当然に失うことになります（204条4項）。

2 出資の履行と募集株式の発行等の効力発生

　募集株式の引受人は、払込期日または払込期間内に払込金額の全額の払込みをし（208条1項）、現物出資者は現物出資財産全部の給付をしなければなりません（208条2項）。

　現物出資者の資格に制限はありません。現物出資の場合、設立時と同様に裁判所が選任した検査役が調査するのが原則です（207条1項）。もっとも、一定の場合には、検査役の調査は不要となります（207条9項各号）。＊1

　払込期日に、または払込期間内に払込みがあった募集株式については、①払込期日を定めた場合には、**払込期日**に、②払込期間を定めた場合には、その**出資の履行があった日**に募集株式発行の効力が生じ、株式引受人はその日から**株主**となります（209条）。

　なお、募集株式の引受人が払込期日または払込期間内に出資の履行をしないときは、募集株式の株主となる権利を当然に失います（208条5項）。

3 募集株式の発行等に関する瑕疵

　募集株式の発行等の手続等に法令または定款違反がある場合、その効力が問題となります。募集株式の発行等の効力が発生する前後に応じ、事前の手段として**募集株式の発行等の差止め**、事後の手段として**新株発行・自己株式処分の無効の訴え・不存在確認の訴え**という手段があります。＊2

＊1
ここに注意

会社の設立時においては、現物出資をすることができるのは発起人に限られます。

＊2
ここに注意

差止めは、違法または不公正な募集株式の発行等を事前に阻止する制度であることから、募集株式の発行等の効力発生前までにしなければなりません。

622

● 会社法

(1) 募集株式の発行等の差止め

会社が法令・定款違反または著しく不公正な方法で募集株式を発行または自己株式を処分し、これにより株主が不利益を受けるおそれがある場合には、株主は会社に対して発行等の差止めを請求することができます（210条）。＊3

(2) 新株発行・自己株式処分の無効の訴え・不存在確認の訴え

募集株式の発行等に瑕疵がある場合、その発行の効力が生じた後、その瑕疵を理由に募集株式の発行等の効力を争おうとするときは、法的安定性の確保の観点から、新株発行無効の訴えによらなければなりません（828条1項2号、3号）。

新株発行等の無効の訴えについては、提訴権者（原告適格）は、株主（新旧両株主）・取締役・監査役等に限られ（828条2項2号3号）、提訴期間は、効力発生日から6カ月間（非公開会社では1年間／828条1項2号、3号）、被告は会社です（834条2号、3号）。判決の効力には対世効があり遡及効はなく、将来に向かって消滅する取扱いがなされます。（838条、839条）。なお、無効事由は、解釈上狭く解されています。取締役会の決議を経ないでなされた新株発行も、無効にはならないとされています（最判平6.7.14）。

募集株式の発行等の実体がない場合は、新株発行等の無効の問題ではなく、新株発行等の不存在の問題となります。この不存在については、新株発行等の不存在確認の訴えを提起して争うことができます（829条1号、2号）。 19-38 ＊4

新株発行等に関する訴え

	提訴権者	提訴期間	認容判決
新株発行等 無効の訴え	株主等	公開会社6カ月 非公開会社1年	対世効 将来効
新株発行等 不存在確認 の訴え	誰でも※	制限なし	対世効

※会社法上の制限がないことを意味する

 ＊3 プラスアルファ

「著しく不公正な方法」とは、募集株式の発行を利用して会社の支配権の獲得・維持を目的とするなど、不当な目的を達成する手段として行われる場合を指します。なお、会社の資金調達目的と支配権獲得・維持目的のいずれが主要な目的となっているか検討して判断する方法を「主要目的ルール」といいます。もっとも、近時の敵対的買収から会社を防衛する（旧来の経営権を維持する）ために、募集株式の発行を行う場合については、支配権の帰すうに影響を与える募集株式発行は原則として「著しく不公正な方法」としつつも、敵対的買収への対抗の必要性や相当性がある場合には、差止めの対象としないという判断枠組みも用いられています。

 ＊4 ここに注意

新株発行等の不存在確認の訴えの提訴権者については、会社法上、特に制限はありません。また、提訴期間も制限されません（最判平15.3.27）。なお、新株発行等の不存在は、訴えによらずに、それ以外の方法で主張することもできます。

会社法－資金調達

36 新株予約権・社債

重要度 B

講師からの
アドバイス

新株予約権の発行手続は募集株式の場合に類似しています。社債については株式との違いを確認しておきましょう。

1 新株予約権

(1) 意義

　新株予約権とは、新株予約権者が会社に対してそれを行使したときに、会社から株式の交付を受ける権利をいいます（2条21号）。その発行は、有償の場合と無償の場合があります。新株予約権が行使されると株式が交付されることとなるため、新株予約権の発行は、潜在的な募集株式の発行等として、類似した規制が設けられています。＊1

(2) 募集新株予約権の発行手続

　募集事項の決定は、公開会社と非公開会社、株主割当てとそれ以外（第三者割当て）で異なります。募集事項の決定機関および申込みから割当てまでの手続は、募集株式の発行等の場合と同様です（238条～244条の2）。

　募集新株予約権の有利発行（238条3項1号2号）を行う場合は、株主総会の特別決議が必要となります（238条2項、240条1項、309条2項6号）。＊2

　なお、新株予約権の発行が法令または定款に違反する場合、著しく不公正な方法による場合は、株主は、当該新株予約権の発行の差止めを請求することができます（247条）。

(3) 新株予約権者となる日・払込み

　申込者は、払込みを待たずに、割当日に募集新株予約権の新株予約権者になります（245条1項）。

　払込みを要する場合、新株予約権者は、払込期日（払込期日の定めがない場合は、新株予約権の行使期間の初日の前日）までに、払込金額の全額を払い込まなければなりません（246条1項）。＊3

(4) 新株予約権の行使

　新株予約権者は、新株予約権を行使した日に、当該新株予約権の目的である株式の株主となります（282条1項）。＊4

　新株予約権者は、新株予約権の行使に際して、金銭等の出資の目的のすべてを、新株予約権を行使する日に、払込みまたは給付しなければなりません（281条1項、2項）。＊5

＊1 ここに注意

新株予約権は、敵対的買収に対する防衛策や取締役等に対するインセンティブ報酬として発行される場合もあります。

＊2 ここに注意

①払込みを要しないことが特に有利な条件、②払込金額が有利な金額である場合、有利発行にあたります（238条3項）。

＊3 プラスアルファ

新株予約権者が払込期日までに、全額の払込みをしないときは、当該募集新株予約権を行使することができず（246条3項）、当該新株予約権は消滅します（287条）。

＊4 プラスアルファ

新株予約権は、原則として自由に譲渡することができます（254条1項）。

●会社法

2 社債

(1) 意義

社債とは、会社法の規定により会社が行う割当てにより発生する当該会社を債務者とする金銭債権であって、676条各号に掲げる募集事項についての定めに従い償還されるものをいいます（2条23号）。

株式と社債

	性質	払戻し等	経営参与
社債	負債	償還義務・利息支払義務	なし
株式	資本	払戻し禁止	あり

(2) 社債の発行

社債の発行は、非取締役会設置会社では株主総会普通決議（295条1項、309条1項）、取締役会設置会社では取締役会の決議により行います（362条4項5号）。指名委員会等設置会社の場合には、取締役会の決議により、その決定を執行役に委任することができます（416条4項ただし書）。 13-40 *6

(3) 社債の管理

会社は、各社債の金額が1億円以上である場合などを除き、社債管理者を定め、弁済の受領、債権の保全などの社債の管理を委託しなければなりません（702条）。社債管理者を定める義務がないときは、担保付社債である場合を除き、会社は、社債権者のために、社債管理補助者に社債の管理の補助を委託することができます（714条の2）。

また、社債権者の総意を決定するため、社債の種類ごとに社債権者集会が組織（非常設）され（715条）、その利害に関する事項などを決議します（716条）。 *7 *8 *9

(4) 社債権者の権利

社債権者は社債の期限が到来したときに償還を受け、それまでは定められた利息の支払いを受ける権利を有します。

3 新株予約権付社債

新株予約権付社債とは、新株予約権を付した社債をいいます（2条22号）。これは社債と新株予約権を一体として取り扱うものです。社債が消滅した場合を除き、新株予約権のみを分離して譲渡することはできません（254条2項）。

---

*5 プラスアルファ

新株予約権の払込金額、行使に際してする金銭の払込みが仮装された場合には、払込みを仮装した者等は、仮装された払込金額の全額の支払義務を負います（286条の2）。

*6 プラスアルファ

持分会社も、社債を発行することができます。

*7 プラスアルファ

例えば、社債に係る債務の全部または一部の免除の決議もできます（706条1項1号）。

*8 ここに注意

社債権者集会の決議は、裁判所の認可を受けなければ効力を生じません（734条1項）。

*9 プラスアルファ

社債権者集会の目的である事項の提案について議決権者の全員が書面または電磁的記録により同意の意思表示をしたときは、これを可決する旨の社債権者集会の決議があったとみなされます（735条の2第1項）。この場合は、裁判所の認可は不要です（735条の2第4項）。

会社法－計算

37 会計帳簿と計算書類 重要度 C

講師からのアドバイス

ここからは、計算について学びます。会計帳簿とは何か、計算書類とは何かを大まかに理解しておけば足りるでしょう。

1 会計帳簿

　会計帳簿とは、計算書類・附属明細書作成の基礎となる帳簿をいい、いわゆる**仕訳帳**、**元帳**などがこれにあたります。株式会社は、法務省令で定めるところにより、**適時**に、正確な会計帳簿を作成しなければなりません（432条1項）。株式会社は、会計帳簿の閉鎖の時から**10年間**、その会計帳簿およびその事業に関する重要な資料を保存しなければなりません（432条2項）。

2 閲覧・謄写請求権

　閲覧・謄写請求権は、株主がその権利を行使するために情報収集する手段として認められるものです。

　総株主の議決権の100分の3以上の議決権または発行済株式の100分の3以上の数の株式を有する株主（いずれの割合も定款による引下げが可能）は、会社の**営業時間内**に、**いつでも**会計帳簿の閲覧・謄写を請求することができます（433条1項）。 12-38 19-38 *1

　親会社社員（親会社の株主その他の社員）は、**その権利を行使するために必要があるときは、裁判所の許可を得て**、会計帳簿の閲覧・謄写請求をすることができます（433条3項）。*2

3 閲覧・謄写請求権の拒否等

　株式会社は、請求者が権利の確保または行使に関する調査以外の目的での請求を行ったとき、請求者が会社の業務の遂行を妨げ、株主の共同の利益を害する目的で請求を行ったときなどの場合には、閲覧・謄写請求を拒むことができます（433条2項各号）。

　拒否事由には、請求者と会社の業務が「実質的に競争関係にある」（433条2項3号）ことが挙げられていますが、これをみたすためには、当該株主が会社と競業をなす者であるなどの客観的事実が認められれば足り、閲覧・謄写によって得られる情報を自己の競業に利用するなどの主観的意図があることを要しません（最決平21.1.15）。

*1

ここに注意

判例は、共益権を行使するための場合のほか、自益権を行使するための場合にも、会計帳簿の閲覧を認めています（最判平16.7.1参照）。

*2

プラスアルファ

株主名簿閲覧・謄写請求権（125条2項）や株主総会・取締役会の議事録の閲覧・謄写請求権（318条4項、371条4項）と異なり、債権者の閲覧・謄写請求は認められていません。

● 会社法

4 計算書類

　株式会社は、法務省令で定めるところにより、成立の日における貸借対照表、各事業年度における計算書類（貸借対照表、損益計算書、株主資本等変動計算書、個別注記表）、事業報告、これらの附属明細書を作成しなければなりません（435条1項、2項）。＊3

各種計算書類

貸借対照表	ある時点における会社の資産、負債等を記載することにより、その時点における会社の**財産状態**を明らかにするもの
損益計算書	会社の1事業年度に発生した収益と費用とを記載し、その期間内の会社の**経営成績**を明らかにするもの
事業報告	一定の事業年度における会社およびその子会社からなる企業集団の**事業の状況の概要**を文章の形で記載した報告書
附属明細書	計算書類および事業報告の記載を**補足する重要な事項**を記載した書類

貸借対照表（一部省略） 14-37 16-37 ＊4

資産の部		負債の部	
	（百万円）		（百万円）
流動資産	1,234,567	**流動負債**	1,567,890
現金預金	78,901	……	……
売掛金	456,789	**固定負債**	345,678
……	……	……	……
……	……		
		負債合計	1,913,568
固定資産	2,345,678	**純資産の部**	
有形固定資産	（456,789）		
建物	123,456	**株主資本**	1,456,789
……	……	**資本金**	123,456
		資本剰余金	345,678
……	……	資本準備金	343,890
……	……	その他資本剰余金	1,788
……	……	**利益剰余金**	1,234,567
繰延資産	180	利益準備金	5,678
……		……	……
		純資産合計	1,666,857
資産合計	3,580,425	**負債・純資産合計**	3,580,425

＊3
プラスアルファ

計算書類は、原則として定時株主総会で承認を受けなければなりません（438条2項）。また、株主および会社債権者は、会社の営業時間内はいつでも、計算書類等について閲覧等の請求をすることができます（442条3項）。

＊4
図表の読み方

①「資産合計」と「負債・純資産合計」は、必ず等しくなります。②設立・株式発行の際の払込金は、原則として「資本金」に計上されます（2分の1を超えない額は「資本金」ではなく「資本準備金」に計上できます）。なお、自己株式の処分の際の払込金は「その他資本剰余金」に計上されます。③「利益剰余金」は、会社が生み出した利益に相当します。

第4編 商法・会社法　会社法

627

会社法－計算

38 資本金と準備金・剰余金の配当

重要度 A

講師からの
アドバイス

株式会社では株主が間接有限責任を負うにすぎないため、会社債権者らの会社財産に対する信頼を保護しなければなりません。そこで、会社法は、資本金、準備金という制度を設け、これを基準とした「分配可能額」により、剰余金の配当等の規制を設けています。

＊1 プラスアルファ

会社法には、資本金が最低いくらでなければならないかという定めはありません。

＊2 ここに注意

新株予約権は、その権利が行使されるまで純資産の部に「新株予約権」として区分計上されます。

1 資本金

資本金は、会社財産を確保するための計算上の数額です。資本金の額は、原則として設立または株式の発行に際して株主となる者が会社に対して払込みまたは給付をした財産の額です（445条1項）。ただし、その2分の1を超えない額は、資本金として計上しないことができ（445条2項）、この場合、残りは資本準備金として計上しなければなりません（445条3項）。 14-37 16-37 17-40 ＊1 ＊2

(1) 資本金の額の増加

会社は、株主総会普通決議により、剰余金の額を減少して、資本金を増加することができます（450条、309条1項）。

(2) 資本金の額の減少

資本金の額を減少させるには、原則として、株主総会の特別決議が必要です（447条1項、309条2項9号）。

株式会社が資本金または準備金の額を減少する場合、その株式会社の債権者は、原則として、会社に対して異議を述べることができます（債権者保護手続／449条1項）。なお、債権者に異議を述べる機会を与えるため、当該株式会社は、1カ月以上の期間を定めて、資本金額等の減少の内容を官報に公告し、かつ、知れている債権者に各別の通知をしなければなりません（449条2項）。

2 準備金

準備金には、資本準備金と利益準備金とがあります。

(1) 準備金の額の増加

準備金を増加させるため、会社は、株主総会普通決議により、剰余金を減少させ、準備金に組み入れることができます（451条、309条1項）。

(2) 準備金の額の減少

準備金の額を減少させるには、原則として、株主総会の普通決議が必要です（448条1項、309条1項）。また、原則として、債権者保護手続が必要となります（449条）。

628

3 剰余金の配当

(1) 配当規制

会社は、**分配可能額**（461条2項）の範囲内で、一事業年度の間に**何回でも**剰余金を配当することができます（453条、461条1項8号）。 21-40 *3 *4

ただし、次の場合に注意が必要です。 18-40 21-40

> ① 純資産額が300万円未満の場合、剰余金の配当をすることはできない（458条）
> ② 配当財産の種類を当該株式会社の株式等（株式、社債、新株予約権）とすることはできない（454条1項1号）
> ③ 自己株式に対して剰余金の配当をすることはできない（453条かっこ書）
> ④ 配当財産が金銭以外である場合（現物配当）、株主に金銭分配請求権を与えるときを除き、株主総会特別決議によらなければならない（454条4項1号、309条2項10号）

(2) 手続

剰余金の配当をするには、その都度、原則として株主総会の普通決議が必要です（454条1項）。もっとも、会計監査人設置会社（取締役（監査等委員会設置会社にあっては監査等委員である取締役以外の取締役）の任期が1年を超えるものおよび監査役設置会社であって監査役会設置会社でないものを除く）は、剰余金配当に関する事項を取締役会が定めることができる旨を定款で定めることができます（459条1項）。

21-40 *5

(3) 違法な剰余金の配当

分配可能額がないのに、あるいはそれを超えて剰余金の配当がなされた場合には、①業務執行者と剰余金の配当等の議事を提案した取締役等、②金銭等の交付を受けた者は、会社に対し、交付を受けた金銭等の帳簿価額に相当する金銭を連帯して支払う義務を負います（462条1項）。 *6

●会社法

*3 ことばの意味

分配可能額
461条2項1号および2号の合計額から3号～6号の合計額を減じて得た額をいいます。

*4 プラスアルファ

取締役会設置会社では、一事業年度の途中において1回に限り、取締役会の決議によって剰余金の配当（配当財産が金銭であるものに限る）をすることができる旨を定款で定めることができます（中間配当／454条5項）。

*5 ここに注意

指名委員会等設置会社は、ここにいう会計監査人設置会社にあたります。したがって、指名委員会等設置会社は、剰余金に関する事項を取締役会で定めることができる旨を定款で定めることができます。

*6 プラスアルファ

金銭等の交付を受けた者は、分配可能額を超える部分だけでなく、交付を受けたものすべて支払う義務があります。

会社法－解散・清算

39 解散・清算

重要度 C

株式会社で最後に学ぶのは、解散・清算です。非常に細かい知識ですので、余裕のある人であっても一通り目を通しておけばよいでしょう。

1 解散

解散とは、会社の法人格の消滅をもたらす原因となる事実をいいます。

株式会社は、以下の事由により解散します（471条）。

> **解散事由**
> ① 定款で定めた存続期間の満了
> ② 定款で定めた解散事由の発生
> ③ 株主総会の特別決議
> ④ 合併（合併により当該会社が消滅する場合に限る）
> ⑤ 破産手続開始の決定
> ⑥ 解散を命ずる裁判

解散により、会社は、上記④の場合および⑤の場合で当該破産手続が終了していない場合を除き、清算手続に入ります（475条1号）。

会社はいったん解散しても、上記①・②・③の場合は、清算が結了するまでは、株主総会の特別決議により、再び解散前の状態に復帰することができます（会社の継続／473条、309条2項11号）。これにより、将来に向かって、会社は解散前の状態に復帰し、清算以外の目的についても権利能力を回復します。

2 清算

> **第481条【清算人の職務】**
> 清算人は、次に掲げる職務を行う。
> 一 現務の結了
> 二 債権の取立て及び債務の弁済
> 三 残余財産の分配

清算とは、会社の法律関係の清算処理をするための手続をいいます。具体的には、清算人が現務を結了し、債権を取り立て、債務を弁済し、会社の残余財産を株主に分配する手続です（481条）。

●会社法

　株式会社が清算する場合には、会社は、**清算の目的の範囲内においてのみ存続**し、清算結了とともに消滅することとなります（476条）。清算中の株式会社は原則として、当該会社の債務を弁済した後でなければ、その財産を株主に分配することができません（502条本文）。

　解散により取締役はその権限を失い（477条7項）、清算人に就任するのが原則です。そして、清算人が清算株式会社の業務を執行することとなります（482条1項）。なお、株主総会や監査役はそのまま存続します。

解散・清算

会社法－持分会社

40 持分会社①

重要度 B

ここからは、持分会社について学びます。ただ、株式会社と比べれば出題頻度が低い分野です。株式会社が一通り終わり、まだ余裕のある人がこちらに取り組むべきでしょう。

1 意義

持分会社とは、合名会社、合資会社および合同会社の総称です（575条1項）。 16-40 *1

持分会社は、社員の個性が重視される人的会社であり、信頼関係を有する少数の者が共同して、小規模な営業をするのに適した形態といえます。また、内部関係について広い定款自治が認められること、機関について株式会社のような規制がないこと、持分譲渡には原則として他の社員全員の承諾が必要ですが、投下資本の回収としては、出資の払戻しや退社による持分の払戻しが比較的自由である（合同会社を除く）こと等が特徴として挙げられます。

持分会社の種類

	社員	出資	社員数
合名会社	無限責任社員	金銭等・信用・労務	1人～
合資会社	無限責任社員	金銭等・信用・労務	2人～※
	有限責任社員	金銭等に限る	
合同会社	有限責任社員	金銭等に限る	1人～

※無限責任社員1人以上＋有限責任社員1人以上

2 持分会社の設立

(1) 定款の作成と設立登記

社員となろうとする者が定款を作成し（575条1項、2項）、設立登記をすることによって成立します（579条）。*2

持分会社の定款には、①目的、②商号、③本店の所在地、④社員の氏名または名称および住所、⑤社員が無限責任社員か有限責任社員のいずれであるかの別、⑥社員の出資の目的（有限責任社員にあっては金銭等に限る）およびその価額または評価の標準を記載します（576条1項）。 16-40 *3

(2) 社員の出資

無限責任社員の出資の目的は、信用・労務でも可能です。他方、有限責任社員の出資の目的は、金銭その他の財産に限られます（576条1項6号かっこ書参照）。

*1 ことばの意味

持分
出資者が会社に対して有する地位をいいます。持分会社における持分は、1人の社員につき1個であり、各社員の有する持分の大きさは必ずしも均等ではありません。

*2 ここに注意

株式会社の設立の場合、定款は公証人の認証を受けなければ、その効力を生じません（30条1項）。しかし、持分会社の場合は公証人による定款の認証は不要です。

*3 プラスアルファ

資本金の額は、持分会社の定款の絶対的記載（記録）事項ではありません（576条1項参照）。また、資本金の額は、合名会社、合資会社の登記事項ではありません（912条、913条参照）。

632

●会社法

　合名会社および合資会社では、出資の時期は定められていませんが、合同会社では、定款作成後設立の登記をするまでに全額を払込みまたは全部を給付しなければなりません（578条本文）。

(3) 設立の無効・取消し

　設立無効の場合には、株式会社と同様の設立無効の訴えをすることができます（828条1項1号）。また、持分会社については、株式会社と異なり、設立取消しの訴えの制度があります（832条）。 17-37 ＊4

　設立取消原因には、①社員の行為能力の制限、意思表示の瑕疵、②債権者を詐害する設立があります（832条）。

3 持分会社の社員

(1) 社員の責任

　会社は法人であり（3条）、会社の債務は会社自身の債務であって社員の債務ではありません。しかし、持分会社（合同会社を除く）の社員は、会社債権者に対して直接責任を負っているため、無限責任社員はすべて直接責任を負い、有限責任社員は出資の未履行分を限度として直接責任を負います（580条）。 16-40 ＊5

(2) 持分の譲渡

　社員がその有する持分の一部または全部を譲渡するには、原則として、他の社員の全員の承諾が必要となります（585条1項）。ただし、業務を執行しない有限責任社員の持分の譲渡については、業務執行社員全員の承諾があれば足ります（585条2項）。持分会社については、社員の氏名または名称および住所が定款の記載事項とされている（576条1項4号）ので、持分の譲渡の際には定款変更が必要とされます。

＊4
＋α プラスアルファ

持分会社については、客観的無効原因のみならず、主観的無効原因も設立無効の原因となります。

＊5
＋α プラスアルファ

580条の責任を負うのは、①当該会社の財産をもってその債務を完済することができない場合、②当該会社の財産に対する強制執行がその効を奏しなかった場合(社員が、当該会社に弁済をする資力があり、かつ、強制執行が容易であることを証明した場合を除く)です。

第4編 商法・会社法

会社法

633

会社法－持分会社

41 持分会社②

重要度 B

1 管理

(1) 業務の執行

持分会社の社員は、定款に別段の定めがある場合を除き、会社の業務を執行します（590条1項）。社員が2人以上の場合は、定款に別段の定めがある場合を除き、社員の過半数によって業務執行を決定します（590条2項）。 16-40 *1

もっとも、定款で一部の社員を業務執行社員と定めた場合には、当該業務執行社員の過半数をもって決定します（591条1項前段）。 *2

なお、定款で業務執行社員を定めた場合であっても、常務については、各業務執行社員が単独で行うことができます（591条1項後段）。また、業務を執行しない社員でも、原則として持分会社の業務および財産の状況を調査することができます（592条1項）。

(2) 善管注意義務

業務執行社員は、善良な管理者の注意をもって、職務を行う義務を負います（593条1項）。また、競業の禁止（594条）、利益相反取引の制限（595条）も規定されています。 16-40

(3) 会社の代表

持分会社では、原則として、業務執行社員（定款で業務執行社員を定めた場合を除き、各社員が業務執行社員となる）が会社を代表します（599条1項）。業務執行社員が2人以上いる場合、業務執行社員は、各自が会社を代表します（599条2項）。

会社を代表する社員の代表権は、会社の業務に関する一切の裁判上または裁判外の行為に及び、これに対する制限は、善意の第三者に対抗できません（599条4項、5項）。

2 社員の加入および退社

持分会社の社員の持分の全部または一部が譲渡された場合には、譲受人が新たな社員として加入することになります（585条）が、定款を変更して新たに社員を加入させることもできます（604条・576条1項4号）。

講師からのアドバイス

業務の執行、会社の代表は基本的なことなので理解しておきましょう。

*1

プラスアルファ

常務については、各社員が単独で行うことができます（590条3項本文）。

*2

プラスアルファ

持分会社は、定款または定款の定めに基づく社員の互選によって、業務執行社員の中から持分会社を代表する社員を定めることもできます（599条3項）。

●会社法

また、退社には、社員みずからの意思による**任意退社**（606条）と、法定の原因による**法定退社**（607条）があります。退社した社員は、持分の払戻しを受けることができます（611条1項本文）。16-40 *3 *4 *5

3 定款の変更

(1) 定款変更の要件

持分会社は、原則として、**総社員の同意**によって定款変更をすることができます（637条）。

(2) 定款変更による持分会社の種類の変更

持分会社は、定款を変更することにより、**持分会社の種類の変更**をすることができます（638条）。*6

(3) 定款のみなし変更

合資会社の有限責任社員が退社したことにより、その会社の社員が無限責任社員のみとなった場合、その会社は、合名会社となる定款の変更をしたものとみなされます（639条1項）。また、合資会社の無限責任社員が退社したことにより、その会社の社員が有限責任社員のみとなった場合には、その会社は、合同会社となる**定款の変更をしたものとみなされます**（639条2項）。

4 解散および清算

持分会社の解散事由は、株式会社とほぼ同様です（641条）。解散の効果も株式会社とほぼ同じであり、会社の継続も認められます（642条）。

持分会社の解散事由は、①定款で定めた存続期間の満了、②定款で定めた解散の事由の発生、③総社員の同意、④社員が欠けたこと、⑤合併（合併により当該持分会社が消滅する場合に限る）、⑥破産手続開始の決定、⑦解散を命ずる裁判です（641条）。*7

持分会社の清算は、原則として法定の手続に従って行われます（**法定清算**／644条以下）が、合名会社および合資会社では、一定の場合には、定款または総社員の同意により会社の財産の処分方法を定めることができます（**任意清算**／668条）。

---

*3 プラスアルファ

法定退社事由としては、①定款で定めた事由の発生、②総社員の同意、③死亡、④除名等があります（607条1項各号）。

*4 プラスアルファ

退社した社員は、退社の登記をする前に生じた持分会社の債務について、従前の責任の範囲内でこれを弁済する責任を負います（612条1項）。

*5 ここに注意

退社の登記は、退社の効力発生要件ではありません。登記がなくても退社の効力が生じます。

*6 プラスアルファ

合名会社は、有限責任社員を加入させる定款の変更をすることにより、合資会社へと種類変更することができます（638条1項1号）。

*7 プラスアルファ

総社員の同意と社員が欠けたことという解散事由が、株式会社と異なります。

会社法−事業譲渡・組織再編

42 事業譲渡・組織変更

重要度 B

講師からの
アドバイス

ここからは、会社の基本的事項の変更について学びます。まずは、事業譲渡の意義と手続を覚えましょう。なお、事業譲渡の手続では会社分割と異なり債権者保護手続がありませんが、これは（会社債権者の免責的債務引受けの同意がない限り）引き続き譲渡会社が債務を負担するため、既存の債権者に不利益がないからです。

＊1
ここに注意

事業譲渡は、取引行為として事業を他に譲渡するものです。すなわち、特別の包括承継行為ではなく、通常の個別的な取引行為を一括して行うものにすぎません。

＊2
プラスアルファ

判例は、事業譲渡とは、①一定の事業目的のため組織化され、有機的一体として機能する財産の全部または重要な一部を譲渡し、②これによって、譲渡会社がその財産によって営んでいた事業活動の全部または重要な一部を譲受人に受け継がせ、③譲渡会社がその譲渡の限度に応じ法律上当然に競業避止義務を負う結果を伴うものをいうとしています（最判昭40.9.22）。

1 事業譲渡

(1) 意義

株式会社が、①**事業の全部の譲渡**（467条1項1号）、②**事業の重要な一部の譲渡**（467条1項2号）、③**他の会社の事業の全部の譲受け**（467条1項3号）等をするには、原則として、株主総会の特別決議が必要です（**事業譲渡等**／467条1項、309条2項11号）。＊1 ＊2

これに対し、他の会社の事業の**重要な一部の譲受け**は「事業譲渡」にはあたらず、株主総会の決議は不要です。なお、事業の重要な一部の譲受けは、通常は「重要な財産の……譲受け」（362条4項1号）に含まれるため、取締役会設置会社では取締役会の決議が必要となります。

事業譲渡該当性

	譲渡会社	譲受会社
全部の譲渡	事業譲渡にあたる⇒特別決議**必要**	事業譲渡にあたる⇒特別決議**必要**
重要な一部の譲渡	事業譲渡にあたる⇒特別決議**必要**	事業譲渡にあたらない⇒特別決議不要

(2) 手続

株式会社が、事業譲渡等を行うには、原則として、**株主総会の特別決議**が必要です（467条1項、309条2項11号）。＊3

事業の一部を譲渡する場合であっても、当該譲渡により譲り渡す資産の帳簿価額が当該株式会社の総資産として法務省令で定める方法により**算出される額の5分の1を超えない場合**は、事業の重要な一部譲渡には該当せず、株主総会の決議は不要です（467条1項2号）。

事業譲渡等の相手方が特別支配会社である場合も、株主総会の決議は不要です（**略式手続**／468条1項）。＊4

一方、他の会社の事業の全部の譲受けをする場合において、当該他の会社の事業の全部の対価として交付する財産の帳簿価額の合計額が、当該株式会社の純資産額として法務省

●会社法

令で定める方法により算出される額の5分の1を超えないときには、株主総会の決議は不要です（**簡易手続**／468条2項）。もっとも、反対株主の数が一定数に達した場合には、株主総会の決議を省略した手続は認められず、株主総会の決議を要することとなります（468条3項）。

(3) 事業譲渡後における諸規制

譲渡会社は、当事者の別段の意思表示がない限り、同一市町村の区域内およびこれに隣接する市町村の区域内においては、その事業を譲渡した日から20年間は、**同一の事業を行ってはなりません**（21条1項）。

また、譲受会社が譲渡会社の商号を引き続き使用する場合には、その譲受会社も、原則として、譲渡会社の事業によって生じた債務を弁済する責任を負います（22条1項）。

なお、譲渡会社の商号を続用する場合でも、事業を譲り受けた後、遅滞なく、譲受会社がその本店の所在地において譲渡会社の**債務を弁済する責任**を負わない旨を登記した場合には、弁済する責任を負いません（22条2項前段）。＊5

(4) 詐害的な事業譲渡における債権者の保護

譲渡会社が譲受会社に承継されない債務の債権者（残存債権者）を害することを知って事業を譲渡した場合、譲受会社がこれを知らなかったときを除き、残存債権者は、その譲受会社に対して、承継した財産の価額を限度として、当該債務の履行を請求することができます（23条の2第1項）。＊6

2 組織変更

(1) 意義

組織変更とは、法人格の同一性を保ちながら、株式会社がその組織を変更することにより持分会社となること、または、持分会社がその組織を変更することにより株式会社になることをいいます（2条26号）。

(2) 手続

株式会社が組織変更する場合には、**総株主の同意**を得なければならず（776条1項）、持分会社が組織変更する場合には、原則として、**総社員の同意**が必要です（781条）。また、債権者保護手続も必要です（779条、781条2項）。

 ＊3 プラスアルファ

株主総会の決議を欠いた場合、当該譲渡は無効であり、しかもその無効は何人との関係においても無効です。もっとも、譲渡後長期間を経過して初めて当事者が無効を主張することは、信義則に反し許されません（最判昭61.9.11）。

 ＊4 ことばの意味

特別支配会社
ある株式会社の総株主の議決権の10分の9（これを上回る割合を定款で定めた場合であっては、その割合）以上を他の会社等が保有している場合におけるこの保有会社をいいます（468条1項）。

 ＊5 プラスアルファ

事業を譲り受けた後、遅滞なく、譲受会社および譲渡会社から第三者に対しその旨の通知をした場合において、その通知を受けた第三者に対しても、譲受会社は弁済する責任を負いません（22条2項後段）。

＊6 ここに注意

この責任は、①当該事業譲渡を知った時から2年以内に請求または請求の予告をしない残存債権者に対しては、その期間を経過した時、②当該事業譲渡の効力発生日から10年を経過した時に消滅します（23条の2第2項）。

会社法－事業譲渡・組織再編

43 合併

重要度 C

合併手続についておさえておきましょう。株主総会の特別決議、反対株主の株式買取請求権、債権者保護手続は組織再編の基本的な手続なので、知っておく必要があります。

*1

 プラスアルファ

合併において消滅会社・存続会社・新設会社となる会社の種類には限定がありません（2条27号、28号、748条参照）。例えば、株式会社は、他の株式会社と合併することも、持分会社と合併することもできます。

*2

 プラスアルファ

「金銭等」とは、金銭その他の財産をいいます（151条）が、これには存続会社の株式・社債等も含まれます。したがって、消滅会社の株主に存続会社の株式以外の財産を交付することができます。消滅会社のすべての株主を存続会社の株主にする必要はありません。

*3

 プラスアルファ

新設合併の対価は、株式・社債・新株予約権に限られます（753条1項6号〜9号）。

1 意義

合併とは、2つ以上の会社が契約によって1つの会社になることをいいます。合併には、①会社が他の会社とする合併であって、合併により消滅する会社の権利義務の全部を合併後存続する会社に承継させる吸収合併（2条27号）と、②2以上の会社がする合併であって、合併により消滅する会社の権利義務の全部を合併により設立する会社に承継させる新設合併（2条28号）があります。 12-40 *1

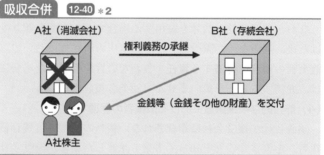

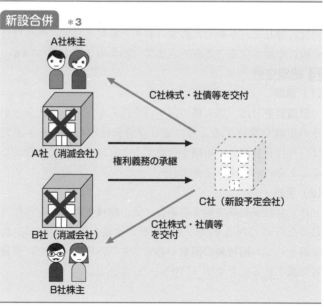

638

2 手続

合併契約を締結し、その契約について、原則として**株主総会特別決議**による承認が必要です（783条1項、795条1項、804条1項、309条2項12号）。*4

反対株主には、原則として、株式買取請求権が認められます（785条等）。株式買取請求をした株主は、会社の承諾を得た場合に限り、請求の撤回ができます（785条7項、797条7項、806条7項）。買取価格は、当事者間の協議で決定しますが、協議が調わないときは、当事者の申立てにより、裁判所が「公正な価格」を決定します（786条、798条、807条）。 `12-40` *5

また、**債権者保護手続**も必要となります（789条、799条、810条）。 `12-40` *6

さらに、合併が法令または定款に違反する場合などで、株主が不利益を受けるおそれがあるときは、株主は、原則として会社に対して**合併をやめることを請求**することができます（差止請求／784条の2、796条の2、805条の2）。

3 効果

吸収合併の場合には、**吸収合併契約で定めた効力発生日**に、新設合併の場合には、設立登記による設立会社の**成立の日**に、それぞれその効力が生じ（749条1項6号、754条1項、49条、579条）、消滅会社の権利義務一切が存続会社または設立会社に承継されます（750条1項、752条1項、754条1項、756条1項）。このように合併は権利義務の一般承継をもたらすものであるため、例えば、吸収合併存続会社の株主総会において、消滅会社の債務の一部を承継しない旨の合併承認決議が成立しても、その「債務の一部を承継しない」旨の条項は無効であり、すべての債務が存続会社に承継されることになります（大判大6.9.26）。 `12-40`

消滅会社は合併により解散します（471条4号、641条5号）が、存続会社または新設会社が消滅会社の権利義務を承継するため、**清算手続は行われません**（475条1号かっこ書・644条1号かっこ書）。

*4 プラスアルファ

①吸収合併消滅会社において、存続会社が特別支配会社である場合、②吸収合併存続会社において、消滅会社が特別支配会社である場合には、原則として株主総会の決議は不要です（略式手続／784条1項本文、796条1項本文）。

なお、吸収合併存続会社において、合併対価の額が、存続会社の純資産額の5分の1以下である場合には、株主総会の決議は不要です（簡易手続／796条2項）。

また、新設合併の場合には、簡易・略式手続はありません。

*5 ここに注意

株式買取請求に基づく自己株式取得については、分配可能額の限度に限られることはなく、その額を超えて株式を取得することができます。

*6 ここに注意

財務状況が健全な会社を存続会社として吸収合併をする場合であっても、債権者保護手続が必要です。

44 会社分割・株式交付

会社法－事業譲渡・組織再編

重要度 C

講師からのアドバイス

2019年の会社法改正により、新たな組織再編行為として「株式交付」が定められました。他の組織再編行為と比較して整理しておきましょう。

*1

➕α プラスアルファ

株式会社または合同会社は、吸収分割会社または新設分割会社となることができますが、合名会社または合資会社は吸収分割会社または新設分割会社となることができません（2条29号、30号、757条・762条1項）。

1 会社分割

(1) 意義

会社分割とは、株式会社または合同会社が、事業に関して有する権利義務の一部または全部を、会社分割後に設立する会社または既存の会社に承継させることをいいます。

会社分割には、①権利義務を他の会社に承継させる**吸収分割**（2条29号）と、②権利義務を分割により設立する会社に承継させる**新設分割**（2条30号）があります。*1

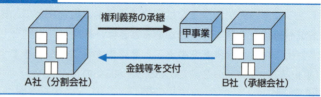

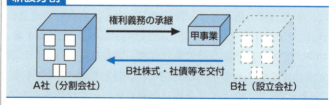

(2) 手続

吸収分割をするには、**吸収分割契約**を締結しなければならず（757条、758条、760条）、新設分割をするには、**新設分割計画**を作成しなければなりません（762条、763条、765条）。

株式会社の吸収分割契約・新設分割計画については、原則として、**株主総会の特別決議**による承認が必要です（783条1項、795条1項、804条1項、309条2項12号）。反対する株主には、原則として**株式買取請求権**が認められます（785条、786条、797条、798条、806条、807条）。

また、**債権者保護手続**も必要となります（789条、799条、810条）。*2

さらに、会社分割が法令または定款に違反する場合など

*2

 プラスアルファ

吸収分割の場合、分割会社・承継会社において、簡易・略式手続があり、新設分割の場合、分割会社において簡易手続があります（784条1項本文、2項、796条1項本文、2項）。

で、株主が不利益を受けるおそれがあるときは、株主は、原則として会社に対して**会社分割をやめることを請求**することができます（差止請求／784条の2、796条の2、805条の2）。

(3) 効果

吸収分割の場合には**吸収分割契約で定めた効力発生日**に、新設分割の場合には設立登記による**設立会社の成立の日**に効力が生じ（758条7号、759条1項、764条1項、49条、579条）、吸収分割契約または新設分割計画の定めに従い、承継会社または設立会社は、分割会社の権利義務を承継します（759条1項、761条1項、764条1項、766条1項）。＊3

2 株式交付

(1) 意義

株式交付とは、株式会社が他の株式会社を子会社とするために当該他の会社の株式を譲り受け、その譲渡人に対価として当該株式会社の株式を交付することをいいます。＊4

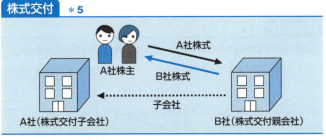

株式交付　＊5

A社（株式交付子会社）　B社（株式交付親会社）

(2) 株式交付親会社の手続　＊6

株式交付をするには、株式交付親会社（買収会社）は、**株式交付計画**を作成しなければなりません（774条の2）。

株式交付計画については、原則として**株主総会の特別決議**による承認が必要です（816条の3第1項、309条2項12号）。反対する株主には、原則として**株式買取請求**が認められます（816条の6）。　＊7

さらに、株式交付が法令または定款に違反する場合などで、株主が不利益を受けるおそれがあるときは、**株式交付をやめることを請求**することができます（816条の5）。

(3) 効果

株式交付親会社は効力発生日に株式交付子会社の株式を譲り受け、これにより親子会社関係が発生します。

●会社法

＊3 プラスアルファ

判例は、分割会社がゴルフ場の事業主体を表すものとして用いていたゴルフクラブの名称を承継会社が引き続き使用していた事案で、事業譲渡における商号続用の責任（22条）を会社分割にも類推適用しています（最判平20.6.10）。

＊4 ここに注意

株式交付をすることができるのは株式会社に限られます。また、外国会社を子会社化することはできません。

＊5 ここに注意

B社は、A社を子会社とするため、A社の議決権の50％を超えるために必要な数のA社株式を取得しますが、株式交換と異なり、A社株式の全部を取得するのではありません（完全子会社とするのではありません）。

＊6 ここに注意

株式交付子会社（被買収会社）においては、株主総会決議などは必要ありません。

＊7 プラスアルファ

株式交付の対価に株式交付親会社の株式以外の金銭等を含む場合、債権者保護手続が必要となる場合もあります（816条の8）。

会社法－事業譲渡・組織再編

45 株式交換・株式移転

重要度 C

**講師からの
アドバイス**

株式交換・株式移転の手続で債権者保護手続が不要なのは、既存の債権者が引き続き当事会社に債務の履行を請求できるからです。組織再編の無効については、必ず訴えの提起が必要であることを覚えておきましょう。

*1 **ことばの意味**

完全親子会社関係
親会社が子会社の発行済株式の全部を保有する関係をいいます。

*2 **プラスアルファ**

株式交換は、他社を完全買収する手段として広く用いられています。

*3 **プラスアルファ**

株式移転は、持株会社を形成するために用いられています。持株会社とは、基本的には自社では事業を直接行わず、他の会社の株式を保有することを通じて収益を上げる会社をいいます。効率的なグループ経営を行うために、金融業などで持株会社がつくられています。

1 意義

株式交換と**株式移転**は、**完全親子会社関係を円滑かつ簡易に創設するための制度**です。

株式交換は、既存の会社間で行われるものであるのに対し、株式移転は、新たに完全親会社を設立し、完全親子会社関係を創設するものです。*1

株式交換とは、株式会社がその発行済株式の全部を他の株式会社または合同会社に取得させることをいいます（2条31号）。*2

株式移転とは、1または2以上の株式会社がその発行済株式の全部を新たに設立する株式会社に取得させることをいいます（2条32号）。*3

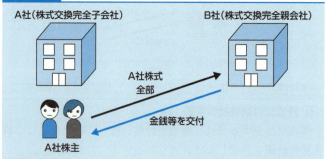

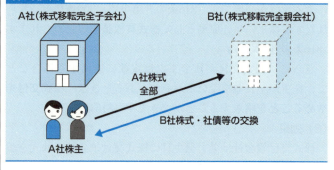

●会社法

2 手続

　株式交換をするためには、<u>株式交換契約</u>を締結しなければならず（767条、768条、770条）、株式移転をするためには、<u>株式移転計画</u>を作成しなければなりません（772条、773条）。

　株式交換契約・株式移転計画については、原則として、<u>株主総会の特別決議</u>による承認が必要です（783条1項、795条1項、804条1項、309条2項12号）。反対する株主には、原則として、<u>株式買取請求権</u>が認められます（785条、786条、797条、798条、806条、807条）。

　株式交換・株式移転によって、株主は変動しますが、会社の財産は変動しません。そのため、合併や会社分割の場合とは異なり、<u>原則として債権者保護手続は不要</u>です。

　なお、株式交換・株式移転が法令または定款に違反する場合などで、株主が不利益を受けるおそれがあるときは、株主は、原則として会社に対して<u>株式交換・株式移転をやめることを請求</u>することができます（差止請求／784条の2、796条の2、805条の2）。

3 効果

　株式交換・株式移転によって<u>完全親子会社関係</u>が形成されます。すなわち、(i)株式交換は、株式交換契約に定めた効力発生日にその効力が生じ（768条1項6号）、株式交換完全親会社は、株式交換完全子会社の発行済株式全部を取得します（769条1項、2項）。また、(ii)株式移転は、株式移転設立完全親会社の設立登記による成立の日にその効力が生じ、株式移転設立完全親会社は、株式移転完全子会社の発行済株式の全部を取得します（774条1項、49条）。 15-40 ＊5

4 組織再編の無効の訴え

　合併・会社分割・株式交換・株式移転・株式交付の無効は、組織再編の効力が生じた日から6カ月の間、<u>訴えをもってのみ</u>主張できます（828条1項7号〜13号）。提訴権者は、①組織再編の効力が生じた日において当事会社の株主等であった者、または、②当事会社もしくは設立会社の株主等もしくは組織再編を承認しなかった債権者等です（828条2項7号〜13号）。 ＊6　＊7

＊4

ここに注意

株式交換の場合、完全親会社は株式会社および合同会社に、完全子会社は株式会社に限られます（2条31条）。株式移転の場合、完全親会社として設立される会社、完全子会社はいずれも株式会社に限られます（2条32号）。

＊5

ここに注意

株式移転の場合、新設する株式会社について、その本店の所在地において設立の登記をしなければなりません（925条）。なお、株式交換の場合、株式交換によって完全子会社となる旨などを登記する必要はありません。

＊6

プラスアルファ

いかなる事情が無効事由にあたるかについて明文規定はありませんが、法的安定性を図るため、無効事由は限定的に解されます。例えば、組織再編契約・計画の必要的記載事項の欠如、組織再編の承認総会の不存在・無効・取消し、債権者異議手続の不履践、組織再編の開示事項の欠如・重大な不実記載などが考えられます。

＊7
プラスアルファ

無効判決は、将来に向かってのみ効力を生じ（遡及効の否定／839条）、第三者に対しても及びます（対世効／838条）。

643

[法令]

第5編
基礎法学

科目別ガイダンス 基礎法学

過去10年間の出題傾向

法とは何か

項　目	12	13	14	15	16	17	18	19	20	21
社会規範としての法										
法源	●						●			
法の分類						●	●			
法秩序の構成・法制史				●			●	●		●
法令の効力										●
法の解釈		●								

紛争解決と司法制度

項　目	12	13	14	15	16	17	18	19	20	21
裁判上の紛争処理	●							●	●	
裁判によらない紛争処理									●	
司法制度改革		●	●		●					

法令用語等

項　目	12	13	14	15	16	17	18	19	20	21
法令用語	●		●	●	●					
法格言等						●				

GUIDANCE [ガイダンス]

1 「基礎法学」とは

そもそも、法とはどのようなものなのでしょうか？

私達が生活する社会には、様々な行動や判断の基準が存在します。これを「社会規範」といいます。そして、法もこの社会規範の1つなのです。では、法は、他の社会規範である宗教や道徳とどこが異なるのでしょうか？ また、法にはどのような種類があって、どのような効力を有するのでしょうか？

例えば、A法とB法が違うことをいっていたら、私達はどちらに従えばよいのか困ってしまいます。そこで、適用の優先関係にルールがあるのです。基礎法学では、このような法を学習する際に理解しておくべき知識を学びます。

基礎法学のイメージ

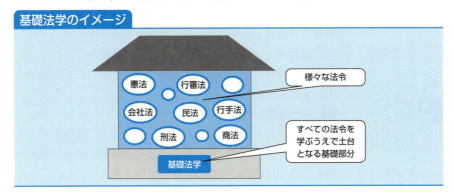

2 学習のポイント

基礎法学は、その名のとおり、「すべての法令を学ぶうえで知っておくべき基礎知識」です。したがって、明確な範囲というものが存在せず、深入りしてはいけない科目といえるでしょう。例年2問の出題ですが、そのうち1問は比較的やさしい問題です。その1問を取れればよいといったある程度の割り切りが必要です。

具体的な学習方法としては、まず本書に掲載されている知識を一通りおさえましょう。そして、過去問を解いてみてください。この段階で、どのような知識が問われるのかがつかめるはずです。そして、もし同じ論点を問う問題が出題されたときは必ず正解できるようにしておきましょう。こうした学習の過程において、知らない用語等が出てきた場合は、ぜひ法令用語辞典などを活用して知識を蓄えましょう。法令用語辞典は、1冊持っていれば何かと便利です。

また、「他の法令科目の中で一緒に学習する」という姿勢が最も効率的です。つまり、基礎法学という独立の科目と捉えるのではなく、**法令科目の学習の中で自然と少しずつ養われていく知識**なのです。

法とは何か
1 社会規範としての法 重要度 B

**講師からの
アドバイス**

行為規範、裁判規範、組織規範は、憲法や行政法でも出てくる言葉です。まずは言葉の定義をおさえましょう。

1 法と法律

日本語で「法」というときには、2つの意味で使われています。すなわち、広く「法」一般を意味する場合と、特に「法律」だけを意味する場合です。

「法律」とは、権限のある立法機関によって制定された厳密な意味での「法律」およびこれに準ずる規範（命令など）をいいます。命令は、国会ではない、内閣や省などが作るものです。法律と命令をあわせて法令といいます。

これに対し、「法」とは、もっと広い範囲の、いわゆる社会生活を規律している規範のことをいうとするのが一般的です。＊1

2 法と道徳

社会生活における規範は、法だけではなく、道徳も社会生活の規範の1つです。法と道徳の完全な区別は困難ですが、現代社会では、次のような点から区別されます。＊2

(1) 対象性

法は外部の行為を規律し、道徳は内面の心理を規律します。法は社会秩序を維持するものですから、外部に現れない内心の心理的な事実だけでは、法的評価の対象にはなりません。

(2) 強制性

法は国家権力による強制を伴いますが、道徳は良心の呵責等によって強要されます。つまり、法は、「○○するな」という規範があるだけでなく、国家権力による強制を伴う点に特徴があります。

3 法規範の特色と構造

(1) 法規範の特色

社会規範の最も代表的なものである法には、社会的に適法な行為を促進し、違法または不当な行為を抑止するために少なからず強制力を伴うという特徴があります。この強制力は、裁判所、警察または行政機関等の国家機関によって実現されます。

＊1

**具体例で
覚えよう！**

例えば、夜8時には寝たいという人と、夜10時までは起きていて騒ぎたいという人が同じ部屋で生活していれば、当然、衝突が起きるでしょう。こうした衝突を避けるために、法によって調整を図る必要があります。

＊2
プラスアルファ

「他人を傷つけてはいけない」というように、法に道徳が取り込まれている場合もあれば、「税金を納付する」というように、法が道徳と全く関係ない場合もあります。

●法とは何か

　強制力には、当該規範から逸脱するものに一定の不利益を課す、否定的な強制力もあれば、法を遵守するものに一定の利益を与える、肯定的な強制力も存在します。もっとも、すべての法規範に強制力が伴うわけではなく、違反に対して強制力が認められないものも存在します（いわゆる自然債務）。*3

(2) 法規範の構造
　(a) 行為規範
　　法規範は、社会規範の1つとして国民が社会生活を送るうえでの行動の基準を示します（行為規範）。これには、一定の作為を命令する場合（命令規範）と、一定の不作為を命令する場合（禁止規範）とがあります。
　(b) 裁判規範
　　法の執行は裁判によって行われるので、法規範は行為規範であると同時に裁判規範としての面も有しています。すなわち、行為規範が踏みにじられたとき、それを維持するために違反行為に対し裁判等で一定の制裁が加えられます。この具体的な裁判で裁判の基準となる規範を裁判規範といいます。
　(c) 組織規範
　　例えば、裁判が適正に行われるようにするために、裁判所の構成や権限等を定めた法規範が必要となります。このように法を制定・適用・執行する組織について、その構成や権限等を定めた法規範を組織規範といいます。*4

(3) 法の役割
　法の主な役割として、①国民の間の紛争解決の指針となること、②国民に予見可能性を与えるとともに、その生活の安全を守ることがあります。

*3 具体例で覚えよう！
自然債務の例として、消滅時効が完成して時効が援用された債務等があります。

*4 具体例で覚えよう！
例えば、「国会は、衆議院及び参議院の両議院でこれを構成する」（憲法42条）という規定が挙げられます。

第5編 基礎法学　法とは何か

法とは何か

② 法源・法の分類

重要度 B

講師からのアドバイス

言葉の定義はおさえておきましょう。不文法や強行法規は憲法や民法等の他の法律でもでてくる言葉です。

＊1 ここに注意

法体系の分類として、大陸法系と英米法系との分類があります。大陸法系は、ローマ法の影響を受け、制定法を原則的な法源とする制定法主義をとり、ドイツ、フランス等、欧州大陸諸国の法体系が含まれます。英米法系は、コモン・ローの伝統を発展させ、原則として判例法を法源とする不文法主義をとり、イギリスやアメリカの法体系が含まれます。

＊2 ここに注意

刑法の分野では、罪刑法定主義の観点から成文法主義がとられ、慣習刑法が排除されています。

＊3 プラスアルファ

刑法の分野では、罪刑法定主義の要請から条理による裁判は原則として認められません。もっとも、違法性の判断の場合等で条理が考慮されることがあります。

1 法源

法源とは、裁判官が裁判をする際、拠り所となる規範のことをいい、その規範には成文法と不文法があります。＊1

(1) 成文法（制定法）

成文法とは、文書で書き表され、一定の手続と形式によって内容が決定された法です。また、その成立過程に着目して**制定法**ともいわれます。

日本では、制定する機関の違いにより、憲法、法律、命令、条例、規則等に分類されます。制定法は、正式に廃止または改正の手続がとられるまで、原則として、法源として効力を持続することになります。

(2) 不文法（非制定法）

不文法とは、一定の手続によって制定されるわけではないものの、社会生活の中で現実に行われている法のことです。

(a) 慣習法

慣習法は、長い間社会で行われてきた慣習が、繰り返し行われているうちに、その慣習に従うことが当然であると、社会一般に意識されるようになったときに成立します。 18-2 ＊2

(b) 判例法

判例とは、一般に、裁判例または判決例等といわれます。上級裁判所の判決は、その事件についてのみ下級裁判所に対し拘束力を有するにすぎません（裁判所法4条）が、同趣旨の裁判が繰り返されれば、その判例に従うことが当然であると意識されるようになります（**判例法**）。 19-2

判例法は、個々の判決の重要部分であり、判決の基礎をなす**レイシオ・デシデンダイ**（判決理由）によって成立します。 12-1

(c) 条理

条理とは、「ものの道理」等といわれます。特に、民事事件で、裁判官が裁判に際し、適用すべき制定法等がないとき、条理によって裁判をすることになります。＊3 ＊4

2 法の分類

(1) 公法と私法

	意義	具体例
公法	国家と国家・国家機関と公共団体との関係およびこれらと国民との関係を定める法	憲法、行政法、刑法、民事訴訟法、刑事訴訟法
私法	個人相互の関係を定めるもの	民法、商法、手形法等

(2) 私法（市民法）と社会法　18-2 *5

	意義	具体例
私法（市民法）	契約自由の原則などを指導原理とする法	民法、商法、手形法等
社会法 *6	市民法を実質的平等の観点から修正する法	労働法（いわゆる労働三法等）、経済法（独占禁止法等）、社会保障法（生活保護法等）

(3) 強行法規と任意法規

	意義	具体例
強行法規（強行規定）	当事者の意思いかんにかかわらず、適用される法規	公法・社会法の大部分、身分秩序に関する規定、物権法の規定等
任意法規（任意規定）*7	当事者が特約をすれば、適用されない法規	契約秩序に関する規定

(4) 実体法と手続法　*8

	意義	具体例
実体法 18-2	権利義務の発生、変更、消滅等の内容を定める法	憲法、民法、商法、刑法
手続法	実体法で定められた権利義務を実現する手続を定める法	民事訴訟法、刑事訴訟法、戸籍法、行政手続法

(5) 実定法と自然法

	意義	具体例
実定法 18-2	特定の社会で実際に効力を有している法	制定法、慣習法、判例法
自然法 17-2 *9	自然または人間の理性に基づく、永久不変の法（近代自然法）	

●法とは何か

*4 具体例で覚えよう！
「民事ノ裁判ニ成文ノ法律ナキモノハ習慣ニ依リ習慣ナキモノハ条理ヲ推考シテ裁判スヘシ」（裁判官事務心得3条／明治8年）があります。

*5 プラスアルファ
国際取引などで争いが生じた場合、どの国の法律を適用すべきかが問題となります。このような場合に国際私法上のルールにより指定される法律を「準拠法」といいます。

*6 プラスアルファ
社会法は、私法における平均的正義を、配分的正義（社会的正義）により修正するものです。

*7 プラスアルファ
任意法規は、補充法規と解釈法規に分けられます。

*8 プラスアルファ
実体法と手続法との分化は、19世紀前半ドイツのパンデクテン法学の下で進展しました。

*9 プラスアルファ
19世紀、法実証主義の台頭とともに自然法論は否定されましたが、ナチス・ドイツにおいて法実証主義の弊害が現れたことに対する反省から、戦後、自然法論は再生を果たしました。

法とは何か

3 法秩序の構成

重要度 B

1 形式的効力の原理

法令相互の内容が、矛盾・衝突する場合、法令の形式的効力に上下の差を認め、上位の法令が下位の法令に優先して適用されます（形式的効力の原理）。

わが国の法秩序は、憲法を頂点としたピラミッド型の段階構造を形成しており、憲法は、他のすべての国内法令に対して強い形式的効力を有します。＊1

わが国の法秩序

（ピラミッド図：憲法／法律／政令／内閣府令・省令／条例。左側「命令」、右側「法令」）

2 新法優先の原則

(1) 意義

新法優先の原則とは、形式的効力が同じである法令の規定が、相互に矛盾・衝突する場合、新しく制定された法令の規定が旧法の規定に優先する（「後法（新法）は前法（旧法）に優先する」）という原則をいいます。

(2) 基本法と新法優先の原則との関係

基本法は、当該事項について国の基本方針を定めたものであり、通常、個別的・具体的内容を有する法律が別に制定されます。基本法を実施するための個別的・具体的な法律が基本法の内容に矛盾するとき、原則として、新法優先の原則が妥当すると解されています。 18-2 ＊2

(3) 新法・旧法の判定時期

新法・旧法は、一般に法令の成立の時期の前後によって区別されます。

講師からのアドバイス

法律の規定範囲が競合した場合、どちらの法律が優先することになるのか、新法優先の原則、特別法優先の原則は正確に覚えておきましょう。

＊1 **プラスアルファ**

憲法と条約との形式的効力については、条約締結権は憲法に根拠を有すること等から、憲法が優位すると解されます。また、条約と法律との効力は、条約が法律に優先するとされます。

＊2 **具体例で覚えよう！**

例えば、戦後、教育基本法をはじめとして農業基本法、環境基本法、いわゆるIT基本法などが続々と制定されています。

● 法とは何か

3 特別法優先の原則
(1) 意義

特別法優先の原則とは、形式的効力を同じくする法令相互間で、ある事項についての一般的な規定を有する法令（一般法）と、特例を定める規定を有する法令（特別法）がある場合、その特例に関しては、特別法が優先的に適用されるという原則をいいます。特別法の定めと矛盾・衝突しない範囲で一般法の規定が適用されます（商法1条参照）。＊3

(2) 一般法と特別法

一般法とは、人（人的範囲）・場所（地域的範囲）・事柄（事項的範囲）について法令の効力を一般的に及ぼすものをいい、特定の人・特定の場所・特定の事柄に限って適用される法を特別法といいます。一般法と特別法との区別は相対的なものです。＊4

一般法と特別法

	一般法	特別法
人について	民法	皇室典範（皇族）
場所について	借地借家法 15-1 ＊5	大規模な災害の被災地における借地借家に関する特別措置法
事柄について	民法	商法（商行為）
	商法	金融商品取引法

(3) 新法優先の原則との関係

特別法が一般法に優先するという原則は、特別法が旧法で、一般法が新法である場合にも妥当します。この場合、原則として、旧法たる特別法が新法たる一般法に優先して適用されます。 21-2

4 わが国の法変動

わが国では、第2次世界大戦後の1946年（昭和21年）に、大日本帝国憲法に代わり日本国憲法が制定されました。日本国憲法は、象徴天皇制、国民主権、平和主義、基本的人権の尊重を定め、わが国の法秩序に大きな変動をもたらしました。この頃、労働組合法（昭和20年）、独占禁止法（昭和22年）、地方自治法（昭和22年）、英米法的観点を加えた刑事訴訟法（昭和23年）なども制定されました。 15-1

＊3 ここに注意

最近の法令には、一般法・特別法の関係を法文上明記することが多くなっています。例えば、行政手続法1条2項などです。

＊4 ここに注意

特別法に規定のない事項については、一般法が補充的に適用されます。

＊5 プラスアルファ

借地借家法は民法の特別法でもあります。借地借家法の前身である借地法・借家法は、借地人・借家人を保護するため民法の特別法として、大正10年に制定されました。

第5編 基礎法学 法とは何か

653

法とは何か

４ 法令の効力

重要度 B

講師からの
アドバイス

法令がいつから効力を持つのか、どこに適用されるのか、誰に適用されるのかがポイントです。公布、施行、属地主義、属人主義は内容をしっかり把握しておきましょう。

 プラスアルファ

＊1

明治憲法時代は、公式令（昭和22年廃止）に公布についての定めがあり、「官報による」こととされていました。

 プラスアルファ

＊2

なお、条例・規則等は、公告式条例に従い公布されます。制定された法令（条例・規則等を含む）は、公布され、施行されて初めて実際に効力を発揮するようになります。

 プラスアルファ

＊3

条例や規則は、「10日を経過した日から」施行されます（地方自治法16条3項5項）。

 プラスアルファ

＊4

法律の廃止にあたって、廃止前の違法行為に対して罰則の適用を継続する旨の規定を置くことはできます。

1 法律の効力の始期
(1) 法律の成立
　法律は、憲法に特別の規定がある場合を除いて、衆議院と参議院が議決したときに成立します。
(2) 公布
　公布とは、国民が法令を知ることができる状態に置くことをいいます。法律の公布は、官報に掲載してなされるのが慣例です。 21-2 ＊1 ＊2
(3) 施行
　施行とは、法令の効力が一般的に発動し作用することをいいます。成文法は施行の時から効力を生じます。
　法律は、別段の施行期日が定められていないときは、「公布の日から起算して20日を経過した日から施行」されます（法の適用に関する通則法2条）。＊3
(4) 法律不遡及の原則
　法令は原則として、将来に向かって適用されます（法律不遡及の原則）。もっとも、例外的に、重要な公益上の必要がある場合、明文の定めがあれば、過去の時点にさかのぼって当該法令を適用させることが認められています。
　ただし、刑罰法規の適用については、遡及的適用が禁止されます（遡及処罰の禁止／憲法39条前段）。＊4

2 場所に関する効力
(1) 原則
　法律や命令は、わが国の領域（領土・領水・領空）にわたって効力を有します。
　地方公共団体の条例や規則等は、その地方公共団体の区域内において効力を有します。
(2) 例外
　(a) 地方自治特別法（憲法95条）
　　法令が領土の全域に適用されないで、特定の地域に限って適用される場合です。＊5

(b) 地域立法

普通の法令でも、事柄の性質上、適用の対象となる地域が法令上限定されているものもあります。

(c) 公海上にある日本国籍の船舶や航空機内

日本国籍の船舶や航空機が、公海上にある場合だけでなく、外国の領土内にあるときにも、その船内や機内では日本の法令が適用されます（**旗国主義**）。 21-2

*5 具体例で覚えよう！
地方自治特別法の例として、長崎国際文化都市建設法などがあり、地域立法の例として、首都圏整備法などがあります。

3 人に対する効力

(1) 属地主義と属人主義

属地主義と属人主義 *6

原則	属地主義	領土内では外国人をも拘束するが、領土外では本国人も規制できないという考え方
例外	属人主義	国民はその領土外でも本国法に従うべきものとする考え方

*6 ここに注意
現代の国家は、属地主義を原則としながら、属人主義を併用しています。

(2) 属地主義の原則について、属人主義の立場からの例外

属地主義の例外

外国の元首 外交使節等	国際慣習法等によって、外交特権を有するとされているため
天皇・皇族等	地位の特殊性（皇位の世襲制等）から一定の範囲における法令の適用を制限（刑罰法規等）

(3) 保護主義

保護主義とは、自国の重要な利益の保護を目的に、自国または自国民の法益を侵害する一定の重大犯罪に対し、犯人の国籍・犯罪地を問わずすべての犯人に日本の刑法の適用を認める建前をいいます。*7

4 法令の効力の終期

次のような場合に、法令の効力が消滅します。

法令の効力の終期

廃止または改正	法令が廃止または改正された場合
限時法 21-2 *8	法定されている有効期間の到来
実効性の喪失	実効性がなくなった場合
法令相互間の矛盾・抵触	新法優先の原則による場合

*7 プラスアルファ
保護主義が適用される犯罪として、内乱罪、殺人罪、強盗罪などがあります。

*8 ことばの意味
限時法
あらかじめ有効期間が法定されている法のことをいいます。

法とは何か

5 法の解釈

重要度 B

1 文理解釈

文理解釈は、法文の意味、または文言の意味を明らかにするという方法によりなされ、言葉と文章に忠実な解釈です。しかしながら、法律用語は専門用語ですから、必ずしも日常的な意味と一致するとは限りません。＊1

2 論理解釈

他の条文との関係、法文の目的、および法制定の沿革や、法体系の中における条文の位置を考慮しながら行う解釈を論理解釈といいます。＊2

(1) 拡張解釈

拡張解釈とは、法文の意味を日常一般に用いられる意味より拡張する解釈をいいます。

> 「最高裁判所は、一切の法律、命令、規則又は処分が憲法に適合するかしないかを決定する権限を有する終審裁判所である」（憲法81条）

この「法律、命令」の中に、地方公共団体の「条例」を含ませて解釈するのが拡張解釈の例です。＊3

(2) 縮小解釈

縮小解釈とは、法文の意味を厳格に制限し、普通の意味より狭く解釈することをいいます。

> 「不動産に関する物権の得喪及び変更は、不動産登記法……その他の登記に関する法律の定めるところに従いその登記をしなければ、第三者に対抗することができない」（民法177条）

この「第三者」を、「当事者およびその包括承継人以外の者であって、登記の欠缺を主張する正当の利益を有する者」と解釈するのが縮小解釈の例です。

(3) 類推解釈

類推解釈とは、法規の定めた事項を超えて類似の事項にも推し及ぼす解釈をいいます。 13-1 ＊4

条文の解釈の仕方は、具体例もおさえておきましょう。

＊1

具体例で覚えよう！

日常語の意味と異なる例として、民法における「善意」と「悪意」があります。

＊2

具体例で覚えよう！

例えば、憲法21条2項は、「検閲は、これをしてはならない。通信の秘密は、これを侵してはならない。」と条文上は両者を同様に禁止していますが、判例は検閲は絶対禁止とし、通信の秘密は例外が許されると解釈します。これは歴史的背景に着目した論理解釈の一例です。

＊3

プラスアルファ

刑罰法規であっても、合理的な内容を有する拡張解釈は認められます。例えば、過失往来危険罪にいう、「汽車」にガソリンカーが含まれるとする判例があります。

＊4

ここに注意

刑法では、罪刑法定主義が堅持されているので、拡張解釈は許されても、類推解釈による処罰は許されません。

656

●法とは何か

「相手方と通じてした虚偽の意思表示は、無効とする」（民法94条1項）・「前項の規定による意思表示の無効は、善意の第三者に対抗することができない」（民法94条2項）

　当事者間の通謀がなくても、不実登記の存在を長期間にわたり黙認する等、通謀に匹敵する事情がある場合に、民法94条2項を借用するのが類推解釈の例です。

(4) もちろん解釈

　もちろん解釈とは、類推解釈の一種で、ある法令の規定の立法目的、趣旨等からみて、他の場合には明文の規定はないが、それと同じ趣旨の規定があると解釈することが当然である場合の解釈をいいます。

「成年被後見人が婚姻をするには、その成年後見人の同意を要しない」（民法738条）

　被保佐人が婚姻をするには、当然に保佐人の同意を要しないと解釈するのがもちろん解釈の例です。

(5) 反対解釈

　反対解釈とは、法規の定めた事項の反面から、定めていない事項について反対の結果を引き出す解釈です。13-1

「前二項の規定による詐欺による意思表示の取消しは、善意で過失がない第三者に対抗することができない」（民法96条3項）

　「強迫」が列挙されていないことから、強迫による場合には、適用されないと解釈するのが反対解釈の例です。＊5

＊5 プラスアルファ
反対解釈を行う場合というのは、類似する事柄のうち一方のみが法令上明記されているが、他方については何ら触れられていない場合です。

論理解釈

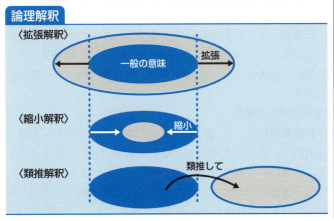

第5編 基礎法学　法とは何か

657

紛争解決と司法制度

6 裁判上の紛争処理

重要度 A

三審制の具体的手続と審理の流れは、確認しておきましょう。

*1
 プラスアルファ

自力救済は社会秩序を混乱させるおそれがあり、原則として禁止されます。緊急のやむを得ない場合は、例外的に自力救済が認められます（最判昭40.12.7）。この自力救済は、刑法上では「自救行為」といわれます。

*2
 ことばの意味

判決
訴訟事件の終局的判断その他の重要な事項について裁判所がする裁判です。その審理においては、口頭弁論を行う必要があります。

決定
訴訟指揮、迅速を要する事項、付随的事項等について裁判所がする裁判です。判決よりも簡易な方式で行われ、口頭弁論を行う必要はありません。

命令
決定と同じく、判決よりも簡易な方式で行われる裁判官がする裁判です。口頭弁論を行う必要はありません。

　法は社会生活を円滑なものとするために存在するのですが、社会に何らかの紛争が生じた場合、何らかの方法で解決する必要があります。*1

1 裁判とは何か

　当事者間で争いが起きた場合、法治国家の下では、社会の安定、公正を維持するため、**国の機関である裁判所**があらかじめ**制定されている法律等に基づき、これを適用して争いを解決**します。この解決基準となる裁判所または裁判官の法的判断は、「判決」「決定」「命令」という形式で示されます。

15-2 *2

2 訴訟の種類

　訴訟とは、紛争の当事者の一方が他方を裁判所に訴えて争い、法律に基づく裁判所の判断を求める手続をいいます。訴訟は、事件の種類により、**民事訴訟**、**刑事訴訟**、**行政事件訴訟**に分けられます。*3

　民事訴訟は、個人対個人（法人を含む）など私人間の争いを解決する手続です。刑事訴訟は、ある人の行為が犯罪となるかどうかを認定し、どのような刑罰を科すのかを決定する手続です。行政事件訴訟は、行政活動に関連する紛争を解決する手続です。

3 三審制と裁判所の種類

(1) 三審制

　三審制とは、裁判が確定するまでに3回まで審理を受けられる制度です。裁判所は、**最高裁判所**と**下級裁判所**（高等裁判所、地方裁判所、家庭裁判所、簡易裁判所）より構成されます。

(2) 裁判所の種類

　最高裁判所は、**上告**、**抗告**に対し最終的な判断を下す終審裁判所で、最高裁判所長官と最高裁判事14名から構成されます。審理は、全裁判官による**大法廷**と3名以上の裁判官からなる**小法廷**で行われます。通常は小法廷で審理しますが、判例を変更する等の場合は、大法廷で審理します。12-1

●紛争解決と司法制度

高等裁判所は、主に控訴・抗告、上告について裁判権を有します。これに対し、地方裁判所は、通常の訴訟事件の第一審裁判所ですが、軽微な事件の場合は、簡易裁判所が第一審裁判所となります。また、家庭裁判所は家庭に関する事件の審判・調停、人事訴訟の第一審の裁判、少年の保護事件の審判等を行います。＊4

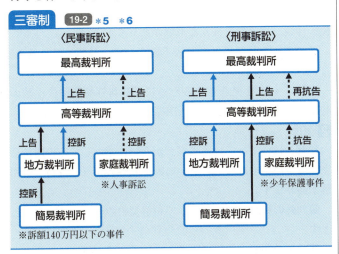

三審制 19-2 ＊5 ＊6

上告審は原則として法律問題を審理する「法律審」ですが、刑事訴訟で重大な事実誤認等がある場合には事実問題を審理することがあります（刑事訴訟法411条3号）。 19-2

民事訴訟の控訴審は、第1審の裁判に新たな証拠調べの結果を加味して審理する「続審」です。 19-2

刑事訴訟の控訴審は、第1審の裁判記録に基づき、その判断の当否を事後的に審理する「事後審」です。 19-2

4 民事訴訟の審理原則

民事裁判では、権利を主張する者が原告となって被告を相手に訴訟を行います。審理では、訴訟資料の収集と提出は当事者の権能と職責とされます（弁論主義）。

5 刑事訴訟の審理原則

刑事裁判では、検察官が被告人の処罰を求めて訴訟を行います。民事裁判と異なり、訴えの提起（公訴提起）は検察官のみが行うことができます。そして、事実の真偽が不明な場合、「疑わしきは被告人の利益に」という原則により、検察官が立証責任（挙証責任）を負うのが原則です。

＊3
 ここに注意

これらの訴訟手続を定めている法律が、それぞれ民事訴訟法、刑事訴訟法、行政事件訴訟法です。

＊4
 プラスアルファ

東京高等裁判所には、特別の支部として、特許権や著作権等の知的財産権に関する訴えを扱う知的財産高等裁判所が設置されています。
家事事件の審判、少年事件の審判は、非公開の手続で行われます（家事事件手続法33条、少年法22条2項）。口頭弁論は行われません。

＊5
 ことばの意味

上告
原則として、第2審の判決に対し、第3審かつ終審の裁判所に不服を申し立てることをいいます。

抗告
訴訟法上、裁判所がする裁判のうち、決定または命令に対し不服を申し立てることをいいます。

控訴
原則として、第1審の地方裁判所、簡易裁判所、家庭裁判所の判決に対し不服を申し立てることをいいます。

＊6
 プラスアルファ

上級審の裁判所の裁判における判断は、その事件について下級審の裁判所を拘束します（裁判所法4条）。

紛争解決と司法制度

7 裁判によらない紛争処理 重要度 B

講師からのアドバイス

裁判を行うと、時間と費用がかかるため、裁判によらない紛争の解決方式も法によって整備されています。

*1
 具体例で覚えよう！
ADRを主宰する団体としては、交通事故における公益財団法人交通事故紛争処理センターなどが挙げられます。

*2
 具体例で覚えよう！
例えば、公害紛争解決のための公害等調整委員会等が行う斡旋がその1つです。

*3
 プラスアルファ
家事事件のうち、民事訴訟を提起できる事件については、調停前置主義がとられます。

1 意義

裁判によらない紛争処理には、裁判所内での手続のほか、行政機関、弁護士会、民間団体などによる、和解、斡旋、調停、仲裁、相談など様々な形態があります。
このような裁判以外の解決手段をADR（裁判外紛争処理）といいます。*1
なお、ADRを促進させるために、裁判外紛争解決手続の利用の促進に関する法律（ADR法）が制定されています。

2 和解

和解とは、争っている当事者が互いに譲歩してその間に存在する争いをやめることをいい、裁判外の和解と裁判上の和解があります。

裁判外の和解は、原則として和解契約の締結により成立します。

裁判上の和解は、両当事者の有効な和解の陳述により成立し、和解調書が作成されると確定判決と同一の効力を有します（民事訴訟法267条）。

3 斡旋

交渉が円滑に行われるように第三者が世話していくことを、**斡旋**といいます。
当事者間の紛争の解決を促進するために、各種の行政機関が斡旋を行う場合が少なくありません。*2

4 調停

調停委員会による「民事に関する紛争につき、当事者の互譲により、条理にかない実情に即した解決を図ることを目的」とするものです（民事調停法1条）。
調停は、当事者が裁判所に申し立てることによって開始されます。そして、紛争終結の最終決定権は当事者にあります。

20-1
民事事件の場合、訴訟を提起する前に調停に付す義務はありませんが、家事事件の場合、訴え提起の前に調停の申立てをしなければなりません（**調停前置主義**）。*3

660

●紛争解決と司法制度

5 仲裁（ちゅうさい）

仲裁は、当事者自治の原則（仲裁法26条1項、36条1項）に基づいて当事者が第三者（仲裁人）の判断（仲裁判断）に従って紛争を解決する制度であり、ADRの代表的な制度です。仲裁は、紛争を裁判所の判決に相当する「**仲裁判断**」によって解決しますが、その基礎にあるのは当事者の「**仲裁合意（さいごうい）**」です。仲裁手続に関しては、**仲裁法**が2004年3月1日から施行されています。 20-1 *4 *5

6 相談（そうだん）

相談自体は、紛争処理そのものではありませんが、紛争の予防としての機能を果たします。もっとも、相談先の機関の影響力が大きい場合は、その機関が相手方と交渉することで結果的に紛争処理につながることもあります。

裁判とADR

	裁　判	ADR
本　質	権利義務の存否を明らかにする裁断により紛争を解決する手続	当事者間の合意に基づき、あるいは合意を契機として、紛争を解決する手続
当事者は主宰者を選ぶことができるか	裁判官を選ぶことはできない	仲裁人、調停人、斡旋人等を当事者の合意または指名により選ぶことができる
手続の公開・非公開	公開が原則	一般的には非公開
手続の厳格度	手続が厳格	手続が柔軟
メリット	慎重かつ公正な公権的判断を受けることができる	簡易、迅速、低廉に紛争解決を図ることができる

*4 ことばの意味

仲裁合意
紛争の解決を仲裁人の判断に任せようとする当事者の合意のことです。

*5 プラスアルファ

仲裁法は、国際仲裁・国内仲裁、商事仲裁・非商事仲裁の区別なく適用される点に特徴があります（仲裁法附則3条、4条参照）。

紛争解決と司法制度

8 司法制度改革

重要度 A

法テラスや裁判員制度は基本知識をしっかり確認しておきましょう。

1 司法制度改革の目的と内容

裁判の迅速化やより容易な司法サービスの提供、国民の司法への参加等を進めるために、**司法制度改革推進法**が制定され、様々な制度改革がなされました。具体的には、**裁判の迅速化と審理の充実**、**法テラス**の設置、**裁判員制度**の導入、**法曹制度の改革**などが挙げられます。＊1

 ここに注意

＊1
今日の日本は「事前規則型」から「事後監視・救済型」に転換しつつあり、この流れを受け、司法制度改革が進んでいます。

2 裁判の迅速化と審理の充実

2003年に「**裁判の迅速化に関する法律**」が制定され、**第1審の訴訟手続**は、**2年以内にできるだけ短い期間**で終結させることを目指すこととされました。これを受けて、民事訴訟法や刑事訴訟法などの関係法令も改正されました。民事訴訟法では計画審理制度等が、刑事訴訟法では公判前整理手続等が導入されています。 13-2

また、民事訴訟では、専門的な事件の審理を充実させるために**専門委員制度**が導入され、知的財産権関係の事件に対応するために**知的財産高等裁判所**が設置されました。

3 法テラス

国民に紛争解決に必要な法的情報・サービスの提供を行うために、2004年に**総合法律支援法**が制定され、全国に法テラス（**日本司法支援センター**）が設置されました。法テラスは、窓口相談、犯罪被害者支援、**民事法律扶助**等を行います。 13-2 ＊2

 プラスアルファ

＊2
法テラス（日本司法支援センター）は、利用者の資力が十分でない場合、一定の条件をみたせば弁護士等を紹介します（民事法律扶助業務）が、その報酬および費用の支払いについては立替えを行う（総合法律支援法30条1項2号）だけです。

4 裁判員制度

国民の司法制度への参加と裁判に対する国民の信頼を確保し向上させるためには、国民による裁判への直接的関与を認める必要があります。そこで、**裁判員法**が制定され、2009年5月21日から裁判員制度が実施されています。 14-1 16-1

(1) 国民の司法制度参加の方法

一般に、国民の司法参加制度には、**陪審制**と**参審制**があります。陪審制には**大陪審**と**小陪審**があり、主に英米で採用されています。参審制は主に欧州で採用され、職業裁判官と一般国民が協力して事実認定と量刑の判断を行います。＊3

  ここに注意

＊3
大陪審は、重罪の起訴・不起訴を判断し、小陪審は、裁判において事実の認定を行います。

662

オーストラリアのように、陪審制と参審制を併用している国もあります。

(2) 裁判員制度の特徴

日本で新たに導入された裁判員制度とは、一定の刑事裁判（原則として、①法定刑に死刑または無期懲役・無期禁錮がある罪にあたる事件、②法定合議事件で故意の犯罪行為により被害者を死亡させた罪にあたる事件／裁判員の参加する刑事裁判に関する法律2条1項）の第一審において、国民から選出する裁判員と職業裁判官が協力して、被告人が有罪かどうか、有罪の場合どのような刑を科すかを決める制度（法令の解釈は裁判官のみが行う）です。＊4　＊5

(3) 裁判員制度の概要

(a) 裁判員選任手続

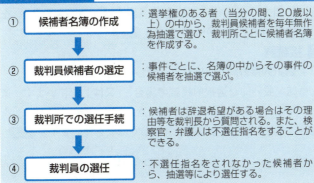

(b) 合議体の構成、裁判員の職務・役割

原則として、裁判官3名と裁判員6名からなる合議体で評議・評決されます。裁判員は、公判への立会い（証人尋問・被告人質問）と評議・評決（過半数で決する／裁判官と裁判員各1人以上の賛成が必要）への参加をし、判決宣告がなされると役割は終了します。＊6

5 法曹制度改革

大幅な法曹人口の増加を図るために、2004年に法曹養成機関として法科大学院（ロースクール）が開校し、2006年にはその卒業生を対象とする新司法試験が開始されました。

●紛争解決と司法制度

＊4 ことばの意味

法定合議事件
殺人・放火などのように重い刑罰（死刑または無期もしくは1年以上の懲役もしくは禁錮）が定められているため、合議体で審理することが必要とされる事件をいいます（裁判所法26条2項2号）。これに対し、争点が複雑であるなどの理由から、裁判所が合議体で審理するものと決定したものを「裁定合議事件」といいます（裁判所法26条2項1号）。

＊5 プラスアルファ

公判前整理手続を経た場合であって、審判期間が著しく長期または公判期日が著しく多数で、裁判員の選任等が困難な事案等については裁判官のみで審判を行います（裁判員法3条の2第1項）。

＊6 プラスアルファ

① 裁判員の辞退事由は、学生、70歳以上の者等一定のものに限られます。
② 裁判員に選ばれた場合、仕事を休業することができます。
③ 裁判員等の不出頭等には、過料が科せられることがあります。
④ 評議の秘密その他職務上知りえた秘密を漏示した場合、守秘義務違反として6カ月以下の懲役を科せられることがあります。
⑤ 裁判員には、日当や交通費が支払われます。

法令用語等

9 法令用語・法格言等　重要度 A

講師からのアドバイス
法令用語は頻繁に出題されているので、覚えておきましょう。

プラスアルファ
「号」は、『一、二、三……』と漢数字で表します。「号」の中でさらに列記する場合は、『イ、ロ、ハ……』、『⑴、⑵、⑶……』、『⒤、(ii)、(iii)……』を順次用います。

1 法律の形式

　法律は、箇条書きのスタイルで記述された「条」を基本単位とし、原則として「見出し」が付されます。 16-2

　1つの「条」を内容に応じて段落分けをする場合、この段落を「項」といいます。 16-2

　「条」または「項」の中において多数の事項を列記する場合は、「号」を用います。 16-2 *1

　「条」の削除には、①その「条」を削り、以降を繰り上げる方式と、②「第○条　削除」と規定する方式があります。

　「条」の追加には、①既存の「条」を繰り下げて、その場所に追加する方式と、②枝番号（例えば「第○条の2」）を用いて追加する方式があります。 16-2

2 接続詞

⑴ 選択的接続詞「又は」と「若しくは」

　単純・並列的な選択的接続の場合、「又は」を使います。選択の関係が何段階もある場合、一番大きな段階のみ「又は」を使い、それより小さな段階は「若しくは」を使います。 14-2

A又は（B若しくはC）

⑵ 併合的接続詞「及び」と「並びに」

　単純に連結する場合、「及び」を使います。並列の関係が何段階もある場合、一番小さな段階のみ「及び」を使い、それより大きな段階には「並びに」を使います。 14-2

A並びに（B及びC）

3 語句の使い方

⑴ 「適用」と「準用」

　「適用」とは、Aという事項について規定される法令をそのままAにあてはめることです。

　「準用」とは、本来Aという事項について規定される法令を、Aに類似している事項に多少読み換えを加え、あてはめることです。 14-2

664

● 法令用語等

(2)「みなす」と「推定する」

どちらも本来Aと性質を異にするBについて、一定の場合に限り、Aと同一視することですが、「みなす」はAでないという反証を許さないのに対し、「推定する」はAでないという反証を許すものです。 12-2

(3)「権限」と「権原」

「権限」とは、国や地方公共団体の機関の行為が法律上、国または地方公共団体の行為として効力を生じる範囲をいいます。代理人や法人の機関の行為についても同様です。「権原」は、ある法律行為または事実行為を正当ならしめる法律上の原因をいいます。

(4)「科する」と「課する」

どちらも一定の義務を命ずる場合に用いられますが、「科する」は、行政罰や刑罰等、何らかの制裁を与える場合に用いられます。「課する」は、租税その他の負担を命ずる場合に用いられます。

(5)「直ちに」、「遅滞なく」および「速やかに」

いずれも時間的即時性を表します。「直ちに」は、最も時間的即時性が強く、「遅滞なく」は、正当な、または合理的な理由に基づく遅延は許される場合に使われ、「速やかに」は、「できるだけ速やかに」というように、訓示的な意味に使われる場合が多くあります。 14-2

4 法格言等

① 法実証主義の下では、「悪法もまた法である」とされ、自然法思想の下では、「悪法は法ではない」とされる。 17-2 *2

② 「権利の上に眠る者は、保護されない」という法格言があり、時効制度の根拠の１つとされる。

③ 刑事訴訟の分野において、「自白は証拠の女王である」という法格言があるが、自白が被告人に不利益な唯一の証拠である場合、有罪とすることはできない（自白の補強法則／憲法38条3項、刑事訴訟法319条2項）。

④ 「法律なければ刑罰なし」とは、犯罪となる行為や刑罰をあらかじめ成文の法規として定めておかなければ、その行為を処罰することができないとする原理をいう（罪刑法定主義）。 *3

---

*2 ことばの意味

法実証主義
実定法のみを法とする考え方です。

*3 プラスアルファ

罪刑法定主義は、当初、法律上の根拠なくして処罰することはできないという消極的な意味しか有していませんでした。しかし、国民の意思を政治に反映すべきとの今日的要請から、罪刑法定主義の意味も、国民の代表者で構成される議会によって制定された法律によって犯罪と刑罰が定められなければならないという積極的な意味を有するに至っています。

665

［一般知識］

第6編
政治・経済・社会

科目別ガイダンス
政治・経済・社会

過去10年間の出題傾向

政治

項目	12	13	14	15	16	17	18	19	20	21
政治制度	●		●	●	●			●	●	●
政党		●	●							
選挙			●	●	●				●	
国際政治			●	●				●		●

経済

項目	12	13	14	15	16	17	18	19	20	21
総説								●		
国際経済			●		●				●	●
国内経済	●	●		●	●					
財政						●		●		

社　会

項目	12	13	14	15	16	17	18	19	20	21
社会保障						●				
労働・社会福祉	●	●	●	●	●			●	●	●
環境問題等									●	●
消費者保護						●	●			

GUIDANCE ［ガイダンス］

◼ 「政治・経済・社会」とは

　行政書士試験で出題される一般知識科目14問中、5～8問程度、「政治・経済・社会」から出題されます。

　「政治」では、各国の政治制度（議院内閣制・大統領制等）、日本の選挙制度、行政改革、国際政治などが出題されます。また、「経済」では、財政問題、金融政策の基本的理解が問われます。さらに「社会」では、これら以外の社会問題、すなわち社会保障制度や環境問題などを素材とした出題がなされます。

　すなわち、この世の中で起きている重要な社会問題全般について扱うのが行政書士試験の政治・経済・社会なのです。

◼ 学習のポイント

　2006年度から新試験制度となり、法令重視へと変化したとはいえ、依然として、法令科目・一般知識科目のそれぞれに「基準点」が存在します。そのため、一般知識科目もおろそかにはできません。法令科目がいくら高得点でも、一般知識科目が基準点に達していなければその時点で不合格となってしまうのです。しかし、一般知識科目に必要以上に時間をかけることは得策ではありません。学習の中心は、あくまでも法令科目であり、それこそ本末転倒となってしまいます。学習にあたっては、このバランス感覚を身につけましょう。

　「政治・経済・社会」は、非常に広範です。また、「政治」「経済」「社会」と明確に分類できる問題ばかりではなく、混合問題や、「時事」的要素を加味した問題等も出題されます。つまり、明確な範囲というものは存在しません。

　では、どのように学習をすべきでしょうか。よくご相談を受けるところでもあります。ここで意識すべきは、確かに範囲はないが「優先順位」はあるということです。本書でも、「優先順位」の高いものだけをピックアップしてまとめています。これらの内容を徹底的におさえて、知識の核を作りましょう。そして、『過去問題集』や模擬試験などによる問題演習を通じ、知識の肉付けを図っていきます。間違っても手を広げすぎてはいけません。「基準点」を必要以上に恐れ、非常に広範なこの分野に時間をかけすぎるといったことは絶対に避けるべきなのです。

政治－政治制度

1 政治制度

重要度 B

思想家とその著書は組み合わせられるようにしておきましょう。

1 近代民主政治

16〜18世紀のヨーロッパは、神が国王に統治権力を授けたとする王権神授説に基づいて、国王が強い権力を持って国民を支配する絶対王政（国王に全権力が集中した政治体制）の時代でした。

しかし、絶対王政の下で実力を蓄えていた市民階級（ブルジョアジー／産業の発展により富を得た商工業者などの有産階級）は、17世紀以降、市民革命によって君主から主権を奪い取り、近代民主政治が成立しました。

（1）近代民主政治の特徴

近代民主政治には、直接民主制（国民みずからが全体の意思決定に参加）と間接民主制（選挙によって国民から選ばれた代表者に政治的意思決定を委ねる）があります。

近代民主政治の特徴としては、①国民主権、②基本的人権の尊重、③代議制等が挙げられます。

今日の国家においては間接民主制を原則とする国が一般的ですが、間接民主制を補完するために、直接民主制的な制度を採用している国もみられます。その有力な手段として、レファレンダム（国民投票）、イニシアチブ（国民発案）、リコール（解職請求権）があります。 21-7

（2）市民革命とその思想

イギリスの名誉革命における権利章典、アメリカ独立宣言、フランス革命などを通じて、近代市民社会が成立しました。 12-49 20-48 ＊1

17世紀〜18世紀の市民革命期の代表的な政治思想として、社会契約説があります。社会契約説は、一切の社会的秩序のない自然状態を想定し、そこから個人が自然権を確保するために相互に社会契約を結び、その結果として国家が設立されるという理論構成をとります。代表的な思想家として、ホッブズ、ロック、ルソーが挙げられます。

＊1

プラスアルファ

フランス人権宣言は、「権利の保障がなく、権力分立が定められていないすべての社会は憲法を持たない」（16条）とするなど、精神的自由権、身体的自由権、経済的自由権等の「自然的権利」、市民の立法参加権等の「市民の権利」、「権力分立」等を規定しています。

●政治

代表的思想家

人名・著書	内容
ホッブズ「リヴァイアサン」	人間は利己的存在であるから、自然状態は戦争状態（「万人の万人に対する闘争」）にあり、平和と安全を維持するため国家に自然権を全面的に委ねて全面服従するという内容の社会契約が結ばれると主張し、専制君主制を擁護
ロック「統治二論（市民政府二論）」	自然状態は平和状態であるが、平和と安全をより確実に保障するために自然権を国家に信託する社会契約が結ばれると主張。また、国家が市民の意に反する行動をとる場合、市民に抵抗権を認めイギリス名誉革命を正当化
ルソー「人間不平等起源論」「社会契約論」	特殊意志を持つ人々がみずからの自由意志に基づき結んだ社会契約のみに服従する政治体制を理想とし、そこで結ばれる社会契約は個々人の意志であるとともに構成員総体に共通する一般意志となるとした。直接民主制や人民主権を主張し、フランス革命に大きな影響を与えた
モンテスキュー「法の精神」	政治上の自由を確保するために、国家権力を行政権・立法権・司法権に分立させて互いに抑制と均衡の原理を働かせる三権分立を説き、アメリカ独立戦争やフランス革命に影響を与えた

2 議院内閣制と大統領制

(1) 議院内閣制

議院内閣制は、**内閣（行政府）が議会（立法府）の信任**の上に成立する政治制度です。通常、議会（特に第一院）における多数派から首相が選出され、首相が組閣し、閣僚は主として国会議員の中から選出され、内閣は議会に対して連帯して責任を負います。立法府と行政府は協力関係にあり、それが維持されなくなった場合のための手段として、**不信任制度、内閣総辞職制度、解散制度**を備えるのが通常です。＊2

(2) 大統領制

大統領制とは、行政府の長たる**大統領に非常に強い権限**が与えられている政治制度をいいます。大統領は、議会とは無関係に選出され、議会に対して責任を負いません。通常、立法府と行政府の役割が厳格に分離され両者の権能が明確化されるなど、立法・行政・司法の**三権の間に厳格な権力分立**が保たれています。

＊2 プラスアルファ

日本の衆議院の優越は、イギリスの下院優越の原則にならった制度です。なお、イギリスでは閣僚全員が議員の中から選出されているのに対し、日本の閣僚は過半数が国会議員の中から選出されればよいとされています。

政治－政治制度

2 主要国の政治制度

重要度 A

1 イギリス・アメリカの政治制度

イギリスとアメリカの政治制度

	イギリス（議院内閣制）	アメリカ（大統領制）
元首	国王（世襲）	大統領（任期4年・3選禁止）
政治体制	立憲君主制（制限君主制）	連邦共和制
憲法	成文憲法はなく（不文憲法）、議会は通常の立法手続により憲法的機能を持つ法律を改正できる（軟性憲法）	成文憲法・硬性憲法（アメリカ合衆国憲法）
両院	貴族院（上院）・庶民院（下院＝民選議院）。下院優越の原則、議会に強い権限（議会主権）	原則として上下両院は対等（条約承認・高級官吏任命に対する同意権等は上院のみ）
組織	①首相は、下院第一党党首を国王が任命 ②閣僚は、首相が議員から指名して国王が任命 ③首相は、下院議員に限られる	①大統領は、間接選挙（国民から選出された大統領選挙人が大統領を選ぶ）で選出 ②各長官は、議員以外から大統領が任免 ③大統領は、議員との兼職が不可
法案提出権	議員だけでなく、内閣、各委員会にもある	大統領には、法案・予算提出権がない。必要な立法措置を教書（一般教書・大統領経済教書・予算教書）で議会に要請・勧告することができる
解散総辞職	下院において内閣不信任決議が行われると、下院の解散または内閣総辞職がなされる	解散・総辞職なし（大統領・上下両院の議員は、任期満了まで務める） ※大統領に非行があった場合は、下院の訴追に基づき、上院で弾劾決議をすることにより罷免することが可能

講師からのアドバイス

アメリカの政治制度は厳格な権力分立を原則としています。厳格な権力分立なので、大統領には法案提出権がありません。しかし、それでは大統領の考える政策を実行できないので、教書という形で、立法を促すようなメッセージを議会に送るのです。

●政治

	イギリス（議院内閣制）	アメリカ（大統領制）
議会と行政府の関係	対立が激化したときは、内閣の総辞職または下院の解散	大統領は、議会通過法案に対して拒否権を行使しうる（この場合、議会は上下両院本会議のそれぞれ出席議員の3分の2以上の多数による再議決で対抗できる）
裁判所	すべての裁判の最終審は、上院議長と貴族院（上院）で選出された法律貴族があたっていたが、2009年に最高裁判所が設置された。違憲審査権はない ＊1	憲法の明文規定はないが、連邦裁判所は、1803年「マーベリ対マディソン事件」におけるマーシャル判決以来、判例によって確立された違憲審査権を有している
政党	伝統的に労働党と保守党の二大政党制（近時は、他党も台頭してきている）	共和党と民主党の二大政党制

＊1 ここに注意

イギリスは不文憲法であることから、違憲審査権はありません。

2 その他の主要国の政治制度

ドイツ・フランス等の政治制度

ドイツ	任期5年の大統領（連邦議会議員と州議会選出議員からなる連邦会議によって選出）が存在するが、象徴的な存在にすぎない。広範な権限を持つ連邦政府と連邦宰相による議院内閣制をとる
フランス	大統領は、国民の直接選挙（2回投票制による決選投票あり）によって選出され、任期5年である（3選禁止）。大統領は、首相や閣僚の任免権、閣議の主宰、条約の批准権や非常事態における措置権等の強力な権限のほか、議会の解散権などを有する
ロシア	大統領は国家元首であり、任期6年で国民の直接選挙によって選出される（大統領制）。首相の任命権（下院の承認が必要）と解任権を持ち、軍の最高司令官を兼ねる等の強大な権力を有する
韓国	国民の直接選挙により選出される大統領制（任期5年）を採用している。もっとも、アメリカと異なり、大統領は法案および予算案の提出権を有している。議会は一院制であり、解散制度は存在しない
中国	民主集中制を統一基本原理としている。一院制の全国人民代表大会（全人代）が国家の最高権力機関であり、すべての権力が集中している。国家主席は対外的に国家を代表する者であり、国家元首的な存在である

673

政治－政治制度

3 行政国家現象

重要度 B

講師からのアドバイス
行政国家現象が発生し、これに対応するために国際的にも国内的にも行政改革が実行されていきます。

1 行政国家現象

19世紀末以降の自由主義経済の発達の中で、恐慌や失業問題等が表面化し、社会内の不平等が多くみられるようになりました。そこで、不平等を是正するために国家が国民生活に積極的に介入することが要請されるようになりました（**積極国家**）。その結果、行政活動の量的増大・質的変化もみられ、現代では、行政機能の役割が増大し、行政機関が実質的に意思決定を行うに等しく、議会によるコントロールが低下する**行政国家現象**が生じています。

行政国家現象の特徴

政府提案立法の増大	**政府提案立法**とは、政府が法律案を作成して、国会で制定させることをいう。官僚は法案の技術的な作成者として国会に対しても強い影響力を持ち、事実上法案作成の推進力となっている
委任立法の増大	**委任立法**とは、法律の委任に基づいて行政府等が法規を定めることをいう。行政機能が増大し、国会の制定する法律は行政の大綱を定めるだけで具体的な事柄は委任立法として行政府に任される傾向が強まっている
政治の官僚政治化	行政権の拡大は、行政官僚の地位を高め、官僚が政治の実権を事実上握る**官僚政治**を生み、政治腐敗・天下り等の弊害をもたらす原因ともなった

2 行政改革の背景と新自由主義

1980年代以降、世界の主要国に行政改革の潮流が訪れました。これには、国家の財政難による行政サービスの低下を打開するため、「**新自由主義**」の立場から政府の経済活動の効率化と民間の経済活動の発展を中心に置いた改革が求められるようになったという背景があります。

新自由主義は、市場メカニズムを重視し、行政サービスの供給にも、市場メカニズムをできる限り導入するべきであり、小さな政府が望ましいとします。また、経済活動に対する規制はできるだけ緩和・撤廃し、国営事業などの民営化や、さらに行政活動における企業経営手法の採用を主張します。

● 政治

3 日本の行政改革

日本においては、内閣機能や行政機構・組織等の再編・合理化、公務員制度の改革、行政の情報化、行政手続の改善から中央・地方関係の見直し等が行われてきました。 19-49 *1

2001年1月には、中央省庁再編により、1府22省庁が1府12省庁へ編成されました。さらに2007年には防衛庁が防衛省に格上げされ、2012年には復興庁が設置されました。*2

日本の行政組織の概略 14-48 16-49 *3

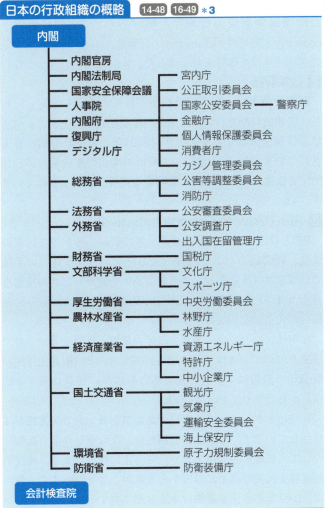

*1 プラスアルファ
1985年4月に日本電信電話公社が日本電信電話株式会社（ＮＴＴ）に、日本専売公社が日本たばこ産業株式会社（ＪＴ）に、1987年4月には国鉄がＪＲ各社に民営化されました。

*2 プラスアルファ
このほか、2001年の中央省庁再編以降に設置された主な省庁には、観光庁（2008年）、消費者庁（2009年）、スポーツ庁（2015年）、出入国在留管理庁（2019年）、カジノ管理委員会（2020年）、デジタル庁（2021年）があります。

*3 プラスアルファ
デジタル庁は2021年9月1日に設置されました。デジタル庁は、内閣に置かれ、デジタル社会形成の司令塔としてデジタル化を推進していく機関です。

政治－政治制度

4 行政改革の手法

重要度 B

講師からのアドバイス

行政改革の手法としてその根幹にある考え方が、新公共管理論という考え方です。新公共管理論に基づき行政改革が実践されていきます。

*1

具体例で覚えよう！

NPMの具体的手法として、①行政活動に民間企業の管理手法を導入（民間化、外部委託化）、②市場競争原理の導入、③政策立案と政策の実施の分離、④成果の事後評価などがあります。

*2

プラスアルファ

総務省（行政評価局）は、評価専担組織の立場から、各府省の政策についての統一性または総合性を確保するための評価を行うとともに、各府省の政策評価の客観的かつ厳格な実施を担保するための評価を行っています。

*3
プラスアルファ

2007年に日本初のPFI事業手法を活用した刑務所が山口県美祢市に開設されました。これは、欧米の民営刑務所のように民間が全面的に施設を運営するのではなく、官と民が公権力の行使とサポート業務をそれぞれ分担する形の混合運営施設方式を採用しています。

1 新公共管理論（NPM）

新公共管理論（NPM／New Public Management）とは、行政活動に民間企業の管理手法を導入することによって効率化を図る新たな管理手法をいいます。その特徴には、徹底した市場競争原理の導入等が挙げられ、3E（経済性／economy・効率性／efficiency・有効性／effectiveness）が重視され日本にも影響を与えました。*1

2 政策評価

政策評価とは、国の行政機関が政策の効果を測定・分析し、客観的判断を行い、政策の的確な企画立案や実施に役立てる情報を提供するものです（2001年から全政府的に導入されています）。政策評価法（行政機関が行う政策の評価に関する法律）では「国民に説明する責務」が明示されています。*2

3 PFI（Private Finance Initiative）

PFIとは、公共施設等の建設、維持管理、運営等を民間の資金、経営能力および技術的能力を生かし行う新しい手法で、事業コストの削減、より質の高い公共サービスの提供を目指すもので、PPP（Public-Private Partnership／公民連携）の代表的な手法の1つです。

イギリスなどでは、公共施設等の整備、再開発等の分野で成果を収めています。日本でも1999年からPFI推進法（民間資金等の活用による公共施設等の整備等の促進に関する法律）が施行されています。*3

近時はＰＦＩの手法の1つであるコンセッション方式が注目されています。これは、利用料金の徴収を行う公共施設について、施設の所有権を地方公共団体に残したまま、施設の運営権を民間事業者に設定する方式のことをいいます。例えば、2018年の改正水道法は水道事業に関するコンセッション方式の導入を可能としています。これにより、給水責任を地方公共団体に残したまま、水道事業の施設等運営権を民間事業者に設定できることになりました。

政 治

4 市場化テスト（官民競争入札制度）

2006年に競争の導入による公共サービスの改革に関する法律が成立し、市場化テストの制度が導入されました。これは、公共サービスについて「官」と「民」が対等な立場で競争入札に参加する制度で、公共サービスの質の維持向上および経費削減推進を目的としています。

これは、「官」と「民」のみならず、「民」と「民」の競争入札も認めています。＊4

5 国家戦略特別区域（国家戦略特区）

産業の国際競争力の強化および国際的な経済活動の拠点形成に関する施策の総合的かつ集中的な推進を図るため、規制緩和政策の一環として、2013年に国家戦略特別区域法が制定されました。

国家戦略特別区域（国家戦略特区）とは、国家戦略特別区域法に基づき、地域を限定して規制改革等を行うために指定される区域のことをいいます。かつての地域の発意に基づくボトムアップ型の特区とは異なり、国がみずから主導して、国と地域の双方が有機的連携を図ることにより、国家戦略として各種プロジェクトを推進するものです。＊5

6 指定管理者

地方公共団体の有する公の施設の管理・運営を、契約ではなく公法上の「指定」という行政処分により、民間事業者一般に代行させる制度です。

7 モデル事業

NPMの理念である「プラン（計画）・ドゥー（実行）・チェック（点検）・アクション（改善）＝PDCA」の考え方に基づき、定量的な成果目標を立て、事後的に厳格な評価を行うとともに、事業の性格に応じた予算執行の弾力化を行い、効率化の効果を予算に反映させるものです。

8 オンブズマン制度

オンブズマンとは、市民の苦情に基づいて行政を監視し、行政に対する市民の苦情等を処理し、必要に応じ行政に是正勧告する行政監察官です。一般に人権の擁護に加え、行政に対する苦情救済や行政改善などの機能を有するようになっています。日本では、1990年に川崎市で初めて導入されましたが、国の制度としては実現に至っていません。＊6

＊4 **プラスアルファ**
実施の過程について、その透明性・中立性・公正性を確保するため、内閣府に、官民競争入札等監理委員会が置かれています。

＊5 **プラスアルファ**
国家戦略特別区域法に基づく旅館業法の特例として「特区民泊」の取組みが2016年1月に東京都大田区で開始されました。現在、その取組みは全国に広がっています。なお、特区民泊制度のほか、2017年6月に新たに「住宅宿泊事業法」が制定されました。この法律は、住宅宿泊事業（住宅に人を180日を超えない範囲で宿泊させる事業）を営もうとする場合に都道府県知事（住宅宿泊事業の事務処理を希望する保健所設置市または特別区においてはその長）への届出が必要となること等を定めています。

＊6 **プラスアルファ**
オンブズマン制度は、1809年にスウェーデンで初めて導入され、第2次世界大戦後に近隣の北欧諸国から英連邦諸国へと普及し、ヨーロッパを中心に世界の30カ国以上の国で導入されています。

政治-政党

5 政党・圧力団体

重要度 B

講師からのアドバイス

政党と圧力団体の大きな違いは、政党は政権獲得を目指すのに対して、圧力団体は政権獲得を目指さずあくまで外部から圧力を加え、その目的を達成しようとする点です。

1 政党

政党とは、特定の主義・政治思想で一致した人々が、その主義・思想に基づき結成し、政権の獲得・維持を目指す政治集団（結社）です。政党が議会を通じて政権を掌握し運営する政治を、政党政治といいます。

日本国憲法の政党に対する態度は、敵視、無視、承認および法制化、憲法的編入の4段階のうち、承認および法制化の段階にあるといわれています。

国家における政党のあり方には、二大政党制（政権担当能力を有する同程度の勢力の2つの政党が、選挙の結果に応じて政権交代を繰り返す形態）、多党制（議会の過半数を得るに至らない程度の勢力を有する政党が複数存在する形態／連立政権を樹立することが多い）、一党制（1つの政党のみで政治権力を握る形態）があります。

政党制の長所と短所

	メリット	デメリット	主な国
二大政党制	①政策上の争点が明確 ⇒政党選択が容易 ②政権が安定しやすい ⇒強力な政治運営が可能 ③政治責任の所在が明確	①国民の意思が二分化 ⇒社会の多様な意思を反映させるには不向き ②政策の一貫性の問題 ⇒二党の政策が対立的である場合、政権交代で政策の一貫性を喪失	アメリカ （共和党と民主党） イギリス （保守党と労働党）
多党制	①国民の多様な意思を反映できる ②世論に基づく政権交代・政治運営が可能 ③政策に弾力性 ⇒連立政権のメリット	①政権が不安定 ⇒連立政権のデメリット ②強力な政治運営に不向き ③政治責任の所在が不明確 ④少数政党が政治の主導権を握ることが可能	フランス イタリア スウェーデン 日本 ドイツ
一党制	①安定した長期政権が実現 ②強力で一貫した政治が実現	①独裁政治の危険性あり ②政権交代がほぼ不可能 ③政策の硬直化が発生 ④世論が無視されやすい	旧社会主義国など

678

● 政 治

2 政党関連法

（1）政治資金規正法

政治資金規正法は、政治団体の届出、**政治資金の収支の公開**、**政治資金の授受の規正**その他の措置を講じて、政治活動の公明と公正を確保し、民主政治の健全な発達に寄与することを目的とします。2007年の一部改正（2008年施行）により、①政治資金収支報告書を提出する際に登録政治資金監査人による監査が義務付けられ、②国会議員関係政治団体に、2009年1月1日から**1円以上のすべての支出**について領収書を保存することが義務付けられることなどが規定されました。＊1

企業・団体、個人の寄付制限（概略）　14-47　＊2

企業団体	・政党（支部含む）、政治資金団体へは可 ・資金管理団体、その他の政治団体、**政治家個人**へは不可
個人	・政党（支部含む）、政治資金団体、資金管理団体、その他の政治団体、**政治家個人**へ可

※何人も、政党がする寄付・政治団体に対する寄付を除き、公職の候補者の政治活動（選挙運動を除く）に関して金銭・有価証券による寄付をすることができない。
※寄付には年間の上限額がある（寄付の量的制限）。

（2）政党助成法（1994年制定）

政党助成法は、国が政党に対し、活動費用の一部を**政党交付金**として交付する法律です。政党交付金は、所属議員数、得票数に応じて交付されます。①所属の国会議員を**5人以上**有すること、②国会議員を有し、直近の国政選挙で**2％以上**の得票率を獲得したことのいずれかの要件が必要です。

なお、政党交付金の総額は、人口に**250円**を乗じて得た額を基準として予算で定めます。　14-47

3 圧力団体

圧力団体（利益集団・利益団体）とは、政府・議会・政党に圧力をかけて政策決定に影響を与え、自己の特殊利益の実現を図る集団をいい、政権獲得を目的としない点で政党と異なります。圧力団体は、政党や議会の機能を補うものとして、職業利益を代表する新たな団体として発生したものです。

アメリカでは、圧力団体が代理人として**ロビイスト**を雇って活動し、上院・下院に次ぐ第三院と呼ばれます。　13-47　＊3

＊1 **プラスアルファ**
政党以外の政治団体にも毎年の収支報告が義務付けられます。個人から資金管理団体への政治献金は禁止されていません。

＊2 **ことばの意味**
政治資金団体
政党のために資金を援助することを目的とし、政党が指定したものです。
資金管理団体
候補者みずからが代表者を務める政治団体のうちから、1つの政治団体をその者のために政治資金の拠出を受けるべき政治団体として指定したものです。

＊3 **プラスアルファ**
日本の圧力団体は、主に行政機構を活動の対象とすることが特徴です。また、職業的ロビイストが未発達であることから、特に自民党政権の下では国会議員自身が特定分野の政策決定に強い影響力を持つ族議員として、行政に対するロビイスト的な役割を果たすことがありました。圧力団体が政治に与える影響としては、①議会や行政機関の正常な運営の阻害、②政治権力と癒着し、政治腐敗を招く、③圧力団体を構成しにくい社会的弱者の利益が軽視される等の問題があります。具体例としては、日本経済団体連合会、日本労働組合総連合会、日本医師会等があります。

政治－選挙

6 選挙制度

重要度 A

1 小選挙区制と大選挙区制

選挙区制

小選挙区制	1つの選挙区から1人の代表者を選出する制度
大選挙区制	1つの選挙区から2人以上の代表者を選出する制度

選挙区制のメリットとデメリット

	メリット	デメリット
小選挙区制	①小党分立を防止し政局が安定 ②絶対多数党の形成が容易で、政治運営上の安定と迅速性が確保できる ③選挙費用が比較的少額 ④有権者が候補者の人格や識見をよく知ることができる	①死票が多くなる ②多様な利益・意見を反映しにくい ③ゲリマンダーや選挙腐敗が生じやすい ＊1 ④少数党候補者や新人の当選困難
大選挙区制	①死票が少ない ②社会の多様な利益・意見を広く反映できる ③候補者選択の幅が広がる ④少数党の議会進出可能	①選挙費用が多額 ②小党分立 ③同一政党内での同士討ちが生じやすく、政党内派閥の形成を助長 ④有権者が候補者の人格や識見を把握しづらい

2 比例代表制

　比例代表制とは、各政党の得票数に応じて議席数を配分する選挙方法です。死票が少なくなり、少数意見が尊重され、有権者の意思が忠実に反映されるというメリットがありますが、**小党分立**を招き政局が不安定になりやすいというデメリットがあります。＊2 ＊3

3 衆議院議員総選挙における制度

　衆議院議員総選挙では**小選挙区比例代表並立制**が採用され、**定数465のうち289議席は小選挙区制、176議席は全国11のブロック**に分けて政党の得票率に応じて議席配分を行う**比例代表制**で決定されます。比例代表制は、政党名でのみ投票できる**拘束名簿式**によります。＊4

選挙区制のメリットとデメリットは「たすきがけ」でおおよそ反対の意味になっています。すなわち、小選挙区制のメリットと大選挙区制のデメリットがそれぞれ反対の意味あい、小選挙区制のデメリットと大選挙区制のメリットが反対の意味あいという具合です。

＊1
 ことばの意味

ゲリマンダー
特定の政党や候補者に有利になるように、恣意的に選挙区を設定することをいいます。

＊2
 プラスアルファ

日本では、比例代表制における議席配分(当選者確定)の方式として、ドント式が採用されています。

＊3
 ここに注意

2005年の最高裁判所の違憲判決を受けて、現在ではすべての国政選挙で在外選挙制度による投票が可能になっています(2006年改正)。

＊4
 プラスアルファ

戦後の日本の衆議院の選挙制度は、一度の例外を除き、1993年まで中選挙区制(正式には大選挙区単記投票制度)が採用されてきました。

680

● 政治

4 参議院議員通常選挙における制度

参議院議員通常選挙では、選挙区比例代表並立制が採用され、定数248のうち148議席は選挙区制、100議席は比例代表制で決定されます（半数改選の関係から2022年7月25日までの間は定数245）。選挙区では、1名または2名以上の議員が選出されます。また、比例区は、全国一区とする形式で実施され、非拘束名簿式によります。

*5 プラスアルファ

衆参の比例代表選出議員は、所属政党を離党して、他の名簿届出政党に所属することになった場合、失職します（公職選挙法99条の2）。

比例代表制における決定方式　15-48　*5

拘束名簿式	選挙人が政党名を書いて投票し、各政党の得票数に応じて議席が各政党に配分され、各政党の候補者名簿の上位から当選者が決定される
非拘束名簿式	各政党の候補者名簿に順位がつかず、個人名でも政党名でも投票することができる。政党名の得票とその政党の候補者の個人名の得票の合計が政党の総得票数となり、個人名得票数の多い順に当選者が決定される

選挙関連用語

1票の格差	一般に、選挙区ごとの国会議員1人当たりに対する有権者数の格差のこと。最高裁判所は、最大2.425倍の格差があった2012（平成24）年12月16日施行の衆議院議員選挙、最大4.77倍の格差があった2013（平成25）年7月21日施行の参議院議員選挙を違憲状態にあると判断している（最大判平25.11.20、最大判平26.11.26）
連座制	候補者や立候補予定者と一定の関係にある者が買収罪等の罪を犯し刑に処せられた場合には、たとえ候補者等がかかわっていなくても、その選挙の当選を無効とするとともに立候補の制限を課す制度
供託金	候補者が選挙管理委員会に預ける金銭。得票数が没収基準を下回らない限り選挙後に返還される
立候補の禁止および制限	原則として、1つの選挙において候補者となった者は、同時に他の選挙における候補者になることができない。ただし、衆議院小選挙区選挙と衆議院比例代表選挙の重複立候補は可。なお、被選挙権のない者は立候補が禁止され、特定の公務員および選挙事務関係者は、在職中、立候補が制限される
重複立候補	小選挙区比例代表並立制において、同一候補者が小選挙区と比例区の双方に立候補すること。候補者が小選挙区で落選しても、惜敗率によっては、比例区で復活当選することがある
惜敗率	比例代表名簿登載順位が同一の重複立候補の中で、当選者を決定するために用いる比率。小選挙区における落選者の得票数を当選者の得票数で割った数値で、この比率が最も大きな者を当選者とする
復活当選	重複立候補者が小選挙区選挙で落選し、比例区選挙で当選すること（小選挙区選挙で供託金が没収された者は復活当選できない）
特定枠制度	2018（平成30）年改正により参議院比例代表選挙に導入されたもので、非拘束名簿式を基本としながらも、政党等がその候補者のうち優先的に当選人となるべき候補者を定め、他の候補者と区分して名簿に記載することができる制度。なお、特定枠の候補者は個人としての選挙運動が禁止される

681

政治－選挙

7 公職選挙法

重要度 B

 講師からのアドバイス

公職選挙法は、それぞれの時代に起こった出来事や時代背景等を理由に改正されています。例えば、1994年改正は選挙腐敗の防止のための改正、1997年は投票率の低下の歯止めのため等を理由に改正されています。

 *1 ここに注意

衆議院議員の被選挙権は、年齢満25年以上の日本国民に認められます。一方、参議院議員の被選挙権は、年齢満30年以上の日本国民に認められます。

 *2 プラスアルファ

①候補者・政党等は、ウェブサイト等（ブログやSNSなど）および電子メールを利用した選挙運動が可能です。②有権者は、ウェブサイト等を利用した選挙運動は可能ですが、電子メールによる選挙運動はできません。

1 公職選挙法の制定・改正

日本の選挙制度は、1950年制定の公職選挙法を中心に運営されています。同法は選挙が公明・公正に行われることを目的として、選挙制度、定数配分、選挙運営、選挙運動の規制等を規定します。*1

公職選挙法の主な改正

1994年	小選挙区比例代表並立制・拡大連座制 ①衆議院議員総選挙に小選挙区比例代表並立制を導入 ②連座制の対象を候補者の父母・配偶者・子・兄弟姉妹、秘書にまで拡大。本人以外であっても悪質な違反があると、本人の当選無効に加えて、5年間同一選挙区から立候補できないという罰則が科せられることになった
1997年	投票時間延長・不在者投票の要件緩和
1998年	在外投票制度（2000年衆議院議員総選挙で初実施）
2000年	定数削減・非拘束名簿式・復活当選の制限 ①衆議院の定数が小選挙区300人、比例代表区180人に ②参議院比例代表区が非拘束名簿式となり、定数が選挙区146人、比例代表区96人に ③衆議院小選挙区の候補者が有効投票総数の10分の1未満で落選した場合（＝供託金没収となる場合）、比例代表での復活当選は認められなくなった
2003年	期日前投票制度 一定の事由に該当する選挙人は、当該選挙期日の公示または告示日の翌日から選挙期日の前日までの間、直接投票箱に投票用紙を入れて投票可。電子投票を導入する自治体では期日前投票も電子投票可 マニフェストの配布 政党は、衆参両院の国政選挙（補欠選挙・再選挙は除外）の際、選挙事務所内や街頭演説会場等でマニフェスト（政権公約書等）の配布が可
2006年	在外投票制度改正 従来は衆・参の比例代表選挙に限られていたが、選挙区選挙も対象に
2007年	地方の首長選挙におけるビラの頒布解禁 国政選挙のみ認められていたビラの頒布を地方首長選挙にも解禁。ビラにしたマニフェストが配布可能になった

682

● 政治

2013年	**インターネットを利用した選挙運動を解禁** 電子メール・ウェブサイト等（ブログやSNSなど）を利用した選挙運動を解禁 `14-55` ＊2 **成年被後見人の選挙権の回復** 成年被後見人は選挙権および被選挙権を有しないものとする規定が削除された
2015年	**選挙権・選挙運動年齢の引下げ** 選挙権を有する者の年齢が「20歳以上」から「18歳以上」へ改められた（2016年6月19日施行）`14-55` **参議院選挙区の定数是正・区域変更（合区）** 「鳥取県・島根県」および「徳島県・高知県」の4県2合区を含む「10増10減」とされた `16-48`
2016年	**衆議院議員の定数是正（10減）** 定数を465人（小選挙区289、比例区176人）に ＊3 **定数配分方式をアダムズ式に** 小選挙区の都道府県別の定数配分方式についてアダムズ式を採用など ＊4
2018年	**参議院議員の定数是正（6増）** 定数を248人（選挙区148人（埼玉県選挙区で2増）、比例区100人（4増））に（2022年までの間は定数245人） **参議院比例代表選挙に特定枠制度を導入** 非拘束名簿式を基本としながらも、政党等がその候補者のうち優先的に当選人となるべき候補者を定め、他の候補者と区分して名簿に記載することができる制度を導入
2020年	**町村長・町村議会議員選挙の公営拡大** 選挙運動用自動車の使用、選挙運動用ビラ作成、選挙運動用ポスター作成を条例による公営化の対象に **町村議会議員選挙に供託金制度の導入** 供託金制度がなかった町村議会議員選挙に供託金制度を導入（15万円）

2 選挙の実施

　衆議院議員総選挙は、4年の任期満了時と、衆議院の解散がなされた場合に行われます。`15-48`

　参議院議員通常選挙は、6年の任期満了時に行われますが、3年ごとに半数が改選されるため、3年に1回行われることになります。`15-48`

　なお、国政選挙の有権者が海外に居住している場合であっても、在外選挙人名簿に登録され、在外選挙人証を取得することにより、国政選挙において投票をすることができます（公職選挙法30条の6、49条の2）。`15-48` ＊5

＊3 プラスアルファ

①小選挙区の数が、6つの県（青森県、岩手県、三重県、奈良県、熊本県、鹿児島県）で各々1減少します（6減）。②比例代表の各選挙区において選挙すべき議員の数が、4選挙区（東北、北関東、近畿、九州）で各々1減少します（4減）。

＊4 ここに注意

アダムズ式は、定数配分を決定する方法として導入されました。比例代表選挙の各党への議席配分方法（当選者確定方法）として「ドント式」が採用されていますが、これと混同しないようにしましょう。アダムズ式とは、人口をある定数で割って得られた数の小数点を切り上げて定数を決定するものです。小数点が切り上げられるため、配分される定数は必ず1以上になります。

＊5 プラスアルファ

最高裁判所裁判官は、その任命後初めて行われる衆議院議員総選挙、さらにその後10年経過後初めて行われる衆議院議員総選挙の際（以降も同様）に国民審査に付されます（憲法79条2項）。

683

政治－地方自治

8 地方自治

重要度 B

住民に身近な行政の権限を中央政府からできる限り地方自治体に移し、地域の創意工夫による行政運営を推進できるようにするため、地方分権が進められています。

1 市町村合併のメリット、デメリット

講師からのアドバイス

憲法や行政法の知識も生かして理解していきましょう。道州制の導入については、日本をいくつのブロックに分けるのかで見解が分かれています。また、北海道は道州制を導入しても現在と区域が変わらないため、北海道を道州制の先行モデル地域としようとしたのが、道州制特区推進法です。

市町村合併のメリット、デメリット	
市町村合併のメリット *1	市町村合併のデメリット
①福祉サービスの安定的な提供・充実	①住民の声が届きにくくなる
②窓口サービスや公共施設の広範な利用が可能	②行政によるサービスが低下
③広域的な施設整備による一体的なまちづくり	③各地域の歴史・文化等の喪失
④行政経費の節約による高水準の行政サービス	④財政状況が良い市町村に不利

 プラスアルファ

「平成の大合併」では、市町村合併特例法（市町村の合併の特例等に関する法律）を大幅に改正し、市町村の合併を容易にし、約3,200ある市町村を、2005年までに1,000程度にする市町村合併を推進しました。市町村数は1,718（北方領土の6村を含めれば1,724）です（2021年）。一般の市の人口要件は、5万以上です（地方自治法8条1項1号）が、2010年3月31日までに合併する町村は、人口3万以上で市に昇格することができました。

2 道州制

道州制とは、地域の自主的・自立的な運営を実現するため、**集権的な国家体制を分権的に構成**する制度をいいます。
道州制特区推進法（道州制特別区域における広域行政の推進に関する法律）は、現行の都道府県制を前提にしつつ、道州制特別区域において、特定広域団体により実施されることが適当と認められる施策に関する行政を推進するものです（現在、特定広域団体となっているのは北海道のみ）。

3 地方分権改革推進法

地方分権を推進するため、地方分権一括法が1999年に制定され、2006年12月に**地方分権改革推進法**が成立しました。同法は、地方分権改革の基本理念や国と地方双方の責務、施策の基本的な事項を定め必要な体制を整備するものです。

2007年4月より内閣府に設置された地方分権改革推進委員会において調査審議が行われ、内閣総理大臣に対して4次にわたる勧告がなされました。そして、2009年12月に政府は「地方分権改革推進計画」を策定しました。しかし、2010年3月31日に地方分権改革推進法が失効し、地方分権改革推進委員会は活動を終了しました。

● 政治

4 地方分権改革

地域のことは地域に住む住民が決める「地域主権」を早期に確立する観点から、「地域主権」に資する改革に関する施策を検討し、実施するとともに、地方分権改革推進委員会の勧告を踏まえた施策を実施するため、2009年11月閣議決定により、内閣府に内閣総理大臣を議長とする地域主権戦略会議が設置されました（2013年3月廃止）。＊2

2013年3月には、地方分権改革に関する施策の総合的な策定および実施を進めるため、内閣に地方分権改革推進本部が設置されました。そして、2014年からは地方分権改革に関して「提案募集方式」が導入されました。＊3

2016年12月の地方分権改革推進本部においては、地方分権改革の推進は、地域がみずからの発想と創意工夫により課題解決を図るための基盤となるものであり、地方創生における極めて重要なテーマであるとの観点から、地方の発意に根ざした新たな取組を推進することが決定されました。

5 住民投票

住民投票とは、一定の資格を持つ地域住民すべての投票により意思決定を行う制度です。

(1) 憲法95条に規定されている住民投票制度

国会が特定の自治体だけに適用される地方自治特別法を制定する場合には、その自治体の住民投票によって過半数の同意を得なければならないという制度です。＊4

(2) 法律に基づく住民投票制度

2002年の市町村合併特例法の一部改正によって、市町村合併に関する住民投票が制度化されています。

(3) 条例に基づく住民投票制度

課題ごとに住民投票条例等を制定する場合や恒常的な条例を制定する場合などがあります。＊5

なお、条例がなくても住民投票を行うことを可能とする法律は存在しません。

＊2 プラスアルファ
2010年12月に閣議決定された「アクション・プラン」に基づき、出先機関改革を円滑かつ速やかに実施するための仕組みとして「アクション・プラン」推進委員会が置かれました。

＊3 ことばの意味
提案募集方式
全国の地方公共団体等から制度改正の提案を広く募る改革方法のことをいいます。従来は国の主導による委員会勧告方式が用いられてきましたが、提案募集方式により地方の発意と多様性を重視し、地域の実情に応じた行政の推進が期待できます。

＊4 具体例で覚えよう！
例えば、広島平和記念都市建設法など戦後初期にいくつか実施されています。

＊5 具体例で覚えよう！
例えば、1996年の新潟県巻町における原子力発電所建設の是非をめぐる投票があります。

政治-国際政治

9 国際連合①

重要度 B

1 国際連合の成立

1945年4月のサンフランシスコ会議で国連憲章が採択され、同年10月に加盟国51カ国で国際連合が成立しました（本部はアメリカのニューヨーク）。

国際連合の設立の目的は、①世界の平和および安全を維持すること、②経済的・社会的・文化的・人道的な国際協力を推進することです。1920年に発足した国際連盟がすべての大国を包含することができず、全会一致の原則の採用による実効性ある決議の欠落などにより、結果的に第2次世界大戦の勃発を防止することができなかったという反省に立ち、大国を中心とするすべての国々の協力と協調を前提として形成されました。アメリカ・イギリス・ソ連・中国の主導の下に組織され、4国の戦争中の協力関係を土台に、その実力によって戦後の平和維持にあたろうとしたものです。

講師からのアドバイス

国際連盟の平和を維持する方法は「勢力均衡方式」ですが、国際連合の平和を維持する方法は「集団安全方式」であり、根本的に考え方が異なっています。また、総会と安全保障理事会の開催、表決数等は覚えておきましょう。

*1
 プラスアルファ

国際連盟ではウィルソンの平和原則14カ条が、国際連合では大西洋憲章がその成立過程において出されました。

国際連盟と国際連合 15-47 *1

	国際連盟	国際連合
本部	ジュネーヴ（スイス）	ニューヨーク（アメリカ）
加盟国	原加盟国42カ国。アメリカは不参加。1933年に日本・ドイツ、1937年にイタリアが脱退	原加盟国51カ国。米・英・仏・ソ・中の五大国（常任理事国）が参加。2011年7月、南スーダン共和国が加盟し、加盟国総数は193となった（2021年3月現在）
主要機関	総会、理事会、事務局、常設国際司法裁判所	総会、安全保障理事会、経済社会理事会、信託統治理事会、事務局、国際司法裁判所
表決手段	総会・理事会とも、全加盟国による全会一致制	多数決制（総会の重要事項＝3分の2以上）だが、安全保障理事会では実質事項について大国一致が必要
戦争禁止	国際裁判または連盟理事会の審査に付し、その判決・報告後3カ月間は戦争禁止	安全保障理事会による軍事行動あるいは加盟国の自衛権の行使以外は武力行使禁止
制裁措置	経済封鎖が中心	経済封鎖のほか、安全保障理事会は軍事的制裁措置をとることも可能

●政治

日本は、1956年10月の日ソ国交回復共同宣言を経て、同年12月、国際連合に加盟しました。 13-48 15-47

2 国際連合の機能と組織

国際連合の主要機関は、総会、安全保障理事会、経済社会理事会、信託統治理事会（現在は活動を停止）、事務局、国際司法裁判所です。主要機関の下に各種委員会等の補助機関が設置されています。さらに、国連システム内に国連本体とは別の国際機関である専門機関があります。＊2 ＊3

3 総会

総会は、全加盟国で構成される国連の中心機関です。

総会		
会期	通常総会	毎年9月に開催
	特別総会	安全保障理事会の要請、加盟国の過半数の要請、または加盟国の過半数の同意を得た1加盟国の要請に応じて開催
投票権等		投票権は1国1票で、表決は重要事項（平和と安全に関する勧告、新加盟国の承認・除名、予算および理事国の選挙等）は3分の2以上、そのほかは単純多数決による

4 安全保障理事会

国際平和と安全の維持に主要な責任を負い、安全保障問題に関して、総会に優越した権限を有します。全加盟国は安全保障理事会の決定を受け入れ、実行しなければなりません。
＊4

安全保障理事会		
構成		常任理事国（拒否権を有する米・英・仏・ロ・中の5カ国）任期2年の非常任理事国（総会選出の10カ国、毎年5カ国が改選）＊5
表決	議事手続事項	9カ国の賛成
	実質事項	5常任理事国すべてを含む9カ国の賛成

＊2 プラスアルファ

信託統治理事会は、1994年、最後の信託統治地域となったパラオが独立したことを受けて、活動を停止しました。

＊3 ここに注意

その他の常設的補助機関に、国連難民高等弁務官事務所（UNHCR）、国連児童基金（UNICEF）、国連貿易開発会議（UNCTAD）等があります。

＊4 ここに注意

安全保障理事会の主要な機能および権限は、紛争の解決条件の勧告、侵略防止のための経済制裁の要請、侵略に対する軍事行動、新加盟国の承認の勧告等、多岐にわたります。

＊5 ここに注意

実質事項の表決の際の常任理事国の反対投票を、拒否権行使といいます。

政治-国際政治

10 国際連合②

重要度 B

国連に関係する国際機関については、アルファベットの略称まで含めて整理しておきましょう。

1 経済社会理事会

経済社会理事会は、経済的および社会的国際協力に関して国連の任務を遂行する機関で、国連総会で選出された54カ国で構成されています。

2 事務局

事務局は、国連の各機関の運営に関する事務を担当する機関です。

その長である事務総長は、任期5年で、国連総会の招集、各機関の運営その他の政治的権能を有しています。＊1

3 専門機関

専門機関は、特定分野で活動する国連の外に置かれた独立の機関です。

代表的なものとして、国際通貨基金（IMF／国際通貨に関する協議、為替の安定等を行う）、国際復興開発銀行（IBRD／開発途上国の経済構造改革のための融資を主要な業務とする）、国際労働機関（ILO／労働条件改善を国際的に実現することを目的とする）、世界保健機関（WHO／世界各国民の健康の保持・向上を目的とする）、国連教育科学文化機関（UNESCO／教育・科学・文化面を通じた国際間協力を促進し、平和貢献を図る）等があります。

現在15の専門機関が存在し、日本はそのすべてに加盟しています。

4 国際司法裁判所（ICJ）

国家間の紛争の司法的解決を行う機関で、オランダのハーグにあります。

紛争当事国は本裁判所に事件を付託しますが、当事国の双方が付託に同意しないと裁判を行うことはできません。ICJの司法的解決（一審のみ）には拘束力が認められ、相手国の不履行に対し、安全保障理事会に訴え、実行を促す勧告・措置を求めることができます。また、総会からの諮問に応じて、法律的問題について勧告的意見を出すこともできます。＊2
＊3　＊4

＊1 プラスアルファ
2017年1月にポルトガルの首相等を務めたアントニオ・グテーレス氏が新事務総長に就任しました。

＊2 プラスアルファ
国連に未加盟の国も当事国になることができます。

＊3 プラスアルファ
特定の国際犯罪を犯した個人を訴追・処罰するために国連総会によって設立された常設の国際裁判所として、国際刑事裁判所（ICC）があります。ICCが取り扱うことのできる犯罪は、①集団殺害（ジェノサイド）、②人道に対する罪（拷問や奴隷化等）、③戦争犯罪、④侵略です。

＊4 プラスアルファ
国際司法裁判所（ICJ）は、国際労働機関（ILO）とともに、前身は国際連盟時代から存在します。

●政治

国連の組織（概略）

国連の主要機関
総会　安全保障理事会
事務局　経済社会理事会
国際司法裁判所　信託統治理事会
— 専門機関

5 国連等を中心とする諸活動

(1) 国連等の平和維持活動（PKO）

　国連平和維持活動とは、地域紛争の停戦維持や紛争拡大の防止、あるいは公正な選挙の確保のために行われる国連の活動です。国連憲章には規定がなく、**国連安全保障理事会の決議**によって行われます。1992年の**国連カンボジア暫定統治機構（UNTAC）**は、停戦・武装解除の監視に加え、治安の維持・選挙の実施・行政の監視等、広範な任務を負っていました。

　紛争地域における交戦部隊引き離しや治安維持を目的に、交渉・説得・監視・調査権限を有する**国連平和維持軍（PKF）**が派遣されます。また、停戦実現後に停戦違反の有無を調査・監視する**停戦監視団**や、選挙の不正や妨害を監視する**選挙監視団の派遣**等もあります。

(2) 非政府組織（NGO）

　NGO（非政府組織）とは、国連のような政府間国際組織と異なり、国家とは直接関係ない民間交流の非政府組織のことです。NGOは軍縮問題・人権問題・環境問題等、主に国家利益を超えた人類に共通した分野で活躍し、人権保障のための国際世論を高める役割を果たしています。＊5　＊6

(3) 民間非営利組織（NPO）

　NPO（民間非営利組織）とは、営利を目的としない民間団体の総称です。

　日本では、1998（平成10）年に**特定非営利活動促進法（NPO法）**が成立したため、NPOは公益法人よりも緩やかな条件で法人格を取得できます。＊7

＊5　**具体例で覚えよう！**
NGOの例として、アムネスティ＝インターナショナル、国際赤十字、国境なき医師団等があります。

＊6　**プラスアルファ**
2017年7月に国連で採択された「核兵器禁止条約」の成立に尽力した国際NGO「核兵器廃絶国際キャンペーン（ICAN）」に2017年のノーベル平和賞が授与されました。

＊7　**プラスアルファ**
特定非営利活動促進法は、特定非営利活動（福祉、社会教育、まちづくり、環境、災害救援、子どもの健全育成、雇用機会拡充の支援など20種類の分野）を行う団体に対する法人格の付与等により、ボランティア活動などの市民の自由な社会貢献活動としての特定非営利活動の健全な発展を促進すること等を目的としています。

政治－国際政治

11 核軍縮

重要度 B

イランや北朝鮮の核利用に国際的な非難がなされ、IAEAの役割も非常に重要視されています。IAEAについては確実に覚えておきましょう。

1 核軍縮の流れ

第2次世界大戦後、各国の核実験は地球破壊の不安を広げ、核兵器の撤廃・軍縮を求める気運が高まりました。1962年のキューバ危機後にアメリカ・ソ連間にホットライン（緊急通信線）が設置されたほか、1963年に両国主導の下、部分的核実験禁止条約（PTBT）が締結されて以降、核軍縮の道を進んでいましたが、近年はイラン（原発建設等）や北朝鮮（2003年NPT脱退宣言、2005年核保有宣言）の核問題等、核軍縮体制を揺るがす問題も生じています。

2 国際原子力機関（IAEA）

「核の番人」ともいわれる国際原子力機関（IAEA）は、原子力の平和的利用を促進するとともに、軍事的利用に転用されることを防止することを目的としています。＊1

1970年3月発効の核拡散防止条約（NPT）では、締約国である非核保有国に対して、IAEAとの間において包括的保障措置協定を締結するように義務付けています（日本については1977年に包括的保障措置協定発効）。IAEA査察官は、各国の施設に立ち入り、軍事利用されていないか点検する等の核査察を行う権限を有します。 14-51 ＊2

3 新戦略兵器削減条約

2010年4月、米ロ首脳は、2009年末で失効した第1次戦略兵器削減条約（START I）に代わる新戦略兵器削減条約に署名しました（2011年2月発効）。米ロで配備する戦略核弾頭数をそれぞれ1,550発に制限していますが、両国の条約脱退の権利も盛り込まれています。

＊1 ここに注意

IAEAは、国連の専門機関ではありませんが、それに準ずる関連機関であり、国連総会での年次報告のほか、安全保障理事会や経済社会理事会にも報告を行っています。

＊2 プラスアルファ

2009年12月から、IAEAの事務局長は、日本人の天野之弥氏が務めていました（2019年在任中死去）。

＊3 プラスアルファ

2016年5月、オバマ大統領がアメリカの現職大統領として初めて被爆地の広島を訪問し、原爆死没者慰霊碑に献花しました。

核軍縮および軍備管理活動等 14-51 16-47 ＊3 ＊4	
1957年	第1回パグウォッシュ会議 ⇒核廃絶を唱える科学者による国際会議
1963年	部分的核実験禁止条約（PTBT／同年発効） ⇒米・英・ソの外相が調印。地下を除く環境（大気圏、宇宙空間、水中）における核爆発実験を禁止

690

● 政治

1968年	核拡散防止条約（NPT／1970年3月発効） ⇒米・英・仏・ソ・中以外の国が核兵器を開発し、保有するのを防ぐことを目的とする条約。インド・パキスタン・イスラエル等は加盟していない（北朝鮮は後に脱退）。日本は1976年に批准
1972年	生物兵器禁止条約（BWC／1975年3月発効） ⇒生物兵器の開発、生産および貯蔵を禁止。日本は1982年に批准
1987年	中距離核戦力（INF）全廃条約 *5 ⇒米・ソ間の既存の中距離核戦力を廃止する条約
1993年	化学兵器禁止条約（CWC／1997年4月発効） ⇒あらゆる化学兵器の開発、生産、取得、保有、使用を禁止し、その全廃を義務付ける条約
1996年	包括的核実験禁止条約（CTBT／未発効） ⇒核保有国、非核保有国の区別なく、核爆発を伴う一切の核実験の禁止を基本的義務とする条約。アメリカは度々ボイコットしている
1997年	対人地雷全面禁止条約（オタワ条約／1999年3月発効） ⇒対人地雷の全廃を目指す条約。日本は1998年に批准し、「対人地雷の製造の禁止及び所持の規制等に関する法律」を成立させた
1998年	インドが地下核実験実施 ⇒パキスタンがインドに対抗し、初の核実験実施（イスラム圏初の核保有国）
2000年	NPT再検討会議（無制限延長後初の会議） ⇒新アジェンダ連合（NAC）の活発な活動の結果、最終文書に「核廃絶の明確な約束」が明記された
2006年	北朝鮮が核実験 ⇒これ以降も、核実験、ミサイル発射実験等を行う
2008年	クラスター弾に関する条約（オスロ条約） ⇒クラスター爆弾の使用、生産などを禁止する条約
2010年	新戦略兵器削減条約（新START） ⇒米・口で配備する戦略核弾頭数をそれぞれ1,550発に制限した条約
2017年	核兵器禁止条約（TPNW） *6 ⇒核兵器の開発・保有・使用などを法的に禁止する条約。米・英・仏・ロ・中や日本などは参加していない
2018年	米朝首脳会談 *7 ⇒北朝鮮の金正恩委員長は米トランプ大統領との会談で朝鮮半島の完全な非核化の決意を確認した

*4

プラスアルファ

1967年12月11日に衆議院予算委員会において佐藤栄作総理大臣が非核三原則に関する答弁を行いました。また、1971年11月24日には、衆議院で非核三原則に関する決議が初めて行われました。

*5
ここに注意

2018年10月、アメリカのトランプ大統領は、ロシアが中距離核戦力（INF）全廃条約を遵守していないとして、同条約からのアメリカの離脱を表明し、2019年8月にこの条約は失効しました。

*6

ここに注意

核兵器禁止条約は、2020年10月に批准国がその発効に必要な50ヵ国に達したため、2021年1月22日に発効しました。

*7

プラスアルファ

2019年6月には、板門店でトランプ大統領と金正恩委員長との会談が行われました。その際、トランプ大統領は現職のアメリカ大統領として初めて板門店の軍事境界線を越え、北朝鮮側に足を踏み入れています。

政治－国際政治

12 人権問題・国際組織犯罪防止

重要度 B

講師からのアドバイス

難民条約や出入国管理及び難民認定法は、外国人関連業務を取り扱う行政書士の業務と関連する知識ですので、しっかり確認しておきましょう。また、国際人権規約も確認しておきましょう。

1 人権問題

　ファシズムによる人権抑圧や戦争の悲惨さを教訓に、第2次世界大戦後、国際連合を中心として、国際平和の維持と国際協力による人権の尊重への取組みが続けられています。

　国際連合は、社会的弱者やマイノリティーの人権擁護・拡充に先導的な役割を果たしており、国際的な活動として人権条約の締結を推進してきました。

人権条約等

1948年	世界人権宣言を採択 ⇒政治・経済体制の異なるほとんどの国々が参加し、人権の重要性を確認 ジェノサイド条約（集団殺害罪の防止及び処罰に関する条約／1951年発効） ⇒ナチスによるユダヤ人迫害がドイツの侵略戦争の一環として行われたことへの反省から、集団殺害は国際犯罪であると定めた。日本は未批准
1951年	難民の地位に関する条約（1954年発効） ⇒難民の人権保護と難民問題解決のための国際協力を効果的にするため採択した条約 日本は、1981年批准し（1982年発効）、すべての人の出入国の公正な管理を図るとともに、難民の認定手続を整備することを目的とする「出入国管理及び難民認定法」を制定している 14-54 *1
1965年	人種差別撤廃条約（1969年発効） ⇒あらゆる種類の人種差別の撤廃と人種間の理解促進を目的とする条約 日本は1995年加入（1996年発効）
1966年	国際人権規約を採択（1976年発効） ⇒世界人権宣言を徹底させ、各国を法的に拘束するもの。「経済的、社会的及び文化的権利に関する国際規約」（A規約・社会権規約）、「市民的及び政治的権利に関する国際規約」（B規約・自由権規約）、B規約の選択議定書（規約人権委員会への個人通報制度を定めたもの）からなる 日本は、1979年にA規約とB規約を批准したが、A規約の一部について批准を留保（高校・大学教育の無償化については2012年9月に留保を撤回）。B規約の選択議定書は未批准

プラスアルファ

*1
難民条約上の難民とは、人種・宗教・政治的意見等を理由に迫害を受け、外国に逃れたために本国の保護を受けられない者をいいます。条約上、貧困等を理由とする経済難民は保護の対象とされていません。2020（令和2）年にわが国において難民認定申請を行った者は3,936人（前年に比べ6,439人減少）であり、難民として認定された者は47人でした。また、難民とは認定されなかったものの、人道的な配慮が必要なものとして在留を認められた者は44人でした（令和3年3月31日出入国在留管理庁発表）。

692

● 政治

1973年	アパルトヘイト犯罪の抑圧及び処罰に関する国際条約（1976年発効） ⇒アパルトヘイトを処罰する。日本は未参加
1979年	女子差別撤廃条約（1981年発効） ⇒条約参加国は、女子差別を撤廃する政策を追求するため、立法等の措置を講じる義務を負う 日本も批准のため、戸籍法・国籍法（1984年改正）、男女雇用機会均等法（1985年）等の国内法を整備し、1985年7月発効
1980年	ハーグ条約（国際的な子の奪取の民事上の側面に関する条約／1983年発効） ⇒国際結婚破綻時の国境を越えた「子の連れ去り」から子を保護するため、迅速な元居住国への返還のための国際協力の仕組みや国境を越えた親子の面会交流の実現のための協力を定める。日本は2014年批准
1984年	拷問禁止条約（1987年発効） ⇒加盟国に拷問防止を義務付け、いずれの国で、また何人によって行われた拷問も犯罪として処罰すべきものとされている。日本は1999年批准
1989年	子ども（児童）の権利条約（1990年発効） ⇒18歳未満のすべての子どもに適用され、子どもを、放置・搾取・虐待等から守るための世界基準を設けた条約。日本では1994年5月に発効 死刑廃止条約（B規約の第2選択議定書／1991年発効） ⇒第1条で死刑廃止を規定。日本は未批准
2006年	障害者権利条約（2008年発効） ⇒あらゆる障害のある人の尊厳と権利を保障するための人権条約。日本は2014年批准 強制失踪からのすべての者の保護に関する国際条約（2010年発効） ⇒日本は2009年7月批准
2008年	国際人権規約のＡ規約の選択議定書（Ａ規約違反についての個人通報制度を定めたもの／2013年5月発効） ⇒日本は未批准

2 国際組織犯罪防止

　2000年11月、国連総会において、国際組織犯罪防止条約が採択されました。この条約は、重大な犯罪の実行についての合意や犯罪収益の資金洗浄を犯罪化すること、犯罪人引渡手続の迅速化、捜査・訴追等の相互援助などを定めています。日本は、2017年6月に本条約を実施するための国内法を整備し（「テロ等準備罪」（共謀罪）の制定など）、同年7月に本条約を締結しました。＊2　＊3

＊2 ことばの意味

テロ等準備罪
テロ等を含む組織犯罪の計画・準備段階での検挙を可能とするために設けられた犯罪類型です。テロ等準備罪が成立するためには、①「組織的犯罪集団」の関与、②重大な犯罪の「計画」、③計画した犯罪の「実行準備行為」の要件をみたす必要があります。その対象犯罪は、組織的犯罪集団が実行を計画することが現実的に想定される犯罪に限定されています。

＊3 ここに注意

一般に、共謀罪とは、犯罪行為の実行に至る前の「犯罪の謀議」（共謀・陰謀・合意）を行っただけで処罰する犯罪類型をいいます（なお、「テロ等準備罪」は、計画した犯罪の「実行準備行為」も要件としています）。日本では、内乱罪等のごく一部の犯罪を除き、犯罪行為の実行（一部の犯罪については予備行為や準備行為）があった場合に初めて処罰することが原則とされています。

693

経済－総説

13 資本主義経済

重要度 C

1 資本主義経済の成立

(1) 自由主義

18世紀後半〜19世紀中頃の自由主義（産業資本主義）の時代は、国家による保護・干渉を排除し（小さな政府）、経済活動の自由を最も重視した時代です。

イギリスのアダム・スミスは、自由放任主義（レッセ・フェール）を採用すれば個人の利益追求は「神の見えざる手」に導かれ社会全体の利益を促進するとして、市場機構の働きを評価しました。＊1

(2) 独占資本主義と帝国主義

産業革命後の自由放任主義政策の下での企業間競争は、生産過剰により不況を発生させて、弱小企業が淘汰されました。その一方で、大企業は市場を支配して自由競争を制限し、資本の集積と集中によって独占・寡占の状態となり、独占資本が形成されました。

市場の独占・寡占化は、労働者と資本家との間の貧富の差を拡大させ、19世紀後半〜20世紀初頭には階級対立が激化しました。＊2

2 混合経済（修正資本主義）

(1) 世界恐慌の発生

自由競争による資本主義の矛盾の激化に加え、1929年秋の世界恐慌とそれに続く1930年代前半の不況によって、世界の失業者は4,000万人を超えたといわれています。 12-50

(2) 資本主義の修正

資本主義の矛盾を克服するため、政府の積極的な介入が始まりました（修正資本主義）。この代表的な政策が、アメリカのF・ルーズベルト大統領によるニューディール政策です。＊3

植民地を抱えるイギリス・フランスは、ブロック経済政策を採用し、植民地を持たないドイツ・イタリアはファシズムへ傾斜していきました。 ＊4

講師からのアドバイス

混合経済は、完全に自由な経済では世界恐慌の発生や貧富の差を拡大させるので、それを修正するために経済に対して政府の介入する機会を作ろうとするものです。資本主義に社会主義のような考え方を取り入れるので、混合経済といわれています。

＊1
 プラスアルファ

古典派の経済学者であるアダム・スミスの主著には『国富論（諸国民の富）』（1776年）があります。

＊2
 プラスアルファ

マルクスは、資本家による搾取（資本主義）を批判し、資本主義社会は社会主義社会に移行すると説きました。その主著には『資本論』（1867年）があります。

＊3
 ここに注意

介入政策の共通した方法は、政府が財政政策によって有効需要（購買力の裏付けのある需要）を管理し、経済の安定と成長を導こうとするものでした。

694

●経済

(3) 小さな政府から大きな政府へ

第2次世界大戦後、混合経済の下で景気調整政策、社会保障政策や労働政策、また独占禁止政策や弱小産業保護政策等が行われ、政府は「小さな政府」から、多様な行政サービスを提供する「大きな政府」へ変貌しました。

この「大きな政府」の理論的裏付けとなったのが「ケインズ理論」です。ケインズは、自由放任主義の下では完全雇用は実現できず、完全雇用を実現するためには、政府が公共投資を行い、有効需要をつくる必要があると説きました。＊5

＊4 ことばの意味

ブロック経済政策
閉鎖的・地域的な経済圏を形成する経済政策をいいます。

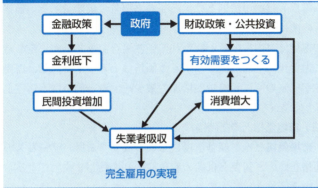

ケインズ理論の概略

＊5 ここに注意

有効需要とは、単なる欲しいというような願望ではなく、購買力に裏付けられた需要のことをいいます。

(4) 小さな政府への揺り戻し

1973年の第1次石油ショック後、先進資本主義諸国の経済を活性化し、各国間の経済摩擦を抑えるために、アメリカ、イギリス等を中心として「新自由主義」の経済路線が推進され、公営企業の民営化や規制緩和等が行われました。＊6

この「新自由主義」はフリードマン等によって唱えられました。フリードマンは、ケインズ理論はインフレ率を高めるだけで失業率を改善しないと批判し、経済の安定には長期的な経済成長率に合わせて通貨を供給する金融政策が必要であると説きました。このような貨幣量の操作を重視する考え方をマネタリズムといいます。

＊6 ここに注意

新自由主義を進めた政治家として、イギリスのサッチャー、アメリカのレーガン、日本の中曽根康弘等が挙げられます。

経済－総説

14 市場における価格等

重要度 B

講師からのアドバイス

不完全競争市場ではどのような影響が出るのか、また、インフレ・デフレの意義も確認しておきましょう。

1 価格機構（価格の自動調整機能）

(1) 価格機構（価格の自動調整機能）の意義

価格機構とは、価格が需要と供給を一致させる働きを持つことをいいます。市場で競争が行われていると需要と供給のバランスが崩れても、価格が変化して市場内で自動的に、需要・供給の法則で需要と供給は一致する方向へ動きます。この需要・供給の法則とは、商品の需要量・供給量とその価格との関係の法則をいいます。

市場で自由に競争が行われている場合、供給量が一定の時に需要量が増加（減少）すると価格は上昇（下落）し、需要量が一定の時に供給量が増加（減少）すると価格は下落（上昇）します。

(2) 市場価格と均衡価格

市場価格とは、競争市場において成立する財・サービスの価格をいい、需要と供給の変化により変動します。

均衡価格とは、需要量と供給量が一致した時の価格をいいます。

2 不完全競争市場

資本の集積と資本の集中等を通じ巨大な企業が出現し、市場の自由競争を排除して市場を支配する等により、不完全競争市場（独占市場、寡占市場）が形成されます。＊1　＊2

不完全競争市場の影響

管理価格の形成	寡占市場で最も有力な大企業がプライス・リーダー（価格先導者）となって有利な価格を設定し、他の企業がこれに追随して管理価格が形成される
価格の下方硬直性	管理価格が設定されると、価格が需給関係によって決まらなくなる。その結果、コスト・ダウンが生じても価格が下がりにくくなる
非価格競争	寡占市場の下で行われる商品の品質やブランド、アフター・サービス等、価格以外による競争

＊1

 ことばの意味

資本の集積
生産活動で獲得した利潤を蓄積し、生産設備の拡大に振り向け、企業規模を拡大していくことをいいます。

＊2

 ことばの意味

資本の集中
他の企業を吸収合併して企業規模を拡大することをいいます。

3 物価の動き

(1) インフレーション (インフレ)

物価が相当期間にわたって継続して上昇し、通貨の価値が低下する現象を**インフレーション（インフレ）**といいます。インフレは、主として、次のように分類されます。

インフレの分類

原因による分類	ディマンド・プル・インフレ(需要インフレ)	供給よりも需要のほうが上回ることで発生する物価の上昇
	コスト・プッシュ・インフレ(費用インフレ)	社会全体の生産コスト（費用）が上がることによって起こる物価の上昇
	マネー・サプライ・インフレ	物に対し通貨の供給量が多すぎる場合に起こる物価の上昇

(2) デフレーション (デフレ)

物価が持続的に下落する現象を**デフレーション（デフレ）**といいます。デフレの状況下では、供給過剰から物やサービスが売れず商品の価格を下げざるを得なくなり、企業の売上や利益が減少し景気が低迷します。その結果、所得の減少や失業等で、消費マインドが減退するため、ますます景気が落ちこむ悪循環（**デフレ・スパイラル**）が生じます。＊3

4 独占の形態

カルテル（企業連合）	競争関係にある同種の企業が販売地域・価格などにつき競争を回避する方向で協定を結ぶ
トラスト（企業合同）	競争関係にある同種の企業が合併して新しい1つの企業となる
コンツェルン（企業連携）	同種の企業だけではなく異なる部門の企業も含む、いくつかの企業を1つの親会社がピラミッド型の組織により支配する

持株会社とは、グループ内の他の会社の株式を所有して、グループ全体の中核となっている会社をいいます。日本では戦後、独占禁止法により禁止されてきましたが、1997年に持株会社の設立が解禁されました。 12-51

 ＊3 プラスアルファ
景気が低迷しているにもかかわらず供給不足によりインフレ（物価の持続的上昇）となる場合があり、スタグフレーションといいます。

経済－国際経済

15 IMF＝GATT体制・WTO

重要度 A

講師からのアドバイス

IMF＝GATT体制に至る世界経済の歴史のおおまかな流れを一通りおさえておきましょう。

1 外国為替相場

　外国為替相場（為替レート）とは、自国通貨と他国通貨との交換比率のことをいいます。これには為替相場を一定の値に固定する**固定相場制**と外国為替手形や外国通貨に対する需要と供給によって決定する**変動相場制**があります。主要先進国は、1973年以降、変動相場制を採用しています。変動相場制の下では、通常の財市場の需給関係によって、日々刻々と変化します。 12-50

　「1ドル＝150円」から「1ドル＝100円」にドルの価格が値下がりすることを円高・ドル安と呼び、その逆を円安・ドル高といいます。

2 国際通貨制度の成立と変化

（1）IMF＝GATT体制の成立

　第2次世界大戦後の資本主義世界の経済再建を図るためにアメリカ合衆国主導による国際経済体制が成立しました。これを、**IMF＝GATT体制**と呼びます。

（2）変動相場制への移行

　1944年の**ブレトン・ウッズ協定**により、**国際通貨基金（IMF）**と**国際復興開発銀行（IBRD）**の設立の合意がなされました。IMFは、為替レートの安定、為替取引の自由化、国際収支赤字国への短期的な融資を通じて、自由な貿易や資本移動の促進を目的に設立されました。**ブレトン・ウッズ体制**の下では、**ドルは常に金と交換可能**とされ、各国通貨はドルとの交換比率を定めた**固定為替相場制**がとられました。 14-52

IMF＝GATT体制の変遷

1944年	ブレトン・ウッズ協定	：固定相場制 　（例：1ドル＝360円）
1971年	ニクソンショック スミソニアン協定	：金とドルの交換停止 ：ドル切り下げ 　（1ドル＝308円）
1973年	各国が変動相場制へ移行	
1976年	キングストン合意	：変動相場制への移行を承認

（3）GATT（関税および貿易に関する一般協定）

　第2次世界大戦の原因の1つに1929年の世界恐慌以後の**ブロック経済**がありました。その反省から貿易に対する制限の撤廃と貿易促進を目的として1947年に**関税及び貿易に関する一般協定**（**GATT**）が締結され、翌年に発効しました。GATTは、発足以来、多国間の貿易交渉を主導し、加盟国が相互に、同等条件で貿易取引を行うという無差別原則の確保、輸入制限の撤廃、関税引下げ等の貿易自由化を目指し、**自由・無差別・互恵・多角**を原則としました。

　GATTは、①貿易に関するルールの形成、②貿易紛争処理、③貿易自由化の促進の機能を有していました。

関連用語

最恵国待遇（さいけいこくたいぐう）	一般に、通商条約を結んだ2国間において、第三国に与えられた関税上の利益や特典のすべてが相手国にも適用されるとする原則のこと。関税率等も最恵国待遇の例となり、同一の関税率が特恵関税地域の国を除いて適用される
輸入制限	関税障壁（かんぜいしょうへき）や非関税障壁によって、輸入数量制限を図ること。このほか、為替管理による場合もある
多角的貿易交渉	3カ国以上の多国間で結ばれる貿易協定を審議するための交渉（ケネディ・ラウンドや東京・ラウンド、ウルグアイ・ラウンド等）

3 WTO（世界貿易機関）

　WTO（世界貿易機関）は、ウルグアイ・ラウンドにおける合意に基づきGATTを発展的に解消して1995年に発足した**世界貿易に関する国際機関**（本部は**ジュネーブ**）であり、貿易協定の運用、貿易交渉の場の提供、貿易紛争の処理、各国の貿易政策の監視等の役割を担います。　14-52 ＊1 ＊2

　WTOの紛争処理は、**2国間協議**と**パネル提訴**の2段階に分けられ、2国間で協議し、2国間協議で解決が得られない場合には、パネル提訴となります。パネルに提訴した国は相手国の協定違反等を法的に証明して、中立的な法律家（パネリスト）の判断を求め、この判断に相手国が従わない場合、提訴した国は対抗措置を発動することができます。＊3

＊1 ここに注意
WTO協定の対象となる分野の紛争は、WTO協定の紛争解決手続に従わずに、一方的な措置をとってはならないというルールがあります。

＊2 ここに注意
WTOでは全加盟国が反対しない限りパネルの設置や対抗措置の発動等が決定されるため（ネガティブ・コンセンサス方式）、紛争処理の迅速さが保たれています。

＊3 ことばの意味
パネル
紛争処理の際に設置される小委員会のことをいいます。

経済－国際経済

16 自由貿易促進の取組み・EU

重要度 B

講師からのアドバイス

各国の自由貿易協定・経済連携協定の交渉やEU関連のニュースは日ごろから報道でも取り上げられています。日ごろのニュースをチェックしておきましょう。

1 FTA（自由貿易協定）とEPA（経済連携協定）

FTA（自由貿易協定）とは、締結国同士が相互に関税を撤廃または通関手続を簡略化するなどして、貿易や投資の拡大を図る貿易協定をいいます。近年ではFTAに代わり、経済全般の連携強化を目指すEPA（経済連携協定）が主流になっています。

日本が締結した経済連携　16-50

TPP11 *1	環太平洋パートナーシップに関する包括的及び先進的な協定。2017年1月のアメリカの離脱後、2018年3月にアメリカ以外の11カ国で署名
日EU・EPA	日EU経済連携協定。世界のGDPの約3割、世界貿易の約4割を占める
日英EPA	日英包括的経済連携協定。EU離脱により日EU・EPAから外れるイギリスとの間の協定
RCEP（アール・セップ）*2	地域的な包括的経済連携（協定）。日本、中国、韓国、オーストラリア、ニュージーランドとASEAN10カ国との間のFTAを束ねる広域的な包括的経済連携構想。2020年に署名。世界のGDP、貿易総額、人口の約3割を占める

プラスアルファ　*1

TPP11の参加国は、オーストラリア、ブルネイ、カナダ、チリ、日本、マレーシア、メキシコ、ニュージーランド、ペルー、シンガポール、ベトナムの11カ国です。また、2021年2月にはイギリス、2021年9月には中国と台湾が加盟を申請しています。

世界の主な国際経済連携

APEC（エイペック）	アジア太平洋経済協力会議。21の国と地域が参加する地域協力（日本も参加）。1989年にオーストラリアの提唱により創設
AFTA（アフタ）	ASEAN自由貿易地域。ASEAN（東南アジア諸国連合）による自由貿易協定。1967年に経済成長、政治的安定の確保を目的に発足
USMCA	米国・メキシコ・カナダ協定。2020年発効。NAFTAに代わる新たな自由貿易協定
MERCOSUR（メルコスール）	南米南部共同市場。南米6カ国（ブラジル、アルゼンチン、パラグアイ、ウルグアイ、ベネズエラ、ボリビア）が参加。域内の関税撤廃等を目指し、1995年に設立

プラスアルファ　*2

インドは2019年11月以降、交渉に参加せず、結局、2020年の署名にも参加しませんでした。

700

● 経 済

2 EU（欧州連合）
(1) EUの成立

EUは、欧州27カ国が参加する政治経済同盟です。1967年にその前身であるECが設立され、1993年にマーストリヒト条約の発効によりEUとなりました。＊3　＊4

EUの歩み

1967年	EC（欧州共同体）設立（EUの前身） ⇒ECSC（欧州石炭鉄鋼共同体）、EEC（欧州経済共同体）、EURATOM（欧州原子力共同体）の統合により設立
1985年	シェンゲン協定（条約） ⇒国境管理の協定。出入国審査を廃止
1992年	マーストリヒト条約（欧州連合条約） ⇒EU創設、通貨統合、共通外交・安全保障政策による共同行動の強化等を決定
1993年	マーストリヒト条約発効によりEU発足
1997年	アムステルダム条約 ⇒マーストリヒト条約などのEU基本条約を改正する条約。多数決の導入、共通外交・安全保障政策について建設的棄権の導入等を決定
1999年	ユーロ導入
2001年	ニース条約 ⇒アムステルダム条約を改正する条約。各国の代表権の保障、欧州議会の定数などを決定
2007年	リスボン条約 ⇒ニース条約を改正する条約。EU大統領と外交安保上級代表を新設
2020年	イギリスのEU離脱

(2) EUの経済政策

EUにおいては単一通貨ユーロが導入されています。もっとも、すべてのEU加盟国が導入しているものではなく、また、EU非加盟国が導入している例もあります。＊5

ユーロの導入以降、EU域内の金融政策は、欧州中央銀行（ECB）および各国中央銀行からなる欧州中央銀行（ESCB）を通じて、単一の金融政策として行われています。

＊3 プラスアルファ

2012年、「EUが安定的に果たした役割によってヨーロッパは戦争の大陸から平和の大陸に変わった」として、EUはノーベル平和賞を受賞しています。

＊4 ここに注意

イギリスは、2016年のEU離脱国民投票に基づき、EUとの間で離脱交渉を重ね、2020年1月31日にEUを離脱しました。加盟国がEUから離脱したのはこれが初めてです。その結果、EU加盟国は27カ国になりました。

＊5 プラスアルファ

EU加盟国（27カ国）でユーロを導入しているのは19カ国です（非導入国はデンマーク、スウェーデンなど）。また、モナコ、バチカンなどEU非加盟国であってもユーロを導入している例もあります。

経済-国内経済

17 国内経済・金融

重要度 A

経済の歴史年表が問われる可能性もあります。わが国の過去から現在への経済の流れについて年表を確認しておきましょう。

1 プラザ合意と円高不況（1985年～1986年）

　1985年、日本の欧米に対する集中豪雨的輸出を原因とする貿易黒字を要因とする貿易摩擦解決のため、先進5カ国蔵相・中央銀行総裁会議（G5／米・日・英・仏・独）が開催され、ドル安・円高に誘導することが決定されました（プラザ合意）。これにより日本の輸出産業は打撃を受け、一時的に不況となりました（円高不況）。 12-50 20-49 *1

＊1 プラスアルファ
ドル安円高は、日本の輸出に不利に働きます。

2 平成バブル景気（1986年12月～1991年2月）

　円高不況の対策として内需転換を図り、超低金利政策がとられ、他方、円高の進行により輸入関連企業には金余り現象が生じました。その余剰資金が土地・株などに投資されて資産インフレが発生し、利益（キャピタルゲイン）を得た人々は消費を拡大させました（バブル景気）。 13-49 20-49 *2

＊2 プラスアルファ
日本企業は強い円を背景に海外直接投資を増加させ、外国企業のM&A（買収・合併）を行いましたが、国内の産業の空洞化等の問題も発生しました。

3 第1次平成不況（1991年2月～1993年10月）

　1989年から金融引締めが行われ、過剰投資の反動として株価・地価が暴落し、バブルが崩壊しました。 20-49

　このため、消費が低迷し、不良債権を抱えた金融機関の貸し渋りが、より消費・投資を減退させました。そこに、1ドル＝100円台～90円台という円高が加わり、長期の不況となりました。

4 バブルの後遺症（1990年代）

　第1次平成不況後、一度は景気回復基調の兆しが見えましたが、円高が進行し輸出が減退しました。 *3

＊3 プラスアルファ
円高が進行し、1995年には1ドル＝79円75銭まで進行しました。

　さらに、バブル期に貸し付けられた資金の回収が困難となり、1996年には住宅金融専門会社が破綻し、約7,000億円の公的資金が投入されました。その後も、銀行や証券会社の破綻が相次ぎました。

　また、巨額の不良債権を抱えた銀行による貸し渋りや貸し剥がしのため、企業は資金繰りに苦しみ、倒産や失業率も増加しました。さらに、1997年の橋本内閣下での、消費税率の引上げ、健康保険の自己負担率の引上げ等が、消費の減退を加速させました。 12-50

5 その後の経済情勢（2000年以降）

　2002年2月以降の景気回復局面は、**戦後最長の69カ月**（あるいは73カ月）を記録しました。しかし、原油高騰等の交易条件の悪化、2007年夏以降のアメリカの**サブプライム住宅ローン問題**をきっかけとする金融市場の混乱、翌2008年秋のリーマンショックに端を発する金融危機等による世界経済減速等のため、再び景気後退局面に入っています。2009年以降は輸出や経済対策の効果により景気回復の動きが現れましたが、2011年夏以降の急速な円高の進行や、ギリシャ財政危機に伴う世界経済の減速の影響等を受け、景気の持ち直しの動きは緩やかなものとなりました。 12-50

　2012年12月に誕生した自民・公明を与党とする安倍内閣は、デフレ脱却を達成するために、「3本の矢」を柱とする経済政策を行いました。

6 国内総生産

　国内総生産（GDP）とは、一定期間に一国で産み出された付加価値の合計額のことをいいます。国内総生産（GDP）は、その国の経済規模を示す代表的な指標です。 15-50 ＊4

7 金融

　金融とは、経済活動に必要な資金を、余ったところから必要なところに融通することをいいます。

　直接金融とは、資金需要者（借り手）が資金供給者（貸し手）から直接に資金の供給を受ける方法をいいます。**間接金融**とは、資金供給者と資金需要者の間に**金融機関**が入り、資金の流れを媒介する方法をいいます。 ＊5

＊4 プラスアルファ
2020年度の日本の名目GDPは、おおよそ年間540兆円です。

＊5 ここに注意
直接金融には、企業が株式や社債等の有価証券を発行して、必要な資金を家計や他の企業から「直接」調達するような場合があります。間接金融には、企業が必要な資金を金融機関からの借入れで調達するような場合があります。

直接金融と間接金融

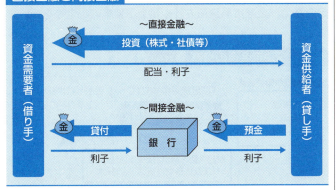

経済－国内経済

18 日本銀行

重要度 B

講師からのアドバイス

日本銀行政策委員会の構成と役割はよく確認しておきましょう。また、日本銀行が行っている業務にはどのようなものがあるのかも把握しておきましょう。

1 日本銀行の役割

日本銀行の役割

発券銀行	銀行券を発行する唯一の銀行
政府の銀行	①政府に対する無担保貸付 ②政府が徴収する租税等の国庫金の出納・管理、政府の国債償還事務の代行
銀行の銀行	市中銀行等の金融機関とだけ取引を行う（金融機関に対する資金の貸出、金融機関からの支払準備金等の預金の受入れ、手形割引、手形貸付等）

2 日本銀行の概要

(1) 日本銀行通則

日本銀行は、中央銀行として、銀行券を発行するとともに、通貨および金融の調節を行うことのほか、銀行その他の金融機関の間で行われる資金決済の円滑化の確保を図り、信用秩序の維持に資することを目的としています。日本銀行は、通貨・金融の調節を行うにあたっては、物価の安定を図ることを通じて国民経済の健全な発展に資することを理念とし、政府の経済政策の基本方針と整合するよう、政府と連絡を密にし、十分な意思疎通を図らなければなりません。＊1

＊1 プラスアルファ

日本銀行は、透明性を確保するため、日本銀行政策委員会が議決した事項の内容およびそれに基づき日本銀行が行った業務の状況を記載した報告書を作成し、財務大臣を経由して国会に提出しなければなりません。また、総裁および政策委員会の議長は、日本銀行の業務および財産の状況について各議院またはその委員会から説明のため出席することを求められたときは、出席しなければなりません。

(2) 日本銀行政策委員会

日本銀行には、最高意思決定機関として日本銀行政策委員会が置かれます。年8回、2日間ずつ開催される金融政策決定会合で、金融市場調節方針や預金準備率の決定等を行います。

金融政策決定会合の構造　21-49 ＊2 ＊3

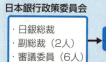

＊2 図表の読み方

財務大臣等は出席して意見を述べることや金融調節事項に関する議案を提出することができます（議決権はありません）。また、議決の延期を求めることができます。ただし、延期は最終的に日本銀行政策委員会が決定します。

704

●経 済

3 通常業務等

　通常業務としては、主として①商業手形その他の手形の割引、②手形、国債その他の有価証券を担保とする貸付け、③商業手形その他の手形または国債その他の債券の売買等があります。このほか、国に対する貸付け、国庫金の取扱い、国の事務の取扱い、金融機関等に対する一時貸付け、信用秩序の維持に資するための業務、資金決済の円滑化に資するための業務、外国為替の売買、国際金融業務等があります。

4 考査

　考査とは、取引の相手方である金融機関等の経営実態を把握するために行う活動の1つであり、取引先金融機関等に実際に立ち入って資産内容等を調査し、これをもとに、業務改善等の経営上の要請を行います。*4　*5

5 違法行為等の是正等

　財務大臣または内閣総理大臣は、日本銀行またはその役員等の行為が日本銀行法等に違反し、または違反するおそれがあると認めるときは、日本銀行に対し、是正のため必要な措置を講ずることを求めることができます。また、日本銀行の監事に対し、必要な事項を監査し、その結果を報告することを求めることができます。*6

6 為替介入

　為替介入とは、一般に、通貨当局が外国為替市場において、外国為替相場に影響を与えることを目的として、外国為替の売買を行うことをいいます。日本では、円相場の安定のための手段として位置づけられ、外国為替及び外国貿易法を根拠に、財務大臣の権限において実施されます。日本銀行は財務大臣の代理人として、財務大臣の指示に基づいて為替介入の実務を遂行します。

7 短観（全国企業短期経済観測調査）

　3カ月に一度、企業がその時々の自社の業況をどうみているか（「良い」「悪い」等の業況判断）のほか、売上高や収益といった事業計画の実績・予測について日本銀行が調査するもので、企業経営者のマインドや企業活動を通じて国内景気の実態がわかるものとして高い信頼性があります。

*3
プラスアルファ
日本銀行の総裁・副総裁は、両議院の同意を得て、内閣が任命します。

*4
ここに注意
考査と同様の活動にはオフサイト・モニタリングがありますが、立入調査を行わない点で考査とは異なります。

*5
プラスアルファ
考査を行うときは、あらかじめ取引先金融機関等に対し連絡し、その承諾を得なければならないこと、その他の政令で定める要件を備えていることが必要で、また、考査に伴う取引先金融機関等の事務負担に配慮せねばなりません。

*6
プラスアルファ
監事は、速やかに当該求めがあった事項について監査をし、結果を財務大臣または内閣総理大臣に報告するとともに、日本銀行政策委員会に報告しなければなりません。

経済－国内経済

19 金融政策・金融関連用語

重要度 B

講師からのアドバイス

金融政策には様々なものがあります。近時の日本銀行の金融政策についておさえておきましょう。

1 金融政策の変遷

金融政策とは、一般に各国の中央銀行が行う経済安定化のための政策をいいます。*1

(1) 金利政策

日本銀行が金融機関に対し直接資金を貸し出すときの金利である基準割引率および基準貸付利率を調整し、市中銀行の貸出金利等に影響を与え経済を調整する政策をいいます。*2

(2) 預金準備率操作（支払準備率操作）

金融機関に対し、その受け入れている預金等の一定比率（準備率）以上の金額を日本銀行に預けることを義務付ける制度を準備預金制度といいます。日本銀行がこの準備率を上下させることにより金融機関の貸出資金量を調節するのが預金準備率操作（支払準備率操作）です。*3

(3) 公開市場操作（オープンマーケットオペレーション）

民間金融機関を相手に市場で債券や手形の売買を行い、資金量等を調節するのが公開市場操作です。公開市場操作は、金融市場調節の手段として用いられます。*4

(4) ロンバート型貸出制度（補完貸付制度）

日本銀行があらかじめ定めた条件に基づいて、貸付先からの借入れ申込みを受けて受動的に実行する貸付制度です。あらかじめ明確に定められた条件をみたす限り、金融機関が希望するときに担保の範囲内で希望する金額を日本銀行から借り入れることができます。

(5) 量的緩和等

従来、日本銀行は「無担保コールレート（オーバーナイト物）が○○％程度で推移するよう促す」という形で具体的な金利誘導水準を示していました（金利ターゲット方式）が、2001年3月、金融市場調節の主たる目標を「資金量（日本銀行当座預金残高）」に変更しました。この金融市場調節方式の下では、「日本銀行当座預金残高が○兆円となるよう金融市場調節を行う」という形で金融市場調節方針が定められることになりました。

*1 ここに注意

日本銀行が行う金融政策は、時代とともに変化します。近時は、「長短金利操作付き量的・質的金融緩和」を行っています。

*2 ここに注意

かつての「公定歩合」は、現在では「基準割引率および基準貸付利率」と呼ばれます。

*3 ここに注意

預金準備率操作は、ほとんどの国において行われなくなってきています。

*4 ことばの意味

金融市場調節
日本銀行の金融政策決定会合で決定された方針を実現するために、短期金融市場における資金の総量を調整するものです。

●経済

　このように金融の量的な指標に目標値を定め、それを増額することによって金融緩和を行うことから、これは量的緩和政策と呼ばれました（2006年3月に解除）。*5

　2006年3月の量的緩和政策の解除に伴い、金融市場調節の操作目標は、日本銀行当座預金残高から無担保コールレートに戻されました。さらに、2013年4月の質的・量的緩和により、操作目標は「マネタリーベース」に変更されました。

　2016年1月、市中銀行が保有する日本銀行当座預金の金利にマイナス金利を適用する「マイナス金利付き量的・質的金融緩和」が導入されました。そして、2016年9月には、これに代わり、「長短金利操作付き量的・質的金融緩和」が導入されました。*6

2 金融関連用語

主な金融関連用語

マネタリーベース	「日本銀行が世の中に供給する通貨」のこと
マイナス金利	金融機関が日本銀行に持っている当座預金の一部にマイナスの金利をつけること
バーゼル合意（BIS規制）*7	1988年にバーゼル銀行監督委員会が発表したもので、国際的に活動する銀行は、リスク資産に対する自己資本の割合（自己資本比率）を8％以上にしなければならないという国際統一基準のこと
ペイオフ解禁*8	金融機関破綻の際に預金等の一定額しか預金保険による保護の対象にならないこと。従来は全額保護であったが2005年に解禁された（原則として預金者1人あたり元本1,000万円とその利息が保護の上限）

---

*5 **ことばの意味**

無担保コールレート（オーバーナイト物）
金融機関相互の無担保での貸付け（翌日に返済）における金利のことで、「公定歩合」に代わって政策金利としての役割を担ってきました。量的緩和政策は、金融市場の調節の操作目標をこの無担保コールレートから日本銀行当座預金残高に変更したものでした。

*6 **プラスアルファ**

長短金利操作付き量的・質的金融緩和は、①金融市場調節による長短金利の操作と②消費者物価上昇が2％を超えるまでマネタリーベースの拡大を維持することから成り立っています。

*7 **ことばの意味**

バーゼル銀行監督委員会
1974年にG10諸国（ベルギー、カナダ、ドイツ、イタリア、日本、オランダ、スウェーデン、イギリス、アメリカ、フランス）の中央銀行総裁会議により設立された銀行監督当局の委員会です。通常、常設の事務局が設けられるバーゼル（スイス）のBIS（国際決済銀行）において開催されます。

*8 **プラスアルファ**

2010年9月、日本振興銀行の経営破綻に伴い、わが国では初めてペイオフが行われました。

経済－財政

20 財政

重要度 A

 講師からのアドバイス

財政の機能をしっかり確認しておきましょう。また、財政投融資は、制度改革を確認しておきましょう。

1 財政

財政とは、国や地方公共団体が行う経済活動をいいます。

財政の主な機能 *1

資源配分の調整機能	道路、橋、あるいは警察、消防のように、利潤を追求する民間の経済活動では提供することの難しい公共的な施設・サービス（社会資本）を、民間に代わって提供する
所得再分配機能	歳入面における累進課税や歳出面における社会保障給付によって国民相互間の所得のひずみを是正し、所得分配の公正を図り、個人間の所得格差を調整する
経済安定化機能	経済安定のため、増減税を通じて財政規模を増減し、公共事業の追加や繰り延べによって有効需要を調節し、物価の安定、完全雇用の維持、国際収支の均衡を図る

*1
 プラスアルファ

政府が行う財政上の関与の方法には、①補助金等の予算措置や税の優遇措置による方法（国費による道路建設等）と、②有償資金（返済を前提とした資金）の貸付けなど金融的手段を用いる方法（低利融資による中小零細企業の創業支援等）があります。

2 財政政策

財政の役割のうち、経済の安定・成長の実現のための政策が、財政政策です。

財政政策と金融政策を組み合わせ、経済の安定と成長など複数の目標を同時に実現しようとする政策を、ポリシーミックスといいます。*2

(1) フィスカルポリシー

財政支出と財政収入の量を調節することにより景気を調整する政策で、具体的には、租税政策と公共投資があります。

*2
 プラスアルファ

不況時の景気刺激策としては、特にスペンディングポリシー（不況の際に財政支出を増加して有効需要の減退をカバーして景気を回復させようとする政策）があり、例としてニューディール政策が挙げられます。

景気と財政政策

	租税政策	公共投資
不況期	減税	拡大（増大）
好況期	増税	縮小（繰り延べ等）

(2) ビルトインスタビライザー

積極的に財政政策をとらなくても、財政制度にはそれ自体が景気の変動を調節する機能を有しています。この作用を自動安定化機能（ビルトインスタビライザー）といい、累進課税や社会保障給付がその代表例です。

好況時に所得が増加すると、所得税の累進税率により納税額が増えて景気を鎮め、不況時に所得が減少すると、納税額が減って有効需要の減少を抑えるとされます。もっとも、ビルトインスタビライザーは不況が長引くと本来の機能を果たさなくなることがあるとされます。

3 財政投融資

一般に財政投融資とは、国の制度または信用に基づいて集められた有償資金を用いて、民間では困難な大規模かつ長期的な事業の実施や長期の資金供給を行う投融資活動をいいます。日本では2001年の財政投融資制度改革で、預託制度が廃止された結果、財政投融資機関（財投機関）は、原則、財投機関債を発行して金融市場から直接資金を調達することとなりました。*3

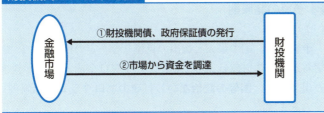
財投機関による資金調達

*3 プラスアルファ
2001年以前は、郵便貯金や年金等の資金を大蔵省（現在の財務省）資金運用部が預かり、これを特殊法人に融資するシステムを採用し、融資を受けた特殊法人がこの資金を利用して大型公共事業を行っていました。

もっとも、財投機関は、財投機関債で資金を調達できなかった場合、政府（財政投融資特別会計）が財投債を発行して、金融市場から調達した資金の融資を受けることができます。

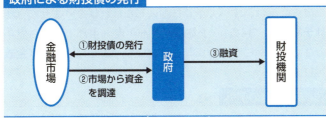
政府による財投債の発行

経済—財政

21 国家財政

重要度 B

原則とそれに対する例外をしっかり把握しながら、整理して覚えましょう。

1 国家財政と財政法

国の予算その他財政の基本は、財政法の定める規定に基づき、運用されます（財政法1条）。＊1

財政法の用語の定義

歳入	一会計年度における一切の収入（2条4項）
歳出	一会計年度における一切の支出（2条4項）
収入	国の各般の需要を充たすための支払の財源となるべき現金の収納（2条1項）
支出	国の各般の需要を充たすための現金の支払（2条1項）

2 予算の諸原則

(1) 予算

予算とは、国の歳入と歳出の見積りを一定の期間について明らかにする財政行為の準則です。予算は金額という数字で表現された、国等の政治ないし行政のプログラム（計画書）といえます。

この予算を、国民の代表である国会が審議、承認することで国の行政をコントロールすることに、民主政治の意義があり、予算に対する国会の議決は、会計年度ごとに行われています。＊2

(2) 総計予算主義と単年度主義

歳入歳出は、すべて予算に編入しなければなりません（総計予算主義／14条）。予算は、会計年度（4月1日から翌年の3月31日）ごとに作成しなければなりません（単年度主義／11条）。

単年度主義の例外 ＊3

継続費	工事、製造その他の事業で、その完成に数会計年度を要するものについて、特に必要がある場合に数年度にわたる支出を認めるものをいう。事前に国会の議決を経ることが必要（14条の2第1項）
国庫債務負担行為	国が国庫債務負担行為をなすには、事前に予算をもって国会の議決を経なければならない（15条1項）

＊1 ここに注意

日本国憲法は、「国の財政を処理する権限は、国会の議決に基いて、これを行使しなければならない」（83条）としており、これに基づいて財政法やその他の法律が定められています。

＊2 ここに注意

日本国憲法は、「内閣は、毎会計年度の予算を作成し、国会に提出して、その審議を受け議決を経なければならない」（86条）としています。

710

●経 済

（3）会計年度独立の原則

　各会計年度における経費は、その年度の歳入をもって支弁しなければなりません（**会計年度独立の原則**／12条）。会計年度独立の原則には、**繰越明許費**の例外があります。＊3

予算の諸原則のまとめ

国の会計年度	4月1日から翌年の3月31日までの1年間。予算に対する国会の議決は、会計年度ごとに行われる		
総計予算主義	歳入歳出は、すべてこれを予算に編入しなければならない		
単年度主義	予算は、会計年度ごとに作成しなければならない	例外	①継続費 ②国庫債務負担行為
会計年度独立の原則	各会計年度の経費は、その年度の歳入で支弁しなければならない	例外	繰越明許費

（4）会計の区分

　財政民主主義に基づく予算制度では、本来、歳出と歳入はすべて単一の予算に統一して計上すべきです（**予算統一性の原則**）。なぜなら、複数の予算が存在すると、財政操作のおそれがあるからです。しかし、財政の範囲が拡大し複雑化すると国民にわかりにくいものになるため、会計を分ける必要性があります（13条1項）。

会計の区分

一般会計予算	税を財源とする国の一般歳入歳出を経理する会計
特別会計予算	一般会計と区別して別個に経理する会計で、特定の事業を実施する場合、特定の資金を保有して運用する場合、一般の歳入歳出と区別して処理する必要のある場合に限り、法律をもって設置することが認められる（13条2項）
政府関係機関予算	特別の法律によって設立された法人で、資本金が全額政府出資の機関である政府関係機関の予算も、国会の議決を必要とする

＊3

❓ ことばの意味

継続費
工事・製造などの事業を、数年度（原則5年以内）にわたって実行する場合について、その総額と年度ごとの額を一括した「予算」とするものです。「債務負担権限」だけでなく「支出権限」も与えられるものであり、特に必要な場合に限定して用いられています。

国庫債務負担行為
その年度に契約の締結（債務負担）だけを行い、翌年度以降（原則5年以内）に代金の支払い（支出）をする場合について、その債務負担を「予算」とするものです。「債務負担権限」だけが与えられるものであり、「支出権限」は与えられません。

繰越明許費
継続費や国庫債務負担行為のように最初から複数年度にわたるものではなく、その性質上または「予算」成立後の事由によりその年度内に支出を終わらない見込みのあるものについて、翌年度に繰り越して使用するために「予算」とするものです。翌年度（1年以内）に限り「支出権限」の繰り越しが認められます。

第6編 政治・経済・社会

経　済

経済－財政

22 予算・特別会計

重要度 B

講師からのアドバイス

予算について、予算作成から予算が国会で議決され承認されるまでの流れをおさえましょう。また、予算編成の手法についても言葉の意義を把握しておきましょう。

1 本予算と予算の作成

(1) 本予算

　予算の内訳は、**予算総則、歳入歳出予算、継続費、繰越明許費**および**国庫債務負担行為**です（財政法16条）。

　予算は、会計年度ごとに作成されるのを原則とします（**単年度主義**）。

　本予算では、**一般会計、特別会計、政府関係機関予算**が一括して国会による審議・議決を受けます。もっとも、本予算とは別に、次のような予算が作成される場合があります。＊1

予算の種類	
暫定予算	**予算が会計年度開始前に成立しなかった場合**に、必要な経費の支出のために作成される予算（30条）。暫定予算は、予算成立までの**必要最小限の経費**に限定され、**本予算が成立すれば失効し、本予算に吸収される**
補正予算	予算作成後に生じた自然災害、経済情勢の変化等の予見しがたい事態に対応するために作成される予算（29条）。予算以上の支出は許されないのが原則である（**超過支出禁止の原則**）ので、予見しがたい事態に対応するため、本予算を超える支出が必要となった場合、補正予算を組まなければならない

(2) 予算の作成

　予算を作成して国会に提出する権限は内閣に属し（憲法73条5号）、予算編成は財務省が行います。

　予算の作成は、概算要求により始まります。**概算要求**とは、各省庁が来年度予算において必要とする歳出額の見積りです。

　各省庁による安易な予算要求を避けるため、事前に**概算要求基準**が設けられ、上限に**シーリング**（ceiling＝天井）が設定されます。＊2　＊3

　予算財務原案の内示後、財務省が各省庁の要求を削減した部分につき、各省庁が財務省に対し予算の復活を要求します（**復活折衝**）。

＊1 プラスアルファ

予見しがたい事態への対応として予備費の計上が認められています（憲法87条）が、それでも対応できない場合に補正予算が組まれます。

＊2 プラスアルファ

予算の作成について、財務大臣は、歳入予算明細書、予定経費要求書等に基づいて予算を作成し、閣議の決定を経なければなりません（財政法21条）。

＊3 プラスアルファ

各省庁は例年8月末までに、次年度の概算要求額を財務省に提出します。

2 予算編成の手法

予算編成には以下のような手法があります。

予算編成の手法	
事業別予算制度	行政目的を効果的に達成するために、行政の事業目的体系に従い予算編成を管理する方法
計画事業予算制度（PPBS）	省庁ごとに政策目標を明確に把握し長期計画を作成し、限られた資源を最も効果的に配分するために、複数の代替案に対して費用・便益分析を行い、計画されている政策成果の能率性を測定し、これを踏まえて単年度の予算を編成する手法
ゼロベース予算方式（ZBB）	一施策もしくは一行政機関に対するすべての支出を、前年度の予算を前提とせず、毎年その正当性を承認されるべきことを要求する予算編成方法
シーリング（概算要求基準）方式	各省庁に概算要求段階において、前年度に認められた概算要求額（＝実際に配分された予算額）を基準とし、そこから一定率増やした額の上限を設けて歳出の伸びを抑制する方法
サンセット（時限）方式	適用事業に対しては、定められた期日以降の年度は予算が配分されないとする手法

3 特別会計改革

わが国の厳しい財政状況を背景に、特別会計の廃止・統合、一般会計と異なる取扱いの整理、特別会計の財務情報の開示等を実現するための特別会計法（特別会計に関する法律）が制定（2007年）されました。

4 近年の予算規模

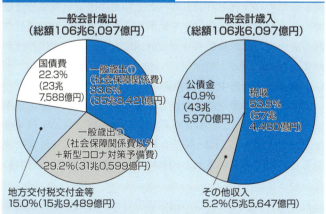

2021年度の一般会計当初予算　20-50

※計数等は四捨五入。合計数等が合致しないことがある。

経済-財政

23 租税・国債

重要度 A

1 租税

租税は、所得税や法人税等の直接税と、消費税や酒税等の間接税に分けられます。直接税は税負担者と納税者が同じとなり、間接税は税負担者と納税者が異なります。

直接税のうち所得税は累進課税であるのが一般的で、所得の再分配機能があります。間接税は、生活必需品に課税されると、低所得者ほど負担率の高くなる逆進性を有します。＊1

戦後、日本の税制は、シャウプ税制勧告による所得税中心主義をとってきましたが、1989年に新たに課税対象を消費全体に広げる消費税（一般消費税）が導入されました。もっとも、直接税が、税収の6〜7割程度（2021年度当初予算によれば、直間比率（国税＋地方税）はおよそ64：36）を占め、直接税中心の構成となっています。

2 国債

国債とは、国の発行する債券のことです。＊2

(1) 国債の種類

国債には、その償還期間が短期ものから超長期（10年以上）のものまでさまざまなものがあります。また、国債を発行目的により分類すると、普通国債（歳出を賄うだけの歳入を調達するために発行されるもの）とその他の国債（資金を運用するためや国債の償還期限を延期するため等の目的で発行されるもので、財政投融資特別会計国債などがある）に分けられます。＊3

(2) 建設国債と市中消化の原則

国債の発行は原則的に禁止されますが（財政法4条1項本文）、例外的に一定の国債の発行が認められています（4条1項ただし書）。これは、公共事業費、出資金、貸付金に充てるためにのみ発行される国債であり、建設国債（4条国債）といいます。

日本銀行の引受けによる国債の発行は、特別の事由がある場合に国会の議決を経た金額の範囲内で認められるという例外を除き、禁止されます（市中消化の原則／5条）。＊4

講師からのアドバイス

国債の発行に関する原則と例外をしっかり把握しましょう。特例国債（赤字国債）の発行は原則禁止されていますが、特例法を制定して、国債を発行しています。

＊1 プラスアルファ

消費税の税率は、2019年10月1日から10％となりました。

＊2 ここに注意

国債は様々な目的や必要性に基づいて発行され、引受けも国民に限定されません。

＊3 プラスアルファ

個人投資家の国債保有を増やす目的で、個人向け国債も発行されています。

＊4 ここに注意

いったん市中で消化された国債を日本銀行が買い入れることは禁止されていません。

714

● 経 済

(3) 特例国債（赤字国債）

　特例国債（いわゆる赤字国債）とは、建設国債を発行してもなお財源が不足する場合に、特例法に基づいて発行される国債です。

　公共事業費等に充てる目的以外で国債を発行することは、財政法4条1項本文により禁止されているため、特別の立法が必要となり、その年度限りで通用する特例公債法に基づいて特例国債が発行されます。 14-50 ＊5 ＊6

公債残高・公債依存度	14-50
公債残高	990兆円
公債依存度	40.9%

※2021年度当初予算による。公債残高は2021年度末見込み

(4) 財政赤字のコスト

　財政赤字のコストには、財政破綻（借金が累増して返せなくなること）、クラウディング・アウト（市場金利が高くなり、民間の資金需要が押しのけられること）、将来世代への負担の転嫁などがあります。

(5) 国民負担率と潜在国民負担率

　国民所得に対する租税負担と社会保障負担の割合の合計を、国民負担率といいます。現在、日本の国民負担率は先進諸国と比べ低水準（44.3%／2021年見通し）です。しかし、今後高齢化が進展するにつれ、国民負担率は上昇することが見込まれます。

　他方、国民負担率に財政赤字の対国民所得比率を加えた潜在的な国民負担率は、2021年で56.5%の見通しです。 ＊7

(6) プライマリーバランス（基礎的財政収支）

　プライマリーバランスとは、公債費を除く歳出と公債発行収入を除く歳入との財政収支の差をいいます。均衡している場合、公債費を除く経費を借入に依存せずに調達していることになり、赤字の場合、将来の国民が負担を負うことになります。プライマリーバランスは、中長期的な財政赤字の累積を問題とする際に使われる概念です。プライマリーバランスの均衡は、財政再建のための重要なステップあるいは目標とされます。

＊5 プラスアルファ
特例国債は、1975年度以降、バブル期を除いてほぼ継続的に発行されています。

＊6 プラスアルファ
近年は、赤字国債のほうが建設国債よりも発行額が多くなっています。

＊7 プラスアルファ
日本の国民負担率が低水準であるのは財政赤字という形で負担を将来世代に先送りしているためと考えられます。

経済－財政

24 地方財政

重要度 B

1 総説

地方財政に関してルールを定めている主な法律としては**地方自治法**と**地方財政法**があります。前者は、財務関係規定が地方財政制度の基本であることを定め、後者は、①地方債の制限を含む財務処理上の基本準則、②国と地方公共団体との経費負担の関係、③都道府県と市町村との財政関係等について定めています。*1

2 地方財政制度

(1) 財源の種類

(a) 一般財源と特定財源

一般財源とは、いかなる経費にも使用できる地方公共団体の収入であり、地方税、地方特例交付金、地方交付税等が該当します。他方、**特定財源**とは、一定の使途にのみ使用できる地方公共団体の収入であり、国庫支出金や地方債等が該当します。

(b) 自主財源と依存財源

財源の分類には、使途目的による分類のほか、調達方法により自主財源と依存財源に区別されます。**自主財源**とは、自治体がみずから調達する収入であり、**依存財源**とは、国または都道府県の意思に依存する財源です。*2

(c) 地方財政計画

地方財政計画は、地方交付税により自治体財源を保障しようという場合に、どの程度の総額を確保すべきかを決定する見積計算についての政府の最終的な意思決定です。本計画は、毎年度、**内閣**が、地方交付税法7条の規定に基づき、翌年度の地方公共団体の歳入と歳出の総額の見積額を記載した書類を作成し、国会に提出するとともに一般に公表することが義務付けられています。*3

地方財政計画には、①地方交付税制度との関係で地方財源の保障を行う、②地方財政と国家財政・国民経済等を調整する、③個々の地方公共団体の行財政運営の指針となるという役割があります。

講師からのアドバイス

地方財政計画は、すべての地方公共団体の財政を1つにとりまとめ、全体でいくら収入が不足しているのか、地方交付税がいくら必要になるのか、その見積もりを出すものです。また、地方債の発行について発行要件が緩和されています。

*1 ここに注意

日本では、例年租税総額の6割が国税として、4割が地方税として徴収されています。逆に、国が4割を、地方公共団体が6割を使用しています。その差額は、国が地方公共団体に対して、国税収入の一部を、地方交付税、地方譲与税、国庫支出金等の調整制度を通じて配分しています。

*2 プラスアルファ

自主財源には、地方税等が、依存財源には、国庫支出金、地方譲与税、地方交付税、地方債等が、それぞれあります。

*3 ここに注意

2021年度の地方財政計画の規模は、89兆8,060億円（通常収支分）です。

●経済

(2) 地方交付税
(a) 地方交付税の意義・種類
地方交付税は、税収入の不均衡による地方公共団体間の**財政力格差**を国が調整するものです。**普通交付税**と**特別交付税**があり、前者は、必要な需要額が収入額を超過した場合、その差額に応じて交付され、後者は災害や予測できない事件に対応して交付されます。*4 *5

(b) 地方交付税の機能

地方交付税の機能

財政調整機能	普通交付税は、基準財政需要額が基準財政収入額を超える自治体に対しその**財源不足額**が交付される
財源保障機能	財源には、5つの国税の一定額（法人税および所得税の33.1%、酒税の50%、消費税の19.5%、地方法人税の全額）が充てられる

(3) 地方譲与税
国が徴収し、客観的基準により地方公共団体に対して譲渡する税を**地方譲与税**といいます。地方公共団体の財源とされているものについて課税の便宜などから国が徴収事務を代行しているもので、地方揮発油譲与税や自動車重量譲与税などがあります。*6

(4) 国庫支出金
国庫支出金とは、国が特定の使途のために地方公共団体に交付する支出金の総称であり、国庫負担金、国庫委託金、国庫補助金等があります。*7

国庫支出金の例

国庫負担金	地方公共団体が行う事務のうち国が共同責任を持つ事務に対し、経費の一定割合を負担して給付
国庫委託金	本来国が行うべき事務を地方公共団体に処理させる際の経費として給付
国庫補助金	特定の施策の奨励または財政援助のために給付

(5) 地方債
地方債とは、一般に地方公共団体が資金調達のために負担する債務のことをいいます。2006年度より原則として総務大臣あるいは都道府県知事の許可を必要とする起債許可制度が廃止され、総務大臣あるいは都道府県知事との**協議**を要する**事前協議制**となり、発行条件が緩和されました。*8

---

*4 プラスアルファ

地方交付税は、2021年度の地方財政計画では17兆4,385億円（通常収支分）／1,326億（震災復興特別交付税）となっています。なお、地方交付税の交付を受けない団体（例えば、東京都）もあります。

*5 ここに注意

地方交付税の使途は、地方公共団体の自主的な判断に任されており、国がその使途を制限したり、条件を付けることは禁じられています。

*6 プラスアルファ

地方譲与税は、2021年度の地方財政計画では1兆8,219億円となっています。

*7 プラスアルファ

国庫支出金は、2021年度の地方財政計画では14兆7,631億円（通常収支分）となっています。

*8 プラスアルファ

実質公債費比率が18%以上となる地方公共団体については、地方債協議制度移行後も起債にあたり許可が必要となります。

社会－社会保障

25 社会保障・社会政策

重要度 B

わが国の社会保障は4つの柱からなっています。社会保険、公的扶助、社会福祉、公衆衛生からなります。試験で出題されやすい重要な分野は、社会保険ですので確認を十分行いましょう。

1 社会保障の意義

社会保障制度とは、何らかの社会的事故により所得を得ることが中断、あるいは不可能になったときに保険制度に基づきその所得を保障し、また、医療や介護等の社会的サービスを給付する制度のことです。

社会保障の分類には、補償の内容に着目して、金銭を給付する所得保障（年金保険や雇用保険等）と財やサービスを給付する社会サービス保障（医療・福祉サービス等）に分類する方法や、保険料拠出の有無という点に着目して、拠出が不要の公的扶助と保険料の拠出が給付の条件となる社会保険とに分類する方法などがあります。日本の社会保障制度は、憲法25条に基づき、社会保険・公的扶助・社会福祉・公衆衛生の4本柱から成り立っています。

2 公的扶助

(1) 日本の生活困窮者の現状

2018年の日本の相対的貧困率は15.4％であり（2015年の15.7％から0.3ポイント低下）、OECD加盟国と比べても高い水準にあります。また、年間200万円未満の給与所得者は、近年、1,000～1,200万人程度で推移しています（2019年は1,200万人）。 15-49 ＊1

(2) 公的扶助制度

公的扶助の1つに生活保護があります。これは自力で生活できない生活困窮者に対し経済的援助等を与えるもので、生活保護法を柱として実施され、費用は原則として国と地方公共団体が全額公費によって負担します。 15-49 ＊2

生活保護の制度には、最低生活保障の原理、無差別平等の原理（生活困窮に陥った理由不問）、補足性の原理（まず各人の努力が前提）、自立助長の原理、必要即応の原理の5つの基本原理があります。

生活保護法には、民法上の扶養義務が優先するという原則があり、扶養義務者が現実に援助を行った場合には当該援助の限度で生活保護は実施されません。

＊1

ことばの意味

相対的貧困率
所得中央値の半分（いわゆる貧困率）を下回る所得しか得ていない者の比率をいいます。

＊2

 プラスアルファ

生活保護世帯のうち単身高齢者世帯の割合は高くなっています（2021年4月分概数で全被保護世帯の51.4％）。

● 社　会

2013年には、生活困窮者に対する自立相談支援、住居確保給付金の支給などを定めた生活困窮者自立支援法が制定されました。 15-49

3 社会保険

日本の社会保障制度の中で、中核的な制度が社会保険です。社会保険とは、何らかの社会的事故により所得を得ることが中断、あるいは不可能になったときに保険制度に基づきその所得を保障していく制度であり、①医療保険、②年金保険、③雇用保険、④労働者災害補償保険（労災保険）、⑤公的介護保険があります。

4 社会福祉

児童や老人、心身障害者、母子世帯の援護を目的として、手当の支給や、施設やサービスの提供をします。社会福祉のための共通の基本事項を定めた社会福祉法や福祉六法があります。福祉六法とは、生活保護法・児童福祉法・身体障害者福祉法・知的障害者福祉法・老人福祉法・母子及び父子並びに寡婦福祉法です。

5 公衆衛生・医療その他社会政策

(1) 公衆衛生・医療

国民の健康と公衆衛生向上のため、保健所と公営病院が感染症予防や母子衛生、公害病の公費医療等を担当します。＊3

(2) 空き家対策

全国には約840万戸を超える空き家があり、防災、衛生、景観の悪化などの問題が指摘されてきました。そこで、2014年に空家等対策の推進に関する特別措置法（空家特措法）が制定されました。この法律は、市町村が空き家に関するデータベースを整備し、その状況を把握することによって、空き家を適切に管理することを目的としています。 15-51 ＊4 ＊5

(3) 所有者不明土地対策

所有者不明の土地が全国的に増加し、公共事業等の妨げとなっていました。そこで、2018年に所有者不明土地の利用の円滑化等に関する特別措置法（所有者不明土地法）が制定されました。この法律は、一定の所有者不明土地について地域福利増進事業のための使用権設定、土地収用の特例等を定めています。＊6

＊3
 プラスアルファ

保健所は、感染症等対策、母子保健、食品衛生、生活衛生等の総合的な保健衛生を担う行政機関です。都道府県、指定都市、中核市その他の政令で定める市または特別区に設置されます（地域保健法5条1項）。

＊4
 プラスアルファ

空家等対策の推進に関する特別措置法制定以前にも、自治体の中には、条例で空き家対策を講ずる例もありました（埼玉県所沢市など）。

＊5
 ことばの意味

空き家
建築物またはこれに付属する工作物であって居住その他の使用がなされていないことが常態であるものおよびその敷地をいいます（空家等対策の推進に関する特別措置法2条1項）。

＊6
 ことばの意味

所有者不明土地
不動産登記簿等の公簿情報により調査してもなお所有者を確知することができない土地のことをいいます。

社会－社会保障

26 医療保険・年金保険

重要度 A

講師からのアドバイス

高齢者医療に関して、前期高齢者と後期高齢者に分けて、医療制度を使い分ける制度が実施されています。注意を要するのが、後期高齢者医療制度（長寿医療制度）は、独立の医療制度を設けていますが、前期高齢者医療制度は、独立の医療制度を設けたわけではないという点です。

*1 プラスアルファ

医療保険には公的年金における基礎年金制度のような全国民共通の保険制度は存在しません。

*2 プラスアルファ

製造業等の適用業種で常時5人以上の従業員を使用する個人事業所、または国、地方公共団体、法人の事業所で常時1人以上の従業員を使用する事業所は、強制加入とされます。

*3 プラスアルファ

国民健康保険の問題点として、高齢者や低所得者の割合が増大→保険者（市町村）の財政難・地域の医療費支出の格差→保険料の地域間格差の拡大、未納者問題等が指摘されています。

1 医療保険制度の概要

(1) 医療保険制度の類型

医療保険は、病気や傷害を負った場合等にその医療等に関して給付を行う保険です。

全国民はいずれかの医療保険に必ず加入することとされます。*1

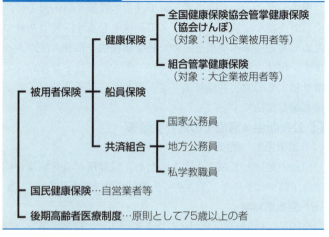

医療保険制度の類型

(2) 被用者保険

被用者保険の1つである**健康保険**は、主に被保険者とその被扶養者の業務外の傷病、死亡、出産について保険給付を行います。保険料は報酬に比例し、事業主と被保険者が折半で負担します。

医療費の一部負担金制度は、1984年から導入され（被保険者の自己負担割合は1割）、2003年4月から原則として**3割（70歳未満）**に引き上げられました。*2

(3) 国民健康保険

国民健康保険は、1961年から**強制加入制**となったことにより、健康保険等の医療保険制度とあいまって**国民皆保険**が実現しました。*3

(4) 高齢者医療制度

前期高齢者（65歳～74歳）の医療費に係る財政調整制度、後期高齢者（原則として75歳以上）を対象とした後期高齢者医療制度が2008年4月から実施されています。

2 雇用保険

雇用保険とは**失業保険**を中心とする、雇用に関する総合的な機能を持つ保険制度をいいます。

3 年金保険制度

(1) 年金保険制度の概要

年金保険とは、老齢・障害などによる労働能力の長期的喪失または生計維持者の死亡に対して、本人または遺族の生活を保障する長期的保険制度です。*4

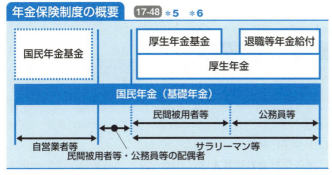

年金保険制度の概要 17-48 *5 *6

(2) 公的年金の給付

受給権者の請求に基づき厚生労働大臣が裁定を行うことにより開始します。受給開始時期は原則として65歳ですが、請求により60歳から75歳までの間で受給開始時期を選択することができます（なお、65歳より早く繰上げ受給をするときは一定割合で減額され、65歳より遅く繰下げ受給をするときは一定割合で増額されます）。

(3) 年金の財源調達方法

年金の財源調達方法には、**積立方式**と**賦課方式**があります。積立方式は、保険者が積み立てた保険料を原資として、将来の年金に充て、利子を含めて老後に受け取るものです。賦課方式は、社会全体から徴収した保険料を資金として、その収入でその年の年金給付を賄うものです。わが国の年金保険制度は、賦課方式によります。

●社 会

*4 プラスアルファ

1985年の基礎年金制度導入により、国民年金の対象者は、従来の自営業者等から被用者やその妻にも拡大し、全国民共通の基礎年金となりました。また、厚生年金・共済年金は、国民年金（基礎年金）の上乗せとして報酬比例の年金として再編成されました。

*5 図表の読み方

国民年金の被保険者は、強制加入者である第1号被保険者（原則、日本国内に住所を有する20歳以上60歳未満の者）、第2号被保険者（厚生年金の被保険者等／年齢、国内居住要件なし）、第3号被保険者（20歳以上60歳未満であって主として配偶者（第2号被保険者）の収入により生計を維持している者、国内居住要件なし）と任意加入被保険者（原則日本国内に住所を有する60歳以上65歳未満の者等）等から構成されています。

*6 プラスアルファ

2015年10月からは、公務員等も厚生年金に加入することになる改正が行われました。2階部分の共済年金は、厚生年金に統一され、職域部分は廃止されました。

社会－社会福祉

27 少子化対策・児童福祉

重要度 B

近年、児童福祉法の改正がなされています。改正のポイントを正確に覚えましょう。また、児童扶養手当は父子家庭にも支給されるようになりましたので、覚えておきましょう。

*1
 ことばの意味

高齢化社会
高齢者（65歳以上）の全人口に占める比率（高齢化率）が7％を超えた社会（日本は1970年に突入）をいいます。さらに、「高齢社会」とは、14％を超えた社会（日本は1994年に突入）をいいます。21％を超えた社会を「超高齢社会」といいます（日本は2007年に世界で初めて突入）。

*2
 ここに注意

出生率の低下は、男女の晩婚化による未婚率の増大や、女性の社会進出による仕事と育児の両立の困難さ、教育費の負担増大等が要因と考えられます。

*3
 ことばの意味

合計特殊出生率
合計特殊出生率とは、1人の女性が生涯に産む子供の平均数を示します。合計特殊出生率が2.08以下になると人口が減少するといわれています。

1 日本の社会福祉

(1) 少子高齢化

日本の高齢化問題は高齢化を「率」としてみた場合、特に欧米諸国に比べて突出しているわけではありません。しかし、その進行の「速度」は群を抜いています（**7％から14％に達するまで24年**）。その理由としては、出生率の低下による少子化も同時進行しており、全人口に占める65歳以上の人口比率が相対的に上昇すること、栄養摂取量の向上や医療技術の進歩による平均寿命の伸長等が指摘されています。
*1 *2

| 合計特殊出生率の変遷 *3 |
1947	1966	1973	1989	2005	2011	2015	2018	2019	2020
4.54	1.58	2.14	1.57	1.26	1.39	1.45	1.42	1.36	1.34

※1966年は「丙午（ひのえうま）」。最低は2005年の1.26

(2) 少子化対策

少子化社会対策基本法（2003年9月施行）は、①育児休業制度や多様な就労機会の確保など雇用環境の整備、②保育サービスの充実、③地域社会における子育て支援体制の整備、④母子保健医療体制の充実、⑤将来の親となる若者の**自立支援**等を定めています。*4

(3) 次世代育成支援対策推進法

次世代育成支援対策推進法は、急速な少子化の進行に対応して、次代の社会を担う子どもが健やかに生まれ育成される環境整備を図ることを目的として、2003年に成立しました（2025年3月末まで10年間延長）。

国・地方公共団体が次世代育成支援対策に取り組むほか、事業主においても従業員数に応じて、従業員の仕事と子育ての両立支援のために雇用環境の整備等に取り組むにあたり、**一般事業主行動計画**の策定、都道府県労働局への届出が義務付けられました。*5

2 児童福祉
(1) 児童福祉法
児童福祉法は、貧困者の児童、保護者のいない児童等を含むすべての児童の健全な精神的・肉体的育成を目的として、1947年に制定されました。この法律では、18歳未満の者を児童と定義し、国および地方公共団体は児童の保護者とともに児童を心身ともに健やかに育成する責任を負うものとし、児童相談所、保育士等に関する事項を規定しています。

(2) 児童虐待防止法
児童虐待防止法は、児童虐待の防止等に関する施策を促進し、児童の権利利益を擁護することを目的として、2000年に制定されました。この法律では、18歳未満の者を対象児童とし、児童虐待の禁止、児童虐待の予防および早期発見、被虐待児童の保護および自立支援のための措置等を規定しています。また、しつけ等を口実とした体罰を防止するため、児童のしつけの際の体罰禁止、民法820条による監護および教育に必要な範囲を超える懲戒の禁止を明文化しています。*6

(3) 児童手当
児童手当とは、父母その他の保護者が子育てについての第一義的責任を有するという基本的認識の下、家庭等における生活の安定に寄与するとともに、次代の社会を担う児童の健やかな成長に資するために、中学校卒業（15歳の誕生日後の最初の3月31日まで）までの児童について、その児童を養育している父母等に手当を支給する制度であり、2012年4月から実施されています。 20-51 *7

(4) 児童扶養手当
原則として父または母と生計を同じくしていない児童等が育成される家庭の生活の安定と自立を助けるために、児童の父または母、およびそれに代わってその児童を養育している者に支給する制度です（所得制限あり）。 20-51

支給額は、全部支給で月額43,160円（児童1人の場合）です。なお、第2子、第3子以降には加算額があります。また、公的年金等の受給額が児童扶養手当の受給額を下回っている場合、その差額分の児童扶養手当を受給することができます。

---

*4 プラスアルファ

本法に基づき、少子化社会対策会議が内閣府に設置されています（会長：内閣総理大臣）。

*5 プラスアルファ

事業主が策定する一般事業主行動計画の公表・従業員への周知が従業員101人以上の企業に義務化され、②一般事業主行動計画の策定・届出が従業員101人以上の企業に義務化されています。

*6 プラスアルファ

保護者以外の同居人による児童虐待等の行為の放置も、保護者によるネグレクトの一類型として「児童虐待」に含まれます。ネグレクトとは、無視・保護の怠慢・教育放棄等のことを意味します。

*7 プラスアルファ

児童手当の支給額は児童1人当たり月額で、3歳未満が15,000円、3歳から小学生の第1子・第2子が10,000円、第3子以降が15,000円、中学生が10,000円です。児童手当の支給には養育者の所得制限があります（ただし、特例給付制度（月額5,000円）あり。なお、世帯主年収1,200万円以上は2022年10月分から特例給付廃止）。

社会-社会福祉

28 高齢社会対策・差別解消等 重要度 B

講師からのアドバイス
介護保険の保険者は国ではなく、市町村と東京都特別区ですので注意しましょう。また、給付費用の負担率についてもしっかり覚えておきましょう。

1 介護保険

介護保険制度は、介護保険法に基づき、2000年4月から実施されています。介護保険制度は、各被保険者の個別的な事情に応じてサービス給付がされる制度で、高齢者に対する在宅・施設サービスを充実させるために導入されました。各被保険者が介護されるべき状態に応じて自立、要支援（1・2の2段階）、要介護（1〜5の5段階）に分類され、在宅または施設におけるサービスを受けることができます（自立は給付対象外、要支援は在宅のみ）。＊1

介護保険の仕組み

	保険者		市町村、東京都特別区
被保険者	第1号被保険者		市町村在住の65歳以上の者
	第2号被保険者		市町村在住の40歳以上64歳までの医療保険加入者
介護等費用	利用料	自己負担	1割（原則）＊2
	給付費用	保険料	50%
		公費	50%　・国（25%）（原則） ・都道府県（12.5%）（原則） ・市町村（12.5%）
徴収方法	第1号被保険者		原則として年金から天引き ＊3
	第2号被保険者		各自が加入する医療保険の保険者が医療保険料とともに徴収

＊1 プラスアルファ
介護給付を受けようとする被保険者は、要介護者に該当することおよびその該当する要介護状態区分について、市町村の認定を受けなければなりません。

＊2 プラスアルファ
第1号被保険者のうち、一定の所得がある者は2割、さらに現役並みの所得がある者は3割負担となります。

＊3 プラスアルファ
年金から天引きされる「特別徴収」は、第1号被保険者のうち年金額が「年額18万円以上」の老齢基礎年金等を受給している者について適用されます。年金額が18万円に満たない者は、個別に市町村に納めます（普通徴収）。

2 介護保険法の改正

2014年の介護保険法改正により、① 特別養護老人ホームの新規入所者が2015年4月から原則として要介護3〜5に重点化され、② 介護サービスを利用した場合の自己負担割合が、2015年8月から、一定以上の所得のある者については2割となりました。また、2018年4月から、慢性期の医療・介護のニーズに対応するため、重介護者の受入れや看取り・ターミナル等の機能と、生活施設としての機能を兼ね備えた介護医療院が創設されました。

3 高年齢者雇用安定法

高年齢者雇用安定法は、働く意欲のある高年齢者がその能力を十分に発揮して活躍できる環境を整備するものです。この法律は、60歳未満の定年禁止、65歳までの雇用確保措置（①65歳までの定年引き上げ、②定年制の廃止、③65歳までの継続雇用制度のいずれか）の導入を定めています。また、2021年4月からは、65歳までの雇用確保措置義務に加え、70歳までの定年引き上げ、定年制の廃止、70歳までの継続雇用制度の導入等のいくつかの措置のうち、いずれかの努力義務を課しています。

4 バリアフリー新法

高齢者、障害者等の移動等の円滑化の促進に関する法律（バリアフリー新法）は、高齢者や障害者などの自立した日常生活や社会生活を確保するために、①旅客施設・車両等、道路、路外駐車場、都市公園、建築物に対して、バリアフリー化基準（移動等円滑化基準）への適合を求め、②駅を中心とした地区や、高齢者や障害者などが利用する施設が集中する地区（重点整備地区）において、住民参加による重点的かつ一体的なバリアフリー化を進めるための措置などを定めています。＊4

5 障害者総合支援法

2012年6月に障害者自立支援法が改正されて、障害者の日常生活及び社会生活を総合的に支援するための法律（障害者総合支援法）となりました。この法律は、自立支援給付や市町村の地域生活支援事業等について規定しています。

6 障害者差別解消法

障害を理由とする差別の解消の推進に関する法律（障害者差別解消法）は、すべての国民が、障害の有無によって分け隔てられることなく、相互に人格と個性を尊重し合いながら共生する社会の実現に向け、障害を理由とする差別の解消を推進することを目的としています。 16-52 ＊5

7 ヘイトスピーチ解消法

本邦外出身者に対する不当な差別的言動の解消に向けた取組の推進に関する法律（ヘイトスピーチ解消法）は、その解消に向けた国および地方公共団体の責務、相談体制の整備等の基本的施策を定めています。 16-52 ＊6 ＊7

＊4 プラスアルファ

2020年改正では、公共交通事業者等によるハード整備とともにソフト面の対策の強化、市町村等による「心のバリアフリー」の推進等が定められました。

＊5 ここに注意

①行政機関等には、不当な差別取扱いの禁止および社会的障壁の除去の実施について法的義務が課されています。②事業者には、不当な差別取扱いの禁止について法的義務が課されていますが、社会的障壁の除去の実施については努力義務が課されているにすぎません。

＊6 ここに注意

この法律はヘイトスピーチに対する罰則を定めていません。また、国に、ヘイトスピーチを監視し、取り締まるための特別の機関等は設置されていません。

＊7 プラスアルファ

川崎市のヘイトスピーチ禁止条例は、公共の場所での本邦外出身者等に対する差別的言動を禁じ、全国で初めてヘイトスピーチに対する刑事罰を規定しています。

社会－社会福祉

29 雇用・労働問題

重要度 B

講師からのアドバイス

行政書士は、外国人労働者の在留申請を取り扱うことから、外国人労働者の問題は行政書士の業務に密接に関連します。きちんと覚えておきましょう。

1 日本的雇用形態の変容

日本的雇用形態とは、①同一企業が定年まで雇用を保障する**終身雇用制**、②勤続年数に応じて昇給していく**年功序列型賃金体系**、③企業の事情が優先され家族的労使関係となる**企業別労働組合**という3つの特徴を持つ雇用形態をいい、戦後日本の経済成長を支えてきました。 19-50

しかし、1990年代以降の不況による企業収益の減少、労働市場の流動化やバブル経済崩壊後のリストラクチャリングが日本的雇用形態の変容をもたらしました。 13-51 ＊1

2 女性労働者問題

(1) 男女雇用機会均等法・労働基準法

1997年の**男女雇用機会均等法**改正により、事業主の努力義務とされていた採用、昇進等に関する平等処遇を禁止規定に強化し、是正勧告に従わない企業名の公表や、「セクシャルハラスメントの防止」を事業主に義務付けました。また、1997年の**労働基準法**改正により、女性労働者に対する時間外・休日労働、深夜労働（午後10時から午前5時）の規制が解消され、**女性保護規定**が原則として撤廃されました。

(2) 育児休業問題

2019年度の育児休業取得率は女性で83.0％、男性は近年増加しているものの7.48％にとどまっています。このような現状に鑑み、近時、男性の育児休業取得促進のための子の出生直後の時期における柔軟な育児休業取得を可能とするための育児・介護休業法の改正がなされました。＊2

(3) 女性活躍推進法

この法律は、常時雇用する労働者数が101人以上の事業主に女性活躍のための行動計画の策定、届出、公表等を義務付けています。

(4) 政治分野における男女共同参画推進法

この法律は、衆議院、参議院、地方議会の選挙において、男女の候補者の数ができる限り均等となることを目指して行われること等を基本原則としています。 19-48

＊1 プラスアルファ

「労働者派遣法」制定当初は通訳等「専門職」に限られていましたが、1999年改正で原則自由化され、2003年改正で「製造業派遣」が解禁となりました。2012年改正により、①30日以内の「日雇い派遣」の原則禁止、②違法な派遣と知りながら受け入れた場合は、派遣先に直接雇用されているとみなす「みなし雇用」の規定が導入されました。

＊2 プラスアルファ

この改正は、現行の育休制度（原則として子が1歳まで）とは別に出生時育休制度（子の出生後8週間以内に4週間まで）の創設、育児休業を分割して2回まで取得可能とすること（いずれも2022年10月1日施行）等を規定しています。

(5) M字カーブ問題

女性の就労状況を年齢別にみると、かつては25歳から30歳代にかけて結婚・出産・子育てのために離職し、40歳位から再び就労する傾向が強くみられましたが（いわゆるM字カーブ問題）、近時は25歳から30歳代の女性の就業率は上昇し、その傾向も解消されつつあります。＊3

3 働き方改革

長時間労働、正規・非正規の賃金格差、少子高齢化に伴う生産年齢人口の減少、育児や介護との両立等の問題に対処するため、**働き方改革法**（「働き方改革を推進するための関係法律の整備に関する法律」）が2018年6月に成立しました。この法律は、**時間外労働の上限規制**、**高度プロフェッショナル制度**の創設等を規定しています。 19-50 ＊4

4 外国人労働者問題

(1) 外国人労働者問題の現状

「出入国管理及び難民認定法（入管法）」により、特別の技術・技能を持たない外国人の単純労働者の入国を認めていません。そのため、観光目的で入国後就労し、在留期限が経過しても出国せず就労する者は、不法就労者とされ、法的にはほとんど保護を受けられない状態にあります。

(2) 入管法の改正

2009年改正により外国人登録制度は廃止され、**在留カード**の交付、在留期間の上限を**5年**に延長、**みなし再入国許可制度**が導入されました。2018年改正により出入国・在留管理を担う機関として**出入国在留管理庁**（法務省の外局）が設置され、また在留資格「**特定技能1号・2号**」が新設されました。
＊5

(3) 住民基本台帳法の改正

日本に入国・在留する外国人が年々増加していること等を背景として、2009年に「住民基本台帳法の一部を改正する法律」が成立、2012年から施行されました。

これにより、日本人同様に、外国人住民にも住民票が作成され、日本人住民と外国人住民の住民票が世帯ごとに編成され、住民基本台帳が作成されることになりました。 14-56

＊3
 ここに注意

その背景には、未婚率の上昇や配偶者のある女性の就業率の上昇があると指摘されています。

＊4
 ことばの意味

高度プロフェッショナル制度
職務の範囲が明確で一定の年収を有する労働者が高度の専門知識を必要とする等の業務（金融商品開発者、アナリスト、コンサルタント、研究者など）に従事する場合に、健康確保措置、本人の同意や委員会の決議等を要件として、労働時間、休日、深夜の割増賃金等の規制から除外する制度のことをいいます。

＊5
プラスアルファ

「特定技能1号・2号」は、人手不足が顕著となっている一定の業種について、一定の専門性・技能を有し、即戦力となる外国人を対象とした在留資格です。

社会－環境問題等

30 環境問題・温暖化対策

重要度 B

公害対策基本法・環境基本法の理解をしっかりしておきましょう。

*1 プラスアルファ

公害対策基本法は、「公害」を、大気汚染、水質汚濁、土壌汚染、騒音、振動、地盤沈下、悪臭の「典型7公害」と定義しています。

*2 プラスアルファ

公害対策基本法は、制定当時、公害から保護される法益を「人の健康」と「生活環境」に分けて、後者については経済の健全な発展との調和が図られるべきものとしていました（経済調和条項）。しかし、国民から、産業優先の法律で公害を規制することはできないとの強い批判を受け、1970年改正で経済調和条項は削除されました。

*3 ことばの意味

スクリーニング
アセスメントの対象事業か否かを振り分ける手続をいいます。

スコーピング
環境アセスメントの手法など評価の枠組みを決める方法を確定させるための手続をいいます。

1 公害対策基本法

公害問題への世論の高まりを受け、1967年に公害対策の総合推進を図る公害対策基本法が成立しましたが、1993年に廃止され、環境基本法が制定されました。＊1 ＊2

2 環境基本法

環境基本法は、環境行政を計画的に進めるための基本施策を定めた法律です（1993年制定）。本法は、経済活動等による環境への悪影響をできるだけ少なくし、社会全体を環境保全型に変えることを基本理念としています。

環境基本計画とは、環境基本法に基づき、環境の保全に関する総合的かつ長期的な施策の大綱等を定めたもので、計画は約6年ごとに見直されています。2018年4月に閣議決定された第5次環境基本計画は、ＳＤＧｓの考え方も活用しながら「重点戦略」を設定し、環境政策を契機としたイノベーションの創出、経済・社会的課題の「同時解決」、将来に渡る「新たな成長」につなげていくこと、また、「地域循環共生圏」の考え方を新たに提唱し、各地域が自立・分散型の社会を形成しつつ、地域の特性に応じて資源を補完し支え合う取組を推進していくこととしています。

3 環境影響評価法（環境アセスメント法）

環境影響評価法は、環境影響評価（環境アセスメント）の手続等に関して定めた法律です（1997年制定）。

環境アセスメントとは、大規模な事業や計画、政策などの人間行為が環境に及ぼす影響をあらかじめ回避・低減するために、事業者による自主的環境配慮を促す制度をいい、環境影響評価法は大規模公共事業等につき、環境アセスメントの手続を定めるものです。この法律は、対象事業の拡大、住民意見の提出機会の増加、スクリーニング、スコーピング手法の導入、生物多様性や住民の自然との触れ合いに及ぼす影響も調査内容に加えること、環境影響の低減に最大限の努力をしたかどうかを評価の判断材料に加えること等を規定しています。＊3

4 京都議定書

1992年の地球サミットで気候変動枠組条約が結ばれ、温室効果ガスの排出量を2000年までに1990年レベルに戻すとする目標がたてられました。その後、1997年の気候変動枠組条約第3回締約国会議（京都会議）で修正されました（京都議定書）。その後、2004年にロシアの批准により発効要件をみたし、2005年2月に発効しました。＊4 ＊5

5 パリ協定

2015年、フランスのパリで開催された気候変動枠組条約第21回締約国会議（ＣＯＰ21）において、すべての国が温室効果ガス削減を約束するパリ協定が締結されました。パリ協定では、すべての国・地域がそれぞれ2020年以降の削減目標を申告し5年ごとに見直しを行うことが決定されましたが、削減目標は自主目標であって法的拘束力はないものとなっています。＊6 ＊7

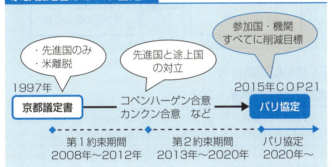

京都議定書からパリ協定へ

6 気候サミット

2021年4月にアメリカのバイデン大統領が主催する気候サミットが開催され、招待された世界各国・地域の首脳によるオンライン討議が行われました。

7 日本の削減目標等

日本は、当初、温室効果ガスの削減目標を「2030年度に2013年度比で26％削減」としていましたが、近時、これを「46％削減」に引き上げています。また、菅内閣総理大臣（当時）は、2021年の施政方針演説において「2050年にカーボンニュートラル達成」を宣言し、2035年までに新車販売で電動車100％を実現することを表明しました。＊8

●社会

第6編 政治・経済・社会

社会

＊4 プラスアルファ
アメリカの離脱、中国、インド等には削減義務が課されていない等の問題がありました。

＊5 プラスアルファ
日本は、第1約束期間（～2012年）には参加し、削減目標（1990年比で6％削減）を達成しましたが、第2約束期間（2013年～2020年）は不参加です。

＊6 プラスアルファ
パリ協定では、世界共通の長期削減目標として、産業革命前からの気温上昇を2℃未満に抑制することを掲げています。

＊7 ここに注意
参加国は197の国・地域です。アメリカは2019年11月にパリ協定からの離脱を通告しましたが、2021年2月19日に正式に復帰しました。

＊8 プラスアルファ
2021年に改正された地球温暖化対策推進法は、「パリ協定」の目標や「2050年までの脱炭素社会の実現」を法律上の基本理念に位置付けています。

社会－環境問題等

31 開発目標・環境関連条約
重要度 B

講師からのアドバイス
SDGsは、近時のトピックですから押さえておきましょう。また、各種環境関連条約も一度整理しておきましょう。

1 SDGs（持続可能な開発目標）

SDGsは、MDGsの後継として、2015年に国連サミットで採択された「**持続可能な開発のための2030アジェンダ**」に記載された持続可能な開発のための国際目標のことです。これは「**誰一人取り残さない**」**持続可能**で多様性と包摂性のある社会の実現ため、貧困、飢餓、保健、教育、不平等、経済成長と雇用、持続可能な消費と生産、平和などの17のゴール・169のターゲットから構成されています。＊1 ＊2

MDGsとSDGs

MDGs	→	SDGs
・2001〜2015年 ・8ゴール ・途上国の目標		・2016〜2030年 ・17ゴール ・すべての国の目標

＊1 ことばの意味

SDGs
Sustainable Development Goalsの略です。「持続可能な開発目標」と訳されます。

MDGs
Millennium Development Goalsの略です。「ミレニアム開発目標」と訳されます。

2 環境関連条約等

環境関連条約等

ラムサール条約 （1971年採択）	渡り鳥等が生息する湿地を抱える締約国にその登録と保護を義務付ける条約
国連人間環境会議 （1972年）	公害・環境問題に対処することを目的に、ストックホルムで開催された国際会議。「**かけがえのない地球**」というスローガンの下で、人間環境宣言が採択された
国連環境計画／ UNEP（1972年）	国連人間環境会議での成果を実施に移すために設立された機関（本部はケニアのナイロビ）。国際環境条約の立案等を行う
ロンドン条約 （1972年採択）	海洋環境を守るために船舶等からの廃棄物や汚染物質の排出を規制する条約。日本は1980年に批准
世界遺産条約 （1972年）	**ユネスコ**が貴重な文化財と自然の保護を目的として採択した条約。日本は1992年に批准 ＊3

＊2 ここに注意
SDGsは発展途上国のみならず、先進国も取り組むべき普遍的なものであり、日本も積極的に取り組んでいます。

＊3 プラスアルファ
日本の世界自然遺産には、屋久島、白神山地、知床、小笠原諸島、奄美大島・徳之島・沖縄島北部・西表島があります。世界文化遺産の代表的なものとしては、法隆寺地域の仏教建造物、姫路城、富士山、原爆ドーム、白川郷・五箇山の合掌造り集落などがあります。

730

ワシントン条約 （1973年）	絶滅のおそれのある野生生物の国際取引の規制を目的とする条約。日本では、種の保存法により国内取引の規制を行っている
モントリオール議定書（1987年）	オゾン層の保護のためのウィーン条約（1985年採択）に基づいて採択された議定書
バーゼル条約 （1989年採択）	廃棄物を廃棄物処理能力のない国に移送した結果、受入国の環境が破壊されることを防ぐための国際的な枠組み。日本はこれに加入し、特定有害廃棄物等の輸出入等の規制に関する法律を制定した　19-53
生物多様性に関する条約 （1992年）	生態系・種・遺伝子などあらゆるレベルでの生物多様性の保全＝生息地の自然状態での保全という考えの下に地球環境を守る重要性を確認した条約
環境と開発に関するリオ宣言 （1992年）	環境と開発に関する国連会議（地球サミット）で発表された宣言。各国には「共通だが差異のある責任」があり先進国は持続可能な開発の国際的な追求という責任を有すること等を内容としている
砂漠化防止条約 （1994年）	特にアフリカの国において砂漠化に対処するための条約
カルタヘナ議定書 （2000年）	生物多様性条約に基づき遺伝子組換え生物が在来種を脅かしたり健康に影響を与えたりしないための措置をとるべきことを定めている
地球サミット （2002年）	多国間協議での取組みを盛り込んだ政治宣言である、持続可能な開発に関するヨハネスブルグ宣言を採択
バラスト水規制条約 （2004年2月採択）	バラスト水（空荷の船を安定させるために積まれる水）によって外来生物が持ち込まれることを防ぐ条約
名古屋議定書 （2010年採択）	生物多様性条約における遺伝資源の利用から生ずる利益の公正で衡平な配分のためのルール等を定めた議定書。日本は2017年5月に締結した
海洋プラスチック憲章 （2018年）	Ｇ７シャルルボワ・サミットで合意された海洋プラスチック汚染問題への取組みに関する取り決め。プラスチックの回収、リユース、リサイクル、廃棄物削減の取組みの大枠を定める。カナダ、フランス、ドイツ、イタリア、イギリス、ＥＵが署名したが、日本、アメリカは署名していない

社会－環境問題等

32 リサイクル等

重要度 B

1 循環型社会形成推進基本法

講師からのアドバイス

循環型社会形成推進基本法の下に、廃棄物処理法と資源有効利用促進法があり、さらに個別のリサイクル法が存在しています。循環型社会を形成するための法体系を理解しておきましょう。

循環型社会形成推進基本法は、循環型社会の形成に向け、国、地方公共団体、事業者および国民が全体で取り組んでいくため、これらの主体の責務を「排出者責任」「拡大生産者責任」という形で明確化しています。同法は、廃棄物等の①発生抑制、②再使用、③再生利用、④熱回収、⑤適正処分という優先順位を定めています。

排出者責任と拡大生産者責任

排出者責任	廃棄物を排出する者がその適正処理に関する責任を負うべきであるという考え方
拡大生産者責任	生産者が生産した製品が使用・廃棄された後においても、その製品の適切な処分に一定の責任を負うという考え方

循環型社会形成推進基本法と個別法

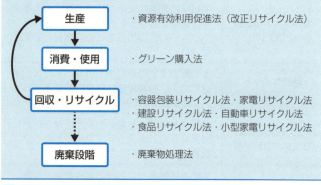

2 資源有効利用促進法（改正リサイクル法）

資源有効利用促進法は、循環型社会を形成していくために必要な３Ｒの取組みを総合的に推進する法律です。＊1

３Ｒとは

① Reduce／リデュース　…使用済物品等の発生の抑制
② Reuse／リユース　…再使用
③ Recycle／リサイクル　…再資源化

＊1 プラスアルファ
資源有効利用促進法（資源の有効な利用の促進に関する法律）は、３Ｒの取組みのため、消費者、事業者、地方公共団体、国に一定の努力義務などの責務を課しています。

3 グリーン購入法

グリーン購入法（国等による環境物品等の調達の推進等に関する法律）は、政府や特殊法人が、環境に優しい商品を率先して購入することを推進することを内容としています。

4 リサイクル関連法

リサイクル関連法

容器包装リサイクル法	メーカーや商品販売事業者にガラス製容器、ペットボトルなどの包装容器のリサイクルを義務付け ＊2
家電リサイクル法	家電メーカーや小売業者による引き取り、家電メーカーに廃家電のリサイクルを義務付け。費用は消費者負担
建設リサイクル法	解体業者などに建築物の分別解体、廃材のリサイクルを義務付け
自動車リサイクル法	自動車メーカーに自動車解体後の廃棄物のリサイクルを義務付け。費用は所有者負担
食品リサイクル法	食品製造業者などに食品廃棄物のリサイクルを義務付け
小型家電リサイクル法	使用済みのハイテク小型家電のリサイクルを努力義務として規定 ＊3

5 廃棄物処理法

廃棄物処理法は、廃棄物を大きく一般廃棄物と産業廃棄物の2つに区分して、廃棄物に関する地方公共団体や排出者の処理責任を定めています。 19-53

一般廃棄物と産業廃棄物 19-53

一般廃棄物	・産業廃棄物以外の廃棄物（家庭ごみ、オフィス等から発生するごみ） ・市区町村に処理責任 ＊4
産業廃棄物	・事業活動によって生じた廃棄物のうち、法令で定められた20種類のものおよび輸入された廃棄物（航行廃棄物および携帯廃棄物を除く） ・排出者に処理責任

 プラスアルファ

2020年7月1日からプラスチック製買物袋（レジ袋）の有料化が始まりました。これは小売業を営む全ての事業者が対象となります。ただし、フィルムの厚さが50マイクロメートル以上のもの、海洋生分解性プラスチックの配合率が100％のもの、バイオマス素材の配合率が25％以上のものは例外とされました。

＊3 プラスアルファ

スマートフォンやデジタルカメラなどのハイテク機器はその電子回路等に金やレアメタル等を含んでいるため、大量に廃棄されたハイテク機器は「都市鉱山」ともいわれています。

 ここに注意

事業系の一般廃棄物（事業活動によって生じた廃棄物のうち産業廃棄物に該当しないもの）は、排出事業者にも処理責任があります。

社会－消費者保護

33 消費者保護

重要度 B

消費者庁の役割、消費者契約法に基づく消費者の取消権はしっかり確認してきましょう。

 プラスアルファ

消費者基本法は、事業者（メーカーなど）には「安全や情報を提供する責務」「政策への協力」などを課し、消費者団体には被害者救済・消費者教育に努めることを求めています。

 プラスアルファ

消費者庁は、消費者基本法で掲げた基本理念にのっとり、「消費者行政の司令塔」として消費者の安心・安全にかかわる問題を幅広く取り扱い、消費者の観点から、物事を監視する強力な権限が付与されました。

＊3
 プラスアルファ

「消費者安全法」は、①生命・身体や財産にかかわる消費者被害について、消費者への情報提供などを通じて、消費者被害の発生防止・拡大防止を図ること、②地方自治体による消費生活センター（専門の相談員が消費者からの相談の受付、処理等にあたります）の設置などを定めています。

1 消費者基本法

大量生産・大量消費社会の到来により、消費者が不利益を受け損害を被る諸問題（欠陥商品、薬害、悪質商法など）が生じました。

1968年に消費者保護基本法が制定され、その基本施策として、①危害の防止、②計量の適正化、③規格の適正化、④表示の適正化、⑤苦情処理体制の整備などを掲げました。

1970年には、消費生活に関する情報提供や調査研究のために、「国民生活センター」が設置され、また、これと結んだ形で各地に「消費生活センター」が設置されました。

2004年、消費者保護基本法を改正して消費者基本法が施行されました。消費者基本法は、①消費者の権利の尊重と②消費者の自立の支援を基本理念に掲げています。＊1

2 消費者庁

2009年5月に成立した消費者庁及び消費者委員会設置法に基づき、同年9月1日に、それまで各省に分散されていた消費者行政を統一的・一元的に推進するための組織として消費者庁が設置されました。＊2

消費者庁の役割

① 消費者の声に耳を傾け、消費者庁が担当する消費者に関連する法令を執行する
② 消費者安全法に基づき、消費者事故などに関する情報を一元的に集約し、調査・分析を行う 17-52 ＊3
③ 消費者事故などに関する情報を迅速に発信して、消費者に注意を呼びかける
④ 必要に応じて各省庁を動かすとともに、どの省庁も対応しないいわゆる「すき間事案」については、みずから事業者に対する措置をとる

3 消費者契約法

消費者契約における消費者保護の要請を正面から捉えた消費者契約法が制定されました。＊4 ＊5

(1) 消費者の取消権

以下の勧誘行為等がある場合、消費者は取消権を行使することができます。

取消対象となる事業者の不適切な勧誘行為等	
不実告知	重要事実について事実と異なることを告げた
不利益事実の不告知	消費者の利益となる事実を告げながら、重要事項について不利益となる事実を告げなかった
確定的判断の提供	将来における変動がありえる不確実な事項について確実であると告げた
過量契約	消費者にとって通常の分量を著しく超えることを知りながら契約の勧誘をした
不退去	消費者が事業者に対して退去を求めても、退去してくれなかった
退去妨害	消費者が退去の意思を示したのに、退去させてもらえなかった
不安をあおる告知	社会生活上の経験が乏しいため願望の実現に過大な不安を消費者が持つことを知りながら不安をあおり、契約が必要と告げた（就職セミナー商法等）
好意の不当な利用	社会生活上の経験が乏しいため消費者が勧誘者に好意を抱いていること等を知りながら、契約しなければ関係が破綻すると告げた（デート商法等）
判断力低下の不当利用	加齢や心身の故障による判断力の著しい低下から消費者が現在の生活の維持に過大な不安を持つことを知りながら不安をあおり、契約が必要と告げた
霊感等の知見を利用	霊感等の特別な能力により、そのままでは重大な不利益が生ずることを消費者に示して不安をあおり、契約が必要と告げた（霊感商法等）
契約前の債務等実施	①契約前に契約上の義務を行って契約を断りにくくした、②契約しない場合の損失等を請求した

(2) 不当条項の無効

事業者の損害賠償責任を免除する条項、消費者が支払う損害賠償の額を予定する条項その他の消費者の利益を不当に害する条項の全部または一部は無効となります。＊6

(3) 適格消費者団体による差止請求権

事業者の不適切な勧誘行為や不当条項の使用の差止めを請求する権利を、内閣総理大臣から認定を受けた「適格消費者団体」に認めています（12条、13条）。

＊4 プラスアルファ

消費者契約法は、消費者と事業者との間の情報の質および量ならびに交渉力の格差にかんがみ、同法の定める私法規定により、消費者の利益の擁護を図り、もって国民生活の安定向上と国民経済の健全な発展に寄与することを目的としています（1条）。本法は消費者契約に関する一般法ですが、労働契約のみ同法の適用が除外されます（48条）。

＊5 ここに注意

消費者とは、個人（事業としてまたは事業のために契約の当事者となる場合における者を除く）をいいます（2条1項）。また、消費者契約とは、消費者と事業者との間で締結される契約のことをいいます。

＊6 プラスアルファ

2018年改正により、①事業者が責任の有無をみずから決定する条項、②事業者が消費者の解除権の有無を決定する条項、③消費者が後見開始等の審判を受けたことのみを理由とする解除権を事業者に付与する条項も無効となることが規定されました。

［一般知識］

第7編
情報通信・個人情報保護

科目別ガイダンス
情報通信・個人情報保護

過去10年間の出題傾向

情報通信

項　目	12	13	14	15	16	17	18	19	20	21
電子商取引・インフラ整備	●									●
電子政府	●		●							
情報セキュリティ等					●					●
情報の公開		●			●		●			
情報通信用語	●			●	●	●			●	

個人情報保護

項　目	12	13	14	15	16	17	18	19	20	21
個人情報保護法	●	●	●	●			●	●	●	
行政機関の個人情報保護				●		●			●	

1 「情報通信・個人情報保護」とは

　近年、私達の社会は、急速なＩＴ化により、デジタル社会へと変貌を遂げつつあります。インターネットの爆発的な普及によって、私達は膨大な情報を瞬時に手に入れることが可能となり、また自宅に居ながらあらゆる商品を購入できる時代になりました。利便性は格段に向上し、私達の生活スタイルそのものが大きく変化したといってよいでしょう。

　しかし、その裏では、官庁や企業による個人情報漏えい事件、悪意をもった不正アクセスやサイバーテロ等、新たな問題も急増しています。

　つまり、この２つは時代の「光」と「影」であり、セットで論じなければならない問題なのです。そこで、この変革期に生きる私達には、どちらか一方だけに偏ることなく、双方の知識を身につける必要があるといえるでしょう。

GUIDANCE [ガイダンス]

2 学習のポイント

(1) 情報通信

　情報通信の分野は、用語をしっかりおさえることから始めましょう。用語の理解が前提となっている問題が多く、なかには用語の意味を知っているだけで正解に達する問題もあります。深い知識というよりは、一定の知識を幅広く身につけるよう心掛けてください。また、この分野は比較的新しい時事的な内容が出題される傾向にあります。新聞等で新しい情報も確認しておきましょう。

(2) 個人情報保護

　個人情報保護の分野は、個人情報保護法という法令が存在します。したがって、対策としては重要条文をしっかりとおさえることに尽きます。一般知識の中で最も学習の的が絞りやすく、短期間で得点アップが可能な分野です。ぜひとも「得点源にする」という意気込みで学習に取り組んでください。

3 2020年個人情報保護法改正

　2020年6月12日に「個人情報の保護に関する法律等の一部を改正する法律」が公布され、2022年4月1日までに施行されました。主な改正事項は、個人情報保護委員会による命令に違反する行為などに対する罰則の法定刑の引上げ、両罰規定における法人の罰金額の引上げです。

4 2021年個人情報保護法改正

　2021年5月19日に「デジタル社会の形成を図るための関係法律の整備に関する法律（デジタル社会形成整備法）」が公布されました。この法律のうち、個人情報保護法に関わる部分は、公布の日から起算して1年または2年を超えない範囲内において政令で定める日に施行されます。

　この法律は、個人情報保護法、行政機関個人情報保護法、独立行政法人等個人情報保護法の統合等（2022年4月1日施行）、地方公共団体の個人情報保護制度の共通化（公布の日から2年内施行）等を定めています。

情報通信－電子商取引・インフラ整備

1 電子商取引

重要度 B

1 電子商取引

(1) 意義

インターネット等コンピュータのネットワーク上で電子的に行われる取引のことを**電子商取引**といい、①ペーパーレス化、②非対面性・匿名性、③距離的・時間的な制約の解消といった特徴があります。

特定電子メール送信適正化法において、以前はオプトアウト方式（メールを送信して拒否した者にのみ送信を禁止する方式）が採用されていましたが、改正によりオプトイン方式（事前に同意した者のみにメール送信できる方式）に改正されています。

電子商取引の種類

BtoB	企業間の取引
BtoC	企業と消費者間の取引（例：オンラインショッピング）
CtoC	消費者間の取引（例：ネットオークション）

(2) 電子商取引関係法の整備

わが国では、電子商取引の発展に向け、民事規範の重視、国際的な調和、中立性の確保等を遵守しつつ、法整備が行われてきました。

電子商取引関係法の整備

2001年	消費者契約法 電子署名法 ＩＴ書面一括法（書面の交付等を義務付ける50本の法律を一括改正し、書面の代わりに電磁的方法を用いることができるよう規定） 電子消費者契約法
2002年	特定電子メール送信適正化法

(3) 電子マネー

電子マネーとは、ICカードやパソコンにあらかじめ現金や預金と引換えに電子的貨幣価値を入力し、経済活動の際に同貨幣価値のやりとりを通じて代価の支払いをする方法をいいます。

近年は、**非接触型ICカード**の発達によって端末間の情報交換速度が高速化し円滑な決済が可能になったこと、低コストでの全国展開が可能となったこと等により、プリペイド型電子マネーの普及が進んでいます。 12-56 *1

 ことばの意味

＊1

非接触型ICカード
外部の読み取り装置との接点を持たず、カードで「タッチ」または近づけるだけでデータを送受信するICカードをいいます。Suica、PASMO、ICOCA等があります。

740

● 情報通信

2 電子消費者契約法

電子消費者契約に関する民法の特例に関する法律（**電子消費者契約法**）は、インターネットを用いた契約などにおける消費者の操作ミスによる錯誤について、消費者保護の観点から民法の原則を修正しています。民法95条3項は、錯誤が重大な過失に基づくときは取消しをすることができないとしていますが、電子消費者契約法は、事業者が消費者の申込みまたは承諾に際してその意思の有無について確認を求める措置を講じた場合等を除き、一定の重要な錯誤について、**民法95条3項は適用されない**としています（3条）。

3 特定電子メール送信適正化法

(1) 目的

特定電子メール送信適正化法（特定電子メールの送信の適正化等に関する法律）は、特定電子メールの送信の適正化のための措置等を定めることにより、電子メールの利用についての良好な環境の整備を図ることを目的としています。＊2

(2) 特定電子メール

特定電子メールとは、電子メールの送信（国内にある電気通信設備からの送信または国内にある電気通信設備への送信に限る）をする者（営利を目的とする団体または営業を営む場合による個人に限る）が自己または他人の営業につき広告、宣伝を行うための手段として送信する電子メールです。

(3) 概要

① 送信者に対する、「送信者の氏名または名称等」の事項の表示の義務付け
② 受信に同意した者以外の者への送信の禁止（**オプトイン方式**）＊3
③ **架空電子メールアドレス宛ての送信の禁止**
④ 送信者情報を偽った電子メールの送信に対し、電気通信事業者が電子メール通信の役務（えきむ）提供を拒否
⑤ 送信者が上記①から③までを遵守していないと認める場合の総務大臣の措置命令　＊4

 ＊2 プラスアルファ

本法は、電子メールサービスを行う「電気通信事業者」に対して、利用者への情報提供および新技術の開発・導入の努力義務を課しています。また、電気通信事業者は一時に多数の架空アドレスへの送信がされた場合、接続を拒否することができます。

 ＊3 ことばの意味

オプトイン方式
原則として送信を認めず、あらかじめ同意を得た者に対してのみ送信を認める方式をいいます。

 ＊4 ここに注意

⑤の措置命令に違反すると1年以下の懲役または100万円以下の罰金に処せられることになります。また、違反したものが法人の場合は、3,000万円以下の罰金となります。

情報通信－電子商取引・インフラ整備

2 プロバイダ責任制限法

重要度 B

 講師からのアドバイス

本法は、インターネット上に他人の権利が害される書き込みがなされた場合に、それをそのまま放置するとプロバイダの責任が発生し、また、逆に他人の権利が害される書き込みがなされた場合にプロバイダが削除等をすると著作権侵害の問題が生じることから、その調整を図り、プロバイダの責任を制限する法律です。

 ＊1 プラスアルファ

不正アクセス禁止法が企業秘密等の漏えい等のリスクに対応するための法律であるのに対し、プロバイダ責任制限法は私人の名誉・プライバシーの保護と特定電気通信役務提供という事業の円滑化との調和を図るための法律ということができます。

 ＊2 ことばの意味

特定電気通信
インターネットでのウェブページや電子掲示板等の不特定の者により受信されることを目的とするような電気通信をいいます。

1 意義

プロバイダ責任制限法（特定電気通信役務提供者の損害賠償責任の制限及び発信者情報の開示に関する法律）は、特定電気通信による情報の流通によって権利侵害があった場合に、特定電気通信役務提供者の損害賠償責任の制限、発信者情報の開示請求権につき定めるものです。＊1 ＊2

2 特定電気通信役務提供者

特定電気通信役務提供者とは、特定電気通信設備を用いて他人の通信を媒介し、その他特定電気通信設備を他人の通信の用に供する者（プロバイダ等）をいいます（2条3号）。

3 プロバイダ等の責任

(1) 情報の流通により、権利を侵害された者に対するプロバイダ等の民事上の責任

プロバイダ等は、原則として、みずから提供する特定電気通信による情報の流通により他人の権利が侵害されたことによって生じた損害についての責任を負いません（3条1項）。

もっとも、以下の場合には、責任を負います。

プロバイダ等が損害賠償責任を負う場合

① 情報の送信防止措置が技術的に可能（1項本文）
＋
情報の流通により他人の権利が侵害されていることを知っていたとき（1項1号）
or
情報の流通を知っており、当該情報の流通によって他人の権利が侵害されていることを知ることができたと認められる相当の理由があるとき（1項2号）

② プロバイダ等が権利を侵害した情報の発信者であるとき（1項ただし書）

(2) 発信者に対するプロバイダ等の民事上の責任

プロバイダ等は、原則として、問題とされる情報の削除等の送信防止措置を講じたことによりその情報の発信者に生じた損害について責任を負います（3条2項）。

●情報通信

もっとも、以下の場合には、責任を負いません。

プロバイダ等が損害賠償責任を負わない場合

講じた削除等の送信防止措置が必要な限度

＋

情報の流通によって他人の権利が不当に侵害されていると信じるに足りる相当の理由があったとき（例：発信者への確認その他の必要な調査により十分な確認を行った場合）（2項1号）

or

情報の流通によって権利を侵害されたとする者から理由を示して情報送信防止措置を講ずるよう申出があった場合で、発信者に当該措置に同意するか否かを照会し当該発信者が照会を受けた日から7日以内に同意しない旨の申出がないとき（2項2号）

(3) 発信者情報の開示請求権

　特定電気通信による情報の流通により、自己の権利を侵害されたとする者には、プロバイダ等に対し発信者情報の開示を請求する権利が認められますが、一定の要件をみたす場合に限られています（4条1項）。

　他方、発信者の利益保護のために必要な規定も設けられており、プロバイダ等は、開示の請求を受けた場合、原則として開示するかどうかについて発信者の意見を聴かなければなりません（4条2項）。＊3

発信者情報開示請求権者　＊4

発信者情報開示請求権者

特定電気通信による情報の流通によって自己の権利を侵害されたとする者

｛
侵害情報の流通によって自己の権利が侵害されたことが明らかであるとき（1項1号）

＋かつ

発信者情報（氏名、住所その他の侵害情報の発信者の特定に資する情報で、総務省令で定めるもの）が損害賠償請求権の行使のために必要である場合その他発信者情報の開示を受けるべき正当な理由があるとき（1項2号）
｝

＊3
プラスアルファ

発信者情報の開示を受けた者はその情報を用いて不当に発信者の名誉や生活の平穏を害してはならないとされています（4条3項）。

また、プロバイダ等は、発信者情報を不開示とした場合、故意または重大な過失がなければ、結果として請求者に損害が生じても、原則として、賠償責任は負いません（4条4項）。

＊4
プラスアルファ

現行法では、発信者の特定のため、一般に2回の裁判手続（SNS事業者等に対する通信記録の開示請求、プロバイダ等に対する発信者の氏名住所の開示請求）が必要ですが、インターネット上の誹謗中傷等から被害者を円滑に救済するため、発信者情報の開示請求を一つの裁判手続で行うことを可能とする新たな裁判手続を創設する法改正がなされました（2021年4月28日公布、施行は公布日から1年6月を超えない範囲内で政令で定める日）。

第7編　個人情報通信・情報保護　情報通信

743

情報通信－電子政府

③ 日本のＩＴ政策

重要度 B

近時、デジタル社会形成基本法が制定され、ＩＴ基本法は廃止されました。このほかにもデジタル庁の設置など新しいＩＴ政策について確認しておきましょう。

*1
デジタル社会
インターネットその他の高度情報通信ネットワークを通じて自由かつ安全に多様な情報または知識を世界的規模で入手し、共有し、または発信するとともに、先端的な技術をはじめとする情報通信技術を用いて電磁的記録として記録された多様かつ大量の情報を適正かつ効果的に活用することにより、あらゆる分野における創造的かつ活力ある発展が可能となる社会をいいます。

1 デジタル社会形成基本法

　デジタル社会形成基本法は、デジタル社会の形成に関し、基本理念および施策の策定に係る基本方針、国、地方公共団体および事業者の責務、デジタル庁の設置ならびに重点計画の作成について定めています。＊1

デジタル社会形成基本法の主な内容

① デジタル社会の形成に関し、ゆとりと豊かさを実感できる国民生活の実現、国民が安全で安心して暮らせる社会の実現、利用の機会等の格差の是正、個人および法人の権利利益の保護等の基本理念を規定
② 国、地方公共団体および事業者の責務等を規定
③ デジタル庁の設置、政府によるデジタル社会の形成に関する重点計画の作成
④ 高度情報通信ネットワーク社会形成基本法（ＩＴ基本法）の廃止　など

2 デジタル庁の設置

　デジタル社会の形成に関する施策を迅速かつ重点的に推進するため、2021年にデジタル庁が設置されました。デジタル庁は内閣に置かれ、その長は内閣総理大臣です（デジタル大臣、デジタル監等を置く）。また、全国務大臣等を議員とするデジタル社会推進会議が設置されました。

デジタル庁の主な任務

① デジタル社会の形成のための施策に関する基本的な方針に関する企画立案・総合調整
② デジタル社会の形成に関する重点計画の作成・推進
③ マイナンバー等の利用に関することならびに情報提供ネットワークシステムの設置および管理
④ 国の行政機関が共用する情報システムの整備および管理に関すること　など

3 サイバーセキュリティ基本法

サイバーセキュリティ基本法は、国に総合的なセキュリティに関する施策の策定・実施責務、地方公共団体に自主的な施策の策定・実施責務を課しています。また、内閣に「サイバーセキュリティ戦略本部」が設置されています。

4 官民データ活用推進基本法

官民データ活用推進基本法は、官民データの適正かつ効果的な活用の推進に関する国等の責務、官民データ活用推進基本計画の策定等を定めています。 *2

5 デジタル手続法

行政手続における情報通信技術の活用等のため、2019年にデジタル手続法（デジタルファースト法）が制定されました。この法律は、行政手続オンライン化法の改正（行政手続のオンライン実施を原則化等）、公的個人認証・マイナンバーカード（個人番号カード）の利用拡大等を規定しています。

*3

6 日本のＩＴ政策

近年の主なＩＴ関連法など	
2002年	行政手続オンライン化法（後にデジタル行政推進法に改称）
2014年	サイバーセキュリティ基本法
2016年	官民データ活用推進基本法 マイナンバー制度本格運用開始
2017年	マイナポータル本格運用開始
2019年	デジタル手続法
2021年	デジタル社会形成基本法 デジタル庁設置

*2 ことばの意味

官民データ
電磁的記録に記録された情報であって、国もしくは地方公共団体または独立行政法人もしくはその他の事業者により、その事務または事業の遂行に当たり管理され、利用され、または提供されるものをいいます。

*3 ここに注意

行政手続オンライン化法は改正され、名称も「情報通信技術を活用した行政の推進等に関する法律」（デジタル行政推進法）に改められました。

情報通信－電子政府

4 住基ネット・マイナンバー 重要度 B

講師からのアドバイス

住民の住所、氏名、生年月日、性別等の情報をまとめたものが住民票です。その住民票をまとめたものが住民基本台帳であり、そして、その住民基本台帳をネットワークでつないだものが住民基本台帳ネットワークです。

 ここに注意

*1
2003年8月25日から希望する住民に交付されていた住民基本台帳カード（住基カード）はマイナンバー法の施行により発行を終了し、2016年1月からは新たに「マイナンバーカード（個人番号カード）」が発行されています。

 プラスアルファ

*2
2015年10月から国民全員にマイナンバー（個人番号）が通知され、2016年1月から利用が開始されました。なお、2019年5月31日に公布されたデジタル手続法におけるマイナンバー法改正により、マイナンバーの付番後に住民にマイナンバーを通知する「通知カード」が廃止されました。

1 住基ネット（住民基本台帳ネットワーク）

住民基本台帳とは、氏名、生年月日、性別、住所などが記載された住民票を編成したものをいいます。住民は、住民基本台帳の閲覧や住民票の写しの交付を受けることができ、住民の居住関係の公証などに利用されます。

住基ネット（住民基本台帳ネットワーク）とは、1999年の住民基本台帳法改正により、行政機関等に対する本人確認情報の提供や市町村の区域を越えた事務処理を目的として各市町村の住民基本台帳をネットワーク化したものをいいます。

本人確認情報とは、住基ネットにおいて、都道府県、指定情報処理機関に記録・保存され、行政機関に提供される情報をいい、①「氏名」、②「生年月日」、③「性別」、④「住所」、⑤「住民票コード」、⑥「付随情報」が含まれます。このうち、①〜④を「基本4情報」といいます。 14-56 *1

2 マイナンバー制度

2013年5月に「行政手続における特定の個人を識別するための番号の利用等に関する法律（番号利用法）」（マイナンバー法）が公布されました。**マイナンバー制度**（社会保障制度・税番号制度）は、住民票を有するすべての者に1つの固有番号を付与することにより、社会保障、税、災害対策の分野で効率的に情報を管理し、複数の機関に存在する個人の情報が同一人のものであることを確認するための制度です。 12-56 *2

マイナンバー法の目的

社会保障
税
災害対策
マイナンバーを導入
→
①正確な所得把握が可能に
　⇒社会保障・税負担の公平化
②大災害時の積極的な支援
③社会保障等の行政事務の効率化
④ITの活用により、添付書類を不要とする等、国民の利便性を向上

● 情報通信

(1) マイナンバー制度の概要

住民票を有する住民全員に、12桁の数字からなるマイナンバーが付番されます。このマイナンバーによって、社会保障、税、災害対策のために、複数の機関に存在する同一人の情報を紐付けします。この紐付けによって、マイナンバーを使用した本人確認等が可能となります。*3 *4

(2) マイナンバーカード（個人番号カード）

マイナンバーカードは、住民からの申請により、市町村長が交付します。これには、①「氏名」、②「住所」、③「生年月日」、④「性別」、⑤「マイナンバー（個人番号）」、⑥「本人の写真」等が表示され、ＩＣチップに記録されます。

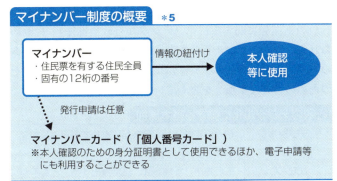

マイナンバー制度の概要 *5

*3 ここに注意
外国籍の者であっても、中長期在留者・特別永住者などで住民票がある場合には、マイナンバーが付番されます。

*4 プラスアルファ
登記された法人等には、1法人1つの法人番号（固有の13桁の番号）が指定されます。マイナンバー（個人番号）と異なり、法人番号は公開され、誰でも自由に利用できます。

(3) マイナンバー制度の利用拡大

2021年10月にマイナンバーカードの健康保険証としての利用が本格的に開始されるなど、近時、マイナンバー制度の利用範囲の拡大が図られています。

*5 プラスアルファ
マイナンバーは社会保障・税・災害対策の分野で導入されたものですが、マイナンバーカードは、官民や分野を問わず、また、マイナンバーの利用事務であるか否かを問わず、対面でもオンラインでも本人確認手段として幅広く利用することができます。

近時のマイナンバー制度の拡大（予定）項目

国家資格関係事務	医師免許等の国家資格に関する事務でのマイナンバーの利用
スマートフォンとの連携	マイナンバーカードの機能（電子証明書）のスマートフォンへの搭載
給付金等の受取り	緊急時の給付金などの受取口座をマイナンバーとともに任意に登録し、受取りができる仕組みの創設
預貯金口座との連携	預貯金者の同意のもと、一度に複数の金融機関の口座にマイナンバーの付番ができる仕組み、相続時や災害時に預貯金口座の所在を確認できる仕組みの創設

情報通信－電子政府

5 デジタル行政推進法等

重要度 C

講師からのアドバイス

近年、行政手続における情報通信技術の活用が進められています。2019年には、行政手続オンライン化法、住民基本台帳法、公的個人認証法、マイナンバー法等の改正を内容とする「デジタル手続法」が新たに制定されました。

1 デジタル行政推進法

電子政府を推進するため、2002年に行政手続オンライン化法が制定されました。これにより、個別法令を改正することなく、行政手続のオンライン化が可能となりました。

その後、さらに情報通信技術を活用し、行政手続等の利便性の向上や行政運営の簡素化・効率化を図るため、2019年にデジタル手続法が制定されました。これにより、行政手続オンライン化法も改正され、名称も「情報通信技術を活用した行政の推進等に関する法律（デジタル行政推進法）」に改められました。デジタル行政推進法は、デジタル・ガバメントの実現のため、行政のデジタル化に関する基本原則およびそのための必要な事項等を定めています。＊1

＊1 ここに注意

デジタル・ガバメントの実現においては、単に手続コストの削減等をするのではなく、利用者中心の行政サービス改革を徹底し、利用者から見て一連のサービス全体が、「すぐ使えて」、「簡単で」、「便利」な行政サービスを目指しています。

行政のデジタル化に関する基本原則	
デジタルファースト	個々の手続・サービスが一貫してデジタルで完結する
ワンスオンリー	一度提出した情報は、二度提出することを不要とする
コネクテッド・ワンストップ	民間サービスを含め、複数の手続・サービスをワンストップで実現する

デジタル行政推進法の概要
① 行政手続について、オンライン実施を原則化（地方公共団体等は努力義務）、本人確認や手数料納付もオンラインで実施
② 添付書類を不要とする規定を整備
③ デジタル・デバイドの是正
④ 行政手続に関連する民間手続のワンストップ化　　　　等

2 マイナポータル

マイナンバー制度の導入に併せてマイナポータルが開設されました。マイナポータルは、政府が中心となって運用するオンライン・ポータルサイトです。マイナポータルは、自分の個人情報を行政機関がやりとりした履歴の確認や公金決済等のサービスを提供します。＊2

＊2 プラスアルファ

デジタル・ガバメントの基盤であるマイナポータルは、行政手続検索・オンライン申請受付機能、自己情報確認機能、情報提供等記録確認機能、お知らせ情報確認機能などを有するほか、行政手続検索、自己情報取得、各種ＡＰＩの提供などを行っています。

●情報通信

3 政府認証基盤（GPKI）

　行政機関への申請・届出、行政機関からの結果の通知等をインターネット経由で行う場合に、それらが改ざんされたものではないかを確認するため整備されたのが政府認証基盤（ＧＰＫＩ）です。これは行政機関側の認証局と民間側の認証局との間でのブリッジ認証局を介した相互認証によって、改ざんがないかを確認する仕組みとなっています。＊3

政府認証基盤（認証方法の概略）

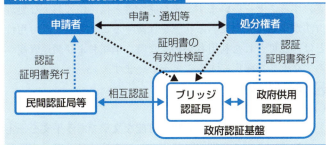

*3 ことばの意味

GPKI
Government Public Key Infrastructureの略で、政府に置かれた公開鍵暗号方式によるデジタル署名を用いた認証システムのことです。

4 公的個人認証サービス

　公的個人認証サービスとは、インターネットを通じた行政手続等において、なりすましや改ざんがないことを確認する認証サービスです。これはマイナンバーカードの電子証明書を用いて確認する仕組みとなっています。＊4

公的個人認証サービス（電子申請の概略）

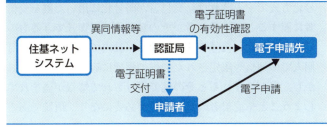

*4 プラスアルファ

公的個人認証法に基づく認証局として電子証明書の発行等の事務を行っているのは地方公共団体システム機構です。

749

情報通信－情報セキュリティ

6 情報セキュリティ・暗号化技術　重要度 B

公開鍵暗号方式は、電子署名でも利用されており、その内容を理解しておきましょう。

1 情報セキュリティ

情報セキュリティとは、一般に、企業等の情報資産に対する①**機密性**、②**完全性**、③**可用性**を確保することをいいます。

機密性とは、認可された者だけがアクセスできることを確実にすることをいいます。また完全性とは、情報および処理方法が正確で完全である状態を保証することをいい、可用性とは、認可された利用者が必要な時に情報および関連資産へのアクセスを確実にすることをいいます。＊1

2 暗号化技術

(1) 暗号化の意義

暗号化技術とは、誰でも判読可能な文章である平文を一定の計算式によって変換（暗号化）し、変換結果（暗号文）を元の平文に再変換（復号）する技術です。特に公開鍵暗号方式の応用で電子申請や電子商取引の際の本人確認や内容の真正性の証明を行うことができます。＊2

(2) 暗号化の種類

(a) 共通鍵暗号方式

共通鍵暗号方式とは、暗号化と復号に同じ鍵を用いる暗号化方式です。これは、発信者が暗号化に用いた鍵を受信者に渡すことで、受信者がその鍵を用いて復号できるものです。暗号化・復号の速度が速く、社内での通信や個人対個人での通信等限定された通信の保護に適しています。しかし、鍵が盗まれるとその鍵で復号されて情報が盗まれてしまうことや受信者の数だけ鍵が必要になり、煩雑であることが短所です。

＊1 ここに注意

情報セキュリティの強化と情報活用の利便性はトレード・オフの関係にあります。社内のシステムを利用することの利便性とのバランスを図る必要があるのです。

＊2 ここに注意

当事者が計画して行う通常の取引や申請と異なりインターネット上の場合は、第三者による内容の改ざんや不正な「なりすまし」が行われることが容易であるので、その防止を図ることが重要です。

＊3 具体例で覚えよう！

例えば、「3文字後のアルファベットに置き換える」という規則で「ABC」を暗号化すれば「DEF」となりますが、「3文字後のアルファベットに置き換える」という鍵を知っていれば「DEF」を復号し元の「ABC」を得られます。

共通鍵暗号方式　＊3

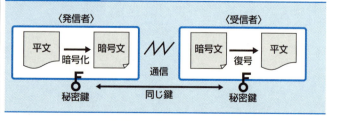

750

(b) **公開鍵暗号方式（非対称鍵暗号方式）**

公開鍵暗号方式とは、暗号化と復号に異なる鍵を用いる暗号化方式です。例えば、発信者が「受信者の公開鍵」で情報を暗号化したのち情報を送付し、受信者が「受信者の秘密鍵」で受信情報を復号します。

暗号化鍵と復号鍵が異なるため、**当事者間ごとに鍵を作成する必要がなくなり**、1つの公開鍵を公開すればよいので、不特定多数者間の取引に適しています。しかし、暗号化・復号の速度が遅いという短所もあります。

公開鍵暗号方式 15-55

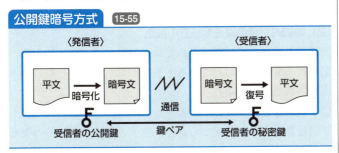

(3) 暗号化技術の応用〜電子署名〜

インターネット経由で契約書を交わすといった電子商取引や役所への申請の電子化などを可能にするため、押印や手書きの署名と同等の効力を持つものを**電子署名**といいます。一般的に、電子署名は公開鍵暗号方式を用いて行われます。また、公開鍵が本人のものであるという証明を行うため、認証機関は、公開鍵の持ち主について証明する電子的な証明書（**電子証明書**）を発行します。電子署名を行った者が、取引の相手方に、電子証明書を添付して送信することにより、取引の相手方は、作成者を確認することができます。＊4

電子署名の仕組み

＊4 **ここに注意**
電子署名の方法を用いても、送信を受けた相手方にとっては、他人がその者になりすます危険性があります。

情報通信－情報セキュリティ

7 電子署名法・不正アクセス禁止法

重要度 B

不正アクセス禁止法について、禁止される行為にどのような行為があるのか、確認しておきましょう。

1 電子署名法（電子署名及び認証業務に関する法律）

(1) 目的

電子署名法は、インターネットを活用した電子商取引等ネットワークを通じた社会経済活動の円滑化を目的とします。本法の施行により、電子署名を手書きの署名や押印と同様に通用させる法的基盤が整備されています。＊1

(2) 電磁的記録の真正な成立の推定

情報を表すために作成された電磁的記録は、本人による一定の電子署名が行われているときは、真正に成立したものと推定されます（3条）。

(3) 認証業務・特定認証業務

認証業務とは、みずからが行う電子署名についてその業務を利用する者等の求めに応じ、当該利用者が電子署名を行ったものであることを確認するために用いられる事項が当該利用者に係るものであることを証明する業務をいいます（2条2項）。

電子署名のうちその方式に応じて本人だけが行うことができるものとして主務省令で定める基準に適合するものについて行われる認証業務、すなわち高度な暗号化方式を利用している等の認証業務を特定認証業務といい（2条3項）、国が認定した認証局のみが行うことができます。

＊1 プラスアルファ

本法における電子署名とは、電磁的記録に記録された情報について作成者を示す目的で行われる暗号化等による措置であって、当該情報に改変が行われていないか確認できるものをいいます。この定義は、主として、公開鍵暗号方式による電子署名のシステムを想定したものといえます。

2 不正アクセス禁止法

(1) 意義

不正アクセス禁止法（不正アクセス行為の禁止等に関する法律）は、他人のパスワードやIDを無断で使用し、企業や政府のコンピュータに不正にアクセスすることを禁止するとともに、これについての罰則およびその再発防止のための都道府県公安委員会による援助措置等を定めることにより、電気通信回線を通じて行われる電子計算機に係る犯罪の防止およびアクセス制御機能により実現される電気通信に関する秩序の維持を図り、もって高度情報通信社会の健全な発展に寄与することを目的とします（1条）。

752

(2) 禁止される行為

① 不正アクセス行為（他人の識別符号を悪用したり、コンピュータプログラムの不備を衝くことにより、本来アクセスする権限のないコンピュータを利用する行為／2条4項、3条）
  - 他人の識別符号を悪用する行為（なりすまし行為／2条4項1号）
  - コンピュータプログラムの不備を衝く行為（いわゆるセキュリティ・ホールを攻撃する行為／2条4項2号、3号）
② 他人の識別符号を不正に取得する行為（4条）＊2
③ 不正アクセス行為を助長する行為（5条）
④ 他人の識別符号を不正に保管する行為（6条）＊2
⑤ 識別符号の入力を不正に要求する行為（いわゆるフィッシング行為／7条）

3 e-文書通則法

e-文書通則法（民間事業者等が行う書面の保存等における情報通信の技術の利用に関する法律）は、法令の規定により民間事業者等が行う書面の保存等に関し、電子情報処理組織を使用する方法その他の情報通信の技術を利用する方法（電磁的方法）により行うことができるようにするための共通事項を定めています。

e-文書通則法の内容

電磁的記録による保存の容認（3条1項）	民間事業者等は、保存のうち法令により書面により行わなければならないとされているもの（主務省令で定めるものに限る）については、主務省令の定めにより、書面の保存に代えて電磁的記録による保存を行うことができる
電磁的記録による作成、縦覧等および交付等の容認（4条～6条）	民間事業者等は、保存に付随して行われる書面の作成、縦覧等および交付等のうち、法令により書面により行わなければならないとされているもののうち一定のものについて、主務省令（交付等の場合は政令）の定めにより、電磁的記録によることができる

＊2 プラスアルファ

②「他人の識別符号を不正に取得する行為」および④「他人の識別符号を不正に保管する行為」については、不正アクセス行為（2条4項1号に該当するものに限る）の用に供する目的が必要です。

情報通信－情報の公開

8 情報の公開

重要度 A

講師からのアドバイス

行政機関情報公開法では開示請求がなされた場合には、開示するのが原則であり、不開示情報に該当する場合に例外的に不開示となります。

1 情報公開法（行政機関情報公開法）

(1) 目的

情報公開法（行政機関の保有する情報の公開に関する法律）は、国民主権の理念にのっとり、行政文書の開示を請求する権利につき定めること等により、行政機関の保有する情報の一層の公開を図り、もって政府の有するその諸活動を国民に説明する責務が全うされるようにするとともに、国民の的確な理解と批判の下にある公正で民主的な行政の推進に資することを目的としています（1条）。13-54 15-54

(2) 行政文書

開示請求の対象は、国の行政機関の職員が職務上作成し、または取得した文書、図画および電磁的記録等であって、組織的に用いるものとして行政機関が保有しているもの（行政文書）です（2条2項）。図面、写真、フィルム等も含まれますが、官報・白書・新聞等は除外されます（2条2項ただし書）。15-54 17-57 *1

***1 プラスアルファ**

行政文書の管理については、公文書管理法が制定されています。この法律は、国民主権の理念にのっとり、行政機関による行政文書の管理、歴史公文書等の保存、利用等、さらに独立行政法人等の文書管理についても定めています。

(3) 請求権者

何人も、情報公開法の定めるところにより、行政機関の長に対し、当該行政機関の保有する行政文書の開示を請求することができます（3条）。13-54 15-54 17-57

(4) 開示請求手続

(a) 請求書の提出

開示請求は、開示請求書に次のような事項を記載し、行政機関の長に提出して行います（4条1項）。*2

開示請求書の記載事項

① 開示請求者の氏名または名称および住所または居所ならびに法人その他の団体にあっては代表者の氏名（1号）
② 行政文書の名称その他の開示請求に係る行政文書を特定するに足りる事項（2号）

***2 プラスアルファ**

本法は請求の理由・目的を問わないので（4条1項参照）、商業目的で利用することも可能です。なお、開示請求者は、政令で定めるところにより手数料を納付しなければなりません（16条1項）。

(b) 補正

行政機関の長は、開示請求書に形式上の不備（「行政文書

● 情報通信

を特定するに足りる事項」が的確に記載されていない等）があると認めるときは、開示請求者に対し、相当の期間を定めて、補正を求めることができます（4条2項）。

(5) 原則的開示と不開示情報

開示請求がなされたときは開示するのが原則であり、行政機関の長は、当該開示請求に係る行政文書に不開示情報が含まれていない限り、開示を拒むことができません（5条柱書）。不開示情報に該当するものとして、①個人情報、②行政機関等匿名加工情報等、③法人等の事業情報、④国の安全等に関する情報、⑤公共の安全等に関する情報、⑥審議・検討情報、⑦事務・事業情報があります。もっとも、個人情報を含む行政文書であっても、人の生命、健康、生活または財産を保護するため、公にすることが必要であると認められる場合等は、開示が義務付けられています（5条1号ただし書）。13-55 17-57 *3 *4

2 情報公開・個人情報保護審査会設置法

(1) 情報公開・個人情報保護審査会

①行政機関情報公開法、②独立行政法人等情報公開法、③個人情報保護法の規定による諮問に応じ、審査請求について調査審議するため、総務省に情報公開・個人情報保護審査会（審査会）が、また、審査会の事務を処理させるため、当該審査会に事務局が置かれています（2条、7条）。

(2) 審査会

審査会は、原則として、委員3人をもって構成する合議体で、不服申立てに係る事件について調査・審議します（6条1項）。審査会は、必要があると認めるときは、諮問庁に対し、行政文書等の提示を求めることができます（9条1項）。このように、開示決定等に係る行政文書等を諮問庁に提出させ、実際に当該行政文書等を見分して審議することをインカメラ審理といいます。また、審査会は、必要があると認めるときは、行政文書等に記録されている情報の内容を審査会の指定する方法により分類または整理した資料（ヴォーン・インデックス）を作成し、提出するよう諮問庁に求めることもできます（9条3項）。*5

*3 プラスアルファ

「個人に関する情報（事業を営む個人の当該事業に関する情報を除く。）であって、当該情報に含まれる氏名、生年月日その他の記述等により特定の個人を識別することができるもの（他の情報と照合することにより、特定の個人を識別することができることとなるものを含む。）又は特定の個人を識別することはできないが、公にすることにより、なお個人の権利利益を害するおそれがあるもの」は、原則として「不開示情報」とされています（5条1号本文）。

*4 プラスアルファ

開示請求に対し、当該開示請求に係る行政文書が存在しているか否かを答えるだけで、不開示情報を開示することとなるときは、行政機関の長は、当該行政文書の存否を明らかにしないで、当該開示請求を拒否することができます（存否応答拒否（グローマー拒否）／8条）。

*5 プラスアルファ

審査会の行う調査審議の手続は、非公開で行われます（14条）。審査会または委員の処分またはその不作為については、審査請求をすることができません（15条）。

情報通信－用語

9 インターネット等関連用語

重要度 **B**

URL	Uniform Resource Locatorの略。「情報」がインターネット上のどこにあるか、その場所を示すもので、インターネットのホームページのアドレスを示すもの　20-55
ダウンロード	ネットワーク上の他のコンピュータにあるデータ等を、自分のコンピュータへ転送し、自分のコンピュータに保存すること
ブラウザ	コンピュータでネットワーク上の情報を閲覧・表示するためのソフトウェアのこと
ドメイン名	インターネット上のホストの名前を示す文字列。このうち、トップレベルドメインが「.jp」であるドメインが「JPドメイン名」で、日本向けのドメイン名として、日本レジストリサービス（JPRS）が登録管理業務を行う
アフィリエイト	Webサイト等に企業サイトへのリンクを貼り付け、それを見たユーザがそのWebサイトを経由して企業の商品を購入すると管理者に報酬が支払われるシステム
ＩＰアドレス	通信するコンピュータを一意に特定するため、コンピュータ端末ごとに割り振られる固有の識別番号のこと　15-55
IPv6	Internet Protocol version 6 の略。インターネットプロトコル（IPv4）の次期規格であり、アドレス数の大幅な増加、セキュリティの強化および各種設定の簡素化等が実現できる
ブログ	ウェブログを略した言葉で、日記的なウェブサイト
プロフ	「プロフィール」を略した呼び方であり、Web上で自己紹介を作成して公開するサービスのことである
SNS	インターネット上で友人を紹介しあって、個人間の交流を支援するサービス（サイト）　19-54
Wiki	ユーザーがウェブブラウザを利用してウェブサーバ上の文書を書き換えるシステム。ネットワーク上のどこからでも、いつでも、誰でも、文書を書き換えて保存することができるという特徴を有する
ウィキリークス	政府、企業、宗教などに関する機密情報を匿名で公開するWebサイトの1つ　15-55
バナー広告	ホームページ上に広告の画像を貼り、そのホームページと広告主のホームページにリンクを貼る形式の広告のこと
ポータルサイト	インターネットの入口となるウェブサイトのことをいう。あらゆる情報を探せる検索エンジンやリンク集等がそれにあたり、その例としては、ヤフー等の検索エンジン系サイトが挙げられる
SEO	検索エンジン最適化のこと
Web2.0	一般にブロードバンドが普及して、安価に大量の情報交換が可能になった状況を表す言葉
情報リテラシー	コンピュータを自由に使いこなし、インターネットなどから必要な情報を引き出し、取捨選択する能力のこと

●情報通信

クッキー （cookie）	ウェブブラウザ（ホームページ閲覧ソフトのこと）にデータとして蓄積されている閲覧先リスト等のデータのこと　17-56
クラウド コンピューティング	ネットワーク上に存在するサーバが提供するサービスを、それらのサーバ群を意識することなしに利用できるというコンピューティング形態（「Cloud（雲）computing」）　12-56　17-54
無線LAN	有線LANのケーブルを無線に置き換えたものをいい、モバイル端末の普及により、広く普及している
サーバ	ネットワーク上で、ユーザーからの要求に対して何らかのサービスを提供するシステムをいう
ログ	コンピュータの利用状況やデータ通信の記録を取ること、またはその記録のことをいう
eラーニング	インターネット等の電磁的手段を利用した学習形態で、広義では通信教育の1つ
アクセスポイント	インターネットを利用する際にユーザーが最初に接続する通信設備、または通信設備が置かれている場所
JPEG	デジタル写真などの静止画のデータ圧縮方式
MPEG	テレビ映像のような動画のデジタル圧縮方式
MP3	動画像圧縮方式であるMPEG1で利用される音声圧縮方式の1つ
P2P（PtoP）	Peer to Peerの略。パソコン等のあらゆる端末に保存されたデータを直接やりとりするシステムおよびサービス
ファイル交換ソフト	インターネットを介して、不特定多数のコンピュータの間でファイルを共有するソフト（例：ウィニー）
IoT	Internet of Thing（モノのインターネット）の略。パソコンやスマートフォンといった端末だけでなく、家電製品、自動車、施設などの様々なモノ（物）がセンサーと無線通信を通してインターネットにつながりインターネットの一部を構成するという仕組みのことである　16-55　19-54
IoB	Internet of Bodies（もしくはInternet of Behavior）の略。IoT（Internet of Things）のThingsの代わりにBodies（人の体）をあてはめた用語。インターネットに人の体を接続する技術ないし概念のこと。人の行動や生体データの収集等を可能とする
ICT	Information and Communication Technologyの略。日本ではすでに一般的となったIT（情報技術）の概念をさらに一歩進め、通信コミュニケーションの重要性を加味した言葉である
テレワーク	ICT（情報通信技術）を活用した場所、時間にとらわれない柔軟な働き方。在宅勤務、モバイルワーク、サテライトオフィスでの勤務等の形態がある
ユビキタス ネットワーク社会	机上のパソコンだけでなく、携帯電話、テレビ等の家電製品まで、あらゆるものがネットワークで結ばれ、いつでも、どこでも、誰でも、アクセスすることができる社会
デジタル・タトゥー	刺青（入れ墨）が消せないように、インターネット上で拡散した個人情報などは、もはや完全に消去できないこと

第7編　個人情報通信・情報保護

情報通信

757

情報通信－用語

⑩ 情報セキュリティ関連用語

重要度 **B**

サイバー・テロ	インターネットを経由し、特定のコンピュータネットワークを対象とした破壊活動や妨害行為
シンクライアント	企業の情報管理等のシステムにおいて、従業者が使う端末に最小限の機能だけ持たせ、アプリケーションやデータファイル等をサーバ側で管理するシステム
SSL	Secure Sockets Layerの略。インターネット上でデータを暗号化して送受信する仕組みの1つ　20-55
ファーミング	偽のウェブサイトに訪問者を誘導しIDや名前、カード番号などの個人情報を入力させ盗む行為。詐欺メールを使って1人ずつサイトに誘導するフィッシングの手法とは異なり情報を書き換えて罠を仕掛け訪問者を誘導する
コンピュータウイルス	第三者のプログラムやデータベースに対し意図的に被害を及ぼすよう作られたプログラムで、①自己伝染機能、②潜伏機能、③発病機能のうち1つ以上を有するもの
セキュリティポリシー	企業などの組織における情報セキュリティに関する方針をまとめたもの。情報セキュリティの基本方針やセキュリティ対策のための基準、セキュリティ実施のための具体的な実施手続などが盛り込まれている
ISMS	情報セキュリティマネジメントのこと。企業などの組織における情報セキュリティ対策の計画およびその計画の実践により、情報セキュリティのレベルを維持・向上させる一連の取組み
ソーシャルエンジニアリング	パスワードなどの重要なセキュリティに関する情報を、人の不注意な行動を衝いて不正に入手すること
スキャベンジング	不正に情報を入手する方法の1つ。ハッカーがターゲットとしたネットワークに侵入する際に、初期の準備作業として行われることが多いとされている。対象とした企業や組織のネットワーク情報や社員情報、ユーザー情報などを探し出すことを目的とする
スパイウェア	ユーザの行動や個人情報を収集したり、パソコンの空き時間を借用し計算をしたりするソフトのこと。それらの情報がスパイウェアの作成元に送られる仕組みになっている
Dos攻撃	サービス不能化攻撃。コンピュータ等に大量のデータを送りシステムをダウンさせる不正アクセスの1つ
DDoS攻撃	セキュリティ対策の手薄なサイトを悪用して攻撃プログラムを仕掛け、攻撃者からの指示でDoS攻撃を一斉に行うこと。分散DoS攻撃
ブルートフォース攻撃	ネットワークセキュリティ分野の、パスワード解析の方法の1つとして、システムのパスワードを発見するために事前に取得したシステムの暗号化されたパスワードファイルに対してオフラインでなされる総当り攻撃

758

● 情報通信

トロイの木馬	ユーザーに気付かれずにコンピュータの内部に潜伏して、システム破壊、他のプログラム等の不正侵入の補助、情報の外部発信を行う不正プログラムのこと。ギリシャ神話におけるトロイ戦争で木馬の中に兵を潜ませた逸話から名づけられた 17-56
踏み台 （乗っ取り・遠隔操作）	インターネット経由で犯罪を行おうとする者が、他人のパソコンを不正に乗っ取り、中継地点として利用（遠隔操作）する、第三者のパソコンのこと
バックドア	内部のネットワークに外部から不正に侵入する目的で作成された出入口
電子透かし	動画、静止画、文書、音楽などのデジタルコンテンツに著作権情報等の特定の情報を埋め込む技術
ファイアウォール	ネットワーク外部からのアクセスを制御するシステム。不正アクセスの防御壁としての役割を果たす 15-55
バイオメトリクス認証	指紋、虹彩、声紋、静脈等、人間の個体ごとに異なる生物的な特徴によって本人を確認する技術。顔データを照合して本人確認をする顔認証システム等がある 21-55
ユーザー認証	ユーザーと本人の同一性を確認する仕組みをいい、情報システムでは、主にユーザーＩＤとパスワードによって、利用者の識別と認証を行う
フィルタリングソフト	インターネット上のウェブページ等を一定の基準で評価・判別して、違法・有害なサイト等の選択的な排除を行うソフト
ホワイトリスト	警戒する必要のない対象の一覧表（例：青少年に見せても安全なウェブページのリスト）
フィッシング	例えば、偽サイトに誘導してクレジットカード情報を入力させるなど識別符号の入力を不正に要求し盗み取ること 15-55
シングルサインオン	１回のIDおよびパスワードの入力で認証が必要な複数のアプリケーションを利用可能とするもの
ワンタイムパスワード	個人認証のために１度しか使用することができない使い捨てのパスワードのこと
ランサムウェア	ランサムとは「身代金」の意味であり、コンピュータウイルスの一種で、標的となるパソコンをロックし、またはその内部ファイルを暗号化してロックして、その解除と引換えに金員を要求するもの
サンドボックス	直訳すれば「砂場」であり、あるプログラムの動作をセキュリティ的に保護された領域に限定して、システムへの悪影響を防止する機構。なお、近時は、規制緩和の分野においてもサンドボックスという用語が使用され、限定された範囲で規制を解除・緩和して社会実証等を行う手法を「規制のサンドボックス」や「レギュラトリーサンドボックス」と呼ぶことがある
ゼロトラスト	「誰も信頼しないこと」、「ネットワーク内部であっても外部と同じように信頼しないこと」を基本とし、内部からのアクセス等であっても、外部からのものと同じようにセキュリティ措置をとるという防御ポリシーを持つ考え方

情報通信－用語

11 放送・通信・技術関連用語

重要度 B

1 放送・通信関連用語

5G	超高速、超低遅延、多数同時接続などの特長を持つ新しい移動通信システム。2020年3月にサービスが開始された 19-54
4K・8K	4K・8Kとは、現行のハイビジョンを超える超高精細な画質による放送等のこと。4Kは画面上の画素数がフルハイビジョン（2K）の4倍、8K放送では16倍となっている
IP電話	IP電話とは、通信ネットワークの一部または全部においてIP技術を利用して提供する音声電話サービス。通常の固定電話に比べ、長距離電話の料金が大幅に安い
NGN	電話サービスや映像サービスなどを統合的に実現するIPネットワークのこと
スマートフォン	従来の携帯電話端末の機能に加え、高度な情報処理機能が備わった携帯電話端末のこと 12-56
SIMカード	通信事業者から提供される固有の識別番号が付与された通信用のICカードのこと

2 技術関連用語

情報のディジタル化	情報を「0」「1」のようなディジタル信号で表す情報技術革新のこと 13-57
符号化	アナログ（物理的または電磁的に連続した波形としてそのまま記録したもの）を、「0」や「1」のようなディジタル信号に置き換えること 13-57
デジタル・ディバイド（デバイド）	身体的または社会的条件の相違に伴い、情報通信技術を利用できる者と利用できない者との間に生じる格差のこと 12-56
位置情報・GPS	位置情報とは、空間上の特定の地点または区域の位置を示す情報（当該情報に係る時点に関する情報を含む）のこと 15-57 GPSとは、Global Positioning Systemの略。全地球測位システムのこと GPS位置情報とは、複数のGPS衛星から発信されている電波を携帯電話等の移動端末が受信して、衛星と受信端末との距離等から当該移動端末の詳細な位置を示す情報のこと 15-57
電子マネー	ICカードやパソコンにあらかじめ現金や預金を電子情報として格納しておき、経済活動の際に格納しておいた電子情報をやりとりすることを通じて代価の支払いをする方法
ビットコイン	P2P型ネットワークをベースにしたインターネット上の分散型暗号資産（仮想通貨）のこと。インターネット上での決済に使用されるが、実際に紙幣等は発行されず、インターネット上にだけ存在し、通常の通貨のような発行責任主体がいない 17-50

760

● 情報通信

ブロックチェーン（分散型台帳技術）	データの一塊をブロックとし、暗号化されたブロックを鎖のようにつなぎ合わせてデータを管理する仕組み。データの改ざんは非常に困難であり、暗号資産はこの技術を使用している **17-50**
ウェアラブル端末	腕や頭部などの身体に装着して利用する情報端末のこと
シェアリングエコノミー	個人等が保有する活用可能な資産等（スキルや時間等の無形のものも含む）をインターネット上のマッチングプラットフォームを介して他の個人等も利用可能とする経済活動のこと **20-52**
オープンデータ	誰もが無制限にアクセス・再利用・再配布ができるデータのこと
ビッグデータ	インターネット等の発展に伴い、情報機器によって収集される位置情報、行動履歴等に関する膨大なデータ群のこと **16-56**
AI（人工知能）	Artificial Intelligenceの略。コンピュータを使って人間の知能の働きを人工的に実現する技術のこと **16-54** **19-54**
ディープラーニング（深層学習）	ニューラルネットワーク（人間の神経細胞（ニューロン）の仕組みを模したもの）を用いた機械学習における技術の１つ
VR・AR	ＶＲはVirtual Realityの略。コンピュータ上に仮想世界をつくり、あたかも現実であるかのような体験をさせる技術のこと **19-54** ＡＲはAugmented Realityの略。現実の環境にコンピュータを用いて情報を付加することにより人工的な現実感をつくりだす技術のこと。ＶＲは仮想現実、ＡＲは拡張現実と呼ばれる
Jアラート	全国瞬時警報システムのこと。弾道ミサイル情報、津波情報、緊急地震速報など対処に時間的余裕のない事態に関する情報（25情報）を国から瞬時に国民に伝達するシステムのこと
Lアラート	災害情報共有システムのこと（「公共情報コモンズ」から改称）。地方自治体が発する地域の災害情報を集約し、インターネットやテレビ等を通して一括配信するための情報システムのこと
フィンテック	「Finance」と「Technology」を組み合わせた造語で、ＩＣＴを活用した金融サービスのこと
エドテック	Education（教育）とTechnologyを組み合わせた造語で、ＩＴなどのテクノロジーとの融合で教育（学校教育、民間教育）の分野に革新を起こす技術や取組み
DX	Digital Transformation（デジタルトランスフォーメーション）の略。企業等が成長や競争力強化のために、新たなデジタル技術を用いて新たなビジネスモデルの創出等をすること
スーパーコンピュータ	大量の計算を高速で処理することができるコンピュータ。理化学研究所では「京」に代わり、次世代の「富岳」が2021年に本格稼働
API	Application Programming Interfaceの略。アプリケーションの機能や管理するデータなどの外部連携機能のこと。例えば、マイナポータルの自己情報取得ＡＰＩは、民間事業者等のウェブサービス提供者が、利用者の情報を取得することを可能とする

第7編 個人情報保護・情報通信

情報通信

個人情報保護-総説

12 個人情報保護法制

重要度 B

1 個人情報保護に関する主な国際動向

(1) OECD8原則

講師からのアドバイス

OECD8原則やGDPRは重要ですので確認しておきましょう。また、2021年の個人情報保護法改正は比較的大きな改正ですので注意しましょう。

個人情報保護法は1970年代に西ヨーロッパ諸国で制定されました。しかし、具体的な規制内容が国ごとに異なっていたため、OECD（経済協力開発機構）で協議され、1980年にOECD理事会勧告が採択されました。OECD8原則は、この勧告の付属文書です。OECD8原則は、加盟国に強制力はありませんが、国内適用の基本原則を定め、先進国の個人情報保護法制のスタンダードとなっています。

OECD8原則

目的明確化の原則	収集目的を明確にし、データ利用は収集目的に合致するべき
利用制限の原則	データ主体の同意がある場合、法律の規定による場合以外は目的以外に利用・使用してはならない
収集制限の原則	適法・公正な手段により、かつ情報主体に通知または同意を得て収集されるべき
データ内容の原則	利用目的に沿ったもので、かつ、正確、完全、最新であるべき
安全保護の原則	合理的安全保護措置により、紛失・破壊・使用・修正・開示等から保護するべき
公開の原則	データ収集の実施方針等を公開し、データの存在、利用目的、管理者等を明示するべき
個人参加の原則	自己に関するデータの所在および内容を確認させ、または異議申立てを保証するべき
責任の原則	管理者は諸原則実施の責任を有する

＊1 プラスアルファ

EU域内から域外へ個人データを移転するには、その移転先となる国や地域が十分な個人データ保護の保障をしていること等を要件としています。2021年2月現在、日本は、十分なレベルの個人データ保護を保障している国として認定されています。

(2) GDPR

GDPR（General Data Protection Regulation／EUの一般データ保護規則）は、EU域内にいる個人の個人データを保護するためのEUにおける統一的ルールです。GDPRは、主に個人データの取扱いまたはEU域内から域外の第三国等への移転のために必要な義務を定めています。＊1

2 日本における法制化

(1) 法制化の歴史

OECD理事会勧告を受け、日本でも個人情報保護法制の制定に向けた機運が高まり、1988年に行政機関の保有する電子計算機処理に係る個人情報の保護に関する法律が制定されました。これは、行政機関個人情報保護法の前身です。なお、行政機関個人情報保護法は2021年改正により廃止され、個人情報保護法に統合されました。

また、2003年には、個人情報保護法（個人情報の保護に関する法律）が制定されました。

もっとも、地方レベルでは、OECD8原則以前より1973年に徳島市で、1975年には国立市で、それぞれ条例が制定されていました。

3 2021年改正

2021年改正前は、民間部門には個人情報保護法、国の行政機関には行政機関個人情報保護法、独立行政法人には独立行政法人等個人情報保護法が存在していましたが、2021年改正により、これら3本の法律を1本の法律とするため、すべて個人情報保護法に統合されました。

2021年改正後（2022年4月1日施行） *2

- 個人情報保護法
  行政機関個人情報保護法 ｝新個人情報保護法
  独立行政法人等個人情報保護法
- 所管する機関を個人情報保護委員会に一元化
- 個人情報の定義中の照合可能性について「容易に照合可能なもの」に統一化
- 「非識別加工情報」を「匿名加工情報」に統一化

ここに注意

ここで記載しているのは、2022年4月1日に施行する部分のみです。2021年改正法は、地方公共団体の個人情報保護制度の共通化（2023年5月18日までに施行）等も定めています。

個人情報保護－個人情報保護法

13 個人情報保護法序説

重要度 B

講師からの
アドバイス

目的規定は長いのですが、本試験で問われることもあるので、一度は目を通しておきましょう。

1 個人情報保護法の概要・目的

(1) 概要

個人情報保護法は、個人情報等を定義することによって保護されるべき対象を明確にし、**個人情報取扱事業者や行政機関等の義務等**を明らかにしています。さらに、国や地方公共団体の責務、個人情報保護委員会の監督、罰則等を規定しています。そして、「個人情報は、個人の人格尊重の理念の下に慎重に取り扱われるべきものであることに鑑み、その適正な取扱いが図られなければならない。」としています（3条）。

(2) 目的

> **第1条【目的】**
> この法律は、デジタル社会の進展に伴い個人情報の利用が著しく拡大していることに鑑み、個人情報の適正な取扱いに関し、基本理念及び政府による基本方針の作成その他の個人情報の保護に関する施策の基本となる事項を定め、国及び地方公共団体の責務等を明らかにし、個人情報を取り扱う事業者及び行政機関等についてこれらの特性に応じて遵守すべき義務等を定めるとともに、個人情報保護委員会を設置することにより、行政機関等の事務及び事業の適正かつ円滑な運営を図り、並びに個人情報の適正かつ効果的な活用が新たな産業の創出並びに活力ある経済社会及び豊かな国民生活の実現に資するものであることその他の個人情報の有用性に配慮しつつ、個人の権利利益を保護することを目的とする。

個人情報保護法は「個人情報の有用性に配慮しつつ、個人の権利利益を保護する」としており、個人情報の保護と個人情報の活用のバランスをとっています。

2 国等の責務等

(1) 国等の責務

国は、**国の機関、独立行政法人等**および**事業者等**による個人情報の適正な取扱いを確保するために必要な施策を総合的に策定し、これを実施する責務を有します（4条）。＊1

また、地方公共団体は、**その地方公共団体の区域の特性**に応じて、個人情報の適正な取扱いを確保するために必要な施策を策定し、およびこれを実施する責務を有します（5条）。

＊1
プラスアルファ

政府は、個人情報の性質および利用方法に鑑み、個人の権利利益の一層の保護を図るため特にその適正な取扱いの厳格な実施を確保する必要がある個人情報について、保護のための格別の措置が講じられるよう必要な法制上の措置その他の措置を講ずるとともに、国際機関その他の国際的な枠組みへの協力を通じて、各国政府と共同して国際的に整合のとれた個人情報に係る制度を構築するために必要な措置を講ずるものとされています（6条）。

(2) 個人情報の保護に関する基本方針

政府は、個人情報の保護に関する施策の総合的かつ一体的な推進を図るため、個人情報の保護に関する基本方針を定めなければなりません（7条1項）。

内閣総理大臣は、個人情報保護委員会が作成した基本方針の案について閣議の決定を求め（7条3項）、その決定があったときは、遅滞なく基本方針を公表しなければなりません（7条4項）。

(3) 国等の施策

国・地方の施策 *2	
国の施策	・国の機関、独立行政法人等が保有する個人情報の適正な取扱いが確保されるよう必要な措置を講ずる（8条） ・地方公共団体の施策、国民または事業者等が個人情報の適正な取扱いの確保に関して行う活動を支援するため、情報の提供、指針の策定その他の必要な措置を講ずる（9条） ・個人情報の取扱いに関し事業者と本人との間に生じた苦情の適切かつ迅速な処理を図るために必要な措置を講ずる（10条） ・地方公共団体との適切な役割分担を通じ、個人情報取扱事業者による個人情報の適正な取扱いを確保するために必要な措置を講ずる（11条）
地方公共団体の施策	・地方公共団体、地方独立行政法人の保有する個人情報の適正な取扱いが確保されるよう必要な措置を講ずることに努めなければならない（12条） ・個人情報の適正な取扱いを確保するため、その区域内の事業者および住民に対する支援に必要な措置を講ずるよう努めなければならない（13条） ・個人情報の取扱いに関し事業者と本人との間に生じた苦情の処理のあっせんその他必要な措置を講ずるよう努めなければならない（14条）

 *2 プラスアルファ

国および地方公共団体は、個人情報の保護に関する施策を講ずるにつき、相協力するものとされています（15条）。

個人情報保護－個人情報保護法

14 個人情報等の定義

重要度 A

1 個人情報

「個人情報」とは、生存する個人に関する情報であって、①当該情報に含まれる氏名、生年月日その他の記述等により特定の個人を識別することができるもの（他の情報と容易に照合することができ、それにより特定の個人を識別することができることとなるものを含む）、または②個人識別符号が含まれるものをいいます（2条1項）。 12-55

講師からのアドバイス

個人情報等の定義は個人情報保護法を理解するための必須事項です。本試験でも問われることがあるので、しっかり確認しておきましょう。

***1 プラスアルファ**

死者に関する情報が、同時に遺族等の生存する個人に関する情報でもある場合は、「生存する個人に関する情報」として、本法の対象となることがあります。

個人情報該当性 12-55 *1

個人情報に該当する情報	・外国人に関する情報 ・電話の通知内容、音声で特定の個人を識別することが可能な場合 ・防犯カメラに記録された情報等本人が判別できる映像情報 ・雇用管理情報（従業員への評価等） ・個人を特定できるメールアドレス
個人情報に該当しない情報	・死者に関する情報 ・企業の財務情報など法人等の団体自体に関する情報（役員、従業員等に関する情報は個人情報に含まれる） ・個人を特定できないメールアドレス等

2 個人識別符号

「個人識別符号」とは、次のいずれかに該当する文字、番号、記号その他の符号のうち、政令で定めるものをいいます（2条2項）。 18-57

***2 具体例で覚えよう！**

DNA配列、顔、虹彩、指紋、歩行の際の姿勢などの身体の特徴に関するデータがこれにあたります。

① 特定の個人の身体の一部の特徴を電子計算機の用に供するために変換した文字、番号、記号その他の符号で、個人を識別することができるもの　*2

② 個人への役務の利用、商品の購入に関し割り当てられ、またはカード等に記載等がなされた文字等の符号で、利用者等ごとに異なるものとなるよう割当て等を受け、それらの者を識別することができるもの　*3

***3 具体例で覚えよう！**

パスポート番号、基礎年金番号、運転免許証番号、住民票コード、マイナンバーなどがこれにあたります。

766

●個人情報保護

3 要配慮個人情報

「要配慮個人情報」とは、**人種、信条、社会的身分、病歴、犯罪の経歴、犯罪により害を被った事実**その他本人に対する不当な差別、偏見その他の不利益が生じないようにその取扱いに特に配慮を要するものとして政令で定める記述等が含まれる個人情報をいいます（2条3項）。 12-55 18-56

これは、いわゆるセンシティブ情報といわれるものです。

4 仮名加工情報

「仮名加工情報」とは、個人情報の区分に応じて氏名の削除等の**以下の措置**を講じて**他の情報と照合しない限り特定の個人を識別することができない**ように個人情報を加工して得られる個人に関する情報をいいます（2条5項）。＊4

① 識別可能性により個人情報とされるものは、当該個人情報に含まれる記述等の一部の削除（復元することのできる規則性を有しない方法による置き換えを含む）
② 個人識別符号を含むものは、個人識別符号の全部の削除（復元することのできる規則性を有しない方法による置き換え含む）

加工して仮名化することで、それ単体での本人の識別をできなくしてデータ分析等に使用するためのものです。

5 匿名加工情報

「匿名加工情報」とは、個人情報の区分に応じて**上記の仮名加工情報における措置と類似の措置**を講じて特定の個人を識別することができないように個人情報を加工して得られる個人に関する情報で、当該個人情報を**復元することができない**ようにしたものをいいます（2条6項）。 18-56

加工して匿名化することで、本人の識別をできなくしてデータ分析等に使用するためのものです。なお、匿名加工情報は第三者に提供（販売）することもできます（44条参照）。

6 個人関連情報

「個人関連情報」とは、生存する個人に関する情報であって、個人情報、仮名加工情報および匿名加工情報のいずれにも該当しないものをいう（2条7項）。＊5

＊4 ここに注意

仮名加工情報には、「他の情報と容易に照合することができ、それにより特定の個人を識別できるか否か」によって個人情報に当たるものと当たらないものとがあります。

＊5 ここに注意

個人関連情報は、それ自体では個人情報等に当たりませんが、第三者に提供される場合、その提供先である第三者が個人データ（個人情報データベース等を構成する「個人情報」）として取得することがあること（第三者の所有する情報と合わせれば個人を識別可能な情報となる場合など）を想定した概念です。

767

個人情報保護－個人情報保護法

15 個人情報取扱事業者等の義務① 重要度 A

講師からのアドバイス

個人情報取扱事業者（国の機関等を除きます）の義務は、個人情報に関する義務、個人データに関する義務、保有個人データに関する義務等に分類できます。

＊1 プラスアルファ

個人情報取扱事業者は、合併等により他の個人情報取扱事業者から事業を承継することに伴って個人情報を取得した場合、あらかじめ本人の同意を得ないで、承継前におけるその利用目的の達成に必要な範囲を超えて、これを取り扱ってはなりません（18条2項）。

＊2 ことばの意味

学術研究機関等
大学その他の学術研究を目的とする機関もしくは団体またはそれらに属する者です（16条8項）。

＊3 ここに注意

その目的の一部が学術研究目的である場合を含み、個人の権利利益を不当に侵害するおそれがある場合を除きます（18条3項5号かっこ書、6号かっこ書）。

1 個人情報に関する義務①

個人情報については、主に個人情報の取得過程に関するルールが定められています。例えば、利用目的の特定・制限（17条、18条）、不適正利用の禁止（19条）、適正な取得（20条）、取得に際しての利用目的の通知（21条）などです。

(1) 利用目的の特定

個人情報取扱事業者は、個人情報を取り扱うに当たっては、**その利用目的をできる限り特定**しなければなりません（17条1項）。利用目的は後に変更することもできますが、変更をする場合には、変更前の利用目的と**関連性を有すると合理的に認められる範囲**を超えることはできません（17条2項）。

(2) 利用目的による制限

個人情報取扱事業者は、原則として、あらかじめ**本人の同意**を得ないで、**利用目的の達成に必要な範囲を超えて**、個人情報を取り扱ってはなりません（18条1項）。 12-54 ＊1

ただし、**以下の場合**、本人の同意なく利用目的の達成に必要な範囲を超えて取り扱うことができます（18条3項）。

①	法令に基づく場合
②	人の生命、身体または財産の保護のために必要で、本人の同意を得ることが困難であるとき
③	公衆衛生の向上または児童の健全な育成の推進のために特に必要で、本人の同意を得ることが困難であるとき
④	国の機関等の事務の遂行に協力する必要があり、本人の同意を得ることが遂行に支障を及ぼすおそれがあるとき
⑤	個人情報取扱事業者が学術研究機関等である場合で、個人情報を学術研究目的で取り扱う必要があるとき ＊2 ＊3
⑥	学術研究機関等に個人データを提供する場合で、当該機関等が学術研究目的で取り扱う必要があるとき ＊3

(3) 不適正な利用の禁止

個人情報取扱事業者は、違法または不当な行為を助長し、または誘発するおそれがある方法により個人情報を利用してはなりません（19条）。

(4) 適正な取得

個人情報取扱事業者は、偽りその他不正の手段により個人情報を取得してはなりません（20条1項）。＊4

(5) 取得に際しての利用目的の通知等

個人情報取扱事業者は、個人情報を取得した場合、あらかじめその利用目的を公表している場合を除き、原則として、速やかに、その利用目的を、本人に通知し、または公表しなければなりません（21条1項）。＊5

利用目的を変更した場合は、原則として、変更された利用目的を本人に通知し、または公表しなければなりません（21条3項）。

ただし、以下の場合、上記の利用目的の通知、公表等は必要ありません（21条4項）。

> ① 利用目的の通知、公表により本人または第三者の生命、身体、財産その他の権利利益を害するおそれがある場合
> ② 利用目的の通知、公表により当該個人情報取扱事業者の権利または正当な利益を害するおそれがある場合
> ③ 国の機関等の事務の遂行に協力する必要があり、利用目的を通知、公表することが遂行に支障を及ぼすおそれがあるとき
> ④ 取得の状況からみて利用目的が明らかであると認められる場合

2 個人情報に関する義務②

個人情報取扱事業者は、個人情報の取扱いに関する苦情の適切かつ迅速な処理に努めなければなりません（40条1項）。

また、個人情報取扱事業者は、その目的を達成するために必要な体制の整備に努めなければなりません（40条2項）。

＊4
 ここに注意

要配慮個人情報を取得する場合、原則として本人の同意が必要となります（20条2項）。

＊5
 プラスアルファ

個人情報取扱事業者は、本人との間で契約を締結することに伴って契約書その他の書面（電磁的記録を含む）に記載された個人情報を取得する場合、本人から直接書面に記載された個人情報を取得する場合は、人の生命、身体または財産の保護のために緊急に必要がある場合を除き、原則として、あらかじめ、本人に対し、その利用目的を明示しなければなりません（21条2項）。

個人情報保護－個人情報保護法

16 個人情報取扱事業者等の義務②

重要度 A

個人データに関する義務では、第三者提供の制限が重要です。例外も含めて整理しておきましょう。

1 定義

個人情報を取得した事業者は、個人情報を検索することができるように体系的に整理してデータベース化します。このデータベース化された個人情報を含む情報の集合物を「個人情報データベース等」といいます（16条1項）。＊1

この「個人情報データベース等」を事業の用に供している者を「個人情報取扱事業者」といいます（16条2項）。＊2

また、「個人情報データベース等」を構成する個人情報を「個人データ」といいます（16条3項）。

2 個人データに関する義務

(1) データ内容の正確性の確保等

個人情報取扱事業者は、利用目的の達成に必要な範囲内において、個人データを正確かつ最新の内容に保つとともに、利用する必要がなくなったときは、当該個人データを遅滞なく消去するよう努めなければなりません（22条）。

(2) 安全管理措置

個人情報取扱事業者は、その取り扱う個人データの漏えい、滅失または毀損の防止その他の個人データの安全管理のために必要かつ適切な措置を講じなければなりません（23条）。

(3) 従業者の監督・委託先の監督

個人情報取扱事業者は、個人データの取扱いについて、従業者、全部または一部を委託された者に対し必要かつ適切な監督を行わなければなりません（24条、25条）。 20-57 ＊3

(4) 漏えい等の報告等

個人情報取扱事業者は、個人データの漏えい、滅失、毀損等で個人の権利利益を害するおそれが大きいものが生じたときは、原則として、個人情報保護委員会に報告し、本人に通知しなければなりません（26条1項、2項）。

(5) 第三者提供の制限

個人情報取扱事業者は、以下に掲げる場合を除き、原則としてあらかじめ本人の同意を得ないで、個人データを第三者に提供してはなりません（27条1項、2項）。＊4

＊1 ここに注意

利用方法からみて個人の権利利益を害するおそれが少ないものとして政令で定めるもの（例えば、市販の電話帳、住宅地図、職員録等）を除きます（16条1項かっこ書）。

＊2 ここに注意

国の機関、地方公共団体、独立行政法人等、地方独立行政法人は除きます（16条2項）。

＊3 ここに注意

従業者とは、雇用関係の有無にかかわらず個人情報取扱事業者の組織内にあって直接・間接の指揮監督を受け事業者の業務に従事する者をいいます。

＊4 プラスアルファ

個人情報取扱事業者は、外国にある第三者に個人データを提供する場合には、原則として、あらかじめ、その提供を認める旨の本人の同意を得なければなりません（28条1項）。

● 個人情報保護

① 法令に基づく場合
② 人の生命、身体または財産の保護のために必要で、本人の同意を得ることが困難であるとき
③ 公衆衛生の向上または児童の健全な育成の推進のために特に必要で、本人の同意を得ることが困難であるとき
④ 国の機関等の事務の遂行に協力する必要があり、本人の同意を得ることが遂行に支障を及ぼすおそれがあるとき
⑤ 個人情報取扱事業者が学術研究機関等である場合で、学術研究成果の公表、教授のためやむを得ないとき　＊5
⑥ 個人情報取扱事業者が学術研究機関等である場合で、学術研究目的で提供する必要があるとき（個人情報取扱事業者と第三者が共同して学術研究を行う場合に限る）　＊6
⑦ 第三者が学術研究機関等である場合で、当該第三者が学術研究目的で取り扱う必要があるとき　＊6
⑧ 個人データの第三者提供の停止に関してオプトアウト方式がとられている場合　18-56　＊7

また、以下の場合、第三者提供に当たらず、上記の規制は適用されません（27条5項）。

① 個人データの取扱いを委託することに伴って個人データが提供される場合
② 合併その他の事由による事業の承継に伴って個人データが提供される場合
③ 特定の者と共同利用される個人データが当該特定の者に提供される場合で、一定事項をあらかじめ、本人に通知し、または容易に知り得る状態に置いているとき　＊8

(6) 第三者提供の記録の作成・確認等

　個人情報取扱事業者は、個人データを第三者に提供したときは、原則として個人データを提供した年月日、当該第三者の氏名等に関する記録を作成し、一定期間保存しなければならず（29条1項、2項）、また、第三者から個人データの提供を受ける際には、原則として、当該第三者の氏名等や個人データの取得の経緯を確認し、記録を作成して、一定期間保存しなければなりません（30条1項、3項、4項）。

＊5 ここに注意
個人の権利利益を不当に侵害するおそれがある場合を除きます。

＊6 ここに注意
その目的の一部が学術研究目的である場合を含み、個人の権利利益を不当に侵害するおそれがある場合を除きます。

＊7 ここに注意
第三者提供を行う個人情報取扱事業者の氏名等を、あらかじめ本人に通知し、または本人が容易に知りうる状態に置き、個人情報保護委員会に届け出た場合のことです。

＊8 プラスアルファ
一定の事項とは、その旨ならびに共同して利用される個人データの項目、共同して利用する者の範囲、利用する者の利用目的ならびに当該個人データの管理について責任を有する者の氏名または名称および住所ならびに法人にあっては、その代表者の氏名です。

17 個人情報取扱事業者等の義務③

重要度 A

個人データのうち、開示請求等の対象となるものを保有個人データといいます。概念を混乱しないようにしましょう。

1 定義

個人データのうち、個人情報取扱事業者が、開示、内容の訂正、追加または削除、利用の停止、消去および第三者への提供の停止を行うことのできる権限を有するものを「保有個人データ」といいます（16条4項）。＊1

＊1 ここに注意

その存否が明らかになることにより公益その他の利益が害されるものとして政令で定めるものは「保有個人データ」に当たりません（16条4項）。

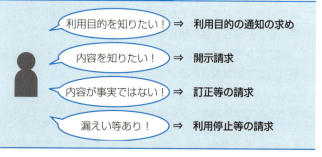

保有個人データに関する請求等

- 利用目的を知りたい！ ⇒ 利用目的の通知の求め
- 内容を知りたい！ ⇒ 開示請求
- 内容が事実ではない！ ⇒ 訂正等の請求
- 漏えい等あり！ ⇒ 利用停止等の請求

2 保有個人データに関する事項の公表等

個人情報取扱事業者は、保有個人データに関し、当該事業者の氏名または名称および住所等一定の事項を、本人の知りうる状態に置かなければなりません（32条1項）。

本人から当該本人が識別される保有個人データの利用目的の通知を求められたときは、原則として遅滞なく通知しなければなりません（32条2項）。＊2

＊2 ここに注意

利用目的が明らかな場合等のときは、通知の必要はありません（32条2項）。

3 開示請求

本人は、当該本人が識別される保有個人データの開示請求をすることができます（33条1項）。＊3

請求を受けた個人情報取扱事業者は、以下の場合を除き、遅滞なく、開示しなければなりません（33条2項）。＊4

① 本人または第三者の生命、身体、財産その他の権利利益を害するおそれがある場合
② 個人情報取扱事業者の業務の適正な実施に著しい支障を及ぼすおそれがある場合
③ 他の法令に違反することとなる場合

＊3 プラスアルファ

本人は、電磁的記録の提供による方法等個人情報保護委員会規則で定める方法による開示を請求することができます（33条1項）。個人情報取扱事業者は、本人が請求した方法（多額の費用を要する場合等その方法による開示が困難である場合は書面の交付）により開示します（33条2項本文）。

4 訂正等の請求

本人は、当該本人が識別される保有個人データの内容が事実でないときは、その訂正、追加または削除を請求することができます（34条1項）。

請求を受けた個人情報取扱事業者は、他の法令に特別の手続がある場合を除き、利用目的の達成に必要な範囲内において、遅滞なく必要な調査を行い、その結果に基づき、その内容の訂正等を行わなければなりません（34条2項）。＊5

5 利用停止等の請求

本人は、当該本人が識別される保有個人データが①利用目的による制限（18条）、不適正な利用の禁止（19条）、適正な取得（20条）に違反しているときは、その利用の停止または消去（35条1項）、②第三者提供の制限（27条1項、28条）に違反しているときは、その提供の停止（35条3項）、③保有個人データが利用の必要がなくなったとき、漏えい等（26条1項本文）が生じたとき、本人の権利等が害されるおそれがあるときは、その利用停止または第三者提供の停止を請求することができます（35条5項）。

上記の請求を受けた個人情報取扱事業者は、理由があることが判明したときは、以下の場合を除き、遅滞なくその停止等をしなければなりません（35条2項、4項、6項）。

- 多額の費用を要する場合その他の停止等の措置を行うことが困難な場合で、本人の権利利益を保護するため必要なこれに代わるべき措置をとるとき

6 開示等の求めに応じる手続

個人情報取扱事業者は、開示の請求等を受け付ける方法を定めることができ、本人は当該方法に従って、開示の請求等を行わなければなりません（37条1項）。＊6

7 事前の請求

開示請求、訂正請求、利用停止等の請求に係る訴えは、原則として被告となる者に対し、あらかじめ、当該請求を行い（事前の請求）、かつ、その到達日から2週間を経過した後でなければ提起することができません（39条1項）。

＊4 プラスアルファ

開示をしない決定をしたとき、当該保有個人データが存在しないとき、本人が請求した方法による開示が困難であるときは、本人に遅滞なく、通知する義務があります（33条3項）。

＊5 プラスアルファ

訂正等を行ったとき、行わない決定をしたときは、本人に遅滞なく、その旨（訂正等を行ったときはその内容）を通知する義務があります。

＊6 プラスアルファ

利用目的の通知を求め（32条2項）、開示請求（33条1項）には、手数料を徴収することができます（38条1項）。しかし、訂正等、利用停止等は徴収することができません。

個人情報保護－個人情報保護法

18 個人情報取扱事業者等の義務④

重要度 A

講師からのアドバイス

要配慮個人情報、仮名加工情報、匿名加工情報、個人関連情報の特有の規制を、その定義の復習と併せて一度確認しておきましょう。

1 要配慮個人情報の取得の制限

個人情報取扱事業者は、以下の場合を除き、あらかじめ本人の同意を得ないで、要配慮個人情報を取得してはなりません（20条2項）。

① 法令に基づく場合
② 人の生命、身体または財産の保護のために必要で、本人の同意を得ることが困難であるとき
③ 公衆衛生の向上または児童の健全な育成の推進のために特に必要で、本人の同意を得ることが困難であるとき
④ 国の機関等の事務の遂行に協力する必要があり、本人の同意を得ることが遂行に支障を及ぼすおそれがあるとき
⑤ 個人情報取扱事業者が学術研究機関等である場合で、学術研究目的で取り扱う必要があるとき＊1
⑥ 学術研究機関等から取得する場合で、学術研究目的で取得する必要があるとき（個人情報取扱事業者と学術研究機関等が共同して学術研究を行う場合に限る）＊1
⑦ 当該要配慮個人情報が、本人、国の機関、地方公共団体、学術研究機関等により公開されている場合　など

＊1 ここに注意

その目的の一部が学術研究目的である場合を含み、個人の権利利益を不当に侵害するおそれがある場合を除きます（20条2項5号、6号）。

2 要配慮個人情報の第三者提供方法

個人データが要配慮個人情報である場合、オプトアウト方式による第三者への提供はできません（27条2項ただし書）。

3 仮名加工情報取扱事業者の義務等　＊2

（1）仮名加工情報が個人情報に該当する場合

仮名加工情報取扱事業者（個人情報取扱事業者に限る）の義務として、特定された利用目的の達成に必要な範囲を超えた取扱いの禁止（41条3項）、仮名加工情報である個人データの第三者提供の原則禁止（41条6項前段）、仮名加工情報と他の情報との照合禁止（41条7項）、仮名加工情報に含まれる連絡先その他の情報の利用禁止（41条8項）などがあります。

＊2 ことばの意味

仮名加工情報取扱事業者

国の機関等以外で仮名加工情報データベース等を事業の用に供している者をいいます（16条5項）。なお、仮名加工情報データベース等とは、仮名加工情報を含む情報の集合物で検索可能なように構成したものをいいます（16条5項）。

●個人情報保護

もっとも、この場合、利用目的の変更の制限（17条2項）等の規定は適用除外となります（41条9項）。*3

利用目的の変更の制限の適用除外
氏名／買物履歴………「顧客管理目的」
仮名化
仮ＩＤ／買物履歴……「新たな目的」で使用可
仮名化で利用目的の変更制限の適用なし

(2) 仮名加工情報が個人情報に該当しない場合

仮名加工情報取扱事業者の義務として、仮名加工情報の第三者提供の原則禁止（42条1項）、苦情の処理（42条3項・40条）、仮名加工情報と他の情報との照合禁止（42条3項・41条7項）、仮名加工情報に含まれる連絡先その他の情報の利用禁止（42条3項・41条8項）などがあります。

4 匿名加工情報取扱事業者の義務等 *4

(1) 匿名加工情報を作成した個人情報取扱事業者の義務

個人情報取扱事業者の義務として、安全管理措置（43条2項）、情報の項目の公表（43条3項）、第三者提供の際の情報の項目・提供方法等の公表等（43条4項）、匿名加工情報と他の情報との照合禁止（43条5項）などがあります。*5

(2) 匿名加工情報取扱事業者の義務

匿名加工情報取扱事業者の匿名加工情報（自ら作成したものを除く）に関する義務として、第三者提供の際の情報の項目・提供方法等の公表等（44条）、匿名加工情報作成に用いられた情報の取得・匿名加工情報と他の情報との照合禁止（45条）などがあります。*5

5 個人関連情報に関する義務等

個人関連情報取扱事業者の義務として、第三者が個人データとして取得することが想定されるときは、本人の同意があること等を確認しないで第三者に提供してはならないこと（31条1項）、提供をした場合は記録を作成し一定期間保存しなければならないこと（31条3項・30条3項、4項）があります。*6

*3 プラスアルファ
このほか、漏えい等の報告等（26条）、開示等の請求等（32条〜39条）の規定も適用除外となります（41条9項）。

*4 ことばの意味
匿名加工情報取扱事業者
国の機関等以外で匿名加工情報データベース等を事業の用に供している者をいいます（16条6項）。なお、匿名加工情報データベース等とは、匿名加工情報を含む情報の集合物で検索可能なように構成したものをいいます（16条6項）。

*5 プラスアルファ
苦情処理等の努力義務（43条6項、46条）もあります。

*6 ここに注意
この規制は、提供元では個人情報でないデータであっても（例えば、クッキー（cookie）など）、提供先で個人データを構成するものがあることに着目したものです。

個人情報保護－個人情報保護法
19 行政機関等の義務① 重要度 A

2021年改正により、行政機関個人情報保護法、独立行政法人等個人情報保護法は廃止され、個人情報保護法に統合されました。

*1 ここに注意

2021年改正により、地方公共団体の機関および地方独立行政法人にも国と同様の規律を適用し、共通ルール（法の範囲内に限り独自条例は可能）を適用することとなりました（2023年5月18日までに施行）。

*2 ことばの意味

行政文書
行政機関の職員が職務上作成または取得した文書等で、当該行政機関の職員が組織的に用いるものとして、当該行政機関が保有するもの（官報等、特定歴史的公文書等、政令で定める資料を除く）をいいます（行政機関情報公開法2条2項）。

*3 ここに注意

有償の刊行物（官報、白書など）に記載されている個人情報は「保有個人情報」にあたりません。有償の刊行物は「行政文書」ではないからです。

1 定義

「行政機関」とは、国の行政機関（内閣を除く）を指します（2条8項）。地方公共団体、立法府である国会、司法府である裁判所は含まれませんが、会計検査院は含まれます（2条8項6号）。 12-57 15-56 17-57 *1

「行政機関等」とは、国の行政機関および独立行政法人等を指します（2条11項）。

行政機関等において、個人情報取扱事業者の「保有個人データ」に相当する概念が「保有個人情報」です。これは、行政機関等の職員等が職務上作成または取得した個人情報で、当該行政機関等の職員等が組織的に利用するものとして、当該行政機関等が保有しているもの（行政文書等に記録されているものに限る）をいいます（60条1項）。 *2 *3

また、行政機関等において、個人情報取扱事業者の「個人情報データベース等」に相当する概念が「個人情報ファイル」です。これは、保有個人情報を含む情報の集合物であって、検索することができるように体系的に構成したものをいいます（60条2項）。

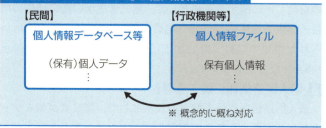

個人情報データベース等と個人情報ファイル

2 行政機関等における個人情報等の取扱い
(1) 行政機関等の義務

行政機関等は、個人情報を保有するにあたっては、所掌事務を遂行するため必要な場合に限り、かつ、その利用目的をできる限り特定しなければなりません（61条1項）。

また、行政機関等は、利用目的の達成に必要な範囲を超えた個人情報の保有はできず（61条2項）、利用目的を変更する場合、変更前の利用目的と相当の関連性を有すると合理的に認められる範囲を超えることはできません（61条3項）。

行政機関等は、直接書面（電磁的記録を含む）に記録された個人情報を取得するときは、原則として、あらかじめ本人に利用目的を明示しなければなりません（62条）。＊4

(2) 行政機関の長等の義務

行政機関の長等は、違法・不当な行為を助長・誘発のおそれがある方法により個人情報を利用してはなりませんし（63条）、行政機関の長等は、偽りその他不正の手段により個人情報を取得してはなりません（64条）。

また、行政機関の長等は、利用目的達成に必要な範囲内で保有個人情報が過去・現在の事実と合致するよう努めなければなりません（65条）。

さらに、行政機関の長等は、保有個人情報の漏えい、滅失毀損防止等に必要な措置を講じなければならず（66条1項）、保有個人情報の漏えい等で個人の権利利益を害するおそれが大きいものが生じたときは、その旨を個人情報保護委員会に報告しなければなりません（68条1項）。＊5 ＊6

(3) 目的外利用および提供の制限

行政機関の長等は、法令に基づく場合を除き、利用目的以外の目的で保有個人情報をみずから利用・提供をしてはなりません（69条1項）。もっとも、次の場合は除きます。＊7

① 本人の同意があるとき、または本人に提供するとき
② 保有個人情報を行政機関等の内部で利用する場合で、その利用に相当な理由のあるとき
③ 保有個人情報の提供を受ける他の行政機関等が、法令の定める事務または業務の遂行に必要な限度で利用し、かつ、その利用に相当な理由のあるとき
④ 専ら統計の作成または学術研究の目的のために提供するとき、明らかに本人の利益になるとき、その他保有個人情報を提供することについて特別の理由のあるとき

●個人情報保護

＊4
 プラスアルファ

人の生命、身体または財産の保護のために緊急に必要があるとき、取得の状況からみて利用目的が明らかであると認められるとき等の場合、明示は不要です（62条各号）。

＊5
 プラスアルファ

漏えい、滅失毀損防止等に必要な措置をする義務は、行政機関等から個人情報の取扱いの委託を受けた者の当該委託を受けた業務等に関しても課されます（66条2項）。

＊6
 プラスアルファ

個人情報の取扱いに従事する行政機関の職員・職員であった者、受託業務の従事者・従事していた者は、その業務に関して知り得た個人情報の内容をみだりに他人に知らせ、または不当な目的に利用してはなりません（67条）。

＊7
 ここに注意

ただし、本人または第三者の権利利益を不当に侵害するおそれがあると認められるときは、目的外利用等はできません（69条2項ただし書）。

個人情報保護－個人情報保護法

20 行政機関等の義務②

重要度 A

開示請求、訂正請求のほかそれに対する行政機関の長等の対応についても確認しておきましょう。

1 開示請求

(1) 開示請求権

何人も、行政機関の長等に対し、自己を本人とする保有個人情報の開示を請求することができます（76条1項）。 13-55

(2) 開示請求の手続

開示請求は、請求者の氏名および住所または居所、保有個人情報を特定するに足りる事項を記載した書面（開示請求書）を提出してします（77条1項）。 15-56 ＊1 ＊2

なお、「何人も」と規定されていることから、未成年者であっても開示請求ができます。 15-56 17-57 ＊3

(3) 保有個人情報の開示義務

行政機関の長等は、次の不開示情報のいずれかが含まれている場合を除き、開示義務があります（78条）。

① 開示請求者（代理人が請求をする場合は本人）の生命、健康、生活または財産を害するおそれがある情報

② 開示請求者以外の個人に関する情報で、開示請求者以外の特定の個人を識別することができるもの、個人識別符号が含まれるもの、開示により開示請求者以外の個人の権利利益を害するおそれがあるもの ＊4

③ 法人等に関する情報等で、開示によりその権利、競争上の地位その他正当な利益を害するおそれがあるもの等 ＊5

④ 開示により国の安全が害されるおそれ等があると行政機関の長が認めることにつき相当の理由がある情報

⑤ 開示により公共の安全と秩序の維持に支障を及ぼすおそれがあると行政機関の長が認めることにつき相当の理由がある情報 20-56

⑥ 国の機関等の審議・検討・協議に関する情報で、開示により率直な意見交換等を不当に損う等のおそれがあるもの

⑦ 国の機関等の事務・事業に関する情報で、開示により事務・事業の適正な遂行に支障を及ぼすおそれがあるもの 17-57

＊1 プラスアルファ
本人等確認書類の提示・提出も必要です（77条2項）。

＊2 プラスアルファ
行政機関の長に対し、開示請求をする場合、開示に係る実費の範囲内において政令で定める額の手数料を納めなければなりません（89条1項）。

＊3 プラスアルファ
未成年者もしくは成年被後見人の法定代理人または本人の委任による代理人も可能です（76条2項）。

＊4 ここに注意
事業を営む個人の当該事業に関する情報は、「開示請求者以外の個人に関する情報」から除かれます（78条2号）。

778

●個人情報保護

行政機関の長等の開示方法	
部分開示	不開示情報が含まれていても不開示部分を容易に区分して除くことができるときは、それを除いた部分の開示義務あり（79条1項）21-57
裁量的開示	不開示情報が含まれていても個人の権利利益を保護するため特に必要があるときは、開示可能（80条）21-57
存否応答拒否（グローマー拒否）	保有個人情報が存在しているか否かを答えるだけで、不開示情報を開示することとなるときは、当該保有個人情報の存否を明らかにしないで、開示の拒否が可能（81条）20-56

開示決定等は、原則として、開示請求があった日から30日以内にしなければなりません（83条1項本文）。＊6

2 訂正請求

(1) 訂正請求権

何人も、自己を本人とする一定の保有個人情報の内容が事実でないと思料するときは、原則として、行政機関の長等に対し、訂正請求（追加または削除を含む）ができます（90条1項）。なお、訂正請求は、保有個人情報の開示を受けた日から90日以内にしなければなりません（90条3項）。13-55

(2) 訂正請求の手続

訂正請求は、訂正請求者の氏名および住所または居所、保有個人情報の開示日その他保有個人情報を特定するに足りる事項、訂正請求の趣旨および理由を記載した書面（訂正請求書）を提出してします（91条1項）。＊7

(3) 保有個人情報の訂正義務

行政機関の長等は、訂正請求に理由があるときは、保有個人情報の利用目的の達成に必要な範囲内で、訂正をしなければなりません（92条）。

訂正決定等は、原則として、訂正請求があった日から30日以内にしなければなりません（94条1項本文）。＊8

＊5 ここに注意

ただし、人の生命、健康、生活または財産を保護するため、開示することが必要であると認められる情報は、不開示情報から除かれます（78条3号ただし書）。

＊6 プラスアルファ

行政機関の長等は、事務処理上の困難その他正当な理由があるときは、30日以内に限り延長することができます（83条2項前段）。

＊7 プラスアルファ

未成年者自身、法定代理人、任意代理人も可能です（90条2項）。また、本人等確認書類の提示・提出も必要です（91条2項）。

＊8 プラスアルファ

行政機関の長等は、事務処理上の困難その他正当な理由があるときは、30日以内に限り延長することができます（94条2項前段）。また、訂正決定等に特に長期間を要すると認めるときは、相当の期間内に訂正決定等をすれば足ります（95条前段）。

21 行政機関等の義務③

個人情報保護－個人情報保護法

重要度 A

1 利用停止請求

(1) 利用停止請求権

何人も、次の①・②のいずれかに該当すると思料するときは、他の法律等により特別の手続が定められているときを除き、原則として、当該保有個人情報を保有する行政機関の長等に対し、利用停止等を請求することができます（98条1項本文）。

講師からのアドバイス
利用停止請求の要件、その内容を確認しておきましょう。なお、行政機関等匿名加工情報は、行政機関非識別加工情報から名称が変更されたものです。

利用停止請求の要件等

	要件	請求内容
①	・特定された利用目的の達成に必要な範囲を超えて個人情報を保有（61条2項） ・違法、不当行為を助長または誘発するおそれがある方法で個人情報を利用（63条） ・偽りや不正の手段で個人情報を取得（64条） ・利用目的以外の目的のために保有個人情報を自ら利用（69条1項、2項）	利用停止 または 消去
②	・利用目的以外の目的のために保有個人情報を提供（69条1項、2項） ・外国の第三者への提供制限違反（71条1項）	提供停止

なお、利用停止請求は、保有個人情報の開示を受けた日から90日以内にしなければなりません（98条3項）。

(2) 利用停止請求の手続

利用停止請求は、利用停止請求者の氏名および住所または居所、保有個人情報の開示日その他保有個人情報を特定するに足りる事項、利用停止請求の趣旨および理由を記載した書面（利用停止請求書）を提出してします（99条1項）。＊1

(3) 保有個人情報の利用停止義務

行政機関の長等は、請求に理由があるときは、原則として、必要な限度で利用停止をしなければなりません（100条本文）。 21-57

利用停止決定等は、原則として利用停止請求があった日から30日以内にしなければなりません（102条1項本文）。＊2

＊1 プラスアルファ
未成年者自身、法定代理人、任意代理人も可能です（98条2項）。また、本人等確認書類の提示・提出も必要です（99条2項）。

＊2 プラスアルファ
行政機関の長等は、事務処理上の困難その他正当な理由があるときは、30日以内に限り延長することができます（102条2項前段）。また、利用停止等に特に長期間を要すると認めるときは、相当の期間内に訂正決定等をすれば足ります（103条前段）。

780

2 個人情報ファイルに関する義務

行政機関（会計検査院を除く）が個人情報ファイルを保有しようとするときは、原則としてあらかじめ個人情報保護委員会に対し、一定事項の通知が必要です（74条1項）。＊3

行政機関の長等は、原則として、当該行政機関等が保有している個人情報ファイルについて、個人情報ファイル簿を作成し、公表しなければなりません（75条1項）。

3 行政機関等匿名加工情報

(1) 定義

「行政機関等匿名加工情報」とは、一定要件をみたす個人情報ファイルを構成する保有個人情報の全部または一部を加工して得られる匿名加工情報をいいます（60条3項）。

「行政機関等匿名加工情報」を含む情報の集合物であって、検索することができるように体系的に構成したものを「行政機関等匿名加工情報ファイル」といいます（60条4項）。

(2) 行政機関等匿名加工情報の作成・提供

行政機関の長等は、行政機関等匿名加工情報（行政機関等匿名加工情報ファイルを構成するものに限る）を作成することができます（107条1項）。そして、行政機関の長等は、法令に基づく場合、保有個人情報を利用目的のために第三者に提供することができる場合にこれを加工して作成した行政機関等匿名加工情報を当該第三者に提供するときを除き、行政機関等匿名加工情報を提供できません（107条2項）。

(3) 行政機関等匿名加工情報の利用契約

行政機関等匿名加工情報を事業の用に供しようとする者でその事業に関する提案者は、審査を受け、基準に適合した場合、行政機関の長等との間で行政機関等匿名加工情報の利用に関する契約を締結することができます（113条）。

(4) 行政機関等匿名加工情報に関する義務

行政機関等匿名加工情報に関する行政機関の長等の義務として、行政機関等匿名加工情報作成の際の個人情報保護委員会規則で定める基準に従った加工義務（114条1項）、他の情報との照合の原則禁止（119条1項）、行政機関等匿名加工情報等の漏えいを防止のため必要な基準に従った適切な管理措置義務（119条2項）などがあります。＊4

＊3 プラスアルファ

通知事項は、個人情報ファイルの名称、当該行政機関の名称等、利用目的、記録項目および本人として個人情報ファイルに記録される個人の範囲、要配慮個人情報が含まれるときはその旨などです（74条1項各号）。

＊4 プラスアルファ

行政機関等匿名加工情報等の取扱いに従事する行政機関等の職員もしくは職員であった者等は、その業務に関して知り得た行政機関等匿名加工情報等の内容をみだりに他人に知らせ、または不当な目的に利用してはなりません（120条）。

個人情報保護－個人情報保護法

22 個人情報保護委員会 重要度 B

講師からのアドバイス
個人情報保護委員会は行政機関等に対しても監視権限を有している点も確認しておきましょう。

1 個人情報保護委員会

個人情報保護委員会は内閣総理大臣の所轄に属する行政委員会です（127条2項）。その任務は、個人情報保護法を所管し、行政機関等の事務および事業の適正かつ円滑な運営、個人情報の適正な取扱いの確保です（128条）。 19-57 ＊1

個人情報保護委員会の主な事務は以下のとおりです（129条）。

＊1 ここに注意
マイナンバーの適正な取扱いの確保のための業務も含まれます。

- 基本方針の策定および推進に関すること
- 個人情報取扱事業者における個人情報の取扱い等に関する監督、行政機関等における個人情報等の取扱いに関する監視ならびに個人情報等の取扱いに関する苦情の申出についての必要なあっせんおよびその処理を行う事業者への協力に関すること（特定個人情報を除く）＊2 ＊3
- 認定個人情報保護団体に関すること
- 特定個人情報の取扱いに関する監視または監督ならびに苦情の申出についての必要なあっせんおよびその処理を行う事業者への協力に関することなど
- 個人情報の保護および適正かつ効果的な活用についての広報および啓発に関すること
- 所掌事務に係る国際協力に関すること　など

＊2 ここに注意
個人情報取扱事業者および仮名加工情報取扱事業者における仮名加工情報の取扱い、個人情報取扱事業者および匿名加工情報取扱事業者における匿名加工情報の取扱い、個人関連情報取扱事業者における個人関連情報の取扱いも監督の対象です。行政機関等における仮名加工情報、匿名加工情報および個人関連情報の取扱いも監視の対象です。

個人情報保護委員会は、以下のとおり、各機関等に対して監督・監視等を行います。

＊3 ことばの意味
特定個人情報
マイナンバー等をその内容に含む個人情報をいいます。

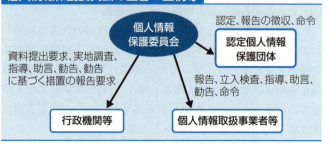

個人情報保護委員会の監督・監視等

782

●個人情報保護

2 個人情報取扱事業者の監督等

個人情報保護委員会の個人情報取扱事業者等への監督として、**報告・資料提出の求め、立入検査**（143条）、**指導・助言**（144条）、**勧告・命令**（145条）等があります。 19-57

勧告は個人情報取扱事業者等に違反行為があった場合になされ（145条1項）、正当な理由なく勧告にかかる措置がとられず、個人の重大な権利利益の侵害が切迫しているときは命令をすることができます（145条2項）。＊4　＊5

3 認定個人情報保護団体の認定等

認定個人情報保護団体とは、個人情報、仮名加工情報、匿名加工情報の適正な取扱いを確保するために、民間団体による自主的な取組みを支援することを目的として**個人情報保護委員会の認定**を受けた法人等です（47条1項）。＊6

認定個人情報保護団体制度

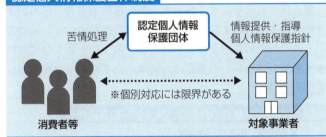

個人情報保護委員会の認定個人情報保護団体への監督として、認定業務の**報告の徴収**（150条）、認定業務の改善等の**命令**（151条）、**認定の取消し**（152条）があります。 19-57

4 行政機関等の監視等

個人情報保護委員会の行政機関の長等（会計検査院長を除く）に対する監視として、**資料の提出の要求・実地調査**（153条）、**指導・助言**（154条）、**勧告**（155条）、**勧告に基づく措置の報告要求**（156条）等があります。

5 外国との連携

個人情報保護委員会の外国との連携に関する規定として、外国の個人情報保護の執行当局に対する**情報の提供**（167条1項）、条約等の誠実な履行を妨げないよう留意すること、確立された国際法規の遵守（168条）があります。

＊4 プラスアルファ

個人の重大な権利利益を害する事実があるため緊急に措置をとる必要があると認めるときは、勧告を前提とせずに違反行為の中止その他違反を是正するために必要な措置をとるべきことを命令することができます（145条3項）。

＊5 プラスアルファ

命令をしたが、その命令を受けた個人情報取扱事業者等がその命令に違反したときは、その旨を公表することができます（145条4項）。

＊6 プラスアルファ

個人情報保護委員会による認定があったときは、公示されます（47条3項）。

個人情報保護－個人情報保護法

23 適用除外・罰則

重要度 B

個人情報保護法57条1項の適用除外は基本事項です。罰則は、国外での適用があるものや両罰規定に注意しましょう。

1 適用除外等

(1) 外国に拠点を置く事業者への適用

個人情報保護法は、個人情報取扱事業者、仮名加工情報取扱事業者、匿名加工情報取扱事業者または個人関連情報取扱事業者が、国内にある者に対する物品または役務の提供に関連して、国内にある者を本人とする個人情報、当該個人情報として取得されることとなる個人関連情報または当該個人情報を用いて作成された仮名加工情報もしくは匿名加工情報を、**外国において取り扱う**場合も適用されます（166条）。

(2) 適用除外

個人情報取扱事業者、仮名加工情報取扱事業者、匿名加工情報取扱事業者および個人関連情報取扱事業者のうち次の者がそれぞれ次の目的を有するときは、第4章（個人情報取扱事業者等の義務等）の規定は、適用されません（57条1項）。

14-57 18-56

個人情報取扱事業者の義務等（第4章）の適用除外	*1
放送機関、新聞社、通信社その他の報道機関（報道を業として行う個人を含む）	報道の用に供する目的 *2
著述を業として行う者	著述の用に供する目的
宗教団体	宗教活動（付随する活動を含む）の用に供する目的
政治団体	政治活動（付随する活動を含む）の用に供する目的

プラスアルファ
*1
適用除外となる個人情報取扱事業者、仮名加工情報取扱事業者、匿名加工情報取扱事業者は、個人データ、仮名加工情報または匿名加工情報の安全管理のために必要かつ適切な措置、個人情報等の取扱いに関する苦情の処理その他の個人情報等の適正な取扱いを確保するために必要な措置を自ら講じ、かつ、当該措置の内容を公表するよう努めなければなりません（57条3項）。

ここに注意
*2
報道とは、不特定かつ多数の者に対して客観的事実を事実として知らせること（これに基づいて意見または見解を述べることを含む）をいいます（57条2項）。

(3) 学術研究機関等にかかる適用除外規定

学術研究目的による学術研究機関等の行為には、利用目的による制限、同意のない要配慮個人情報の取得制限等は原則として適用されません（18条3項5号、20条2項5号等）。

また、**学術研究の成果の公表等のためやむを得ない学術研究機関等の行為**には、第三者提供の制限は原則として適用されません（27条1項5号等）。*3

2 罰則

個人情報保護法の罰則規定　*4　*5

行政機関等の職員等、それらであった者（171条）	正当の理由ない個人情報ファイル（60条2項1号）の提供	懲役2年以下 罰金100万円以下 ※国外犯あり
個人情報保護委員会の委員等、それらであった者（172条）	秘密漏えい、盗用	
個人情報取扱事業者等（173条） 12-54	個人情報保護委員会による命令に違反	懲役1年以下 罰金100万円以下 ※両罰規定 　（罰金1億円以下）
個人情報取扱事業者や従業者等、それらであった者（174条）	個人情報データベース等を不正な利益を図る目的で提供、盗用	懲役1年以下 罰金50万円以下 ※国外犯あり ※両罰規定 　（罰金1億円以下）
行政機関等の職員等、それらであった者（175条）	保有個人情報を不正な利益を図る目的で提供、盗用	懲役1年以下 罰金50万円以下 ※国外犯あり
行政機関等の職員（176条）	職権を濫用して、専ら職務外の目的で個人の秘密が記録された文書等を収集	
個人情報取扱事業者等への報告の徴収、立入検査等に対する報告の懈怠、虚偽報告、検査拒否等（177条1号）		罰金50万円以下 ※両罰規定 　（罰金50万円以下）
認定個人情報保護団体への報告の徴収に対する報告の懈怠、虚偽報告（177条2号）		
・個人データ第三者提供時の確認事項の偽り ・認定個人情報保護団体以外のその名称使用 ・認定個人情報保護団体の認定業務の廃止の届出違反 ・偽りその他不正手段により85条3項に規定する開示決定に基づく保有個人情報の開示を受ける （180条各号）		過料10万円以下

*3 プラスアルファ

個人情報取扱事業者である学術研究機関等は、学術研究目的で行う個人情報の取扱いについて、この法律の規定を遵守するとともに、その適正を確保するために必要な措置を自ら講じ、かつ、当該措置の内容を公表するよう努めなければなりません（59条）。

*4 ここに注意

171条、172条、174条、175条、176条の規定は、日本国外においてこれらの条の罪を犯した者にも適用されます（178条）。

*5 プラスアルファ

法人の代表者または法人もしくは人の代理人、使用人その他の従業者が、その法人または人の業務に関して、①173条および174条の違反行為をしたときは、行為者を罰するほか、その法人に対し1億円以下の罰金が科され、②177条の違反行為をしたときは、行為者を罰するほか、50万円以下の罰金が科されます（両罰規定／179条1項）。

［一般知識］

第8編

文章理解

科目別ガイダンス 文章理解

過去10年間の出題傾向

項　目	12	13	14	15	16	17	18	19	20	21
空欄補充	●	●		●	●	●	●	●	●	●
並べ替え	●	●	●	●	●		●		●	
文章要旨										

1 「文章理解とは」

　文章理解とは、評論家が執筆した文献の一部を素材として、要旨把握能力、論理的思考力を問うものです。
　文章理解の問題には、大きく「空欄補充型問題」「並べ替え型問題」「要旨把握型問題」の3つのパターンがあります。

2 学習のポイント

　文章理解は、例年3題の出題となっていますが、一般知識の基準点突破（6問以上正解）を果たすために、この3題が非常に大きな意味を持ちます。文章理解の対策はしっかりと行って、安定的に2～3題の正解ができるようにしておく必要があります。

空欄補充・並べ替え

１ 空欄補充

重要度 B

１ 空欄補充型とは

空欄補充型の問題は、文章中の空欄に適切な語句を入れて正しい文章を完成させる問題です。次のような手順を踏まえてください。

解答の手順
① 本文を通読し、文章全体の要旨をおおまかに把握する
② 本文の論旨に適合するように、空欄を補充する
③ 空欄の前後の語句、表現に注意する
④ 空欄を補充したうえで通読し、論旨に矛盾がないことを確認する

講師からのアドバイス

空欄補充の問題は多肢選択式問題のように言葉を積極的に入れていく問題ではなく、選択肢の中ですべて組み合わせられていますから、絶対入らないような言葉等は積極的に切っていくなどの方法が有効です。空欄の前後を比較することや、1つの文章の中に複数の空欄がある場合は、前後の空欄自体を比較するなどの方法も有効です。

２ 語句補充型

複数の空欄に語句を補充する形式の問題については、すべての空欄に語句を入れてから解答したり、補充する順序にこだわるようなことはせずに、語句を入れやすいものから入れていき、選択肢を絞り込んでいくのが効率のよい解き方といえます。

補充すべき語句の種類が複数ある場合は、最初に選択肢を検討すべきです。選択肢を検討することによって、①補充すべき語句のイメージをつかむことができる、②選択肢に挙げられていない語句については、その空欄に入るかどうかを検討する必要がなくなる、といったメリットがあります。

３ 文章補充型

近年は、空欄に文章を補充させる問題も出題されています。文章を補充させる場合は、選択肢に挙げられた文章の文頭に注目するとよいでしょう。選択肢に挙げられた文章の文頭が「例えば」で始まっていれば、空欄外の本文で抽象的に述べた事柄の具体例となる文章が空欄に入ることになります。「すなわち」で始まっていれば、空欄外の本文ですでに述べられた事柄を言い換えた文章が空欄に入ることになります。

第８編 文章理解　空欄補充・並べ替え

空欄補充・並べ替え

2 並べ替え

重要度 B

講師からのアドバイス

並び替えは指示語とその段落の内容を丁寧に解釈しましょう。指示語との段落の内容が適合しているのかが判断ポイントです。

1 並べ替え型とは

並べ替え型の問題は、文を並び替えて正しい文章を完成させる問題です。次のような手順を踏まえてください。

解答の手順

1. 先頭に来る文を探す
   - 頭に接続語や指示語が来る文は、先頭には来ない！
   - 選択肢の文を一読し、一般論や前提議論を述べているものがないかなども参考にする

2. 解答もヒントにしながら、効率よく解く
   - 「確実に言えること」から選択肢を絞りこむ。「確実に言えること」をうまく導くことが重要。(「選択肢のグループ化」を使う)
   - 並べ替える文章の内容を把握し、筆者の主張をつかむことも重要

   ☆ 選択肢のグループ化 (「結びつくもの」を探す)
   ① キーワードに着目する
   ② 指示語とその指示内容に着目する
   ③ 接続語に着目し、論理関係を考える
   ④ 筆者の主張に注目し、文章の流れ・論理関係を考える

   最後に

3. 並べ替えた文章を通読し、内容に矛盾がないことを確認する

2 グループ化の方法

キーワード、指示語、接続語などに着目して、前後の関係にある複数の文を結びつけ、並びを確定することを「グループ化」と呼びます。*1

*1 **ここに注意**

選択肢に配列が与えられている場合、並びが確定したグループが含まれていない選択肢は、誤りとして順次消去することができます。

(1) キーワードに着目する

複数の文に共通の語句、同義の語句がある場合は、それらの文は順序はともかくとしてつながる可能性が高いといえます。

●空欄補充・並べ替え

（例）　A　「・・・言文一致という考えがあります。」
　　　　D　「・・・言文一致は、言（話し言葉）を書くことを
　　　　　　意味している・・・」

⇒この時点で、AとDのグループ化ができます。

（2）指示語とその指示内容に着目する

　指示語の指示する内容を含む文は、指示語を含む文の直前に来る可能性が高いといえます。

（例）　B　「私たちは、人の死を惜しむとき、残された家族に
　　　　　　『おくやみ申し上げます』といって挨拶する。」
　　　　E　「・・・私は永い間、なぜこれが同情の言葉になる
　　　　　　のかわからなかった。」

⇒Eの文の「これ」は、Bの文の「おくやみ申し上げます」
　という挨拶を指すものと考えられます。この時点で、B
　とEのグループ化ができます。

（3）接続語に着目する

　文頭に接続語がある文の場合、その接続語に従って、どの文を受けているのかを考えます。

（例）　C　「私は昨日、非常に機嫌が悪かった。」
　　　　F　「なぜなら、財布を落としてしまったからだ。」

⇒Fの文はCの文の原因・理由を示していると考えられ、
　この時点で、CとFのグループ化ができます。

③ その他の注意点

（1）選択肢を最大限に利用する

　選択肢に与えられた配列のみを検討すればよく、それ以外の組合せの可能性があるかを検討する必要はありません。

（2）論理的に解く

　問題文中には必ず手がかりとなる指示語、接続語、論理関係などが隠されているので、それらを利用して並べ替えるようにしましょう。直感に頼って、感覚的につながるものを選ぼうとしても、時間ばかりがかかって、不正解になる可能性が高くなります。

第8編 文章理解　空欄補充・並べ替え

791

文章要旨

③ 要旨把握

重要度 B

要旨把握型問題の時間節約として「例えば」以下は読まないという方法があります。「A例えばB」という場合は、筆者の言いたい部分は結局「A」なのですから、「A」の部分が理解できれば、「B」の部分は読まなくてもよいということです。

*1
 具体例で覚えよう！

文章の構成には、次のようなものがあります。要旨は、原則として、主題の述べられている箇所にあります。
①頭括式
　（主題⇒説明・事実・具体例）
②尾括式
　（説明・事実⇒主題・結論）
③双括式
　（主題⇒説明⇒主題・結論）

1 要旨の把握とは

　問題文の筆者は、文章中に自分の意見を織り交ぜています。客観的な事実を説明しているようにみえる文章であっても、その構成を通じて筆者が最も強調しようとする意見を読み取ることが可能です。

　筆者が文章全体を通じて最も強調しようとする意見を読み取ることを「要旨把握」といいます。要旨把握の問題では、「要旨」＝「文章の中心的主張、結論など」を捉えることが重要となります。*1

　要旨把握型の解法は、すべての文章読解問題を解くうえでの基礎となります。要旨把握の方法を身につければ、他の形式の文章読解問題に応用することが可能です。

解答の手順

1　筆者の意見の中心部分が述べられている箇所を探す
　①　具体例の説明と、筆者の意見とを区別する
　②　文章の最初と最後に注目する
　③　文末が「考える」、「思う」、「～ねばならない」、「～であろう」などとなっている文に着目する
　④　逆接の接続語に注意する
2　要旨を把握する
　①　繰り返し使われている言葉（キーワード）に着目する
　②　出典はテーマをつかむ手がかりになる
3　要旨に適合する選択肢を選ぶ
　①　誤りの選択肢を消去する方法が有効である
　②　正しいと思った肢でも一応留保して他の肢と比べてみる

2 キーワードの見つけ方

　要旨把握型では、通常、本文中に要旨を解明するうえで手がかりとなる言葉（キーワード）が存在します。キーワードが含まれている肢は正解肢である可能性が高いため、キーワードを発見することは、正解への早道となります。

● 文章要旨

① 出典に着目する。

筆者は本文の主題として最も強調したい事柄を、出典中にキーワードで示している可能性が高いといえます。

② 繰り返し用いられている言葉に着目する。

③ 問題提起の文に着目する。

問題提起の文には、筆者の問題意識を端的に示すキーワードが用いられている可能性が高いといえます。

④ キーワードを強調する表現を探す。

筆者は、その言葉がキーワードであることを示すために強調的な表現を用いることがあります。

キーワードを強調する表現例

① 「これこそが Key Word である。」

② 「最も着目すべきなのは、Key Word である。」

③ 「Key Word の重要性を再認識すべきである。」

④ 「どうして Key Word なくしていられようか。」

⑤ 「私は Key Word の力を信じる。」

3 誤りの肢の消去方法

問題文と照らし合わせて、可能な限り論旨に忠実な記述が正解となります。次のような内容の肢は誤りの肢として消去できます。

誤りの肢の消去方法

① 本文の論旨の前提にすぎないもの

② 本文の論旨の延長線上にあるもの

③ 本文中の語句や表現を用いてはいるが、本文の論旨に適合しないもの

④ 本文にはない、強調的で極端な表現を用いているもの

⑤ その肢だけを読めば一般論として正論であっても、本文では全く触れられていないもの

第8編 文章理解

文章要旨

793

文章要旨

4 下線部説明・内容不適合

重要度 B

下線部説明問題は、下線部の前後を注意深く読み込みましょう。ヒントが隠されているはずです。

1 下線部説明型

下線部説明型の問題は、本文の特定箇所にある下線部の内容を問う問題です。下線部の言い換え表現がある場合と、ない場合によって、解法手順が異なります。

解答の手順

下線部の前後に下線部を言い換える箇所があるか
- あり → 言い換え部分を各選択肢と比較する
- なし → 要旨把握型の解法を応用する

（1）言い換え部分のある場合の解答手順

① 下線部の言い換え部分の意味をできるだけ詳細に把握する。

② 各選択肢を検討し、言い換え部分に最も適合する内容のものを選ぶ。その際、「誤りの肢の消去方法」を応用する。

（2）言い換え部分のない場合の解答手順

要旨把握型問題と同じ手順で解答します。

2 内容不適合型

内容不適合型の問題は、本文の内容に触れた肢について、その正誤を問う問題です。

解答の手順

① 本文の要旨をおおまかにつかむ
② 各選択肢と本文の内容が適合するかを、本文を精読しながら照らし合せる

（1）本文の要旨をおおまかにつかむ

要旨把握の手順を用います。

① 最初の通読には時間をかけず、選択肢を検討する際に時間をかけて精読する。

② 検討する時間が不足しているときは、各段落の最初と最後の文章を優先的に読んでいく方法が有効である。

● 文章要旨

③ 長文の問題文の場合は、最初に通読する際に、各段落のキーワードに丸印やアンダーラインをつけておくと、照らし合わせの時間を大幅に短縮することができる。

(2) 選択肢と本文の内容が適合するかを、本文を精読しながら照らし合せる

① 選択肢に該当する本文の箇所を、丁寧に読み、本文と異なる点が一箇所でもないかを見逃さないようにする。

② 「誤りの肢の消去方法」を応用する。

語句 索引

あ

空家特措法	719
アクセス権	32
アクセスポイント	757
旭川学テ事件	46,67
旭川市国民健康保険条例事件	105
朝日訴訟	65,464
アダムズ式	683
アダム・スミス	694
斡旋	660
圧力団体	679
アパルトヘイト	693
アフィリエイト	756
新たな情報通信技術戦略	745
安全配慮義務	231,319,376
安全保障理事会	687
アントニオ・グテーレス	688

い

委員会	381,508,520
意見公募手続	432
違憲審査	100
意見陳述手続	422
遺言	358
遺産分割	184,354
石井記者事件	33,34
意思能力	129
意思の通知	140
意思表示	140,142
泉佐野市民会館事件	31
遺贈	360
板まんだら事件	93
一事不再議の原則	80,511
一事不再理	58
一部事務組合	500
一括競売	216
一般競争入札	536
一般法	653
委任	304,382

う

ウィーン条約	731
ウェアラブル端末	761
ヴォーン・インデックス	755
請負	300
訴えの利益	464
運送営業	571

え

営業譲渡	563
営業の自由	50
永小作権	198
エドテック	761
ＮＨＫ受信料事件	35
愛媛玉串料事件	45
エホバの証人剣道受講拒否事件	43
エホバの証人輸血拒否事件	23

お

欧州連合	701
大阪市屋外広告物条例事件	39
オープンデータ	761
公の施設	530
屋外広告物条例事件	31
送り状	571
オプトアウト方式	740,771
オンブズマン制度	677

か

海外渡航の自由	48
会期	78,510
会計監査人	601,611
会計管理者	515

委任命令ほか（右段上部）

委任命令	384
違法性の承継	389
入会権	198
遺留分	362
遺留分侵害額請求権	363
インカメラ審理	755
姻族	328
インターバンク市場	707
インフレーション	697

● 語句索引

会計検査院	106
会計参与	600,610
介護保険	724
解散	88,518,630
概算要求	712
会社	572
会社の不存在	581
会社分割	640
解除	180,233,276
買戻し	287
核軍縮	690
確認	387
核兵器禁止条約	691
学問の自由	46
瑕疵	142,392
果実	139
過失相殺	233,318
河川附近地制限令事件	55
合併	638
家庭裁判所	659
家電リサイクル法	733
株券	588
株式	584
株式移転	642
株式会社	574
株式交換	642
株式交付	641
株主	574,584
株主総会	596
株主提案権	597
株主名簿	588
下命	387
仮名加工情報	767
仮名加工情報取扱事業者	774
貨物引換証	571
仮の義務付け	479
仮の差止め	481
カルタヘナ議定書	731
川崎民商事件	59,409
為替介入	705
簡易裁判所	659
簡易の引渡し	187
環境影響評価法	728

環境基本法	728
環境と開発に関するリオ宣言	731
監査委員	520
監査委員会	614
監査専門委員	521
監査役	600,608
監査役会	609
慣習法	650
完成猶予	167
間接税	714
間接責任	573
観念の通知	140
官民データ活用推進基本計画	745
官民データ活用推進基本法	745
関与	538

き

議院規則制定権	82
議院内閣制	86,671
期間	161
機関	594
機関訴訟	483
棄却	472
期限	160,398
危険負担	274
技術士国家試験事件	93
規則	82,96,533
寄託	306,571
既判力	472
基本的人権	11
「君が代」起立斉唱職務命令拒否事件	29
「君が代」ピアノ伴奏職務命令拒否事件	29
義務付け訴訟	476
却下	472
客観訴訟	455,483
求償権	249,251
教育を受ける権利	66
共益権	584
教科書費国庫負担請求事件	67
競業避止義務	564,606
共産党袴田事件	95
教示	452,484
行政改革	674

797

行政機関等匿名加工情報	781	国地方係争処理委員会	544
行政規則	385	組合	308
行政強制	404	クラウディング・アウト	715
行政計画	402	繰越明許費	711
行政刑罰	406	グリーン購入法	733
行政契約	400	グローマー拒否	755,779
行政権	86	群馬司法書士会事件	15
行政行為	386	訓令	385
行政国家現象	73,674		
行政裁量	390	**け**	
行政事件訴訟	454	経済社会理事会	688
行政指導	401,428	経済的自由	12,48
行政指導の中止等の求め	430	警察法改正無効事件	95
行政主体	380	警察予備隊訴訟	93
行政上の強制執行	404	刑事訴訟	658
行政上の強制手段	404	刑事補償請求権	61
行政上の強制徴収	405	形成権	236
行政調査	408	形成力	473
行政手続オンライン化法	748	継続費	534,710
行政罰	406	契約	140,268,536
強制履行	232	契約不適合責任	284
行政立法	384	ケインズ	695
供託	257,569	欠格	351
共通錯誤	147	月刊ペン事件	37
共同不法行為	324	結社の自由	31
京都議定書	729	血族	328
京都府学連事件	22	検閲	40
強迫	149	原告適格	460
共謀罪	693	検索の抗弁	250
共有	196	現実の引渡し	187
許可	387	原始的不能	230
居住・移転の自由	48	限時法	655
許認可権	383	原状回復義務	277
寄与分	353	原処分主義	466
緊急集会	79	建設リサイクル法	733
緊急避難	325	限定承認	357
金銭債務の特則	233	現物出資	577
金融市場調節	706	憲法改正	112
金融政策	706	憲法尊重擁護義務	113
勤労の義務	13	顕名	150
		権利外観法理	144
く		権利能力	128
クッキー	757	権力分立	72

●語句索引

権利濫用⋯⋯⋯⋯⋯⋯⋯⋯⋯⋯ 127
言論・出版の自由⋯⋯⋯⋯⋯⋯⋯ 30

■ こ

広域連合⋯⋯⋯⋯⋯⋯⋯⋯⋯⋯ 501
合意充当⋯⋯⋯⋯⋯⋯⋯⋯⋯⋯ 263
行為能力⋯⋯⋯⋯⋯⋯⋯⋯⋯⋯ 129
更改⋯⋯⋯⋯⋯⋯⋯⋯⋯⋯⋯⋯ 257
公開会社⋯⋯⋯⋯⋯⋯⋯⋯⋯⋯ 590
公開市場操作⋯⋯⋯⋯⋯⋯⋯⋯ 706
公害対策基本法⋯⋯⋯⋯⋯⋯⋯ 728
後期高齢者医療制度⋯⋯⋯⋯⋯ 721
公共の福祉⋯⋯⋯⋯⋯⋯⋯⋯⋯ 13
抗告訴訟⋯⋯⋯⋯⋯⋯⋯⋯⋯⋯ 455
交互計算⋯⋯⋯⋯⋯⋯⋯⋯⋯⋯ 570
考査⋯⋯⋯⋯⋯⋯⋯⋯⋯⋯⋯⋯ 705
工作物責任⋯⋯⋯⋯⋯⋯⋯⋯⋯ 322
合資会社⋯⋯⋯⋯⋯⋯⋯⋯⋯⋯ 575
麹町中学内申書事件⋯⋯⋯⋯⋯ 29
公衆浴場距離制限事件⋯⋯⋯⋯ 51
公証⋯⋯⋯⋯⋯⋯⋯⋯⋯⋯⋯⋯ 387
公職選挙法⋯⋯⋯⋯⋯⋯⋯⋯⋯ 682
公序良俗⋯⋯⋯⋯⋯⋯⋯⋯⋯⋯ 141
更新⋯⋯⋯⋯⋯⋯⋯⋯⋯⋯⋯⋯ 167
拘束力⋯⋯⋯⋯⋯⋯⋯⋯⋯ 451,473
公定力⋯⋯⋯⋯⋯⋯⋯⋯⋯⋯⋯ 388
公的個人認証⋯⋯⋯⋯⋯⋯⋯⋯ 749
合同会社⋯⋯⋯⋯⋯⋯⋯⋯⋯⋯ 575
合同行為⋯⋯⋯⋯⋯⋯⋯⋯⋯⋯ 140
高等裁判所⋯⋯⋯⋯⋯⋯⋯⋯⋯ 659
高度プロフェッショナル制度⋯⋯ 727
公布⋯⋯⋯⋯⋯⋯⋯⋯⋯⋯⋯⋯ 654
幸福追求権⋯⋯⋯⋯⋯⋯⋯⋯⋯ 22
公物⋯⋯⋯⋯⋯⋯⋯⋯⋯⋯⋯⋯ 378
公務員の人権⋯⋯⋯⋯⋯⋯⋯⋯ 16
合名会社⋯⋯⋯⋯⋯⋯⋯⋯⋯⋯ 574
小売市場距離制限事件⋯⋯⋯⋯ 51
小型家電リサイクル法⋯⋯⋯⋯ 733
国債⋯⋯⋯⋯⋯⋯⋯⋯⋯⋯⋯⋯ 714
国際司法裁判所⋯⋯⋯⋯⋯⋯⋯ 688
国際人権規約⋯⋯⋯⋯⋯⋯⋯⋯ 692
国際組織犯罪防止条約⋯⋯⋯⋯ 693
国際通貨基金⋯⋯⋯⋯⋯⋯ 688,698

国際復興開発銀行⋯⋯⋯⋯⋯ 688,698
国際連合⋯⋯⋯⋯⋯⋯⋯⋯⋯⋯ 686
国際連盟⋯⋯⋯⋯⋯⋯⋯⋯⋯⋯ 686
国事行為⋯⋯⋯⋯⋯⋯⋯⋯⋯⋯ 74
国政調査権⋯⋯⋯⋯⋯⋯⋯⋯⋯ 83
国籍法3条1項違憲判決⋯⋯⋯⋯ 26
国籍離脱の自由⋯⋯⋯⋯⋯⋯⋯ 49
国民主権⋯⋯⋯⋯⋯⋯⋯⋯⋯ 10,70
国民年金⋯⋯⋯⋯⋯⋯⋯⋯⋯⋯ 721
国民負担率⋯⋯⋯⋯⋯⋯⋯⋯⋯ 715
国務大臣⋯⋯⋯⋯⋯⋯⋯⋯⋯⋯ 90
国連環境計画⋯⋯⋯⋯⋯⋯⋯⋯ 730
国連人間環境会議⋯⋯⋯⋯⋯⋯ 730
国連平和維持活動⋯⋯⋯⋯⋯⋯ 689
個人関連情報⋯⋯⋯⋯⋯⋯⋯⋯ 767
個人識別符号⋯⋯⋯⋯⋯⋯⋯⋯ 766
個人情報⋯⋯⋯⋯⋯⋯⋯⋯⋯⋯ 766
個人情報データベース等⋯⋯⋯ 770
個人情報取扱事業者⋯⋯⋯⋯⋯ 770
個人情報ファイル⋯⋯⋯⋯⋯⋯ 776
個人情報保護委員会⋯⋯⋯⋯⋯ 782
個人情報保護法⋯⋯⋯⋯⋯⋯⋯ 764
個人データ⋯⋯⋯⋯⋯⋯⋯⋯⋯ 770
国会⋯⋯⋯⋯⋯⋯⋯⋯⋯⋯⋯⋯ 76
国会議員名誉毀損発言事件⋯⋯ 85
国家戦略特別区域⋯⋯⋯⋯⋯⋯ 677
国家賠償請求権⋯⋯⋯⋯⋯⋯⋯ 60
国家賠償法⋯⋯⋯⋯⋯⋯⋯⋯⋯ 486
国庫支出金⋯⋯⋯⋯⋯⋯⋯⋯⋯ 717
子ども(児童)の権利条約⋯⋯⋯ 693
婚姻⋯⋯⋯⋯⋯⋯⋯⋯⋯⋯⋯⋯ 330
コンセッション方式⋯⋯⋯⋯⋯ 676
混同⋯⋯⋯⋯⋯⋯⋯ 173,248,257
コンピュータウイルス⋯⋯⋯⋯ 758

■ さ

サーバ⋯⋯⋯⋯⋯⋯⋯⋯⋯⋯⋯ 757
在外日本人選挙権剥奪違法確認等請求事件⋯⋯⋯
⋯⋯⋯⋯⋯⋯⋯⋯⋯⋯⋯⋯ 63,101
最恵国待遇⋯⋯⋯⋯⋯⋯⋯⋯⋯ 699
罪刑法定主義⋯⋯⋯⋯⋯ 38,56,665
裁決⋯⋯⋯⋯⋯⋯⋯⋯⋯⋯⋯⋯ 450
債権⋯⋯⋯⋯⋯⋯⋯⋯⋯⋯⋯⋯ 224

799

債権者代位権	236	自益権	584
債権譲渡	252	シェンゲン協定(条約)	701
最高裁判所	96,658	塩見訴訟	15
最高法規性	113	敷金	294
催告の抗弁	250	事業譲渡	636
再婚禁止期間違憲訴訟	26	資金管理団体	679
財産区	501	資源有効利用促進法	732
財産権	52	施行	654
財産引受け	577	時効	162
再審査請求	437	自己資本比率	707
財政	104	自主占有	165,190
財政投融資	709	市場化テスト	677
在宅投票制度廃止事件	101	事情裁決	450
再調査の請求	436	事情判決	472
サイバーセキュリティ基本法	745	私人間効力	20
サイバーセキュリティ戦略本部	745	事前の請求	773
サイバー・テロ	758	自然法	651
裁判員制度	97,662	事前抑制	40
裁判外紛争処理	660	思想・良心の自由	28
裁判官	96,99	質権	206
裁判所	92,658	自治事務	502
裁判を受ける権利	60	自治紛争処理委員	546
歳費受領権	84	市中消化の原則	714
債務不履行	228	市町村	498
詐害行為取消権	240	執行機関	381,504,512
詐欺	148	執行停止	448,470
先取特権	204	執行罰	405
錯誤	146	執行命令	385
指図による占有移転	187	執行役	615
差止め訴訟	480	失踪宣告	136
砂漠化防止条約	731	実体法	651
猿払事件	17	実定法	651
参議院	78	指定管理者	530,677
参議院議員定数不均衡訴訟	27	指定充当	263
サンケイ新聞事件	32	指定都市	499
参政権	12, 62	私的自治の原則	124
サンドボックス	759	児童虐待防止法	723
参与機関	380	自動車リサイクル法	733
		児童福祉法	723

■ し

死因贈与	279,361	自白	58
シェアリングエコノミー	761	渋谷暴動事件	31
自衛官合祀訴訟	43	司法権	72,92

支配人 564

● 語句索引

司法制度改革	662
資本金	628
事務監査請求	524
事務管理	310
指名委員会	614
諮問機関	380
社会権	12
社外取締役	603
社会法	651
借地借家法	292,653
釈明処分	467
社債	625
社債管理者	625
社債管理補助者	625
社債権者集会	625
謝罪広告事件	29
集会の自由	31
衆議院	78
衆議院議員定数不均衡訴訟	27
衆議院の優越	80
重婚	331
従物	139
自由貿易協定	700
住民監査請求	526
住民基本台帳ネットワーク	746
住民訴訟	528
受益権	12,60
主観訴訟	455
主権	71
取材の自由	33
取得時効	164
主物	139
受領遅滞	234
種類物	226
準拠法	651
準備金	628
場屋営業	571
常会	79
障害者権利条約	693
障害者差別解消法	725
障害者総合支援法	725
商慣習	554
商業使用人	564

商業登記	558
消極的公示力	559
条件	160,398
商号	560
商行為	555
商号の続用	563
少子化社会対策基本法	722
使用者責任	320
少数株主権	584
小選挙区制	680
使用貸借	290
承諾	268
譲渡制限株式	586,587,590
譲渡制限特約	253
譲渡担保	222
商人	554
常任理事国	687
消費者基本法	734
消費者契約法	734
消費者庁	734
消費貸借	288
情報公開・個人情報保護審査会	755
情報公開法	754
消滅時効	162,166
剰余金	629
条例	110,532
条例制定改廃請求	524
昭和女子大事件	21
職業選択の自由	50
食品リサイクル法	733
除斥期間	163
職権取消	394
処分	410
処分基準	411,420
処分性	458
処分等の求め	430
所有権	194
所有権留保	223
所有者不明土地（法）	719
自力執行力	388
知る権利	32
侵害留保説	375
新株発行等の不存在確認の訴え	623

801

新株発行等の無効の訴え………………	623
新株予約権……………………………	624
新株予約権付社債……………………	625
信義誠実の原則（信義則）…………	127,375
信教の自由……………………………	42
親権……………………………………	346
審査基準………………………………	411,414
審査請求………………………………	436
人種差別撤廃条約……………………	692
人身の自由……………………………	56
申請……………………………………	414
親族……………………………………	328
新法優先の原則………………………	652
審理員…………………………………	445
心裡留保………………………………	143
森林法事件……………………………	53

■ す

砂川事件………………………………	95
砂川（空知太神社）政教分離原則違反事件…	45
３Ｒ……………………………………	732

■ せ

成果……………………………………	305
生活保護………………………………	718
請願権…………………………………	60
税関検査事件…………………………	41
政教分離原則…………………………	44
制限行為能力者………………………	129
制限種類債権…………………………	226
政策評価………………………………	676
清算……………………………………	630
政治資金規正法………………………	679
政治資金団体…………………………	679
政治分野における男女共同参画推進法………	726
生殖補助医療等の提供等の民法の特例法……	337
精神的自由……………………………	12,28
生存権…………………………………	64
制定法…………………………………	650
政党……………………………………	678
正当防衛………………………………	325
制度的保障……………………………	44
生物多様性に関する条約……………	731

成年擬制………………………………	130
成年被後見人…………………………	132
政府認証基盤…………………………	749
成文法…………………………………	650
世界遺産条約…………………………	730
世界人権宣言…………………………	692
世界貿易機関…………………………	699
責任追及等の訴え……………………	618
惜敗率…………………………………	681
セキュリティポリシー………………	758
世田谷事件……………………………	17
積極的公示力…………………………	559
設立……………………………………	576
ゼロトラスト…………………………	759
前科照会事件…………………………	23
選挙……………………………………	680
選挙権…………………………………	62,522
専決……………………………………	383
専決処分………………………………	519
選択債権………………………………	227
全逓東京中郵事件……………………	16
全農林警職法事件……………………	16
占有……………………………………	190
占有改定………………………………	187

■ そ

総合区…………………………………	499
相互保証主義…………………………	495
相殺……………………………………	264
相殺適状………………………………	265
造作買取請求権………………………	299
ソーシャルエンジニアリング………	758
相続……………………………………	348
総代……………………………………	444
相談……………………………………	661
双務契約………………………………	270
贈与……………………………………	278
創立総会………………………………	579
即時強制………………………………	406
即時取得………………………………	188
属人主義………………………………	655
属地主義………………………………	655
組織変更………………………………	637

802

●語句索引

訴訟参加	469
訴訟要件	457
租税	104,714
損害賠償請求	232
損失補償	496
尊属殺重罰規定違憲判決	26
存否応答拒否	755,779

■ た

第1次家永教科書事件	41
代位弁済	261
大会社	595
大学の自治	47
代価弁済	217
代金減額請求	284
代決	383
対抗要件	175
第三者効	473
第三者所有物没収事件	57
第三者のためにする契約	271
胎児	128
代執行	404,542
貸借対照表	627
対世効	599
大統領制	671
代表取締役	603
代理	150,382,566
代理権の濫用	153
ダウンロード	756
高田事件	59
諾成契約	270
他主占有	190
建物買取請求権	299
他人物売買	280
弾劾裁判所	78
短観	705
単元株制度	593
単純承認	357
単独株主権	584
単独行為	140
担保物権	200

■ ち

地域自治区	521
地役権	199
地球温暖化対策推進法	729
地球サミット	731
地上権	198
秩序罰	407
地方議会議員懲罰事件	95
地方公共団体	109,498
地方交付税	717
地方債	717
地方財政計画	716
地方裁判所	659
地方自治	108,498,684
地方譲与税	717
地方税	535,716
地方分権改革推進本部	685
嫡出子	336
中核市	499
仲裁	661
調査権	507
長短金利操作付き量的・質的金融緩和	706,707
調停	660
聴聞	422
直接強制	405
直接税	714
直接請求	523,524
直接責任	573
賃貸借	292

■ つ

追完請求	284
追認	149
通信の秘密	39
通達	385
通知	387
通知カード	746
通謀虚偽表示	144
津地鎮祭事件	44

■ て

提案募集方式	685

803

定款…………………………… 576	特別区…………………………… 500
定期行為………………………… 277	特別区長公選廃止事件………… 109
定型約款………………………… 271	特別決議………………………… 598
ディープラーニング…………… 761	特別権力関係論………………… 16
定例会…………………………… 510	特別受益者……………………… 353
適正手続………………………… 56	特別地方公共団体……………… 500
デジタル行政推進法…………… 748	特別取締役……………………… 605
デジタル社会形成基本法……… 744	特別法…………………………… 653
デジタル・タトゥー…………… 757	特別養子………………………… 344
デジタル庁……………………… 745	匿名加工情報…………………… 767
デジタル手続法……………… 745,748	匿名加工情報取扱事業者……… 775
撤回……………………………… 396	匿名組合………………………… 570
手付……………………………… 282	独立行政委員会………………… 87
手続法…………………………… 651	土地収用補償金請求事件……… 55
撤廃……………………………… 450	特許……………………………… 387
デフレーション………………… 697	都道府県………………………… 498
テレワーク……………………… 757	届出……………………………… 431
テロ等準備罪…………………… 693	苫米地事件……………………… 95
典型契約………………………… 270	富山大学事件…………………… 95
電子商取引……………………… 740	取消し…………………… 149,394,456
電子署名……………………… 751,752	取消訴訟………………………… 456
天皇……………………………… 74	取締役…………………………… 600,602
転用事例………………………… 237	取締役会………………………… 604
	トロイの木馬…………………… 759
■ と	ドント式……………………… 680,683
問屋営業………………………… 570	■ な
登記……………………………… 174	内閣……………………………… 86
東京都公安条例事件…………… 31	内閣総理大臣…………………… 90
動産……………………………… 138	名板貸し………………………… 562
当事者訴訟……………………… 482	仲立営業………………………… 570
道州制…………………………… 684	名古屋議定書…………………… 731
同時履行の抗弁権……………… 272	奈良県ため池条例事件………… 53
東大ポポロ事件………………… 47	成田新法事件…………………… 57
到達主義………………………… 269	難民……………………………… 692
統治行為………………………… 94	
徳島市公安条例事件…………… 110	■ に
特殊決議………………………… 598	二院制…………………………… 78
特定技能１号・２号…………… 727	西山記者事件…………………… 33,34
特定財産承継遺言……………… 185	日ＥＵ経済連携協定…………… 700
特定物…………………………… 226	日英ＥＰＡ……………………… 700
特定枠制度……………………… 681,683	日産自動車事件………………… 21
特別縁故者……………………… 357	日本銀行………………………… 704
特別会…………………………… 79	

●語句索引

日本国憲法	10
認可	387
認知	338
認定個人情報保護団体	783
認容	450,472

■ ね

根抵当権	220

■ の

農地改革事件	55
ノンフィクション「逆転」事件	23

■ は

廃棄物処理法	733
配偶者居住権	355
配偶者短期居住権	355
廃除	351
背信的悪意者	177
売買	280
博多駅事件	32,33
バーゼル合意	707
バーゼル条約	731
働き方改革法	727
8K	760
発信主義	269
バラスト水規制条約	731
パリ協定	729
反訴	193
反則金制度	407
判例法	650

■ ひ

引換給付判決	273
引渡し	187
被告適格	465
被選挙権	63,522
ビッグデータ	761
ビットコイン	760
必要費	191
被保佐人	133
被補助人	134
表見受領権者	262

表見代理	158
表現の自由	30
標準処理期間	415
標準審理期間	442
平等原則	24,375
ビルトインスタビライザー	708
比例原則	375
比例代表制	680

■ ふ

5G	760
ファイル交換ソフト	757
フィスカルポリシー	708
フィンテック	761
夫婦財産制	333
夫婦別姓訴訟	27
付加一体物(付加物)	212
富岳	761
不可争力	388
不可分債権・不可分債務	245
不可変更力	389
付款(附款)	160,398
不完全履行	231
付記登記	261
副市町村長	515
復代理	152
副知事	515
不作為の違法確認の訴え	475
不信任議決	518
不正アクセス禁止法	752
不逮捕特権	84
負担	398
負担付贈与	279
負担部分	247
物	138
普通決議	598
普通地方公共団体	498
復活当選	681
物権	168
物権的請求権	170
物権変動	172
物上代位	200,213
物上保証人	200

805

物品運送	571
不動産	138
不当利得	312
不特定物	226
船橋市西図書館蔵書破棄事件	35
不服申立て	434
部分社会の法理	94
不文法	650
不法原因給付	314
不法行為	316
扶養	347
プライバシー	22
プライマリーバランス	715
プラザ合意	702
フランス人権宣言	670
不利益処分	420
フリードマン	695
ブレトン・ウッズ協定	698
プログラム規定説	64
ブロック経済	694
ブロックチェーン	761
プロバイダ責任制限法	742
分割債権・分割債務	244

■ へ

併存的債務引受	253
米朝首脳会談	691
平和主義	11
変更	450
弁済	258
変態設立事項	577
片務契約	270
弁明の機会の付与	426
弁論主義	466

■ ほ

帆足計事件	49
法	648
法科大学院	663
法規命令	384
法源	650
報酬委員会	615
法定充当	263

法定受託事務	503
法定地上権	214
法定追認	149
法定利率	227,233,567
法テラス	662
報道の自由	32
法の下の平等	24
法務局における遺言書保管法	358
法律行為	140
法律効果の一部除外	399
法律による行政の原理	374
法律の法規創造力	375
法律の優位	375
法律の留保	375
法律不遡及の原則	654
補欠取締役	558
保健所	719
保護主義	655
保佐人	133
募集株式	620
募集設立	576
保証	250
補助機関	381
補助人	134
発起設立	576
発起人	576
ホッブズ	671
北方ジャーナル事件	41
保有個人情報	776
保有個人データ	772
堀木訴訟	65
ポリシーミックス	708

■ ま

マイナス金利	707
マイナポータル	748
マイナンバー制度	746
マクリーン事件	14
マニフェスト	682
マネタリーベース	707
マルクス	694

● 語句索引

み

未成年者	18,130
三井美唄炭鉱事件	63,69
三菱樹脂事件	21
南九州税理士会事件	15
箕面忠魂碑事件	45
民事訴訟	658
民衆訴訟	483
民泊	677

む

無限責任	573
無権代理	154
無効	149,392
無効等確認の訴え	474
無主物先占	195
無償契約	270
無名契約	270
無名抗告訴訟	481

め

名誉権	36
命令等	410
目黒事件	17
免除	387
免責的債務引受	253
免責特権	84

も

申込み	268
目的効果基準	44
持分会社	632
モデル事業	677
モンテスキュー	671
モントリオール議定書	731

や

薬事法距離制限事件	51
八幡製鉄政治献金事件	15

ゆ

有益費	191

よ

有限責任	573
有償契約	270
郵便法免責規定違憲判決	61
ユビキタスネットワーク社会	757

よ

用益物権	198
容器包装リサイクル法	733
養子	340
要配慮個人情報	767
要物契約	270
預金準備率操作	706
予算	106,534,710
よど号ハイジャック新聞記事抹消事件	18
予備費	106,534
４Ｋ	760

ら

ラムサール条約	730
ランサムウェア	759

り

利益相反	347,606
離縁	342
履行遅滞	228
履行不能	230
履行補助者	229
離婚	334
利息	227,567
立法権	72,76
流質契約	209,567
留置権	202,567
量的緩和	706
旅客運送	571
臨時会	79,510

る

累進課税	714
累積投票制度	601
ルソー	671

れ

令状主義	58

807

レペタ訴訟	35,103
連座制	681
連帯債権	246
連帯債務	246
連帯保証	251

ろ

労働基本権	68
ログ	757
ロッキード事件	90
ロック	671
ロンドン条約	730

わ

和解	309,660
ワシントン条約	731

A

ADR	660
ＡＦＴＡ	700
ＡＩ	761
ＡＰＥＣ	700
ＡＰＩ	761
ＡＲ	761

B

BIS規制	707

D

ＤＸ	761

E

EPA	700
EU	701
e-文書通則法	753

F

FTA	700

G

GATT	699
ＧＤＰＲ	762
ＧＰＫＩ	749

I

IAEA	690
IBRD	698
ICT	757
IoB	757
IoT	757
ＩＴ基本法	744
ＩＴ戦略本部	744

J

Jアラート	761

L

Ｌアラート	761

M

ＭＤＧｓ	730
ＭＥＲＣＯＳＵＲ	700

N

NGO	689
NHK記者取材源秘匿事件	33,34
NPM	676
NPO	689

O

OECD8原則	762

P

PFI	676
PKO	689
ＰＰＰ	676

R

ＲＣＥＰ	700

S

ＳＤＧｓ	730
ＳＳＬ	758

T

TBSビデオテープ押収事件	34

● 語句索引

TPP11協定 ………………………………… 700
TPP協定 …………………………………… 700

U

URL ………………………………………… 756
USMCA …………………………………… 700

V

VR …………………………………………… 761

W

WTO ………………………………………… 699

809

判例 索引

明治

大判明36.7.6	238
大判明38.12.6	211
大判明41.12.15	176,178
大判明43.10.20	319
大判明44.12.11	273
大判明45.6.1	176

大正

大判大3.3.12	576
大判大3.12.15	147
大判大3.12.26	301
大判大5.6.1	486
大判大5.6.23	170
大判大6.2.28	331
大判大6.9.26	639
大判大6.12.11	313
大判大7.8.27	233
大判大8.5.19	554
大判大8.6.26	239
大判大8.10.16	186
大判大9.12.22	352
大判大12.12.14	215
大判大13.6.6	301
大判大13.9.24	281
大判大14.7.8	182
大判大15.2.16	317

昭和

大判昭2.2.2	276
大判昭3.6.7	322
大判昭4.12.16	239
大判昭5.10.10	254
大判昭7.3.3	281
大判昭7.4.30	303
大判昭7.5.9	301
大判昭7.6.1	211
大判昭7.9.30	299
大判昭7.10.6	128

大判昭8.5.16	322
大判昭10.8.10	215
大判昭10.10.5	127
大判昭10.11.29	348
大判昭13.2.7	137
大判昭13.8.1	566
大判昭13.12.22	247
大判昭14.7.26	215
大判昭14.12.27	568
大判昭15.1.18	322
大判昭15.1.23	339
大判昭15.11.26	219
大判昭16.3.1	263
最大判昭23.3.12	59
最大判昭23.6.30	58
最大判昭23.9.29	65
最大判昭23.11.6	349
最大判昭23.12.23	143
最大判昭24.7.13	54
最判昭25.12.28	340
最判昭26.11.27	189
最判昭27.1.25	466
最判昭27.3.18	315
最判昭27.4.25	298
最大判昭27.8.6	33,34
最判昭27.10.3	340
最大判昭27.10.8	93
最判昭28.1.22	315
最判昭28.2.18	376
最判昭28.6.16	273
最判昭28.9.25	296
最大判昭28.12.23	55
最判昭29.1.14	299
最判昭29.1.21	282,389
最判昭29.4.8	352
最判昭29.7.22	273
最判昭29.8.24	388
最判昭29.8.31	186,315
最判昭29.12.23	215
最大判昭30.2.9	62
最判昭30.4.19	494
最判昭30.5.13	296
最判昭30.10.20	588

●判例索引

最判昭30.11.22	163	最判昭36.7.20	182
最判昭30.12.26	198	最判昭36.11.30	311
最判昭31.4.24	377	最判昭36.12.21	297
最大判昭31.5.30	96	最判昭37.1.19	462
最大判昭31.7.4	29	最大判昭37.3.7	95
最判昭31.11.15	599	最判昭37.4.10	338
最判昭31.11.30	488,490	最判昭37.4.20	157
最大判昭32.3.13	36	最判昭37.4.27	338
最判昭32.5.21	361	最判昭37.5.30	533
最判昭32.6.5	259	最大判昭37.11.28	57
最判昭32.11.14	129	最大判昭38.3.27	109
最判昭32.12.28	374	最判昭38.4.2	399
最判昭33.3.6	333	最大判昭38.5.22	47
最判昭33.3.14	186	最(大)判昭38.6.26	53,533
最判昭33.3.28	105	最判昭38.12.24	580
最判昭33.4.11	331	最判昭39.2.4	321
最判昭33.5.1	385	最大判昭39.2.26	67
最判昭33.6.5	283	最判昭39.6.5	407
最判昭33.6.14	180,277,309	最判昭39.6.24	318
最判昭33.6.19	555	最判昭39.10.29	458
最判昭33.6.20	172	最判昭39.11.19	376
最判昭33.8.5	317	最判昭40.3.4	193
最判昭33.8.28	182	最判昭40.4.28	464,465
最判昭33.9.9	395	最判昭40.5.4	212
最大判昭33.9.10	49	最判昭40.6.18	157
最大判昭33.10.15	110	最判昭40.6.30	251
最判昭34.6.19	352	最判昭40.8.2	464
最判昭34.8.18	463	最判昭40.9.22	563,636
最大判昭34.12.16	95,100	最判昭40.11.24	283
最判昭35.2.11	189	最判昭40.12.7	658
最判昭35.3.22	172	最判昭41.1.27	296,563
最判昭35.3.31	377	最判昭41.2.8	93
最判昭35.4.21	230	最判昭41.2.23	405
最大判昭35.6.8	95	最判昭41.4.20	163
最判昭35.6.17	171	最判昭41.6.9	189
最判昭35.6.24	173,226	最判昭41.7.28	588
最大判昭35.7.20	31	最大判昭41.10.26	16
最判昭35.7.27	182	最判昭41.11.1	376
最判昭35.9.20	273	最判昭41.11.22	182
最判昭35.12.7	393	最判昭41.12.23	376
最判昭36.2.16	487	最判昭42.1.20	185,357
最判昭36.3.7	392	最判昭42.2.2	333
最判昭36.4.21	388,489	最判昭42.4.18	347

811

最(大)判昭42.5.24	64,65,464	最判昭47.2.24	555
最判昭42.6.6	563	最判昭47.4.14	195
最判昭42.6.27	318	最判昭47.6.2	129
最判昭42.7.21	164	最判昭47.7.25	330
最判昭42.9.14	299	最判昭47.11.2	215
最判昭42.9.28	599	最判昭47.11.8	591
最判昭42.11.1	317	最大判昭47.11.22	51
最判昭42.11.2	321	最(大)判昭47.11.22	59,409
最判昭43.4.24	566,568	最判昭47.12.5	389
最判昭43.6.13	562	最大判昭47.12.20	59
最判昭43.8.2	177	最判昭48.1.19	463
最判昭43.9.26	236	最大判昭48.4.4	26,101
最判昭43.11.1	597	最大判昭48.4.25	16,68
最判昭43.11.7	395	最判昭48.4.26	392
最(大)判昭43.11.27	55,496	最判昭48.6.7	317
最大判昭43.12.4	63,69	最判昭48.6.15	590
最大判昭43.12.18	31,39	最判昭48.7.3	157
最判昭43.12.24	385,458,462	最判昭48.10.9	129
最判昭43.12.25	607	最判昭48.10.18	55
最判昭44.2.13	135	最判昭48.12.11	607
最判昭44.2.14	215	最大判昭48.12.12	19,21
最判昭44.3.28	212,605	最判昭49.2.5	397
最判昭44.4.3	330	最判昭49.3.7	254
最判昭44.4.23	37	最判昭49.3.22	559
最大判昭44.6.25	37	最判昭49.7.18	223
最判昭44.10.30	191	最判昭49.7.19	21
最判昭44.11.18	321	最判昭49.9.26	607
最判昭44.11.26	617	最大判昭49.11.6	17
最大決昭44.11.26	32,33,34	最判昭49.12.17	317
最判昭44.12.2	191	最判昭50.2.25	231,376
最判昭44.12.18	159,333	最判昭50.4.8	340,620
最大判昭44.12.24	22	最大判昭50.4.30	51,101
最判昭45.6.24	606	最判昭50.5.29	393
最大判昭45.6.24	15	最判昭50.6.26	493
最判昭45.7.15	376	最判昭50.6.27	556
最判昭45.8.20	492,596,607	最判昭50.7.25	493
最大判昭45.9.16	18	最(大)判昭50.9.10	38,110,533
最判昭45.10.21	315	最判昭50.11.28	494
最判昭46.1.26	184	最大判昭51.4.14	27,101
最判昭46.4.23	322,323	最判昭51.4.27	475
最判昭46.10.28	315,393	最大判昭51.5.21	46,66,67
最判昭46.12.16	235	最判昭51.7.8	321
最判昭46.12.21	215	最判昭51.9.7	197

● 判例索引

最判昭51.12.24	379	最判昭58.12.19	241
最判昭52.2.14	338	最判昭59.1.26	493
最判昭52.3.15	95	最判昭59.2.23	263
最大判昭52.7.13	44	最判昭59.2.24	401
最判昭52.10.14	603	最判昭59.10.26	464
最判昭52.12.20	390	最判昭59.11.29	492
最判昭52.12.23	563	最大判昭59.12.12	40,41
最判昭53.2.17	279	最判昭59.12.13	377
最判昭53.2.24	338	最判昭60.3.26	607
最判昭53.3.6	165	最判昭60.7.16	429
最判昭53.3.14	440,460,463	最大判昭60.7.17	101
最判昭53.5.26	391	最判昭60.9.12	529
最決昭53.5.31	33,34	最判昭60.11.21	100,101,491
最判昭53.7.4	492	最判昭60.11.29	279
最判昭53.7.17	495	最判昭60.12.17	463
最判昭53.9.7	409	最判昭60.12.20	343,596
最(大)判昭53.10.4	14,390	最判昭61.2.27	490
最判昭53.10.20	491	最判昭61.3.25	493
最判昭53.12.8	458	最判昭61.4.11	262
最判昭53.12.21	533	最大判昭61.6.11	40,41
最判昭54.5.31	358	最判昭61.9.11	637
最判昭54.12.25	458	最判昭62.2.6	487
最判昭55.1.11	255	最大判昭62.4.22	53,101
最判昭55.3.18	617	最判昭62.4.24	32,189
最判昭55.7.15	563	最判昭62.5.19	400
最決昭55.9.22	409	最判昭62.6.5	165
最判昭55.11.25	464	最判昭62.9.2	334
最判昭56.1.27	403	最判昭62.10.30	375
最判昭56.2.16	319	最判昭62.11.10	222
最判昭56.3.24	21	最判昭63.3.1	157
最判昭56.4.7	93	最判昭63.5.20	197
最判昭56.4.14	23	最大判昭63.6.1	43
最判昭56.4.16	37	最判昭63.6.17	396,397
最判昭56.7.21	37	最判昭63.7.15	29
最判昭56.12.16	493	最判昭63.12.20	95
最判昭57.3.12	212,491		

■ 平成

最判昭57.4.1	488,491		
最大判昭57.7.7	65	最判平元.1.20	51
最判昭57.9.7	189	最判平元.2.9	355
最判昭57.9.9	462,464	最判平元.2.17	462
最判昭58.1.25	563	最判平元.3.2	15
最判昭58.2.18	487	最判平元.3.7	51
最大判昭58.6.22	18	最大判平元.3.8	35,102,103

813

最判平元.6.20	21,463	最判平8.10.31	197
最判平元.9.19	19,377	最判平9.1.28	462
最決平元.11.8	428	最判平9.2.14	215
最判平元.11.20	94	最判平9.2.25	297
最判平元.11.24	197,490	最大判平9.4.2	45
最判平2.1.22	215	最判平9.9.9	85
最判平2.4.19	139,212	最判平9.12.18	376
最決平2.7.9	34	最判平10.2.13	199
最判平2.9.27	355	最判平10.3.26	213
最判平2.9.28	31,39	最判平10.7.17	157
最判平2.10.18	377	最大決平10.12.1	17
最判平2.12.13	493	最判平11.1.29	222
最判平3.4.19	361	最判平11.2.23	309
最判平3.7.9	385	最大判平11.11.10	63
最判平4.4.10	352	最判平11.11.19	389
最判平4.4.28	473	最判平12.2.29	23
最大判平4.7.1	57	最決平12.3.10	331
最判平4.9.22	462,475	最判平13.11.22	222
最判平4.11.26	459	最判平14.1.17	459
最判平4.12.10	418	最判平14.1.22	462
最判平4.12.15	51,529	最判平14.1.31	385
最判平5.1.21	157	最判平14.2.28	464
最判平5.2.16	45	最判平14.3.12	213
最判平5.2.18	401,487	最判平14.4.25	15
最判平5.3.11	491	最判平14.6.10	185
最判平5.3.16	41	最判平14.6.11	55
最判平5.3.30	255	最判平14.7.9	405
最判平5.12.17	195	最大判平14.9.11	61,101
最判平6.2.8	23,171	最判平14.9.24	37
最判平6.2.22	223	最判平15.1.17	529
最判平6.7.14	623	最判平15.3.27	623
最判平6.12.20	215	最判平15.4.18	141
最大判平7.2.22	90	最判平15.9.4	459
最判平7.2.28	14	最判平16.4.26	459
最判平7.3.7	31	最判平16.4.27	489,490,491
最判平7.6.23	490	最判平16.7.1	626
最判平7.9.19	313	最判平16.7.13	377
最判平7.12.15	23	最判平16.10.15	490
最決平8.1.30	43	最判平16.11.12	321
最判平8.3.8	43	最大判平17.1.26	14
最判平8.3.19	15	最判平17.3.10	213
最判平8.7.18	19	最判平17.7.14	35
最判平8.10.29	177	最判平17.7.15	401,459

● 判例索引

最(大)判平17.9.14 ············ 63,101,483,491
最判平17.12.7 ······························· 463
最判平17.12.8 ······························· 487
最判平18.2.7 ································· 391
最判平18.2.23 ······························· 145
最大判平18.3.1 ······························ 105
最判平18.7.14 ······························· 459
最決平18.10.3 ····························· 33,34
最判平18.10.26 ····························· 400
最判平19.1.25 ······························· 487
最判平19.2.27 ································ 29
最判平19.7.6 ································· 215
最判平19.11.1 ······························· 487
最判平20.3.6 ································· 23
最大判平20.6.4 ························· 26,101
最判平20.6.10 ······························· 641
最判平20.9.10 ······························· 459
最決平21.1.15 ······························· 626
最判平21.3.10 ······························· 618
最大判平21.9.30 ······························ 27
最判平21.10.15 ····························· 463
最判平21.11.26 ························· 459,464
最判平21.12.17 ····························· 389
最大判平22.1.20 ······························ 45
最判平22.6.3 ································· 388
最大判平23.3.23 ······························ 27
最判平23.5.30 ································ 29
最判平23.6.7 ································· 421
最大判平23.11.16 ····························· 97
最判平24.2.16 ································ 45
最大判平24.10.17 ····························· 27
最判平24.12.7 ································ 17
最判平25.1.11 ······························· 385
最判平25.2.28 ······························· 265
最(大)決平25.9.4 ····················· 26,101,352
最大判平25.11.20 ····························· 681
最大判平26.11.26 ····························· 681
最判平27.3.3 ····························· 464,465
最大判平27.11.25 ····························· 27
最判平27.12.14 ····························· 464
最大判平27.12.16 ················ 26,27,101,332
最決平28.12.19 ························· 352,354
最決平29.1.31 ································ 37

最大判平29.12.6 ······························ 35

■■ 令和

最判令2.2.28 ································· 321
最判令2.3.26 ································· 439
最判令2.6.30 ································· 385
最判令2.7.14 ································· 487
最大判令2.11.18 ····························· 27
最大判令2.11.25 ····························· 95
最大判令3.2.24 ······························ 45
最判令3.3.18 ································· 51
最大決令3.6.23 ························· 26,332

815

出る順行政書士シリーズ

2022年版 出る順行政書士 合格基本書

2008年 1 月10日　第 1 版　第 1 刷発行
2021年12月30日　第15版　第 1 刷発行

編著者●株式会社　東京リーガルマインド
　　　　LEC総合研究所　行政書士試験部

発行所●株式会社　東京リーガルマインド
〒164-0001　東京都中野区中野4-11-10
アーバンネット中野ビル
LECコールセンター　　☎ 0570-064-464
受付時間　平日9:30 ～ 20:00 / 土・祝10:00 ～ 19:00 / 日10:00 ～ 18:00
※このナビダイヤルは通話料お客様ご負担となります。
書店様専用受注センター　TEL 048-999-7581 / FAX 048-999-7591
受付時間　平日9:00 ～ 17:00 / 土・日・祝休み
www.lec-jp.com/

本文デザイン・イラスト●エディポック
印刷・製本●倉敷印刷株式会社

©2021 TOKYO LEGAL MIND K.K., Printed in Japan　　　ISBN978-4-8449-5839-0
複製・頒布を禁じます。
本書の全部または一部を無断で複製・転載等することは、法律で認められた場合を除き、著作者及び出版者の権利侵害になりますので、その場合はあらかじめ弊社あてに許諾をお求めください。
なお、本書は個人の方々の学習目的で使用していただくために販売するものです。弊社と競合する営利目的での使用等は固くお断りいたしております。
落丁・乱丁本は、送料弊社負担にてお取替えいたします。出版部（TEL03-5913-6336）までご連絡ください。

行政書士 LEC渾身の書籍ラインナップ

万全のインプット！
初学者にもおすすめ

適切なアウトプット！

「行政書士 合格のトリセツ」シリーズ
見やすさ、分かりやすさ、使いやすさにこだわった2冊

完全リンク

基本テキスト
「独学者ファースト」で分かりやすい！科目別に分冊できて持ち運びにも便利

基本問題集
基本テキストに完全リンク。問題と解説が見開き形式で、取り組みやすい構成が特長

ウォーク問 過去問題集 ①法令編
過去10年分の本試験問題を分析し、各科目の体系項目別に分類

購入特典 行政書士試験徹底分析（PDF）

「出る順行政書士」シリーズ
目的に合わせた多彩なラインナップで学習効率アップ！

完全リンク

合格基本書
合格に必要な知識を凝縮。一項目「見開き完結型」で、効率学習に最適

購入特典 法改正情報（PDF）

合格問題集
合格基本書に完全対応。LEC厳選の過去問＋オリジナル問題を200問収録

購入特典 行政法 一問一答 条文ドリル（PDF）

良問厳選 肢別過去問題集
全2500肢で出題論点を総チェック！一肢ごとの明解な解説で重要度を表示

購入特典 最新年度プラスα問題（PDF）

 合格水準ラインへ

直前総仕上げ！

過去問対策
ハンディサイズ

ウォーク問 過去問題集 ②一般知識編
過去10年分の本試験問題を分析し、各科目の体系項目別に分類

 購入特典　行政書士試験徹底分析（PDF）

赤シート対応
ハンディサイズ

最重要論点250
近年の試験傾向を徹底的に分析。合格に必要な重要論点を250項目にまとめて収録

 購入特典　重要事項100肢チェック（PDF）

模試3回＋本試験1回
無料解説動画

当たる！直前予想模試
模試で本試験の臨場感を体験！LEC講師陣による出題予想と重要論点も収録

 購入特典　直前アドバイス（PDF）

記述式対策

40字記述式・多肢選択式問題集
本試験出題科目のオリジナル問題を120問以上掲載。得点力を徹底強化！

 購入特典　問題で学ぶ重要判例（PDF）

購入特典
「出る順行政書士」シリーズは購入特典（PDFファイル）付き！
QRコードからカンタンアクセス！応募方法など、詳細は各書籍にてご確認ください。

行政書士試験
 試験日 **11月第2日曜日**
申込期間：例年7月下旬〜8月下旬

※特典の名称・内容は変更となる場合があります。
※書籍の内容・表紙デザイン等は、実際と異なる場合がございますので、予めご了承ください。

2022年合格目標 LEC行政書士講座のご案内

あなたにぴったりのカリキュラムが見つかる！選べる!!
おすすめコースラインナップ

初めて受験される方向け

開講コース名	回数	カリキュラム				
パーフェクトコースSP	87	初めて学ぶ！法律入門講座 オリエンテーション・基礎法学 1回 憲法 2回 民法 2回 行政法 2回 [全7回]	合格講座 憲法・基礎法学 11回 民法 22回 行政法 22回 商法・会社法 3回 一般知識 6回 [全64回]	記述基礎力養成講座 [全4回]	文章理解特訓講座 [全2回]	
パーフェクトコース	80		合格講座 憲法・基礎法学 11回 民法 22回 行政法 22回 商法・会社法 3回 一般知識 6回 [全64回]	記述基礎力養成講座 [全4回]	文章理解特訓講座 [全2回]	
合格講座スタンダードコース	67		合格講座 憲法・基礎法学 11回 民法 22回 行政法 22回 商法・会社法 3回 一般知識 6回 [全64回]			
法律系資格受験生コース	36		合格講座 行政法 22回 一般知識 6回 [全28回]		文章理解特訓講座 [全2回]	

LEC行政書士講座をもっと知るための5つの方法

Webでチェックする

●資格・勉強方法を知る
① Web ガイダンス
人気講師陣が資格や勉強方法について解説するガイダンスを見ることができます。

●Web 講義を体験してみる
②おためし Web 受講制度
LECの講義って実際にどんな感じ？講義についていけるか心配！
そんな不安や疑問を解消してもらうために一部の講義をWebで受講できます。

充実のフォロー制度

IN	IN & OUT	OUT

	科目別答練 憲法・基礎法学 1回 民法 2回 行政法 2回 商法・会社法 1回 一般知識 1回 [全7回]	全日本 行政書士 公開模試 [全2回]	ファイナル 模試 [全1回]
	科目別答練 憲法・基礎法学 1回 民法 2回 行政法 2回 商法・会社法 1回 一般知識 1回 [全7回]	全日本 行政書士 公開模試 [全2回]	ファイナル 模試 [全1回]
	科目別答練 憲法・基礎法学 1回 民法 2回 行政法 2回 商法・会社法 1回 一般知識 1回 [全7回] 教材配布のみ	全日本 行政書士 公開模試 [全2回]	ファイナル 模試 [全1回]
記述60問 解きまくり 講座 [全3回]		全日本 行政書士 公開模試 [全2回]	ファイナル 模試 [全1回]

● 『Web(動画)＋スマホ視聴＋音声DL』or『DVDフォロー』が標準装備

通学講義はもちろん、自宅や外出先・移動中にポータブル機器で受講ができます！

● インターネットフォロー『教えてチューター制度』を完備

受講中の不安や、講義や教材に関する質問に専門スタッフがお答えします！

● 費用面からもサポート各種割引制度

受講料がお得になる各種割引をご用意しています。
・本試験受験生30％割引
・他資格合格者20％割引
・LEC他資格受講生20％割引
・LEC再受講35％割引

近くのLECに行ってみる

● とりあえず話を聞いてみる
③受講相談
試験に精通したスタッフが試験や講座、教材などあらゆるご質問にお答えします。
お気軽にご相談ください。

● 講師の話を聞いてみる
④無料講座説明会〈参加無料・予約不要〉
全国の本校にて資格の概要や勉強法をお話する説明会を開催しています。

● 実際に教室で講義を体験してみる
⑤講義無料体験会〈参加無料・予約不要〉
開講日は無料で体験入学ができます。
実際の教室で、講義の雰囲気を体感いただけます。

LECWebサイト ▷▷▷ www.lec-jp.com/

情報盛りだくさん！

資格を選ぶときも、
講座を選ぶときも、
最新情報でサポートします！

▷ 最新情報
各試験の試験日程や法改正情報、対策講座、模擬試験の最新情報を日々更新しています。

▷ 資料請求
講座案内など無料でお届けいたします。

▷ 受講・受験相談
メールでのご質問を随時受付けております。

▷ よくある質問
LECのシステムから、資格試験についてまで、よくある質問をまとめました。疑問を今すぐ解決したいなら、まずチェック！

▷ 書籍・問題集（LEC書籍部）
LECが出版している書籍・問題集・レジュメをこちらで紹介しています。

充実の動画コンテンツ！

ガイダンスや講演会動画、
講義の無料試聴まで
Webで今すぐCheck！

▷ 動画視聴OK
パンフレットやWebサイトを見てもわかりづらいところを動画で説明。いつでもすぐに問題解決！

▷ Web無料試聴
講座の第1回目を動画で無料試聴！気になる講義内容をすぐに確認できます。

スマートフォン・タブレットからはQRコードでのアクセスが便利です。▷▷▷

自慢のメールマガジン配信中！（登録無料）

LEC講師陣が毎週配信！ 最新情報やワンポイントアドバイス、改正ポイントなど合格に必要な知識をメールにて毎週配信。

www.lec-jp.com/mailmaga/

LEC E学習センター

新しい学習メディアの導入や、Web学習の新機軸を発信し続けています。また、LECで販売している講座・書籍などのご注文も、いつでも可能です。

online.lec-jp.com/

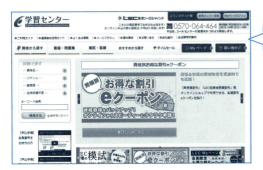

LEC 電子書籍シリーズ

LECの書籍が電子書籍に！ お使いのスマートフォンやタブレットで、いつでもどこでも学習できます。

※動作環境・機能につきましては、各電子書籍ストアにてご確認ください。

www.lec-jp.com/ebook/

LEC書籍・問題集・レジュメの紹介サイト **LEC書籍部** www.lec-jp.com/system/book/

- LECが出版している書籍・問題集・レジュメをご紹介
- 当サイトから書籍などの直接購入が可能（＊）
- 書籍の内容を確認できる「チラ読み」サービス
- 発行後に判明した誤字等の訂正情報を公開

＊商品をご購入いただく際は、事前に会員登録（無料）が必要です。
＊購入金額の合計・発送する地域によって、別途送料がかかる場合がございます。

※資格試験によっては実施していないサービスがありますので、ご了承ください。

LEC 全国学校案内

れっく **LEC 全国学校案内**　＊講座のお問合せ、受講相談は最寄りのLEC各校へ

LEC本校

■北海道・東北

札　幌本校　☎011(210)5002
〒060-0004 北海道札幌市中央区北4条西5-1　アスティ45ビル

仙　台本校　☎022(380)7001
〒980-0021 宮城県仙台市青葉区中央3-4-12
仙台ＳＳスチールビルⅡ

■関東

渋谷駅前本校　☎03(3464)5001
〒150-0043 東京都渋谷区道玄坂2-6-17　渋東シネタワー

池　袋本校　☎03(3984)5001
〒171-0022 東京都豊島区南池袋1-25-11　第15野萩ビル

水道橋本校　☎03(3265)5001
〒101-0061 東京都千代田区神田三崎町2-2-15　Daiwa三崎町ビル

新宿エルタワー本校　☎03(5325)6001
〒163-1518 東京都新宿区西新宿1-6-1　新宿エルタワー

早稲田本校　☎03(5155)5501
〒162-0045 東京都新宿区馬場下町62　三朝庵ビル

中　野本校　☎03(5913)6005
〒164-0001 東京都中野区中野4-11-10　アーバンネット中野ビル

立　川本校　☎042(524)5001
〒190-0012 東京都立川市曙町1-14-13　立川MKビル

町　田本校　☎042(709)0581
〒194-0013 東京都町田市原町田4-5-8　町田イーストビル

横　浜本校　☎045(311)5001
〒220-0004 神奈川県横浜市西区北幸2-4-3　北幸GM21ビル

千　葉本校　☎043(222)5009
〒260-0015 千葉県千葉市中央区富士見2-3-1　塚本大千葉ビル

大　宮本校　☎048(740)5501
〒330-0802 埼玉県さいたま市大宮区宮町1-24　大宮GSビル

■東海

名古屋駅前本校　☎052(586)5001
〒450-0002 愛知県名古屋市中村区名駅4-6-23　第三堀内ビル

静　岡本校　☎054(255)5001
〒420-0857 静岡県静岡市葵区御幸町3-21　ペガサート

■北陸

富　山本校　☎076(443)5810
〒930-0002 富山県富山市新富町2-4-25　カーニープレイス富山

■関西

梅田駅前本校　☎06(6374)5001
〒530-0013 大阪府大阪市北区茶屋町1-27　ABC-MART梅田ビル

難波駅前本校　☎06(6646)6911
〒542-0076 大阪府大阪市中央区難波4-7-14　難波フロントビル

京都駅前本校　☎075(353)9531
〒600-8216 京都府京都市下京区東洞院通七条下ル2丁目
東塩小路町680-2　木村食品ビル

京　都本校　☎075(353)2531
〒600-8413　京都府京都市下京区烏丸通仏光寺下ル
大政所町680-1 第八長谷ビル

神　戸本校　☎078(325)0511
〒650-0021 兵庫県神戸市中央区三宮町1-1-2　三宮セントラルビル

■中国・四国

岡　山本校　☎086(227)5001
〒700-0901 岡山県岡山市北区本町10-22　本町ビル

広　島本校　☎082(511)7001
〒730-0011 広島県広島市中区基町11-13　合人社広島紙屋町アネックス

山　口本校　☎083(921)8911
〒753-0814 山口県山口市吉敷下東 3-4-7　リアライズⅢ

高　松本校　☎087(851)3411
〒760-0023 香川県高松市寿町2-4-20　高松センタービル

松　山本校　☎089(961)1333
〒790-0003 愛媛県松山市三番町7-13-13　ミツネビルディング

■九州・沖縄

福　岡本校　☎092(715)5001
〒810-0001 福岡県福岡市中央区天神4-4-11　天神ショッパーズ
福岡

那　覇本校　☎098(867)5001
〒902-0067 沖縄県那覇市安里2-9-10　丸姫産業第2ビル

■EYE関西

EYE 大阪本校　☎06(7222)3655
〒530-0013　大阪府大阪市北区茶屋町1-27　ABC-MART梅田ビル

EYE 京都本校　☎075(353)2531
〒600-8413　京都府京都市下京区烏丸通仏光寺下ル
大政所町680-1 第八長谷ビル

【LEC公式サイト】www.lec-jp.com/

QRコードから
かんたんアクセス！

* 提携校はLECとは別の経営母体が運営をしております。
* 提携校は実施講座およびサービスにおいてLECと異なる部分がございます。

■ LEC提携校

■ 北海道・東北

北見駅前校【提携校】 ☎0157(22)6666
〒090-0041　北海道北見市北1条西1-8-1　一燈ビル　志学会内

八戸中央校【提携校】 ☎0178(47)5011
〒031-0035　青森県八戸市寺横町13　第1朋友ビル　新教育センター内

弘前校【提携校】 ☎0172(55)8831
〒036-8093　青森県弘前市城東中央1-5-2　まなびの森　弘前城東予備校内

秋田校【提携校】 ☎018(863)9341
〒010-0964　秋田県秋田市八橋鯲沼町1-60　株式会社アキタシステムマネジメント内

■ 関東

水戸見川校【提携校】 ☎029(297)6611
〒310-0912　茨城県水戸市見川2-3092-3

所沢校【提携校】 ☎050(6865)6996
〒359-0037　埼玉県所沢市くすのき台3-18-4　所沢K・Sビル　合同会社LPエデュケーション内

東京駅八重洲口校【提携校】 ☎03(3527)9304
〒103-0027　東京都中央区日本橋3-7-7　日本橋アーバンビル　グランデスク内

日本橋校【提携校】 ☎03(6661)1188
〒103-0025　東京都中央区日本橋茅場町2-5-6　日本橋大江戸ビル　株式会社大江戸コンサルタント内

新宿三丁目駅前校【提携校】 ☎03(3527)9304
〒160-0022　東京都新宿区新宿2-6-4　KNビル　グランデスク内

■ 東海

沼津校【提携校】 ☎055(928)4621
〒410-0048　静岡県沼津市新宿町3-15　萩原ビル　M-netパソコンスクール沼津校内

■ 北陸

新潟校【提携校】 ☎025(240)7781
〒950-0901　新潟県新潟市中央区弁天3-2-20　弁天501ビル　株式会社大江戸コンサルタント内

金沢校【提携校】 ☎076(237)3925
〒920-8217　石川県金沢市近岡町845-1　株式会社アイ・アイ・ピー金沢内

福井南校【提携校】 ☎0776(35)8230
〒918-8114　福井県福井市羽水2-701　株式会社ヒューマン・デザイン内

■ 関西

和歌山駅前校【提携校】 ☎073(402)2888
〒640-8342　和歌山県和歌山市友田町2-145　KEG教育センタービル　株式会社KEGキャリア・アカデミー内

■ 中国・四国

松江殿町校【提携校】 ☎0852(31)1661
〒690-0887　島根県松江市殿町517　アルファステイツ殿町　山路イングリッシュスクール内

岩国駅前校【提携校】 ☎0827(23)7424
〒740-0018　山口県岩国市麻里布町1-3-3　岡村ビル　英光学院内

新居浜駅前校【提携校】 ☎0897(32)5356
〒792-0812　愛媛県新居浜市坂井町2-3-8　パルティフジ新居浜駅前店内

■ 九州・沖縄

佐世保駅前校【提携校】 ☎0956(22)8623
〒857-0862　長崎県佐世保市白南風町5-15　智翔館内

日野校【提携校】 ☎0956(48)2239
〒858-0925　長崎県佐世保市椎木町336-1　智翔館日野校内

長崎駅前校【提携校】 ☎095(895)5917
〒850-0057　長崎県長崎市大黒町10-10　KoKoRoビル　minatoコワーキングスペース内

沖縄プラザハウス校【提携校】 ☎098(989)5909
〒904-0023　沖縄県沖縄市久保田3-1-11　プラザハウス　フェアモール　有限会社スキップヒューマンワーク内

※上記は2021年11月1日現在のものです。

書籍の訂正情報の確認方法とお問合せ方法のご案内

このたびは、弊社発行書籍をご購入いただき、誠にありがとうございます。
万が一誤りと思われる箇所がございましたら、以下の方法にてご確認ください。

1 訂正情報の確認方法

発行後に判明した訂正情報を順次掲載しております。
下記サイトよりご確認ください。

www.lec-jp.com/system/correct/

2 お問合せ方法

上記サイトに掲載がない場合は、下記サイトの入力フォームより
お問合せください。

http://lec.jp/system/soudan/web.html

フォームのご入力にあたりましては、「Web教材・サービスのご利用について」の
最下部の「ご質問内容」に下記事項をご記載ください。

- ・対象書籍名(○○年版、第○版の記載がある書籍は併せてご記載ください)
- ・ご指摘箇所(具体的にページ数の記載をお願いします)

お問合せ期限は、次の改訂版の発行日までとさせていただきます。
また、改訂版を発行しない書籍は、販売終了日までとさせていただきます。

※インターネットをご利用になれない場合は、下記①～⑤を記載の上、ご郵送にてお問合せください。
①書籍名、②発行年月日、③お名前、④お客様のご連絡先(郵便番号、ご住所、電話番号、FAX番号)、⑤ご指摘箇所
送付先:〒164-0001 東京都中野区中野4-11-10 アーバンネット中野ビル
東京リーガルマインド出版部 訂正情報係

- ・正誤のお問合せ以外の書籍の内容に関する質問は受け付けておりません。
また、書籍の内容に関する解説、受験指導等は一切行っておりませんので、あらかじめご了承ください。
- ・お電話でのお問合せは受け付けておりません。

講座・資料のお問合せ・お申込み

LECコールセンター ☎ 0570-064-464

受付時間:平日9:30～20:00/土・祝10:00～19:00/日10:00～18:00

※このナビダイヤルの通話料はお客様のご負担となります。
※このナビダイヤルは講座のお申込みや資料のご請求に関するお問合せ専用ですので、書籍の正誤に関する
ご質問をいただいた場合、上記「②正誤のお問合せ方法」のフォームをご案内させていただきます。

「行政書士試験コンパクト六法」の取り外し方

①白い厚紙を本体に残し、表紙が色紙の「六法」だけを手でつかんでください。
②「六法」をしっかりとつかんだまま手前に引っ張って、取り外してください。

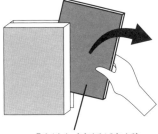

「六法」(表紙が色紙)

※白い厚紙と「六法」は、のりで接着されていますので、丁寧に取り外してください。なお、取り外しの際の破損等による返品・交換には応じられませんのでご注意ください。

2022年版出る順行政書士 合格基本書

行政書士試験コンパクト六法

行政書士試験コンパクト六法

目次

日本国憲法………………………………………………	1
民法………………………………………………………	7
行政手続法………………………………………………	103
行政代執行法……………………………………………	113
行政不服審査法…………………………………………	115
行政事件訴訟法…………………………………………	139
国家賠償法………………………………………………	147
地方自治法（抄録）……………………………………	149

『行政書士試験コンパクト六法』は、各法令の条文に関して、2021年11月30日現在、
2022年4月1日の時点で施行されていると考えられるものを掲載しています。
行政書士試験では、例年4月1日現在施行されている法令に関して出題されます。
試験概要は、例年7月に一般財団法人行政書士試験研究センターより発表されます。
今後、法改正等により試験科目の内容に変更があった場合には、ＬＥＣ行政書士サイト
において随時ご案内いたします。
http://www.lec-jp.com/gyousei/

日本国憲法

（昭和21年11月3日）

　日本国民は、正当に選挙された国会における代表者を通じて行動し、われらとわれらの子孫のために、諸国民との協和による成果と、わが国全土にわたつて自由のもたらす恵沢を確保し、政府の行為によつて再び戦争の惨禍が起ることのないやうにすることを決意し、ここに主権が国民に存することを宣言し、この憲法を確定する。そもそも国政は、国民の厳粛な信託によるものであつて、その権威は国民に由来し、その権力は国民の代表者がこれを行使し、その福利は国民がこれを享受する。これは人類普遍の原理であり、この憲法は、かかる原理に基くものである。われらは、これに反する一切の憲法、法令及び詔勅を排除する。

　日本国民は、恒久の平和を念願し、人間相互の関係を支配する崇高な理想を深く自覚するのであつて、平和を愛する諸国民の公正と信義に信頼して、われらの安全と生存を保持しようと決意した。われらは、平和を維持し、専制と隷従、圧迫と偏狭を地上から永遠に除去しようと努めてゐる国際社会において、名誉ある地位を占めたいと思ふ。われらは、全世界の国民が、ひとしく恐怖と欠乏から免かれ、平和のうちに生存する権利を有することを確認する。

　われらは、いづれの国家も、自国のことのみに専念して他国を無視してはならないのであつて、政治道徳の法則は、普遍的なものであり、この法則に従ふことは、自国の主権を維持し、他国と対等関係に立たうとする各国の責務であると信ずる。

　日本国民は、国家の名誉にかけ、全力をあげてこの崇高な理想と目的を達成することを誓ふ。

第1章　天皇

第1条　天皇は、日本国の象徴であり日本国民統合の象徴であつて、この地位は、主権の存する日本国民の総意に基く。

第2条　皇位は、世襲のものであつて、国会の議決した皇室典範の定めるところにより、これを継承する。

第3条　天皇の国事に関するすべての行為には、内閣の助言と承認を必要とし、内閣が、その責任を負ふ。

第4条　天皇は、この憲法の定める国事に関する行為のみを行ひ、国政に関する権能を有しない。

2　天皇は、法律の定めるところにより、その国事に関する行為を委任することができる。

第5条　皇室典範の定めるところにより摂政を置くときは、摂政は、天皇の名でその国事に関する行為を行ふ。この場合には、前条第1項の規定を準用する。

第6条　天皇は、国会の指名に基いて、内閣総理大臣を任命する。

2　天皇は、内閣の指名に基いて、最高裁判所の長たる裁判官を任命する。

第7条　天皇は、内閣の助言と承認により、国民のために、左の国事に関する行為を行ふ。

一　憲法改正、法律、政令及び条約を公布すること。

二　国会を召集すること。

三　衆議院を解散すること。

四　国会議員の総選挙の施行を公示すること。

五　国務大臣及び法律の定めるその他の官吏の任免並びに全権委任状及び大使及び公使の信任状を認証すること。

六　大赦、特赦、減刑、刑の執行の免除及び復権を認証すること。

七　栄典を授与すること。

八　批准書及び法律の定めるその他の外交文書を認証すること。

九　外国の大使及び公使を接受すること。

十　儀式を行ふこと。

第8条　皇室に財産を譲り渡し、又は皇室が、財産を譲り受け、若しくは賜与することは、国会の議決に基かなければならない。

第2章　戦争の放棄

第9条　日本国民は、正義と秩序を基調とする国際平和を誠実に希求し、国権の発動たる戦争と、武力による威嚇又は武力の行使は、国際紛争を解決する手段としては、永久にこれを放棄する。

2　前項の目的を達するため、陸海空軍その他の戦力は、これを保持しない。国の交戦権は、これを認めない。

第3章　国民の権利及び義務

第10条　日本国民たる要件は、法律でこれを定める。

第11条　国民は、すべての基本的人権の享有を妨げられない。この憲法が国民に保障する基本的人権は、侵すことのできない永久の権利として、現在及び将来の国民に与へられる。

第12条　この憲法が国民に保障する自由及び権利は、国民の不断の努力によつて、これを保持しなければならない。又、国民は、これを濫用

してはならないのであつて、常に公共の福祉の
ためにこれを利用する責任を負ふ。

第13条 すべて国民は、個人として尊重される。
生命、自由及び幸福追求に対する国民の権利に
ついては、公共の福祉に反しない限り、立法そ
の他の国政の上で、最大の尊重を必要とする。

第14条 すべて国民は、法の下に平等であつて、
人種、信条、性別、社会的身分又は門地により、
政治的、経済的又は社会的関係において、差別
されない。

2 華族その他の貴族の制度は、これを認めない。

3 栄誉、勲章その他の栄典の授与は、いかなる
特権も伴はない。栄典の授与は、現にこれを有
し、又は将来これを受ける者の一代に限り、そ
の効力を有する。

第15条 公務員を選定し、及びこれを罷免する
ことは、国民固有の権利である。

2 すべて公務員は、全体の奉仕者であつて、一
部の奉仕者ではない。

3 公務員の選挙については、成年者による普通
選挙を保障する。

4 すべて選挙における投票の秘密は、これを侵
してはならない。選挙人は、その選択に関し公
的にも私的にも責任を問はれない。

第16条 何人も、損害の救済、公務員の罷免、
法律、命令又は規則の制定、廃止又は改正その
他の事項に関し、平穏に請願する権利を有し、
何人も、かかる請願をしたためにいかなる差別
待遇も受けない。

第17条 何人も、公務員の不法行為により、損
害を受けたときは、法律の定めるところにより、
国又は公共団体に、その賠償を求めることがで
きる。

第18条 何人も、いかなる奴隷的拘束も受けな
い。又、犯罪に因る処罰の場合を除いては、そ
の意に反する苦役に服させられない。

第19条 思想及び良心の自由は、これを侵して
はならない。

第20条 信教の自由は、何人に対してもこれを
保障する。いかなる宗教団体も、国から特権を
受け、又は政治上の権力を行使してはならない。

2 何人も、宗教上の行為、祝典、儀式又は行事
に参加することを強制されない。

3 国及びその機関は、宗教教育その他いかなる
宗教的活動もしてはならない。

第21条 集会、結社及び言論、出版その他一切
の表現の自由は、これを保障する。

2 検閲は、これをしてはならない。通信の秘密
は、これを侵してはならない。

第22条 何人も、公共の福祉に反しない限り、

居住、移転及び職業選択の自由を有する。

2 何人も、外国に移住し、又は国籍を離脱する
自由を侵されない。

第23条 学問の自由は、これを保障する。

第24条 婚姻は、両性の合意のみに基いて成立
し、夫婦が同等の権利を有することを基本とし
て、相互の協力により、維持されなければなら
ない。

2 配偶者の選択、財産権、相続、住居の選定、
離婚並びに婚姻及び家族に関するその他の事項
に関しては、法律は、個人の尊厳と両性の本質
的平等に立脚して、制定されなければならない。

第25条 すべて国民は、健康で文化的な最低限
度の生活を営む権利を有する。

2 国は、すべての生活部面について、社会福祉、
社会保障及び公衆衛生の向上及び増進に努め
なければならない。

第26条 すべて国民は、法律の定めるところに
より、その能力に応じて、ひとしく教育を受け
る権利を有する。

2 すべて国民は、法律の定めるところにより、
その保護する子女に普通教育を受けさせる義務
を負ふ。義務教育は、これを無償とする。

第27条 すべて国民は、勤労の権利を有し、義
務を負ふ。

2 賃金、就業時間、休息その他の勤労条件に関
する基準は、法律でこれを定める。

3 児童は、これを酷使してはならない。

第28条 勤労者の団結する権利及び団体交渉そ
の他の団体行動をする権利は、これを保障する。

第29条 財産権は、これを侵してはならない。

2 財産権の内容は、公共の福祉に適合するやう
に、法律でこれを定める。

3 私有財産は、正当な補償の下に、これを公共
のために用ひることができる。

第30条 国民は、法律の定めるところにより、
納税の義務を負ふ。

第31条 何人も、法律の定める手続によらなけ
れば、その生命若しくは自由を奪はれ、又はそ
の他の刑罰を科せられない。

第32条 何人も、裁判所において裁判を受ける
権利を奪はれない。

第33条 何人も、現行犯として逮捕される場合
を除いては、権限を有する司法官憲が発し、且
つ理由となつてゐる犯罪を明示する令状によら
なければ、逮捕されない。

第34条 何人も、理由を直ちに告げられ、且つ、
直ちに弁護人に依頼する権利を与へられなけれ
ば、抑留又は拘禁されない。又、何人も、正当
な理由がなければ、拘禁されず、要求があれば、

その理由は、直ちに本人及びその弁護人の出席する公開の法廷で示されなければならない。

第35条 何人も、その住居、書類及び所持品について、侵入、捜索及び押収を受けることのない権利は、第33条の場合を除いては、正当な理由に基いて発せられ、且つ捜索する場所及び押収する物を明示する令状がなければ、侵されない。

2 捜索又は押収は、権限を有する司法官憲が発する各別の令状により、これを行ふ。

第36条 公務員による拷問及び残虐な刑罰は、絶対にこれを禁ずる。

第37条 すべて刑事事件においては、被告人は、公平な裁判所の迅速な公開裁判を受ける権利を有する。

2 刑事被告人は、すべての証人に対して審問する機会を充分に与へられ、又、公費で自己のために強制的手続により証人を求める権利を有する。

3 刑事被告人は、いかなる場合にも、資格を有する弁護人を依頼することができる。被告人が自らこれを依頼することができないときは、国でこれを附する。

第38条 何人も、自己に不利益な供述を強要されない。

2 強制、拷問若しくは脅迫による自白又は不当に長く抑留若しくは拘禁された後の自白は、これを証拠とすることができない。

3 何人も、自己に不利益な唯一の証拠が本人の自白である場合には、有罪とされ、又は刑罰を科せられない。

第39条 何人も、実行の時に適法であつた行為又は既に無罪とされた行為については、刑事上の責任を問はれない。又、同一の犯罪について、重ねて刑事上の責任を問はれない。

第40条 何人も、抑留又は拘禁された後、無罪の裁判を受けたときは、法律の定めるところにより、国にその補償を求めることができる。

第4章　国会

第41条 国会は、国権の最高機関であつて、国の唯一の立法機関である。

第42条 国会は、衆議院及び参議院の両議院でこれを構成する。

第43条 両議院は、全国民を代表する選挙された議員でこれを組織する。

2 両議院の議員の定数は、法律でこれを定める。

第44条 両議院の議員及びその選挙人の資格は、法律でこれを定める。但し、人種、信条、

性別、社会的身分、門地、教育、財産又は収入によつて差別してはならない。

第45条 衆議院議員の任期は、4年とする。但し、衆議院解散の場合には、その期間満了前に終了する。

第46条 参議院議員の任期は、6年とし、3年ごとに議員の半数を改選する。

第47条 選挙区、投票の方法その他両議院の議員の選挙に関する事項は、法律でこれを定める。

第48条 何人も、同時に両議院の議員たることはできない。

第49条 両議院の議員は、法律の定めるところにより、国庫から相当額の歳費を受ける。

第50条 両議院の議員は、法律の定める場合を除いては、国会の会期中逮捕されず、会期前に逮捕された議員は、その議院の要求があれば、会期中これを釈放しなければならない。

第51条 両議院の議員は、議院で行つた演説、討論又は表決について、院外で責任を問はれない。

第52条 国会の常会は、毎年1回これを召集する。

第53条 内閣は、国会の臨時会の召集を決定することができる。いづれかの議院の総議員の4分の1以上の要求があれば、内閣は、その召集を決定しなければならない。

第54条 衆議院が解散されたときは、解散の日から40日以内に、衆議院議員の総選挙を行ひ、その選挙の日から30日以内に、国会を召集しなければならない。

2 衆議院が解散されたときは、参議院は、同時に閉会となる。但し、内閣は、国に緊急の必要があるときは、参議院の緊急集会を求めることができる。

3 前項但書の緊急集会において採られた措置は、臨時のものであつて、次の国会開会の後10日以内に、衆議院の同意がない場合には、その効力を失ふ。

第55条 両議院は、各々その議員の資格に関する争訟を裁判する。但し、議員の議席を失はせるには、出席議員の3分の2以上の多数による議決を必要とする。

第56条 両議院は、各々その総議員の3分の1以上の出席がなければ、議事を開き議決することができない。

2 両議院の議事は、この憲法に特別の定のある場合を除いては、出席議員の過半数でこれを決し、可否同数のときは、議長の決するところによる。

第57条 両議院の会議は、公開とする。但し、

出席議員の3分の2以上の多数で議決したとき
は、秘密会を開くことができる。

2　両議院は、各々その会議の記録を保存し、秘
密会の記録の中で特に秘密を要すると認められ
るもの以外は、これを公表し、且つ一般に頒布
しなければならない。

3　出席議員の5分の1以上の要求があれば、各
議員の表決は、これを会議録に記載しなければ
ならない。

第58条　両議院は、各々その議長その他の役員
を選任する。

2　両議院は、各々その会議その他の手続及び内
部の規律に関する規則を定め、又、院内の秩序
をみだした議員を懲罰することができる。但し、
議員を除名するには、出席議員の3分の2以上
の多数による議決を必要とする。

第59条　法律案は、この憲法に特別の定のある
場合を除いては、両議院で可決したとき法律と
なる。

2　衆議院で可決し、参議院でこれと異なつた議
決をした法律案は、衆議院で出席議員の3分の
2以上の多数で再び可決したときは、法律とな
る。

3　前項の規定は、法律の定めるところにより、
衆議院が、両議院の協議会を開くことを求める
ことを妨げない。

4　参議院が、衆議院の可決した法律案を受け取
つた後、国会休会中の期間を除いて60日以内に、
議決しないときは、衆議院は、参議院がその法
律案を否決したものとみなすことができる。

第60条　予算は、さきに衆議院に提出しなけれ
ばならない。

2　予算について、参議院で衆議院と異なつた議
決をした場合に、法律の定めるところにより、
両議院の協議会を開いても意見が一致しないと
き、又は参議院が、衆議院の可決した予算を受
け取つた後、国会休会中の期間を除いて30日以
内に、議決しないときは、衆議院の議決を国会
の議決とする。

第61条　条約の締結に必要な国会の承認につい
ては、前条第2項の規定を準用する。

第62条　両議院は、各々国政に関する調査を行
ひ、これに関して、証人の出頭及び証言並びに
記録の提出を要求することができる。

第63条　内閣総理大臣その他の国務大臣は、両
議院の一に議席を有すると有しないとにかかは
らず、何時でも議案について発言するため議院
に出席することができる。又、答弁又は説明の
ため出席を求められたときは、出席しなければ
ならない。

第64条　国会は、罷免の訴追を受けた裁判官を
裁判するため、両議院の議員で組織する弾劾裁
判所を設ける。

2　弾劾に関する事項は、法律でこれを定める。

第5章　内閣

第65条　行政権は、内閣に属する。

第66条　内閣は、法律の定めるところにより、そ
の首長たる内閣総理大臣及びその他の国務大臣
でこれを組織する。

2　内閣総理大臣その他の国務大臣は、文民でな
ければならない。

3　内閣は、行政権の行使について、国会に対し
連帯して責任を負ふ。

第67条　内閣総理大臣は、国会議員の中から国
会の議決で、これを指名する。この指名は、他
のすべての案件に先だつて、これを行ふ。

2　衆議院と参議院とが異なつた指名の議決をし
た場合に、法律の定めるところにより、両議院
の協議会を開いても意見が一致しないとき、又
は衆議院が指名の議決をした後、国会休会中の
期間を除いて10日以内に、参議院が、指名の議
決をしないときは、衆議院の議決を国会の議決
とする。

第68条　内閣総理大臣は、国務大臣を任命する。
但し、その過半数は、国会議員の中から選ばれ
なければならない。

2　内閣総理大臣は、任意に国務大臣を罷免する
ことができる。

第69条　内閣は、衆議院で不信任の決議案を可
決し、又は信任の決議案を否決したときは、10
日以内に衆議院が解散されない限り、総辞職を
しなければならない。

第70条　内閣総理大臣が欠けたとき、又は衆議
院議員総選挙の後に初めて国会の召集があつた
ときは、内閣は、総辞職をしなければならない。

第71条　前二条の場合には、内閣は、あらたに
内閣総理大臣が任命されるまで引き続きその職
務を行ふ。

第72条　内閣総理大臣は、内閣を代表して議案
を国会に提出し、一般国務及び外交関係につい
て国会に報告し、並びに行政各部を指揮監督す
る。

第73条　内閣は、他の一般行政事務の外、左の
事務を行ふ。

一　法律を誠実に執行し、国務を総理すること。

二　外交関係を処理すること。

三　条約を締結すること。但し、事前に、時宜
によつては事後に、国会の承認を経ることを

必要とする。

四　法律の定める基準に従ひ、官吏に関する事務を掌理すること。

五　予算を作成して国会に提出すること。

六　この憲法及び法律の規定を実施するために、政令を制定すること。但し、政令には、特にその法律の委任がある場合を除いては、罰則を設けることができない。

七　大赦、特赦、減刑、刑の執行の免除及び復権を決定すること。

第74条　法律及び政令には、すべて主任の国務大臣が署名し、内閣総理大臣が連署することを必要とする。

第75条　国務大臣は、その在任中、内閣総理大臣の同意がなければ、訴追されない。但し、これがため、訴追の権利は、害されない。

第6章　司法

第76条　すべて司法権は、最高裁判所及び法律の定めるところにより設置する下級裁判所に属する。

2　特別裁判所は、これを設置することができない。行政機関は、終審として裁判を行ふことができない。

3　すべて裁判官は、その良心に従ひ独立してその職権を行ひ、この憲法及び法律にのみ拘束される。

第77条　最高裁判所は、訴訟に関する手続、弁護士、裁判所の内部規律及び司法事務処理に関する事項について、規則を定める権限を有する。

2　検察官は、最高裁判所の定める規則に従はなければならない。

3　最高裁判所は、下級裁判所に関する規則を定める権限を、下級裁判所に委任することができる。

第78条　裁判官は、裁判により、心身の故障のために職務を執ることができないと決定された場合を除いては、公の弾劾によらなければ罷免されない。裁判官の懲戒処分は、行政機関がこれを行ふことはできない。

第79条　最高裁判所は、その長たる裁判官及び法律の定める員数のその他の裁判官でこれを構成し、その長たる裁判官以外の裁判官は、内閣でこれを任命する。

2　最高裁判所の裁判官の任命は、その任命後初めて行はれる衆議院議員総選挙の際国民の審査に付し、その後10年を経過した後初めて行はれる衆議院議員総選挙の際更に審査に付し、その

後も同様とする。

3　前項の場合において、投票者の多数が裁判官の罷免を可とするときは、その裁判官は、罷免される。

4　審査に関する事項は、法律でこれを定める。

5　最高裁判所の裁判官は、法律の定める年齢に達した時に退官する。

6　最高裁判所の裁判官は、すべて定期に相当額の報酬を受ける。この報酬は、在任中、これを減額することができない。

第80条　下級裁判所の裁判官は、最高裁判所の指名した者の名簿によつて、内閣でこれを任命する。その裁判官は、任期を10年とし、再任されることができる。但し、法律の定める年齢に達した時には退官する。

2　下級裁判所の裁判官は、すべて定期に相当額の報酬を受ける。この報酬は、在任中、これを減額することができない。

第81条　最高裁判所は、一切の法律、命令、規則又は処分が憲法に適合するかしないかを決定する権限を有する終審裁判所である。

第82条　裁判の対審及び判決は、公開法廷でこれを行ふ。

2　裁判所が、裁判官の全員一致で、公の秩序又は善良の風俗を害する虞があると決した場合には、対審は、公開しないでこれを行ふことができる。但し、政治犯罪、出版に関する犯罪又はこの憲法第3章で保障する国民の権利が問題となつてゐる事件の対審は、常にこれを公開しなければならない。

第7章　財政

第83条　国の財政を処理する権限は、国会の議決に基いて、これを行使しなければならない。

第84条　あらたに租税を課し、又は現行の租税を変更するには、法律又は法律の定める条件によることを必要とする。

第85条　国費を支出し、又は国が債務を負担するには、国会の議決に基くことを必要とする。

第86条　内閣は、毎会計年度の予算を作成し、国会に提出して、その審議を受け議決を経なければならない。

第87条　予見し難い予算の不足に充てるため、国会の議決に基いて予備費を設け、内閣の責任でこれを支出することができる。

2　すべて予備費の支出については、内閣は、事後に国会の承諾を得なければならない。

第88条　すべて皇室財産は、国に属する。すべて皇室の費用は、予算に計上して国会の議決を

5

経なければならない。

第89条 公金その他の公の財産は、宗教上の組織若しくは団体の使用、便益若しくは維持のため、又は公の支配に属しない慈善、教育若しくは博愛の事業に対し、これを支出し、又はその利用に供してはならない。

第90条 国の収入支出の決算は、すべて毎年会計検査院がこれを検査し、内閣は、次の年度に、その検査報告とともに、これを国会に提出しなければならない。

2 会計検査院の組織及び権限は、法律でこれを定める。

第91条 内閣は、国会及び国民に対し、定期に、少くとも毎年1回、国の財政状況について報告しなければならない。

第8章 地方自治

第92条 地方公共団体の組織及び運営に関する事項は、地方自治の本旨に基いて、法律でこれを定める。

第93条 地方公共団体には、法律の定めるところにより、その議事機関として議会を設置する。

2 地方公共団体の長、その議会の議員及び法律の定めるその他の吏員は、その地方公共団体の住民が、直接これを選挙する。

第94条 地方公共団体は、その財産を管理し、事務を処理し、及び行政を執行する権能を有し、法律の範囲内で条例を制定することができる。

第95条 一の地方公共団体のみに適用される特別法は、法律の定めるところにより、その地方公共団体の住民の投票においてその過半数の同意を得なければ、国会は、これを制定することができない。

第9章 改正

第96条 この憲法の改正は、各議院の総議員の3分の2以上の賛成で、国会が、これを発議し、国民に提案してその承認を経なければならない。この承認には、特別の国民投票又は国会の定める選挙の際行はれる投票において、その過半数の賛成を必要とする。

2 憲法改正について前項の承認を経たときは、天皇は、国民の名で、この憲法と一体を成すものとして、直ちにこれを公布する。

第10章 最高法規

第97条 この憲法が日本国民に保障する基本的

人権は、人類の多年にわたる自由獲得の努力の成果であつて、これらの権利は、過去幾多の試錬に堪へ、現在及び将来の国民に対し、侵すことのできない永久の権利として信託されたものである。

第98条 この憲法は、国の最高法規であつて、その条規に反する法律、命令、詔勅及び国務に関するその他の行為の全部又は一部は、その効力を有しない。

2 日本国が締結した条約及び確立された国際法規は、これを誠実に遵守することを必要とする。

第99条 天皇又は摂政及び国務大臣、国会議員、裁判官その他の公務員は、この憲法を尊重し擁護する義務を負ふ。

第11章 補則

第100条 この憲法は、公布の日から起算して6箇月を経過した日から、これを施行する。

2 この憲法を施行するために必要な法律の制定、参議院議員の選挙及び国会召集の手続並びにこの憲法を施行するために必要な準備手続は、前項の期日よりも前に、これを行ふことができる。

第101条 この憲法施行の際、参議院がまだ成立してゐないときは、その成立するまでの間、衆議院は、国会としての権限を行ふ。

第102条 この憲法による第1期の参議院議員のうち、その半数の者の任期は、これを3年とする。その議員は、法律の定めるところにより、これを定める。

第103条 この憲法施行の際現に在職する国務大臣、衆議院議員及び裁判官並びにその他の公務員で、その地位に相応する地位がこの憲法で認められてゐる者は、法律で特別の定をした場合を除いては、この憲法施行のため、当然にはその地位を失ふことはない。但し、この憲法によつて、後任者が選挙又は任命されたときは、当然その地位を失ふ。

6

民法

（明治29年4月27日法律第89号）

第1編　総則

第1章　通則

（基本原則）

第1条　私権は、公共の福祉に適合しなければ
ならない。

2　権利の行使及び義務の履行は、信義に従い誠
実に行わなければならない。

3　権利の濫用は、これを許さない。

（解釈の基準）

第2条　この法律は、個人の尊厳と両性の本質的
平等を旨として、解釈しなければならない。

第2章　人

第1節　権利能力

第3条　私権の享有は、出生に始まる。

2　外国人は、法令又は条約の規定により禁止さ
れる場合を除き、私権を享有する。

第2節　意思能力

第3条の2　法律行為の当事者が意思表示をした
時に意思能力を有しなかったときは、その法律行
為は、無効とする。

第3節　行為能力

（成年）

第4条　年齢18歳をもって、成年とする。

（未成年者の法律行為）

第5条　未成年者が法律行為をするには、その
法定代理人の同意を得なければならない。ただ
し、単に権利を得、又は義務を免れる法律行為
については、この限りでない。

2　前項の規定に反する法律行為は、取り消すこ
とができる。

3　第1項の規定にかかわらず、法定代理人が目
的を定めて処分を許した財産は、その目的の範
囲内において、未成年者が自由に処分すること
ができる。目的を定めないで処分を許した財産
を処分するときも、同様とする。

（未成年者の営業の許可）

第6条　一種又は数種の営業を許された未成年

者は、その営業に関しては、成年者と同一の行
為能力を有する。

2　前項の場合において、未成年者がその営業に
堪えることができない事由があるときは、その法
定代理人は、第4編（親族）の規定に従い、そ
の許可を取り消し、又はこれを制限することがで
きる。

（後見開始の審判）

第7条　精神上の障害により事理を弁識する能力
を欠く常況にある者については、家庭裁判所は、
本人、配偶者、4親等内の親族、未成年後見人、
未成年後見監督人、保佐人、保佐監督人、補
助人、補助監督人又は検察官の請求により、後
見開始の審判をすることができる。

（成年被後見人及び成年後見人）

第8条　後見開始の審判を受けた者は、成年被
後見人とし、これに成年後見人を付する。

（成年被後見人の法律行為）

第9条　成年被後見人の法律行為は、取り消す
ことができる。ただし、日用品の購入その他日
常生活に関する行為については、この限りでな
い。

（後見開始の審判の取消し）

第10条　第7条に規定する原因が消滅したとき
は、家庭裁判所は、本人、配偶者、4親等内の
親族、後見人（未成年後見人及び成年後見人
をいう。以下同じ。）、後見監督人（未成年後見
監督人及び成年後見監督人をいう。以下同じ。）
又は検察官の請求により、後見開始の審判を取
り消さなければならない。

（保佐開始の審判）

第11条　精神上の障害により事理を弁識する能
力が著しく不十分である者については、家庭裁
判所は、本人、配偶者、4親等内の親族、後見
人、後見監督人、補助人、補助監督人又は検
察官の請求により、保佐開始の審判をすること
ができる。ただし、第7条に規定する原因があ
る者については、この限りでない。

（被保佐人及び保佐人）

第12条　保佐開始の審判を受けた者は、被保佐
人とし、これに保佐人を付する。

（保佐人の同意を要する行為等）

第13条　被保佐人が次に掲げる行為をするに
は、その保佐人の同意を得なければならない。
ただし、第9条ただし書に規定する行為につい
ては、この限りでない。

一　元本を領収し、又は利用すること。

二　借財又は保証をすること。

三　不動産その他重要な財産に関する権利の得
喪を目的とする行為をすること。

民法

7

四 訴訟行為をすること。

五 贈与、和解又は仲裁合意（仲裁法（平成15年法律第138号）第2条第1項に規定する仲裁合意をいう。）をすること。

六 相続の承認若しくは放棄又は遺産の分割をすること。

七 贈与の申込みを拒絶し、遺贈を放棄し、負担付贈与の申込みを承諾し、又は負担付遺贈を承認すること。

八 新築、改築、増築又は大修繕をすること。

九 第602条に定める期間を超える賃貸借をすること。

十 前各号に掲げる行為を制限行為能力者（未成年者、成年被後見人、被保佐人及び第17条第1項の審判を受けた被補助人をいう。以下同じ。）の法定代理人としてすること。

2 家庭裁判所は、第11条本文に規定する者又は保佐人若しくは保佐監督人の請求により、被保佐人が前項各号に掲げる行為以外の行為をする場合であってもその保佐人の同意を得なければならない旨の審判をすることができる。ただし、第9条ただし書に規定する行為については、この限りでない。

3 保佐人の同意を得なければならない行為について、保佐人が被保佐人の利益を害するおそれがないにもかかわらず同意をしないときは、家庭裁判所は、被保佐人の請求により、保佐人の同意に代わる許可を与えることができる。

4 保佐人の同意を得なければならない行為であって、その同意又はこれに代わる許可を得ないでしたものは、取り消すことができる。

（保佐開始の審判等の取消し）

第14条 第11条本文に規定する原因が消滅したときは、家庭裁判所は、本人、配偶者、4親等内の親族、未成年後見人、未成年後見監督人、保佐人、保佐監督人又は検察官の請求により、保佐開始の審判を取り消さなければならない。

2 家庭裁判所は、前項に規定する者の請求により、前条第2項の審判の全部又は一部を取り消すことができる。

（補助開始の審判）

第15条 精神上の障害により事理を弁識する能力が不十分である者については、家庭裁判所は、本人、配偶者、4親等内の親族、後見人、後見監督人、保佐人、保佐監督人又は検察官の請求により、補助開始の審判をすることができる。ただし、第7条又は第11条本文に規定する原因がある者については、この限りでない。

2 本人以外の者の請求により補助開始の審判をするには、本人の同意がなければならない。

3 補助開始の審判は、第17条第1項の審判又は第876条の9第1項の審判とともにしなければならない。

（被補助人及び補助人）

第16条 補助開始の審判を受けた者は、被補助人とし、これに補助人を付する。

（補助人の同意を要する旨の審判等）

第17条 家庭裁判所は、第15条第1項本文に規定する者又は補助人若しくは補助監督人の請求により、被補助人が特定の法律行為をするにはその補助人の同意を得なければならない旨の審判をすることができる。ただし、その審判によりその同意を得なければならないものとすることができる行為は、第13条第1項に規定する行為の一部に限る。

2 本人以外の者の請求により前項の審判をするには、本人の同意がなければならない。

3 補助人の同意を得なければならない行為について、補助人が被補助人の利益を害するおそれがないにもかかわらず同意をしないときは、家庭裁判所は、被補助人の請求により、補助人の同意に代わる許可を与えることができる。

4 補助人の同意を得なければならない行為であって、その同意又はこれに代わる許可を得ないでしたものは、取り消すことができる。

（補助開始の審判等の取消し）

第18条 第15条第1項本文に規定する原因が消滅したときは、家庭裁判所は、本人、配偶者、4親等内の親族、未成年後見人、未成年後見監督人、補助人、補助監督人又は検察官の請求により、補助開始の審判を取り消さなければならない。

2 家庭裁判所は、前項に規定する者の請求により、前条第1項の審判の全部又は一部を取り消すことができる。

3 前条第1項の審判及び第876条の9第1項の審判をすべて取り消す場合には、家庭裁判所は、補助開始の審判を取り消さなければならない。

（審判相互の関係）

第19条 後見開始の審判をする場合において、本人が被保佐人又は被補助人であるときは、家庭裁判所は、その本人に係る保佐開始又は補助開始の審判を取り消さなければならない。

2 前項の規定は、保佐開始の審判をする場合において本人が成年被後見人若しくは被補助人であるとき、又は補助開始の審判をする場合において本人が成年被後見人若しくは被保佐人であるときについて準用する。

（制限行為能力者の相手方の催告権）

第20条 制限行為能力者の相手方は、その制限

行為能力者が行為能力者（行為能力の制限を受けない者をいう。以下同じ。）となった後、その者に対し、1箇月以上の期間を定めて、その期間内にその取り消すことができる行為を追認するかどうかを確答すべき旨の催告をすることができる。この場合において、その者がその期間内に確答を発しないときは、その行為を追認したものとみなす。

2　制限行為能力者の相手方が、制限行為能力者が行為能力者とならない間に、その法定代理人、保佐人又は補助人に対し、その権限内の行為について前項に規定する催告をした場合において、これらの者が同項の期間内に確答を発しないときも、同項後段と同様とする。

3　特別の方式を要する行為については、前二項の期間内にその方式を具備した旨の通知を発しないときは、その行為を取り消したものとみなす。

4　制限行為能力者の相手方は、被保佐人又は第17条第1項の審判を受けた被補助人に対しては、第1項の期間内にその保佐人又は補助人の追認を得るべき旨の催告をすることができる。この場合において、その被保佐人又は被補助人がその期間内にその追認を得た旨の通知を発しないときは、その行為を取り消したものとみなす。

（制限行為能力者の詐術）

第21条　制限行為能力者が行為能力者であることを信じさせるため詐術を用いたときは、その行為を取り消すことができない。

第4節　住所

（住所）

第22条　各人の生活の本拠をその者の住所とする。

（居所）

第23条　住所が知れない場合には、居所を住所とみなす。

2　日本に住所を有しない者は、その者が日本人又は外国人のいずれであるかを問わず、日本における居所をその者の住所とみなす。ただし、準拠法を定める法律に従いその者の住所地法によるべき場合は、この限りでない。

（仮住所）

第24条　ある行為について仮住所を選定したときは、その行為に関しては、その仮住所を住所とみなす。

第5節　不在者の財産の管理及び失踪の宣告

（不在者の財産の管理）

第25条　従来の住所又は居所を去った者（以下「不在者」という。）がその財産の管理人（以下この節において単に「管理人」という。）を置かなかったときは、家庭裁判所は、利害関係人又は検察官の請求により、その財産の管理について必要な処分を命ずることができる。本人の不在中に管理人の権限が消滅したときも、同様とする。

2　前項の規定による命令後、本人が管理人を置いたときは、家庭裁判所は、その管理人、利害関係人又は検察官の請求により、その命令を取り消さなければならない。

（管理人の改任）

第26条　不在者が管理人を置いた場合において、その不在者の生死が明らかでないときは、家庭裁判所は、利害関係人又は検察官の請求により、管理人を改任することができる。

（管理人の職務）

第27条　前二条の規定により家庭裁判所が選任した管理人は、その管理すべき財産の目録を作成しなければならない。この場合において、その費用は、不在者の財産の中から支弁する。

2　不在者の生死が明らかでない場合において、利害関係人又は検察官の請求があるときは、家庭裁判所は、不在者が置いた管理人にも、前項の目録の作成を命ずることができる。

3　前二項に定めるもののほか、家庭裁判所は、管理人に対し、不在者の財産の保存に必要と認める処分を命ずることができる。

（管理人の権限）

第28条　管理人は、第103条に規定する権限を超える行為を必要とするときは、家庭裁判所の許可を得て、その行為をすることができる。不在者の生死が明らかでない場合において、その管理人が不在者が定めた権限を超える行為を必要とするときも、同様とする。

（管理人の担保提供及び報酬）

第29条　家庭裁判所は、管理人に財産の管理及び返還について相当の担保を立てさせることができる。

2　家庭裁判所は、管理人と不在者との関係その他の事情により、不在者の財産の中から、相当な報酬を管理人に与えることができる。

（失踪の宣告）

第30条　不在者の生死が7年間明らかでないときは、家庭裁判所は、利害関係人の請求により、失踪の宣告をすることができる。

2　戦地に臨んだ者、沈没した船舶の中に在った者その他死亡の原因となるべき危難に遭遇した者の生死が、それぞれ、戦争が止んだ後、船舶

9

が沈没した後又はその他の危難が去った後1年間明らかでないときも、前項と同様とする。

（失踪の宣告の効力）

第31条 前条第1項の規定により失踪の宣告を受けた者は同項の期間が満了した時に、同条第2項の規定により失踪の宣告を受けた者はその危難が去った時に、死亡したものとみなす。

（失踪の宣告の取消し）

第32条 失踪者が生存すること又は前条に規定する時と異なる時に死亡したことの証明があったときは、家庭裁判所は、本人又は利害関係人の請求により、失踪の宣告を取り消さなければならない。この場合において、その取消しは、失踪の宣告後その取消し前に善意でした行為の効力に影響を及ぼさない。

2 失踪の宣告によって財産を得た者は、その取消しによって権利を失う。ただし、現に利益を受けている限度においてのみ、その財産を返還する義務を負う。

第6節 同時死亡の推定

第32条の2 数人の者が死亡した場合において、そのうちの1人が他の者の死亡後になお生存していたことが明らかでないときは、これらの者は、同時に死亡したものと推定する。

第3章 法人

（法人の成立等）

第33条 法人は、この法律その他の法律の規定によらなければ、成立しない。

2 学術、技芸、慈善、祭祀、宗教その他の公益を目的とする法人、営利事業を営むことを目的とする法人その他の法人の設立、組織、運営及び管理については、この法律その他の法律の定めるところによる。

（法人の能力）

第34条 法人は、法令の規定に従い、定款その他の基本約款で定められた目的の範囲内において、権利を有し、義務を負う。

（外国法人）

第35条 外国法人は、国、国の行政区画及び外国会社を除き、その成立を認許しない。ただし、法律又は条約の規定により認許された外国法人は、この限りでない。

2 前項の規定により認許された外国法人は、日本において成立する同種の法人と同一の私権を有する。ただし、外国人が享有することのできない権利及び法律又は条約中に特別の規定があ

る権利については、この限りでない。

（登記）

第36条 法人及び外国法人は、この法律その他の法令の定めるところにより、登記をするものとする。

（外国法人の登記）

第37条 外国法人（第35条第1項ただし書に規定する外国法人に限る。以下この条において同じ。）が日本に事務所を設けたときは、3週間以内に、その事務所の所在地において、次に掲げる事項を登記しなければならない。

一 外国法人の設立の準拠法

二 目的

三 名称

四 事務所の所在場所

五 存続期間を定めたときは、その定め

六 代表者の氏名及び住所

2 前項各号に掲げる事項に変更を生じたときは、3週間以内に、変更の登記をしなければならない。この場合において、登記前にあっては、その変更をもって第三者に対抗することができない。

3 代表者の職務の執行を停止し、若しくはその職務を代行する者を選任する仮処分命令又はその仮処分命令を変更し、若しくは取り消す決定がされたときは、その登記をしなければならない。この場合においては、前項後段の規定を準用する。

4 前二項の規定により登記すべき事項が外国において生じたときは、登記の期間は、その通知が到達した日から起算する。

5 外国法人が初めて日本に事務所を設けたときは、その事務所の所在地において登記するまでは、第三者は、その法人の成立を否認することができる。

6 外国法人が事務所を移転したときは、旧所在地においては3週間以内に移転の登記をし、新所在地においては4週間以内に第1項各号に掲げる事項を登記しなければならない。

7 同一の登記所の管轄区域内において事務所を移転したときは、その移転を登記すれば足りる。

8 外国法人の代表者が、この条に規定する登記を怠ったときは、50万円以下の過料に処する。

第38条から第84条まで 削除

第4章 物

（定義）

第85条 この法律において「物」とは、有体物をいう。

(不動産及び動産)
第86条 土地及びその定着物は、不動産とする。
2 不動産以外の物は、すべて動産とする。
(主物及び従物)
第87条 物の所有者が、その物の常用に供する
ため、自己の所有に属する他の物をこれに附属
させたときは、その附属させた物を従物とする。
2 従物は、主物の処分に従う。
(天然果実及び法定果実)
第88条 物の用法に従い収取する産出物を天然
果実とする。
2 物の使用の対価として受けるべき金銭その他
の物を法定果実とする。
(果実の帰属)
第89条 天然果実は、その元物から分離する時
に、これを収取する権利を有する者に帰属する。
2 法定果実は、これを収取する権利の存続期間
に応じて、日割計算によりこれを取得する。

第5章 法律行為

第1節 総則

(公序良俗)
第90条 公の秩序又は善良の風俗に反する法律
行為は、無効とする。
(任意規定と異なる意思表示)
第91条 法律行為の当事者が法令中の公の秩序
に関しない規定と異なる意思を表示したときは、
その意思に従う。
(任意規定と異なる慣習)
第92条 法令中の公の秩序に関しない規定と異
なる慣習がある場合において、法律行為の当事
者がその慣習による意思を有しているものと認
められるときは、その慣習に従う。

第2節 意思表示

(心裡留保)
第93条 意思表示は、表意者がその真意では
ないことを知ってしたときであっても、そのために
その効力を妨げられない。ただし、相手方が表
意者の真意ではないことを知り、又は知ること
ができたときは、その意思表示は、無効とする。
2 前項ただし書の規定による意思表示の無効
は、善意の第三者に対抗することができない。
(虚偽表示)
第94条 相手方と通じてした虚偽の意思表示は、
無効とする。
2 前項の規定による意思表示の無効は、善意の

第三者に対抗することができない。
(錯誤)
第95条 意思表示は、次に掲げる錯誤に基づく
ものであって、その錯誤が法律行為の目的及び
取引上の社会通念に照らして重要なものである
ときは、取り消すことができる。
一 意思表示に対応する意思を欠く錯誤
二 表意者が法律行為の基礎とした事情につい
てのその認識が真実に反する錯誤
2 前項第2号の規定による意思表示の取消し
は、その事情が法律行為の基礎とされているこ
とが表示されていたときに限り、することがで
きる。
3 錯誤が表意者の重大な過失によるものであっ
た場合には、次に掲げる場合を除き、第1項の
規定による意思表示の取消しをすることができ
ない。
一 相手方が表意者に錯誤があることを知り、
又は重大な過失によって知らなかったとき。
二 相手方が表意者と同一の錯誤に陥っていた
とき。
4 第1項の規定による意思表示の取消しは、善
意でかつ過失がない第三者に対抗することがで
きない。
(詐欺又は強迫)
第96条 詐欺又は強迫による意思表示は、取り
消すことができる。
2 相手方に対する意思表示について第三者が詐
欺を行った場合においては、相手方がその事実
を知り、又は知ることができたときに限り、その
意思表示を取り消すことができる。
3 前二項の規定による詐欺による意思表示の取
消しは、善意でかつ過失がない第三者に対抗す
ることができない。
(意思表示の効力発生時期等)
第97条 意思表示は、その通知が相手方に到達
した時からその効力を生ずる。
2 相手方が正当な理由なく意思表示の通知が到
達することを妨げたときは、その通知は、通常
到達すべきであった時に到達したものとみなす。
3 意思表示は、表意者が通知を発した後に死亡
し、意思能力を喪失し、又は行為能力の制限を
受けたときであっても、そのためにその効力を
妨げられない。
(公示による意思表示)
第98条 意思表示は、表意者が相手方を知るこ
とができず、又はその所在を知ることができな
いときは、公示の方法によってすることができ
る。
2 前項の公示は、公示送達に関する民事訴訟法

11

（平成8年法律第109号）の規定に従い、裁判所の掲示場に掲示し、かつ、その掲示があったことを官報に少なくとも1回掲載して行う。ただし、裁判所は、相当と認めるときは、官報への掲載に代えて、市役所、区役所、町村役場又はこれらに準ずる施設の掲示場に掲示すべきことを命ずることができる。

3　公示による意思表示は、最後に官報に掲載した日又はその掲載に代わる掲示を始めた日から2週間を経過した時に、相手方に到達したものとみなす。ただし、表意者が相手方を知らないこと又はその所在を知らないことについて過失があったときは、到達の効力を生じない。

4　公示に関する手続は、相手方を知ることができない場合には表意者の住所地の、相手方の所在を知ることができない場合には相手方の最後の住所地の簡易裁判所の管轄に属する。

5　裁判所は、表意者に、公示に関する費用を予納させなければならない。

（意思表示の受領能力）

第98条の2　意思表示の相手方がその意思表示を受けた時に意思能力を有しなかったとき又は未成年者若しくは成年被後見人であったときは、その意思表示をもってその相手方に対抗することができない。ただし、次に掲げる者がその意思表示を知った後は、この限りでない。

一　相手方の法定代理人

二　意思能力を回復し、又は行為能力者となった相手方

第3節　代理

（代理行為の要件及び効果）

第99条　代理人がその権限内において本人のためにすることを示してした意思表示は、本人に対して直接にその効力を生ずる。

2　前項の規定は、第三者が代理人に対してした意思表示について準用する。

（本人のためにすることを示さない意思表示）

第100条　代理人が本人のためにすることを示さないでした意思表示は、自己のためにしたものとみなす。ただし、相手方が、代理人が本人のためにすることを知り、又は知ることができたときは、前条第1項の規定を準用する。

（代理行為の瑕疵）

第101条　代理人が相手方に対してした意思表示の効力が意思の不存在、錯誤、詐欺、強迫又はある事情を知っていたこと若しくは知らなかったことにつき過失があったことによって影響を受けるべき場合には、その事実の有無は、代

理人について決するものとする。

2　相手方が代理人に対してした意思表示の効力が意思表示を受けた者がある事情を知っていたこと又は知らなかったことにつき過失があったことによって影響を受けるべき場合には、その事実の有無は、代理人について決するものとする。

3　特定の法律行為をすることを委託された代理人がその行為をしたときは、本人は、自ら知っていた事情について代理人が知らなかったことを主張することができない。本人が過失によって知らなかった事情についても、同様とする。

（代理人の行為能力）

第102条　制限行為能力者が代理人としてした行為は、行為能力の制限によっては取り消すことができない。ただし、制限行為能力者が他の制限行為能力者の法定代理人としてした行為については、この限りでない。

（権限の定めのない代理人の権限）

第103条　権限の定めのない代理人は、次に掲げる行為のみをする権限を有する。

一　保存行為

二　代理の目的である物又は権利の性質を変えない範囲内において、その利用又は改良を目的とする行為

（任意代理人による復代理人の選任）

第104条　委任による代理人は、本人の許諾を得たとき、又はやむを得ない事由があるときでなければ、復代理人を選任することができない。

（法定代理人による復代理人の選任）

第105条　法定代理人は、自己の責任で復代理人を選任することができる。この場合において、やむを得ない事由があるときは、本人に対してその選任及び監督についての責任のみを負う。

（復代理人の権限等）

第106条　復代理人は、その権限内の行為について、本人を代表する。

2　復代理人は、本人及び第三者に対して、その権限の範囲内において、代理人と同一の権利を有し、義務を負う。

（代理権の濫用）

第107条　代理人が自己又は第三者の利益を図る目的で代理権の範囲内の行為をした場合において、相手方がその目的を知り、又は知ることができたときは、その行為は、代理権を有しない者がした行為とみなす。

（自己契約及び双方代理等）

第108条　同一の法律行為について、相手方の代理人として、又は当事者双方の代理人としてした行為は、代理権を有しない者がした行為とみなす。ただし、債務の履行及び本人があらか

じめ許諾した行為については、この限りでない。

2 前項本文に規定するもののほか、代理人と本人との利益が相反する行為については、代理権を有しない者がした行為とみなす。ただし、本人があらかじめ許諾した行為については、この限りでない。

（代理権授与の表示による表見代理等）

第109条 第三者に対して他人に代理権を与えた旨を表示した者は、その代理権の範囲内においてその他人が第三者との間でした行為について、その責任を負う。ただし、第三者が、その他人が代理権を与えられていないことを知り、又は過失によって知らなかったときは、この限りでない。

2 第三者に対して他人に代理権を与えた旨を表示した者は、その代理権の範囲内においてその他人が第三者との間で行為をしたとすれば前項の規定によりその責任を負うべき場合において、その他人が第三者との間でその代理権の範囲外の行為をしたときは、第三者がその行為についてその他人の代理権があると信ずべき正当な理由があるときに限り、その行為についての責任を負う。

（権限外の行為の表見代理）

第110条 前条第1項本文の規定は、代理人がその権限外の行為をした場合において、第三者が代理人の権限があると信ずべき正当な理由があるときについて準用する。

（代理権の消滅事由）

第111条 代理権は、次に掲げる事由によって消滅する。

一 本人の死亡

二 代理人の死亡又は代理人が破産手続開始の決定若しくは後見開始の審判を受けたこと。

2 委任による代理権は、前項各号に掲げる事由のほか、委任の終了によって消滅する。

（代理権消滅後の表見代理等）

第112条 他人に代理権を与えた者は、代理権の消滅後にその代理権の範囲内においてその他人が第三者との間でした行為について、代理権の消滅の事実を知らなかった第三者に対してその責任を負う。ただし、第三者が過失によってその事実を知らなかったときは、この限りでない。

2 他人に代理権を与えた者は、代理権の消滅後に、その代理権の範囲内においてその他人が第三者との間で行為をしたとすれば前項の規定によりその責任を負うべき場合において、その他人が第三者との間でその代理権の範囲外の行為をしたときは、第三者がその行為についてその

他人の代理権があると信ずべき正当な理由があるときに限り、その行為についての責任を負う。

（無権代理）

第113条 代理権を有しない者が他人の代理人としてした契約は、本人がその追認をしなければ、本人に対してその効力を生じない。

2 追認又はその拒絶は、相手方に対してしなければ、その相手方に対抗することができない。ただし、相手方がその事実を知ったときは、この限りでない。

（無権代理の相手方の催告権）

第114条 前条の場合において、相手方は、本人に対し、相当の期間を定めて、その期間内に追認をするかどうかを確答すべき旨の催告をすることができる。この場合において、本人がその期間内に確答をしないときは、追認を拒絶したものとみなす。

（無権代理の相手方の取消権）

第115条 代理権を有しない者がした契約は、本人が追認をしない間は、相手方が取り消すことができる。ただし、契約の時において代理権を有しないことを相手方が知っていたときは、この限りでない。

（無権代理行為の追認）

第116条 追認は、別段の意思表示がないときは、契約の時にさかのぼってその効力を生ずる。ただし、第三者の権利を害することはできない。

（無権代理人の責任）

第117条 他人の代理人として契約をした者は、自己の代理権を証明したとき、又は本人の追認を得たときを除き、相手方の選択に従い、相手方に対して履行又は損害賠償の責任を負う。

2 前項の規定は、次に掲げる場合には、適用しない。

一 他人の代理人として契約をした者が代理権を有しないことを相手方が知っていたとき。

二 他人の代理人として契約をした者が代理権を有しないことを相手方が過失によって知らなかったとき。ただし、他人の代理人として契約をした者が自己に代理権がないことを知っていたときは、この限りでない。

三 他人の代理人として契約をした者が行為能力の制限を受けていたとき。

（単独行為の無権代理）

第118条 単独行為については、その行為の時において、相手方が、代理人と称する者が代理権を有しないで行為をすることに同意し、又はその代理権を争わなかったときに限り、第113条から前条までの規定を準用する。代理権を有しない者に対しその同意を得て単独行為をしたときも、

民法

13

同様とする。

第4節　無効及び取消し

（無効な行為の追認）
第119条　無効な行為は、追認によっても、その効力を生じない。ただし、当事者がその行為の無効であることを知って追認をしたときは、新たな行為をしたものとみなす。

（取消権者）
第120条　行為能力の制限によって取り消すことができる行為は、制限行為能力者（他の制限行為能力者の法定代理人としてした行為にあっては、当該他の制限行為能力者を含む。）又はその代理人、承継人若しくは同意をすることができる者に限り、取り消すことができる。
2　錯誤、詐欺又は強迫によって取り消すことができる行為は、瑕疵ある意思表示をした者又はその代理人若しくは承継人に限り、取り消すことができる。

（取消しの効果）
第121条　取り消された行為は、初めから無効であったものとみなす。

（原状回復の義務）
第121条の2　無効な行為に基づく債務の履行として給付を受けた者は、相手方を原状に復させる義務を負う。
2　前項の規定にかかわらず、無効な無償行為に基づく債務の履行として給付を受けた者は、給付を受けた当時その行為が無効であること（給付を受けた後に前条の規定により初めから無効であったものとみなされた行為にあっては、給付を受けた当時その行為が取り消すことができるものであること）を知らなかったときは、その行為によって現に利益を受けている限度において、返還の義務を負う。
3　第1項の規定にかかわらず、行為の時に意思能力を有しなかった者は、その行為によって現に利益を受けている限度において、返還の義務を負う。行為の時に制限行為能力者であった者についても、同様とする。

（取り消すことができる行為の追認）
第122条　取り消すことができる行為は、第120条に規定する者が追認したときは、以後、取り消すことができない。

（取消し及び追認の方法）
第123条　取り消すことができる行為の相手方が確定している場合には、その取消し又は追認は、相手方に対する意思表示によってする。

（追認の要件）

第124条　取り消すことができる行為の追認は、取消しの原因となっていた状況が消滅し、かつ、取消権を有することを知った後にしなければ、その効力を生じない。
2　次に掲げる場合には、前項の追認は、取消しの原因となっていた状況が消滅した後にすることを要しない。
　一　法定代理人又は制限行為能力者の保佐人若しくは補助人が追認をするとき。
　二　制限行為能力者（成年被後見人を除く。）が法定代理人、保佐人又は補助人の同意を得て追認をするとき。

（法定追認）
第125条　追認をすることができる時以後に、取り消すことができる行為について次に掲げる事実があったときは、追認をしたものとみなす。ただし、異議をとどめたときは、この限りでない。
　一　全部又は一部の履行
　二　履行の請求
　三　更改
　四　担保の供与
　五　取り消すことができる行為によって取得した権利の全部又は一部の譲渡
　六　強制執行

（取消権の期間の制限）
第126条　取消権は、追認をすることができる時から5年間行使しないときは、時効によって消滅する。行為の時から20年を経過したときも、同様とする。

第5節　条件及び期限

（条件が成就した場合の効果）
第127条　停止条件付法律行為は、停止条件が成就した時からその効力を生ずる。
2　解除条件付法律行為は、解除条件が成就した時からその効力を失う。
3　当事者が条件が成就した場合の効果をその成就した時以前にさかのぼらせる意思を表示したときは、その意思に従う。

（条件の成否未定の間における相手方の利益の侵害の禁止）
第128条　条件付法律行為の各当事者は、条件の成否が未定である間は、条件が成就した場合にその法律行為から生ずべき相手方の利益を害することができない。

（条件の成否未定の間における権利の処分等）
第129条　条件の成否が未定である間における当事者の権利義務は、一般の規定に従い、処分し、相続し、若しくは保存し、又はそのために

担保を供することができる。

（条件の成就の妨害等）

第130条 条件が成就することによって不利益を受ける当事者が故意にその条件の成就を妨げたときは、相手方は、その条件が成就したものとみなすことができる。

2 条件が成就することによって利益を受ける当事者が不正にその条件を成就させたときは、相手方は、その条件が成就しなかったものとみなすことができる。

（既成条件）

第131条 条件が法律行為の時に既に成就していた場合において、その条件が停止条件であるときはその法律行為は無条件とし、その条件が解除条件であるときはその法律行為は無効とする。

2 条件が成就しないことが法律行為の時に既に確定していた場合において、その条件が停止条件であるときはその法律行為は無効とし、その条件が解除条件であるときはその法律行為は無条件とする。

3 前二項に規定する場合において、当事者が条件が成就したこと又は成就しなかったことを知らない間は、第128条及び第129条の規定を準用する。

（不法条件）

第132条 不法な条件を付した法律行為は、無効とする。不法な行為をしないことを条件とするものも、同様とする。

（不能条件）

第133条 不能の停止条件を付した法律行為は、無効とする。

2 不能の解除条件を付した法律行為は、無条件とする。

（随意条件）

第134条 停止条件付法律行為は、その条件が単に債務者の意思のみに係るときは、無効とする。

（期限の到来の効果）

第135条 法律行為に始期を付したときは、その法律行為の履行は、期限が到来するまで、これを請求することができない。

2 法律行為に終期を付したときは、その法律行為の効力は、期限が到来した時に消滅する。

（期限の利益及びその放棄）

第136条 期限は、債務者の利益のために定めたものと推定する。

2 期限の利益は、放棄することができる。ただし、これによって相手方の利益を害することはできない。

（期限の利益の喪失）

第137条 次に掲げる場合には、債務者は、期限の利益を主張することができない。

一 債務者が破産手続開始の決定を受けたとき。

二 債務者が担保を減失させ、損傷させ、又は減少させたとき。

三 債務者が担保を供する義務を負う場合において、これを供しないとき。

第6章 期間の計算

（期間の計算の通則）

第138条 期間の計算方法は、法令若しくは裁判上の命令に特別の定めがある場合又は法律行為に別段の定めがある場合を除き、この章の規定に従う。

（期間の起算）

第139条 時間によって期間を定めたときは、その期間は、即時から起算する。

第140条 日、週、月又は年によって期間を定めたときは、期間の初日は、算入しない。ただし、その期間が午前零時から始まるときは、この限りでない。

（期間の満了）

第141条 前条の場合には、期間は、その末日の終了をもって満了する。

第142条 期間の末日が日曜日、国民の祝日に関する法律（昭和23年法律第178号）に規定する休日その他の休日に当たるときは、その日に取引をしない慣習がある場合に限り、期間は、その翌日に満了する。

（暦による期間の計算）

第143条 週、月又は年によって期間を定めたときは、その期間は、暦に従って計算する。

2 週、月又は年の初めから期間を起算しないときは、その期間は、最後の週、月又は年においてその起算日に応当する日の前日に満了する。ただし、月又は年によって期間を定めた場合において、最後の月に応当する日がないときは、その月の末日に満了する。

第7章 時効

第1節 総則

（時効の効力）

第144条 時効の効力は、その起算日にさかのぼる。

（時効の援用）

第145条 時効は、当事者（消滅時効にあって

民法

15

は、保証人、物上保証人、第三取得者その他権
利の消滅について正当な利益を有する者を含
む。）が援用しなければ、裁判所がこれによって
裁判をすることができない。

（時効の利益の放棄）

第146条 時効の利益は、あらかじめ放棄する
ことができない。

**（裁判上の請求等による時効の完成猶予及び更
新）**

第147条 次に掲げる事由がある場合には、そ
の事由が終了する（確定判決又は確定判決と同
一の効力を有するものによって権利が確定する
ことなくその事由が終了した場合にあっては、
その終了の時から6箇月を経過する）までの間
は、時効は、完成しない。

一　裁判上の請求

二　支払督促

三　民事訴訟法第275条第1項の和解又は民事
調停法（昭和26年法律第222号）若しくは家
事事件手続法（平成23年法律第52号）による
調停

四　破産手続参加、再生手続参加又は更生手
続参加

2　前項の場合において、確定判決又は確定判決
と同一の効力を有するものによって権利が確定
したときは、時効は、同項各号に掲げる事由が
終了した時から新たにその進行を始める。

（強制執行等による時効の完成猶予及び更新）

第148条 次に掲げる事由がある場合には、そ
の事由が終了する（申立ての取下げ又は法律の
規定に従わないことによる取消しによってその
事由が終了した場合にあっては、その終了の時
から6箇月を経過する）までの間は、時効は、
完成しない。

一　強制執行

二　担保権の実行

三　民事執行法（昭和54年法律第4号）第195
条に規定する担保権の実行としての競売の例
による競売

四　民事執行法第196条に規定する財産開示手
続又は同法第204条に規定する第三者からの
情報取得手続

2　前項の場合には、時効は、同項各号に掲げる
事由が終了した時から新たにその進行を始め
る。ただし、申立ての取下げ又は法律の規定に
従わないことによる取消しによってその事由が
終了した場合は、この限りでない。

（仮差押え等による時効の完成猶予）

第149条 次に掲げる事由がある場合には、そ
の事由が終了した時から6箇月を経過するまで

の間は、時効は、完成しない。

一　仮差押え

二　仮処分

（催告による時効の完成猶予）

第150条 催告があったときは、その時から6箇
月を経過するまでの間は、時効は、完成しない。

2　催告によって時効の完成が猶予されている間
にされた再度の催告は、前項の規定による時効
の完成猶予の効力を有しない。

（協議を行う旨の合意による時効の完成猶予）

第151条 権利についての協議を行う旨の合意
が書面でされたときは、次に掲げる時のいずれ
か早い時までの間は、時効は、完成しない。

一　その合意があった時から1年を経過した時

二　その合意において当事者が協議を行う期間
（1年に満たないものに限る。）を定めたとき
は、その期間を経過した時

三　当事者の一方から相手方に対して協議の続
行を拒絶する旨の通知が書面でされたときは、
その通知の時から6箇月を経過した時

2　前項の規定により時効の完成が猶予されてい
る間にされた再度の同項の合意は、同項の規定
による時効の完成猶予の効力を有する。ただし、
その効力は、時効の完成が猶予されなかったと
すれば時効が完成すべき時から通じて5年を超
えることができない。

3　催告によって時効の完成が猶予されている間
にされた第1項の合意は、同項の規定による時
効の完成猶予の効力を有しない。同項の規定に
より時効の完成が猶予されている間にされた催
告についても、同様とする。

4　第1項の合意がその内容を記録した電磁的記
録（電子的方式、磁気的方式その他人の知覚に
よっては認識することができない方式で作られ
る記録であって、電子計算機による情報処理の
用に供されるものをいう。以下同じ。）によって
されたときは、その合意は、書面によってされ
たものとみなして、前三項の規定を適用する。

5　前項の規定は、第1項第3号の通知について
準用する。

（承認による時効の更新）

第152条 時効は、権利の承認があったときは、
その時から新たにその進行を始める。

2　前項の承認をするには、相手方の権利につい
ての処分につき行為能力の制限を受けていない
こと又は権限があることを要しない。

**（時効の完成猶予又は更新の効力が及ぶ者の範
囲）**

第153条 第147条又は第148条の規定による時
効の完成猶予又は更新は、完成猶予又は更新の

てのみ、その効力を有する。

2 第149条から第151条までの規定による時効の完成猶予は、完成猶予の事由が生じた当事者及びその承継人の間においてのみ、その効力を有する。

3 前条の規定による時効の更新は、更新の事由が生じた当事者及びその承継人の間においてのみ、その効力を有する。

第154条 第148条第1項各号又は第149条各号に掲げる事由に係る手続は、時効の利益を受ける者に対してしないときは、その者に通知をした後でなければ、第148条又は第149条の規定による時効の完成猶予又は更新の効力を生じない。

第155条から第157条まで 削除

（未成年者又は成年被後見人と時効の完成猶予）

第158条 時効の期間の満了前6箇月以内の間に未成年者又は成年被後見人に法定代理人がないときは、その未成年者若しくは成年被後見人が行為能力者となった時又は法定代理人が就職した時から6箇月を経過するまでの間は、その未成年者又は成年被後見人に対して、時効は、完成しない。

2 未成年者又は成年被後見人がその財産を管理する父、母又は後見人に対して権利を有するときは、その未成年者若しくは成年被後見人が行為能力者となった時又は後任の法定代理人が就職した時から6箇月を経過するまでの間は、その権利について、時効は、完成しない。

（夫婦間の権利の時効の停止の完成猶予）

第159条 夫婦の一方が他の一方に対して有する権利については、婚姻の解消の時から6箇月を経過するまでの間は、時効は、完成しない。

（相続財産に関する時効の停止の完成猶予）

第160条 相続財産に関しては、相続人が確定した時、管理人が選任された時又は破産手続開始の決定があった時から6箇月を経過するまでの間は、時効は、完成しない。

（天災等による時効の完成猶予）

第161条 時効の期間の満了の時に当たり、天災その他避けることのできない事変のため第147条第1項各号又は第148条第1項各号に掲げる事由に係る手続を行うことができないときは、その障害が消滅した時から3箇月を経過するまでの間は、時効は、完成しない。

第2節 取得時効

（所有権の取得時効）

第162条 20年間、所有の意思をもって、平穏に、かつ、公然と他人の物を占有した者は、その所有権を取得する。

2 10年間、所有の意思をもって、平穏に、かつ、公然と他人の物を占有した者は、その占有の開始の時に、善意であり、かつ、過失がなかったときは、その所有権を取得する。

（所有権以外の財産権の取得時効）

第163条 所有権以外の財産権を、自己のためにする意思をもって、平穏に、かつ、公然と行使する者は、前条の区別に従い20年又は10年を経過した後、その権利を取得する。

（占有の中止等による取得時効の中断）

第164条 第162条の規定による時効は、占有者が任意にその占有を中止し、又は他人によってその占有を奪われたときは、中断する。

第165条 前条の規定は、第163条の場合について準用する。

第3節 消滅時効

（債権等の消滅時効）

第166条 債権は、次に掲げる場合には、時効によって消滅する。

一 債権者が権利を行使することができることを知った時から5年間行使しないとき。

二 権利を行使することができる時から10年間行使しないとき。

2 債権又は所有権以外の財産権は、権利を行使することができる時から20年間行使しないときは、時効によって消滅する。

3 前二項の規定は、始期付権利又は停止条件付権利の目的物を占有する第三者のために、その占有の開始の時から取得時効が進行することを妨げない。ただし、権利者は、その時効を更新するため、いつでも占有者の承認を求めることができる。

（人の生命又は身体の侵害による損害賠償請求権の消滅時効）

第167条 人の生命又は身体の侵害による損害賠償請求権の消滅時効についての前条第1項第2号の規定の適用については、同号中「10年間」とあるのは、「20年間」とする。

（定期金債権の消滅時効）

第168条 定期金の債権は、次に掲げる場合には、時効によって消滅する。

一 債権者が定期金の債権から生ずる金銭その他の物の給付を目的とする各債権を行使することができることを知った時から10年間行使しないとき。

民法

17

二　前号に規定する各債権を行使することができる時から20年間行使しないとき。

2　定期金の債権者は、時効の更新の証拠を得るため、いつでも、その債務者に対して承認書の交付を求めることができる。

（判決で確定した権利の消滅時効）

第169条　確定判決又は確定判決と同一の効力を有するものによって確定した権利については、10年より短い時効期間の定めがあるものであっても、その時効期間は、10年とする。

2　前項の規定は、確定の時に弁済期の到来していない債権については、適用しない。

第170条から第174条まで　削除

第2編　物権

第1章　総則

（物権の創設）

第175条　物権は、この法律その他の法律に定めるもののほか、創設することができない。

（物権の設定及び移転）

第176条　物権の設定及び移転は、当事者の意思表示のみによって、その効力を生ずる。

（不動産に関する物権の変動の対抗要件）

第177条　不動産に関する物権の得喪及び変更は、不動産登記法（平成16年法律第123号）その他の登記に関する法律の定めるところに従いその登記をしなければ、第三者に対抗することができない。

（動産に関する物権の譲渡の対抗要件）

第178条　動産に関する物権の譲渡は、その動産の引渡しがなければ、第三者に対抗することができない。

（混同）

第179条　同一物について所有権及び他の物権が同一人に帰属したときは、当該他の物権は、消滅する。ただし、その物又は当該他の物権が第三者の権利の目的であるときは、この限りでない。

2　所有権以外の物権及びこれを目的とする他の権利が同一人に帰属したときは、当該他の権利は、消滅する。この場合においては、前項ただし書の規定を準用する。

3　前二項の規定は、占有権については、適用しない。

第2章　占有権

第1節　占有権の取得

（占有権の取得）

第180条　占有権は、自己のためにする意思をもって物を所持することによって取得する。

（代理占有）

第181条　占有権は、代理人によって取得することができる。

（現実の引渡し及び簡易の引渡し）

第182条　占有権の譲渡は、占有物の引渡しによってする。

2　譲受人又はその代理人が現に占有物を所持する場合には、占有権の譲渡は、当事者の意思表示のみによってすることができる。

（占有改定）

第183条　代理人が自己の占有物を以後本人のために占有する意思を表示したときは、本人は、これによって占有権を取得する。

（指図による占有移転）

第184条　代理人によって占有をする場合において、本人がその代理人に対して以後第三者のためにその物を占有することを命じ、その第三者がこれを承諾したときは、その第三者は、占有権を取得する。

（占有の性質の変更）

第185条　権原の性質上占有者に所有の意思がないものとされる場合には、その占有者が、自己に占有をさせた者に対して所有の意思があることを表示し、又は新たな権原により更に所有の意思をもって占有を始めるのでなければ、占有の性質は、変わらない。

（占有の態様等に関する推定）

第186条　占有者は、所有の意思をもって、善意で、平穏に、かつ、公然と占有をするものと推定する。

2　前後の両時点において占有をした証拠があるときは、占有は、その間継続したものと推定する。

（占有の承継）

第187条　占有者の承継人は、その選択に従い、自己の占有のみを主張し、又は自己の占有に前の占有者の占有を併せて主張することができる。

2　前の占有者の占有を併せて主張する場合には、その瑕疵をも承継する。

第2節　占有権の効力

（占有物について行使する権利の適法の推定）

第188条　占有者が占有物について行使する権利は、適法に有するものと推定する。

（善意の占有者による果実の取得等）

第189条　善意の占有者は、占有物から生ずる果実を取得する。

2 善意の占有者が本権の訴えにおいて敗訴したときは、その訴えの提起の時から悪意の占有者とみなす。

（悪意の占有者による果実の返還等）
第190条 悪意の占有者は、果実を返還し、かつ、既に消費し、過失によって損傷し、又は収取を怠った果実の代価を償還する義務を負う。
2 前項の規定は、暴行若しくは強迫又は隠匿によって占有をしている者について準用する。

（占有者による損害賠償）
第191条 占有物が占有者の責めに帰すべき事由によって滅失し、又は損傷したときは、その回復者に対し、悪意の占有者はその損害の全部の賠償をする義務を負い、善意の占有者はその滅失又は損傷によって現に利益を受けている限度において賠償をする義務を負う。ただし、所有の意思のない占有者は、善意であるときであっても、全部の賠償をしなければならない。

（即時取得）
第192条 取引行為によって、平穏に、かつ、公然と動産の占有を始めた者は、善意であり、かつ、過失がないときは、即時にその動産について行使する権利を取得する。

（盗品又は遺失物の回復）
第193条 前条の場合において、占有物が盗品又は遺失物であるときは、被害者又は遺失者は、盗難又は遺失の時から2年間、占有者に対してその物の回復を請求することができる。
第194条 占有者が、盗品又は遺失物を、競売若しくは公の市場において、又はその物と同種の物を販売する商人から、善意で買い受けたときは、被害者又は遺失者は、占有者が支払った代価を弁償しなければ、その物を回復することができない。

（動物の占有による権利の取得）
第195条 家畜以外の動物で他人が飼育していたものを占有する者は、その占有の開始の時に善意であり、かつ、その動物が飼主の占有を離れた時から1箇月以内に飼主から回復の請求を受けなかったときは、その動物について行使する権利を取得する。

（占有者による費用の償還請求）
第196条 占有者が占有物を返還する場合には、その物の保存のために支出した金額その他の必要費を回復者から償還させることができる。ただし、占有者が果実を取得したときは、通常の必要費は、占有者の負担に帰する。
2 占有者が占有物の改良のために支出した金額その他の有益費については、その価格の増加が現存する場合に限り、回復者の選択に従い、そ

の支出した金額又は増価額を償還させることができる。ただし、悪意の占有者に対しては、裁判所は、回復者の請求により、その償還について相当の期限を許与することができる。

（占有の訴え）
第197条 占有者は、次条から第202条までの規定に従い、占有の訴えを提起することができる。他人のために占有をする者も、同様とする。

（占有保持の訴え）
第198条 占有者がその占有を妨害されたときは、占有保持の訴えにより、その妨害の停止及び損害の賠償を請求することができる。

（占有保全の訴え）
第199条 占有者がその占有を妨害されるおそれがあるときは、占有保全の訴えにより、その妨害の予防又は損害賠償の担保を請求することができる。

（占有回収の訴え）
第200条 占有者がその占有を奪われたときは、占有回収の訴えにより、その物の返還及び損害の賠償を請求することができる。
2 占有回収の訴えは、占有を侵奪した者の特定承継人に対して提起することができない。ただし、その承継人が侵奪の事実を知っていたときは、この限りでない。

（占有の訴えの提起期間）
第201条 占有保持の訴えは、妨害の存する間又はその消滅した後1年以内に提起しなければならない。ただし、工事により占有物に損害を生じた場合において、その工事に着手した時から1年を経過し、又はその工事が完成したときは、これを提起することができない。
2 占有保全の訴えは、妨害の危険の存する間は、提起することができる。この場合において、工事により占有物に損害を生ずるおそれがあるときは、前項ただし書の規定を準用する。
3 占有回収の訴えは、占有を奪われた時から1年以内に提起しなければならない。

（本権の訴えとの関係）
第202条 占有の訴えは本権の訴えを妨げず、また、本権の訴えは占有の訴えを妨げない。
2 占有の訴えについては、本権に関する理由に基づいて裁判をすることができない。

第3節 占有権の消滅

（占有権の消滅事由）
第203条 占有権は、占有者が占有の意思を放棄し、又は占有物の所持を失うことによって消滅する。ただし、占有者が占有回収の訴えを提

民法

19

起したときは、この限りでない。

（代理占有権の消滅事由）

第204条　代理人によって占有をする場合には、占有権は、次に掲げる事由によって消滅する。

一　本人が代理人に占有をさせる意思を放棄したこと。

二　代理人が本人に対して以後自己又は第三者のために占有物を所持する意思を表示したこと。

三　代理人が占有物の所持を失ったこと。

2　占有権は、代理権の消滅のみによっては、消滅しない。

第4節　準占有

第205条　この章の規定は、自己のためにする意思をもって財産権の行使をする場合について準用する。

第3章　所有権

第1節　所有権の限界

第1款　所有権の内容及び範囲

（所有権の内容）

第206条　所有者は、法令の制限内において、自由にその所有物の使用、収益及び処分をする権利を有する。

（土地所有権の範囲）

第207条　土地の所有権は、法令の制限内において、その土地の上下に及ぶ。

第208条　削除

第2款　相隣関係

（隣地の使用請求）

第209条　土地の所有者は、境界又はその付近において障壁又は建物を築造し又は修繕するため必要な範囲内で、隣地の使用を請求することができる。ただし、隣人の承諾がなければ、その住家に立ち入ることはできない。

2　前項の場合において、隣人が損害を受けたときは、その償金を請求することができる。

（公道に至るための他の土地の通行権）

第210条　他の土地に囲まれて公道に通じない土地の所有者は、公道に至るため、その土地を囲んでいる他の土地を通行することができる。

2　池沼、河川、水路若しくは海を通らなければ公道に至ることができないとき、又は崖があっ

て土地と公道とに著しい高低差があるときも、前項と同様とする。

第211条　前条の場合には、通行の場所及び方法は、同条の規定による通行権を有する者のために必要であり、かつ、他の土地のために損害が最も少ないものを選ばなければならない。

2　前条の規定による通行権を有する者は、必要があるときは、通路を開設することができる。

第212条　第210条の規定による通行権を有する者は、その通行する他の土地の損害に対して償金を支払わなければならない。ただし、通路の開設のために生じた損害に対するものを除き、1年ごとにその償金を支払うことができる。

第213条　分割によって公道に通じない土地が生じたときは、その土地の所有者は、公道に至るため、他の分割者の所有地のみを通行することができる。この場合においては、償金を支払うことを要しない。

2　前項の規定は、土地の所有者がその土地の一部を譲り渡した場合について準用する。

（自然水流に対する妨害の禁止）

第214条　土地の所有者は、隣地から水が自然に流れて来るのを妨げてはならない。

（水流の障害の除去）

第215条　水流が天災その他避けることのできない事変により低地において閉塞したときは、高地の所有者は、自己の費用で、水流の障害を除去するため必要な工事をすることができる。

（水流に関する工作物の修繕等）

第216条　他の土地に貯水、排水又は引水のために設けられた工作物の破壊又は閉塞により、自己の土地に損害が及び、又は及ぶおそれがある場合には、その土地の所有者は、当該他の土地の所有者に、工作物の修繕若しくは障害の除去をさせ、又は必要があるときは予防工事をさせることができる。

（費用の負担についての慣習）

第217条　前二条の場合において、費用の負担について別段の慣習があるときは、その慣習に従う。

（雨水を隣地に注ぐ工作物の設置の禁止）

第218条　土地の所有者は、直接に雨水を隣地に注ぐ構造の屋根その他の工作物を設けてはならない。

（水流の変更）

第219条　溝、堀その他の水流地の所有者は、対岸の土地が他人の所有に属するときは、その水路又は幅員を変更してはならない。

2　両岸の土地が水流地の所有者に属するときは、その所有者は、水路及び幅員を変更するこ

とができる。ただし、水流が隣地と交わる地点において、自然の水路に戻さなければならない。

3 前二項の規定と異なる慣習があるときは、その慣習に従う。

（排水のための低地の通水）

第220条 高地の所有者は、その高地が浸水した場合にこれを乾かすため、又は自家用若しくは農工業用の余水を排出するため、公の水流又は下水道に至るまで、低地に水を通過させることができる。この場合においては、低地のために損害が最も少ない場所及び方法を選ばなければならない。

（通水用工作物の使用）

第221条 土地の所有者は、その所有地の水を通過させるため、高地又は低地の所有者が設けた工作物を使用することができる。

2 前項の場合には、他人の工作物を使用する者は、その利益を受ける割合に応じて、工作物の設置及び保存の費用を分担しなければならない。

（堰の設置及び使用）

第222条 水流地の所有者は、堰を設ける必要がある場合には、対岸の土地が他人の所有に属するときであっても、その堰を対岸に付着させて設けることができる。ただし、これによって生じた損害に対して償金を支払わなければならない。

2 対岸の土地の所有者は、水流地の一部がその所有に属するときは、前項の堰を使用することができる。

3 前条第2項の規定は、前項の場合について準用する。

（境界標の設置）

第223条 土地の所有者は、隣地の所有者と共同の費用で、境界標を設けることができる。

（境界標の設置及び保存の費用）

第224条 境界標の設置及び保存の費用は、相隣者が等しい割合で負担する。ただし、測量の費用は、その土地の広狭に応じて分担する。

（囲障の設置）

第225条 2棟の建物がその所有者を異にし、かつ、その間に空地があるときは、各所有者は、他の所有者と共同の費用で、その境界に囲障を設けることができる。

2 当事者間に協議が調わないときは、前項の囲障は、板塀又は竹垣その他これらに類する材料のものであって、かつ、高さ2メートルのものでなければならない。

（囲障の設置及び保存の費用）

第226条 前条の囲障の設置及び保存の費用は、

相隣者が等しい割合で負担する。

（相隣者の1人による囲障の設置）

第227条 相隣者の1人は、第225条第2項に規定する材料より良好なものを用い、又は同項に規定する高さを増して囲障を設けることができる。ただし、これによって生ずる費用の増加額を負担しなければならない。

（囲障の設置等に関する慣習）

第228条 前三条の規定と異なる慣習があるときは、その慣習に従う。

（境界標等の共有の推定）

第229条 境界線上に設けた境界標、囲障、障壁、溝及び堀は、相隣者の共有に属するものと推定する。

第230条 1棟の建物の一部を構成する境界線上の障壁については、前条の規定は、適用しない。

2 高さの異なる2棟の隣接する建物を隔てる障壁の高さが、低い建物の高さを超えるときは、その障壁のうち低い建物を超える部分については、前項と同様とする。ただし、防火障壁については、この限りでない。

（共有の障壁の高さを増す工事）

第231条 相隣者の1人は、共有の障壁の高さを増すことができる。ただし、その障壁がその工事に耐えないときは、自己の費用で、必要な工作を加え、又はその障壁を改築しなければならない。

2 前項の規定により障壁の高さを増したときは、その高さを増した部分は、その工事をした者の単独の所有に属する。

第232条 前条の場合において、隣人が損害を受けたときは、その償金を請求することができる。

（竹木の枝の切除及び根の切取り）

第233条 隣地の竹木の枝が境界線を越えるときは、その竹木の所有者に、その枝を切除させることができる。

2 隣地の竹木の根が境界線を越えるときは、その根を切り取ることができる。

（境界線付近の建築の制限）

第234条 建物を築造するには、境界線から50センチメートル以上の距離を保たなければならない。

2 前項の規定に違反して建築をしようとする者があるときは、隣地の所有者は、その建築を中止させ、又は変更させることができる。ただし、建築に着手した時から1年を経過し、又はその建物が完成した後は、損害賠償の請求のみをすることができる。

第235条 境界線から1メートル未満の距離にお

民法

21

いて他人の宅地を見通すことのできる窓又は縁
側（ベランダを含む。次項において同じ。）を設
ける者は、目隠しを付けなければならない。
2　前項の距離は、窓又は縁側の最も隣地に近い
点から垂直線によって境界線に至るまでを測定
して算出する。

（境界線付近の建築に関する慣習）
第236条　前二条の規定と異なる慣習があると
きは、その慣習に従う。

（境界線付近の掘削の制限）
第237条　井戸、用水だめ、下水だめ又は肥料
だめを掘るには境界線から2メートル以上、池、
穴蔵又はし尿だめを掘るには境界線から1メー
トル以上の距離を保たなければならない。
2　導水管を埋め、又は溝若しくは堀を掘るには、
境界線からその深さの2分の1以上の距離を保
たなければならない。ただし、1メートルを超
えることを要しない。

（境界線付近の掘削に関する注意義務）
第238条　境界線の付近において前条の工事をす
るときは、土砂の崩壊又は水若しくは汚液の漏出
を防ぐため必要な注意をしなければならない。

第2節　所有権の取得

（無主物の帰属）
第239条　所有者のない動産は、所有の意思を
もって占有することによって、その所有権を取
得する。
2　所有者のない不動産は、国庫に帰属する。

（遺失物の拾得）
第240条　遺失物は、遺失物法（平成18年法律
第73号）の定めるところに従い公告をした後3
箇月以内にその所有者が判明しないときは、こ
れを拾得した者がその所有権を取得する。

（埋蔵物の発見）
第241条　埋蔵物は、遺失物法の定めるところに
従い公告をした後6箇月以内にその所有者が判
明しないときは、これを発見した者がその所有
権を取得する。ただし、他人の所有する物の中
から発見された埋蔵物については、これを発見
した者及びその他人が等しい割合でその所有権
を取得する。

（不動産の付合）
第242条　不動産の所有者は、その不動産に従
として付合した物の所有権を取得する。ただし、権
原によってその物を附属させた他人の権利を妨げ
ない。

（動産の付合）
第243条　所有者を異にする数個の動産が、付

合により、損傷しなければ分離することができ
なくなったときは、その合成物の所有権は、主
たる動産の所有者に帰属する。分離するのに過
分の費用を要するときも、同様とする。
第244条　付合した動産について主従の区別を
することができないときは、各動産の所有者は、
その付合の時における価格の割合に応じてその
合成物を共有する。

（混和）
第245条　前二条の規定は、所有者を異にする
物が混和して識別することができなくなった場
合について準用する。

（加工）
第246条　他人の動産に工作を加えた者（以下
この条において「加工者」という。）があるとき
は、その加工物の所有権は、材料の所有者に帰
属する。ただし、工作によって生じた価格が材
料の価格を著しく超えるときは、加工者がその
加工物の所有権を取得する。
2　前項に規定する場合において、加工者が材料
の一部を供したときは、その価格に工作によっ
て生じた価格を加えたものが他人の材料の価格
を超えるときに限り、加工者がその加工物の所
有権を取得する。

（付合、混和又は加工の効果）
第247条　第242条から前条までの規定により物
の所有権が消滅したときは、その物について存
する他の権利も、消滅する。
2　前項に規定する場合において、物の所有者が、
合成物、混和物又は加工物（以下この項におい
て「合成物等」という。）の単独所有者となった
ときは、その物について存する他の権利は以後
その合成物等について存し、物の所有者が合成
物等の共有者となったときは、その物について
存する他の権利は以後その持分について存す
る。

（付合、混和又は加工に伴う償金の請求）
第248条　第242条から前条までの規定の適用に
よって損失を受けた者は、第703条及び第704条
の規定に従い、その償金を請求することができ
る。

第3節　共有

（共有物の使用）
第249条　各共有者は、共有物の全部について、
その持分に応じた使用をすることができる。

（共有持分の割合の推定）
第250条　各共有者の持分は、相等しいものと
推定する。

（共有物の変更）
第251条 各共有者は、他の共有者の同意を得なければ、共有物に変更を加えることができない。

（共有物の管理）
第252条 共有物の管理に関する事項は、前条の場合を除き、各共有者の持分の価格に従い、その過半数で決する。ただし、保存行為は、各共有者がすることができる。

（共有物に関する負担）
第253条 各共有者は、その持分に応じ、管理の費用を支払い、その他共有物に関する負担を負う。

2 共有者が1年以内に前項の義務を履行しないときは、他の共有者は、相当の償金を支払ってその者の持分を取得することができる。

（共有物についての債権）
第254条 共有者の1人が共有物について他の共有者に対して有する債権は、その特定承継人に対しても行使することができる。

（持分の放棄及び共有者の死亡）
第255条 共有者の1人が、その持分を放棄したとき、又は死亡して相続人がないときは、その持分は、他の共有者に帰属する。

（共有物の分割請求）
第256条 各共有者は、いつでも共有物の分割を請求することができる。ただし、5年を超えない期間内は分割をしない旨の契約をすることを妨げない。

2 前項ただし書の契約は、更新することができる。ただし、その期間は、更新の時から5年を超えることができない。

第257条 前条の規定は、第229条に規定する共有物については、適用しない。

（裁判による共有物の分割）
第258条 共有物の分割について共有者間に協議が調わないときは、その分割を裁判所に請求することができる。

2 前項の場合において、共有物の現物を分割することができないとき、又は分割によってその価格を著しく減少させるおそれがあるときは、裁判所は、その競売を命ずることができる。

（共有に関する債権の弁済）
第259条 共有者の1人が他の共有者に対して共有に関する債権を有するときは、分割に際し、債務者に帰属すべき共有物の部分をもって、その弁済に充てることができる。

2 債権者は、前項の弁済を受けるため債務者に帰属すべき共有物の部分を売却する必要があるときは、その売却を請求することができる。

（共有物の分割への参加）
第260条 共有物について権利を有する者及び各共有者の債権者は、自己の費用で、分割に参加することができる。

2 前項の規定による参加の請求があったにもかかわらず、その請求をした者を参加させないで分割をしたときは、その分割は、その請求をした者に対抗することができない。

（分割における共有者の担保責任）
第261条 各共有者は、他の共有者が分割によって取得した物について、売主と同じく、その持分に応じて担保の責任を負う。

（共有物に関する証書）
第262条 分割が完了したときは、各分割者は、その取得した物に関する証書を保存しなければならない。

2 共有者の全員又はそのうちの数人に分割した物に関する証書は、その物の最大の部分を取得した者が保存しなければならない。

3 前項の場合において、最大の部分を取得した者がないときは、分割者間の協議で証書の保存者を定める。協議が調わないときは、裁判所が、これを指定する。

4 証書の保存者は、他の分割者の請求に応じて、その証書を使用させなければならない。

（共有の性質を有する入会権）
第263条 共有の性質を有する入会権については、各地方の慣習に従うほか、この節の規定を適用する。

（準共有）
第264条 この節の規定は、数人で所有権以外の財産権を有する場合について準用する。ただし、法令に特別の定めがあるときは、この限りでない。

第4章 地上権

（地上権の内容）
第265条 地上権者は、他人の土地において工作物又は竹木を所有するため、その土地を使用する権利を有する。

（地代）
第266条 第274条から第276条までの規定は、地上権者が土地の所有者に定期の地代を支払わなければならない場合について準用する。

2 地代については、前項に規定するもののほか、その性質に反しない限り、賃貸借に関する規定を準用する。

（相隣関係の規定の準用）
第267条 前章第1節第2款（相隣関係）の規

23

定は、地上権者間又は地上権者と土地の所有者との間について準用する。ただし、第229条の規定は、境界線上の工作物が地上権の設定後に設けられた場合に限り、地上権者について準用する。

（地上権の存続期間）

第268条 設定行為で地上権の存続期間を定めなかった場合において、別段の慣習がないときは、地上権者は、いつでもその権利を放棄することができる。ただし、地代を支払うべきときは、1年前に予告をし、又は期限の到来していない1年分の地代を支払わなければならない。

2 地上権者が前項の規定によりその権利を放棄しないときは、裁判所は、当事者の請求により、20年以上50年以下の範囲内において、工作物又は竹木の種類及び状況その他地上権の設定当時の事情を考慮して、その存続期間を定める。

（工作物等の収去等）

第269条 地上権者は、その権利が消滅した時に、土地を原状に復してその工作物及び竹木を収去することができる。ただし、土地の所有者が時価相当額を提供してこれを買い取る旨を通知したときは、地上権者は、正当な理由がなければ、これを拒むことができない。

2 前項の規定と異なる慣習があるときは、その慣習に従う。

（地下又は空間を目的とする地上権）

第269条の2 地下又は空間は、工作物を所有するため、上下の範囲を定めて地上権の目的とすることができる。この場合においては、設定行為で、地上権の行使のためにその土地の使用に制限を加えることができる。

2 前項の地上権は、第三者がその土地の使用又は収益をする権利を有する場合においても、その権利又はこれを目的とする権利を有するすべての者の承諾があるときは、設定することができる。この場合において、土地の使用又は収益をする権利を有する者は、その地上権の行使を妨げることができない。

第5章　永小作権

（永小作権の内容）

第270条 永小作人は、小作料を支払って他人の土地において耕作又は牧畜をする権利を有する。

（永小作人による土地の変更の制限）

第271条 永小作人は、土地に対して、回復することのできない損害を生ずべき変更を加えることができない。

（永小作権の譲渡又は土地の賃貸）

第272条 永小作人は、その権利を他人に譲り渡し、又はその権利の存続期間内において耕作若しくは牧畜のため土地を賃貸することができる。ただし、設定行為で禁じたときは、この限りでない。

（賃貸借に関する規定の準用）

第273条 永小作人の義務については、この章の規定及び設定行為で定めるもののほか、その性質に反しない限り、賃貸借に関する規定を準用する。

（小作料の減免）

第274条 永小作人は、不可抗力により収益について損失を受けたときであっても、小作料の免除又は減額を請求することができない。

（永小作権の放棄）

第275条 永小作人は、不可抗力によって、引き続き3年以上全く収益を得ず、又は5年以上小作料より少ない収益を得たときは、その権利を放棄することができる。

（永小作権の消滅請求）

第276条 永小作人が引き続き2年以上小作料の支払を怠ったときは、土地の所有者は、永小作権の消滅を請求することができる。

（永小作権に関する慣習）

第277条 第271条から前条までの規定と異なる慣習があるときは、その慣習に従う。

（永小作権の存続期間）

第278条 永小作権の存続期間は、20年以上50年以下とする。設定行為で50年より長い期間を定めたときであっても、その期間は、50年とする。

2 永小作権の設定は、更新することができる。ただし、その存続期間は、更新の時から50年を超えることができない。

3 設定行為で永小作権の存続期間を定めなかったときは、その期間は、別段の慣習がある場合を除き、30年とする。

（工作物等の収去等）

第279条 第269条の規定は、永小作権について準用する。

第6章　地役権

（地役権の内容）

第280条 地役権者は、設定行為で定めた目的に従い、他人の土地を自己の土地の便益に供する権利を有する。ただし、第3章第1節（所有権の限界）の規定（公の秩序に関するものに限る。）に違反しないものでなければならない。

（地役権の付従性）

第281条　地役権は、要役地（地役権者の土地であって、他人の土地から便益を受けるものをいう。以下同じ。）の所有権に従たるものとして、その所有権とともに移転し、又は要役地について存する他の権利の目的となるものとする。ただし、設定行為に別段の定めがあるときは、この限りでない。

2　地役権は、要役地から分離して譲り渡し、又は他の権利の目的とすることができない。

（地役権の不可分性）

第282条　土地の共有者の1人は、その持分につき、その土地のために又はその土地について存する地役権を消滅させることができない。

2　土地の分割又はその一部の譲渡の場合には、地役権は、その各部のために又はその各部について存する。ただし、地役権がその性質により土地の一部のみに関するときは、この限りでない。

（地役権の時効取得）

第283条　地役権は、継続的に行使され、かつ、外形上認識することができるものに限り、時効によって取得することができる。

第284条　土地の共有者の1人が時効によって地役権を取得したときは、他の共有者も、これを取得する。

2　共有者に対する時効の更新は、地役権を行使する各共有者に対してしなければ、その効力を生じない。

3　地役権を行使する共有者が数人ある場合には、その1人について時効の完成猶予の事由があっても、時効は、各共有者のために進行する

（用水地役権）

第285条　用水地役権の承役地（地役権者以外の者の土地であって、要役地の便益に供されるものをいう。以下同じ。）において、水が要役地及び承役地の需要に比して不足するときは、その各土地の需要に応じて、まずこれを生活用に供し、その残余を他の用途に供するものとする。ただし、設定行為に別段の定めがあるときは、この限りでない。

2　同一の承役地について数個の用水地役権を設定したときは、後の地役権者は、前の地役権者の水の使用を妨げてはならない。

（承役地の所有者の工作物の設置義務等）

第286条　設定行為又は設定後の契約により、承役地の所有者が自己の費用で地役権の行使のために工作物を設け、又はその修繕をする義務を負担したときは、承役地の所有者の特定承継人も、その義務を負担する。

第287条　承役地の所有者は、いつでも、地役権に必要な土地の部分の所有権を放棄して地役権者に移転し、これにより前条の義務を免れることができる。

（承役地の所有者の工作物の使用）

第288条　承役地の所有者は、地役権の行使を妨げない範囲内において、その行使のために承役地の上に設けられた工作物を使用することができる。

2　前項の場合には、承役地の所有者は、その利益を受ける割合に応じて、工作物の設置及び保存の費用を分担しなければならない。

（承役地の時効取得による地役権の消滅）

第289条　承役地の占有者が取得時効に必要な要件を具備する占有をしたときは、地役権は、これによって消滅する。

第290条　前条の規定による地役権の消滅時効は、地役権者がその権利を行使することによって中断する。

（地役権の消滅時効）

第291条　第166条第2項に規定する消滅時効の期間は、継続的でなく行使される地役権については最後の行使の時から起算し、継続的に行使される地役権についてはその行使を妨げる事実が生じた時から起算する。

第292条　要役地が数人の共有に属する場合において、その1人のために時効の完成猶予又は更新があるときは、その完成猶予又は更新は、他の共有者のためにも、その効力を生ずる。

第293条　地役権者がその権利の一部を行使しないときは、その部分のみが時効によって消滅する。

（共有の性質を有しない入会権）

第294条　共有の性質を有しない入会権については、各地方の慣習に従うほか、この章の規定を準用する。

第7章　留置権

（留置権の内容）

第295条　他人の物の占有者は、その物に関して生じた債権を有するときは、その債権の弁済を受けるまで、その物を留置することができる。ただし、その債権が弁済期にないときは、この限りでない。

2　前項の規定は、占有が不法行為によって始まった場合には、適用しない。

（留置権の不可分性）

第296条　留置権者は、債権の全部の弁済を受けるまでは、留置物の全部についてその権利を行使することができる。

民法

25

（留置権者による果実の収取）

第297条 留置権者は、留置物から生ずる果実を収取し、他の債権者に先立って、これを自己の債権の弁済に充当することができる。

2 前項の果実は、まず債権の利息に充当し、なお残余があるときは元本に充当しなければならない。

（留置権者による留置物の保管等）

第298条 留置権者は、善良な管理者の注意をもって、留置物を占有しなければならない。

2 留置権者は、債務者の承諾を得なければ、留置物を使用し、賃貸し、又は担保に供することができない。ただし、その物の保存に必要な使用をすることは、この限りでない。

3 留置権者が前二項の規定に違反したときは、債務者は、留置権の消滅を請求することができる。

（留置権者による費用の償還請求）

第299条 留置権者は、留置物について必要費を支出したときは、所有者にその償還をさせることができる。

2 留置権者は、留置物について有益費を支出したときは、これによる価格の増加が現存する場合に限り、所有者の選択に従い、その支出した金額又は増価額を償還させることができる。ただし、裁判所は、所有者の請求により、その償還について相当の期限を許与することができる。

（留置権の行使と債権の消滅時効）

第300条 留置権の行使は、債権の消滅時効の進行を妨げない。

（担保の供与による留置権の消滅）

第301条 債務者は、相当の担保を供して、留置権の消滅を請求することができる。

（占有の喪失による留置権の消滅）

第302条 留置権は、留置権者が留置物の占有を失うことによって、消滅する。ただし、第298条第2項の規定により留置物を賃貸し、又は質権の目的としたときは、この限りでない。

第8章 先取特権

第1節 総則

（先取特権の内容）

第303条 先取特権者は、この法律その他の法律の規定に従い、その債務者の財産について、他の債権者に先立って自己の債権の弁済を受ける権利を有する。

（物上代位）

第304条 先取特権は、その目的物の売却、賃貸、滅失又は損傷によって債務者が受けるべき金銭その他の物に対しても、行使することができる。ただし、先取特権者は、その払渡し又は引渡しの前に差押えをしなければならない。

2 債務者が先取特権の目的物につき設定した物権の対価についても、前項と同様とする。

（先取特権の不可分性）

第305条 第296条の規定は、先取特権について準用する。

第2節 先取特権の種類

第1款 一般の先取特権

（一般の先取特権）

第306条 次に掲げる原因によって生じた債権を有する者は、債務者の総財産について先取特権を有する。

一 共益の費用

二 雇用関係

三 葬式の費用

四 日用品の供給

（共益費用の先取特権）

第307条 共益の費用の先取特権は、各債権者の共同の利益のためにされた債務者の財産の保存、清算又は配当に関する費用について存在する。

2 前項の費用のうちすべての債権者に有益でなかったものについては、先取特権は、その費用によって利益を受けた債権者に対してのみ存在する。

（雇用関係の先取特権）

第308条 雇用関係の先取特権は、給料その他債務者と使用人との間の雇用関係に基づいて生じた債権について存在する。

（葬式費用の先取特権）

第309条 葬式の費用の先取特権は、債務者のためにされた葬式の費用のうち相当な額について存在する。

2 前項の先取特権は、債務者がその扶養すべき親族のためにした葬式の費用のうち相当な額についても存在する。

（日用品供給の先取特権）

第310条 日用品の供給の先取特権は、債務者又はその扶養すべき同居の親族及びその家事使用人の生活に必要な最後の6箇月間の飲食料品、燃料及び電気の供給について存在する。

第2款 動産の先取特権

（動産の先取特権）

第311条　次に掲げる原因によって生じた債権を有する者は、債務者の特定の動産について先取特権を有する。

一　不動産の賃貸借

二　旅館の宿泊

三　旅客又は荷物の運輸

四　動産の保存

五　動産の売買

六　種苗又は肥料（蚕種又は蚕の飼養に供した桑葉を含む。以下同じ。）の供給

七　農業の労務

八　工業の労務

（不動産賃貸の先取特権）

第312条　不動産の賃貸の先取特権は、その不動産の賃料その他の賃貸借関係から生じた賃借人の債務に関し、賃借人の動産について存在する。

（不動産賃貸の先取特権の目的物の範囲）

第313条　土地の賃貸人の先取特権は、その土地又はその利用のための建物に備え付けられた動産、その土地の利用に供された動産及び賃借人が占有するその土地の果実について存在する。

2　建物の賃貸人の先取特権は、賃借人がその建物に備え付けた動産について存在する。

第314条　賃借権の譲渡又は転貸の場合には、賃貸人の先取特権は、譲受人又は転借人の動産にも及ぶ。譲渡人又は転貸人が受けるべき金銭についても、同様とする。

（不動産賃貸の先取特権の被担保債権の範囲）

第315条　賃借人の財産のすべてを清算する場合には、賃貸人の先取特権は、前期、当期及び次期の賃料その他の債務並びに前期及び当期に生じた損害の賠償債務についてのみ存在する。

第316条　賃貸人は、第622条の2第1項に規定する敷金を受け取っている場合には、その敷金で弁済を受けない債権の部分についてのみ先取特権を有する。

（旅館宿泊の先取特権）

第317条　旅館の宿泊の先取特権は、宿泊客が負担すべき宿泊料及び飲食料に関し、その旅館に在るその宿泊客の手荷物について存在する。

（運輸の先取特権）

第318条　運輸の先取特権は、旅客又は荷物の運送賃及び付随の費用に関し、運送人の占有する荷物について存在する。

（即時取得の規定の準用）

第319条　第192条から第195条までの規定は、第312条から前条までの規定による先取特権について準用する。

（動産保存の先取特権）

第320条　動産の保存の先取特権は、動産の保存のために要した費用又は動産に関する権利の保存、承認若しくは実行のために要した費用に関し、その動産について存在する。

（動産売買の先取特権）

第321条　動産の売買の先取特権は、動産の代価及びその利息に関し、その動産について存在する。

（種苗又は肥料の供給の先取特権）

第322条　種苗又は肥料の供給の先取特権は、種苗又は肥料の代価及びその利息に関し、その種苗又は肥料を用いた後1年以内にこれを用いた土地から生じた果実（蚕種又は蚕の飼養に供した桑葉の使用によって生じた物を含む。）について存在する。

（農業労務の先取特権）

第323条　農業の労務の先取特権は、その労務に従事する者の最後の1年間の賃金に関し、その労務によって生じた果実について存在する。

（工業労務の先取特権）

第324条　工業の労務の先取特権は、その労務に従事する者の最後の3箇月間の賃金に関し、その労務によって生じた製作物について存在する。

第3款　不動産の先取特権

（不動産の先取特権）

第325条　次に掲げる原因によって生じた債権を有する者は、債務者の特定の不動産について先取特権を有する。

一　不動産の保存

二　不動産の工事

三　不動産の売買

（不動産保存の先取特権）

第326条　不動産の保存の先取特権は、不動産の保存のために要した費用又は不動産に関する権利の保存、承認若しくは実行のために要した費用に関し、その不動産について存在する。

（不動産工事の先取特権）

第327条　不動産の工事の先取特権は、工事の設計、施工又は監理をする者が債務者の不動産に関してした工事の費用に関し、その不動産について存在する。

2　前項の先取特権は、工事によって生じた不動産の価格の増加が現存する場合に限り、その増価額についてのみ存在する。

（不動産売買の先取特権）

第328条　不動産の売買の先取特権は、不動産の代価及びその利息に関し、その不動産について存在する。

第3節　先取特権の順位

（一般の先取特権の順位）

第329条　一般の先取特権が互いに競合する場合には、その優先権の順位は、第306条各号に掲げる順序に従う。

2　一般の先取特権と特別の先取特権とが競合する場合には、特別の先取特権は、一般の先取特権に優先する。ただし、共益の費用の先取特権は、その利益を受けたすべての債権者に対して優先する効力を有する。

（動産の先取特権の順位）

第330条　同一の動産について特別の先取特権が互いに競合する場合には、その優先権の順位は、次に掲げる順序に従う。この場合において、第2号に掲げる動産の保存の先取特権について数人の保存者があるときは、後の保存者が前の保存者に優先する。

　一　不動産の賃貸、旅館の宿泊及び運輸の先取特権
　二　動産の保存の先取特権
　三　動産の売買、種苗又は肥料の供給、農業の労務及び工業の労務の先取特権

2　前項の場合において、第1順位の先取特権者は、その債権取得の時において第2順位又は第3順位の先取特権者があることを知っていたときは、これらの者に対して優先権を行使することができない。第1順位の先取特権者のために物を保存した者に対しても、同様とする。

3　果実に関しては、第1の順位は農業の労務に従事する者に、第2の順位は種苗又は肥料の供給者に、第3の順位は土地の賃貸人に属する。

（不動産の先取特権の順位）

第331条　同一の不動産について特別の先取特権が互いに競合する場合には、その優先権の順位は、第325条各号に掲げる順序に従う。

2　同一の不動産について売買が順次された場合には、売主相互間における不動産売買の先取特権の優先権の順位は、売買の前後による。

（同一順位の先取特権）

第332条　同一の目的物について同一順位の先取特権者が数人あるときは、各先取特権者は、その債権額の割合に応じて弁済を受ける。

第4節　先取特権の効力

（先取特権と第三取得者）

第333条　先取特権は、債務者がその目的である動産をその第三取得者に引き渡した後は、その動産について行使することができない。

（先取特権と動産質権との競合）

第334条　先取特権と動産質権とが競合する場合には、動産質権者は、第330条の規定による第1順位の先取特権者と同一の権利を有する。

（一般の先取特権の効力）

第335条　一般の先取特権者は、まず不動産以外の財産から弁済を受け、なお不足があるのでなければ、不動産から弁済を受けることができない。

2　一般の先取特権者は、不動産については、まず特別担保の目的とされていないものから弁済を受けなければならない。

3　一般の先取特権者は、前二項の規定に従って配当に加入することを怠ったときは、その配当加入をしたならば弁済を受けることができた額については、登記をした第三者に対してその先取特権を行使することができない。

4　前三項の規定は、不動産以外の財産の代価に先立って不動産の代価を配当し、又は他の不動産の代価に先立って特別担保の目的である不動産の代価を配当する場合には、適用しない。

（一般の先取特権の対抗力）

第336条　一般の先取特権は、不動産について登記をしなくても、特別担保を有しない債権者に対抗することができる。ただし、登記をした第三者に対しては、この限りでない。

（不動産保存の先取特権の登記）

第337条　不動産の保存の先取特権の効力を保存するためには、保存行為が完了した後直ちに登記をしなければならない。

（不動産工事の先取特権の登記）

第338条　不動産の工事の先取特権の効力を保存するためには、工事を始める前にその費用の予算額を登記しなければならない。この場合において、工事の費用が予算額を超えるときは、先取特権は、その超過額については存在しない。

2　工事によって生じた不動産の増価額は、配当加入の時に、裁判所が選任した鑑定人に評価させなければならない。

（登記をした不動産保存又は不動産工事の先取特権）

第339条　前二条の規定に従って登記をした先取特権は、抵当権に先立って行使することができる。

（不動産売買の先取特権の登記）

第340条　不動産の売買の先取特権の効力を保

存するためには、売買契約と同時に、不動産の
代価又はその利息の弁済がされていない旨を登
記しなければならない。

（抵当権に関する規定の準用）
第341条 先取特権の効力については、この節
に定めるもののほか、その性質に反しない限り、
抵当権に関する規定を準用する。

第9章 質権

第1節 総則

（質権の内容）
第342条 質権者は、その債権の担保として債
務者又は第三者から受け取った物を占有し、か
つ、その物について他の債権者に先立って自己
の債権の弁済を受ける権利を有する。

（質権の目的）
第343条 質権は、譲り渡すことができない物を
その目的とすることができない。

（質権の設定）
第344条 質権の設定は、債権者にその目的物
を引き渡すことによって、その効力を生ずる。

（質権設定者による代理占有の禁止）
第345条 質権者は、質権設定者に、自己に代
わって質物の占有をさせることができない。

（質権の被担保債権の範囲）
第346条 質権は、元本、利息、違約金、質権
の実行の費用、質物の保存の費用及び債務の不
履行又は質物の隠れた瑕疵によって生じた損害
の賠償を担保する。ただし、設定行為に別段の
定めがあるときは、この限りでない。

（質物の留置）
第347条 質権者は、前条に規定する債権の弁
済を受けるまでは、質物を留置することができ
る。ただし、この権利は、自己に対して優先権
を有する債権者に対抗することができない。

（転質）
第348条 質権者は、その権利の存続期間内に
おいて、自己の責任で、質物について、転質を
することができる。この場合において、転質を
したことによって生じた損失については、不可
抗力によるものであっても、その責任を負う。

（契約による質物の処分の禁止）
第349条 質権設定者は、設定行為又は債務の
弁済期前の契約において、質権者に弁済として
質物の所有権を取得させ、その他法律に定める
方法によらないで質物を処分させることを約す
ることができない。

（留置権及び先取特権の規定の準用）

第350条 第296条から第300条まで及び第304条
の規定は、質権について準用する。

（物上保証人の求償権）
第351条 他人の債務を担保するため質権を設定
した者は、その債務を弁済し、又は質権の実行に
よって質物の所有権を失ったときは、保証債務に
関する規定に従い、債務者に対して求償権を有
する。

第2節 動産質

（動産質の対抗要件）
第352条 動産質権者は、継続して質物を占有
しなければ、その質権をもって第三者に対抗す
ることができない。

（質物の占有の回復）
第353条 動産質権者は、質物の占有を奪われ
たときは、占有回収の訴えによってのみ、その
質物を回復することができる。

（動産質権の実行）
第354条 動産質権者は、その債権の弁済を受け
ないときは、正当な理由がある場合に限り、鑑定
人の評価に従い質物をもって直ちに弁済に充てる
ことを裁判所に請求することができる。この場合
において、動産質権者は、あらかじめ、その請求
をする旨を債務者に通知しなければならない。

（動産質権の順位）
第355条 同一の動産について数個の質権が設定
されたときは、その質権の順位は、設定の前後に
よる。

第3節 不動産質

（不動産質権者による使用及び収益）
第356条 不動産質権者は、質権の目的である
不動産の用法に従い、その使用及び収益をする
ことができる。

（不動産質権者による管理の費用等の負担）
第357条 不動産質権者は、管理の費用を支払
い、その他不動産に関する負担を負う。

（不動産質権者による利息の請求の禁止）
第358条 不動産質権者は、その債権の利息を
請求することができない。

（設定行為に別段の定めがある場合等）
第359条 前三条の規定は、設定行為に別段の
定めがあるとき、又は担保不動産収益執行（民
事執行法第180条第2号に規定する担保不動産
収益執行をいう。以下同じ。）の開始があったと
きは、適用しない。

（不動産質権の存続期間）

29

第360条　不動産質権の存続期間は、10年を超えることができない。設定行為でこれより長い期間を定めたときであっても、その期間は、10年とする。

2　不動産質権の設定は、更新することができる。ただし、その存続期間は、更新の時から10年を超えることができない。

（抵当権の規定の準用）

第361条　不動産質権については、この節に定めるもののほか、その性質に反しない限り、次章（抵当権）の規定を準用する。

第4節　権利質

（権利質の目的等）

第362条　質権は、財産権をその目的とすることができる。

2　前項の質権については、この節に定めるもののほか、その性質に反しない限り、前三節（総則、動産質及び不動産質）の規定を準用する。

第363条　削除

（債権を目的とする質権の対抗要件）

第364条　債権を目的とする質権の設定（現に発生していない債権を目的とするものを含む。）は、第467条の規定に従い、第三債務者にその質権の設定を通知し、又は第三債務者がこれを承諾しなければ、これをもって第三債務者その他の第三者に対抗することができない。

第365条　削除

（質権者による債権の取立て等）

第366条　質権者は、質権の目的である債権を直接に取り立てることができる。

2　債権の目的物が金銭であるときは、質権者は、自己の債権額に対応する部分に限り、これを取り立てることができる。

3　前項の債権の弁済期が質権者の債権の弁済期前に到来したときは、質権者は、第三債務者にその弁済をすべき金額を供託させることができる。この場合において、質権は、その供託金について存在する。

4　債権の目的物が金銭でないときは、質権者は、弁済として受けた物について質権を有する。

第367条および第368条　削除

第10章　抵当権

第1節　総則

（抵当権の内容）

第369条　抵当権者は、債務者又は第三者が占有を移転しないで債務の担保に供した不動産について、他の債権者に先立って自己の債権の弁済を受ける権利を有する。

2　地上権及び永小作権も、抵当権の目的とすることができる。この場合においては、この章の規定を準用する。

（抵当権の効力の及ぶ範囲）

第370条　抵当権は、抵当地の上に存する建物を除き、その目的である不動産（以下「抵当不動産」という。）に付加して一体となっている物に及ぶ。ただし、設定行為に別段の定めがある場合及び債務者の行為について第424条第3項に規定する詐害行為取消請求をすることができる場合は、この限りでない。

第371条　抵当権は、その担保する債権について不履行があったときは、その後に生じた抵当不動産の果実に及ぶ。

（留置権等の規定の準用）

第372条　第296条、第304条及び第351条の規定は、抵当権について準用する。

第2節　抵当権の効力

（抵当権の順位）

第373条　同一の不動産について数個の抵当権が設定されたときは、その抵当権の順位は、登記の前後による。

（抵当権の順位の変更）

第374条　抵当権の順位は、各抵当権者の合意によって変更することができる。ただし、利害関係を有する者があるときは、その承諾を得なければならない。

2　前項の規定による順位の変更は、その登記をしなければ、その効力を生じない。

（抵当権の被担保債権の範囲）

第375条　抵当権者は、利息その他の定期金を請求する権利を有するときは、その満期となった最後の2年分についてのみ、その抵当権を行使することができる。ただし、それ以前の定期金についても、満期後に特別の登記をしたときは、その登記の時からその抵当権を行使することを妨げない。

2　前項の規定は、抵当権者が債務の不履行によって生じた損害の賠償を請求する権利を有する場合におけるその最後の2年分についても適用する。ただし、利息その他の定期金と通算して2年分を超えることができない。

（抵当権の処分）

第376条　抵当権者は、その抵当権を他の債権の担保とし、又は同一の債務者に対する他の債

権者の利益のためにその抵当権若しくはその順位を譲渡し、若しくは放棄することができる。

2 前項の場合において、抵当権者が数人のためにその抵当権の処分をしたときは、その処分の利益を受ける者の権利の順位は、抵当権の登記にした付記の前後による。

（抵当権の処分の対抗要件）

第377条 前条の場合には、第467条の規定に従い、主たる債務者に抵当権の処分を通知し、又は主たる債務者がこれを承諾しなければ、これをもって主たる債務者、保証人、抵当権設定者及びこれらの者の承継人に対抗することができない。

2 主たる債務者が前項の規定により通知を受け、又は承諾をしたときは、抵当権の処分の利益を受ける者の承諾を得ないでした弁済は、その受益者に対抗することができない。

（代価弁済）

第378条 抵当不動産について所有権又は地上権を買い受けた第三者が、抵当権者の請求に応じてその抵当権者にその代価を弁済したときは、抵当権は、その第三者のために消滅する。

（抵当権消滅請求）

第379条 抵当不動産の第三取得者は、第383条の定めるところにより、抵当権消滅請求をすることができる。

第380条 主たる債務者、保証人及びこれらの者の承継人は、抵当権消滅請求をすることができない。

第381条 抵当不動産の停止条件付第三取得者は、その停止条件の成否が未定である間は、抵当権消滅請求をすることができない。

（抵当権消滅請求の時期）

第382条 抵当不動産の第三取得者は、抵当権の実行としての競売による差押えの効力が発生する前に、抵当権消滅請求をしなければならない。

（抵当権消滅請求の手続）

第383条 抵当不動産の第三取得者は、抵当権消滅請求をするときは、登記をした各債権者に対し、次に掲げる書面を送付しなければならない。

一 取得の原因及び年月日、譲渡人及び取得者の氏名及び住所並びに抵当不動産の性質、所在及び代価その他取得者の負担を記載した書面

二 抵当不動産に関する登記事項証明書（現に効力を有する登記事項のすべてを証明したものに限る。）

三 債権者が2箇月以内に抵当権を実行して競売の申立てをしないときは、抵当不動産の第三取得者が第1号に規定する代価又は特に指定した金額を債権の順位に従って弁済し又は供託すべき旨を記載した書面

（債権者のみなし承諾）

第384条 次に掲げる場合には、前条各号に掲げる書面の送付を受けた債権者は、抵当不動産の第三取得者が同条第3号に掲げる書面に記載したところにより提供した同号の代価又は金額を承諾したものとみなす。

一 その債権者が前条各号に掲げる書面の送付を受けた後2箇月以内に抵当権を実行して競売の申立てをしないとき。

二 その債権者が前号の申立てを取り下げたとき。

三 第1号の申立てを却下する旨の決定が確定したとき。

四 第1号の申立てに基づく競売の手続を取り消す旨の決定（民事執行法第188条において準用する同法第63条第3項若しくは第68条の3第3項の規定又は同法第183条第1項第5号の謄本が提出された場合における同条第2項の規定による決定を除く。）が確定したとき。

（競売の申立ての通知）

第385条 第383条各号に掲げる書面の送付を受けた債権者は、前条第1号の申立てをするときは、同号の期間内に、債務者及び抵当不動産の譲渡人にその旨を通知しなければならない。

（抵当権消滅請求の効果）

第386条 登記をしたすべての債権者が抵当不動産の第三取得者の提供した代価又は金額を承諾し、かつ、抵当不動産の第三取得者がその承諾を得た代価又は金額を払い渡し又は供託したときは、抵当権は、消滅する。

（抵当権者の同意の登記がある場合の賃貸借の対抗力）

第387条 登記をした賃貸借は、その登記前に登記をした抵当権を有するすべての者が同意をし、かつ、その同意の登記があるときは、その同意をした抵当権者に対抗することができる。

2 抵当権者が前項の同意をするには、その抵当権を目的とする権利を有する者その他抵当権者の同意によって不利益を受けるべき者の承諾を得なければならない。

（法定地上権）

第388条 土地及びその上に存する建物が同一の所有者に属する場合において、その土地又は建物につき抵当権が設定され、その実行により所有者を異にするに至ったときは、その建物について、地上権が設定されたものとみなす。この場合において、地代は、当事者の請求により、裁判所が定める。

（抵当地の上の建物の競売）

第389条 抵当権の設定後に抵当地に建物が築造されたときは、抵当権者は、土地とともにその建物を競売することができる。ただし、その優先権は、土地の代価についてのみ行使することができる。

2 前項の規定は、その建物の所有者が抵当地を占有するについて抵当権者に対抗することができる権利を有する場合には、適用しない。

（抵当不動産の第三取得者による買受け）

第390条 抵当不動産の第三取得者は、その競売において買受人となることができる。

（抵当不動産の第三取得者による費用の償還請求）

第391条 抵当不動産の第三取得者は、抵当不動産について必要費又は有益費を支出したときは、第196条の区別に従い、抵当不動産の代価から、他の債権者より先にその償還を受けることができる。

（共同抵当における代価の配当）

第392条 債権者が同一の債権の担保として数個の不動産につき抵当権を有する場合において、同時にその代価を配当すべきときは、その各不動産の価額に応じて、その債権の負担を按分する。

2 債権者が同一の債権の担保として数個の不動産につき抵当権を有する場合において、ある不動産の代価のみを配当すべきときは、抵当権者は、その代価から債権の全部の弁済を受けることができる。この場合において、次順位の抵当権者は、その弁済を受ける抵当権者が前項の規定に従い他の不動産の代価から弁済を受けるべき金額を限度として、その抵当権者に代位して抵当権を行使することができる。

（共同抵当における代位の付記登記）

第393条 前条第2項後段の規定により代位によって抵当権を行使する者は、その抵当権の登記にその代位を付記することができる。

（抵当不動産以外の財産からの弁済）

第394条 抵当権者は、抵当不動産の代価から弁済を受けない債権の部分についてのみ、他の財産から弁済を受けることができる。

2 前項の規定は、抵当不動産の代価に先立って他の財産の代価を配当すべき場合には、適用しない。この場合において、他の各債権者は、抵当権者に同項の規定による弁済を受けさせるため、抵当権者に配当すべき金額の供託を請求することができる。

（抵当建物使用者の引渡しの猶予）

第395条 抵当権者に対抗することができない賃貸借により抵当権の目的である建物の使用又は収益をする者であって次に掲げるもの（次項において「抵当建物使用者」という。）は、その建物の競売における買受人の買受けの時から6箇月を経過するまでは、その建物を買受人に引き渡すことを要しない。

一 競売手続の開始前から使用又は収益をする者

二 強制管理又は担保不動産収益執行の管理人が競売手続の開始後にした賃貸借により使用又は収益をする者

2 前項の規定は、買受人の買受けの時より後に同項の建物の使用をしたことの対価について、買受人が抵当建物使用者に対し相当の期間を定めてその1箇月分以上の支払の催告をし、その相当の期間内に履行がない場合には、適用しない。

第3節 抵当権の消滅

（抵当権の消滅時効）

第396条 抵当権は、債務者及び抵当権設定者に対しては、その担保する債権と同時でなければ、時効によって消滅しない。

（抵当不動産の時効取得による抵当権の消滅）

第397条 債務者又は抵当権設定者でない者が抵当不動産について取得時効に必要な要件を具備する占有をしたときは、抵当権は、これによって消滅する。

（抵当権の目的である地上権等の放棄）

第398条 地上権又は永小作権を抵当権の目的とした地上権者又は永小作人は、その権利を放棄しても、これをもって抵当権者に対抗することができない。

第4節 根抵当

（根抵当権）

第398条の2 抵当権は、設定行為で定めるところにより、一定の範囲に属する不特定の債権を極度額の限度において担保するためにも設定することができる。

2 前項の規定による抵当権（以下「根抵当権」という。）の担保すべき不特定の債権の範囲は、債務者との特定の継続的取引契約によって生ずるものその他債務者との一定の種類の取引によって生ずるものに限定して、定めなければならない。

3 特定の原因に基づいて債務者との間に継続して生ずる債権、手形上若しくは小切手上の請求

権又は電子記録債権（電子記録債権法（平成19年法律第102号）第2条第1項に規定する電子記録債権をいう。次条第2項において同じ。）は、前項の規定にかかわらず、根抵当権の担保すべき債権とすることができる。

（根抵当権の被担保債権の範囲）

第398条の3 根抵当権者は、確定した元本並びに利息その他の定期金及び債務の不履行によって生じた損害の賠償の全部について、極度額を限度として、その根抵当権を行使することができる。

2 債務者との取引によらないで取得する手形上若しくは小切手上の請求権又は電子記録債権を根抵当権の担保すべき債権とした場合において、次に掲げる事由があったときは、その前に取得したものについてのみ、その根抵当権を行使することができる。ただし、その後に取得したものであっても、その事由を知らないで取得したものについては、これを行使することを妨げない。

一 債務者の支払の停止

二 債務者についての破産手続開始、再生手続開始、更生手続開始又は特別清算開始の申立て

三 抵当不動産に対する競売の申立て又は滞納処分による差押え

（根抵当権の被担保債権の範囲及び債務者の変更）

第398条の4 元本の確定前においては、根抵当権の担保すべき債権の範囲の変更をすることができる。債務者の変更についても、同様とする。

2 前項の変更をするには、後順位の抵当権者その他の第三者の承諾を得ることを要しない。

3 第1項の変更について元本の確定前に登記をしなかったときは、その変更をしなかったものとみなす。

（根抵当権の極度額の変更）

第398条の5 根抵当権の極度額の変更は、利害関係を有する者の承諾を得なければ、することができない。

（根抵当権の元本確定期日の定め）

第398条の6 根抵当権の担保すべき元本については、その確定すべき期日を定め又は変更することができる。

2 第398条の4第2項の規定は、前項の場合について準用する。

3 第1項の期日は、これを定め又は変更した日から5年以内でなければならない。

4 第1項の期日の変更についてその変更前の期日より前に登記をしなかったときは、担保すべき元本は、その変更前の期日に確定する。

（根抵当権の被担保債権の譲渡等）

第398条の7 元本の確定前に根抵当権者から債権を取得した者は、その債権について根抵当権を行使することができない。元本の確定前に債務者のために又は債務者に代わって弁済をした者も、同様とする。

2 元本の確定前に債務の引受けがあったときは、根抵当権者は、引受人の債務について、その根抵当権を行使することができない。

3 元本の確定前に免責的債務引受があった場合における債権者は、第472条の4第1項の規定にかかわらず、根抵当権を引受人が負担する債務に移すことができない。

4 元本の確定前に債権者の交替による更改があった場合における更改前の債権者は、第518条第1項の規定にかかわらず、根抵当権を更改後の債務に移すことができない。元本の確定前に債務者の交替による更改があった場合における債権者も、同様とする。

（根抵当権者又は債務者の相続）

第398条の8 元本の確定前に根抵当権者について相続が開始したときは、根抵当権は、相続開始の時に存する債権のほか、相続人と根抵当権設定者との合意により定めた相続人が相続の開始後に取得する債権を担保する。

2 元本の確定前にその債務者について相続が開始したときは、根抵当権は、相続開始の時に存する債務のほか、根抵当権者と根抵当権設定者との合意により定めた相続人が相続の開始後に負担する債務を担保する。

3 第398条の4第2項の規定は、前二項の合意をする場合について準用する。

4 第1項及び第2項の合意について相続の開始後6箇月以内に登記をしないときは、担保すべき元本は、相続開始の時に確定したものとみなす。

（根抵当権者又は債務者の合併）

第398条の9 元本の確定前に根抵当権者について合併があったときは、根抵当権は、合併の時に存する債権のほか、合併後存続する法人又は合併によって設立された法人が合併後に取得する債権を担保する。

2 元本の確定前にその債務者について合併があったときは、根抵当権は、合併の時に存する債務のほか、合併後存続する法人又は合併によって設立された法人が合併後に負担する債務を担保する。

3 前二項の場合には、根抵当権設定者は、担保すべき元本の確定を請求することができる。ただし、前項の場合において、その債務者が根抵

当権設定者であるときは、この限りでない。

4 前項の規定による請求があったときは、担保すべき元本は、合併の時に確定したものとみなす。

5 第3項の規定による請求は、根抵当権設定者が合併のあったことを知った日から2週間を経過したときは、することができない。合併の日から1箇月を経過したときも、同様とする。

（根抵当権者又は債務者の会社分割）

第398条の10 元本の確定前に根抵当権者を分割をする会社とする分割があったときは、根抵当権は、分割の時に存する債権のほか、分割をした会社及び分割により設立された会社又は当該分割をした会社がその事業に関して有する権利義務の全部又は一部を当該会社から承継した会社が分割後に取得する債権を担保する。

2 元本の確定前にその債務者を分割をする会社とする分割があったときは、根抵当権は、分割の時に存する債務のほか、分割をした会社及び分割により設立された会社又は当該分割をした会社がその事業に関して有する権利義務の全部又は一部を当該会社から承継した会社が分割後に負担する債務を担保する。

3 前条第3項から第5項までの規定は、前二項の場合について準用する。

（根抵当権の処分）

第398条の11 元本の確定前においては、根抵当権者は、第376条第1項の規定による根抵当権の処分をすることができない。ただし、その根抵当権を他の債権の担保とすることを妨げない。

2 第377条第2項の規定は、前項ただし書の場合において元本の確定前にした弁済については、適用しない。

（根抵当権の譲渡）

第398条の12 元本の確定前においては、根抵当権者は、根抵当権設定者の承諾を得て、その根抵当権を譲り渡すことができる。

2 根抵当権者は、その根抵当権を2個の根抵当権に分割して、その一方を前項の規定により譲り渡すことができる。この場合において、その根抵当権を目的とする権利は、譲り渡した根抵当権について消滅する。

3 前項の規定による譲渡をするには、その根抵当権を目的とする権利を有する者の承諾を得なければならない。

（根抵当権の一部譲渡）

第398条の13 元本の確定前においては、根抵当権者は、根抵当権設定者の承諾を得て、その根抵当権の一部譲渡（譲渡人が譲受人と根抵当権を共有するため、これを分割しないで譲り渡すことをいう。以下この節において同じ。）をすることができる。

（根抵当権の共有）

第398条の14 根抵当権の共有者は、それぞれその債権額の割合に応じて弁済を受ける。ただし、元本の確定前に、これと異なる割合を定め、又はある者が他の者に先立って弁済を受けるべきことを定めたときは、その定めに従う。

2 根抵当権の共有者は、他の共有者の同意を得て、第398条の12第1項の規定によりその権利を譲り渡すことができる。

（抵当権の順位の譲渡又は放棄と根抵当権の譲渡又は一部譲渡）

第398条の15 抵当権の順位の譲渡又は放棄を受けた根抵当権者が、その根抵当権の譲渡又は一部譲渡をしたときは、譲受人は、その順位の譲渡又は放棄の利益を受ける。

（共同根抵当）

第398条の16 第392条及び第393条の規定は、根抵当権については、その設定と同時に同一の債権の担保として数個の不動産につき根抵当権が設定された旨の登記をした場合に限り、適用する。

（共同根抵当の変更等）

第398条の17 前条の登記がされている根抵当権の担保すべき債権の範囲、債務者若しくは極度額の変更又はその譲渡若しくは一部譲渡は、その根抵当権が設定されているすべての不動産について登記をしなければ、その効力を生じない。

2 前条の登記がされている根抵当権の担保すべき元本は、1個の不動産についてのみ確定すべき事由が生じた場合においても、確定する。

（累積根抵当）

第398条の18 数個の不動産につき根抵当権を有する者は、第398条の16の場合を除き、各不動産の代価について、各極度額に至るまで優先権を行使することができる。

（根抵当権の元本の確定請求）

第398条の19 根抵当権設定者は、根抵当権の設定の時から3年を経過したときは、担保すべき元本の確定を請求することができる。この場合において、担保すべき元本は、その請求の時から2週間を経過することによって確定する。

2 根抵当権者は、いつでも、担保すべき元本の確定を請求することができる。この場合において、担保すべき元本は、その請求の時に確定する。

3 前二項の規定は、担保すべき元本の確定すべ

き期日の定めがあるときは、適用しない。

（根抵当権の元本の確定事由）

第398条の20　次に掲げる場合には、根抵当権の担保すべき元本は、確定する。

　一　根抵当権者が抵当不動産について競売若しくは担保不動産収益執行又は第372条において準用する第304条の規定による差押えを申し立てたとき。ただし、競売手続若しくは担保不動産収益執行手続の開始又は差押えがあったときに限る。

　二　根抵当権者が抵当不動産に対して滞納処分による差押えをしたとき。

　三　根抵当権者が抵当不動産に対する競売手続の開始又は滞納処分による差押えがあったことを知った時から2週間を経過したとき。

　四　債務者又は根抵当権設定者が破産手続開始の決定を受けたとき。

2　前項第3号の競売手続の開始若しくは差押え又は同項第4号の破産手続開始の決定の効力が消滅したときは、担保すべき元本は、確定しなかったものとみなす。ただし、元本が確定したものとしてその根抵当権又はこれを目的とする権利を取得した者があるときは、この限りでない。

（根抵当権の極度額の減額請求）

第398条の21　元本の確定後においては、根抵当権設定者は、その根抵当権の極度額を、現に存する債務の額と以後2年間に生ずべき利息その他の定期金及び債務の不履行による損害賠償の額とを加えた額に減額することを請求することができる。

2　第398条の16の登記がされている根抵当権の極度額の減額については、前項の規定による請求は、そのうちの1個の不動産についてすれば足りる。

（根抵当権の消滅請求）

第398条の22　元本の確定後において現に存する債務の額が根抵当権の極度額を超えるときは、他人の債務を担保するためその根抵当権を設定した者又は抵当不動産について所有権、地上権、永小作権若しくは第三者に対抗することができる賃借権を取得した第三者は、その極度額に相当する金額を払い渡し又は供託して、その根抵当権の消滅請求をすることができる。この場合において、その払渡し又は供託は、弁済の効力を有する。

2　第398条の16の登記がされている根抵当権は、1個の不動産について前項の消滅請求があったときは、消滅する。

3　第380条及び第381条の規定は、第1項の消滅請求について準用する。

第3編　債権

第1章　総則

第1節　債権の目的

（債権の目的）

第399条　債権は、金銭に見積もることができないものであっても、その目的とすることができる。

（特定物の引渡しの場合の注意義務）

第400条　債権の目的が特定物の引渡しであるときは、債務者は、その引渡しをするまで、契約その他の債権の発生原因及び取引上の社会通念に照らして定まる善良な管理者の注意をもって、その物を保存しなければならない。

（種類債権）

第401条　債権の目的物を種類のみで指定した場合において、法律行為の性質又は当事者の意思によってその品質を定めることができないときは、債務者は、中等の品質を有する物を給付しなければならない。

2　前項の場合において、債務者が物の給付をするのに必要な行為を完了し、又は債権者の同意を得てその給付すべき物を指定したときは、以後その物を債権の目的物とする。

（金銭債権）

第402条　債権の目的物が金銭であるときは、債務者は、その選択に従い、各種の通貨で弁済をすることができる。ただし、特定の種類の通貨の給付を債権の目的としたときは、この限りでない。

2　債権の目的物である特定の種類の通貨が弁済期に強制通用の効力を失っているときは、債務者は、他の通貨で弁済をしなければならない。

3　前二項の規定は、外国の通貨の給付を債権の目的とした場合について準用する。

第403条　外国の通貨で債権額を指定したときは、債務者は、履行地における為替相場により、日本の通貨で弁済をすることができる。

（法定利率）

第404条　利息を生ずべき債権について別段の意思表示がないときは、その利率は、その利息が生じた最初の時点における法定利率による。

2　法定利率は、年3パーセントとする。

3　前項の規定にかかわらず、法定利率は、法務省令で定めるところにより、3年を1期とし、1期ごとに、次項の規定により変動するものとす

る。

4 各期における法定利率は、この項の規定により法定利率に変動があった期のうち直近のもの（以下この項において「直近変動期」という。）における基準割合と当期における基準割合との差に相当する割合（その割合に1パーセント未満の端数があるときは、これを切り捨てる。）を直近変動期における法定利率に加算し、又は減算した割合とする。

5 前項に規定する「基準割合」とは、法務省令で定めるところにより、各期の初日の属する年の6年前の年の1月から前々年の12月までの各月における短期貸付けの平均利率（当該各月において銀行が新たに行った貸付け（貸付期間が1年未満のものに限る。）に係る利率の平均をいう。）の合計を60で除して計算した割合（その割合に0.1パーセント未満の端数があるときは、これを切り捨てる。）として法務大臣が告示するものをいう。

（利息の元本への組入れ）
第405条 利息の支払が1年分以上延滞した場合において、債権者が催告をしても、債務者がその利息を支払わないときは、債権者は、これを元本に組み入れることができる。

（選択債権における選択権の帰属）
第406条 債権の目的が数個の給付の中から選択によって定まるときは、その選択権は、債務者に属する。

（選択権の行使）
第407条 前条の選択権は、相手方に対する意思表示によって行使する。

2 前項の意思表示は、相手方の承諾を得なければ、撤回することができない。

（選択権の移転）
第408条 債権が弁済期にある場合において、相手方から相当の期間を定めて催告をしても、選択権を有する当事者がその期間内に選択をしないときは、その選択権は、相手方に移転する。

（第三者の選択権）
第409条 第三者が選択をすべき場合には、その選択は、債権者又は債務者に対する意思表示によってする。

2 前項に規定する場合において、第三者が選択をすることができず、又は選択をする意思を有しないときは、選択権は、債務者に移転する。

（不能による選択債権の特定）
第410条 債権の目的である給付の中に不能のものがある場合において、その不能が選択権を有する者の過失によるものであるときは、債権は、その残存するものについて存在する。

（選択の効力）
第411条 選択は、債権の発生の時にさかのぼってその効力を生ずる。ただし、第三者の権利を害することはできない。

第2節 債権の効力

第1款 債務不履行の責任等

（履行期と履行遅滞）
第412条 債務の履行について確定期限があるときは、債務者は、その期限の到来した時から遅滞の責任を負う。

2 債務の履行について不確定期限があるときは、債務者は、その期限の到来した後に履行の請求を受けた時又はその期限の到来したことを知った時のいずれか早い時から遅滞の責任を負う。

3 債務の履行について期限を定めなかったときは、債務者は、履行の請求を受けた時から遅滞の責任を負う。

（履行不能）
第412条の2 債務の履行が契約その他の債務の発生原因及び取引上の社会通念に照らして不能であるときは、債権者は、その債務の履行を請求することができない。

2 契約に基づく債務の履行がその契約の成立の時に不能であったことは、第415条の規定によりその履行の不能によって生じた損害の賠償を請求することを妨げない。

（受領遅滞）
第413条 債権者が債務の履行を受けることを拒み、又は受けることができない場合において、その債務の目的が特定物の引渡しであるときは、債務者は、履行の提供をした時からその引渡しをするまで、自己の財産に対するのと同一の注意をもって、その物を保存すれば足りる。

2 債権者が債務の履行を受けることを拒み、又は受けることができないことによって、その履行の費用が増加したときは、その増加額は、債権者の負担とする。

（履行遅滞中又は受領遅滞中の履行不能と帰責事由）
第413条の2 債務者がその債務について遅滞の責任を負っている間に当事者双方の責めに帰することができない事由によってその債務の履行が不能となったときは、その履行の不能は、債務者の責めに帰すべき事由によるものとみなす。

2 債権者が債務の履行を受けることを拒み、又

は受けることができない場合において、履行の提供があった時以後に当事者双方の責めに帰することができない事由によってその債務の履行が不能となったときは、その履行の不能は、債権者の責めに帰すべき事由によるものとみなす

（履行の強制）

第414条 債務者が任意に債務の履行をしないときは、債権者は、民事執行法その他強制執行の手続に関する法令の規定に従い、直接強制、代替執行、間接強制その他の方法による履行の強制を裁判所に請求することができる。ただし、債務の性質がこれを許さないときは、この限りでない。

2 前項の規定は、損害賠償の請求を妨げない。

（債務不履行による損害賠償）

第415条 債務者がその債務の本旨に従った履行をしないとき又は債務の履行が不能であるときは、債権者は、これによって生じた損害の賠償を請求することができる。ただし、その債務の不履行が契約その他の債務の発生原因及び取引上の社会通念に照らして債務者の責めに帰することができない事由によるものであるときは、この限りでない。

2 前項の規定により損害賠償の請求をすることができる場合において、債権者は、次に掲げるときは、債務の履行に代わる損害賠償の請求をすることができる。

一 債務の履行が不能であるとき。

二 債務者がその債務の履行を拒絶する意思を明確に表示したとき。

三 債務が契約によって生じたものである場合において、その契約が解除され、又は債務の不履行による契約の解除権が発生したとき。

（損害賠償の範囲）

第416条 債務の不履行に対する損害賠償の請求は、これによって通常生ずべき損害の賠償をさせることをその目的とする。

2 特別の事情によって生じた損害であっても、当事者がその事情を予見すべきであったときは、債権者は、その賠償を請求することができる。

（損害賠償の方法）

第417条 損害賠償は、別段の意思表示がないときは、金銭をもってその額を定める。

（中間利息の控除）

第417条の2 将来において取得すべき利益についての損害賠償の額を定める場合において、その利益を取得すべき時までの利息相当額を控除するときは、その損害賠償の請求権が生じた時点における法定利率により、これをする。

2 将来において負担すべき費用についての損害賠償の額を定める場合において、その費用を負担すべき時までの利息相当額を控除するときも、前項と同様とする。

（過失相殺）

第418条 債務の不履行又はこれによる損害の発生若しくは拡大に関して債権者に過失があったときは、裁判所は、これを考慮して、損害賠償の責任及びその額を定める。

（金銭債務の特則）

第419条 金銭の給付を目的とする債務の不履行については、その損害賠償の額は、債務者が遅滞の責任を負った最初の時点における法定利率によって定める。ただし、約定利率が法定利率を超えるときは、約定利率による。

2 前項の損害賠償については、債権者は、損害の証明をすることを要しない。

3 第1項の損害賠償については、債務者は、不可抗力をもって抗弁とすることができない。

（賠償額の予定）

第420条 当事者は、債務の不履行について損害賠償の額を予定することができる。

2 賠償額の予定は、履行の請求又は解除権の行使を妨げない。

3 違約金は、賠償額の予定と推定する。

第421条 前条の規定は、当事者が金銭でないものを損害の賠償に充てるべき旨を予定した場合について準用する。

（損害賠償による代位）

第422条 債権者が、損害賠償として、その債権の目的である物又は権利の価額の全部の支払を受けたときは、債務者は、その物又は権利について当然に債権者に代位する。

（代償請求権）

第422条の2 債務者が、その債務の履行が不能となったのと同一の原因により債務の目的物の代償である権利又は利益を取得したときは、債権者は、その受けた損害の額の限度において、債務者に対し、その権利の移転又はその利益の償還を請求することができる。

第2款　債権者代位権

（債権者代位権の要件）

第423条 債権者は、自己の債権を保全するため必要があるときは、債務者に属する権利（以下「被代位権利」という。）を行使することができる。ただし、債務者の一身に専属する権利及び差押えを禁じられた権利は、この限りでない。

2 債権者は、その債権の期限が到来しない間は、被代位権利を行使することができない。ただし、

保存行為は、この限りでない。

3 債権者は、その債権が強制執行により実現することのできないものであるときは、被代位権利を行使することができない。

（代位行使の範囲）

第423条の2 債権者は、被代位権利を行使する場合において、被代位権利の目的が可分であるときは、自己の債権の額の限度においてのみ、被代位権利を行使することができる。

（債権者への支払又は引渡し）

第423条の3 債権者は、被代位権利を行使する場合において、被代位権利が金銭の支払又は動産の引渡しを目的とするものであるときは、相手方に対し、その支払又は引渡しを自己に対してすることを求めることができる。この場合において、相手方が債権者に対してその支払又は引渡しをしたときは、被代位権利は、これによって消滅する。

（相手方の抗弁）

第423条の4 債権者が被代位権利を行使したときは、相手方は、債務者に対して主張することができる抗弁をもって、債権者に対抗することができる。

（債務者の取立てその他の処分の権限等）

第423条の5 債権者が被代位権利を行使した場合であっても、債務者は、被代位権利について、自ら取立てその他の処分をすることを妨げられない。この場合においては、相手方も、被代位権利について、債務者に対して履行をすることを妨げられない。

（被代位権利の行使に係る訴えを提起した場合の訴訟告知）

第423条の6 債権者は、被代位権利の行使に係る訴えを提起したときは、遅滞なく、債務者に対し、訴訟告知をしなければならない。

（登記又は登録の請求権を保全するための債権者代位権）

第423条の7 登記又は登録をしなければ権利の得喪及び変更を第三者に対抗することができない財産を譲り受けた者は、その譲渡人が第三者に対して有する登記手続又は登録手続をすべきことを請求する権利を行使しないときは、その権利を行使することができる。この場合においては、前三条の規定を準用する。

第3款　詐害行為取消権

第1目　詐害行為取消権の要件

（詐害行為取消請求）

第424条 債権者は、債務者が債権者を害することを知ってした行為の取消しを裁判所に請求することができる。ただし、その行為によって利益を受けた者（以下この款において「受益者」という。）がその行為の時において債権者を害することを知らなかったときは、この限りでない。

2 前項の規定は、財産権を目的としない行為については、適用しない。

3 債権者は、その債権が第1項に規定する行為の前の原因に基づいて生じたものである場合に限り、同項の規定による請求（以下「詐害行為取消請求」という。）をすることができる。

4 債権者は、その債権が強制執行により実現することのできないものであるときは、詐害行為取消請求をすることができない。

（相当の対価を得てした財産の処分行為の特則）

第424条の2 債務者が、その有する財産を処分する行為をした場合において、受益者から相当の対価を取得しているときは、債権者は、次に掲げる要件のいずれにも該当する場合に限り、その行為について、詐害行為取消請求をすることができる。

一 その行為が、不動産の金銭への換価その他の当該処分による財産の種類の変更により、債務者において隠匿、無償の供与その他の債権者を害することとなる処分（以下この条において「隠匿等の処分」という。）をするおそれを現に生じさせるものであること。

二 債務者が、その行為の当時、対価として取得した金銭その他の財産について、隠匿等の処分をする意思を有していたこと。

三 受益者が、その行為の当時、債務者が隠匿等の処分をする意思を有していたことを知っていたこと。

（特定の債権者に対する担保の供与等の特則）

第424条の3 債務者がした既存の債務についての担保の供与又は債務の消滅に関する行為について、債権者は、次に掲げる要件のいずれにも該当する場合に限り、詐害行為取消請求をすることができる。

一 その行為が、債務者が支払不能（債務者が、支払能力を欠くために、その債務のうち弁済期にあるものにつき、一般的かつ継続的に弁済することができない状態をいう。次項第1号において同じ。）の時に行われたものであること。

二 その行為が、債務者と受益者とが通謀して他の債権者を害する意図をもって行われたものであること。

2 前項に規定する行為が、債務者の義務に属せ

ず、又はその時期が債務者の義務に属しないものである場合において、次に掲げる要件のいずれにも該当するときは、債権者は、同項の規定にかかわらず、その行為について、詐害行為取消請求をすることができる。

一 その行為が、債務者が支払不能になる前30日以内に行われたものであること。

二 その行為が、債務者と受益者とが通謀して他の債権者を害する意図をもって行われたものであること。

（過大な代物弁済等の特則）

第424条の4 債務者がした債務の消滅に関する行為であって、受益者の受けた給付の価額がその行為によって消滅した債務の額より過大であるものについて、第424条に規定する要件に該当するときは、債権者は、前条第1項の規定にかかわらず、その消滅した債務の額に相当する部分以外の部分については、詐害行為取消請求をすることができる。

（転得者に対する詐害行為取消請求）

第424条の5 債権者は、受益者に対して詐害行為取消請求をすることができる場合において、受益者に移転した財産を転得した者があるときは、次の各号に掲げる区分に応じ、それぞれ当該各号に定める場合に限り、その転得者に対しても、詐害行為取消請求をすることができる。

一 その転得者が受益者から転得した者である場合 その転得者が、転得の当時、債務者がした行為が債権者を害することを知っていたとき。

二 その転得者が他の転得者から転得した者である場合 その転得者及びその前に転得した全ての転得者が、それぞれの転得の当時、債務者がした行為が債権者を害することを知っていたとき。

第2目 詐害行為取消権の行使の方法等

（財産の返還又は価額の償還の請求）

第424条の6 債権者は、受益者に対する詐害行為取消請求において、債務者がした行為の取消しとともに、その行為によって受益者に移転した財産の返還を請求することができる。受益者がその財産の返還をすることが困難であるときは、債権者は、その価額の償還を請求することができる。

2 債権者は、転得者に対する詐害行為取消請求において、債務者がした行為の取消しとともに、転得者が転得した財産の返還を請求することができる。転得者がその財産の返還をすることが

困難であるときは、債権者は、その価額の償還を請求することができる。

（被告及び訴訟告知）

第424条の7 詐害行為取消請求に係る訴えについては、次の各号に掲げる区分に応じ、それぞれ当該各号に定める者を被告とする。

一 受益者に対する詐害行為取消請求に係る訴え 受益者

二 転得者に対する詐害行為取消請求に係る訴え その詐害行為取消請求の相手方である転得者

2 債権者は、詐害行為取消請求に係る訴えを提起したときは、遅滞なく、債務者に対し、訴訟告知をしなければならない。

（詐害行為の取消しの範囲）

第424条の8 債権者は、詐害行為取消請求をする場合において、債務者がした行為の目的が可分であるときは、自己の債権の額の限度においてのみ、その行為の取消しを請求することができる。

2 債権者が第424条の6第1項後段又は第2項後段の規定により価額の償還を請求する場合についても、前項と同様とする。

（債権者への支払又は引渡し）

第424条の9 債権者は、第424条の6第1項前段又は第2項前段の規定により受益者又は転得者に対して財産の返還を請求する場合において、その返還の請求が金銭の支払又は動産の引渡しを求めるものであるときは、受益者に対してその支払又は引渡しを、転得者に対してその引渡しを、自己に対してすることを求めることができる。この場合において、受益者又は転得者は、債権者に対してその支払又は引渡しをしたときは、債務者に対してその支払又は引渡しをすることを要しない。

2 債権者が第424条の6第1項後段又は第2項後段の規定により受益者又は転得者に対して価額の償還を請求する場合についても、前項と同様とする。

第3目 詐害行為取消権の行使の効果

（認容判決の効力が及ぶ者の範囲）

第425条 詐害行為取消請求を認容する確定判決は、債務者及びその全ての債権者に対してもその効力を有する。

（債務者の受けた反対給付に関する受益者の権利）

第425条の2 債務者がした財産の処分に関する行為（債務の消滅に関する行為を除く。）が取

民法

39

り消されたときは、受益者は、債務者に対し、その財産を取得するためにした反対給付の返還を請求することができる。債務者がその反対給付の返還をすることが困難であるときは、受益者は、その価額の償還を請求することができる。

（受益者の債権の回復）

第425条の3　債務者がした債務の消滅に関する行為が取り消された場合（第424条の4の規定により取り消された場合を除く。）において、受益者が債務者から受けた給付を返還し、又はその価額を償還したときは、受益者の債務者に対する債権は、これによって原状に復する。

（詐害行為取消請求を受けた転得者の権利）

第425条の4　債務者がした行為が転得者に対する詐害行為取消請求によって取り消されたときは、その転得者は、次の各号に掲げる区分に応じ、それぞれ当該各号に定める権利を行使することができる。ただし、その転得者がその前者から財産を取得するためにした反対給付又はその前者から財産を取得することによって消滅した債権の価額を限度とする。

一　第425条の2に規定する行為が取り消された場合　その行為が受益者に対する詐害行為取消請求によって取り消されたとすれば同条の規定により生ずべき受益者の債務者に対する反対給付の返還請求権又はその価額の償還請求権

二　前条に規定する行為が取り消された場合（第424条の4の規定により取り消された場合を除く。）　その行為が受益者に対する詐害行為取消請求によって取り消されたとすれば前条の規定により回復すべき受益者の債務者に対する債権

第4目　詐害行為取消権の期間の制限

第426条　詐害行為取消請求に係る訴えは、債務者が債権者を害することを知って行為をしたことを債権者が知った時から2年を経過したときは、提起することができない。行為の時から10年を経過したときも、同様とする。

第3節　多数当事者の債権及び債務

第1款　総則

（分割債権及び分割債務）

第427条　数人の債権者又は債務者がある場合において、別段の意思表示がないときは、各債権者又は各債務者は、それぞれ等しい割合で権利を有し、又は義務を負う。

第2款　不可分債権及び不可分債務

（不可分債権）

第428条　次款（連帯債権）の規定（第433条及び第435条の規定を除く。）は、債権の目的がその性質上不可分である場合において、数人の債権者があるときについて準用する。

（不可分債権者の1人との間の更改又は免除）

第429条　不可分債権者の1人と債務者との間に更改又は免除があった場合においても、他の不可分債権者は、債務の全部の履行を請求することができる。この場合においては、その1人の不可分債権者がその権利を失わなければ分与されるべき利益を債務者に償還しなければならない。

（不可分債務）

第430条　第4款（連帯債務）の規定（第440条の規定を除く。）は、債務の目的がその性質上不可分である場合において、数人の債務者があるときについて準用する。

（可分債権又は可分債務への変更）

第431条　不可分債権が可分債権となったときは、各債権者は自己が権利を有する部分についてのみ履行を請求することができ、不可分債務が可分債務となったときは、各債権者はその負担部分についてのみ履行の責任を負う。

第3款　連帯債権

（連帯債権者による履行の請求等）

第432条　債権の目的がその性質上可分である場合において、法令の規定又は当事者の意思表示によって数人が連帯して債権を有するときは、各債権者は、全ての債権者のために全部又は一部の履行を請求することができ、債務者は、全ての債権者のために各債権者に対して履行をすることができる。

（連帯債権者の1人との間の更改又は免除）

第433条　連帯債権者の1人と債務者との間に更改又は免除があったときは、その連帯債権者がその権利を失わなければ分与されるべき利益に係る部分については、他の連帯債権者は、履行を請求することができない。

（連帯債権者の1人との間の相殺）

第434条　債務者が連帯債権者の1人に対して債権を有する場合において、その債務者が相殺を援用したときは、その相殺は、他の連帯債権者に対しても、その効力を生ずる。

（連帯債権者の1人との間の混同）

第435条　連帯債権者の1人と債務者との間に混同があったときは、債務者は、弁済をしたものとみなす。

（相対的効力の原則）

第435条の2　第432条から前条までに規定する場合を除き、連帯債権者の1人の行為又は1人について生じた事由は、他の連帯債権者に対してその効力を生じない。ただし、他の連帯債権者の1人及び債務者が別段の意思を表示したときは、当該他の連帯債権者に対する効力は、その意思に従う。

第4款　連帯債務

（連帯債務者に対する履行の請求）

第436条　債務の目的がその性質上可分である場合において、法令の規定又は当事者の意思表示によって数人が連帯して債務を負担するときは、債権者は、その連帯債務者の1人に対し、又は同時に若しくは順次に全ての連帯債務者に対し、全部又は一部の履行を請求することができる。

（連帯債務者の1人についての法律行為の無効等）

第437条　連帯債務者の1人について法律行為の無効又は取消しの原因があっても、他の連帯債務者の債務は、その効力を妨げられない。

（連帯債務者の1人との間の更改）

第438条　連帯債務者の1人と債権者との間に更改があったときは、債権は、全ての連帯債務者の利益のために消滅する。

（連帯債務者の1人による相殺等）

第439条　連帯債務者の1人が債権者に対して債権を有する場合において、その連帯債務者が相殺を援用したときは、債権は、全ての連帯債務者の利益のために消滅する。

2　前項の債権を有する連帯債務者が相殺を援用しない間は、その連帯債務者の負担部分の限度において、他の連帯債務者は、債権者に対して債務の履行を拒むことができる。

（連帯債務者の1人との間の混同）

第440条　連帯債務者の1人と債権者との間に混同があったときは、その連帯債務者は、弁済をしたものとみなす。

（相対的効力の原則）

第441条　第438条、第439条第1項及び前条に規定する場合を除き、連帯債務者の1人について生じた事由は、他の連帯債務者に対してその効力を生じない。ただし、債権者及び他の連帯債務者の1人が別段の意思を表示したときは、

当該他の連帯債務者に対する効力は、その意思に従う。

（連帯債務者間の求償権）

第442条　連帯債務者の1人が弁済をし、その他自己の財産をもって共同の免責を得たときは、その連帯債務者は、その免責を得た額が自己の負担部分を超えるかどうかにかかわらず、他の連帯債務者に対し、その免責を得るために支出した財産の額（その財産の額が共同の免責を得た額を超える場合にあっては、その免責を得た額）のうち各自の負担部分に応じた額の求償権を有する。

2　前項の規定による求償は、弁済その他免責があった日以後の法定利息及び避けることができなかった費用その他の損害の賠償を包含する。

（通知を怠った連帯債務者の求償の制限）

第443条　他の連帯債務者があることを知りながら、連帯債務者の1人が共同の免責を得ることを他の連帯債務者に通知しないで弁済をし、その他自己の財産をもって共同の免責を得た場合において、他の連帯債務者は、債権者に対抗することができる事由を有していたときは、その負担部分について、その事由をもってその免責を得た連帯債務者に対抗することができる。この場合において、相殺をもってその免責を得た連帯債務者に対抗したときは、その連帯債務者は、債権者に対し、相殺によって消滅すべきであった債務の履行を請求することができる。

2　弁済をし、その他自己の財産をもって共同の免責を得た連帯債務者が、他の連帯債務者があることを知りながらその免責を得たことを他の連帯債務者に通知することを怠ったため、他の連帯債務者が善意で弁済その他自己の財産をもって免責を得るための行為をしたときは、当該他の連帯債務者は、その免責を得るための行為を有効であったものとみなすことができる。

（償還をする資力のない者の負担部分の分担）

第444条　連帯債務者の中に償還をする資力のない者があるときは、その償還をすることができない部分は、求償者及び他の資力のある者の間で、各自の負担部分に応じて分割して負担する。

2　前項に規定する場合において、求償者及び他の資力のある者がいずれも負担部分を有しない者であるときは、その償還をすることができない部分は、求償者及び他の資力のある者の間で、等しい割合で分割して負担する。

3　前二項の規定にかかわらず、償還を受けることができないことについて求償者に過失があるときは、他の連帯債務者に対して分担を請求することができない

（連帯債務者の１人との間の免除等と求償権）

第445条 連帯債務者の１人に対して債務の免除がされ、又は連帯債務者の１人のために時効が完成した場合においても、他の連帯債務者は、その１人の連帯債務者に対し、第442条第１項の求償権を行使することができる。

第５款 保証債務

第１目 総則

（保証人の責任等）

第446条 保証人は、主たる債務者がその債務を履行しないときに、その履行をする責任を負う。

2 保証契約は、書面でしなければ、その効力を生じない。

3 保証契約がその内容を記録した電磁的記録によってされたときは、その保証契約は、書面によってされたものとみなして、前項の規定を適用する。

（保証債務の範囲）

第447条 保証債務は、主たる債務に関する利息、違約金、損害賠償その他その債務に従たるすべてのものを包含する。

2 保証人は、その保証債務についてのみ、違約金又は損害賠償の額を約定することができる。

（保証人の負担と主たる債務の目的又は態様）

第448条 保証人の負担が債務の目的又は態様において主たる債務より重いときは、これを主たる債務の限度に減縮する。

2 主たる債務の目的又は態様が保証契約の締結後に加重されたときであっても、保証人の負担は加重されない。

（取り消すことができる債務の保証）

第449条 行為能力の制限によって取り消すことができる債務を保証した者は、保証契約の時においてその取消しの原因を知っていたときは、主たる債務の不履行の場合又はその債務の取消しの場合においてこれと同一の目的を有する独立の債務を負担したものと推定する。

（保証人の要件）

第450条 債務者が保証人を立てる義務を負う場合には、その保証人は、次に掲げる要件を具備する者でなければならない。

一 行為能力者であること。

二 弁済をする資力を有すること。

2 保証人が前項第２号に掲げる要件を欠くに至ったときは、債権者は、同項各号に掲げる要件を具備する者をもってこれに代えることを請求

することができる。

3 前二項の規定は、債権者が保証人を指名した場合には、適用しない。

（他の担保の供与）

第451条 債務者は、前条第１項各号に掲げる要件を具備する保証人を立てることができないときは、他の担保を供してこれに代えることができる。

（催告の抗弁）

第452条 債権者が保証人に債務の履行を請求したときは、保証人は、まず主たる債務者に催告をすべき旨を請求することができる。ただし、主たる債務者が破産手続開始の決定を受けたとき、又はその行方が知れないときは、この限りでない。

（検索の抗弁）

第453条 債権者が前条の規定に従い主たる債務者に催告をした後であっても、保証人が主たる債務者に弁済をする資力があり、かつ、執行が容易であることを証明したときは、債権者は、まず主たる債務者の財産について執行をしなければならない。

（連帯保証の場合の特則）

第454条 保証人は、主たる債務者と連帯して債務を負担したときは、前二条の権利を有しない。

（催告の抗弁及び検索の抗弁の効果）

第455条 第452条又は第453条の規定により保証人の請求又は証明があったにもかかわらず、債権者が催告又は執行をすることを怠ったために主たる債務者から全部の弁済を得られなかったときは、保証人は、債権者が直ちに催告又は執行をすれば弁済を得ることができた限度において、その義務を免れる。

（数人の保証人がある場合）

第456条 数人の保証人がある場合には、それらの保証人が各別の行為により債務を負担したときであっても、第427条の規定を適用する。

（主たる債務者について生じた事由の効力）

第457条 主たる債務者に対する履行の請求その他の事由による時効の完成猶予及び更新は、保証人に対しても、その効力を生ずる。

2 保証人は、主たる債務者が主張することができる抗弁をもって債権者に対抗することができる。

3 主たる債務者が債権者に対して相殺権、取消権又は解除権を有するときは、これらの権利の行使によって主たる債務者がその債務を免れるべき限度において、保証人は、債権者に対して債務の履行を拒むことができる。

（連帯保証人について生じた事由の効力）

第458条 第438条、第439条第1項、第440条及び第441条の規定は、主たる債務者と連帯して債務を負担する保証人について生じた事由について準用する。

（主たる債務の履行状況に関する情報の提供義務）

第458条の2 保証人が主たる債務者の委託を受けて保証をした場合において、保証人の請求があったときは、債権者は、保証人に対し、遅滞なく、主たる債務の元本及び主たる債務に関する利息、違約金、損害賠償その他その債務に従たる全てのものについての不履行の有無並びにこれらの残額及びそのうち弁済期が到来しているものの額に関する情報を提供しなければならない。

（主たる債務者が期限の利益を喪失した場合における情報の提供義務）

第458条の3 主たる債務者が期限の利益を有する場合において、その利益を喪失したときは、債権者は、保証人に対し、その利益の喪失を知った時から2箇月以内に、その旨を通知しなければならない。

2 前項の期間内に同項の通知をしなかったときは、債権者は、保証人に対し、主たる債務者が期限の利益を喪失した時から同項の通知を現にするまでに生じた遅延損害金（期限の利益を喪失しなかったとしても生ずべきものを除く。）に係る保証債務の履行を請求することができない。

3 前二項の規定は、保証人が法人である場合には、適用しない。

（委託を受けた保証人の求償権）

第459条 保証人が主たる債務者の委託を受けて保証をした場合において、主たる債務者に代わって弁済その他自己の財産をもって債務を消滅させる行為（以下「債務の消滅行為」という。）をしたときは、その保証人は、主たる債務者に対し、そのために支出した財産の額（その財産の額がその債務の消滅行為によって消滅した主たる債務の額を超える場合にあっては、その消滅した額）の求償権を有する。

2 第442条第2項の規定は、前項の場合について準用する。

（委託を受けた保証人が弁済期前に弁済等をした場合の求償権）

第459条の2 保証人が主たる債務者の委託を受けて保証をした場合において、主たる債務の弁済期前に債務の消滅行為をしたときは、その保証人は、主たる債務者に対し、主たる債務者がその当時利益を受けた限度において求償権を有する。この場合において、主たる債務者が債務の消滅行為の日以前に相殺の原因を有していたことを主張するときは、保証人は、債権者に対し、その相殺によって消滅すべきであった債務の履行を請求することができる。

2 前項の規定による求償は、主たる債務の弁済期以後の法定利息及びその弁済期以後に債務の消滅行為をしたとしても避けることができなかった費用その他の損害の賠償を包含する。

3 第1項の求償権は、主たる債務の弁済期以後でなければ、これを行使することができない。

（委託を受けた保証人の事前の求償権）

第460条 保証人は、主たる債務者の委託を受けて保証をした場合において、次に掲げるときは、主たる債務者に対して、あらかじめ、求償権を行使することができる。

一 主たる債務者が破産手続開始の決定を受け、かつ、債権者がその破産財団の配当に加入しないとき。

二 債務が弁済期にあるとき。ただし、保証契約の後に債権者が主たる債務者に許与した期限は、保証人に対抗することができない。

三 保証人が過失なく債権者に弁済をすべき旨の裁判の言渡しを受けたとき。

（主たる債務者が保証人に対して償還をする場合）

第461条 前条の規定により主たる債務者が保証人に対して償還をする場合において、債権者が全部の弁済を受けない間は、主たる債務者は、保証人に担保を供させ、又は保証人に対して自己に免責を得させることを請求することができる。

2 前項に規定する場合において、主たる債務者は、供託をし、担保を供し、又は保証人に免責を得させて、その償還の義務を免れることができる。

（委託を受けない保証人の求償権）

第462条 第459条の2第1項の規定は、主たる債務者の委託を受けないで保証をした者が債務の消滅行為をした場合について準用する。

2 主たる債務者の意思に反して保証をした者は、主たる債務者が現に利益を受けている限度においてのみ求償権を有する。この場合において、主たる債務者が求償の日以前に相殺の原因を有していたことを主張するときは、保証人は、債権者に対し、その相殺によって消滅すべきであった債務の履行を請求することができる。

3 第459条の2第3項の規定は、前二項に規定する保証人が主たる債務の弁済期前に債務の消滅行為をした場合における求償権の行使について準用する。

民法

（通知を怠った保証人の求償の制限等）

第463条 保証人が主たる債務者の委託を受けて保証をした場合において、主たる債務者にあらかじめ通知しないで債務の消滅行為をしたときは、主たる債務者は、債権者に対抗することができた事由をもってその保証人に対抗することができる。この場合において、相殺をもってその保証人に対抗したときは、その保証人は、債権者に対し、相殺によって消滅すべきであった債務の履行を請求することができる。

2 保証人が主たる債務者の委託を受けて保証をした場合において、主たる債務者が債務の消滅行為をしたことを保証人に通知することを怠ったため、その保証人が善意で債務の消滅行為をしたときは、その保証人は、その債務の消滅行為を有効であったものとみなすことができる。

3 保証人が債務の消滅行為をした後に主たる債務者が債務の消滅行為をした場合においては、保証人が主たる債務者の意思に反して保証をしたときのほか、保証人が債務の消滅行為をしたことを主たる債務者に通知することを怠ったため、主たる債務者が善意で債務の消滅行為をしたときも、主たる債務者は、その債務の消滅行為を有効であったものとみなすことができる。

（連帯債務又は不可分債務の保証人の求償権）

第464条 連帯債務者又は不可分債務者の1人のために保証をした者は、他の債務者に対し、その負担部分のみについて求償権を有する。

（共同保証人間の求償権）

第465条 第442条から第444条までの規定は、数人の保証人がある場合において、そのうちの1人の保証人が、主たる債務が不可分であるため又は各保証人が全額を弁済すべき旨の特約があるため、その全額又は自己の負担部分を超える額を弁済したときについて準用する。

2 第462条の規定は、前項に規定する場合を除き、互いに連帯しない保証人の1人が全額又は自己の負担部分を超える額を弁済したときについて準用する。

第2目 個人根保証契約

（個人根保証契約の保証人の責任等）

第465条の2 一定の範囲に属する不特定の債務を主たる債務とする保証契約（以下「根保証契約」という。）であって保証人が法人でないもの（以下「個人根保証契約」という。）の保証人は、主たる債務の元本、主たる債務に関する利息、違約金、損害賠償その他その債務に従たる全てのもの及びその保証債務について約定され

た違約金又は損害賠償の額について、その全部に係る極度額を限度として、その履行をする責任を負う。

2 個人根保証契約は、前項に規定する極度額を定めなければ、その効力を生じない。

3 第446条第2項及び第3項の規定は、個人根保証契約における第1項に規定する極度額の定めについて準用する。

（個人貸金等根保証契約の元本確定期日）

第465条の3 個人根保証契約であってその主たる債務の範囲に金銭の貸渡し又は手形の割引を受けることによって負担する債務（以下「貸金等債務」という。）が含まれるもの（以下「個人貸金等根保証契約」という。）において主たる債務の元本の確定すべき期日（以下「元本確定期日」という。）の定めがある場合において、その元本確定期日がその個人貸金等根保証契約の締結の日から5年を経過する日より後の日と定められているときは、その元本確定期日の定めは、その効力を生じない。

2 個人貸金等根保証契約において元本確定期日の定めがない場合（前項の規定により元本確定期日の定めがその効力を生じない場合を含む。）には、その元本確定期日は、その個人貸金等根保証契約の締結の日から3年を経過する日とする。

3 個人貸金等根保証契約における元本確定期日の変更をする場合において、変更後の元本確定期日がその変更をした日から5年を経過する日より後の日となるときは、その元本確定期日の変更は、その効力を生じない。ただし、元本確定期日の前2箇月以内に元本確定期日の変更をする場合において、変更後の元本確定期日が変更前の元本確定期日から5年以内の日となるときは、この限りでない。

4 第446条第2項及び第3項の規定は、個人貸金等根保証契約における元本確定期日の定め及びその変更（その個人貸金等根保証契約の締結の日から3年以内の日を元本確定期日とする旨の定め及び元本確定期日より前の日を変更後の元本確定期日とする変更を除く。）について準用する。

（個人根保証契約の元本の確定事由）

第465条の4 次に掲げる場合には、個人根保証契約における主たる債務の元本は、確定する。ただし、第1号に掲げる場合にあっては、強制執行又は担保権の実行の手続の開始があったときに限る。

一 債権者が、保証人の財産について、金銭の支払を目的とする債権についての強制執行又は担保権の実行を申し立てたとき。

二　保証人が破産手続開始の決定を受けたとき。

三　主たる債務者又は保証人が死亡したとき。

2　前項に規定する場合のほか、個人貸金等根保証契約における主たる債務の元本は、次に掲げる場合にも確定する。ただし、第1号に掲げる場合にあっては、強制執行又は担保権の実行の手続の開始があったときに限る。

一　債権者が、主たる債務者の財産について、金銭の支払を目的とする債権についての強制執行又は担保権の実行を申し立てたとき。

二　主たる債務者が破産手続開始の決定を受けたとき。

（保証人が法人である根保証契約の求償権）

第465条の5　保証人が法人である根保証契約において、第465条の2第1項に規定する極度額の定めがないときは、その根保証契約の保証人の主たる債務者に対する求償権に係る債務を主たる債務とする保証契約は、その効力を生じない。

2　保証人が法人である根保証契約であってその主たる債務の範囲に貸金等債務が含まれるものにおいて、元本確定期日の定めがないとき、又は元本確定期日の定め若しくはその変更が第465条の3第1項若しくは第3項の規定を適用するとすればその効力を生じないものであるときは、その根保証契約の保証人の主たる債務者に対する求償権に係る債務を主たる債務とする保証契約は、その効力を生じない。主たる債務の範囲にその求償権に係る債務が含まれる根保証契約も、同様とする。

3　前二項の規定は、求償権に係る債務を主たる債務とする保証契約又は主たる債務の範囲に求償権に係る債務が含まれる根保証契約の保証人が法人である場合には、適用しない。

第3目　事業に係る債務についての保証契約の特則

（公正証書の作成と保証の効力）

第465条の6　事業のために負担した貸金等債務を主たる債務とする保証契約又は主たる債務の範囲に事業のために負担する貸金等債務が含まれる根保証契約は、その契約の締結に先立ち、その締結の日前1箇月以内に作成された公正証書で保証人になろうとする者が保証債務を履行する意思を表示していなければ、その効力を生じない。

2　前項の公正証書を作成するには、次に掲げる方式に従わなければならない。

一　保証人になろうとする者が、次のイ又はロに掲げる契約の区分に応じ、それぞれ当該イ又はロに定める事項を公証人に口授すること。

イ　保証契約（ロに掲げるものを除く。）　主たる債務の債権者及び債務者、主たる債務の元本、主たる債務に関する利息、違約金、損害賠償その他その債務に従たる全てのものの定めの有無及びその内容並びに主たる債務者がその債務を履行しないときには、その債務の全額について履行する意思（保証人になろうとする者が主たる債務者と連帯して債務を負担しようとするものである場合には、債権者が主たる債務者に対して催告をしたかどうか、主たる債務者がその債務を履行することができるかどうか、又は他に保証人があるかどうかにかかわらず、その全額について履行する意思）を有していること。

ロ　根保証契約　主たる債務の債権者及び債務者、主たる債務の範囲、根保証契約における極度額、元本確定期日の定めの有無及びその内容並びに主たる債務者がその債務を履行しないときには、極度額の限度において元本確定期日又は第465条の4第1項各号若しくは第2項各号に掲げる事由その他の元本を確定すべき事由が生ずる時までに生ずべき主たる債務の元本及び主たる債務に関する利息、違約金、損害賠償その他その債務に従たる全てのものの全額について履行する意思（保証人になろうとする者が主たる債務者と連帯して債務を負担しようとするものである場合には、債権者が主たる債務者に対して催告をしたかどうか、主たる債務者がその債務を履行することができるかどうか、又は他に保証人があるかどうかにかかわらず、その全額について履行する意思）を有していること。

二　公証人が、保証人になろうとする者の口述を筆記し、これを保証人になろうとする者に読み聞かせ、又は閲覧させること。

三　保証人になろうとする者が、筆記の正確なことを承認した後、署名し、印を押すこと。ただし、保証人になろうとする者が署名することができない場合は、公証人がその事由を付記して、署名に代えることができる。

四　公証人が、その証書は前三号に掲げる方式に従って作ったものである旨を付記して、これに署名し、印を押すこと。

3　前二項の規定は、保証人になろうとする者が法人である場合には、適用しない。

（保証に係る公正証書の方式の特則）

第465条の7　前条第1項の保証契約又は根保証契約の保証人になろうとする者が口がきけない者である場合には、公証人の前で、同条第2項第1号イ又はロに掲げる契約の区分に応じ、それぞれ当該イ又はロに定める事項を通訳人の通訳により申述し、又は自書して、同号の口授に代えなければならない。この場合における同項第2号の規定の適用については、同号中「口述」とあるのは、「通訳人の通訳による申述又は自書」とする。

2　前条第1項の保証契約又は根保証契約の保証人になろうとする者が耳が聞こえない者である場合には、公証人は、同条第2項第2号に規定する筆記した内容を通訳人の通訳により保証人になろうとする者に伝えて、同号の読み聞かせに代えることができる。

3　公証人は、前二項に定める方式に従って公正証書を作ったときは、その旨をその証書に付記しなければならない。

（公正証書の作成と求償権についての保証の効力）

第465条の8　第465条の6第1項及び第2項並びに前条の規定は、事業のために負担した貸金等債務を主たる債務とする保証契約又は主たる債務の範囲に事業のために負担する貸金等債務が含まれる根保証契約の保証人の主たる債務者に対する求償権に係る債務を主たる債務とする保証契約について準用する。主たる債務の範囲にその求償権に係る債務が含まれる根保証契約も、同様とする。

2　前項の規定は、保証人になろうとする者が法人である場合には、適用しない。

（公正証書の作成と保証の効力に関する規定の適用除外）

第465条の9　前三条の規定は、保証人になろうとする者が次に掲げる者である保証契約については、適用しない。

一　主たる債務者が法人である場合のその理事、取締役、執行役又はこれらに準ずる者

二　主たる債務者が法人である場合の次に掲げる者

　イ　主たる債務者の総株主の議決権（株主総会において決議をすることができる事項の全部につき議決権を行使することができない株式についての議決権を除く。以下この号において同じ。）の過半数を有する者

　ロ　主たる債務者の総株主の議決権の過半数を他の株式会社が有する場合における当該他の株式会社の総株主の議決権の過半数を有する者

　ハ　主たる債務者の総株主の議決権の過半数を他の株式会社及び当該他の株式会社の総株主の議決権の過半数を有する者が有する場合における当該他の株式会社の総株主の議決権の過半数を有する者

　ニ　株式会社以外の法人が主たる債務者である場合におけるイ、ロ又はハに掲げる者に準ずる者

三　主たる債務者（法人であるものを除く。以下この号において同じ。）と共同して事業を行う者又は主たる債務者が行う事業に現に従事している主たる債務者の配偶者

（契約締結時の情報の提供義務）

第465条の10　主たる債務者は、事業のために負担する債務を主たる債務とする保証又は主たる債務の範囲に事業のために負担する債務が含まれる根保証の委託をするときは、委託を受ける者に対し、次に掲げる事項に関する情報を提供しなければならない。

一　財産及び収支の状況

二　主たる債務以外に負担している債務の有無並びにその額及び履行状況

三　主たる債務の担保として他に提供し、又は提供しようとするものがあるときは、その旨及びその内容

2　主たる債務者が前項各号に掲げる事項に関して情報を提供せず、又は事実と異なる情報を提供したために委託を受けた者がその事項について誤認をし、それによって保証契約の申込み又はその承諾の意思表示をした場合において、主たる債務者がその事項に関して情報を提供せず又は事実と異なる情報を提供したことを債権者が知り又は知ることができたときは、保証人は、保証契約を取り消すことができる。

3　前二項の規定は、保証をする者が法人である場合には、適用しない。

第4節　債権の譲渡

（債権の譲渡性）

第466条　債権は、譲り渡すことができる。ただし、その性質がこれを許さないときは、この限りでない。

2　当事者が債権の譲渡を禁止し、又は制限する旨の意思表示（以下「譲渡制限の意思表示」という。）をしたときであっても、債権の譲渡は、その効力を妨げられない。

3　前項に規定する場合には、譲渡制限の意思表示がされたことを知り、又は重大な過失によって知らなかった譲受人その他の第三者に対しては、

債務者は、その債務の履行を拒むことができ、か
つ、譲渡人に対する弁済その他の債務を消滅さ
せる事由をもってその第三者に対抗することがで
きる。

4　前項の規定は、債務者が債務を履行しない場
合において、同項に規定する第三者が相当の期
間を定めて譲渡人への履行の催告をし、その期
間内に履行がないときは、その債務者について
は、適用しない。

（譲渡制限の意思表示がされた債権に係る債務者の供託）

第466条の2　債務者は、譲渡制限の意思表示
がされた金銭の給付を目的とする債権が譲渡さ
れたときは、その債権の全額に相当する金銭を
債務の履行地（債務の履行地が債権者の現在
の住所により定まる場合にあっては、譲渡人の
現在の住所を含む。次条において同じ。）の供
託所に供託することができる。

2　前項の規定により供託をした債務者は、遅滞
なく、譲渡人及び譲受人に供託の通知をしなけ
ればならない。

3　第1項の規定により供託をした金銭は、譲受
人に限り、還付を請求することができる。

第466条の3　前条第1項に規定する場合にお
いて、譲渡人について破産手続開始の決定があ
ったときは、譲受人（同項の債権の全額を譲り
受けた者であって、その債権の譲渡を債務者そ
の他の第三者に対抗することができるものに限
る。）は、譲渡制限の意思表示がされたことを知
り、又は重大な過失によって知らなかったとき
であっても、債務者にその債権の全額に相当す
る金銭を債務の履行地の供託所に供託させるこ
とができる。この場合において、同条第2項
及び第3項の規定を準用する。

（譲渡制限の意思表示がされた債権の差押え）

第466条の4　第466条第3項の規定は、譲渡制
限の意思表示がされた債権に対する強制執行を
した差押債権者に対しては、適用しない。

2　前項の規定にかかわらず、譲受人その他の第
三者が譲渡制限の意思表示がされたことを知
り、又は重大な過失によって知らなかった場合
において、その債権者が同項の債権に対する強
制執行をしたときは、債務者は、その債務の履
行を拒むことができ、かつ、譲渡人に対する弁
済その他の債務を消滅させる事由をもって差押
債権者に対抗することができる。

（預金債権又は貯金債権に係る譲渡制限の意思表示の効力）

第466条の5　預金口座又は貯金口座に係る預
金又は貯金に係る債権（以下「預貯金債権」と

いう。）について当事者がした譲渡制限の意思表
示は、第466条第2項の規定にかかわらず、その
譲渡制限の意思表示がされたことを知り、又は
重大な過失によって知らなかった譲受人その他
の第三者に対抗することができる。

2　前項の規定は、譲渡制限の意思表示がされた
預貯金債権に対する強制執行をした差押債権者
に対しては、適用しない。

（将来債権の譲渡性）

第466条の6　債権の譲渡は、その意思表示の
時に債権が現に発生していることを要しない。

2　債権が譲渡された場合において、その意思表
示の時に債権が現に発生していないときは、譲
受人は、発生した債権を当然に取得する。

3　前項に規定する場合において、譲渡人が次
の規定による通知をし、又は債務者が同条の規
定による承諾をした時（以下「対抗要件具備時」
という。）までに譲渡制限の意思表示がされたと
きは、譲受人その他の第三者がそのことを知っ
ていたものとみなして、第466条第3項（譲渡制
限の意思表示がされた債権が預貯金債権の場合
にあっては、前条第1項）の規定を適用する。

（債権の譲渡の対抗要件）

第467条　債権の譲渡（現に発生していない債
権の譲渡を含む。）は、譲渡人が債務者に通知
をし、又は債務者が承諾をしなければ、債務者
その他の第三者に対抗することができない

2　前項の通知又は承諾は、確定日付のある証書
によってしなければ、債務者以外の第三者に対
抗することができない。

（債権の譲渡における債務者の抗弁）

第468条　債務者は、対抗要件具備時までに譲
渡人に対して生じた事由をもって譲受人に対抗
することができる。

2　第466条第4項の場合における前項の規定の
適用については、同項中「対抗要件具備時」と
あるのは、「第466条第4項の相当の期間を経過
した時」とし、第466条の3の場合における同項
の規定の適用については、同項中「対抗要件具
備時」とあるのは、「第466条の3の規定により
同条の譲受人から供託の請求を受けた時」とす
る。

（債権の譲渡における相殺権）

第469条　債務者は、対抗要件具備時より前に
取得した譲渡人に対する債権による相殺をもっ
て譲受人に対抗することができる。

2　債務者が対抗要件具備時より後に取得した譲
渡人に対する債権であっても、その債権が次に
掲げるものであるときは、前項と同様とする。
ただし、債務者が対抗要件具備時より後に他人

民法

47

の債権を取得したときは、この限りでない。

一　対抗要件具備時より前の原因に基づいて生じた債権

二　前号に掲げるもののほか、譲受人の取得した債権の発生原因である契約に基づいて生じた債権

3　第466条第4項の場合における前二項の規定の適用については、これらの規定中「対抗要件具備時」とあるのは、「第466条第4項の相当の期間を経過した時」とし、第466条の3の場合におけるこれらの規定の適用については、これらの規定中「対抗要件具備時」とあるのは、「第466条の3の規定により同条の譲受人から供託の請求を受けた時」とする。

第5節　債務の引受け

第1款　併存的債務引受

（併存的債務引受の要件及び効果）

第470条　併存的債務引受の引受人は、債務者と連帯して、債務者が債権者に対して負担する債務と同一の内容の債務を負担する。

2　併存的債務引受は、債権者と引受人となる者との契約によってすることができる。

3　併存的債務引受は、債務者と引受人となる者との契約によってもすることができる。この場合において、併存的債務引受は、債権者が引受人となる者に対して承諾をした時に、その効力を生ずる。

4　前項の規定によってする併存的債務引受は、第三者のためにする契約に関する規定に従う。

（併存的債務引受における引受人の抗弁等）

第471条　引受人は、併存的債務引受により負担した自己の債務について、その効力が生じた時に債務者が主張することができた抗弁をもって債権者に対抗することができる。

2　債務者が債権者に対して取消権又は解除権を有するときは、引受人は、これらの権利の行使によって債務者がその債務を免れるべき限度において、債権者に対して債務の履行を拒むことができる。

第2款　免責的債務引受

（免責的債務引受の要件及び効果）

第472条　免責的債務引受の引受人は債務者が債権者に対して負担する債務と同一の内容の債務を負担し、債務者は自己の債務を免れる。

2　免責的債務引受は、債権者と引受人となる者

との契約によってすることができる。この場合において、免責的債務引受は、債権者が債務者に対してその契約をした旨を通知した時に、その効力を生ずる。

3　免責的債務引受は、債務者と引受人となる者が契約をし、債権者が引受人となる者に対して承諾をすることによってもすることができる。

（免責的債務引受における引受人の抗弁等）

第472条の2　引受人は、免責的債務引受により負担した自己の債務について、その効力が生じた時に債務者が主張することができた抗弁をもって債権者に対抗することができる。

2　債務者が債権者に対して取消権又は解除権を有するときは、引受人は、免責的債務引受がなければこれらの権利の行使によって債務者がその債務を免れることができた限度において、債権者に対して債務の履行を拒むことができる。

（免責的債務引受における引受人の求償権）

第472条の3　免責的債務引受の引受人は、債務者に対して求償権を取得しない。

（免責的債務引受による担保の移転）

第472条の4　債権者は、第472条第1項の規定により債務者が免れる債務の担保として設定された担保権を引受人が負担する債務に移すことができる。ただし、引受人以外の者がこれを設定した場合には、その承諾を得なければならない。

2　前項の規定による担保権の移転は、あらかじめ又は同時に引受人に対してする意思表示によってしなければならない。

3　前二項の規定は、第472条第1項の規定により債務者が免れる債務の保証をした者があるときについて準用する。

4　前項の場合において、同項において準用する第1項の承諾は、書面でしなければ、その効力を生じない。

5　前項の承諾がその内容を記録した電磁的記録によってされたときは、その承諾は、書面によってされたものとみなして、同項の規定を適用する。

第6節　債権の消滅

第1款　弁済

第1目　総則

（弁済）

第473条　債務者が債権者に対して債務の弁済

をしたときは、その債権は、消滅する。

（第三者の弁済）

第474条 債務の弁済は、第三者もすることができる。

2 弁済をするについて正当な利益を有する者でない第三者は、債務者の意思に反して弁済をすることができない。ただし、債務者の意思に反することを債権者が知らなかったときは、この限りでない。

3 前項に規定する第三者は、債権者の意思に反して弁済をすることができない。ただし、その第三者が債務者の委託を受けて弁済をする場合において、そのことを債権者が知っていたときは、この限りでない。

4 前三項の規定は、その債務の性質が第三者の弁済を許さないとき、又は当事者が第三者の弁済を禁止し、若しくは制限する旨の意思表示をしたときは、適用しない。

（弁済として引き渡した物の取戻し）

第475条 弁済をした者が弁済として他人の物を引き渡したときは、その弁済をした者は、更に有効な弁済をしなければ、その物を取り戻すことができない。

（弁済として引き渡した物の消費又は譲渡がされた場合の弁済の効力等）

第476条 前条の場合において、債権者が弁済として受領した物を善意で消費し、又は譲り渡したときは、その弁済は、有効とする。この場合において、債権者が第三者から賠償の請求を受けたときは、弁済をした者に対して求償をすることを妨げない。

（預金又は貯金の口座に対する払込みによる弁済）

第477条 債権者の預金又は貯金の口座に対する払込みによってする弁済は、債権者がその預金又は貯金に係る債権の債務者に対してその払込みに係る金額の払戻しを請求する権利を取得した時に、その効力を生ずる。

（受領権者としての外観を有する者に対する弁済）

第478条 受領権者（債権者及び法令の規定又は当事者の意思表示によって弁済を受領する権限を付与された第三者をいう。以下同じ。）以外の者であって取引上の社会通念に照らして受領権者としての外観を有するものに対してした弁済は、その弁済をした者が善意であり、かつ、過失がなかったときに限り、その効力を有する。

（受領権者以外の者に対する弁済）

第479条 前条の場合を除き、受領権者以外の者に対してした弁済は、債権者がこれによって利益を受けた限度においてのみ、その効力を有する。

第480条 削除

（差押えを受けた債権の第三債務者の弁済）

第481条 差押えを受けた債権の第三債務者が自己の債権者に弁済をしたときは、差押債権者は、その受けた損害の限度において更に弁済をすべき旨を第三債務者に請求することができる。

2 前項の規定は、第三債務者からその債権者に対する求償権の行使を妨げない。

（代物弁済）

第482条 弁済をすることができる者（以下「弁済者」という。）が、債権者との間で、債務者の負担した給付に代えて他の給付をすることにより債務を消滅させる旨の契約をした場合において、その弁済者が当該他の給付をしたときは、その給付は、弁済と同一の効力を有する。

（特定物の現状による引渡し）

第483条 債権の目的が特定物の引渡しである場合において、契約その他の債権の発生原因及び取引上の社会通念に照らしてその引渡しをすべき時の品質を定めることができないときは、弁済をする者は、その引渡しをすべき時の現状でその物を引き渡さなければならない。

（弁済の場所及び時間）

第484条 弁済をすべき場所について別段の意思表示がないときは、特定物の引渡しは債権発生の時にその物が存在した場所において、その他の弁済は債権者の現在の住所において、それぞれしなければならない。

2 法令又は慣習により取引時間の定めがあるときは、その取引時間内に限り、弁済をし、又は弁済の請求をすることができる。

（弁済の費用）

第485条 弁済の費用について別段の意思表示がないときは、その費用は、債務者の負担とする。ただし、債権者が住所の移転その他の行為によって弁済の費用を増加させたときは、その増加額は、債権者の負担とする。

（受取証書の交付請求等）

第486条 弁済をする者は、弁済と引換えに、弁済を受領する者に対して受取証書の交付を請求することができる。

2 弁済をする者は、前項の受取証書の交付に代えて、その内容を記録した電磁的記録の提供を請求することができる。ただし、弁済を受領する者に不相当な負担を課するものであるときは、この限りでない。

（債権証書の返還請求）

第487条 債権に関する証書がある場合におい

49

て、弁済をした者が全部の弁済をしたときは、その証書の返還を請求することができる。

(同種の給付を目的とする数個の債務がある場合の充当)

第488条 債務者が同一の債権者に対して同種の給付を目的とする数個の債務を負担する場合において、弁済として提供した給付が全ての債務を消滅させるのに足りないとき（次条第1項に規定する場合を除く。）は、弁済をする者は、給付の時に、その弁済を充当すべき債務を指定することができる。

2 弁済をする者が前項の規定による指定をしないときは、弁済を受領する者は、その受領の時に、その弁済を充当すべき債務を指定することができる。ただし、弁済をする者がその充当に対して直ちに異議を述べたときは、この限りでない。

3 前二項の場合における弁済の充当の指定は、相手方に対する意思表示によってする。

4 弁済をする者及び弁済を受領する者がいずれも第1項又は第2項の規定による指定をしないときは、次の各号の定めるところに従い、その弁済を充当する。

　一 債務の中に弁済期にあるものと弁済期にないものとがあるときは、弁済期にあるものに先に充当する。

　二 全ての債務が弁済期にあるとき、又は弁済期にないときは、債務者のために弁済の利益が多いものに先に充当する。

　三 債務者のために弁済の利益が相等しいときは、弁済期が先に到来したもの又は先に到来すべきものに先に充当する。

　四 前二号に掲げる事項が相等しい債務の弁済は、各債務の額に応じて充当する。

(元本、利息及び費用を支払うべき場合の充当)

第489条 債務者が1個又は数個の債務について元本のほか利息及び費用を支払うべき場合（債務者が数個の債務を負担する場合にあっては、同一の債権者に対して同種の給付を目的とする数個の債務を負担するときに限る。）において、弁済をする者がその債務の全部を消滅させるのに足りない給付をしたときは、これを順次に費用、利息及び元本に充当しなければならない。

2 前条の規定は、前項の場合において、費用、利息又は元本のいずれかの全てを消滅させるのに足りない給付をしたときについて準用する。

(合意による弁済の充当)

第490条 前二条の規定にかかわらず、弁済をする者と弁済を受領する者との間に弁済の充当の順序に関する合意があるときは、その順序に従い、その弁済を充当する。

(数個の給付をすべき場合の充当)

第491条 1個の債務の弁済として数個の給付をすべき場合において、弁済をする者がその債務の全部を消滅させるのに足りない給付をしたときは、前三条の規定を準用する。

(弁済の提供の効果)

第492条 債務者は、弁済の提供の時から、債務を履行しないことによって生ずべき責任を免れる。

(弁済の提供の方法)

第493条 弁済の提供は、債務の本旨に従って現実にしなければならない。ただし、債権者があらかじめその受領を拒み、又は債務の履行について債権者の行為を要するときは、弁済の準備をしたことを通知してその受領の催告をすれば足りる。

第2目 弁済の目的物の供託

(供託)

第494条 弁済者は、次に掲げる場合には、債権者のために弁済の目的物を供託することができる。この場合においては、弁済者が供託をした時に、その債権は、消滅する。

　一 弁済の提供をした場合において、債権者がその受領を拒んだとき。

　二 債権者が弁済を受領することができないとき。

2 弁済者が債権者を確知することができないときも、前項と同様とする。ただし、弁済者に過失があるときは、この限りでない。

(供託の方法)

第495条 前条の規定による供託は、債務の履行地の供託所にしなければならない。

2 供託所について法令に特別の定めがない場合には、裁判所は、弁済者の請求により、供託所の指定及び供託物の保管者の選任をしなければならない。

3 前条の規定により供託をした者は、遅滞なく、債権者に供託の通知をしなければならない。

(供託物の取戻し)

第496条 債権者が供託を受諾せず、又は供託を有効と宣告した判決が確定しない間は、弁済者は、供託物を取り戻すことができる。この場合においては、供託をしなかったものとみなす。

2 前項の規定は、供託によって質権又は抵当権が消滅した場合には、適用しない。

(供託に適しない物等)

第497条 弁済者は、次に掲げる場合には、裁

判所の許可を得て、弁済の目的物を競売に付し、その代金を供託することができる。

一　その物が供託に適しないとき。

二　その物について滅失、損傷その他の事由による価格の低落のおそれがあるとき。

三　その物の保存について過分の費用を要するとき。

四　前三号に掲げる場合のほか、その物を供託することが困難な事情があるとき。

（供託物の還付請求等）

第498条　弁済の目的物又は前条の代金が供託された場合には、債権者は、供託物の還付を請求することができる。

2　債務者が債権者の給付に対して弁済をすべき場合には、債権者は、その給付をしなければ、供託物を受け取ることができない。

第3目　弁済による代位

（弁済による代位の要件）

第499条　債務者のために弁済をした者は、債権者に代位する。

第500条　第467条の規定は、前条の場合（弁済をするについて正当な利益を有する者が債権者に代位する場合を除く。）について準用する。

（弁済による代位の効果）

第501条　前二条の規定により債権者に代位した者は、債権の効力及び担保としてその債権者が有していた一切の権利を行使することができる。

2　前項の規定による権利の行使は、債権者に代位した者が自己の権利に基づいて債務者に対して求償をすることができる範囲内（保証人の1人が他の保証人に対して債権者に代位する場合には、自己の権利に基づいて当該他の保証人に対して求償をすることができる範囲内）に限り、することができる。

3　第1項の場合には、前項の規定によるほか、次に掲げるところによる。

一　第三取得者（債務者から担保の目的となっている財産を譲り受けた者をいう。以下この項において同じ。）は、保証人及び物上保証人に対して債権者に代位しない。

二　第三取得者の1人は、各財産の価格に応じて、他の第三取得者に対して債権者に代位する。

三　前号の規定は、物上保証人の1人が他の物上保証人に対して債権者に代位する場合について準用する。

四　保証人と物上保証人との間においては、そ

の数に応じて、債権者に代位する。ただし、物上保証人が数人あるときは、保証人の負担部分を除いた残額について、各財産の価格に応じて、債権者に代位する。

五　第三取得者から担保の目的となっている財産を譲り受けた者は、第三取得者とみなして第1号及び第2号の規定を適用し、物上保証人から担保の目的となっている財産を譲り受けた者は、物上保証人とみなして第1号、第3号及び前号の規定を適用する。

（一部弁済による代位）

第502条　債権の一部について代位弁済があったときは、代位者は、債権者の同意を得て、その弁済をした価額に応じて、債権者とともにその権利を行使することができる。

2　前項の場合であっても、債権者は、単独でその権利を行使することができる。

3　前二項の場合に債権者が行使する権利は、その債権の担保の目的となっている財産の売却代金その他の当該権利の行使によって得られる金銭について、代位者が行使する権利に優先する。

4　第1項の場合において、債務の不履行による契約の解除は、債権者のみがすることができる。この場合においては、代位者に対し、その弁済をした価額及びその利息を償還しなければならない。

（債権者による債権証書の交付等）

第503条　代位弁済によって全部の弁済を受けた債権者は、債権に関する証書及び自己の占有する担保物を代位者に交付しなければならない。

2　債権の一部について代位弁済があった場合には、債権者は、債権に関する証書にその代位を記入し、かつ、自己の占有する担保物の保存を代位者に監督させなければならない。

（債権者による担保の喪失等）

第504条　弁済をするについて正当な利益を有する者（以下この項において「代位権者」という。）がある場合において、債権者が故意又は過失によってその担保を喪失し、又は減少させたときは、その代位権者は、代位をするに当たって担保の喪失又は減少によって償還を受けることができなくなる限度において、その責任を免れる。その代位権者が物上保証人である場合において、その代位権者から担保の目的となっている財産を譲り受けた第三者及びその特定承継人についても、同様とする。

2　前項の規定は、債権者が担保を喪失し、又は減少させたことについて取引上の社会通念に照

らして合理的な理由があると認められるときは、適用しない。

第2款　相殺

（相殺の要件等）

第505条　2人が互いに同種の目的を有する債務を負担する場合において、双方の債務が弁済期にあるときは、各債務者は、その対当額について相殺によってその債務を免れることができる。ただし、債務の性質がこれを許さないときは、この限りでない。

2　前項の規定にかかわらず、当事者が相殺を禁止し、又は制限する旨の意思表示をした場合には、その意思表示は、第三者がこれを知り、又は重大な過失によって知らなかったときに限り、その第三者に対抗することができる。

（相殺の方法及び効力）

第506条　相殺は、当事者の一方から相手方に対する意思表示によってする。この場合において、その意思表示には、条件又は期限を付することができない。

2　前項の意思表示は、双方の債務が互いに相殺に適するようになった時にさかのぼってその効力を生ずる。

（履行地の異なる債務の相殺）

第507条　相殺は、双方の債務の履行地が異なるときであっても、することができる。この場合において、相殺をする当事者は、相手方に対し、これによって生じた損害を賠償しなければならない。

（時効により消滅した債権を自働債権とする相殺）

第508条　時効によって消滅した債権がその消滅以前に相殺に適するようになっていた場合には、その債権者は、相殺をすることができる。

（不法行為等により生じた債権を受働債権とする相殺の禁止）

第509条　次に掲げる債務の債務者は、相殺をもって債権者に対抗することができない。ただし、その債権者がその債務に係る債権を他人から譲り受けたときは、この限りでない。

一　悪意による不法行為に基づく損害賠償の債務

二　人の生命又は身体の侵害による損害賠償の債務（前号に掲げるものを除く。）

（差押禁止債権を受働債権とする相殺の禁止）

第510条　債権が差押えを禁じたものであるときは、その債務者は、相殺をもって債権者に対抗することができない。

（差押えを受けた債権を受働債権とする相殺の禁止）

第511条　差押えを受けた債権の第三債務者は、差押え後に取得した債権による相殺をもって差押債権者に対抗することはできないが、差押え前に取得した債権による相殺をもって対抗することができる。

2　前項の規定にかかわらず、差押え後に取得した債権が差押え前の原因に基づいて生じたものであるときは、その第三債務者は、その債権による相殺をもって差押債権者に対抗することができる。ただし、第三債務者が差押え後に他人の債権を取得したときは、この限りでない。

（相殺の充当）

第512条　債権者が債務者に対して有する1個又は数個の債権と、債権者が債務者に対して負担する1個又は数個の債務について、債権者が相殺の意思表示をした場合において、当事者が別段の合意をしなかったときは、債権者の有する債権とその負担する債務は、相殺に適するようになった時期の順序に従って、その対当額について相殺によって消滅する。

2　前項の場合において、相殺をする債権者の有する債権がその負担する債務の全部を消滅させるのに足りないときであって、当事者が別段の合意をしなかったときは、次に掲げるところによる。

一　債権者が数個の債務を負担するとき（次号に規定する場合を除く。）は、第488条第4項第2号から第4号までの規定を準用する。

二　債権者が負担する1個又は数個の債務について元本のほか利息及び費用を支払うべきときは、第489条の規定を準用する。この場合において、同条第2項中「前条」とあるのは、「前条第4項第2号から第4号まで」と読み替えるものとする。

3　第1項の場合において、相殺をする債権者の負担する債務がその有する債権の全部を消滅させるのに足りないときは、前項の規定を準用する。

第512条の2　債権者が債務者に対して有する債権に、1個の債権の弁済として数個の給付をすべきものがある場合における相殺については、前条の規定を準用する。債権者が債務者に対して負担する債務に、1個の債務の弁済として数個の給付をすべきものがある場合における相殺についても、同様とする。

第3款　更改

（更改）

第513条　当事者が従前の債務に代えて、新たな債務であって次に掲げるものを発生させる契約をしたときは、従前の債務は、更改によって消滅する。

　一　従前の給付の内容について重要な変更をするもの

　二　従前の債務者が第三者と交替するもの

　三　従前の債権者が第三者と交替するもの

（債務者の交替による更改）

第514条　債務者の交替による更改は、債権者と更改後に債務者となる者との契約によってすることができる。この場合において、更改は、債権者が更改前の債務者に対してその契約をした旨を通知した時に、その効力を生ずる。

２　債務者の交替による更改後の債務者は、更改前の債務者に対して求償権を取得しない

（債権者の交替による更改）

第515条　債権者の交替による更改は、更改前の債権者、更改後に債権者となる者及び債務者の契約によってすることができる。

２　債権者の交替による更改は、確定日付のある証書によってしなければ、第三者に対抗することができない。

第516条及び第517条　削除

（更改後の債務への担保の移転）

第518条　債権者（債権者の交替による更改にあっては、更改前の債権者）は、更改前の債務の目的の限度において、その債務の担保として設定された質権又は抵当権を更改後の債務に移すことができる。ただし、第三者がこれを設定した場合には、その承諾を得なければならない。

２　前項の質権又は抵当権の移転は、あらかじめ又は同時に更改の相手方（債権者の交替による更改にあっては、債務者）に対してする意思表示によってしなければならない。

第4款　免除

第519条　債権者が債務者に対して債務を免除する意思を表示したときは、その債権は、消滅する。

第5款　混同

第520条　債権及び債務が同一人に帰属したときは、その債権は、消滅する。ただし、その債権が第三者の権利の目的であるときは、この限りでない。

第7節　有価証券

第1款　指図証券

（指図証券の譲渡）

第520条の2　指図証券の譲渡は、その証券に譲渡の裏書をして譲受人に交付しなければ、その効力を生じない。

（指図証券の裏書の方式）

第520条の3　指図証券の譲渡については、その指図証券の性質に応じ、手形法（昭和7年法律第20号）中裏書の方式に関する規定を準用する。

（指図証券の所持人の権利の推定）

第520条の4　指図証券の所持人が裏書の連続によりその権利を証明するときは、その所持人は、証券上の権利を適法に有するものと推定する。

（指図証券の善意取得）

第520条の5　何らかの事由により指図証券の占有を失った者がある場合において、その所持人が前条の規定によりその権利を証明するときは、その所持人は、その証券を返還する義務を負わない。ただし、その所持人が悪意又は重大な過失によりその証券を取得したときは、この限りでない。

（指図証券の譲渡における債務者の抗弁の制限）

第520条の6　指図証券の債務者は、その証券に記載した事項及びその証券の性質から当然に生ずる結果を除き、その証券の譲渡前の債権者に対抗することができた事由をもって善意の譲受人に対抗することができない。

（指図証券の質入れ）

第520条の7　第520条の2から前条までの規定は、指図証券を目的とする質権の設定について準用する。

（指図証券の弁済の場所）

第520条の8　指図証券の弁済は、債務者の現在の住所においてしなければならない。

（指図証券の提示と履行遅滞）

第520条の9　指図証券の債務者は、その債務の履行について期限の定めがあるときであっても、その期限が到来した後に所持人がその証券を提示してその履行の請求をした時から遅滞の責任を負う。

（指図証券の債務者の調査の権利等）

第520条の10　指図証券の債務者は、その証券の所持人並びにその署名及び押印の真偽を調査する権利を有するが、その義務を負わない。ただし、債務者に悪意又は重大な過失があるときは、その弁済は、無効とする。

（指図証券の喪失）

民法

53

第520条の11　指図証券は、非訟事件手続法（平成23年法律第51号）第100条に規定する公示催告手続によって無効とすることができる。

（指図証券喪失の場合の権利行使方法）

第520条の12　金銭その他の物又は有価証券の給付を目的とする指図証券の所持人がその指図証券を喪失した場合において、非訟事件手続法第114条に規定する公示催告の申立てをしたときは、その債務者に、その債務の目的物を供託させ、又は相当の担保を供してその指図証券の趣旨に従い履行をさせることができる。

第2款　記名式所持人払証券

（記名式所持人払証券の譲渡）

第520条の13　記名式所持人払証券（債権者を指名する記載がされている証券であって、その所持人に弁済をすべき旨が付記されているものをいう。以下同じ。）の譲渡は、その証券を交付しなければ、その効力を生じない。

（記名式所持人払証券の所持人の権利の推定）

第520条の14　記名式所持人払証券の所持人は、証券上の権利を適法に有するものと推定する。

（記名式所持人払証券の善意取得）

第520条の15　何らかの事由により記名式所持人払証券の占有を失った者がある場合において、その所持人が前条の規定によりその権利を証明するときは、その所持人は、その証券を返還する義務を負わない。ただし、その所持人が悪意又は重大な過失によりその証券を取得したときは、この限りでない。

（記名式所持人払証券の譲渡における債務者の抗弁の制限）

第520条の16　記名式所持人払証券の債務者は、その証券に記載した事項及びその証券の性質から当然に生ずる結果を除き、その証券の譲渡前の債権者に対抗することができた事由をもって善意の譲受人に対抗することができない。

（記名式所持人払証券の質入れ）

第520条の17　第520条の13から前条までの規定は、記名式所持人払証券を目的とする質権の設定について準用する。

（指図証券の規定の準用）

第520条の18　第520条の8から第520条の12までの規定は、記名式所持人払証券について準用する。

第3款　その他の記名証券

第520条の19　債権者を指名する記載がされている証券であって指図証券及び記名式所持人払証券以外のものは、債権の譲渡又はこれを目的とする質権の設定に関する方式に従い、かつ、その効力をもってのみ、譲渡し、又は質権の目的とすることができる。

2　第520条の11及び第520条の12の規定は、前項の証券について準用する。

第4款　無記名証券

第520条の20　第2款（記名式所持人払証券）の規定は、無記名証券について準用する。

第2章　契約

第1節　総則

第1款　契約の成立

（契約の締結及び内容の自由）

第521条　何人も、法令に特別の定めがある場合を除き、契約をするかどうかを自由に決定することができる。

2　契約の当事者は、法令の制限内において、契約の内容を自由に決定することができる。

（契約の成立と方式）

第522条　契約は、契約の内容を示してその締結を申し入れる意思表示（以下「申込み」という。）に対して相手方が承諾をしたときに成立する。

2　契約の成立には、法令に特別の定めがある場合を除き、書面の作成その他の方式を具備することを要しない。

（承諾の期間の定めのある申込み）

第523条　承諾の期間を定めてした申込みは、撤回することができない。ただし、申込者が撤回をする権利を留保したときは、この限りでない。

2　申込者が前項の申込みに対して同項の期間内に承諾の通知を受けなかったときは、その申込みは、その効力を失う。

（遅延した承諾の効力）

第524条　申込者は、遅延した承諾を新たな申込みとみなすことができる。

（承諾の期間の定めのない申込み）

第525条　承諾の期間を定めないでした申込みは、申込者が承諾の通知を受けるのに相当な期間を経過するまでは、撤回することができない。ただし、申込者が撤回をする権利を留保したときは、この限りでない。

2　対話者に対してした前項の申込みは、同項の

規定にかかわらず、その対話が継続している間は、いつでも撤回することができる。

3　対話者に対してした第1項の申込みに対して対話が継続している間に申込者が承諾の通知を受けなかったときは、その申込みは、その効力を失う。ただし、申込者が対話の終了後もその申込みが効力を失わない旨を表示したときは、この限りでない。

（申込者の死亡等）

第526条　申込者が申込みの通知を発した後に死亡し、意思能力を有しない常況にある者となり、又は行為能力の制限を受けた場合において、申込者がその事実が生じたとすればその申込みは効力を有しない旨の意思を表示していたとき、又はその相手方が承諾の通知を発するまでにその事実が生じたことを知ったときは、その申込みは、その効力を有しない

（承諾の通知を必要としない場合における契約の成立時期）

第527条　申込者の意思表示又は取引上の慣習により承諾の通知を必要としない場合には、契約は、承諾の意思表示と認めるべき事実があった時に成立する。

（申込みに変更を加えた承諾）

第528条　承諾者が、申込みに条件を付し、その他変更を加えてこれを承諾したときは、その申込みの拒絶とともに新たな申込みをしたものとみなす。

（懸賞広告）

第529条　ある行為をした者に一定の報酬を与える旨を広告した者（以下「懸賞広告者」という。）は、その行為をした者がその広告を知っていたかどうかにかかわらず、その者に対してその報酬を与える義務を負う。

（指定した行為をする期間の定めのある懸賞広告）

第529条の2　懸賞広告者は、その指定した行為をする期間を定めてした広告を撤回することができない。ただし、その広告において撤回をする権利を留保したときは、この限りでない。

2　前項の広告は、その期間内に指定した行為を完了する者がないときは、その効力を失う。

（指定した行為をする期間の定めのない懸賞広告）

第529条の3　懸賞広告者は、その指定した行為を完了する者がない間は、その指定した行為をする期間を定めないでした広告を撤回することができる。ただし、その広告中に撤回をしない旨を表示したときは、この限りでない。

（懸賞広告の撤回の方法）

第530条　前の広告と同一の方法による広告の撤回は、これを知らない者に対しても、その効力を有する。

2　広告の撤回は、前の広告と異なる方法によっても、することができる。ただし、その撤回は、これを知った者に対してのみ、その効力を有する。

（懸賞広告の報酬を受ける権利）

第531条　広告に定めた行為をした者が数人あるときは、最初にその行為をした者のみが報酬を受ける権利を有する。

2　数人が同時に前項の行為をした場合には、各自が等しい割合で報酬を受ける権利を有する。ただし、報酬がその性質上分割に適しないとき、又は広告において1人のみがこれを受けるものとしたときは、抽選でこれを受ける者を定める。

3　前二項の規定は、広告中にこれと異なる意思を表示したときは、適用しない。

（優等懸賞広告）

第532条　広告に定めた行為をした者が数人ある場合において、その優等者のみに報酬を与えるべきときは、その広告は、応募の期間を定めたときに限り、その効力を有する。

2　前項の場合において、応募者中いずれの者の行為が優等であるかは、広告中に定めた者が判定し、広告中に判定をする者を定めなかったときは懸賞広告者が判定する。

3　応募者は、前項の判定に対して異議を述べることができない。

4　前条第2項の規定は、数人の行為が同等と判定された場合について準用する。

第2款　契約の効力

（同時履行の抗弁）

第533条　双務契約の当事者の一方は、相手方がその債務の履行（債務の履行に代わる損害賠償の債務の履行を含む。）を提供するまでは、自己の債務の履行を拒むことができる。ただし、相手方の債務が弁済期にないときは、この限りでない。

第534条及び第535条　削除

（債務者の危険負担等）

第536条　当事者双方の責めに帰することができない事由によって債務を履行することができなくなったときは、債権者は、反対給付の履行を拒むことができる。

2　債権者の責めに帰すべき事由によって債務を履行することができなくなったときは、債権者は、反対給付の履行を拒むことができない。こ

の場合において、債務者は、自己の債務を免れたことによって利益を得たときは、これを債権者に償還しなければならない。

（第三者のためにする契約）

第537条　契約により当事者の一方が第三者に対してある給付をすることを約したときは、その第三者は、債務者に対して直接にその給付を請求する権利を有する。

2　前項の契約は、その成立の時に第三者が現に存しない場合又は第三者が特定していない場合であっても、そのためにその効力を妨げられない。

3　第1項の場合において、第三者の権利は、その第三者が債務者に対して同項の契約の利益を享受する意思を表示した時に発生する。

（第三者の権利の確定）

第538条　前条の規定により第三者の権利が発生した後は、当事者は、これを変更し、又は消滅させることができない。

2　前条の規定により第三者の権利が発生した後に、債務者がその第三者に対する債務を履行しない場合には、同条第1項の契約の相手方は、その第三者の承諾を得なければ、契約を解除することができない。

（債務者の抗弁）

第539条　債務者は、第537条第1項の契約に基づく抗弁をもって、その契約の利益を受ける第三者に対抗することができる。

第3款　契約上の地位の移転

第539条の2　契約の当事者の一方が第三者との間で契約上の地位を譲渡する旨の合意をした場合において、その契約の相手方がその譲渡を承諾したときは、契約上の地位は、その第三者に移転する。

第4款　契約の解除

（解除権の行使）

第540条　契約又は法律の規定により当事者の一方が解除権を有するときは、その解除は、相手方に対する意思表示によってする。

2　前項の意思表示は、撤回することができない。

（催告による解除）

第541条　当事者の一方がその債務を履行しない場合において、相手方が相当の期間を定めてその履行の催告をし、その期間内に履行がないときは、相手方は、契約の解除をすることができる。ただし、その期間を経過した時における

債務の不履行がその契約及び取引上の社会通念に照らして軽微であるときは、この限りでない。

（催告によらない解除）

第542条　次に掲げる場合には、債権者は、前条の催告をすることなく、直ちに契約の解除をすることができる。

一　債務の全部の履行が不能であるとき。

二　債務者がその債務の全部の履行を拒絶する意思を明確に表示したとき。

三　債務の一部の履行が不能である場合又は債務者がその債務の一部の履行を拒絶する意思を明確に表示した場合において、残存する部分のみでは契約をした目的を達することができないとき。

四　契約の性質又は当事者の意思表示により、特定の日時又は一定の期間内に履行をしなければ契約をした目的を達することができない場合において、債務者が履行をしないでその時期を経過したとき。

五　前各号に掲げる場合のほか、債務者がその債務の履行をせず、債権者が前条の催告をしても契約をした目的を達するのに足りる履行がされる見込みがないことが明らかであるとき。

2　次に掲げる場合には、債権者は、前条の催告をすることなく、直ちに契約の一部の解除をすることができる。

一　債務の一部の履行が不能であるとき。

二　債務者がその債務の一部の履行を拒絶する意思を明確に表示したとき。

（債権者の責めに帰すべき事由による場合）

第543条　債務の不履行が債権者の責めに帰すべき事由によるものであるときは、債権者は、前二条の規定による契約の解除をすることができない。

（解除権の不可分性）

第544条　当事者の一方が数人ある場合には、契約の解除は、その全員から又はその全員に対してのみ、することができる。

2　前項の場合において、解除権が当事者のうちの1人について消滅したときは、他の者についても消滅する。

（解除の効果）

第545条　当事者の一方がその解除権を行使したときは、各当事者は、その相手方を原状に復させる義務を負う。ただし、第三者の権利を害することはできない。

2　前項本文の場合において、金銭を返還するときは、その受領の時から利息を付さなければならない。

3 第1項本文の場合において、金銭以外の物を返還するときは、その受領の時以後に生じた果実をも返還しなければならない。

4 解除権の行使は、損害賠償の請求を妨げない。

（契約の解除と同時履行）

第546条 第533条の規定は、前条の場合について準用する。

（催告による解除権の消滅）

第547条 解除権の行使について期間の定めがないときは、相手方は、解除権を有する者に対し、相当の期間を定めて、その期間内に解除をするかどうかを確答すべき旨の催告をすることができる。この場合において、その期間内に解除の通知を受けないときは、解除権は、消滅する。

（解除権者の故意による目的物の損傷等による解除権の消滅）

第548条 解除権を有する者が故意若しくは過失によって契約の目的物を著しく損傷し、若しくは返還することができなくなったとき、又は加工若しくは改造によってこれを他の種類の物に変えたときは、解除権は、消滅する。ただし、解除権を有する者がその解除権を有することを知らなかったときは、この限りでない。

第5款 定型約款

（定型約款の合意）

第548条の2 定型取引（ある特定の者が不特定多数の者を相手方として行う取引であって、その内容の全部又は一部が画一的であることがその双方にとって合理的なものをいう。以下同じ。）を行うことの合意（次条において「定型取引合意」という。）をした者は、次に掲げる場合には、定型約款（定型取引において、契約の内容とすることを目的としてその特定の者により準備された条項の総体をいう。以下同じ。）の個別の条項についても合意をしたものとみなす。

一 定型約款を契約の内容とする旨の合意をしたとき。

二 定型約款を準備した者（以下「定型約款準備者」という。）があらかじめその定型約款を契約の内容とする旨を相手方に表示していたとき。

2 前項の規定にかかわらず、同項の条項のうち、相手方の権利を制限し、又は相手方の義務を加重する条項であって、その定型取引の態様及びその実情並びに取引上の社会通念に照らして第1条第2項に規定する基本原則に反して相手方

の利益を一方的に害すると認められるものについては、合意をしなかったものとみなす。

（定型約款の内容の表示）

第548条の3 定型取引を行い、又は行おうとする定型約款準備者は、定型取引合意の前又は定型取引合意の後相当の期間内に相手方から請求があった場合には、遅滞なく、相当な方法でその定型約款の内容を示さなければならない。ただし、定型約款準備者が既に相手方に対して定型約款を記載した書面を交付し、又はこれを記録した電磁的記録を提供していたときは、この限りでない。

2 定型約款準備者が定型取引合意の前において前項の請求を拒んだときは、前条の規定は、適用しない。ただし、一時的な通信障害が発生した場合その他正当な事由がある場合は、この限りでない。

（定型約款の変更）

第548条の4 定型約款準備者は、次に掲げる場合には、定型約款の変更をすることにより、変更後の定型約款の条項について合意があったものとみなし、個別に相手方と合意をすることなく契約の内容を変更することができる。

一 定型約款の変更が、相手方の一般の利益に適合するとき

二 定型約款の変更が、契約をした目的に反せず、かつ、変更の必要性、変更後の内容の相当性、この条の規定により定型約款の変更をすることがある旨の定めの有無及びその内容その他の変更に係る事情に照らして合理的なものであるとき。

2 定型約款準備者は、前項の規定による定型約款の変更をするときは、その効力発生時期を定め、かつ、定型約款を変更する旨及び変更後の定型約款の内容並びにその効力発生時期をインターネットの利用その他の適切な方法により周知しなければならない。

3 第1項第2号の規定による定型約款の変更は、前項の効力発生時期が到来するまでに同項の規定による周知をしなければ、その効力を生じない。

4 第548条の2第2項の規定は、第1項の規定による定型約款の変更については、適用しない。

第2節 贈与

（贈与）

第549条 贈与は、当事者の一方がある財産を無償で相手方に与える意思を表示し、相手方が受諾をすることによって、その効力を生ずる。

（書面によらない贈与の解除）

第550条 書面によらない贈与は、各当事者が解除をすることができる。ただし、履行の終わった部分については、この限りでない。

（贈与者の引渡義務等）

第551条 贈与者は、贈与の目的である物又は権利を、贈与の目的として特定した時の状態で引き渡し、又は移転することを約したものと推定する。

2 負担付贈与については、贈与者は、その負担の限度において、売主と同じく担保の責任を負う。

（定期贈与）

第552条 定期の給付を目的とする贈与は、贈与者又は受贈者の死亡によって、その効力を失う。

（負担付贈与）

第553条 負担付贈与については、この節に定めるもののほか、その性質に反しない限り、双務契約に関する規定を準用する。

（死因贈与）

第554条 贈与者の死亡によって効力を生ずる贈与については、その性質に反しない限り、遺贈に関する規定を準用する。

第3節 売買

第1款 総則

（売買）

第555条 売買は、当事者の一方がある財産権を相手方に移転することを約し、相手方がこれに対してその代金を支払うことを約することによって、その効力を生ずる。

（売買の一方の予約）

第556条 売買の一方の予約は、相手方が売買を完結する意思を表示した時から、売買の効力を生ずる。

2 前項の意思表示について期間を定めなかったときは、予約者は、相手方に対し、相当の期間を定めて、その期間内に売買を完結するかどうかを確答すべき旨の催告をすることができる。この場合において、相手方がその期間内に確答をしないときは、売買の一方の予約は、その効力を失う。

（手付）

第557条 買主が売主に手付を交付したときは、買主はその手付を放棄し、売主はその倍額を現実に提供して、契約の解除をすることができる。ただし、その相手方が契約の履行に着手した後

は、この限りでない。

2 第545条第4項の規定は、前項の場合には、適用しない。

（売買契約に関する費用）

第558条 売買契約に関する費用は、当事者双方が等しい割合で負担する。

（有償契約への準用）

第559条 この節の規定は、売買以外の有償契約について準用する。ただし、その有償契約の性質がこれを許さないときは、この限りでない。

第2款 売買の効力

（権利移転の対抗要件に係る売主の義務）

第560条 売主は、買主に対し、登記、登録その他の売買の目的である権利の移転についての対抗要件を備えさせる義務を負う。

（他人の権利の売買における売主の義務）

第561条 他人の権利（権利の一部が他人に属する場合におけるその権利の一部を含む。）を売買の目的としたときは、売主は、その権利を取得して買主に移転する義務を負う。

（買主の追完請求権）

第562条 引き渡された目的物が種類、品質又は数量に関して契約の内容に適合しないものであるときは、買主は、売主に対し、目的物の修補、代替物の引渡し又は不足分の引渡しによる履行の追完を請求することができる。ただし、売主は、買主に不相当な負担を課するものでないときは、買主が請求した方法と異なる方法による履行の追完をすることができる。

2 前項の不適合が買主の責めに帰すべき事由によるものであるときは、買主は、同項の規定による履行の追完の請求をすることができない。

（買主の代金減額請求権）

第563条 前条第1項本文に規定する場合において、買主が相当の期間を定めて履行の追完の催告をし、その期間内に履行の追完がないときは、買主は、その不適合の程度に応じて代金の減額を請求することができる。

2 前項の規定にかかわらず、次に掲げる場合には、買主は、同項の催告をすることなく、直ちに代金の減額を請求することができる。

一 履行の追完が不能であるとき。

二 売主が履行の追完を拒絶する意思を明確に表示したとき。

三 契約の性質又は当事者の意思表示により、特定の日時又は一定の期間内に履行をしなければ契約をした目的を達することができない場合において、売主が履行の追完をしないで

その時期を経過したとき。

四 前三号に掲げる場合のほか、買主が前項の催告をしても履行の追完を受ける見込みがないことが明らかであるとき。

3 第1項の不適合が買主の責めに帰すべき事由によるものであるときは、買主は、前二項の規定による代金の減額の請求をすることができない。

(買主の損害賠償請求及び解除権の行使)

第564条 前二条の規定は、第415条の規定による損害賠償の請求並びに第541条及び第542条の規定による解除権の行使を妨げない。

(移転した権利が契約の内容に適合しない場合における売主の担保責任)

第565条 前三条の規定は、売主が買主に移転した権利が契約の内容に適合しないものである場合(権利の一部が他人に属する場合においてその権利の一部を移転しないときを含む。)について準用する。

(目的物の種類又は品質に関する担保責任の期間の制限)

第566条 売主が種類又は品質に関して契約の内容に適合しない目的物を買主に引き渡した場合において、買主がその不適合を知った時から1年以内にその旨を売主に通知しないときは、買主は、その不適合を理由として、履行の追完の請求、代金の減額の請求、損害賠償の請求及び契約の解除をすることができない。ただし、売主が引渡しの時にその不適合を知り、又は重大な過失によって知らなかったときは、この限りでない。

(目的物の滅失等についての危険の移転)

第567条 売主が買主に目的物(売買の目的として特定したものに限る。以下この条において同じ。)を引き渡した場合において、その引渡しがあった時以後にその目的物が当事者双方の責めに帰することができない事由によって滅失し、又は損傷したときは、買主は、その滅失又は損傷を理由として、履行の追完の請求、代金の減額の請求、損害賠償の請求及び契約の解除をすることができない。この場合において、買主は、代金の支払を拒むことができない。

2 売主が契約の内容に適合する目的物をもって、その引渡しの債務の履行を提供したにもかかわらず、買主がその履行を受けることを拒み、又は受けることができない場合において、その履行の提供があった時以後に当事者双方の責めに帰することができない事由によってその目的物が滅失し、又は損傷したときも、前項と同様とする。

(競売における担保責任等)

第568条 民事執行法その他の法律の規定に基づく競売(以下この条において単に「競売」という。)における買受人は、第541条及び第542条の規定並びに第563条(第565条において準用する場合を含む。)の規定により、債務者に対し、契約の解除をし、又は代金の減額を請求することができる。

2 前項の場合において、債務者が無資力であるときは、買受人は、代金の配当を受けた債権者に対し、その代金の全部又は一部の返還を請求することができる。

3 前二項の場合において、債務者が物若しくは権利の不存在を知りながら申し出なかったとき、又は債権者がこれを知りながら競売を請求したときは、買受人は、これらの者に対し、損害賠償の請求をすることができる。

4 前三項の規定は、競売の目的物の種類又は品質に関する不適合については、適用しない。

(債権の売主の担保責任)

第569条 債権の売主が債務者の資力を担保したときは、契約の時における資力を担保したものと推定する。

2 弁済期に至らない債権の売主が債務者の将来の資力を担保したときは、弁済期における資力を担保したものと推定する。

(抵当権等がある場合の買主による費用の償還請求)

第570条 買い受けた不動産について契約の内容に適合しない先取特権、質権又は抵当権が存していた場合において、買主が費用を支出してその不動産の所有権を保存したときは、買主は、売主に対し、その費用の償還を請求することができる。

第571条 削除

(担保責任を負わない旨の特約)

第572条 売主は、第562条第1項本文又は第565条に規定する場合における担保の責任を負わない旨の特約をしたときであっても、知りながら告げなかった事実及び自ら第三者のために設定し又は第三者に譲り渡した権利については、その責任を免れることができない。

(代金の支払期限)

第573条 売買の目的物の引渡しについて期限があるときは、代金の支払についても同一の期限を付したものと推定する。

(代金の支払場所)

第574条 売買の目的物の引渡しと同時に代金を支払うべきときは、その引渡しの場所において支払わなければならない。

(果実の帰属及び代金の利息の支払)

第575条 まだ引き渡されていない売買の目的物が果実を生じたときは、その果実は、売主に帰属する。

2 買主は、引渡しの日から、代金の利息を支払う義務を負う。ただし、代金の支払について期限があるときは、その期限が到来するまでは、利息を支払うことを要しない。

（権利を取得することができない等のおそれがある場合の買主による代金の支払の拒絶）

第576条 売買の目的について権利を主張する者があることその他の事由により、買主がその買い受けた権利の全部若しくは一部を取得することができず、又は失うおそれがあるときは、買主は、その危険の程度に応じて、代金の全部又は一部の支払を拒むことができる。ただし、売主が相当の担保を供したときは、この限りでない。

（抵当権等の登記がある場合の買主による代金の支払の拒絶）

第577条 買い受けた不動産について契約の内容に適合しない抵当権の登記があるときは、買主は、抵当権消滅請求の手続が終わるまで、その代金の支払を拒むことができる。この場合において、売主は、買主に対し、遅滞なく抵当権消滅請求をすべき旨を請求することができる。

2 前項の規定は、買い受けた不動産について契約の内容に適合しない先取特権又は質権の登記がある場合について準用する。

（売主による代金の供託の請求）

第578条 前二条の場合においては、売主は、買主に対して代金の供託を請求することができる。

第3款 買戻し

（買戻しの特約）

第579条 不動産の売主は、売買契約と同時にした買戻しの特約により、買主が支払った代金（別段の合意をした場合にあっては、その合意により定めた金額。第583条第1項において同じ。）及び契約の費用を返還して、売買の解除をすることができる。この場合において、当事者が別段の意思を表示しなかったときは、不動産の果実と代金の利息とは相殺したものとみなす。

（買戻しの期間）

第580条 買戻しの期間は、10年を超えることができない。特約でこれより長い期間を定めたときは、その期間は、10年とする。

2 買戻しについて期間を定めたときは、その後にこれを伸長することができない。

3 買戻しについて期間を定めなかったときは、5年以内に買戻しをしなければならない。

（買戻しの特約の対抗力）

第581条 売買契約と同時に買戻しの特約を登記したときは、買戻しは、第三者に対抗することができる。

2 前項の登記がされた後に第605条の2第1項に規定する対抗要件を備えた賃借人の権利は、その残存期間中1年を超えない期間に限り、売主に対抗することができる。ただし、売主を害する目的で賃貸借をしたときは、この限りでない。

（買戻権の代位行使）

第582条 売主の債権者が第423条の規定により売主に代わって買戻しをしようとするときは、買主は、裁判所において選任した鑑定人の評価に従い、不動産の現在の価額から売主が返還すべき金額を控除した残額に達するまで売主の債務を弁済し、なお残余があるときはこれを売主に返還して、買戻権を消滅させることができる。

（買戻しの実行）

第583条 売主は、第580条に規定する期間内に代金及び契約の費用を提供しなければ、買戻しをすることができない。

2 買主又は転得者が不動産について費用を支出したときは、売主は、第196条の規定に従い、その償還をしなければならない。ただし、有益費については、裁判所は、売主の請求により、その償還について相当の期限を許与することができる。

（共有持分の買戻特約付売買）

第584条 不動産の共有者の1人が買戻しの特約を付してその持分を売却した後に、その不動産の分割又は競売があったときは、売主は、買主が受け、若しくは受けるべき部分又は代金について、買戻しをすることができる。ただし、売主に通知をしないでした分割及び競売は、売主に対抗することができない。

第585条 前条の場合において、買主が不動産の競売における買受人となったときは、売主は、競売の代金及び第583条に規定する費用を支払って買戻しをすることができる。この場合において、売主は、その不動産の全部の所有権を取得する。

2 他の共有者が分割を請求したことにより買主が競売における買受人となったときは、売主は、その持分のみについて買戻しをすることはできない。

第4節 交換

第586条 交換は、当事者が互いに金銭の所有

権以外の財産権を移転することを約することによって、その効力を生ずる。

2 当事者の一方が他の権利とともに金銭の所有権を移転することを約した場合におけるその金銭については、売買の代金に関する規定を準用する。

第5節 消費貸借

（消費貸借）
第587条 消費貸借は、当事者の一方が種類、品質及び数量の同じ物をもって返還をすることを約して相手方から金銭その他の物を受け取ることによって、その効力を生ずる。

（書面でする消費貸借等）
第587条の2 前条の規定にかかわらず、書面でする消費貸借は、当事者の一方が金銭その他の物を引き渡すことを約し、相手方がその受け取った物と種類、品質及び数量の同じ物をもって返還をすることを約することによって、その効力を生ずる。

2 書面でする消費貸借の借主は、貸主から金銭その他の物を受け取るまで、契約の解除をすることができる。この場合において、貸主は、その契約の解除によって損害を受けたときは、借主に対し、その賠償を請求することができる。

3 書面でする消費貸借は、借主が貸主から金銭その他の物を受け取る前に当事者の一方が破産手続開始の決定を受けたときは、その効力を失う。

4 消費貸借がその内容を記録した電磁的記録によってされたときは、その消費貸借は、書面によってされたものとみなして、前三項の規定を適用する。

（準消費貸借）
第588条 金銭その他の物を給付する義務を負う者がある場合において、当事者がその物を消費貸借の目的とすることを約したときは、消費貸借は、これによって成立したものとみなす。

（利息）
第589条 貸主は、特約がなければ、借主に対して利息を請求することができない。

2 前項の特約があるときは、貸主は、借主が金銭その他の物を受け取った日以後の利息を請求することができる。

（貸主の引渡義務等）
第590条 第551条の規定は、前条第1項の特約のない消費貸借について準用する。

2 前条第1項の特約の有無にかかわらず、貸主から引き渡された物が種類又は品質に関して契約の内容に適合しないものであるときは、借主は、その物の価額を返還することができる。

（返還の時期）
第591条 当事者が返還の時期を定めなかったときは、貸主は、相当の期間を定めて返還の催告をすることができる。

2 借主は、返還の時期の定めの有無にかかわらず、いつでも返還をすることができる。

3 当事者が返還の時期を定めた場合において、貸主は、借主がその時期の前に返還をしたことによって損害を受けたときは、借主に対し、その賠償を請求することができる。

（価額の償還）
第592条 借主が貸主から受け取った物と種類、品質及び数量の同じ物をもって返還をすることができなくなったときは、その時における物の価額を償還しなければならない。ただし、第402条第2項に規定する場合は、この限りでない。

第6節 使用貸借

（使用貸借）
第593条 使用貸借は、当事者の一方がある物を引き渡すことを約し、相手方がその受け取った物について無償で使用及び収益をして契約が終了したときに返還をすることを約することによって、その効力を生ずる。

（借用物受取り前の貸主による使用貸借の解除）
第593条の2 貸主は、借主が借用物を受け取るまで、契約の解除をすることができる。ただし、書面による使用貸借については、この限りでない。

（借主による使用及び収益）
第594条 借主は、契約又はその目的物の性質によって定まった用法に従い、その物の使用及び収益をしなければならない。

2 借主は、貸主の承諾を得なければ、第三者に借用物の使用又は収益をさせることができない。

3 借主が前二項の規定に違反して使用又は収益をしたときは、貸主は、契約の解除をすることができる。

（借用物の費用の負担）
第595条 借主は、借用物の通常の必要費を負担する。

2 第583条第2項の規定は、前項の通常の必要費以外の費用について準用する。

（貸主の引渡義務等）
第596条 第551条の規定は、使用貸借について準用する。

（期間満了等による使用貸借の終了）

第597条　当事者が使用貸借の期間を定めたときは、使用貸借は、その期間が満了することによって終了する。

2　当事者が使用貸借の期間を定めなかった場合において、使用及び収益の目的を定めたときは、使用貸借は、借主がその目的に従い使用及び収益を終えることによって終了する。

3　使用貸借は、借主の死亡によって終了する。

（使用貸借の解除）

第598条　貸主は、前条第2項に規定する場合において、同項の目的に従い借主が使用及び収益をするのに足りる期間を経過したときは、契約の解除をすることができる。

2　当事者が使用貸借の期間並びに使用及び収益の目的を定めなかったときは、貸主は、いつでも契約の解除をすることができる。

3　借主は、いつでも契約の解除をすることができる。

（借主による収去等）

第599条　借主は、借用物を受け取った後にこれに附属させた物がある場合において、使用貸借が終了したときは、その附属させた物を収去する義務を負う。ただし、借用物から分離することができない物又は分離するのに過分の費用を要する物については、この限りでない。

2　借主は、借用物を受け取った後にこれに附属させた物を収去することができる。

3　借主は、借用物を受け取った後にこれに生じた損傷がある場合において、使用貸借が終了したときは、その損傷を原状に復する義務を負う。ただし、その損傷が借主の責めに帰することができない事由によるものであるときは、この限りでない。

（損害賠償及び費用の償還の請求権についての期間の制限）

第600条　契約の本旨に反する使用又は収益によって生じた損害の賠償及び借主が支出した費用の償還は、貸主が返還を受けた時から1年以内に請求しなければならない。

2　前項の損害賠償の請求権については、貸主が返還を受けた時から1年を経過するまでの間は、時効は、完成しない。

第7節　賃貸借

第1款　総則

（賃貸借）

第601条　賃貸借は、当事者の一方がある物の使用及び収益を相手方にさせることを約し、相手方がこれに対してその賃料を支払うこと及び引渡しを受けた物を契約が終了したときに返還することを約することによって、その効力を生ずる。

（短期賃貸借）

第602条　処分の権限を有しない者が賃貸借をする場合には、次の各号に掲げる賃貸借は、それぞれ当該各号に定める期間を超えることができない。契約でこれより長い期間を定めたときであっても、その期間は、当該各号に定める期間とする。

一　樹木の栽植又は伐採を目的とする山林の賃貸借　10年

二　前号に掲げる賃貸借以外の土地の賃貸借　5年

三　建物の賃貸借　3年

四　動産の賃貸借　6箇月

（短期賃貸借の更新）

第603条　前条に定める期間は、更新することができる。ただし、その期間満了前、土地については1年以内、建物については3箇月以内、動産については1箇月以内に、その更新をしなければならない。

（賃貸借の存続期間）

第604条　賃貸借の存続期間は、50年を超えることができない。契約でこれより長い期間を定めたときであっても、その期間は、50年とする。

2　賃貸借の存続期間は、更新することができる。ただし、その期間は、更新の時から50年を超えることができない。

第2款　賃貸借の効力

（不動産賃貸借の対抗力）

第605条　不動産の賃貸借は、これを登記したときは、その不動産について物権を取得した者その他の第三者に対抗することができる。

（不動産の賃貸人たる地位の移転）

第605条の2　前条、借地借家法（平成3年法律第90号）第10条又は第31条その他の法令の規定による賃貸借の対抗要件を備えた場合において、その不動産が譲渡されたときは、その不動産の賃貸人たる地位は、その譲受人に移転する。

2　前項の規定にかかわらず、不動産の譲渡人及び譲受人が、賃貸人たる地位を譲渡人に留保する旨及びその不動産を譲受人が譲渡人に賃貸する旨の合意をしたときは、賃貸人たる地位は、譲受人に移転しない。この場合において、譲渡人と譲受人又はその承継人との間の賃貸借が終

了したときは、譲渡人に留保されていた賃貸人たる地位は、譲受人又はその承継人に移転する。

3 第1項又は前項後段の規定による賃貸人たる地位の移転は、賃貸物である不動産について所有権の移転の登記をしなければ、賃借人に対抗することができない。

4 第1項又は第2項後段の規定により賃貸人たる地位が譲受人又はその承継人に移転したときは、第608条の規定による費用の償還に係る債務及び第622条の2第1項の規定による同項に規定する敷金の返還に係る債務は、譲受人又はその承継人が承継する。

（合意による不動産の賃貸人たる地位の移転）

第605条の3 不動産の譲渡人が賃貸人であるときは、その賃貸人たる地位は、賃借人の承諾を要しないで、譲渡人と譲受人との合意により、譲受人に移転させることができる。この場合においては、前条第3項及び第4項の規定を準用する。

（不動産の賃借人による妨害の停止の請求等）

第605条の4 不動産の賃借人は、第605条の2第1項に規定する対抗要件を備えた場合において、次の各号に掲げるときは、それぞれ当該各号に定める請求をすることができる。

一 その不動産の占有を第三者が妨害しているとき その第三者に対する妨害の停止の請求

二 その不動産を第三者が占有しているとき その第三者に対する返還の請求

（賃貸人による修繕等）

第606条 賃貸人は、賃貸物の使用及び収益に必要な修繕をする義務を負う。ただし、賃借人の責めに帰すべき事由によってその修繕が必要となったときは、この限りでない。

2 賃貸人が賃貸物の保存に必要な行為をしようとするときは、賃借人は、これを拒むことができない。

（賃借人の意思に反する保存行為）

第607条 賃貸人が賃借人の意思に反して保存行為をしようとする場合において、そのために賃借人が賃借をした目的を達することができなくなるときは、賃借人は、契約の解除をすることができる。

（賃借人による修繕）

第607条の2 賃借物の修繕が必要である場合において、次に掲げるときは、賃借人は、その修繕をすることができる。

一 賃借人が賃貸人に修繕が必要である旨を通知し、又は賃貸人がその旨を知ったにもかかわらず、賃貸人が相当の期間内に必要な修繕をしないとき。

二 急迫の事情があるとき。

（賃借人による費用の償還請求）

第608条 賃借人は、賃借物について賃貸人の負担に属する必要費を支出したときは、賃貸人に対し、直ちにその償還を請求することができる。

2 賃借人が賃借物について有益費を支出したときは、賃貸人は、賃貸借の終了の時に、第196条第2項の規定に従い、その償還をしなければならない。ただし、裁判所は、賃貸人の請求により、その償還について相当の期限を許与することができる。

（減収による賃料の減額請求）

第609条 耕作又は牧畜を目的とする土地の賃借人は、不可抗力によって賃料より少ない収益を得たときは、その収益の額に至るまで、賃料の減額を請求することができる。

（減収による解除）

第610条 前条の場合において、同条の賃借人は、不可抗力によって引き続き2年以上賃料より少ない収益を得たときは、契約の解除をすることができる。

（賃借物の一部滅失等による賃料の減額等）

第611条 賃借物の一部が滅失その他の事由により使用及び収益をすることができなくなった場合において、それが賃借人の責めに帰することができない事由によるものであるときは、賃料は、その使用及び収益をすることができなくなった部分の割合に応じて、減額される。

2 賃借物の一部が滅失その他の事由により使用及び収益をすることができなくなった場合において、残存する部分のみでは賃借人が賃借をした目的を達することができないときは、賃借人は、契約の解除をすることができる。

（賃借権の譲渡及び転貸の制限）

第612条 賃借人は、賃貸人の承諾を得なければ、その賃借権を譲り渡し、又は賃借物を転貸することができない。

2 賃借人が前項の規定に違反して第三者に賃借物の使用又は収益をさせたときは、賃貸人は、契約の解除をすることができる。

（転貸の効果）

第613条 賃借人が適法に賃借物を転貸したときは、転借人は、賃貸人と賃借人との間の賃貸借に基づく賃借人の債務の範囲を限度として、賃貸人に対して転貸借に基づく債務を直接履行する義務を負う。この場合においては、賃料の前払をもって賃貸人に対抗することができない。

2 前項の規定は、賃貸人が賃借人に対してその権利を行使することを妨げない。

民法

3　賃借人が適法に賃借物を転貸した場合には、賃貸人は、賃借人との間の賃貸借を合意により解除したことをもって転借人に対抗することができない。ただし、その解除の当時、賃貸人が賃借人の債務不履行による解除権を有していたときは、この限りでない。

（賃料の支払時期）
第614条　賃料は、動産、建物及び宅地については毎月末に、その他の土地については毎年末に、支払わなければならない。ただし、収穫の季節があるものについては、その季節の後に遅滞なく支払わなければならない。

（賃借人の通知義務）
第615条　賃借物が修繕を要し、又は賃借物について権利を主張する者があるときは、賃借人は、遅滞なくその旨を賃貸人に通知しなければならない。ただし、賃貸人が既にこれを知っているときは、この限りでない。

（賃借人による使用及び収益）
第616条　第594条第1項の規定は、賃貸借について準用する。

第3款　賃貸借の終了

（賃借物の全部滅失等による賃貸借の終了）
第616条の2　賃借物の全部が滅失その他の事由により使用及び収益をすることができなくなった場合には、賃貸借は、これによって終了する。

（期間の定めのない賃貸借の解約の申入れ）
第617条　当事者が賃貸借の期間を定めなかったときは、各当事者は、いつでも解約の申入れをすることができる。この場合において、次の各号に掲げる賃貸借は、解約の申入れの日からそれぞれ当該各号に定める期間を経過することによって終了する。
一　土地の賃貸借　1年
二　建物の賃貸借　3箇月
三　動産及び貸席の賃貸借　1日
2　収穫の季節がある土地の賃貸借については、その季節の後次の耕作に着手する前に、解約の申入れをしなければならない。

（期間の定めのある賃貸借の解約をする権利の留保）
第618条　当事者が賃貸借の期間を定めた場合であっても、その一方又は双方がその期間内に解約をする権利を留保したときは、前条の規定を準用する。

（賃貸借の更新の推定等）
第619条　賃貸借の期間が満了した後賃借人が賃借物の使用又は収益を継続する場合において、賃貸人がこれを知りながら異議を述べないときは、従前の賃貸借と同一の条件で更に賃貸借をしたものと推定する。この場合において、各当事者は、第617条の規定により解約の申入れをすることができる。
2　従前の賃貸借について当事者が担保を供していたときは、その担保は、期間の満了によって消滅する。ただし、第622条の2第1項に規定する敷金については、この限りでない。

（賃貸借の解除の効力）
第620条　賃貸借の解除をした場合には、その解除は、将来に向かってのみその効力を生ずる。この場合においては、損害賠償の請求を妨げない。

（賃借人の原状回復義務）
第621条　賃借人は、賃借物を受け取った後にこれに生じた損傷（通常の使用及び収益によって生じた賃借物の損耗並びに賃借物の経年変化を除く。以下この条において同じ。）がある場合において、賃貸借が終了したときは、その損傷を原状に復する義務を負う。ただし、その損傷が賃借人の責めに帰することができない事由によるものであるときは、この限りでない。

（使用貸借の規定の準用）
第622条　第597条第1項、第599条第1項及び第2項並びに第600条の規定は、賃貸借について準用する。

第4款　敷金

第622条の2　賃貸人は、敷金（いかなる名目によるかを問わず、賃料債務その他の賃貸借に基づいて生ずる賃借人の賃貸人に対する金銭の給付を目的とする債務を担保する目的で、賃借人が賃貸人に交付する金銭をいう。以下この条において同じ。）を受け取っている場合において、次に掲げるときは、賃借人に対し、その受け取った敷金の額から賃貸借に基づいて生じた賃借人の賃貸人に対する金銭の給付を目的とする債務の額を控除した残額を返還しなければならない。
一　賃貸借が終了し、かつ、賃貸物の返還を受けたとき。
二　賃借人が適法に賃借権を譲り渡したとき。
2　賃貸人は、賃借人が賃貸借に基づいて生じた金銭の給付を目的とする債務を履行しないときは、敷金をその債務の弁済に充てることができる。この場合において、賃借人は、賃貸人に対し、敷金をその債務の弁済に充てることを請求することができない。

64

第8節 雇用

（雇用）
第623条 雇用は、当事者の一方が相手方に対して労働に従事することを約し、相手方がこれに対してその報酬を与えることを約することによって、その効力を生ずる。

（報酬の支払時期）
第624条 労働者は、その約した労働を終わった後でなければ、報酬を請求することができない。
2 期間によって定めた報酬は、その期間を経過した後に、請求することができる。

（履行の割合に応じた報酬）
第624条の2 労働者は、次に掲げる場合には、既にした履行の割合に応じて報酬を請求することができる。
　一 使用者の責めに帰することができない事由によって労働に従事することができなくなったとき。
　二 雇用が履行の中途で終了したとき。

（使用者の権利の譲渡の制限等）
第625条 使用者は、労働者の承諾を得なければ、その権利を第三者に譲り渡すことができない。
2 労働者は、使用者の承諾を得なければ、自己に代わって第三者を労働に従事させることができない。
3 労働者が前項の規定に違反して第三者を労働に従事させたときは、使用者は、契約の解除をすることができる。

（期間の定めのある雇用の解除）
第626条 雇用の期間が5年を超え、又はその終期が不確定であるときは、当事者の一方は、5年を経過した後、いつでも契約の解除をすることができる。
2 前項の規定により契約の解除をしようとする者は、それが使用者であるときは3箇月前、労働者であるときは2週間前に、その予告をしなければならない。

（期間の定めのない雇用の解約の申入れ）
第627条 当事者が雇用の期間を定めなかったときは、各当事者は、いつでも解約の申入れをすることができる。この場合において、雇用は、解約の申入れの日から2週間を経過することによって終了する。
2 期間によって報酬を定めた場合には、使用者からの解約の申入れは、次期以後についてすることができる。ただし、その解約の申入れは、当期の前半にしなければならない。

3 6箇月以上の期間によって報酬を定めた場合には、前項の解約の申入れは、3箇月前にしなければならない。

（やむを得ない事由による雇用の解除）
第628条 当事者が雇用の期間を定めた場合であっても、やむを得ない事由があるときは、各当事者は、直ちに契約の解除をすることができる。この場合において、その事由が当事者の一方の過失によって生じたものであるときは、相手方に対して損害賠償の責任を負う。

（雇用の更新の推定等）
第629条 雇用の期間が満了した後労働者が引き続きその労働に従事する場合において、使用者がこれを知りながら異議を述べないときは、従前の雇用と同一の条件で更に雇用をしたものと推定する。この場合において、各当事者は、第627条の規定により解約の申入れをすることができる。
2 従前の雇用について当事者が担保を供していたときは、その担保は、期間の満了によって消滅する。ただし、身元保証金については、この限りでない。

（雇用の解除の効力）
第630条 第620条の規定は、雇用について準用する。

（使用者についての破産手続の開始による解約の申入れ）
第631条 使用者が破産手続開始の決定を受けた場合には、雇用に期間の定めがあるときであっても、労働者又は破産管財人は、第627条の規定により解約の申入れをすることができる。この場合において、各当事者は、相手方に対し、解約によって生じた損害の賠償を請求することができない。

第9節 請負

（請負）
第632条 請負は、当事者の一方がある仕事を完成することを約し、相手方がその仕事の結果に対してその報酬を支払うことを約することによって、その効力を生ずる。

（報酬の支払時期）
第633条 報酬は、仕事の目的物の引渡しと同時に、支払わなければならない。ただし、物の引渡しを要しないときは、第624条第1項の規定を準用する。

（注文者が受ける利益の割合に応じた報酬）
第634条 次に掲げる場合において、請負人が既にした仕事の結果のうち可分な部分の給付に

よって注文者が利益を受けるときは、その部分を仕事の完成とみなす。この場合において、請負人は、注文者が受ける利益の割合に応じて報酬を請求することができる。

一　注文者の責めに帰することができない事由によって仕事を完成することができなくなったとき。

二　請負が仕事の完成前に解除されたとき。

第635条　削除

（請負人の担保責任の制限）

第636条　請負人が種類又は品質に関して契約の内容に適合しない仕事の目的物を注文者に引き渡したとき（その引渡しを要しない場合にあっては、仕事が終了した時に仕事の目的物が種類又は品質に関して契約の内容に適合しないとき）は、注文者は、注文者の供した材料の性質又は注文者の与えた指図によって生じた不適合を理由として、履行の追完の請求、報酬の減額の請求、損害賠償の請求及び契約の解除をすることができない。ただし、請負人がその材料又は指図が不適当であることを知りながら告げなかったときは、この限りでない。

（目的物の種類又は品質に関する担保責任の期間の制限）

第637条　前条本文に規定する場合において、注文者がその不適合を知った時から1年以内にその旨を請負人に通知しないときは、注文者は、その不適合を理由として、履行の追完の請求、報酬の減額の請求、損害賠償の請求及び契約の解除をすることができない。

2　前項の規定は、仕事の目的物を注文者に引き渡した時（その引渡しを要しない場合にあっては、仕事が終了した時）において、請負人が同項の不適合を知り、又は重大な過失によって知らなかったときは、適用しない。

第638条から第640条まで　削除

（注文者による契約の解除）

第641条　請負人が仕事を完成しない間は、注文者は、いつでも損害を賠償して契約の解除をすることができる。

（注文者についての破産手続の開始による解除）

第642条　注文者が破産手続開始の決定を受けたときは、請負人又は破産管財人は、契約の解除をすることができる。ただし、請負人による契約の解除については、仕事を完成した後は、この限りでない。

2　前項に規定する場合において、請負人は、既にした仕事の報酬及びその中に含まれていない費用について、破産財団の配当に加入することができる。

3　第1項の場合には、契約の解除によって生じた損害の賠償は、破産管財人が契約の解除をした場合における請負人に限り、請求することができる。この場合において、請負人は、その損害賠償について、破産財団の配当に加入する。

第10節　委任

（委任）

第643条　委任は、当事者の一方が法律行為をすることを相手方に委託し、相手方がこれを承諾することによって、その効力を生ずる。

（受任者の注意義務）

第644条　受任者は、委任の本旨に従い、善良な管理者の注意をもって、委任事務を処理する義務を負う。

（復受任者の選任等）

第644条の2　受任者は、委任者の許諾を得たとき、又はやむを得ない事由があるときでなければ、復受任者を選任することができない。

2　代理権を付与する委任において、受任者が代理権を有する復受任者を選任したときは、復受任者は、委任者に対して、その権限の範囲内において、受任者と同一の権利を有し、義務を負う。

（受任者による報告）

第645条　受任者は、委任者の請求があるときは、いつでも委任事務の処理の状況を報告し、委任が終了した後は、遅滞なくその経過及び結果を報告しなければならない。

（受任者による受取物の引渡し等）

第646条　受任者は、委任事務を処理するに当たって受け取った金銭その他の物を委任者に引き渡さなければならない。その収取した果実についても、同様とする。

2　受任者は、委任者のために自己の名で取得した権利を委任者に移転しなければならない。

（受任者の金銭の消費についての責任）

第647条　受任者は、委任者に引き渡すべき金額又はその利益のために用いるべき金額を自己のために消費したときは、その消費した日以後の利息を支払わなければならない。この場合において、なお損害があるときは、その賠償の責任を負う。

（受任者の報酬）

第648条　受任者は、特約がなければ、委任者に対して報酬を請求することができない。

2　受任者は、報酬を受けるべき場合には、委任事務を履行した後でなければ、これを請求することができない。ただし、期間によって報酬を定め

たときは、第624条第2項の規定を準用する。

3 受任者は、次に掲げる場合には、既にした履行の割合に応じて報酬を請求することができる。

一 委任者の責めに帰することができない事由によって委任事務の履行をすることができなくなったとき。

二 委任が履行の中途で終了したとき

（成果等に対する報酬）

第648条の2 委任事務の履行により得られる成果に対して報酬を支払うことを約した場合において、その成果が引渡しを要するときは、報酬は、その成果の引渡しと同時に、支払わなければならない。

2 第634条の規定は、委任事務の履行により得られる成果に対して報酬を支払うことを約した場合について準用する。

（受任者による費用の前払請求）

第649条 委任事務を処理するについて費用を要するときは、委任者は、受任者の請求により、その前払をしなければならない。

（受任者による費用等の償還請求等）

第650条 受任者は、委任事務を処理するのに必要と認められる費用を支出したときは、委任者に対し、その費用及び支出の日以後におけるその利息の償還を請求することができる。

2 受任者は、委任事務を処理するのに必要と認められる債務を負担したときは、委任者に対し、自己に代わってその弁済をすることを請求することができる。この場合において、その債務が弁済期にないときは、委任者に対し、相当の担保を供させることができる。

3 受任者は、委任事務を処理するため自己に過失なく損害を受けたときは、委任者に対し、その賠償を請求することができる。

（委任の解除）

第651条 委任は、各当事者がいつでもその解除をすることができる。

2 前項の規定により委任の解除をした者は、次に掲げる場合には、相手方の損害を賠償しなければならない。ただし、やむを得ない事由があったときは、この限りでない。

一 相手方に不利な時期に委任を解除したとき。

二 委任者が受任者の利益（専ら報酬を得ることによるものを除く。）をも目的とする委任を解除したとき。

（委任の解除の効力）

第652条 第620条の規定は、委任について準用する。

（委任の終了事由）

第653条 委任は、次に掲げる事由によって終了する。

一 委任者又は受任者の死亡

二 委任者又は受任者が破産手続開始の決定を受けたこと。

三 受任者が後見開始の審判を受けたこと。

（委任の終了後の処分）

第654条 委任が終了した場合において、急迫の事情があるときは、受任者又はその相続人若しくは法定代理人は、委任者又はその相続人若しくは法定代理人が委任事務を処理することができるに至るまで、必要な処分をしなければならない。

（委任の終了の対抗要件）

第655条 委任の終了事由は、これを相手方に通知したとき、又は相手方がこれを知っていたときでなければ、これをもってその相手方に対抗することができない。

（準委任）

第656条 この節の規定は、法律行為でない事務の委託について準用する。

第11節 寄託

（寄託）

第657条 寄託は、当事者の一方がある物を保管することを相手方に委託し、相手方がこれを承諾することによって、その効力を生ずる。

（寄託物受取り前の寄託者による寄託の解除等）

第657条の2 寄託者は、受寄者が寄託物を受け取るまで、契約の解除をすることができる。この場合において、受寄者は、その契約の解除によって損害を受けたときは、寄託者に対し、その賠償を請求することができる。

2 無報酬の受寄者は、寄託物を受け取るまで、契約の解除をすることができる。ただし、書面による寄託については、この限りでない。

3 受寄者（無報酬で寄託を受けた場合にあっては、書面による寄託の受寄者に限る。）は、寄託物を受け取るべき時期を経過したにもかかわらず、寄託者が寄託物を引き渡さない場合において、相当の期間を定めてその引渡しの催告をし、その期間内に引渡しがないときは、契約の解除をすることができる。

（寄託物の使用及び第三者による保管）

第658条 受寄者は、寄託者の承諾を得なければ、寄託物を使用することができない。

2 受寄者は、寄託者の承諾を得たとき、又はやむを得ない事由があるときでなければ、寄託物を第三者に保管させることができない。

民法

67

3 再受寄者は、寄託者に対して、その権限の範囲内において、受寄者と同一の権利を有し、義務を負う。

（無報酬の受寄者の注意義務）
第659条 無報酬の受寄者は、自己の財産に対するのと同一の注意をもって、寄託物を保管する義務を負う。

（受寄者の通知義務等）
第660条 寄託物について権利を主張する第三者が受寄者に対して訴えを提起し、又は差押え、仮差押え若しくは仮処分をしたときは、受寄者は、遅滞なくその事実を寄託者に通知しなければならない。ただし、寄託者が既にこれを知っているときは、この限りでない。
2 第三者が寄託物について権利を主張する場合であっても、受寄者は、寄託者の指図がない限り、寄託者に対しその寄託物を返還しなければならない。ただし、受寄者が前項の通知をした場合又は同項ただし書の規定によりその通知を要しない場合において、その寄託物をその第三者に引き渡すべき旨を命ずる確定判決（確定判決と同一の効力を有するものを含む。）があったときであって、その第三者にその寄託物を引き渡したときは、この限りでない。
3 受寄者は、前項の規定により寄託者に対して寄託物を返還しなければならない場合には、寄託者にその寄託物を引き渡したことによって第三者に損害が生じたときであっても、その賠償の責任を負わない。

（寄託者による損害賠償）
第661条 寄託者は、寄託物の性質又は瑕疵によって生じた損害を受寄者に賠償しなければならない。ただし、寄託者が過失なくその性質若しくは瑕疵を知らなかったとき、又は受寄者がこれを知っていたときは、この限りでない。

（寄託者による返還請求等）
第662条 当事者が寄託物の返還の時期を定めたときであっても、寄託者は、いつでもその返還を請求することができる。
2 前項に規定する場合において、受寄者は、寄託者がその時期の前に返還を請求したことによって損害を受けたときは、寄託者に対し、その賠償を請求することができる。

（寄託物の返還の時期）
第663条 当事者が寄託物の返還の時期を定めなかったときは、受寄者は、いつでもその返還をすることができる。
2 返還の時期の定めがあるときは、受寄者は、やむを得ない事由がなければ、その期限前に返還をすることができない。

（寄託物の返還の場所）
第664条 寄託物の返還は、その保管をすべき場所でしなければならない。ただし、受寄者が正当な事由によってその物を保管する場所を変更したときは、その現在の場所で返還をすることができる。

（損害賠償及び費用の償還の請求権についての期間の制限）
第664条の2 寄託物の一部滅失又は損傷によって生じた損害の賠償及び受寄者が支出した費用の償還は、寄託者が返還を受けた時から1年以内に請求しなければならない。
2 前項の損害賠償の請求権については、寄託者が返還を受けた時から1年を経過するまでの間は、時効は、完成しない。

（委任の規定の準用）
第665条 第646条から第648条まで、第649条並びに第650条第1項及び第2項の規定は、寄託について準用する。

（混合寄託）
第665条の2 複数の者が寄託した物の種類及び品質が同一である場合には、受寄者は、各寄託者の承諾を得たときに限り、これらを混合して保管することができる。
2 前項の規定に基づき受寄者が複数の寄託者からの寄託物を混合して保管したときは、寄託者は、その寄託した物と同じ数量の物の返還を請求することができる。
3 前項に規定する場合において、寄託物の一部が滅失したときは、寄託者は、混合して保管されている総寄託物に対するその寄託した物の割合に応じた数量の物の返還を請求することができる。この場合において、損害賠償の請求を妨げない。

（消費寄託）
第666条 受寄者が契約により寄託物を消費することができる場合には、受寄者は、寄託された物と種類、品質及び数量の同じ物をもって返還しなければならない。
2 第590条及び第592条の規定は、前項に規定する場合について準用する。
3 第591条第2項及び第3項の規定は、預金又は貯金に係る契約により金銭を寄託した場合について準用する。

第12節　組合

（組合契約）
第667条 組合契約は、各当事者が出資をして共同の事業を営むことを約することによって、

68

その効力を生ずる。

2 出資は、労務をその目的とすることができる。

（他の組合員の債務不履行）

第667条の2 第533条及び第536条の規定は、組合契約については、適用しない。

2 組合員は、他の組合員が組合契約に基づく債務の履行をしないことを理由として、組合契約を解除することができない。

（組合員の1人についての意思表示の無効等）

第667条の3 組合員の1人について意思表示の無効又は取消しの原因があっても、他の組合員の間においては、組合契約は、その効力を妨げられない。

（組合財産の共有）

第668条 各組合員の出資その他の組合財産は、総組合員の共有に属する。

（金銭出資の不履行の責任）

第669条 金銭を出資の目的とした場合において、組合員がその出資をすることを怠ったときは、その利息を支払うほか、損害の賠償をしなければならない。

（業務の決定及び執行の方法）

第670条 組合の業務は、組合員の過半数をもって決定し、各組合員がこれを執行する。

2 組合の業務の決定及び執行は、組合契約の定めるところにより、1人又は数人の組合員又は第三者に委任することができる。

3 前項の委任を受けた者（以下「業務執行者」という。）は、組合の業務を決定し、これを執行する。この場合において、業務執行者が数人あるときは、組合の業務は、業務執行者の過半数をもって決定し、各業務執行者がこれを執行する。

4 前項の規定にかかわらず、組合の業務については、総組合員の同意によって決定し、又は総組合員が執行することを妨げない。

5 組合の常務は、前各項の規定にかかわらず、各組合員又は各業務執行者が単独で行うことができる。ただし、その完了前に他の組合員又は業務執行者が異議を述べたときは、この限りでない。

（組合の代理）

第670条の2 各組合員は、組合の業務を執行する場合において、組合員の過半数の同意を得たときは、他の組合員を代理することができる。

2 前項の規定にかかわらず、業務執行者があるときは、業務執行者のみが組合員を代理することができる。この場合において、業務執行者が数人あるときは、各業務執行者は、業務執行者の過半数の同意を得たときに限り、組合員を代

理することができる。

3 前二項の規定にかかわらず、各組合員又は各業務執行者は、組合の常務を行うときは、単独で組合員を代理することができる。

（委任の規定の準用）

第671条 第644条から第650条までの規定は、組合の業務を決定し、又は執行する組合員について準用する。

（業務執行組合員の辞任及び解任）

第672条 組合契約の定めるところにより1人又は数人の組合員に業務の決定及び執行を委任したときは、その組合員は、正当な事由がなければ、辞任することができない。

2 前項の組合員は、正当な事由がある場合に限り、他の組合員の一致によって解任することができる。

（組合員の組合の業務及び財産状況に関する検査）

第673条 各組合員は、組合の業務の決定及び執行をする権利を有しないときであっても、その業務及び組合財産の状況を検査することができる。

（組合の損益分配の割合）

第674条 当事者が損益分配の割合を定めなかったときは、その割合は、各組合員の出資の価額に応じて定める。

2 利益又は損失についてのみ分配の割合を定めたときは、その割合は、利益及び損失に共通であるものと推定する。

（組合の債権者の権利の行使）

第675条 組合の債権者は、組合財産についてその権利を行使することができる。

2 組合の債権者は、その選択に従い、各組合員に対して損失分担の割合又は等しい割合でその権利を行使することができる。ただし、組合の債権者がその債権の発生の時に各組合員の損失分担の割合を知っていたときは、その割合による。

（組合員の持分の処分及び組合財産の分割）

第676条 組合員は、組合財産についてその持分を処分したときは、その処分をもって組合及び組合と取引をした第三者に対抗することができない。

2 組合員は、組合財産である債権について、その持分についての権利を単独で行使することができない。

3 組合員は、清算前に組合財産の分割を求めることができない。

（組合財産に対する組合員の債権者の権利の行使の禁止）

第677条　組合員の債権者は、組合財産について その権利を行使することができない。

（組合員の加入）

第677条の2　組合員は、その全員の同意によ って、又は組合契約の定めるところにより、新 たに組合員を加入させることができる。

2　前項の規定により組合の成立後に加入した組 合員は、その加入前に生じた組合の債務につい ては、これを弁済する責任を負わない。

（組合員の脱退）

第678条　組合契約で組合の存続期間を定めな かったとき、又はある組合員の終身の間組合が 存続すべきことを定めたときは、各組合員は、 いつでも脱退することができる。ただし、やむ を得ない事由がある場合を除き、組合に不利な 時期に脱退することができない。

2　組合の存続期間を定めた場合であっても、各 組合員は、やむを得ない事由があるときは、脱 退することができる。

第679条　前条の場合のほか、組合員は、次に 掲げる事由によって脱退する。

一　死亡

二　破産手続開始の決定を受けたこと。

三　後見開始の審判を受けたこと。

四　除名

（組合員の除名）

第680条　組合員の除名は、正当な事由がある 場合に限り、他の組合員の一致によってするこ とができる。ただし、除名した組合員にその旨 を通知しなければ、これをもってその組合員に 対抗することができない。

（脱退した組合員の責任等）

第680条の2　脱退した組合員は、その脱退前 に生じた組合の債務について、従前の責任の範 囲内でこれを弁済する責任を負う。この場合に おいて、債権者が全部の弁済を受けない間は、 脱退した組合員は、組合に担保を供させ、又は 組合に対して自己に免責を得させることを請求 することができる。

2　脱退した組合員は、前項に規定する組合の債 務を弁済したときは、組合に対して求償権を有す る。

（脱退した組合員の持分の払戻し）

第681条　脱退した組合員と他の組合員との間 の計算は、脱退の時における組合財産の状況に 従ってしなければならない。

2　脱退した組合員の持分は、その出資の種類を 問わず、金銭で払い戻すことができる。

3　脱退の時にまだ完了していない事項について は、その完了後に計算をすることができる。

（組合の解散事由）

第682条　組合は、次に掲げる事由によって解散 する。

一　組合の目的である事業の成功又はその成功 の不能

二　組合契約で定めた存続期間の満了

三　組合契約で定めた解散の事由の発生

四　総組合員の同意

（組合の解散の請求）

第683条　やむを得ない事由があるときは、各組 合員は、組合の解散を請求することができる。

（組合契約の解除の効力）

第684条　第620条の規定は、組合契約について 準用する。

（組合の清算及び清算人の選任）

第685条　組合が解散したときは、清算は、総 組合員が共同して、又はその選任した清算人が これをする。

2　清算人の選任は、組合員の過半数で決する。

（清算人の業務の決定及び執行の方法）

第686条　第670条第3項から第5項まで並びに 第670条の2第2項及び第3項の規定は、清算 人について準用する。

（組合員である清算人の辞任及び解任）

第687条　第672条の規定は、組合契約の定める ところにより組合員の中から清算人を選任した 場合について準用する。

（清算人の職務及び権限並びに残余財産の分割方 法）

第688条　清算人の職務は、次のとおりとする。

一　現務の結了

二　債権の取立て及び債務の弁済

三　残余財産の引渡し

2　清算人は、前項各号に掲げる職務を行うため に必要な一切の行為をすることができる。

3　残余財産は、各組合員の出資の価額に応じて 分割する。

第13節　終身定期金

（終身定期金契約）

第689条　終身定期金契約は、当事者の一方が、 自己、相手方又は第三者の死亡に至るまで、定 期に金銭その他の物を相手方又は第三者に給付 することを約することによって、その効力を生ず る。

（終身定期金の計算）

第690条　終身定期金は、日割りで計算する。

（終身定期金契約の解除）

第691条　終身定期金債務者が終身定期金の元

本を受領した場合において、その終身定期金の給付を怠り、又はその他の義務を履行しないときは、相手方は、元本の返還を請求することができる。この場合において、相手方は、既に受け取った終身定期金の中からその元本の利息を控除した残額を終身定期金債務者に返還しなければならない。

2　前項の規定は、損害賠償の請求を妨げない。

（終身定期金契約の解除と同時履行）

第692条　第533条の規定は、前条の場合について準用する。

（終身定期金債権の存続の宣告）

第693条　終身定期金債務者の責めに帰すべき事由によって第689条に規定する死亡が生じたときは、裁判所は、終身定期金債権者又はその相続人の請求により、終身定期金債権が相当の期間存続することを宣告することができる。

2　前項の規定は、第691条の権利の行使を妨げない。

（終身定期金の遺贈）

第694条　この節の規定は、終身定期金の遺贈について準用する。

第14節　和解

（和解）

第695条　和解は、当事者が互いに譲歩をしてその間に存する争いをやめることを約することによって、その効力を生ずる。

（和解の効力）

第696条　当事者の一方が和解によって争いの目的である権利を有するものと認められ、又は相手方がこれを有しないものと認められた場合において、その当事者の一方が従来その権利を有していなかった旨の確証又は相手方がこれを有していた旨の確証が得られたときは、その権利は、和解によってその当事者の一方に移転し、又は消滅したものとする。

第3章　事務管理

（事務管理）

第697条　義務なく他人のために事務の管理を始めた者（以下この章において「管理者」という。）は、その事務の性質に従い、最も本人の利益に適合する方法によって、その事務の管理（以下「事務管理」という。）をしなければならない。

2　管理者は、本人の意思を知っているとき、又はこれを推知することができるときは、その意思に従って事務管理をしなければならない。

（緊急事務管理）

第698条　管理者は、本人の身体、名誉又は財産に対する急迫の危害を免れさせるために事務管理をしたときは、悪意又は重大な過失があるのでなければ、これによって生じた損害を賠償する責任を負わない。

（管理者の通知義務）

第699条　管理者は、事務管理を始めたことを遅滞なく本人に通知しなければならない。ただし、本人が既にこれを知っているときは、この限りでない。

（管理者による事務管理の継続）

第700条　管理者は、本人又はその相続人若しくは法定代理人が管理をすることができるに至るまで、事務管理を継続しなければならない。ただし、事務管理の継続が本人の意思に反し、又は本人に不利であることが明らかであるときは、この限りでない。

（委任の規定の準用）

第701条　第645条から第647条までの規定は、事務管理について準用する。

（管理者による費用の償還請求等）

第702条　管理者は、本人のために有益な費用を支出したときは、本人に対し、その償還を請求することができる。

2　第650条第2項の規定は、管理者が本人のために有益な債務を負担した場合について準用する。

3　管理者が本人の意思に反して事務管理をしたときは、本人が現に利益を受けている限度においてのみ、前二項の規定を適用する。

第4章　不当利得

（不当利得の返還義務）

第703条　法律上の原因なく他人の財産又は労務によって利益を受け、そのために他人に損失を及ぼした者（以下この章において「受益者」という。）は、その利益の存する限度において、これを返還する義務を負う。

（悪意の受益者の返還義務等）

第704条　悪意の受益者は、その受けた利益に利息を付して返還しなければならない。この場合において、なお損害があるときは、その賠償の責任を負う。

（債務の不存在を知ってした弁済）

第705条　債務の弁済として給付をした者は、その時において債務の存在しないことを知っていたときは、その給付したものの返還を請求することができない。

（期限前の弁済）

第706条 債務者は、弁済期にない債務の弁済として給付をしたときは、その給付したものの返還を請求することができない。ただし、債務者が錯誤によってその給付をしたときは、債権者は、これによって得た利益を返還しなければならない。

（他人の債務の弁済）

第707条 債務者でない者が錯誤によって債務の弁済をした場合において、債権者が善意で証書を滅失させ若しくは損傷し、担保を放棄し、又は時効によってその債権を失ったときは、その弁済をした者は、返還の請求をすることができない。

2 前項の規定は、弁済をした者から債務者に対する求償権の行使を妨げない。

（不法原因給付）

第708条 不法な原因のために給付をした者は、その給付したものの返還を請求することができない。ただし、不法な原因が受益者についてのみ存したときは、この限りでない。

第5章　不法行為

（不法行為による損害賠償）

第709条 故意又は過失によって他人の権利又は法律上保護される利益を侵害した者は、これによって生じた損害を賠償する責任を負う。

（財産以外の損害の賠償）

第710条 他人の身体、自由若しくは名誉を侵害した場合又は他人の財産権を侵害した場合のいずれであるかを問わず、前条の規定により損害賠償の責任を負う者は、財産以外の損害に対しても、その賠償をしなければならない。

（近親者に対する損害の賠償）

第711条 他人の生命を侵害した者は、被害者の父母、配偶者及び子に対しては、その財産権が侵害されなかった場合においても、損害の賠償をしなければならない。

（責任能力）

第712条 未成年者は、他人に損害を加えた場合において、自己の行為の責任を弁識するに足りる知能を備えていなかったときは、その行為について賠償の責任を負わない。

第713条 精神上の障害により自己の行為の責任を弁識する能力を欠く状態にある間に他人に損害を加えた者は、その賠償の責任を負わない。ただし、故意又は過失によって一時的にその状態を招いたときは、この限りでない。

（責任無能力者の監督義務者等の責任）

第714条 前二条の規定により責任無能力者がその責任を負わない場合において、その責任無能力者を監督する法定の義務を負う者は、その責任無能力者が第三者に加えた損害を賠償する責任を負う。ただし、監督義務者がその義務を怠らなかったとき、又はその義務を怠らなくても損害が生ずべきであったときは、この限りでない。

2 監督義務者に代わって責任無能力者を監督する者も、前項の責任を負う。

（使用者等の責任）

第715条 ある事業のために他人を使用する者は、被用者がその事業の執行について第三者に加えた損害を賠償する責任を負う。ただし、使用者が被用者の選任及びその事業の監督について相当の注意をしたとき、又は相当の注意をしても損害が生ずべきであったときは、この限りでない。

2 使用者に代わって事業を監督する者も、前項の責任を負う。

3 前二項の規定は、使用者又は監督者から被用者に対する求償権の行使を妨げない。

（注文者の責任）

第716条 注文者は、請負人がその仕事について第三者に加えた損害を賠償する責任を負わない。ただし、注文又は指図についてその注文者に過失があったときは、この限りでない。

（土地の工作物等の占有者及び所有者の責任）

第717条 土地の工作物の設置又は保存に瑕疵があることによって他人に損害を生じたときは、その工作物の占有者は、被害者に対してその損害を賠償する責任を負う。ただし、占有者が損害の発生を防止するのに必要な注意をしたときは、所有者がその損害を賠償しなければならない。

2 前項の規定は、竹木の栽植又は支持に瑕疵がある場合について準用する。

3 前二項の場合において、損害の原因について他にその責任を負う者があるときは、占有者又は所有者は、その者に対して求償権を行使することができる。

（動物の占有者等の責任）

第718条 動物の占有者は、その動物が他人に加えた損害を賠償する責任を負う。ただし、動物の種類及び性質に従い相当の注意をもってその管理をしたときは、この限りでない。

2 占有者に代わって動物を管理する者も、前項の責任を負う。

（共同不法行為者の責任）

第719条 数人が共同の不法行為によって他人

に損害を加えたときは、各自が連帯してその損害を賠償する責任を負う。共同行為者のうちいずれの者がその損害を加えたかを知ることができないときも、同様とする。

2　行為者を教唆した者及び幇助した者は、共同行為者とみなして、前項の規定を適用する。

（正当防衛及び緊急避難）

第720条　他人の不法行為に対し、自己又は第三者の権利又は法律上保護される利益を防衛するため、やむを得ず加害行為をした者は、損害賠償の責任を負わない。ただし、被害者から不法行為をした者に対する損害賠償の請求を妨げない。

2　前項の規定は、他人の物から生じた急迫の危難を避けるためその物を損傷した場合について準用する。

（損害賠償請求権に関する胎児の権利能力）

第721条　胎児は、損害賠償の請求権については、既に生まれたものとみなす。

（損害賠償の方法、中間利息の控除及び過失相殺）

第722条　第417条及び第417条の2の規定は、不法行為による損害賠償について準用する。

2　被害者に過失があったときは、裁判所は、これを考慮して、損害賠償の額を定めることができる。

（名誉毀損における原状回復）

第723条　他人の名誉を毀損した者に対しては、裁判所は、被害者の請求により、損害賠償に代えて、又は損害賠償とともに、名誉を回復するのに適当な処分を命ずることができる。

（不法行為による損害賠償請求権の消滅時効）

第724条　不法行為による損害賠償の請求権は、次に掲げる場合には、時効によって消滅する。

一　被害者又はその法定代理人が損害及び加害者を知った時から3年間行使しないとき。

二　不法行為の時から20年間行使しないとき。

（人の生命又は身体を害する不法行為による損害賠償請求権の消滅時効）

第724条の2　人の生命又は身体を害する不法行為による損害賠償請求権の消滅時効についての前条第1号の規定の適用については、同号中「3年間」とあるのは、「5年間」とする。

第4編　親族

第1章　総則

（親族の範囲）

第725条　次に掲げる者は、親族とする。

一　6親等内の血族

二　配偶者

三　3親等内の姻族

（親等の計算）

第726条　親等は、親族間の世代数を数えて、これを定める。

2　傍系親族の親等を定めるには、その1人又はその配偶者から同一の祖先にさかのぼり、その祖先から他の1人に下るまでの世代数による。

（縁組による親族関係の発生）

第727条　養子と養親及びその血族との間においては、養子縁組の日から、血族間におけるのと同一の親族関係を生ずる。

（離婚等による姻族関係の終了）

第728条　姻族関係は、離婚によって終了する。

2　夫婦の一方が死亡した場合において、生存配偶者が姻族関係を終了させる意思を表示したときも、前項と同様とする。

（離縁による親族関係の終了）

第729条　養子及びその配偶者並びに養子の直系卑属及びその配偶者と養親及びその血族との親族関係は、離縁によって終了する。

（親族間の扶け合い）

第730条　直系血族及び同居の親族は、互いに扶け合わなければならない。

第2章　婚姻

第1節　婚姻の成立

第1款　婚姻の要件

（婚姻適齢）

第731条　婚姻は、18歳にならなければ、することができない。

（重婚の禁止）

第732条　配偶者のある者は、重ねて婚姻をすることができない。

（再婚禁止期間）

第733条　女は、前婚の解消又は取消しの日から起算して100日を経過した後でなければ、再婚をすることができない。

2　前項の規定は、次に掲げる場合には、適用しない。

一　女が前婚の解消又は取消しの時に懐胎していなかった場合

二　女が前婚の解消又は取消しの後に出産した場合

（近親者間の婚姻の禁止）

第734条　直系血族又は3親等内の傍系血族の間では、婚姻をすることができない。ただし、

養子と養方の傍系血族との間では、この限りでない。

2　第817条の9の規定により親族関係が終了した後も、前項と同様とする。

（直系姻族間の婚姻の禁止）

第735条　直系姻族の間では、婚姻をすることができない。第728条又は第817条の9の規定により姻族関係が終了した後も、同様とする。

（養親子等の間の婚姻の禁止）

第736条　養子若しくはその配偶者又は養子の直系卑属若しくはその配偶者と養親又はその直系尊属との間では、第729条の規定により親族関係が終了した後でも、婚姻をすることができない。

第737条　削除

（成年被後見人の婚姻）

第738条　成年被後見人が婚姻をするには、その成年後見人の同意を要しない。

（婚姻の届出）

第739条　婚姻は、戸籍法（昭和22年法律第224号）の定めるところにより届け出ることによって、その効力を生ずる。

2　前項の届出は、当事者双方及び成年の証人2人以上が署名した書面で、又はこれらの者から口頭で、しなければならない。

（婚姻の届出の受理）

第740条　婚姻の届出は、その婚姻が第731条から第736条まで及び前条第2項の規定その他の法令の規定に違反しないことを認めた後でなければ、受理することができない。

（外国に在る日本人間の婚姻の方式）

第741条　外国に在る日本人間で婚姻をしようとするときは、その国に駐在する日本の大使、公使又は領事にその届出をすることができる。この場合においては、前二条の規定を準用する。

第2款　婚姻の無効及び取消し

（婚姻の無効）

第742条　婚姻は、次に掲げる場合に限り、無効とする。

一　人違いその他の事由によって当事者間に婚姻をする意思がないとき。

二　当事者が婚姻の届出をしないとき。ただし、その届出が第739条第2項に定める方式を欠くだけであるときは、婚姻は、そのためにその効力を妨げられない。

（婚姻の取消し）

第743条　婚姻は、次条から第747条までの規定によらなければ、取り消すことができない。

（不適法な婚姻の取消し）

第744条　第731条から第736条までの規定に違反した婚姻は、各当事者、その親族又は検察官から、その取消しを家庭裁判所に請求することができる。ただし、検察官は、当事者の一方が死亡した後は、これを請求することができない。

2　第732条又は第733条の規定に違反した婚姻については、当事者の配偶者又は前配偶者も、その取消しを請求することができる。

（不適齢者の婚姻の取消し）

第745条　第731条の規定に違反した婚姻は、不適齢者が適齢に達したときは、その取消しを請求することができない。

2　不適齢者は、適齢に達した後、なお3箇月間は、その婚姻の取消しを請求することができる。ただし、適齢に達した後に追認をしたときは、この限りでない。

（再婚禁止期間内にした婚姻の取消し）

第746条　第733条の規定に違反した婚姻は、前婚の解消若しくは取消しの日から起算して100日を経過し、又は女が再婚後に出産したときは、その取消しを請求することができない。

（詐欺又は強迫による婚姻の取消し）

第747条　詐欺又は強迫によって婚姻をした者は、その婚姻の取消しを家庭裁判所に請求することができる。

2　前項の規定による取消権は、当事者が、詐欺を発見し、若しくは強迫を免れた後3箇月を経過し、又は追認をしたときは、消滅する。

（婚姻の取消しの効力）

第748条　婚姻の取消しは、将来に向かってのみその効力を生ずる。

2　婚姻の時においてその取消しの原因があることを知らなかった当事者が、婚姻によって財産を得たときは、現に利益を受けている限度において、その返還をしなければならない。

3　婚姻の時においてその取消しの原因があることを知っていた当事者は、婚姻によって得た利益の全部を返還しなければならない。この場合において、相手方が善意であったときは、これに対して損害を賠償する責任を負う。

（離婚の規定の準用）

第749条　第728条第1項、第766条から第769条まで、第790条第1項ただし書並びに第819条第2項、第3項、第5項及び第6項の規定は、婚姻の取消しについて準用する。

第2節　婚姻の効力

（夫婦の氏）

第750条　夫婦は、婚姻の際に定めるところに従い、夫又は妻の氏を称する。

（生存配偶者の復氏等）

第751条　夫婦の一方が死亡したときは、生存配偶者は、婚姻前の氏に復することができる。

2　第769条の規定は、前項及び第728条第2項の場合について準用する。

（同居、協力及び扶助の義務）

第752条　夫婦は同居し、互いに協力し扶助しなければならない。

第753条　削除

（夫婦間の契約の取消権）

第754条　夫婦間でした契約は、婚姻中、いつでも、夫婦の一方からこれを取り消すことができる。ただし、第三者の権利を害することはできない。

　　第3節　夫婦財産制

　　　第1款　総則

（夫婦の財産関係）

第755条　夫婦が、婚姻の届出前に、その財産について別段の契約をしなかったときは、その財産関係は、次款に定めるところによる。

（夫婦財産契約の対抗要件）

第756条　夫婦が法定財産制と異なる契約をしたときは、婚姻の届出までにその登記をしなければ、これを夫婦の承継人及び第三者に対抗することができない。

第757条　削除

（夫婦の財産関係の変更の制限等）

第758条　夫婦の財産関係は、婚姻の届出後は、変更することができない。

2　夫婦の一方が、他の一方の財産を管理する場合において、管理が失当であったことによってその財産を危うくしたときは、他の一方は、自らその管理をすることを家庭裁判所に請求することができる。

3　共有財産については、前項の請求とともに、その分割を請求することができる。

（財産の管理者の変更及び共有財産の分割の対抗要件）

第759条　前条の規定又は第755条の契約の結果により、財産の管理者を変更し、又は共有財産の分割をしたときは、その登記をしなければ、これを夫婦の承継人及び第三者に対抗することができない。

　　　第2款　法定財産制

（婚姻費用の分担）

第760条　夫婦は、その資産、収入その他一切の事情を考慮して、婚姻から生ずる費用を分担する。

（日常の家事に関する債務の連帯責任）

第761条　夫婦の一方が日常の家事に関して第三者と法律行為をしたときは、他の一方は、これによって生じた債務について、連帯してその責任を負う。ただし、第三者に対し責任を負わない旨を予告した場合は、この限りでない。

（夫婦間における財産の帰属）

第762条　夫婦の一方が婚姻前から有する財産及び婚姻中自己の名で得た財産は、その特有財産（夫婦の一方が単独で有する財産をいう。）とする。

2　夫婦のいずれに属するか明らかでない財産は、その共有に属するものと推定する。

　　第4節　離婚

　　　第1款　協議上の離婚

（協議上の離婚）

第763条　夫婦は、その協議で、離婚をすることができる。

（婚姻の規定の準用）

第764条　第738条、第739条及び第747条の規定は、協議上の離婚について準用する。

（離婚の届出の受理）

第765条　離婚の届出は、その離婚が前条において準用する第739条第2項の規定及び第819条第1項の規定その他の法令の規定に違反しないことを認めた後でなければ、受理することができない。

2　離婚の届出が前項の規定に違反して受理されたときであっても、離婚は、そのためにその効力を妨げられない。

（離婚後の子の監護に関する事項の定め等）

第766条　父母が協議上の離婚をするときは、子の監護をすべき者、父又は母と子との面会及びその他の交流、子の監護に要する費用の分担その他の子の監護について必要な事項は、その協議で定める。この場合においては、子の利益を最も優先して考慮しなければならない。

2　前項の協議が調わないとき、又は協議をすることができないときは、家庭裁判所が、同項の事項を定める。

3　家庭裁判所は、必要があると認めるときは、前二項の規定による定めを変更し、その他子の監護について相当な処分を命ずることができる。

民法

75

4 前三項の規定によっては、監護の範囲外では、父母の権利義務に変更を生じない。

（離婚による復氏等）

第767条 婚姻によって氏を改めた夫又は妻は、協議上の離婚によって婚姻前の氏に復する。

2 前項の規定により婚姻前の氏に復した夫又は妻は、離婚の日から3箇月以内に戸籍法の定めるところにより届け出ることによって、離婚の際に称していた氏を称することができる。

（財産分与）

第768条 協議上の離婚をした者の一方は、相手方に対して財産の分与を請求することができる。

2 前項の規定による財産の分与について、当事者間に協議が調わないとき、又は協議をすることができないときは、当事者は、家庭裁判所に対して協議に代わる処分を請求することができる。ただし、離婚の時から2年を経過したときは、この限りでない。

3 前項の場合には、家庭裁判所は、当事者双方がその協力によって得た財産の額その他一切の事情を考慮して、分与をさせるべきかどうか並びに分与の額及び方法を定める。

（離婚による復氏の際の権利の承継）

第769条 婚姻によって氏を改めた夫又は妻が、第897条第1項の権利を承継した後、協議上の離婚をしたときは、当事者その他の関係人の協議で、その権利を承継すべき者を定めなければならない。

2 前項の協議が調わないとき、又は協議をすることができないときは、同項の権利を承継すべき者は、家庭裁判所がこれを定める。

第2款 裁判上の離婚

（裁判上の離婚）

第770条 夫婦の一方は、次に掲げる場合に限り、離婚の訴えを提起することができる。

一 配偶者に不貞な行為があったとき。

二 配偶者から悪意で遺棄されたとき。

三 配偶者の生死が3年以上明らかでないとき。

四 配偶者が強度の精神病にかかり、回復の見込みがないとき。

五 その他婚姻を継続し難い重大な事由があるとき。

2 裁判所は、前項第1号から第4号までに掲げる事由がある場合であっても、一切の事情を考慮して婚姻の継続を相当と認めるときは、離婚の請求を棄却することができる。

（協議上の離婚の規定の準用）

第771条 第766条から第769条までの規定は、裁判上の離婚について準用する。

第3章 親子

第1節 実子

（嫡出の推定）

第772条 妻が婚姻中に懐胎した子は、夫の子と推定する。

2 婚姻の成立の日から200日を経過した後又は婚姻の解消若しくは取消しの日から300日以内に生まれた子は、婚姻中に懐胎したものと推定する。

（父を定めることを目的とする訴え）

第773条 第733条第1項の規定に違反して再婚をした女が出産した場合において、前条の規定によりその子の父を定めることができないときは、裁判所が、これを定める。

（嫡出の否認）

第774条 第772条の場合において、夫は、子が嫡出であることを否認することができる。

（嫡出否認の訴え）

第775条 前条の規定による否認権は、子又は親権を行う母に対する嫡出否認の訴えによって行う。親権を行う母がないときは、家庭裁判所は、特別代理人を選任しなければならない。

（嫡出の承認）

第776条 夫は、子の出生後において、その嫡出であることを承認したときは、その否認権を失う。

（嫡出否認の訴えの出訴期間）

第777条 嫡出否認の訴えは、夫が子の出生を知った時から1年以内に提起しなければならない。

第778条 夫が成年被後見人であるときは、前条の期間は、後見開始の審判の取消しがあった後夫が子の出生を知った時から起算する。

（認知）

第779条 嫡出でない子は、その父又は母がこれを認知することができる。

（認知能力）

第780条 認知をするには、父又は母が未成年者又は成年被後見人であるときであっても、その法定代理人の同意を要しない。

（認知の方式）

第781条 認知は、戸籍法の定めるところにより届け出ることによってする。

2 認知は、遺言によっても、することができる。

（成年の子の認知）

第782条　成年の子は、その承諾がなければ、これを認知することができない。

（胎児又は死亡した子の認知）

第783条　父は、胎内に在る子でも、認知することができる。この場合においては、母の承諾を得なければならない。

2　父又は母は、死亡した子でも、その直系卑属があるときに限り、認知することができる。この場合において、その直系卑属が成年者であるときは、その承諾を得なければならない。

（認知の効力）

第784条　認知は、出生の時にさかのぼってその効力を生ずる。ただし、第三者が既に取得した権利を害することはできない。

（認知の取消しの禁止）

第785条　認知をした父又は母は、その認知を取り消すことができない。

（認知に対する反対の事実の主張）

第786条　子その他の利害関係人は、認知に対して反対の事実を主張することができる。

（認知の訴え）

第787条　子、その直系卑属又はこれらの者の法定代理人は、認知の訴えを提起することができる。ただし、父又は母の死亡の日から３年を経過したときは、この限りでない。

（認知後の子の監護に関する事項の定め等）

第788条　第766条の規定は、父が認知する場合について準用する。

（準正）

第789条　父が認知した子は、その父母の婚姻によって嫡出子の身分を取得する。

2　婚姻中父母が認知した子は、その認知の時から、嫡出子の身分を取得する。

3　前二項の規定は、子が既に死亡していた場合について準用する。

（子の氏）

第790条　嫡出である子は、父母の氏を称する。ただし、子の出生前に父母が離婚したときは、離婚の際における父母の氏を称する。

2　嫡出でない子は、母の氏を称する。

（子の氏の変更）

第791条　子が父又は母と氏を異にする場合には、子は、家庭裁判所の許可を得て、戸籍法の定めるところにより届け出ることによって、その父又は母の氏を称することができる。

2　父又は母が氏を改めたことにより子が父母と氏を異にする場合には、子は、父母の婚姻中に限り、前項の許可を得ないで、戸籍法の定めるところにより届け出ることによって、その父母の氏を称することができる。

3　子が15歳未満であるときは、その法定代理人が、これに代わって、前二項の行為をすることができる。

4　前三項の規定により氏を改めた未成年の子は、成年に達した時から１年以内に戸籍法の定めるところにより届け出ることによって、従前の氏に復することができる。

第２節　養子

第１款　縁組の要件

（養親となる者の年齢）

第792条　20歳に達した者は、養子をすることができる。

（尊属又は年長者を養子とすることの禁止）

第793条　尊属又は年長者は、これを養子とすることができない。

（後見人が被後見人を養子とする縁組）

第794条　後見人が被後見人（未成年被後見人及び成年被後見人をいう。以下同じ。）を養子とするには、家庭裁判所の許可を得なければならない。後見人の任務が終了した後、まだその管理の計算が終わらない間も、同様とする。

（配偶者のある者が未成年者を養子とする縁組）

第795条　配偶者のある者が未成年者を養子とするには、配偶者とともにしなければならない。ただし、配偶者の嫡出である子を養子とする場合又は配偶者がその意思を表示することができない場合は、この限りでない。

（配偶者のある者の縁組）

第796条　配偶者のある者が縁組をするには、その配偶者の同意を得なければならない。ただし、配偶者とともに縁組をする場合又は配偶者がその意思を表示することができない場合は、この限りでない。

（15歳未満の者を養子とする縁組）

第797条　養子となる者が15歳未満であるときは、その法定代理人が、これに代わって、縁組の承諾をすることができる。

2　法定代理人が前項の承諾をするには、養子となる者の父母でその監護をすべき者であるものが他にあるときは、その同意を得なければならない。養子となる者の父母で親権を停止されているものがあるときも、同様とする。

（未成年者を養子とする縁組）

第798条　未成年者を養子とするには、家庭裁判所の許可を得なければならない。ただし、自己又は配偶者の直系卑属を養子とする場合は、この限りでない。

（婚姻の規定の準用）
第799条　第738条及び第739条の規定は、縁組について準用する。

（縁組の届出の受理）
第800条　縁組の届出は、その縁組が第792条から前条までの規定その他の法令の規定に違反しないことを認めた後でなければ、受理することができない。

（外国に在る日本人間の縁組の方式）
第801条　外国に在る日本人間で縁組をしようとするときは、その国に駐在する日本の大使、公使又は領事にその届出をすることができる。この場合においては、第799条において準用する第739条の規定及び前条の規定を準用する。

第2款　縁組の無効及び取消し

（縁組の無効）
第802条　縁組は、次に掲げる場合に限り、無効とする。
　　一　人違いその他の事由によって当事者間に縁組をする意思がないとき。
　　二　当事者が縁組の届出をしないとき。ただし、その届出が第799条において準用する第739条第2項に定める方式を欠くだけであるときは、縁組は、そのためにその効力を妨げられない。

（縁組の取消し）
第803条　縁組は、次条から第808条までの規定によらなければ、取り消すことができない。

（養親が20歳未満の者である場合の縁組の取消し）
第804条　第792条の規定に違反した縁組は、養親又はその法定代理人から、その取消しを家庭裁判所に請求することができる。ただし、養親が、20歳に達した後6箇月を経過し、又は追認をしたときは、この限りでない。

（養子が尊属又は年長者である場合の縁組の取消し）
第805条　第793条の規定に違反した縁組は、各当事者又はその親族から、その取消しを家庭裁判所に請求することができる。

（後見人と被後見人との間の無許可縁組の取消し）
第806条　第794条の規定に違反した縁組は、養子又はその実方の親族から、その取消しを家庭裁判所に請求することができる。ただし、管理の計算が終わった後、養子が追認をし、又は6箇月を経過したときは、この限りでない。
2　前項ただし書の追認は、養子が、成年に達し、又は行為能力を回復した後にしなければ、その

効力を生じない。
3　養子が、成年に達せず、又は行為能力を回復しない間に、管理の計算が終わった場合には、第1項ただし書の期間は、養子が、成年に達し、又は行為能力を回復した時から起算する。

（配偶者の同意のない縁組等の取消し）
第806条の2　第796条の規定に違反した縁組は、縁組の同意をしていない者から、その取消しを家庭裁判所に請求することができる。ただし、その者が、縁組を知った後6箇月を経過し、又は追認をしたときは、この限りでない。
2　詐欺又は強迫によって第796条の同意をした者は、その縁組の取消しを家庭裁判所に請求することができる。ただし、その者が、詐欺を発見し、若しくは強迫を免れた後6箇月を経過し、又は追認をしたときは、この限りでない。

（子の監護をすべき者の同意のない縁組等の取消し）
第806条の3　第797条第2項の規定に違反した縁組は、縁組の同意をしていない者から、その取消しを家庭裁判所に請求することができる。ただし、その者が追認をしたとき、又は養子が15歳に達した後6箇月を経過し、若しくは追認をしたときは、この限りでない。
2　前条第2項の規定は、詐欺又は強迫によって第797条第2項の同意をした者について準用する。

（養子が未成年者である場合の無許可縁組の取消し）
第807条　第798条の規定に違反した縁組は、養子、その実方の親族又は養子に代わって縁組の承諾をした者から、その取消しを家庭裁判所に請求することができる。ただし、養子が、成年に達した後6箇月を経過し、又は追認をしたときは、この限りでない。

（婚姻の取消し等の規定の準用）
第808条　第747条及び第748条の規定は、縁組について準用する。この場合において、第747条第2項中「3箇月」とあるのは、「6箇月」と読み替えるものとする。
2　第769条及び第816条の規定は、縁組の取消しについて準用する。

第3款　縁組の効力

（嫡出子の身分の取得）
第809条　養子は、縁組の日から、養親の嫡出子の身分を取得する。

（養子の氏）
第810条　養子は、養親の氏を称する。ただし、

婚姻によって氏を改めた者については、婚姻の際に定めた氏を称すべき間は、この限りでない。

第4款　離縁

（協議上の離縁等）
第811条　縁組の当事者は、その協議で、離縁をすることができる。

2　養子が15歳未満であるときは、その離縁は、養親と養子の離縁後にその法定代理人となるべき者との協議でこれをする。

3　前項の場合において、養子の父母が離婚しているときは、その協議で、その一方を養子の離縁後にその親権者となるべき者と定めなければならない。

4　前項の協議が調わないとき、又は協議をすることができないときは、家庭裁判所は、同項の父若しくは母又は養親の請求によって、協議に代わる審判をすることができる。

5　第2項の法定代理人となるべき者がないときは、家庭裁判所は、養子の親族その他の利害関係人の請求によって、養子の離縁後にその未成年後見人となるべき者を選任する。

6　縁組の当事者の一方が死亡した後に生存当事者が離縁をしようとするときは、家庭裁判所の許可を得て、これをすることができる。

（夫婦である養親と未成年者との離縁）
第811条の2　養親が夫婦である場合において未成年者と離縁をするには、夫婦が共にしなければならない。ただし、夫婦の一方がその意思を表示することができないときは、この限りでない。

（婚姻の規定の準用）
第812条　第738条、第739条及び第747条の規定は、協議上の離縁について準用する。この場合において、同条第2項中「3箇月」とあるのは、「6箇月」と読み替えるものとする。

（離縁の届出の受理）
第813条　離縁の届出は、その離縁が前条において準用する第739条第2項の規定並びに第811条及び第811条の2の規定その他の法令の規定に違反しないことを認めた後でなければ、受理することができない。

2　離縁の届出が前項の規定に違反して受理されたときであっても、離縁は、そのためにその効力を妨げられない。

（裁判上の離縁）
第814条　縁組の当事者の一方は、次に掲げる場合に限り、離縁の訴えを提起することができる。
一　他の一方から悪意で遺棄されたとき。

二　他の一方の生死が3年以上明らかでないとき。
三　その他縁組を継続し難い重大な事由があるとき。

2　第770条第2項の規定は、前項第1号及び第2号に掲げる場合について準用する。

（養子が15歳未満である場合の離縁の訴えの当事者）
第815条　養子が15歳に達しない間は、第811条の規定により養親と離縁の協議をすることができる者から、又はこれに対して、離縁の訴えを提起することができる。

（離縁による復氏等）
第816条　養子は、離縁によって縁組前の氏に復する。ただし、配偶者とともに養子をした養親の一方のみと離縁をした場合は、この限りでない。

2　縁組の日から7年を経過した後に前項の規定により縁組前の氏に復した者は、離縁の日から3箇月以内に戸籍法の定めるところにより届け出ることによって、離縁の際に称していた氏を称することができる。

（離縁による復氏の際の権利の承継）
第817条　第769条の規定は、離縁について準用する。

第5款　特別養子

（特別養子縁組の成立）
第817条の2　家庭裁判所は、次条から第817条の7までに定める要件があるときは、養親となる者の請求により、実方の血族との親族関係が終了する縁組（以下この款において「特別養子縁組」という。）を成立させることができる。

2　前項に規定する請求をするには、第794条又は第798条の許可を得ることを要しない。

（養親の夫婦共同縁組）
第817条の3　養親となる者は、配偶者のある者でなければならない。

2　夫婦の一方は、他の一方が養親とならないときは、養親となることができない。ただし、夫婦の一方が他の一方の嫡出である子（特別養子縁組以外の縁組による養子を除く。）の養親となる場合は、この限りでない。

（養親となる者の年齢）
第817条の4　25歳に達しない者は、養親となることができない。ただし、養親となる夫婦の一方が25歳に達していない場合においても、その者が20歳に達しているときは、この限りでない。

（養子となる者の年齢）

第817条の5　第817条の2に規定する請求の時に15歳に達している者は、養子となることができない。特別養子縁組が成立するまでに18歳に達した者についても、同様とする。

2　前項前段の規定は、養子となる者が15歳に達する前から引き続き養親となる者に監護されている場合において、15歳に達するまでに第817条の2に規定する請求がされなかったことについてやむを得ない事由があるときは、適用しない。

3　養子となる者が15歳に達している場合においては、特別養子縁組の成立には、その者の同意がなければならない。

（父母の同意）

第817条の6　特別養子縁組の成立には、養子となる者の父母の同意がなければならない。ただし、父母がその意思を表示することができない場合又は父母による虐待、悪意の遺棄その他養子となる者の利益を著しく害する事由がある場合は、この限りでない。

（子の利益のための特別の必要性）

第817条の7　特別養子縁組は、父母による養子となる者の監護が著しく困難又は不適当であることその他特別の事情がある場合において、子の利益のため特に必要があると認めるときに、これを成立させるものとする。

（監護の状況）

第817条の8　特別養子縁組を成立させるには、養親となる者が養子となる者を6箇月以上の期間監護した状況を考慮しなければならない。

2　前項の期間は、第817条の2に規定する請求の時から起算する。ただし、その請求前の監護の状況が明らかであるときは、この限りでない。

（実方との親族関係の終了）

第817条の9　養子と実方の父母及びその血族との親族関係は、特別養子縁組によって終了する。ただし、第817条の3第2項ただし書に規定する他の一方及びその血族との親族関係については、この限りでない。

（特別養子縁組の離縁）

第817条の10　次の各号のいずれにも該当する場合において、養子の利益のため特に必要があると認めるときは、家庭裁判所は、養子、実父母又は検察官の請求により、特別養子縁組の当事者を離縁させることができる。

一　養親による虐待、悪意の遺棄その他養子の利益を著しく害する事由があること。

二　実父母が相当の監護をすることができること。

2　離縁は、前項の規定による場合のほか、これをすることができない。

（離縁による実方との親族関係の回復）

第817条の11　養子と実父母及びその血族との間においては、離縁の日から、特別養子縁組によって終了した親族関係と同一の親族関係を生ずる。

第4章　親権

第1節　総則

（親権者）

第818条　成年に達しない子は、父母の親権に服する。

2　子が養子であるときは、養親の親権に服する。

3　親権は、父母の婚姻中は、父母が共同して行う。ただし、父母の一方が親権を行うことができないときは、他の一方が行う。

（離婚又は認知の場合の親権者）

第819条　父母が協議上の離婚をするときは、その協議で、その一方を親権者と定めなければならない。

2　裁判上の離婚の場合には、裁判所は、父母の一方を親権者と定める。

3　子の出生前に父母が離婚した場合には、親権は、母が行う。ただし、子の出生後に、父母の協議で、父を親権者と定めることができる。

4　父が認知した子に対する親権は、父母の協議で父を親権者と定めたときに限り、父が行う。

5　第1項、第3項又は前項の協議が調わないとき、又は協議をすることができないときは、家庭裁判所は、父又は母の請求によって、協議に代わる審判をすることができる。

6　子の利益のため必要があると認めるときは、家庭裁判所は、子の親族の請求によって、親権者を他の一方に変更することができる。

第2節　親権の効力

（監護及び教育の権利義務）

第820条　親権を行う者は、子の利益のために子の監護及び教育をする権利を有し、義務を負う。

（居所の指定）

第821条　子は、親権を行う者が指定した場所に、その居所を定めなければならない。

（懲戒）

第822条　親権を行う者は、第820条の規定による監護及び教育に必要な範囲内でその子を懲戒することができる。

（職業の許可）

第823条　子は、親権を行う者の許可を得なけ

れば、職業を営むことができない。

2　親権を行う者は、第6条第2項の場合には、前項の許可を取り消し、又はこれを制限することができる。

（財産の管理及び代表）

第824条　親権を行う者は、子の財産を管理し、かつ、その財産に関する法律行為についてその子を代表する。ただし、その子の行為を目的とする債務を生ずべき場合には、本人の同意を得なければならない。

（父母の一方が共同の名義でした行為の効力）

第825条　父母が共同して親権を行う場合において、父母の一方が、共同の名義で、子に代わって法律行為をし又は子がこれをすることに同意したときは、その行為は、他の一方の意思に反したときであっても、そのためにその効力を妨げられない。ただし、相手方が悪意であったときは、この限りでない。

（利益相反行為）

第826条　親権を行う父又は母とその子との利益が相反する行為については、親権を行う者は、その子のために特別代理人を選任することを家庭裁判所に請求しなければならない。

2　親権を行う者が数人の子に対して親権を行う場合において、その1人と他の子との利益が相反する行為については、親権を行う者は、その一方のために特別代理人を選任することを家庭裁判所に請求しなければならない。

（財産の管理における注意義務）

第827条　親権を行う者は、自己のためにするのと同一の注意をもって、その管理権を行わなければならない。

（財産の管理の計算）

第828条　子が成年に達したときは、親権を行った者は、遅滞なくその管理の計算をしなければならない。ただし、その子の養育及び財産の管理の費用は、その子の財産の収益と相殺したものとみなす。

第829条　前条ただし書の規定は、無償で子に財産を与える第三者が反対の意思を表示したときは、その財産については、これを適用しない。

（第三者が無償で子に与えた財産の管理）

第830条　無償で子に財産を与える第三者が、親権を行う父又は母にこれを管理させない意思を表示したときは、その財産は、父又は母の管理に属しないものとする。

2　前項の財産につき父母が共に管理権を有しない場合において、第三者が管理者を指定しなかったときは、家庭裁判所は、子、その親族又は検察官の請求によって、その管理者を選任する。

3　第三者が管理者を指定したときであっても、その管理者の権限が消滅し、又はこれを改任する必要がある場合において、第三者が更に管理者を指定しないときも、前項と同様とする。

4　第27条から第29条までの規定は、前二項の場合について準用する。

（委任の規定の準用）

第831条　第654条及び第655条の規定は、親権を行う者が子の財産を管理する場合及び前条の場合について準用する。

（財産の管理について生じた親子間の債権の消滅時効）

第832条　親権を行った者とその子との間に財産の管理について生じた債権は、その管理権が消滅した時から5年間これを行使しないときは、時効によって消滅する。

2　子がまだ成年に達しない間に管理権が消滅した場合において子に法定代理人がないときは、前項の期間は、その子が成年に達し、又は後任の法定代理人が就職した時から起算する。

（子に代わる親権の行使）

第833条　親権を行う者は、その親権に服する子に代わって親権を行う。

第3節　親権の喪失

（親権喪失の審判）

第834条　父又は母による虐待又は悪意の遺棄があるときその他父又は母による親権の行使が著しく困難又は不適当であることにより子の利益を著しく害するときは、家庭裁判所は、子、その親族、未成年後見人、未成年後見監督人又は検察官の請求により、その父又は母について、親権喪失の審判をすることができる。ただし、2年以内にその原因が消滅する見込みがあるときは、この限りでない。

（親権停止の審判）

第834条の2　父又は母による親権の行使が困難又は不適当であることにより子の利益を害するときは、家庭裁判所は、子、その親族、未成年後見人、未成年後見監督人又は検察官の請求により、その父又は母について、親権停止の審判をすることができる。

2　家庭裁判所は、親権停止の審判をするときは、その原因が消滅するまでに要すると見込まれる期間、子の心身の状態及び生活の状況その他一切の事情を考慮して、2年を超えない範囲内で、親権を停止する期間を定める。

（管理権喪失の審判）

第835条　父又は母による管理権の行使が困難

又は不適当であることにより子の利益を害する
ときは、家庭裁判所は、子、その親族、未成年
後見人、未成年後見監督人又は検察官の請求
により、その父又は母について、管理権喪失の
審判をすることができる。

（親権喪失、親権停止又は管理権喪失の審判の取消し）

第836条　第834条本文、第834条の２第１項又
は前条に規定する原因が消滅したときは、家庭
裁判所は、本人又はその親族の請求によって、
それぞれ親権喪失、親権停止又は管理権喪失の
審判を取り消すことができる。

（親権又は管理権の辞任及び回復）

第837条　親権を行う父又は母は、やむを得な
い事由があるときは、家庭裁判所の許可を得て、
親権又は管理権を辞することができる。

２　前項の事由が消滅したときは、父又は母は、
家庭裁判所の許可を得て、親権又は管理権を回
復することができる。

第5章　後見

第1節　後見の開始

第838条　後見は、次に掲げる場合に開始する。

一　未成年者に対して親権を行う者がないと
き、又は親権を行う者が管理権を有しないと
き。

二　後見開始の審判があったとき。

第2節　後見の機関

第1款　後見人

（未成年後見人の指定）

第839条　未成年者に対して最後に親権を行う
者は、遺言で、未成年後見人を指定することが
できる。ただし、管理権を有しない者は、この
限りでない。

２　親権を行う父母の一方が管理権を有しないと
きは、他の一方は、前項の規定により未成年後
見人の指定をすることができる。

（未成年後見人の選任）

第840条　前条の規定により未成年後見人とな
るべき者がないときは、家庭裁判所は、未成年
被後見人又はその親族その他の利害関係人の請
求によって、未成年後見人を選任する。未成年
後見人が欠けたときも、同様とする。

２　未成年後見人がある場合においても、家庭裁
判所は、必要があると認めるときは、前項に規

定する者若しくは未成年後見人の請求により又
は職権で、更に未成年後見人を選任することが
できる。

３　未成年後見人を選任するには、未成年被後見
人の年齢、心身の状態並びに生活及び財産の状
況、未成年後見人となる者の職業及び経歴並び
に未成年被後見人との利害関係の有無（未成年
後見人となる者が法人であるときは、その事業の
種類及び内容並びにその法人及びその代表者と
未成年被後見人との利害関係の有無）、未成年被
後見人の意見その他一切の事情を考慮しなけれ
ばならない。

（父母による未成年後見人の選任の請求）

第841条　父若しくは母が親権若しくは管理権を
辞し、又は父若しくは母について親権喪失、親
権停止若しくは管理権喪失の審判があったこと
によって未成年後見人を選任する必要が生じた
ときは、その父又は母は、遅滞なく未成年後見
人の選任を家庭裁判所に請求しなければならな
い。

第842条　削除

（成年後見人の選任）

第843条　家庭裁判所は、後見開始の審判をす
るときは、職権で、成年後見人を選任する。

２　成年後見人が欠けたときは、家庭裁判所は、
成年被後見人若しくはその親族その他の利害関
係人の請求により又は職権で、成年後見人を選
任する。

３　成年後見人が選任されている場合において
も、家庭裁判所は、必要があると認めるときは、
前項に規定する者若しくは成年後見人の請求に
より又は職権で、更に成年後見人を選任するこ
とができる。

４　成年後見人を選任するには、成年被後見人の
心身の状態並びに生活及び財産の状況、成年後
見人となる者の職業及び経歴並びに成年被後見
人との利害関係の有無（成年後見人となる者が
法人であるときは、その事業の種類及び内容並
びにその法人及びその代表者と成年被後見人と
の利害関係の有無）、成年被後見人の意見その
他一切の事情を考慮しなければならない。

（後見人の辞任）

第844条　後見人は、正当な事由があるときは、
家庭裁判所の許可を得て、その任務を辞するこ
とができる。

（辞任した後見人による新たな後見人の選任の請求）

第845条　後見人がその任務を辞したことによ
って新たに後見人を選任する必要が生じたとき
は、その後見人は、遅滞なく新たな後見人の選

82

任を家庭裁判所に請求しなければならない。

（後見人の解任）

第846条　後見人に不正な行為、著しい不行跡その他後見の任務に適しない事由があるときは、家庭裁判所は、後見監督人、被後見人若しくはその親族若しくは検察官の請求により又は職権で、これを解任することができる。

（後見人の欠格事由）

第847条　次に掲げる者は、後見人となることができない。

　一　未成年者

　二　家庭裁判所で免ぜられた法定代理人、保佐人又は補助人

　三　破産者

　四　被後見人に対して訴訟をし、又はした者並びにその配偶者及び直系血族

　五　行方の知れない者

第2款　後見監督人

（未成年後見監督人の指定）

第848条　未成年後見人を指定することができる者は、遺言で、未成年後見監督人を指定することができる。

（後見監督人の選任）

第849条　家庭裁判所は、必要があると認めるときは、被後見人、その親族若しくは後見人の請求により又は職権で、後見監督人を選任することができる。

（後見監督人の欠格事由）

第850条　後見人の配偶者、直系血族及び兄弟姉妹は、後見監督人となることができない。

（後見監督人の職務）

第851条　後見監督人の職務は、次のとおりとする。

　一　後見人の事務を監督すること。

　二　後見人が欠けた場合に、遅滞なくその選任を家庭裁判所に請求すること。

　三　急迫の事情がある場合に、必要な処分をすること。

　四　後見人又はその代表する者と被後見人との利益が相反する行為について被後見人を代表すること。

（委任及び後見人の規定の準用）

第852条　第644条、第654条、第655条、第844条、第846条、第847条、第861条第2項及び第862条の規定は後見監督人について、第840条第3項及び第857条の2の規定は未成年後見監督人について、第843条第4項、第859条の2及び第859条の3の規定は成年後見監督人について準用する。

第3節　後見の事務

（財産の調査及び目録の作成）

第853条　後見人は、遅滞なく被後見人の財産の調査に着手し、1箇月以内に、その調査を終わり、かつ、その目録を作成しなければならない。ただし、この期間は、家庭裁判所において伸長することができる。

2　財産の調査及びその目録の作成は、後見監督人があるときは、その立会いをもってしなければ、その効力を生じない。

（財産の目録の作成前の権限）

第854条　後見人は、財産の目録の作成を終わるまでは、急迫の必要がある行為のみをする権限を有する。ただし、これをもって善意の第三者に対抗することができない。

（後見人の被後見人に対する債権又は債務の申出義務）

第855条　後見人が、被後見人に対し、債権を有し、又は債務を負う場合において、後見監督人があるときは、財産の調査に着手する前に、これを後見監督人に申し出なければならない。

2　後見人が、被後見人に対し債権を有することを知ってこれを申し出ないときは、その債権を失う。

（被後見人が包括財産を取得した場合についての準用）

第856条　前三条の規定は、後見人が就職した後被後見人が包括財産を取得した場合について準用する。

（未成年被後見人の身上の監護に関する権利義務）

第857条　未成年後見人は、第820条から第823条までに規定する事項について、親権を行う者と同一の権利義務を有する。ただし、親権を行う者が定めた教育の方法及び居所を変更し、営業を許可し、その許可を取り消し、又はこれを制限するには、未成年後見監督人があるときは、その同意を得なければならない。

（未成年後見人が数人ある場合の権限の行使等）

第857条の2　未成年後見人が数人あるときは、共同してその権限を行使する。

2　未成年後見人が数人あるときは、家庭裁判所は、職権で、その一部の者について、財産に関する権限のみを行使すべきことを定めることができる。

3　未成年後見人が数人あるときは、家庭裁判所は、職権で、財産に関する権限について、各未成年後見人が単独で又は数人の未成年後見人が事務を分掌して、その権限を行使すべきこと

を定めることができる。

4 家庭裁判所は、職権で、前二項の規定による定めを取り消すことができる。

5 未成年後見人が数人あるときは、第三者の意思表示は、その1人に対してすれば足りる。

（成年被後見人の意思の尊重及び身上の配慮）

第858条 成年後見人は、成年被後見人の生活、療養看護及び財産の管理に関する事務を行うに当たっては、成年被後見人の意思を尊重し、かつ、その心身の状態及び生活の状況に配慮しなければならない。

（財産の管理及び代表）

第859条 後見人は、被後見人の財産を管理し、かつ、その財産に関する法律行為について被後見人を代表する。

2 第824条ただし書の規定は、前項の場合について準用する。

（成年後見人が数人ある場合の権限の行使等）

第859条の2 成年後見人が数人あるときは、家庭裁判所は、職権で、数人の成年後見人が、共同して又は事務を分掌して、その権限を行使すべきことを定めることができる。

2 家庭裁判所は、職権で、前項の規定による定めを取り消すことができる。

3 成年後見人が数人あるときは、第三者の意思表示は、その1人に対してすれば足りる。

（成年被後見人の居住用不動産の処分についての許可）

第859条の3 成年後見人は、成年被後見人に代わって、その居住の用に供する建物又はその敷地について、売却、賃貸、賃貸借の解除又は抵当権の設定その他これらに準ずる処分をするには、家庭裁判所の許可を得なければならない。

（利益相反行為）

第860条 第826条の規定は、後見人について準用する。ただし、後見監督人がある場合は、この限りでない。

（成年後見人による郵便物等の管理）

第860条の2 家庭裁判所は、成年後見人がその事務を行うに当たって必要があると認めるときは、成年後見人の請求により、信書の送達の事業を行う者に対し、期間を定めて、成年被後見人に宛てた郵便物又は民間事業者による信書の送達に関する法律（平成14年法律第99号）第2条第3項に規定する信書便物（次条において「郵便物等」という。）を成年後見人に配達すべき旨を嘱託することができる。

2 前項に規定する嘱託の期間は、6箇月を超えることができない。

3 家庭裁判所は、第1項の規定による審判があ

った後事情に変更を生じたときは、成年被後見人、成年後見人若しくは成年後見監督人の請求により又は職権で、同項に規定する嘱託を取り消し、又は変更することができる。ただし、その変更の審判においては、同項の規定による審判において定められた期間を伸長することができない。

4 成年後見人の任務が終了したときは、家庭裁判所は、第1項に規定する嘱託を取り消さなければならない。

第860条の3 成年後見人は、成年被後見人に宛てた郵便物等を受け取ったときは、これを開いて見ることができる。

2 成年後見人は、その受け取った前項の郵便物等で成年被後見人の事務に関しないものは、速やかに成年被後見人に交付しなければならない。

3 成年被後見人は、成年後見人に対し、成年後見人が受け取った第1項の郵便物等（前項の規定により成年被後見人に交付されたものを除く。）の閲覧を求めることができる。

（支出金額の予定及び後見の事務の費用）

第861条 後見人は、その就職の初めにおいて、被後見人の生活、教育又は療養看護及び財産の管理のために毎年支出すべき金額を予定しなければならない。

2 後見人が後見の事務を行うために必要な費用は、被後見人の財産の中から支弁する。

（後見人の報酬）

第862条 家庭裁判所は、後見人及び被後見人の資力その他の事情によって、被後見人の財産の中から、相当な報酬を後見人に与えることができる。

（後見の事務の監督）

第863条 後見監督人又は家庭裁判所は、いつでも、後見人に対し後見の事務の報告若しくは財産の目録の提出を求め、又は後見の事務若しくは被後見人の財産の状況を調査することができる。

2 家庭裁判所は、後見監督人、被後見人若しくはその親族その他の利害関係人の請求により又は職権で、被後見人の財産の管理その他後見の事務について必要な処分を命ずることができる。

（後見監督人の同意を要する行為）

第864条 後見人が、被後見人に代わって営業若しくは第13条第1項各号に掲げる行為をし、又は未成年被後見人がこれをすることに同意するには、後見監督人があるときは、その同意を得なければならない。ただし、同項第1号に掲げる元本の領収については、この限りでない。

第865条 後見人が、前条の規定に違反してし

又は同意を与えた行為は、被後見人又は後見人が取り消すことができる。この場合においては、第20条の規定を準用する。

2 前項の規定は、第121条から第126条までの規定の適用を妨げない。

（被後見人の財産等の譲受けの取消し）

第866条 後見人が被後見人の財産又は被後見人に対する第三者の権利を譲り受けたときは、被後見人は、これを取り消すことができる。この場合においては、第20条の規定を準用する。

2 前項の規定は、第121条から第126条までの規定の適用を妨げない。

（未成年被後見人に代わる親権の行使）

第867条 未成年後見人は、未成年被後見人に代わって親権を行う。

2 第853条から第857条まで及び第861条から前条までの規定は、前項の場合について準用する。

（財産に関する権限のみを有する未成年後見人）

第868条 親権を行う者が管理権を有しない場合には、未成年後見人は、財産に関する権限のみを有する。

（委任及び親権の規定の準用）

第869条 第644条及び第830条の規定は、後見について準用する。

第4節 後見の終了

（後見の計算）

第870条 後見人の任務が終了したときは、後見人又はその相続人は、2箇月以内にその管理の計算（以下「後見の計算」という。）をしなければならない。ただし、この期間は、家庭裁判所において伸長することができる。

第871条 後見の計算は、後見監督人があるときは、その立会いをもってしなければならない。

（未成年被後見人と未成年後見人等との間の契約等の取消し）

第872条 未成年被後見人が成年に達した後後見の計算の終了前に、その者と未成年後見人又はその相続人との間でした契約は、その者が取り消すことができる。その者が未成年後見人又はその相続人に対してした単独行為も、同様とする。

2 第20条及び第121条から第126条までの規定は、前項の場合について準用する。

（返還金に対する利息の支払等）

第873条 後見人が被後見人に返還すべき金額及び被後見人が後見人に返還すべき金額には、後見の計算が終了した時から、利息を付さなければならない。

2 後見人は、自己のために被後見人の金銭を消費したときは、その消費の時から、これに利息を付さなければならない。この場合において、なお損害があるときは、その賠償の責任を負う。

（成年被後見人の死亡後の成年後見人の権限）

第873条の2 成年後見人は、成年被後見人が死亡した場合において、必要があるときは、成年被後見人の相続人の意思に反することが明らかなときを除き、相続人が相続財産を管理することができるに至るまで、次に掲げる行為をすることができる。ただし、第3号に掲げる行為をするには、家庭裁判所の許可を得なければならない。

一 相続財産に属する特定の財産の保存に必要な行為

二 相続財産に属する債務（弁済期が到来しているものに限る。）の弁済

三 その死体の火葬又は埋葬に関する契約の締結その他相続財産の保存に必要な行為（前二号に掲げる行為を除く。）

（委任の規定の準用）

第874条 第654条及び第655条の規定は、後見について準用する。

（後見に関して生じた債権の消滅時効）

第875条 第832条の規定は、後見人又は後見監督人と被後見人との間において後見に関して生じた債権の消滅時効について準用する。

2 前項の消滅時効は、第872条の規定により法律行為を取り消した場合には、その取消しの時から起算する。

第6章 保佐及び補助

第1節 保佐

（保佐の開始）

第876条 保佐は、保佐開始の審判によって開始する。

（保佐人及び臨時保佐人の選任等）

第876条の2 家庭裁判所は、保佐開始の審判をするときは、職権で、保佐人を選任する。

2 第843条第2項から第4項まで及び第844条から第847条までの規定は、保佐人について準用する。

3 保佐人又はその代表する者と被保佐人との利益が相反する行為については、保佐人は、臨時保佐人の選任を家庭裁判所に請求しなければならない。ただし、保佐監督人がある場合は、この限りでない。

（保佐監督人）

第876条の3　家庭裁判所は、必要があると認めるときは、被保佐人、その親族若しくは保佐人の請求により又は職権で、保佐監督人を選任することができる。

2　第644条、第654条、第655条、第843条第4項、第844条、第846条、第847条、第850条、第851条、第859条の2、第859条の3、第861条第2項及び第862条の規定は、保佐監督人について準用する。この場合において、第851条第4号中「被後見人を代表する」とあるのは、「被保佐人を代表し、又は被保佐人がこれをすることに同意する」と読み替えるものとする。

（保佐人に代理権を付与する旨の審判）

第876条の4　家庭裁判所は、第11条本文に規定する者又は保佐人若しくは保佐監督人の請求によって、被保佐人のために特定の法律行為について保佐人に代理権を付与する旨の審判をすることができる。

2　本人以外の者の請求によって前項の審判をするには、本人の同意がなければならない。

3　家庭裁判所は、第1項に規定する者の請求によって、同項の審判の全部又は一部を取り消すことができる。

（保佐の事務及び保佐人の任務の終了等）

第876条の5　保佐人は、保佐の事務を行うに当たっては、被保佐人の意思を尊重し、かつ、その心身の状態及び生活の状況に配慮しなければならない。

2　第644条、第859条の2、第859条の3、第861条第2項、第862条及び第863条の規定は保佐の事務について、第824条ただし書の規定は保佐人が前条第1項の代理権を付与する旨の審判に基づき被保佐人を代表する場合について準用する。

3　第654条、第655条、第870条、第871条及び第873条の規定は保佐人の任務が終了した場合について、第832条の規定は保佐人又は保佐監督人と被保佐人との間において保佐に関して生じた債権について準用する。

第2節　補助

（補助の開始）

第876条の6　補助は、補助開始の審判によって開始する。

（補助人及び臨時補助人の選任等）

第876条の7　家庭裁判所は、補助開始の審判をするときは、職権で、補助人を選任する。

2　第843条第2項から第4項まで及び第844条から第847条までの規定は、補助人について準用

する。

3　補助人又はその代表する者と被補助人との利益が相反する行為については、補助人は、臨時補助人の選任を家庭裁判所に請求しなければならない。ただし、補助監督人がある場合は、この限りでない。

（補助監督人）

第876条の8　家庭裁判所は、必要があると認めるときは、被補助人、その親族若しくは補助人の請求により又は職権で、補助監督人を選任することができる。

2　第644条、第654条、第655条、第843条第4項、第844条、第846条、第847条、第850条、第851条、第859条の2、第859条の3、第861条第2項及び第862条の規定は、補助監督人について準用する。この場合において、第851条第4号中「被後見人を代表する」とあるのは、「被補助人を代表し、又は被補助人がこれをすることに同意する」と読み替えるものとする。

（補助人に代理権を付与する旨の審判）

第876条の9　家庭裁判所は、第15条第1項本文に規定する者又は補助人若しくは補助監督人の請求によって、被補助人のために特定の法律行為について補助人に代理権を付与する旨の審判をすることができる。

2　第876条の4第2項及び第3項の規定は、前項の審判について準用する。

（補助の事務及び補助人の任務の終了等）

第876条の10　第644条、第859条の2、第859条の3、第861条第2項、第862条、第863条及び第876条の5第1項の規定は補助の事務について、第824条ただし書の規定は補助人が前条第1項の代理権を付与する旨の審判に基づき被補助人を代表する場合について準用する。

2　第654条、第655条、第870条、第871条及び第873条の規定は補助人の任務が終了した場合について、第832条の規定は補助人又は補助監督人と被補助人との間において補助に関して生じた債権について準用する。

第7章　扶養

（扶養義務者）

第877条　直系血族及び兄弟姉妹は、互いに扶養をする義務がある。

2　家庭裁判所は、特別の事情があるときは、前項に規定する場合のほか、3親等内の親族間においても扶養の義務を負わせることができる。

3　前項の規定による審判があった後事情に変更を生じたときは、家庭裁判所は、その審判を取

り消すことができる。

（扶養の順位）

第878条　扶養をする義務のある者が数人ある
場合において、扶養をすべき者の順序について、
当事者間に協議が調わないとき、又は協議をす
ることができないときは、家庭裁判所が、これ
を定める。扶養を受ける権利のある者が数人あ
る場合において、扶養義務者の資力がその全員
を扶養するのに足りないときの扶養を受けるべ
き者の順序についても、同様とする。

（扶養の程度又は方法）

第879条　扶養の程度又は方法について、当事
者間に協議が調わないとき、又は協議をするこ
とができないときは、扶養権利者の需要、扶養
義務者の資力その他一切の事情を考慮して、家
庭裁判所が、これを定める。

（扶養に関する協議又は審判の変更又は取消し）

第880条　扶養をすべき者若しくは扶養を受け
るべき者の順序又は扶養の程度若しくは方法に
ついて協議又は審判があった後事情に変更を生
じたときは、家庭裁判所は、その協議又は審判
の変更又は取消しをすることができる。

（扶養請求権の処分の禁止）

第881条　扶養を受ける権利は、処分すること
ができない。

第5編　相続

第1章　総則

（相続開始の原因）

第882条　相続は、死亡によって開始する。

（相続開始の場所）

第883条　相続は、被相続人の住所において開始
する。

（相続回復請求権）

第884条　相続回復の請求権は、相続人又はそ
の法定代理人が相続権を侵害された事実を知っ
た時から5年間行使しないときは、時効によっ
て消滅する。相続開始の時から20年を経過した
ときも、同様とする。

（相続財産に関する費用）

第885条　相続財産に関する費用は、その財産
の中から支弁する。ただし、相続人の過失によ
るものは、この限りでない。

第2章　相続人

（相続に関する胎児の権利能力）

第886条　胎児は、相続については、既に生ま

れたものとみなす。

2　前項の規定は、胎児が死体で生まれたときは、
適用しない。

（子及びその代襲者等の相続権）

第887条　被相続人の子は、相続人となる。

2　被相続人の子が、相続の開始以前に死亡した
とき、又は第891条の規定に該当し、若しくは廃
除によって、その相続権を失ったときは、その者
の子がこれを代襲して相続人となる。ただし、被
相続人の直系卑属でない者は、この限りでない。

3　前項の規定は、代襲者が、相続の開始以前に
死亡し、又は第891条の規定に該当し、若しくは
廃除によって、その代襲相続権を失った場合に
ついて準用する。

第888条　削除

（直系尊属及び兄弟姉妹の相続権）

第889条　次に掲げる者は、第887条の規定によ
り相続人となるべき者がない場合には、次に掲
げる順序の順位に従って相続人となる。

一　被相続人の直系尊属。ただし、親等の異な
る者の間では、その近い者を先にする。

二　被相続人の兄弟姉妹

2　第887条第2項の規定は、前項第2号の場合
について準用する。

（配偶者の相続権）

第890条　被相続人の配偶者は、常に相続人と
なる。この場合において、第887条又は前条の
規定により相続人となるべき者があるときは、
その者と同順位とする。

（相続人の欠格事由）

第891条　次に掲げる者は、相続人となること
ができない。

一　故意に被相続人又は相続について先順位
若しくは同順位にある者を死亡するに至らせ、
又は至らせようとしたために、刑に処せられ
た者

二　被相続人の殺害されたことを知って、これ
を告発せず、又は告訴しなかった者。ただし、
その者に是非の弁別がないとき、又は殺害者
が自己の配偶者若しくは直系血族であったと
きは、この限りでない。

三　詐欺又は強迫によって、被相続人が相続に
関する遺言をし、撤回し、取り消し、又は変
更することを妨げた者

四　詐欺又は強迫によって、被相続人に相続に
関する遺言をさせ、撤回させ、取り消させ、
又は変更させた者

五　相続に関する被相続人の遺言書を偽造し、
変造し、破棄し、又は隠匿した者

（推定相続人の廃除）

第892条　遺留分を有する推定相続人（相続が開始した場合に相続人となるべき者をいう。以下同じ。）が、被相続人に対して虐待をし、若しくはこれに重大な侮辱を加えたとき、又は推定相続人にその他の著しい非行があったときは、被相続人は、その推定相続人の廃除を家庭裁判所に請求することができる。

（遺言による推定相続人の廃除）
第893条　被相続人が遺言で推定相続人を廃除する意思を表示したときは、遺言執行者は、その遺言が効力を生じた後、遅滞なく、その推定相続人の廃除を家庭裁判所に請求しなければならない。この場合において、その推定相続人の廃除は、被相続人の死亡の時にさかのぼってその効力を生ずる。

（推定相続人の廃除の取消し）
第894条　被相続人は、いつでも、推定相続人の廃除の取消しを家庭裁判所に請求することができる。
2　前条の規定は、推定相続人の廃除の取消しについて準用する。

（推定相続人の廃除に関する審判確定前の遺産の管理）
第895条　推定相続人の廃除又はその取消しの請求があった後その審判が確定する前に相続が開始したときは、家庭裁判所は、親族、利害関係人又は検察官の請求によって、遺産の管理について必要な処分を命ずることができる。推定相続人の廃除の遺言があったときも、同様とする。
2　第27条から第29条までの規定は、前項の規定により家庭裁判所が遺産の管理人を選任した場合について準用する。

第3章　相続の効力

第1節　総則

（相続の一般的効力）
第896条　相続人は、相続開始の時から、被相続人の財産に属した一切の権利義務を承継する。ただし、被相続人の一身に専属したものは、この限りでない。

（祭祀に関する権利の承継）
第897条　系譜、祭具及び墳墓の所有権は、前条の規定にかかわらず、慣習に従って祖先の祭祀を主宰すべき者が承継する。ただし、被相続人の指定に従って祖先の祭祀を主宰すべき者があるときは、その者が承継する。
2　前項本文の場合において慣習が明らかでない

ときは、同項の権利を承継すべき者は、家庭裁判所が定める。

（共同相続の効力）
第898条　相続人が数人あるときは、相続財産は、その共有に属する。
第899条　各共同相続人は、その相続分に応じて被相続人の権利義務を承継する。

（共同相続における権利の承継の対抗要件）
第899条の2　相続による権利の承継は、遺産の分割によるものかどうかにかかわらず、次条及び第901条の規定により算定した相続分を超える部分については、登記、登録その他の対抗要件を備えなければ、第三者に対抗することができない。
2　前項の権利が債権である場合において、次条及び第901条の規定により算定した相続分を超えて当該債権を承継した共同相続人が当該債権に係る遺言の内容（遺産の分割により当該債権を承継した場合にあっては、当該債権に係る遺産の分割の内容）を明らかにして債務者にその承継の通知をしたときは、共同相続人の全員が債務者に通知をしたものとみなして、同項の規定を適用する。

第2節　相続分

（法定相続分）
第900条　同順位の相続人が数人あるときは、その相続分は、次の各号の定めるところによる。
　一　子及び配偶者が相続人であるときは、子の相続分及び配偶者の相続分は、各2分の1とする。
　二　配偶者及び直系尊属が相続人であるときは、配偶者の相続分は、3分の2とし、直系尊属の相続分は、3分の1とする。
　三　配偶者及び兄弟姉妹が相続人であるときは、配偶者の相続分は、4分の3とし、兄弟姉妹の相続分は、4分の1とする。
　四　子、直系尊属又は兄弟姉妹が数人あるときは、各自の相続分は、相等しいものとする。ただし、父母の一方のみを同じくする兄弟姉妹の相続分は、父母の双方を同じくする兄弟姉妹の相続分の2分の1とする。

（代襲相続人の相続分）
第901条　第887条第2項又は第3項の規定により相続人となる直系卑属の相続分は、その直系尊属が受けるべきであったものと同じとする。ただし、直系卑属が数人あるときは、その各自の直系尊属が受けるべきであった部分について、前条の規定に従ってその相続分を定める。

2 前項の規定は、第889条第2項の規定により兄弟姉妹の子が相続人となる場合について準用する。

（遺言による相続分の指定）
第902条 被相続人は、前二条の規定にかかわらず、遺言で、共同相続人の相続分を定め、又はこれを定めることを第三者に委託することができる。
2 被相続人が、共同相続人中の1人若しくは数人の相続分のみを定め、又はこれを第三者に定めさせたときは、他の共同相続人の相続分は、前二条の規定により定める。

（相続分の指定がある場合の債権者の権利の行使）
第902条の2 被相続人が相続開始の時において有した債務の債権者は、前条の規定による相続分の指定がされた場合であっても、各共同相続人に対し、第900条及び第901条の規定により算定した相続分に応じてその権利を行使することができる。ただし、その債権者が共同相続人の1人に対してその指定された相続分に応じた債務の承継を承認したときは、この限りでない。

（特別受益者の相続分）
第903条 共同相続人中に、被相続人から、遺贈を受け、又は婚姻若しくは養子縁組のため若しくは生計の資本として贈与を受けた者があるときは、被相続人が相続開始の時において有した財産の価額にその贈与の価額を加えたものを相続財産とみなし、第900条から第902条までの規定により算定した相続分の中からその遺贈又は贈与の価額を控除した残額をもってその者の相続分とする。
2 遺贈又は贈与の価額が、相続分の価額に等しく、又はこれを超えるときは、受遺者又は受贈者は、その相続分を受けることができない。
3 被相続人が前二項の規定と異なった意思を表示したときは、その意思に従う。
4 婚姻期間が20年以上の夫婦の一方である被相続人が、他の一方に対し、その居住の用に供する建物又はその敷地について遺贈又は贈与をしたときは、当該被相続人は、その遺贈又は贈与について第1項の規定を適用しない旨の意思を表示したものと推定する。
第904条 前条に規定する贈与の価額は、受贈者の行為によって、その目的である財産が滅失し、又はその価格の増減があったときであっても、相続開始の時においてなお原状のままであるものとみなしてこれを定める。

（寄与分）
第904条の2 共同相続人中に、被相続人の事業に関する労務の提供又は財産上の給付、被相続人の療養看護その他の方法により被相続人の財産の維持又は増加について特別の寄与をした者があるときは、被相続人が相続開始の時において有した財産の価額から共同相続人の協議で定めたその者の寄与分を控除したものを相続財産とみなし、第900条から第902条までの規定により算定した相続分に寄与分を加えた額をもってその者の相続分とする。
2 前項の協議が調わないとき、又は協議をすることができないときは、家庭裁判所は、同項に規定する寄与をした者の請求により、寄与の時期、方法及び程度、相続財産の額その他一切の事情を考慮して、寄与分を定める。
3 寄与分は、被相続人が相続開始の時において有した財産の価額から遺贈の価額を控除した残額を超えることができない。
4 第2項の請求は、第907条第2項の規定による請求があった場合又は第910条に規定する場合にすることができる。

（相続分の取戻権）
第905条 共同相続人の1人が遺産の分割前にその相続分を第三者に譲り渡したときは、他の共同相続人は、その価額及び費用を償還して、その相続分を譲り受けることができる。
2 前項の権利は、1箇月以内に行使しなければならない。

第3節 遺産の分割

（遺産の分割の基準）
第906条 遺産の分割は、遺産に属する物又は権利の種類及び性質、各相続人の年齢、職業、心身の状態及び生活の状況その他一切の事情を考慮してこれをする。

（遺産の分割前に遺産に属する財産が処分された場合の遺産の範囲）
第906条の2 遺産の分割前に遺産に属する財産が処分された場合であっても、共同相続人は、その全員の同意により、当該処分された財産が遺産の分割時に遺産として存在するものとみなすことができる。
2 前項の規定にかかわらず、共同相続人の1人又は数人により同項の財産が処分されたときは、当該共同相続人については、同項の同意を得ることを要しない。

（遺産の分割の協議又は審判等）
第907条 共同相続人は、次条の規定により被相続人が遺言で禁じた場合を除き、いつでも、その協議で、遺産の全部又は一部の分割をする

89

ことができる。

2 遺産の分割について、共同相続人間に協議が調わないとき、又は協議をすることができないときは、各共同相続人は、その全部又は一部の分割を家庭裁判所に請求することができる。ただし、遺産の一部を分割することにより他の共同相続人の利益を害するおそれがある場合におけるその一部の分割については、この限りでない。

3 前項本文の場合において特別の事由があるときは、家庭裁判所は、期間を定めて、遺産の全部又は一部について、その分割を禁ずることができる。

（遺産の分割の方法の指定及び遺産の分割の禁止）

第908条 被相続人は、遺言で、遺産の分割の方法を定め、若しくはこれを定めることを第三者に委託し、又は相続開始の時から5年を超えない期間を定めて、遺産の分割を禁ずることができる。

（遺産の分割の効力）

第909条 遺産の分割は、相続開始の時にさかのぼってその効力を生ずる。ただし、第三者の権利を害することはできない。

（遺産の分割前における預貯金債権の行使）

第909条の2 各共同相続人は、遺産に属する預貯金債権のうち相続開始の時の債権額の3分の1に第900条及び第901条の規定により算定した当該共同相続人の相続分を乗じた額（標準的な当面の必要生計費、平均的な葬式の費用の額その他の事情を勘案して預貯金債権の債務者ごとに法務省令で定める額を限度とする。）については、単独でその権利を行使することができる。この場合において、当該権利の行使をした預貯金債権については、当該共同相続人が遺産の一部の分割によりこれを取得したものとみなす。

（相続の開始後に認知された者の価額の支払請求権）

第910条 相続の開始後認知によって相続人となった者が遺産の分割を請求しようとする場合において、他の共同相続人が既にその分割その他の処分をしたときは、価額のみによる支払の請求権を有する。

（共同相続人間の担保責任）

第911条 各共同相続人は、他の共同相続人に対して、売主と同じく、その相続分に応じて担保の責任を負う。

（遺産の分割によって受けた債権についての担保責任）

第912条 各共同相続人は、その相続分に応じ、

他の共同相続人が遺産の分割によって受けた債権について、その分割の時における債務者の資力を担保する。

2 弁済期に至らない債権及び停止条件付きの債権については、各共同相続人は、弁済をすべき時における債務者の資力を担保する。

（資力のない共同相続人がある場合の担保責任の分担）

第913条 担保の責任を負う共同相続人中に償還をする資力のない者があるときは、その償還することができない部分は、求償者及び他の資力のある者が、それぞれその相続分に応じて分担する。ただし、求償者に過失があるときは、他の共同相続人に対して分担を請求することができない。

（遺言による担保責任の定め）

第914条 前三条の規定は、被相続人が遺言で別段の意思を表示したときは、適用しない。

第4章 相続の承認及び放棄

第1節 総則

（相続の承認又は放棄をすべき期間）

第915条 相続人は、自己のために相続の開始があったことを知った時から3箇月以内に、相続について、単純若しくは限定の承認又は放棄をしなければならない。ただし、この期間は、利害関係人又は検察官の請求によって、家庭裁判所において伸長することができる。

2 相続人は、相続の承認又は放棄をする前に、相続財産の調査をすることができる。

第916条 相続人が相続の承認又は放棄をしないで死亡したときは、前条第1項の期間は、その者の相続人が自己のために相続の開始があったことを知った時から起算する。

第917条 相続人が未成年者又は成年被後見人であるときは、第915条第1項の期間は、その法定代理人が未成年者又は成年被後見人のために相続の開始があったことを知った時から起算する。

（相続財産の管理）

第918条 相続人は、その固有財産におけるのと同一の注意をもって、相続財産を管理しなければならない。ただし、相続の承認又は放棄をしたときは、この限りでない。

2 家庭裁判所は、利害関係人又は検察官の請求によって、いつでも、相続財産の保存に必要な処分を命ずることができる。

3 第27条から第29条までの規定は、前項の規定により家庭裁判所が相続財産の管理人を選任し

た場合について準用する。

（相続の承認及び放棄の撤回及び取消し）

第919条 相続の承認及び放棄は、第915条第1項の期間内でも、撤回することができない。

2 前項の規定は、第1編（総則）及び前編（親族）の規定により相続の承認又は放棄の取消しをすることを妨げない。

3 前項の取消権は、追認をすることができる時から6箇月間行使しないときは、時効によって消滅する。相続の承認又は放棄の時から10年を経過したときも、同様とする。

4 第2項の規定により限定承認又は相続の放棄の取消しをしようとする者は、その旨を家庭裁判所に申述しなければならない。

第2節 相続の承認

第1款 単純承認

（単純承認の効力）

第920条 相続人は、単純承認をしたときは、無限に被相続人の権利義務を承継する。

（法定単純承認）

第921条 次に掲げる場合には、相続人は、単純承認をしたものとみなす。

一 相続人が相続財産の全部又は一部を処分したとき。ただし、保存行為及び第602条に定める期間を超えない賃貸をすることは、この限りでない。

二 相続人が第915条第1項の期間内に限定承認又は相続の放棄をしなかったとき。

三 相続人が、限定承認又は相続の放棄をした後であっても、相続財産の全部若しくは一部を隠匿し、私にこれを消費し、又は悪意でこれを相続財産の目録中に記載しなかったとき。ただし、その相続人が相続の放棄をしたことによって相続人となった者が相続の承認をした後は、この限りでない。

第2款 限定承認

（限定承認）

第922条 相続人は、相続によって得た財産の限度においてのみ被相続人の債務及び遺贈を弁済すべきことを留保して、相続の承認をすることができる。

（共同相続人の限定承認）

第923条 相続人が数人あるときは、限定承認は、共同相続人の全員が共同してのみこれをすることができる。

（限定承認の方式）

第924条 相続人は、限定承認をしようとするときは、第915条第1項の期間内に、相続財産の目録を作成して家庭裁判所に提出し、限定承認をする旨を申述しなければならない。

（限定承認をしたときの権利義務）

第925条 相続人が限定承認をしたときは、その被相続人に対して有した権利義務は、消滅しなかったものとみなす。

（限定承認者による管理）

第926条 限定承認者は、その固有財産におけるのと同一の注意をもって、相続財産の管理を継続しなければならない。

2 第645条、第646条、第650条第1項及び第2項並びに第918条第2項及び第3項の規定は、前項の場合について準用する。

（相続債権者及び受遺者に対する公告及び催告）

第927条 限定承認者は、限定承認をした後5日以内に、すべての相続債権者（相続財産に属する債務の債権者をいう。以下同じ。）及び受遺者に対し、限定承認をしたこと及び一定の期間内にその請求の申出をすべき旨を公告しなければならない。この場合において、その期間は、2箇月を下ることができない。

2 前項の規定による公告には、相続債権者及び受遺者がその期間内に申出をしないときは弁済から除斥されるべき旨を付記しなければならない。ただし、限定承認者は、知れている相続債権者及び受遺者を除斥することができない。

3 限定承認者は、知れている相続債権者及び受遺者には、各別にその申出の催告をしなければならない。

4 第1項の規定による公告は、官報に掲載してする。

（公告期間満了前の弁済の拒絶）

第928条 限定承認者は、前条第1項の期間の満了前には、相続債権者及び受遺者に対して弁済を拒むことができる。

（公告期間満了後の弁済）

第929条 第927条第1項の期間が満了した後は、限定承認者は、相続財産をもって、その期間内に同項の申出をした相続債権者その他知れている相続債権者に、それぞれその債権額の割合に応じて弁済をしなければならない。ただし、優先権を有する債権者の権利を害することはできない。

（期限前の債務等の弁済）

第930条 限定承認者は、弁済期に至らない債権であっても、前条の規定に従って弁済をしなければならない。

2 条件付きの債権又は存続期間の不確定な債権

は、家庭裁判所が選任した鑑定人の評価に従って弁済をしなければならない。

（受遺者に対する弁済）

第931条 限定承認者は、前二条の規定に従って各相続債権者に弁済をした後でなければ、受遺者に弁済をすることができない。

（弁済のための相続財産の換価）

第932条 前三条の規定に従って弁済をするにつき相続財産を売却する必要があるときは、限定承認者は、これを競売に付さなければならない。ただし、家庭裁判所が選任した鑑定人の評価に従い相続財産の全部又は一部の価額を弁済して、その競売を止めることができる。

（相続債権者及び受遺者の換価手続への参加）

第933条 相続債権者及び受遺者は、自己の費用で、相続財産の競売又は鑑定に参加することができる。この場合において、第260条第2項の規定を準用する。

（不当な弁済をした限定承認者の責任等）

第934条 限定承認者は、第927条の公告若しくは催告をすることを怠り、又は同条第1項の期間内に相続債権者若しくは受遺者に弁済をしたことによって他の相続債権者若しくは受遺者に弁済をすることができなくなったときは、これによって生じた損害を賠償する責任を負う。第929条から第931条までの規定に違反して弁済をしたときも、同様とする。

2 前項の規定は、情を知って不当に弁済を受けた相続債権者又は受遺者に対する他の相続債権者又は受遺者の求償を妨げない。

3 第724条の規定は、前二項の場合について準用する。

（公告期間内に申出をしなかった相続債権者及び受遺者）

第935条 第927条第1項の期間内に同項の申出をしなかった相続債権者及び受遺者で限定承認者に知れなかったものは、残余財産についてのみその権利を行使することができる。ただし、相続財産について特別担保を有する者は、この限りでない。

（相続人が数人ある場合の相続財産の管理人）

第936条 相続人が数人ある場合には、家庭裁判所は、相続人の中から、相続財産の管理人を選任しなければならない。

2 前項の相続財産の管理人は、相続人のために、これに代わって、相続財産の管理及び債務の弁済に必要な一切の行為をする。

3 第926条から前条までの規定は、第1項の相続財産の管理人について準用する。この場合において、第927条第1項中「限定承認をした後5日

以内」とあるのは、「その相続財産の管理人の選任があった後10日以内」と読み替えるものとする。

（法定単純承認の事由がある場合の相続債権者）

第937条 限定承認をした共同相続人の1人又は数人について第921条第1号又は第3号に掲げる事由があるときは、相続債権者は、相続財産をもって弁済を受けることができなかった債権額について、当該共同相続人に対し、その相続分に応じて権利を行使することができる。

第3節 相続の放棄

（相続の放棄の方式）

第938条 相続の放棄をしようとする者は、その旨を家庭裁判所に申述しなければならない。

（相続の放棄の効力）

第939条 相続の放棄をした者は、その相続に関しては、初めから相続人とならなかったものとみなす。

（相続の放棄をした者による管理）

第940条 相続の放棄をした者は、その放棄によって相続人となった者が相続財産の管理を始めることができるまで、自己の財産におけるのと同一の注意をもって、その財産の管理を継続しなければならない。

2 第645条、第646条、第650条第1項及び第2項並びに第918条第2項及び第3項の規定は、前項の場合について準用する。

第5章 財産分離

（相続債権者又は受遺者の請求による財産分離）

第941条 相続債権者又は受遺者は、相続開始の時から3箇月以内に、相続人の財産の中から相続財産を分離することを家庭裁判所に請求することができる。相続財産が相続人の固有財産と混合しない間は、その期間の満了後も、同様とする。

2 家庭裁判所が前項の請求によって財産分離を命じたときは、その請求をした者は、5日以内に、他の相続債権者及び受遺者に対し、財産分離の命令があったこと及び一定の期間内に配当加入の申出をすべき旨を公告しなければならない。この場合において、その期間は、2箇月を下ることができない。

3 前項の規定による公告は、官報に掲載してする。

（財産分離の効力）

第942条 財産分離の請求をした者及び前条第2項の規定により配当加入の申出をした者は、

相続財産について、相続人の債権者に先立って弁済を受ける。

（財産分離の請求後の相続財産の管理）
第943条　財産分離の請求があったときは、家庭裁判所は、相続財産の管理について必要な処分を命ずることができる。
2　第27条から第29条までの規定は、前項の規定により家庭裁判所が相続財産の管理人を選任した場合について準用する。

（財産分離の請求後の相続人による管理）
第944条　相続人は、単純承認をした後でも、財産分離の請求があったときは、以後、その固有財産におけるのと同一の注意をもって、相続財産の管理をしなければならない。ただし、家庭裁判所が相続財産の管理人を選任したときは、この限りでない。
2　第645条から第647条まで並びに第650条第1項及び第2項の規定は、前項の場合について準用する。

（不動産についての財産分離の対抗要件）
第945条　財産分離は、不動産については、その登記をしなければ、第三者に対抗することができない。

（物上代位の規定の準用）
第946条　第304条の規定は、財産分離の場合について準用する。

（相続債権者及び受遺者に対する弁済）
第947条　相続人は、第941条第1項及び第2項の期間の満了前には、相続債権者及び受遺者に対して弁済を拒むことができる。
2　財産分離の請求があったときは、相続人は、第941条第2項の期間の満了後に、相続財産をもって、財産分離の請求又は配当加入の申出をした相続債権者及び受遺者に、それぞれその債権額の割合に応じて弁済をしなければならない。ただし、優先権を有する債権者の権利を害することはできない。
3　第930条から第934条までの規定は、前項の場合について準用する。

（相続人の固有財産からの弁済）
第948条　財産分離の請求をした者及び配当加入の申出をした者は、相続財産をもって全部の弁済を受けることができなかった場合に限り、相続人の固有財産についてその権利を行使することができる。この場合においては、相続人の債権者は、その者に先立って弁済を受けることができる。

（財産分離の請求の防止等）
第949条　相続人は、その固有財産をもって相続債権者若しくは受遺者に弁済をし、又はこれに相当の担保を供して、財産分離の請求を防止し、又はその効力を消滅させることができる。ただし、相続人の債権者が、これによって損害を受けるべきことを証明して、異議を述べたときは、この限りでない。

（相続人の債権者の請求による財産分離）
第950条　相続人が限定承認をすることができる間又は相続財産が相続人の固有財産と混合しない間は、相続人の債権者は、家庭裁判所に対して財産分離の請求をすることができる。
2　第304条、第925条、第927条から第934条まで、第943条から第945条まで及び第948条の規定は、前項の場合について準用する。ただし、第927条の公告及び催告は、財産分離の請求をした債権者がしなければならない。

第6章　相続人の不存在

（相続財産法人の成立）
第951条　相続人のあることが明らかでないときは、相続財産は、法人とする。

（相続財産の管理人の選任）
第952条　前条の場合には、家庭裁判所は、利害関係人又は検察官の請求によって、相続財産の管理人を選任しなければならない。
2　前項の規定により相続財産の管理人を選任したときは、家庭裁判所は、遅滞なくこれを公告しなければならない。

（不在者の財産の管理人に関する規定の準用）
第953条　第27条から第29条までの規定は、前条第1項の相続財産の管理人（以下この章において単に「相続財産の管理人」という。）について準用する。

（相続財産の管理人の報告）
第954条　相続財産の管理人は、相続債権者又は受遺者の請求があるときは、その請求をした者に相続財産の状況を報告しなければならない。

（相続財産法人の不成立）
第955条　相続人のあることが明らかになったときは、第951条の法人は、成立しなかったものとみなす。ただし、相続財産の管理人がその権限内でした行為の効力を妨げない。

（相続財産の管理人の代理権の消滅）
第956条　相続財産の管理人の代理権は、相続人が相続の承認をした時に消滅する。
2　前項の場合には、相続財産の管理人は、遅滞なく相続人に対して管理の計算をしなければならない。

（相続債権者及び受遺者に対する弁済）
第957条　第952条第2項の公告があった後2箇月以内に相続人のあることが明らかにならなか

ったときは、相続財産の管理人は、遅滞なく、すべての相続債権者及び受遺者に対し、一定の期間内にその請求の申出をすべき旨を公告しなければならない。この場合において、その期間は、2箇月を下ることができない。

2　第927条第2項から第4項まで及び第928条から第935条まで（第932条ただし書を除く。）の規定は、前項の場合について準用する。

（相続人の捜索の公告）

第958条　前条第1項の期間の満了後、なお相続人のあることが明らかでないときは、家庭裁判所は、相続財産の管理人又は検察官の請求によって、相続人があるならば一定の期間内にその権利を主張すべき旨を公告しなければならない。この場合において、その期間は、6箇月を下ることができない。

（権利を主張する者がない場合）

第958条の2　前条の期間内に相続人としての権利を主張する者がないときは、相続人並びに相続財産の管理人に知れなかった相続債権者及び受遺者は、その権利を行使することができない。

（特別縁故者に対する相続財産の分与）

第958条の3　前条の場合において、相当と認めるときは、家庭裁判所は、被相続人と生計を同じくしていた者、被相続人の療養看護に努めた者その他被相続人と特別の縁故があった者の請求によって、これらの者に、清算後残存すべき相続財産の全部又は一部を与えることができる。

2　前項の請求は、第958条の期間の満了後3箇月以内にしなければならない。

（残余財産の国庫への帰属）

第959条　前条の規定により処分されなかった相続財産は、国庫に帰属する。この場合においては、第956条第2項の規定を準用する。

第7章　遺言

第1節　総則

（遺言の方式）

第960条　遺言は、この法律に定める方式に従わなければ、することができない。

（遺言能力）

第961条　15歳に達した者は、遺言をすることができる。

第962条　第5条、第9条、第13条及び第17条の規定は、遺言については、適用しない。

第963条　遺言者は、遺言をする時においてその能力を有しなければならない。

（包括遺贈及び特定遺贈）

第964条　遺言者は、包括又は特定の名義で、その財産の全部又は一部を処分することができる。

（相続人に関する規定の準用）

第965条　第886条及び第891条の規定は、受遺者について準用する。

（被後見人の遺言の制限）

第966条　被後見人が、後見の計算の終了前に、後見人又はその配偶者若しくは直系卑属の利益となるべき遺言をしたときは、その遺言は、無効とする。

2　前項の規定は、直系血族、配偶者又は兄弟姉妹が後見人である場合には、適用しない。

第2節　遺言の方式

第1款　普通の方式

（普通の方式による遺言の種類）

第967条　遺言は、自筆証書、公正証書又は秘密証書によってしなければならない。ただし、特別の方式によることを許す場合は、この限りでない。

（自筆証書遺言）

第968条　自筆証書によって遺言をするには、遺言者が、その全文、日付及び氏名を自書し、これに印を押さなければならない。

2　前項の規定にかかわらず、自筆証書にこれと一体のものとして相続財産（第997条第1項に規定する場合における同項に規定する権利を含む。）の全部又は一部の目録を添付する場合には、その目録については、自書することを要しない。この場合において、遺言者は、その目録の毎葉（自書によらない記載がその両面にある場合にあっては、その両面）に署名し、印を押さなければならない。

3　自筆証書（前項の目録を含む。）中の加除その他の変更は、遺言者が、その場所を指示し、これを変更した旨を付記して特にこれに署名し、かつ、その変更の場所に印を押さなければ、その効力を生じない。

（公正証書遺言）

第969条　公正証書によって遺言をするには、次に掲げる方式に従わなければならない。

一　証人2人以上の立会いがあること。

二　遺言者が遺言の趣旨を公証人に口授すること。

三　公証人が、遺言者の口述を筆記し、これを

遺言者及び証人に読み聞かせ、又は閲覧させること。

四　遺言者及び証人が、筆記の正確なことを承認した後、各自これに署名し、印を押すこと。ただし、遺言者が署名することができない場合は、公証人がその事由を付記して、署名に代えることができる。

五　公証人が、その証書は前各号に掲げる方式に従って作ったものである旨を付記して、これに署名し、印を押すこと。

（公正証書遺言の方式の特則）

第969条の2　口がきけない者が公正証書によって遺言をする場合には、遺言者は、公証人及び証人の前で、遺言の趣旨を通訳人の通訳により申述し、又は自書して、前条第2号の口授に代えなければならない。この場合における同条第3号の規定の適用については、同号中「口述」とあるのは、「通訳人の通訳による申述又は自書」とする。

2　前条の遺言者又は証人が耳が聞こえない者である場合には、公証人は、同条第3号に規定する筆記した内容を通訳人の通訳により遺言者又は証人に伝えて、同号の読み聞かせに代えることができる。

3　公証人は、前二項に定める方式に従って公正証書を作ったときは、その旨をその証書に付記しなければならない。

（秘密証書遺言）

第970条　秘密証書によって遺言をするには、次に掲げる方式に従わなければならない。

一　遺言者が、その証書に署名し、印を押すこと。

二　遺言者が、その証書を封じ、証書に用いた印章をもってこれに封印すること。

三　遺言者が、公証人1人及び証人2人以上の前に封書を提出して、自己の遺言書である旨並びにその筆者の氏名及び住所を申述すること。

四　公証人が、その証書を提出した日付及び遺言者の申述を封紙に記載した後、遺言者及び証人とともにこれに署名し、印を押すこと。

2　第968条第3項の規定は、秘密証書による遺言について準用する。

（方式に欠ける秘密証書遺言の効力）

第971条　秘密証書による遺言は、前条に定める方式に欠けるものがあっても、第968条に定める方式を具備しているときは、自筆証書による遺言としてその効力を有する。

（秘密証書遺言の方式の特則）

第972条　口がきけない者が秘密証書によって遺言をする場合には、遺言者は、公証人及び証人の前で、その証書は自己の遺言書である旨並びにその筆者の氏名及び住所を通訳人の通訳により申述し、又は封紙に自書して、第970条第1項第3号の申述に代えなければならない。

2　前項の場合において、遺言者が通訳人の通訳により申述したときは、公証人は、その旨を封紙に記載しなければならない。

3　第1項の場合において、遺言者が封紙に自書したときは、公証人は、その旨を封紙に記載して、第970条第1項第4号に規定する申述の記載に代えなければならない。

（成年被後見人の遺言）

第973条　成年被後見人が事理を弁識する能力を一時回復した時において遺言をするには、医師2人以上の立会いがなければならない。

2　遺言に立ち会った医師は、遺言者が遺言をする時において精神上の障害により事理を弁識する能力を欠く状態になかった旨を遺言書に付記して、これに署名し、印を押さなければならない。ただし、秘密証書による遺言にあっては、その封紙にその旨の記載をし、署名し、印を押さなければならない。

（証人及び立会人の欠格事由）

第974条　次に掲げる者は、遺言の証人又は立会人となることができない。

一　未成年者

二　推定相続人及び受遺者並びにこれらの配偶者及び直系血族

三　公証人の配偶者、4親等内の親族、書記及び使用人

（共同遺言の禁止）

第975条　遺言は、2人以上の者が同一の証書ですることができない。

第2款　特別の方式

（死亡の危急に迫った者の遺言）

第976条　疾病その他の事由によって死亡の危急に迫った者が遺言をしようとするときは、証人3人以上の立会いをもって、その1人に遺言の趣旨を口授して、これをすることができる。この場合においては、その口授を受けた者が、これを筆記して、遺言者及び他の証人に読み聞かせ、又は閲覧させ、各証人がその筆記の正確なことを承認した後、これに署名し、印を押さなければならない。

2　口がきけない者が前項の規定により遺言をする場合には、遺言者は、証人の前で、遺言の趣旨を通訳人の通訳により申述して、同項の口授に代えなければならない。

民法

95

3 第1項後段の遺言者又は他の証人が耳が聞こえない者である場合には、遺言の趣旨の口授又は申述を受けた者は、同項後段に規定する筆記した内容を通訳人の通訳によりその遺言者又は他の証人に伝えて、同項後段の読み聞かせに代えることができる。

4 前三項の規定によりした遺言は、遺言の日から20日以内に、証人の1人又は利害関係人から家庭裁判所に請求してその確認を得なければ、その効力を生じない。

5 家庭裁判所は、前項の遺言が遺言者の真意に出たものであるとの心証を得なければ、これを確認することができない。

（伝染病隔離者の遺言）

第977条 伝染病のため行政処分によって交通を断たれた場所に在る者は、警察官1人及び証人1人以上の立会いをもって遺言書を作ることができる。

（在船者の遺言）

第978条 船舶中に在る者は、船長又は事務員1人及び証人2人以上の立会いをもって遺言書を作ることができる。

（船舶遭難者の遺言）

第979条 船舶が遭難した場合において、当該船舶中に在って死亡の危急に迫った者は、証人2人以上の立会いをもって口頭で遺言をすることができる。

2 口がきけない者が前項の規定により遺言をする場合には、遺言者は、通訳人の通訳によりこれをしなければならない。

3 前二項の規定に従ってした遺言は、証人が、その趣旨を筆記して、これに署名し、印を押し、かつ、証人の1人又は利害関係人から遅滞なく家庭裁判所に請求してその確認を得なければ、その効力を生じない。

4 第976条第5項の規定は、前項の場合について準用する。

（遺言関係者の署名及び押印）

第980条 第977条及び第978条の場合には、遺言者、筆者、立会人及び証人は、各自遺言書に署名し、印を押さなければならない。

（署名又は押印が不能の場合）

第981条 第977条から第979条までの場合において、署名又は印を押すことのできない者があるときは、立会人又は証人は、その事由を付記しなければならない。

（普通の方式による遺言の規定の準用）

第982条 第968条第3項及び第973条から第975条までの規定は、第976条から前条までの規定による遺言について準用する。

（特別の方式による遺言の効力）

第983条 第976条から前条までの規定によりした遺言は、遺言者が普通の方式によって遺言をすることができるようになった時から6箇月間生存するときは、その効力を生じない。

（外国に在る日本人の遺言の方式）

第984条 日本の領事の駐在する地に在る日本人が公正証書又は秘密証書によって遺言をしようとするときは、公証人の職務は、領事が行う。この場合においては、第969条第4号又は第970条第1項第4号の規定にかかわらず、遺言者及び証人は、第969条第4号又は第970条第1項第4号の印を押すことを要しない。

第3節 遺言の効力

（遺言の効力の発生時期）

第985条 遺言は、遺言者の死亡の時からその効力を生ずる。

2 遺言に停止条件を付した場合において、その条件が遺言者の死亡後に成就したときは、遺言は、条件が成就した時からその効力を生ずる。

（遺贈の放棄）

第986条 受遺者は、遺言者の死亡後、いつでも、遺贈の放棄をすることができる。

2 遺贈の放棄は、遺言者の死亡の時にさかのぼってその効力を生ずる。

（受遺者に対する遺贈の承認又は放棄の催告）

第987条 遺贈義務者（遺贈の履行をする義務を負う者をいう。以下この節において同じ。）その他の利害関係人は、受遺者に対し、相当の期間を定めて、その期間内に遺贈の承認又は放棄をすべき旨の催告をすることができる。この場合において、受遺者がその期間内に遺贈義務者に対してその意思を表示しないときは、遺贈を承認したものとみなす。

（受遺者の相続人による遺贈の承認又は放棄）

第988条 受遺者が遺贈の承認又は放棄をしないで死亡したときは、その相続人は、自己の相続権の範囲内で、遺贈の承認又は放棄をすることができる。ただし、遺言者がその遺言に別段の意思を表示したときは、その意思に従う。

（遺贈の承認及び放棄の撤回及び取消し）

第989条 遺贈の承認及び放棄は、撤回することができない。

2 第919条第2項及び第3項の規定は、遺贈の承認及び放棄について準用する。

（包括受遺者の権利義務）

第990条 包括受遺者は、相続人と同一の権利義務を有する。

（受遺者による担保の請求）

第991条　受遺者は、遺贈が弁済期に至らない間は、遺贈義務者に対して相当の担保を請求することができる。停止条件付きの遺贈についてその条件の成否が未定である間も、同様とする。

（受遺者による果実の取得）

第992条　受遺者は、遺贈の履行を請求することができる時から果実を取得する。ただし、遺言者がその遺言に別段の意思を表示したときは、その意思に従う。

（遺贈義務者による費用の償還請求）

第993条　第299条の規定は、遺贈義務者が遺言者の死亡後に遺贈の目的物について費用を支出した場合について準用する。

2　果実を収取するために支出した通常の必要費は、果実の価格を超えない限度で、その償還を請求することができる。

（受遺者の死亡による遺贈の失効）

第994条　遺贈は、遺言者の死亡以前に受遺者が死亡したときは、その効力を生じない。

2　停止条件付きの遺贈については、受遺者がその条件の成就前に死亡したときも、前項と同様とする。ただし、遺言者がその遺言に別段の意思を表示したときは、その意思に従う。

（遺贈の無効又は失効の場合の財産の帰属）

第995条　遺贈が、その効力を生じないとき、又は放棄によってその効力を失ったときは、受遺者が受けるべきであったものは、相続人に帰属する。ただし、遺言者がその遺言に別段の意思を表示したときは、その意思に従う。

（相続財産に属しない権利の遺贈）

第996条　遺贈は、その目的である権利が遺言者の死亡の時において相続財産に属しなかったときは、その効力を生じない。ただし、その権利が相続財産に属するかどうかにかかわらず、これを遺贈の目的としたものと認められるときは、この限りでない。

第997条　相続財産に属しない権利を目的とする遺贈が前条ただし書の規定により有効であるときは、遺贈義務者は、その権利を取得して受遺者に移転する義務を負う。

2　前項の場合において、同項に規定する権利を取得することができないとき、又はこれを取得するについて過分の費用を要するときは、遺贈義務者は、その価額を弁償しなければならない。ただし、遺言者がその遺言に別段の意思を表示したときは、その意思に従う。

（遺贈義務者の引渡義務）

第998条　遺贈義務者は、遺贈の目的である物又は権利を、相続開始の時（その後に当該物又は権利について遺贈の目的として特定した場合にあっては、その特定した時）の状態で引き渡し、又は移転する義務を負う。ただし、遺言者がその遺言に別段の意思を表示したときは、その意思に従う。

（遺贈の物上代位）

第999条　遺言者が、遺贈の目的物の滅失若しくは変造又はその占有の喪失によって第三者に対して償金を請求する権利を有するときは、その権利を遺贈の目的としたものと推定する。

2　遺贈の目的物が、他の物と付合し、又は混和した場合において、遺言者が第243条から第245条までの規定により合成物又は混和物の単独所有者又は共有者となったときは、その全部の所有権又は持分を遺贈の目的としたものと推定する。

第1000条　削除

（債権の遺贈の物上代位）

第1001条　債権を遺贈の目的とした場合において、遺言者が弁済を受け、かつ、その受け取った物がなお相続財産中に在るときは、その物を遺贈の目的としたものと推定する。

2　金銭を目的とする債権を遺贈の目的とした場合においては、相続財産中にその債権額に相当する金銭がないときであっても、その金額を遺贈の目的としたものと推定する。

（負担付遺贈）

第1002条　負担付遺贈を受けた者は、遺贈の目的の価額を超えない限度においてのみ、負担した義務を履行する責任を負う。

2　受遺者が遺贈の放棄をしたときは、負担の利益を受けるべき者は、自ら受遺者となることができる。ただし、遺言者がその遺言に別段の意思を表示したときは、その意思に従う。

（負担付遺贈の受遺者の免責）

第1003条　負担付遺贈の目的の価額が相続の限定承認又は遺留分回復の訴えによって減少したときは、受遺者は、その減少の割合に応じて、その負担した義務を免れる。ただし、遺言者がその遺言に別段の意思を表示したときは、その意思に従う。

第4節　遺言の執行

（遺言書の検認）

第1004条　遺言書の保管者は、相続の開始を知った後、遅滞なく、これを家庭裁判所に提出して、その検認を請求しなければならない。遺言書の保管者がない場合において、相続人が遺言書を発見した後も、同様とする。

民法

2 前項の規定は、公正証書による遺言については、適用しない。

3 封印のある遺言書は、家庭裁判所において相続人又はその代理人の立会いがなければ、開封することができない。

（過料）

第1005条　前条の規定により遺言書を提出することを怠り、その検認を経ないで遺言を執行し、又は家庭裁判所外においてその開封をした者は、5万円以下の過料に処する。

（遺言執行者の指定）

第1006条　遺言者は、遺言で、1人又は数人の遺言執行者を指定し、又はその指定を第三者に委託することができる。

2 遺言執行者の指定の委託を受けた者は、遅滞なく、その指定をして、これを相続人に通知しなければならない。

3 遺言執行者の指定の委託を受けた者がその委託を辞そうとするときは、遅滞なくその旨を相続人に通知しなければならない。

（遺言執行者の任務の開始）

第1007条　遺言執行者が就職を承諾したときは、直ちにその任務を行わなければならない。

2 遺言執行者は、その任務を開始したときは、遅滞なく、遺言の内容を相続人に通知しなければならない。

（遺言執行者に対する就職の催告）

第1008条　相続人その他の利害関係人は、遺言執行者に対し、相当の期間を定めて、その期間内に就職を承諾するかどうかを確答すべき旨の催告をすることができる。この場合において、遺言執行者が、その期間内に相続人に対して確答をしないときは、就職を承諾したものとみなす。

（遺言執行者の欠格事由）

第1009条　未成年者及び破産者は、遺言執行者となることができない。

（遺言執行者の選任）

第1010条　遺言執行者がないとき、又はなくなったときは、家庭裁判所は、利害関係人の請求によって、これを選任することができる。

（相続財産の目録の作成）

第1011条　遺言執行者は、遅滞なく、相続財産の目録を作成して、相続人に交付しなければならない。

2 遺言執行者は、相続人の請求があるときは、その立会いをもって相続財産の目録を作成し、又は公証人にこれを作成させなければならない。

（遺言執行者の権利義務）

第1012条　遺言執行者は、遺言の内容を実現するため、相続財産の管理その他遺言の執行に必要な一切の行為をする権利義務を有する。

2 遺言執行者がある場合には、遺贈の履行は、遺言執行者のみが行うことができる。

3 第644条、第645条から第647条まで及び第650条の規定は、遺言執行者について準用する。

（遺言の執行の妨害行為の禁止）

第1013条　遺言執行者がある場合には、相続人は、相続財産の処分その他遺言の執行を妨げるべき行為をすることができない。

2 前項の規定に違反してした行為は、無効とする。ただし、これをもって善意の第三者に対抗することができない。

3 前二項の規定は、相続人の債権者（相続債権者を含む。）が相続財産についてその権利を行使することを妨げない。

（特定財産に関する遺言の執行）

第1014条　前三条の規定は、遺言が相続財産のうち特定の財産に関する場合には、その財産についてのみ適用する。

2 遺産の分割の方法の指定として遺産に属する特定の財産を共同相続人の1人又は数人に承継させる旨の遺言（以下「特定財産承継遺言」という。）があったときは、遺言執行者は、当該共同相続人が第899条の2第1項に規定する対抗要件を備えるために必要な行為をすることができる。

3 前項の財産が預貯金債権である場合には、遺言執行者は、同項に規定する行為のほか、その預金又は貯金の払戻しの請求及びその預金又は貯金に係る契約の解約の申入れをすることができる。ただし、解約の申入れについては、その預貯金債権の全部が特定財産承継遺言の目的である場合に限る。

4 前二項の規定にかかわらず、被相続人が遺言で別段の意思を表示したときは、その意思に従う。

（遺言執行者の行為の効果）

第1015条　遺言執行者がその権限内において遺言執行者であることを示してした行為は、相続人に対して直接にその効力を生ずる。

（遺言執行者の復任権）

第1016条　遺言執行者は、自己の責任で第三者にその任務を行わせることができる。ただし、遺言者がその遺言に別段の意思を表示したときは、その意思に従う。

2 前項本文の場合において、第三者に任務を行わせることについてやむを得ない事由があるときは、遺言執行者は、相続人に対してその選任

及び監督についての責任のみを負う。

（遺言執行者が数人ある場合の任務の執行）
第1017条　遺言執行者が数人ある場合には、その任務の執行は、過半数で決する。ただし、遺言者がその遺言に別段の意思を表示したときは、その意思に従う。
2　各遺言執行者は、前項の規定にかかわらず、保存行為をすることができる。

（遺言執行者の報酬）
第1018条　家庭裁判所は、相続財産の状況その他の事情によって遺言執行者の報酬を定めることができる。ただし、遺言者がその遺言に報酬を定めたときは、この限りでない。
2　第648条第2項及び第3項並びに第648条の2の規定は、遺言執行者が報酬を受けるべき場合について準用する。

（遺言執行者の解任及び辞任）
第1019条　遺言執行者がその任務を怠ったときその他正当な事由があるときは、利害関係人は、その解任を家庭裁判所に請求することができる。
2　遺言執行者は、正当な事由があるときは、家庭裁判所の許可を得て、その任務を辞することができる。

（委任の規定の準用）
第1020条　第654条及び第655条の規定は、遺言執行者の任務が終了した場合について準用する。

（遺言の執行に関する費用の負担）
第1021条　遺言の執行に関する費用は、相続財産の負担とする。ただし、これによって遺留分を減ずることができない。

第5節　遺言の撤回及び取消し

（遺言の撤回）
第1022条　遺言者は、いつでも、遺言の方式に従って、その遺言の全部又は一部を撤回することができる。

（前の遺言と後の遺言との抵触等）
第1023条　前の遺言が後の遺言と抵触するときは、その抵触する部分については、後の遺言で前の遺言を撤回したものとみなす。
2　前項の規定は、遺言が遺言後の生前処分その他の法律行為と抵触する場合について準用する。

（遺言書又は遺贈の目的物の破棄）
第1024条　遺言者が故意に遺言書を破棄したときは、その破棄した部分については、遺言を撤回したものとみなす。遺言者が故意に遺贈の

目的物を破棄したときも、同様とする。

（撤回された遺言の効力）
第1025条　前三条の規定により撤回された遺言は、その撤回の行為が、撤回され、取り消され、又は効力を生じなくなるに至ったときであっても、その効力を回復しない。ただし、その行為が錯誤、詐欺又は強迫による場合は、この限りでない。

（遺言の撤回権の放棄の禁止）
第1026条　遺言者は、その遺言を撤回する権利を放棄することができない。

（負担付遺贈に係る遺言の取消し）
第1027条　負担付遺贈を受けた者がその負担した義務を履行しないときは、相続人は、相当の期間を定めてその履行の催告をすることができる。この場合において、その期間内に履行がないときは、その負担付遺贈に係る遺言の取消しを家庭裁判所に請求することができる。

第8章　配偶者の居住の権利

第1節　配偶者居住権

（配偶者居住権）
第1028条　被相続人の配偶者（以下この章において単に「配偶者」という。）は、被相続人の財産に属した建物に相続開始の時に居住していた場合において、次の各号のいずれかに該当するときは、その居住していた建物（以下この節において「居住建物」という。）の全部について無償で使用及び収益をする権利（以下この章において「配偶者居住権」という。）を取得する。ただし、被相続人が相続開始の時に居住建物を配偶者以外の者と共有していた場合にあっては、この限りでない。
一　遺産の分割によって配偶者居住権を取得するものとされたとき。
二　配偶者居住権が遺贈の目的とされたとき。
2　居住建物が配偶者の財産に属することとなった場合であっても、他の者がその共有持分を有するときは、配偶者居住権は、消滅しない。
3　第903条第4項の規定は、配偶者居住権の遺贈について準用する。

（審判による配偶者居住権の取得）
第1029条　遺産の分割の請求を受けた家庭裁判所は、次に掲げる場合に限り、配偶者が配偶者居住権を取得する旨を定めることができる。
一　共同相続人間に配偶者が配偶者居住権を取得することについて合意が成立しているとき。

民法

99

二　配偶者が家庭裁判所に対して配偶者居住権の取得を希望する旨を申し出た場合において、居住建物の所有者の受ける不利益の程度を考慮してもなお配偶者の生活を維持するために特に必要があると認めるとき（前号に掲げる場合を除く。）。

（配偶者居住権の存続期間）

第1030条　配偶者居住権の存続期間は、配偶者の終身の間とする。ただし、遺産の分割の協議若しくは遺言に別段の定めがあるとき、又は家庭裁判所が遺産の分割の審判において別段の定めをしたときは、その定めるところによる。

（配偶者居住権の登記等）

第1031条　居住建物の所有者は、配偶者（配偶者居住権を取得した配偶者に限る。以下この節において同じ。）に対し、配偶者居住権の設定の登記を備えさせる義務を負う。

2　第605条の規定は配偶者居住権について、第605条の4の規定は配偶者居住権の設定の登記を備えた場合について準用する。

（配偶者による使用及び収益）

第1032条　配偶者は、従前の用法に従い、善良な管理者の注意をもって、居住建物の使用及び収益をしなければならない。ただし、従前居住の用に供していなかった部分について、これを居住の用に供することを妨げない。

2　配偶者居住権は、譲渡することができない。

3　配偶者は、居住建物の所有者の承諾を得なければ、居住建物の改築若しくは増築をし、又は第三者に居住建物の使用若しくは収益をさせることができない。

4　配偶者が第1項又は前項の規定に違反した場合において、居住建物の所有者が相当の期間を定めてその是正の催告をし、その期間内に是正がされないときは、居住建物の所有者は、当該配偶者に対する意思表示によって配偶者居住権を消滅させることができる。

（居住建物の修繕等）

第1033条　配偶者は、居住建物の使用及び収益に必要な修繕をすることができる。

2　居住建物の修繕が必要である場合において、配偶者が相当の期間内に必要な修繕をしないときは、居住建物の所有者は、その修繕をすることができる。

3　居住建物が修繕を要するとき（第1項の規定により配偶者が自らその修繕をするときを除く。）、又は居住建物について権利を主張する者があるときは、配偶者は、居住建物の所有者に対し、遅滞なくその旨を通知しなければならない。ただし、居住建物の所有者が既にこれを知

っているときは、この限りでない。

（居住建物の費用の負担）

第1034条　配偶者は、居住建物の通常の必要費を負担する。

2　第583条第2項の規定は、前項の通常の必要費以外の費用について準用する。

（居住建物の返還等）

第1035条　配偶者は、配偶者居住権が消滅したときは、居住建物の返還をしなければならない。ただし、配偶者が居住建物について共有持分を有する場合は、居住建物の所有者は、配偶者居住権が消滅したことを理由としては、居住建物の返還を求めることができない。

2　第599条第1項及び第2項並びに第621条の規定は、前項本文の規定により配偶者が相続の開始後に附属させた物がある居住建物又は相続の開始後に生じた損傷がある居住建物の返還をする場合について準用する。

（使用貸借及び賃貸借の規定の準用）

第1036条　第597条第1項及び第3項、第600条、第613条並びに第616条の2の規定は、配偶者居住権について準用する。

第2節　配偶者短期居住権

（配偶者短期居住権）

第1037条　配偶者は、被相続人の財産に属した建物に相続開始の時に無償で居住していた場合には、次の各号に掲げる区分に応じてそれぞれ当該各号に定める日までの間、その居住していた建物（以下この節において「居住建物」という。）の所有権を相続又は遺贈により取得した者（以下この節において「居住建物取得者」という。）に対し、居住建物について無償で使用する権利（居住建物の一部のみを無償で使用していた場合にあっては、その部分について無償で使用する権利。以下この節において「配偶者短期居住権」という。）を有する。ただし、配偶者が、相続開始の時において居住建物に係る配偶者居住権を取得したとき、又は第891条の規定に該当し若しくは廃除によってその相続権を失ったときは、この限りでない。

一　居住建物について配偶者を含む共同相続人間で遺産の分割をすべき場合　遺産の分割により居住建物の帰属が確定した日又は相続開始の時から6箇月を経過する日のいずれか遅い日

二　前号に掲げる場合以外の場合　第3項の申入れの日から6箇月を経過する日

2　前項本文の場合においては、居住建物取得者

は、第三者に対する居住建物の譲渡その他の方法により配偶者の居住建物の使用を妨げてはならない。

3　居住建物取得者は、第1項第1号に掲げる場合を除くほか、いつでも配偶者短期居住権の消滅の申入れをすることができる。

（配偶者による使用）

第1038条　配偶者（配偶者短期居住権を有する配偶者に限る。以下この節において同じ。）は、従前の用法に従い、善良な管理者の注意をもって、居住建物の使用をしなければならない。

2　配偶者は、居住建物取得者の承諾を得なければ、第三者に居住建物の使用をさせることができない。

3　配偶者が前二項の規定に違反したときは、居住建物取得者は、当該配偶者に対する意思表示によって配偶者短期居住権を消滅させることができる。

（配偶者居住権の取得による配偶者短期居住権の消滅）

第1039条　配偶者が居住建物に係る配偶者居住権を取得したときは、配偶者短期居住権は、消滅する。

（居住建物の返還等）

第1040条　配偶者は、前条に規定する場合を除き、配偶者短期居住権が消滅したときは、居住建物の返還をしなければならない。ただし、配偶者が居住建物について共有持分を有する場合は、居住建物取得者は、配偶者短期居住権が消滅したことを理由としては、居住建物の返還を求めることができない。

2　第599条第1項及び第2項並びに第621条の規定は、前項本文の規定により配偶者が相続の開始後に附属させた物がある居住建物又は相続の開始後に生じた損傷がある居住建物の返還をする場合について準用する。

（使用貸借等の規定の準用）

第1041条　第597条第3項、第600条、第616条の2、第1032条第2項、第1033条及び第1034条の規定は、配偶者短期居住権について準用する。

第9章　遺留分

（遺留分の帰属及びその割合）

第1042条　兄弟姉妹以外の相続人は、遺留分として、次条第1項に規定する遺留分を算定するための財産の価額に、次の各号に掲げる区分に応じてそれぞれ当該各号に定める割合を乗じた額を受ける。

一　直系尊属のみが相続人である場合　3分の1

二　前号に掲げる場合以外の場合　2分の1

2　相続人が数人ある場合には、前項各号に定める割合は、これらに第900条及び第901条の規定により算定したその各自の相続分を乗じた割合とする。

（遺留分を算定するための財産の価額）

第1043条　遺留分を算定するための財産の価額は、被相続人が相続開始の時において有した財産の価額にその贈与した財産の価額を加えた額から債務の全額を控除した額とする。

2　条件付きの権利又は存続期間の不確定な権利は、家庭裁判所が選任した鑑定人の評価に従って、その価格を定める。

第1044条　贈与は、相続開始前の1年間にしたものに限り、前条の規定によりその価額を算入する。当事者双方が遺留分権利者に損害を加えることを知って贈与をしたときは、1年前の日より前にしたものについても、同様とする。

2　第904条の規定は、前項に規定する贈与の価額について準用する。

3　相続人に対する贈与についての第1項の規定の適用については、同項中「1年」とあるのは「10年」と、「価額」とあるのは「価額（婚姻若しくは養子縁組のため又は生計の資本として受けた贈与の価額に限る。）」とする。

第1045条　負担付贈与がされた場合における第1043条第1項に規定する贈与した財産の価額は、その目的の価額から負担の価額を控除した額とする。

2　不相当な対価をもってした有償行為は、当事者双方が遺留分権利者に損害を加えることを知ってしたものに限り、当該対価を負担の価額とする負担付贈与とみなす。

（遺留分侵害額の請求）

第1046条　遺留分権利者及びその承継人は、受遺者（特定財産承継遺言により財産を承継し又は相続分の指定を受けた相続人を含む。以下この章において同じ。）又は受贈者に対し、遺留分侵害額に相当する金銭の支払を請求することができる。

2　遺留分侵害額は、第1042条の規定による遺留分から第1号及び第2号に掲げる額を控除し、これに第3号に掲げる額を加算して算定する。

一　遺留分権利者が受けた遺贈又は第903条第1項に規定する贈与の価額

二　第900条から第902条まで、第903条及び第904条の規定により算定した相続分に応じて遺留分権利者が取得すべき遺産の価額

三　被相続人が相続開始の時において有した債務のうち、第899条の規定により遺留分権利者が承継する債務（次条第3項において「遺留分権利者承継債務」という。）の額

（受遺者又は受贈者の負担額）

第1047条　受遺者又は受贈者は、次の各号の定めるところに従い、遺贈（特定財産承継遺言による財産の承継又は相続分の指定による遺産の取得を含む。以下この章において同じ。）又は贈与（遺留分を算定するための財産の価額に算入されるものに限る。以下この章において同じ。）の目的の価額（受遺者又は受贈者が相続人である場合にあっては、当該価額から第1042条の規定による遺留分として当該相続人が受けるべき額を控除した額）を限度として、遺留分侵害額を負担する。

一　受遺者と受贈者とがあるときは、受遺者が先に負担する。

二　受遺者が複数あるとき、又は受贈者が複数ある場合においてその贈与が同時にされたものであるときは、受遺者又は受贈者がその目的の価額の割合に応じて負担する。ただし、遺言者がその遺言に別段の意思を表示したときは、その意思に従う。

三　受贈者が複数あるとき（前号に規定する場合を除く。）は、後の贈与に係る受贈者から順次前の贈与に係る受贈者が負担する。

2　第904条、第1043条第2項及び第1045条の規定は、前項に規定する遺贈又は贈与の目的の価額について準用する。

3　前条第1項の請求を受けた受遺者又は受贈者は、遺留分権利者承継債務について弁済その他の債務を消滅させる行為をしたときは、消滅した債務の額の限度において、遺留分権利者に対する意思表示によって第1項の規定により負担する債務を消滅させることができる。この場合において、当該行為によって遺留分権利者に対して取得した求償権は、消滅した当該債務の額の限度において消滅する。

4　受遺者又は受贈者の無資力によって生じた損失は、遺留分権利者の負担に帰する。

5　裁判所は、受遺者又は受贈者の請求により、第1項の規定により負担する債務の全部又は一部の支払につき相当の期限を許与することができる。

（遺留分侵害額請求権の期間の制限）

第1048条　遺留分侵害額の請求権は、遺留分権利者が、相続の開始及び遺留分を侵害する贈与又は遺贈があったことを知った時から1年間行使しないときは、時効によって消滅する。相続開始の時から10年を経過したときも、同様とする。

（遺留分の放棄）

第1049条　相続の開始前における遺留分の放棄は、家庭裁判所の許可を受けたときに限り、その効力を生ずる。

2　共同相続人の1人のした遺留分の放棄は、他の各共同相続人の遺留分に影響を及ぼさない。

第10章　特別の寄与

第1050条　被相続人に対して無償で療養看護その他の労務の提供をしたことにより被相続人の財産の維持又は増加について特別の寄与をした被相続人の親族（相続人、相続の放棄をした者及び第891条の規定に該当し又は廃除によってその相続権を失った者を除く。以下この条において「特別寄与者」という。）は、相続の開始後、相続人に対し、特別寄与者の寄与に応じた額の金銭（以下この条において「特別寄与料」という。）の支払を請求することができる。

2　前項の規定による特別寄与料の支払について、当事者間に協議が調わないとき、又は協議をすることができないときは、特別寄与者は、家庭裁判所に対して協議に代わる処分を請求することができる。ただし、特別寄与者が相続の開始及び相続人を知った時から6箇月を経過したとき、又は相続開始の時から1年を経過したときは、この限りでない。

3　前項本文の場合には、家庭裁判所は、寄与の時期、方法及び程度、相続財産の額その他一切の事情を考慮して、特別寄与料の額を定める。

4　特別寄与料の額は、被相続人が相続開始の時において有した財産の価額から遺贈の価額を控除した残額を超えることができない。

5　相続人が数人ある場合には、各相続人は、特別寄与料の額に第900条から第902条までの規定により算定した当該相続人の相続分を乗じた額を負担する。

行政手続法

(平成5年11月12日法律第88号)

第1章 総則

(目的等)

第1条 この法律は、処分、行政指導及び届出に関する手続並びに命令等を定める手続に関し、共通する事項を定めることによって、行政運営における公正の確保と透明性(行政上の意思決定について、その内容及び過程が国民にとって明らかであることをいう。第46条において同じ。)の向上を図り、もって国民の権利利益の保護に資することを目的とする。

2 処分、行政指導及び届出に関する手続並びに命令等を定める手続に関しこの法律に規定する事項について、他の法律に特別の定めがある場合は、その定めるところによる。

(定義)

第2条 この法律において、次の各号に掲げる用語の意義は、当該各号に定めるところによる。

一 法令 法律、法律に基づく命令(告示を含む。)、条例及び地方公共団体の執行機関の規則(規程を含む。以下「規則」という。)をいう。

二 処分 行政庁の処分その他公権力の行使に当たる行為をいう。

三 申請 法令に基づき、行政庁の許可、認可、免許その他の自己に対し何らかの利益を付与する処分(以下「許認可等」という。)を求める行為であって、当該行為に対して行政庁が諾否の応答をすべきこととされているものをいう。

四 不利益処分 行政庁が、法令に基づき、特定の者を名あて人として、直接に、これに義務を課し、又はその権利を制限する処分をいう。ただし、次のいずれかに該当するものを除く。

イ 事実上の行為及び事実上の行為をするに当たりその範囲、時期等を明らかにするために法令上必要とされている手続としての処分

ロ 申請により求められた許認可等を拒否する処分その他申請に基づき当該申請をした者を名あて人としてされる処分

ハ 名あて人となるべき者の同意の下にすることとされている処分

ニ 許認可等の効力を失わせる処分であって、当該許認可等の基礎となった事実が消

滅した旨の届出があったことを理由としてされるもの

五 行政機関 次に掲げる機関をいう。

イ 法律の規定に基づき内閣に置かれる機関若しくは内閣の所轄の下に置かれる機関、宮内庁、内閣府設置法(平成11年法律第89号)第49条第1項若しくは第2項に規定する機関、国家行政組織法(昭和23年法律第120号)第3条第2項に規定する機関、会計検査院若しくはこれらに置かれる機関又はこれらの機関の職員であって法律上独立に権限を行使することを認められた職員

ロ 地方公共団体の機関(議会を除く。)

六 行政指導 行政機関がその任務又は所掌事務の範囲内において一定の行政目的を実現するため特定の者に一定の作為又は不作為を求める指導、勧告、助言その他の行為であって処分に該当しないものをいう。

七 届出 行政庁に対し一定の事項の通知をする行為(申請に該当するものを除く。)であって、法令により直接に当該通知が義務付けられているもの(自己の期待する一定の法律上の効果を発生させるためには当該通知をすべきこととされているものを含む。)をいう。

八 命令等 内閣又は行政機関が定める次に掲げるものをいう。

イ 法律に基づく命令(処分の要件を定める告示を含む。次条第2項において単に「命令」という。)又は規則

ロ 審査基準(申請により求められた許認可等をするかどうかをその法令の定めに従って判断するために必要とされる基準をいう。以下同じ。)

ハ 処分基準(不利益処分をするかどうか又はどのような不利益処分とするかについてその法令の定めに従って判断するために必要とされる基準をいう。以下同じ。)

ニ 行政指導指針(同一の行政目的を実現するため一定の条件に該当する複数の者に対し行政指導をしようとするときにこれらの行政指導に共通してその内容となるべき事項をいう。以下同じ。)

(適用除外)

第3条 次に掲げる処分及び行政指導については、次章から第4章の2までの規定は、適用しない。

一 国会の両院若しくは一院又は議会の議決によってされる処分

二 裁判所若しくは裁判官の裁判により、又は裁判の執行としてされる処分

三　国会の両院若しくは一院若しくは議会の議
　決を経て、又はこれらの同意若しくは承認を
　得た上でされるべきものとされている処分
四　検査官会議で決すべきものとされている処
　分及び会計検査の際にされる行政指導
五　刑事事件に関する法令に基づいて検察官、
　検察事務官又は司法警察職員がする処分及
　び行政指導
六　国税又は地方税の犯則事件に関する法令
　（他の法令において準用する場合を含む。）に
　基づいて国税庁長官、国税局長、税務署長、
　国税庁、国税局若しくは税務署の当該職員、
　税関長、税関職員又は徴収吏員（他の法令の
　規定に基づいてこれらの職員の職務を行う者
　を含む。）がする処分及び行政指導並びに金
　融商品取引の犯則事件に関する法令（他の法
　令において準用する場合を含む。）に基づい
　て証券取引等監視委員会、その職員（当該法
　令においてその職員とみなされる者を含む。）、
　財務局長又は財務支局長がする処分及び行
　政指導
七　学校、講習所、訓練所又は研修所において、
　教育、講習、訓練又は研修の目的を達成する
　ために、学生、生徒、児童若しくは幼児若し
　くはこれらの保護者、講習生、訓練生又は研
　修生に対してされる処分及び行政指導
八　刑務所、少年刑務所、拘置所、留置施設、
　海上保安留置施設、少年院、少年鑑別所又は
　婦人補導院において、収容の目的を達成する
　ためにされる処分及び行政指導
九　公務員（国家公務員法（昭和22年法律第
　120号）第2条第1項に規定する国家公務員
　及び地方公務員法（昭和25年法律第261号）
　第3条第1項に規定する地方公務員をいう。
　以下同じ。）又は公務員であった者に対して
　その職務又は身分に関してされる処分及び行
　政指導
十　外国人の出入国、難民の認定又は帰化に関
　する処分及び行政指導
十一　専ら人の学識技能に関する試験又は検定
　の結果についての処分
十二　相反する利害を有する者の間の利害の調
　整を目的として法令の規定に基づいてされる
　裁定その他の処分（その双方を名宛人とする
　ものに限る。）及び行政指導
十三　公衆衛生、環境保全、防疫、保安その
　他の公益に関わる事象が発生し又は発生する
　可能性のある現場において警察官若しくは海
　上保安官又はこれらの公益を確保するために
　行使すべき権限を法律上直接に与えられたそ

の他の職員によってされる処分及び行政指導
十四　報告又は物件の提出を命ずる処分その他
　その職務の遂行上必要な情報の収集を直接の
　目的としてされる処分及び行政指導
十五　審査請求、再調査の請求その他の不服
　申立てに対する行政庁の裁決、決定その他の
　処分
十六　前号に規定する処分の手続又は第3章に
　規定する聴聞若しくは弁明の機会の付与の手
　続その他の意見陳述のための手続において法
　令に基づいてされる処分及び行政指導
2　次に掲げる命令等を定める行為については、
　第6章の規定は、適用しない。
　一　法律の施行期日について定める政令
　二　恩赦に関する命令
　三　命令又は規則を定める行為が処分に該当す
　　る場合における当該命令又は規則
　四　法律の規定に基づき施設、区間、地域その
　　他これらに類するものを指定する命令又は規
　　則
　五　公務員の給与、勤務時間その他の勤務条
　　件について定める命令等
　六　審査基準、処分基準又は行政指導指針で
　　あって、法令の規定により若しくは慣行とし
　　て、又は命令等を定める機関の判断により公
　　にされるもの以外のもの
3　第1項各号及び前項各号に掲げるもののほ
　か、地方公共団体の機関がする処分（その根拠
　となる規定が条例又は規則に置かれているもの
　に限る。）及び行政指導、地方公共団体の機関
　に対する届出（前条第7号の通知の根拠となる
　規定が条例又は規則に置かれているものに限
　る。）並びに地方公共団体の機関が命令等を定
　める行為については、次章から第6章までの規
　定は、適用しない。

（国の機関等に対する処分等の適用除外）
第4条　国の機関又は地方公共団体若しくはその
　機関に対する処分（これらの機関又は団体がそ
　の固有の資格において当該処分の名あて人とな
　るものに限る。）及び行政指導並びにこれらの機
　関又は団体がする届出（これらの機関又は団体
　がその固有の資格においてすべきこととされて
　いるものに限る。）については、この法律の規定
　は、適用しない。
2　次の各号のいずれかに該当する法人に対する
　処分であって、当該法人の監督に関する法律の
　特別の規定に基づいてされるもの（当該法人の
　解散を命じ、若しくは設立に関する認可を取り
　消す処分又は当該法人の役員若しくは当該法人
　の業務に従事する者の解任を命ずる処分を除

く。）については、次章及び第3章の規定は、適用しない。

一　法律により直接に設立された法人又は特別の法律により特別の設立行為をもって設立された法人

二　特別の法律により設立され、かつ、その設立に関し行政庁の認可を要する法人のうち、その行う業務が国又は地方公共団体の行政運営と密接な関連を有するものとして政令で定める法人

3　行政庁が法律の規定に基づく試験、検査、検定、登録その他の行政上の事務について当該法律に基づきその全部又は一部を行わせる者を指定した場合において、その指定を受けた者（その者が法人である場合にあっては、その役員）又は職員その他の者が当該事務に従事することに関し公務に従事する職員とみなされるときは、その指定を受けた者に対し当該法律に基づいて当該事務に関し監督上される処分（当該指定を取り消す処分、その指定を受けた者が法人である場合におけるその役員の解任を命ずる処分又はその指定を受けた者の当該事務に従事する者の解任を命ずる処分を除く。）については、次章及び第3章の規定は、適用しない。

4　次に掲げる命令等を定める行為については、第6章の規定は、適用しない。

一　国又は地方公共団体の機関の設置、所掌事務の範囲その他の組織について定める命令等

二　皇室典範（昭和22年法律第3号）第26条の皇統譜について定める命令等

三　公務員の礼式、服制、研修、教育訓練、表彰及び報償並びに公務員の間における競争試験について定める命令等

四　国又は地方公共団体の予算、決算及び会計について定める命令等（入札の参加者の資格、入札保証金その他の国又は地方公共団体の契約の相手方又は相手方になろうとする者に係る事項を定める命令等を除く。）並びに国又は地方公共団体の財産及び物品の管理について定める命令等（国又は地方公共団体が財産及び物品を貸し付け、交換し、売り払い、譲与し、信託し、若しくは出資の目的とし、又はこれらに私権を設定することについて定める命令等であって、これらの行為の相手方又は相手方になろうとする者に係る事項を定めるものを除く。）

五　会計検査について定める命令等

六　国の機関相互間の関係について定める命令等並びに地方自治法（昭和22年法律第67号）第2編第11章に規定する国と普通地方公共団体との関係及び普通地方公共団体相互間の関係その他の国と地方公共団体との関係及び地方公共団体相互間の関係について定める命令等（第1項の規定によりこの法律の規定を適用しないこととされる処分に係る命令等を含む。）

七　第2項各号に規定する法人の役員及び職員、業務の範囲、財務及び会計その他の組織、運営及び管理について定める命令等（これらの法人に対する処分であって、これらの法人の解散を命じ、若しくは設立に関する認可を取り消す処分又はこれらの法人の役員若しくはこれらの法人の業務に従事する者の解任を命ずる処分に係る命令等を除く。）

第2章　申請に対する処分

（審査基準）

第5条　行政庁は、審査基準を定めるものとする。

2　行政庁は、審査基準を定めるに当たっては、許認可等の性質に照らしてできる限り具体的なものとしなければならない。

3　行政庁は、行政上特別の支障があるときを除き、法令により申請の提出先とされている機関の事務所における備付けその他の適当な方法により審査基準を公にしておかなければならない。

（標準処理期間）

第6条　行政庁は、申請がその事務所に到達してから当該申請に対する処分をするまでに通常要すべき標準的な期間（法令により当該行政庁と異なる機関が当該申請の提出先とされている場合は、併せて、当該申請が当該提出先とされている機関の事務所に到達してから当該行政庁の事務所に到達するまでに通常要すべき標準的な期間）を定めるよう努めるとともに、これを定めたときは、これらの当該申請の提出先とされている機関の事務所における備付けその他の適当な方法により公にしておかなければならない。

（申請に対する審査、応答）

第7条　行政庁は、申請がその事務所に到達したときは遅滞なく当該申請の審査を開始しなければならず、かつ、申請書の記載事項に不備がないこと、申請書に必要な書類が添付されていること、申請をすることができる期間内にされたものであることその他の法令に定められた申請の形式上の要件に適合しない申請については、速やかに、申請をした者（以下「申請者」という。）に対し相当の期間を定めて当該申請の補正を求め、又は当該申請により求められた許

105

認可等を拒否しなければならない。

（理由の提示）

第8条 行政庁は、申請により求められた許認可等を拒否する処分をする場合は、申請者に対し、同時に、当該処分の理由を示さなければならない。ただし、法令に定められた許認可等の要件又は公にされた審査基準が数量的指標その他の客観的指標により明確に定められている場合であって、当該申請がこれらに適合しないことが申請書の記載又は添付書類その他の申請の内容から明らかであるときは、申請者の求めがあったときにこれを示せば足りる。

2 前項本文に規定する処分を書面でするときは、同項の理由は、書面により示さなければならない。

（情報の提供）

第9条 行政庁は、申請者の求めに応じ、当該申請に係る審査の進行状況及び当該申請に対する処分の時期の見通しを示すよう努めなければならない。

2 行政庁は、申請をしようとする者又は申請者の求めに応じ、申請書の記載及び添付書類に関する事項その他の申請に必要な情報の提供に努めなければならない。

（公聴会の開催等）

第10条 行政庁は、申請に対する処分であって、申請者以外の者の利害を考慮すべきことが当該法令において許認可等の要件とされているものを行う場合には、必要に応じ、公聴会の開催その他の適当な方法により当該申請者以外の者の意見を聴く機会を設けるよう努めなければならない。

（複数の行政庁が関与する処分）

第11条 行政庁は、申請の処理をするに当たり、他の行政庁において同一の申請者からされた関連する申請が審査中であることをもって自らすべき許認可等をするかどうかについての審査又は判断を殊更に遅延させるようなことをしてはならない。

2 一の申請又は同一の申請者からされた相互に関連する複数の申請に対する処分について複数の行政庁が関与する場合においては、当該複数の行政庁は、必要に応じ、相互に連絡をとり、当該申請者からの説明の聴取を共同して行う等により審査の促進に努めるものとする。

第3章 不利益処分

第1節 通則

（処分の基準）

第12条 行政庁は、処分基準を定め、かつ、これを公にしておくよう努めなければならない。

2 行政庁は、処分基準を定めるに当たっては、不利益処分の性質に照らしてできる限り具体的なものとしなければならない。

（不利益処分をしようとする場合の手続）

第13条 行政庁は、不利益処分をしようとする場合には、次の各号の区分に従い、この章の定めるところにより、当該不利益処分の名あて人となるべき者について、当該各号に定める意見陳述のための手続を執らなければならない。

　一 次のいずれかに該当するとき 聴聞

　　イ 許認可等を取り消す不利益処分をしようとするとき。

　　ロ イに規定するもののほか、名あて人の資格又は地位を直接にはく奪する不利益処分をしようとするとき。

　　ハ 名あて人が法人である場合におけるその役員の解任を命ずる不利益処分、名あて人の業務に従事する者の解任を命ずる不利益処分又は名あて人の会員である者の除名を命ずる不利益処分をしようとするとき。

　　ニ イからハまでに掲げる場合以外の場合であって行政庁が相当と認めるとき。

　二 前号イからニまでのいずれにも該当しないとき 弁明の機会の付与

2 次の各号のいずれかに該当するときは、前項の規定は、適用しない。

　一 公益上、緊急に不利益処分をする必要があるため、前項に規定する意見陳述のための手続を執ることができないとき。

　二 法令上必要とされる資格がなかったこと又は失われるに至ったことが判明した場合に必ずすることとされている不利益処分であって、その資格の不存在又は喪失の事実が裁判所の判決書又は決定書、一定の職に就いたことを証する当該任命権者の書類その他の客観的な資料により直接証明されたものをしようとするとき。

　三 施設若しくは設備の設置、維持若しくは管理又は物の製造、販売その他の取扱いについて遵守すべき事項が法令において技術的な基準をもって明確にされている場合において、専ら当該基準が充足されていないことを理由として当該基準に従うべきことを命ずる不利益処分であってその不充足の事実が計測、実験その他客観的な認定方法によって確認されたものをしようとするとき。

　四 納付すべき金銭の額を確定し、一定の額の

金銭の納付を命じ、又は金銭の給付決定の取消しその他の金銭の給付を制限する不利益処分をしようとするとき。

五　当該不利益処分の性質上、それによって課される義務の内容が著しく軽微なものであるため名あて人となるべき者の意見をあらかじめ聴くことを要しないものとして政令で定める処分をしようとするとき。

（不利益処分の理由の提示）

第14条　行政庁は、不利益処分をする場合には、その名あて人に対し、同時に、当該不利益処分の理由を示さなければならない。ただし、当該理由を示さないで処分をすべき差し迫った必要がある場合は、この限りでない。

2　行政庁は、前項ただし書の場合においては、当該名あて人の所在が判明しなくなったときその他処分後において理由を示すことが困難な事情があるときを除き、処分後相当の期間内に、同項の理由を示さなければならない。

3　不利益処分を書面でするときは、前二項の理由は、書面により示さなければならない。

第2節　聴聞

（聴聞の通知の方式）

第15条　行政庁は、聴聞を行うに当たっては、聴聞を行うべき期日までに相当な期間をおいて、不利益処分の名あて人となるべき者に対し、次に掲げる事項を書面により通知しなければならない。

一　予定される不利益処分の内容及び根拠となる法令の条項

二　不利益処分の原因となる事実

三　聴聞の期日及び場所

四　聴聞に関する事務を所掌する組織の名称及び所在地

2　前項の書面においては、次に掲げる事項を教示しなければならない。

一　聴聞の期日に出頭して意見を述べ、及び証拠書類又は証拠物（以下「証拠書類等」という。）を提出し、又は聴聞の期日への出頭に代えて陳述書及び証拠書類等を提出することができること。

二　聴聞が終結する時までの間、当該不利益処分の原因となる事実を証する資料の閲覧を求めることができること。

3　行政庁は、不利益処分の名あて人となるべき者の所在が判明しない場合においては、第1項の規定による通知を、その者の氏名、同項第3号及び第4号に掲げる事項並びに当該行政庁が

同項各号に掲げる事項を記載した書面をいつでもその者に交付する旨を当該行政庁の事務所の掲示場に掲示することによって行うことができる。この場合においては、掲示を始めた日から2週間を経過したときに、当該通知がその者に到達したものとみなす。

（代理人）

第16条　前条第1項の通知を受けた者（同条第3項後段の規定により当該通知が到達したものとみなされる者を含む。以下「当事者」という。）は、代理人を選任することができる。

2　代理人は、各自、当事者のために、聴聞に関する一切の行為をすることができる。

3　代理人の資格は、書面で証明しなければならない。

4　代理人がその資格を失ったときは、当該代理人を選任した当事者は、書面でその旨を行政庁に届け出なければならない。

（参加人）

第17条　第19条の規定により聴聞を主宰する者（以下「主宰者」という。）は、必要があると認めるときは、当事者以外の者であって当該不利益処分の根拠となる法令に照らし当該不利益処分につき利害関係を有するものと認められる者（同条第2項第6号において「関係人」という。）に対し、当該聴聞に関する手続に参加することを求め、又は当該聴聞に関する手続に参加することを許可することができる。

2　前項の規定により当該聴聞に関する手続に参加する者（以下「参加人」という。）は、代理人を選任することができる。

3　前条第2項から第4項までの規定は、前項の代理人について準用する。この場合において、同条第2項及び第4項中「当事者」とあるのは、「参加人」と読み替えるものとする。

（文書等の閲覧）

第18条　当事者及び当該不利益処分がされた場合に自己の利益を害されることとなる参加人（以下この条及び第24条第3項において「当事者等」という。）は、聴聞の通知があった時から聴聞が終結する時までの間、行政庁に対し、当該事案についてした調査の結果に係る調書その他の当該不利益処分の原因となる事実を証する資料の閲覧を求めることができる。この場合において、行政庁は、第三者の利益を害するおそれがあるときその他正当な理由があるときでなければ、その閲覧を拒むことができない。

2　前項の規定は、当事者等が聴聞の期日における審理の進行に応じて必要となった資料の閲覧を更に求めることを妨げない。

107

3 行政庁は、前二項の閲覧について日時及び場所を指定することができる。

（聴聞の主宰）
第19条 聴聞は、行政庁が指名する職員その他政令で定める者が主宰する。
2 次の各号のいずれかに該当する者は、聴聞を主宰することができない。
　一 当該聴聞の当事者又は参加人
　二 前号に規定する者の配偶者、4親等内の親族又は同居の親族
　三 第1号に規定する者の代理人又は次条第3項に規定する補佐人
　四 前三号に規定する者であった者
　五 第1号に規定する者の後見人、後見監督人、保佐人、保佐監督人、補助人又は補助監督人
　六 参加人以外の関係人

（聴聞の期日における審理の方式）
第20条 主宰者は、最初の聴聞の期日の冒頭において、行政庁の職員に、予定される不利益処分の内容及び根拠となる法令の条項並びにその原因となる事実を聴聞の期日に出頭した者に対し説明させなければならない。
2 当事者又は参加人は、聴聞の期日に出頭して、意見を述べ、及び証拠書類等を提出し、並びに主宰者の許可を得て行政庁の職員に対し質問を発することができる。
3 前項の場合において、当事者又は参加人は、主宰者の許可を得て、補佐人とともに出頭することができる。
4 主宰者は、聴聞の期日において必要があると認めるときは、当事者若しくは参加人に対し質問を発し、意見の陳述若しくは証拠書類等の提出を促し、又は行政庁の職員に対し説明を求めることができる。
5 主宰者は、当事者又は参加人の一部が出頭しないときであっても、聴聞の期日における審理を行うことができる。
6 聴聞の期日における審理は、行政庁が公開することを相当と認めるときを除き、公開しない。

（陳述書等の提出）
第21条 当事者又は参加人は、聴聞の期日への出頭に代えて、主宰者に対し、聴聞の期日までに陳述書及び証拠書類等を提出することができる。
2 主宰者は、聴聞の期日に出頭した者に対し、その求めに応じて、前項の陳述書及び証拠書類等を示すことができる。

（続行期日の指定）
第22条 主宰者は、聴聞の期日における審理の

結果、なお聴聞を続行する必要があると認めるときは、さらに新たな期日を定めることができる。
2 前項の場合においては、当事者及び参加人に対し、あらかじめ、次回の聴聞の期日及び場所を書面により通知しなければならない。ただし、聴聞の期日に出頭した当事者及び参加人に対しては、当該聴聞の期日においてこれを告知すれば足りる。
3 第15条第3項の規定は、前項本文の場合において、当事者又は参加人の所在が判明しないときにおける通知の方法について準用する。この場合において、同条第3項中「不利益処分の名あて人となるべき者」とあるのは「当事者又は参加人」と、「掲示を始めた日から2週間を経過したとき」とあるのは「掲示を始めた日から2週間を経過したとき（同一の当事者又は参加人に対する2回目以降の通知にあっては、掲示を始めた日の翌日）」と読み替えるものとする。

（当事者の不出頭等の場合における聴聞の終結）
第23条 主宰者は、当事者の全部若しくは一部が正当な理由なく聴聞の期日に出頭せず、かつ、第21条第1項に規定する陳述書若しくは証拠書類等を提出しない場合、又は参加人の全部若しくは一部が聴聞の期日に出頭しない場合には、これらの者に対し改めて意見を述べ、及び証拠書類等を提出する機会を与えることなく、聴聞を終結することができる。
2 主宰者は、前項に規定する場合のほか、当事者の全部又は一部が聴聞の期日に出頭せず、かつ、第21条第1項に規定する陳述書又は証拠書類等を提出しない場合において、これらの者の聴聞の期日への出頭が相当期間引き続き見込めないときは、これらの者に対し、期限を定めて陳述書及び証拠書類等の提出を求め、当該期限が到来したときに聴聞を終結することとすることができる。

（聴聞調書及び報告書）
第24条 主宰者は、聴聞の審理の経過を記載した調書を作成し、当該調書において、不利益処分の原因となる事実に対する当事者及び参加人の陳述の要旨を明らかにしておかなければならない。
2 前項の調書は、聴聞の期日における審理が行われた場合には各期日ごとに、当該審理が行われなかった場合には聴聞の終結後速やかに作成しなければならない。
3 主宰者は、聴聞の終結後速やかに、不利益処分の原因となる事実に対する当事者等の主張に理由があるかどうかについての意見を記載した

報告書を作成し、第1項の調書とともに行政庁に提出しなければならない。

4　当事者又は参加人は、第1項の調書及び前項の報告書の閲覧を求めることができる。

（聴聞の再開）

第25条　行政庁は、聴聞の終結後に生じた事情にかんがみ必要があると認めるときは、主宰者に対し、前条第3項の規定により提出された報告書を返戻して聴聞の再開を命ずることができる。第22条第2項本文及び第3項の規定は、この場合について準用する。

（聴聞を経てされる不利益処分の決定）

第26条　行政庁は、不利益処分の決定をするときは、第24条第1項の調書の内容及び同条第3項の報告書に記載された主宰者の意見を十分に参酌してこれをしなければならない。

（審査請求の制限）

第27条　この節の規定に基づく処分又はその不作為については、審査請求をすることができない。

（役員等の解任等を命ずる不利益処分をしようとする場合の聴聞等の特例）

第28条　第13条第1項第1号ハに該当する不利益処分に係る聴聞において第15条第1項の通知があった場合におけるこの節の規定の適用については、名あて人である法人の役員、名あて人の業務に従事する者又は名あて人の会員である者（当該処分において解任し又は除名すべきこととされている者に限る。）は、同項の通知を受けた者とみなす。

2　前項の不利益処分のうち名あて人である法人の役員又は名あて人の業務に従事する者（以下この項において「役員等」という。）の解任を命ずるものに係る聴聞が行われた場合においては、当該処分にその名あて人が従わないことを理由として法令の規定によりされる当該役員等を解任する不利益処分については、第13条第1項の規定にかかわらず、行政庁は、当該役員等について聴聞を行うことを要しない。

第3節　弁明の機会の付与

（弁明の機会の付与の方式）

第29条　弁明は、行政庁が口頭ですることを認めたときを除き、弁明を記載した書面（以下「弁明書」という。）を提出してするものとする。

2　弁明をするときは、証拠書類等を提出することができる。

（弁明の機会の付与の通知の方式）

第30条　行政庁は、弁明書の提出期限（口頭による弁明の機会の付与を行う場合には、その日時）までに相当な期間をおいて、不利益処分の名あて人となるべき者に対し、次に掲げる事項を書面により通知しなければならない。

一　予定される不利益処分の内容及び根拠となる法令の条項

二　不利益処分の原因となる事実

三　弁明書の提出先及び提出期限（口頭による弁明の機会の付与を行う場合には、その旨並びに出頭すべき日時及び場所）

（聴聞に関する手続の準用）

第31条　第15条第3項及び第16条の規定は、弁明の機会の付与について準用する。この場合において、第15条第3項中「第1項」とあるのは「第30条」と、「同項第3号及び第4号」とあるのは「同条第3号」と、第16条第1項中「前条第1項」とあるのは「第30条」と、「同条第3項後段」とあるのは「第31条において準用する第15条第3項後段」と読み替えるものとする。

第4章　行政指導

（行政指導の一般原則）

第32条　行政指導にあっては、行政指導に携わる者は、いやしくも当該行政機関の任務又は所掌事務の範囲を逸脱してはならないこと及び行政指導の内容があくまでも相手方の任意の協力によってのみ実現されるものであることに留意しなければならない。

2　行政指導に携わる者は、その相手方が行政指導に従わなかったことを理由として、不利益な取扱いをしてはならない。

（申請に関連する行政指導）

第33条　申請の取下げ又は内容の変更を求める行政指導にあっては、行政指導に携わる者は、申請者が当該行政指導に従う意思がない旨を表明したにもかかわらず当該行政指導を継続すること等により当該申請者の権利の行使を妨げるようなことをしてはならない。

（許認可等の権限に関連する行政指導）

第34条　許認可等をする権限又は許認可等に基づく処分をする権限を有する行政機関が、当該権限を行使することができない場合又は行使する意思がない場合においてする行政指導にあっては、行政指導に携わる者は、当該権限を行使し得る旨を殊更に示すことにより相手方に当該行政指導に従うことを余儀なくさせるようなことをしてはならない。

（行政指導の方式）

第35条　行政指導に携わる者は、その相手方に

対して、当該行政指導の趣旨及び内容並びに責任者を明確に示さなければならない。

2　行政指導に携わる者は、当該行政指導をする際に、行政機関が許認可等をする権限又は許認可等に基づく処分をする権限を行使し得る旨を示すときは、その相手方に対して、次に掲げる事項を示さなければならない。

一　当該権限を行使し得る根拠となる法令の条項

二　前号の条項に規定する要件

三　当該権限の行使が前号の要件に適合する理由

3　行政指導が口頭でされた場合において、その相手方から前二項に規定する事項を記載した書面の交付を求められたときは、当該行政指導に携わる者は、行政上特別の支障がない限り、これを交付しなければならない。

4　前項の規定は、次に掲げる行政指導については、適用しない。

一　相手方に対しその場において完了する行為を求めるもの

二　既に文書（前項の書面を含む。）又は電磁的記録（電子的方式、磁気的方式その他人の知覚によっては認識することができない方式で作られる記録であって、電子計算機による情報処理の用に供されるものをいう。）によりその相手方に通知されている事項と同一の内容を求めるもの

（複数の者を対象とする行政指導）

第36条　同一の行政目的を実現するため一定の条件に該当する複数の者に対し行政指導をしようとするときは、行政機関は、あらかじめ、事案に応じ、行政指導指針を定め、かつ、行政上特別の支障がない限り、これを公表しなければならない。

（行政指導の中止等の求め）

第36条の2　法令に違反する行為の是正を求める行政指導（その根拠となる規定が法律に置かれているものに限る。）の相手方は、当該行政指導が当該法律に規定する要件に適合しないと思料するときは、当該行政指導をした行政機関に対し、その旨を申し出て、当該行政指導の中止その他必要な措置をとることを求めることができる。ただし、当該行政指導がその相手方について弁明その他意見陳述のための手続を経てされたものであるときは、この限りでない。

2　前項の申出は、次に掲げる事項を記載した申出書を提出してしなければならない。

一　申出をする者の氏名又は名称及び住所又は居所

二　当該行政指導の内容

三　当該行政指導がその根拠とする法律の条項

四　前号の条項に規定する要件

五　当該行政指導が前号の要件に適合しないと思料する理由

六　その他参考となる事項

3　当該行政機関は、第1項の規定による申出があったときは、必要な調査を行い、当該行政指導が当該法律に規定する要件に適合しないと認めるときは、当該行政指導の中止その他必要な措置をとらなければならない。

第4章の2　処分等の求め

第36条の3　何人も、法令に違反する事実がある場合において、その是正のためにされるべき処分又は行政指導（その根拠となる規定が法律に置かれているものに限る。）がされていないと思料するときは、当該処分をする権限を有する行政庁又は当該行政指導をする権限を有する行政機関に対し、その旨を申し出て、当該処分又は行政指導をすることを求めることができる。

2　前項の申出は、次に掲げる事項を記載した申出書を提出してしなければならない。

一　申出をする者の氏名又は名称及び住所又は居所

二　法令に違反する事実の内容

三　当該処分又は行政指導の内容

四　当該処分又は行政指導の根拠となる法令の条項

五　当該処分又は行政指導がされるべきであると思料する理由

六　その他参考となる事項

3　当該行政庁又は行政機関は、第1項の規定による申出があったときは、必要な調査を行い、その結果に基づき必要があると認めるときは、当該処分又は行政指導をしなければならない。

第5章　届出

（届出）

第37条　届出が届出書の記載事項に不備がないこと、届出書に必要な書類が添付されていることその他の法令に定められた届出の形式上の要件に適合している場合は、当該届出が法令により当該届出の提出先とされている機関の事務所に到達したときに、当該届出をすべき手続上の義務が履行されたものとする。

第6章　意見公募手続等

110

（命令等を定める場合の一般原則）

第38条 命令等を定める機関（閣議の決定により命令等が定められる場合にあっては、当該命令等の立案をする各大臣。以下「命令等制定機関」という。）は、命令等を定めるに当たっては、当該命令等がこれを定める根拠となる法令の趣旨に適合するものとなるようにしなければならない。

2　命令等制定機関は、命令等を定めた後においても、当該命令等の規定の実施状況、社会経済情勢の変化等を勘案し、必要に応じ、当該命令等の内容について検討を加え、その適正を確保するよう努めなければならない。

（意見公募手続）

第39条 命令等制定機関は、命令等を定めようとする場合には、当該命令等の案（命令等で定めようとする内容を示すものをいう。以下同じ。）及びこれに関連する資料をあらかじめ公示し、意見（情報を含む。以下同じ。）の提出先及び意見の提出のための期間（以下「意見提出期間」という。）を定めて広く一般の意見を求めなければならない。

2　前項の規定により公示する命令等の案は、具体的かつ明確な内容のものであって、かつ、当該命令等の題名及び当該命令等を定める根拠となる法令の条項が明示されたものでなければならない。

3　第1項の規定により定める意見提出期間は、同項の公示の日から起算して30日以上でなければならない。

4　次の各号のいずれかに該当するときは、第1項の規定は、適用しない。

一　公益上、緊急に命令等を定める必要があるため、第1項の規定による手続（以下「意見公募手続」という。）を実施することが困難であるとき。

二　納付すべき金銭について定める法律の制定又は改正により必要となる当該金銭の額の算定の基礎となるべき金額及び率並びに算定方法についての命令等その他当該法律の施行に関し必要な事項を定める命令等を定めようとするとき。

三　予算の定めるところにより金銭の給付決定を行うために必要となる当該金銭の額の算定の基礎となるべき金額及び率並びに算定方法その他の事項を定める命令等を定めようとするとき。

四　法律の規定により、内閣府設置法第49条第1項若しくは第2項若しくは国家行政組織法第3条第2項に規定する委員会又は内閣府設置法第37条若しくは第54条若しくは国家行政組織法第8条に規定する機関（以下「委員会等」という。）の議を経て定めることとされている命令等であって、相反する利害を有する者の間の利害の調整を目的として、法律又は政令の規定により、これらの者及び公益をそれぞれ代表する委員をもって組織される委員会等において審議を行うこととされているものとして政令で定める命令等を定めようとするとき。

五　他の行政機関が意見公募手続を実施して定めた命令等と実質的に同一の命令等を定めようとするとき。

六　法律の規定に基づき法令の規定の適用又は準用について必要な技術的読替えを定める命令等を定めようとするとき。

七　命令等を定める根拠となる法令の規定の削除に伴い当然必要とされる当該命令等の廃止をしようとするとき。

八　他の法令の制定又は改廃に伴い当然必要とされる規定の整理その他の意見公募手続を実施することを要しない軽微な変更として政令で定めるものを内容とする命令等を定めようとするとき。

（意見公募手続の特例）

第40条 命令等制定機関は、命令等を定めようとする場合において、30日以上の意見提出期間を定めることができないやむを得ない理由があるときは、前条第3項の規定にかかわらず、30日を下回る意見提出期間を定めることができる。この場合においては、当該命令等の案の公示の際その理由を明らかにしなければならない。

2　命令等制定機関は、委員会等の議を経て命令等を定めようとする場合（前条第4項第4号に該当する場合を除く。）において、当該委員会等が意見公募手続に準じた手続を実施したときは、同条第1項の規定にかかわらず、自ら意見公募手続を実施することを要しない。

（意見公募手続の周知等）

第41条 命令等制定機関は、意見公募手続を実施して命令等を定めるに当たっては、必要に応じ、当該意見公募手続の実施について周知するよう努めるとともに、当該意見公募手続の実施に関連する情報の提供に努めるものとする。

（提出意見の考慮）

第42条 命令等制定機関は、意見公募手続を実施して命令等を定める場合には、意見提出期間内に当該命令等制定機関に対し提出された当該命令等の案についての意見（以下「提出意見」という。）を十分に考慮しなければならない。

111

（結果の公示等）

第43条 命令等制定機関は、意見公募手続を実施して命令等を定めた場合には、当該命令等の公布（公布をしないものにあっては、公にする行為。第5項において同じ。）と同時期に、次に掲げる事項を公示しなければならない。

一 命令等の題名

二 命令等の案の公示の日

三 提出意見（提出意見がなかった場合にあっては、その旨）

四 提出意見を考慮した結果（意見公募手続を実施した命令等の案と定めた命令等との差異を含む。）及びその理由

2 命令等制定機関は、前項の規定にかかわらず、必要に応じ、同項第3号の提出意見に代えて、当該提出意見を整理又は要約したものを公示することができる。この場合においては、当該公示の後遅滞なく、当該提出意見を当該命令等制定機関の事務所における備付けその他の適当な方法により公にしなければならない。

3 命令等制定機関は、前二項の規定により提出意見を公示し又は公にすることにより第三者の利益を害するおそれがあるとき、その他正当な理由があるときは、当該提出意見の全部又は一部を除くことができる。

4 命令等制定機関は、意見公募手続を実施したにもかかわらず命令等を定めないこととした場合には、その旨（別の命令等の案について改めて意見公募手続を実施しようとする場合にあっては、その旨を含む。）並びに第1項第1号及び第2号に掲げる事項を速やかに公示しなければならない。

5 命令等制定機関は、第39条第4項各号のいずれかに該当することにより意見公募手続を実施しないで命令等を定めた場合には、当該命令等の公布と同時期に、次に掲げる事項を公示しなければならない。ただし、第1号に掲げる事項のうち命令等の趣旨については、同項第1号から第4号までのいずれかに該当することにより意見公募手続を実施しなかった場合において、当該命令等自体から明らかでないときに限る。

一 命令等の題名及び趣旨

二 意見公募手続を実施しなかった旨及びその理由

（準用）

第44条 第42条の規定は第40条第2項に該当することにより命令等制定機関が自ら意見公募手続を実施しないで命令等を定める場合について、前条第1項から第3項までの規定は第40条第2項に該当することにより命令等制定機関が自ら意見公募手続を実施しないで命令等を定めた場合について、前条第4項の規定は第40条第2項に該当することにより命令等制定機関が自ら意見公募手続を実施しないこととした場合について準用する。この場合において、第42条中「当該命令等制定機関」とあるのは「委員会等」と、前条第1項第2号中「命令等の案の公示の日」とあるのは「委員会等が命令等の案について公示に準じた手続を実施した日」と、同項第4号中「意見公募手続を実施した」とあるのは「委員会等が意見公募手続に準じた手続を実施した」と読み替えるものとする。

（公示の方法）

第45条 第39条第1項並びに第43条第1項（前条において読み替えて準用する場合を含む。）、第4項（前条において準用する場合を含む。）及び第5項の規定による公示は、電子情報処理組織を使用する方法その他の情報通信の技術を利用する方法により行うものとする。

2 前項の公示に関し必要な事項は、総務大臣が定める。

第7章　補則

（地方公共団体の措置）

第46条 地方公共団体は、第3条第3項において第2章から前章までの規定を適用しないこととされた処分、行政指導及び届出並びに命令等を定める行為に関する手続について、この法律の規定の趣旨にのっとり、行政運営における公正の確保と透明性の向上を図るため必要な措置を講ずるよう努めなければならない。

行政代執行法

（昭和23年5月15日法律第43号）

第1条 行政上の義務の履行確保に関しては、別に法律で定めるものを除いては、この法律の定めるところによる。

第2条 法律（法律の委任に基く命令、規則及び条例を含む。以下同じ。）により直接に命ぜられ、又は法律に基き行政庁により命ぜられた行為（他人が代つてなすことのできる行為に限る。）について義務者がこれを履行しない場合、他の手段によつてその履行を確保することが困難であり、且つその不履行を放置することが著しく公益に反すると認められるときは、当該行政庁は、自ら義務者のなすべき行為をなし、又は第三者をしてこれをなさしめ、その費用を義務者から徴収することができる。

第3条 前条の規定による処分（代執行）をなすには、相当の履行期限を定め、その期限までに履行がなされないときは、代執行をなすべき旨を、予め文書で戒告しなければならない。

2 義務者が、前項の戒告を受けて、指定の期限までにその義務を履行しないときは、当該行政庁は、代執行令書をもつて、代執行をなすべき時期、代執行のために派遣する執行責任者の氏名及び代執行に要する費用の概算による見積額を義務者に通知する。

3 非常の場合又は危険切迫の場合において、当該行為の急速な実施について緊急の必要があり、前二項に規定する手続をとる暇がないときは、その手続を経ないで代執行をすることができる。

第4条 代執行のために現場に派遣される執行責任者は、その者が執行責任者たる本人であることを示すべき証票を携帯し、要求があるときは、何時でもこれを呈示しなければならない。

第5条 代執行に要した費用の徴収については、実際に要した費用の額及びその納期日を定め、義務者に対し、文書をもつてその納付を命じなければならない。

第6条 代執行に要した費用は、国税滞納処分の例により、これを徴収することができる。

2 代執行に要した費用については、行政庁は、国税及び地方税に次ぐ順位の先取特権を有する。

3 代執行に要した費用を徴収したときは、その徴収金は、事務費の所属に従い、国庫又は地方公共団体の経済の収入となる。

行政不服審査法

(平成26年6月13日法律第68号)

第1章　総則

（目的等）

第1条　この法律は、行政庁の違法又は不当な処分その他公権力の行使に当たる行為に関し、国民が簡易迅速かつ公正な手続の下で広く行政庁に対する不服申立てをすることができるための制度を定めることにより、国民の権利利益の救済を図るとともに、行政の適正な運営を確保することを目的とする。

2　行政庁の処分その他公権力の行使に当たる行為（以下単に「処分」という。）に関する不服申立てについては、他の法律に特別の定めがある場合を除くほか、この法律の定めるところによる。

（処分についての審査請求）

第2条　行政庁の処分に不服がある者は、第4条及び第5条第2項の定めるところにより、審査請求をすることができる。

（不作為についての審査請求）

第3条　法令に基づき行政庁に対して処分についての申請をした者は、当該申請から相当の期間が経過したにもかかわらず、行政庁の不作為（法令に基づく申請に対して何らの処分をもしないことをいう。以下同じ。）がある場合には、次条の定めるところにより、当該不作為についての審査請求をすることができる。

（審査請求をすべき行政庁）

第4条　審査請求は、法律（条例に基づく処分については、条例）に特別の定めがある場合を除くほか、次の各号に掲げる場合の区分に応じ、当該各号に定める行政庁に対してするものとする。

一　処分庁等（処分をした行政庁（以下「処分庁」という。）又は不作為に係る行政庁（以下「不作為庁」という。）をいう。以下同じ。）に上級行政庁がない場合又は処分庁等が主任の大臣若しくは宮内庁長官若しくは内閣府設置法（平成11年法律第89号）第49条第1項若しくは第2項若しくは国家行政組織法（昭和23年法律第120号）第3条第2項に規定する庁の長である場合　当該処分庁等

二　宮内庁長官又は内閣府設置法第49条第1項若しくは第2項若しくは国家行政組織法第3条第2項に規定する庁の長が処分庁等の上級行政庁である場合　宮内庁長官又は当該庁の長

三　主任の大臣が処分庁等の上級行政庁である場合（前二号に掲げる場合を除く。）　当該主任の大臣

四　前三号に掲げる場合以外の場合　当該処分庁等の最上級行政庁

（再調査の請求）

第5条　行政庁の処分につき処分庁以外の行政庁に対して審査請求をすることができる場合において、法律に再調査の請求をすることができる旨の定めがあるときは、当該処分に不服がある者は、処分庁に対して再調査の請求をすることができる。ただし、当該処分について第2条の規定により審査請求をしたときは、この限りでない。

2　前項本文の規定により再調査の請求をしたときは、当該再調査の請求についての決定を経た後でなければ、審査請求をすることができない。ただし、次の各号のいずれかに該当する場合は、この限りでない。

一　当該処分につき再調査の請求をした日（第61条において読み替えて準用する第23条の規定により不備を補正すべきことを命じられた場合にあっては、当該不備を補正した日）の翌日から起算して3月を経過しても、処分庁が当該再調査の請求につき決定をしない場合

二　その他再調査の請求についての決定を経ないことにつき正当な理由がある場合

（再審査請求）

第6条　行政庁の処分につき法律に再審査請求をすることができる旨の定めがある場合には、当該処分についての審査請求の裁決に不服がある者は、再審査請求をすることができる。

2　再審査請求は、原裁決（再審査請求をすることができる処分についての審査請求の裁決をいう。以下同じ。）又は当該処分（以下「原裁決等」という。）を対象として、前項の法律に定める行政庁に対してするものとする。

（適用除外）

第7条　次に掲げる処分及びその不作為については、第2条及び第3条の規定は、適用しない。

一　国会の両院若しくは一院又は議会の議決によってされる処分

二　裁判所若しくは裁判官の裁判により、又は裁判の執行としてされる処分

三　国会の両院若しくは一院若しくは議会の議決を経て、又はこれらの同意若しくは承認を得た上でされるべきものとされている処分

四　検査官会議で決すべきものとされている処分

115

五　当事者間の法律関係を確認し、又は形成する処分で、法令の規定により当該処分に関する訴えにおいてその法律関係の当事者の一方を被告とすべきものと定められているもの

六　刑事事件に関する法令に基づいて検察官、検察事務官又は司法警察職員がする処分

七　国税又は地方税の犯則事件に関する法令（他の法令において準用する場合を含む。）に基づいて国税庁長官、国税局長、税務署長、国税庁、国税局若しくは税務署の当該職員、税関長、税関職員又は徴税吏員（他の法令の規定に基づいてこれらの職員の職務を行う者を含む。）がする処分及び金融商品取引の犯則事件に関する法令（他の法令において準用する場合を含む。）に基づいて証券取引等監視委員会、その職員（当該法令においてその職員とみなされる者を含む。）、財務局長又は財務支局長がする処分

八　学校、講習所、訓練所又は研修所において、教育、講習、訓練又は研修の目的を達成するために、学生、生徒、児童若しくは幼児若しくはこれらの保護者、講習生、訓練生又は研修生に対してされる処分

九　刑務所、少年刑務所、拘置所、留置施設、海上保安留置施設、少年院、少年鑑別所又は婦人補導院において、収容の目的を達成するためにされる処分

十　外国人の出入国又は帰化に関する処分

十一　専ら人の学識技能に関する試験又は検定の結果についての処分

十二　この法律に基づく処分（第5章第1節第1款の規定に基づく処分を除く。）

2　国の機関又は地方公共団体その他の公共団体若しくはその機関に対する処分で、これらの機関又は団体がその固有の資格において当該処分の相手方となるもの及びその不作為については、この法律の規定は、適用しない。

（特別の不服申立ての制度）

第8条　前条の規定は、同条の規定により審査請求をすることができない処分又は不作為につき、別に法令で当該処分又は不作為の性質に応じた不服申立ての制度を設けることを妨げない。

第2章　審査請求

第1節　審査庁及び審理関係人

（審理員）

第9条　第4条又は他の法律若しくは条例の規定により審査請求がされた行政庁（第14条の規定

により引継ぎを受けた行政庁を含む。以下「審査庁」という。）は、審査庁に所属する職員（第17条に規定する名簿を作成した場合にあっては、当該名簿に記載されている者）のうちから第3節に規定する審理手続（この節に規定する手続を含む。）を行う者を指名するとともに、その旨を審査請求人及び処分庁等（審査庁以外の処分庁等に限る。）に通知しなければならない。ただし、次の各号のいずれかに掲げる機関が審査庁である場合若しくは条例に基づく処分について条例に特別の定めがある場合又は第24条の規定により当該審査請求を却下する場合は、この限りでない。

一　内閣府設置法第49条第1項若しくは第2項又は国家行政組織法第3条第2項に規定する委員会

二　内閣府設置法第37条若しくは第54条又は国家行政組織法第8条に規定する機関

三　地方自治法（昭和22年法律第67号）第138条の4第1項に規定する委員会若しくは委員又は同条第3項に規定する機関

2　審査庁が前項の規定により指名する者は、次に掲げる者以外の者でなければならない。

一　審査請求に係る処分若しくは当該処分に係る再調査の請求についての決定に関与した者又は審査請求に係る不作為に係る処分に関与し、若しくは関与することとなる者

二　審査請求人

三　審査請求人の配偶者、4親等内の親族又は同居の親族

四　審査請求人の代理人

五　前二号に掲げる者であった者

六　審査請求人の後見人、後見監督人、保佐人、保佐監督人、補助人又は補助監督人

七　第13条第1項に規定する利害関係人

3　審査庁が第1項各号に掲げる機関である場合又は同項ただし書の特別の定めがある場合においては、別表第1の上欄に掲げる規定の適用については、これらの規定中同表の中欄に掲げる字句は、それぞれ同表の下欄に掲げる字句に読み替えるものとし、第17条、第40条、第42条及び第50条第2項の規定は、適用しない。

4　前項に規定する場合において、審査庁は、必要があると認めるときは、その職員（第2項各号（第1項各号に掲げる機関の構成員にあっては、第1号を除く。）に掲げる者以外の者に限る。）に、前項において読み替えて適用する第31条第1項の規定による審査請求人若しくは第13条第4項に規定する参加人の意見の陳述を聴かせ、前項において読み替えて適用する第34条の

規定による参考人の陳述を聴かせ、同項において読み替えて適用する第35条第1項の規定による検証をさせ、前項において読み替えて適用する第36条の規定による第28条に規定する審理関係人に対する質問をさせ、又は同項において読み替えて適用する第37条第1項若しくは第2項の規定による意見の聴取を行わせることができる。

（法人でない社団又は財団の審査請求）

第10条 法人でない社団又は財団で代表者又は管理人の定めがあるものは、その名で審査請求をすることができる。

（総代）

第11条 多数人が共同して審査請求をしようとするときは、3人を超えない総代を互選することができる。

2 共同審査請求人が総代を互選しない場合において、必要があると認めるときは、第9条第1項の規定により指名された者（以下「審理員」という。）は、総代の互選を命ずることができる。

3 総代は、各自、他の共同審査請求人のために、審査請求の取下げを除き、当該審査請求に関する一切の行為をすることができる。

4 総代が選任されたときは、共同審査請求人は、総代を通じてのみ、前項の行為をすることができる。

5 共同審査請求人に対する行政庁の通知その他の行為は、2人以上の総代が選任されている場合においても、1人の総代に対してすれば足りる。

6 共同審査請求人は、必要があると認める場合には、総代を解任することができる。

（代理人による審査請求）

第12条 審査請求は、代理人によってすることができる。

2 前項の代理人は、各自、審査請求人のために、当該審査請求に関する一切の行為をすることができる。ただし、審査請求の取下げは、特別の委任を受けた場合に限り、することができる。

（参加人）

第13条 利害関係人（審査請求人以外の者であって審査請求に係る処分又は不作為に係る処分の根拠となる法令に照らし当該処分につき利害関係を有するものと認められる者をいう。以下同じ。）は、審理員の許可を得て、当該審査請求に参加することができる。

2 審理員は、必要があると認める場合には、利害関係人に対し、当該審査請求に参加することを求めることができる。

3 審査請求への参加は、代理人によってすることができる。

4 前項の代理人は、各自、第1項又は第2項の規定により当該審査請求に参加する者（以下「参加人」という。）のために、当該審査請求への参加に関する一切の行為をすることができる。ただし、審査請求への参加の取下げは、特別の委任を受けた場合に限り、することができる。

（行政庁が裁決をする権限を有しなくなった場合の措置）

第14条 行政庁が審査請求がされた後法令の改廃により当該審査請求につき裁決をする権限を有しなくなったときは、当該行政庁は、第19条に規定する審査請求書又は第21条第2項に規定する審査請求録取書及び関係書類その他の物件を新たに当該審査請求につき裁決をする権限を有することとなった行政庁に引き継がなければならない。この場合において、その引継ぎを受けた行政庁は、速やかに、その旨を審査請求人及び参加人に通知しなければならない。

（審理手続の承継）

第15条 審査請求人が死亡したときは、相続人その他法令により審査請求の目的である処分に係る権利を承継した者は、審査請求人の地位を承継する。

2 審査請求人について合併又は分割（審査請求の目的である処分に係る権利を承継させるものに限る。）があったときは、合併後存続する法人その他の社団若しくは財団若しくは合併により設立された法人その他の社団若しくは財団又は分割により当該権利を承継した法人は、審査請求人の地位を承継する。

3 前二項の場合には、審査請求人の地位を承継した相続人その他の者又は法人その他の社団若しくは財団は、書面でその旨を審査庁に届け出なければならない。この場合には、届出書には、死亡若しくは分割による権利の承継又は合併の事実を証する書面を添付しなければならない。

4 第1項又は第2項の場合において、前項の規定による届出がされるまでの間において、死亡者又は合併前の法人その他の社団若しくは財団若しくは分割をした法人に宛ててされた通知が審査請求人の地位を承継した相続人その他の者又は合併後の法人その他の社団若しくは財団若しくは分割により審査請求人の地位を承継した法人に到達したときは、当該通知は、これらの者に対する通知としての効力を有する。

5 第1項の場合において、審査請求人の地位を承継した相続人その他の者が2人以上あるときは、その1人に対する通知その他の行為は、全員に対してされたものとみなす。

行政不服審査法

117

6 審査請求の目的である処分に係る権利を譲り受けた者は、審査庁の許可を得て、審査請求人の地位を承継することができる。

（標準審理期間）

第16条 第4条又は他の法律若しくは条例の規定により審査庁となるべき行政庁（以下「審査庁となるべき行政庁」という。）は、審査請求がその事務所に到達してから当該審査請求に対する裁決をするまでに通常要すべき標準的な期間を定めるよう努めるとともに、これを定めたときは、当該審査庁となるべき行政庁及び関係処分庁（当該審査請求の対象となるべき処分の権限を有する行政庁であって当該審査庁となるべき行政庁以外のものをいう。次条において同じ。）の事務所における備付けその他の適当な方法により公にしておかなければならない。

（審理員となるべき者の名簿）

第17条 審査庁となるべき行政庁は、審理員となるべき者の名簿を作成するよう努めるとともに、これを作成したときは、当該審査庁となるべき行政庁及び関係処分庁の事務所における備付けその他の適当な方法により公にしておかなければならない。

第2節　審査請求の手続

（審査請求期間）

第18条 処分についての審査請求は、処分があったことを知った日の翌日から起算して3月（当該処分について再調査の請求をしたときは、当該再調査の請求についての決定があったことを知った日の翌日から起算して1月）を経過したときは、することができない。ただし、正当な理由があるときは、この限りでない。

2 処分についての審査請求は、処分（当該処分について再調査の請求をしたときは、当該再調査の請求についての決定）があった日の翌日から起算して1年を経過したときは、することができない。ただし、正当な理由があるときは、この限りでない。

3 次条に規定する審査請求書を郵便又は民間事業者による信書の送達に関する法律（平成14年法律第99号）第2条第6項に規定する一般信書便事業者若しくは同条第9項に規定する特定信書便事業者による同条第2項に規定する信書便で提出した場合における前二項に規定する期間（以下「審査請求期間」という。）の計算については、送付に要した日数は、算入しない。

（審査請求書の提出）

第19条 審査請求は、他の法律（条例に基づく処分については、条例）に口頭ですることができる旨の定めがある場合を除き、政令で定めるところにより、審査請求書を提出してしなければならない。

2 処分についての審査請求書には、次に掲げる事項を記載しなければならない。

一 審査請求人の氏名又は名称及び住所又は居所

二 審査請求に係る処分の内容

三 審査請求に係る処分（当該処分について再調査の請求についての決定を経たときは、当該決定）があったことを知った年月日

四 審査請求の趣旨及び理由

五 処分庁の教示の有無及びその内容

六 審査請求の年月日

3 不作為についての審査請求書には、次に掲げる事項を記載しなければならない。

一 審査請求人の氏名又は名称及び住所又は居所

二 当該不作為に係る処分についての申請の内容及び年月日

三 審査請求の年月日

4 審査請求人が、法人その他の社団若しくは財団である場合、総代を互選した場合又は代理人によって審査請求をする場合には、審査請求書には、第2項各号又は前項各号に掲げる事項のほか、その代表者若しくは管理人、総代又は代理人の氏名及び住所又は居所を記載しなければならない。

5 処分についての審査請求書には、第2項及び前項に規定する事項のほか、次の各号に掲げる場合においては、当該各号に定める事項を記載しなければならない。

一 第5条第2項第1号の規定により再調査の請求についての決定を経ないで審査請求をする場合 再調査の請求をした年月日

二 第5条第2項第2号の規定により再調査の請求についての決定を経ないで審査請求をする場合 その決定を経ないことについての正当な理由

三 審査請求期間の経過後において審査請求をする場合 前条第1項ただし書又は第2項ただし書に規定する正当な理由

（口頭による審査請求）

第20条 口頭で審査請求をする場合には、前条第2項から第5項までに規定する事項を陳述しなければならない。この場合において、陳述を受けた行政庁は、その陳述の内容を録取し、これを陳述人に読み聞かせて誤りのないことを確認しなければならない。

（処分庁等を経由する審査請求）

第21条 審査請求をすべき行政庁が処分庁等と異なる場合における審査請求は、処分庁等を経由してすることができる。この場合において、審査請求人は、処分庁等に審査請求書を提出し、又は処分庁等に対し第19条第2項から第5項までに規定する事項を陳述するものとする。

2 前項の場合には、処分庁等は、直ちに、審査請求書又は審査請求録取書（前条後段の規定により陳述の内容を録取した書面をいう。第29条第1項及び第55条において同じ。）を審査庁となるべき行政庁に送付しなければならない。

3 第1項の場合における審査請求期間の計算については、処分庁に審査請求書を提出し、又は処分庁に対し当該事項を陳述した時に、処分についての審査請求があったものとみなす。

（誤った教示をした場合の救済）

第22条 審査請求をすることができる処分につき、処分庁が誤って審査請求をすべき行政庁でない行政庁を審査請求をすべき行政庁として教示した場合において、その教示された行政庁に書面で審査請求がされたときは、当該行政庁は、速やかに、審査請求書を処分庁又は審査庁となるべき行政庁に送付し、かつ、その旨を審査請求人に通知しなければならない。

2 前項の規定により処分庁に審査請求書が送付されたときは、処分庁は、速やかに、これを審査庁となるべき行政庁に送付し、かつ、その旨を審査請求人に通知しなければならない。

3 第1項の処分のうち、再調査の請求をすることができない処分につき、処分庁が誤って再調査の請求をすることができる旨を教示した場合において、当該処分庁に再調査の請求がされたときは、処分庁は、速やかに、再調査の請求書（第61条において読み替えて準用する第19条に規定する再調査の請求書をいう。以下この条において同じ。）又は再調査の請求録取書（第61条において準用する第20条後段の規定により陳述の内容を録取した書面をいう。以下この条において同じ。）を審査庁となるべき行政庁に送付し、かつ、その旨を再調査の請求人に通知しなければならない。

4 再調査の請求をすることができる処分につき、処分庁が誤って審査請求をすることができる旨を教示しなかった場合において、当該処分庁に再調査の請求がされた場合であって、再調査の請求人から申立てがあったときは、処分庁は、速やかに、再調査の請求書又は再調査の請求録取書及び関係書類その他の物件を審査庁となるべき行政庁に送付しなければならない。この場合において、その送付を受けた行政庁は、速やかに、その旨を再調査の請求人及び第61条において読み替えて準用する第13条第1項又は第2項の規定により当該再調査の請求に参加する者に通知しなければならない。

5 前各項の規定により審査請求書又は再調査の請求書若しくは再調査の請求録取書が審査庁となるべき行政庁に送付されたときは、初めから審査庁となるべき行政庁に審査請求がされたものとみなす。

（審査請求書の補正）

第23条 審査請求書が第19条の規定に違反する場合には、審査庁は、相当の期間を定め、その期間内に不備を補正すべきことを命じなければならない。

（審理手続を経ないでする却下裁決）

第24条 前条の場合において、審査請求人が同条の期間内に不備を補正しないときは、審査庁は、次節に規定する審理手続を経ないで、第45条第1項又は第49条第1項の規定に基づき、裁決で、当該審査請求を却下することができる。

2 審査請求が不適法であって補正することができないことが明らかなときも、前項と同様とする。

（執行停止）

第25条 審査請求は、処分の効力、処分の執行又は手続の続行を妨げない。

2 処分庁の上級行政庁又は処分庁である審査庁は、必要があると認める場合には、審査請求人の申立てにより又は職権で、処分の効力、処分の執行又は手続の続行の全部又は一部の停止その他の措置（以下「執行停止」という。）をとることができる。

3 処分庁の上級行政庁又は処分庁のいずれでもない審査庁は、必要があると認める場合には、審査請求人の申立てにより、処分庁の意見を聴取した上、執行停止をすることができる。ただし、処分の効力、処分の執行又は手続の続行の全部又は一部の停止以外の措置をとることはできない。

4 前二項の規定による審査請求人の申立てがあった場合において、処分、処分の執行又は手続の続行により生ずる重大な損害を避けるために緊急の必要があると認めるときは、審査庁は、執行停止をしなければならない。ただし、公共の福祉に重大な影響を及ぼすおそれがあるとき、又は本案について理由がないとみえるときは、この限りでない。

5 審査庁は、前項に規定する重大な損害を生ずるか否かを判断するに当たっては、損害の回復

の困難の程度を考慮するものとし、損害の性質
及び程度並びに処分の内容及び性質をも勘案す
るものとする。

6　第2項から第4項までの場合において、処分
の効力の停止は、処分の効力の停止以外の措置
によって目的を達することができるときは、する
ことができない。

7　執行停止の申立てがあったとき、又は審理員
から第40条に規定する執行停止をすべき旨の意
見書が提出されたときは、審査庁は、速やかに、
執行停止をするかどうかを決定しなければならな
い。

（執行停止の取消し）
第26条　執行停止をした後において、執行停止
が公共の福祉に重大な影響を及ぼすことが明ら
かとなったとき、その他事情が変更したときは、
審査庁は、その執行停止を取り消すことができ
る。

（審査請求の取下げ）
第27条　審査請求人は、裁決があるまでは、い
つでも審査請求を取り下げることができる。

2　審査請求の取下げは、書面でしなければなら
ない。

第3節　審理手続

（審理手続の計画的進行）
第28条　審査請求人、参加人及び処分庁等（以
下「審理関係人」という。）並びに審理員は、
簡易迅速かつ公正な審理の実現のため、審理に
おいて、相互に協力するとともに、審理手続の
計画的な進行を図らなければならない。

（弁明書の提出）
第29条　審理員は、審査庁から指名されたとき
は、直ちに、審査請求書又は審査請求録取書の
写しを処分庁等に送付しなければならない。た
だし、処分庁等が審査庁である場合には、この
限りでない。

2　審理員は、相当の期間を定めて、処分庁等に
対し、弁明書の提出を求めるものとする。

3　処分庁等は、前項の弁明書に、次の各号の区
分に応じ、当該各号に定める事項を記載しなけ
ればならない。

　一　処分についての審査請求に対する弁明書
　　　処分の内容及び理由

　二　不作為についての審査請求に対する弁明書
　　　処分をしていない理由並びに予定される処
　　　分の時期、内容及び理由

4　処分庁が次に掲げる書面を保有する場合に
は、前項第1号に掲げる弁明書にこれを添付す

るものとする。

　一　行政手続法（平成5年法律第88号）第24条
　　　第1項の調書及び同条第3項の報告書

　二　行政手続法第29条第1項に規定する弁明書

5　審理員は、処分庁等から弁明書の提出があっ
たときは、これを審査請求人及び参加人に送付
しなければならない。

（反論書等の提出）
第30条　審査請求人は、前条第5項の規定によ
り送付された弁明書に記載された事項に対する
反論を記載した書面（以下「反論書」という。）
を提出することができる。この場合において、
審理員が、反論書を提出すべき相当の期間を定
めたときは、その期間内にこれを提出しなけれ
ばならない。

2　参加人は、審査請求に係る事件に関する意見
を記載した書面（第40条及び第42条第1項を除
き、以下「意見書」という。）を提出すること
ができる。この場合において、審理員が、意見書
を提出すべき相当の期間を定めたときは、その
期間内にこれを提出しなければならない。

3　審理員は、審査請求人から反論書の提出があ
ったときはこれを参加人及び処分庁等に、参加
人から意見書の提出があったときはこれを審査
請求人及び処分庁等に、それぞれ送付しなけれ
ばならない。

（口頭意見陳述）
第31条　審査請求人又は参加人の申立てがあっ
た場合には、審理員は、当該申立てをした者（以
下この条及び第41条第2項第2号において「申
立人」という。）に口頭で審査請求に係る事件
に関する意見を述べる機会を与えなければなら
ない。ただし、当該申立人の所在その他の事情
により当該意見を述べる機会を与えることが困
難であると認められる場合には、この限りでな
い。

2　前項本文の規定による意見の陳述（以下「口
頭意見陳述」という。）は、審理員が期日及び
場所を指定し、全ての審理関係人を招集してさ
せるものとする。

3　口頭意見陳述において、申立人は、審理員の
許可を得て、補佐人とともに出頭することがで
きる。

4　口頭意見陳述において、審理員は、申立人の
する陳述が事件に関係のない事項にわたる場合
その他相当でない場合には、これを制限するこ
とができる。

5　口頭意見陳述に際し、申立人は、審理員の許
可を得て、審査請求に係る事件に関し、処分庁
等に対して、質問を発することができる。

（証拠書類等の提出）

第32条 審査請求人又は参加人は、証拠書類又は証拠物を提出することができる。

2　処分庁等は、当該処分の理由となる事実を証する書類その他の物件を提出することができる。

3　前二項の場合において、審理員が、証拠書類若しくは証拠物又は書類その他の物件を提出すべき相当の期間を定めたときは、その期間内にこれを提出しなければならない。

（物件の提出要求）

第33条 審理員は、審査請求人若しくは参加人の申立てにより又は職権で、書類その他の物件の所持人に対し、相当の期間を定めて、その物件の提出を求めることができる。この場合において、審理員は、その提出された物件を留め置くことができる。

（参考人の陳述及び鑑定の要求）

第34条 審理員は、審査請求人若しくは参加人の申立てにより又は職権で、適当と認める者に、参考人としてその知っている事実の陳述を求め、又は鑑定を求めることができる。

（検証）

第35条 審理員は、審査請求人若しくは参加人の申立てにより又は職権で、必要な場所につき、検証をすることができる。

2　審理員は、審査請求人又は参加人の申立てにより前項の検証をしようとするときは、あらかじめ、その日時及び場所を当該申立てをした者に通知し、これに立ち会う機会を与えなければならない。

（審理関係人への質問）

第36条 審理員は、審査請求人若しくは参加人の申立てにより又は職権で、審査請求に係る事件に関し、審理関係人に質問することができる。

（審理手続の計画的遂行）

第37条 審理員は、審査請求に係る事件について、審理すべき事項が多数であり又は錯綜しているなど事件が複雑であることその他の事情により、迅速かつ公正な審理を行うため、第31条から前条までに定める審理手続を計画的に遂行する必要があると認める場合には、期日及び場所を指定して、審理関係人を招集し、あらかじめ、これらの審理手続の申立てに関する意見の聴取を行うことができる。

2　審理員は、審理関係人が遠隔の地に居住している場合その他相当と認める場合には、政令で定めるところにより、審理員及び審理関係人が音声の送受信により通話をすることができる方法によって、前項に規定する意見の聴取を行うことができる。

3　審理員は、前二項の規定による意見の聴取を行ったときは、遅滞なく、第31条から前条までに定める審理手続の期日及び場所並びに第41条第1項の規定による審理手続の終結の予定時期を決定し、これらを審理関係人に通知するものとする。当該予定時期を変更したときも、同様とする。

（審査請求人等による提出書類等の閲覧等）

第38条 審査請求人又は参加人は、第41条第1項又は第2項の規定により審理手続が終結するまでの間、審理員に対し、提出書類等（第29条第4項各号に掲げる書面又は第32条第1項若しくは第2項若しくは第33条の規定により提出された書類その他の物件をいう。次項において同じ。）の閲覧（電磁的記録（電子的方式、磁気的方式その他人の知覚によっては認識することができない方式で作られる記録であって、電子計算機による情報処理の用に供されるものをいう。以下同じ。）にあっては、記録された事項を審査庁が定める方法により表示したものの閲覧）又は当該書面若しくは当該書類の写し若しくは当該電磁的記録に記録された事項を記載した書面の交付を求めることができる。この場合において、審理員は、第三者の利益を害するおそれがあると認めるとき、その他正当な理由があるときでなければ、その閲覧又は交付を拒むことができない。

2　審理員は、前項の規定による閲覧をさせ、又は同項の規定による交付をしようとするときは、当該閲覧又は交付に係る提出書類等の提出人の意見を聴かなければならない。ただし、審理員が、その必要がないと認めるときは、この限りでない。

3　審理員は、第1項の規定による閲覧について、日時及び場所を指定することができる。

4　第1項の規定による交付を受ける審査請求人又は参加人は、政令で定めるところにより、実費の範囲内において政令で定める額の手数料を納めなければならない。

5　審理員は、経済的困難その他特別の理由があると認めるときは、政令で定めるところにより、前項の手数料を減額し、又は免除することができる。

6　地方公共団体（都道府県、市町村及び特別区並びに地方公共団体の組合に限る。以下同じ。）に所属する行政庁が審査庁である場合における前二項の規定の適用については、これらの規定中「政令」とあるのは、「条例」とし、国又は地方公共団体に所属しない行政庁が審査庁である場合におけるこれらの規定の適用につ

行政不服審査法

いては、これらの規定中「政令で」とあるのは、「審査庁が」とする。

（審理手続の併合又は分離）

第39条 審理員は、必要があると認める場合には、数個の審査請求に係る審理手続を併合し、又は併合された数個の審査請求に係る審理手続を分離することができる。

（審理員による執行停止の意見書の提出）

第40条 審理員は、必要があると認める場合には、審査庁に対し、執行停止をすべき旨の意見書を提出することができる。

（審理手続の終結）

第41条 審理員は、必要な審理を終えたと認めるときは、審理手続を終結するものとする。

2 前項に定めるもののほか、審理員は、次の各号のいずれかに該当するときは、審理手続を終結することができる。

一 次のイからホまでに掲げる規定の相当の期間内に、当該イからホまでに定める物件が提出されない場合において、更に一定の期間を示して、当該物件の提出を求めたにもかかわらず、当該提出期間内に当該物件が提出されなかったとき。

イ 第29条第2項 弁明書
ロ 第30条第1項後段 反論書
ハ 第30条第2項後段 意見書
ニ 第32条第3項 証拠書類若しくは証拠物又は書類その他の物件
ホ 第33条前段 書類その他の物件

二 申立人が、正当な理由なく、口頭意見陳述に出頭しないとき。

3 審理員が前二項の規定により審理手続を終結したときは、速やかに、審理関係人に対し、審理手続を終結した旨並びに次条第1項に規定する審理員意見書及び事件記録（審査請求書、弁明書その他審査請求に係る事件に関する書類その他の物件のうち政令で定めるものをいう。同条第2項及び第43条第2項において同じ。）を審査庁に提出する予定時期を通知するものとする。当該予定時期を変更したときも、同様とする。

（審理員意見書）

第42条 審理員は、審理手続を終結したときは、遅滞なく、審査庁がすべき裁決に関する意見書（以下「審理員意見書」という。）を作成しなければならない。

2 審理員は、審理員意見書を作成したときは、速やかに、これを事件記録とともに、審査庁に提出しなければならない。

第4節　行政不服審査会等への諮問

第43条 審査庁は、審理員意見書の提出を受けたときは、次の各号のいずれかに該当する場合を除き、審査庁が主任の大臣又は宮内庁長官若しくは内閣府設置法第49条第1項若しくは第2項若しくは国家行政組織法第3条第2項に規定する庁の長である場合にあっては行政不服審査会に、審査庁が地方公共団体の長（地方公共団体の組合にあっては、長、管理者又は理事会）である場合にあっては第81条第1項又は第2項の機関に、それぞれ諮問しなければならない。

一 審査請求に係る処分をしようとするときに他の法律又は政令（条例に基づく処分については、条例）に第9条第1項各号に掲げる機関若しくは地方公共団体の議会又はこれらの機関に類するものとして政令で定めるもの（以下「審議会等」という。）の議を経るべき旨又は経ることができる旨の定めがあり、かつ、当該議を経て当該処分がされた場合

二 裁決をしようとするときに他の法律又は政令（条例に基づく処分については、条例）に第9条第1項各号に掲げる機関若しくは地方公共団体の議会又はこれらの機関に類するものとして政令で定めるものの議を経るべき旨又は経ることができる旨の定めがあり、かつ、当該議を経て裁決をしようとする場合

三 第46条第3項又は第49条第4項の規定により審議会等の議を経て裁決をしようとする場合

四 審査請求人から、行政不服審査会又は第81条第1項若しくは第2項の機関（以下「行政不服審査会等」という。）への諮問を希望しない旨の申出がされている場合（参加人から、行政不服審査会等に諮問しないことについて反対する旨の申出がされている場合を除く。）

五 審査請求が、行政不服審査会等によって、国民の権利利益及び行政の運営に対する影響の程度その他当該事件の性質を勘案して、諮問を要しないものと認められたものである場合

六 審査請求が不適法であり、却下する場合

七 第46条第1項の規定により審査請求に係る処分（法令に基づく申請を却下し、又は棄却する処分及び事実上の行為を除く。）の全部を取り消し、又は第47条第1号若しくは第2号の規定により審査請求に係る事実上の行為の全部を撤廃すべき旨を命じ、若しくは撤廃することとする場合（当該処分の全部を取り

消すこと又は当該事実上の行為の全部を撤廃
すべき旨を命じ、若しくは撤廃することにつ
いて反対する旨の意見書が提出されている場
合及び口頭意見陳述においてその旨の意見が
述べられている場合を除く。)

八　第46条第2項各号又は第49条第3項各号に
定める措置（法令に基づく申請の全部を認容
すべき旨を命じ、又は認容するものに限る。)
をとることとする場合（当該申請の全部を認
容することについて反対する旨の意見書が提
出されている場合及び口頭意見陳述において
その旨の意見が述べられている場合を除く。)

2　前項の規定による諮問は、審理員意見書及び
事件記録の写しを添えてしなければならない。

3　第1項の規定により諮問をした審査庁は、審
理関係人（処分庁等が審査庁である場合にあっ
ては、審査請求人及び参加人）に対し、当該諮
問をした旨を通知するとともに、審理員意見書
の写しを送付しなければならない。

第5節　裁決

（裁決の時期）
第44条　審査庁は、行政不服審査会等から諮問
に対する答申を受けたとき（前条第1項の規定
による諮問を要しない場合（同項第2号又は第
3号に該当する場合を除く。）にあっては審理員
意見書が提出されたとき、同項第2号又は第3
号に該当する場合にあっては同項第2号又は第
3号に規定する議を経たとき）は、遅滞なく、
裁決をしなければならない。

（処分についての審査請求の却下又は棄却）
第45条　処分についての審査請求が法定の期間
経過後にされたものである場合その他不適法で
ある場合には、審査庁は、裁決で、当該審査請
求を却下する。

2　処分についての審査請求が理由がない場合に
は、審査庁は、裁決で、当該審査請求を棄却す
る。

3　審査請求に係る処分が違法又は不当ではある
が、これを取り消し、又は撤廃することにより
公の利益に著しい障害を生ずる場合において、
審査請求人の受ける損害の程度、その損害の賠
償又は防止の程度及び方法その他一切の事情を
考慮した上、処分を取り消し、又は撤廃するこ
とが公共の福祉に適合しないと認めるときは、
審査庁は、裁決で、当該審査請求を棄却するこ
とができる。この場合には、審査庁は、裁決の
主文で、当該処分が違法又は不当であることを
宣言しなければならない。

（処分についての審査請求の認容）
第46条　処分（事実上の行為を除く。以下この
条及び第48条において同じ。）についての審査
請求が理由がある場合（前条第3項の規定の適
用がある場合を除く。）には、審査庁は、裁決で、
当該処分の全部若しくは一部を取り消し、又は
これを変更する。ただし、審査庁が処分庁の上
級行政庁又は処分庁のいずれでもない場合に
は、当該処分を変更することはできない。

2　前項の規定により法令に基づく申請を却下し、
又は棄却する処分の全部又は一部を取り消す場
合において、次の各号に掲げる審査庁は、当該
申請に対して一定の処分をすべきものと認める
ときは、当該各号に定める措置をとる。

一　処分庁の上級行政庁である審査庁　当該
処分庁に対し、当該処分をすべき旨を命ずる
こと。

二　処分庁である審査庁　当該処分をするこ
と。

3　前項に規定する一定の処分に関し、第43条第
1項第1号に規定する議を経るべき旨の定めが
ある場合において、審査庁が前項各号に定める
措置をとるために必要があると認めるときは、
審査庁は、当該定めに係る審議会等の議を経る
ことができる。

4　前項に規定する定めがある場合のほか、第2
項に規定する一定の処分に関し、他の法令に関
係行政機関との協議の実施その他の手続をとる
べき旨の定めがある場合において、審査庁が同
項各号に定める措置をとるために必要があると
認めるときは、審査庁は、当該手続をとること
ができる。

第47条　事実上の行為についての審査請求が理
由がある場合（第45条第3項の規定の適用があ
る場合を除く。）には、審査庁は、裁決で、当該
事実上の行為が違法又は不当である旨を宣言す
るとともに、次の各号に掲げる審査庁の区分に
応じ、当該各号に定める措置をとる。ただし、
審査庁が処分庁の上級行政庁以外の審査庁で
ある場合には、当該事実上の行為を変更すべき
旨を命ずることはできない。

一　処分庁以外の審査庁　当該処分庁に対し、
当該事実上の行為の全部若しくは一部を撤廃
し、又はこれを変更すべき旨を命ずること。

二　処分庁である審査庁　当該事実上の行為
の全部若しくは一部を撤廃し、又はこれを変
更すること。

（不利益変更の禁止）
第48条　第46条第1項本文又は前条の場合にお
いて、審査庁は、審査請求人の不利益に当該処

分を変更し、又は当該事実上の行為を変更すべき旨を命じ、若しくはこれを変更することはできない。

（不作為についての審査請求の裁決）

第49条　不作為についての審査請求が当該不作為に係る処分についての申請から相当の期間が経過しないでされたものである場合その他不適法である場合には、審査庁は、裁決で、当該審査請求を却下する。

2　不作為についての審査請求が理由がない場合には、審査庁は、裁決で、当該審査請求を棄却する。

3　不作為についての審査請求が理由がある場合には、審査庁は、裁決で、当該不作為が違法又は不当である旨を宣言する。この場合において、次の各号に掲げる審査庁は、当該申請に対して一定の処分をすべきものと認めるときは、当該各号に定める措置をとる。

一　不作為庁の上級行政庁である審査庁　当該不作為庁に対し、当該処分をすべき旨を命ずること。

二　不作為庁である審査庁　当該処分をすること。

4　審査請求に係る不作為に係る処分に関し、第43条第1項第1号に規定する議を経るべき旨の定めがある場合において、審査庁が前項各号に定める措置をとるために必要があると認めるときは、審査庁は、当該定めに係る審議会等の議を経ることができる。

5　前項に規定する定めがある場合のほか、審査請求に係る不作為に係る処分に関し、他の法令に関係行政機関との協議の実施その他の手続をとるべき旨の定めがある場合において、審査庁が第3項各号に定める措置をとるために必要があると認めるときは、審査庁は、当該手続をとることができる。

（裁決の方式）

第50条　裁決は、次に掲げる事項を記載し、審査庁が記名押印した裁決書によりしなければならない。

一　主文

二　事案の概要

三　審理関係人の主張の要旨

四　理由（第1号の主文が審理員意見書又は行政不服審査会等若しくは審議会等の答申書と異なる内容である場合には、異なることとなった理由を含む。）

2　第43条第1項の規定による行政不服審査会等への諮問を要しない場合には、前項の裁決書には、審理員意見書を添付しなければならない。

3　審査庁は、再審査請求をすることができる裁決をする場合には、裁決書に再審査請求をすることができる旨並びに再審査請求をすべき行政庁及び再審査請求期間（第62条に規定する期間をいう。）を記載して、これらを教示しなければならない。

（裁決の効力発生）

第51条　裁決は、審査請求人（当該審査請求が処分の相手方以外の者のしたものである場合における第46条第1項及び第47条の規定による裁決にあっては、審査請求人及び処分の相手方）に送達された時に、その効力を生ずる。

2　裁決の送達は、送達を受けるべき者に裁決書の謄本を送付することによってする。ただし、送達を受けるべき者の所在が知れない場合その他裁決書の謄本を送付することができない場合には、公示の方法によってすることができる。

3　公示の方法による送達は、審査庁が裁決書の謄本を保管し、いつでもその送達を受けるべき者に交付する旨を当該審査庁の掲示場に掲示し、かつ、その旨を官報その他の公報又は新聞紙に少なくとも1回掲載してするものとする。この場合において、その掲示を始めた日の翌日から起算して2週間を経過した時に裁決書の謄本の送付があったものとみなす。

4　審査庁は、裁決書の謄本を参加人及び処分庁等（審査庁以外の処分庁等に限る。）に送付しなければならない。

（裁決の拘束力）

第52条　裁決は、関係行政庁を拘束する。

2　申請に基づいてした処分が手続の違法若しくは不当を理由として裁決で取り消され、又は申請を却下し、若しくは棄却した処分が裁決で取り消された場合には、処分庁は、裁決の趣旨に従い、改めて申請に対する処分をしなければならない。

3　法令の規定により公示された処分が裁決で取り消され、又は変更された場合には、処分庁は、当該処分が取り消され、又は変更された旨を公示しなければならない。

4　法令の規定により処分の相手方以外の利害関係人に通知された処分が裁決で取り消され、又は変更された場合には、処分庁は、その通知を受けた者（審査請求人及び参加人を除く。）に、当該処分が取り消され、又は変更された旨を通知しなければならない。

（証拠書類等の返還）

第53条　審査庁は、裁決をしたときは、速やかに、第32条第1項又は第2項の規定により提出された証拠書類若しくは証拠物又は書類その他

の物件及び第33条の規定による提出要求に応じて提出された書類その他の物件をその提出人に返還しなければならない。

第3章　再調査の請求

（再調査の請求期間）
第54条　再調査の請求は、処分があったことを知った日の翌日から起算して3月を経過したときは、することができない。ただし、正当な理由があるときは、この限りでない。

2　再調査の請求は、処分があった日の翌日から起算して1年を経過したときは、することができない。ただし、正当な理由があるときは、この限りでない。

（誤った教示をした場合の救済）
第55条　再調査の請求をすることができる処分につき、処分庁が誤って再調査の請求をすることができる旨を教示しなかった場合において、審査請求がされた場合であって、審査請求人から申立てがあったときは、審査庁は、速やかに、審査請求書又は審査請求録取書を処分庁に送付しなければならない。ただし、審査請求人に対し弁明書が送付された後においては、この限りでない。

2　前項本文の規定により審査請求書又は審査請求録取書の送付を受けた処分庁は、速やかに、その旨を審査請求人及び参加人に通知しなければならない。

3　第1項本文の規定により審査請求書又は審査請求録取書が処分庁に送付されたときは、初めから処分庁に再調査の請求がされたものとみなす。

（再調査の請求についての決定を経ずに審査請求がされた場合）
第56条　第5条第2項ただし書の規定により審査請求がされたときは、同項の再調査の請求は、取り下げられたものとみなす。ただし、処分庁において当該審査請求がされた日以前に再調査の請求に係る処分（事実上の行為を除く。）を取り消す旨の第60条第1項の決定書の謄本を発している場合又は再調査の請求に係る事実上の行為を撤廃している場合は、当該審査請求（処分（事実上の行為を除く。）の一部を取り消す旨の第59条第1項の決定がされている場合又は事実上の行為の一部が撤廃されている場合にあっては、その部分に限る。）が取り下げられたものとみなす。

（3月後の教示）
第57条　処分庁は、再調査の請求がされた日

（第61条において読み替えて準用する第23条の規定により不備を補正すべきことを命じた場合にあっては、当該不備が補正された日）の翌日から起算して3月を経過しても当該再調査の請求が係属しているときは、遅滞なく、当該処分について直ちに審査請求をすることができる旨を書面でその再調査の請求人に教示しなければならない。

（再調査の請求の却下又は棄却の決定）
第58条　再調査の請求が法定の期間経過後にされたものである場合その他不適法である場合には、処分庁は、決定で、当該再調査の請求を却下する。

2　再調査の請求が理由がない場合には、処分庁は、決定で、当該再調査の請求を棄却する。

（再調査の請求の認容の決定）
第59条　処分（事実上の行為を除く。）についての再調査の請求が理由がある場合には、処分庁は、決定で、当該処分の全部若しくは一部を取り消し、又はこれを変更する。

2　事実上の行為についての再調査の請求が理由がある場合には、処分庁は、決定で、当該事実上の行為が違法又は不当である旨を宣言するとともに、当該事実上の行為の全部若しくは一部を撤廃し、又はこれを変更する。

3　処分庁は、前二項の場合において、再調査の請求人の不利益に当該処分又は当該事実上の行為を変更することはできない。

（決定の方式）
第60条　前二条の決定は、主文及び理由を記載し、処分庁が記名押印した決定書によりしなければならない。

2　処分庁は、前項の決定書（再調査の請求に係る処分の全部を取り消し、又は撤廃する決定に係るものを除く。）に、再調査の請求に係る処分につき審査請求をすることができる旨（却下の決定である場合にあっては、当該却下の決定が違法な場合に限り審査請求をすることができる旨）並びに審査請求をすべき行政庁及び審査請求期間を記載して、これらを教示しなければならない。

（審査請求に関する規定の準用）
第61条　第9条第4項、第10条から第16条まで、第18条第3項、第19条（第3項並びに第5項第1号及び第2号を除く。）、第20条、第23条、第24条、第25条（第3項を除く。）、第26条、第27条、第31条（第5項を除く。）、第32条（第2項を除く。）、第39条、第51条及び第53条の規定は、再調査の請求について準用する。この場合において、別表第2の上欄に掲げる規定中同表の中欄

に掲げる字句は、それぞれ同表の下欄に掲げる字句に読み替えるものとする。

第4章　再審査請求

（再審査請求期間）

第62条　再審査請求は、原裁決があったことを知った日の翌日から起算して1月を経過したときは、することができない。ただし、正当な理由があるときは、この限りでない。

2　再審査請求は、原裁決があった日の翌日から起算して1年を経過したときは、することができない。ただし、正当な理由があるときは、この限りでない。

（裁決書の送付）

第63条　第66条第1項において読み替えて準用する第11条第2項に規定する審理員又は第66条第1項において準用する第9条第1項各号に掲げる機関である再審査庁（他の法律の規定により再審査請求がされた行政庁（第66条第1項において読み替えて準用する第14条の規定により引継ぎを受けた行政庁を含む。）をいう。以下同じ。）は、原裁決をした行政庁に対し、原裁決に係る裁決書の送付を求めるものとする。

（再審査請求の却下又は棄却の裁決）

第64条　再審査請求が法定の期間経過後にされたものである場合その他不適法である場合には、再審査庁は、裁決で、当該再審査請求を却下する。

2　再審査請求が理由がない場合には、再審査庁は、裁決で、当該再審査請求を棄却する。

3　再審査請求に係る原裁決（審査請求を却下し、又は棄却したものに限る。）が違法又は不当である場合において、当該審査請求に係る処分が違法又は不当のいずれでもないときは、再審査庁は、裁決で、当該再審査請求を棄却する。

4　前項に規定する場合のほか、再審査請求に係る原裁決等が違法又は不当ではあるが、これを取り消し、又は撤廃することにより公の利益に著しい障害を生ずる場合において、再審査請求人の受ける損害の程度、その損害の賠償又は防止の程度及び方法その他一切の事情を考慮した上、原裁決等を取り消し、又は撤廃することが公共の福祉に適合しないと認めるときは、再審査庁は、裁決で、当該再審査請求を棄却することができる。この場合には、再審査庁は、裁決の主文で、当該原裁決等が違法又は不当であることを宣言しなければならない。

（再審査請求の認容の裁決）

第65条　原裁決等（事実上の行為を除く。）につ

いての再審査請求が理由がある場合（前条第3項に規定する場合及び同条第4項の規定の適用がある場合を除く。）には、再審査庁は、裁決で、当該原裁決等の全部又は一部を取り消す。

2　事実上の行為についての再審査請求が理由がある場合（前条第4項の規定の適用がある場合を除く。）には、裁決で、当該事実上の行為が違法又は不当である旨を宣言するとともに、処分庁に対し、当該事実上の行為の全部又は一部を撤廃すべき旨を命ずる。

（審査請求に関する規定の準用）

第66条　第2章（第9条第3項、第18条（第3項を除く。）、第19条第3項並びに第5項第1号及び第2号、第22条、第25条第2項、第29条（第1項を除く。）、第30条第1項、第41条第2項第1号イ及びロ、第4節、第45条から第49条まで並びに第50条第3項を除く。）の規定は、再審査請求について準用する。この場合において、別表第3の上欄に掲げる規定中同表の中欄に掲げる字句は、それぞれ同表の下欄に掲げる字句に読み替えるものとする。

2　再審査庁が前項において準用する第9条第1項各号に掲げる機関である場合には、前項において準用する第17条、第40条、第42条及び第50条第2項の規定は、適用しない。

第5章　行政不服審査会等

第1節　行政不服審査会

第1款　設置及び組織

（設置）

第67条　総務省に、行政不服審査会（以下「審査会」という。）を置く。

2　審査会は、この法律の規定によりその権限に属させられた事項を処理する。

（組織）

第68条　審査会は、委員9人をもって組織する。

2　委員は、非常勤とする。ただし、そのうち3人以内は、常勤とすることができる。

（委員）

第69条　委員は、審査会の権限に属する事項に関し公正な判断をすることができ、かつ、法律又は行政に関して優れた識見を有する者のうちから、両議院の同意を得て、総務大臣が任命する。

2　委員の任期が満了し、又は欠員を生じた場合において、国会の閉会又は衆議院の解散のために両議院の同意を得ることができないときは、

総務大臣は、前項の規定にかかわらず、同項に定める資格を有する者のうちから、委員を任命することができる。

3　前項の場合においては、任命後最初の国会で両議院の事後の承認を得なければならない。この場合において、両議院の事後の承認が得られないときは、総務大臣は、直ちにその委員を罷免しなければならない。

4　委員の任期は、3年とする。ただし、補欠の委員の任期は、前任者の残任期間とする。

5　委員は、再任されることができる。

6　委員の任期が満了したときは、当該委員は、後任者が任命されるまで引き続きその職務を行うものとする。

7　総務大臣は、委員が心身の故障のために職務の執行ができないと認める場合又は委員に職務上の義務違反その他委員たるに適しない非行があると認める場合には、両議院の同意を得て、その委員を罷免することができる。

8　委員は、職務上知ることができた秘密を漏らしてはならない。その職を退いた後も同様とする。

9　委員は、在任中、政党その他の政治的団体の役員となり、又は積極的に政治運動をしてはならない。

10　常勤の委員は、在任中、総務大臣の許可がある場合を除き、報酬を得て他の職務に従事し、又は営利事業を営み、その他金銭上の利益を目的とする業務を行ってはならない。

11　委員の給与は、別に法律で定める。

（会長）
第70条　審査会に、会長を置き、委員の互選により選任する。

2　会長は、会務を総理し、審査会を代表する。

3　会長に事故があるときは、あらかじめその指名する委員が、その職務を代理する。

（専門委員）
第71条　審査会に、専門の事項を調査させるため、専門委員を置くことができる。

2　専門委員は、学識経験のある者のうちから、総務大臣が任命する。

3　専門委員は、その者の任命に係る当該専門の事項に関する調査が終了したときは、解任されるものとする。

4　専門委員は、非常勤とする。

（合議体）
第72条　審査会は、委員のうちから、審査会が指名する者3人をもって構成する合議体で、審査請求に係る事件について調査審議する。

2　前項の規定にかかわらず、審査会が定める場

合においては、委員の全員をもって構成する合議体で、審査請求に係る事件について調査審議する。

（事務局）
第73条　審査会の事務を処理させるため、審査会に事務局を置く。

2　事務局に、事務局長のほか、所要の職員を置く。

3　事務局長は、会長の命を受けて、局務を掌理する。

第2款　審査会の調査審議の手続

（審査会の調査権限）
第74条　審査会は、必要があると認める場合には、審査請求に係る事件に関し、審査請求人、参加人又は第43条第1項の規定により審査会に諮問をした審査庁（以下この款において「審査関係人」という。）にその主張を記載した書面（以下この款において「主張書面」という。）又は資料の提出を求めること、適当と認める者にその知っている事実の陳述又は鑑定を求めることその他必要な調査をすることができる。

（意見の陳述）
第75条　審査会は、審査関係人の申立てがあった場合には、当該審査関係人に口頭で意見を述べる機会を与えなければならない。ただし、審査会が、その必要がないと認める場合には、この限りでない。

2　前項本文の場合において、審査請求人又は参加人は、審査会の許可を得て、補佐人とともに出頭することができる。

（主張書面等の提出）
第76条　審査関係人は、審査会に対し、主張書面又は資料を提出することができる。この場合において、審査会が、主張書面又は資料を提出すべき相当の期間を定めたときは、その期間内にこれを提出しなければならない。

（委員による調査手続）
第77条　審査会は、必要があると認める場合には、その指名する委員に、第74条の規定による調査をさせ、又は第75条第1項本文の規定による審査関係人の意見の陳述を聴かせることができる。

（提出資料の閲覧等）
第78条　審査関係人は、審査会に対し、審査会に提出された主張書面若しくは資料の閲覧（電磁的記録にあっては、記録された事項を審査会が定める方法により表示したものの閲覧）又は当該主張書面若しくは当該資料の写し若しくは

127

当該電磁的記録に記録された事項を記載した書面の交付を求めることができる。この場合において、審査会は、第三者の利益を害するおそれがあると認めるとき、その他正当な理由があるときでなければ、その閲覧又は交付を拒むことができない。

2　審査会は、前項の規定による閲覧をさせ、又は同項の規定による交付をしようとするときは、当該閲覧又は交付に係る主張書面又は資料の提出人の意見を聴かなければならない。ただし、審査会が、その必要がないと認めるときは、この限りでない。

3　審査会は、第1項の規定による閲覧について、日時及び場所を指定することができる。

4　第1項の規定による交付を受ける審査請求人又は参加人は、政令で定めるところにより、実費の範囲内において政令で定める額の手数料を納めなければならない。

5　審査会は、経済的困難その他特別の理由があると認めるときは、政令で定めるところにより、前項の手数料を減額し、又は免除することができる。

（答申書の送付等）
第79条　審査会は、諮問に対する答申をしたときは、答申書の写しを審査請求人及び参加人に送付するとともに、答申の内容を公表するものとする。

第3款　雑則

（政令への委任）
第80条　この法律に定めるもののほか、審査会に関し必要な事項は、政令で定める。

第2節　地方公共団体に置かれる機関

第81条　地方公共団体に、執行機関の附属機関として、この法律の規定によりその権限に属させられた事項を処理するための機関を置く。

2　前項の規定にかかわらず、地方公共団体は、当該地方公共団体における不服申立ての状況等に鑑み同項の機関を置くことが不適当又は困難であるときは、条例で定めるところにより、事件ごとに、執行機関の附属機関として、この法律の規定によりその権限に属させられた事項を処理するための機関を置くこととすることができる。

3　前節第2款の規定は、前二項の機関について準用する。この場合において、第78条第4項及び第5項中「政令」とあるのは、「条例」と読み替えるものとする。

4　前三項に定めるもののほか、第1項又は第2項の機関の組織及び運営に関し必要な事項は、当該機関を置く地方公共団体の条例（地方自治法第252条の7第1項の規定により共同設置する機関にあっては、同項の規約）で定める。

第6章　補則

（不服申立てをすべき行政庁等の教示）
第82条　行政庁は、審査請求若しくは再調査の請求又は他の法令に基づく不服申立て（以下この条において「不服申立て」と総称する。）をすることができる処分をする場合には、処分の相手方に対し、当該処分につき不服申立てをすることができる旨並びに不服申立てをすべき行政庁及び不服申立てをすることができる期間を書面で教示しなければならない。ただし、当該処分を口頭でする場合は、この限りでない。

2　行政庁は、利害関係人から、当該処分が不服申立てをすることができる処分であるかどうか並びに当該処分が不服申立てをすることができるものである場合における不服申立てをすべき行政庁及び不服申立てをすることができる期間につき教示を求められたときは、当該事項を教示しなければならない。

3　前項の場合において、教示を求めた者が書面による教示を求めたときは、当該教示は、書面でしなければならない。

（教示をしなかった場合の不服申立て）
第83条　行政庁が前条の規定による教示をしなかった場合には、当該処分について不服がある者は、当該処分庁に不服申立書を提出することができる。

2　第19条（第5項第1号及び第2号を除く。）の規定は、前項の不服申立書について準用する。

3　第1項の規定により不服申立書の提出があった場合において、当該処分が処分庁以外の行政庁に対し審査請求をすることができる処分であるときは、処分庁は、速やかに、当該不服申立書を当該行政庁に送付しなければならない。当該処分が他の法令に基づき、処分庁以外の行政庁に不服申立てをすることができる処分であるときも、同様とする。

4　前項の規定により不服申立書が送付されたときは、初めから当該行政庁に審査請求又は当該法令に基づく不服申立てがされたものとみなす。

5　第3項の場合を除くほか、第1項の規定により不服申立書が提出されたときは、初めから当該処分庁に審査請求又は当該法令に基づく不服

申立てがされたものとみなす。

（情報の提供）

第84条 審査請求、再調査の請求若しくは再審査請求又は他の法令に基づく不服申立て（以下この条及び次条において「不服申立て」と総称する。）につき裁決、決定その他の処分（同条において「裁決等」という。）をする権限を有する行政庁は、不服申立てをしようとする者又は不服申立てをした者の求めに応じ、不服申立書の記載に関する事項その他の不服申立てに必要な情報の提供に努めなければならない。

（公表）

第85条 不服申立てにつき裁決等をする権限を有する行政庁は、当該行政庁がした裁決等の内容その他当該行政庁における不服申立ての処理状況について公表するよう努めなければならない。

（政令への委任）

第86条 この法律に定めるもののほか、この法律の実施のために必要な事項は、政令で定める。

（罰則）

第87条 第69条第8項の規定に違反して秘密を漏らした者は、1年以下の懲役又は50万円以下の罰金に処する。

行政不服審査法

別表第1　（第9条関係）

第11条第2項	第9条第1項の規定により指名された者（以下「審理員」という。）	審査庁
第13条第1項及び第2項	審理員	審査庁
第25条第7項	執行停止の申立てがあったとき、又は審理員から第40条に規定する執行停止をすべき旨の意見書が提出されたとき	執行停止の申立てがあったとき
第28条	審理員	審査庁
第29条第1項	審理員は、審査庁から指名されたときは、直ちに	審査庁は、審査請求がされたときは、第24条の規定により当該審査請求を却下する場合を除き、速やかに
第29条第2項	審理員は	審査庁は、審査庁が処分庁等以外である場合にあっては
	提出を求める	提出を求め、審査庁が処分庁等である場合にあっては、相当の期間内に、弁明書を作成する
第29条第5項	審理員は	審査庁は、第2項の規定により
	提出があったとき	提出があったとき、又は弁明書を作成したとき
第30条第1項及び第2項	審理員	審査庁
第30条第3項	審理員	審査庁
	参加人及び処分庁等	参加人及び処分庁等（処分庁等が審査庁である場合にあっては、参加人）
	審査請求人及び処分庁等	審査請求人及び処分庁等（処分庁等が審査庁である場合にあっては、審査請求人）
第31条第1項	審理員	審査庁
第31条第2項	審理員	審査庁
	審理関係人	審理関係人（処分庁等が審査庁である場合にあっては、審査請求人及び参加人。以下この節及び第50条第1項第3号において同じ。）
第31条第3項から第5項まで、第32条第3項、第33条から第37条まで、第38条第1項から第3項まで及び第5項、第39条並びに第41条第1項及び第2項	審理員	審査庁

第41条第3項	審理員が	審査庁が
	終結した旨並びに次条第1項に規定する審理員意見書及び事件記録（審査請求書、弁明書その他審査請求に係る事件に関する書類その他の物件のうち政令で定めるものをいう。同条第2項及び第43条第2項において同じ。）を審査庁に提出する予定時期を通知するものとする。当該予定時期を変更したときも、同様とする	終結した旨を通知するものとする
第44条	行政不服審査会等から諮問に対する答申を受けたとき（前条第1項の規定による諮問を要しない場合（同項第2号又は第3号に該当する場合を除く。）にあっては審理員意見書が提出されたとき、同項第2号又は第3号に該当する場合にあっては同項第2号又は第3号に規定する議を経たとき）	審理手続を終結したとき
第50条第1項第4号	理由（第1号の主文が審理員意見書又は行政不服審査会等若しくは審議会等の答申書と異なる内容である場合には、異なることとなった理由を含む。）	理由

別表第2　（第61条関係）

第9条第4項	前項に規定する場合において、審査庁	処分庁
	（第2項各号（第1項各号に掲げる機関の構成員にあっては、第1号を除く。）に掲げる者以外の者に限る。）に、前項において読み替えて適用する	に、第61条において読み替えて準用する
	若しくは第13条第4項	又は第61条において準用する第13条第4項
	聴かせ、前項において読み替えて適用する第34条の規定による参考人の陳述を聴かせ、同項において読み替えて適用する第35条第1項の規定による検証をさせ、前項において読み替えて適用する第36条の規定による第28条に規定する審理関係人に対する質問をさせ、又は同項において読み替えて適用する第37条第1項若しくは第2項の規定による意見の聴取を行わせる	聴かせる
第11条第2項	第9条第1項の規定により指名された者（以下「審理員」という。）	処分庁
第13条第1項	処分又は不作為に係る処分	処分
	審理員	処分庁
第13条第2項	審理員	処分庁

第14条	第19条に規定する審査請求書	第61条において読み替えて準用する第19条に規定する再調査の請求書
	第21条第2項に規定する審査請求録取書	第22条第3項に規定する再調査の請求録取書
第16条	第4条又は他の法律若しくは条例の規定により審査庁となるべき行政庁（以下「審査庁となるべき行政庁」という。）	再調査の請求の対象となるべき処分の権限を有する行政庁
	当該審査庁となるべき行政庁及び関係処分庁（当該審査請求の対象となるべき処分の権限を有する行政庁であって当該審査庁となるべき行政庁以外のものをいう。次条において同じ。）	当該行政庁
第18条第3項	次条に規定する審査請求書	第61条において読み替えて準用する次条に規定する再調査の請求書
	前二項に規定する期間（以下「審査請求期間」という。）	第54条に規定する期間
第19条の見出し及び同条第1項	審査請求書	再調査の請求書
第19条第2項	処分についての審査請求書	再調査の請求書
	処分（当該処分について再調査の請求についての決定を経たときは、当該決定）	処分
第19条第4項	審査請求書	再調査の請求書
	第2項各号又は前項各号	第2項各号
第19条第5項	処分についての審査請求書	再調査の請求書
	審査請求期間	第54条に規定する期間
	前条第1項ただし書又は第2項ただし書	同条第1項ただし書又は第2項ただし書
第20条	前条第2項から第5項まで	第61条において読み替えて準用する前条第2項、第4項及び第5項
第23条（見出しを含む。）	審査請求書	再調査の請求書
第24条第1項	次節に規定する審理手続を経ないで、第45条第1項又は第49条第1項	審理手続を経ないで、第58条第1項
第25条第2項	処分庁の上級行政庁又は処分庁である審査庁	処分庁
第25条第4項	前二項	第2項
第25条第6項	第2項から第4項まで	第2項及び第4項
第25条第7項	執行停止の申立てがあったとき、又は審理員から第40条に規定する執行停止をすべき旨の意見書が提出されたとき	執行停止の申立てがあったとき
第31条第1項	審理員	処分庁
	この条及び第41条第2項第2号	この条

第31条第2項	審理員	処分庁
	全ての審理関係人	再調査の請求人及び参加人
第31条第3項及び第4項	審理員	処分庁
第32条第3項	前二項	第1項
	審理員	処分庁
第39条	審理員	処分庁
第51条第1項	第46条第1項及び第47条	第59条第1項及び第2項
第51条第4項	参加人及び処分庁等（審査庁以外の処分庁等に限る。）	参加人
第53条	第32条第1項又は第2項の規定により提出された証拠書類若しくは証拠物又は書類その他の物件及び第33条の規定による提出要求に応じて提出された書類その他の物件	第61条において準用する第32条第1項の規定により提出された証拠書類又は証拠物

別表第3　（第66条関係）

第9条第1項	第4条又は他の法律若しくは条例の規定により審査請求がされた行政庁（第14条の規定により引継ぎを受けた行政庁を含む。以下「審査庁」という。）	第63条に規定する再審査庁（以下この章において「再審査庁」という。）
	この節	この節及び第63条
	処分庁等（審査庁以外の処分庁等に限る。）	裁決庁等（原裁決をした行政庁（以下この章において「裁決庁」という。）又は処分庁をいう。以下この章において同じ。）
	若しくは条例に基づく処分について条例に特別の定めがある場合又は第24条	又は第66条第1項において読み替えて準用する第24条
第9条第2項第1号	審査請求に係る処分若しくは	原裁決に係る審査請求に係る処分、
	に関与した者又は審査請求に係る不作為に係る処分に関与し、若しくは関与することとなる者	又は原裁決に関与した者
第9条第4項	前項に規定する場合において、審査庁	第1項各号に掲げる機関である再審査庁（以下「委員会等である再審査庁」という。）
	前項において	第66条第1項において
	適用する	準用する
	第13条第4項	第66条第1項において準用する第13条第4項
	第28条	同項において読み替えて準用する第28条

第11条第2項	第9条第1項の規定により指名された者（以下「審理員」という。）	第66条第1項において読み替えて準用する第9条第1項の規定により指名された者（以下「審理員」という。）又は委員会等である再審査庁
第13条第1項	処分又は不作為に係る処分の根拠となる法令に照らし当該処分	原裁決等の根拠となる法令に照らし当該原裁決等
	審理員	審理員又は委員会等である再審査庁
第13条第2項	審理員	審理員又は委員会等である再審査庁
第14条	第19条に規定する審査請求書	第66条第1項において読み替えて準用する第19条に規定する再審査請求書
	第21条第2項に規定する審査請求録取書	同項において読み替えて準用する第21条第2項に規定する再審査請求録取書
第15条第1項、第2項及び第6項	審査請求の	原裁決に係る審査請求の
第16条	第4条又は他の法律若しくは条例	他の法律
	関係処分庁（当該審査請求の対象となるべき処分の権限を有する行政庁であって当該審査庁となるべき行政庁以外のものをいう。次条において同じ。）	当該再審査請求の対象となるべき裁決又は処分の権限を有する行政庁
第17条	関係処分庁	当該再審査請求の対象となるべき裁決又は処分の権限を有する行政庁
第18条第3項	次条に規定する審査請求書	第66条第1項において読み替えて準用する次条に規定する再審査請求書
	前二項に規定する期間（以下「審査請求期間」という。）	第50条第3項に規定する再審査請求期間（以下この章において「再審査請求期間」という。）
第19条の見出し及び同条第1項	審査請求書	再審査請求書
第19条第2項	処分についての審査請求書	再審査請求書
	処分の内容	原裁決等の内容
	審査請求に係る処分（当該処分について再調査の請求についての決定を経たときは、当該決定）	原裁決
	処分庁	裁決庁
第19条第4項	審査請求書	再審査請求書
	第2項各号又は前項各号	第2項各号

134

第19条第5項	処分についての審査請求書	再審査請求書
	審査請求期間	再審査請求期間
	前条第1項ただし書又は第2項ただし書	第62条第1項ただし書又は第2項ただし書
第20条	前条第2項から第5項まで	第66条第1項において読み替えて準用する前条第2項、第4項及び第5項
第21条の見出し	処分庁等	処分庁又は裁決庁
第21条第1項	審査請求をすべき行政庁が処分庁等と異なる場合における審査請求は、処分庁等	再審査請求は、処分庁又は裁決庁
	処分庁等に	処分庁若しくは裁決庁に
	審査請求書	再審査請求書
	第19条第2項から第5項まで	第66条第1項において読み替えて準用する第19条第2項、第4項及び第5項
第21条第2項	処分庁等	処分庁又は裁決庁
	審査請求書又は審査請求録取書（前条後段	再審査請求書又は再審査請求録取書（第66条第1項において準用する前条後段
	第29条第1項及び第55条	第66条第1項において読み替えて準用する第29条第1項
第21条第3項	審査請求期間	再審査請求期間
	処分庁に	処分庁若しくは裁決庁に
	審査請求書	再審査請求書
	処分についての審査請求	再審査請求
第23条（見出しを含む。）	審査請求書	再審査請求書
第24条第1項	審理手続を経ないで、第45条第1項又は第49条第1項	審理手続（第63条に規定する手続を含む。）を経ないで、第64条第1項
第25条第1項	処分	原裁決等
第25条第3項	処分庁の上級行政庁又は処分庁のいずれでもない審査庁	再審査庁
	処分庁の意見	裁決庁等の意見
	執行停止をすることができる。ただし、処分の効力、処分の執行又は手続の続行の全部又は一部の停止以外の措置をとることはできない	原裁決等の効力、原裁決等の執行又は手続の続行の全部又は一部の停止（以下「執行停止」という。）をすることができる
第25条第4項	前二項	前項
	処分	原裁決等
第25条第6項	第2項から第4項まで	第3項及び第4項
	処分	原裁決等

行政不服審査法

第25条第7項	第40条に規定する執行停止をすべき旨の意見書が提出されたとき	第66条第1項において準用する第40条に規定する執行停止をすべき旨の意見書が提出されたとき（再審査庁が委員会等である再審査庁である場合にあっては、執行停止の申立てがあったとき）
第28条	処分庁等	裁決庁等
	審理員	審理員又は委員会等である再審査庁
第29条第1項	審理員は	審理員又は委員会等である再審査庁は、審理員にあっては
	審査請求書又は審査請求録取書の写しを処分庁等に送付しなければならない。ただし、処分庁等が審査庁である場合には、この限りでない	委員会等である再審査庁にあっては、再審査請求がされたときは第66条第1項において読み替えて準用する第24条の規定により当該再審査請求を却下する場合を除き、速やかに、それぞれ、再審査請求書又は再審査請求録取書の写しを裁決庁等に送付しなければならない
第30条の見出し	反論書等	意見書
第30条第2項	審理員	審理員又は委員会等である再審査庁
第30条第3項	審理員は、審査請求人から反論書の提出があったときはこれを参加人及び処分庁等に	審理員又は委員会等である再審査庁は
	これを審査請求人及び処分庁等に、それぞれ	、これを再審査請求人及び裁決庁等に
第31条第1項から第4項まで	審理員	審理員又は委員会等である再審査庁
第31条第5項	審理員	審理員又は委員会等である再審査庁
	処分庁等	裁決庁等
第32条第2項	処分庁等は、当該処分	裁決庁等は、当該原裁決等
第32条第3項及び第33条から第37条まで	審理員	審理員又は委員会等である再審査庁
第38条第1項	審理員	審理員又は委員会等である再審査庁
	第29条第4項各号に掲げる書面又は第32条第1項若しくは第2項若しくは	第66条第1項において準用する第32条第1項若しくは第2項又は
第38条第2項、第3項及び第5項、第39条並びに第41条第1項	審理員	審理員又は委員会等である再審査庁

第41条第2項	審理員	審理員又は委員会等である再審査庁
	イからホまで	ハからホまで
第41条第3項	審理員が	審理員又は委員会等である再審査庁が
	審理手続を終結した旨並びに次条第1項	審理員にあっては審理手続を終結した旨並びに第66条第1項において準用する次条第1項
	審査請求書、弁明書	再審査請求書、原裁決に係る裁決書
	同条第2項及び第43条第2項	第66条第1項において準用する次条第2項
	を通知する	を、委員会等である再審査庁にあっては審理手続を終結した旨を、それぞれ通知する
	当該予定時期	審理員が当該予定時期
第44条	行政不服審査会等から諮問に対する答申を受けたとき（前条第1項の規定による諮問を要しない場合（同項第2号又は第3号に該当する場合を除く。）にあっては審理員意見書が提出されたとき、同項第2号又は第3号に該当する場合にあっては同項第2号又は第3号に規定する議を経たとき）	審理員意見書が提出されたとき（委員会等である再審査庁にあっては、審理手続を終結したとき）
第50条第1項第4号	第1号の主文が審理員意見書又は行政不服審査会等若しくは審議会等の答申書と異なる内容である場合には	再審査庁が委員会等である再審査庁以外の行政庁である場合において、第1号の主文が審理員意見書と異なる内容であるときは
第50条第2項	第43条第1項の規定による行政不服審査会等への諮問を要しない場合	再審査庁が委員会等である再審査庁以外の行政庁である場合
第51条第1項	処分	原裁決等
	第46条第1項及び第47条	第65条
第51条第4項	及び処分庁等（審査庁以外の処分庁等に限る。）	並びに処分庁及び裁決庁（処分庁以外の裁決庁に限る。）
第52条第2項	申請を	申請若しくは審査請求を
	棄却した処分	棄却した原裁決等
	処分庁	裁決庁等
	申請に対する処分	申請に対する処分又は審査請求に対する裁決
第52条第3項	処分が	原裁決等が
	処分庁	裁決庁等

第52条第4項	処分の	原裁決等の
	処分が	原裁決等が
	処分庁	裁決庁等

行政事件訴訟法

(昭和37年5月16日法律第139号)

第1章　総則

(この法律の趣旨)
第1条　行政事件訴訟については、他の法律に特別の定めがある場合を除くほか、この法律の定めるところによる。

(行政事件訴訟)
第2条　この法律において「行政事件訴訟」とは、抗告訴訟、当事者訴訟、民衆訴訟及び機関訴訟をいう。

(抗告訴訟)
第3条　この法律において「抗告訴訟」とは、行政庁の公権力の行使に関する不服の訴訟をいう。

2　この法律において「処分の取消しの訴え」とは、行政庁の処分その他公権力の行使に当たる行為(次項に規定する裁決、決定その他の行為を除く。以下単に「処分」という。)の取消しを求める訴訟をいう。

3　この法律において「裁決の取消しの訴え」とは、審査請求その他の不服申立て(以下単に「審査請求」という。)に対する行政庁の裁決、決定その他の行為(以下単に「裁決」という。)の取消しを求める訴訟をいう。

4　この法律において「無効等確認の訴え」とは、処分若しくは裁決の存否又はその効力の有無の確認を求める訴訟をいう。

5　この法律において「不作為の違法確認の訴え」とは、行政庁が法令に基づく申請に対し、相当の期間内に何らかの処分又は裁決をすべきであるにかかわらず、これをしないことについての違法の確認を求める訴訟をいう。

6　この法律において「義務付けの訴え」とは、次に掲げる場合において、行政庁がその処分又は裁決をすべき旨を命ずることを求める訴訟をいう。

一　行政庁が一定の処分をすべきであるにかかわらずこれがされないとき(次号に掲げる場合を除く。)。

二　行政庁に対し一定の処分又は裁決を求める旨の法令に基づく申請又は審査請求がされた場合において、当該行政庁がその処分又は裁決をすべきであるにかかわらずこれがされないとき。

7　この法律において「差止めの訴え」とは、行政庁が一定の処分又は裁決をすべきでないにかかわらずこれがされようとしている場合において、行政庁がその処分又は裁決をしてはならない旨を命ずることを求める訴訟をいう。

(当事者訴訟)
第4条　この法律において「当事者訴訟」とは、当事者間の法律関係を確認し又は形成する処分又は裁決に関する訴訟で法令の規定によりその法律関係の当事者の一方を被告とするもの及び公法上の法律関係に関する確認の訴えその他の公法上の法律関係に関する訴訟をいう。

(民衆訴訟)
第5条　この法律において「民衆訴訟」とは、国又は公共団体の機関の法規に適合しない行為の是正を求める訴訟で、選挙人たる資格その他自己の法律上の利益にかかわらない資格で提起するものをいう。

(機関訴訟)
第6条　この法律において「機関訴訟」とは、国又は公共団体の機関相互間における権限の存否又はその行使に関する紛争についての訴訟をいう。

(この法律に定めがない事項)
第7条　行政事件訴訟に関し、この法律に定めがない事項については、民事訴訟の例による。

第2章　抗告訴訟

第1節　取消訴訟

(処分の取消しの訴えと審査請求との関係)
第8条　処分の取消しの訴えは、当該処分につき法令の規定により審査請求をすることができる場合においても、直ちに提起することを妨げない。ただし、法律に当該処分についての審査請求に対する裁決を経た後でなければ処分の取消しの訴えを提起することができない旨の定めがあるときは、この限りでない。

2　前項ただし書の場合においても、次の各号の一に該当するときは、裁決を経ないで、処分の取消しの訴えを提起することができる。

一　審査請求があつた日から3箇月を経過しても裁決がないとき。

二　処分、処分の執行又は手続の続行により生ずる著しい損害を避けるため緊急の必要があるとき。

三　その他裁決を経ないことにつき正当な理由があるとき。

3　第1項本文の場合において、当該処分につき審査請求がされているときは、裁判所は、その審査請求に対する裁決があるまで(審査請求が

あつた日から3箇月を経過しても裁決がないときは、その期間を経過するまで）、訴訟手続を中止することができる。

（原告適格）

第9条 処分の取消しの訴え及び裁決の取消しの訴え（以下「取消訴訟」という。）は、当該処分又は裁決の取消しを求めるにつき法律上の利益を有する者（処分又は裁決の効果が期間の経過その他の理由によりなくなつた後においてもなお処分又は裁決の取消しによつて回復すべき法律上の利益を有する者を含む。）に限り、提起することができる。

2　裁判所は、処分又は裁決の相手方以外の者について前項に規定する法律上の利益の有無を判断するに当たつては、当該処分又は裁決の根拠となる法令の規定の文言のみによることなく、当該法令の趣旨及び目的並びに当該処分において考慮されるべき利益の内容及び性質を考慮するものとする。この場合において、当該法令の趣旨及び目的を考慮するに当たつては、当該法令と目的を共通にする関係法令があるときはその趣旨及び目的をも参酌するものとし、当該利益の内容及び性質を考慮するに当たつては、当該処分又は裁決がその根拠となる法令に違反してされた場合に害されることとなる利益の内容及び性質並びにこれが害される態様及び程度をも勘案するものとする。

（取消しの理由の制限）

第10条 取消訴訟においては、自己の法律上の利益に関係のない違法を理由として取消しを求めることができない。

2　処分の取消しの訴えとその処分についての審査請求を棄却した裁決の取消しの訴えとを提起することができる場合には、裁決の取消しの訴えにおいては、処分の違法を理由として取消しを求めることができない。

（被告適格等）

第11条 処分又は裁決をした行政庁（処分又は裁決があつた後に当該行政庁の権限が他の行政庁に承継されたときは、当該他の行政庁。以下同じ。）が国又は公共団体に所属する場合には、取消訴訟は、次の各号に掲げる訴えの区分に応じてそれぞれ当該各号に定める者を被告として提起しなければならない。

一　処分の取消しの訴え　当該処分をした行政庁の所属する国又は公共団体

二　裁決の取消しの訴え　当該裁決をした行政庁の所属する国又は公共団体

2　処分又は裁決をした行政庁が国又は公共団体に所属しない場合には、取消訴訟は、当該行政

庁を被告として提起しなければならない。

3　前二項の規定により被告とすべき国若しくは公共団体又は行政庁がない場合には、取消訴訟は、当該処分又は裁決に係る事務の帰属する国又は公共団体を被告として提起しなければならない。

4　第1項又は前項の規定により国又は公共団体を被告として取消訴訟を提起する場合には、訴状には、民事訴訟の例により記載すべき事項のほか、次の各号に掲げる訴えの区分に応じてそれぞれ当該各号に定める行政庁を記載するものとする。

一　処分の取消しの訴え　当該処分をした行政庁

二　裁決の取消しの訴え　当該裁決をした行政庁

5　第1項又は第3項の規定により国又は公共団体を被告として取消訴訟が提起された場合には、被告は、遅滞なく、裁判所に対し、前項各号に掲げる訴えの区分に応じてそれぞれ当該各号に定める行政庁を明らかにしなければならない。

6　処分又は裁決をした行政庁は、当該処分又は裁決に係る第1項の規定による国又は公共団体を被告とする訴訟について、裁判上の一切の行為をする権限を有する。

（管轄）

第12条 取消訴訟は、被告の普通裁判籍の所在地を管轄する裁判所又は処分若しくは裁決をした行政庁の所在地を管轄する裁判所の管轄に属する。

2　土地の収用、鉱業権の設定その他不動産又は特定の場所に係る処分又は裁決についての取消訴訟は、その不動産又は場所の所在地の裁判所にも、提起することができる。

3　取消訴訟は、当該処分又は裁決に関し事案の処理に当たつた下級行政機関の所在地の裁判所にも、提起することができる。

4　国又は独立行政法人通則法（平成11年法律第103号）第2条第1項に規定する独立行政法人若しくは別表に掲げる法人を被告とする取消訴訟は、原告の普通裁判籍の所在地を管轄する高等裁判所の所在地を管轄する地方裁判所（次項において「特定管轄裁判所」という。）にも、提起することができる。

5　前項の規定により特定管轄裁判所に同項の取消訴訟が提起された場合であつて、他の裁判所に事実上及び法律上同一の原因に基づいてされた処分又は裁決に係る抗告訴訟が係属している場合においては、当該特定管轄裁判所は、当事

者の住所又は所在地、尋問を受けるべき証人の住所、争点又は証拠の共通性その他の事情を考慮して、相当と認めるときは、申立てにより又は職権で、訴訟の全部又は一部について、当該他の裁判所又は第1項から第3項までに定める裁判所に移送することができる。

（関連請求に係る訴訟の移送）

第13条 取消訴訟と次の各号の一に該当する請求（以下「関連請求」という。）に係る訴訟とが各別の裁判所に係属する場合において、相当と認めるときは、関連請求に係る訴訟の係属する裁判所は、申立てにより又は職権で、その訴訟を取消訴訟の係属する裁判所に移送することができる。ただし、取消訴訟又は関連請求に係る訴訟の係属する裁判所が高等裁判所であるときは、この限りでない。

一　当該処分又は裁決に関連する原状回復又は損害賠償の請求

二　当該処分とともに一個の手続を構成する他の処分の取消しの請求

三　当該処分に係る裁決の取消しの請求

四　当該裁決に係る処分の取消しの請求

五　当該処分又は裁決の取消しを求める他の請求

六　その他当該処分又は裁決の取消しの請求と関連する請求

（出訴期間）

第14条 取消訴訟は、処分又は裁決があつたことを知つた日から6箇月を経過したときは、提起することができない。ただし、正当な理由があるときは、この限りでない。

2　取消訴訟は、処分又は裁決の日から1年を経過したときは、提起することができない。ただし、正当な理由があるときは、この限りでない。

3　処分又は裁決につき審査請求をすることができる場合又は行政庁が誤つて審査請求をすることができる旨を教示した場合において、審査請求があつたときは、処分又は裁決に係る取消訴訟は、その審査請求をした者については、前二項の規定にかかわらず、これに対する裁決があつたことを知つた日から6箇月を経過したとき又は当該裁決の日から1年を経過したときは、提起することができない。ただし、正当な理由があるときは、この限りでない。

（被告を誤つた訴えの救済）

第15条 取消訴訟において、原告が故意又は重大な過失によらないで被告とすべき者を誤つたときは、裁判所は、原告の申立てにより、決定をもつて、被告を変更することを許すことができる。

2　前項の決定は、書面でするものとし、その正本を新たな被告に送達しなければならない。

3　第1項の決定があつたときは、出訴期間の遵守については、新たな被告に対する訴えは、最初に訴えを提起した時に提起されたものとみなす。

4　第1項の決定があつたときは、従前の被告に対しては、訴えの取下げがあつたものとみなす。

5　第1項の決定に対しては、不服を申し立てることができない。

6　第1項の申立てを却下する決定に対しては、即時抗告をすることができる。

7　上訴審において第1項の決定をしたときは、裁判所は、その訴訟を管轄裁判所に移送しなければならない。

（請求の客観的併合）

第16条 取消訴訟には、関連請求に係る訴えを併合することができる。

2　前項の規定により訴えを併合する場合において、取消訴訟の第一審裁判所が高等裁判所であるときは、関連請求に係る訴えの被告の同意を得なければならない。被告が異議を述べないで、本案について弁論をし、又は弁論準備手続において申述をしたときは、同意したものとみなす。

（共同訴訟）

第17条 数人は、その数人の請求又はその数人に対する請求が処分又は裁決の取消しの請求と関連請求とである場合に限り、共同訴訟人として訴え、又は訴えられることができる。

2　前項の場合には、前条第2項の規定を準用する。

（第三者による請求の追加的併合）

第18条 第三者は、取消訴訟の口頭弁論の終結に至るまで、その訴訟の当事者の一方を被告として、関連請求に係る訴えをこれに併合して提起することができる。この場合において、当該取消訴訟が高等裁判所に係属しているときは、第16条第2項の規定を準用する。

（原告による請求の追加的併合）

第19条 原告は、取消訴訟の口頭弁論の終結に至るまで、関連請求に係る訴えをこれに併合して提起することができる。この場合において、当該取消訴訟が高等裁判所に係属しているときは、第16条第2項の規定を準用する。

2　前項の規定は、取消訴訟について民事訴訟法（平成8年法律第109号）第143条の規定の例によることを妨げない。

第20条 前条第1項前段の規定により、処分の取消しの訴えをその処分についての審査請求を棄却した裁決の取消しの訴えに併合して提起す

行政事件訴訟法

141

る場合には、同項後段において準用する第16条第2項の規定にかかわらず、処分の取消しの訴えの被告の同意を得ることを要せず、また、その提起があつたときは、出訴期間の遵守については、処分の取消しの訴えは、裁決の取消しの訴えを提起した時に提起されたものとみなす。

（国又は公共団体に対する請求への訴えの変更）

第21条 裁判所は、取消訴訟の目的たる請求を当該処分又は裁決に係る事務の帰属する国又は公共団体に対する損害賠償その他の請求に変更することが相当であると認めるときは、請求の基礎に変更がない限り、口頭弁論の終結に至るまで、原告の申立てにより、決定をもつて、訴えの変更を許すことができる。

2 前項の決定には、第15条第2項の規定を準用する。

3 裁判所は、第1項の規定により訴えの変更を許す決定をするには、あらかじめ、当事者及び損害賠償その他の請求に係る訴えの被告の意見をきかなければならない。

4 訴えの変更を許す決定に対しては、即時抗告をすることができる。

5 訴えの変更を許さない決定に対しては、不服を申し立てることができない。

（第三者の訴訟参加）

第22条 裁判所は、訴訟の結果により権利を害される第三者があるときは、当事者若しくはその第三者の申立てにより又は職権で、決定をもつて、その第三者を訴訟に参加させることができる。

2 裁判所は、前項の決定をするには、あらかじめ、当事者及び第三者の意見をきかなければならない。

3 第1項の申立てをした第三者は、その申立てを却下する決定に対して即時抗告をすることができる。

4 第1項の規定により訴訟に参加した第三者については、民事訴訟法第40条第1項から第3項までの規定を準用する。

5 第1項の規定により第三者が参加の申立てをした場合には、民事訴訟法第45条第3項及び第4項の規定を準用する。

（行政庁の訴訟参加）

第23条 裁判所は、処分又は裁決をした行政庁以外の行政庁を訴訟に参加させることが必要であると認めるときは、当事者若しくはその行政庁の申立てにより又は職権で、決定をもつて、その行政庁を訴訟に参加させることができる。

2 裁判所は、前項の決定をするには、あらかじめ、当事者及び当該行政庁の意見をきかなけれ

ばならない。

3 第1項の規定により訴訟に参加した行政庁については、民事訴訟法第45条第1項及び第2項の規定を準用する。

（釈明処分の特則）

第23条の2 裁判所は、訴訟関係を明瞭にするため、必要があると認めるときは、次に掲げる処分をすることができる。

一 被告である国若しくは公共団体に所属する行政庁又は被告である行政庁に対し、処分又は裁決の内容、処分又は裁決の根拠となる法令の条項、処分又は裁決の原因となる事実その他処分又は裁決の理由を明らかにする資料（次項に規定する審査請求に係る事件の記録を除く。）であつて当該行政庁が保有するものの全部又は一部の提出を求めること。

二 前号に規定する行政庁以外の行政庁に対し、同号に規定する資料であつて当該行政庁が保有するものの全部又は一部の送付を嘱託すること。

2 裁判所は、処分についての審査請求に対する裁決を経た後に取消訴訟の提起があつたときは、次に掲げる処分をすることができる。

一 被告である国若しくは公共団体に所属する行政庁又は被告である行政庁に対し、当該審査請求に係る事件の記録であつて当該行政庁が保有するものの全部又は一部の提出を求めること。

二 前号に規定する行政庁以外の行政庁に対し、同号に規定する事件の記録であつて当該行政庁が保有するものの全部又は一部の送付を嘱託すること。

（職権証拠調べ）

第24条 裁判所は、必要があると認めるときは、職権で、証拠調べをすることができる。ただし、その証拠調べの結果について、当事者の意見をきかなければならない。

（執行停止）

第25条 処分の取消しの訴えの提起は、処分の効力、処分の執行又は手続の続行を妨げない。

2 処分の取消しの訴えの提起があつた場合において、処分、処分の執行又は手続の続行により生ずる重大な損害を避けるため緊急の必要があるときは、裁判所は、申立てにより、決定をもつて、処分の効力、処分の執行又は手続の続行の全部又は一部の停止（以下「執行停止」という。）をすることができる。ただし、処分の効力の停止は、処分の執行又は手続の続行の停止によつて目的を達することができる場合には、することができない。

3　裁判所は、前項に規定する重大な損害を生ず
るか否かを判断するに当たつては、損害の回復
の困難の程度を考慮するものとし、損害の性質
及び程度並びに処分の内容及び性質をも勘案す
るものとする。

4　執行停止は、公共の福祉に重大な影響を及ぼ
すおそれがあるとき、又は本案について理由が
ないとみえるときは、することができない。

5　第2項の決定は、疎明に基づいてする。

6　第2項の決定は、口頭弁論を経ないですること
ができる。ただし、あらかじめ、当事者の意
見をきかなければならない。

7　第2項の申立てに対する決定に対しては、即
時抗告をすることができる。

8　第2項の決定に対する即時抗告は、その決定
の執行を停止する効力を有しない。

（事情変更による執行停止の取消し）

第26条　執行停止の決定が確定した後に、その
理由が消滅し、その他事情が変更したときは、
裁判所は、相手方の申立てにより、決定をもつ
て、執行停止の決定を取り消すことができる。

2　前項の申立てに対する決定及びこれに対する
不服については、前条第5項から第8項までの
規定を準用する。

（内閣総理大臣の異議）

第27条　第25条第2項の申立てがあつた場合に
は、内閣総理大臣は、裁判所に対し、異議を述
べることができる。執行停止の決定があつた後
においても、同様とする。

2　前項の異議には、理由を附さなければならな
い。

3　前項の異議の理由においては、内閣総理大臣
は、処分の効力を存続し、処分を執行し、又は
手続を続行しなければ、公共の福祉に重大な影
響を及ぼすおそれのある事情を示すものとする。

4　第1項の異議があつたときは、裁判所は、執
行停止をすることができず、また、すでに執行
停止の決定をしているときは、これを取り消さ
なければならない。

5　第1項後段の異議は、執行停止の決定をした
裁判所に対して述べなければならない。ただし、
その決定に対する抗告が抗告裁判所に属してい
るときは、抗告裁判所に対して述べなければ
ならない。

6　内閣総理大臣は、やむをえない場合でなけれ
ば、第1項の異議を述べてはならず、また、異
議を述べたときは、次の常会において国会にこ
れを報告しなければならない。

（執行停止等の管轄裁判所）

第28条　執行停止又はその決定の取消しの申立

ての管轄裁判所は、本案の係属する裁判所とす
る。

（執行停止に関する規定の準用）

第29条　前四条の規定は、裁決の取消しの訴え
の提起があつた場合における執行停止に関する
事項について準用する。

（裁量処分の取消し）

第30条　行政庁の裁量処分については、裁量権
の範囲をこえ又はその濫用があつた場合に限
り、裁判所は、その処分を取り消すことができ
る。

（特別の事情による請求の棄却）

第31条　取消訴訟については、処分又は裁決が
違法ではあるが、これを取り消すことにより公
の利益に著しい障害を生ずる場合において、原
告の受ける損害の程度、その損害の賠償又は防
止の程度及び方法その他一切の事情を考慮した
うえ、処分又は裁決を取り消すことが公共の福
祉に適合しないと認めるときは、裁判所は、請
求を棄却することができる。この場合には、当
該判決の主文において、処分又は裁決が違法で
あることを宣言しなければならない。

2　裁判所は、相当と認めるときは、終局判決前
に、判決をもつて、処分又は裁決が違法である
ことを宣言することができる。

3　終局判決に事実及び理由を記載するには、前
項の判決を引用することができる。

（取消判決等の効力）

第32条　処分又は裁決を取り消す判決は、第三
者に対しても効力を有する。

2　前項の規定は、執行停止の決定又はこれを取
り消す決定に準用する。

第33条　処分又は裁決を取り消す判決は、その
事件について、処分又は裁決をした行政庁その
他の関係行政庁を拘束する。

2　申請を却下し若しくは棄却した処分又は審査
請求を却下し若しくは棄却した裁決が判決によ
り取り消されたときは、その処分又は裁決をし
た行政庁は、判決の趣旨に従い、改めて申請に
対する処分又は審査請求に対する裁決をしなけ
ればならない。

3　前項の規定は、申請に基づいてした処分又は
審査請求を認容した裁決が判決により手続に違
法があることを理由として取り消された場合に
準用する。

4　第1項の規定は、執行停止の決定に準用する。

（第三者の再審の訴え）

第34条　処分又は裁決を取り消す判決により権
利を害された第三者で、自己の責めに帰するこ
とができない理由により訴訟に参加すること が

行政事件訴訟法

できなかつたため判決に影響を及ぼすべき攻撃
又は防御の方法を提出することができなかつた
ものは、これを理由として、確定の終局判決に
対し、再審の訴えをもつて、不服の申立てをす
ることができる。

2　前項の訴えは、確定判決を知つた日から30日
以内に提起しなければならない。

3　前項の期間は、不変期間とする。

4　第1項の訴えは、判決が確定した日から1年
を経過したときは、提起することができない。

（訴訟費用の裁判の効力）

第35条　国又は公共団体に所属する行政庁が当
事者又は参加人である訴訟における確定した訴
訟費用の裁判は、当該行政庁が所属する国又は
公共団体に対し、又はそれらの者のために、効
力を有する。

第2節　その他の抗告訴訟

（無効等確認の訴えの原告適格）

第36条　無効等確認の訴えは、当該処分又は裁
決に続く処分により損害を受けるおそれのある
者その他当該処分又は裁決の無効等の確認を
求めるにつき法律上の利益を有する者で、当該
処分若しくは裁決の存否又はその効力の有無を
前提とする現在の法律関係に関する訴えによつ
て目的を達することができないものに限り、提
起することができる。

（不作為の違法確認の訴えの原告適格）

第37条　不作為の違法確認の訴えは、処分又は
裁決についての申請をした者に限り、提起する
ことができる。

（義務付けの訴えの要件等）

第37条の2　第3条第6項第1号に掲げる場合
において、義務付けの訴えは、一定の処分がさ
れないことにより重大な損害を生ずるおそれが
あり、かつ、その損害を避けるため他に適当な
方法がないときに限り、提起することができる。

2　裁判所は、前項に規定する重大な損害を生ず
るか否かを判断するに当たつては、損害の回復
の困難の程度を考慮するものとし、損害の性質
及び程度並びに処分の内容及び性質をも勘案す
るものとする。

3　第1項の義務付けの訴えは、行政庁が一定の
処分をすべき旨を命ずることを求めるにつき法
律上の利益を有する者に限り、提起することが
できる。

4　前項に規定する法律上の利益の有無の判断に
ついては、第9条第2項の規定を準用する。

5　義務付けの訴えが第1項及び第3項に規定す

る要件に該当する場合において、その義務付け
の訴えに係る処分につき、行政庁がその処分を
すべきであることがその処分の根拠となる法令
の規定から明らかであると認められ又は行政庁
がその処分をしないことがその裁量権の範囲を
超え若しくはその濫用となると認められるとき
は、裁判所は、行政庁がその処分をすべき旨を
命ずる判決をする。

第37条の3　第3条第6項第2号に掲げる場合
において、義務付けの訴えは、次の各号に掲げ
る要件のいずれかに該当するときに限り、提起
することができる。

一　当該法令に基づく申請又は審査請求に対し
相当の期間内に何らの処分又は裁決がされな
いこと。

二　当該法令に基づく申請又は審査請求を却下
し又は棄却する旨の処分又は裁決がされた場
合において、当該処分又は裁決が取り消され
るべきものであり、又は無効若しくは不存在
であること。

2　前項の義務付けの訴えは、同項各号に規定す
る法令に基づく申請又は審査請求をした者に限
り、提起することができる。

3　第1項の義務付けの訴えを提起するときは、
次の各号に掲げる区分に応じてそれぞれ当該各
号に定める訴えをその義務付けの訴えに併合し
て提起しなければならない。この場合において、
当該各号に定める訴えに係る訴訟の管轄につい
て他の法律に特別の定めがあるときは、当該義
務付けの訴えに係る訴訟の管轄は、第38条第1
項において準用する第12条の規定にかかわら
ず、その定めに従う。

一　第1項第1号に掲げる要件に該当する場合
同号に規定する処分又は裁決に係る不作為
の違法確認の訴え

二　第1項第2号に掲げる要件に該当する場合
同号に規定する処分又は裁決に係る取消訴
訟又は無効等確認の訴え

4　前項の規定により併合して提起された義務付
けの訴え及び同項各号に定める訴えに係る弁論
及び裁判は、分離しないでしなければならない。

5　義務付けの訴えが第1項から第3項までに規
定する要件に該当する場合において、同項各号
に定める訴えに係る請求に理由があると認めら
れ、かつ、その義務付けの訴えに係る処分又は
裁決につき、行政庁がその処分若しくは裁決を
すべきであることがその処分若しくは裁決の根
拠となる法令の規定から明らかであると認めら
れ又は行政庁がその処分若しくは裁決をしない
ことがその裁量権の範囲を超え若しくはその濫

用となると認められるときは、裁判所は、その
義務付けの訴えに係る処分又は裁決をすべき旨
を命ずる判決をする。

6　第4項の規定にかかわらず、裁判所は、審理
の状況その他の事情を考慮して、第3項各号に
定める訴えについてのみ終局判決をすることが
より迅速な争訟の解決に資すると認めるときは、
当該訴えについてのみ終局判決をすることがで
きる。この場合において、裁判所は、当該訴え
についてのみ終局判決をしたときは、当事者の
意見を聴いて、当該訴えに係る訴訟手続が完結
するまでの間、義務付けの訴えに係る訴訟手続
を中止することができる。

7　第1項の義務付けの訴えのうち、行政庁が一
定の裁決をすべき旨を命ずることを求めるもの
は、処分についての審査請求がされた場合にお
いて、当該処分に係る処分の取消しの訴え又は
無効等確認の訴えを提起することができないと
きに限り、提起することができる。

（差止めの訴えの要件）

第37条の4　差止めの訴えは、一定の処分又は
裁決がされることにより重大な損害を生ずるお
それがある場合に限り、提起することができる。
ただし、その損害を避けるため他に適当な方法
があるときは、この限りでない。

2　裁判所は、前項に規定する重大な損害を生ず
るか否かを判断するに当たつては、損害の回復
の困難の程度を考慮するものとし、損害の性質
及び程度並びに処分又は裁決の内容及び性質
をも勘案するものとする。

3　差止めの訴えは、行政庁が一定の処分又は裁
決をしてはならない旨を命ずることを求めるに
つき法律上の利益を有する者に限り、提起する
ことができる。

4　前項に規定する法律上の利益の有無の判断に
ついては、第9条第2項の規定を準用する。

5　差止めの訴えが第1項及び第3項に規定する
要件に該当する場合において、その差止めの訴
えに係る処分又は裁決につき、行政庁がその処
分若しくは裁決をすべきでないことがその処分
若しくは裁決の根拠となる法令の規定から明ら
かであると認められ又は行政庁がその処分若し
くは裁決をすることがその裁量権の範囲を超え
若しくはその濫用となると認められるときは、裁
判所は、行政庁がその処分又は裁決をしてはな
らない旨を命ずる判決をする。

（仮の義務付け及び仮の差止め）

第37条の5　義務付けの訴えの提起があつた場
合において、その義務付けの訴えに係る処分又
は裁決がされないことにより生ずる償うことの

できない損害を避けるため緊急の必要があり、
かつ、本案について理由があるとみえるときは、
裁判所は、申立てにより、決定をもつて、仮に
行政庁がその処分又は裁決をすべき旨を命ずる
こと（以下この条において「仮の義務付け」と
いう。）ができる。

2　差止めの訴えの提起があつた場合において、
その差止めの訴えに係る処分又は裁決がされる
ことにより生ずる償うことのできない損害を避
けるため緊急の必要があり、かつ、本案につい
て理由があるとみえるときは、裁判所は、申立
てにより、決定をもつて、仮に行政庁がその処
分又は裁決をしてはならない旨を命ずること
（以下この条において「仮の差止め」という。）
ができる。

3　仮の義務付け又は仮の差止めは、公共の福祉
に重大な影響を及ぼすおそれがあるときは、す
ることができない。

4　第25条第5項から第8項まで、第26条から第
28条まで及び第33条第1項の規定は、仮の義務
付け又は仮の差止めに関する事項について準用
する。

5　前項において準用する第25条第7項の即時抗
告についての裁判又は前項において準用する第
26条第1項の決定により仮の義務付けの決定が
取り消されたときは、当該行政庁は、当該仮の
義務付けの決定に基づいてした処分又は裁決を
取り消さなければならない。

（取消訴訟に関する規定の準用）

第38条　第11条から第13条まで、第16条から第
19条まで、第21条から第23条まで、第24条、第
33条及び第35条の規定は、取消訴訟以外の抗
告訴訟について準用する。

2　第10条第2項の規定は、処分の無効等確認の
訴えとその処分についての審査請求を棄却した
裁決に係る抗告訴訟とを提起することができる
場合に、第20条の規定は、処分の無効等確認の
訴えをその処分についての審査請求を棄却した
裁決に係る抗告訴訟に併合して提起する場合に
準用する。

3　第23条の2、第25条から第29条まで及び第32
条第2項の規定は、無効等確認の訴えについて
準用する。

4　第8条及び第10条第2項の規定は、不作為の
違法確認の訴えに準用する。

第3章　当事者訴訟

（出訴の通知）

第39条　当事者間の法律関係を確認し又は形成

行政事件訴訟法

145

する処分又は裁決に関する訴訟で、法令の規定によりその法律関係の当事者の一方を被告とするものが提起されたときは、裁判所は、当該処分又は裁決をした行政庁にその旨を通知するものとする。

（出訴期間の定めがある当事者訴訟）
第40条 法令に出訴期間の定めがある当事者訴訟は、その法令に別段の定めがある場合を除き、正当な理由があるときは、その期間を経過した後であつても、これを提起することができる。
2 第15条の規定は、法令に出訴期間の定めがある当事者訴訟について準用する。

（抗告訴訟に関する規定の準用）
第41条 第23条、第24条、第33条第1項及び第35条の規定は当事者訴訟について、第23条の2の規定は当事者訴訟における処分又は裁決の理由を明らかにする資料の提出について準用する。
2 第13条の規定は、当事者訴訟とその目的たる請求と関連請求の関係にある請求に係る訴訟とが各別の裁判所に係属する場合における移送に、第16条から第19条までの規定は、これらの訴えの併合について準用する。

第4章　民衆訴訟及び機関訴訟

（訴えの提起）
第42条 民衆訴訟及び機関訴訟は、法律に定める場合において、法律に定める者に限り、提起することができる。

（抗告訴訟又は当事者訴訟に関する規定の準用）
第43条 民衆訴訟又は機関訴訟で、処分又は裁決の取消しを求めるものについては、第9条及び第10条第1項の規定を除き、取消訴訟に関する規定を準用する。
2 民衆訴訟又は機関訴訟で、処分又は裁決の無効の確認を求めるものについては、第36条の規定を除き、無効等確認の訴えに関する規定を準用する。
3 民衆訴訟又は機関訴訟で、前二項に規定する訴訟以外のものについては、第39条及び第40条第1項の規定を除き、当事者訴訟に関する規定を準用する。

第5章　補則

（仮処分の排除）
第44条 行政庁の処分その他公権力の行使に当たる行為については、民事保全法（平成元年法律第91号）に規定する仮処分をすることができない。

（処分の効力等を争点とする訴訟）
第45条 私法上の法律関係に関する訴訟において、処分若しくは裁決の存否又はその効力の有無が争われている場合には、第23条第1項及び第2項並びに第39条の規定を準用する。
2 前項の規定により行政庁が訴訟に参加した場合には、民事訴訟法第45条第1項及び第2項の規定を準用する。ただし、攻撃又は防御の方法は、当該処分若しくは裁決の存否又はその効力の有無に関するものに限り、提出することができる。
3 第1項の規定により行政庁が訴訟に参加した後において、処分若しくは裁決の存否又はその効力の有無に関する争いがなくなつたときは、裁判所は、参加の決定を取り消すことができる。
4 第1項の場合には、当該争点について第23条の2及び第24条の規定を、訴訟費用の裁判について第35条の規定を準用する。

（取消訴訟等の提起に関する事項の教示）
第46条 行政庁は、取消訴訟を提起することができる処分又は裁決をする場合には、当該処分又は裁決の相手方に対し、次に掲げる事項を書面で教示しなければならない。ただし、当該処分を口頭でする場合は、この限りでない。
一　当該処分又は裁決に係る取消訴訟の被告とすべき者
二　当該処分又は裁決に係る取消訴訟の出訴期間
三　法律に当該処分についての審査請求に対する裁決を経た後でなければ処分の取消しの訴えを提起することができない旨の定めがあるときは、その旨
2 行政庁は、法律に処分についての審査請求に対する裁決に対してのみ取消訴訟を提起することができる旨の定めがある場合において、当該処分をするときは、当該処分の相手方に対し、法律にその定めがある旨を書面で教示しなければならない。ただし、当該処分を口頭でする場合は、この限りでない。
3 行政庁は、当事者間の法律関係を確認し又は形成する処分又は裁決に関する訴訟で法令の規定によりその法律関係の当事者の一方を被告とするものを提起することができる処分又は裁決をする場合には、当該処分又は裁決の相手方に対し、次に掲げる事項を書面で教示しなければならない。ただし、当該処分を口頭でする場合は、この限りでない。
一　当該訴訟の被告とすべき者
二　当該訴訟の出訴期間

国家賠償法

（昭和22年10月27日法律第125号）

第1条 国又は公共団体の公権力の行使に当る公務員が、その職務を行うについて、故意又は過失によつて違法に他人に損害を加えたときは、国又は公共団体が、これを賠償する責に任ずる。

2 前項の場合において、公務員に故意又は重大な過失があつたときは、国又は公共団体は、その公務員に対して求償権を有する。

第2条 道路、河川その他の公の営造物の設置又は管理に瑕疵があつたために他人に損害を生じたときは、国又は公共団体は、これを賠償する責に任ずる。

2 前項の場合において、他に損害の原因について責に任ずべき者があるときは、国又は公共団体は、これに対して求償権を有する。

第3条 前二条の規定によつて国又は公共団体が損害を賠償する責に任ずる場合において、公務員の選任若しくは監督又は公の営造物の設置若しくは管理に当る者と公務員の俸給、給与その他の費用又は公の営造物の設置若しくは管理の費用を負担する者とが異なるときは、費用を負担する者もまた、その損害を賠償する責に任ずる。

2 前項の場合において、損害を賠償した者は、内部関係でその損害を賠償する責任ある者に対して求償権を有する。

第4条 国又は公共団体の損害賠償の責任については、前三条の規定によるの外、民法の規定による。

第5条 国又は公共団体の損害賠償の責任について民法以外の他の法律に別段の定があるときは、その定めるところによる。

第6条 この法律は、外国人が被害者である場合には、相互の保証があるときに限り、これを適用する。

地方自治法（抄録）

（昭和22年４月17日法律第67号）

第１編　総則

第１条　この法律は、地方自治の本旨に基いて、地方公共団体の区分並びに地方公共団体の組織及び運営に関する事項の大綱を定め、併せて国と地方公共団体との間の基本的関係を確立することにより、地方公共団体における民主的にして能率的な行政の確保を図るとともに、地方公共団体の健全な発達を保障することを目的とする。

第１条の２　地方公共団体は、住民の福祉の増進を図ることを基本として、地域における行政を自主的かつ総合的に実施する役割を広く担うものとする。

2　国は、前項の規定の趣旨を達成するため、国においては国際社会における国家としての存立にかかわる事務、全国的に統一して定めることが望ましい国民の諸活動若しくは地方自治に関する基本的な準則に関する事務又は全国的な規模で若しくは全国的な視点に立つて行わなければならない施策及び事業の実施その他の国が本来果たすべき役割を重点的に担い、住民に身近な行政はできる限り地方公共団体にゆだねることを基本として、地方公共団体との間で適切に役割を分担するとともに、地方公共団体に関する制度の策定及び施策の実施に当たつて、地方公共団体の自主性及び自立性が十分に発揮されるようにしなければならない。

第１条の３　地方公共団体は、普通地方公共団体及び特別地方公共団体とする。

2　普通地方公共団体は、都道府県及び市町村とする。

3　特別地方公共団体は、特別区、地方公共団体の組合及び財産区とする。

第２条　地方公共団体は、法人とする。

2　普通地方公共団体は、地域における事務及びその他の事務で法律又はこれに基づく政令により処理することとされるものを処理する。

3　市町村は、基礎的な地方公共団体として、第５項において都道府県が処理するものとされているものを除き、一般的に、前項の事務を処理するものとする。

4　市町村は、前項の規定にかかわらず、次項に規定する事務のうち、その規模又は性質において一般の市町村が処理することが適当でないと認められるものについては、当該市町村の規模及び能力に応じて、これを処理することができる。

5　都道府県は、市町村を包括する広域の地方公共団体として、第２項の事務で、広域にわたるもの、市町村に関する連絡調整に関するもの及びその規模又は性質において一般の市町村が処理することが適当でないと認められるものを処理するものとする。

6　都道府県及び市町村は、その事務を処理するに当つては、相互に競合しないようにしなければならない。

7　特別地方公共団体は、この法律の定めるところにより、その事務を処理する。

8　この法律において「自治事務」とは、地方公共団体が処理する事務のうち、法定受託事務以外のものをいう。

9　この法律において「法定受託事務」とは、次に掲げる事務をいう。

一　法律又はこれに基づく政令により都道府県、市町村又は特別区が処理することとされる事務のうち、国が本来果たすべき役割に係るものであつて、国においてその適正な処理を特に確保する必要があるものとして法律又はこれに基づく政令に特に定めるもの（以下「第１号法定受託事務」という。）

二　法律又はこれに基づく政令により市町村又は特別区が処理することとされる事務のうち、都道府県が本来果たすべき役割に係るものであつて、都道府県においてその適正な処理を特に確保する必要があるものとして法律又はこれに基づく政令に特に定めるもの（以下「第２号法定受託事務」という。）

10　この法律又はこれに基づく政令に規定するもののほか、法律に定める法定受託事務は第１号法定受託事務にあつては別表第１の上欄に掲げる法律についてそれぞれ同表の下欄に、第２号法定受託事務にあつては別表第２の上欄に掲げる法律についてそれぞれ同表の下欄に掲げるとおりであり、政令に定める法定受託事務はこの法律に基づく政令に示すとおりである。

11　地方公共団体に関する法令の規定は、地方自治の本旨に基づき、かつ、国と地方公共団体との適切な役割分担を踏まえたものでなければならない。

12　地方公共団体に関する法令の規定は、地方自治の本旨に基づいて、かつ、国と地方公共団体との適切な役割分担を踏まえて、これを解釈し、及び運用するようにしなければならない。この場合において、特別地方公共団体に関する法令の規定は、この法律に定める特別地方公共団体

の特性にも照応するように、これを解釈し、及び運用しなければならない。

13　法律又はこれに基づく政令により地方公共団体が処理することとされる事務が自治事務である場合においては、国は、地方公共団体が地域の特性に応じて当該事務を処理することができるよう特に配慮しなければならない。

14　地方公共団体は、その事務を処理するに当つては、住民の福祉の増進に努めるとともに、最少の経費で最大の効果を挙げるようにしなければならない。

15　地方公共団体は、常にその組織及び運営の合理化に努めるとともに、他の地方公共団体に協力を求めてその規模の適正化を図らなければならない。

16　地方公共団体は、法令に違反してその事務を処理してはならない。なお、市町村及び特別区は、当該都道府県の条例に違反してその事務を処理してはならない。

17　前項の規定に違反して行つた地方公共団体の行為は、これを無効とする。

第3条　（省略）

第4条　地方公共団体は、その事務所の位置を定め又はこれを変更しようとするときは、条例でこれを定めなければならない。

2　前項の事務所の位置を定め又はこれを変更するに当つては、住民の利用に最も便利であるように、交通の事情、他の官公署との関係等について適当な考慮を払わなければならない。

3　第1項の条例を制定し又は改廃しようとするときは、当該地方公共団体の議会において出席議員の3分の2以上の者の同意がなければならない。

第4条の2　（省略）

第2編　普通地方公共団体

第1章　通則

第5条　普通地方公共団体の区域は、従来の区域による。

2　都道府県は、市町村を包括する。

第6条　都道府県の廃置分合又は境界変更をしようとするときは、法律でこれを定める。

2　都道府県の境界にわたつて市町村の設置又は境界の変更があつたときは、都道府県の境界も、また、自ら変更する。従来地方公共団体の区域に属しなかつた地域を市町村の区域に編入したときも、また、同様とする。

3　前二項の場合において財産処分を必要とする

ときは、関係地方公共団体が協議してこれを定める。但し、法律に特別の定があるときは、この限りでない。

4　前項の協議については、関係地方公共団体の議会の議決を経なければならない。

第6条の2　前条第1項の規定によるほか、二以上の都道府県の廃止及びそれらの区域の全部による一の都道府県の設置又は都道府県の廃止及びその区域の全部の他の一の都道府県の区域への編入は、関係都道府県の申請に基づき、内閣が国会の承認を経てこれを定めることができる。

2　前項の申請については、関係都道府県の議会の議決を経なければならない。

3　第1項の申請は、総務大臣を経由して行うものとする。

4　第1項の規定による処分があつたときは、総務大臣は、直ちにその旨を告示しなければならない。

5　第1項の規定による処分は、前項の規定による告示によりその効力を生ずる。

第7条　市町村の廃置分合又は市町村の境界変更は、関係市町村の申請に基き、都道府県知事が当該都道府県の議会の議決を経てこれを定め、直ちにその旨を総務大臣に届け出なければならない。

2　前項の規定により市の廃置分合をしようとするときは、都道府県知事は、あらかじめ総務大臣に協議し、その同意を得なければならない。

3　都道府県の境界にわたる市町村の設置を伴う市町村の廃置分合又は市町村の境界の変更は、関係のある普通地方公共団体の申請に基づき、総務大臣がこれを定める。

4　前項の規定により都道府県の境界にわたる市町村の設置の処分を行う場合においては、当該市町村の属すべき都道府県について、関係のある普通地方公共団体の申請に基づき、総務大臣が当該処分と併せてこれを定める。

5　第1項及び第3項の場合において財産処分を必要とするときは、関係市町村が協議してこれを定める。

6　第1項及び前3項の申請又は協議については、関係のある普通地方公共団体の議会の議決を経なければならない。

7　第1項の規定による届出を受理したとき、又は第3項若しくは第4項の規定による処分をしたときは、総務大臣は、直ちにその旨を告示するとともに、これを国の関係行政機関の長に通知しなければならない。

8　第1項、第3項又は第4項の規定による処分は、前項の規定による告示によりその効力を生

ずる。

第7条の2 （省略）

第8条 市となるべき普通地方公共団体は、左に掲げる要件を具えていなければならない。

一 人口5万以上を有すること。

二 当該普通地方公共団体の中心の市街地を形成している区域内に在る戸数が、全戸数の6割以上であること。

三 商工業その他の都市的業態に従事する者及びその者と同一世帯に属する者の数が、全人口の6割以上であること。

四 前各号に定めるものの外、当該都道府県の条例で定める都市的施設その他の都市としての要件を具えていること。

2 町となるべき普通地方公共団体は、当該都道府県の条例で定める町としての要件を具えていなければならない。

3 町村を市とし又は市を町村とする処分は第7条第1項、第2項及び第6項から第8項までの例により、村を町とし又は町を村とする処分は同条第1項及び第6項から第8項までの例により、これを行うものとする。

第8条の2〜第9条の5 （省略）

第2章　住民

第10条 市町村の区域内に住所を有する者は、当該市町村及びこれを包括する都道府県の住民とする。

2 住民は、法律の定めるところにより、その属する普通地方公共団体の役務の提供をひとしく受ける権利を有し、その負担を分任する義務を負う。

第11条 日本国民たる普通地方公共団体の住民は、この法律の定めるところにより、その属する普通地方公共団体の選挙に参与する権利を有する。

第12条 日本国民たる普通地方公共団体の住民は、この法律の定めるところにより、その属する普通地方公共団体の条例（地方税の賦課徴収並びに分担金、使用料及び手数料の徴収に関するものを除く。）の制定又は改廃を請求する権利を有する。

2 日本国民たる普通地方公共団体の住民は、この法律の定めるところにより、その属する普通地方公共団体の事務の監査を請求する権利を有する。

第13条 日本国民たる普通地方公共団体の住民は、この法律の定めるところにより、その属する普通地方公共団体の議会の解散を請求する権利を有する。

2 日本国民たる普通地方公共団体の住民は、この法律の定めるところにより、その属する普通地方公共団体の議会の議員、長、副知事若しくは副市町村長、第252条の19第1項に規定する指定都市の総合区長、選挙管理委員若しくは監査委員又は公安委員会の委員の解職を請求する権利を有する。

3 日本国民たる普通地方公共団体の住民は、法律の定めるところにより、その属する普通地方公共団体の教育委員会の教育長又は委員の解職を請求する権利を有する。

第13条の2 市町村は、別に法律の定めるところにより、その住民につき、住民たる地位に関する正確な記録を常に整備しておかなければならない。

第3章　条例及び規則

第14条 普通地方公共団体は、法令に違反しない限りにおいて第2条第2項の事務に関し、条例を制定することができる。

2 普通地方公共団体は、義務を課し、又は権利を制限するには、法令に特別の定めがある場合を除くほか、条例によらなければならない。

3 普通地方公共団体は、法令に特別の定めがあるものを除くほか、その条例中に、条例に違反した者に対し、2年以下の懲役若しくは禁錮、100万円以下の罰金、拘留、科料若しくは没収の刑又は5万円以下の過料を科する旨の規定を設けることができる。

第15条 普通地方公共団体の長は、法令に違反しない限りにおいて、その権限に属する事務に関し、規則を制定することができる。

2 普通地方公共団体の長は、法令に特別の定めがあるものを除くほか、普通地方公共団体の規則中に、規則に違反した者に対し、5万円以下の過料を科する旨の規定を設けることができる。

第16条 普通地方公共団体の議会の議長は、条例の制定又は改廃の議決があつたときは、その日から3日以内にこれを当該普通地方公共団体の長に送付しなければならない。

2 普通地方公共団体の長は、前項の規定により条例の送付を受けた場合は、その日から20日以内にこれを公布しなければならない。ただし、再議その他の措置を講じた場合は、この限りでない。

3 条例は、条例に特別の定があるものを除く外、公布の日から起算して10日を経過した日から、これを施行する。

4 当該普通地方公共団体の長の署名、施行期日の特例その他条例の公布に関し必要な事項は、条例でこれを定めなければならない。

5 前二項の規定は、普通地方公共団体の規則並びにその機関の定める規則及びその他の規程で公表を要するものにこれを準用する。但し、法令又は条例に特別の定があるときは、この限りでない。

第4章 選挙

第17条 普通地方公共団体の議会の議員及び長は、別に法律の定めるところにより、選挙人が投票によりこれを選挙する。

第18条 日本国民たる年齢満18年以上の者で引き続き3箇月以上市町村の区域内に住所を有するものは、別に法律の定めるところにより、その属する普通地方公共団体の議会の議員及び長の選挙権を有する。

第19条 普通地方公共団体の議会の議員の選挙権を有する者で年齢満25年以上のものは、別に法律の定めるところにより、普通地方公共団体の議会の議員の被選挙権を有する。

2 日本国民で年齢満30年以上のものは、別に法律の定めるところにより、都道府県知事の被選挙権を有する。

3 日本国民で年齢満25年以上のものは、別に法律の定めるところにより、市町村長の被選挙権を有する。

第20条から第73条まで 削除

第5章 直接請求

第1節 条例の制定及び監査の請求

第74条 普通地方公共団体の議会の議員及び長の選挙権を有する者（以下この編において「選挙権を有する者」という。）は、政令で定めるところにより、その総数の50分の1以上の者の連署をもつて、その代表者から、普通地方公共団体の長に対し、条例（地方税の賦課徴収並びに分担金、使用料及び手数料の徴収に関するものを除く。）の制定又は改廃の請求をすることができる。

2 前項の請求があつたときは、当該普通地方公共団体の長は、直ちに請求の要旨を公表しなければならない。

3 普通地方公共団体の長は、第1項の請求を受理した日から20日以内に議会を招集し、意見を付けてこれを議会に付議し、その結果を同項の

代表者（以下この条において「代表者」という。）に通知するとともに、これを公表しなければならない。

4 議会は、前項の規定により付議された事件の審議を行うに当たつては、政令で定めるところにより、代表者に意見を述べる機会を与えなければならない。

5 第1項の選挙権を有する者とは、公職選挙法（昭和25年法律第100号）第22条第1項又は第3項の規定による選挙人名簿の登録が行われた日において選挙人名簿に登録されている者とし、その総数の50分の1の数は、当該普通地方公共団体の選挙管理委員会において、その登録が行われた日後直ちに告示しなければならない。

6 選挙権を有する者のうち次に掲げるものは、代表者となり、又は代表者であることができない。

一 公職選挙法第27条第1項又は第2項の規定により選挙人名簿にこれらの項の表示をされている者（都道府県に係る請求にあつては、同法第9条第3項の規定により当該都道府県の議会の議員及び長の選挙権を有するものとされた者（同法第11条第1項若しくは第252条又は政治資金規正法（昭和23年法律第194号）第28条の規定により選挙権を有しなくなつた旨の表示をされている者を除く。）を除く。）

二 前項の選挙人名簿の登録が行われた日以後に公職選挙法第28条の規定により選挙人名簿から抹消された者

三 第1項の請求に係る普通地方公共団体（当該普通地方公共団体が、都道府県である場合には当該都道府県の区域内の市町村並びに第252条の19第1項に規定する指定都市（以下この号において「指定都市」という。）の区及び総合区を含み、指定都市である場合には当該市の区及び総合区を含む。）の選挙管理委員会の委員又は職員である者

7 第1項の場合において、当該地方公共団体の区域内で衆議院議員、参議院議員又は地方公共団体の議会の議員若しくは長の選挙が行われることとなるときは、政令で定める期間、当該選挙が行われる区域内においては請求のための署名を求めることができない。

8 選挙権を有する者は、心身の故障その他の事由により条例の制定又は改廃の請求者の署名簿に署名することができないときは、その者の属する市町村の選挙権を有する者（代表者及び代表者の委任を受けて当該市町村の選挙権を有する者に対し当該署名簿に署名することを求める者を除く。）に委任して、自己の氏名（以下「請

求者の氏名」という。）を当該署名簿に記載させることができる。この場合において、委任を受けた者による当該請求者の氏名の記載は、第1項の規定による請求者の署名とみなす。

9　前項の規定により委任を受けた者（以下「氏名代筆者」という。）が請求者の氏名を条例の制定又は改廃の請求者の署名簿に記載する場合には、氏名代筆者は、当該署名簿に氏名代筆者としての署名をしなければならない。

第74条の2〜第74条の4　（省略）

第75条　選挙権を有する者（道の方面公安委員会については、当該方面公安委員会の管理する方面本部の管轄区域内において選挙権を有する者）は、政令で定めるところにより、その総数の50分の1以上の者の連署をもつて、その代表者から、普通地方公共団体の監査委員に対し、当該普通地方公共団体の事務の執行に関し、監査の請求をすることができる。

2　前項の請求があつたときは、監査委員は、直ちに当該請求の要旨を公表しなければならない。

3　監査委員は、第1項の請求に係る事項につき監査し、監査の結果に関する報告を決定し、これを同項の代表者（第5項及び第6項において「代表者」という。）に送付し、かつ、公表するとともに、これを当該普通地方公共団体の議会及び長並びに関係のある教育委員会、選挙管理委員会、人事委員会若しくは公平委員会、公安委員会、労働委員会、農業委員会その他法律に基づく委員会又は委員に提出しなければならない。

4　前項の規定による監査の結果に関する報告の決定は、監査委員の合議によるものとする。

5　監査委員は、第3項の規定による監査の結果に関する報告の決定について、各監査委員の意見が一致しないことにより、前項の合議により決定することができない事項がある場合には、その旨及び当該事項についての各監査委員の意見を代表者に送付し、かつ、公表するとともに、これらを当該普通地方公共団体の議会及び長並びに関係のある教育委員会、選挙管理委員会、人事委員会若しくは公平委員会、公安委員会、労働委員会、農業委員会その他法律に基づく委員会又は委員に提出しなければならない。

6　第74条第5項の規定は第1項の選挙権を有する者及びその総数の50分の1の数について、同条第6項の規定は代表者について、同条第7項から第9項まで及び第74条の2から前条までの規定は第1項の規定による請求者の署名について、それぞれ準用する。この場合において、第

74条第6項第3号中「区域内」とあるのは、「区域内（道の方面公安委員会に係る請求については、当該方面公安委員会の管理する方面本部の管轄区域内）」と読み替えるものとする。

第2節　解散及び解職の請求

第76条　選挙権を有する者は、政令の定めるところにより、その総数の3分の1（その総数が40万を超え80万以下の場合にあつてはその40万を超える数に6分の1を乗じて得た数と40万に3分の1を乗じて得た数とを合算して得た数、その総数が80万を超える場合にあつてはその80万を超える数に8分の1を乗じて得た数と40万に6分の1を乗じて得た数と40万に3分の1を乗じて得た数とを合算して得た数）以上の者の連署をもつて、その代表者から、普通地方公共団体の選挙管理委員会に対し、当該普通地方公共団体の議会の解散の請求をすることができる。

2　前項の請求があつたときは、委員会は、直ちに請求の要旨を公表しなければならない。

3　第1項の請求があつたとき、委員会は、これを選挙人の投票に付さなければならない。

4　第74条第5項の規定は第1項の選挙権を有する者及びその総数の3分の1の数（その総数が40万を超え80万以下の場合にあつてはその40万を超える数に6分の1を乗じて得た数と40万に3分の1を乗じて得た数とを合算して得た数、その総数が80万を超える場合にあつてはその80万を超える数に8分の1を乗じて得た数と40万に6分の1を乗じて得た数と40万に3分の1を乗じて得た数とを合算して得た数）について、同条第6項の規定は第1項の代表者について、同条第7項から第9項まで及び第74条の2から第74条の4までの規定は第1項の規定による請求者の署名について準用する。

第77条　解散の投票の結果が判明したときは、選挙管理委員会は、直ちにこれを前条第1項の代表者及び当該普通地方公共団体の議会の議長に通知し、かつ、これを公表するとともに、都道府県にあつては都道府県知事に、市町村にあつては市町村長に報告しなければならない。その投票の結果が確定したときも、また、同様とする。

第78条　普通地方公共団体の議会は、第76条第3項の規定による解散の投票において過半数の同意があつたときは、解散するものとする。

第79条　第76条第1項の規定による普通地方公共団体の議会の解散の請求は、その議会の議員

地方自治法

153

の一般選挙のあつた日から１年間及び同条第３項の規定による解散の投票のあつた日から１年間は、これをすることができない。

第80条 選挙権を有する者は、政令の定めるところにより、所属の選挙区におけるその総数の３分の１（その総数が40万を超え80万以下の場合にあつてはその40万を超える数に６分の１を乗じて得た数と40万に３分の１を乗じて得た数とを合算して得た数、その総数が80万を超える場合にあつてはその80万を超える数に８分の１を乗じて得た数と40万に６分の１を乗じて得た数と40万に３分の１を乗じて得た数とを合算して得た数）以上の者の連署をもつて、その代表者から、普通地方公共団体の選挙管理委員会に対し、当該選挙区に属する普通地方公共団体の議会の議員の解職の請求をすることができる。この場合において選挙区がないときは、選挙権を有する者の総数の３分の１（その総数が40万を超え80万以下の場合にあつてはその40万を超える数に６分の１を乗じて得た数と40万に３分の１を乗じて得た数とを合算して得た数、その総数が80万を超える場合にあつてはその80万を超える数に８分の１を乗じて得た数と40万に６分の１を乗じて得た数と40万に３分の１を乗じて得た数とを合算して得た数）以上の者の連署をもつて、議員の解職の請求をすることができる。

2 前項の請求があつたときは、委員会は、直ちに請求の要旨を関係区域内に公表しなければならない。

3 第１項の請求があつたときは、委員会は、これを当該選挙区の選挙人の投票に付さなければならない。この場合において選挙区がないときは、すべての選挙人の投票に付さなければならない。

4 第74条第５項の規定は第１項の選挙権を有する者及びその総数の３分の１の数（その総数が40万を超え80万以下の場合にあつてはその40万を超える数に６分の１を乗じて得た数と40万に３分の１を乗じて得た数とを合算して得た数、その総数が80万を超える場合にあつてはその80万を超える数に８分の１を乗じて得た数と40万に６分の１を乗じて得た数と40万に３分の１を乗じて得た数とを合算して得た数）について、同条第６項の規定は第１項の代表者について、同条第７項から第９項まで及び第74条の２から第74条の４までの規定は第１項の規定による請求者の署名について準用する。この場合において、第74条第６項第３号中「都道府県の区域内の」とあり、及び「市の」とあるのは、「選挙区

の区域の全部又は一部が含まれる」と読み替えるものとする。

第81条 選挙権を有する者は、政令の定めるところにより、その総数の３分の１（その総数が40万を超え80万以下の場合にあつてはその40万を超える数に６分の１を乗じて得た数と40万に３分の１を乗じて得た数とを合算して得た数、その総数が80万を超える場合にあつてはその80万を超える数に８分の１を乗じて得た数と40万に６分の１を乗じて得た数と40万に３分の１を乗じて得た数とを合算して得た数）以上の者の連署をもつて、その代表者から、普通地方公共団体の選挙管理委員会に対し、当該普通地方公共団体の長の解職の請求をすることができる。

2 第74条第５項の規定は前項の選挙権を有する者及びその総数の３分の１の数（その総数が40万を超え80万以下の場合にあつてはその40万を超える数に６分の１を乗じて得た数と40万に３分の１を乗じて得た数とを合算して得た数、その総数が80万を超える場合にあつてはその80万を超える数に８分の１を乗じて得た数と40万に６分の１を乗じて得た数と40万に３分の１を乗じて得た数とを合算して得た数）について、同条第６項の規定は前項の代表者について、同条第７項から第９項まで及び第74条の２から第74条の４までの規定は前項の規定による請求者の署名について、第76条第２項及び第３項の規定は前項の請求について準用する。

第82条 第80条第３項の規定による解職の投票の結果が判明したときは、普通地方公共団体の選挙管理委員会は、直ちにこれを同条第１項の代表者並びに当該普通地方公共団体の議会の関係議員及び議長に通知し、かつ、これを公表するとともに、都道府県にあつては都道府県知事に、市町村にあつては市町村長に報告しなければならない。その投票の結果が確定したときも、また、同様とする。

2 前条第２項の規定による解職の投票の結果が判明したときは、委員会は、直ちにこれを同条第１項の代表者並びに当該普通地方公共団体の長及び議会の議長に通知し、かつ、これを公表しなければならない。その投票の結果が確定したときも、また、同様とする。

第83条 普通地方公共団体の議会の議員又は長は、第80条第３項又は第81条第２項の規定による解職の投票において、過半数の同意があつたときは、その職を失う。

第84条 第80条第１項又は第81条第１項の規定による普通地方公共団体の議会の議員又は長の解職の請求は、その就職の日から１年間及び第

80条第3項又は第81条第2項の規定による解職の投票の日から1年間は、これをすることができない。ただし、公職選挙法第100条第6項の規定により当選人と定められ普通地方公共団体の議会の議員又は長となつた者に対する解職の請求は、その就職の日から1年以内においても、これをすることができる。

第85条 政令で特別の定をするものを除く外、公職選挙法中普通地方公共団体の選挙に関する規定は、第76条第3項の規定による解散の投票並びに第80条第3項及び第81条第2項の規定による解職の投票にこれを準用する。

2 前項の投票は、政令の定めるところにより、普通地方公共団体の選挙と同時にこれを行うことができる。

第86条 選挙権を有する者（第252条の19第1項に規定する指定都市（以下この項において「指定都市」という。）の総合区長については当該総合区の区域内において選挙権を有する者、指定都市の区又は総合区の選挙管理委員については当該区又は総合区の区域内において選挙権を有する者、道の方面公安委員会の委員については当該方面公安委員会の管理する方面本部の管轄区域内において選挙権を有する者）は、政令の定めるところにより、その総数の3分の1（その総数が40万を超え80万以下の場合にあつてはその40万を超える数に6分の1を乗じて得た数と40万に3分の1を乗じて得た数とを合算して得た数、その総数が80万を超える場合にあつてはその80万を超える数に8分の1を乗じて得た数と40万に6分の1を乗じて得た数と40万に3分の1を乗じて得た数とを合算して得た数）以上の者の連署をもつて、その代表者から、普通地方公共団体の長に対し、副知事若しくは副市町村長、指定都市の総合区長、選挙管理委員若しくは監査委員又は公安委員会の委員の解職の請求をすることができる。

2 前項の請求があつたときは、当該普通地方公共団体の長は、直ちに請求の要旨を公表しなければならない。

3 第1項の請求があつたときは、当該普通地方公共団体の長は、これを議会に付議し、その結果を同項の代表者及び関係者に通知し、かつ、これを公表しなければならない。

4 第74条第5項の規定は第1項の選挙権を有する者及びその総数の3分の1の数（その総数が40万を超え80万以下の場合にあつてはその40万を超える数に6分の1を乗じて得た数と40万に3分の1を乗じて得た数とを合算して得た数、その総数が80万を超える場合にあつてはその80

万を超える数に8分の1を乗じて得た数と40万に6分の1を乗じて得た数と40万に3分の1を乗じて得た数とを合算して得た数）について、同条第6項の規定は第1項の代表者について、同条第7項から第9項まで及び第74条の2から第74条の4までの規定は第1項の規定による請求者の署名について準用する。この場合において、第74条第6項第3号中「区域内」とあるのは「区域内（道の方面公安委員会の委員に係る請求については、当該方面公安委員会の管理する方面本部の管轄区域内）」と、「市の区及び総合区」とあるのは「市の区及び総合区（総合区長に係る請求については当該総合区、区又は総合区の選挙管理委員に係る請求については当該区又は総合区に限る。）」と読み替えるものとする。

第87条 前条第1項に掲げる職に在る者は、同条第3項の場合において、当該普通地方公共団体の議会の議員の3分の2以上の者が出席し、その4分の3以上の者の同意があつたときは、その職を失う。

2 第118条第5項の規定は、前条第3項の規定による議決についてこれを準用する。

第88条 （省略）

第6章　議会

第1節　組織

第89条 普通地方公共団体に議会を置く。

第90条 都道府県の議会の議員の定数は、条例で定める。

2 前項の規定による議員の定数の変更は、一般選挙の場合でなければ、これを行うことができない。

3 第6条の2第1項の規定による処分により、著しく人口の増加があつた都道府県においては、前項の規定にかかわらず、議員の任期中においても、議員の定数を増加することができる。

4 第6条の2第1項の規定により都道府県の設置をしようとする場合において、その区域の全部が当該新たに設置される都道府県の区域の一部となる都道府県（以下本条において「設置関係都道府県」という。）は、その協議により、あらかじめ、新たに設置される都道府県の議会の議員の定数を定めなければならない。

5 前項の規定により新たに設置される都道府県の議会の議員の定数を定めたときは、設置関係都道府県は、直ちに当該定数を告示しなければならない。

地方自治法

6 前項の規定により告示された新たに設置される都道府県の議会の議員の定数は、第1項の規定に基づく当該都道府県の条例により定められたものとみなす。

7 第4項の協議については、設置関係都道府県の議会の議決を経なければならない。

第91条 市町村の議会の議員の定数は、条例で定める。

2 前項の規定による議員の定数の変更は、一般選挙の場合でなければ、これを行うことができない。

3 第7条第1項又は第3項の規定による処分により、著しく人口の増減があつた市町村においては、前項の規定にかかわらず、議員の任期中においても、議員の定数を増減することができる。

4 前項の規定により議員の任期中にその定数を減少した場合において当該市町村の議会の議員の職に在る者の数がその減少した定数を超えているときは、当該議員の任期中は、その数を以て定数とする。但し、議員に欠員を生じたときは、これに応じて、その定数は、当該定数に至るまで減少するものとする。

5 第7条第1項又は第3項の規定により市町村の設置を伴う市町村の廃置分合をしようとする場合において、その区域の全部又は一部が当該廃置分合により新たに設置される市町村の区域の全部又は一部となる市町村（以下本条において「設置関係市町村」という。）は、設置関係市町村が二以上のときは設置関係市町村の協議により、設置関係市町村が一のときは当該設置関係市町村の議会の議決を経て、あらかじめ、新たに設置される市町村の議会の議員の定数を定めなければならない。

6 前項の規定により新たに設置される市町村の議会の議員の定数を定めたときは、設置関係市町村は、直ちに当該定数を告示しなければならない。

7 前項の規定により告示された新たに設置される市町村の議会の議員の定数は、第1項の規定に基づく当該市町村の条例により定められたものとみなす。

8 第5項の協議については、設置関係市町村の議会の議決を経なければならない。

第92条 普通地方公共団体の議会の議員は、衆議院議員又は参議院議員と兼ねることができない。

2 普通地方公共団体の議会の議員は、地方公共団体の議会の議員並びに常勤の職員及び地方公務員法（昭和25年法律第261号）第28条の5

第1項に規定する短時間勤務の職を占める職員（以下「短時間勤務職員」という。）と兼ねることができない。

第92条の2 普通地方公共団体の議会の議員は、当該普通地方公共団体に対し請負をする者及びその支配人又は主として同一の行為をする法人の無限責任社員、取締役、執行役若しくは監査役若しくはこれらに準ずべき者、支配人及び清算人たることができない。

第93条 普通地方公共団体の議会の議員の任期は、4年とする。

2 前項の任期の起算、補欠議員の在任期間及び議員の定数に異動を生じたためあらたに選挙された議員の在任期間については、公職選挙法第258条及び第260条の定めるところによる。

第94条 町村は、条例で、第89条の規定にかかわらず、議会を置かず、選挙権を有する者の総会を設けることができる。

第95条 前条の規定による町村総会に関しては、町村の議会に関する規定を準用する。

第2節 権限

第96条 普通地方公共団体の議会は、次に掲げる事件を議決しなければならない。

一 条例を設け又は改廃すること。

二 予算を定めること。

三 決算を認定すること。

四 法律又はこれに基づく政令に規定するものを除くほか、地方税の賦課徴収又は分担金、使用料、加入金若しくは手数料の徴収に関すること。

五 その種類及び金額について政令で定める基準に従い条例で定める契約を締結すること。

六 条例で定める場合を除くほか、財産を交換し、出資の目的とし、若しくは支払手段として使用し、又は適正な対価なくしてこれを譲渡し、若しくは貸し付けること。

七 不動産を信託すること。

八 前二号に定めるものを除くほか、その種類及び金額について政令で定める基準に従い条例で定める財産の取得又は処分をすること。

九 負担付きの寄附又は贈与を受けること。

十 法律若しくはこれに基づく政令又は条例に特別の定めがある場合を除くほか、権利を放棄すること。

十一 条例で定める重要な公の施設につき条例で定める長期かつ独占的な利用をさせること。

十二 普通地方公共団体がその当事者である審査請求その他の不服申立て、訴えの提起

（普通地方公共団体の行政庁の処分又は裁決（行政事件訴訟法第3条第2項に規定する処分又は同条第3項に規定する裁決をいう。以下この号、第105条の2、第192条及び第199条の3第3項において同じ。）に係る同法第11条第1項（同法第38条第1項（同法第43条第2項において準用する場合を含む。）又は同法第43条第1項において準用する場合を含む。）の規定による普通地方公共団体を被告とする訴訟（以下この号、第105条の2、第192条及び第199条の3第3項において「普通地方公共団体を被告とする訴訟」という。）に係るものを除く。）、和解（普通地方公共団体の行政庁の処分又は裁決に係る普通地方公共団体を被告とする訴訟に係るものを除く。）、あつせん、調停及び仲裁に関すること。

十三　法律上その義務に属する損害賠償の額を定めること。

十四　普通地方公共団体の区域内の公共的団体等の活動の総合調整に関すること。

十五　その他法律又はこれに基づく政令（これらに基づく条例を含む。）により議会の権限に属する事項

2　前項に定めるものを除くほか、普通地方公共団体は、条例で普通地方公共団体に関する事件（法定受託事務に係るものにあつては、国の安全に関することその他の事由により議会の議決すべきものとすることが適当でないものとして政令で定めるものを除く。）につき議会の議決すべきものを定めることができる。

第97条　普通地方公共団体の議会は、法律又はこれに基く政令によりその権限に属する選挙を行わなければならない。

2　議会は、予算について、増額してこれを議決することを妨げない。但し、普通地方公共団体の長の予算の提出の権限を侵すことはできない。

第98条　普通地方公共団体の議会は、当該普通地方公共団体の事務（自治事務にあつては労働委員会及び収用委員会の権限に属する事務で政令で定めるものを除き、法定受託事務にあつては国の安全を害するおそれがあることその他の事由により議会の検査の対象とすることが適当でないものとして政令で定めるものを除く。）に関する書類及び計算書を検閲し、当該普通地方公共団体の長、教育委員会、選挙管理委員会、人事委員会若しくは公平委員会、公安委員会、労働委員会、農業委員会又は監査委員その他法律に基づく委員会又は委員の報告を請求して、当該事務の管理、議決の執行及び出納を検査することができる。

2　議会は、監査委員に対し、当該普通地方公共団体の事務（自治事務にあつては労働委員会及び収用委員会の権限に属する事務で政令で定めるものを除き、法定受託事務にあつては国の安全を害するおそれがあることその他の事由により本項の監査の対象とすることが適当でないものとして政令で定めるものを除く。）に関する監査を求め、監査の結果に関する報告を請求することができる。この場合における監査の実施については、第199条第2項後段の規定を準用する。

第99条　普通地方公共団体の議会は、当該普通地方公共団体の公益に関する事件につき意見書を国会又は関係行政庁に提出することができる。

第100条　普通地方公共団体の議会は、当該普通地方公共団体の事務（自治事務にあつては労働委員会及び収用委員会の権限に属する事務で政令で定めるものを除き、法定受託事務にあつては国の安全を害するおそれがあることその他の事由により議会の調査の対象とすることが適当でないものとして政令で定めるものを除く。次項において同じ。）に関する調査を行うことができる。この場合において、当該調査を行うため特に必要があると認めるときは、選挙人その他の関係人の出頭及び証言並びに記録の提出を請求することができる。

2　民事訴訟に関する法令の規定中証人の訊問に関する規定は、この法律に特別の定めがあるものを除くほか、前項後段の規定により議会が当該普通地方公共団体の事務に関する調査のため選挙人その他の関係人の証言を請求する場合に、これを準用する。ただし、過料、罰金、拘留又は勾引に関する規定は、この限りでない。

3　第1項後段の規定により出頭又は記録の提出の請求を受けた選挙人その他の関係人が、正当の理由がないのに、議会に出頭せず若しくは記録を提出しないとき又は証言を拒んだときは、6箇月以下の禁錮又は10万円以下の罰金に処する。

4　議会は、選挙人その他の関係人が公務員たる地位において知り得た事実については、その者から職務上の秘密に属するものである旨の申立を受けたときは、当該官公署の承認がなければ、当該事実に関する証言又は記録の提出を請求することができない。この場合において当該官公署が承認を拒むときは、その理由を疎明しなければならない。

5　議会が前項の規定による疎明を理由がないと認めるときは、当該官公署に対し、当該証言又は記録の提出が公の利益を害する旨の声明を要

求することができる。

6 当該官公署が前項の規定による要求を受けた日から20日以内に声明をしないときは、選挙人その他の関係人は、証言又は記録の提出をしなければならない。

7 第2項において準用する民事訴訟に関する法令の規定により宣誓した選挙人その他の関係人が虚偽の陳述をしたときは、これを3箇月以上5年以下の禁錮に処する。

8 前項の罪を犯した者が議会において調査が終了した旨の議決がある前に自白したときは、その刑を減軽し又は免除することができる。

9 議会は、選挙人その他の関係人が、第3項又は第7項の罪を犯したものと認めるときは、告発しなければならない。但し、虚偽の陳述をした選挙人その他の関係人が、議会の調査が終了した旨の議決がある前に自白したときは、告発しないことができる。

10 議会が第1項の規定による調査を行うため当該普通地方公共団体の区域内の団体等に対し照会をし又は記録の送付を求めたときは、当該団体等は、その求めに応じなければならない。

11 議会は、第1項の規定による調査を行う場合においては、予め、予算の定額の範囲内において、当該調査のため要する経費の額を定めて置かなければならない。その額を超えて経費の支出を必要とするときは、更に議決を経なければならない。

12 議会は、会議規則の定めるところにより、議案の審査又は議会の運営に関し協議又は調整を行うための場を設けることができる。

13 議会は、議案の審査又は当該普通地方公共団体の事務に関する調査のためその他議会において必要があると認めるときは、会議規則の定めるところにより、議員を派遣することができる。

14 普通地方公共団体は、条例の定めるところにより、その議会の議員の調査研究その他の活動に資するため必要な経費の一部として、その議会における会派又は議員に対し、政務活動費を交付することができる。この場合において、当該政務活動費の交付の対象、額及び交付の方法並びに当該政務活動費を充てることができる経費の範囲は、条例で定めなければならない。

15 前項の政務活動費の交付を受けた会派又は議員は、条例の定めるところにより、当該政務活動費に係る収入及び支出の報告書を議長に提出するものとする。

16 議長は、第14項の政務活動費については、その使途の透明性の確保に努めるものとする。

17 政府は、都道府県の議会に官報及び政府の刊行物を、市町村の議会に官報及び市町村に特に関係があると認める政府の刊行物を送付しなければならない。

18 都道府県は、当該都道府県の区域内の市町村の議会及び他の都道府県の議会に、公報及び適当と認める刊行物を送付しなければならない。

19 議会は、議員の調査研究に資するため、図書室を附置し前二項の規定により送付を受けた官報、公報及び刊行物を保管して置かなければならない。

20 前項の図書室は、一般にこれを利用させることができる。

第100条の2 普通地方公共団体の議会は、議案の審査又は当該普通地方公共団体の事務に関する調査のために必要な専門的事項に係る調査を学識経験を有する者等にさせることができる。

第3節 招集及び会期

第101条 普通地方公共団体の議会は、普通地方公共団体の長がこれを招集する。

2 議長は、議会運営委員会の議決を経て、当該普通地方公共団体の長に対し、会議に付議すべき事件を示して臨時会の招集を請求することができる。

3 議員の定数の4分の1以上の者は、当該普通地方公共団体の長に対し、会議に付議すべき事件を示して臨時会の招集を請求することができる。

4 前二項の規定による請求があつたときは、当該普通地方公共団体の長は、請求のあつた日から20日以内に臨時会を招集しなければならない。

5 第2項の規定による請求のあつた日から20日以内に当該普通地方公共団体の長が臨時会を招集しないときは、第1項の規定にかかわらず、議長は、臨時会を招集することができる。

6 第3項の規定による請求のあつた日から20日以内に当該普通地方公共団体の長が臨時会を招集しないときは、第1項の規定にかかわらず、議長は、第3項の規定による請求をした者の申出に基づき、当該申出のあつた日から、都道府県及び市にあつては10日以内、町村にあつては6日以内に臨時会を招集しなければならない。

7 招集は、開会の日前、都道府県及び市にあつては7日、町村にあつては3日までにこれを告示しなければならない。ただし、緊急を要する場合は、この限りでない。

第102条 普通地方公共団体の議会は、定例会

及び臨時会とする。

2 定例会は、毎年、条例で定める回数これを招集しなければならない。

3 臨時会は、必要がある場合において、その事件に限りこれを招集する。

4 臨時会に付議すべき事件は、普通地方公共団体の長があらかじめこれを告示しなければならない。

5 前条第5項又は第6項の場合においては、前項の規定にかかわらず、議長が、同条第2項又は第3項の規定による請求において示された会議に付議すべき事件を臨時会に付議すべき事件として、あらかじめ告示しなければならない。

6 臨時会の開会中に緊急を要する事件があるときは、前三項の規定にかかわらず、直ちにこれを会議に付議することができる。

7 普通地方公共団体の議会の会期及びその延長並びにその開閉に関する事項は、議会がこれを定める。

第102条の2 普通地方公共団体の議会は、前条の規定にかかわらず、条例で定めるところにより、定例会及び臨時会とせず、毎年、条例で定める日から翌年の当該日の前日までを会期とすることができる。

2 前項の議会は、第4の規定により招集しなければならないものとされる場合を除き、前項の条例で定める日の到来をもつて、普通地方公共団体の長が当該日にこれを招集したものとみなす。

3 第1項の会期中において、議員の任期が満了したとき、議会が解散されたとき又は議員が全てなくなつたときは、同項の規定にかかわらず、その任期満了の日、その解散の日又はその議員が全てなくなつた日をもつて、会期は終了するものとする。

4 前項の規定により会期が終了した場合には、普通地方公共団体の長は、同項に規定する事由により行われた一般選挙により選出された議員の任期が始まる日から30日以内に議会を招集しなければならない。この場合においては、その招集の日から同日後の最初の第1項の条例で定める日の前日までを会期とするものとする。

5 第3項の規定は、前項後段に規定する会期について準用する。

6 第1項の議会は、条例で、定期的に会議を開く日（以下「定例日」という。）を定めなければならない。

7 普通地方公共団体の長は、第1項の議会の議長に対し、会議に付議すべき事件を示して定例日以外の日において会議を開くことを請求する

ことができる。この場合において、議長は、当該請求のあつた日から、都道府県及び市にあつては7日以内、町村にあつては3日以内に会議を開かなければならない。

8 第1項の場合における第74条第3項、第121条第1項、第243条の3第2項及び第3項並びに第252条の39第4項の規定の適用については、第74条第3項中「20日以内に議会を招集し、」とあるのは「20日以内に」と、第121条第1項中「議会の審議」とあるのは「定例日に開かれる会議の審議又は議案の審議」と、第243条の3第2項及び第3項中「次の議会」とあるのは「次の定例日に開かれる会議」と、第252条の39第4項中「20日以内に議会を招集し」とあるのは「20日以内に」とする。

第4節 議長及び副議長

第103条 普通地方公共団体の議会は、議員の中から議長及び副議長1人を選挙しなければならない。

2 議長及び副議長の任期は、議員の任期による。

第104条 普通地方公共団体の議会の議長は、議場の秩序を保持し、議事を整理し、議会の事務を統理し、議会を代表する。

第105条 普通地方公共団体の議会の議長は、委員会に出席し、発言することができる。

第105条の2 普通地方公共団体の議会又は議長の処分又は裁決に係る普通地方公共団体を被告とする訴訟については、議長が当該普通地方公共団体を代表する。

第106条 普通地方公共団体の議会の議長に事故があるとき、又は議長が欠けたときは、副議長が議長の職務を行う。

2 議長及び副議長にともに事故があるときは、仮議長を選挙し、議長の職務を行わせる。

3 議会は、仮議長の選任を議長に委任することができる。

第107条 第103条第1項及び前条第2項の規定による選挙を行う場合において、議長の職務を行う者がないときは、年長の議員が臨時に議長の職務を行う。

第108条 普通地方公共団体の議会の議長及び副議長は、議会の許可を得て辞職することができる。但し、副議長は、議会の閉会中においては、議長の許可を得て辞職することができる。

第5節 委員会

第109条 普通地方公共団体の議会は、条例で、

常任委員会、議会運営委員会及び特別委員会を置くことができる。

2　常任委員会は、その部門に属する当該普通地方公共団体の事務に関する調査を行い、議案、請願等を審査する。

3　議会運営委員会は、次に掲げる事項に関する調査を行い、議案、請願等を審査する。
一　議会の運営に関する事項
二　議会の会議規則、委員会に関する条例等に関する事項
三　議長の諮問に関する事項

4　特別委員会は、議会の議決により付議された事件を審査する。

5　第115条の2の規定は、委員会について準用する。

6　委員会は、議会の議決すべき事件のうちその部門に属する当該普通地方公共団体の事務に関するものにつき、議会に議案を提出することができる。ただし、予算については、この限りでない。

7　前項の規定による議案の提出は、文書をもつてしなければならない。

8　委員会は、議会の議決により付議された特定の事件については、閉会中も、なお、これを審査することができる。

9　前各項に定めるもののほか、委員の選任その他委員会に関し必要な事項は、条例で定める。

第110条及び第111条　削除

第6節　会議

第112条　普通地方公共団体の議会の議員は、議会の議決すべき事件につき、議会に議案を提出することができる。但し、予算については、この限りでない。

2　前項の規定により議案を提出するに当たつては、議員の定数の12分の1以上の者の賛成がなければならない。

3　第1項の規定による議案の提出は、文書を以てこれをしなければならない。

第113条　普通地方公共団体の議会は、議員の定数の半数以上の議員が出席しなければ、会議を開くことができない。但し、第117条の規定による除斥のため半数に達しないとき、同一の事件につき再度招集してもなお半数に達しないとき、又は招集に応じても出席議員が定数を欠き議長において出席を催告してもなお半数に達しないとき若しくは半数に達してもその後半数に達しなくなつたときは、この限りでない。

第114条　普通地方公共団体の議会の議員の定

数の半数以上の者から請求があるときは、議長は、その日の会議を開かなければならない。この場合において議長がなお会議を開かないときは、第106条第1項又は第2項の例による。

2　前項の規定により会議を開いたとき、又は議員中に異議があるときは、議長は、会議の議決によらない限り、その日の会議を閉じ又は中止することができない。

第115条　普通地方公共団体の議会の会議は、これを公開する。但し、議長又は議員3人以上の発議により、出席議員の3分の2以上の多数で議決したときは、秘密会を開くことができる。

2　前項但書の議長又は議員の発議は、討論を行わないでその可否を決しなければならない。

第115条の2　普通地方公共団体の議会は、会議において、予算その他重要な議案、請願等について公聴会を開き、真に利害関係を有する者又は学識経験を有する者等から意見を聴くことができる。

2　普通地方公共団体の議会は、会議において、当該普通地方公共団体の事務に関する調査又は審査のため必要があると認めるときは、参考人の出頭を求め、その意見を聴くことができる。

第115条の3　普通地方公共団体の議会が議案に対する修正の動議を議題とするに当たつては、議員の定数の12分の1以上の者の発議によらなければならない。

第116条　この法律に特別の定がある場合を除く外、普通地方公共団体の議会の議事は、出席議員の過半数でこれを決し、可否同数のときは、議長の決するところによる。

2　前項の場合においては、議長は、議員として議決に加わる権利を有しない。

第117条　普通地方公共団体の議会の議長及び議員は、自己若しくは父母、祖父母、配偶者、子、孫若しくは兄弟姉妹の一身上に関する事件又は自己若しくはこれらの者の従事する業務に直接の利害関係のある事件については、その議事に参与することができない。但し、議会の同意があつたときは、会議に出席し、発言することができる。

第118条　法律又はこれに基づく政令により普通地方公共団体の議会において行う選挙については、公職選挙法第46条第1項及び第4項、第47条、第48条、第68条第1項並びに普通地方公共団体の議会の議員の選挙に関する第95条の規定を準用する。その投票の効力に関し異議があるときは、議会がこれを決定する。

2　議会は、議員中に異議がないときは、前項の選挙につき指名推選の方法を用いることができ

る。

3 指名推選の方法を用いる場合においては、被指名人を以て当選人と定めるべきかどうかを会議に諮り、議員の全員の同意があつた者を以て当選人とする。

4 一の選挙を以て2人以上を選挙する場合においては、被指名人を区分して前項の規定を適用してはならない。

5 第1項の規定による決定に不服がある者は、決定があつた日から21日以内に、都道府県にあつては総務大臣、市町村にあつては都道府県知事に審査を申し立て、その裁決に不服がある者は、裁決のあつた日から21日以内に裁判所に出訴することができる。

6 第1項の規定による決定は、文書を以てし、その理由を附してこれを本人に交付しなければならない。

第119条 会期中に議決に至らなかつた事件は、後会に継続しない。

第120条 普通地方公共団体の議会は、会議規則を設けなければならない。

第121条 普通地方公共団体の長、教育委員会の教育長、選挙管理委員会の委員長、人事委員会の委員長又は公平委員会の委員長、公安委員会の委員長、労働委員会の委員、農業委員会の会長及び監査委員その他法律に基づく委員会の代表者又は委員並びにその委任又は嘱託を受けた者は、議会の審議に必要な説明のため議長から出席を求められたときは、議場に出席しなければならない。ただし、出席すべき日時に議場に出席できないことについて正当な理由がある場合において、その旨を議長に届け出たときは、この限りでない。

2 第102条の2第1項の議会の議長は、前項本文の規定により議場への出席を求めるに当たつては、普通地方公共団体の執行機関の事務に支障を及ぼすことのないよう配慮しなければならない。

第122条 普通地方公共団体の長は、議会に、第211条第2項に規定する予算に関する説明書その他当該普通地方公共団体の事務に関する説明書を提出しなければならない。

第123条 議長は、事務局長又は書記長(書記長を置かない町村においては書記)に書面又は電磁的記録(電子的方式、磁気的方式その他人の知覚によつては認識することができない方式で作られる記録であつて、電子計算機による情報処理の用に供されるものをいう。以下この条及び第234条第5項において同じ。)により会議録を作成させ、並びに会議の次第及び出席議員

の氏名を記載させ、又は記録させなければならない。

2 会議録が書面をもつて作成されているときは、議長及び議会において定めた2人以上の議員がこれに署名しなければならない。

3 会議録が電磁的記録をもつて作成されているときは、議長及び議会において定めた2人以上の議員が当該電磁的記録に総務省令で定める署名に代わる措置をとらなければならない。

4 議長は、会議録が書面をもつて作成されているときはその写しを、会議録が電磁的記録をもつて作成されているときは当該電磁的記録に記録された事項を記載した書面又は当該事項を記録した磁気ディスク(これに準ずる方法により一定の事項を確実に記録することができる物を含む。)を添えて会議の結果を普通地方公共団体の長に報告しなければならない。

第7節 請願 (省略)

第8節 議員の辞職及び資格の決定

第126条 普通地方公共団体の議会の議員は、議会の許可を得て辞職することができる。但し、閉会中においては、議長の許可を得て辞職することができる。

第127条 普通地方公共団体の議会の議員が被選挙権を有しない者であるとき、又は第92条の2(第287条の2第7項において準用する場合を含む。以下この項において同じ。)の規定に該当するときは、その職を失う。その被選挙権の有無又は第92条の2の規定に該当するかどうかは、議員が公職選挙法第11条、第11条の2若しくは第252条又は政治資金規正法第28条の規定に該当するため被選挙権を有しない場合を除くほか、議会がこれを決定する。この場合においては、出席議員の3分の2以上の多数によりこれを決定しなければならない。

2 前項の場合においては、議員は、第117条の規定にかかわらず、その会議に出席して自己の資格に関し弁明することはできるが決定に加わることができない。

3 第118条第5項及び第6項の規定は、第1項の場合について準用する。

第128条 普通地方公共団体の議会の議員は、公職選挙法第202条第1項若しくは第206条第1項の規定による異議の申出、同法第202条第2項若しくは第206条第2項の規定による審査の申立て、同法第203条第1項、第207条第1項、第210条若しくは第211条の訴訟の提起に対する決

161

地方自治法

定、裁決又は判決が確定するまでの間（同法第210条第1項の規定による訴訟を提起することができる場合において、当該訴訟が提起されなかつたとき、当該訴訟についての訴えを却下し若しくは訴状を却下する裁判が確定したとき、又は当該訴訟が取り下げられたときは、それぞれ同項に規定する出訴期間が経過するまで、当該裁判が確定するまで又は当該取下げが行われるまでの間）は、その職を失わない。

第9節　紀律　（省略）

第10節　懲罰

第134条　普通地方公共団体の議会は、この法律並びに会議規則及び委員会に関する条例に違反した議員に対し、議決により懲罰を科することができる。

2　懲罰に関し必要な事項は、会議規則中にこれを定めなければならない。

第135条　懲罰は、左の通りとする。

一　公開の議場における戒告
二　公開の議場における陳謝
三　一定期間の出席停止
四　除名

2　懲罰の動議を議題とするに当つては、議員の定数の8分の1以上の者の発議によらなければならない。

3　第1項第4号の除名については、当該普通地方公共団体の議会の議員の3分の2以上の者が出席し、その4分の3以上の者の同意がなければならない。

第136条　普通地方公共団体の議会は、除名された議員で再び当選した議員を拒むことができない。

第137条　普通地方公共団体の議会の議員が正当な理由がなくて招集に応じないため、又は正当な理由がなくて会議に欠席したため、議長が、特に招状を発しても、なお故なく出席しない者は、議長において、議会の議決を経て、これに懲罰を科することができる。

第11節　議会の事務局及び事務局長、書記長、書記その他の職員　（省略）

第7章　執行機関

第1節　通則

第138条の2　普通地方公共団体の執行機関は、当該普通地方公共団体の条例、予算その他の議会の議決に基づく事務及び法令、規則その他の規程に基づく当該普通地方公共団体の事務を、自らの判断と責任において、誠実に管理し及び執行する義務を負う。

第138条の3　普通地方公共団体の執行機関の組織は、普通地方公共団体の長の所轄の下に、それぞれ明確な範囲の所掌事務と権限を有する執行機関によつて、系統的にこれを構成しなければならない。

2　普通地方公共団体の執行機関は、普通地方公共団体の長の所轄の下に、執行機関相互の連絡を図り、すべて、一体として、行政機能を発揮するようにしなければならない。

3　普通地方公共団体の長は、当該普通地方公共団体の執行機関相互の間にその権限につき疑義が生じたときは、これを調整するように努めなければならない。

第138条の4　普通地方公共団体にその執行機関として普通地方公共団体の長の外、法律の定めるところにより、委員会又は委員を置く。

2　普通地方公共団体の委員会は、法律の定めるところにより、法令又は普通地方公共団体の条例若しくは規則に違反しない限りにおいて、その権限に属する事務に関し、規則その他の規程を定めることができる。

3　普通地方公共団体は、法律又は条例の定めるところにより、執行機関の附属機関として自治紛争処理委員、審査会、審議会、調査会その他の調停、審査、諮問又は調査のための機関を置くことができる。ただし、政令で定める執行機関については、この限りでない。

第2節　普通地方公共団体の長

第1款　地位

第139条　都道府県に知事を置く。

2　市町村に市町村長を置く。

第140条　普通地方公共団体の長の任期は、4年とする。

2　前項の任期の起算については、公職選挙法第259条及び第259条の2の定めるところによる。

第141条　普通地方公共団体の長は、衆議院議員又は参議院議員と兼ねることができない。

2　普通地方公共団体の長は、地方公共団体の議会の議員並びに常勤の職員及び短時間勤務職員と兼ねることができない。

第142条　普通地方公共団体の長は、当該普通地方公共団体に対し請負をする者及びその支配

人又は主として同一の行為をする法人（当該普通地方公共団体が出資している法人で政令で定めるものを除く。）の無限責任社員、取締役、執行役若しくは監査役若しくはこれらに準ずべき者、支配人及び清算人たることができない。

第143条　普通地方公共団体の長が、被選挙権を有しなくなつたとき又は前条の規定に該当するときは、その職を失う。その被選挙権の有無又は同条の規定に該当するかどうかは、普通地方公共団体の長が公職選挙法第11条、第11条の2若しくは第252条又は政治資金規正法第28条の規定に該当するため被選挙権を有しない場合を除くほか、当該普通地方公共団体の選挙管理委員会がこれを決定しなければならない。

2　前項の規定による決定は、文書をもつてし、その理由をつけてこれを本人に交付しなければならない。

3　第1項の規定による決定についての審査請求は、都道府県にあつては総務大臣、市町村にあつては都道府県知事に対してするものとする。

4　前項の審査請求に関する行政不服審査法（平成26年法律第68号）第18条第1項本文の期間は、第1項の決定があつた日の翌日から起算して21日とする。

第144条～第145条　（省略）

第146条　削除

第2款　権限

第147条　普通地方公共団体の長は、当該普通地方公共団体を統轄し、これを代表する。

第148条　普通地方公共団体の長は、当該普通地方公共団体の事務を管理し及びこれを執行する。

第149条　普通地方公共団体の長は、概ね左に掲げる事務を担任する。

一　普通地方公共団体の議会の議決を経べき事件につきその議案を提出すること。

二　予算を調製し、及びこれを執行すること。

三　地方税を賦課徴収し、分担金、使用料、加入金又は手数料を徴収し、及び過料を科すること。

四　決算を普通地方公共団体の議会の認定に付すること。

五　会計を監督すること。

六　財産を取得し、管理し、及び処分すること。

七　公の施設を設置し、管理し、及び廃止すること。

八　証書及び公文書類を保管すること。

九　前各号に定めるものを除く外、当該普通地

方公共団体の事務を執行すること。

第150条　都道府県知事及び第252条の19第1項に規定する指定都市（以下この条において「指定都市」という。）の市長は、その担任する事務のうち次に掲げるものの管理及び執行が法令に適合し、かつ、適正に行われることを確保するための方針を定め、及びこれに基づき必要な体制を整備しなければならない。

一　財務に関する事務その他総務省令で定める事務

二　前号に掲げるもののほか、その管理及び執行が法令に適合し、かつ、適正に行われることを特に確保する必要がある事務として当該都道府県知事又は指定都市の市長が認めるもの

2　市町村長（指定都市の市長を除く。第2号及び第4項において同じ。）は、その担任する事務のうち次に掲げるものの管理及び執行が法令に適合し、かつ、適正に行われることを確保するための方針を定め、及びこれに基づき必要な体制を整備するよう努めなければならない。

一　前項第1号に掲げる事務

二　前号に掲げるもののほか、その管理及び執行が法令に適合し、かつ、適正に行われることを特に確保する必要がある事務として当該市町村長が認めるもの

3　都道府県知事又は市町村長は、第1項若しくは前項の方針を定め、又はこれを変更したときは、遅滞なく、これを公表しなければならない。

4　都道府県知事、指定都市の市長及び第2項の方針を定めた市町村長（以下この条において「都道府県知事等」という。）は、毎会計年度少なくとも1回以上、総務省令で定めるところにより、第1項又は第2項の方針及びこれに基づき整備した体制について評価した報告書を作成しなければならない。

5　都道府県知事等は、前項の報告書を監査委員の審査に付さなければならない。

6　都道府県知事等は、前項の規定により監査委員の審査に付した報告書を監査委員の意見を付けて議会に提出しなければならない。

7　前項の規定による意見の決定は、監査委員の合議によるものとする。

8　都道府県知事等は、第6項の規定により議会に提出した報告書を公表しなければならない。

9　前各項に定めるもののほか、第1項又は第2項の方針及びこれに基づき整備する体制に関し必要な事項は、総務省令で定める。

第151条　削除

第152条　普通地方公共団体の長に事故がある

とき、又は長が欠けたときは、副知事又は副市町村長がその職務を代理する。この場合において副知事又は副市町村長が2人以上あるときは、あらかじめ当該普通地方公共団体の長が定めた順序、又はその定めがないときは席次の上下により、席次の上下が明らかでないときは年齢の多少により、年齢が同じであるときはくじにより定めた順序で、その職務を代理する。

2 副知事若しくは副市町村長にも事故があるとき若しくは副知事若しくは副市町村長も欠けたとき又は副知事若しくは副市町村長を置かない普通地方公共団体において当該普通地方公共団体の長に事故があるとき若しくは当該普通地方公共団体の長が欠けたときは、その補助機関である職員のうちから当該普通地方公共団体の長の指定する職員がその職務を代理する。

3 前項の場合において、同項の規定により普通地方公共団体の長の職務を代理する者がないときは、その補助機関である職員のうちから当該普通地方公共団体の規則で定めた上席の職員がその職務を代理する。

第153条 普通地方公共団体の長は、その権限に属する事務の一部をその補助機関である職員に委任し、又はこれに臨時に代理させることができる。

2 普通地方公共団体の長は、その権限に属する事務の一部をその管理に属する行政庁に委任することができる。

第154条 普通地方公共団体の長は、その補助機関である職員を指揮監督する。

第154条の2 普通地方公共団体の長は、その管理に属する行政庁の処分が法令、条例又は規則に違反すると認めるときは、その処分を取り消し、又は停止することができる。

第155条 普通地方公共団体の長は、その権限に属する事務を分掌させるため、条例で、必要な地に、都道府県にあつては支庁（道にあつては支庁出張所を含む。以下これに同じ。）及び地方事務所、市町村にあつては支所又は出張所を設けることができる。

2 支庁若しくは地方事務所又は支所若しくは出張所の位置、名称及び所管区域は、条例でこれを定めなければならない。

3 第4条第2項の規定は、前項の支庁若しくは地方事務所又は支所若しくは出張所の位置及び所管区域にこれを準用する。

第156条〜第157条　（省略）

第158条 普通地方公共団体の長は、その権限に属する事務を分掌させるため、必要な内部組織を設けることができる。この場合において、当該普通地方公共団体の長の直近下位の内部組織の設置及びその分掌する事務については、条例で定めるものとする。

2 普通地方公共団体の長は、前項の内部組織の編成に当つては、当該普通地方公共団体の事務及び事業の運営が簡素かつ効率的なものとなるよう十分配慮しなければならない。

第159条〜第160条　（省略）

第3款　補助機関

第161条 都道府県に副知事を、市町村に副市町村長を置く。ただし、条例で置かないことができる。

2 副知事及び副市町村長の定数は、条例で定める。

第162条 副知事及び副市町村長は、普通地方公共団体の長が議会の同意を得てこれを選任する。

第163条 副知事及び副市町村長の任期は、4年とする。ただし、普通地方公共団体の長は、任期中においてもこれを解職することができる。

第164条〜第166条　（省略）

第167条 副知事及び副市町村長は、普通地方公共団体の長を補佐し、普通地方公共団体の長の命を受け政策及び企画をつかさどり、その補助機関である職員の担任する事務を監督し、別に定めるところにより、普通地方公共団体の長の職務を代理する。

2 前項に定めるもののほか、副知事及び副市町村長は、普通地方公共団体の長の権限に属する事務の一部について、第153条第1項の規定により委任を受け、その事務を執行する。

3 前項の場合においては、普通地方公共団体の長は、直ちに、その旨を告示しなければならない。

第168条 普通地方公共団体に会計管理者1人を置く。

2 会計管理者は、普通地方公共団体の長の補助機関である職員のうちから、普通地方公共団体の長が命ずる。

第169条 普通地方公共団体の長、副知事若しくは副市町村長又は監査委員と親子、夫婦又は兄弟姉妹の関係にある者は、会計管理者となることができない。

2 会計管理者は、前項に規定する関係が生じたときは、その職を失う。

第170条 法律又はこれに基づく政令に特別の定めがあるものを除くほか、会計管理者は、当該普通地方公共団体の会計事務をつかさどる。

2 前項の会計事務を例示すると、おおむね次の
とおりである。
一 現金（現金に代えて納付される証券及び基
金に属する現金を含む。）の出納及び保管を
行うこと。
二 小切手を振り出すこと。
三 有価証券（公有財産又は基金に属するもの
を含む。）の出納及び保管を行うこと。
四 物品（基金に属する動産を含む。）の出納
及び保管（使用中の物品に係る保管を除く。）
を行うこと。
五 現金及び財産の記録管理を行うこと。
六 支出負担行為に関する確認を行うこと。
七 決算を調製し、これを普通地方公共団体の
長に提出すること。
3 普通地方公共団体の長は、会計管理者に事
故がある場合において必要があるときは、当該
普通地方公共団体の長の補助機関である職員に
その事務を代理させることができる。
第171条 会計管理者の事務を補助させるため
出納員その他の会計職員を置く。ただし、町村
においては、出納員を置かないことができる。
2 出納員その他の会計職員は、普通地方公共団
体の長の補助機関である職員のうちから、普通
地方公共団体の長がこれを命ずる。
3 出納員は、会計管理者の命を受けて現金の出
納（小切手の振出しを含む。）若しくは保管又
は物品の出納若しくは保管の事務をつかさどり、
その他の会計職員は、上司の命を受けて当該普
通地方公共団体の会計事務をつかさどる。
4 普通地方公共団体の長は、会計管理者をして
その事務の一部を出納員に委任させ、又は当該
出納員をしてさらに当該委任を受けた事務の一
部を出納員以外の会計職員に委任させることが
できる。この場合においては、普通地方公共団
体の長は、直ちに、その旨を告示しなければな
らない。
5 普通地方公共団体の長は、会計管理者の権
限に属する事務を処理させるため、規則で、必
要な組織を設けることができる。
第172条 （省略）
第173条 削除
第174条～第175条 （省略）

第4款 議会との関係

第176条 普通地方公共団体の議会の議決につ
いて異議があるときは、当該普通地方公共団体
の長は、この法律に特別の定めがあるものを除
くほか、その議決の日（条例の制定若しくは改

廃又は予算に関する議決については、その送付
を受けた日）から10日以内に理由を示してこれ
を再議に付することができる。
2 前項の規定による議会の議決が再議に付され
た議決と同じ議決であるときは、その議決は、
確定する。
3 前項の規定による議決のうち条例の制定若し
くは改廃又は予算に関するものについては、出
席議員の3分の2以上の者の同意がなければな
らない。
4 普通地方公共団体の議会の議決又は選挙が
その権限を超え又は法令若しくは会議規則に違
反すると認めるときは、当該普通地方公共団体
の長は、理由を示してこれを再議に付し又は再
選挙を行わせなければならない。
5 前項の規定による議会の議決又は選挙がなお
その権限を超え又は法令若しくは会議規則に違
反すると認めるときは、都道府県知事にあつて
は総務大臣、市町村長にあつては都道府県知事
に対し、当該議決又は選挙があつた日から21日
以内に、審査を申し立てることができる。
6 前項の規定による申立てがあつた場合におい
て、総務大臣又は都道府県知事は、審査の結果、
議会の議決又は選挙がその権限を超え又は法令
若しくは会議規則に違反すると認めるときは、
当該議決又は選挙を取り消す旨の裁定をするこ
とができる。
7 前項の裁定に不服があるときは、普通地方公
共団体の議会又は長は、裁定のあつた日から60
日以内に、裁判所に出訴することができる。
8 前項の訴えのうち第4項の規定による議会の
議決又は選挙の取消しを求めるものは、当該議
会を被告として提起しなければならない。
第177条 普通地方公共団体の議会において次
に掲げる経費を削除し又は減額する議決をした
ときは、その経費及びこれに伴う収入について、
当該普通地方公共団体の長は、理由を示してこ
れを再議に付さなければならない。
一 法令により負担する経費、法律の規定に基
づき当該行政庁の職権により命ずる経費その
他の普通地方公共団体の義務に属する経費
二 非常の災害による応急若しくは復旧の施設
のために必要な経費又は感染症予防のために
必要な経費
2 前項第1号の場合において、議会の議決がな
お同号に掲げる経費を削除し又は減額したとき
は、当該普通地方公共団体の長は、その経費及
びこれに伴う収入を予算に計上してその経費を
支出することができる。
3 第1項第2号の場合において、議会の議決が

地方自治法

165

なお同号に掲げる経費を削除し又は減額したときは、当該普通地方公共団体の長は、その議決を不信任の議決とみなすことができる。

第178条　普通地方公共団体の議会において、当該普通地方公共団体の長の不信任の議決をしたときは、直ちに議長からその旨を当該普通地方公共団体の長に通知しなければならない。この場合においては、普通地方公共団体の長は、その通知を受けた日から10日以内に議会を解散することができる。

2　議会において当該普通地方公共団体の長の不信任の議決をした場合において、前項の期間内に議会を解散しないとき、又はその解散後初めて招集された議会において再び不信任の議決があり、議長から当該普通地方公共団体の長に対しその旨の通知があつたときは、普通地方公共団体の長は、同項の期間が経過した日又は議長から通知があつた日においてその職を失う。

3　前二項の規定による不信任の議決については、議員数の3分の2以上の者が出席し、第1項の場合においてはその4分の3以上の者の、前項の場合においてはその過半数の者の同意がなければならない。

第179条　普通地方公共団体の議会が成立しないとき、第113条ただし書の場合においてなお会議を開くことができないとき、普通地方公共団体の長において議会の議決すべき事件について特に緊急を要するため議会を招集する時間的余裕がないことが明らかであると認めるとき、又は議会において議決すべき事件を議決しないときは、当該普通地方公共団体の長は、その議決すべき事件を処分することができる。ただし、第162条の規定による副知事又は副市町村長の選任の同意及び第252条の20の2第4項の規定による第252条の19第1項に規定する指定都市の総合区長の選任の同意については、この限りでない。

2　議会の決定すべき事件に関しては、前項の例による。

3　前二項の規定による処置については、普通地方公共団体の長は、次の会議においてこれを議会に報告し、その承認を求めなければならない。

4　前項の場合において、条例の制定若しくは改廃又は予算に関する処置について承認を求める議案が否決されたときは、普通地方公共団体の長は、速やかに、当該処置に関して必要と認める措置を講ずるとともに、その旨を議会に報告しなければならない。

第180条　普通地方公共団体の議会の権限に属する軽易な事項で、その議決により特に指定し

たものは、普通地方公共団体の長において、これを専決処分にすることができる。

2　前項の規定により専決処分をしたときは、普通地方公共団体の長は、これを議会に報告しなければならない。

第5款　他の執行機関との関係

第180条の2　普通地方公共団体の長は、その権限に属する事務の一部を、当該普通地方公共団体の委員会又は委員と協議して、普通地方公共団体の委員会、委員会の委員長（教育委員会にあつては、教育長）、委員若しくはこれらの執行機関の事務を補助する職員若しくはこれらの執行機関の管理に属する機関の職員に委任し、又はこれらの執行機関の事務を補助する職員若しくはこれらの執行機関の管理に属する機関の職員をして補助執行させることができる。ただし、政令で定める普通地方公共団体の委員会又は委員については、この限りでない。

第180条の3～第180条の4　（省略）

第3節　委員会及び委員

第1款　通則

第180条の5　執行機関として法律の定めるところにより普通地方公共団体に置かなければならない委員会及び委員は、左の通りである。

一　教育委員会

二　選挙管理委員会

三　人事委員会又は人事委員会を置かない普通地方公共団体にあつては公平委員会

四　監査委員

2　前項に掲げるもののほか、執行機関として法律の定めるところにより都道府県に置かなければならない委員会は、次のとおりである。

一　公安委員会

二　労働委員会

三　収用委員会

四　海区漁業調整委員会

五　内水面漁場管理委員会

3　第1項に掲げるものの外、執行機関として法律の定めるところにより市町村に置かなければならない委員会は、左の通りである。

一　農業委員会

二　固定資産評価審査委員会

4　前三項の委員会若しくは委員の事務局又は委員会の管理に属する事務を掌る機関で法律により設けられなければならないものとされている

166

ものの組織を定めるに当たつては、当該普通地方公共団体の長が第158条第1項の規定により設けるその内部組織との間に権衡を失しないようにしなければならない。

5 普通地方公共団体の委員会の委員又は委員は、法律に特別の定があるものを除く外、非常勤とする。

6 普通地方公共団体の委員会の委員（教育委員会にあつては、教育長及び委員）又は委員は、当該普通地方公共団体に対しその職務に関し請負をする者及びその支配人又は主として同一の行為をする法人（当該普通地方公共団体が出資している法人で政令で定めるものを除く。）の無限責任社員、取締役、執行役若しくは監査役若しくはこれらに準ずべき者、支配人及び清算人たることができない。

7 法律に特別の定があるものを除くほか、普通地方公共団体の委員会の委員（教育委員会にあつては、教育長及び委員）又は委員が前項の規定に該当するときは、その職を失う。その同項の規定に該当するかどうかは、その選任権者がこれを決定しなければならない。

8 第143条第2項から第4項までの規定は、前項の場合にこれを準用する。

第180条の6 普通地方公共団体の委員会又は委員は、左に掲げる権限を有しない。但し、法律に特別の定があるものは、この限りでない。

一 普通地方公共団体の予算を調製し、及びこれを執行すること。

二 普通地方公共団体の議会の議決を経べき事件につきその議案を提出すること。

三 地方税を賦課徴収し、分担金若しくは加入金を徴収し、又は過料を科すること。

四 普通地方公共団体の決算を議会の認定に付すること。

第180条の7 （省略）

第2款 教育委員会 （省略）

第3款 公安委員会 （省略）

第4款 選挙管理委員会

第181条 普通地方公共団体に選挙管理委員会を置く。

2 選挙管理委員会は、4人の選挙管理委員を以てこれを組織する。

第182条 選挙管理委員は、選挙権を有する者で、人格が高潔で、政治及び選挙に関し公正な識見を有するもののうちから、普通地方公共団

体の議会においてこれを選挙する。

2 議会は、前項の規定による選挙を行う場合においては、同時に、同項に規定する者のうちから委員と同数の補充員を選挙しなければならない。補充員がすべてなくなつたときも、また、同様とする。

3 委員中に欠員があるときは、選挙管理委員会の委員長は、補充員の中からこれを補欠する。その順序は、選挙の時が異なるときは選挙の前後により、選挙の時が同時であるときは得票数により、得票数が同じであるときはくじにより、これを定める。

4 法律の定めるところにより行なわれる選挙、投票又は国民審査に関する罪を犯し刑に処せられた者は、委員又は補充員となることができない。

5 委員又は補充員は、それぞれその中の2人が同時に同一の政党その他の政治団体に属する者となることとなつてはならない。

6 第1項又は第2項の規定による選挙において、同一の政党その他の政治団体に属する者が前項の制限を超えて選挙された場合及び第3項の規定により委員の補欠を行えば同一の政党その他の政治団体に属する委員の数が前項の制限を超える場合等に関し必要な事項は、政令でこれを定める。

7 委員は、地方公共団体の議会の議員及び長と兼ねることができない。

8 委員又は補充員の選挙を行うべき事由が生じたときは、選挙管理委員会の委員長は、直ちにその旨を当該普通地方公共団体の議会及び長に通知しなければならない。

第183条〜第194条 （省略）

第5款 監査委員

第195条 普通地方公共団体に監査委員を置く。

2 監査委員の定数は、都道府県及び政令で定める市にあつては4人とし、その他の市及び町村にあつては2人とする。ただし、条例でその定数を増加することができる。

第196条 監査委員は、普通地方公共団体の長が、議会の同意を得て、人格が高潔で、普通地方公共団体の財務管理、事業の経営管理その他行政運営に関し優れた識見を有する者（議員である者を除く。以下この款において「識見を有する者」という。）及び議員のうちから、これを選任する。ただし、条例で議員のうちから監査委員を選任しないことができる。

2 識見を有する者のうちから選任される監査委

167

員の数が2人以上である普通地方公共団体にあつては、少なくともその数から1を減じた人数以上は、当該普通地方公共団体の職員で政令で定めるものでなかつた者でなければならない。

3 監査委員は、地方公共団体の常勤の職員及び短時間勤務職員と兼ねることができない。

4 識見を有する者のうちから選任される監査委員は、常勤とすることができる。

5 都道府県及び政令で定める市にあつては、識見を有する者のうちから選任される監査委員のうち少なくとも1人以上は、常勤としなければならない。

6 議員のうちから選任される監査委員の数は、都道府県及び前条第2項の政令で定める市にあつては2人又は1人、その他の市及び町村にあつては1人とする。

第197条 監査委員の任期は、識見を有する者のうちから選任される者にあつては4年とし、議員のうちから選任される者にあつては議員の任期による。ただし、後任者が選任されるまでの間は、その職務を行うことを妨げない。

第197条の2 普通地方公共団体の長は、監査委員が心身の故障のため職務の遂行に堪えないと認めるとき、又は監査委員に職務上の義務違反その他監査委員たるに適しない非行があると認めるときは、議会の同意を得て、これを罷免することができる。この場合においては、議会の常任委員会又は特別委員会において公聴会を開かなければならない。

2 監査委員は、前項の規定による場合を除くほか、その意に反して罷免されることがない。

第198条 監査委員は、退職しようとするときは、普通地方公共団体の長の承認を得なければならない。

第198条の2 普通地方公共団体の長又は副知事若しくは副市町村長と親子、夫婦又は兄弟姉妹の関係にある者は、監査委員となることができない。

2 監査委員は、前項に規定する関係が生じたときは、その職を失う。

第198条の3 監査委員は、その職務を遂行するに当たつては、法令に特別の定めがある場合を除くほか、監査基準（法令の規定により監査委員が行うこととされている監査、検査、審査その他の行為（以下この項において「監査等」という。）の適切かつ有効な実施を図るための基準をいう。次条において同じ。）に従い、常に公正不偏の態度を保持して、監査等をしなければならない。

2 監査委員は、職務上知り得た秘密を漏らしてはならない。その職を退いた後も、同様とする。

第198条の4 監査基準は、監査委員が定めるものとする。

2 前項の規定による監査基準の策定は、監査委員の合議によるものとする。

3 監査委員は、監査基準を定めたときは、直ちに、これを普通地方公共団体の議会、長、教育委員会、選挙管理委員会、人事委員会又は公平委員会、公安委員会、労働委員会、農業委員会その他法律に基づく委員会及び委員に通知するとともに、これを公表しなければならない。

4 前二項の規定は、監査基準の変更について準用する。

5 総務大臣は、普通地方公共団体に対し、監査基準の策定又は変更について、指針を示すとともに、必要な助言を行うものとする。

第199条 監査委員は、普通地方公共団体の財務に関する事務の執行及び普通地方公共団体の経営に係る事業の管理を監査する。

2 監査委員は、前項に定めるもののほか、必要があると認めるときは、普通地方公共団体の事務（自治事務にあつては労働委員会及び収用委員会の権限に属する事務で政令で定めるものを除き、法定受託事務にあつては国の安全を害するおそれがあることその他の事由により監査委員の監査の対象とすることが適当でないものとして政令で定めるものを除く。）の執行について監査をすることができる。この場合において、当該監査の実施に関し必要な事項は、政令で定める。

3 監査委員は、第1項又は前項の規定による監査をするに当たつては、当該普通地方公共団体の財務に関する事務の執行及び当該普通地方公共団体の経営に係る事業の管理又は同項に規定する事務の執行が第2条第14項及び第15項の規定の趣旨にのつとつてなされているかどうかについて、特に、意を用いなければならない。

4 監査委員は、毎会計年度少なくとも1回以上期日を定めて第1項の規定による監査をしなければならない。

5 監査委員は、前項に定める場合のほか、必要があると認めるときは、いつでも第1項の規定による監査をすることができる。

6 監査委員は、当該普通地方公共団体の長から当該普通地方公共団体の事務の執行に関し監査の要求があつたときは、その要求に係る事項について監査をしなければならない。

7 監査委員は、必要があると認めるとき、又は普通地方公共団体の長の要求があるときは、当該普通地方公共団体が補助金、交付金、負担金、貸付金、損失補償、利子補給その他の財政的援

助を与えているものの出納その他の事務の執行で当該財政的援助に係るものを監査することができる。当該普通地方公共団体が出資しているもので政令で定めるもの、当該普通地方公共団体が借入金の元金又は利子の支払を保証しているもの、当該普通地方公共団体が受益権を有する信託で政令で定めるものの受託者及び当該普通地方公共団体が第244条の2第3項の規定に基づき公の施設の管理を行わせているものについても、同様とする。

8　監査委員は、監査のため必要があると認めるときは、関係人の出頭を求め、若しくは関係人について調査し、若しくは関係人に対し帳簿、書類その他の記録の提出を求め、又は学識経験を有する者等から意見を聴くことができる。

9　監査委員は、第98条第2項の請求若しくは第6項の要求に係る事項についての監査又は第1項、第2項若しくは第7項の規定による監査について、監査の結果に関する報告を決定し、これを普通地方公共団体の議会及び長並びに関係のある教育委員会、選挙管理委員会、人事委員会若しくは公平委員会、公安委員会、労働委員会、農業委員会その他法律に基づく委員会又は委員に提出するとともに、これを公表しなければならない。

10　監査委員は、監査の結果に基づいて必要があると認めるときは、当該普通地方公共団体の組織及び運営の合理化に資するため、第75条第3項又は前項の規定による監査の結果に関する報告に添えてその意見を提出することができる。この場合において、監査委員は、当該意見の内容を公表しなければならない。

11　監査委員は、第75条第3項の規定又は第9項の規定による監査の結果に関する報告のうち、普通地方公共団体の議会、長、教育委員会、選挙管理委員会、人事委員会若しくは公平委員会、公安委員会、労働委員会、農業委員会その他法律に基づく委員会又は委員において特に措置を講ずる必要があると認める事項については、その者に対し、理由を付して、必要な措置を講ずべきことを勧告することができる。この場合において、監査委員は、当該勧告の内容を公表しなければならない。

12　第9項の規定による監査の結果に関する報告の決定、第10項の規定による意見の決定又は前項の規定による勧告の決定は、監査委員の合議によるものとする。

13　監査委員は、第9項の規定による監査の結果に関する報告の決定について、各監査委員の意見が一致しないことにより、前項の合議により決定することができない事項がある場合には、その旨及び当該事項についての各監査委員の意見を普通地方公共団体の議会及び長並びに関係のある教育委員会、選挙管理委員会、人事委員会若しくは公平委員会、公安委員会、労働委員会、農業委員会その他法律に基づく委員会又は委員に提出するとともに、これらを公表しなければならない。

14　監査委員から第75条第3項の規定又は第9項の規定による監査の結果に関する報告の提出があつた場合において、当該監査の結果に関する報告の提出を受けた普通地方公共団体の議会、長、教育委員会、選挙管理委員会、人事委員会若しくは公平委員会、公安委員会、労働委員会、農業委員会その他法律に基づく委員会又は委員は、当該監査の結果に基づき、又は当該監査の結果を参考として措置（次項に規定する措置を除く。以下この項において同じ。）を講じたときは、当該措置の内容を監査委員に通知しなければならない。この場合において、監査委員は、当該措置の内容を公表しなければならない。

15　監査委員から第11項の規定による勧告を受けた普通地方公共団体の議会、長、教育委員会、選挙管理委員会、人事委員会若しくは公平委員会、公安委員会、労働委員会、農業委員会その他法律に基づく委員会又は委員は、当該勧告に基づき必要な措置を講ずるとともに、当該措置の内容を監査委員に通知しなければならない。この場合において、監査委員は、当該措置の内容を公表しなければならない。

第199条の2～第202条　（省略）

第6款　人事委員会、公平委員会、労働委員会、農業委員会その他の委員会（省略）

第7款　附属機関　（省略）

第4節　地域自治区

（地域自治区の設置）
第202条の4　市町村は、市町村長の権限に属する事務を分掌させ、及び地域の住民の意見を反映させつつこれを処理させるため、条例で、その区域を分けて定める区域ごとに地域自治区を設けることができる。

2　地域自治区に事務所を置くものとし、事務所の位置、名称及び所管区域は、条例で定める。

3　地域自治区の事務所の長は、当該普通地方公共団体の長の補助機関である職員をもつて充て

169

る。

4　第4条第2項の規定は第2項の地域自治区の
事務所の位置及び所管区域について、第175条
第2項の規定は前項の事務所の長について準用
する。

（地域協議会の設置及び構成員）

第202条の5　地域自治区に、地域協議会を置
く。

2　地域協議会の構成員は、地域自治区の区域内
に住所を有する者のうちから、市町村長が選任
する。

3　市町村長は、前項の規定による地域協議会の
構成員の選任に当たつては、地域協議会の構成
員の構成が、地域自治区の区域内に住所を有す
る者の多様な意見が適切に反映されるものとな
るよう配慮しなければならない。

4　地域協議会の構成員の任期は、4年以内にお
いて条例で定める期間とする。

5　第203条の2第1項の規定にかかわらず、地域
協議会の構成員には報酬を支給しないこととす
ることができる。

第202条の6～第202条の9　（省略）

第8章　給与その他の給付　（省略）

第9章　財務

第1節　会計年度及び会計の区分

（会計年度及びその独立の原則）

第208条　普通地方公共団体の会計年度は、毎
年4月1日に始まり、翌年3月31日に終わるもの
とする。

2　各会計年度における歳出は、その年度の歳入
をもつて、これに充てなければならない。

（会計の区分）

第209条　普通地方公共団体の会計は、一般会
計及び特別会計とする。

2　特別会計は、普通地方公共団体が特定の事
業を行なう場合その他特定の歳入をもつて特定
の歳出に充て一般の歳入歳出と区分して経理す
る必要がある場合において、条例でこれを設置
することができる。

第2節　予算

（総計予算主義の原則）

第210条　一会計年度における一切の収入及び
支出は、すべてこれを歳入歳出予算に編入しな
ければならない。

（予算の調製及び議決）

第211条　普通地方公共団体の長は、毎会計年
度予算を調製し、年度開始前に、議会の議決を
経なければならない。この場合において、普通
地方公共団体の長は、遅くとも年度開始前、都
道府県及び第252条の19第1項に規定する指定
都市にあつては30日、その他の市及び町村にあ
つては20日までに当該予算を議会に提出するよ
うにしなければならない。

2　普通地方公共団体の長は、予算を議会に提出
するときは、政令で定める予算に関する説明書
をあわせて提出しなければならない。

（継続費）

第212条　普通地方公共団体の経費をもつて支
弁する事件でその履行に数年度を要するものに
ついては、予算の定めるところにより、その経
費の総額及び年割額を定め、数年度にわたつて
支出することができる。

2　前項の規定により支出することができる経費
は、これを継続費という。

（繰越明許費）

第213条　歳出予算の経費のうちその性質上又
は予算成立後の事由に基づき年度内にその支出
を終わらない見込みのあるものについては、予
算の定めるところにより、翌年度に繰り越して
使用することができる。

2　前項の規定により翌年度に繰り越して使用す
ることができる経費は、これを繰越明許費とい
う。

（債務負担行為）

第214条　歳出予算の金額、継続費の総額又は
繰越明許費の金額の範囲内におけるものを除く
ほか、普通地方公共団体が債務を負担する行為
をするには、予算で債務負担行為として定めて
おかなければならない。

（予算の内容）

第215条　予算は、次の各号に掲げる事項に関
する定めから成るものとする。

一　歳入歳出予算

二　継続費

三　繰越明許費

四　債務負担行為

五　地方債

六　一時借入金

七　歳出予算の各項の経費の金額の流用

（歳入歳出予算の区分）

第216条　歳入歳出予算は、歳入にあつては、
その性質に従つて款に大別し、かつ、各款中に
おいてはこれを項に区分し、歳出にあつては、
その目的に従つてこれを款項に区分しなければ

ならない。

（予備費）

第217条　予算外の支出又は予算超過の支出に充てるため、歳入歳出予算に予備費を計上しなければならない。ただし、特別会計にあつては、予備費を計上しないことができる。

2　予備費は、議会の否決した費途に充てることができない。

第218条～第219条　（省略）

（予算の執行及び事故繰越し）

第220条　普通地方公共団体の長は、政令で定める基準に従つて予算の執行に関する手続を定め、これに従つて予算を執行しなければならない。

2　歳出予算の経費の金額は、各款の間又は各項の間において相互にこれを流用することができない。ただし、歳出予算の各項の経費の金額は、予算の執行上必要がある場合に限り、予算の定めるところにより、これを流用することができる。

3　繰越明許費の金額を除くほか、毎会計年度の歳出予算の経費の金額は、これを翌年度において使用することができない。ただし、歳出予算の経費の金額のうち、年度内に支出負担行為をし、避けがたい事故のため年度内に支出を終わらなかつたもの（当該支出負担行為に係る工事その他の事業の遂行上の必要に基づきこれに関連して支出を要する経費の金額を含む。）は、これを翌年度に繰り越して使用することができる。

第221条～第222条　（省略）

第3節　収入

（地方税）

第223条　普通地方公共団体は、法律の定めるところにより、地方税を賦課徴収することができる。

（分担金）

第224条　普通地方公共団体は、政令で定める場合を除くほか、数人又は普通地方公共団体の一部に対し利益のある事件に関し、その必要な費用に充てるため、当該事件により特に利益を受ける者から、その受益の限度において、分担金を徴収することができる。

（使用料）

第225条　普通地方公共団体は、第238条の4第7項の規定による許可を受けてする行政財産の使用又は公の施設の利用につき使用料を徴収することができる。

第226条～第227条　（省略）

（分担金等に関する規制及び罰則）

第228条　分担金、使用料、加入金及び手数料に関する事項については、条例でこれを定めなければならない。この場合において、手数料について全国的に統一して定めることが特に必要と認められるものとして政令で定める事務（以下本項において「標準事務」という。）について手数料を徴収する場合においては、当該標準事務に係る事務のうち政令で定めるものにつき、政令で定める金額の手数料を徴収することを標準として条例を定めなければならない。

2　分担金、使用料、加入金及び手数料の徴収に関しては、次項に定めるものを除くほか、条例で5万円以下の過料を科する規定を設けることができる。

3　詐欺その他不正の行為により、分担金、使用料、加入金又は手数料の徴収を免れた者については、条例でその徴収を免れた金額の5倍に相当する金額（当該5倍に相当する金額が5万円を超えないときは、5万円とする。）以下の過料を科する規定を設けることができる。

第229条　（省略）

（地方債）

第230条　普通地方公共団体は、別に法律で定める場合において、予算の定めるところにより、地方債を起こすことができる。

2　前項の場合において、地方債の起債の目的、限度額、起債の方法、利率及び償還の方法は、予算でこれを定めなければならない。

第231条～第231条の3　（省略）

第4節　支出

（経費の支弁等）

第232条　普通地方公共団体は、当該普通地方公共団体の事務を処理するために必要な経費その他法律又はこれに基づく政令により当該普通地方公共団体の負担に属する経費を支弁するものとする。

2　法律又はこれに基づく政令により普通地方公共団体に対し事務の処理を義務付ける場合においては、国は、そのために要する経費の財源につき必要な措置を講じなければならない。

（寄附又は補助）

第232条の2　普通地方公共団体は、その公益上必要がある場合においては、寄附又は補助をすることができる。

第232条の3～第232条の6　（省略）

第5節　決算

（決算）

第233条 会計管理者は、毎会計年度、政令で定めるところにより、決算を調製し、出納の閉鎖後3箇月以内に、証書類その他政令で定める書類と併せて、普通地方公共団体の長に提出しなければならない。

2 普通地方公共団体の長は、決算及び前項の書類を監査委員の審査に付さなければならない。

3 普通地方公共団体の長は、前項の規定により監査委員の審査に付した決算を監査委員の意見を付けて次の通常予算を議する会議までに議会の認定に付さなければならない。

4 前項の規定による意見の決定は、監査委員の合議によるものとする。

5 普通地方公共団体の長は、第3項の規定により決算を議会の認定に付するに当たつては、当該決算に係る会計年度における主要な施策の成果を説明する書類その他政令で定める書類を併せて提出しなければならない。

6 普通地方公共団体の長は、第3項の規定により議会の認定に付した決算の要領を住民に公表しなければならない。

7 普通地方公共団体の長は、第3項の規定による決算の認定に関する議案が否決された場合において、当該議決を踏まえて必要と認める措置を講じたときは、速やかに、当該措置の内容を議会に報告するとともに、これを公表しなければならない。

第233条の2　（省略）

第6節　契約

（契約の締結）

第234条 売買、貸借、請負その他の契約は、一般競争入札、指名競争入札、随意契約又はせり売りの方法により締結するものとする。

2 前項の指名競争入札、随意契約又はせり売りは、政令で定める場合に該当するときに限り、これによることができる。

3 普通地方公共団体は、一般競争入札又は指名競争入札（以下この条において「競争入札」という。）に付する場合においては、政令の定めるところにより、契約の目的に応じ、予定価格の制限の範囲内で最高又は最低の価格をもつて申込みをした者を契約の相手方とするものとする。ただし、普通地方公共団体の支出の原因となる契約については、政令の定めるところにより、予定価格の制限の範囲内の価格をもつて申込みをした者のうち最低の価格をもつて申込みをした者以外の者を契約の相手方とすることが

できる。

4 普通地方公共団体が競争入札につき入札保証金を納付させた場合において、落札者が契約を締結しないときは、その者の納付に係る入札保証金（政令の定めるところによりその納付に代えて提供された担保を含む。）は、当該普通地方公共団体に帰属するものとする。

5 普通地方公共団体が契約につき契約書又は契約内容を記録した電磁的記録を作成する場合においては、当該普通地方公共団体の長又はその委任を受けた者が契約の相手方とともに、契約書に記名押印し、又は契約内容を記録した電磁的記録に当該普通地方公共団体の長若しくはその委任を受けた者及び契約の相手方の作成に係るものであることを示すために講ずる措置であつて、当該電磁的記録が改変されているかどうかを確認することができる等これらの者の作成に係るものであることを確実に示すことができるものとして総務省令で定めるものを講じなければ、当該契約は、確定しないものとする。

6 競争入札に加わろうとする者に必要な資格、競争入札における公告又は指名の方法、随意契約及びせり売りの手続その他契約の締結の方法に関し必要な事項は、政令でこれを定める。

（契約の履行の確保）

第234条の2 普通地方公共団体が工事若しくは製造その他についての請負契約又は物件の買入れその他の契約を締結した場合においては、当該普通地方公共団体の職員は、政令の定めるところにより、契約の適正な履行を確保するため又はその受ける給付の完了の確認（給付の完了前に代価の一部を支払う必要がある場合において行なう工事若しくは製造の既済部分又は物件の既納部分の確認を含む。）をするため必要な監督又は検査をしなければならない。

2 普通地方公共団体が契約の相手方をして契約保証金を納付させた場合において、契約の相手方が契約上の義務を履行しないときは、その契約保証金（政令の定めるところによりその納付に代えて提供された担保を含む。）は、当該普通地方公共団体に帰属するものとする。ただし、損害の賠償又は違約金について契約で別段の定めをしたときは、その定めたところによるものとする。

（長期継続契約）

第234条の3 普通地方公共団体は、第214条の規定にかかわらず、翌年度以降にわたり、電気、ガス若しくは水の供給若しくは電気通信役務の提供を受ける契約又は不動産を借りる契約その他政令で定める契約を締結することができ

る。この場合においては、各年度におけるこれらの経費の予算の範囲内においてその給付を受けなければならない。

第7節　現金及び有価証券

（金融機関の指定）
第235条　都道府県は、政令の定めるところにより、金融機関を指定して、都道府県の公金の収納又は支払の事務を取り扱わせなければならない。

2　市町村は、政令の定めるところにより、金融機関を指定して、市町村の公金の収納又は支払の事務を取り扱わせることができる。

第235条の2〜第235条の3　（省略）
（現金及び有価証券の保管）
第235条の4　普通地方公共団体の歳入歳出に属する現金（以下「歳計現金」という。）は、政令の定めるところにより、最も確実かつ有利な方法によりこれを保管しなければならない。

2　債権の担保として徴するもののほか、普通地方公共団体の所有に属しない現金又は有価証券は、法律又は政令の規定によるのでなければ、これを保管することができない。

3　法令又は契約に特別の定めがあるものを除くほか、普通地方公共団体が保管する前項の現金（以下「歳入歳出外現金」という。）には、利子を付さない。

（出納の閉鎖）
第235条の5　普通地方公共団体の出納は、翌年度の5月31日をもつて閉鎖する。

第8節　時効

（金銭債権の消滅時効）
第236条　金銭の給付を目的とする普通地方公共団体の権利は、時効に関し他の法律に定めがあるものを除くほか、5年間これを行なわないときは、時効により消滅する。普通地方公共団体に対する権利で、金銭の給付を目的とするものについても、また同様とする。

2　金銭の給付を目的とする普通地方公共団体の権利の時効による消滅については、法律に特別の定めがある場合を除くほか、時効の援用を要せず、また、その利益を放棄することができないものとする。普通地方公共団体に対する権利で、金銭の給付を目的とするものについても、また同様とする。

3　金銭の給付を目的とする普通地方公共団体の権利について、消滅時効の中断、停止その他の

事項（前項に規定する事項を除く。）に関し、適用すべき法律の規定がないときは、民法（明治29年法律第89号）の規定を準用する。普通地方公共団体に対する権利で、金銭の給付を目的とするものについても、また同様とする。

4　法令の規定により普通地方公共団体がする納入の通知及び督促は、民法第153条（前項において準用する場合を含む。）の規定にかかわらず、時効中断の効力を有する。

第9節　財産

（財産の管理及び処分）
第237条　この法律において「財産」とは、公有財産、物品及び債権並びに基金をいう。

2　第238条の4第1項の規定の適用がある場合を除き、普通地方公共団体の財産は、条例又は議会の議決による場合でなければ、これを交換し、出資の目的とし、若しくは支払手段として使用し、又は適正な対価なくしてこれを譲渡し、若しくは貸し付けてはならない。

3　普通地方公共団体の財産は、第238条の5第2項の規定の適用がある場合で議会の議決によるとき又は同条第3項の規定の適用がある場合でなければ、これを信託してはならない。

第1款　公有財産

第238条〜第238条の3　（省略）
（行政財産の管理及び処分）
第238条の4　行政財産は、次項から第4項までに定めるものを除くほか、これを貸し付け、交換し、売り払い、譲与し、出資の目的とし、若しくは信託し、又はこれに私権を設定することができない。

2　行政財産は、次に掲げる場合には、その用途又は目的を妨げない限度において、貸し付け、又は私権を設定することができる。

一　当該普通地方公共団体以外の者が行政財産である土地の上に政令で定める堅固な建物その他の土地に定着する工作物であつて当該行政財産である土地の供用の目的を効果的に達成することに資すると認められるものを所有し、又は所有しようとする場合（当該普通地方公共団体と1棟の建物を区分して所有する場合を除く。）において、その者（当該行政財産を管理する普通地方公共団体が当該行政財産の適正な方法による管理を行う上で適当と認める者に限る。）に当該土地を貸し付けるとき。

地方自治法

173

二　普通地方公共団体が国、他の地方公共団体又は政令で定める法人と行政財産である土地の上に1棟の建物を区分して所有するためその者に当該土地を貸し付ける場合

三　普通地方公共団体が行政財産である土地及びその隣接地の上に当該普通地方公共団体以外の者と1棟の建物を区分して所有するためその者（当該建物のうち行政財産である部分を管理する普通地方公共団体が当該行政財産の適正な方法による管理を行う上で適当と認める者に限る。）に当該土地を貸し付ける場合

四　行政財産のうち庁舎その他の建物及びその附帯施設並びにこれらの敷地（以下この号において「庁舎等」という。）についてその床面積又は敷地に余裕がある場合として政令で定める場合において、当該普通地方公共団体以外の者（当該庁舎等を管理する普通地方公共団体が当該庁舎等の適正な方法による管理を行う上で適当と認める者に限る。）に当該余裕がある部分を貸し付けるとき（前三号に掲げる場合に該当する場合を除く。）。

五　行政財産である土地を国、他の地方公共団体又は政令で定める法人の経営する鉄道、道路その他政令で定める施設の用に供する場合において、その者のために当該土地に地上権を設定するとき。

六　行政財産である土地を国、他の地方公共団体又は政令で定める法人の使用する電線路その他政令で定める施設の用に供する場合において、その者のために当該土地に地役権を設定するとき。

3　前項第2号に掲げる場合において、当該行政財産である土地の貸付けを受けた者が当該土地の上に所有する1棟の建物の一部（以下この項及び次項において「特定施設」という。）を当該普通地方公共団体以外の者に譲渡しようとするときは、当該特定施設を譲り受けようとする者（当該行政財産を管理する普通地方公共団体が当該行政財産の適正な方法による管理を行う上で適当と認める者に限る。）に当該土地を貸し付けることができる。

4　前項の規定は、同項（この項において準用する場合を含む。）の規定により行政財産である土地の貸付けを受けた者が当該特定施設を譲渡しようとする場合について準用する。

5　前三項の場合においては、次条第4項及び第5項の規定を準用する。

6　第1項の規定に違反する行為は、これを無効とする。

7　行政財産は、その用途又は目的を妨げない限度においてその使用を許可することができる。

8　前項の規定による許可を受けてする行政財産の使用については、借地借家法（平成3年法律第90号）の規定は、これを適用しない。

9　第7項の規定により行政財産の使用を許可した場合において、公用若しくは公共用に供するため必要を生じたとき、又は許可の条件に違反する行為があると認めるときは、普通地方公共団体の長又は委員会は、その許可を取り消すことができる。

第238条の5〜第238条の7　（省略）

第2款　物品　（省略）

第3款　債権　（省略）

第4款　基金　（省略）

第10節　住民による監査請求及び訴訟

（住民監査請求）
第242条　普通地方公共団体の住民は、当該普通地方公共団体の長若しくは委員会若しくは委員又は当該普通地方公共団体の職員について、違法若しくは不当な公金の支出、財産の取得、管理若しくは処分、契約の締結若しくは履行若しくは債務その他の義務の負担がある（当該行為がなされることが相当の確実さをもって予測される場合を含む。）と認めるとき、又は違法若しくは不当に公金の賦課若しくは徴収若しくは財産の管理を怠る事実（以下「怠る事実」という。）があると認めるときは、これらを証する書面を添え、監査委員に対し、監査を求め、当該行為を防止し、若しくは是正し、若しくは当該怠る事実を改め、又は当該行為若しくは怠る事実によつて当該普通地方公共団体の被つた損害を補塡するために必要な措置を講ずべきことを請求することができる。

2　前項の規定による請求は、当該行為のあつた日又は終わつた日から1年を経過したときは、これをすることができない。ただし、正当な理由があるときは、この限りでない。

3　第1項の規定による請求があつたときは、監査委員は、直ちに当該請求の要旨を当該普通地方公共団体の議会及び長に通知しなければならない。

4　第1項の規定による請求があつた場合において、当該行為が違法であると思料するに足りる相当な理由があり、当該行為により当該普通地

方公共団体に生ずる回復の困難な損害を避ける
ため緊急の必要があり、かつ、当該行為を停止
することによつて人の生命又は身体に対する重
大な危害の発生の防止その他公共の福祉を著し
く阻害するおそれがないと認めるときは、監査
委員は、当該普通地方公共団体の長その他の執
行機関又は職員に対し、理由を付して次項の手
続が終了するまでの間当該行為を停止すべきこ
とを勧告することができる。この場合において、
監査委員は、当該勧告の内容を第1項の規定に
よる請求人（以下この条において「請求人」と
いう。）に通知するとともに、これを公表しなけ
ればならない。

5　第1項の規定による請求があつた場合には、
監査委員は、監査を行い、当該請求に理由がな
いと認めるときは、理由を付してその旨を書面
により請求人に通知するとともに、これを公表
し、当該請求に理由があると認めるときは、当
該普通地方公共団体の議会、長その他の執行機
関又は職員に対し期間を示して必要な措置を講
ずべきことを勧告するとともに、当該勧告の内
容を請求人に通知し、かつ、これを公表しなけ
ればならない。

6　前項の規定による監査委員の監査及び勧告
は、第1項の規定による請求があつた日から60
日以内に行わなければならない。

7　監査委員は、第5項の規定による監査を行う
に当たつては、請求人に証拠の提出及び陳述の
機会を与えなければならない。

8　監査委員は、前項の規定による陳述の聴取を
行う場合又は関係のある当該普通地方公共団体
の長その他の執行機関若しくは職員の陳述の聴
取を行う場合において、必要があると認めると
きは、関係のある当該普通地方公共団体の長そ
の他の執行機関若しくは職員又は請求人を立ち
会わせることができる。

9　第5項の規定による監査委員の勧告があつた
ときは、当該勧告を受けた議会、長その他の執
行機関又は職員は、当該勧告に示された期間内
に必要な措置を講ずるとともに、その旨を監査
委員に通知しなければならない。この場合にお
いて、監査委員は、当該通知に係る事項を請求
人に通知するとともに、これを公表しなければ
ならない。

10　普通地方公共団体の議会は、第1項の規定に
よる請求があつた後に、当該請求に係る行為又
は怠る事実に関する損害賠償又は不当利得返還
の請求権その他の権利の放棄に関する議決をし
ようとするときは、あらかじめ監査委員の意見
を聴かなければならない。

11　第4項の規定による勧告、第5項の規定によ
る監査及び勧告並びに前項の規定による意見に
ついての決定は、監査委員の合議によるものと
する。

（住民訴訟）

第242条の2　普通地方公共団体の住民は、前
条第1項の規定による請求をした場合において、
同条第5項の規定による監査委員の監査の結果
若しくは勧告若しくは同条第9項の規定による
普通地方公共団体の議会、長その他の執行機関
若しくは職員の措置に不服があるとき、又は監
査委員が同条第5項の規定による監査若しくは
勧告を同条第6項の期間内に行わないとき、若
しくは議会、長その他の執行機関若しくは職員
が同条第9項の規定による措置を講じないとき
は、裁判所に対し、同条第1項の請求に係る違
法な行為又は怠る事実につき、訴えをもつて次
に掲げる請求をすることができる。

一　当該執行機関又は職員に対する当該行為の
全部又は一部の差止めの請求

二　行政処分たる当該行為の取消し又は無効
確認の請求

三　当該執行機関又は職員に対する当該怠る事
実の違法確認の請求

四　当該職員又は当該行為若しくは怠る事実に
係る相手方に損害賠償又は不当利得返還の請
求をすることを当該普通地方公共団体の執行
機関又は職員に対して求める請求。ただし、
当該職員又は当該行為若しくは怠る事実に係
る相手方が第243条の2の2第3項の規定によ
る賠償の命令の対象となる者である場合に
は、当該賠償の命令をすることを求める請求

2　前項の規定による訴訟は、次の各号に掲げる
場合の区分に応じ、当該各号に定める期間内に
提起しなければならない。

一　監査委員の監査の結果又は勧告に不服が
ある場合　当該監査の結果又は当該勧告の内
容の通知があつた日から30日以内

二　監査委員の勧告を受けた議会、長その他の
執行機関又は職員の措置に不服がある場合
当該措置に係る監査委員の通知があつた日か
ら30日以内

三　監査委員が請求をした日から60日を経過し
ても監査又は勧告を行わない場合　当該60日
を経過した日から30日以内

四　監査委員の勧告を受けた議会、長その他の
執行機関又は職員が措置を講じない場合　当
該勧告に示された期間を経過した日から30日
以内

3　前項の期間は、不変期間とする。

地方自治法

4　第1項の規定による訴訟が係属しているとき
は、当該普通地方公共団体の他の住民は、別訴
をもつて同一の請求をすることができない。
5　第1項の規定による訴訟は、当該普通地方公
共団体の事務所の所在地を管轄する地方裁判
所の管轄に専属する。
6　第1項第1号の規定による請求に基づく差止
めは、当該行為を差し止めることによつて人の
生命又は身体に対する重大な危害の発生の防止
その他公共の福祉を著しく阻害するおそれがあ
るときは、することができない。
7　第1項第4号の規定による訴訟が提起された
場合には、当該職員又は当該行為若しくは怠る
事実の相手方に対して、当該普通地方公共団体
の執行機関又は職員は、遅滞なく、その訴訟の
告知をしなければならない。
8　前項の訴訟告知があつたときは、第1項第4
号の規定による訴訟が終了した日から6月を経
過するまでの間は、当該訴訟に係る損害賠償又
は不当利得返還の請求権の時効は、完成しな
い。
9　民法第153条第2項の規定は、前項の規定に
よる時効の完成猶予について準用する。
10　第1項に規定する違法な行為又は怠る事実に
ついては、民事保全法(平成元年法律第91号)
に規定する仮処分をすることができない。
11　第2項から前項までに定めるもののほか、第
1項の規定による訴訟については、行政事件訴
訟法第43条の規定の適用があるものとする。
12　第1項の規定による訴訟を提起した者が勝訴
(一部勝訴を含む。)した場合において、弁護士又
は弁護士法人に報酬を支払うべきときは、当該普
通地方公共団体に対し、その報酬額の範囲内で
相当と認められる額の支払を請求することができ
る。

(訴訟の提起)
第242条の3　前条第1項第4号本文の規定に
よる訴訟について、損害賠償又は不当利得返還
の請求を命ずる判決が確定した場合において
は、普通地方公共団体の長は、当該判決が確定
した日から60日以内の日を期限として、当該請
求に係る損害賠償金又は不当利得の返還金の
支払を請求しなければならない。
2　前項に規定する場合において、当該判決が確
定した日から60日以内に当該請求に係る損害賠
償金又は不当利得による返還金が支払われない
ときは、当該普通地方公共団体は、当該損害賠
償又は不当利得返還の請求を目的とする訴訟を
提起しなければならない。
3　前項の訴訟の提起については、第96条第1項

第12号の規定にかかわらず、当該普通地方公共
団体の議会の議決を要しない。
4　前条第1項第4号本文の規定による訴訟の裁
判が同条第7項の訴訟告知を受けた者に対して
もその効力を有するときは、当該訴訟の裁判は、
当該普通地方公共団体と当該訴訟告知を受けた
者との間においてもその効力を有する。
5　前条第1項第4号本文の規定による訴訟につ
いて、普通地方公共団体の執行機関又は職員に
損害賠償又は不当利得返還の請求を命ずる判決
が確定した場合において、当該普通地方公共団
体がその長に対し当該損害賠償又は不当利得返
還の請求を目的とする訴訟を提起するときは、
当該訴訟については、代表監査委員が当該普通
地方公共団体を代表する。

第11節　雑則　(省略)

第10章　公の施設

(公の施設)
第244条　普通地方公共団体は、住民の福祉を
増進する目的をもつてその利用に供するための
施設(これを公の施設という。)を設けるものと
する。
2　普通地方公共団体(次条第3項に規定する指
定管理者を含む。次項において同じ。)は、正
当な理由がない限り、住民が公の施設を利用す
ることを拒んではならない。
3　普通地方公共団体は、住民が公の施設を利用
することについて、不当な差別的取扱いをして
はならない。

(公の施設の設置、管理及び廃止)
第244条の2　普通地方公共団体は、法律又は
これに基づく政令に特別の定めがあるものを除
くほか、公の施設の設置及びその管理に関する
事項は、条例でこれを定めなければならない。
2　普通地方公共団体は、条例で定める重要な公
の施設のうち条例で定める特に重要なものにつ
いて、これを廃止し、又は条例で定める長期か
つ独占的な利用をさせようとするときは、議会
において出席議員の3分の2以上の者の同意を
得なければならない。
3　普通地方公共団体は、公の施設の設置の目的
を効果的に達成するため必要があると認めると
きは、条例の定めるところにより、法人その他
の団体であつて当該普通地方公共団体が指定
するもの(以下本条及び第244条の4において
「指定管理者」という。)に、当該公の施設の管
理を行わせることができる。

4 前項の条例には、指定管理者の指定の手続、指定管理者が行う管理の基準及び業務の範囲その他必要な事項を定めるものとする。

5 指定管理者の指定は、期間を定めて行うものとする。

6 普通地方公共団体は、指定管理者の指定をしようとするときは、あらかじめ、当該普通地方公共団体の議会の議決を経なければならない。

7 指定管理者は、毎年度終了後、その管理する公の施設の管理の業務に関し事業報告書を作成し、当該公の施設を設置する普通地方公共団体に提出しなければならない。

8 普通地方公共団体は、適当と認めるときは、指定管理者にその管理する公の施設の利用に係る料金（次項において「利用料金」という。）を当該指定管理者の収入として収受させることができる。

9 前項の場合における利用料金は、公益上必要があると認める場合を除くほか、条例の定めるところにより、指定管理者が定めるものとする。この場合において、指定管理者は、あらかじめ当該利用料金について当該普通地方公共団体の承認を受けなければならない。

10 普通地方公共団体の長又は委員会は、指定管理者の管理する公の施設の管理の適正を期するため、指定管理者に対して、当該管理の業務又は経理の状況に関し報告を求め、実地について調査し、又は必要な指示をすることができる。

11 普通地方公共団体は、指定管理者が前項の指示に従わないときその他当該指定管理者による管理を継続することが適当でないと認めるときは、その指定を取り消し、又は期間を定めて管理の業務の全部又は一部の停止を命ずることができる。

（公の施設の区域外設置及び他の団体の公の施設の利用）

第244条の3 普通地方公共団体は、その区域外においても、また、関係普通地方公共団体との協議により、公の施設を設けることができる。

2 普通地方公共団体は、他の普通地方公共団体との協議により、当該他の普通地方公共団体の公の施設を自己の住民の利用に供させることができる。

3 前二項の協議については、関係普通地方公共団体の議会の議決を経なければならない。

（公の施設を利用する権利に関する処分についての審査請求）

第244条の4 普通地方公共団体の長以外の機関（指定管理者を含む。）がした公の施設を利用する権利に関する処分についての審査請求

は、普通地方公共団体の長が当該機関の最上級行政庁でない場合においても、当該普通地方公共団体の長に対してするものとする。

2 普通地方公共団体の長は、公の施設を利用する権利に関する処分についての審査請求がされた場合には、当該審査請求が不適法であり、却下するときを除き、議会に諮問した上、当該審査請求に対する裁決をしなければならない。

3 議会は、前項の規定による諮問を受けた日から20日以内に意見を述べなければならない。

4 普通地方公共団体の長は、第2項の規定による諮問をしないで同項の審査請求を却下したときは、その旨を議会に報告しなければならない。

第11章 国と普通地方公共団体との関係及び普通地方公共団体相互間の関係

第1節 普通地方公共団体に対する国又は都道府県の関与等

第1款 普通地方公共団体に対する国又は都道府県の関与等

（関与の意義）

第245条 本章において「普通地方公共団体に対する国又は都道府県の関与」とは、普通地方公共団体の事務の処理に関し、国の行政機関（内閣府設置法（平成11年法律第89号）第4条第3項に規定する事務をつかさどる機関たる内閣府、宮内庁、同法第49条第1項若しくは第2項に規定する機関、デジタル庁設置法（令和3年法律第36号）第4条第2項に規定する事務をつかさどる機関たるデジタル庁、国家行政組織法（昭和23年法律第120号）第3条第2項に規定する機関、法律の規定に基づき内閣の所轄の下に置かれる機関又はこれらに置かれる機関をいう。以下本章において同じ。）又は都道府県の機関が行う次に掲げる行為（普通地方公共団体がその固有の資格において当該行為の名あて人となるものに限り、国又は都道府県の普通地方公共団体に対する支出金の交付及び返還に係るものを除く。）をいう。

一 普通地方公共団体に対する次に掲げる行為
　イ 助言又は勧告
　ロ 資料の提出の要求
　ハ 是正の要求（普通地方公共団体の事務の処理が法令の規定に違反しているとき又は著しく適正を欠き、かつ、明らかに公益を害しているときに当該普通地方公共団体に

対して行われる当該違反の是正又は改善の
ため必要な措置を講ずべきことの求めであ
つて、当該求めを受けた普通地方公共団体
がその違反の是正又は改善のため必要な措
置を講じなければならないものをいう。)
　ニ　同意
　ホ　許可、認可又は承認
　ヘ　指示
　ト　代執行（普通地方公共団体の事務の処理
　　が法令の規定に違反しているとき又は当該
　　普通地方公共団体がその事務の処理を怠つ
　　ているときに、その是正のための措置を当
　　該普通地方公共団体に代わつて行うことを
　　いう。)
二　普通地方公共団体との協議
三　前二号に掲げる行為のほか、一定の行政目
　的を実現するため普通地方公共団体に対して
　具体的かつ個別的に関わる行為（相反する利
　害を有する者の間の利害の調整を目的として
　される裁定その他の行為（その双方を名あて
　人とするものに限る。）及び審査請求その他の
　不服申立てに対する裁決、決定その他の行為
　を除く。)

（関与の法定主義）
第245条の2　普通地方公共団体は、その事務
　の処理に関し、法律又はこれに基づく政令によ
　らなければ、普通地方公共団体に対する国又は
　都道府県の関与を受け、又は要することとされ
　ることはない。

（関与の基本原則）
第245条の3　国は、普通地方公共団体が、そ
　の事務の処理に関し、普通地方公共団体に対す
　る国又は都道府県の関与を受け、又は要するこ
　ととする場合には、その目的を達成するために
　必要な最小限度のものとするとともに、普通地
　方公共団体の自主性及び自立性に配慮しなけれ
　ばならない。
2　国は、できる限り、普通地方公共団体が、自
　治事務の処理に関しては普通地方公共団体に対
　する国又は都道府県の関与のうち第245条第1
　号ト及び第3号に規定する行為を、法定受託事
　務の処理に関しては普通地方公共団体に対する
　国又は都道府県の関与のうち同号に規定する行
　為を受け、又は要することとすることのないよ
　うにしなければならない。
3　国は、国又は都道府県の計画と普通地方公共
　団体の計画との調和を保つ必要がある場合等国
　又は都道府県の施策と普通地方公共団体の施
　策との間の調整が必要な場合を除き、普通地方
　公共団体の事務の処理に関し、普通地方公共団

体が、普通地方公共団体に対する国又は都道府
県の関与のうち第245条第2号に規定する行為
を要することとすることのないようにしなければ
ならない。
4　国は、法令に基づき国がその内容について財
　政上又は税制上の特例措置を講ずるものとされ
　ている計画を普通地方公共団体が作成する場合
　等国又は都道府県の施策と普通地方公共団体の
　施策との整合性を確保しなければこれらの施策
　の実施に著しく支障が生ずると認められる場合
　を除き、自治事務の処理に関し、普通地方公共
　団体が、普通地方公共団体に対する国又は都道
　府県の関与のうち第245条第1号ニに規定する
　行為を要することとすることのないようにしなけ
　ればならない。
5　国は、普通地方公共団体が特別の法律により
　法人を設立する場合等自治事務の処理について
　国の行政機関又は都道府県の機関の許可、認可
　又は承認を要することとすること以外の方法に
　よつてその処理の適正を確保することが困難で
　あると認められる場合を除き、自治事務の処理
　に関し、普通地方公共団体が、普通地方公共団
　体に対する国又は都道府県の関与のうち第245
　条第1号ホに規定する行為を要することとする
　ことのないようにしなければならない。
6　国は、国民の生命、身体又は財産の保護のた
　め緊急に自治事務の的確な処理を確保する必要
　がある場合等特に必要と認められる場合を除
　き、自治事務の処理に関し、普通地方公共団体
　が、普通地方公共団体に対する国又は都道府県
　の関与のうち第245条第1号ヘに規定する行為
　に従わなければならないこととすることのない
　ようにしなければならない。

**（技術的な助言及び勧告並びに資料の提出の要
求）**
第245条の4　各大臣（内閣府設置法第4条第
　3項若しくはデジタル庁設置法第4条第2項に規
　定する事務を分担管理する大臣たる内閣総理大
　臣又は国家行政組織法第5条第1項に規定する
　各省大臣をいう。以下本章、次章及び第14章に
　おいて同じ。）又は都道府県知事その他の都道
　府県の執行機関は、その担任する事務に関し、
　普通地方公共団体に対し、普通地方公共団体の
　事務の運営その他の事項について適切と認める
　技術的な助言若しくは勧告をし、又は当該助言
　若しくは勧告をするため若しくは普通地方公共
　団体の事務の適正な処理に関する情報を提供す
　るため必要な資料の提出を求めることができる。
出を求めることができる。
2　各大臣は、その担任する事務に関し、都道府

県知事その他の都道府県の執行機関に対し、前項の規定による市町村に対する助言若しくは勧告又は資料の提出の求めに関し、必要な指示をすることができる。

3　普通地方公共団体の長その他の執行機関は、各大臣又は都道府県知事その他の都道府県の執行機関に対し、その担任する事務の管理及び執行について技術的な助言若しくは勧告又は必要な情報の提供を求めることができる。

（是正の要求）

第245条の5　各大臣は、その担任する事務に関し、都道府県の自治事務の処理が法令の規定に違反していると認めるとき、又は著しく適正を欠き、かつ、明らかに公益を害していると認めるときは、当該都道府県に対し、当該自治事務の処理について違反の是正又は改善のため必要な措置を講ずべきことを求めることができる。

2　各大臣は、その担任する事務に関し、市町村の次の各号に掲げる事務の処理が法令の規定に違反していると認めるとき、又は著しく適正を欠き、かつ、明らかに公益を害していると認めるときは、当該各号に定める都道府県の執行機関に対し、当該事務の処理について違反の是正又は改善のため必要な措置を講ずべきことを当該市町村に求めるよう指示をすることができる。

一　市町村長その他の市町村の執行機関（教育委員会及び選挙管理委員会を除く。）の担任する事務（第1号法定受託事務を除く。次号及び第3号において同じ。）　都道府県知事

二　市町村教育委員会の担任する事務　都道府県教育委員会

三　市町村選挙管理委員会の担任する事務　都道府県選挙管理委員会

3　前項の指示を受けた都道府県の執行機関は、当該市町村に対し、当該事務の処理について違反の是正又は改善のため必要な措置を講ずべきことを求めなければならない。

4　各大臣は、第2項の規定によるほか、その担任する事務に関し、市町村の事務（第1号法定受託事務を除く。）の処理が法令の規定に違反していると認める場合、又は著しく適正を欠き、かつ、明らかに公益を害していると認める場合において、緊急を要するときその他特に必要があると認めるときは、自ら当該市町村に対し、当該事務の処理について違反の是正又は改善のため必要な措置を講ずべきことを求めることができる。

5　普通地方公共団体は、第1項、第3項又は前項の規定による求めを受けたときは、当該事務の処理について違反の是正又は改善のための必

要な措置を講じなければならない。

（是正の勧告）

第245条の6　次の各号に掲げる都道府県の執行機関は、市町村の当該各号に定める自治事務の処理が法令の規定に違反していると認めるとき、又は著しく適正を欠き、かつ、明らかに公益を害していると認めるときは、当該市町村に対し、当該自治事務の処理について違反の是正又は改善のため必要な措置を講ずべきことを勧告することができる。

一　都道府県知事　市町村長その他の市町村の執行機関（教育委員会及び選挙管理委員会を除く。）の担任する自治事務

二　都道府県教育委員会　市町村教育委員会の担任する自治事務

三　都道府県選挙管理委員会　市町村選挙管理委員会の担任する自治事務

（是正の指示）

第245条の7　各大臣は、その所管する法律又はこれに基づく政令に係る都道府県の法定受託事務の処理が法令の規定に違反していると認めるとき、又は著しく適正を欠き、かつ、明らかに公益を害していると認めるときは、当該都道府県に対し、当該法定受託事務の処理について違反の是正又は改善のため講ずべき措置に関し、必要な指示をすることができる。

2　次の各号に掲げる都道府県の執行機関は、市町村の当該各号に定める法定受託事務の処理が法令の規定に違反していると認めるとき、又は著しく適正を欠き、かつ、明らかに公益を害していると認めるときは、当該市町村に対し、当該法定受託事務の処理について違反の是正又は改善のため講ずべき措置に関し、必要な指示をすることができる。

一　都道府県知事　市町村長その他の市町村の執行機関（教育委員会及び選挙管理委員会を除く。）の担任する法定受託事務

二　都道府県教育委員会　市町村教育委員会の担任する法定受託事務

三　都道府県選挙管理委員会　市町村選挙管理委員会の担任する法定受託事務

3　各大臣は、その所管する法律又はこれに基づく政令に係る市町村の第1号法定受託事務の処理について、前項各号に掲げる都道府県の執行機関に対し、同項の規定による市町村に対する指示に関し、必要な指示をすることができる。

4　各大臣は、前項の規定によるほか、その所管する法律又はこれに基づく政令に係る市町村の第1号法定受託事務の処理が法令の規定に違反していると認める場合、又は著しく適正を欠

き、かつ、明らかに公益を害していると認める場合において、緊急を要するときその他特に必要があると認めるときは、自ら当該市町村に対し、当該第1号法定受託事務の処理について違反の是正又は改善のため講ずべき措置に関し、必要な指示をすることができる。

（代執行等）

第245条の8　各大臣は、その所管する法律若しくはこれに基づく政令に係る都道府県知事の法定受託事務の管理若しくは執行が法令の規定若しくは当該各大臣の処分に違反するものがある場合又は当該法定受託事務の管理若しくは執行を怠るものがある場合において、本項から第8項までに規定する措置以外の方法によつてその是正を図ることが困難であり、かつ、それを放置することにより著しく公益を害することが明らかであるときは、文書により、当該都道府県知事に対して、その旨を指摘し、期限を定めて、当該違反を是正し、又は当該怠る法定受託事務の管理若しくは執行を改めるべきことを勧告することができる。

2　各大臣は、都道府県知事が前項の期限までに同項の規定による勧告に係る事項を行わないときは、文書により、当該都道府県知事に対し、期限を定めて当該事項を行うべきことを指示することができる。

3　各大臣は、都道府県知事が前項の期限までに当該事項を行わないときは、高等裁判所に対し、訴えをもつて、当該事項を行うべきことを命ずる旨の裁判を請求することができる。

4　各大臣は、高等裁判所に対し前項の規定により訴えを提起したときは、直ちに、文書により、その旨を当該都道府県知事に通告するとともに、当該高等裁判所に対し、その通告をした日時、場所及び方法を通知しなければならない。

5　当該高等裁判所は、第3項の規定により訴えが提起されたときは、速やかに口頭弁論の期日を定め、当事者を呼び出さなければならない。その期日は、同項の訴えの提起があつた日から15日以内の日とする。

6　当該高等裁判所は、各大臣の請求に理由があると認めるときは、当該都道府県知事に対し、期限を定めて当該事項を行うべきことを命ずる旨の裁判をしなければならない。

7　第3項の訴えは、当該都道府県の区域を管轄する高等裁判所の専属管轄とする。

8　各大臣は、都道府県知事が第6項の裁判に従い同項の期限までに、なお、当該事項を行わないときは、当該都道府県知事に代わつて当該事項を行うことができる。この場合において、

各大臣は、あらかじめ当該都道府県知事に対し、当該事項を行う日時、場所及び方法を通知しなければならない。

9　第3項の訴えに係る高等裁判所の判決に対する上告の期間は、1週間とする。

10　前項の上告は、執行停止の効力を有しない。

11　各大臣の請求に理由がない旨の判決が確定した場合において、既に第8項の規定に基づき第2項の規定による指示に係る事項が行われているときは、都道府県知事は、当該判決の確定後3月以内にその処分を取り消し、又は原状の回復その他必要な措置を執ることができる。

12　前各項の規定は、市町村長の法定受託事務の管理若しくは執行が法令の規定若しくは各大臣若しくは都道府県知事の処分に違反するものがある場合又は当該法定受託事務の管理若しくは執行を怠るものがある場合において、本項に規定する措置以外の方法によつてその是正を図ることが困難であり、かつ、それを放置することにより著しく公益を害することが明らかであるときについて準用する。この場合において、前各項の規定中「各大臣」とあるのは「都道府県知事」と、「都道府県知事」とあるのは「市町村長」と、「当該都道府県の区域」とあるのは「当該市町村の区域」と読み替えるものとする。

13　各大臣は、その所管する法律又はこれに基づく政令に係る市町村長の第1号法定受託事務の管理又は執行について、都道府県知事に対し、前項において準用する第1項から第8項までの規定による措置に関し、必要な指示をすることができる。

14　第3項（第12項において準用する場合を含む。次項において同じ。）の訴えについては、行政事件訴訟法第43条第3項の規定にかかわらず、同法第41条第2項の規定は、準用しない。

15　前各項に定めるもののほか、第3項の訴えについては、主張及び証拠の申出の時期の制限その他審理の促進に関し必要な事項は、最高裁判所規則で定める。

第245条の9　（省略）

第2款　普通地方公共団体に対する国又は都道府県の関与等の手続

第246条　（省略）

（助言等の方式等）

第247条　国の行政機関又は都道府県の機関は、普通地方公共団体に対し、助言、勧告その他これらに類する行為（以下本条及び第252条の17

の３第２項において「助言等」という。）を書面
によらないで行つた場合において、当該普通地
方公共団体から当該助言等の趣旨及び内容を記
載した書面の交付を求められたときは、これを
交付しなければならない。
2　前項の規定は、次に掲げる助言等については、
適用しない。
　一　普通地方公共団体に対しその場において完
　　了する行為を求めるもの
　二　既に書面により当該普通地方公共団体に通
　　知されている事項と同一の内容であるもの
3　国又は都道府県の職員は、普通地方公共団体
が国の行政機関又は都道府県の機関が行つた
助言等に従わなかつたことを理由として、不利
益な取扱いをしてはならない。

（資料の提出の要求等の方式）
第248条　国の行政機関又は都道府県の機関は、
普通地方公共団体に対し、資料の提出の要求そ
の他これに類する行為（以下本条及び第252条
の17の３第２項において「資料の提出の要求等」
という。）を書面によらないで行つた場合におい
て、当該普通地方公共団体から当該資料の提出
の要求等の趣旨及び内容を記載した書面の交付
を求められたときは、これを交付しなければな
らない。

（是正の要求等の方式）
第249条　国の行政機関又は都道府県の機関は、
普通地方公共団体に対し、是正の要求、指示そ
の他これらに類する行為（以下本条及び第252
条の17の３第２項において「是正の要求等」と
いう。）をするときは、同時に、当該是正の要求
等の内容及び理由を記載した書面を交付しなけ
ればならない。ただし、当該書面を交付しない
で是正の要求等をすべき差し迫つた必要がある
場合は、この限りでない。
2　前項ただし書の場合においては、国の行政機
関又は都道府県の機関は、是正の要求等をした
後相当の期間内に、同項の書面を交付しなけれ
ばならない。

（協議の方式）
第250条　普通地方公共団体から国の行政機関
又は都道府県の機関に対して協議の申出があつ
たときは、国の行政機関又は都道府県の機関及
び普通地方公共団体は、誠実に協議を行うとと
もに、相当の期間内に当該協議が調うよう努め
なければならない。
2　国の行政機関又は都道府県の機関は、普通地
方公共団体の申出に基づく協議について意見を
述べた場合において、当該普通地方公共団体か
ら当該協議に関する意見の趣旨及び内容を記載

した書面の交付を求められたときは、これを交
付しなければならない。
第250条の２～第250条の６　（省略）

第２節　国と普通地方公共団体との間並びに普通地方公共団体相互間及び普通地方公共団体の機関相互間の紛争処理

第１款　国地方係争処理委員会

（設置及び権限）
第250条の７　総務省に、国地方係争処理委員
会（以下本節において「委員会」という。）を
置く。
2　委員会は、普通地方公共団体に対する国又は
都道府県の関与のうち国の行政機関が行うもの
（以下本節において「国の関与」という。）に関
する審査の申出につき、この法律の規定により
その権限に属させられた事項を処理する。

（組織）
第250条の８　委員会は、委員５人をもつて組
織する。
2　委員は、非常勤とする。ただし、そのうち２
人以内は、常勤とすることができる。

（委員）
第250条の９　委員は、優れた識見を有する者
のうちから、両議院の同意を得て、総務大臣が
任命する。
2　委員の任命については、そのうち３人以上が
同一の政党その他の政治団体に属することとな
つてはならない。
3　委員の任期が満了し、又は欠員を生じた場合
において、国会の閉会又は衆議院の解散のため
に両議院の同意を得ることができないときは、
総務大臣は、第１項の規定にかかわらず、同項
に定める資格を有する者のうちから、委員を任
命することができる。
4　前項の場合においては、任命後最初の国会
において両議院の事後の承認を得なければならな
い。この場合において、両議院の事後の承認が
得られないときは、総務大臣は、直ちにその委
員を罷免しなければならない。
5　委員の任期は、３年とする。ただし、補欠の
委員の任期は、前任者の残任期間とする。
6　委員は、再任されることができる。
7　委員の任期が満了したときは、当該委員は、
後任者が任命されるまで引き続きその職務を行
うものとする。
8　総務大臣は、委員が破産手続開始の決定を受
け、又は禁錮以上の刑に処せられたときは、そ

地方自治法

181

の委員を罷免しなければならない。

9 総務大臣は、両議院の同意を得て、次に掲げる委員を罷免するものとする。

一 委員のうち何人も属していなかつた同一の政党その他の政治団体に新たに3人以上の委員が属するに至つた場合においては、これらの者のうち2人を超える員数の委員

二 委員のうち1人が既に属している政党その他の政治団体に新たに2人以上の委員が属するに至つた場合においては、これらの者のうち1人を超える員数の委員

10 総務大臣は、委員のうち2人が既に属している政党その他の政治団体に新たに属するに至つた委員を直ちに罷免するものとする。

11 総務大臣は、委員が心身の故障のため職務の執行ができないと認めるとき、又は委員に職務上の義務違反その他委員たるに適しない非行があると認めるときは、両議院の同意を得て、その委員を罷免することができる。

12 委員は、第4項後段及び第8項から前項までの規定による場合を除くほか、その意に反して罷免されることがない。

13 委員は、職務上知り得た秘密を漏らしてはならない。その職を退いた後も、同様とする。

14 委員は、在任中、政党その他の政治団体の役員となり、又は積極的に政治運動をしてはならない。

15 常勤の委員は、在任中、総務大臣の許可がある場合を除き、報酬を得て他の職務に従事し、又は営利事業を営み、その他金銭上の利益を目的とする業務を行つてはならない。

16 委員は、自己に直接利害関係のある事件については、その議事に参与することができない。

17 委員の給与は、別に法律で定める。

第250条の10〜第250条の12 （省略）

第2款 国地方係争処理委員会による審査の手続

（国の関与に関する審査の申出）

第250条の13 普通地方公共団体の長その他の執行機関は、その担任する事務に関する国の関与のうち是正の要求、許可の拒否その他の処分その他公権力の行使に当たるもの（次に掲げるものを除く。）に不服があるときは、委員会に対し、当該国の関与を行つた国の行政庁を相手方として、文書で、審査の申出をすることができる。

一 第245条の8第2項及び第13項の規定による指示

二 第245条の8第8項の規定に基づき都道府県知事に代わつて同条第2項の規定による指示に係る事項を行うこと。

三 第252条の17の4第2項の規定により読み替えて適用する第245条の8第12項において準用する同条第2項の規定による指示

四 第252条の17の4第2項の規定により読み替えて適用する第245条の8第12項において準用する同条第8項の規定に基づき市町村長に代わつて前号の指示に係る事項を行うこと。

2 普通地方公共団体の長その他の執行機関は、その担任する事務に関する国の不作為（国の行政庁が、申請等が行われた場合において、相当の期間内に何らかの国の関与のうち許可その他の処分その他公権力の行使に当たるものをすべきにかかわらず、これをしないことをいう。以下本節において同じ。）に不服があるときは、委員会に対し、当該国の不作為に係る国の行政庁を相手方として、文書で、審査の申出をすることができる。

3 普通地方公共団体の長その他の執行機関は、その担任する事務に関する当該普通地方公共団体の法令に基づく協議の申出が国の行政庁に対して行われた場合において、当該協議に係る当該普通地方公共団体の義務を果たしたと認めるにもかかわらず当該協議が調わないときは、委員会に対し、当該協議の相手方である国の行政庁を相手方として、文書で、審査の申出をすることができる。

4 第1項の規定による審査の申出は、当該国の関与があつた日から30日以内にしなければならない。ただし、天災その他同項の規定による審査の申出をしなかつたことについてやむを得ない理由があるときは、この限りでない。

5 前項ただし書の場合における第1項の規定による審査の申出は、その理由がやんだ日から1週間以内にしなければならない。

6 第1項の規定による審査の申出に係る文書を郵便又は民間事業者による信書の送達に関する法律（平成14年法律第99号）第2条第6項に規定する一般信書便事業者若しくは同条第9項に規定する特定信書便事業者による同条第2項に規定する信書便（第260条の2第12項において「信書便」という。）で提出した場合における前2項の期間の計算については、送付に要した日数は、算入しない。

7 普通地方公共団体の長その他の執行機関は、第1項から第3項までの規定による審査の申出（以下本款において「国の関与に関する審査の申出」という。）をしようとするときは、相手方

となるべき国の行政庁に対し、その旨をあらかじめ通知しなければならない。

（審査及び勧告）

第250条の14　委員会は、自治事務に関する国の関与について前条第1項の規定による審査の申出があつた場合においては、審査を行い、相手方である国の行政庁の行つた国の関与が違法でなく、かつ、普通地方公共団体の自主性及び自立性を尊重する観点から不当でないと認めるときは、理由を付してその旨を当該審査の申出をした普通地方公共団体の長その他の執行機関及び当該国の行政庁に通知するとともに、これを公表し、当該国の行政庁の行つた国の関与が違法又は普通地方公共団体の自主性及び自立性を尊重する観点から不当であると認めるときは、当該国の行政庁に対し、理由を付し、かつ、期間を示して、必要な措置を講ずべきことを勧告するとともに、当該勧告の内容を当該普通地方公共団体の長その他の執行機関に通知し、かつ、これを公表しなければならない。

2　委員会は、法定受託事務に関する国の関与について前条第1項の規定による審査の申出があつた場合においては、審査を行い、相手方である国の行政庁の行つた国の関与が違法でないと認めるときは、理由を付してその旨を当該審査の申出をした普通地方公共団体の長その他の執行機関及び当該国の行政庁に通知するとともに、これを公表し、当該国の行政庁の行つた国の関与が違法であると認めるときは、当該国の行政庁に対し、理由を付し、かつ、期間を示して、必要な措置を講ずべきことを勧告するとともに、当該勧告の内容を当該普通地方公共団体の長その他の執行機関に通知し、かつ、これを公表しなければならない。

3　委員会は、前条第2項の規定による審査の申出があつた場合においては、審査を行い、当該審査の申出に理由がないと認めるときは、理由を付してその旨を当該審査の申出をした普通地方公共団体の長その他の執行機関及び相手方である国の行政庁に通知するとともに、これを公表し、当該審査の申出に理由があると認めるときは、当該国の行政庁に対し、理由を付し、かつ、期間を示して、必要な措置を講ずべきことを勧告するとともに、当該勧告の内容を当該普通地方公共団体の長その他の執行機関に通知し、かつ、これを公表しなければならない。

4　委員会は、前条第3項の規定による審査の申出があつたときは、当該審査の申出に係る協議について当該協議に係る普通地方公共団体がその義務を果たしているかどうかを審査し、理由

を付してその結果を当該審査の申出をした普通地方公共団体の長その他の執行機関及び相手方である国の行政庁に通知するとともに、これを公表しなければならない。

5　前各項の規定による審査及び勧告は、審査の申出があつた日から90日以内に行わなければならない。

第250条の15〜第250条の17　（省略）

（国の行政庁の措置等）

第250条の18　第250条の14第1項から第3項までの規定による委員会の勧告があつたときは、当該勧告を受けた国の行政庁は、当該勧告に示された期間内に、当該勧告に即して必要な措置を講ずるとともに、その旨を委員会に通知しなければならない。この場合においては、委員会は、当該通知に係る事項を当該勧告に係る審査の申出をした普通地方公共団体の長その他の執行機関に通知し、かつ、これを公表しなければならない。

2　委員会は、前項の勧告を受けた国の行政庁に対し、同項の規定により講じた措置についての説明を求めることができる。

第250条の19〜第250条の20　（省略）

第3款　自治紛争処理委員

（自治紛争処理委員）

第251条　自治紛争処理委員は、この法律の定めるところにより、普通地方公共団体相互の間又は普通地方公共団体の機関相互の間の紛争の調停、普通地方公共団体に対する国又は都道府県の関与のうち都道府県の機関が行うもの（以下この節において「都道府県の関与」という。）に関する審査、第252条の2第1項に規定する連携協約に係る紛争を処理するための方策の提示及び第143条第3項（第180条の5第8項及び第184条第2項において準用する場合を含む。）の審査請求又はこの法律の規定による審査の申立て若しくは審決の申請に係る審理を処理する。

2　自治紛争処理委員は、3人とし、事件ごとに、優れた識見を有する者のうちから、総務大臣又は都道府県知事がそれぞれ任命する。この場合においては、総務大臣又は都道府県知事は、あらかじめ当該事件に関係のある事務を担任する各大臣又は都道府県の委員会若しくは委員に協議するものとする。

3　自治紛争処理委員は、非常勤とする。

4　自治紛争処理委員は、次の各号のいずれかに該当するときは、その職を失う。

地方自治法

183

一　当事者が次条第2項の規定により調停の申請を取り下げたとき。

二　自治紛争処理委員が次条第6項の規定により当事者に調停を打ち切つた旨を通知したとき。

三　総務大臣又は都道府県知事が次条第7項又は第251条の3第13項の規定により調停が成立した旨を当事者に通知したとき。

四　市町村長その他の市町村の執行機関が第251条の3第5項から第7項までにおいて準用する第250条の17の規定により自治紛争処理委員の審査に付することを求める旨の申出を取り下げたとき。

五　自治紛争処理委員が第251条の3第5項において準用する第250条の14第1項若しくは第2項若しくは第251条の3第6項において準用する第250条の14第3項の規定による審査の結果の通知若しくは勧告及び勧告の内容の通知又は第251条の3第7項において準用する第250条の14第4項の規定による審査の結果の通知をし、かつ、これらを公表したとき。

六　普通地方公共団体が第251条の3の2第2項の規定により同条第1項の処理方策の提示を求める旨の申請を取り下げたとき。

七　自治紛争処理委員が第251条の3の2第3項の規定により当事者である普通地方公共団体に同条第1項に規定する処理方策を提示するとともに、総務大臣又は都道府県知事にその旨及び当該処理方策を通知し、かつ、公表したとき。

八　第255条の5第1項の規定による審理に係る審査請求、審査の申立て又は審決の申請をした者が、当該審査請求、審査の申立て又は審決の申請を取り下げたとき。

九　第255条の5第1項の規定による審理を経て、総務大臣又は都道府県知事が審査請求に対する裁決をし、審査の申立てに対する裁決若しくは裁定をし、又は審決をしたとき。

5　総務大臣又は都道府県知事は、自治紛争処理委員が当該事件に直接利害関係を有することとなつたときは、当該自治紛争処理委員を罷免しなければならない。

6　第250条の9第2項、第8項、第9項（第2号を除く。）及び第10項から第14項までの規定は、自治紛争処理委員に準用する。この場合において、同条第2項中「3人以上」とあるのは「2人以上」と、同条第8項中「総務大臣」とあるのは「総務大臣又は都道府県知事」と、同条第9項中「総務大臣は、両議院の同意を得て」とあるのは「総務大臣又は都道府県知事は」と、

「3人以上」とあるのは「2人以上」と、「2人」とあるのは「1人」と、同条第10項中「総務大臣」とあるのは「総務大臣又は都道府県知事」と、「2人」とあるのは「1人」と、同条第11項中「総務大臣」とあるのは「総務大臣又は都道府県知事」と、「両議院の同意を得て、その委員を」とあるのは「その自治紛争処理委員を」と、同条第12項中「第4項後段及び第8項から前項まで」とあるのは「第8項、第9項（第1号を除く。）、第10項及び前項並びに第251条第5項」と読み替えるものとする。

第4款　自治紛争処理委員による調停、審査及び処理方策の提示の手続

（調停）

第251条の2　普通地方公共団体相互の間又は普通地方公共団体の機関相互の間に紛争があるときは、この法律に特別の定めがあるものを除くほか、都道府県又は都道府県の機関が当事者となるものにあつては総務大臣、その他のものにあつては都道府県知事は、当事者の文書による申請に基づき又は職権により、紛争の解決のため、前条第2項の規定により自治紛争処理委員を任命し、その調停に付することができる。

2　当事者の申請に基づき開始された調停においては、当事者は、総務大臣又は都道府県知事の同意を得て、当該申請を取り下げることができる。

3　自治紛争処理委員は、調停案を作成して、これを当事者に示し、その受諾を勧告するとともに、理由を付してその要旨を公表することができる。

4　自治紛争処理委員は、前項の規定により調停案を当事者に示し、その受諾を勧告したときは、直ちに調停案の写しを添えてその旨及び調停の経過を総務大臣又は都道府県知事に報告しなければならない。

5　自治紛争処理委員は、調停による解決の見込みがないと認めるときは、総務大臣又は都道府県知事の同意を得て、調停を打ち切り、事件の要点及び調停の経過を公表することができる。

6　自治紛争処理委員は、前項の規定により調停を打ち切つたときは、その旨を当事者に通知しなければならない。

7　第1項の調停は、当事者のすべてから、調停案を受諾した旨を記載した文書が総務大臣又は都道府県知事に提出されたときに成立するものとする。この場合においては、総務大臣又は都道府県知事は、直ちにその旨及び調停の要旨を

公表するとともに、当事者に調停が成立した旨を通知しなければならない。

8　総務大臣又は都道府県知事は、前項の規定により当事者から文書の提出があつたときは、その旨を自治紛争処理委員に通知するものとする。

9　自治紛争処理委員は、第3項に規定する調停案を作成するため必要があると認めるときは、当事者及び関係人の出頭及び陳述を求め、又は当事者及び関係人並びに紛争に係る事件に関係のある者に対し、紛争の調停のため必要な記録の提出を求めることができる。

10　第3項の規定による調停案の作成及びその要旨の公表についての決定、第5項の規定による調停の打切りについての決定並びに事件の要点及び調停の経過の公表についての決定並びに前項の規定による出頭、陳述及び記録の提出の求めについての決定は、自治紛争処理委員の合議によるものとする。

（審査及び勧告）

第251条の3　総務大臣は、市町村長その他の市町村の執行機関が、その担任する事務に関する都道府県の関与のうち是正の要求、許可の拒否その他の処分その他公権力の行使に当たるもの（次に掲げるものを除く。）に不服があり、文書により、自治紛争処理委員の審査に付することを求める旨の申出をしたときは、速やかに、第251条第2項の規定により自治紛争処理委員を任命し、当該申出に係る事件をその審査に付さなければならない。

　一　第245条の8第12項において準用する同条第2項の規定による指示

　二　第245条の8第12項において準用する同条第8項の規定に基づき市町村長に代わつて前号の指示に係る事項を行うこと。

2　総務大臣は、市町村長その他の市町村の執行機関が、その担任する事務に関する都道府県の不作為（都道府県の行政庁が、申請等が行われた場合において、相当の期間内に何らかの都道府県の関与のうち許可その他の処分その他公権力の行使に当たるものをすべきにかかわらず、これをしないことをいう。以下本節において同じ。）に不服があり、文書により、自治紛争処理委員の審査に付することを求める旨の申出をしたときは、速やかに、第251条第2項の規定により自治紛争処理委員を任命し、当該申出に係る事件をその審査に付さなければならない。

3　総務大臣は、市町村長その他の市町村の執行機関が、その担任する事務に関する当該市町村の法令に基づく協議の申出が都道府県の行政庁に対して行われた場合において、当該協議に係る当該市町村の義務を果たしたと認めるにもかかわらず当該協議が調わないことについて、文書により、自治紛争処理委員の審査に付することを求める旨の申出をしたときは、速やかに、第251条第2項の規定により自治紛争処理委員を任命し、当該申出に係る事件をその審査に付さなければならない。

4　前三項の規定による申出においては、次に掲げる者を相手方としなければならない。

　一　第1項の規定による申出の場合は、当該申出に係る都道府県の関与を行つた都道府県の行政庁

　二　第2項の規定による申出の場合は、当該申出に係る都道府県の不作為に係る都道府県の行政庁

　三　前項の規定による申出の場合は、当該申出に係る協議の相手方である都道府県の行政庁

5　第250条の13第4項から第7項まで、第250条の14第1項、第2項及び第5項並びに第250条の15から第250条の17までの規定は、第1項の規定による申出について準用する。この場合において、これらの規定中「普通地方公共団体の長その他の執行機関」とあるのは「市町村長その他の市町村の執行機関」と、「国の行政庁」とあるのは「都道府県の行政庁」と、「委員会」とあるのは「自治紛争処理委員」と、第250条の13第4項並びに第250条の14第1項及び第2項中「国の関与」とあるのは「都道府県の関与」と、第250条の17第1項中「第250条の19第2項」とあるのは「第251条の3第13項」と読み替えるものとする。

6　第250条の13第7項、第250条の14第3項及び第5項並びに第250条の15から第250条の17までの規定は、第2項の規定による申出について準用する。この場合において、これらの規定中「普通地方公共団体の長その他の執行機関」とあるのは「市町村長その他の市町村の執行機関」と、「国の行政庁」とあるのは「都道府県の行政庁」と、「委員会」とあるのは「自治紛争処理委員」と、第250条の17第1項中「第250条の19第2項」とあるのは「第251条の3第13項」と読み替えるものとする。

7　第250条の13第7項、第250条の14第4項及び第5項並びに第250条の15から第250条の17までの規定は、第3項の規定による申出について準用する。この場合において、これらの規定中「普通地方公共団体の長その他の執行機関」とあるのは「市町村長その他の市町村の執行機関」と、「国の行政庁」とあるのは「都道府県の行政庁」と、「委員会」とあるのは「自治紛争処理委員」

と、第250条の14第4項中「当該協議に係る普通地方公共団体」とあるのは「当該協議に係る市町村」と、第250条の17第1項中「第250条の19第2項」とあるのは「第251条の3第13項」と読み替えるものとする。

8　自治紛争処理委員は、第5項において準用する第250条の14第1項若しくは第2項若しくは第6項において準用する第250条の14第3項の規定による審査の結果の通知若しくは勧告及び勧告の内容の通知又は前項において準用する第250条の14第4項の規定による審査の結果の通知をしたときは、直ちにその旨及び審査の結果又は勧告の内容を総務大臣に報告しなければならない。

9　第5項において準用する第250条の14第1項若しくは第2項又は第6項において準用する第250条の14第3項の規定による自治紛争処理委員の勧告があつたときは、当該勧告を受けた都道府県の行政庁は、当該勧告に示された期間内に、当該勧告に即して必要な措置を講ずるとともに、その旨を総務大臣に通知しなければならない。この場合において、総務大臣は、当該通知に係る事項を当該勧告に係る第1項又は第2項の規定による申出をした市町村長その他の市町村の執行機関に通知し、かつ、これを公表しなければならない。

10　総務大臣は、前項の勧告を受けた都道府県の行政庁に対し、同項の規定により講じた措置についての説明を求めることができる。

11　自治紛争処理委員は、第5項において準用する第250条の14第1項若しくは第2項、第6項において準用する第250条の14第3項又は第7項において準用する第250条の14第4項の規定により審査をする場合において、相当であると認めるときは、職権により、調停案を作成して、これを第1項から第3項までの規定による申出をした市町村長その他の市町村の執行機関及び相手方である都道府県の行政庁に示し、その受諾を勧告するとともに、理由を付してその要旨を公表することができる。

12　自治紛争処理委員は、前項の規定により調停案を第1項から第3項までの規定による申出をした市町村長その他の市町村の執行機関及び相手方である都道府県の行政庁に示し、その受諾を勧告したときは、直ちに調停案の写しを添えてその旨及び調停の経過を総務大臣に報告しなければならない。

13　第11項の調停案に係る調停は、調停案を示された市町村長その他の市町村の執行機関及び都道府県の行政庁から、これを受諾した旨を記載した文書が総務大臣に提出されたときに成立するものとする。この場合においては、総務大臣は、直ちにその旨及び調停の要旨を公表するとともに、当該市町村長その他の市町村の執行機関及び都道府県の行政庁にその旨を通知しなければならない。

14　総務大臣は、前項の規定により市町村長その他の市町村の執行機関及び都道府県の行政庁から文書の提出があつたときは、その旨を自治紛争処理委員に通知するものとする。

15　次に掲げる事項は、自治紛争処理委員の合議によるものとする。

一　第5項において準用する第250条の14第1項の規定による都道府県の関与が違法又は普通地方公共団体の自主性及び自立性を尊重する観点から不当であるかどうかについての決定及び同項の規定による勧告の決定

二　第5項において準用する第250条の14第2項の規定による都道府県の関与が違法であるかどうかについての決定及び同項の規定による勧告の決定

三　第6項において準用する第250条の14第3項の規定による第2項の申出に理由があるかどうかについての決定及び第6項において準用する第250条の14第3項の規定による勧告の決定

四　第7項において準用する第250条の14第4項の規定による第3項の申出に係る協議について当該協議に係る市町村がその義務を果たしているかどうかについての決定

五　第5項から第7項までにおいて準用する第250条の15第1項の規定による関係行政機関の参加についての決定

六　第5項から第7項までにおいて準用する第250条の16第1項の規定による証拠調べの実施についての決定

七　第11項の規定による調停案の作成及びその要旨の公表についての決定

（処理方策の提示）

第251条の3の2　総務大臣又は都道府県知事は、第252条の2第7項の規定により普通地方公共団体から自治紛争処理委員による同条第1項に規定する連携協約に係る紛争を処理するための方策（以下この条において「処理方策」という。）の提示を求める旨の申請があつたときは、第251条第2項の規定により自治紛争処理委員を任命し、処理方策を定めさせなければならない。

2　前項の申請をした普通地方公共団体は、総務大臣又は都道府県知事の同意を得て、当該申請

を取り下げることができる。

3 自治紛争処理委員は、処理方策を定めたときは、これを当事者である普通地方公共団体に提示するとともに、その旨及び当該処理方策を総務大臣又は都道府県知事に通知し、かつ、これらを公表しなければならない。

4 自治紛争処理委員は、処理方策を定めるため必要があると認めるときは、当事者及び関係人の出頭及び陳述を求め、又は当事者及び関係人並びに紛争に係る事件に関係のある者に対し、処理方策を定めるため必要な記録の提出を求めることができる。

5 第3項の規定による処理方策の決定並びに前項の規定による出頭、陳述及び記録の提出の求めについての決定は、自治紛争処理委員の合議によるものとする。

6 第3項の規定により処理方策の提示を受けたときは、当事者である普通地方公共団体は、これを尊重して必要な措置を執るようにしなければならない。

第251条の4 （省略）

第5款 普通地方公共団体に対する国又は都道府県の関与に関する訴え

（国の関与に関する訴えの提起）

第251条の5 第250条の13第1項又は第2項の規定による審査の申出をした普通地方公共団体の長その他の執行機関は、次の各号のいずれかに該当するときは、高等裁判所に対し、当該審査の申出の相手方となつた国の行政庁（国の関与があつた後又は申請等が行われた後に当該行政庁の権限が他の行政庁に承継されたときは、当該他の行政庁）を被告として、訴えをもつて当該審査の申出に係る違法な国の関与の取消し又は当該審査の申出に係る国の不作為の違法の確認を求めることができる。ただし、違法な国の関与の取消しを求める訴えを提起する場合において、被告とすべき行政庁がないときは、当該訴えは、国を被告として提起しなければならない。

一 第250条の14第1項から第3項までの規定による委員会の審査の結果又は勧告に不服があるとき。

二 第250条の18第1項の規定による国の行政庁の措置に不服があるとき。

三 当該審査の申出をした日から90日を経過しても、委員会が第250条の14第1項から第3項までの規定による審査又は勧告を行わないとき。

四 国の行政庁が第250条の18第1項の規定による措置を講じないとき。

2 前項の訴えは、次に掲げる期間内に提起しなければならない。

一 前項第1号の場合は、第250条の14第1項から第3項までの規定による委員会の審査の結果又は勧告の内容の通知があつた日から30日以内

二 前項第2号の場合は、第250条の18第1項の規定による委員会の通知があつた日から30日以内

三 前項第3号の場合は、当該審査の申出をした日から90日を経過した日から30日以内

四 前項第4号の場合は、第250条の14第1項から第3項までの規定による委員会の勧告に示された期間を経過した日から30日以内

3 第1項の訴えは、当該普通地方公共団体の区域を管轄する高等裁判所の管轄に専属する。

4 原告は、第1項の訴えを提起したときは、直ちに、文書により、その旨を被告に通知するとともに、当該高等裁判所に対し、その通知をした日時、場所及び方法を通知しなければならない。

5 当該高等裁判所は、第1項の訴えが提起されたときは、速やかに口頭弁論の期日を指定し、当事者を呼び出さなければならない。その期日は、同項の訴えの提起があつた日から15日以内の日とする。

6 第1項の訴えに係る高等裁判所の判決に対する上告の期間は、1週間とする。

7 国の関与を取り消す判決は、関係行政機関に対しても効力を有する。

8 第1項の訴えのうち違法な国の関与の取消しを求めるものについては、行政事件訴訟法第43条第1項の規定にかかわらず、同法第8条第2項、第11条から第22条まで、第25条から第29条まで、第31条、第32条及び第34条の規定は、準用しない。

9 第1項の訴えのうち国の不作為の違法の確認を求めるものについては、行政事件訴訟法第43条第3項の規定にかかわらず、同法第40条第2項及び第41条第2項の規定は、準用しない。

10 前各項に定めるもののほか、第1項の訴えについては、主張及び証拠の申出の時期の制限その他審理の促進に関し必要な事項は、最高裁判所規則で定める。

（都道府県の関与に関する訴えの提起）

第251条の6 第251条の3第1項又は第2項の規定による申出をした市町村長その他の市町村の執行機関は、次の各号のいずれかに該当する

地方自治法

187

ときは、高等裁判所に対し、当該申出の相手方となつた都道府県の行政庁（都道府県の関与があつた後又は申請等が行われた後に当該行政庁の権限が他の行政庁に承継されたときは、当該他の行政庁）を被告として、訴えをもつて当該申出に係る違法な都道府県の関与の取消し又は当該申出に係る都道府県の不作為の違法の確認を求めることができる。ただし、違法な都道府県の関与の取消しを求める訴えを提起する場合において、被告とすべき行政庁がないときは、当該訴えは、当該都道府県を被告として提起しなければならない。

一　第251条の３第５項において準用する第250条の14第１項若しくは第２項又は第251条の３第６項において準用する第250条の14第３項の規定による自治紛争処理委員の審査の結果又は勧告に不服があるとき。

二　第251条の３第９項の規定による都道府県の行政庁の措置に不服があるとき。

三　当該申出をした日から90日を経過しても、自治紛争処理委員が第251条の３第５項において準用する第250条の14第１項若しくは第２項又は第251条の３第６項において準用する第250条の14第３項の規定による審査又は勧告を行わないとき。

四　都道府県の行政庁が第251条の３第９項の規定による措置を講じないとき。

2　前項の訴えは、次に掲げる期間内に提起しなければならない。

一　前項第１号の場合は、第251条の３第５項において準用する第250条の14第１項若しくは第２項又は第251条の３第６項において準用する第250条の14第３項の規定による自治紛争処理委員の審査の結果又は勧告の内容の通知があつた日から30日以内

二　前項第２号の場合は、第251条の３第９項の規定による総務大臣の通知があつた日から30日以内

三　前項第３号の場合は、当該申出をした日から90日を経過した日から30日以内

四　前項第４号の場合は、第251条の３第５項において準用する第250条の14第１項若しくは第２項又は第251条の３第６項において準用する第250条の14第３項の規定による自治紛争処理委員の勧告に示された期間を経過した日から30日以内

3　前条第３項から第７項までの規定は、第１項の訴えに準用する。この場合において、同条第３項中「当該普通地方公共団体の区域」とあるのは「当該市町村の区域」と、同条第７項中「国

の関与」とあるのは「都道府県の関与」と読み替えるものとする。

4　第１項の訴えのうち違法な都道府県の関与の取消しを求めるものについては、行政事件訴訟法第43条第１項の規定にかかわらず、同法第８条第２項、第11条から第22条まで、第25条から第29条まで、第31条、第32条及び第34条の規定は、準用しない。

5　第１項の訴えのうち都道府県の不作為の違法の確認を求めるものについては、行政事件訴訟法第43条第３項の規定にかかわらず、同法第40条第２項及び第41条第２項の規定は、準用しない。

6　前各項に定めるもののほか、第１項の訴えについては、主張及び証拠の申出の時期の制限その他審理の促進に関し必要な事項は、最高裁判所規則で定める。

（普通地方公共団体の不作為に関する国の訴えの提起）

第251条の7　第245条の５第１項若しくは第４項の規定による是正の要求又は第245条の７第１項若しくは第４項の規定による指示を行つた各大臣は、次の各号のいずれかに該当するときは、高等裁判所に対し、当該是正の要求又は指示を受けた普通地方公共団体の不作為（是正の要求又は指示を受けた普通地方公共団体の行政庁が、相当の期間内に是正の要求に応じた措置又は指示に係る措置を講じなければならないにもかかわらず、これを講じないことをいう。以下この項、次条及び第252条の17の４第３項において同じ。）に係る普通地方公共団体の行政庁（当該是正の要求又は指示があつた後に当該行政庁の権限が他の行政庁に承継されたときは、当該他の行政庁）を被告として、訴えをもつて当該普通地方公共団体の不作為の違法の確認を求めることができる。

一　普通地方公共団体の長その他の執行機関が当該是正の要求又は指示に関する第250条の13第１項の規定による審査の申出をせず（審査の申出後に第250条の17第１項の規定により当該審査の申出が取り下げられた場合を含む。）、かつ、当該是正の要求に応じた措置又は指示に係る措置を講じないとき。

二　普通地方公共団体の長その他の執行機関が当該是正の要求又は指示に関する第250条の13第１項の規定による審査の申出をした場合において、次に掲げるとき。

イ　委員会が第250条の14第１項又は第２項の規定による審査の結果又は勧告の内容の通知をした場合において、当該普通地方公

共団体の長その他の執行機関が第251条の5第1項の規定による当該是正の要求又は指示の取消しを求める訴えの提起をせず（訴えの提起後に当該訴えが取り下げられた場合を含む。ロにおいて同じ。）、かつ、当該是正の要求に応じた措置又は指示に係る措置を講じないとき。

　ロ　委員会が当該審査の申出をした日から90日を経過しても第250条の14第1項又は第2項の規定による審査又は勧告を行わない場合において、当該普通地方公共団体の長その他の執行機関が第251条の5第1項の規定による当該是正の要求又は指示の取消しを求める訴えの提起をせず、かつ、当該是正の要求に応じた措置又は指示に係る措置を講じないとき。

2　前項の訴えは、次に掲げる期間が経過するまでは、提起することができない。
　一　前項第1号の場合は、第250条の13第4項本文の期間
　二　前項第2号イの場合は、第251条の5第2項第1号、第2号又は第4号に掲げる期間
　三　前項第2号ロの場合は、第251条の5第2項第3号に掲げる期間

3　第251条の5第3項から第6項までの規定は、第1項の訴えについて準用する。

4　第1項の訴えについては、行政事件訴訟法第43条第3項の規定にかかわらず、同法第40条第2項及び第41条第2項の規定は、準用しない。

5　前各項に定めるもののほか、第1項の訴えについては、主張及び証拠の申出の時期の制限その他審理の促進に関し必要な事項は、最高裁判所規則で定める。

（市町村の不作為に関する都道府県の訴えの提起）

第252条　第245条の5第2項の指示を行つた各大臣は、次の各号のいずれかに該当するときは、同条第3項の規定による是正の要求を行つた都道府県の執行機関に対し、高等裁判所に対し、当該是正の要求を受けた市町村の不作為に係る市町村の行政庁（当該是正の要求があつた後に当該行政庁の権限が他の行政庁に承継されたときは、当該他の行政庁。次項において同じ。）を被告として、訴えをもつて当該市町村の不作為の違法の確認を求めるよう指示をすることができる。

　一　市町村長その他の市町村の執行機関が当該是正の要求に関する第251条の3第1項の規定による申出をせず（申出後に同条第5項において準用する第250条の17第1項の規定

により当該申出が取り下げられた場合を含む。）、かつ、当該是正の要求に応じた措置を講じないとき。

　二　市町村長その他の市町村の執行機関が当該是正の要求に関する第251条の3第1項の規定による申出をした場合において、次に掲げるとき。
　　イ　自治紛争処理委員が第251条の3第5項において準用する第250条の14第1項の規定による審査の結果又は勧告の内容の通知をした場合において、当該市町村長その他の市町村の執行機関が第251条の6第1項の規定による当該是正の要求の取消しを求める訴えの提起をせず（訴えの提起後に当該訴えが取り下げられた場合を含む。ロにおいて同じ。）、かつ、当該是正の要求に応じた措置を講じないとき。
　　ロ　自治紛争処理委員が当該申出をした日から90日を経過しても第251条の3第5項において準用する第250条の14第1項の規定による審査又は勧告を行わない場合において、当該市町村長その他の市町村の執行機関が第251条の6第1項の規定による当該是正の要求の取消しを求める訴えの提起をせず、かつ、当該是正の要求に応じた措置を講じないとき。

2　前項の指示を受けた都道府県の執行機関は、高等裁判所に対し、当該市町村の不作為に係る市町村の行政庁を被告として、訴えをもつて当該市町村の不作為の違法の確認を求めなければならない。

3　第245条の7第2項の規定による指示を行つた都道府県の執行機関は、次の各号のいずれかに該当するときは、高等裁判所に対し、当該指示を受けた市町村の不作為に係る市町村の行政庁（当該指示があつた後に当該行政庁の権限が他の行政庁に承継されたときは、当該他の行政庁）を被告として、訴えをもつて当該市町村の不作為の違法の確認を求めることができる。

　一　市町村長その他の市町村の執行機関が当該指示に関する第251条の3第1項の規定による申出をせず（申出後に同条第5項において準用する第250条の17第1項の規定により当該申出が取り下げられた場合を含む。）、かつ、当該指示に係る措置を講じないとき。

　二　市町村長その他の市町村の執行機関が当該指示に関する第251条の3第1項の規定による申出をした場合において、次に掲げるとき。
　　イ　自治紛争処理委員が第251条の3第5項において準用する第250条の14第2項の規

地方自治法

189

定による審査の結果又は勧告の内容の通知をした場合において、当該市町村長その他の市町村の執行機関が第251条の6第1項の規定による当該指示の取消しを求める訴えの提起をせず（訴えの提起後に当該訴えが取り下げられた場合を含む。ロにおいて同じ。）、かつ、当該指示に係る措置を講じないとき。

ロ　自治紛争処理委員が当該申出をした日から90日を経過しても第251条の3第5項において準用する第250条の14第2項の規定による審査又は勧告を行わない場合において、当該市町村長その他の市町村の執行機関が第251条の6第1項の規定による当該指示の取消しを求める訴えの提起をせず、かつ、当該指示に係る措置を講じないとき。

4　第245条の7第3項の指示を行つた各大臣は、前項の都道府県の執行機関に対し、同項の規定による訴えの提起に関し、必要な指示をすることができる。

5　第2項及び第3項の訴えは、次に掲げる期間が経過するまでは、提起することができない。
一　第1項第1号及び第3項第1号の場合は、第251条の3第5項において準用する第250条の13第4項本文の期間
二　第1項第2号イ及び第3項第2号イの場合は、第251条の6第2項第1号、第2号又は第4号に掲げる期間
三　第1項第2号ロ及び第3項第2号ロの場合は、第251条の6第2項第3号に掲げる期間

6　第251条の5第3項から第6項までの規定は、第2項及び第3項の訴えについて準用する。この場合において、同条第3項中「当該普通地方公共団体の区域」とあるのは、「当該市町村の区域」と読み替えるものとする。

7　第2項及び第3項の訴えについては、行政事件訴訟法第43条第3項の規定にかかわらず、同法第40条第2項及び第41条第2項の規定は、準用しない。

8　前各項に定めるもののほか、第2項及び第3項の訴えについては、主張及び証拠の申出の時期の制限その他審理の促進に関し必要な事項は、最高裁判所規則で定める。

第3節　普通地方公共団体相互間の協力

第1款　連携協約　（省略）

第2款　協議会　（省略）

第3款　機関等の共同設置　（省略）

第4款　事務の委託　（省略）

第5款　事務の代替執行　（省略）

第6款　職員の派遣　（省略）

第4節　条例による事務処理の特例

（条例による事務処理の特例）
第252条の17の2　都道府県は、都道府県知事の権限に属する事務の一部を、条例の定めるところにより、市町村が処理することとすることができる。この場合においては、当該市町村が処理することとされた事務は、当該市町村の長が管理し及び執行するものとする。

2　前項の条例（同項の規定により都道府県の規則に基づく事務を市町村が処理することとする場合で、同項の条例の定めるところにより、規則に委任して当該事務の範囲を定めるときは、当該規則を含む。以下本節において同じ。）を制定し又は改廃する場合においては、都道府県知事は、あらかじめ、その権限に属する事務の一部を処理し又は処理することとなる市町村の長に協議しなければならない。

3　市町村の長は、その議会の議決を経て、都道府県知事に対し、第1項の規定によりその権限に属する事務の一部を当該市町村が処理することとするよう要請することができる。

4　前項の規定による要請があつたときは、都道府県知事は、速やかに、当該市町村の長と協議しなければならない。

第252条の17の3～第252条の17の4　（省略）

第5節　雑則　（省略）

第12章　大都市等に関する特例

第1節　大都市に関する特例

（指定都市の権能）
第252条の19　政令で指定する人口50万以上の市（以下「指定都市」という。）は、次に掲げる事務のうち都道府県が法律又はこれに基づく政令の定めるところにより処理することとされているものの全部又は一部で政令で定めるものを、政令で定めるところにより、処理することができる。

一　児童福祉に関する事務

二　民生委員に関する事務

三　身体障害者の福祉に関する事務

四　生活保護に関する事務

五　行旅病人及び行旅死亡人の取扱に関する事務

五の二　社会福祉事業に関する事務

五の三　知的障害者の福祉に関する事務

六　母子家庭及び父子家庭並びに寡婦の福祉に関する事務

六の二　老人福祉に関する事務

七　母子保健に関する事務

七の二　介護保険に関する事務

八　障害者の自立支援に関する事務

八の二　生活困窮者の自立支援に関する事務

九　食品衛生に関する事務

九の二　医療に関する事務

十　精神保健及び精神障害者の福祉に関する事務

十一　結核の予防に関する事務

十一の二　難病の患者に対する医療等に関する事務

十二　土地区画整理事業に関する事務

十三　屋外広告物の規制に関する事務

2　指定都市がその事務を処理するに当たつて、法律又はこれに基づく政令の定めるところにより都道府県知事若しくは都道府県の委員会の許可、認可、承認その他これらに類する処分を要し、又はその事務の処理について都道府県知事若しくは都道府県の委員会の改善、停止、制限、禁止その他これらに類する指示その他の命令を受けるものとされている事項で政令で定めるものについては、政令の定めるところにより、これらの許可、認可等の処分を要せず、若しくはこれらの指示その他の命令に関する法令の規定を適用せず、又は都道府県知事若しくは都道府県の委員会の許可、認可等の処分若しくは指示その他の命令に代えて、各大臣の許可、認可等の処分を要するものとし、若しくは各大臣の指示その他の命令を受けるものとする。

（区の設置）

第252条の20　指定都市は、市長の権限に属する事務を分掌させるため、条例で、その区域を分けて区を設け、区の事務所又は必要があると認めるときはその出張所を置くものとする。

2　区の事務所又はその出張所の位置、名称及び所管区域並びに区の事務所が分掌する事務は、条例でこれを定めなければならない。

3　区にその事務所の長として区長を置く。

4　区長又は区の事務所の出張所の長は、当該普通地方公共団体の長の補助機関である職員をもつて充てる。

5　区に選挙管理委員会を置く。

6　第4条第2項の規定は第2項の区の事務所又はその出張所の位置及び所管区域に、第175条第2項の規定は区長又は第4項の区の事務所の出張所の長に、第2編第7章第3節中市の選挙管理委員会に関する規定は前項の選挙管理委員会について、これを準用する。

7　指定都市は、必要と認めるときは、条例で、区ごとに区地域協議会を置くことができる。この場合において、その区域内に地域自治区が設けられる区には、区地域協議会を設けないことができる。

8　第202条の5第2項から第5項まで及び第202条の6から第202条の9までの規定は、区地域協議会に準用する。

9　指定都市は、地域自治区を設けるときは、その区域は、区の区域を分けて定めなければならない。

10　第7項の規定に基づき、区に区地域協議会を置く指定都市は、第202条の4第1項の規定にかかわらず、その一部の区の区域に地域自治区を設けることができる。

11　前各項に定めるもののほか、指定都市の区に関し必要な事項は、政令でこれを定める。

（総合区の設置）

第252条の20の2　指定都市は、その行政の円滑な運営を確保するため必要があると認めるときは、前条第1項の規定にかかわらず、市長の権限に属する事務のうち特定の区の区域内に関するものを第8項の規定により総合区長に執行させるため、条例で、当該区に代えて総合区を設け、総合区の事務所又は必要があると認めるときはその出張所を置くことができる。

2　総合区の事務所又はその出張所の位置、名称及び所管区域並びに総合区の事務所が分掌する事務は、条例でこれを定めなければならない。

3　総合区にその事務所の長として総合区長を置く。

4　総合区長は、市長が議会の同意を得てこれを選任する。

5　総合区長の任期は、4年とする。ただし、市長は、任期中においてもこれを解職することができる。

6　総合区の事務所の職員のうち、総合区長があらかじめ指定する者は、総合区長に事故があるとき又は総合区長が欠けたときは、その職務を代理する。

7　第141条、第142条、第159条、第164条、第

165条第2項、第166条第1項及び第3項並びに第175条第2項の規定は、総合区長について準用する。

8　総合区長は、総合区の区域に係る政策及び企画をつかさどるほか、法律若しくはこれに基づく政令又は条例により総合区長が執行することとされた事務及び市長の権限に属する事務のうち主として総合区の区域内に関するもので次に掲げるものを執行し、これらの事務の執行について当該指定都市を代表する。ただし、法律又はこれに基づく政令に特別の定めがある場合は、この限りでない。

一　総合区の区域に住所を有する者の意見を反映させて総合区の区域のまちづくりを推進する事務（法律若しくはこれに基づく政令又は条例により市長が執行することとされたものを除く。）

二　総合区の区域に住所を有する者相互間の交流を促進するための事務（法律若しくはこれに基づく政令又は条例により市長が執行することとされたものを除く。）

三　社会福祉及び保健衛生に関する事務のうち総合区の区域に住所を有する者に対して直接提供される役務に関する事務（法律若しくはこれに基づく政令又は条例により市長が執行することとされたものを除く。）

四　前三号に掲げるもののほか、主として総合区の区域内に関する事務で条例で定めるもの

9　総合区長は、総合区の事務所又はその出張所の職員（政令で定めるものを除く。）を任免する。ただし、指定都市の規則で定める主要な職員を任免する場合においては、あらかじめ、市長の同意を得なければならない。

10　総合区長は、歳入歳出予算のうち総合区長が執行する事務に係る部分に関し必要があると認めるときは、市長に対し意見を述べることができる。

11　総合区に選挙管理委員会を置く。

12　第4条第2項の規定は第2項の総合区の事務所又はその出張所の位置及び所管区域について、第175条第2項の規定は総合区の事務所の出張所の長について、第2編第7章第3節中市の選挙管理委員会に関する規定は前項の選挙管理委員会について準用する。

13　前条第7項から第10項までの規定は、総合区について準用する。

14　前各項に定めるもののほか、指定都市の総合区に関し必要な事項は、政令でこれを定める。

第252条の21〜第252条の21の5　（省略）

第2節　中核市に関する特例

（中核市の権能）

第252条の22　政令で指定する人口20万以上の市（以下「中核市」という。）は、第252条の19第1項の規定により指定都市が処理することができる事務のうち、都道府県がその区域にわたり一体的に処理することが中核市が処理することに比して効率的な事務その他の中核市において処理することが適当でない事務以外の事務で政令で定めるものを、政令で定めるところにより、処理することができる。

2　中核市がその事務を処理するに当たつて、法律又はこれに基づく政令の定めるところにより都道府県知事の改善、停止、制限、禁止その他これらに類する指示その他の命令を受けるものとされている事務で政令で定めるものについては、政令の定めるところにより、これらの指示その他の命令に関する法令の規定を適用せず、又は都道府県知事の指示その他の命令に代えて、各大臣の指示その他の命令を受けるものとする。

第252条の23　削除

（中核市の指定に係る手続）

第252条の24　総務大臣は、第252条の22第1項の中核市の指定に係る政令の立案をしようとするときは、関係市からの申出に基づき、これを行うものとする。

2　前項の規定による申出をしようとするときは、関係市は、あらかじめ、当該市の議会の議決を経て、都道府県の同意を得なければならない。

3　前項の同意については、当該都道府県の議会の議決を経なければならない。

第252条の25〜第252条の26の2　（省略）

第13章　外部監査契約に基づく監査

第1節　通則

（外部監査契約）

第252条の27　この法律において「外部監査契約」とは、包括外部監査契約及び個別外部監査契約をいう。

2　この法律において「包括外部監査契約」とは、第252条の36第1項各号に掲げる普通地方公共団体及び同条第2項の条例を定めた同条第1項第2号に掲げる市以外の市又は町村が、第2条第14項及び第15項の規定の趣旨を達成するため、この法律の定めるところにより、次条第1項又は第2項に規定する者の監査を受けるとと

もに監査の結果に関する報告の提出を受けることを内容とする契約であつて、この法律の定めるところにより、当該監査を行う者と締結するものをいう。

3　この法律において「個別外部監査契約」とは、次の各号に掲げる普通地方公共団体が、当該各号に掲げる請求又は要求があつた場合において、この法律の定めるところにより、当該請求又は要求に係る事項について次条第1項又は第2項に規定する者の監査を受けるとともに監査の結果に関する報告の提出を受けることを内容とする契約であつて、この法律の定めるところにより、当該監査を行う者と締結するものをいう。

　一　第252条の39第1項に規定する普通地方公共団体　第75条第1項の請求
　二　第252条の40第1項に規定する普通地方公共団体　第98条第2項の請求
　三　第252条の41第1項に規定する普通地方公共団体　第199条第6項の要求
　四　第252条の42第1項に規定する普通地方公共団体　第199条第7項の要求
　五　第252条の43第1項に規定する普通地方公共団体　第242条第1項の請求

第252条の28〜第252条の35　（省略）

第2節　包括外部監査契約に基づく監査（省略）

第3節　個別外部監査契約に基づく監査（省略）

第4節　雑則　（省略）

第14章　補則　（省略）

第3編　特別地方公共団体

第1章　削除

第264条から第280条まで　削除

第2章　特別区

（特別区）
第281条　都の区は、これを特別区という。

2　特別区は、法律又はこれに基づく政令により都が処理することとされているものを除き、地域における事務並びにその他の事務で法律又はこれに基づく政令により市が処理することとされるもの及び法律又はこれに基づく政令により

特別区が処理することとされるものを処理する。

第281条の2〜第283条　（省略）

第3章　地方公共団体の組合

第1節　総則

（組合の種類及び設置）
第284条　地方公共団体の組合は、一部事務組合及び広域連合とする。

2　普通地方公共団体及び特別区は、その事務の一部を共同処理するため、その協議により規約を定め、都道府県の加入するものにあつては総務大臣、その他のものにあつては都道府県知事の許可を得て、一部事務組合を設けることができる。この場合において、一部事務組合内の地方公共団体につきその執行機関の権限に属する事項がなくなつたときは、その執行機関は、一部事務組合の成立と同時に消滅する。

3　普通地方公共団体及び特別区は、その事務で広域にわたり処理することが適当であると認めるものに関し、広域にわたる総合的な計画（以下「広域計画」という。）を作成し、その事務の管理及び執行について広域計画の実施のために必要な連絡調整を図り、並びにその事務の一部を広域にわたり総合的かつ計画的に処理するため、その協議により規約を定め、前項の例により、総務大臣又は都道府県知事の許可を得て、広域連合を設けることができる。この場合においては、同項後段の規定を準用する。

4　総務大臣は、前項の許可をしようとするときは、国の関係行政機関の長に協議しなければならない。

第285条　市町村及び特別区の事務に関し相互に関連するものを共同処理するための市町村及び特別区の一部事務組合については、市町村又は特別区の共同処理しようとする事務が他の市町村又は特別区の共同処理しようとする事務と同一の種類のものでない場合においても、これを設けることを妨げるものではない。

（設置の勧告等）
第285条の2　公益上必要がある場合においては、都道府県知事は、関係のある市町村及び特別区に対し、一部事務組合又は広域連合を設けるべきことを勧告することができる。

2　都道府県知事は、第284条第3項の許可をしたときは直ちにその旨を公表するとともに、総務大臣に報告しなければならない。

3　総務大臣は、第284条第3項の許可をしたときは直ちにその旨を告示するとともに、国の関係

地方自治法

行政機関の長に通知し、前項の規定による報告を受けたときは直ちにその旨を国の関係行政機関の長に通知しなければならない。

第2節　一部事務組合

（組織、事務及び規約の変更）

第286条　一部事務組合は、これを組織する地方公共団体（以下この節において「構成団体」という。）の数を増減し若しくは共同処理する事務を変更し、又は一部事務組合の規約を変更しようとするときは、関係地方公共団体の協議によりこれを定め、都道府県の加入するものにあつては総務大臣、その他のものにあつては都道府県知事の許可を受けなければならない。ただし、第287条第1項第1号、第4号又は第7号に掲げる事項のみに係る一部事務組合の規約を変更しようとするときは、この限りでない。

2　一部事務組合は、第287条第1項第1号、第4号又は第7号に掲げる事項のみに係る一部事務組合の規約を変更しようとするときは、構成団体の協議によりこれを定め、前項本文の例により、直ちに総務大臣又は都道府県知事に届出をしなければならない。

第286条の2　（省略）

（規約等）

第287条　一部事務組合の規約には、次に掲げる事項につき規定を設けなければならない。

一　一部事務組合の名称

二　一部事務組合の構成団体

三　一部事務組合の共同処理する事務

四　一部事務組合の事務所の位置

五　一部事務組合の議会の組織及び議員の選挙の方法

六　一部事務組合の執行機関の組織及び選任の方法

七　一部事務組合の経費の支弁の方法

2　一部事務組合の議会の議員又は管理者（第287条の3第2項の規定により管理者に代えて理事会を置く第285条の一部事務組合にあつては、理事）その他の職員は、第92条第2項、第141条第2項及び第196条第3項（これらの規定を適用し又は準用する場合を含む。）の規定にかかわらず、当該一部事務組合の構成団体の議会の議員又は長その他の職員と兼ねることができる。

第287条の2〜第291条　（省略）

第3節　広域連合

（広域連合による事務の処理等）

第291条の2　国は、その行政機関の長の権限に属する事務のうち広域連合の事務に関連するものを、別に法律又はこれに基づく政令の定めるところにより、当該広域連合が処理することとすることができる。

2　都道府県は、その執行機関の権限に属する事務のうち都道府県の加入しない広域連合の事務に関連するものを、条例の定めるところにより、当該広域連合が処理することとすることができる。

3　第252条の17の2第2項、第252条の17の3及び第252条の17の4の規定は、前項の規定により広域連合が都道府県の事務を処理する場合について準用する。

4　都道府県の加入する広域連合の長（第291条の13において準用する第287条の3第2項の規定により長に代えて理事会を置く広域連合にあつては、理事会。第291条の4第4項、第291条の5第2項、第291条の6第1項及び第291条の8第2項を除き、以下同じ。）は、その議会の議決を経て、国の行政機関の長に対し、当該広域連合の事務に密接に関連する国の行政機関の長の権限に属する事務の一部を当該広域連合が処理することとするよう要請することができる。

5　都道府県の加入しない広域連合の長は、その議会の議決を経て、都道府県に対し、当該広域連合の事務に密接に関連する都道府県の事務の一部を当該広域連合が処理することとするよう要請することができる。

第291条の3〜第291条の13　（省略）

第4節　雑則　（省略）

第4章　財産区

第294条　法律又はこれに基く政令に特別の定があるものを除く外、市町村及び特別区の一部で財産を有し若しくは公の施設を設けているもの又は市町村及び特別区の廃置分合若しくは境界変更の場合におけるこの法律若しくはこれに基く政令の定める財産処分に関する協議に基き市町村及び特別区の一部が財産を有し若しくは公の施設を設けるものとなるもの（これらを財産区という。）があるときは、その財産又は公の施設の管理及び処分又は廃止については、この法律中地方公共団体の財産又は公の施設の管理及び処分又は廃止に関する規定による。

2　前項の財産又は公の施設に関し特に要する経費は、財産区の負担とする。